»Und trotzdem war's 'ne schöne Zeit«

Heidi Rosenbaum war von 1993 bis zu ihrer Pensionierung 2006 Professorin für Europäische Ethnologie an der Universität Göttingen.

Heidi Rosenbaum

»Und trotzdem war's 'ne schöne Zeit«

Kinderalltag im Nationalsozialismus

Campus Verlag
Frankfurt/New York

Bibliografische Information der Deutschen Nationalbibliothek:
Die Deutsche Nationalbibliothek verzeichnet diese Publikation in der Deutschen Nationalbibliografie.
Detaillierte bibliografische Daten sind im Internet unter http://dnb.d-nb.de abrufbar.
ISBN 978-3-593-50098-0

Das Werk einschließlich aller seiner Teile ist urheberrechtlich geschützt. Jede Verwertung ist ohne Zustimmung des Verlags unzulässig. Das gilt insbesondere für Vervielfältigungen, Übersetzungen, Mikroverfilmungen und die Einspeicherung und Verarbeitung in elektronischen Systemen.
Copyright © 2014 Campus Verlag GmbH, Frankfurt am Main
Umschlaggestaltung: Guido Klütsch, Köln
Umschlagmotiv: Eine Lehrerin verabschiedet ihre Schulkinder mit dem Hitler-Gruß. Photographie. Um 1933 © dpa Picture-alliance, Bildnummer 7952434
Druck und Bindung: Beltz Bad Langensalza
Printed in Germany

Dieses Buch ist auch als E-Book erschienen.
www.campus.de

Inhalt

Einleitung 11

    Fragestellungen · Konzepte und Begriffe · Anlage der
    Untersuchung

Teil I: Kinderalltag im bürgerlichen Milieu

1. Der Ort – Die Universitätsstadt Göttingen 37
2. Die Familien 53

    Das Sample · Die wirtschaftlichen Verhältnisse · Das Wohnen ·
    Soziale Beziehungen · Die Beziehungen zwischen Eltern und
    Kindern · Politik in den Familienbeziehungen

3. Kindheits-Räume, Freundschaften und Spiele 84

    Raum-Erfahrungen · Freundschaften · Spiele und Spielzeug ·
    Auswirkungen des Nationalsozialismus

4. Schulalltag 111

    Volksschule · Die höheren Schulen · Kontinuitäten und Brüche

5. Hitler-Jugend 157

    »Ich wollte unbedingt ins Jungvolk« · Laufbahnen ·
    Distanzierungen · Fazit

6. Körper und Körper-Erfahrungen 206

    Körperkontakte: Zärtlichkeit und Gewalt · Das Verhältnis zum
    eigenen Körper · Sexualität: Das eigene und das andere
    Geschlecht · Fazit

7. Aufwachsen mit Medien 245

    Bücher · Radio · Filme · Fazit

8. Hineinwachsen in die bürgerliche Welt: Werte und Normen 267

    Erziehungsmaximen und Werthaltungen · Werte und Normen des Nationalsozialismus

9. Das öffentliche Leben in der Wahrnehmung der Kinder 306

10. Resümee 314

Teil II: Kinderalltag im kleinstädtischen Arbeitermilieu

1. Der Ort – Die Kleinstadt Hann. Münden 323

2. Die Familien 335

    Das Sample · Die wirtschaftlichen Verhältnisse · Wohnbedingungen · Soziale Beziehungen · Die Beziehungen zwischen Eltern und Kindern

3. Kindheits-Räume, Freundschaften und Spiele 357

    Raum-Erfahrungen · Freundschaften · Spiele und Spielzeug

4. Schulalltag und Ausbildungen 369

5. Hitler-Jugend 379

6. Körper und Körper-Erfahrungen 389

    Das Äußere · Verhältnis zum eigenen Körper · Verhältnis zum anderen Geschlecht

7. Erziehungsmaximen und Werthaltungen 399

8. Resümee 407

    Das öffentliche politische Leben in der Wahrnehmung der Kinder · Kontinuitäten und Brüche

Teil III: Kinderalltag im protestantischen Industriedorf

1. Der Ort – Volpriehausen 417

2. Die Familien 433

   Das Sample · Die wirtschaftlichen Verhältnisse ·
   Wohnbedingungen · Soziale Beziehungen · Die Beziehungen
   zwischen Eltern und Kindern

3. Kindheits-Räume, Spiele und Freundschaften 459

   Raum-Erfahrungen · Spiele und Spielzeug · Freundschaften ·
   Streiche und Widerständigkeiten

4. Schulalltag 473

5. Hitler-Jugend 478

6. Körper und Körper-Erfahrungen 489

   Das Äußere: Kleidung und Frisuren · Verhältnis zum eigenen
   Körper · Geschlechtsrollen

7. Erziehungsmaximen und Werthaltungen 502

   Erziehungsmaximen · Religion · Medien · Die Wirkung der
   nationalsozialistischen Ideologie

8. Dorföffentlichkeit und Politik 516

9. Resümee 520

Teil IV: Kinderalltag in einem katholischen Dorf

1. Der Ort – Das katholische Dorf Obernfeld im Eichsfeld 527

2. Die Familien 539

   Das Sample · Die wirtschaftlichen Verhältnisse ·
   Wohnverhältnisse · Soziale Beziehungen · Die Beziehungen
   innerhalb des Haushalts · Politik in den Familienbeziehungen

3. Kindheits-Räume, Freundschaften und Spiele 567

    Raum-Erfahrungen · Freundinnen und Freunde · Spiele und Spielzeug · Streiche, Widerständigkeiten und kleine Freiheiten

4. Schulalltag 577

5. Hitler-Jugend 586

6. Körper und Körper-Erfahrungen 593

    Das Äußere: Kleidung und Frisuren · Verhältnis zum eigenen Körper · Sexualität und Geschlechtsrollen

7. Erziehungsmaximen und Werthaltungen 603

    Normen und Werte · Medien · Religion

8. Resümee 613

    Dorföffentlichkeit und Politik · Kontinuitäten und Brüche

Teil V: Schlussbetrachtung

Ergebnisse und Perspektiven 621

    Kontinuitäten und Brüche · Rückblicke · Entwicklungstrends der Kindheit im 20. Jahrhundert

Verzeichnis der Abkürzungen 640

Quellen- und Literatur 641

Register 672

Zum Gelingen dieses Buches haben viele Personen beigetragen. Vor allem die Zeitzeuginnen und Zeitzeugen, die sich zu Interviews bereit erklärt hatten und dafür sehr viel Zeit aufgebracht haben. Ihnen schulde ich in erster Linie Dank. Den Hinweis auf sie erhielt ich von Kontaktpersonen in den Orten, die für diese Studie ausgewählt wurden. Besonders bedanken möchte ich mich bei Gisela Baethge (Göttingen), Alois Ehbrecht sen. (Obernfeld), Detlef Herbst (Volpriehausen), Dr. Ilsemarie Leaver (Göttingen), Beate Meinhardt (Göttingen), Dr. Wolfgang Schäfer (Uslar), Edith Wieland (Hann. Münden). In den Archiven und Museen habe ich viel Hilfe und Unterstützung erfahren. Dr. Johann Dietrich von Pezold und Andrea Wendenburg haben mir den Zugang zu den Beständen des Stadtarchivs Hann. Münden erleichtert, Dr. Erich Böhme zu denen des Stadtarchivs Göttingen; Detlev Herbst hat das Dorfarchiv Volpriehausen für mich geöffnet. Bei der Recherche nach historischen Photographien haben mich unterstützt: Wolfgang Barsky (Städtisches Museum Göttingen), Stefan Schäfer (Stadtarchiv Hann. Münden), Detlev Herbst (Volpriehausen), Silvia Engelhardt (Heimatmuseum Obernfeld), Dieter Wagner (Stadtarchiv Duderstadt, Kreisarchiv Göttingen). Für technische Unterstützung bei der Photobearbeitung danke ich ihnen und Dr. Torsten Näser vom Institut für Kulturanthropologie/Europäische Ethnologie der Universität Göttingen.

Gisela Baethge und Dr. Helga Zeiher haben Teile des Textes gelesen und konstruktive Kritik geübt. Wolf Rosenbaum war über Jahre ein geduldiger, ideenreicher und kritischer Gesprächspartner und Leser, dem dieses Buch viel verdankt. Evelyn Kraßmann, M.A., hat das Manuskript in eine druckreife Form gebracht. Ihnen allen danke ich vielmals.

Immer bleibt deshalb eine Kindheit im Faschismus eine Kindheit.
Peter Brückner[1]

Einleitung

Fragestellungen

Vor ungefähr 20 Jahren bin ich bei der Vorbereitung eines Seminars zu »Kindheit im 20. Jahrhundert« auf das Thema dieses Buches gestoßen. Ich musste feststellen, dass es nur wenig Literatur über den Alltag von Kindern im Nationalsozialismus gibt. Andere Zeiträume waren damals schon gut erforscht. Vor allem für das Deutsche Kaiserreich lagen viele Untersuchungen vor, die sich mit Kindheit in verschiedenen sozialen Milieus, teilweise auch vergleichend, beschäftigten.[2] Für die 1920er Jahre gibt es einige Literatur aus dem Umfeld der sozialreformerischen und sozialistischen Bewegungen,[3] für die frühen 1930er Jahre die für die Neue Kindheitsforschung grundlegende Untersuchung von Martha und Hans Heinrich Muchow, die bereits mit teilnehmender Beobachtung gearbeitet haben.[4] Kindheit in den 1950er und 1960er Jahren war zwar nicht umfassend, aber doch relativ gut bearbeitet worden. Dazu haben unter anderem die Shell-Jugend-

---

[1] Brückner, *Das Abseits als sicherer Ort*, S. 25.
[2] Um nur einige zu nennen: Flecken, *Arbeiterkinder;* Hardach, *Kinderalltag;* Weber-Kellermann, *Die Kindheit;* Rosenbaum, *Formen der Familie;* Budde, *Bürgerleben;* Seyfarth-Stubenrauch, *Erziehung;* Behnken/Bois-Reymond/Zinnecker, *Stadtgeschichte;* Klika, *Erziehung und Sozialisation;* Rosenbaum, *Proletarische Familien.*
[3] Salomon/Baum (Hg.), *Das Familienleben;* Hoernle, *Grundfragen;* Kanitz, *Kämpfer der Zukunft;* Rühle, *Psychologie des proletarischen Kindes.*
[4] Muchow/Muchow, *Lebensraum.* Die Arbeit erschien erst 1935. Die Untersuchungen fanden zwischen 1930 und 1932 statt.

studien beigetragen, die seit 1953 durchgeführt werden.[5] Ausgelöst durch das bahnbrechende Buch von Philippe Ariès über die *Geschichte der Kindheit* gab es auch in Deutschland einen Boom der sozialhistorischen Kindheitsforschung.[6] In den 1980er Jahren entstanden mehrere Studien und es vollzog sich außerdem die Wendung zur Neuen Kindheitsforschung, die den kindlichen Alltag aus der Perspektive der Kinder erforscht und sich dazu ethnographischer Methoden bedient.[7] Zur Kindheit in der NS-Zeit liegen viele autobiographische Erzählungen vor sowie etliche Untersuchungen über Schule und Hitler-Jugend.[8] Der Alltag der Kinder jenseits dieser Institutionen ist jedoch kaum erforscht worden.[9] Angesichts dieser Literaturlage bin ich auf die Idee für ein Forschungsprojekt über »Kinderalltag im Nationalsozialismus« gekommen. Es hat dann noch mehrere Jahre gedauert, einen detaillierten Forschungsplan und -antrag zu entwickeln. Die VolkswagenStiftung hat ihn erfreulicherweise akzeptiert und drei Jahre lang (1999–2002) finanziert.[10]

Das damals erhobene Material ist Grundlage dieses Buches. Ihm liegen zwei Hypothesen zugrunde:

1. Zum einen gehe ich davon aus, dass im Nationalsozialismus selbst der Alltag der Kinder kein von der Politik verschonter Lebensbereich ge-

---

5 Vgl. Rauschenbach, *Kinder in Deutschland*, S. 3.
6 Ariès, *Geschichte der Kindheit*. Zu den in der Folge entstandenen vielen Studien vgl. Anm. 1. Als eine der Ersten publizierte die Volkskundlerin Ingeborg Weber-Kellermann zu dem Thema. Die Deutsche Gesellschaft für Volkskunde veranstaltete bereits 1985 einen Kongress zum Thema »Kinderkultur« (Köstlin/Pohl-Weber/Alsheimer (Hg.), *Kinderkultur*). Er hat allerdings nicht dazu geführt, das Thema »Kindheit« prominent im Fach zu verankern.
7 Einen kurzen Überblick zur modernen Kindheitsforschung findet man bei Zeiher, »Entdeckung der Kindheit«, S. 795–805.
8 Mit dem Begriff Hitler-Jugend wird in diesem Buch stets die Gesamtorganisation bezeichnet, die die Unterorganisationen für Mädchen und Jungen umfasste, den Jungmädelbund (JM) bzw. das Deutsche Jungvolk (JV) für die Zehn- bis 14-Jährigen, den BDM und die HJ für die 14- bis 18-Jährigen.
9 Eine der wenigen Ausnahmen ist die frühe Studie von Dagmar Reese (*Straff, aber nicht stramm*). Sie konzentriert sich zwar auch stark auf den Bund Deutscher Mädel (BDM), greift aber zugleich auf andere Gebiete des Alltags über.
10 Die Interviews für das Projekt wurden von Sigrid Anna Friedreich und Oliver Doetzer geführt. Außer dem unveröffentlichten Abschlussbericht für die VolkswagenStiftung sind aus ihm drei nicht publizierte Magisterarbeiten entstanden (Mihr, *Kinderalltag*; Schmidt, *Kindheit*; Heeren, *Bürgerliche Ehefrauen*). 2010 ist eine Dissertation erschienen, die auf den mit Männern geführten Interviews aus dem bürgerlichen Milieu Göttingens beruht (Doetzer-Berweger, *Söhne des Bürgertums*). Sie wurde von Alf Lüdtke (Erfurt) betreut. Zudem sind mehrere Aufsätze veröffentlicht worden. Vgl. Literaturverzeichnis.

wesen ist. Der Nationalsozialismus intendierte, die deutsche Gesellschaft zu revolutionieren. Es ging ihm nicht um eine allmähliche Umgestaltung, sondern um einen radikalen Umbruch. Kontinuitäten sollten aufgebrochen, »alte Zöpfe« abgeschnitten werden. Dieses »Programm« zielte nicht nur auf den grundlegenden Umbau des politischen Lebens und der Arbeitswelt, sondern auch auf das Alltagsleben der Bevölkerung. Der Alltag der Kinder war von diesen Bestrebungen nicht ausgenommen. Ganz im Gegenteil zielte die nationalsozialistische Politik darauf ab, gerade die Jugend für die »Bewegung« zu gewinnen. Die Bildung einer für alle Kinder und Jugendlichen neuen Einheitsorganisation, der Hitler-Jugend, war dafür zweifellos das sichtbarste Zeichen. Hinzu kamen Eingriffe in die Schule (Säuberung der Lehrerkollegien, neue Richtlinien und Rituale, Schulreform). Die neuen Medien, Radio und Film, wurden eingesetzt, um auch die Kinder gezielt propagandistisch zu bearbeiten. Zwar blieb kein Teil des kindlichen Alltags von politischer Beeinflussung vollständig unberührt, die einzelnen Bereiche veränderten sich aber in unterschiedlichem Ausmaß. Den stärksten Zugriff auf die Kinder hatte das Regime zweifellos über die Institutionen Schule und Hitler-Jugend, die für alle Kinder verpflichtend waren. In anderen Bereichen des kindlichen Lebens waren hingegen Umbrüche weniger ausgeprägt oder spürbar, Kontinuitäten augenfällig. Das gilt besonders für das private Leben, das größere Chancen bot, sich gegenüber der Politik und ihren Zugriffen abzuschotten. Gleichwohl blieben weder Familie noch Lektüre, weder Freundschaften und Spiele gänzlich unpolitische Bereiche. Die Kinder lebten unter dem NS-Regime daher eine Kindheit, die in einigen Segmenten an die Kindheitserfahrungen ihrer Eltern anknüpfte, in anderen unterschied sie sich jedoch deutlich davon. Kontinuitäten und Brüche waren eng miteinander verwoben. Während in der Literatur der Fokus überwiegend auf dem Leben der Kinder in der Hitler-Jugend und der Schule liegt, geht es mir in diesem Buch darum, den gesamten Alltag der Kinder zu untersuchen, das heißt gerade auch jene Bereiche zu erfassen, in denen das Leben weitgehend in hergebrachten Bahnen verlaufen ist. Dieses Geflecht aus Kontinuitäten und Brüchen im Alltag der Kinder steht im Zentrum. Kontinuität soll nun nicht heißen, dass alles unverändert geblieben ist. Wandlungsprozesse finden ständig in einer Gesellschaft statt, ohne dass sie Brüche mit den vorangegangenen Entwicklungen darstellen. Als Bruch wird in diesem Buch hingegen eine starke, gravierende Veränderung von Strukturen oder Beziehungen bezeichnet.[11] Dabei muss unterschieden werden zwischen Brüchen, die die Kinder selbst als solche wahrgenommen haben, und jenen, derer sie sich vermittelt über die Reaktionen ihrer Eltern auf Ereignisse oder Maßnahmen der Nationalsozialisten bewusst geworden sind.

Die Hypothese von der politischen Durchdringung oder Politisierung des Kinderalltags bedeutet nun nicht, dass sie den Betroffenen auch bewusst gewesen ist. Ganz im Gegenteil widerspricht sie der Einschätzung etlicher Betroffener, von denen manche explizit formulierten, ihre Kindheit sei aber völlig unpolitisch gewesen. Dieser Widerspruch löst sich auf, wenn man sich klarmacht, dass die Kinder nichts anderes kannten. Für sie existierten keine alternativen Konzepte und Möglichkeiten des Aufwachsens. Die Politisierung war für sie zum Alltag geworden, gehörte zu den Selbstverständlichkeiten und Routinen, die für ihn charakteristisch sind. Hinzu kam, dass in vielen Fällen weder Eltern noch andere Erwachsene die politischen Maßnahmen und ideologischen Konstrukte infrage stellten – entweder weil sie selbst von ihnen überzeugt waren oder weil sie sich aus Vorsicht gegenüber den Kindern mit kritischen Bemerkungen zurückhielten.

2. Der Alltag von Kindern ist nun nicht überall gleich. Er unterscheidet sich danach, wo und unter welchen Bedingungen sie aufwachsen, ob auf dem Land oder in der Stadt, ob im Wohlstand oder eher unter kargen Bedingungen, in welchem religiösen und weltanschaulichen Umfeld sie leben. Wenn auch der Nationalsozialismus mit seiner Ideologie und Politik die gesamte Gesellschaft, alle gesellschaftlichen Bereiche und Mitglieder erfassen und durchdringen wollte, befanden sich die verschiedenen sozialen Milieus doch in unterschiedlicher Nähe oder Distanz zur nationalsozialistischen Ideologie und Politik, waren mithin für die Propaganda unterschiedlich empfänglich. Das gilt entsprechend, so die zweite Hypothese, ebenfalls für den Alltag der Kinder. Weder waren, wie erwähnt, dessen einzelne Teile gleichmäßig von der Politisierung betroffen noch galt das für die verschiedenen Milieus in identischer Weise. In manchen wirkten politische Maßnahmen und die Propaganda auf die Kinder in erster Linie über die Schule ein, in anderen über die Hitler-Jugend, in wieder anderen über das gesamte soziale Umfeld. Kontinuitäten und Brüche prägten deshalb den Kinderall-

---

11 Dieser Begriff ist also nicht identisch mit dem »zivilisatorischen Bruch«, den die Nationalsozialisten mit ihrer in den Holocaust mündenden rassistischen Politik verursacht haben.

tag in den sozialen Milieus in unterschiedlicher Intensität. Deshalb wurde die Untersuchung so angelegt, dass der Alltag von Kindern exemplarisch in vier verschiedenen sozialen Milieus erforscht und miteinander verglichen werden konnte. Sie unterscheiden sich nach den sozio-ökonomischen Rahmenbedingungen, unter denen die Menschen lebten, der Konfessionszugehörigkeit sowie der (vermuteten) Nähe oder Ferne zum Nationalsozialismus. Konkret handelt es sich um das gehobene bürgerliche Milieu in der mittelgroßen Universitätsstadt Göttingen, das Arbeitermilieu in der Kleinstadt Hann. Münden sowie um zwei ländliche Milieus, die sich in Bezug auf die dominierende Konfession und die Sozialstruktur unterscheiden.[12] Mit der Milieuzugehörigkeit lassen sich allerdings nicht alle Unterschiede erklären. Für die je konkrete Gestalt des Kinderalltags spielen weitere Faktoren eine Rolle: die jeweilige Familienkonstellation, die Persönlichkeit des Kindes und vor allem seine Geschlechtszugehörigkeit, die zu einer wichtigen Differenzierung des Alltags der Kinder innerhalb eines Milieus führt, weil in jedem Milieu je spezifische Vorstellungen von Weiblichkeit und Männlichkeit existieren.[13] Darauf hat Bourdieu eindringlich hingewiesen: Für ihn ist Geschlecht eine »fundamentale Dimension des Habitus«.[14]

Diese beiden Hypothesen stehen im Zentrum des Buches. Ihre Überprüfung erlaubt es auch die Frage zu beantworten, welche Bedeutung der Zeit des Nationalsozialismus beim Rückblick auf Kindheit im 20. Jahrhundert zukommt. Für diesen Zeitraum hat die Kindheitsforschung mehrere Entwicklungslinien herausgearbeitet:[15]

- Die zentralen Trends sind Familiarisierung und Scholarisierung. Familiarisierung betont, dass Kinder statt auf der Straße und in der Öffentlichkeit sich mehr und mehr in der Wohnung aufhalten. Die Ergänzung der Familienkindheit durch die Lernkindheit in der Schule wird als Scholarisierung bezeichnet.
- Beide Institutionen stehen am Beginn der Institutionalisierung von Kindheit, das heißt des Umstands, dass Kinder zunehmend in speziell

---

12 Großstädtische Milieus wurden bewusst ausgeklammert, aus forschungspraktischen Erwägungen, aber auch, weil sie oft im Zentrum stehen.
13 So Frerichs/Steinrücke, »Kochen«, S. 234; vgl. dazu auch Faulstich-Wieland, »Sozialisation«, S. 240–253.
14 Bourdieu, »Die sanfte Gewalt«, S. 222.
15 Kurze und knappe Information bei Honig, »Sozialgeschichte«, S. 207–218. Ausführlicher neuerdings Zeiher, »Widersprüche und Ambivalenzen«, S. 103–126.

für sie geschaffenen und pädagogisch kontrollierten Einrichtungen aufwachsen.
- Eng verbunden damit ist die Verhäuslichung. Mit dem Begriff wird die Tendenz bezeichnet, dass Kinder vermehrt in Institutionen und damit in geschützten Räumen leben.
- Eine weitere Entwicklungslinie ist die Sakralisierung, die auf die wachsende Bedeutung des Kindes für die Erwachsenen abstellt.
- Zur Individualisierung trägt schließlich der Abbau autoritärer Verhältnisse in den Eltern-Kind-Beziehungen zugunsten der Tendenz zum »Verhandlungshaushalt« bei, zugunsten von größerer Selbstständigkeit und Eigenverantwortung des Kindes.

Wie sich die Phase des Nationalsozialismus in diese Entwicklungslinien der Kindheit im 20. Jahrhundert einfügt, soll im Schlusskapitel erörtert werden.

Konzepte und Begriffe

Alltagsforschung richtet ihre Aufmerksamkeit auf das Verhalten der »normalen« Gesellschaftsmitglieder, die als Akteure tagtäglich den gesellschaftlichen Zusammenhang herstellen. Sie grenzt sich dadurch ab von Politikgeschichte, Wirtschafts- oder Strukturgeschichte, in deren Zentrum herausragende Personen, Aktionen, gesellschaftliche Organisationen oder Strukturen stehen. Jeder Mensch tritt mit seiner Geburt in eine bereits existente soziale Welt ein. Er muss sich einfügen in Habitualisierungen und Typisierungen des Verhaltens, die zu vorgegebenen Mustern sozialer Beziehungen geronnen sind. Derartige überindividuelle Muster sind beispielsweise Sprache, soziale Rollen, Normen und Werte, Rechts-, Wirtschafts- und Berufsstrukturen, Herrschafts- und Autoritätsverhältnisse. Sie haben unterschiedliche Reichweite. Es gibt Muster, die in der gesamten Gesellschaft gelten (zum Beispiel Tötungsverbot), andere, die nur im weiteren sozialen Umfeld verbindlich sind (zum Beispiel Solidarität im traditionellen Arbeitermilieu), wieder andere können familienspezifisch sein. Daneben entwickelt jeder Mensch Verhaltensmuster, die nur ihm eigen sind. Er agiert in einem Spannungsfeld verschiedener Verhaltensvorgaben, die ihm unterschiedlich große Verhaltensspielräume gewähren. Er muss sich nicht nur einpassen, sondern gestaltet und verändert durch seine Aktivitäten die überindividuellen Muster, wenn auch in den einzelnen Bereichen des Alltagshandelns in unterschiedlichem Ausmaß.[16] So kann ein Kind die Verhaltensmuster in seinem Freundeskreis vermutlich stärker beeinflussen als die in seiner Herkunftsfamilie. In dem durch viele Regeln normierten Schulalltag dürften seine Spielräume noch geringer sein. Alltagsforschung betreibt nun vor allem die Analyse des fraglos Gegebenen, der routinisierten Verhaltensweisen, des immer Gleichen.[17] Zugleich interessiert sie sich aber auch dafür, wie die Akteure die ihnen möglichen Spielräume nutzen, ob sie sie ausfüllen oder gar erweitern. Diese Fragen verfolgt auch das vorliegende Buch. Im Folgenden werden die verschiedenen Teilbereiche und Ebenen des Kinderalltags untersucht: außer den bereits erwähnten von Schule und Hitler-Jugend auch Familien- und Freundschaftsbeziehungen, Raum-Erfahrungen, Körperlichkeit, Spiele und Lektüre, Werte und Normen.

Ein *soziales Milieu*[18] entsteht überall dort, wo über einen längeren Zeitraum Menschen zusammenleben, die die äußeren Bedingungen des Lebens wie Bildungsniveau, ökonomische Position, Einkommen teilen, sich mithin in ähnlicher sozialer Lage befinden. Soziale Lagen sind innerhalb einer Gesellschaft stets über- oder untergeordnet. Auf der Grundlage sozialer Lagen entwickeln die Menschen spezifische Lebensformen, -orientierungen und -verhältnisse. Wenn diese auch an die soziale Lage anknüpfen, so sind sie doch nicht mit ihr identisch. Weitere, insbesondere kulturelle Faktoren spielen für die konkrete Ausgestaltung eine Rolle. Deshalb können auf der Grundlage vergleichbarer sozialer Lagen durchaus unterschiedliche soziokulturelle Milieus entstehen.[19] So gibt es Unterschiede zwischen bürgerli-

---

16 Alltagsforschung, wie sie in dieser Untersuchung zugrunde liegt, steht in der Tradition der interpretativen Sozial- und Kulturwissenschaften. Dieses Konzept einer sozialen Wirklichkeit geht auf Herbert Blumer (*Symbolic Interactionism*), George H. Mead (*Geist, Identität und Gesellschaft*) und Alfred Schütz (*Aufbau der sozialen Welt*) zurück.
17 Vgl. Elias, »Begriff des Alltags«, S. 22–29; Jeggle, »Alltag«, zusammenfassend Lipp, »Alltagsforschung«, S. 1–33. Ob ein Geschehen zum Alltag gehört oder nicht, kann vom Standpunkt des Betrachters abhängen. Lipp hat darauf hingewiesen, dass aus der Perspektive des Individuums Geburt, Heirat und Tod einmalige Ereignisse sind, aus der Perspektive der Gesellschaft zählen sie zum Alltag (»Alltagsforschung«, S. 2f.).
18 Die neuere Diskussion über die Differenzierung der Sozialstruktur ist stark von Pierre Bourdieu (*Die feinen Unterschiede*) beeinflusst worden. Zu der Diskussion zusammenfassend vgl. Hradil, *Soziale Ungleichheit*.
19 Hradil definiert soziale Milieus als »Gruppen Gleichgesinnter, die jeweils ähnliche Werthaltungen, Prinzipien der Lebensgestaltung, Beziehungen zu Mitmenschen und Mentali-

chen Milieus in Großstadt und Kleinstadt. Innerhalb der Arbeiterschaft können aufgrund von differenten Wertorientierungen verschiedene Milieus entstehen.[20] Auf der Basis eines Milieus entwickeln die Menschen Lebensstile, das heißt bestimmte Formen des Konsum-, Bildungs- und Freizeitverhaltens sowie der sozialen Kontakte. Das Milieu ist gleichsam die vermittelnde Instanz zwischen sozialer Lage und einem bestimmten Lebensstil.

Dieser Milieubegriff, so viel dürfte deutlich geworden sein, umfasst mehr als die soziale Lage, so wie sie üblicherweise in Klassen- oder auch Schichttheorien gefasst wird, die sich auf sogenannte »objektive« Kriterien der Lage-Bestimmung wie Stellung im Produktionsprozess, Einkommen, Bildungsniveau oder Ähnliches konzentrieren. Der Begriff unterscheidet sich aber auch von jenem hauptsächlich in der Konsumforschung verwendeten Milieubegriff, der ausschließlich auf den Lebensstil abstellt.[21] Wegen der Verbindung von sozialstruktureller Position mit der kulturellen Differenzierung erweist sich der Begriff des sozialen Milieus für die Analyse des Alltagslebens, die auch auf Lebensstile und Lebensführung zielt, mithin auf kulturelle Differenzen, als besonders geeignet. Eine wichtige Rolle kann dabei neben der Geschlechts- und Alterszugehörigkeit auch die Konfession spielen, die in den Untersuchungen zur sozialen Lage ausgeblendet bleibt.[22]

Für die Analyse des Kinderalltags hat der hier verwendete Milieubegriff den Vorzug, dass mit ihm die unterschiedlichen materiellen und kulturellen Voraussetzungen, unter denen die Kinder ihr Leben beginnen und mit denen sie aufwachsen, deutlich sichtbar werden. Das ist wichtig, weil hier die »ökonomischen, kulturellen und sozialen Ressourcen« aber auch Restriktionen einbezogen werden, mit dem ihr jeweiliges Herkunftsmilieu sie ausstattet.[23]

---

täten aufweisen« (*Soziale Ungleichheit*, S. 420). Vgl. auch Rosenbaum, *Proletarische Familien*, S. 96f.
20 In dem Ort Linden existierten am Anfang des 20. Jahrhunderts nebeneinander ein katholisches, ein sozialdemokratisches und ein kleinbürgerliches Arbeitermilieu. Vgl. Rosenbaum, *Proletarische Familien*.
21 Vgl. Geißler, *Sozialstruktur*, S. 71.
22 Schmiechen-Ackermann sieht in der Konfession eine »Strukturkategorie«, die ebenso wie Soziale Klasse bei einer sozialwissenschaftlich fundierten historischen Analyse unbedingt beachtet werden muss (»Komparatistik«, S. 239).
23 Bauer/Vester, »Soziale Ungleichheit«, S. 196. Diese Zusammenhänge hat Bourdieu in vielen Arbeiten untersucht. Vgl. Ders./Passeron, *Chancengleichheit;* Ecarius, »Familienerziehung«, S. 137–156. Für die USA hat Lareau den Zusammenhang von Schicht- bzw.

Diese Untersuchung geht von der Hypothese einer weitreichenden Politisierung des Alltagslebens der Kinder aus. Mit dem Begriff »Politisierung« ist nicht nur die explizite politische Unterweisung durch den Nationalsozialismus gemeint, sondern auch die implizite politische Beeinflussung, die beispielsweise durch die Teilnahme der Kinder an Ritualen und Festen stattfand, die in Radiosendungen, in Filmen, in der Lektüre enthalten war, sich in Veränderungen der Sprache niederschlug und zu Orientierungs- und Denkmustern verfestigte. Die politische Sozialisationsforschung unterscheidet dementsprechend zwischen Prozessen manifester und latenter politischer Sozialisation. Sie hat nachgewiesen, dass die in einem lebenslangen Prozess erworbenen »explizit politische(n) Orientierungen und Handlungsweisen am Ende längerer Entwicklungsreihen ›vorpolitischer‹ Einstellungen und Dispositionen«[24] stehen, die bereits im familiären Umfeld erworben werden, andere in den Spielgruppen der Kinder, aber auch in den die Kinder organisierenden Institutionen wie Schule, Jugendgruppen und so weiter.[25] Politisierung findet mithin durchgängig im Alltag statt.

Hopf/Hopf ziehen aus dieser Erkenntnis die Konsequenz, nicht nur zwischen beabsichtigten und unbeabsichtigten Folgen politischer Sozialisation zu unterscheiden, sondern zu berücksichtigen, dass politische Sozialisation auch durch Personen oder »Arrangements« in Gang gesetzt werden kann, die gar nicht explizit politisch sind oder sein wollen. Sie unterscheiden insgesamt vier verschiedene Typen politischer Sozialisation.

Manifeste und latente politische Sozialisation

	Explizit politischer Inhalt	Implizit/indirekter politischer Inhalt
Beabsichtigte Einflussnahme eines »Sozialisationsagenten«	1	2
Beiläufiges Lernen durch Arrangements	3	4

Quelle: Hopf/Hopf, S. 12

Klassenzugehörigkeit mit der Verfügung über kulturelles und soziales Kapital nachgewiesen, das über Erfolg und Misserfolg der Kinder in den zentralen gesellschaftlichen Institutionen (*key institutions*) entscheidet (Lareau, *Unequal Childhoods*, S. 237, 311).
24 Hopf/Hopf, *Familie*, S. 8
25 Vgl. dazu den Überblicksaufsatz von Rippl, »Politische Sozialisation«, S. 443–457. Auch Strohmeier, »Politik«, S. 7–15.

Zum Typ 1 gehört zweifellos die gezielte politische Indoktrination, sei es in der Schule oder beim »Dienst« in HJ und BDM. Als Beispiel für den Typ 2 lässt sich die Einbindung der Kinder beziehungsweise Jugendlichen in die Hierarchie der Jugendorganisationen anführen, durch die ihnen die Einübung von Gehorsam gegenüber Befehlen frühzeitig antrainiert wurde. Beispiele für den Typ 3 politischer Sozialisation sind die vielfältigen Symbole und Rituale, vom Fahnenappell in der Schule über die Präsenz von Uniformen im Straßenbild bis zum Marschieren im Gleichschritt. Zum Typ 4 gehören Filme, die Gewalt als Mittel der Konfliktaustragung propagieren[26] ebenso wie die Ausgrenzungen von aus der Perspektive des Regimes missliebigen Personen und Ähnliches. Gerade die Typen 2 bis 4, die als Prozesse latenter politischer Sozialisation bezeichnet werden, sind bislang weitgehend unberücksichtigt geblieben. Das sind aber zugleich diejenigen, deren Wirkung deshalb so tiefgreifend ist, weil sie angeblich oder vermeintlich »unpolitisch« sind oder sein wollen. Sie geraten erst in den Blick, wenn man alle Bereiche oder Ebenen des Alltags der Kinder untersucht. Nur dadurch ist es möglich, auch die eher unterschwelligen Wirkungen der nationalsozialistischen Politik, auf die es dieser Untersuchung besonders ankommt, aufzuzeigen.

Anlage der Untersuchung

Da der Alltag der Kinder im Nationalsozialismus im Zentrum steht, ist es unumgänglich, alle Bereiche des kindlichen Lebens in den Blick zu nehmen. Die Untersuchung ist deshalb sehr breit angelegt. Der kindliche Alltag in den Familien wird ebenso zum Thema wie das kindliche Spiel, die Eroberung des Raums, das Leben in Schule und Hitler-Jugend, der Umgang mit dem Körper sowie Normen und Werte, einschließlich der Religiosität.

Dennoch gibt es Beschränkungen. Von Beginn an wurden zwei Eingrenzungen vorgenommen: Kindheit im Krieg sollte so weit wie möglich ausgeklammert werden. Der Kinderalltag in den Kriegsjahren unterschied sich stark von dem in der sogenannten »Friedenszeit«. Diese Kindheiten wurden nicht nur durch den Nationalsozialismus bestimmt, sondern auch

---

26 Vgl. die Beispiele bei Hopf/Hopf, *Familie*.

durch den Krieg. Sie waren geprägt durch abwesende Väter, die zum Kriegsdienst eingezogen oder bereits gefallen waren, durch zunehmend eingeschränkten Schulunterricht, durch die Rationierung von Lebensmitteln, durch Bombenalarm, Verdunkelungen, Ernteeinsätze et cetera. Durch die Kriegsjahre haben sich die Bedingungen, unter denen die Kinder aufgewachsen sind, stark verändert.[27] Der Untersuchungszeitraum konzentriert sich deshalb auf die Jahre zwischen 1933 und 1939.

Ausgeschlossen aus der Untersuchung bleibt auch der Alltag von Kindern, die während des Nationalsozialismus aus rassischen oder anderen Gründen verfolgt worden sind.[28] Die Lebenssituation der jüdischen Kinder, der von Sinti und Roma sowie anderen verfolgten Bevölkerungsgruppen unterschied sich derart grundlegend von der der »arischen« Kinder, dass es nicht sinnvoll war, sie in diese Studie einzubeziehen. Entsprechendes gilt für Kinder in Anstalten.[29]

Um den in differenten sozialen Umgebungen unterschiedlich intensiven Zugriff des Nationalsozialismus auf die Kinder untersuchen zu können, wurden vier verschiedene Milieus in vier Orten ausgewählt. Die jeweiligen Kindheiten im lokalen Kontext zu erforschen, erlaubt es, möglichst viele der jenseits des Herkunftsmilieus wichtigen Rahmenbedingungen des Lebens konstant zu halten wie die Größe des Ortes, die räumlichen Gegebenheiten, die Schulverhältnisse, das sonstige kulturelle Angebot sowie die traditionelle politische »Färbung« des Ortes und das dort im Nationalsozialismus herrschende politische Klima.

Für eine historische Alltagsforschung, die auf die Wahrnehmung und Interpretation der Wirklichkeit durch die Handelnden selbst angewiesen ist, sind Ego-Dokumente[30] die geeignete Quelle. Für diese Untersuchung

---

27 Deshalb sollte dieser Zeitraum gesondert untersucht werden. Das ist in der Zwischenzeit bereits geschehen. Eine erste Untersuchung stammt von Stargardt, *Hitlers Krieg*. Am Kulturwissenschaftlichen Institut Essen (KWI) wurde in den Jahren 2004 und 2005 ein von Jürgen Zinnecker initiiertes Projekt *»Kinder des Weltkrieges«* durchgeführt (http://www.kulturwissenschaften.de/home/projekt-32.html). An der Universität München wird ebenfalls zu Kriegskindheit geforscht (http://www.kriegskindheit.de/). Aus beiden Forschungsprojekten sind bereits Veröffentlichungen entstanden. Außerdem gibt es eine Fülle autobiographischer Literatur.
28 Über das Leben dieser Kinder findet sich einiges in der Holocaust-Literatur, wenn auch zumeist unter anderer Fragestellung.
29 Vgl. dazu auch Stargardt, *Hitlers Krieg*.
30 Damit werden alle Zeugnisse bezeichnet, in denen Personen freiwillig oder unfreiwillig Auskunft über sich selbst geben. Am bekanntesten sind neben biographischen Inter-

wurden biographische Interviews mit Zeitzeuginnen und Zeitzeugen[31] geführt. Ihre Auswertung wird durch Archivmaterialien und Sekundärliteratur ergänzt. Im Vergleich zu Autobiographien haben biographische Interviews den Vorzug, dass aufgrund theoretisch-methodischer Überlegungen gezielt Interviewpartner gesucht werden können. Zudem lässt sich das Gespräch auf alle interessierenden Themen und Ebenen lenken, so dass in allen Interviews Erzählungen zu den relevanten Punkten zu finden und sie somit vergleichbar sind. Zwar bilden die Personen, die sich zu einem Interview bereit erklären, immer schon eine spezifische Auswahl. Diese ist aber nicht so hoch selektiv wie bei den Verfassern von Autobiographien.[32]

Eigene Erinnerungen an die Kindheit reichen bei den meisten Menschen nur bis zum Alter von drei bis vier Jahren zurück. Die ersten Lebensjahre liegen normalerweise im Dunkeln. Wissen darüber stammt aus den Erzählungen anderer Personen, ist Kenntnis aus zweiter Hand. Aber auch die ganz frühen eigenen Erinnerungen sind häufig nur episodisch. Da die erinnerbare Kindheit in den 1930er Jahren liegen sollte, wurden deshalb Zeitzeuginnen und Zeitzeugen gesucht, die zwischen 1923 und 1927 geboren sind. Der Beschränkung auf lediglich fünf Geburtsjahrgänge lag die Überlegung zugrunde, die Erlebens- und Erfahrungsdifferenzen bei den Interviewpartnerinnen und -partnern möglichst gering zu halten. Die Angehörigen des ältesten Jahrgangs haben ihre ersten vier Schuljahre noch in der Weimarer Republik erlebt, für die des jüngsten Jahrgangs begann die Schulzeit erst 1933, als die Nationalsozialisten anfingen, die Schule umzustrukturieren. Die ältesten Zeitzeugen traten 1933 in die Hitler-Jugend ein, als diese in ihrer organisatorischen Struktur noch wenig verfestigt gewesen ist. Die jüngsten wurden 1937 in den Jungmädelbund oder das Jungvolk aufgenommen, zu einem Zeitpunkt also, als fast alle Kinder dieser Jahrgänge bereits dort eintreten mussten. Die ältesten Zeitzeugen beendeten 1937

---

views Autobiographien und Tagebücher. Aber auch Gerichtsakten können zu den Ego-Dokumenten zählen. Vgl. Schulze, »Ego-Dokumente«, S. 14f.

31 Da weder das große Binnen-I (ZeitzeugInnen) noch der Unterstrich (Zeitzeuge_innen) sprachlich elegante Möglichkeiten sind, auszudrücken, dass beide Geschlechter gemeint sind, habe ich mich entschieden, entweder beide Formen (Zeitzeuginnen und Zeitzeugen) oder neutrale Begriffe zu benutzen (Personen). Nur gelegentlich verwende ich die männliche Form, wenn beide Geschlechter gemeint sind. Das ist dann aus dem Zusammenhang eindeutig erkennbar.

32 Vgl. dazu Mihr, *Kinderalltag*. Ein Überblick über die Argumente findet sich bei Rosenbaum, »Kindheitsbiographien«, S. 744–757.

die Volksschule oder machten 1941/42 das Abitur, die jüngsten wurden 1941 aus der Volksschule entlassen. Diejenigen von ihnen, die die Oberschule besuchten, erhielten lediglich ein Notabitur.

Aus diesen Bemerkungen geht bereits hervor, dass die Entscheidung, den Alltag der Kinder in den 1930er Jahren zu untersuchen, nicht strikt durchgehalten werden konnte. Die Befragten wurden zwar gebeten, ihre Kindheit zu erzählen. Dabei wurde jedoch bewusst offengelassen, wie lange diese gedauert hat.[33] Für den Untersuchungszeitraum kann man zwar im Einklang mit der Literatur das Ende der Kindheit bei circa 14 Jahren ansetzen.[34] Die ganz überwiegende Mehrheit der Kinder beendete in diesem Alter die Schule, passierte die Übergangsriten Konfirmation, Firmung oder Jugendweihe und trat ins Berufsleben ein. Damit waren sie der Kindheit tatsächlich entrückt, wenn man darunter jene Lebensphase versteht, in der das »Leben sozial wesentlich in der Familie wurzelt«[35]. Die jüngsten Befragten wurden erst 1941 14 Jahre alt, so dass ihre Kindheit noch zwei Kriegsjahre umfasste. Für diejenigen, die die Oberschule besuchten, bedeutete das Alter von 14 Jahren hingegen keinen Bruch. Bei ihnen dauerte die Kindheit länger und reichte selbst bei den Älteren bis in den Krieg hinein. Das zeigt sich auch an ihren Äußerungen zu diesem Thema. Aus diesem Grunde wird die Grenze zwischen Kindheit und Jugend flexibel gehalten, wenn auch der Schwerpunkt bis zu einem Alter von circa 14/15 Jahren liegen wird. Der gelegentlich verwendete Begriff »ältere Kindheit« meint Kinder ab dem zwölften Lebensjahr.[36]

---

33 Gegen Ende des Interviews wurden die Interviewpartner gefragt, wie lange ihrer Ansicht nach ihre Kindheit gedauert habe. Der Zeitpunkt variierte milieuspezifisch. Zwei Personen nannten das Alter von zehn Jahren. Sie waren die Einzigen, die die von den Nationalsozialisten übernommene Definition übernommen haben.
34 Für das Reichjugendgerichtsgesetz von 1923 begann die Jugend mit 14 Jahren. (Vgl. Domansky, »Politische Dimensionen«, S. 127. So auch Schelsky, *Die skeptische Generation*, S. 14f. Auch in den EMNID-Untersuchungen der 1950er und 1960er Jahre wurden als Jugendliche die 15 bis 25-Jährigen angesehen (Friedrichs, »Theoretische Konsequenzen«, S. 371.)
35 Schelsky, *Die skeptische Generation*, S. 15f. Die »Bündelung von Statuspassagen« als Grenzen von Lebensphasen betonen auch Behnken/Zinnecker (»Lebenslaufereignisse«, S. 128).
36 Heute werden schon die Acht- bis Zwölfjährigen zu den älteren Kindern gezählt, weil sie in dem Alter bereits »eigenständige Aktivitäten in größerem Umfang haben und planen«. Grunert, »Methoden«, S. 254. Im Untersuchungszeitraum waren die Kinder zumindest im bürgerlichen, aber auch in den dörflichen Milieus erst später selbstständig.

Ingesamt wurden 52 Interviews geführt, von denen 48 für diese Untersuchung ausgewertet wurden.[37] Die Interviews verteilen sich folgendermaßen nach Geschlechtszugehörigkeit und Wohnort:

Ort	Zahl der Interviews	Interviews mit Frauen	Interviews mit Männern
Göttingen	22	10	12
Hann. Münden	8	4	4
Volpriehausen	10	6	4
Obernfeld	8	4	4

Die meisten Interviews erstreckten sich über zwei Termine. In Einzelfällen waren auch mehr notwendig. Die Interviews sind überwiegend sehr lang. Die Transkripte umfassen circa 5.700 Seiten. Den Zugang zu den Zeitzeuginnen und Zeitzeugen haben Kontaktpersonen in den einzelnen Orten ermöglicht. Einige Interviews kamen durch die Vermittlung von Befragten zustande. Um unabhängige Interviews zu erhalten, wurde bewusst auf Gruppendiskussionen verzichtet und ausschließlich Einzelinterviews geführt.[38] Erhebungszeitraum waren die Jahre 2000 und 2001.

Wegen der den Zeitzeugen zugesicherten Anonymität wurden nicht nur die Namen der Befragten verändert, sondern auch die von Freunden und Bekannten, ebenso Verwandtschaftsbeziehungen und Ortsnamen, wenn dadurch Rückschlüsse auf die Identität des Interviewpartners möglich gewesen wären. In mehreren Fällen musste zusätzlich für den Beruf des Vaters, gelegentlich auch den der Mutter, ein Ersatz gefunden werden. Das war dann unumgänglich, wenn es sich um eine sehr besondere oder auch

---

[37] Ursprünglich waren in Hann. Münden, Volpriehausen und Obernfeld mehr Interviews geplant gewesen. Aus verschiedenen Gründen konnte das nicht umgesetzt werden. In den beiden Dörfern war die Zahl der Überlebenden so gering, dass sich nicht ausreichend Personen finden ließen. In Hann. Münden spielte vermutlich eine Rolle, dass viele der infrage kommenden Personen bereits bei anderen Untersuchungen interviewt worden waren, manche sagten explizit wegen ihrer »schweren Kindheit« ab, Frauen wurden teilweise von ihrem Ehemann daran gehindert, sich ohne seine Anwesenheit interviewen zu lassen. 20 der ausgewerteten Interviews des Gesamtsamples wurden in der ursprünglichen Forschergruppe, die aus den beiden Interviewern und der Projektleiterin bestand, sehr ausführlich diskutiert und die verschiedenen Interpretationsmöglichkeiten durchgespielt. Auf der Basis dieser Erfahrungen wurden die restlichen 28 Interviews von mir allein interpretiert.

[38] In einigen wenigen Fällen waren entgegen den vorherigen Absprachen während des Interviews Lebenspartner, in einem Fall auch ein Freund anwesend.

einzigartige Position handelte, durch deren Nennung der Zeitzeuge identifizierbar geworden wäre. Ein derartiger Vaterberuf prägte allerdings die Kindheit der jeweiligen Befragten und verlieh ihr eine spezifische Färbung. Durch die Anonymisierung geht daher auch ein Stück Information verloren. Das musste in Kauf genommen werden.

Aus forschungspraktischen Gründen wurden Orte im südlichen Niedersachsen ausgewählt. Die Nähe zu den Orten und zu vielen dort noch lebenden Zeitzeugen, aber auch zu den Archiven war dafür ausschlaggebend. Der Alltag der Kinder im gehobenen bürgerlichen Milieu wurde in der Stadt Göttingen untersucht. Zu ihnen gehörten neben den Familien von Unternehmern und Geschäftsleuten auch viele bildungsbürgerliche Familien. Die Analyse des Kinderalltags im Arbeitermilieu konzentrierte sich auf die Stadt Hann. Münden, die über eine längere industrielle Tradition und eine starke Arbeiterbewegung verfügte. Für die Auswahl der beiden Dörfer spielte neben den konfessionellen Verhältnissen vor allem ihre Größe eine Rolle.[39] Das protestantische Dorf liegt im Solling, das katholische im Eichsfeld. Im Grunde besteht diese Studie also aus der Kombination von vier kleineren »Lokalstudien«. Dieser Begriff darf nicht missverstanden werden. Zum einen werden die örtlichen Bedingungen nur insoweit dargestellt, als sie für die Fragestellung relevant sind. Zum anderen wird jeweils nur ein Milieu pro Ort untersucht, die anderen dort noch existenten werden ausgeklammert. Durch die Konzentration auf je einen Ort ergibt sich aus den Interviews ein dichtes Bild der jeweiligen sozialen und politischen Verhältnisse, aber auch der Kinder untereinander. Mehrere Interviewpartnerinnen und -partner waren als Kinder miteinander befreundet, wohnten in der Nachbarschaft oder kannten sich aus der Schule. Sie trafen sich nachmittags zum Spielen, später beim Konfirmandenunterricht oder bei der Vorbereitung auf Kommunion oder Firmung oder auch, wie die bürgerlichen Kinder, in der Tanzstunde. In einzelnen Interviews gibt es Hinweise oder Informationen, die die Erzählungen der anderen Befragten ergänzen, gelegentlich auch konterkarieren und zu einer anderen Perspektive auf bestimmte Ereignisse führen können.

Obwohl durch dieses Untersuchungsdesign viele Variablen konstant gehalten werden können, sind die Ergebnisse nicht repräsentativ. Viele andere existierende Milieus, wie beispielsweise bürgerliche, kleinbürgerliche

---

39 Sie sollten im Untersuchungszeitraum mindestens ca. 800 Einwohner gehabt haben, um 60 bis 70 Jahre später noch eine ausreichend große Zahl von Zeitzeugen finden zu können.

und Arbeitermilieus in Großstädten, sind nicht repräsentiert. Deshalb können keinesfalls Aussagen über die bürgerliche Kindheit oder die Arbeiterkindheit getroffen werden. Selbst die beiden Dörfer waren so unterschiedlich strukturiert, dass sich Aussagen über die Kindheit auf dem Lande verbieten. Wie bei jeder Lokalstudie muss genau abgewogen werden, welche Ergebnisse verallgemeinerbar und welche den lokalen Besonderheiten geschuldet sind.

Es wird bewusst darauf verzichtet, die Ergebnisse dieser Untersuchung in Zusammenhang mit der Debatte um politische Generationen zu diskutieren. Die Interviewpartnerinnen und -partner gehören zwar zu jenen Jahrgängen, die in der Literatur zu einer der politischen Generationen des 20. Jahrhunderts gezählt werden. Auch wenn sich alle Autorinnen und Autoren auf den grundlegenden Aufsatz von Karl Mannheim[40] beziehen, variieren die Einteilungskriterien und Bezeichnungen doch erheblich.[41] Im Zentrum aller Klassifikationsbemühungen steht die Frage nach den Folgen der Generationszugehörigkeit für Orientierungen und Wertvorstellungen sowie das politische Handeln der Betroffenen und dessen Auswirkungen auf die politische und gesellschaftliche Entwicklung Deutschlands. Damit verbunden ist eine intensive Debatte über den Begriff der Generation, seine Begrenzung auf Männer, die Möglichkeit, Frauen einzubeziehen, seine Reichweite und seinen analytischen Gehalt.[42] In dieser Untersuchung steht hingegen der Alltag der Kinder im Zentrum, vor allem dessen Prägung durch die politischen Verhältnisse, durch die nationalsozialistische Ideologie und Propaganda. Das spätere Leben der Zeitzeuginnen und Zeitzeugen interessiert hier nicht. Das gilt insbesondere für Fragen nach den mentalen

---

40 Mannheim, »Das Problem der Generationen«, S. 509–565.
41 Entsprechend der Fragestellung steht entweder die Zugehörigkeit zur Hitler-Jugend im Vordergrund (Peukert, »Alltagsleben«, S. 139ff.; Rosenthal (Hg.), *Hitler-Jugend-Generation*) oder zu den Flakhelfern (Bude, *Deutsche Karrieren;* Wehler, *Deutsche Gesellschaftsgeschichte*) oder zu den jüngsten Soldaten der Wehrmacht bzw. der Waffen-SS (Wehler, *Deutsche Gesellschaftsgeschichte*). Andere, wie Schelsky, subsumieren diese Jahrgänge summarisch unter den Begriff »Politische Generation«, der die zwischen 1905 und 1930 Geborenen umfasst (Schelsky, *Die skeptische Generation*). Ulrich Herbert hingegen bezeichnet die Angehörigen der 1920er Jahrgänge als skeptische Generation (»Politische Generationen«, S. 95–114). Das ist verwirrend, weil dieser von Schelsky geprägte Begriff bei diesem die Jahrgänge 1930ff. umfasst. Ulrich Herrmann betont im Anschluss an Helmut Plessner stärker »spezifische gelebte Werte« als konstitutiv für die Generationszugehörigkeit (»Generation«, S. 35).
42 Einen guten Überblick über die seit Jahren laufende Debatte gibt Jureit, *Generationenforschung*.

Besonderheiten, die aus ihren zwar nicht identischen, aber ähnlichen Erfahrungen resultieren, die sie als Kinder, Jugendliche und junge Erwachsene geteilt haben. Auch ob und wie sie sich als Erwachsene politisch verhalten haben, spielt in diesem Zusammenhang keine Rolle. Probleme der Generationsbildung oder -zugehörigkeit bleiben deshalb ausgeklammert.

Für die Interviews wurde mit einer Kombination aus narrativem und offenem Leitfadeninterview gearbeitet.[43] Zwar bietet das offene Leitfadeninterview den Befragten bereits Gelegenheit, durch freies Erzählen thematische Schwerpunkte zu setzen. Um die Interviewpartnerinnen und -partner möglichst viel ungestört erzählen zu lassen, wurde es durch einen narrativen Teil ergänzt. Mit der durch einen Erzählimpuls hervorgerufenen Stegreiferzählung begann das Interview. Sie bietet den Vorzug, dass in ihr allein die Befragten die Relevanzen festlegen und dabei »Leitlinien des Erzählens«[44] entwickeln, die Aufschluss über das Selbstbild und die Interpretation der Lebensgeschichte geben. Daraus konnten wichtige Informationen für die Interpretation der anderen Teile des Interviews gewonnen werden.

Da diese Untersuchung zu einem erheblichen Teil auf Interviews mit Personen im Alter zwischen 73 und 78 Jahren beruht, die gebeten wurden, die Geschichte ihrer Kindheit zu erzählen, stellt sich die Frage, woran Menschen sich überhaupt erinnern können?

Lebensgeschichtliches Erinnern, und darum handelt es sich bei den Interviews, ist keinesfalls identisch mit dem Leben, so wie es tatsächlich abgelaufen ist. Das Gedächtnis, auf das die Erinnerungen angewiesen sind, ist kein Speicher, in dem jeder Gedanke, jedes Gefühl und Ereignis des Lebens abgelegt wird und aus dem er/es auch wieder unverändert abgerufen werden kann. Vielmehr arbeitet das Gedächtnis hochgradig selektiv. Nicht alles Erlebte, Gedachte, Gehörte ist der Erinnerung zugänglich. Zwar besitzt jede Person ein individuelles Gedächtnis. Dies entsteht und wird in starkem Maße geprägt durch die sozialen Gruppen und Zusammenhänge (Familie, Schule, Berufs- und Freundesgruppen et cetera), in denen sie lebt und an denen sie partizipiert. Die Gruppen selbst entwickeln ein kollektives oder soziales Gedächtnis, das auf der gruppeninternen Kommunikati-

---

[43] Bei diesem Abschnitt handelt es sich um den überarbeiteten und erweiterten Teil der entsprechenden Ausführungen in meinem Aufsatz »Kindheitsbiographien«, S. 744–757.
[44] Lehmann, *Erzählstruktur*.

on basiert.[45] Das individuelle Gedächtnis entsteht in der Kommunikation und Interaktion mit den Gruppenmitgliedern.[46] Bei seiner Genese spielt Sprache eine große Rolle. Sie ist »Elixier« des sozialen Gedächtnisses.[47] Im Gedächtnis bleibt nur das, was im Rahmen der jeweiligen sozialen Gruppe bedeutsam ist.[48] Von ihr übernehmen wir »Bilder, Vorwissen, Schemata, soziale Bezüge« die unsere Wahrnehmung steuern.[49] Das individuelle Gedächtnis entsteht und partizipiert also an den kollektiven Gedächtnissen der verschiedenen sozialen Gruppen, denen die Person angehört. Es ist stets »sozial grundiert«[50]. Halbwachs spricht vom individuellen Gedächtnis als dem »Ausblickspunkt« auf das kollektive Gedächtnis der jeweiligen sozialen Gruppen.[51] Die Individualität des Gedächtnisses resultiert aus der für die jeweilige Person spezifischen Kombination von Gruppenzugehörigkeiten und deren Verarbeitung.[52]

Erinnert wird generell, was einen starken Eindruck hinterlassen, uns emotional berührt hat. Die erwähnte Bedeutung der Dinge oder Ereignisse, die Eingang in das Gedächtnis finden, beruht zentral auf dem emotionalen Gehalt, der mit ihnen verbunden ist.[53] Nur was Zugang zum Gedächtnis gefunden hat, ist erinnerungsfähig. Das betrifft nicht nur das eigene Erleben, sondern auch alles, was man gehört, über das man gesprochen, selbst das, was man sich vorgestellt oder geträumt hat.[54] Unser Gedächtnis und unsere Erinnerungen sind Teil der Identität der Person. Erinnerungen, so Aleida Assmann, stärken unsere Identität und umgekehrt.[55]

---

[45] Die sozial- und geisteswissenschaftliche Gedächtnisforschung basiert auf den grundlegenden Untersuchungen von Halbwachs, *Das kollektive Gedächtnis* sowie *Gedächtnis*. Zur aktuellen Diskussion vgl. Assmann, A., *Erinnerungsräume*; Assmann, J., *Das kulturelle Gedächtnis;* Welzer, *Das kommunikative Gedächtnis*. Einen guten Einstieg bieten die Übersichtsartikel in dem Handbuch Gudehus u. a. (Hg.), *Gedächtnis*.
[46] Vgl. dazu ausführlich Assmann, J., *Das kulturelle Gedächtnis,* S. 35ff. unter Bezug auf das grundlegende Werk von Halbwachs, *Das kollektive Gedächtnis*.
[47] So Assmann, A., *Gedächtnis,* S. 2.
[48] Ebenda. Vgl. dazu auch Moller, »Das kollektive Gedächtnis«, S. 85. Die Rahmen entsprechen Halbwachs' »cadres sociaux«.
[49] Darauf beruht die Selektivität des Gedächtnisses. Vgl. Assmann, A., »Erinnerungen«, S. 13.
[50] Assmann, A., *Gedächtnis,* S. 3.
[51] So Halbwachs, *Das kollektive Gedächtnis,* S. 31.
[52] Vgl. Assmann, J., *Das kulturelle Gedächtnis,* S. 37.
[53] Assmann, A., *Gedächtnis,* S. 2.
[54] So Welzer, »Die Medialität«, S. 17.
[55] Assmann, A., *Gedächtnis,* S. 2.

Aus der starken Bedeutung sozialer Gruppen und der Kommunikation für Gedächtnis und Erinnerung ergibt sich der Gegenwarts- und Zukunftsbezug des Gedächtnisses.[56] Was und wie erinnert wird, resultiert aus den jeweiligen aktuellen Rahmen, in denen Erinnerung stattfindet oder durch die sie provoziert wird. Erinnerung wird mithin von der Gegenwart her rekonstruiert.[57]

Erinnern erfolgt also stets retrospektiv und perspektivisch. Das hat Konsequenzen für die Arbeit mit Interviews als Quelle wissenschaftlicher Untersuchungen. Zum einen bestimmt die Situation zum Zeitpunkt des Erlebens darüber, ob und wie sie erinnert werden wird. Hochgradig peinliche oder angstbesetzte Situationen oder Erlebnisse werden verdrängt und können erst in der therapeutischen Situation wieder erinnerungsfähig gemacht werden. Zum anderen hat die sich erinnernde Person bis zu dem Zeitpunkt der Erinnerung spezifische Reifungs- und Veränderungsprozesse durchlaufen. Das bedeutet dreierlei: Zwischen der Erinnerung und dem Erinnerten besteht ein zeitlicher Abstand. Die sich erinnernde Person hat sich verändert. Schließlich erfolgt die Erinnerung in einer bestimmten, mit spezifischen Wahrnehmungs- und Deutungsmustern verknüpften Situation, die der Erinnerung eine besondere Färbung gibt. Man könnte auch formulieren: Ebenso wie Wahrnehmung ist auch Erinnern ein Interpretations- und Konstruktionsprozess. Darauf hat Jureit deutlich hingewiesen: Durch den normalerweise längeren Zeitraum zwischen historischem Ereignis und dem Bericht darüber finde möglicherweise ein Jahrzehnte währender »Umarbeitungsprozess« statt, in dem einzelne wichtige Ereignisse immer wieder reflektiert und aufgrund kultureller Veränderungen und politischer Diskussionen neu bewertet würden. Infolgedessen verschmelze die »eigene Erinnerung mit den aktuellen gesellschaftlichen Diskursen«[58]. Mit anderen Worten: In biographischen Interviews wird nicht nur individueller, sondern auch kollektiver Sinn produziert. Die sich erinnernde Person muss in dem Fundus ihrer Erinnerungen suchen, bestimmte Ereignisse hervorholen und in eine für sich sinnvolle Abfolge bringen. Dem Erlebten ist ein bestimmter Sinn nicht per se inhärent, sondern dieser wird ihm beim Erzählen »aus der Perspektive der jeweiligen Gegenwart erst nachträglich zugeschrieben«[59]. Die erinnerte Lebensgeschichte ist somit stets das Ergebnis eines

---

56 Welzer, »Die Medialität«, S. 17.
57 So Assmann, J., »Kollektives und kulturelles Gedächtnis«, S. 16.
58 Jureit, »Authentische und konstruierte Erinnerung«, S. 97.
59 Koller, »Biographie«, S. 43.

vielschichtigen Interpretations- und Kompositionsprozesses und insofern stets Konstruktion, genauer: Sinnkonstruktion des eigenen Lebens. Man könnte auch sagen, das sich erinnernde Subjekt erschafft sich erst »aus der rückblickenden Perspektive die individuelle Vergangenheit bis zu einem gewissen Grade ...«[60].

Besonders gegenüber Kindheitserinnerungen als Quelle wird der Einwand fehlender Authentizität erhoben. Sie sind ja, wie Fuchs treffend formuliert hat, zunächst einmal Erinnerungen des Erwachsenen an seine Kindheit.[61] Die Frage, ob und in welchem Maße wir mit der Analyse von Kindheitserinnerungen Zugang zu der vergangenen Welt der Kinder, ihren Perspektiven und Wahrnehmungen finden können, hat Heinritz entschieden verneint.[62] Ihr Hauptargument bezieht sich auf die zeitliche Distanz des sich Erinnernden zu seiner Kindheit und die dadurch erfolgten Überlagerungen und Umdeutungen. Sie formuliert dezidiert, dass beispielsweise in autobiographischen Kindheitserinnerungen keine Antwort auf die Frage gefunden werden könne, wie Kinder sich selbst und die Welt erfahren und wie sie den Prozess ihres Heranwachsens erlebt haben, sondern nur, wie die Verfasser dieser Erinnerungen (als Erwachsene) diesen Prozess sehen.[63] In diesem Zusammenhang ist es meines Erachtens unbedingt notwendig, entsprechend dem Alter der Kinder zu differenzieren. Es wurde bereits erwähnt, dass die Geschehnisse bis zum Alter von drei bis vier Jahren der Kindheitsamnesie zum Opfer fallen. Es ist unerheblich, ob dies auf Verdrängung oder einer Umorganisation des Gedächtnissystems beruht.[64] Entscheidend ist, dass lediglich ausnahmsweise Erinnerungen an die ersten Lebensjahre vorhanden sind. Auch aus der Vorschulzeit existieren oft nur streiflichtartige Erinnerungen. Spätere Kindheitsphasen, ungefähr seit dem Schulbeginn, können jedoch viele Personen relativ gut erinnern und ihre Lebenssituation ebenso wie ihre kindliche Perspektive auf ihre Welt und deren Ereignisse in der mündlichen Erzählung reproduzieren. Das hat offensichtlich damit zu tun, dass Grundschulkinder bereits in der Lage sind,

---

60 Daniel, »Clio«, S. 214.
61 Fuchs, *Biographische Forschung*, S. 63.
62 Heinritz, »Das Kind«, S. 181.
63 Ebenda.
64 Die Annahme von Verdrängung als Ursache der Kindheitsamnesie geht auf Sigmund Freud zurück (»Sexualtheorie«, S. 37–145, besonders S. 81ff.). Die Umorganisation des Gedächtnissystems wird in der aktuellen Gedächtnis- und Erinnerungsforschung betont. Vgl. dazu: Welzer, »Gedächtnis«, S. 174; auch Pohl, »Das autobiographische Gedächtnis«, S. 79f.

ihr Leben, zumindest ansatzweise, zu reflektieren, auch wenn ihnen (noch) eine umfassende Perspektive auf Vergangenheit und Zukunft fehlt. Erwachsene sind daher zumindest teilweise sehr wohl in der Lage, bei der Erzählung zu differenzieren zwischen ihrer kindlichen Perspektive und Erlebnisweise und ihrer heutigen Sicht und Beurteilung dieser Ereignisse oder Verhaltensweisen.[65] Das gilt sicher nicht immer und generell, aber doch zumindest für besonders prägende Erlebnisse. Außerdem sind Kindheitserinnerungen normalerweise selten politisch brisant, so dass die erwähnte Um- und Überformung durch gesellschaftliche Diskurse zwar auch nicht prinzipiell ausgeschlossen werden kann, aber weniger gravierend sein dürfte als im Falle der Erinnerungen von Überlebenden an ihre Zeit in Konzentrationslagern – ein Beispiel, das Jureit anführt.[66]

Hinzu kommt: Kindheitserinnerungen sind in erheblichem Maße Erinnerungen an Alltägliches. Sie haben daher meist keine relevante Bedeutung für individuelle Sinngebung und Rechtfertigung.[67] Deshalb gilt für sie, was Niethammer hinsichtlich des Aussagewerts von Oral-History-Interviews für alltagsgeschichtliche Fragestellungen feststellt: Routinen und Gegenstände des Alltags »haben sich durch dauernde Wiederholung ins Gedächtnis eingeschrieben und lagern dort offenbar in einer Art Latenzzustand, der ihre Unschuld bewahrt, weil sie nicht interpretiert werden müssen, sondern gesucht und im Wiederauffindungsfalle beschrieben werden können«.[68] Das zeigt sich auch an den Widersprüchen in manchen insgesamt durchaus konsistenten Lebensgeschichten. Bei den Zeitzeuginnen und Zeitzeugen, die ihre Kindheit im Dritten Reich erlebt haben, finden sich nicht selten begeisterte Schilderungen über ihre Zeit in der Hitler-Jugend neben solchen, in denen sie ihre »kritische« Haltung gegenüber dem Regime hervorheben. Dieses Erzählmuster verdankt sich der realen »Pendelbewegung«, die die Befragten in ihrer Kindheit zwischen den verschiedenen Lebensbereichen vollführt haben. Einerseits lebten sie in der äußeren Welt von Schule und Hitler-Jugend, in der ihnen eine glorreiche Zukunft suggeriert wurde, andererseits in der Welt der Familie, in der unter Umständen ganz andere Werte und Perspektiven vermittelt wurden. Die Tatsache, dass diese Pendelbewegung sich in den Interviewerzählungen abbildet,

---

65 Bois-Reymond spricht in diesem Zusammenhang von einer doppelten Rekonstruktion (»Oral-History-Methode«, S. 221.).
66 Vgl. Jureit, »Authentische und konstruierte Erinnerung«.
67 Brüggemeier, »Aneignung«, S. 148.
68 Niethammer, »Einleitung«, S. 20.

ist ein weiteres Indiz für die in der Gesprächssituation mögliche Annäherung an das kindliche Erleben.[69]

Man kann in biographischen Interviews daher durchaus der kindlichen Weltsicht und Perspektive nahe kommen. Hier geschieht es auch häufiger, dass die befragte Person gleichsam in die Rolle des Kindes schlüpft und sie spontan nachspielt. In der Literatur wird dieses Phänomen unter dem Stichwort »spontane szenische Darstellung« behandelt. Schon Hareven konstatierte, bei Kindheitserinnerungen »the individual slips back into the past and vibrantly recounts earlier episodes without any consciousness of the present«.[70] Möglicherweise hat das damit zu tun, dass Kindheitserinnerungen sich dem Gedächtnis deshalb besonders intensiv einprägen, weil sie zu den ersten Erfahrungen des Subjekts gehören, die noch nicht durch eine Fülle anderer Erfahrungen gefiltert und überlagert worden sind. Eine weitere Strategie, möglichst dicht an die ursprünglichen Erfahrungs und Erlebniszusammenhänge heranzukommen, besteht darin, den Interviewten betont die Rolle des Experten oder Zeitzeugen zuzuweisen und sie dadurch zu ermuntern, zwischen ursprünglicher kindlicher Erfahrung und ihrer heutigen Sicht zu differenzieren.[71]

In den Erzählungen der Befragten finden sich gelegentlich Redewendungen wie »Das fällt mir jetzt gerade ein!« oder »Daran habe ich schon lange nicht mehr gedacht!«. Sie sind Hinweise auf den Prozess des Erinnerns, in dem plötzlich Ereignisse bewusst werden, die lange in der Latenz verblieben waren. An ihnen zeigt sich, dass das in der Untersuchung gewählte Verfahren, das offene Leitfadeninterview mit einer zum narrativen Interview gehörenden Stegreiferzählung zu beginnen, gut funktioniert hat. Speziell bei ihr wirken »Zugzwänge des Erzählens«[72], die den Erzähler dazu stimulieren, tief in die Vergangenheit einzutauchen. Sie zwingen ihn zudem, eine in sich konsistente Geschichte zu erzählen, die Episoden und Gefühle enthalten kann, die in einer schriftlichen Autobiographie der Selbstzensur zum Opfer fallen würden.

Trotzdem bleibt die Tatsache einer Diskrepanz von gelebtem und erzähltem Leben. Hinzu kommt, dass die Interviewpartnerinnen und -part-

---

69 Begriff und Hinweis stammen von Treu, *Jugend,* S. 36.
70 Hareven, *Family Time,* S. 373.
71 Vgl. Fuchs, *Biographische Forschung,* S. 169.
72 Schütze, »Biographieforschung«, S. 283–293; Schütze, *Das narrative Interview.* Schützes Position und ihre Konsequenzen für die Auswertung von biographischen Interviews werden eingehend und verständlich dargestellt von Glinka, *Das narrative Interview.*

ner nicht alles, was sie in den Interviews erzählten, selbst erlebt haben. Teilweise waren sie unmittelbare Zeugen der Geschehnisse, andere wurden in den Familien besprochen, wieder andere kannten sie nur vom Hörensagen. Aufgrund der Interviews können diese differenten Ebenen der Wahrnehmung nicht immer unterschieden werden. Das ist auch nicht so wichtig, weil meines Erachtens die Prägung der Atmosphäre durch die politischen Ereignisse entscheidend ist, und die findet in jedem Fall statt. Anders ist das mit der Schilderung von Geschehnissen, von denen die Befragten erst später, durch Lektüre, Erzählungen anderer et cetera, erfahren haben. Dieser Prozess der Aufschichtung lässt sich schwer nachvollziehen. Zusätzlich hat die spezifische soziale Situation beim Interview Einfluss auf die Erinnerungsleistung. Sympathie und Antipathie zwischen Interviewtem und Interviewer spielen eine Rolle,[73] ebenso ob die befragte Person über ausreichend Selbstbewusstsein verfügt, um ihr Leben als etwas Besonderes zu empfinden. Es kommt vor, dass sie sich durch die Situation herausgefordert fühlt, ein möglichst spannendes Leben zu präsentieren. Dann können Erinnerungen ausgeschmückt, geschönt, geglättet, auch ergänzt werden.[74] Das alles kann eine Rolle spielen und verlangt sorgfältigen Umgang mit den Interviews als Quelle für eine wissenschaftliche Untersuchung. Quellenkritik ist hier ebenso wie bei anderen Quellen unumgänglich.[75] Ebenfalls dürfen Äußerungen in Interviews nie für sich allein genommen, sondern müssen stets im Zusammenhang des Gesamtinterviews interpretiert werden. In der vorliegenden Untersuchung bot sich neben dem Abgleich mit Archivmaterialien auch der mit den anderen Interviews aus demselben Ort an, die zusammengenommen ein dichtes Bild von den lokalen Verhältnissen und Ereignissen zeichneten. Hinzu kommt die Überprüfung durch die Literatur.[76]

---

73 Welzer hat an der dominanten, auch bei dieser Untersuchung verwendeten Interviewmethode grundlegende Kritik geübt und daraus die Konsequenz gezogen, nicht nur das Interview wie ein »normales« Gespräch zu führen, in dem der Interviewer sich selbst einbringt, sondern die Interaktion zwischen den Beteiligten systematisch bei der Auswertung zu berücksichtigen (»Das Interview«, S. 51–63.). Vgl dazu auch den kurzen Überblick über Welzers Position von Leh, »Biographieforschung«, S. 305f.
74 Vgl. Pohl, »Das autobiographische Gedächtnis«, S. 81; vgl. schon Bahrdt, »Identität«, S. 18–45.
75 Darauf hat Ute Daniel eindringlich hingewiesen (*Kompendium*).
76 Diese Verfahren der Überprüfung durch innere Validität und Triangulation sind bei jeder qualitativen Forschung angebracht. Vgl. dazu Bois-Reymond, »Oral-History-Methode«, S. 225.

Da von den Zeitzeugen aus dem gehobenen bürgerlichen Milieu Göttingens die meisten und umfänglichsten Interviews vorliegen, lag die Entscheidung nahe, deren Alltag zum Zentrum dieses Buches zu machen. Dieses Kapitel ist nicht nur wegen der vielen und ergiebigen Interviews am umfänglichsten, sondern auch, weil hier ein großer Teil der relevanten Literatur eingearbeitet worden ist. Die Darstellung des kindlichen Alltags in den anderen Orten und Milieus, der in den folgenden Kapiteln behandelt wird, bezieht sich auf die Ergebnisse aus dem Göttinger Bürgertum, enthält aber teilweise auch schon Vergleiche mit den weiteren Orten und Milieus. Alle Kapitel sind, von leichten Modifikationen abgesehen, einheitlich gegliedert. Jedes beginnt mit einer knappen Darstellung des Ortes und seiner Besonderheiten sowie einer Charakterisierung der Familienverhältnisse, in denen die Zeitzeuginnen und Zeitzeugen aufwuchsen. Daran schließen sich die Analysen der verschiedenen Ebenen des kindlichen Alltags an. In einem Schlusskapitel werden die Ergebnisse zu den einzelnen Orten und Milieus zusammengefasst und miteinander verglichen. Die im Buch reproduzierten Photographien stammen aus allgemein zugänglichen Quellen. Um die Anonymisierung nicht zu gefährden, wurde bewusst darauf verzichtet, Bilder aus dem Besitz der Zeitzeuginnen und Zeitzeugen zu verwenden.

Teil I
Kinderalltag im bürgerlichen Milieu

1. Der Ort – Die Universitätsstadt Göttingen[1]

Göttingen war 1933 mit 47.000 Einwohnern eine der zahlreichen deutschen Mittelstädte. Die Stadt gehörte zur preußischen Provinz Hannover und hatte, wie noch heute, als bedeutendste Stadt Südniedersachsens die Funktion eines Oberzentrums. Göttingen wurde entscheidend geprägt durch die rund 200 Jahre alte, 1737 gegründete Universität, die der Stadt ökonomischen und geistigen Aufschwung verschafft hatte. Gegen Ende der Weimarer Republik zählte die Universität um die 4.000 Studenten.[2] Trotz der Universität blieb Göttingen lange eine Ackerbürgerstadt, in der viele Einwohner noch Garten- und Ackerland bestellten.[3] Diesen Charakter konnte die Stadt erst gegen Ende des 19. Jahrhunderts abstreifen.[4] Dazu trugen sowohl der Anschluss an das Eisenbahnnetz im Jahre 1854 bei, der die Entwicklung der Stadt enorm förderte, als auch die Ablösung der Hut- und Weiderechte sowie die Verkoppelung in den 1880er Jahren.[5] Hatte die Einwohnerzahl in den rund 30 Jahren zwischen 1822 und 1855 nur unerheblich zugenommen, so verdoppelte sie sich nahezu zwischen 1861

---

1 Der Ortsbeschreibung liegt der entsprechende Text aus dem Endbericht zugrunde. Die Literaturlage zur Entwicklung der Stadt und ihrer Universität ist außerordentlich gut. Grundlegend sind: Thadden/Trittel (Hg.), *Göttingen;* Becker/Dahms/Wegeler (Hg.), *Universität Göttingen;* Tollmien, *Nationalsozialismus in Göttingen (Diss.).* Tollmiens Dissertation ist die erweiterte Fassung ihres gleichnamigen Beitrags in Thadden/Trittel (Hg.), *Göttingen,* der den empirischen Teil umfasst. Ihre Arbeit ist grundlegend und unverzichtbar für Forschungen über Göttingen im Dritten Reich. Bruns-Wüstefeld, *Lohnende Geschäfte.* Vgl. dazu die einschlägigen Aufsätze im Göttinger Jahrbuch sowie viele Examens- und Hausarbeiten, die von Studierenden verfasst worden sind und im Stadtarchiv Göttingen eingesehen werden können.
2 Angaben in: *250 Jahre,* S. 9; Dahms, »Einleitung«, S. 18.
3 Vgl. Denecke, »Göttingen«, S. 187, 206, Heinrich Heine zählte in der »Harzreise« von 1824 den »Viehstand« noch zu den bedeutendsten der Göttinger Stände (»Die Harzreise«, in: Heine, *Werke,* S. 673).
4 Haubner, *Göttingen im Eisenbahn- und Industriezeitalter,* S. 51.
5 Ebenda, S. 51, 107; Härtel, »Göttingen im Aufbruch«, S. 762.

und 1890.⁶ Nach der Reichseinigung setzte zudem, wie in vielen anderen Städten auch, eine rege Bautätigkeit ein. Im letzten Viertel des 19. Jahrhunderts wurden nicht nur die Universitätsklinken ausgebaut, das neue Gebäude für das Gymnasium und das Stadttheater errichtet, sondern auch das Gebiet im Osten der Stadt als Wohnquartier erschlossen. Es entwickelte sich zur bevorzugten Wohngegend für Professoren und andere Angehörige des gehobenen Bürgertums.⁷

Abb. 1: Göttinger Innenstadt gegen Osten
(Quelle: Städtisches Museum Göttingen)

Obwohl die Stadt verkehrsgünstig lag und über eine Anbindung an die Eisenbahn verfügte, hatte die Industrialisierung sehr spät eingesetzt und kaum Großbetriebe entstehen lassen. Die Zahl der Handwerksbetriebe blieb hoch. Seit der Jahrhundertwende waren vor allem industrielle Klein- und Mittelbetriebe entstanden, deren Gründung in engem Zusammenhang mit der Universität stand. Zentrale Produktionsbereiche waren Feinmecha-

---

6 Haubner, *Göttingen im Eisenbahn- und Industriezeitalter,* Tab. 34, S. 85.
7 Härtel, »Göttingen im Aufbruch«, S. 763ff.; ähnlich Haubner, *Göttingen im Eisenbahn- und Industriezeitalter,* S. 109; vgl. dazu auch Denecke, »Göttingen«, S. 224ff.

nik und Optik, Elektro- und Messtechnik, Laboreinrichtungen sowie Verlage und Druckereien. Zu den wenigen größeren Betrieben zählten das Aluminiumwerk in Weende und das Ausbesserungswerk der Reichsbahn.[8] Weitaus bedeutender als die Beschäftigung in den Industriebetrieben war jene im tertiären Sektor (öffentlicher Dienst und private Dienstleistungen sowie Handel und Verkehr), in dem 1933 60 Prozent der hauptberuflichen Erwerbspersonen beschäftigt waren (gegenüber 28 Prozent in Industrie und Handwerk).[9] Aus diesen Angaben lässt sich bereits erkennen, dass in Göttingen die »klassische« Industriearbeiterschaft nicht sehr umfangreich gewesen ist. Aus der spezifischen Wirtschaftsstruktur dürfte sich unter anderem auch der niedrige gewerkschaftliche Organisationsgrad erklären. Dennoch gab es neben einem breiten Spektrum sozialdemokratischer Vereine (vor allem Sportvereine) seit 1919 eine SPD-eigene Zeitung, das *Volksblatt*, sowie seit 1921 ein eigenes Gewerkschaftshaus, das Volksheim, als Zentrum der Aktivitäten.[10] Der hohe Anteil der Beschäftigten im tertiären Sektor verweist auf die große Bedeutung der Universität für die Wirtschafts- und Sozialstruktur der Stadt. Göttingen hatte in der Weimarer Republik einen überproportional hohen Anteil an Angestellten und Beamten, das Anderthalbfache des Reichsdurchschnitts.[11]

Eine weitere Besonderheit der Göttinger Sozialstruktur lag in der großen Gruppe der »Berufslosen Selbstständigen«, vornehmlich wohlhabende Pensionäre, die sich diese Stadt als Altersruhesitz ausgesucht hatten. 1933 gehörten zu dieser Gruppe 9.170 Personen (ohne Angehörige). Die Bedeutung dieser Zahl erschließt sich erst, wenn man sie in Beziehung setzt zu den 18.772 Erwerbspersonen Göttingens.[12] Der Anteil der »Berufslosen Selbstständigen« war doppelt so hoch wie im Reichsdurchschnitt.[13] 1939 waren 5.700 Soldaten in der Stadt stationiert. Diese untypische Sozial- und daraus resultierende Altersstruktur hatte eine unterdurchschnittliche Ar-

---

8 Vgl. hierzu Saldern, »Göttingen«, S. 5–62.
9 Eigene Berechnungen nach: Statistik des Deutschen Reichs, *Volks-, Berufs- und Betriebszählung (1936)*, S. 46–47.
10 Vgl. dazu die Angaben in Bons u. a., *»Bohnensuppe und Klassenkampf«*.
11 Tollmien, *Nationalsozialismus in Göttingen (Diss.)*, S. 42.
12 Vgl. Statistik des Deutschen Reichs, *Volks-, Berufs- und Betriebszählung (1936)*, S. 46–47.
13 Tollmien, *Nationalsozialismus in Göttingen (Diss.)*, S. 42. Die Kategorie »Berufslose Selbstständige« umfasst eine völlig heterogene Gruppe. Neben von eigenem Vermögen lebenden Personen und Pensionären gehören dazu auch Rentenempfänger, Anstaltsinsassen, Schüler und Studenten außerhalb des Elternhauses. Vgl. dazu Fritz, *Amtliche Statistiken*, S. 21.

beitslosigkeit zur Folge. Aus der amtlichen Statistik ergibt sich für 1933 eine Quote von 15,3 Prozent, während der Reichsdurchschnitt erheblich höher lag.[14] Göttingen war seit dem Kaiserreich in erster Linie eine Universitäts- und Beamtenstadt.

Das gehobene Göttinger Bürgertum, zu dem die Familien der Zeitzeugen gehörten, bestand aus zwei Fraktionen, dem Wirtschafts- und dem Bildungsbürgertum. Da es in Göttingen kaum Großbetriebe und daher auch wenige große Vermögen gab, bildeten die Eigentümer mittlerer und größerer Geschäfte und Unternehmen den Kern des Wirtschaftsbürgertums. Zum Bildungsbürgertum zählten alle diejenigen Personen, die eine akademische Ausbildung genossen, das heißt ein Universitätsstudium absolviert hatten, das Grundlage ihrer Berufstätigkeit und ihres Einkommens war.[15] Das Bildungsbürgertum umfasste also selbstständige und unselbstständige arbeitende Akademiker. Es reichte von den Angehörigen der Freien Berufe (Rechtsanwälte, Ärzte) bis zu den höheren Beamten. Eine besondere Gruppe innerhalb der höheren Beamten bildeten in Göttingen die Universitätsprofessoren. Obwohl ihre Zahl nicht sehr groß war (im Wintersemester 1932/33: 156)[16], betrachteten sie sich eindeutig als soziale Elite. Dieses Bewusstsein war trotz der relativen Verarmung des Bildungsbürgertums in der Weimarer Republik infolge von Krieg, Nachkriegszeit, Inflation und schließlich der Sparpolitik der Reichsregierung am Ende der Weimarer Republik, von der die Professoren nicht ausgenommen wurden, ungebrochen.[17] Obwohl viele Angehörige des Bildungsbürgertums ökonomisch mit den wohlhabenden Geschäftsleuten nicht mithalten konnten, betrachteten sie sich als sozial hochrangiger und vermieden den gesellschaftlichen Kontakt mit ihnen.[18] Die Universität bildete eine »geschlossene Gesellschaft in der Gesellschaft«[19].

---

14 Fritz, *Amtliche Statistiken,* S. 129. Tollmien geht aufgrund anderer statistischer Materialien von anderen Zahlen aus. Die Relation dürfte jedoch zutreffend sein.
15 Vgl. dazu Nipperdey, *Deutsche Geschichte,* S. 382.
16 Im Einzelnen waren es 100 ordentliche, 46 außerplanmäßige und zehn Honorarprofessoren. Vgl. dazu das Vorlesungsverzeichnis der Georg-August-Universität vom WS 1932/33. Die Zahlen wurden mir vom Leiter des Universitätsarchivs, Dr. Ulrich Hunger, genannt.
17 Vgl. dazu Jarausch, »Die Krise«, S. 180ff.
18 Vgl. unten S. 52. Auch in einem Experteninterview wurde darauf hingewiesen.
19 So die Formulierung von Wegeler, Altertumswissenschaften, zit. nach Tollmien, *Nationalsozialismus in Göttingen (Diss.),* S. 44.

> Fabrikanten ließen sich auf ihrem Firmengrundstück
> eine Villa bauen!

TEIL I – 1. DER ORT – DIE UNIVERSITÄTSSTADT GÖTTINGEN   41

Die überaus prägende Bedeutung der Universität für Göttingen und die Anziehungskraft der Stadt für wohlhabende Pensionäre schlug sich auch im Ausbau der Stadt nieder. Professoren und Pensionäre ließen sich bevorzugt im am Hang gelegenen und an den Wald angrenzenden Ostviertel nieder, das seit dem Kaiserreich rasch gewachsen war.[20] Die Konzentration der »Bildungsbürger« im Ostviertel verstärkte die Abkapselung der Universität und ihrer Angehörigen gegenüber der Stadt und den anderen Einwohnern. In der Innenstadt wohnten neben den »kleinen Leuten« vor allem die Geschäftsleute. Soweit ihr Wohlstand es erlaubte, versuchten sie, in »bessere« Gegenden umzuziehen.[21]   —>

Die Erzählungen der Personen, die viele Jahre ihrer Kinderzeit in Göttingen verbrachten, ergänzen diese Schilderung. Sie zeichnen das Bild einer insgesamt sehr beschaulichen Mittelstadt, deren Lebensverhältnisse sich von jenen in den modernen Großstädten dieser Zeit stark unterschieden. Dass sich daraus dennoch kein Gesamtbild der Stadt herstellen lässt, ergibt sich vor allem aus der sehr homogenen sozialen Herkunft unserer Befragten. Sie wohnten entweder in der Innenstadt oder in den »besseren« bürgerlichen Wohnvierteln außerhalb des Walls. Bestimmte Stadtteile haben sie nie betreten. Hinzu kommt, dass sie einen sehr bürgerlichen Blick auf Göttingen haben.

Während der Dreißiger Jahre waren die Verkehrsverhältnisse in Göttingen noch recht beschaulich. Die Verbindung nach und von außen wurde vor allem durch die Eisenbahn gewährleistet. 1938 fuhren täglich 77 Züge vom Göttinger Bahnhof ab.[22] Seit dem Ende des Ersten Weltkriegs war auch das Autobusnetz ausgebaut worden, vor allem in Richtung Osten und Südosten. Allerdings wurden die einzelnen Linien meist nur einmal täglich befahren. Der 1925 in Gang gekommene, 1927 von der Kommune übernommene innerstädtische Busverkehr befand sich ebenfalls auf einem sehr bescheidenen Niveau.[23] Gegenüber dem Anfang des Jahrhunderts war die Zahl der PKWs von sechs (1907) auf 1.360 (1939) angewachsen. Das bedeutet aber auch nur eine Relation von 27 Autos auf 1.000 Einwohner.[24] Der Besitz eines Autos war also noch überaus selten und infolgedessen ein

---

20 Vgl. Habenicht, »Bauliche Entwicklung«, S. 141–176.
21 Dies wird in mehreren Interviews thematisiert.
22 Haubner, *Göttingen im Eisenbahn- und Industriezeitalter*, S. 25.
23 Ebenda, S. 21.
24 Zum Vergleich: 1998 gab es in Göttingen rund 51.000 PKW bei 128.000 Einwohnern. Das entspricht einer PKW-Dichte von 400 pro 1.000 Einwohner. Vgl. *Göttinger Statistik. Vierteljahresbericht 3/1998*, S. 23 und 42.

wichtiges Statussymbol, das in den Erzählungen einiger Befragter, deren Eltern ein Auto besaßen, daher auch gleich zu Beginn als etwas sehr Besonderes thematisiert wurde (Reinecke, 87; Jung, 38).

Abb. 2: Die von Autos freie Innenstadt. 1. Mai 1935
(Quelle: Städtisches Museum Göttingen)

Der Transport von Lasten erfolgte noch häufig durch Pferdefuhrwerke. Mit ihnen brachten die Bauern ihre Erzeugnisse auf den Markt und in die Geschäfte. Auch schwere Lasten wie Holz wurden damit transportiert. Alltäglich im Stadtbild waren Pferdefuhrwerke, die die Gastwirtschaften mit Bier und Stangeneis belieferten. Rolf Pieper erinnerte sich:

»Also das war doch eine enge Welt und ja, wenn man so die Kurze Geismar, da gab's ja noch diese Ausspannwirtschaften. Es war zwar nicht so furchtbar viel benutzt, aber es kamen durchaus immer noch die Pferdefuhrwerke vom Land, also zum Markt bestimmt, und aber auch so zum, zum, zum Einkaufen. Das war also bis zum Krieg durchaus 'n selbstverständliches Bild, denn Autos waren ja doch sehr wenige auf der Straße und insofern konnte man also ungehindert auf der Straße spielen, auch, gut. Der Friedländer Weg dort vorne, kann sein, dass der schon eine Asphaltdecke hatte, aber ansonsten war Kopfsteinpflaster überall.« (Pieper, 1270–1282)[25]

Erinnerungen an Pferde und Pferdefuhrwerke finden sich fast ausschließlich bei den in der Innenstadt aufgewachsenen Kindern. Die Faszination, die für sie von den Pferden ausging, führte Dora häufig zu einer nahe beim Elternhaus gelegenen Spedition und einem Viehhändler (Markwart, 3643). Karl-Heinz Jung hingegen träumte als Kind davon, selbst auf dem Kutschbock zu sitzen und realisierte sich diesen Wunsch (Jung, 137).

Wie gering die Verkehrsdichte war, wird an Peter Köhlers Beschreibung seines Schulwegs deutlich, der ihn mit dem Fahrrad aus dem Ostviertel in die Oberschule für Jungen (heutiges Felix-Klein-Gymnasium) führte. Er konnte, ohne zu bremsen und zu gucken, mit hohem Tempo die Calsowstraße hinunterrasen und den Friedländer Weg überqueren (Köhler, 327). Gleichwohl gab es Verkehrsunfälle. Wenn in einen Unfall dann auch gleich zwei Autos verwickelt waren, gab es sofort einen Menschenauflauf, wie in Rolf Piepers Schilderung anschaulich deutlich wird.

»[…] und wenn da mal, bei uns die Ecke oben, heute sind das ja Einbahnstraßen, die war also, da gab's zweimal 'nen großen Unfall, nech, das war ja also, weil die Vorfahrt nicht beachtet wurde. Friedländer Weg hatte also die Vorfahrt, nech. Also ich weiß noch das erste Mal, da kam dann also so von oben her ein Lieferwagen einer Wäscherei, der Wäscherei Schacke, und der Optikermeister Bieling mit einem kleinen BMW, das gab's also schon damals schon so 'n Sportwagen, und der Lieferwagen fuhr in die Kreuzung rein und hatte also die Vorfahrt nicht beachtet und ist mit voller Wucht dagegen, der ganze Wagen drehte sich und flog da in den nächsten Garten rein und so. Ja, das warn Volksauflauf.« (Pieper, 1288–1301)

Insgesamt war Göttingen in den Dreißiger Jahren jedoch noch eine Stadt, die durch die »Laufkultur«[26] geprägt gewesen ist. Fahrräder waren vergleichsweise teuer. Die meisten unserer Befragten erhielten zwar spätestens

---

25 Die Zitate aus den Interviews wurden der Lesbarkeit wegen leicht bearbeitet, ohne den Erzählstil der Befragten zu verändern. Namen und Orts- und Straßenangaben, gelegentlich auch Verwandtschaftsbeziehungen, wurden anonymisiert, um die Identifizierung der Befragten zu vermeiden. Mit [P] wird eine Pause beim Sprechen markiert, mit [PP] eine längere, mit [PPP] eine lange Pause. […] zeigen eine von mir vorgenommene Kürzung an. In eckigen Klammern stehen auch von mir vorgenommene Ergänzungen. Im Gegensatz dazu werden Auslassungen in Literaturzitaten durch … gekennzeichnet. Die Zahlen in runden Klammern am Ende des Zitats geben die Zeilen des Transkripts an, denen es entnommen ist. Kürzere Zitate (bis zu zwei Zeilen) wurden in den Text integriert, längere Zitate abgesetzt.

26 Den Begriff verwenden Behnken/Bois Reymond/Zinnecker, *Stadtgeschichte*, S. 24.

im Alter von zehn bis 14 Jahren ein Fahrrad, aber sie stammten auch aus relativ wohlhabenden Elternhäusern. Selbst Lehrer fuhren nur Fahrrad oder gingen zu Fuß. Trotz der Dominanz der Fußgänger und des – jedenfalls im Vergleich zu heute – bescheidenen Verkehrs, war es in der Stadt nicht etwa still. Ursula Zimmermann betonte den Lärm in der Stadt:

»Und wenn man sich heute über den Lärm beklagt, dann hat man vergessen, wie laut es früher in einer Stadt war. Das ganze Pferdegetrappel, und das Geschrei, und Klatschen der Peitschen, und dann fiel was hin, und da rumpelte alles auf diesem Kopfsteinpflaster, da rumpelte ja alles. Und das war eben sehr, sehr unruhig, so, sagen wa mal, so wie das heute so in Italien ist, so war das früher auch in der Innenstadt. Heute meinen die Leute ja also ab so und so viel Uhr müsste Ruhe sein, das war durchaus nicht der Fall.« (Zimmermann, 92–102)

Nur in den Randbezirken war die Stadt wirklich ruhig. Das galt besonders für die Wohngebiete im Ostviertel, wo die Straßen an Schrebergärten und die Feldmark oder den Wald angrenzten und eine fast ländliche Stimmung herrschte. Für Peter Köhler, der hier aufwuchs, setzte sich das Geräusch der Stadt zusammen aus dem Gegacker von Hühnern, dem Läuten der Kirchenglocken und dem bei Westwind deutlich zu hörenden Rattern und Rauschen der Eisenbahn (Köhler, 3796).

Der gesamte Bereich des Einzelhandels, der fast ein Viertel aller gewerblichen Betriebe ausmachte, bestand aus Kleinhandwerkern und -kaufleuten. Es gab nur wenige Kaufhäuser, die ein breiteres Sortiment an Waren anboten.[27] Die Geschäfte konzentrierten sich in den beiden Hauptgeschäftsstraßen Göttingens, der Weender Straße und der Groner Straße sowie deren Seitenstraßen. Darunter waren auch viele Läden, die sich in der Hand jüdischer Kaufleute befanden.[28] Daraus resultierte viel Neid und Missgunst. Der alte Mittelstand, zu dem der Einzelhandel gehörte, befand sich schon seit dem Ersten Weltkrieg in der Krise, die durch Überbesetzung, Inflation und die insgesamt schwierige wirtschaftliche Lage während der Weimarer Republik hervorgerufen worden war. Hinzu kam die zunehmend als existenzgefährdend empfundene Konkurrenz der Kaufhäuser. Auch wenn Industrie und Arbeiterschaft am Ende der Weimarer Republik viel stärker von den Konjunktureinbrüchen betroffen waren, fühlte sich

---

27 Vgl. Bruns-Wüstefeld, *Lohnende Geschäfte*, S. 42.
28 Die Aussage Bruns-Wüstefelds, in der Weender und Groner Straße »reihte sich nahezu ein jüdisches Geschäft an das andere«, ist m. E. allerdings übertrieben. Ebenda, S. 46. Die seinem Buch beiliegende Übersichtskarte, lässt zwar eine starke Häufung, aber keine Dominanz jüdischer Geschäfte erkennen.

der alte Mittelstand gleichwohl besonders bedroht und projizierte seine Probleme auf die Konkurrenz der Warenhäuser und der jüdischen Kaufleute.[29] Vermutlich hängt mit der starken Präsenz jüdischer Geschäfte in der Innenstadt zusammen, dass mehrere Befragte explizit hinwiesen auf Geschäfte, in denen man kaufte, und solche, die man mied (Pieper, 777). Karl-Heinz Jung, der selbst in einem Geschäftshaushalt aufwuchs, hatte sich diese Maximen besonders strikt zu eigen gemacht:

»Man wusste ganz genau, wo man etwas zu kaufen hatte. Das wurden von den Eltern schon gesaacht, also Karstadt durfte man ja gar nich betreten. Die ganzen jüdischen Warenhäuser und so weiter, die wir auch auf der Weender hatten, die denn nachher vertrieben wurden, die hab ich auch nie von innen kennengelernt. Da-das war einfach tabu.« (Jung, 217–225)

Auffällig ist hier die in der Erzählung hergestellte Verbindung von Kaufhäusern und Juden, die tatsächlich nur für eins der vier Göttinger Kaufhäuser zutraf.[30] Peter Köhler hingegen betonte, seine offenbar sehr liberalen Eltern hätten auch in den »sehr soliden« jüdischen Geschäften gekauft (3447–3449).

Aus der Überbesetzung resultierte eine starke Kundenorientierung der kleinen Geschäftsleute. Sie schickten nicht nur ihre Lehrlinge in die Haushalte der wohlhabenden Bevölkerung, um Bestellungen aufzunehmen, sondern lieferten zudem frei Haus. »Professoren und Beamten«, so Rolf Pieper, wurde auch angeboten, »anschreiben« zu lassen und erst später zu bezahlen (1254). »Anschreiben« war einerseits eine Dienstleistung, andererseits als Ausweis der Kreditwürdigkeit auch ein Statussymbol. Die Geschäftsleute kannnten sich durchweg untereinander. Sie hatten nicht nur kommerzielle Kontakte, waren Mitglied in den Wirtschaftsverbänden, zum Beispiel der »Göttinger Kaufmannschaft«, sondern waren zum Teil durch verwandtschaftliche Bande miteinander verknüpft. Auch gesellschaftlich hatten sie sich in Klubs organisiert. In den Interviews taucht mehrmals der »Club Erholung« der Göttinger Kaufleute auf. »Es war«, wie Karl-Heinz Jung resümierte, »eine beständige Welt«, in der jeder jeden kannte und in der sein Vater, wenn er die Weender Straße entlangschritt, jeden zweiten Passanten grüßen musste (288). Idylle und Enge, beides war für das Leben in Göttingen charakteristisch. Das war aber nicht alles. Hier »mischten sich stärker kleinbürgerliche mit besitz- und bildungsbürgerlichen Elementen

---

29 Bruns-Wüstefeld, *Lohnende Geschäfte*, S. 33f., 38.
30 Vgl. ebenda.

und verliehen Göttingen jenes für die protestantische norddeutsche Kleinstadt an sich untypische Merkmal von philiströser Enge und – zumindest in Ansätzen vorhandener – intellektueller Weltläufigkeit«.[31] Vor allem die Universität hatte dazu beigetragen, aus Göttingen ein »Provinznest mit Doktorhut« zu machen.[32]

Die spezifische Wirtschafts- und Sozialstruktur der Stadt war dafür verantwortlich, dass die Bevölkerung überwiegend politisch konservativ war und wählte. Schon früh in der Weimarer Republik hatten die Rechtsparteien großes Gewicht. Bei den Wahlen zum Reichstag erhielten sie ab 1924 stets über 50 Prozent der Stimmen, 1932 dann rund 62 Prozent. Damit lagen sie durchgängig weit über dem Reichsdurchschnitt. Auch auf der kommunalpolitischen Ebene erzielten die Rechtsparteien in den Wahlen von 1924 und 1929 mehr als 50 Prozent der Stimmen.[33] Allerdings hatte die SPD bis 1931, als durch die Notverordnungen der preußischen Regierung die Kommunalparlamente praktisch ausgeschaltet wurden, einen relativ großen Einfluss auf die Stadtpolitik.[34]

Innerhalb der Universität gab es ebenfalls eine kontinuierliche »Schieflage« zugunsten der Rechtsparteien. Das galt nicht nur für die Professorenschaft, sondern auch für die Studenten, die zu 60 Prozent in Verbindungen organisiert waren.[35] Die Universität war jedoch nicht nur in weiten Teilen deutschnational, sondern auch völkisch orientiert und insofern anschlussfähig an den Nationalsozialismus. Dies galt besonders für die Studentenschaft. Der 1926/27 in Göttingen gegründete Nationalsozialistische Deutsche Studentenbund (NSDStB) erreichte schon 1931 die Mehrheit im Selbstverwaltungsparlament der Studierenden.[36] Die Rechtsorientierung nicht nur der Universität, sondern, wie aus den Wahlergebnissen hervorgeht, auch eines erheblichen Teils anderer Göttinger Bürger bereitete den Boden für den frühen und überdurchschnittlich starken Aufstieg der NSDAP in der Stadt.[37] Bereits 1922 wurde die NSDAP-Ortsgruppe als eine der ersten in Norddeutschland durch den Medizinstudenten Ludolf

---

31 Hasselhorn/Weinreis, »Weg in den Nationalsozialismus«, S. 48.
32 Ebenda.
33 Zu den Wahlergebnissen eingehend: Hasselhorn, »Göttingen 1917/18–1933«, S. 63–126.
34 Ebenda, S. 117.
35 Vgl. Dahms, »Einleitung«, S. 20ff.
36 Ebenda, S. 22.
37 Die folgenden Ausführungen über Göttingen im Nationalsozialismus stützen sich zentral auf die auf sorgfältigen Archivstudien basierende Dissertation von Tollmien, *Nationalsozialismus in Göttingen (Diss.)*.

Haase gegründet, kurz darauf entstand eine Frauengruppe der NSDAP.[38] Der Organisationsgrad der Göttinger NSDAP war mit 1.000 Mitgliedern im Jahr 1933, circa drei Prozent der erwachsenen Göttinger Bevölkerung (ohne diejenigen Angehörigen von SA und SS, die nicht Parteimitglieder waren), dennoch durchschnittlich. Allerdings hatte die Partei schon 1929 22 Prozent der Stimmen und acht Sitze im Bürgervorsteherkollegium erhalten und war in kommunalen Dienststellen wie auch in der Polizei gut vertreten.[39] Bereits bei der Reichstagswahl im September 1930 erreichte die NSDAP in Göttingen mit 37,8 Prozent einen mehr als doppelt so hohen Stimmenanteil wie im Reichsdurchschnitt und wurde stärkste Partei. Im Sommer 1932 erzielte sie dann sogar 51 Prozent (im Reich 37,4 Prozent).[40] Die Wahlergebnisse der letzten freien Reichstagswahlen im November 1932 lagen mit 43,9 Prozent für die NSDAP ebenfalls deutlich über dem reichsweiten Durchschnitt (33,1 Prozent).[41] Bei der Wahl des Reichspräsidenten 1932 stimmten im zweiten Wahlgang die Mehrheit der Göttingerinnen und Göttinger für Adolf Hitler, im Reich siegte Paul von Hindenburg (in Göttingen 44,3 Prozent, im Reich 53,0 Prozent) vor Hitler (in Göttingen 50,9 Prozent, im Reich 36,8 Prozent) und dem Kandidaten der KPD Ernst Thälmann (in Göttingen 4,6 Prozent, im Reich 10,2 Prozent).[42] Ab 1933 war die Stadtverwaltung fest in der Hand der NSDAP. Der amtierende, bis dahin der DVP angehörende Oberbürgermeister blieb allerdings bis 1938 im Amt, wohl weil er der Machtübernahme in Göttingen keine Gegenwehr geleistet hat.[43] Göttingen kann, so lässt sich zusammenfassend feststellen, als eine »[...] früh und nachhaltig nazifizierte Beamten- und Pensionärsstadt gelten, in der die Partei so erfolgreich war, wie sonst nur in einigen norddeutschen, ländlichen (evangelischen) Bezirken«.[44]

---

38 Auch andernorts in der Region fasste die NSDAP früh Fuß. Schmiechen-Ackermann spricht dem Gau Südhannover-Braunschweig eine Vorreiterrolle beim Aufbau der NS-Organisation zu (Schmiechen-Ackermann, »Komparatistik«, S. 247).
39 Tollmien, *Nationalsozialismus in Göttingen (Diss.)*, S. 60, 64, 223.
40 Vgl. Hasselhorn, »Göttingen 1917/18–1933«, S. 123.
41 Vgl. ebenda, S. 126.
42 Vgl. ebenda, S. 120.
43 Die Polizei wurde allerdings sofort einem verdienten Nationalsozialisten unterstellt. Vgl. zu dieser »Kontinuität«, die für Klein- und Mittelstädte durchaus typisch gewesen ist Tollmien, *Nationalsozialismus in Göttingen (Diss.)*, S. 223f.; auch Noakes, »Nationalsozialismus«, S. 237–251.
44 Tollmien, *Nationalsozialismus in Göttingen (Diss.)*, S. 42.

Die lokale Presselandschaft[45] war in der Weimarer Republik durch den Dualismus von *Göttinger Tageblatt* und *Göttinger Zeitung* geprägt. Die *Göttinger Zeitung* verfolgte einen bürgerlich liberalen Kurs und exponierte sich noch im Kommunalwahlkampf im März 1933 zugunsten der alten bürgerlichen Eliten. Das *Göttinger Tageblatt* hingegen spielte beim Aufstieg der NSDAP eine wichtige Rolle.[46] Es kann als Wegbereiter der Partei in Göttingen gelten, obwohl es später in Konkurrenz zu deren Parteiorgan, den *Göttinger Nachrichten*, stand. Der Beitrag des *Göttinger Tageblatts* »zu Göttingens Wandel von einer konservativ-deutschnational geprägten Stadt zu einer Hochburg der NSDAP« wird als entscheidend eingeschätzt.[47] Nachdem das sozialdemokratische *Volksblatt* bereits 1933 verboten wurde,[48] übernahm das *Göttinger Tageblatt* 1935 die *Göttinger Zeitung*. Damit war die Gleichschaltung auch der Presse vollzogen.

Die nationalsozialistische Machtergreifung vom 30.1.1933[49] wurde in Göttingen am folgenden Tag mit einem Fackelzug begangen. Polizei und Presse zählten allein circa 2.000 respektive 3.000 uniformierte Teilnehmer. Da HJ, SA und SS in Göttingen nur zwischen 600 bis 700 Mitglieder zählten,[50] bedeuten diese Zahlen, dass SA- und SS-Männer aus der gesamten Region dazu zusammengeströmt sein mussten. Die nicht organisierte Göttinger Bevölkerung stand noch am Rande, allerdings, so das *Göttinger Tageblatt*, zu Zehntausenden, eine Zahl die sicher mit Skepsis zu sehen ist.[51]

Nach der Machtübernahme der Nationalsozialisten begann auch in Göttingen der Terror gegen politische Gegner.[52] Schon am 26.4.1933 war das Gewerkschaftshaus im Maschmühlenweg von der SA besetzt und durchsucht worden. Am 2. Mai wurden dann reichsweit die Gewerkschaften zerschlagen. Im Zusammenhang damit kam es auch in Göttingen zu

---

45 Die Auflagen der Göttinger Zeitungen verteilen sich wie folgt: GT, Auflage 1932: 18.000 Exemplare, GZ, Auflage 1932: 10.700 Exemplare, GN, gegründet 1931, Auflage 1932: 18.000 Exemplare, NTZ, Auflage 1932: 3.000 Exemplare, *Volksblatt*, Auflage 1932: 7.000 Exemplare, vgl. Tollmien, *Nationalsozialismus in Göttingen (Diss.)*, S. 64.
46 Die Relevanz bürgerlicher Lokalzeitungen für den Aufstieg des Nationalsozialismus betont auch Saldern, »Sozialmilieus«, S. 37.
47 Tollmien, *Nationalsozialismus in Göttingen (Diss.)*, S. 222.
48 Ebenda, S. 70, 108.
49 Zur sog. »Machtergreifung« vgl. Popplow, » Machtergreifung«, S. 157–186; sowie ders., »Nachtrag«, S. 189–200.
50 Tollmien, *Nationalsozialismus in Göttingen (Diss.)*, S. 61f.
51 So der Hinweis ebenda, S. 62.
52 Vgl. Tollmien, *Nationalsozialismus in Göttingen (Diss.)*, S. 99ff.

brutalen Misshandlungen von Sozialdemokraten und Gewerkschaftern.[53] Der Internationale Sozialistische Kampfbund (ISK), eine akademisch geprägte Widerstandsgruppe um den Philosophen Leonard Nelson, wurde ebenfalls durch die Gestapo observiert und Anfang 1936 zerschlagen.[54] Auch danach blieb die Verfolgung dieser Gruppen für die Gestapo zentral, die im Juni 1936 eine Außenstelle in Göttingen erhielt.[55]

Aufgrund der starken deutschnationalen und völkischen Stimmung in der Stadt hatte es schon 1931 Aktionen gegen jüdische Göttinger und deren Besitz gegeben.[56] Derartige Taten häuften und verschärften sich nach der Machtübernahme.[57] In Vorbereitung des geplanten Boykotts am 1.4.1933 wurden in Göttingen SA und SS von sich aus tätig, bereits am 28. März begann in Göttingen der Terror gegen die jüdische Bevölkerung. Bis in die Nacht wurden Geschäfte demoliert und deren Inhaber misshandelt. Die Göttinger Innenstadt sah danach wie ein Trümmerfeld aus: 30 Geschäfte und die Synagoge waren verwüstet worden. Tausende Göttingerinnen und Göttinger waren als Schaulustige Zeugen der Ereignisse geworden,[58] die schon auf den Terror des Novemberpogroms von 1938 verwiesen, in dessen Verlauf die Göttinger Synagoge in der Oberen Masch »unter Mithilfe« der Berufsfeuerwehr niedergebrannt wurde.[59] Jüdische Schüler wurden immer stärker durch Verordnungen von der höheren Schulbildung ausgegrenzt, bis ihnen nach dem Novemberpogrom 1938 schließlich der Besuch nicht jüdischer Schulen gänzlich untersagt wurde.[60]

---

53 Ebenda, S. 100.
54 Ebenda, S. 97, 110, 175.
55 Ebenda, S. 161.
56 Vgl. Hasselhorn, »Göttingen 1917/18–1933«, S. 108. Göttingen hatte 1933 475 jüdische Einwohner. 1938 lebten dort noch 221. Die Differenz ergibt sich nicht nur aus Emigration, sondern wohl auch aus Binnenwanderung, weil größere Städte neben besseren Arbeitsangeboten auch mehr Anonymität boten (so Schäfer-Richter, »Lebens- und Wohnsituation«, S. 188). Nach dem Novemberpogrom setzte eine verschärfte Ausgrenzung, Verfolgung, Verschleppung und Ermordung der jüdischen Bevölkerung ein. Am Ende des Zweiten Weltkriegs lebten in Göttingen nur noch vier jüdische Einwohner. Vgl. dazu im Einzelnen: Manthey/Tollmien, »Juden«, bes. S. 704–760.
57 Vgl. Tollmien, *Nationalsozialismus in Göttingen (Diss.)*, S. 80ff.
58 Ebenda, S. 82.
59 So Tollmien, *Nationalsozialismus in Göttingen (Diss.)*, S. 187. Zum Schicksal der Göttinger Jüdinnen und Juden vgl. auch die Studie von Bruns-Wüstefeld, *Lohnende Geschäfte*; Popplow, »Novemberpogrom«, S. 177–192.
60 Michael, »Geschichte«, S. 496. Vgl. auch die Monographie von Michael, *Schule und Erziehung*.

Mit der 1933 erfolgten Ernennung des Germanisten Prof. Dr. Friedrich Neumann zum Rektor wurde ein überzeugter Nationalsozialist zum Wegbereiter der »Entjudung« und Gleichschaltung der Universität.[61] Durch das »Gesetz zur Wiederherstellung des Berufsbeamtentums« vom 7.4.1933 bekam er die formale Legitimation zur Entlassung jüdischer und sozialdemokratischer Hochschullehrer und anderer Universitätsangehöriger an die Hand, die einen »brain drain« gewaltigen Ausmaßes nach sich zog. Davon betroffen waren fast alle Fakultäten, in besonderem Maße aber die weltberühmte mathematisch-naturwissenschaftliche Fakultät.[62]

Abb. 3: *Ansprache des Rektors anlässlich der Bücherverbrennung am 10. Mai 1933*
(Quelle: Städtisches Museum Göttingen)

Der Beitrag des Rektors[63] anlässlich der Bücherverbrennung am 10.5.1933 auf dem in Adolf-Hitler-Platz umbenannten Albaniplatz vor einem Publi-

---

61 Neumann trat am 1.5.1933 in die NSDAP ein, beteiligte sich am 10.5.1933 als Germanist (!) an der Bücherverbrennung und betätigte sich vielfach im Sinne des Nationalsozialismus. Er wurde 1945 amtsenthoben, 1954 emeritiert. Vgl. dazu Füssel, »Bücherverbrennung«, S. 98; http://www.wikipedia.org/wiki/FriedrichNeumann_(Germanist) vom 16.1.2012.
62 Vgl. dazu den Überblick von Becker, »Aufstellung«, S. 489–501.
63 Neumann sprach bei einer Kundgebung, die als Auftakt zur Bücherverbrennung im Auditoriengebäude stattfand. Vgl. Tollmien, *Nationalsozialismus in Göttingen (Diss.)*, S. 170.

kum, in dem NSDStB und Verbindungen die Mehrzahl der Teilnehmer stellten, markierte den Abschied der Universität Göttingen von Werten wie Wissenschaftsfreiheit, Toleranz und Internationalität. Der Weg der weltweit geachteten und renommierten Hochschule führte in die Provinzialität. Bei den Einladungen zu ihrer Zweihundertjahrfeier 1937 mussten die Veranstalter viele Absagen, besonders aus dem westlichen Ausland, in Kauf nehmen.[64]

Am 1.5.1933 bot sich schon ein anderes Bild als noch am 30. Januar: nun beteiligte sich auch die Göttinger Bevölkerung. Die alten Eliten aus Stadt und Universität, Kirchen, Stahlhelm, Studentenverbindungen, Betriebsgemeinschaften und Innungen, aber auch die Mitglieder von Gewerkschaften, SPD und Reichsbanner folgten dem Aufruf zum »Tag der deutschen Arbeit«. Von 12.000 bis 15.000 Menschen, überwiegend Männern, ist in den offiziellen Quellen die Rede.[65] Dazu glänzte die Stadt im neuen Flaggenschmuck. Die Fahne der Republik, »Schwarz-Rot-Gold«, war am 2.3.1933 in Preußen durch die Farben des Kaiserreichs, »Schwarz-Weiß-Rot«, bald darauf ergänzt um die Hakenkreuzflagge, ersetzt worden.[66]

Im nationalsozialistischen Festjahr blieb der 1. Mai zentral neben dem »Gedenktag der Nationalen Erhebung« am 30. Januar und dem »Geburtstag des Führers« am 20. April, an dessen Vorabend auch die Hitler-Jugend vereidigt wurde. Darüber hinaus boten der Tag der Parteigründung am 24. Februar, »Heldengedenktag« Mitte März, Muttertag im Mai, »Fest der Jugend« zur Sommersonnenwende, Reichsparteitag im September in Nürnberg, Erntedankfest auf dem Bückeberg, Eröffnung des Winterhilfswerks im Oktober, Vereidigung der neuen Rekruten im November, Gedenktag für die »Gefallenen der Bewegung« am 9. November, Wintersonnenwende und »Volksweihnachten« Betätigungsfelder für den »Volksgenossen« und die »Volksgenossin«.[67] Das Interesse der Göttinger Bürger schwand allerdings nach der Euphorie der »Formierungsphase« (N. Frei)[68] stetig, ebenso wie die Neigung, zu allen möglichen Anlässen die Spendendosen der Angehörigen der Hitler-Jugend zu füllen, die für NSV, Winter-

---

64 Vgl. Ratzke, »Hakenkreuz und Talar«, S. 231–248. Die Zweihundertjahrfeier der Universität wird ebenso, anders als der Titel vermuten lässt, in ihrer Funktion als NS-Inszenierung untersucht in: Engmann/Wiechert, »Erbe und Auftrag«, S. 269ff.
65 Vgl. Tollmien, *Nationalsozialismus in Göttingen (Diss.)*, S. 99ff.
66 Ebenda, S. 75.
67 Ebenda, S. 173.
68 Frei unterscheidet die Formierungsphase (1933–1934), die Konsolidierungsphase (1935–1938) und die Radikalisierungsphase (1938–1945), vgl. Frei, *Der Führerstaat*.

hilfswerk oder andere wichtige Zwecke sammeln mussten.[69] Die Kinder wurden in all diese Aufmärsche und Feste eingespannt, sie marschierten in den verschiedenen Formationen der Hitler-Jugend auf der Spielwiese (der heutigen Schillerwiese) im Göttinger Ostviertel oder vor dem Rathaus auf. Sie musizierten im Musikkorps der Hitler-Jugend oder beteiligten sich als Komparsen beim Universitätsjubiläum und anderen Anlässen.

Gleich nach der Machtübernahme drängten auch in Göttingen die Kinder in die HJ, teils freiwillig, teils auf Druck von Lehrern und Schulleitern, teils aufgrund politischer Maßnahmen. Göttingen verfügte über ein System von Spezialgruppen der Hitler-Jugend, zumindest für die Jungen. So gab es eine Abteilung Marine-HJ, die Reiter-HJ, die die Pferde des Kavallerieregiments in der Zietenkaserne nutzte, die Nachrichten- und die Motor-HJ. In der Organisation der Hitler-Jugend boten sich besonders für die Oberschüler weitere Betätigungsfelder wie zum Beispiel in der Propagandaleitung oder Theatergruppe, ebenso im Göttinger HJ-Orchester, das auch gemeinsam mit dem Musikkorps der Wehrmacht auftrat.

Die Inanspruchnahme der Kinder und Jugendlichen wuchs mit der Dauer des Krieges auch in Göttingen: Altstoffsammlungen, Luftschutzwachen, Einsätze in der Landwirtschaft und Rüstungsindustrie forderten immer mehr Zeit. Ganze Klassen der Jungenschulen wurden bei der Kinderlandverschickung, als Flakhelfer in Braunschweig und Salzgitter oder beim Bau von Befestigungsanlagen eingesetzt.[70] Der ohnehin ausgedünnte Unterrichtsstoff wurde zur Nebensache.[71] Auch durch nächtlichen Fliegeralarm fielen immer mehr Unterrichtsstunden aus.[72] Der letzte Luftangriff auf Göttingen, bei dem der Bahnhof und die Anatomie zerstört wurden, forderte noch am 7.4.1945 70 Tote.[73]

Das Kriegsende verlief für Göttingen glimpflich und ohne große Zerstörungen.[74] Die letzten Wehrmachtseinheiten setzten sich ab, nachdem klar war, dass sie die mit Flüchtlingen überfüllte Stadt mit 3.000 bis 4.000 Verwundeten in den Lazaretten nicht »verteidigen« wollten und konnten. Für Göttingen endete der Krieg am 8.4.1945 durch die kampflose Übergabe der Stadt an die US-Armee.[75]

---

69 Tollmien, *Nationalsozialismus in Göttingen (Diss.)*, S. 166.
70 Michael, »Geschichte«, S. 504ff.
71 Ebenda, S. 507f.
72 Ebenda, S. 509.
73 Tollmien, *Nationalsozialismus in Göttingen (Diss.)*, S. 218.
74 Ebenda, S. 216ff.
75 Ebenda, S. 218f.

2. Die Familien

Das Sample

In der Einleitung wurde bereits darauf verwiesen, dass für die Kindheit im bürgerlichen Milieu zehn Frauen und zwölf Männer für ausgedehnte Gespräche zur Verfügung standen. Es handelt sich um die meisten und ausführlichsten Erzählungen innerhalb des gesamten Samples.[1] Alle Befragten aus dem bürgerlichen Milieu gehören den Jahrgängen 1923 bis 1927 an. Sie haben die gesamte oder viele Jahre ihrer Kindheit in Göttingen verbracht. Wie aus den Interviews hervorgeht, kannten sich mehrere der Befragten. Die Frauen hatten seit dem Alter von zehn Jahren die einzige Oberschule für Mädchen besucht. Sie kannten sich aus der Nachbarschaft, über Geschwister und Freunde oder der Hitler-Jugend. Bei den Interviews mit Männern spielten Schulbekanntschaften und -freundschaften eine geringere Rolle, weil es zwei höhere Schulen gab, das Gymnasium und die Oberschule für Jungen.

Entsprechend der Anlage der Untersuchung handelt es sich bei den Befragten um Kinder des gehobenen Bürgertums, zu dem Angehörige des Wirtschaftsbürgertums und des Bildungsbürgertums gehören. Sie sind aufgewachsen als Töchter und Söhne von Unternehmern, den Inhabern größerer Geschäfte oder von Akademikern, das heißt von höheren Beamten und Angestellten des öffentlichen Dienstes[2], darunter drei Professoren, sowie von Freiberuflern und von höheren Angestellten der Privatwirtschaft.

---

1 Lediglich ein Interview dauerte nur zweieinhalb Stunden und konnte in einem Termin bewältigt werden. Die anderen waren deutlich länger und erforderten mehrmalige Treffen. Für das längste Interview von 12 ½ Stunden waren vier Sitzungen vonnöten. Von den Befragten wohnte die Hälfte nicht mehr in Göttingen. Das ist angesichts der großen Mobilität des Bürgertums nicht verwunderlich. Die Gespräche wurden in ihrem heutigen Heimatort geführt.

2 Ein Gesprächspartner stammt aus einer eher mittelbürgerlichen Familie; sein Vater bekleidete eine mittlere Position in der Stadtverwaltung.

Die meisten Väter hatten eine akademische Ausbildung, einige Mütter ein Studium begonnen, wenn auch nicht immer abgeschlossen. Zwei Frauen waren Hauswirtschaftlerinnen und bildeten selbst Personal aus. Mehrere Mütter hatten eine Ausbildung als Krankenschwester und waren teilweise im Ersten Weltkrieg eingesetzt gewesen, andere waren Lehrerin geworden. Dennoch waren nur wenige Frauen nach der Eheschließung berufstätig.[3] Die Familien gehörten zu den »besseren Kreisen« der Stadt, in denen es jedoch »feine Unterschiede« gab. Die Differenzierung des Göttinger Bürgertums in Wirtschaftsbürgertum und Bildungsbürgertum spielte eine erhebliche Rolle und war auch den Kindern schon frühzeitig geläufig. Diese im alltäglichen Verhalten der Erwachsenen spürbaren Grenzziehungen machten sich die Kinder früh zu eigen und praktizierten sie selbst.

Die Familien lebten, von einigen Ausnahmen abgesehen, als Kernfamilien zusammen, das heißt, sie bestanden aus Eltern und Kindern. Selbst wenn die Großeltern in Göttingen lebten, führten sie normalerweise einen eigenen Haushalt.[4] In einem Fall teilten sich Eltern und Großeltern zwar ein großes Haus, die Großeltern wirtschafteten aber separat. In einer zweiten Familie lebten die Großeltern nur in der frühen Kindheit der Befragten mit im Hause. Vermutlich gab es eine gemeinsame Haushaltsführung. Sie zogen dann aber aus, wohl weil die Familie des Sohnes größer wurde. In einem dritten Fall führten die früh verwitwete Mutter und die Großmutter einen gemeinsamen Haushalt. Die Kinderzahlen hatten sich entsprechend dem seit den 1920er Jahren herrschenden Trend[5] auf zwei bis drei Kinder eingependelt. In fünf Familien wuchsen vier oder fünf Kinder auf. Nur

---

3 Gerade in den wohlhabenden Milieus war der Status der Ehefrau mit Erwerbsarbeit kaum zu vereinbaren. Vgl. dazu: Castell Rüdenhausen, »Familie und Kindheit«, S. 77. Dazu hatte sicher auch die aus dem Kaiserreich stammende Regelung beigetragen, dass Lehrerinnen bei der Verheiratung aus dem Beruf auszuscheiden hatten. Obwohl die Weimarer Reichsverfassung diese Verpflichtung aufgehoben hatte, sah die Praxis anders aus. 1932 wurde die Kündigung von Beamtinnen auch gesetzlich wieder ermöglicht. Vgl. dazu Becher, »Autonomie und Anpassung«, S. 288f.

4 Entgegen verbreiteten Vorstellungen ist das Zusammenleben von mehr als zwei Generationen in einem Haushalt nicht sehr verbreitet gewesen. Vgl. dazu Mitterauer, »Der Mythos«, S. 128–151. Das gilt in besonderem Maße für bürgerliche Familien. Vgl. dazu Rosenbaum, *Formen der Familie*, S. 251ff.

5 Vgl. dazu Marschalck, *Bevölkerungsgeschichte*, S. 53ff. Damit hatten die Familien die in der zweiten Hälfte des 19. Jahrhunderts in Deutschland »öffentlich propagierte und privat anvisierte Wunschkinderzahl« von zwei bis drei Kindern realisiert (Budde, *Bürgerleben*, S. 402). Vgl. auch die Tabelle über die durchschnittliche Kinderzahl pro vollständiger Ehe im Bildungsbürgertum und Wirtschaftsbürgertum bei Rosenbaum, *Formen der Familie*, S. 353.

zwei Befragte waren Einzelkinder. Ohne Geschwister aufzuwachsen war im Bürgertum dieser Zeit noch eine Ausnahme.

Die Haushalte waren allerdings etwas größer als diese Zahlen suggerieren, weil alle Familien des Samples Personal beschäftigten. Meistens lebte zumindest ein aus einem Dorf der Region stammendes Hausmädchen mit in der Wohnung oder im Hause. Wer sich das nicht leisten konnte, hatte wenigstens stundenweise eine Zugehfrau. Gelegentlich gab es eine Köchin und/oder ein Kindermädchen für die jüngeren Kinder. Auch Kindermädchen wohnten normalerweise mit im Haus oder in der Wohnung. Das bedeutete nicht unbedingt eine Tischgemeinschaft. Sie kam zwar auch vor. Die Regel dürfte jedoch gewesen sein, dass das Personal sich vorwiegend und auch zu den Mahlzeiten in der Küche aufhielt. In einigen Häusern oder Wohnungen gab es einen gesonderten Küchenflügel, wie Rolf Pieper von der großen Wohnung seiner Eltern erzählte. Ursula Zimmermann und ihre Schwester aßen unter der Woche mit dem Kindermädchen getrennt von den Eltern. Waschfrau, Nähfrau, Plätterin wurden regelmäßig beschäftigt, wohnten aber nicht mit im Haushalt. Gärtner und Chauffeur wurden nur in den wenigen reichen Familien beschäftigt. Bei dem Umfang an Personal wundert es nicht, dass die meisten Befragten als Kinder wenig bis gar nicht zu Hause helfen mussten. Nur einige erzählten, sie wären zu der Ernte im Garten herangezogen worden. Jene Familien, zu deren Wohnung oder Haus ein Garten gehörte, bewirtschafteten ihn teilweise als Nutzgarten. Immer gab es dann Obstbäume und -sträucher, meist auch Gemüse. Dafür dürfte wohl in erster Linie das Personal verantwortlich gewesen sein.

Über die politischen Einstellungen der Eltern äußerten sich nur wenige Befragte dezidiert. In einigen Familien war Politik als Gesprächsthema vor den Kindern auch verpönt (Pieper, 240). Eine Ausnahme ist Dieter Reinecke, der seine Mutter als eine »deutsch-nationale Kaisertreue« charakterisierte und zu erkennen gab, dass sein Vater aus Karrieregründen mit einem Eintritt in die NSDAP geliebäugelt hatte. Der vehemente Widerspruch der Mutter hätte das aber verhindert (Reinecke, 1052). Der Vater hätte außerdem bereits 1933 gesagt, dass Hitler Krieg bedeuten würde (Reinecke, 4212). Aus den Interviews entsteht der Eindruck, dass die meisten Eltern dem konservativen politischen Spektrum angehörten, wenige zur liberalen Seite tendierten, andere stärker rechts orientiert waren. Daher brachten viele Eltern den Nazis zumindest in den Anfangsjahren des Dritten Reiches durchaus Sympathien entgegen, selbst wenn sie wegen deren Umgangsformen auf sie herabblickten. Manche Väter, auch Mütter, gehörten der

NSDAP oder einer ihrer Unterorganisationen an. Gelegentlich schimmert in den Erzählungen über den Vater oder die Mutter auch deren Distanz zum Nationalsozialismus durch, die sich in nonkonformem Verhalten niederschlagen konnte. Die meisten Kinder wuchsen aber in einem bürgerlich-konservativen, teilweise offen nationalsozialistischen Umfeld auf. Dezidierte Anhänger der Weimarer Republik gab es, den Interviews zufolge, unter den Eltern nicht. Sie gehörten damit zu den vielen Bürgern, die der Republik zumindest sehr skeptisch gegenüberstanden, sie teilweise auch bekämpften.[6]

Die wirtschaftlichen Verhältnisse

Obwohl die Familien des Samples mit einer Ausnahme zum gehobenen Bürgertum gehörten, war ihre materielle Situation recht unterschiedlich. Entsprechend den wirtschaftlichen Verhältnissen und Strukturen der Stadt gab es zwar eine breite bürgerliche Gruppe, aber nur wenige wirklich sehr reiche Einwohner. Innerhalb des gehobenen Bürgertums lebten überwiegend mäßig bis recht wohlhabende Familien, aber auch etliche, deren Lebensführung eher bescheiden war. Sie gehörten vornehmlich dem Bildungsbürgertum an. Diese Spannbreite zeigte sich auch im Sample.[7] Ungeachtet der unterschiedlichen sozio-ökonomischen Positionen und der Einkommensdifferenzen werden die beiden Gruppen – Wirtschafts- und Bildungsbürgertum – als Einheit betrachtet. Sie waren verbunden durch eine gemeinsame Kultur von Deutungsmustern, Einstellungen und Mentalitäten,[8] durch ein spezifisches »bis in die Alltäglichkeit hineinreichendes Zusammenspiel von Formen und Normen«.[9]

---

6 So Tenfelde, »Stadt und Bürgertum«, S. 320. Vgl. dazu auch Saldern, »Sozialmilieus«.
7 Tenfelde spricht schon für das 19. Jahrhundert vom Bürgertum als einem »Konglomerat« unterschiedlicher Positionen und Berufe, einschließlich des nicht berufstätigen Privat-Rentiers (»Stadt und Bürgertum«, S. 333).
8 Die Bürgertumsforschung hat die Kultur als verbindendes Element betont. Vgl. dazu Kocka, »Bürgertum«, S. 42ff. Mit Lepsius ließe sich schließlich von Bürgerlichkeit als typischer Art der Lebensführung dieser Schichten sprechen. Vgl. Lepsius, »Zur Soziologie des Bürgertums«, S. 96ff. Wehler hebt für das Kaiserreich Tendenzen zur Homogenisierung innerhalb des Bürgertums hervor (»Wie bürgerlich war das deutsche Kaiserreich?«, S. 243–280).
9 Bausinger, »Bürgerlichkeit«, S. 122.

Selbst wenn die ökonomischen Ressourcen knapp waren, litt doch keine der Familien unter existenzieller Not. Ausnahmslos alle hatten ein regelmäßiges Einkommen, das normalerweise der Vater verdiente. Nur zwei Mütter, beide früh verwitwet, waren erwerbstätig. Einige Frauen arbeiteten, allerdings nur zeitweise, als mithelfende Familienangehörige im Geschäft oder Unternehmen des Ehemannes. Kein Kind musste arbeiten, um Geld zu verdienen. Trotz der insgesamt sicheren ökonomischen Existenz war in einigen Familien Geld durchaus ein Thema der familiären Kommunikation. Die Kürzung der Beamtenbezüge durch die Brüningschen Notverordnungen am Ende der Weimarer Republik zwang mindestens zwei Familien zu größeren Sparanstrengungen, wenn auch teilweise auf hohem Niveau. Die wohlhabende Familie Pieper zog aus einer offenbar sehr teuren Mietwohnung in bester Lage des Ostviertels in eine an dessen Rand gelegene billigere, die immerhin auch noch acht bis neun Zimmer umfasste. Andere Familien traf es härter, besonders wenn sie, wie die Familie Ilsemann, 1928 gerade gebaut hatten:

»[…] was die Vermögensverhältnisse anbelangt, gehörten wir nicht in die [P] selbe Reihe hinein etwa wie [mein Freund]. Denen ging es also wesentlich besser. Und die warn ja freiberuflich und die hatten also erheblich mehr Geld und warn auch nich so abhängig vom Herrn Brüning. Aber bei uns war das, da hat sich das doch sehr stark ausgewirkt. Ich habe an sich darunter nich gelitten, dass ich eben zum Geburtstag weitaus weniger kriegte als [P] die andern, die nun in besseren Verhältnissen lebten. Es gab ja in der Zeit, wo Hitler nich, offensichtlich nich nur arme Leute. Es gab ja auch Leute, die ganz gut verdient haben. Und [P] ich hab darin eigentlich kein Problem gehabt oder [P] dass ich mal gefragt hätte: ›Warum eigentlich?‹ Also eins wusste ich nur, der Name Brüning war mir also geläufig. Und das wirkte sich natürlich auch aus, dass ich eben [P] wenn Geburtstag oder Weihnachten eben war, dann mussten eben schon mal die Großeltern mit einspringen, damit eben was auf 'm Tisch stand. Auf 'm Weihnachts-, auf 'm Gabentisch [PP].« (Ilsemann, 234–254)

Bedingt durch die Machtergreifung der Nazis entfiel für die Familie Reinecke ein lukrativer Nebenverdienst des Vaters. Infolgedessen musste die Familie im gerade neu gebauten Haus zusammenrücken und Zimmer vermieten, um die Hypothekenzinsen zahlen zu können. Die meisten Familien kamen aber finanziell recht gut durch die 1930er Jahre. Das lässt sich allein daran ersehen, dass acht, die zuvor zur Miete gewohnt hatten, in dieser Zeit ein Haus bauten oder kauften, andere zusätzliche Häuser erwarben. Urlaubsreisen, teilweise ohne die Kinder, waren üblich, wenn auch unterschiedlich aufwendig. Von wenigen Ausnahmen abgesehen, haben die Kinder Taschengeld erhalten. Dessen Höhe schwankte stark, vermutlich entsprechend der finanziellen Situation der Haushalte. Manche Kinder durften das Geld unkontrolliert für Süßigkeiten ausgeben, andere mussten davon auch Anschaffungen für die Schule bezahlen, wieder andere mussten über ihre Ausgaben Rechenschaft ablegen. Von Dieter Reinecke abgesehen, der sich schon in den 1930er Jahren als Balljunge auf dem Tennisplatz verdingte, um sein reduziertes Taschengeld aufzubessern, berichteten nur zwei Frauen, sie hätten während des Krieges etwas Geld zum Taschengeld dazuverdient. Trotz des insgesamt gehobenen Lebensstandards wurde in vielen Haushalten auf Sparsamkeit geachtet und die Kinder dazu erzogen. Im Haushalt von Lisa Bornemanns Großvater durfte, um Geld zu sparen, in der Dämmerung noch kein Licht angemacht werden, sondern erst dann, wenn es richtig dunkel war (5610). Für Elke Engelmann war die duftende Toilettenseife im Badezimmer eines Onkels der Inbegriff von Luxus, weil zu Hause nur Kernseife verwendet wurde (2120).[10]

Das Wohnen

Für die Angehörigen des gehobenen Bürgertums, dessen Kinder befragt wurden, war das Ostviertel die adäquate Wohnlage. Seine Erschließung hatte schon im frühen 19. Jahrhundert begonnen und war dann vor allem nach 1870 vorangetrieben worden. Es war geprägt durch großzügig zugeschnittene, von großen Gärten umgebene repräsentative Villen. Grundstücke von 2.000 Quadratmetern, wie bei Peter Köhlers Elternhaus (120), waren keine Seltenheit.[11] Die Nähe zu den großen Parkanlagen mit Tennisplätzen und dem bewaldeten Hainberg sowie die Hanglage mit gesünderer Luft als in der leicht stickigen Leineniederung erhöhte die Attraktivität dieser Wohngegend. Aber auch innerhalb des Ostviertels gab es noch Unterschiede:

»Also ich würde mal so sagen, das Gefälle war so, also so Straßen wie Hainholzweg, Calsowstraße, das waren natürlich die feinen Straßen. Aber dann kamen so was wie Steinsgraben, Am Weißen Stein, das war dann schon Friedländer Weg. Das war dann schon so die nächste Kategorie, wo man wohnte oder [lacht] die hervorgehoben waren.« (Zöllner, 555–561)

---

10 Zum Sparsamkeitssyndrom ausführlicher im 8. Kapitel.
11 Vgl. dazu Habenicht, »Bauliche Entwicklung«, S. 141–176.

Geschäftsleute wohnten hingegen noch häufig in der Innenstadt über ihren Geschäften, jedenfalls dann, wenn sie Einzelhandel betrieben. Auch hier gab es bessere und weniger gute Straßen oder Quartiere. Dora Markwarts Elternhaus befand sich in einer schlecht beleumdeten Nachbarschaft. Sie und ihre Geschwister durften deshalb auch nicht auf der Straße spielen. In dem Interview wird deutlich, dass Dora unter dieser Wohnsituation sehr gelitten hat. Eine Mitschülerin in der Oberschule mochte es gar nicht glauben, dass sie dort wohnte, und dachte, sie hätte sich verhört. Später verlegte die Familie Wohnung und Betrieb. Damit war die Diskrepanz zwischen sozialem Status und Wohnlage endlich beseitigt:

»[...] und das haben wir also sehr genossen. Heizung natürlich überall drin, und schöne Villa, und das war, das war also für uns ein... Wir waren plötzlich wer [lacht], ja, doch, war richtig schön.« (Markwart, 174–178)

Bei den besser situierten Geschäftsleuten scheint es die Tendenz gegeben zu haben, ihr Domizil ins Ostviertel zu verlegen, sobald sie es sich finanziell leisten konnten. Mehrere Umzüge gehören in diesen Zusammenhang. Diese Regeln durchschauten auch die Kinder bereits früh und wendeten sie auf die soziale Klassifizierung bestimmter Straßenzüge und Stadtviertel an.

Aus diesen Hinweisen auf die Relevanz der Wohnlage wird bereits deutlich, dass die erwähnte sparsame Lebensführung sich nicht auf die Wohnverhältnisse erstreckte. Nur fünf Familien des Samples wohnten während der Kindheit der Befragten durchgängig in Mietwohnungen oder -häusern. Bei vier weiteren waren Wohnungen oder Häuser an die berufliche Position des Vaters geknüpft. Meist handelte es sich dabei um großzügige Unterkünfte. Die restlichen Familien besaßen entweder bereits ein eigenes Haus oder bauten sich eins während der Kindheit der Befragten. Die Interviewpartnerinnen und -partner wuchsen ganz überwiegend in – aus heutiger Perspektive – sehr großen Wohnungen und Häusern auf. Eine Vier-Zimmer-Wohnung war am unteren Rand des Üblichen, sechs bis neun Zimmer waren in den Familien des Samples Standard. Die meisten Wohnungen und Häuser hatten einen Garten, sonst Balkon, Loggia oder wenigstens einen Wintergarten. Diese geräumigen Domizile verfügten neben einem Wohnzimmer noch über andere Wohnräume wie Damenzimmer, Herrenzimmer, Arbeitszimmer; gelegentlich gab es auch einen Salon, der, wie die »gute Stube« in anderen Milieus, nur an Festtagen benutzt wurde. Außer mehreren Schlafräumen, einschließlich eines Gästezimmers, gehörte eine meist nicht heizbare Mädchenkammer, oft im Dachgeschoß, zur Ausstattung. Gelegentlich waren die Räume für das Personal komfortabler.

In der großen Neun-Zimmer-Wohnung, in der Rolf Piepers Familie wohnte, gab es einen eigenen Küchentrakt, in dem sich die Mädchenkammer mit eigener Toilette und Waschgelegenheit befand. Davon wusste er nur vom Hörensagen: »Ich bin nie dort hineingekommen, hab das also nie gesehen, aber das muss also auch alles sehr klein und eng gewesen sein«, erzählte er (Pieper, 157–159).

Ein eigenes Kinderzimmer war üblich. In mehreren Familien hatten die kleinen Kinder noch ein Zimmer gemeinsam. Gelegentlich gab es zusätzlich ein Spielzimmer. Als sie heranwuchsen, erhielten die meisten der Befragten dann einen Raum für sich. Die Wohnsituation der Kinder verbesserte sich überall dort, wo ein eigenes Haus gebaut wurde. Hartmut Opitz teilte bis zum Alter von elf bis zwölf Jahren das Zimmer mit seiner vier Jahre jüngeren Schwester. Das neue Haus bot dann für jedes der Geschwister einen eigenen Raum. In zwei Familien hatten die Töchter außer eigenen Schlafräumen sogar ein Wohnzimmer nur für sich.

Im Vergleich zum sonstigen Wohnkomfort waren die sanitären Verhältnisse bescheiden. Das galt nicht nur für die Mietwohnungen, in denen die Bäder normalerweise sehr klein waren. Die Wohnung der Familie Apel hatte kein Bad. Ausgesprochen luxuriös muten dagegen die Beschreibungen Peter Köhlers und Charlotte Reicherts an. In dem einen Haus gab es ein großes Badezimmer mit Wanne und Standdusche sowie zwei Waschbecken und auf jeder Etage eine separate Toilette; in dem anderen hatten Eltern und Töchter je ein eigenes Badezimmer. Bei beiden Häusern handelte es sich um Neubauten sehr wohlhabender Familien aus den späten 1920er oder frühen 1930er Jahren.

Meist konnten sich die Kinder in den Wohnungen überall aufhalten. Lediglich das Herrenzimmer und das Arbeitszimmer des Vaters waren in einigen Familien zumindest zeitweise tabu. In der relativ bescheidenen Wohnung der Familie Apel gab es stattdessen nur »verbotene Möbel«, deren Türen oder Schubladen von den Töchtern nicht geöffnet werden durften (6177). Zentralheizungen waren nicht überall vorhanden, gehörten bei den Neubauten aber wohl zum Standard.

Soziale Beziehungen

Die Familien waren in unterschiedlichem Maße sozial eingebunden. Die Zahl, wohl auch die Intensität sozialer Kontakte hing von verschiedenen Faktoren ab: davon, wie lange die Familie bereits in Göttingen wohnte, woher die Eltern stammten und welcher Fraktion innerhalb des Bürgertums sie angehörten, von den finanziellen Ressourcen und schließlich auch von persönlichen Vorlieben und Abneigungen. Soziale Kontakte bestanden einerseits zu Verwandten, andererseits zu Nachbarn, Kollegen, Freunden und Bekannten. Es gab formelle, teils auch offizielle Veranstaltungen und – hauptsächlich – die informelle Geselligkeit, die meist in den Privathäusern stattfand.

Kontakte mit Verwandten spielten in allen Familien eine große Rolle. Sie waren aber besonders dort ausgeprägt, wo zumindest ein Elterteil aus Göttingen oder dessen nächster Umgebung stammte, die Familie hier also schon länger ansässig war. In solchen Fällen gab es häufige und meist enge Beziehungen mit Großeltern, Onkeln und Tanten, Cousinen und Cousins, in die die Kinder frühzeitig einbezogen waren. Das war in allen dem Wirtschaftsbürgertum angehörenden Familien des Samples der Fall, aber auch bei einigen anderen. Ursula Zimmermann erwähnte die große Verwandtschaft schon gleich am Beginn ihrer Erzählung:

»Außerdem hatte ich das Glück, in einer sehr großen, weiteren Familie aufzuwachsen mit vielen Vettern und Cousinen, mit denen ich heute noch verbunden bin. Insbesondere meine Cousine und mein Vetter in Braunschweig, die ein Jahr älter sind als ich. Wir vier[12] sind teilweise auch bei meiner Großmutter wie Geschwister aufgewachsen. Das war ein großes Plus in unserer Jugend.« (Zimmermann, 25–33)

Ihre beiden Eltern stammten aus alteingesessenen Göttinger Familien. Solange die Eltern noch kein Radio besaßen, wurde Ursula Zimmermann regelmäßig zu einer ihrer Großmütter gebracht, um den Kinderfunk zu hören (2660, 3160). Die Großmutter mütterlicherseits kam ins Haus, wenn die Kinder krank waren. An ihr, einer »ausgesprochen gütigen Frau«, hätte sie gehangen (Zimmermann, 3178). Die andere Großmutter, die sie sehr stark gefördert hat, nahm sie sich als Vorbild. Entsprechend der großen und wohlhabenden Verwandtschaft gab es viele Familienfeste, an denen die Kinder teilnahmen. Dabei wurden sie allerdings von den Erwachsenen separiert. Ursula Zimmermanns Erzählung ist daher nicht frei von Ambi-

---

[12] Ursula Zimmermann hatte eine Schwester.

valenzen. Einerseits waren derartige Feste eine schöne Abwechslung, bei der sie auf die gleichaltrigen Verwandten traf, mit denen sie ihren Spaß hatte. Andererseits war der Umgang mit den Älteren doch recht steif.

»[...] und ja, diese ganzen alten Onkel und so weiter, die dabei waren, das waren für uns ja alles Respektspersonen. Denen hätten wir ja niemals auf der Nase rumgetanzt und so weiter. Und dann hieß es auch bei den Jungens: ›Mach 'n Diener‹, und wir mussten 'nen Knicks machen, nech, das war selbstverständlich. [P] Und dann wurden wa auch meistens sehr schnell zum Spielen rausgeschickt irgendwohin, dann waren die Erwachsenen unter sich.« (Zimmermann, 1205–1214)

Ursula Zimmermann erinnerte sich auch an ein Familienfest in einem Restaurant, bei dem selbst die schon halbwüchsigen Kinder noch vom Tisch der Erwachsenen verbannt worden waren, woraufhin sie eigenmächtig ihre Separierung beendeten:

»[...] da hatten se uns vier auch an einen Extratisch gesetzt, da war sogar noch 'ne Zwischentür, und wenn die Ober rein- und rausgingen, dann haben wir immer sehen können, was die Erwachsenen machten. Da waren wir natürlich in einem Alter, wo uns das nicht mehr gepasst hat, dass wir aus der Erwachsenenwelt ausgeschlossen wurden. Da haben wa also Folgendes gemacht: Da haben wa gesagt: ›Jetzt wollen wir mal die Tafel aufheben‹. Da haben wa zu viert angefasst, [lacht] und haben den Tisch mit allen Sachen [lacht] in den andern Raum getragen, weil wir also da auch sitzen wollten. Na ja, da haben die sich totgelacht und haben uns dann da auch sitzen lassen, nech. Aber die Stellung der Kinder war zu der Zeit noch völlig anders.« (Zimmermann, 1215–1230)

Zusätzlich zu diesen vielfältigen Verwandtschaftskontakten vor Ort pflegten die Eltern aus dem Wirtschaftsbürgertum persönliche Beziehungen zu ihren Freundinnen und Freunden aus ihrer Kindheit und Jugend; sie hatten außerdem einen großen Bekanntenkreis und waren eingebunden in ein Netz geschäftlicher Beziehungen, das auch gesellige Komponenten enthielt. Formelle, auch Repräsentationskontakte spielten eine wichtige Rolle für beide Ehepartner. Daraus konnten durchaus engere, persönliche Bindungen entstehen. Diese Charakteristika sozialer Beziehungen im Wirtschaftsbürgertum trafen auch auf einige Angehörige des Bildungsbürgertums zu, dann nämlich, wenn wenigstens ein Zweig der Familie aus Göttingen stammte. Das war bei Peter Köhler der Fall. Beide Großeltern lebten in Göttingen. Sein Vater war Freiberufler und führte eine Tradition fort, die schon sein Großvater begonnen hatte. Außer diesen verwandtschaftlichen Kontakten, die zahlreiche auswärtige einschloss, spielten die vielen Freundschaften der Eltern und eher formell-geschäftliche Beziehungen eine große

Rolle. Die Eltern führten ein »offenes Haus«, in dem häufig überraschend Besucher auftauchten und mit an den Tisch gebeten wurden (Köhler, 2080). Die dem Bildungsbürgertum angehörenden Familien des Samples waren jedoch meist nach Göttingen zugezogen, was angesichts der großen Mobilität dieser gesellschaftlichen Schicht nicht verwundert.[13] Die Verwandtschaft, meist aber auch die engen Freunde, die aus Kindheit, Jugend und Ausbildung stammten, waren nicht vor Ort, sondern lebten anderswo, oft an weit entfernten Orten. Fahrten zu Verwandten und Freunden der Eltern spielen in den Interviews aus allen Milieus eine große Rolle, besonders aber in den Erzählungen der Kinder aus dem Bürgertum.[14] In diesen Familien gab es außerdem meist formelle Kontakte zu Berufskollegen des Vaters. Rolf Piepers Eltern, der Vater war Hochschullehrer, pflegten diese Form der Geselligkeit, die sich jedoch auf wenige Treffen im Jahr beschränkte.

»[...] wenn es Einladungen gab, also etwa vier bis sechs Paare aus dem Kollegenkreise, dann [wurde] eine extra Kochfrau engagiert. Die war bekannt. Insofern war man dann auch sicher, dass nicht das Gleiche gekocht wurde, weil die wusste, was es also bei den geladenen Gästen bei der letzten Einladung gegeben hatte oder was besonders gefallen hatte. Dann wurde eben dieses Gericht also aufgesetzt.« (Pieper, 143–152)

Jürgen Diederichs Eltern, auch sein Vater war Hochschullehrer, führten im Gegensatz zu Rolf Piepers Familie ein »offenes Haus«. Zumindest zu den Mahlzeiten saßen stets Gäste, meist aus dem Umfeld der Universität, mit am Tisch – nicht wegen, sondern, wie der Sohn betonte (Diederichs, 271), trotz der Kochkünste der Mutter, die diese Form der Geselligkeit schätzte und pflegte, die dann dem Renommee des Vaters zugutekam. Aus den formellen sozialen Beziehungen resultierten gelegentlich auch engere Freundschaften. Nach 1933 beeinträchtigte die Vertreibung vieler Wissenschaftler von der Universität den Freundeskreis einiger Eltern. Jürgen Diederichs sprach davon, dass dieser geschrumpft sei (29). Rolf Pieper, dessen Eltern

---

13 Das galt schon seit Längerem zumindest für das Bildungsbürgertum, dessen Angehörige bedingt durch die Ausbildung den Heimatort meist verließen und sich beruflich anderswo etablierten. Vgl. dazu auch Rosenbaum, *Formen der Familie,* S. 366f.

14 Besuche bei auswärtigen Verwandten machten selbstverständlich auch die Kinder aus dem Wirtschaftsbürgertum. Geschwister oder Cousins/Cousinen der Eltern wohnten oft in anderen Orten, bei jenen Familien, in denen ein Elternteil nicht aus Göttingen stammte, auch die gesamte Verwandtschaft von dieser Seite.

mit jüdischen Kollegen des Vaters befreundet gewesen waren, mit ihnen auch Wanderungen und Ausflüge unternommen hatten und diese Freundschaften abrupt beendeten, fragte sich während des Interviews, was in seinen Eltern 1933 eigentlich vorgegangen sei, und wunderte sich im Nachhinein: »wie, wie war das möglich, dass man einfach da so einen Schlussstrich zog, nech?« (665f.).

Ob eine Familie ein »offenes Haus« führen konnte, hing sicher von den finanziellen Ressourcen ab. Die Persönlichkeiten der Eltern spielten dabei aber ebenfalls eine Rolle. Mehrere Befragte erzählten, der Vater wäre am liebsten für sich gewesen oder hätte es vorgezogen, in Ruhe lesen zu können. Gisela Apels Vater konzentrierte sich auf das Zusammensein mit Frau und Kindern und war verantwortlich für die Abschottung der Familie, für die nur die Kontakte mit den auswärts lebenden Verwandten etwas Abwechslung bedeuteten.

Außer den Geselligkeitsformen, in die beide Eltern, teils auch die Kinder involviert waren, gab es geschlechtsspezifisch getrennte Zirkel. Das Kaffee- oder Bridgekränzchen der Mutter, die Skatgruppe des Vaters oder Ähnliches tauchten in vielen Erzählungen auf. Diese Form sozialer Kontakte dürfte besonders dort verbreitet gewesen sein, wo sie, wie im Wirtschaftsbürgertum, zugleich eine ökonomische Bedeutung hatte. Die Teilnahme an den Treffen von Professorengattinnen war Rolf Piepers Mutter ein Gräuel (307). Ihr Mann beteiligte sich hingegen an dem professoralen Herrenkränzchen (Pieper, 318), das regelmäßig kleine Wanderungen unternahm und, so wird man vermuten können, dabei Hochschul- und Wissenschaftspolitik machte. Diese Kontakte waren Teil des Beziehungsnetzes, das die Mitglieder der bürgerlichen Gesellschaft der Stadt miteinander verband und zu dem Neuankömmlinge erst Zugang finden mussten.

Jenseits persönlicher Vorlieben oder Abneigungen gehorchten die sozialen Beziehungen der bürgerlichen Familien impliziten Regeln und Grenzziehungen. Die »feinen Unterschiede« regelten, wer mit wem in Kontakt treten konnte und wer definitiv ausgeschlossen war. An der Spitze der sozialen Hierarchie standen eindeutig die Akademiker. Sie pflegten mit Angehörigen des Wirtschaftsbürgertums normalerweise keinen Kontakt. Charlotte Reichert antwortete auf die Frage, welchen Freundeskreis ihre Eltern, der Vater war ein höherer Beamter, gehabt hätten: »Den üblichen. Richter, Rechtsanwälte, Ärzte, Professoren, ja, das. Vater spielte Doppelkopf mit Richtern und Rechtsanwälten. Und er spielte Bridge [lacht]« (Reichert, 6489–6491).

Ihre Eltern gehörten außerdem dem »Göttinger Ring« an, einer geselligen Vereinigung, der Freiberufler und andere Akademiker zu seinen Mitgliedern zählte und große Bälle veranstaltete. Auch Dieter Reineckes Eltern, sein Vater war ebenfalls höherer Beamter, waren dabei. Das Bildungsbürgertum war allerdings, das wurde bereits erwähnt, keine homogene Fraktion. In ihm setzten sich die Professoren bewusst ab und pflegten ihr Überlegenheitsgefühl. Rolf Pieper beschrieb die Abstufungen innerhalb der feinen Göttinger Gesellschaft sehr präzise:

»Denn in Göttingen war also eigentlich die Schichtung ganz klar. Es gab eben die Professoren und so ein bisschen abgesetzt davon, was es sonst noch an Akademikern gab: Ärzte, aber die waren natürlich gegenüber den Medizin [Professoren] nur zweite Klasse, nech, obwohl wir brauchten da ja auch 'n Hausarzt, und Rechtsanwälte und so, und Apotheker. Und dann, ja, Fabrikanten gab's eben dann kaum, ausgesprochene reiche Familien. Und dann gab's eigentlich die Kluft, nich? Dann gab's so die besseren Kaufleute. Und das waren im Grunde – aus der Sicht eines Professors – Lieferanten, nech? Mit denen verkehrte man nicht gesellschaftlich, nicht?« (Pieper, 285–299)

Und er betonte: »Professoren verkehrten also eigentlich nur unter sich« (Pieper, 615f.). An anderer Stelle explizierte er dieses Prinzip noch einmal ausführlich, als er über einen (späteren) Freund berichtete, dessen Vater ein gut florierendes Geschäft in der Innenstadt besaß und sich zwei stattliche Häuser im Ostviertel kaufen konnte. Obwohl diese Familie in finanzieller Hinsicht dem Professorenhaushalt, aus dem Rolf Pieper stammte, weit überlegen war, kamen für seine Eltern gesellschaftliche Beziehungen zu derartigen Leuten überhaupt nicht infrage. Noch in Rolf Piepers Formulierung, »man wär ja nie auf den Gedanken gekommen, dass man mit solchen Leuten verkehren kann, nicht?« (2952f.), schimmerte der – von ihm nicht geteilte – Professorendünkel durch.

Scharf vom Bildungsbürgertum getrennt lebte das aus Kaufleuten und Unternehmern bestehende Wirtschaftsbürgertum. Karl-Heinz Jung, dessen Eltern erfolgreiche Geschäftsleute waren, bestätigte die Spitzenstellung der Akademiker, besonders der Professoren, und die strenge Trennung der verschiedenen Gruppierungen. Seine Eltern hätten zwar Freunde unter den Professoren und Doktoren gehabt, deren Namen er noch nennen konnte, aber das sei sehr selten gewesen (Jung, 428). Konsequenterweise verbot die Satzung der Göttinger Kaufmannschaft – Karl-Heinz Jung zufolge – die Aufnahme von Kaufleuten mit akademischem Titel (338). Aber auch das Wirtschaftsbürgertum war keine einheitliche Gruppe. Hier gab es offenbar eine Scheidung in die Inhaber mittlerer Betriebe, vermutlich weitgehend mit dem wohlhabenden Einzelhandel gleichzusetzen, und die Fabrikanten, das heißt die Inhaber von größeren Unternehmungen und Fabriken. Pflegten die einen, die Göttinger Kaufmannschaft, im »Club Erholung« ihre gesellschaftlichen Kontakte, gehörten die anderen dem sogenannten »Millionärsklub« an (Jung, 414). Die Linie zwischen diesen beiden Gruppen konnte jedoch offenbar leichter überschritten werden als die zwischen Wirtschaftsbürgertum und Professoren. Mit diesen sozialen Differenzierungen und Distinktionen wuchsen die Kinder auf. Sie gehörten zu den kulturellen und sozialen Kompetenzen, die in den Familien vermittelt werden.[15] Diese wurden ihnen früh geläufig, quasi zur zweiten Natur, und bestimmten ihr Verhalten. Das wird im Weiteren zu zeigen sein.[16]

Trotz der relativ starken räumlichen und sozialen Segregation der Angehörigen des Bürgertums bestanden für die Kinder vielfältige Kontakte zu Mitgliedern anderer sozialer Milieus. In mehreren Familien kam ein Elternteil aus dem kleinbürgerlichen Milieu, in anderen Familien waren beide Eltern soziale Aufsteiger. Jenseits derartiger verwandtschaftlicher Bindungen hatten die Kinder auch direkt in den Familien Beziehungen zu Menschen anderer sozialer Herkunft. Die wichtigste Verbindung wurde über das Hauspersonal hergestellt. Ausnahmslos alle Haushalte dieses Teilsamples beschäftigten mindestens ein Dienstmädchen oder eine Zugehfrau, einige verfügten über weiteres Personal. Aus zwei Familien wird berichtet, dass zumindest die jüngeren Kinder mit dem Personal regelmäßig oder häufig zusammen Mahlzeiten einnahmen. Mehrere Befragte verbrachten, wenn die Eltern Urlaub machten, die Zeit unter der Obhut des »Mädchens« im elterlichen Haus oder wurden für diese Zeitspanne von ihm ins Heimatdorf mitgenommen. Aber nur eine Befragte entwickelte zum Dienstmädchen ihrer Großmutter eine lebenslange Bindung. Die Kinder der Selbstständigen (Geschäftsleute und Angehörige der freien Berufe) kannten die Arbeiter und Angestellten aus den (meist kleineren) Betrieben, suchten sie an ihrem Arbeitsplatz auf, gelegentlich auch bei ihnen zu Hause. Die anderen Kinder erfuhren und akzeptierten frühzeitig die Differenz zwischen Herrschaft und Personal.

---

15 Vgl. dazu ausführlich Bourdieu, *Die feinen Unterschiede;* ders., »Ökonomisches Kapital«, S. 183–198; ders./Passeron, *Chancengleichheit.*
16 Die Bedeutung der Familie als Vermittlerin kulturellen Kapitals spielt in allen Ebenen des Kinderalltags eine Rolle. Sie wird im 8. Kapitel ausführlich dargestellt.

Die Beziehungen zwischen Eltern und Kindern[17]

Ungeachtet des Zusammenlebens mit Personal waren die Beziehungen zu den Eltern für alle Kinder zentraler Bestandteil ihres Alltags. Im täglichen Zusammensein mit ihnen, aber auch bei Verwandten erlebten und lernten die Kinder nicht nur »familienspezifische Themen, Gewohnheiten und Routinen«. Das Beispiel der Eltern führte sie zugleich in das milieutypische »Denken, Fühlen und Handeln« ein.[18]

Die Beziehungen zwischen Eltern und Kindern gestalteten sich in diesem bürgerlichen Milieu, den Interviews zufolge, sehr unterschiedlich. Das überrascht deshalb, weil dieses Thema durch die familienhistorische Forschung geklärt zu sein schien. Schon am Ende des 18. Jahrhunderts hatte danach das deutsche Bürgertum ein Leitbild dieser Beziehungen entworfen. In ihm hatten die Kinder eine wichtige, wenn nicht die zentrale Position. Sie waren zum Objekt der gemeinsamen Sorge und Verantwortung beider Eltern geworden, die sich um sie kümmern, ihre Entwicklung lenken und überwachen, sich ihnen liebevoll zuwenden, ihre Begabungen fördern sollten et cetera.[19] Es gab daher gute Gründe, anzunehmen, dass dieser Typus von Eltern-Kind-Beziehungen in den bürgerlichen Familien vorherrschte. Dafür sprechen die gepflegte Häuslichkeit, die sich in den Interviews spiegelt, die Ausstattung der Kinder mit eigenen Räumen, mit Spiel-

---

17 Diesem Abschnitt liegt mein überarbeiteter und stark gekürzter Aufsatz zugrunde (Rosenbaum, »Erinnerte Eltern-Kind-Beziehungen«, S. 211–238). Obschon kein ausführliches Thema in den Interviews, kann die Eltern-Kind-Beziehung in den bürgerlichen Familien wegen des vorliegenden reichhaltigen Materials ausführlich rekonstruiert werden. Für die anderen Milieus ist das nur ansatzweise möglich.
18 So Ecarius, »Familienerziehung«, S. 147.
19 Zur Zeit seiner Entstehung war dies Leitbild nur von wenigen Familien realisiert worden (vgl. Rosenbaum, *Formen der Familie,* S. 255ff., 307). Schon im frühen 19. Jahrhundert aber, so Habermas, sei die Kindererziehung eines der großen gemeinsamen Themen bürgerlicher Eltern gewesen (Habermas, *Frauen und Männer,* S. 365ff.). Und Budde hebt in ihrer Untersuchung über englische und deutsche Bürgerfamilien des ausgehenden 19. Jahrhunderts hervor, mehr und mehr habe sich »das aus der Produktionssphäre ausgegrenzte Familienleben um die Kinder« zentriert, »mit der Emotionalisierung der Ehebeziehung (sei) eine Sentimentalisierung des Verhältnisses zu den aus dieser affektiven Verbindung hervorgegangenen Nachkommen« verbunden gewesen (Budde, *Bürgerleben,* S. 193). Im Laufe des 19. Jahrhunderts, so die übereinstimmende Position der Forschung, sei dieses auf die Kinder konzentrierte bürgerliche Familienmodell zunehmend wirkungsmächtiger geworden (so Rosenbaum, *Formen der Familie,* S. 310ff.). Schließlich hätte es über das Bürgertum hinaus weitere Bevölkerungsschichten, im frühen 20. Jahrhundert selbst Teile der Arbeiterschaft erfasst. Vgl. dazu dies., *Proletarische Familien.*

zeug, mit Taschengeld, auch die Sorge um ihre adäquate Bildung und Ausbildung. Der Geburtstag der Kinder wurde gefeiert, wenn auch den finanziellen Verhältnissen der Familien entsprechend unterschiedlich aufwendig. Das ist deshalb ein wichtiges Indiz, weil an ihm das Kind ins Zentrum der Aufmerksamkeit rückte und es gerade auch in seiner Besonderheit gefeiert wurde. Die Kinder erhielten nicht nur Geschenke, sie durften Freundinnen und Freunde einladen, und die Erwachsenen bemühten sich, den Tag schön zu gestalten mit einer Kuchentafel, Gesellschafts- oder Kreisspielen.

Auch wenn diese Indizien für eine zentrale Stellung des Kindes in den Familien sprechen, lässt sich doch an den Interviews zeigen, dass die These intensiver und liebevoller Zuwendung der bürgerlichen Eltern zu ihren Kindern nicht uneingeschränkt zutrifft. Das vorhandene Material erlaubt es, die These zu überprüfen und das am Ende des 18. Jahrhunderts vom deutschen Bürgertum entworfene Leitbild der bürgerlichen Familie mit seiner Realität in den späten 1920er und den 1930er Jahren zu konfrontieren.[20] Zugleich wird gefragt, ob und wie stark nationalsozialistische ideologische Positionen und Politiken die Eltern-Kind-Beziehungen beeinflusst haben, wo also Kontinuitäten, wo Brüche zu finden sind.

Im Folgenden geht es zwar auch, aber nicht zentral um die Inhalte der Erziehung,[21] die die Kinder in diesen bürgerlichen Familien genossen, auch nicht um den Erziehungsstil im Sinne von »Befehlshaushalt« versus »Verhandlungshaushalt«, sondern um einen Teilbereich der Struktur der Er-

---

20 Auch wenn die Frage nach Struktur und Inhalt der Eltern-Kind-Beziehung nicht im Zentrum des Projekts stand, so enthielt der Leitfaden doch einige Fragen dazu. Z. B. wurde u. a. danach gefragt, ob die Eltern, d. h. Mutter, Vater oder beide, jederzeit für das Kind da gewesen sind, zu wem das Kind das meiste Vertrauen hatte, zu wem es ging, wenn es Trost, Zärtlichkeit oder Anerkennung brauchte, bei wem es »beichtete«, was es an Vater bzw. Mutter besonders geliebt hat oder was besonders ärgerlich gewesen ist, ob die Geschwister gleich behandelt oder Unterschiede gemacht, welche Konflikte mit den Eltern ausgefochten bzw. erinnert worden sind, wer die für das Kind relevanten Entscheidungen getroffen hat usw.? Am Ende des Interviews wurde die Eltern-Kind-Beziehung dann noch einmal ausdrücklich angesprochen durch die Fragen, was von der Erziehung bis heute noch nachwirkt bzw. ob und was der/die Befragte bei den eigenen Kindern anders gehandhabt hat als die Eltern? Insgesamt gab es in dem Leitfaden aber nicht sehr viele Fragen, die explizit das Verhältnis von Eltern und Kindern thematisierten. Es taucht aber bei vielen anderen Themenkomplexen immer wieder auf, beispielsweise bei dem Thema »Essen« oder »Körper«. Es wird also implizit bei vielen anderen Fragen mit angesprochen und ist deshalb unabhängig von den konkreten Fragen ein Dauerthema dieser Kindheitsinterviews.

21 Dazu findet sich viel in den anderen Kapiteln, besonders in dem über Werte und Normen.

ziehung,[22] nämlich die Wahrnehmung von Nähe oder Distanz der Eltern zu den Kindern aus der Perspektive eines ihrer Kinder. Daran zeigt sich, ob und in welchem Umfang Kinder sich von den Eltern angenommen, sich bei ihnen geborgen gefühlt haben oder nicht. Um einschätzen zu können, wie stark sich die Befragten als Kinder im Zentrum des mütterlichen oder väterlichen Lebens gefühlt haben, wurden die folgenden Fragen der Auswertung und Interpretation der Interviews zugrunde gelegt:

Wieviel Zeit verbrachten die Eltern oder Vater oder Mutter mit dem Kind und was wurde in dieser gemeinsamen Zeit gemacht?
Wie stark wandten sie sich dem Kind zu?
Waren sie fähig, sich in die Situation des Kindes hineinzuversetzen?
Welche Aufgaben der Kinderaufzucht und -erziehung wurden an Personal delegiert?
Wie intensiv war die Paarbeziehung?
Wie sehr verfolgten Vater oder Mutter je eigene Interessen?
Verbrachten Eltern und Kinder Urlaube gemeinsam oder getrennt?

Die Frage nach zärtlichen Berührungen, also Schmusen und Kuscheln, zwischen Eltern und Kindern erwies sich als unergiebig. Vielen Eltern stand in den Beziehungen zu ihren Kindern die Ebene körperlicher Zuwendung nicht zur Verfügung.[23] Zwar wird man davon ausgehen können, dass dort, wo Zärtlichkeiten zwischen den Generationen üblich waren, die Kinder eine zentrale Position in der Familie hatten. Der Umkehrschluss ist jedoch nicht möglich. Liebevoller Körperkontakt taugte deshalb nicht als ein Indikator für die Art der Beziehungen.

Aus den Interviews lassen sich modellhaft drei Haupttypen von Eltern-Kind-Beziehungen unterscheiden: kindzentrierte, kindorientierte und distanzierte. Das Material lässt es nicht zu, diese Typen trennscharf voneinander abzugrenzen. Es gibt scharf konturierte Extreme, dazwischen ein Kontinuum.[24] Die differenzierte Typologie wurde gewählt, um die Spannbreite der Eltern-Kind-Beziehungen deutlich aufzeigen zu können. Kindzentrierte Eltern-Kind-Beziehungen sind jene, in denen die Kinder die zentrale Position haben und beide Eltern ihnen stark zugewandt sind. Da die Väter

---

[22] Zu diesen Begrifflichkeiten vgl. Ecarius, *Familienerziehung im historischen Wandel*, S. 238, 240.
[23] Vgl. dazu ausführlicher das 7. Kapitel.
[24] Ähnlich die Typologie bei Zinnecker/Silbereisen, bei denen nur zwei der vier Typen einen ausgeprägten Gegensatz bilden (*Kindheit*, S. 213–227).

berufstätig waren, verbrachten sie von vornherein weniger Zeit mit den Kindern. Zeit ist aber nicht das einzige Kriterium. Viel entscheidender ist die Intensität der Zuwendung, die sich in der Einfühlung in und Beschäftigung mit den Kindern ausdrückt.[25] Beides ist für das Leitbild der Eltern-Kind-Beziehungen im Bürgertum zentral. Demgegenüber sind die distanzierten Eltern-Kind-Beziehungen dadurch charakterisiert, dass beide Eltern andere Zentren des Interesses haben, die für sie im Vordergrund zu stehen scheinen. Sie überwachen und fördern zwar die Entwicklung der Kinder, die Zeit und Aufmerksamkeit, die sie ihnen widmen, wird jedoch durch ihre anderen Interessen stark beschnitten. Zwischen diesen beiden Polen stehen die als kindorientiert klassifizierten Eltern-Kind-Beziehungen, in denen neben den Kindern für einen Elternteil oder beide noch andere Lebensbereiche oder Interessen mindestens gleich wichtig gewesen sind.[26]

Kindzentrierte Eltern-Kind-Beziehungen

Dazu zählen jene, in denen, wie erwähnt, die Kinder unzweifelhaft die zentrale Position in der Familie innehatten. Es gibt zwei Varianten. In beiden waren die Mütter völlig auf die Kinder konzentriert, das Verhalten des Vaters variierte allerdings. Die Variante, in der der Vater sich deutlich weniger engagiert als die Mutter, ist der am stärksten besetzte Typus überhaupt.

Eine solche Konstellation gab es in der Familie Heise, in der der Sohn Bodo zusammen mit seinem drei Jahre älteren Bruder aufwuchs. Der Vater, Lehrer an einer höheren Schule, war ein strenger, distanzierter Mann, der seinen Söhnen seine Zuneigung offenbar nicht zu zeigen vermochte. Von seiner Mutter zeichnete Bodo Heise das Bild einer liebevollen, toleranten und den Söhnen mit Verständnis gegenübertretenden Frau. Sie be-

---

25 Im Gegensatz zu dieser Definition hat Zinnecker jene Eltern als »kindzentriert« bezeichnet, bei denen der »familiale Alltag und der Wertehorizont auf Gegenwart und Zukunft der nächsten Generation gerichtet ist« (Zinnecker, »Heimatfront«, S. 214). Ähnlich auch Büchner, »Kindheit und Familie«, S. 521. Diese Definition ist für meine Fragestellung zu pauschal. Eine so allgemeine Orientierung auf die Kinder und ihre Zukunft findet sich in allen untersuchten Familien dieses Teilsamples und auch in vielen aus den anderen Milieus. Dennoch gibt es beachtliche Unterschiede in der Intensität der Zuwendung und dem Ausmaß, in dem die Kinder das Zentrum des Lebens ihrer Eltern waren bzw. sich als solches gefühlt haben.

26 Diese Definition ist nicht identisch mit der von Büchner verwendeten. Büchner stellt das Kindeswohl und die »Respektierung kindlicher Interessensäußerungen« ins Zentrum (»Kindheit und Familie«, S. 533).

redeten mit ihr ihre Probleme beim Abwaschen in der Küche, wenn der Vater nicht dabei war. Die Mutter spendete Trost bei Kummer und Schmerz und versorgte Mann und Söhne von früh bis spät.

»Also meine Mutter war so richtig so der Typ einer Hausfrau, wie man sich ihn so wünscht. Nech, die die Familie umsorcht und immer Angst hat, die Familie wird nicht satt und muss dursten.« (Heise, 3778–3782)

Für Bodo Heise war sie eine so wichtige Person in seinem Leben, dass er nach ihrem Vorbild im Grundschulalter sogar begann, zu handarbeiten. Er webte, später stickte er, wenn auch geometrische und technische Motive. Obgleich in diesem Zeitraum Sticken mit Sicherheit nicht als »jungengemäß« galt, tolerierten es beide Eltern. Sie gestatteten ihm, die nicht männlichen Züge seines Wesens auszuleben. Obwohl Bodo Heises Vater sich seinen Kindern gegenüber recht distanziert und streng verhielt, schilderte der Sohn auch Szenen, in denen er verständnisvoll reagierte. Er machte auch etliches mit den Söhnen zusammen. Jenseits von Familienwanderungen oder -ausflügen mit dem Auto am Wochenende durften sie ihm beim Entwickeln seiner Photos helfen oder ihn bei den Recherchen zu einem Aufsatz unterstützen. Er reparierte ihre zerbrochenen Zinnsoldaten und fragte – weniger erfreulich – die Lateinvokabeln ab. Die Orientierung dieses insgesamt als distanziert geschilderten Vaters auf seine Familie zeigte sich auch daran, dass er seine Kuraufenthalte mit Frau und Söhnen zusammen verbrachte. Zwar fuhren die Eltern auch mal ohne die Kinder in Urlaub, aber das kam selten vor.

Kindorientierte Eltern-Kind-Beziehungen

In den kindorientierten Eltern-Kind-Beziehungen sind die Kinder für die Eltern zwar auch wichtig gewesen, haben aber keine so uneingeschränkt zentrale Rolle gespielt wie für die kindzentrierten Eltern. Das lag vor allem daran, dass andere Interessen mit der Hinwendung zu den Kindern konkurrierten. Allerdings standen die Kinder zumindest für einen Elternteil im Vordergrund. Wie schon erwähnt, ist dieser Typus mit zwei Varianten zwischen den beiden Extremen angesiedelt und lässt sich nicht scharf von ihnen absetzen.

Die erste Variante dieser kindorientierten Eltern unterschied sich von den kindzentrierten vor allem durch das Verhalten der Väter. Sie hielten sich weitgehend aus der Kindererziehung heraus und überließen sie fast vollständig ihren Frauen. Nur selten fühlten sie sich veranlasst, sich einzumischen. Normalerweise hatten sie selbst Wichtigeres zu tun. Diese Väter gingen dermaßen in ihrem Beruf oder ihren Hobbys auf, dass sie sich auch am Wochenende damit beschäftigten und für Kinderkram und Kindersorgen nichts übrig hatten. Wenn Urlaubsreisen erschwinglich waren, verreiste in diesen Familien die Mutter mit den Kindern. Falls der Vater überhaupt Urlaub machte, so kam er später nach und fuhr früher wieder fort. Infolgedessen erhielt die Mutter in diesen Familien eine noch zentralere Rolle als in den bisher behandelten.

In der zweiten Variante der kindorientierten Familie kümmerten sich die Väter stärker um die Kinder als in der ersten. Das Verhalten der Mutter unterschied sich jedoch leicht, aber für die Kinder bemerkbar von der Haltung einer betont fürsorglichen Mutter, die eigene Interessen hintanstellte.

Auch diese Mütter waren nicht berufstätig, verbrachten den ganzen Tag zu Hause und waren für ihre Kinder ansprechbar, häufig deren Vertraute. Allerdings hatten die Mütter jenseits ihres häuslichen Wirkungskreises noch andere Interessen, die für sie wichtig waren. Das bedeutete nicht, dass sie ihre häuslichen Pflichten nicht erfüllten, aber die Kinder registrierten doch, dass das Leben ihrer Mütter sich darin nicht erschöpfte.

Elke Engelmanns Mutter hatte drei Kinder und trug die Hauptlast bei deren Erziehung, da der Vater aus beruflichen Gründen häufig abwesend war. Er kümmerte sich um die Kinder, wenn auch nicht immer mit viel Einfühlungsvermögen. Die Mutter war allerdings keine perfekte Hausfrau und fand das auch nicht wichtig. Da die Familie nicht wohlhabend war und sich nur wenig Personal leisten konnte, sah der Haushalt dadurch eben etwas anders aus als in anderen Familien. Außerdem sorgte die Mutter dafür, dass ihre Kinder ihr Raum und Zeit für sich selbst ließen.

»Ja, meine Mutter hat sich auch für uns Zeit genommen, das hat sie schon. Nicht immer, also sie hielt jeden Mittag einen Mittagsschlaf, das tue ich auch, und sie hat viel gelesen dann immer. Und da mussten wir auch leise sein. Ich hör noch ihren Ruf ›Leise!‹, der war etwas drohend. Da mussten wir uns auf Zehenspitzen bewegen. Sie wollte mittags eine Zeit lang ihre Ruhe haben. Das hat sie auch immer erreicht.« (Engelmann, 9724–9731)

In dem Interview mit ihrer Tochter wird deren damalige Irritation über dieses die Kinder ausgrenzende Beharren auf einer eigenen Sphäre ganz deutlich. Beispielsweise beschreibt Elke Engelmann ihre Mutter mit den Worten: »Die war ein bisschen blaustrümpfig, meine Mutter, aber ne sehr gute Mutter und aber sehr klug« (59f.). Das doppelte »Aber« lässt die zumindest partielle Unvereinbarkeit beider Eigenschaften, Mutter sein und klug sein, anklingen. An anderer Stelle bemerkte Elke Engelmann: »Meine Mutter hat sich für uns nicht totgemacht. War ne ganz gute Mutter, aber sie hat uns früh doch bestimmte Sachen abverlangt.« (8324–8326)

Was die Tochter offenbar irritiert hat, ist die Tatsache, dass die Mutter nicht vollständig in Haushalt und Kindererziehung aufgegangen ist, sich nicht aufgeopfert[27] und sich – wenn auch in sehr bescheidenen Grenzen – Raum für sich selbst und ihre Interessen verschafft hat.

In beiden Varianten entsprechen entweder ein Elternteil oder beide nicht jenen fürsorglichen und in der Sorge für die Kinder aufgehenden Eltern, wie sie das bürgerliche Familienmodell entwickelt hat. Damit verbunden war, entsprechend den komplementären Geschlechtsrollen, der sich den Kindern partiell entziehende Vater. Selbst eine nur leichte Distanz zu dem Modell der bürgerlichen Frau, die ihren Lebensinhalt in Haushalt und Kindererziehung findet, war jedoch, wie an dem Beispiel Elke Engelmanns ersichtlich, für die Tochter bemerkenswert und nicht leicht zu akzeptieren.

Distanzierte Eltern-Kind-Beziehungen

Diese zeichnet sich dadurch aus, dass für beide Eltern die Kinder nicht im Zentrum ihres Daseins stehen. Die Mutterrolle näherte sich der des Vaters an. Es gibt auch hier zwei Varianten. In der ersten hatten die Eltern, vor allem die Mutter, immerhin die Oberaufsicht über die Erziehung der Kinder, überwachten und förderten sie, jedoch wurden viele der Tätigkeiten, die in den bisher behandelten Familientypen die Mutter übernommen hatte, an Personal delegiert. Die Kinder- und Hausmädchen weckten die Kinder, kleideten sie an, frühstückten mit ihnen, brachten sie in den Kindergarten oder in die Schule. Teilweise kümmerten sich weder Mutter noch Vater um die Schularbeiten, sondern überließen deren Beaufsichtigung dafür qualifiziertem Personal. Selbst die abendliche »Zubettgeh-Zeremonie« wurde in einigen Familien den Hausangestellten überantwortet und die mütterliche und väterliche Beteiligung reduzierte sich auf den Gute-Nacht-Kuss. Es handelte sich bei den Familien, die hierzu zählen, um wohlhabende Familien, die sich Personal leisten konnten. Das ist aber nicht allein die entschei-

---

27 Das Zurückstellen eigener Interessen und Bedürfnisse, die Aufopferung für die Kinder sind Bestandteil der in Deutschland bis heute besonders ausgeprägten Mutterideologie. Vgl. dazu Vinken, *Die deutsche Mutter*. Mütter, die »kleine Fluchten« praktizierten, gab es bereits im späten 19. Jahrhundert. Vgl. Budde, *Bürgerleben*, S. 408.

dende Ursache dieses Verhaltensmusters. Personal, selbst speziell für die Kinder zuständiges, gab es auch in den anderen Familien. Hier ist jedoch auffällig, dass außer den Vätern auch die Mütter eigene, spezifische Verpflichtungen und Interessen hatten, denen sie nachgingen und die ihre Tage ausfüllten. Beide Eltern waren zwar an den Kindern interessiert und trugen dafür Sorge, dass es ihnen gut ging und sie »standesgemäß« erzogen wurden, aber sie gingen nicht im Leben für und mit den Kindern auf. Die Eltern-Kind-Beziehungen scheinen, den Interviews zufolge, wenig vertraut und intim gewesen zu sein.

Für andere Familien selbstverständliche Verhaltensweisen und Gewohnheiten fehlen bei diesem Typ charakteristischerweise zumindest partiell. In zwei dieser Familien nahmen Eltern und Kinder die Mahlzeiten, jedenfalls einige davon, nicht zusammen ein, und zwar nicht etwa deshalb, weil sich das nicht einrichten ließ, sondern weil sie ersichtlich bei den Mahlzeiten unter sich sein wollten. Auch gemeinsame Urlaubsreisen von Eltern und Kindern waren die Ausnahme. Zwar gab es Tagestouren mit den Kindern am Wochenende, häufig mit dem Auto, aber ihre Ferien verbrachten die Eltern meist ohne sie. Eine Mutter ging noch zusätzlich öfter allein auf Reisen. Die Kinder blieben derweil zu Hause unter der Obhut des Hauspersonals oder angereister Verwandter, oder sie verbrachten die Zeit der elterlichen Abwesenheit bei der väterlichen oder mütterlichen Verwandtschaft, oder fuhren mit dem Haus- oder Kindermädchen zu dessen Eltern aufs Land. Einige Kinder haben daran positive Erinnerungen, für andere war das nicht leicht zu verkraften.

Wie stark einige Befragte als Kinder unter den offenbar als Ausgrenzung empfundenen getrennten Ferienreisen gelitten haben, wurde deutlich, als Peter Köhler auf die Frage, was er und seine Frau in der Erziehung ihrer Kinder anders gemacht hätten als seine Eltern, antwortete:

»[…] das ist in, in unserer Familie ganz anders, als es in meiner eigenen Elternfamilie war. Also das Verhältnis zwischen uns und unsern Kindern ist völlig [PP] immer, ja, auch viel, noch viel freier gewesen, als bei meinen Eltern das war. Man, wir haben mit unseren Kindern sehr viel mehr veranstaltet in den Ferien, gemeinsame Ferien erlebt. Wir sind immer, immer in den Ferien mit den Kindern zusammen [gewesen], und gab auch bei uns gar keinen Unterschied oder auch gar keine Trennung […].« (Köhler, 4146–4155)

Für die zweite Variante dieser distanzierten Eltern-Kind-Beziehung ist charakteristisch, dass – jedenfalls aus der Perspektive der befragten Personen – die Eltern zentrale außerfamiliäre Lebensbereiche hatten oder Aufgaben erfüllen mussten und die Kinder sich am Rande des elterlichen Aufmerksamkeitsspektrums befanden. Um sie wurde deshalb nicht viel Aufhebens gemacht. Sie hatten keine zentrale Rolle in den Familien, sondern liefen quasi »nebenbei« mit. Karl-Heinz Jung beschrieb seine Position und die seiner Geschwister mit den Worten:

»Wir warn – das war ja, wir warn gar nich wichtig. Wir warn geborn, wir warn Kinder. Wir wuchsen einfach mit auf. Da wurden nich viel Gedanken gemacht, wurde zugesehn, dass wir anständige Jungen wurden. Und ehrlich und sauber und verträglich warn und so weiter.« (Jung, 3486–3491)

Im Vergleich zur ersten Variante fehlen die kontinuierliche Beobachtung der kindlichen Entwicklung und deren Unterstützung. Zwar kümmerten sich die Eltern um die Kinder, zum Teil mithilfe des Personals, aber vornehmlich dann, wenn es Probleme gab. Waren sie behoben, stellte sich schnell die alte Nachlässigkeit wieder ein. Es handelte sich hier um zwei Familien von Geschäftsleuten oder Unternehmern, in denen beide Eltern vielfältige Aufgaben in Betrieb oder Geschäft wahrnehmen mussten.

Der Zusammenhang dieses elterlichen Verhaltens mit der Führung eines Unternehmens oder Geschäfts ist zwar naheliegend, aber nicht zwingend. Auch Waltraut Neuberts Mutter war als Unternehmerin mit geschäftlichen Dingen enorm belastet. Sie führte mit einer Vielzahl von Personal die Betriebe und den großen Haushalt. Gleichwohl schaffte sie es, sich in ihrer knappen Zeit auch der Tochter zuzuwenden und zu ihr eine vertraute Beziehung aufzubauen. Waltraud Neubert genoss es beispielsweise, auf dem Toilettendeckel sitzend, mit ihrer in der Badewanne liegenden Mutter zu plaudern, die dann Zeit hatte und sie für Gespräche mit der Tochter nutzte (2546). Ihre Mutter gehört deshalb zu den kindorientierten Eltern.

An diesen Beispielen zeigt sich im Übrigen auch, dass Zuwendung zu Kindern, Eingehen auf sie und ihre Bedürfnisse nicht zwingend mit einer bestimmten Lebenssituation oder Milieuzugehörigkeit verbunden ist. Die Einstellung gegenüber Kindern ist Teil eines familiären Stils, der sich relativ unabhängig von den Lebensbedingungen entwickelt. Zwar kann man davon ausgehen, dass dort, wo die Lebensverhältnisse sehr karg sind und die Sorge um den Lebensunterhalt im Zentrum der Aufmerksamkeit steht, normalerweise wenig Muße und Energie bei den Erwachsenen vorhanden ist, sich ihren Kindern intensiv zuzuwenden. Trotzdem finden sich auch hier gelegentlich enge Beziehungen zwischen Eltern und Kindern, wenn auch nicht häufig.[28] Umgekehrt zieht aber ein ökonomisch abgesichertes Leben nicht zwingend ein inniges Verhältnis zu den Kindern nach sich. Familiäre Traditionen und Stile können relativ unabhängig von der materiellen Basis der Familie überdauern.

Der dem bürgerlichen Familienleitbild entsprechende Typus kindzentrierter Eltern-Kind-Beziehungen wurde also durchaus gelebt.[29] In ihm standen die Kinder im Mittelpunkt. Sie fühlten sich angenommen und geliebt. Daneben existierten jedoch andere Eltern-Kind-Beziehungen, die sich von den kindzentrierten vor allem hinsichtlich des emotionalen Klimas und der Bedeutung der Kinder für die Eltern unterschieden. Unabhängig davon lag die Hauptverantwortung, wenn auch mit unterschiedlicher Intensität, stets bei der Mutter. Selbst in jenen Beispielen, wo die Mütter eigenständige Interessen hatten oder Verpflichtungen nachkamen und einen erheblichen Teil der alltäglichen Arbeit für und mit Kindern dem Personal überließen, waren sie für die Sorgen und Nöte der Kinder die wichtigen Personen und Ansprechpartnerinnen. Für Väter, aber das ist nichts Überraschendes, war es wegen der komplementären Geschlechterrollen wesentlich einfacher, sich diesem ganzen Bereich der Kinderaufzucht und Erziehung zu entziehen.[30] Auffällig und sehr unerwartet sind jene familiären Konstellationen, in denen der partielle, zum Teil auch weitgehende Ausfall des Vaters als Bezugsperson nicht durch die Mutter kompensiert wurde, sondern auch sie – für die Kinder deutlich spürbar – andere wichtige Lebensbereiche und Interessen hatte. Die Beziehungen beider Eltern zu den Kindern waren hier häufig sehr distanziert.[31] Aber auch diese Kinder sind nicht emotional »unterversorgt« gewesen. Die meisten hatten irgendwelche anderen erwachsenen Personen, von denen sie liebevoll angenommen wurden, mit denen sie »kuscheln« konnten und bei denen sie

---

28 Vgl. Rosenbaum, *Proletarische Familien,* S. 205. Vgl. auch die Eltern-Kind-Beziehungen in den anderen Orten und Milieus.

29 Die Interviews verteilen sich folgendermaßen auf die einzelnen Typen mit je zwei Varianten: kindzentriert (2/7), kindorientiert (4/2), distanziert (4/2). Wegen der geringen Zahl der Interviews ist die quantitative Besetzung der Typen allerdings nicht aussagekräftig.

30 Aus der Tatsache, dass der Vater meist nicht stark in die Erziehung involviert gewesen ist, darf nicht auf eine geringe Bedeutung für die Kinder geschlossen werden. Vgl. Krome, »Alte Väter«, S. 169–190. Selbst ein abwesender, sogar ein verstorbener Vater kann als Vorbild oder auch Negativbild eine wichtige Rolle für seine Kinder spielen.

31 Ähnliche Verhaltensweisen haben bereits Berg/Schröder nachgewiesen (»Geschwisterbeziehungen«, S. 135–168). Daraus die Konsequenz zu ziehen, diese Eltern hätten »ein tendenzielles Desinteresse am Kind« (ebenda, S. 161) ist m. E. jedoch überzogen.

sich völlig wohlfühlten. Diese Beobachtung ist übrigens keine Besonderheit des bürgerlichen Milieus. Sie findet sich auch in den Interviews mit Personen, die im städtischen Arbeitermilieu oder auf dem Lande aufgewachsen sind. Bei diesen Erwachsenen konnte es sich um Verwandte (Oma, Opa, Tante, Onkel, Cousinen), Nachbarn oder Nachbarinnen, aber auch Hauspersonal handeln. Dabei war es weniger wichtig, ob die Person im Haushalt der Eltern lebte, als dass sie leicht erreichbar oder aber immer wieder für eine längeren Zeitraum anwesend war. Fast in allen Interviews tauchen Erwachsene auf, die diese Funktion erfüllten.

Die Gründe für die »Abweichungen« der distanzierten Eltern-Kind-Beziehungen von dem Tenor der bisherigen Untersuchungen über bürgerliche Familien sind vielfältig. Neben Differenzen bei den verwendeten Quellen und den damit verbundenen unterschiedlichen Perspektiven sind vor allem die konträren und sich wandelnden Vorstellungen über die Rollen von Frauen und Männern, Müttern und Vätern im Bürgertum zentral, die sich seit dem ausgehenden 18. Jahrhundert durchgesetzt haben.[32] Es stellt sich angesichts dieser Ergebnisse aber auch die Frage, ob nicht eine Ursache für die Existenz vor allem der distanzierten Eltern-Kind-Beziehungen in dem spezifischen kulturellen und politischen Klima zu finden ist, in dem die Befragten in den 1930er Jahren aufwuchsen, das heißt, ob nicht die nationalsozialistische Durchdringung und Formierung der deutschen Gesellschaft die Veränderung der Eltern-Kind-Beziehungen hin zu mehr Distanz begünstigte. Darauf gibt es in den Interviews keine Hinweise.[33] Sogar Eltern, die dem Nationalsozialismus zumindest sehr nahe standen, tolerierten zum Beispiel nur unwillig, dass ihre Töchter (weniger die Söhne) so häufig wegen ihrer Verpflichtungen im Jungmädelbund und BDM nicht zu Hause waren.[34]

---

32 Zu den Ursachen vgl. ausführlicher meinen Aufsatz: Rosenbaum, »Erinnerte Eltern-Kind-Beziehungen«, S. 229ff.
33 Ob und inwieweit weniger intensive Mutter-Kind-Beziehungen sich durch die seit dem frühen 20. Jahrhundert in der Ratgeberliteratur geforderte Zurückhaltung gegenüber den Säuglingen erklären lassen, kann anhand meines Materials nicht überprüft werden. Vgl. dazu Gebhardt, *Die Angst;* Schütze, *Die gute Mutter.* Aber auch wenn die Interviews keine Rückschlüsse darauf zulassen, dass die Eltern derartige Ratgeber gelesen und ihr Verhalten danach ausgerichtet haben, waren diese Vorstellungen mit Sicherheit im Bürgertum bekannt. Möglicherweise sind sie in dem einen oder anderen Fall auf fruchtbaren Boden gefallen und verstärkten die Tendenz zur ohnehin vorhandenen Zurückhaltung.
34 »Einen spezifischen Typus einer nationalsozialistischen Familie« verneint auch Schütze, »Konstanz und Wandel«, S. 24.

Politik in den Familienbeziehungen

Auch wenn die Position der Kinder in den bürgerlichen Familien vom Nationalsozialismus kaum berührt worden ist, sich das Privatleben als relativ resistent gegenüber dem Zugriff politischer Instanzen erwies, war die Familie keine von der Umwelt abgeschottete Insel des Privaten. Zumindest als Gesprächsthema spielte die politische Gegenwart eine Rolle. Das war sicher auch vor 1933 der Fall gewesen, intensivierte sich dann aber, weil die Nationalsozialisten versuchten, die deutsche Gesellschaft grundlegend umzugestalten. Selbst dort, wo manche Eltern versuchten, den Bereich des Politischen von den Kindern fernzuhalten, mussten bestimmte Dinge diskutiert werden: ob und wann ein Kind in die Hitler-Jugend eintreten wollte oder sollte, ebenso wie die Frage, wo und gegenüber wem mit dem Hitlergruß oder mit »Guten Tag« gegrüßt werden musste. Kinder trugen Unterrichtsthemen oder auch Gespräche mit Freundinnen und Freunden, die politische Maßnahmen oder Aussagen betrafen, in die Familien hinein.

Es gab in den Familien der Befragten offene Anhänger des Regimes. Väter waren zum Teil schon vor 1933 in der Partei gewesen oder traten kurz nach der Machtergreifung in sie und/oder eine ihrer Unterorganisationen ein. Mütter waren Mitglieder der NS-Frauenschaft oder anderer Organisationen. Unter solchen Voraussetzungen war die Übereinstimmung mit der nationalsozialistischen Politik zwar nicht zwingend, aber naheliegend. Beamte mussten in der Regel in der Partei sein. Das war allerdings nicht durchgängig der Fall.[35] Dissens gab es höchstens in Fragen des politischen Stils.

Die in den meisten bürgerlichen Familien anzutreffende positive Einstellung gegenüber dem Nationalsozialismus beruhte wohl vor allem auf einer bereits vorgängig vorhandenen nationalkonservativen Haltung vieler Elternhäuser. Von den Befragten wurde das zum Teil auch explizit formuliert.[36] Die Erwartungen großer Teile des Bürgertums konzentrierten sich auf zentrale Punkte: zum einen auf eine Besserung der wirtschaftlichen Situation, das heißt auf Beseitigung der Arbeitslosigkeit und auf einen wirtschaftlichen Aufschwung. »Jetzt wird's endlich besser«, fasste Erich Ilsemann diese Hoffnung der Erwachsenen zusammen (3451). Zum anderen

---

[35] Mehrere Befragte hoben hervor, der Vater sei, obwohl Beamter, nicht in der Partei gewesen, so wie die Väter Dieter Reineckes und Bodo Heises. Ihrer Karriere war das nicht förderlich.
[36] So auch Doetzer-Berweger, *Söhne des Bürgertums,* S. 41.

erhofften sich die Menschen nach den bürgerkriegsähnlichen Unruhen am Ende der Weimarer Republik von dem neuen Regime inneren Frieden. Das betonte Ursula Zimmermann, als sie sagte:

»Also das waren, waren wirklich unruhige Zeiten. Man hat deshalb die ersten Jahre der Nazizeit wirklich als Frieden empfunden. Da war alles geregelt, da, da wurde nicht gebettelt, da wurde, gab's keinen Krawall auf der Straße, da ging es allen Leuten gut. Sie hatten alle zu essen, sie hatte alle Arbeit. Das wird heute wird das ja nicht gesehen mehr, [P] dass das 'ne richtig große Wende gewesen ist.« (Zimmermann, 443–450)

Charlotte Reichert erwähnte aber auch noch eine weitere Hoffnung, die sich mit der Machtergreifung verband und die von den Nationalsozialisten sukzessive eingelöst wurde:

»Und ich sagte Ihnen ja, mein Vater war überhaupt derjenige, der viel Positives darin sah, wie viele Bürger, die gutgläubig da reingeraten waren und eben doch die Erfolge dieses Mannes sahen und die Demütigung, die von unserem Volke abfiel. Wir wurden, das Volk war ja gedemütigt durch diesen Versailler Vertrag, die ganzen [Reparationen], und wir galten und waren nichts. Und er [Hitler] war der Erste, das weiß ich noch wie heute, der aus dem Völkerbund […] austrat. Das war 'ne große Rede im Radio. Soweit ich mich entsinne, war das so, dass wir ja keine Waffen herstellen durften, ne. Und er machte mit all dem Schluss. Er trat aus aus dieser ganzen Geschichte und machte seine eigene Politik und machte, was er wollte. [P] Und da ging natürlich durch Deutschland ein Aufatmen. Er gab dem deutschen Volk ein gewisses Selbstbewusstsein zurück. Und das hat ihn getragen. Dieser Schluss der Demütigungen, der ständig[en] Diffamierungen und dies mea culpa und dieses, ne, was man ja jetzt bei uns mit den Juden macht, also dieses ständige schlechte Gewissen, nech?« (Reichert, 4503–4525)

Diese Äußerungen sind zweifellos nicht das Ergebnis eigener Überlegungen gewesen, sondern reproduzieren die Perspektive der Erwachsenen, also das, was die Kinder zu Hause, von den Lehrern oder auch im Bekanntenkreis hörten, sich zu eigen machten und zum Teil wohl auch dann selbst verbreiteten. Zugleich, und das wird aus den wenigen Einschränkungen deutlich, entsprechen sie immer noch weitgehend den heutigen Überzeugungen der Befragten.

Dort, wo der Vater in der Partei, die Mutter in der NS-Frauenschaft oder einer anderen Organisation waren, die Eltern zu den Kundgebungen gingen, mit ihnen zum Reichserntedankfest auf den Bückeberg nach Hameln fuhren, lagen für die Kinder die Verhältnisse klar auf der Hand und auch für alle Außenstehenden. Die Kinder selbst konnten ebenfalls zwar nicht immer, aber häufig die Elternhäuser der Freundinnen und Freunde politisch gut einschätzen. Inwieweit das ihre eigene Erkenntnis war oder auf Hinweise ihrer Eltern zurückgeht, lässt sich nicht feststellen. Jedenfalls fließen in die Interviews immer wieder Hinweise auf politische Einstellungen der Mütter und Väter anderer Kinder ein. Lisa Bornemann sagte beispielsweise über eine Klassenkameradin:

»[…] und da war eine Gertrud Becker, deren Vater war nun 200-prozentig. Die kam aus 'n, wir wussten alle, wie, wie's Zuhause aussah mit Nazis oder nicht Nazi und so, nech. Und deren Vater war 200-prozentig, […].« (Bornemann, 2426–2430)

Angesichts der herrschenden Machtverhältnisse bestand für die überzeugten Nationalsozialisten auch kein Anlass, sich mit ihrer Gesinnung zurückzuhalten. Es gab aber auch Bemerkungen in den Interviews zu politisch abweichenden Einstellungen bei Angehörigen anderer Familien. So betonte Ursula Zimmermann bei der Erwähnung eines Freundes: »[…] von der Mutter her waren die ja ganz links, […]« (3860f.). In einer so kleinen und überschaubaren Stadt wie Göttingen wusste jeder zwar nicht alles, aber doch sehr viel von jedem.

In anderen Familien gehörten die Väter in der Weimarer Republik dem Stahlhelm an, sie waren Berufs- oder Reserveoffiziere oder hielten den Nationalsozialismus lediglich für ein notwendiges Übel. Nicht überall lagen die Verhältnisse offen zutage. Manche Familien hielten sich bedeckt, zum Teil auch gegenüber den eigenen Kindern. Selbst für die dem Nationalsozialismus sehr positiv gegenüberstehenden und von ihm profitierenden Eltern, wie die Rolf Piepers, waren Politik ebenso wie wirtschaftliche Probleme keine Themen, die sie mit ihren Kindern erörterten (239). Er registrierte aber durchaus, dass seine Eltern plötzlich die Beziehungen zu ihren jüdischen Bekannten abbrachen, und dachte sich vermutlich seinen Teil (Pieper, 634). Etliche Eltern hatten gute Gründe, das Thema Politik im Beisein ihrer Kinder zu vermeiden. Soweit sie zu den politisch Andersdenkenden zählten, hinderte sie daran zweifellos, wie Hartmut Opitz andeutete, die Sorge, dass die Kinder sich gegenüber anderen verplappern würden (3469). Zu ihnen gehörten Lisa Bornemanns Eltern. Sie thematisierten politische Probleme ersichtlich nicht, weil die Familie jüdische Vorfahren hatte und sich deshalb ohnehin in einer prekären Situation befand. Erst spät, nach dem gescheiterten Attentat auf Adolf Hitler 1944, vermochte Lisa Bornemann aus der Reaktion ihrer Eltern Rückschlüsse auf deren politische Orientierung zu ziehen (Bornemann, 2588). Etliche Kinder bekamen dennoch implizit mit, wo ihre Eltern politisch standen. Peter Köhler, dessen Eltern auch keine politischen Gespräche mit den Kindern führten, registrierte den kleinen »Gruß-Krieg«, den seine Mutter mit den Nachbarn aus focht.

»Die direkten Nachbarn rechts und links [hustet] hatten, ja, der eine war, die waren auch älter, der eine war 'n Oberstudienrat von der Schule, auf der ich war. Der lief immer in einer braunen Uniform rum. Und war, seine Frau vor allen Dingen, war eine etwas unangenehme, wie ich meine, richtige Nationalsozialistin. Er auch, aber, er begrüßte meine Mutter immer mit ›Heil Hitler, Frau Köhler‹. Und meine Mutter sagte dann immer: ›Guten Tag, Herr Soundso‹.« (Köhler, 2055–2064)

Andere Eltern äußerten sich deutlicher. Schon erwähnt wurde Dieter Reineckes Vater, der bei der Machtübernahme den kommenden Krieg prophezeite. Jürgen Diederichs Mutter vertraute dem ältesten Sohn 1934 nach dem »Röhm-Putsch« an, Hitler sei ein Verbrecher (24). In manchen Familien gab es kaisertreue Mitglieder, die aus diesem Grunde dem neuen Regime kritisch gegenüberstanden. Dies traf auf Dieter Reineckes Mutter zu:

»Von der Politik bekam man ja etwas mit. Meine Mutter war 'ne richtige schöne Kaisertreue [lacht], nech, deutsch-national. Mein Vater war politisch gar nicht, [P] hatte seine Meinung natürlich, aber nicht so politisch aktiv.« (Reinecke, 1052–1056)

Kaisertreue zog aber nicht notwendig Distanz zu dem Regime nach sich. Bodo Heises Eltern gelang es, Kaisertreue und die Tolerierung der Regierung bestens miteinander zu vereinbaren. Kaisers Geburtstag am 27. und die Machtergreifung am 30. Januar waren für sie gleichrangige Feiertage (8377). Heinz Zöllners Vater, der jedes Jahr dem Kaiser brieflich zum Geburtstag gratulierte (4285), war sehr national bewusst und konnte aus diesem Grunde mit dem Nationalsozialismus durchaus seinen Frieden machen.

Nur wenige Eltern befanden sich hingegen in mehr oder weniger deutlicher Distanz zum nationalsozialistischen Regime. Das konnte, wie bei Gisela Apels oder Ernst Naues Eltern, auch religiöse Gründe haben. Distanz konnte aber ebenso darin begründet sein, dass es jüdische Verwandte oder Freunde gab, deren Diskriminierung und Verfolgung aufmerksam registriert wurden, wie in den Familien Marie Ohlendorfs und Elke Engelmanns. Für andere, wie Charlotte Reicherts Mutter, waren die Nazis einfach indiskutabel und sie glaubte, der Erinnerung ihrer Tochter zufolge, jedes regierungsfeindliche Gerücht – auch und gerade hinsichtlich der Judenverfolgung (303).

In einigen Familien entstanden politische Konflikte zwischen den Eltern. Sie entwickelten sich teilweise erst im Laufe der Jahre, wie bei denen Elke Engelmanns. Über ihre Eltern erzählte sie:

»Überhaupt politisch haben sie sich nicht so verstanden. Mein Vater war viel mehr für Hitler als meine Mutter. Die war viel kritischer. Mein Vater war sehr militärfromm erzogen, richtige preußische Familie, wo, obwohl seine Mutter Österreicherin war. Aber ich denke deren Vater war auch Altdeutscher gewesen, für's Groß, für die großdeutsche Lösung.« (Engelmann, 1701–1709)

Nicht nur in diesem, auch in anderen Fällen waren die Väter Anhänger oder zumindest Sympathisanten des Regimes, teilweise auch Parteimitglied. Etliche Mütter hatten aus verschiedenen Motiven Vorbehalte gegenüber dem Nationalsozialismus und hielten dagegen.[37]

Politische Gegensätze gab es aber auch innerhalb der weiteren Verwandtschaft, zum Beispiel zwischen den Eltern und ihren Geschwistern. Viele Konflikte, vor allem den Bruch zwischen ihrer Mutter und deren Schwestern aus politischen Gründen, hat Charlotte Reichert erst als Jugendliche richtig mitbekommen (142). Kurz darauf ergänzte sie:

»Aber als Kind durch die Gespräche bei Tisch zwischen meinen Eltern und so, da hatte man ja dann schon seine Ohren dabei. Und das war ja nun nach '33, also als ich zur Schule ging, nech? Eigentlich erst so bewusster, als ich so zehn Jahre war. Aber ich war immer noch Kind.« (Reichert, 152–159).

Einige wenige Familien hatten Verwandte im Ausland, die kritische Briefe nach Deutschland schrieben, wie bei Ursula Zimmermann (452). Wegen der gezielten Beeinflussung der Kinder konnten Konflikte zwischen Eltern und Kindern dort entstehen, wo die Eltern distanziert waren, die Kinder aber begeistert die neue Lehre aufsogen. So erzählte Elke Engelmann, ihr neunjähriger Bruder habe sich, vom Volksschullehrer aufgehetzt, 1934 geweigert, mit der Mutter eine befreundete Familie zu besuchen, weil das Juden seien (5990). Und Karl-Heinz Jung erinnerte sich an viele Jungen, die ihre Eltern beim Ortsgruppenleiter angeschwärzt hätten (1975). Einen konkreten Denunziationsfall oder ernsthafte politische Auseinandersetzungen mit den Eltern gab es, den Erinnerungen der Befragten zufolge, in ihren Familien allerdings nicht.

---

37 Analog zu dem Begriff »gespaltene Familie«, mit dem Familien bezeichnet werden, in denen Eltern und Kinder politisch auf verschiedenen Seiten stehen (Treu, *Jugend*, S. 34), könnte in derartigen Fällen von »gespaltenen Eltern« gesprochen werden.

Die Kinder wurden auch Zeugen der Ängste der Erwachsenen vor Denunziationen und Bespitzelung. Ernst Naues Vater stülpte vor jedem kritischen politischen, aber auch sehr privaten Gespräch erst die Kaffeemütze über das Telefon in seinem Arbeitszimmer (482). Waltraud Neubert erlebte, dass ihre Mutter Schwierigkeiten bekam, weil sie mit einem jüdischen Bekannten zusammen in der Stadt ein Würstchen gegessen hatte. Sie war vom Ortsgruppenleiter denunziert worden (557). Marie Ohlendorf registrierte die Sorgen der Erwachsenen um die jüdischen Mitglieder ihrer ausgedehnten Verwandtschaft (1133). Die Kontrolle des Essens am »Eintopfsonntag« wurde von ihr sowie ihrer Mutter und Großmutter als Bespitzelung wahrgenommen, gegen die nur half, sich still zu verhalten, nicht aufzufallen (Ohlendorf, 254). Charlotte Reicherts Mutter wurde von ihrem Mann ernsthaft ermahnt, sich mit ihren Äußerungen gegen das Regime zurückzuhalten, sie stände schon auf einer »Schwarzen Liste« (124). Politische Spannungen in den Familien, aus welchen Gründen auch immer, zwangen die Kinder, darüber nachzudenken, und boten ihnen dadurch die Chance, eine zumindest rudimentär kritische Perspektive auf den Nationalsozialismus einzunehmen. Wenn der geliebte Vater, die wunderbare Mutter oder auch alle beide der Regierung kritisch gegenüberstanden, war die Wahrscheinlichkeit groß, dass die Kinder zumindest nicht blindlings alles glaubten, was ihnen vermittelt wurde. Das gilt besonders für dieses bürgerliche Milieu, in dem die Eltern honorige, sozial angesehene und respektierte Personen waren.

3. Kindheits-Räume, Freundschaften und Spiele[1]

Raum-Erfahrungen

Zum kindlichen Leben gehören die Eroberung und Aneignung der räumlichen und der sozialen Umwelt, aber auch Freundschaften und Spiele dazu. In diesem Kapitel wird danach gefragt, ob, wie und in welchem Umfang die Kinder aus den bürgerlichen Familien ihre (dingliche und soziale) Umwelt wahrgenommen und erobert haben, welche Rolle dabei ihre soziale Herkunft, aber auch die Wohngegend, das Alter und die Geschlechtszugehörigkeit gespielt haben.[2] Darüber hinaus werden Veränderungen in den 1930er Jahren thematisiert.

Für die Kinder, die in der Göttinger Innenstadt lebten, war diese der Bereich der Stadt, in dem sie sich überwiegend aufhielten. Tatsächlich eigneten sie sich auch von ihm nur einen Teil an, den man als den »persönlichen Teil-Raum« oder mit Zeiher als »faktische soziale Umwelt« bezeichnen könnte.[3] Für andere Kinder, die außerhalb des Walls wohnten, war die Innenstadt überwiegend kein wichtiger Ort. Sie wurde aufgesucht zu bestimmten Zwecken oder durchquert, um einen anderen Ort, zum Beispiel den Bahnhof, zu erreichen.

In der Innenstadt boten der zwar bescheidene Verkehr und der Publikumsbetrieb zu den vielen kleinen Geschäften sowie der Einblick in die Berufswelt nicht nur der Geschäftsleute, sondern auch der auf den Straßen präsenten Straßenfeger, Müllmänner und Kutscher viel Abwechslung und Anregung. Erwachsene und Kinder, Spaziergänger und Berufstätige be-

---

1 Bei dem ersten Abschnitt dieses Kapitels handelt es sich um eine überarbeitete Version meines Aufsatzes »Grenzen und Übergänge«, S. 345–358.
2 Die Bedeutung des Raums im Leben von Kindern und Heranwachsenden wurde in den letzten 25 Jahren intensiv erforscht. Vgl. dazu u. a.: Behnken/Bois Reymond/Zinnecker, *Stadtgeschichte;* Zeiher/Zeiher, *Orte und Zeiten;* Berg, »Erinnerte Kindheit«, S. 912–935.
3 Zeiher, »Organisation des Lebensraums«, S. 39; ähnlich auch Pfeil, *Großstadtforschung,* S. 236.

wegten sich bunt durcheinander. Der geringe Verkehr erlaubte den Kindern, die Bürgersteige, zum Teil aber auch die Straßen für ihre Spiele zu nutzen. Dennoch hielten sich nur zwei der vier im Zentrum der Innenstadt aufgewachsenen Kinder viel auf der Straße auf. Die beiden anderen spielten hingegen vornehmlich in den Innenräumen, in Gärten und Höfen. Die Straßen benutzten sie in erster Linie als Verbindung zwischen zwei Orten, nicht als Spiel- und Aufenthaltsraum. In extremer Weise trifft das auf Dora Markwart zu, die dazu angehalten wurde, die Straße zu meiden. Weil ihr Elternhaus in einer nicht gut beleumdeten Gegend stand, war es ihr verboten, auf der Straße zu spielen. Die beiden Kinder, die sich viel auf der Straße aufhielten, verhielten sich sehr unterschiedlich. Ursula Zimmermann war bis zum Alter von circa zehn Jahren (dann zog die Familie ins Ostviertel) Teil einer sozial-, alters- und geschlechtsgemischten Gruppe von Kindern. Nur bei schlechtem Wetter spielte sie mit Schwester und Freundinnen im Treppenhaus des Elternhauses, einem Mietshaus.

»[Wir haben bei schlechtem Wetter im Treppenhaus] mit unseren Klappküseln gespielt, und auch mit den Trullreifen, aber das haben wa ja sonst alles auf der Straße gemacht. Wir haben ja eben richtig mit Horden von Kindern [gespielt], also da waren ja viele kinderreiche Familien gerade auch in der Speckstraße. Und wir liefen da alle zusammen auf die Straße, und dann wurde gespielt. Zum Beispiel ein Spiel, da wurden also Ritzen gegraben zwischen den Basaltsteinen Und dann hatte man so 'n langen Stock, der vorne angespitzt war und ein kleines Querholz. Und das waren dann zwei Mannschaften, und jede Mannschaft hatte einen Stock, aber es gab eben nur ein Holz. Und das Holz, das wurde also so hochgeschlagen in die Luft, und bis wo das hinflog, musste die andere Mannschaft sich zurückziehen, und dann durften die von sich aus wieder schlagen, dann mussten wir alle wieder zurück, und so ging das hin und her. Und wehe es kam ein Bus, der hat uns ja gestört. Das gab schon damals Busse, ne. Aber dann haben wir ja auch Schnitzeljagd und so was alles und Hinkelkasten [gespielt]. Da haben wir doch auf die Fußgänger keine Rücksicht genommen, obwohl es da keine Fußgängerzone gab. Aber da waren schöne Steine, so ausgefugt. Da haben wa dann mit Kreide die Zahlen drauf gemalt und dann wurde Hinkelkasten gespielt. Genauso wie diese Ballspiele, die wir alle gemacht haben. Das war natürlich, also stundenlang konnte man das machen, [...].« (Zimmermann, 121–147)

In dieser Beschreibung kindlichen Spiels zeigen sich die Merkmale klassischer Straßenkindheit[4]: das bewegungsorientierte Spiel in einer Gruppe

---

4 »Straßenkindheit« war und blieb lange die »normale« Kindheit der Kinder aus Kleinbürgertum und Arbeiterschaft. Voraussetzung dafür waren hohe Kinderzahlen bzw. eine hohe Kinderdichte, d. h. ein spezifisches demographisches Muster. (Vgl. dazu Zinnecker,

von Kindern unterschiedlichen Alters und Geschlechts, die sich aus den in der eigenen und den angrenzenden Straßen wohnenden Familien rekrutieren. Im Hinweis auf die mangelnde Rücksichtnahme auf Passanten wird deutlich, dass die Kinder den Straßenraum für sich reklamierten.

Karl-Heinz Jung hielt sich zwar auch viel auf der Straße auf, war aber im Gegensatz zu Ursula Zimmermann eher ein Einzelgänger. Obschon er gelegentlich mit anderen Kindern Fußball auf dem Marktplatz vor dem Alten Rathaus spielte, war er häufig allein unterwegs, durchstreifte mit seinem Roller schon im Vorschulalter ein großes Terrain, hielt sich in den dem elterlichen Hause benachbarten Geschäften auf und beobachtete die Erwachsenen (Jung, 225). Dabei lernte er viel über Kaufen und Verkaufen, Fähigkeiten, die für den Sohn eines Geschäftsmanns wichtig waren.[5] Seiner Kindheit fehlte allerdings ein zentrales Merkmal von Straßenkindheit: die Kindergruppe.

Auch die politischen Diskussionen und Auseinandersetzungen in der Endphase der Weimarer Republik, einschließlich der Schlägereien politisch verfeindeter Gruppen, blieben den Kindern nicht verborgen, übten eine ei-

---

»Straßenkind«, S. 151). »Straßenkinder« bevorzugten in spontan sich bildenden Gruppen Bewegungsspiele wie Fangen, Verstecken, Hinkelkasten, Räuber und Gendarm u. ä., die häufig einem jahreszeitlich festgelegten Repertoire folgten und eher grobmotorische Fähigkeiten erforderten. Der Begriff »Straßenkinder« hat nicht nur gegenwärtig einen abwertenden Beigeschmack. Das Wort »Straßenjunge« kam erst Ende des 18. Jahrhunderts auf als Gegenstück zum bürgerlichen, verhäuslichten Kind. Von Beginn an hatte es deshalb eine pejorative Komponente, vgl. »Straßenjunge« in: Grimm/Grimm, *Deutsches Wörterbuch*, S. 916. »Straßenmädchen« ist eine Wortschöpfung aus dem 19. Jahrhundert und hatte schnell die Bedeutung von Dirne, Hure, vgl. »Straßenmädchen« in: ebenda, S. 920. Zur Entwicklung vgl. auch Schlumbohm, »Straße und Familie«, S. 127–139; Lindner, »Straße«, S. 192–208; ders., »Spür-Sinn«, S. 159f.; Behnken/Zinnecker, »Straßenkind«, S. 87–96.

5 An seinem Beispiel, aber auch dem von Ursula Zimmermann, zeigt sich, dass die Straßenöffentlichkeit für die Kinder ein hervorragender Spiel- und Erfahrungsraum sein kann, der sich auch als Lernort bezeichnen lässt (so Zinnecker, »Straßensozialisation«, S. 727–746; vgl. auch Herlyn, *Leben in der Stadt*, S. 122.). Bis in die Gegenwart hinein hatten die Kinder hier »frühzeitig und vergleichsweise wenig behindert Zutritt und Sehkontakte zu außerfamilialen, gesellschaftlich bedeutsamen Handlungsfeldern der Erwachsenen …: Teile des Verkehrswesens, die Einkaufsorte, Teile des öffentlichen und politischen Lebens (Feste, Demonstrationen), Freizeiteinrichtungen und sogar ein (allerdings begrenzter) Sektor der Produktion (Straßenbauwesen)« waren ihnen zugänglich (Behnken/Zinnecker, »Soziale Entwöhnung«, S. 65). Die Qualität der Straße als Lernort differiert allerdings je nach Gestalt des Quartiers stark und bietet Kindern deshalb sehr unterschiedliche Chancen.

genartige Faszination auf sie aus und sorgten für aufregende, zum Teil auch Angst erregende Einblicke in das Erwachsenenleben.

»Ja, also in die Schule bin ich gekommen 1932, also die Jahre waren ja politisch schon kolossal unruhig, und dadurch, […], hab ich ja diese ganzen Krawalle miterlebt. Die Kommunisten marschierten ja immer in blauen Jacken mit Schalmeien, und die marschierten dann zuerst durch, und dann kamen hinterher die Nazis in ihren SA-Uniformen, und dann gab's die großen Schlägereien, nech. Das war furchtbar! Furchtbar! Als Kind hat man da auch Angst gehabt.« (Zimmermann, 399–408)

Ursula Zimmermann ist nicht das einzige Kind, das sich an die teilweise sehr militanten politischen Aktionen in der Innenstadt erinnerte. Andere Befragte, die an deren Peripherie lebten, erzählten ebenfalls davon, nicht hingegen die Befragten, die ihre Kindheit im ruhigen Ostviertel verbrachten.

In den außerhalb der engen Innenstadt gelegenen Gebieten, besonders im Ostviertel, waren die Spielbedingungen in vieler Hinsicht wesentlich günstiger. Der Friedländer Weg oder auch der Nikolausberger Weg, zwei der wenigen asphaltierten Straßen in dieser Zeit, eigneten sich hervorragend zum Rollschuhlaufen. Konflikte mit Fußgängern, die das Kinderspiel auf den belebten Bürgersteigen der Innenstadt erschwerten, gab es hier kaum. Auch Busse störten nicht. Je weiter die Kinder von der Innenstadt entfernt wohnten, desto besser konnten sie also auf der Straße spielen. Dennoch hielten sich die Kinder selten dort auf. Als Erfahrungsraum und Lernort waren die Straßen hier wenig anregend. Im Vergleich zur Innenstadt war das Straßenleben im Ostviertel sogar ausgesprochen eintönig. Es fehlten die vielen Geschäfte, Handwerksbetriebe und Passanten. Abwechslung gab es nur, wenn die SA in Kolonne die Herzberger Landstraße oder den Steinsgraben zum Hainberg hinaufmarschierte.

Das Ostviertel hatte aber andere Qualitäten. In diesem stark durch Einzelhäuser mit großen Gärten geprägten Stadtteil trieben sich alle Kinder offenbar weniger auf der Straße herum. Vor allem die Mädchen spielten vornehmlich im Haus, auf dem Hof oder in den weitläufigen Gärten. Sie bewegten sich normalerweise in der Nachbarschaft, die allerdings wegen der von ihnen erkundeten oder geschaffenen »Schleichwege« zwischen den Gärten schon ein ganzes Karree wie zum Beispiel das zwischen Hanssenstraße, Goldgraben, Bühlstraße und Wilhelm-Weber-Straße umfassen konnte, wie Marie Ohlendorf erzählte. Zwar hielt sie sich mit ihren Freundinnen auch häufig im Freien auf, aber ganz überwiegend in der unmittelbaren

Nähe des Hauses. Auf die Frage, wo sie als Kind überall gespielt hätte, antwortete sie:

»Also bei schlechtem Wetter natürlich und im Winter drinnen gespielt. Einschließlich Keller. [lacht] Rauf und runter die Treppen, das ging ja so schön. Und da ham wa uns auch versteckt oder so. [P] Und dann draußen, ja im Garten, nech. Das hab ich Ihnen schon erzählt, dass das Haus frei stand. Da konnte man also immer rundrum. Und im Garten, da gabs ja auch die schönen Obstbäume und Büsche und so, da konnten wa auch schön Verstecken spielen. Und vorn am Eingang ham wa immer [holt tief Luft] s war sone lange Zufahrt von der Straße, also son Weech ging da rein. Und, war das gepflastert, war das Beton, weiß ich gar nich, ja, doch Beton. Denn erweiterte sich das. Dann ging es so in die Haustür rein, und auf diesem Erweiterungsplatz vor der Haustür, da ham wa Hinkelkasten gespielt. Und ham wa Seilspringn, Seilhüpfn gespielt. Und so Dinge, die also räumlich begrenzter warn. […] Und dann war da ne hohe Hecke. Das ham wa immer so Hüpfen, so Rüberhüpfen gemacht so und Radschlagen und das. Und denn in Nachbars Garten auch bei Eva. Da durften wa dann auch mal rum, die hattn so schöne Tannen hinten, da wars so lauschig. Da ham wa uns ne kleine Hütte gemacht auch, auch als Mädchen. [lacht] Und denn in den Garten in der Wilhelm-Weber-Straße, wo der alte Müller seinen Schrebergarten hatte, da war nur son kleines Pförtchen, da konnte man auch durchgehn. Da ham wa denn auch noch das einbezogen bis zum Goldgraben rüber.« (Ohlendorf, 5928–5973)

Nur gelegentlich berichtete Marie Ohlendorf, ebenso wie die anderen weiblichen Befragten, vom Spiel auf der Straße. Gisela Apel übte beispielsweise mit ihrer Freundin auf der Wilhelm-Weber-Straße Fahrradkunststücke (1064), andere liefen Rollschuh auf dem Nikolausberger Weg. Manche Bewegungsspiele, wie Treibball oder Völkerball, mussten auf der Straße stattfinden, viele konnten allerdings, wie aus Marie Ohlendorfs Erzählung hervorgeht, in den großen Gärten gespielt werden. Typisch für das Spiel der Mädchen war insgesamt ihre starke Bindung an und ums Haus herum. Sie waren zwar auch unterwegs, besuchten ihre Freundinnen oder erledigten Wege für die Erwachsenen. Dabei dominierte jedoch die zielgerichtete Fortbewegung.[6] Selten berichten die Zeitzeuginnen vom freien Umherstreifen und der Eroberung eines größeren Terrains. Für Marie Ohlendorf, die im Ostviertel aufwuchs, war am Eichendorffplatz, an dem die damalige Bebauung aufhörte, »die Welt zu Ende« (6001). Zwar überschritten sie und ihre Freundinnen diese Grenzlinie gelegentlich, aber dann durchaus gesittet, indem sie dort spazieren gingen (Ohlendorf, 6004). Wie selbstverständlich es für sie und ihre Freundinnen gewesen ist, sich im Haus und seiner

---

6 Vgl. dazu Löw, *Raumsoziologie*, S. 92.

Nähe aufzuhalten, wurde deutlich, als sie sagte: »[...] wir Mädchen sind da gar nich so drauf gekommen, da in irgendwelche anderen Reviere da vorzustoßen« (Ohlendorf, 8743–8745).

Diese Art der Raumwahrnehmung und -aneignung kennzeichnet eine nahezu idealtypische verhäuslichte Kindheit.[7] Für diese ist das Spiel in umgrenzten und geschützten Räumen charakteristisch,[8] in denen die Kinder überwiegend unter der Aufsicht oder in der Nähe von sie kontrollierenden und disziplinierenden Erwachsenen sind. Das war in jedem Fall innerhalb des bebauten Gebiets gegeben. Der weniger kontrollierte Bereich jenseits der Bebauungsgrenze eignete sich deshalb hervorragend dafür, Verbotenes auszuprobieren. Typischerweise machten Marie Ohlendorf und ihre Freundinnen die ersten Versuche mit dem Rauchen daher auch am Eichendorffplatz (6412). Insgesamt zeigt sich in den Erzählungen der weiblichen Befragten, dass die Töchter stark kontrolliert und in ihrem Bewegungsspielraum eingeschränkt wurden und sie diese Beschränkungen früh internalisiert hatten. Sie verhielten sich wie typische Mädchen, für die »die räumliche Umwelt eher ›Szenarium oder Medium für Interaktionen‹ [ist], bei Jungen ›Gegenstand und Ziel von Manipulation‹«.[9] Von Ursula Zimmermann abgesehen, lebten also alle anderen weiblichen Befragten eine verhäuslichte Kindheit. Selbst zwei Frauen, die in vor den Toren der Stadt gelegenen Dörfern aufgewachsen sind, hielten sich zwar viel im Freien auf, bewegten sich aber vornehmlich im mehr oder weniger großen Umfeld des Hauses. Es überwiegen auch bei ihnen Erzählungen über Aufenthalt und Spiel in diesen »geschützten« Räumen. Ursula Zimmermanns partielle Straßenkindheit endete dann mit dem Umzug der Familie ins Ostviertel.

Der geschlechtsspezifisch differente Zugang zu Außenräumen wird besonders deutlich in den Erzählungen von mehreren männlichen Befragten, die in einem Neubaugebiet am oberen Rand des Ostviertels aufwuchsen.

---

7 Kindheitsforscher gehen davon aus, dass verhäuslichte Kindheit sich zunächst im Bürgertum ausgebreitet und im Laufe des 19. und 20. Jahrhunderts immer mehr Bevölkerungsschichten erfasst hat. In der Gegenwart sei er nun für alle Kindheiten dominant geworden. Vgl. dazu ausführlich: Zinnecker, »Straßenkind«. Verhäuslichung wird deshalb als eine der zentralen Entwicklungslinien von Kindheit im 20. Jahrhundert betrachtet.
8 Das müssen nicht notwendig Häuser sein. Dazu zählen auch das unmittelbare häusliche Umfeld wie ein Hof oder Garten, die Schule ebenso wie Sporthallen und Spielplätze. So Behnken/Zinnecker, »Soziale Entwöhnung«, S. 65.
9 Jacob, *Kinder in der Stadt*, S. 106. Vgl. auch Behnken/Zinnecker, »Soziale Entwöhnung«, S. 54f. Eine kritische Diskussion der Untersuchungen zu Geschlecht und Raum findet sich bei Löw, *Raumsoziologie*, S. 246ff.

Hier gab es praktisch kaum Verkehr, die Straßen gingen zum Teil in Feldwege über. Zwei Nachbarsjungen, Peter Köhler und Dieter Reinecke, besuchten vom Alter von acht Jahren an dieselbe Volksschule, später dieselbe weiterführende Schule und waren eng befreundet. Einen großen Teil ihrer freien Zeit verbrachten sie in den die Elternhäuser umgebenden Gärten und angrenzenden Feldern, dem nahe gelegenen Park und dem Wald. Die Erzählungen beider Befragter sind sehr stark konzentriert auf die Beschreibung ihres Spiels in diesen Außenräumen:

»[…] aber so nachmittags oder am Wochenende sind wir durch die Wälder gestreift hier hinterm Hainberg. Wir wohnten ja, und wohnen auch noch, fast unmittelbar am Waldrand, und damals war Göttingen, ich glaube, das sagte ich auch schon mal, dass Göttingen ja eine kleine Stadt mit vielleicht so 40, 60.000 Einwohnern [war]. Mehr war das nicht. Und hier das ganze Gebiet der Anlagen, der Hainberg-Anla-gen, der Schiller-Wiesen und desgleichen da oben war völlig leer, und das war unser privates Revier. Und wir kannten da, wussten wo Hasen waren, wo Rehe standen, und waren völlig ungestört. Da war weit und breit bis zum Kehr rauf, kein Mensch. Und Autos gab es ja auch noch kaum, ganz wenige […].« (Köhler, 2157–2170)

Insgesamt hatten die Jungen hier ein weitläufiges und wenig kontrolliertes Spielrevier, das Peter Köhler und Dieter Reinecke zusammen mit anderen Kindern, vor allem Knaben aus der Nachbarschaft, reichlich nutzten. Erich Ilsemann zufolge, der ebenfalls zu dieser Gruppe von sechs bis acht Jungen gehörte, reichte das von ihnen durchstreifte Terrain von der Burg Plesse im Norden bis zur Klein Lengdener Burg weit südlich des Stadtgebiets (857). Lediglich die Spielwiese (heute: Schillerwiese) und die angrenzenden Anlagen wurden noch von einem Flurwächter kontrolliert, der die Einhaltung der Verbote, teilweise durften die Rasenflächen nicht betreten werden, überwachte. Ansonsten waren sie der Beobachtung und Kontrolle von Erwachsenen entzogen.

Auch jene Jungen, die zwar viel im Freien, wenn auch nicht im Wald spielten, konnten ein großes und zumindest teilweise unkontrolliertes Gebiet »besetzen«. Jürgen Diederichs beschrieb den »Spiel-Raum« den er und seine Freunde sich nahmen mit den Worten:

»Hier an diesem Teich, an dieser Reihe von Teichen, da ham wir gespielt, das war eigentlich unser Hauptspielgebiet. Im Übrigen wurde dieses ganze Viertel damals gebaut. Das war ja zwischen der Herzberger [Straße] und dem Nikolausberger Weg waren Gärten. Und dann wurde am Rohnsweg gebaut. Bauarbeiter kippten da immer den Sand zu großen Haufen hin, den sie dann brauchten. Und auf diesen Hügeln, da ham wir gespielt, indem wir dort Straßen anlegten und Tunnels bauten, das waren eigentlich unsre Sandkisten. Idylle! Schöner ging es gar nicht, nech. Da hatten wir ein großes Feld, um da rumzulaufen.« (Diederichs, 1105–1116)

Die Jungen bevorzugten diese Gebiete, weil sie sich hier der Beobachtung und Kontrolle durch Erwachsene am leichtesten entziehen konnten. Das taten sie sehr bewusst, wie aus Dieter Reineckes Äußerung deutlich wird:

»[...] wir gingen nie über die Straße, nur hinten durch die Gärten. Und wo dann so dummerweise Drahtzäune waren, machten wir uns eben halt 'n Loch, drunter durch [lacht], wusste nie einer, wo wir waren. Man konnte uns absolut nicht sehen.« (Reinecke, 1661–1666)

Diese Vorsichtsmaßnahme war auch notwendig, weil die Jungen nicht nur harmlose Streiche spielten, wie die Gartenpforten zuzubinden, sondern etliche, eigentlich verbotene Dinge taten. Sie schnitten sich in die dicht zusammengewachsenen Baumgruppen auf der Spielwiese »Baumburgen«, in denen sie sich verbergen konnten; sie verbrachten ihre Zeit auch mit Verhaltensweisen, die wir heute mit dem Begriff »Vandalismus« belegen würden. Daran zeigt sich sehr deutlich die oben bereits erwähnte grundlegende Differenz zwischen den Spielaktivitäten der Mädchen und der Jungen: Die Jungen eigneten sich nicht nur ein größeres Gebiet an, sondern veränderten es auch durchaus für ihre eigenen Zwecke.[10]

Neben dem Aufenthalt und Spiel im Freien außerhalb der Beobachtung von Erwachsenen spielten diese Jungen ebenfalls im Haus und den Gärten. Ihre Kindheit lässt sich daher am treffendsten als eine Kombination aus Umherstreunen in weitläufigen Außenräumen und verhäuslichter Kindheit charakterisieren.[11] Beim Umherstreunen handelte es sich allerdings nicht um Straßenkindheit im eingangs definierten Sinne. Es fehlen die alters- und geschlechtsgemischte Kindergruppe, das spontane Sich-Finden sowie das innenstädtische Umfeld. Andere Jungen lebten hingegen eine nahezu ausschließlich verhäuslichte Kindheit. Sie bevorzugten den Aufenthalt in Haus oder Wohnung, spielten dort, aber auch im Garten. Weder Wald noch Park noch Straße zählten zu den von ihnen bevorzugten Orten. Teilweise lag das daran, dass sie gerne lasen. Auch die Gelegenheit spielte eine Rolle.

---

10 Diesen größeren Expansionsdrang bei Jungen konstatierten bereits Muchow/Muchow, *Lebensraum*, S. 28.
11 Ein ähnliches Ergebnis findet sich bei Gunilla-Friederike Budde (*Bürgerleben*, S. 196ff.), die mit anderen Quellen gearbeitet hat und für die Zeit zwischen 1840 und 1914 zeigen konnte, dass Bürgersöhnen früh erlaubt wurde, »sich kurzzeitig Welten außerhalb der Familie zu erschließen« (ebenda, S. 197). Dies habe insbesondere für die Stadt gegolten (ebenda, S. 196f.).

Wer weiter vom Wald entfernt wohnte, kam nicht so schnell auf die Idee, dort zu spielen. Das reicht aber als Erklärung nicht aus. Rolf Pieper betonte zum Beispiel explizit, kaum auf der Straße gespielt zu haben, obwohl das möglich gewesen wäre (5601). Er begründete das mit dem Fehlen von altersgleichen Kindern in den Nachbarhäusern. Nachbarschaft fasste er dabei sehr eng. Selbst ein Junge aus der Parallelklasse, dessen Haus er von der elterlichen Wohnung aus sehen konnte, wurde von ihm ignoriert (Pieper, 5575). Wieder andere Jungen bewegten sich nicht gerne, waren zum Teil aufgrund körperlicher Eigenheiten Außenseiter und zogen sich zurück.

Die meisten Mädchen lernten im Prozess des Aufwachsens »ein sich reduzierendes räumliches Handeln, Jungen ein expandierendes«.[12] Das zeigt sich exemplarisch am Verhältnis zum Wald. Während er für die Jungenclique um Peter Köhler und Dieter Reinecke der bevorzugte Aufenthaltsort war, erwähnten ihn nur drei der befragten Frauen. Für sie war er jedoch kein sicherer Ort, der für ihr Spiel infrage kam (Apel, 5734; Engelmann, 5734). Das habe sich später geändert, betonte Charlotte Reichert. Erst als die Nazis

»dann mehr oder weniger Ordnung reinbrachten, da sind wir durchaus in den, ja, auch in den Wald gegangen, da hatten wa keine Angst. Nein, alleine, wüsste ich nicht, alleine spazieren gegangen bin ich nicht, aber mit den Freundinnen zusammen ja.« (Reichert, 5076–5081)

Über die Stadt hinaus kamen die Kinder häufig an den Wochenenden, meist bei Wanderungen mit den Eltern. Beliebte Ziele waren Nikolausberg, die Plesse und Maria Spring. Wenn der Vater ein Auto besaß, erweiterte sich der räumliche Radius erheblich. Vom Skifahren im Harz mit den Eltern erzählten nur zwei Befragte. Größere Reisen wurden in den Schulferien unternommen. Fast bei allen standen dann Fahrten zu Verwandten oder Freunden der Eltern auf dem Programm. Da das gehobene Bürgertum zu den geographisch mobilen Bevölkerungsgruppen zählte, wohnte die Verwandtschaft vieler Familien im ganzen Land verstreut. Besuche bei Großeltern, Tanten und Onkeln, aber auch Freunden der Eltern waren daher für die Kinder oft mit weiten Reisen verbunden. Als jüngere Kinder fuhren sie in Begleitung dorthin. Erich Ilsemann war schon zwölf Jahre alt, als er zum ersten Mal ohne Begleitung mit dem Zug nach Kassel fuhr. Waltraud Neubert ist vermutlich jünger gewesen, als sie allein in den Zug nach Hannover gesetzt wurde. Sie erinnerte sich nicht mehr an ihr Alter,

---

12 Vgl. Löw, *Raumsoziologie*, S. 91f.

nur an ihre Gefühle: »Das war entsetzlich. Ich wär' bald gestorben, also so, ich hab immer gesagt: ›Oh, nie wieder, nie wieder!‹« (Neubert, 403–405)

Etliche Eltern oder auch ein Elternteil, manchmal eine Tante oder eine Oma besuchten mit den Kindern nicht nur Verwandte oder Freunde, sondern fuhren mit ihnen auch in den Urlaub. Bei einigen Familien kam das nur gelegentlich vor, bei anderen regelmäßig. Beliebt waren die Bäder an Nord- und Ostsee oder ein Wanderurlaub in den Bergen. Der preisgünstige Aufenthalt im Haus der reformierten Gemeinde Göttingens auf Spiekeroog wurde von mehreren Befragten erwähnt. Auslandsreisen waren hingegen sehr selten. Einzig Jürgen Diederichs erwähnte Reisen nach Österreich. Selbst die Erwachsenen fuhren selten ins Ausland. Sofern die Eltern sie nicht mit in den Urlaub nahmen, wurden die Kinder entweder in die Obhut von Verwandten gegeben oder zu den Eltern des Haus- oder Kindermädchens. Da das Hauspersonal meist vom Land stammte, lernten die Kinder dabei die klein- und unterbäuerliche Welt kennen. Alle Befragten kamen also schon als Kinder weit über die Stadt und Region Göttingen hinaus, allerdings, von Jürgen Diederichs abgesehen, nicht über die Grenzen Deutschlands.

Die Stadt ist nicht nur das Ensemble von Häusern, Straßen, Gewerbegebieten, Parks, von dem die Kinder sich Teile aneignen. Sie ist zugleich ein komplexes soziales Gefüge, in dem die Kinder lernen müssen, sich zu orientieren. Diese Orientierung reicht weit über die Verinnerlichung der sogenannten »Goldenen Straßenregeln« hinaus, die das Verhalten im öffentlichen Raum regulieren.[13] Die Kinder müssen sich auch das soziale Koordinatensystem der Stadt aneignen. Es ermöglicht ihnen, sich sozial zu orientieren, und entscheidet über die Freundschaften mit, die geschlossen, intensiviert oder aber beendet werden. Die soziale Wertigkeit der verschiedenen Quartiere und Straßenzüge, auch in ihrer unmittelbaren Umgebung, war den Kindern früh geläufig. Für sie existierte gleichsam eine soziale Landkarte der Stadt, auf der sie den sozialen Status ihrer Familie ablesen konnten, aber auch, welche Gebiete erlaubtes Terrain waren und welche sie tunlichst meiden sollten, weil die Eltern ihnen das explizit nahegelegt hatten, teils, weil es ihnen implizit aus den Gesprächen der Erwachsenen vermittelt wurde. In den Interviews tauchten immer wieder dieselben Straßenzüge auf, von denen sich die meisten fernhielten: Das waren neben der Oberen Masch in Bahnhofsnähe vor allem das Ebertal und der Masch-

---

13 Vgl. zu den Straßenregeln Zinnecker, *Stadtkids*, S. 123ff.

mühlenweg. Beide Quartiere waren mit Behelfswohnungen bebaut, in denen überwiegend Angehörige der sozialen Unterschicht lebten – die Bevölkerungsgruppe mit maximaler sozialer und kultureller, teilweise auch politischer Distanz zum gehobenen Bürgertum. Für Marie Ohlendorf waren beide Gebiete »verrufene Gegenden«, in die sie gar nicht kam (8761). Gisela Apel bezeichnete den Maschmühlenweg als »anrüchig« (5867). Auch Karl-Heinz Jung wuchs in der Gewissheit auf, dass er »keine gute Gegend« sei, wozu neben den Reden der Eltern wohl auch sein Kontakt mit den dort wohnenden Kindern beigetragen haben mag, mit denen er in der Volksschule in eine Klasse ging (3251).

Bei der Siedlung Ebertal[14] kam hinzu, dass dort offenbar etliche politisch links stehende Personen wohnten. Zwei Befragte bezeichneten das Ebertal als »Kommunistensiedlung« (Reinecke, 1027) oder als »Bollwerk des Kommunismus« (Opitz, 57). Schon allein dieser »Ruf« dürfte dazu beigetragen haben, dass viele bürgerliche Eltern ihre Kindern davon abhielten, dieses Gebiet zu erkunden. Drei Interviewpartner sind jedoch dort häufiger gewesen. Sie wohnten in der Nähe und gingen mit Kindern aus dem Ebertal in dieselbe Klasse der Volksschule. Dabei entstanden auch Freundschaften. Peter Köhler war, seinem Bekunden nach, mit einigen Jungen aus dem Ebertal »dick befreundet« (229), besuchte sie auch in ihren Wohnungen und brachte sie mit nach Hause. Anderen dort wohnenden Kindern, deren Umgangsformen »rauer« waren, ging er jedoch lieber aus dem Weg (Köhler, 2677). Es entspricht dem größeren Radius, der Jungen seitens der Eltern zugestanden wurde, dass nur Männer von solchen Besuchen erzählten. Als einzige Frau erinnerte sich Charlotte Reichert an Kontakte mit Mädchen aus dem Ebertal, mit denen sie einen Teil des Schulwegs gemeinsam hatte. Gelegentlich nahm sie sie mit ins Haus:

> »Und meine Mutter in der Küche schlug die Hände über'n Kopf zusammen. Zweie, dreie hatte ich dann im Schlepptau. Und dann setzte sie die um 'n Küchentisch [lacht] – also bei uns in die Gesellschaftsräume kamen die nicht rein [lacht] – oder in den Garten, auf die Terrasse und so. ›Oh! Musst mal gucken!‹ Und denen gingen die Augen über […].« (Reichert, 2379–2386)

In ihren Worten ist die soziale Distanz ebenso unüberhörbar wie der Stolz auf ihr luxuriöses Elternhaus. Charlotte Reichert hat offenbar selbst das Ebertal nie betreten. Man könnte daraus schließen, dass für Mädchen bestimmte Gebiete der Stadt hermetischer verschlossen waren als für Jungen.

---

14 Vgl. dazu Paine, »Die Siedlung Ebertal«, S. 180–216.

Das stimmt nur zum Teil. Einerseits gehörten die Befragten, die engere Kontakte mit den »Ebertälern« hatten, zu jenen, die auch den Wald eroberten, also insgesamt sehr unternehmungslustig waren. Sie waren keine »Stubenhocker«. Zudem stammten sie aus liberalen Elternhäusern – liberal jedenfalls in Bezug auf das Distinktionsverhalten. Für die meisten Jungen galt aber ebenso wie für die Mädchen, dass sie die elterlichen Maßstäbe nicht hinterfragten und Gegenden mieden, von denen ihnen gesagt worden war, es handele sich um problematische Straßen oder Viertel. In Rudolf Linkes Worten wird das sehr deutlich:

»[…] also die Obere Masch habe ich vielleicht in meinem Leben, also ich weiß nicht wie oft, ob überhaupt so, ob ich die betreten habe. Die Straße genoss auch keinen guten Ruf. Meine Eltern hätten uns in die Gegend nicht so gerne gehen lassen. Ne, ne. Also ich meine aufgeschnappt zu haben, dass in der Straße auch'n Bordell gewesen wäre, nich. Aber ich kann's nich festmachen. Jedenfalls das war war nicht die Gegend, in der meine Eltern uns gerne sahen.« (Linke, 2313–2324)[15]

Und auch Rolf Pieper fasste seine soziale Landkarte der Stadt in die Worte:

»[…] wobei ich also auch einräumen muss, es gab bestimmte Bereiche, die hab ich eigentlich nie betreten, nicht? Die habe ich, da, da ging man nicht hin, nich. Also die Innenstadt war ja doch auch nur für uns so, na ja, Kurze Geismar, Lange Geismar, das war nun das Gebiet unseres Fähnleins, klar, automatisch schon Weender Straße, aber puh also so an der Masch, Obere Masch, so in der Bahnhofsgegend oder so eigentlich nie richtig, erst nach 'm Krieg dann, ne. Aber so, da kam man eigentlich nie hin. Übers Groner Tor ging das eigentlich bei uns nicht so, so hinaus, und so dass [es] also auch da wirklich blinde Flecken gab, weil man doch eben auf bestimmte Wege und auf bestimmte Gebiete fixiert war, […].« (Pieper, 5255–5268)

Aus beiden Äußerungen lässt sich deutlich entnehmen, dass die in der Literatur vertretene Vorstellung, vor den 1960er Jahren hätte sich der kindliche Raum mit zunehmendem Alter in »konzentrisch immer größer werdenden Kreisen« erweitert, tatsächlich nur eine idealtypische Konstruktion ist.[16] Nicht nur die tabuisierten Gebiete grenzten den möglichen Raum ein. Die Kinder selbst bahnten sich, wie aus der Erzählung Rolf Piepers ersichtlich, regelrecht Schneisen in die Stadt.

---

15 In der Oberen Masch hat sich kein Bordell befunden. Allerdings war die benachbarte Straße Untere Masch im Zweiten Weltkrieg als Standort für ein Bordell im Gespräch. Auf die damit zusammenhängende intensive öffentliche Debatte bezieht sich vermutlich Rudolf Linkes Erinnerung. Vgl. Reiter, »Auseinandersetzungen«, S. 167–176.
16 Vgl. Löw, *Raumsoziologie*, S. 265.

Freundschaften

Kinder spielen zwar auch allein, aber ebenfalls mit anderen zusammen. Wie wählten sie ihre Freundinnen und Freunde aus, welchen Regeln unterlagen die Kinderfreundschaften? Erstaunlicherweise wurden Geschwister als Spielgefährten nur von wenigen genannt. Das gilt selbst dann, wenn man die Einzelkinder und jene Fälle nicht berücksichtigt, in denen der oder die Befragte nur erheblich ältere Geschwister hatte wie Fritz Naue und Christa Fröhlich. Geschwister spielten manchmal in den Ferien oder an Sonntagen eine größere Rolle, aber generell orientierten sich die Kinder, auch jene, die sich gut allein beschäftigen konnten, stark nach außen. Das begann für etliche der Befragten schon mit dem Kindergarten, den erstaunlich viele besuchten.[17] Dort schlossen die Kinder erste Freundschaften, wie Christa Fröhlich erzählte (1025). Dora Markwart kam zusammen mit mehreren Kindern aus dem Kindergarten in die erste Klasse der Volksschule, was ihr die Umstellung auf die Schule sicher erleichtert hat (4060). Außerdem spielten die Kinder mit denen aus der unmittelbaren Nachbarschaft. Das setzte sich im Grundschulalter fort. Sofern die Kinder in eine Klasse gingen, konnte sich daraus eine stabile Beziehung entwickeln, die durch den gemeinsamen Schulweg befördert wurde. Die Grundschulkinder spielten nicht nur, aber teilweise noch mit Kindern aus anderen sozialen Milieus, mit denen sie entweder nahe zusammen wohnten oder die Schulbank drückten. Dies galt, wie gezeigt

---

17 Teilweise handelte es sich um von einer Kirchengemeinde unterhaltene, teilweise auch um private Einrichtungen. Es liegt nahe, zu vermuten, dass der Kindergartenbesuch eine Reaktion auf die in den bürgerlichen Familien inzwischen geringe Kinderzahl gewesen ist. Vermutlich galt er aber auch in aufgeschlossenen bürgerlichen Kreisen als »modern« bzw. »fortschrittlich«. Dieses Motiv klang jedenfalls bei Karl-Heinz Jung an, als er sagte: »Und mir fällt grade ein, als ich in nen Kindergarten ging. Das war zunächst mal in der Nohlschule, nach dem Professor Nohl […] Und der hatte inner Wagnerstraße, also früher Grüner Weg, da war die Nohlschule mit seinen besonderen pädagogischen Prinzipien. Und in diesem Kindergarten war ich.« (Jung, 3271–3280) (Der Kindergarten befand sich ebenso wie das Pädagogische Seminar der Universität ab 1931 in der Wagnerstraße. Er sowie eine Schulklasse werden erwähnt in: Blochmann, *Herman Nohl,* S. 136, auch S. 113. Den Hinweis verdanke ich Hans-Georg Herrlitz.) Auch Ursula Zimmermann sprach davon, sie und ihre Schwester seien »natürlich« im Kindergarten gewesen. Sie fügte hinzu: »Also ich war mindestens zwei, wenn nicht drei Jahre im Kindergarten. Da ging ich aber so gerne hin, dass ich später, wenn die Schule aus war um elf, dann ging ich immer noch in 'nen Kindergarten und machte da meine Schulaufgaben [lacht]. Ja.« (Zimmermann, 1679–1683) Es könnte derselbe gewesen sein, den Karl-Heinz Jung besuchte. Das ist aber nicht sicher.

worden ist, vor allem für die Jungen. Aber auch Mädchen vertrieben sich die Zeit mit Kindern aus dem kleinbürgerlichen Milieu oder der Arbeiterschaft, falls die Nachbarschaft sozial gemischt war. Manche Kinder wurden allerdings schon früh von ihren Eltern dazu angehalten, sich ihre Spielgefährten im »passenden« Umfeld zu suchen. Rolf Pieper und seine Geschwister mussten in ihren jungen Jahren mit den Kindern der Kollegen des Vaters, eines Hochschullehrers, spielen (6093). Auch wenn aus diesen »Zwangs-Verbindungen« keine »großen, langen Freundschaften« entstanden sind, lernte Rolf Pieper seine Lektion. Er betonte im Interview durchgängig die Bedeutung der sozialen Nähe für intensivere Freundschaften. Mit dem Sohn eines Feinmechanikers aus der Nachbarschaft hätte ihn keine enge Freundschaft verbunden, auch wenn sie gelegentlich mal zusammen gespielt hätten. Er fügte hinzu:

»[…] in den Augenblick, wo wo man dann, spätestens also ab, in der in der Volksschule oder in der Grundschule, will ich mal sagen, war ja sowieso klar, dass man sich nur an die hielt, die aus der gleichen Schicht stammen.« (Pieper, 5468–5472)

Etwas später präzisierte er:

»[…] aber ansonsten suchte man sich natürlich doch seine Freunde, und gerade ich, der ich da doch ein bisschen Ansprüche stellte, unter solchen, die etwa ähnliche Interessen, die interessant waren, nicht? Wo man also auch geistige Anregungen empfing, wie auch immer.« (Pieper, 5496–5502)

Wie aus vielen Beispielen hervorgeht, sortierten sich die Kinder im Allgemeinen selbst schon sehr früh entsprechend der sozialen Nähe und Interessen. Oft war das, wie aus der Äußerung Rolf Piepers hervorgeht, bereits in der Grundschule der Fall. Spätestens mit dem Wechsel auf die sozial homogenen weiterführenden Schulen, den alle Göttinger Befragten vollzogen, beschränkten sich die Kinderfreundschaften dann weitgehend auf das eigene soziale Milieu. Das gilt für Mädchen wie für Jungen gleichermaßen. Heinz Zöllners Freunde waren Söhne eines Professors, eines Studienrats und eines Anwalts (500). Bodo Heise betonte zwar, das »Niveau der Beschäftigung der Eltern« sei für die Freundschaftsbindungen nicht ausschlaggebend gewesen, nannte dann aber als seine Freunde den Sohn des Schulrektors und eines Professors (6170). Damit waren Heinz Zöllner und Bodo Heise keine Ausnahmen. Anders sahen die Freundschaftsbeziehungen lediglich bei denjenigen Kindern aus, die in einem Dorf vor den Toren der Stadt wohnten und aufgrund der Entfernungen nachmittags auf die alten Spielgefährten angewiesen waren.

Nur zwei Kindern wurden bei der Auswahl ihrer Freunde und Freundinnen explizit Vorschriften gemacht. Es wurde schon erwähnt, dass Dora Markwart nicht in der übel beleumdeten Straße spielen durfte, in der ihr Elternhaus stand. Dieses Verbot schloss die dort lebenden Kinder ein. Hier war die soziale Distanz ersichtlich so groß, dass sie auch im kindlichen Spiel nicht überwunden werden konnte oder durfte. Gisela Apels Eltern untersagten ihr, weiterhin mit einem Nachbarsjungen zu spielen, als dessen Vater eine Gefängnisstrafe antreten musste (4192). Es kam aber insgesamt selten vor, dass die Eltern den Umgang mit Kindern aus anderen Milieus verboten. Bodo Heises Eltern unterbanden selbst dann nicht die Kontakte zu einem Freund, als dieser bei ihnen einen Wecker gestohlen hatte. Als Bodo Heise später im Interview über seine Freunde sprach fügte er allerdings hinzu: »Der Kontakt mit dem, der den Wecker hat mitgehn lassen, war nich so sehr [lacht] ausgeprägt und intensiv.« (6193–6196) Einige sehr liberale Eltern tolerierten, wie erwähnt, die Beziehungen zu Kindern aus dem Ebertal.

In jungen Jahren geschlossene Freundschaften hatten große Chancen anzudauern, solange die Kinder zusammen zur Schule gingen. Es findet sich in den Interviews kein Beispiel einer Freundschaft, die die Trennung nach der vierten Klasse der Volksschule überlebt hätte, hingegen etliche, bei denen die Kinder den Schulwechsel gemeinsam machten und dadurch enge Freunde und Freundinnen geblieben sind. Ursula Zimmermann nannte zwei Freundinnen, mit denen sie schon in der Volksschule zusammen gewesen sei (601); mit ihrer besten Freundin teilte sie die gesamte Schulzeit, den Reichsarbeitsdienst, Lageraufenthalte und die Studienorte. 17 Jahre hätten sie zusammen verbracht (Zimmermann, 2318). Auch die enge Freundschaft von Peter Köhler und Dieter Reinecke beruhte nicht nur darauf, dass sie Nachbarskinder waren, sondern weil sie seit dem Alter von acht Jahren in eine Klasse gegangen sind. Peter Köhler wechselte nach der Volksschule nur deshalb nicht auf das Gymnasium, sondern auf die Oberrealschule (später: Oberschule für Jungen), weil er dadurch mit seinen in der Nachbarschaft wohnenden Freunden zusammenbleiben konnte (1553). Die gleiche Motivation fand sich bei Christa Fröhlich, die wegen ihrer Freundinnen auf die Oberschule statt auf die von den Eltern zunächst gewünschte Mittelschule ging.

In der Oberschule fanden sich die Mädchen oft in Cliquen zu viert bis sechst zusammen. Andere bevorzugten Zweier- oder Dreier-Freundschaften. Diese Struktur erschwerte es neu hinzukommenden Schülerinnen, in der Klasse Fuß zu fassen; sie waren zunächst Außenseiterinnen und freundeten sich erst einmal untereinander an, wie das Elke Engelmann beschrieb:

»[...] in unserer Klasse war zwar sehr ne Grüppchenwirtschaft. Also die Akademikerkinder vom Hainberg hielten zusammen. Das waren Professorentöchter und ne Arzttochter und so noch so einige. Und dann gab es Kinder aus der Stadt von den Geschäftsleuten, die kannten sich auch. Und dann gab's nen paar Fahrschülerinnen, die sich manchmal mit denen auf dem Schulweg schon trafen und dann gab's so'n paar Außenseiterinnen. Das war eine, Monika Albrecht, hieß sie, die war auch neu in die Klasse gekommen. Mit der hab ich mich zuerst angefreundet. Und dann Sibylle Horn, das ist heute noch ne sehr gute Freundin von mir. Die war auch neu.« (Engelmann, 393–407)

Später fand sie dann Zugang zu bestehenden Freundinnengruppen. Wie aus Elke Engelmanns Äußerung hervorgeht, lagen den Cliquenbildungen nahes Wohnen und ein dadurch zumindest partiell gemeinsamer Schulweg zugrunde. Marie Ohlendorf aus dem Goldgraben gehörte zu einer Gruppe, deren Elternhäuser im Umkreis von 200 bis 300 Metern standen. Auch Elke Engelmanns spätere Freundinnen wohnten entlang ihres Schulwegs. Nähe allein reichte allerdings als Voraussetzung für eine Freundschaft im späteren Kindesalter nicht mehr aus. Einem im Nachbarhaus wohnenden Mädchen aus ihrer Klasse kam Elke Engelmann nicht nahe, weil die beiden Mädchen völlig unterschiedliche Interessen hatten.

Eine der Mädchengruppen, die sehr eng zusammenhielt, hatte sich sogar einen Namen gegeben. Alle Mädchen trugen die gleiche Brosche. Außerdem imitierten die Kinder das Kaffeekränzchen der Mütter, wie aus Ursula Zimmermanns Schilderung ersichtlich ist. Auf die Frage, was die circa zehn- bis 13-jährigen Mädchen im »Kränzchen« miteinander gemacht hätten, antwortete sie:

»Ja, da haben wa eben auch gehandarbeitet, uns gegenseitig vorgelesen, gespielt. Erstmal wurde Kaffee getrunken. Ich weiß, also da krichte man von der Mutter, glaube ich, zwei Mark oder was, und dann durfte man Hefeteile holen. Da kostete ja 'ne Schnecke fünf Pfennig und so, nech. Das wurde dann erst mal verzehrt, na ja, und dann haben wir eben auch Brettspiele gespielt, so Halma und ›Mensch ärgere dich nicht‹ und all so diese Sachen, die damals so üblich warn. Es waren ja auch nicht immer alle da, nech, bei fünfen da fehlte ja auch immer mal eine.[P] Ja, das, dann wurde erzählt über die Schule und [P] ja, Gott, [P] die Zeit ging immer sehr schnell rum. Und dann musste man ja immer pünktlich wieder zu Hause sein.« (Zimmermann, 2954–2967)

Gisela Apel gehörte keiner Clique an. Stattdessen war sie eng mit Susanne befreundet, mit der sie in eine Klasse ging und ein langes Stück ihres Schulwegs teilte. Beide Mädchen waren, Gisela Apels Erzählung zufolge, sehr unterschiedliche Typen, verstanden sich aber hervorragend und spielten viel zusammen. Auf die Frage, ob sie nicht auch zu mehreren gespielt hätten, antwortete sie:

»Wir waren oft zu dritt. Mit Wilma. Aber sagen wir mal so: oft nicht. Wilma hatte den kürzesten Weg und wenn wir nach Hause gingen, haben wir uns erst von Wilma verabschiedet. Dann fünf Minuten später ich mich von Susanne. Und dann ging ich noch zehn Minuten nach Hause. Wir waren eigentlich, wir [beide] waren uns so genug, dass wir nicht in Gruppen spielten.« (Apel, 4215–4223)

Beide Mädchen waren sich so nahe, dass sie auch bei der jeweils anderen mal übernachteten – ein Verhalten, das den Interviews zufolge offenbar sehr selten war und sonst nur im Zusammenhang mit Besuchen bei außerhalb Göttingens wohnenden Freundinnen erinnert wurde. Auch andere Frauen erzählten von engen oder »Busen«-Freundinnen aus der Schulzeit. Bei einigen war das, wie bei Gisela Apel und Susanne, eine über viele Jahre andauernde intensive Beziehung, bei anderen wechselten die engen Freundinnen entsprechend der eigenen Entwicklung und den sich damit verändernden Interessen. Für Lisa Bornemann, Elke Engelmann und Rosa Conrad, die alle miteinander befreundet waren, war mal die eine, mal die andere die enge Freundin.

Ähnlich wie die Mädchen spielten auch die Jungen oft in Freundesgruppen, deren Zusammensetzung durch Nachbarschaft und Schule geprägt gewesen ist. Entsprechend gab es bei den Jungen, die in sozial homogener Nachbarschaft lebten, nur während der Volksschulzeit Freundschaften mit Kindern aus anderen sozialen Milieus, Kontakte, die dann mit dem Wechsel auf die Oberschule aufhörten. Ebenso wie die Mädchen verabredeten sich die Jungen meist schon in der Schule für den Nachmittag. Erich Ilsemann, der eine andere Schule besuchte als sein Freund und sich deshalb nicht mit ihm verabreden konnte, ging einfach bei dessen Elternhaus vorbei:

»Wenn ich denn meine Schulaufgaben gemacht hatte, dann habe ich immer meiner Mutter, mein Vater war ja im Dienst oder sonst irgendwo, und habe ich gesagt: ›Ich geh' zu Peter‹. Nech und die wusste dann, wo ich war. Und das war ja denn hier oben. Und da habe ich [P] eigentlich [PPP] ja, ich muss fast sagen, auch wenn ich jetzt, wenn es, auch wenn es 'n bisschen übertrieben war, ich war eigentlich so da, also fast wie der Sohn des Hauses noch. [P] Und ich musste also nich klingeln, sondern ich wusste, wo man auch von hinten rum rein kam. Dann klopfte ich denn an am Wohnzimmer, fragte denn: ›Ist er da?‹ ›Ja, ist oben, geh' man rauf‹, nech.« (Ilsemann, 868–881)

Ähnlich wie die Mädchen hatten zwar nicht alle, aber einige Jungen einen »besten Freund« zu dem sie sich besonders hingezogen fühlten und mit dem sie viel unternahmen. Eine derartig enge Beziehung konnte sich durchaus im Rahmen einer größeren Gruppe abspielen wie bei Peter Köhler und Dieter Reinecke.

Ebenso wenig wie die Mädchen spielten alle Jungen in Gruppen. So sagte Erich Ilsemann: »Und ich legte Wert darauf, ein oder zwei, das reichte mir, mehr brauchte ich auch nich.« (884f.) Karl-Heinz Jung hingegen war von früher Kindheit an ein Einzelgänger:

»[…] ich freute mich immer, wenn ich die [Freunde] denn da sah oder [P] Aber [PP] ja, sonst war ich viel allein. Ich freute mich, wenn ich allein sein konnte, da ich – da ich weiß-ich weiß nich, das-das verschönte alles son bisschen.« (Jung, 3465–3470)

Die Kindergruppen, in denen sich die bürgerlichen Kinder spätestens nach dem Wechsel auf die weiterführenden Schulen bewegten, sind nicht identisch mit denen, die Straßenkindheit charakterisieren. Jene sind alters- und geschlechtsgemischte Gruppen von Kindern, die sich spontan aus den auf der Straße spielenden Nachbarskindern rekrutieren. Hier handelte es sich hingegen um Gruppen gleichaltriger Kinder desselben Geschlechts, die sich gezielt verabredeten und zwar nahe beieinander wohnten, aber oft nicht Nachbarskinder waren. Zentrale Kriterien, die diesen Freundschaften und Gruppenbildungen zugrunde lagen, waren soziale und räumliche Nähe oder ein gemeinsamer Schulweg. In der mittleren und späteren Kindheit dominierten ganz überwiegend die Freundschaften mit gleichgeschlechtlichen Kindern. Wenn von den Frauen mal Jungen erwähnt wurden (meist auf Nachfrage), dann handelte es sich um Brüder (eigene oder die von Freundinnen). Die Abwehrhaltungen gegenüber Jungen waren aber nicht sehr stark ausgeprägt. Nur Lisa Bornemann, in deren Straße vier Jungen ihres Alters wohnten, erzählte:

»[…] ich glaube anfänglich, als ich nach Göttingen kam, da haben wa sogar noch mal zusammen gespielt auf der Straße so Völkerball oder da gab's 'nen Spiel, wo man weit werfen musste, und so weit, wie man mit 'm Ball kam, da war man dann, Treibball nannte 's sich, Treibball, das haben wir noch zusammen auf der Straße gespielt. Aber das hörte auf. Und dann guckte man sich sehr, ›Och das sind ja Jungen! Kann man nichts mit anfangen!‹ so ungefähr, nech, also diese vorpubertären…

Weiß auch nicht, [P] eigentlich auf Abstand. Das war, ja, da war nichts Verbindendes. Und, und hinterher auch nicht unbedingt.« (Bornemann, 9364–9376)

Stärker als das in den meisten Interviews mit Frauen zum Ausdruck kam, war Gleichgeschlechtlichkeit für die Jungen ein zentrales Kriterium für Freundschaften. Einige Befragte erzählten zwar, gelegentlich und dann auch nur bestimmte Spiele zusammen mit Mädchen gespielt zu haben. Besonders als älterer Junge habe man Mädchen aber blöd gefunden. Erst in der Tanzstundenzeit hätte man sich wieder angenähert (Heise, 6826). Heftige Abwehr allein gegen den Gedanken, mit Mädchen gespielt zu haben, produzierte Peter Köhler:

»Nee. Nee, nee, um Gottes Willen! Mädchen hätten uns also, das wäre für uns also unvorstellbar gewesen – in diesen Gruppen. Wir haben schon in den Ferien, wenn Cousinen häufig bei uns waren oder Verwandte, die ihre Sommerferien häufig bei uns zu Hause [...] verbrachten, da waren natürlich auch Cousinen da, und einige von den Cousinen waren also richtige Rauhbeine, kräftige, mit denen konnte man auch was anfangen. Aber sonst im Allgemeinen bei uns in der Nachbarschaft, aber wir haben ja Schwestern, die haben ja auch nicht mit, mit uns gespielt, dass, die passten da nicht zwischen.« (Köhler, 2215–2226)

Selbst mit seinen Schwestern hatte er wenig zu tun. Wie aus seiner Bemerkung hervorgeht, waren für Jungen seines Schlages offenbar die gut erzogenen und behüteten bürgerlichen Mädchen zu zimperlich oder empfindlich.

Spiele und Spielzeug

Entsprechend den finanziellen Möglichkeiten der Eltern waren die Kinder mehr oder weniger üppig mit Spielsachen und anderen Gegenständen ausgestattet, mit denen sie sich beschäftigten. Mehrere Befragte betonten, sie hätten nicht viel gebraucht und sich auch einiges Spielzeug selbst gebastelt.

In allen Familien waren Brett- und Kartenspiele vorhanden, auch viele Bücher, einschließlich der üblichen Kinderbücher. Obwohl nicht alle Frauen als Kinder viel mit Puppen gespielt haben, besaßen sie durchgängig Puppen sowie das entsprechende Zubehör wie Kleidung, Puppenwagen, Puppenstube. Charlotte Reichert war damit besonders üppig ausgestattet und erzählte davon voller Stolz:

»Ich hatte ein wunderbares Kinderzimmer, und ich bekam zu Weihnachten Puppen, erst die eine, dann die geerbte von den Schwestern. Mit der fing ich, glaube ich an, und dann hatte ich natürlich in so 'm Puppengeschäft dann eine gesehen und [die] war meine ganze Wonne, und dann kam die dazu und so baute ich mir eine Familie auf. Noch mit Zelluloid-Puppen gab es damals, noch eine, und dann noch eine, also ich hatte vier Kinder. Eine große mit Zöpfen, zwei mit Zöpfen und zwei Babys sozusagen. Und die wurden angezogen und ausgezogen, und damit hab ich auch ganz alleine gespielt. Ich hatte viel Phantasie und hatte meine Puppenecke, jedes hatte 'n Bettchen, Wägelchen und so, und 'n kleinen Kinderpuppenschrank, und ich hatte auch 'n Kaufmannsladen, also ich hatte natürlich alles, was so 'n Kind haben konnte, nech [lacht] und 'ne wunderbare Puppenstube von meinen Geschwistern geerbt, konnte ich auch schön alleine mit spielen, [...].« (Reichert, 5986–6006)

Ausschneidebögen mit Anziehpuppen wurden ebenso wie ein Kochherd ausschließlich von Frauen genannt. Nur sie sind auf der Straße offenbar Rollschuh gelaufen. Kein einziger männlicher Befragter hat das erzählt. Jungen hatten hingegen oft eine Eisenbahn, sei es aus Holz oder Metall, zum Aufziehen oder sogar eine elektrische, von der viele träumten, die aber nur für wenige Eltern erschwinglich war. Sie besaßen Stein- und Märklin-Baukästen. Etliche hatten Zinnsoldaten oder die billigere Variante aus Plastilin. Auch männliche Befragte erwähnten Ausschneidebögen, allerdings nicht mit Puppen, sondern anderer Thematik. Damit konnten sie Landschaften, Orte oder Ritterburgen basteln. In der Zeit kamen auch Modellautos auf den Markt, die heiß begehrt waren. Ruderrenner oder »Holländer« waren Geräte, mit denen jüngere Knaben draußen spielten. In der späteren Kindheit bauten sie sich selbst Seifenkisten (Köhler, 1467; Reinecke, 1799). Obwohl ein Bauernhof nur von einem Mann erwähnt wurde, lässt sich vermuten, dass damit Mädchen wie Jungen spielten. Insgesamt gab es mehr Spielsachen, die von beiden Geschlechtern benutzt wurden als dezidiert geschlechtsspezifische. Das galt für Holzbaukästen ebenso wie für Ausschneidebögen, für Reifen, Kreisel und Kasperletheater. Die Grenzen lassen sich nicht immer scharf ziehen. In den Familien wurde das gleiche Spielzeug mal den Söhnen, mal den Töchtern zugeordnet. In der Familie Markwart war der Kaufmannsladen ein Spielzeug der beiden Töchter (der Sohn besaß eine Eisenbahn). In der Familie Heise hingegen war der Kaufmannsladen ein Jungenspielzeug, mit dem die beiden Söhne, auch unter Einbeziehung der Nachbarstöchter, gerne spielten (6260f.). An diesem Beispiel zeigt sich, dass die Geschlechtsspezifik des Spielzeugs eine Frage der Definition sein konnte. Entscheidend ist allerdings, dass diese Klassifizierung überhaupt vorgenommen wurde. Familienintern wurden die Grenzen teilweise flexibel gehandhabt. Frauen wie Männer erzählten, sie hätten auch mit dem Spielzeug der Brüder oder Schwestern gespielt.

Sportgeräte wie Fahrrad, Roller, Schlitten, Skier oder Bälle waren in vielen Familien unabhängig vom Geschlecht der Kinder vorhanden. Die recht gute finanzielle Situation der Familien zeigt sich nicht nur in der insgesamt großzügigen Ausstattung der Kinder mit Spielzeug, sondern auch der Tatsache, dass alle ein Fahrrad hatten, das meist ganz beiläufig im Interview erwähnt wurde. Allerdings steuerten Großeltern oder andere Verwandte gelegentlich oder auch regelmäßig mit Geschenken dazu bei. Gisela Apels Tante hatte ihr und ihrer Schwester eine Laterna Magica geschenkt, die nicht nur im Kreis der Familie, sondern auch der Freundinnen vorgeführt und bewundert wurde (200). Von Karl-Heinz Jung abgesehen, der eine als Hitlerjunge Quex kostümierte kleine »Plüschpuppe« besaß, die er liebte (3732), erwähnte niemand spezifisch nationalsozialistisches oder mit den NS-Emblemen ausgestattetes Spielzeug. Das gab es vermutlich auch in den bürgerlichen Familien, wurde von den Kindern vermutlich aber nicht besonders wahrgenommen und erinnert.

Abb. 4: Kriegsspiele
(Quelle: Städtisches Museum Göttingen)

Neben dem Spiel mit Puppen zählte das Handarbeiten zu den ausgesprochen weiblichen Beschäftigungen, in dem sich bereits die kleinen Mädchen übten. Als einziger Mann besaß Bodo Heise in seiner Kindheit einen Webrahmen. Außerdem stickte er, allerdings technische Motive (8860). »Fischlein im Dunkeln« nannten mehrere Frauen als Spiel, das sie nicht nur an den Geburtstagen, sondern auch sonst mit den Freundinnen im Haus gespielt hätten. Kein einziger männlicher Befragter hat es erwähnt.

Außerhalb des Hauses spielten die Mädchen Ballprobe, Hinkelkasten und »Lange Büchse«, ein Versteckspiel, sie sprangen mit dem Seil, spielten Völkerball und Treibball. Jungen spielten gerne Soldat, im Haus mit Zinnsoldaten oder preiswerteren Figuren. Die meisten Eltern sahen das Kriegspielen offenbar als adäquate Beschäftigung an. Sie halfen den Kindern bei der Reparatur zerbrochener Figuren oder schufen perfekte Bedingungen für die Inszenierung großer Schlachten, wie Dieter Reinecke von einem Freund erzählte:

»[...] dessen Vater war Obersturm, aktiver Offizier im 1. Krieg oder vorm 1. Krieg, und nachher war er also immer noch Soldate. War auch immer noch sehr zackig und alles, alter Stahlhelmer und der hatte seinem Jungen im Haus einen großen Sandkasten aufgebaut. 'N großes Ding war das. Da formten wir dann die Landschaften und bauten alles auf und bauten dann auch unsere Zinnsoldaten auf und spielten darin Angriff und Verteidigung [lacht].« (Reinecke, 1826–1835)

Diejenigen Jungen, die sich auch gern im Freien aufhielten, spielten dort ebenfalls »Soldaten« oder kämpften Schlachten mit Jungen aus benachbarten, aber »verfeindeten« Straßen (Ilsemann, 2495). Wenn Jürgen Diederichs die Kämpfe zwischen den Jungen aus dem feinen bürgerlichen Ostviertel und dem proletarischen Ebertal beschreibt, entsteht der Eindruck, dass die Kinder die klassenkämpferischen Auseinandersetzungen der Erwachsenen auf einer anderen Ebene aufnahmen (87). Die Jungen spielten im Freien noch weitere Geländespiele und durchstreiften, wie beschrieben, die Parkanlagen und den Wald, trieben sich außerdem gern auf den Baustellen der näheren Umgebung herum. Einige spielten Fußball auf der Spielwiese. Fußball gehörte zu den stark männlich konnotierten Spielen. Erstaunlicherweise erzählte Ursula Zimmermann, sie und ihre Schwester hätten dabei mitgespielt, allerdings im elterlichen Garten. Die Position des Stürmers sei ihnen aber versagt geblieben, die hätten die Jungen immer für sich in Anspruch genommen (Zimmermann, 1811).

Auswirkungen des Nationalsozialismus

Angesichts dieser Ergebnisse hat es den Anschein, als habe sich bei der Aneignung des Raums, den Kinderfreundschaften und dem Spiel durch den Nationalsozialismus wenig verändert. Bürgerliche Kindheit war bereits vor 1933 stark verhäuslicht. Das zeigen alle einschlägigen Untersuchungen. Auch das geschlechtsspezifische Verhältnis zur räumlichen Umgebung und die Bevorzugung des eigenen Geschlechts bei der Wahl von Freunden und Freundinnen ist keine Besonderheit des Untersuchungszeitraums. Dass dabei die im Nationalsozialismus mehr als in der Zeit zuvor betonten Unterschiede zwischen den Geschlechtern verstärkend gewirkt haben, lässt sich anhand des Interviewmaterials nicht nachweisen. Auch die soziale Nähe ist trotz der vom Nationalsozialismus gepflegten intensiven Volksgemeinschaftsrhetorik durchgängig als Kriterium für Freundschaftswahlen erhalten geblieben. Nachdem er im Interview erwähnt hatte, dass seine Beziehungen zu den Kindern aus dem Ebertal mit dem Wechsel zur höheren Schule aufgehört hätten, fügte Dieter Reinecke hinzu, sie seien aber im Jungvolk wieder zusammen gewesen, in dem ja keine sozialen Unterschiede gemacht worden wären (1008). Aus der sozialen Herkunft seiner Freunde (»Rechtsanwalt, Jugendrichter, Witwe, Professor, noch'n Rechtsanwalt«, Reinecke, 3402f.) wird jedoch ersichtlich, dass auch das Jungvolk die Distanz zwischen den sozialen Milieus kaum zu überbrücken vermochte.

Dennoch haben sich selbst in diesem durch starke Kontinuitäten geprägten Bereich des Kinderalltags einige Wandlungen vollzogen. Das betraf zunächst einmal die Veränderungen des öffentlichen Lebens und des öffentlichen Raumes, die nach 1933 erheblich gewesen sind und von den Kindern entsprechend der Lage des elterlichen Hauses oder der Wohnung unterschiedlich wahrgenommen wurden. Viele Kinder aus dem Ostviertel kamen selten in die Innenstadt, in der zweifellos die »neue Zeit« am deutlichsten präsent war. Normalerweise gingen sie nur in die Stadt, wenn sie dort etwas zu erledigen hatten, oder sie durchquerten sie auf dem Weg zu anderen Zielen. Die in der Innenstadt lebenden Kinder hingegen registrierten die Veränderungen des äußeren Erscheinungsbildes der Stadt und des Straßenlebens genauer, weil sie sie hautnah miterlebten. Ursula Zimmermann erinnerte sich, wie verändert die Stadt aussah, als sie nach längerer Abwesenheit zurückkam:

»Und plötzlich, als ich nach Hause kam, da hingen die Straßen alle voll mit diesen Hitlerfahnen, das heißt, also da hingen ja dann immer beide: die schwarz-weiß-rote

Fahne, die alte von der Republik und die und die neue; die hingen früher noch nebeneinander. Und das wurde erst später verboten; da hingen ja dann nur noch die die Hitlerfahnen.« (Zimmermann, 425–431)

Für Karl-Heinz Jung waren die Fahnen ein wichtiges Photomotiv (165). Er, der im Zentrum der Stadt wohnte, litt als älterer Junge dann unter dem Zwang, ständig die Vorgesetzten grüßen zu müssen:

»Wir mussten doch jeden jeden Leutnant grüßen auf der Straße, jeden Offizier, wir mussten jeden Vorgesetzten grüßen, nech wahr. Und zwar immer zuerst. Wenn der schon meinetwegen... Als Erstes krichte man ja als Jungschaftsführer ne rotweiße Kordel, nech wahr. Und ich hatte noch keine. Oder war nur Hordenführer, hatte nur hier aufm Arm, aufm rechten Arm dieses V-Zeichen. Da musste ich grüßen. Und wehe, drei Schritte vorher und zwei Schritte nachher. Beim Vorbeigehn. Und wehe nich, nech wahr, denn gab es Ärger, nech, also. Wurd ich angeschnauzt oder so.« (Jung, 4879–4892)

Er versuchte derartige Situationen zu vermeiden, indem er die Straßenseite wechselte oder ins Schaufenster guckte. Rolf Pieper registrierte den Bau neuer Kasernen und die wachsende Zahl der Soldaten:

»[…] was einen dann einfach beeindruckte, war, die Militarisierung, nech. Das war ganz deutlich zu spüren, dass ab '36, '37 ... Das fing bei Zigarettenbildern, die man sammelte, an, über das, was eben an Lesestoff plötzlich da war. Und natürlich in der Realität sah man ja, wie dann in Göttingen neue Kasernen gebaut wurden, wie plötzlich ein ganzes Husarenregiment dorthin verlegt wurde, wie plötzlich Artillerie dorthin kam, wie also die alte Infanterie ausgebaut wurde. Das war dann immer deutlicher ab 1937 zu spüren, dass man also eigentlich, dass man da eigentlich auf den Krieg schon vorbereitet wurde. Das hat man natürlich nicht gedacht, aber dass diese Wiederaufrüstung, wie man es also so, so schön nannte, dass das doch ein ganz beherrschender, beherrschender Punkt wurde, nich. '33 hab ich nur so mitbekommen eben dauernd die marschierenden SA-Kolonnen, nicht? Die marschierten dann rauf in den Hainberg, marschierten dann oben auf den Lohberg und machten dann ihre, ihre Exerzierübungen und kamen dann wieder singend zurück.« (Pieper, 709–730)[18]

Von den in der Innenstadt lebenden Kindern berichtete einzig Dora Markwart, sie hätte wenig von den geänderten politischen Verhältnissen mitbekommen. Sie hielt sich, wie erwähnt, wegen des elterlichen Verbots kaum

---

18 Dieses Zitat enthält deutlich Überschichtungen, die vor allem die Beschreibung der Aufrüstung in Göttingen betreffen. Ein damals zehnjähriger Junge dürfte sie wohl registriert, aber anders bewertet haben. Rolf Pieper bemerkte das offenbar selbst, denn er sagte explizit: »Das hat man natürlich nicht gedacht.« (721) Sie vermischen sich mit authentischen Erinnerungen von den marschierenden SA-Kolonnen.

auf der Straße auf, wurde aber offenbar auch durch die Eltern von der Politik ferngehalten. Sie, die praktisch mitten im Geschehen aufwuchs, versicherte, von den verschiedenen Pogromen in Göttingen (1933 und 1938) nichts mitbekommen zu haben. Sie und ihre Geschwister seien wie in einem »Kokon« aufgewachsen (Markwart, 2342).

Im »vornehmen« Ostviertel zeigten sich hingegen nur vereinzelt Spuren des neuen Regimes. Peter Köhler erinnerte sich, dass ein Anwohner des Hainholzwegs eine große Hakenkreuzfahne gehisst hatte, auf die sie als Schulbuben mit Erdklumpen zielten (77). Ansonsten waren es die von außerhalb in die Stadt kommenden Fahrschüler, die auf ihrem Schulweg die Neuigkeiten sahen oder erfuhren und sie denen im Ostviertel wohnenden und von den aufregenden politischen Ereignissen weitgehend unberührten Mitschülern nahebrachten.

»Die mussten also da ja durch die Stadt, und die raunten in der Pause einem zu: ›Mensch, in der Stadt da haben se die Schaufenster eingeschlagen bei den Juden‹ und das mussten wa also natürlich nach Schulschluss sehen. Da sind wir also heimlich – ich hab auch zu Hause dann nachher nichts davon gesagt – mit in die Stadt gegangen. Ich weiß nur noch, dass ich mich also wunderte, dass so viel normale Geschäfte auf der Groner Straße, dass die Juden gehört hatten, nech?« (Pieper, 766–774)

Für alle Kinder bedeutete der Eintritt in die Jugendorganisationen des Nationalsozialismus nicht nur eine Einengung ihrer freien Zeit, sondern zugleich eine Erweiterung ihres räumlichen Radius in der Stadt. Das galt in besonderem Maße für die Mädchen. Sie mussten auf der Schillerwiese antreten und Exerzieren üben, sie nahmen teil an Aufmärschen und Umzügen in der Innenstadt und erlagen dort teilweise der Faszination der geschickten Inszenierungen, die Gisela Apel beispielsweise wie einen »Rausch« erlebt hat (1732), sie bevölkerten mit den Sammelbüchsen für das Winterhilfswerk und andere Zwecke die Straßen der Stadt, mussten für die Hitler-Jugend Beiträge in Gegenden kassieren, in die sie sich freiwillig nicht gewagt hätten.

»Und dann kam noch etwas dazu. Ich kann mich erinnern. Ich musste denn auch nachher die Beiträge mit kassieren. Das heißt, ich musste, 35 Pfennig war Monatsbeitrag. Der musste entrichtet werden. Und denn kriegte ich also 'n paar Straßen zugewiesen, wo ich also dann hinging, bei den Eltern schellte an der Tür und den Beitrag kassierte. Und denn gabs auch ne Karte, wurde also abgestempelt oder ne Marke, nee, ne Marke, glaub ich, [wurde] draufgeklebt, dass der Beitrag also auch bezahlt war. Und das war dann weniger schön, weil ich denn ausgerechnet unten den Maschmühlenweg hatte. Das ging dann so bis zum Hagenweg und da diese etwas kalte Gegend.« (Jung, 4821 ff.)

Insofern konnten die bürgerlichen Kinder durch die Mitgliedschaft in der Hitler-Jugend ihre räumlichen (und sozialen) Erfahrungen beträchtlich erweitern und dies vor allem hinsichtlich der bislang von ihnen nicht erkundeten oder sogar gemiedenen städtischen Räume. In anderer Hinsicht wiederum schränkte die Mitgliedschaft in der Hitler-Jugend ihren Bewegungsspielraum auch ein. Rolf Pieper wies darauf hin, dass bei den älteren Jungen die Zugehörigkeit zu den »Pimpfeneinheiten« des Jungvolks, die bei den Geländespielen verschiedene Parteien bildeten und sich bekriegten, auch das Verhalten außerhalb des Dienstes bestimmte:

»Und das führte natürlich zum Kleinkrieg auch an den Nachmittagen schon bei der Schule. Da musste man also von der Partei her immer zusammenbleiben, damit man nicht als Einzelgänger irgendwie überfallen wurde oder man musste sich durch die Straßen schleichen und sehen: Ist da irgendwie einer, der einem gefährlich werden kann.« (Pieper, 5555–5561)

Abb. 5: BDM auf der Schillerwiese am 1. Mai 1935
(Quelle: Städtisches Museum Göttingen)

Alle Kinder, auch die aus den bürgerlichen Familien, waren durch die Hitler-Jugend stärker als jemals zuvor in der Öffentlichkeit präsent und dies – entsprechend der Maxime: »Jugend wird von Jugend geführt« – großenteils ohne Aufsicht und Kontrolle von Erwachsenen, allerdings unter der nur wenig älterer Kinder.

Hingegen bewirkte die nationalsozialistische Jugendpolitik für die bürgerlichen Kinder keine Erweiterung ihrer räumlichen Erfahrungen außerhalb der Stadt. Zwar erzählten Frauen und Männer von Lageraufenthalten mit dem Jungmädelbund oder dem Jungvolk in den Schulferien in Hann. Münden oder Karlshafen. Diese Gebiete dürften die meisten ohnehin von Wanderungen oder Ausflügen mit den Eltern gekannt haben. »Großfahrten« mit dem Fahrrad in weiter entfernte Gebiete wurden offenbar von der Hitler-Jugend nur für Jungen organisiert. Ein Befragter erzählte von einer derartigen Tour, die die Gruppe bis nach Dänemark führte (Reinecke, 263). Wichtiger als die Erweiterung ihrer Raum-Erfahrungen ist für die bürgerlichen Kinder zweifellos die Erweiterung ihres sozialen Horizonts bei solchen Unternehmungen gewesen, die das enge Zusammenleben und das Aufeinander-angewiesen-Sein mit vielen anderen Kindern mit sich brachte.

Die politischen Verhältnisse schlugen sich jedoch in den Erzählungen der Befragten über ihre Freunde und Freundinnen sowie ihr Spiel kaum nieder. Lediglich die jüdischen Kinder, die nach und nach verschwanden, wurden von einigen beiläufig erwähnt. Das hängt vermutlich damit zusammen, dass die Emigration vieler jüdischer Familien schon 1933 einsetzte, als die Befragten die Grundschule besuchten und die Kinderfreundschaften noch nicht gefestigt waren. Bei den etwas älteren Kindern gehörten dann zu zwei Mädchengruppen nach den Kriterien des Nationalsozialismus »rassisch nicht einwandfreie« Kinder, die aber voll integriert gewesen seien. Drei Frauen hoben das explizit hervor, und Ursula Zimmermann betonte, sie sei von manchen Kindern nicht eingeladen worden (vermutlich zum Geburtstag), weil sie mit einem solchen Kind befreundet gewesen sei (4307).

4. Schulalltag

Als staatliche Institution vermittelt die Schule immer, wenn auch in unterschiedlicher Intensität, politische Einstellungen und Orientierungen und übt sie ein. Im Nationalsozialismus war das besonders ausgeprägt. Für das Regime war es zentral, die heranwachsende Generation in seinem Sinne zu erziehen. Deshalb unternahm es große Anstrengungen, die Schule, ihre Organisation, die Lehrkräfte, die Lehrinhalte und dadurch auch die Kinder in seinem Sinne zu beeinflussen. Es wundert deshalb nicht, dass es sich bei der Schule um einen der am stärksten durch die nationalsozialistische Politik geprägten Bereich des Alltagslebens der Kinder handelt. Die Göttinger Schulen wurden früh vom Nationalsozialismus durchdrungen. Auf der Ebene der Schulverwaltung wurden alle demokratischen Mitwirkungsorgane wie Schuldeputationen, Lehrerkonferenzen sowie Eltern- und Schülervertretungen per Gesetz aufgehoben. Die Schulleiter konzentrierten die Macht in ihren Händen und konnten die Beiräte, die sogenannten »Jugendwalter«, nach eigenem Gusto – wenn auch in Abstimmung mit der NSDAP – bestellen.[1] Der Druck auf die Lehrer, Parteimitglied zu werden, war groß. Die Mitgliedschaft im Nationalsozialistischen Lehrerbund (NSLB) und in der Nationalsozialistischen Volkswohlfahrt (NSV) war de facto obligatorisch.[2] An der Oberrealschule waren nur drei Lehrer nicht Mitglied des NSLB, fast die Hälfte gehörte der Partei an.[3]

Viele Untersuchungen sind bereits zum Thema Schule erschienen, die sich überwiegend mit der formalen Organisation von Schule beschäftigen.[4]

---

1 Michael, »Geschichte«, S. 489.
2 Ebenda, S. 491.
3 Vgl. Popplow, »Schulalltag« (1980), S. 35. Gemeint ist die »Städtische Oberrealschule mit Reformrealgymnasium«, spätere Oberschule für Jungen, das heutige Felix-Klein-Gymnasium.
4 Vgl. z. B. Berg/Ellger-Rüttgart (Hg.), »*Du bist nichts*«; Gamm, *Führung*; Herrmann (Hg.), »Formung des Volksgenossen«; Kater, »Hitler-Jugend und Schule«, S. 572–623; Scholtz, *Erziehung*.

Zum Alltag der Schulkinder gehört neben den geregelten Inhalten und Abläufen auch das ungeplante, spontane Handeln, wie es sich in Freundschaften und Ausgrenzungen, in Spielen und Anspielungen, in Witzen und Streichen ausdrückt. Für die Sozialisation ist es mindestens ebenso zentral.[5] Derartige Praktiken sind weniger dokumentiert als der verregelte, formalisierte Alltagsbetrieb der Schule. Sie lassen sich nur aus Erinnerungen der Beteiligten rekonstruieren. Mit den Interviews steht eine geeignete Quelle zur Verfügung, mit der die für diese Untersuchung zentrale Perspektive der Kinder nachgezeichnet werden kann.

Volksschule[6]

Nachdem in der Weimarer Republik 1920 die privaten dreijährigen Vorschulen abgeschafft worden waren,[7] besuchten alle Interviewpartnerinnen und -partner aus dem Göttinger Bürgertum die nunmehr vierjährige öffentliche Grundschule. Mit Ausnahme derjenigen, die erst später nach Göttingen zogen, und jener, die in vor der Stadt gelegenen Dörfern wohnten und dort eingeschult wurden, gingen sie in die am Rande der Innenstadt gelegenen städtischen Volksschulen Göttingens.

Nicht nur in den Dorfschulen, auch in den städtischen Volksschulen waren Kinder aus sehr unterschiedlichen sozialen Milieus zusammengefasst. Der Einzugsbereich der am östlichen Rande der Innenstadt gelegenen Albani-Schule beispielsweise umfasste neben dem Ostviertel Teile der Innenstadt. Aber auch Kinder aus der Barackensiedlung Ebertal, in der überwiegend Familien von Arbeitern und unteren Angestellten wohnten, gingen dorthin. Die Befragten saßen also nicht nur mit Kindern aus dem bürgerlichen und kleinbürgerlichen, sondern auch aus dem proletarischen und subproletarischen Milieu zusammen.

Im Gegensatz zu heute wurde der Einschulung der Kinder kein besonderer Stellenwert zugemessen. Es gab kein Familienfest, zu dem Großel-

---

5 So Breyvogel/Lohmann, »Schulalltag«, S. 203.
6 Speziell zur Volksschule vgl. Link, »Erziehungsstätte«, S. 79–106.
7 Vgl. dazu Michael, » Geschichte«, S. 476, 482. Dass die Umsetzung des Gesetzes über die Aufhebung der Vorschulen vom April 1920 seine Zeit dauerte und erst in der zweiten Hälfte der 1930er Jahre die letzten privaten Vorschulen abgeschafft wurden, betont Zymek, »Schulen«, S. 194f.

tern und Paten anreisten. Lediglich an die Schul- oder Zuckertüte erinnerten sich etliche. Aber selbst das gilt nicht für alle. Einige Befragte meinten, dass sie von ihren Eltern mit Rücksicht auf Kinder aus ärmeren Familien keine Zuckertüte bekommen hätten, wie Christa Fröhlich berichtete. Jürgen Diederichs ist überzeugt, keine Schultüte gehabt zu haben; so etwas hätte seine Mutter sicher »als spießig betrachtet« (1438).

Die Klassenstärken der damaligen Volksschulen waren hoch. In allen städtischen Volksschulen saßen die Kinder mit 50 bis 55 anderen zusammen in einem Raum. Im Allgemeinen hatten sie die ersten vier Jahre durchgängig denselben Klassenlehrer, der sie in den meisten oder sogar allen Fächern unterrichtete.

Mit Ausnahme der katholischen Volksschule[8] wurden in den Göttinger Volksschulen Mädchen und Jungen getrennt unterrichtet. Bei den Erstklässlern war die Schiefertafel noch in Gebrauch. Erst die älteren Kinder lernten mit Feder und Tinte zu schreiben.

»[…] und im 2. Schuljahr, glaub' ich, da kam dann also das Schreiben auf Papier mit so drei Sütterlinzeilen und mit, mit Tinte. Und dann war also in jedem Pult war 'n kleines Tintenfass mit 'm Deckel, und ich weiß noch, dann kam der Hausmeister rum, und das war so lila Tinte, mit 'ner Gießkanne und guckte nach, ob die Fässer alle voll waren. Ehe die Stunde anfing, ging der rum und goss die Tintenfässer voll. Na mit dieser Tinte da haben wa uns alle furchtbar beschmiert – zum Ärger unserer Mütter, ne. Dann gab es Schulmilch in 'ner großen Pause, mussten wa vorher bestellen, kostete sechs Pfennig, musste man dann an 'ner Anfang der Woche 30 Pfennig, glaube ich, mitbringen, für fünfmal Milch, sonnabends gab es keine. Und dann konnte man wählen zwischen Milch und Kakao. Da musste man dann zum Hausmeister gehen, dann stand die so in Kästen, durfte man sich das da rausnehmen. Sonst hatte man ja 'ne Brottasche vorne hängen mit den Pausenbroten. Und das war eben auch sehr unterschiedlich, was die Kinder krichten, nech. Also unsere Mütter, die gaben sich ja soviel Mühe, da wurde das in Butterbrotpapier und drauf geschrieben, was es ist, und was Besonderes war, wenn man noch Obst mitkrichte, 'n Apfel oder 'ne Birne oder so was, ne. Das war auch sehr verschieden.« (Zimmermann, 465–491)

---

8 Das geht aus dem Interview mit Gisela Apel hervor. In der seit dem 18. Jahrhundert bestehenden katholischen Volksschule wurden nach anfänglicher Trennung von Mädchen und Jungen die jüngeren Kinder gemeinsam unterrichtet. (Vgl. Michael, »Geschichte«, Abb. 1 und 2, S. 458, 460). Diese »Koedukation« war vermutlich weniger einer pädagogischen Haltung als den bescheidenen finanziellen Mitteln der katholischen Gemeinde geschuldet. Vgl. Wehking, »Die katholische Kirche«, S. 197–212.

Allein schon die Größe der Klassen erforderte eine strikte Disziplinierung der Schülerinnen und Schüler. Aber auch die Pädagogik der Zeit war überwiegend auf autoritäre Unterrichtsgestaltung fixiert. Aufstehen, wenn man gefragt wurde oder der Lehrer die Klasse betrat, waren gängige Praktiken, ebenso der Frontalunterricht. Viele erinnerten sich auch an das nach jeder Pause übliche klassenweise Antreten in Zweierreihen auf dem Schulhof. Erst dann wurde die Schule wieder in Formation betreten. Der Rohrstock wurde noch kräftig benutzt. Nicht überraschend hatten unter ihm am meisten die Knaben zu leiden. Mehrere Befragte schilderten detailliert Bestrafungsrituale, von denen sie zum Teil auch selbst betroffen waren. Ernst Naue sah die Situation noch direkt vor sich:

»Aber es wurde in der Zeit, das seh ich auch noch, da wurde noch geprügelt in unserer Zeit in der Schule. Ooh, und wie. Aber mit'm Stock so über die Bank gelegt und gedroschen, kann man wirklich sagen. Das hab ich noch in schlimmer Erinnerung wirklich. Das war da durchaus noch üblich.« (Naue, 3947–3952)

Ein besonders interessantes Ritual praktizierte ein Lehrer an der Albani-Schule. Zumindest an seinem Geburtstag erhielt jeder Schüler Schläge und zwar so viele, wie er nun an Jahren zählte, und mit einer Intensität, die seinem Verhalten in der Schule korrespondierte (Heise, 287). Die Mädchen wurden dagegen schonender behandelt. Vielleicht waren sie auch braver, mit Sicherheit angepasster. Nur wenige der befragten Frauen erinnerten sich an prügelnde Lehrer oder Lehrerinnen. Charlotte Reichert beschrieb allerdings ähnlich handfeste Bestrafungen wie Ernst Naue.

»[...] na, da gab's noch Prügelstrafe. Ich entsinne mich noch, dass die Kinder über 'n Stuhl gelecht wurden und feste verprügelt wurden, aber nicht nur – auch von den Lehrerinnen. [lacht] Die waren genau, die waren rabiat. Und die andern krichten mal eine verpasst, nech.« (Reichert, 4860–4866)

Dora Markwart hatte einen Lehrer, der mit dem Stock auf den Tisch haute, so dass sie immer in Angst lebte, er würde ihre Finger treffen (4218). Der unterschiedliche Gebrauch des Rohrstocks wird auch in den Erinnerungen jener Frauen sichtbar, die mit Jungen in einer Klasse waren. Sie betonten durchweg die stärkere Bestrafung der Knaben.

In den Pausen spielten die Kinder nach Geschlecht streng getrennt auf den Schulhöfen, aßen ihre Brote und tranken die Schulmilch. Die Lieder der Kreisspiele und Ringelreihen sitzen tief im Gedächtnis. Für die Knaben bestand ein besonders schöner Zeitvertreib in einer spezifisch männlichen Beschäftigung:

»[…] die Toilettenverhältnisse waren sehr simpel. Es gab nur ein Toilettenhaus außerhalb des Schulgebäudes, in dem eine schwarze geteerte Wand, jedenfalls auf der Jungentoilette, war. Dagegen musste man gegen pinkeln [lacht] und es ergab sich dann ein Wettstreit, wer wohl an der Wand am höchsten pinkeln kann.« (Köhler, 275–281)

Auch wenn die Kinder gleichzeitig Pause hatten, war es doch streng verboten, »durcheinander« zu spielen (Köhler, 263). Rosa Conrad erinnerte sich, dass in der Lutherschule kecke Knaben bestraft wurden, die sich auf den Mädchenschulhof gewagt hatten (1296).

Neben dem täglichen gemeinsamen Unterricht und vielleicht einem Stück gemeinsamen Schulweg brachte vor allem das freie Spiel in den Pausen Kinder zusammen, die sich sonst kaum gefunden hätten. Einige Befragte berichteten daher, wie schon erwähnt, auch von Freundinnen und Freunden aus anderem sozialen Umfeld. Andere Kinder hatten hingegen Probleme mit deren »vulgärer Ausdrucksweise« oder der in anderen Milieus verbreiteten Neigung, Konflikte körperlich auszuagieren, und gingen diesen Kindern deshalb aus dem Weg. Hartmut Opitz wurde als Brillenträger allerdings von ihnen so sehr gehänselt, dass er eines Tages »austickte« und sich massiv zur Wehr setzte. Das wurde verstanden und er hatte fortan Ruhe (Opitz, 802). Ungeachtet dessen war die soziale Distanz zwischen den Kindern aus dem wohlhabenden Bürgertum und denen aus dem Ebertal oder dem Maschmühlenweg groß. Sie wurden von einigen Befragten auch sofort mit Läusen in Verbindung gebracht, einer Plage, die in den feinen Bürgerhäusern unbekannt war (Ohlendorf, 3584).

Die meisten der Befragten sind – häufig im Gegensatz zu später – noch gern zur Volksschule gegangen, wo sie wenig Schwierigkeiten hatten, von den Lehrern geschätzt wurden und deshalb auch von den unangenehmen Bestrafungen kaum betroffen waren. Nur wenige Personen haben andere Erinnerungen: Elke Engelmann, weil sie als schüchternes und ängstliches Kind sich der Schule noch nicht gewachsen fühlte (6610), Rudolf Linke, weil er wegen einer Sprachbehinderung benachteiligt war, wenn um die Wette im Kopf gerechnet wurde. Waltraud Neuberts Lehrer quälte sie mit seinen Versuchen, sie von einer Links- zu einer Rechtshänderin zu machen, indem er ihr mit dem Rohrstock auf die Finger schlug (3234). Insgesamt aber überwiegen die positiven Erinnerungen. In Charlotte Reicherts Beschreibung werden die Ursachen dafür deutlich benannt:

»Ich war doch artich und lieb und der Star für die Lehrer. [lacht] Mit Ursula, mit Frau Zimmermann und andern, meinen andern engsten Freundinnen aus ’m Bürgertum, nech, Professorentöchter und so und die, mit denen konnten se was anfangen, nech. Die hoben das Niveau der Klasse auch um einiges. [lacht] Na ja, also wir haben auf der Schule wirklich nichts auszustehen gehabt, wir wurden nur von Wohlwollen getragen. Das muss man wirklich sagen. Aber wir lernten auch was! Nich, wir waren auch gewissenhaft, wir Mädchen sind ja gewissenhafter als Jungs, wie ich Ihnen sagte, wir konnten nicht nach Haus kommen mit schlechten Zeugnissen. Das tat man nicht.« (Reichert, 4868–4882)

Im Gegensatz dazu betonte Bodo Heise allerdings, dass auch die Kinder aus dem Ebertal »den Schnitt nicht nach unten gezogen hätten« (276–279).

Diese Beschreibungen des Schulalltags könnten ebenso gut aus den 1920er Jahren und vermutlich noch aus dem Kaiserreich, aber auch aus der Zeit nach dem Zweiten Weltkrieg stammen. Das Zeitspezifische der Volksschule erschließt sich meist nur aus Nebenbemerkungen und besonders den aus der Volksschule aufbewahrten Schulheften und Zeichnungen. Dieter Reinecke, der 1930 eingeschult wurde, begann seinen Schultag noch mit einem »Guten-Morgen-Gruß« (802), der dann bald von »Heil Hitler« abgelöst wurde. In Heinz Zöllners Erinnerung verbinden sich mit der Machtergreifung

»[…] also große, große Bewegung, große Begeisterung und große Aufmärsche und dergleichen. Die Schule wurde erfasst. Der Lehrer war aber kein, nicht irgendwie betroffen. Wir hatten zwar denn auch andere Lehrer, außer diesem Klassenlehrer so andere Lehrer. Einer der, da erinnere ich mich noch, der mit SA-Stiefeln kam und so weiter und also so halb, halb uniformiert, und es wurde dann auch sehr viel so Paramilitärisches gemacht in der Schule mit Antreten und dergleichen mehr, Sport und Ausflüge, aber im Wesentlichen beschränkte sich das auf diese Dinge.« (Zöllner, 54–64)

Zwei 1933 eingeschulte Frauen, die dieselbe Volksschulklasse besuchten, erinnerten sich im Interview sehr detailliert an ihre Lehrerin, die eine überzeugte Anhängerin des neuen Regimes gewesen sei.

»Ach so, und in 'ner Volksschule, ja, das war so: unsere Lehrerin, das war auch so 'ne 150-Prozentige, und da haben wir an Hitler mal einen Brief geschrieben. Ich weiß gar nicht mehr, um was es da ging. [P] Irgendwie hat die ganze Klasse dahin geschrieben, und wir haben auch 'n Dankesschreiben gekricht. Aber das hat bestimmt Hitler nicht selbst gesehen, sondern das ist dann vorgedruckt und so, aber mit einem Bild dabei von Hitler. Und dieses Hitlerbild ließ die Lehrerin einrahmen und ließ es vorne aufhängen. Und ebenfalls der Brief wurde auch eingerahmt. Das beides hing dann da, dass wir's immer sehen konnten. Und wenn sie den Eindruck hatte, ein Kind hat gelogen, hat sie gesagt: ›Komm mal vor, guck dir mal den Führer an. Guck dir ihn zwei Minuten an, wenn de den dann angesehen hast, dann kannste nicht mehr lügen, dann wirste die Wahrheit sagen.«« (Fröhlich, 165–162)

Auch wenn Rosa Conrads Aussage, diese Lehrerin sei ein Einzelfall gewesen, zutreffen sollte,[9] so machte sich doch der Regimewechsel vielfach bemerkbar. Aufsätze über den Eintopfsonntag (Apel, 1774) und das Thema »Hitler kommt«, Diktate über den Nürnberger Parteitag, der »Saar-Kalender«, den die Kinder gebastelt hatten und von dem jeden Tag ein Blatt abgerissen wurde bis die Saar wieder zu Deutschland gehörte (Fröhlich, 1467), führten schon die jüngsten Schulkinder an die politischen Zielsetzungen des Regimes heran. In den Zeichenheften spiegelt sich die Veränderung des Alltags fast noch deutlicher. Zwischen »normalen« Szenen tauchen Hakenkreuzfahnen, Hitlerjungen und andere Symbole der neuen Zeit auf[10] und werden, gerade weil sie unterschwellig vermittelt und nicht indoktriniert wurden, zu Selbstverständlichkeiten des Alltagslebens der Kinder.

Auch das Verschwinden einzelner Kinder aus den Klassen, von dem mehrere Befragte berichteten, hat sie in diesem Alter zwar berührt, wenn es sich um Freundinnen oder Freunde handelte. Es war ihnen aber unklar, was dahintersteckte, wie Dora Markwart beschrieb:

»Ich hatte eine Jüdin in der Klasse, eine Marianne Petermann, die ist aber schon lange vorm Krieg, vielleicht zwei, drei Jahre vorher, ist die mit ihren Eltern nach Amerika gegangen, aber warum, das war uns doch nicht klar. Keine Ahnung.[P]« (Markwart, 2348–2352)

Die häufige Auskunft, die Familie sei weggezogen, »passte« zu der Erfahrung, dass in einer Universitätsstadt wie Göttingen ständig Kinder mit ihren Eltern wegzogen, aus dem Blickfeld verschwanden und andere neu auftauchten. Bodo Heise ging mit dem Sohn des Mathematikers Richard Courant in eine Klasse und erinnerte sich, dass der eines Tages weg war (611).[11] Zu seinen Erinnerungen gehört aber auch, dass der Lehrer den Namen dieses Schülers ins Lächerliche zog:

---

9 Dagegen spricht allerdings, dass bereits 1935 knapp ein Drittel (24 von 76) der an den Göttinger Volksschulen tätigen Lehrerinnen und Lehrer angaben, Mitglied der NSDAP zu sein. Vgl. Michael, »Geschichte«, S. 491.
10 Es liegen Kopien der Schulhefte einer Interviewpartnerin vor.
11 Der berühmte Mathematiker Richard Courant war unter den ersten Professoren, die schon Ende April 1933 aus »rassischen Gründen« vom Amt suspendiert, später entlassen wurden. Er emigrierte zunächst nach Großbritannien, später in die USA. Vgl. dazu: Dahms, »Einleitung«, S. 28ff.; Becker, »Aufstellung«, S. 494.

»Und dieser Lehrer, von dem ich vorhin schon erzählt hatte, der machte mal irgend so ein [P] ein Rätsel, ich weiß nicht, ob das ein Bilderrätsel war oder so was, an der Tafel. Wo nachher Courant also rauskam, also die Kuh rannte, nicht wahr. Und der [Mitschüler] war denn eines Tages verschwunden.« (Heise, 617–623)

Es ist nicht sicher, aber wahrscheinlich, dass sich diese Episode 1933 abgespielt hat und vielleicht sogar die Entscheidung der Familie Courant, bereits in diesem Jahr zu emigrieren, befördert hat.

Die höheren Schulen

Der Wechsel

Für die Befragten, die fast alle aus dem wohlhabenden und/oder akademisch gebildeten Bürgertum stammten, war der Wechsel von der Volksschule auf die höheren Schulen Göttingens nahezu durchgängig ein »natürlicher« Schritt. »Das war selbstverständlich, da wurde gar nicht drüber gesprochen. ›Du gehst auf die Oberschule.‹ Das war für mich ganz klar.« (Reinecke, 1223–1225) Deshalb wird der Wechsel der Schule in den Interviews meist nur kurz erwähnt. Lediglich für einige wenige Befragte war er ein wichtigeres Ereignis, das dann auch eine ausführlichere Schilderung verdiente. Christa Fröhlichs Eltern, die eher dem bescheideneren Wirtschaftsbürgertum zugerechnet werden müssen, hatten für sie eigentlich nur den Besuch der Mittelschule vorgesehen. Sie wollte aber gerne mit ihren Freundinnen aus der Volksschule zusammenbleiben und setzte das auch durch (Fröhlich, 2052). Für zwei andere Kinder war der Wechsel auf die Oberschule dennoch ein stärkerer Bruch in ihrem Leben. Ernst Naue wohnte in einem Dorf vor den Toren Göttingens und besuchte dort die Dorfschule. Als Einziger aus seiner Klasse wechselte er auf die Oberschule für Jungen. Damit die Umstellung auf die neue Schule nicht zu krass ausfiel, zeigte ihm der Vater vor der Aufnahmeprüfung erst einmal das im Vergleich zu den dörflichen Verhältnissen riesenhafte, moderne Schulgebäude. Der erste Eindruck war gleichwohl angsterregend. Ernst Naue fasste ihn in die Worte: »Und für einen Jungen, für so'n Knirps, der vom Dorf kommt: ›Oh Gott. Da soll ich nun mal hin?‹« (417f.) Trotz der Umsicht des Vaters blieb der Wechsel für Ernst Naue offenbar hoch besetzt. Das zeigt sich an seinen detaillierten Erinnerungen an die Aufnahmeprüfung und besonders an Erzählungen seiner Eltern über die öffentliche Bekanntgabe der Ergebnisse in der Aula (Naue, 430).

Für Lisa Bornemann war der Wechsel von der Volksschule zur Oberschule ein noch gravierenderer Einschnitt in ihrem Leben, weil er verbunden war mit der Trennung von ihren in einem entfernten Dorf lebenden Eltern, Geschwistern und Freundinnen. Sie wurde von Göttinger Verwandten in deren Haushalt aufgenommen und sah ihre Familie nur in den Schulferien. Die Aufnahmeprüfung, auf die sie durch Nachhilfestunden vorbereitet wurde, hat sie mit entsprechendem Herzklopfen absolviert (Bornemann, 5786).

Die Schulen

In Göttingen existierten in den 1930er Jahren drei höhere Schulen, die in erster Linie von den Kindern des wohlhabenden und mittleren Bürgertums besucht wurden. Kinder aus weniger betuchten Familien hatten selbst bei ausreichender Begabung kaum eine Chance. Allein das Schulgeld steuerte die soziale Selektion erheblich.

Für die Mädchen kam nur eine einzige höhere Schule infrage: Das Oberlyzeum am Friedländer Weg, das sich in der Oberstufe in einen sprachlichen und einen hauswirtschaftlichen Zweig gabelte. Die uneingeschränkte Hochschulreife konnte zunächst nur auf dem sprachlichen Zweig erworben werden, nach der nationalsozialistischen Schulreform von 1937/38 auch auf dem hauswirtschaftlichen.[12] Die Schule hieß von da an »Oberschule für Mädchen«[13].

Die Jungen hatten dagegen eine Alternative: Es gab einmal die Oberrealschule mit Realgymnasium, die durch die nationalsozialistische Schulreform zur Regelschule und in »Oberschule für Jungen« umbenannt worden war.[14] Sie teilte sich in der Oberstufe in einen sprachlichen und einen mathematisch-naturwissenschaftlichen Zweig. Daneben gab es das traditionelle humanistische Gymnasium, das als Sonderform »Staatliches Gymnasium« im Dritten Reich nur dort weiter bestehen konnte, wo eine Oberschu-

---

12 Vgl. Michael, »Geschichte«, S. 482, 503. Ebenso Sternheim-Peters, »Hochschulreife«, S. 233–256. Anders Zymek, »Schulen«, S. 196; Kemnitz/Tosch, »Indoktrination und Qualifikation«, S. 125.
13 Diese Bezeichnung wird im Folgenden verwendet.
14 Diese Bezeichnung wird im Folgenden verwendet.

le eingerichtet worden war.[15] Mädchen wurden dazu prinzipiell nicht zugelassen, Ausnahmegenehmigungen aber erteilt.

Beide Jungenschulen hatten ein unterschiedliches Renommee und waren für unterschiedliche Gruppierungen innerhalb des Bürgertums attraktiv. Die Oberschule bereitete mit ihren Angeboten in den modernen Fremdsprachen und dem weiteren Schwerpunkt in Mathematik und Naturwissenschaften in den Augen vieler Bürger, vor allem des Wirtschaftsbürgertums, die Kinder adäquater auf ihre Zukunft vor. Auch architektonisch repräsentierte die Oberschule durch das in der zweiten Hälfte der 1920er Jahre errichtete Gebäude die Moderne. Das Gymnasium – in einem klassizistischen Gebäude – vermittelte dagegen die klassische altsprachliche humanistische Bildung. Es war und blieb, unterstützt durch die Schulreform der Nationalsozialisten, die exklusive »Schule für das traditions- und bildungsbewusste Bürgertum«.[16] Heinz Zöllner, der 1935 in das Gymnasium eingeschult wurde, bestätigte diese Charakterisierung, als er im Zusammenhang mit seinem Wechsel ins Gymnasium sagte: »[…] die Schulklasse selbst [hatte] sehr viele Kinder von Professoren, Universitätsangehörigen und so weiter« (101–103).

Die unterschiedliche Attraktivität beider Schulen für die verschiedenen bürgerlichen Gruppen kommt sehr prägnant in den Worten Rolf Piepers, eines Professorensohns, zum Ausdruck, der entgegen dem Usus nicht zum Gymnasium, sondern zur Oberschule für Jungen wechselte:

»[…] für mich war das ja insofern nicht so ganz, ganz einfach, es war also üblich in Göttingen, dass also Professoren, Theologen, klar, auch die Gutsbesitzer aus der Umgebung und wer eben ganz was auf sich hielt, schickte sie [die Söhne] dann aufs Humanistische Gymnasium. Das war ja 'n staatliches Gymnasium. Und die Real, dies hatte sich ja aus der Realschule entwickelt, gleichzeitig eben Realgymnasium. Und das war eben dann mehr so für die gute Mittelschicht, nech, Handwerkersöhne, kleine Beamte, Lehrersöhne, die so, so dann auch aufsteigen wollten.« (Pieper, 2398–2410)

Dass er selbst als Sohn eines renommierten Hochschullehrers die Oberschule besuchte, bezeichnete er als ein »Novum«, das in Göttingen Deutungsprobleme mit sich brachte und ihm die zweischneidige Aufmerksamkeit der Lehrer sicherte:

---

15 Vgl. dazu Zymek, »Schulen«, S. 196.
16 Ebenda. Die nationalsozialistische Schulreform hatte den unbeabsichtigten Effekt, durch die Verringerung der Zahl der Gymnasien deren Exklusivität zu steigern. So auch Scholtz, *Erziehung*, S. 86.

»Es gab dann eigentlich nur zwei Möglichkeiten. Entweder ist der so doof, dass der nicht auf ein altsprachliches Gymnasium gehen kann, also ist da ja nicht viel, oder aber, ja, was mag also sonst dieser Grund sein? Und insofern war ich natürlich schon vom ersten Tag an, war man natürlich in der ganzen, zumindest unter der Lehrerschaft, natürlich bekannt, nich. Wieder: ›Ach, der kleine Pieper!‹ Nich? Und das war also nicht so ganz angenehm, muss ich also wirklich sagen. Diese Herausstellung, die man dadurch natürlich erfuhr, nech. Erst mal, weil man ja sowieso gerne wie alle andern behandelt werden möchte und eigentlich davor zurückscheut, was nicht heißt, dass man also nicht auch Vorzüge gern entgegennimmt, und aber dass natürlich auch der Erwartungshorizont sehr hoch ist, und viel von einem erwartet wurde.« (Pieper, 2414–2431)

In der Praxis hatte die Sortierung der Jungen auf die Oberschule oder das Gymnasium aber noch mit anderen Überlegungen als denen des Renommees zu tun. Im Fall des gerade zitierten Rolf Pieper mag für die Wahl der Oberschule durch seine Eltern seine durch viele Lehrerwechsel begründete, nicht sehr solide Volksschulausbildung ebenso ausschlaggebend gewesen sein wie der Wunsch der Mutter, den Sohn mit Kindern aus anderen Milieus zusammenzubringen, weshalb sie ihn auch drängte, dem Jungvolk beizutreten. Peter Köhler zog es in die Oberschule, weil die meisten seiner Freunde in diese Schule gehen wollten (1553). Hans Scholz hingegen trat in die Fußstapfen seines Vaters, der auch schon diese Oberschule besucht hatte und dort noch einige Lehrer persönlich kannte, bei denen er ein Wort für seinen Sprössling einlegen konnte. Für Bodo Heise wiederum war der Besuch des Gymnasiums selbstverständlich, weil sein Vater an dieser Schule unterrichtete. Dort entfiel für ihn und seinen Bruder wegen der schweren Kriegsbeschädigung des Vaters das Schulgeld (Heise, 5071).

Es liegt nahe, dass zwischen diesen beiden Jungenschulen Rivalitäten entstanden. Während Rolf Pieper betonte, die Gymnasiasten hätten als vornehmer gegolten (7067), kommt in Dieter Reineckes Worten eine ganz andere Perspektive zum Ausdruck:

»Ach die Gymnasiasten, na ja, das waren eben Sprachler. Die hielten wir als Oberschüler für nicht kompetent, denn die, ach die Alten, der alte Kram. Das war ja nun mal die Rivalität der Schulen, nech, musste ja irgendwo aufgebaut werden, nech. Die Sportlicheren und so weiter waren, war nun mal die Oberschule, und wenn wir gegeneinander kämpften, musste natürlich die Oberschule gewinnen und die, die Sprachler waren ja alle 'n bisschen weicher. Die gewannen natürlich nie. [lacht] Is nun mal so 'ne komische Sache. [PP] Das war 'ne ganz harte Rivalität. Jeder dünkte bei sich was Besseres.« (Reinecke, 2492–2504)

Der Unterricht

Bei Lehrplänen und Lehrbüchern an den Schulen dominierten in den ersten Jahren des Dritten Reiches die Kontinuitäten. Fast alle Lehrbücher stammten aus der Weimarer Republik.[17] Neue Schulbücher mussten entwickelt werden und wurden nach etlichen Jahren eingeführt. Erst 1938 wurden neue Lehrpläne für die höheren Schulen erlassen. Bis dahin versuchte das Regime, die gewünschte neue Tendenz in einzelnen Unterrichtsfächern durch Erlasse durchzusetzen, zum Beispiel für die Verankerung der »Vererbungs- und Rassenkunde« im Biologieunterricht.[18] Außerdem mussten Lehrer an Schulungskursen teilnehmen, in denen ihnen die Neuausrichtung des Unterrichts vermittelt wurde.[19]

Ungeachtet dieser Maßnahmen, mit denen die Schulen »gleichgeschaltet« wurden, enthalten die Erinnerungen der Befragten von ihrer Schulzeit viele Beschreibungen, die auch zum Schulbetrieb vor und nach dem Dritten Reich gehörten. Es gab Kinder, die gerne, andere, die höchst widerwillig in die Schule gingen. Neben solchen Kindern, die Spaß und Freude am Lernen hatten, gab es welche, für die die Pausen den Höhepunkt des Schulalltages darstellten (Bornemann, 8668). In den Unterrichtsstunden waren die Kinder aufmerksam bei der Sache oder schwatzten. Sie bekamen schnell heraus, bei welchen Lehrerinnen und Lehrern sie ungestraft über die Stränge schlagen und bei welchen sie parieren mussten. In den Inter-

---

17 Vgl. Zymek, »Schulen«, S. 191; ebenso: Nixdorf/Nixdorf, »Politisierung«, S. 233. Am Beispiel der Oberschule für Jungen betont die Kontinuitäten auch Popplow, »Schulalltag im Dritten Reich« (1979), S. 28f. Dieser Aufsatz, mit dem erfreulicherweise wenigstens für eine der Göttinger Höheren Schulen eine ausführliche und mit einem Dokumentenanhang versehene Untersuchung über ihre Entwicklung im Dritten Reich vorliegt, ist in leicht veränderter Form auch erschienen unter dem Titel »Schulalltag im Dritten Reich. Fallstudie über ein Göttinger Gymnasium« als Beilage zum *Parlament* (APuZ 30/1980, S. 33–69). Zitiert wird im Folgenden nach der Fassung von 1979 als »Schulalltag im Dritten Reich« (1979). Mit ihrer Schule haben sich im Rahmen eines von einem Lehrer angeleiteten Projekts kürzlich auch Schülerinnen und Schüler des FKG auseinandergesetzt. Ihre Ergebnisse wurden als Ausstellung im Foyer der Schule und in einer Publikation präsentiert: Walliser (Hg.), *Wie war das damals?*
18 Vgl. Zymek, »Schulen«, S. 191; auch Popplow, »Schulalltag im Dritten Reich« (1979), S. 28f., Dok. 27. Kemnitz/Tosch weisen darauf hin, dass das rassistische Weltbild des Nationalsozialismus schon durch die Erlasse vom September 1933 in die Höheren Schulen Einzug hielt (»Indoktrination und Qualifikation«, S. 120).
19 Siehe Michael, »Geschichte«, S. 492; Kraas, »Die ›Überholung‹«, S. 117–142. Der Besuch der Lehrerlager war ab 1934 verbindlich. Bis 1937 waren rund 50 Prozent aller Mitglieder des NSLB dort geschult worden. So Kemnitz/Tosch, »Indoktrination und Qualifikation«, S. 117f.

views berichteten die Befragten die üblichen Streiche. Neben Schwatzen erwähnten sie spontanes Umsetzen, damit die mit der Klasse weniger vertrauten Lehrer mit den Namen durcheinander kamen; sie verabredeten sich, zu spät in den Unterricht zu kommen und zwar tröpfchenweise; in der Oberschule für Jungen schlitterten sie verbotenerweise auf dem Fußboden und fingen sich dafür Ohrfeigen ein, und sie machten unfähige Lehrer so fertig, dass diese ihren Beruf aufgaben. Einer der Höhepunkte des Schuljahres war bis zum Kriegsbeginn das Schulfest, das einige Frauen ausführlich schilderten. Sie erinnerten noch genau die Kostüme, die ihre Klasse trug, die Gedichte, die rezitiert, Stücke oder Sketche, die aufgeführt wurden. Von der Deppoldshäuser Wiese, wo die sportlichen Ereignisse stattfanden, zogen Schülerinnen, Lehrkräfte und Eltern nach Maria Spring, einem nahe gelegenen Lokal, zu Kaffee und Kuchen. Abends wanderten alle zur nächst gelegenen Bahnstation und fuhren mit dem Zug nach Hause (Bornemann, 7772).

Die Befragten erzählten von dem gängigen Frontalunterricht und der insgesamt strikten Disziplin. In den beiden Jungenschulen wurde sie in der Unterstufe noch mit körperlichen Sanktionen aufrechterhalten. Ohrfeigen waren gang und gäbe. Rudolf Linke erzählte über einen Lehrer am Gymnasium:

»Also zum Beispiel 'ne Zeitlang, einmal hatten wir Rechnen bei ihm. Das muss so etwa Quarta gewesen sein, ne. Und dann jetzt ich, da war da war nun einer dabei, der war so etwas dick und wirkte so auch dementsprechend verschlafen, nich. Und gehörte zu den schwachen Schülern natürlich. Rief er den auf, (der Name kommt mir eben nich). Nennen wir ihn mal, also er hieß nich Meier, aber nennen wir ihn mal Meier. ›Meier! Meier! Guten Morgen, Meier. Steh auf. Sprich: Wie fröhlich bin ich aufgewacht!‹ Also ich finde, so sollte man mit Schülern nich umgehen. Und dann gelegentlich teilte er Ohrfeigen aus. Und das machte er raffiniert. Wir fielen immer wieder drauf rein. Er hielt den Kopf mit also mit beiden Händen den Kopf so. Dann holte er aus. Dann kam von der anderen Seite. Und man wollte natürlich dem Schlach ausweichen und lief dann direkt hinein. Aber er machte das immer wieder, und man fiel aber immer wieder drauf rein, ne. Und ich hab so viele nich bekommen. Ich weiß nich, ob ich überhaupt mal bekommen habe. Aber die Prozedur hab ich öfter miterlebt.« (Linke, 793–821)

Teilweise wurde in der Unterstufe auch noch der Rohrstock eingesetzt.[20] Dieter Reinecke hatte in der Oberschule für Jungen einen Lehrer, der Faulheit mit Stockschlägen ahndete. Er ließ bei ihm erst davon ab, als Reineckes Vater, selbst an der Schule Lehrer, seinem Kollegen das Prügeln seines Sohnes untersagte:

»In der Sexta, Quinta, Quarta gab's welche mit 'm Stock hinten drauf, drei Vokabeln nicht können: ›Nach vorne, zack, zack, zack‹. Da war dann jedes Mal die Überlegung: ›Setzt [du] es drauf, dass du welche hinten vor krichst, nimmst es in Kauf und bist faul, oder lernste und lernst was?‹ Ja, na ja. Später hat man's bereut, nech, aber wir sind meistens davon ausgegangen: ›Kriegst 'n paar hinten drauf, drei drauf bei Louis Dietrich‹. Louis Dietrich hieß er mit Spitznamen, Dietrich, ja, ja. Und da hab ich dann auch mal welche gekricht. Dann stand ich morgens früh im Badezimmer und wusch mich, hatte natürlich so drei Striemen quer rüber, und mein Vater kommt rein und sagt: ›Was is das denn?‹ ›Ja‹, sag ich, ›war Lui Dietrich.‹ ›Oh!‹ Da hat er zu Lui Dietrich gesagt: ›Also passen Se mal auf, das möchte ich nicht, dass mein Sohn hier geschlagen wird, nur weil er faul ist. Geben Sie ihm 'ne Strafarbeit auf.‹« (Reinecke, 1910–1929)

In den höheren Klassen waren dann Nachsitzen, Strafarbeiten und Einträge ins Klassenbuch üblich (Pieper, 6843).

Im Gegensatz zu den Knaben wurde bei den Mädchen in der Oberschule offenbar auf körperliche Strafen ganz verzichtet. Jedenfalls tauchen sie in den Interviews nicht auf. Auf strikte Disziplin wurde gleichwohl geachtet. Elke Engelmann, die einen weiten Schulweg hatte und häufig nur gerade noch rechtzeitig die Schule erreichte, erinnerte sich, dass morgens der Direktor vor der Türe stand und sie mit heftigen Armbewegungen zur Eile antrieb (882). Auch von Furcht vor Blamagen, Überforderung und Sanktionen berichteten etliche Befragte. Rudolf Linke hatte in der ersten Klasse des Gymnasiums vor seinem Lateinlehrer derartige Angst entwickelt, dass er nicht mehr in die Schule gehen wollte (259). Einigen Kindern musste immer mal wieder mit Nachhilfeunterricht auf die Sprünge geholfen werden.

Zwischen diesen Erzählungen tauchen – gelegentlich ganz unerwartet – sehr zeitspezifische Erinnerungen auf. Wie schon in der Volksschule be-

---

20 Ein von Popplow befragter ehemaliger Schüler gibt an, noch in der Mittelstufe Prügel mit dem Rohrstock bezogen zu haben. Popplow, »Schulalltag im Dritten Reich« (1979), S. 32, Anm. 72.

gannen auch in den höheren Schulen die Stunden mit »Heil Hitler«.[21] Am Montagmorgen versammelten sich die Schülerinnen und Schüler zu einer Morgenfeier in der Aula, die im Laufe der Jahre von einer religiös bestimmten zu einer politisch-weltanschaulichen Veranstaltung mutierte, wie Ernst Naue für die Oberschule für Jungen und Ursula Zimmermann für die Oberschule für Mädchen berichteten (Naue, 3915; Zimmermann 2024).[22] Lisa Bornemann erinnerte sich noch genau an das Führerbild, das in der Oberschule für Mädchen an der Wand hing mit dem Spruch des Führers »Wer nicht kämpfen will in dieser Welt, verdient das Leben nicht«, der sie verstörte, weil sie über ein ausgeprägtes Harmoniebedürfnis verfügte (7589). Wichtige Reden des Führers wurden im Radio übertragen und mussten in der Aula angehört werden.

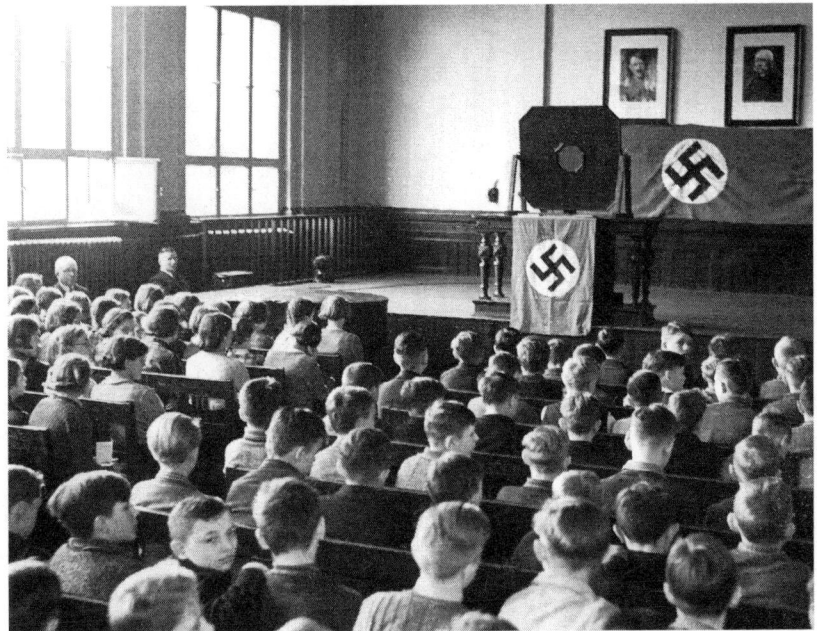

Abb. 6: Gemeinsamer Rundfunkempfang in der Schule
(Quelle: SZ-Archiv)

---

21 Verbindlich war der Hitlergruß in den Schulen seit Dezember 1933 vorgeschrieben. Vgl. Scholtz, *Erziehung*, S. 58. Link nennt als Datum den 22.7.1933 (»Erziehungsstätte«, S. 83).
22 Diese Erinnerung bestätigt für die Oberschule für Mädchen: Berndt, »Schulfeiern«, S. 25.

Gelegentlich wurde die Rede auch Gegenstand eines Aufsatzes (Zöllner, 3946). Wenn Reden des Führers nicht während der Schulzeit im Rundfunk übertragen wurden, fragten die Lehrer nach, ob die Kinder sie zu Hause verfolgt hätten, wie sich Hans Scholz erinnerte (4168). Andere wichtige politische Ereignisse wurden mit Schulfeiern begangen.[23] Bei ihrer Gestaltung ging es neben den zu vermittelnden Inhalten vor allem um die »einheitliche Ausrichtung des Denkens, Fühlens und Wollens«. Dazu trug stets das Bekenntnis zu Volksgemeinschaft, Führer und der nationalsozialistischen Weltanschauung bei, die den Schulfeiern einen »pseudoreligiösen Anstrich« gaben.[24]

Abb. 7: Fahnenappell auf dem Schulhof
(Quelle: SZ-Archiv)

---

[23] Vgl. ebenda, S. 29. Die Relevanz der Schulfeiern lässt sich aus vielen Erlassen ab 1934 ablesen. Nach den Richtlinien von 1939 sollten sie »Höhepunkte im Gemeinschaftsleben der Schule sein«. So Link, »Erziehungsstätte«, S. 89.
[24] So Spratte, »Die Schulfeier«, S. 133f., 136.

Zumindest am Beginn und Ende des Schuljahres fand ein Fahnenappell[25] statt, bei dem alle Schülerinnen und Schüler in Formation auf dem Schulhof standen, die Flagge gehisst wurde, der Direktor eine Ansprache hielt und zum Abschluss die Nationalhymne und das Horst-Wessel-Lied gesungen werden mussten – eine Zeremonie, die einigen vor allem dadurch in Erinnerung geblieben ist, dass ihr zum Hitlergruß erhobener Arm während des Gesanges schwer und schwerer wurde. Versuche, ihn auf den Schultern der Vorderfrau oder des Vordermannes abzustützen, wurden streng geahndet. Auch Streiche konnten plötzlich eine ganz andere Dimension erhalten. Das war der Fall, als eine Gruppe von Oberschülern während des Sammelns von Heilkräutern ein auf dem Kiessee liegendes Boot der Marine-HJ versenkte. Das hatte nicht nur eine schulinterne Untersuchung zur Folge. Auch die Polizei wurde eingeschaltet und selbst die Gestapo drohte. Erst beherztes Eingreifen von Vätern, die die Bergung des Bootes veranlassten, wendete gravierende Folgen ab (Scholz, 2151).

Es gab Lieblingsfächer und Horrorfächer. Viele Mädchen hatten große Probleme im Mathematikunterricht. Aber auch der im Dritten Reich reichlich geförderte Sportunterricht war für etliche Jungen wie Mädchen ein einziger Schrecken. Für andere hingegen war die tägliche Sportstunde ein Höhepunkt des Tages. Ungeachtet der Normalität vieler Bereiche des Schullebens und Schülerdaseins flossen politische Themen und Wertungen explizit und implizit in den Unterricht und den Schulalltag ein. Einige Befragte negierten das zwar im Interview ausdrücklich, berichteten dann anschließend oder aber an anderer Stelle von Lehrern, die versuchten, die Schüler im Unterricht zu indoktrinieren, wie beispielsweise Heinz Zöllner. Nachdem er die national-konservative, aber unpolitische Haltung der Lehrer hervorgehoben hatte (Zöllner, 190), gab er unmittelbar anschließend Beispiele für nationalsozialistische Lehrer und entsprechend gefärbten Unterricht.

Die einzelnen Unterrichtsfächer wurden unterschiedlich intensiv von der nationalsozialistischen Ideologie affiziert. Im Deutschunterricht zeigte sie sich vor allem bei der Auswahl der Autoren. Neben den etablierten Dichtern und Schriftstellern wurden nun auch einige aus der zweiten oder dritten Reihe gelesen, wie Hermann Löns, Hans Grimm, Gustav Frenssen, Trygve Gulbranssen, aber auch Alfred Rosenberg.[26] Aktuelle politische Ar-

---

25 Ebenfalls verbindlich ab Dezember 1933 (Scholtz, *Erziehung*, S. 58.)
26 Vgl. Popplow, »Schulalltag im Dritten Reich« (1979), S. 67f., Dok. 25; Nixdorf/Nixdorf weisen darauf hin, dass bereits vor 1933 deutschnationales und volkstümelndes Gedan-

tikel aus Tages- und Wochenzeitungen standen ebenfalls auf dem Programm. Bei den Themen für die Deutschaufsätze für das Schuljahr 1938/39 finden sich einerseits klassische Themenstellungen, andererseits aber politische Themen, die geradezu peinlich wirken.[27]

Angesichts des Anspruchs der nationalsozialistischen Ideologie wundert es nicht, dass der Einfluss von Kirche und Religion in den Schulen sukzessive zurückgedrängt wurde. Die Verweltlichung und Politisierung der Morgenfeiern wurde bereits erwähnt. Aber auch der Religionsunterricht wurde von der nationalsozialistischen Schulreform betroffen. Schon ab 1936 war er nicht mehr Pflichtfach.[28] Mehrere Befragte erinnerten sich, nicht die gesamte Schulzeit, sondern nur bis zur Konfirmation Religionsunterricht gehabt zu haben.[29] Charlotte Reichert, die selbstverständlich und gerne am Religionsunterricht teilgenommen hatte, benannte das Prinzip, mit dem seine Bedeutung reduziert wurde, als sie sagte: »Das waren alles so Übergangssachen: erst Wahlfreiheit, dann wurde er völlig abgeschafft.« (5523f.)

Vermutlich wurde der Geschichtsunterricht in den Interviews so selten thematisiert, weil die Büffelei von Zahlen und Herrschernamen unverändert anhielt. Außerdem dürfte in diesem Fall die national-völkische, auch die militaristische Kontinuität besonders groß gewesen sein. Kriegsgeschichte und Kriegsgeschichten hatten Hochkonjunktur. Die Jungen lasen sie privat, entliehen sie sich aus der Schulbücherei und lernten sie in der Schule kennen. Bodo Heise erzählte, sein Vater und Lehrer hätte an einem verregneten Nachmittag im Schullandheim des Gymnasiums Geschichten aus dem Ersten Weltkrieg vorgelesen (8243).

Das Fach Biologie wurde wegen der in ihm verankerten Vererbungs- und Rassenkunde enorm aufgewertet. Sie sollte allerdings fächerübergreifend gelehrt werden[30] und floss beispielsweise auch in den Geschichtsun-

---

kengut sowie Lesestoff an den Schulen verbreitet gewesen sei. Das geistige Klima an den Schulen hätte deshalb auch keiner »revolutionären Umgestaltung« bedurft (»Politisierung«, S. 236 f. und Anm. 39).

27 So zutreffend Popplow, »Schulalltag im Dritten Reich« (1979), S. 28. Beispiele aus der Aufstellung der Themen für die Deutschaufsätze für das Schuljahr 1938/39 an der Oberschule für Jungen finden sich ebenda, S. 68f., Dok. 26.

28 Vgl. Michael, »Geschichte«, S. 497.

29 1940 wurde der Religionsunterricht auf die Zeit der Volksschulpflichtigkeit begrenzt. Vgl. dazu Scholtz, *Erziehung*, S. 87.

30 Vgl. dazu Michael, »Geschichte«, S. 493.

terricht ein.[31] Die Mendelschen Gesetze standen ebenso im Mittelpunkt wie Familienkunde, hinter der sich die Ahnenforschung verbarg, Bevölkerungspolitik und menschliche Typenlehre. In der Oberschule für Mädchen wurden gesonderte Arbeitsgruppen für »Rasse und Seele«, »Vererbungslehre und Rassehygiene« eingerichtet.[32] Wie häufig die ideologische Ausrichtung des Biologieunterrichts nicht erkannt wurde, zeigt sich darin, dass Rudolf Linke ihn explizit als unideologisch bezeichnete und das damit begründete, da seien nur Tatsachen wie »Erbkrankheiten« und »Völkerstruktur« dargelegt worden (1189).

Ebenso wie das Fach Biologie erhielt der Turnunterricht einen neuen Stellenwert. In ihm sollten an den Schulen die Grundlagen für den trainierten, sportlichen, »sauberen« und belastbaren Körper geschaffen werden, auf dem die Hitler-Jugend und die Folgeorganisationen aufbauen konnten. Der sportliche Körper war zugleich eine Kampfansage an den blassen, schlaffen, bebrillten Stubengelehrten, insgesamt an »übermäßige« Ausbildung des Intellekts. Dass damit zugleich die körperlichen Voraussetzungen für eine leistungsfähige Armee und Zivilbevölkerung geschaffen werden sollten, liegt auf der Hand. 1935 wurde die dritte Turnstunde eingeführt, die an den Jungenschulen die spezifische Aufgabe zugewiesen bekam, zu »Härte gegen sich selbst« und »Wehrfähigkeit« zu erziehen. In der Unterstufe wurde das durch Schwimmen, in der Mittelstufe durch Fußballspielen, in der Oberstufe durch Boxunterricht zu erreichen versucht.[33] Auch das Antreten wurde im Turnunterricht geübt (Ilsemann, 3593).[34] Ab 1938 wurden sogar fünf Stunden Sport erteilt.[35] Für diejenigen Kinder, die im Turnunterricht gute Leistungen vollbrachten, war das sehr positiv. Für jene hingegen, die sich nicht gerne oder höchst ungeschickt bewegten oder die einfach weder in der Leichtathletik noch im Geräteturnen befriedigende Leistungen zeigen konnten, auch wenn sie andere Sportarten gut be-

---

31 Vgl. dazu Dok. 27 bei Popplow, »Schulalltag im Dritten Reich« (1979), S. 71.
32 Vgl. Michael, »Geschichte«, S. 493.
33 Der Boxunterricht »verkörpert am eindeutigsten den neuen Weg der Erziehung zum Kampf«, »zu Mut, Härte, Einsatzbereitschaft und Aggressivität«. So Kliem, *Sport*, S. 46, 48.
34 Aus der Beschreibung der Stunde eines Lehrers der Oberschule für Jungen, der versuchte die Disziplin in der Klasse wiederherzustellen, wird deutlich, wie stark schließlich vormilitärische Elemente in den schulischen Turnunterricht eingeflossen waren (vgl. Popplow, »Schulalltag im Dritten Reich« (1979), S. 61, Dok. 23a).
35 Vgl. dazu Fricke-Finkelburg, *Nationalsozialismus*, S. 158f. Die Sportnote stand ab 1938 im Zeugnis an erster Stelle. Auch Seidel, »Die dritte Turnstunde«, S. 103–104.

herrschten, war diese Ausweitung des Turnunterrichts eine mittlere Katastrophe. Die sonst nur zweimal wöchentlich stattfindende Blamage erlitten sie nunmehr fast täglich. Hinzu kam, dass der Sportunterricht versetzungsrelevant geworden war oder als solcher vermittelt wurde (Zimmermann, 2245).[36]

Während für Ursula Zimmermann Sport ein einziger großer Spaß war, bei dem sie häufig zum Vorturnen aufgefordert wurde, klingen die Erinnerungen Charlotte Reicherts ganz anders:

»Horror hatte ich vor Sport. Sport nahm ja bei den Nazis eine Riesen-Spalte ein, war ja Hauptfach, und mit Sport fünf konnten se kein Abitur machen. Das war unmöglich. Also, se mussten immer sehen, dass se wenigstens auf ausreichend waren. Ich war gar nich so unsportlich, ich hab lebelang Tennis gespielt, Ski gelaufen all so was und auch gar nicht schlecht, im Gegenteil, aber so, wie das da betrieben wurde, das waren für mich mittelalterliche Folterinstrumente diese Geräte, [...] Und es war furchtbar, und ich krichte ein Attest nach dem anderen schleppte ich an, dass ich beim Sport nicht teilzunehmen brauchte, bis mir natürlich diese entsetzliche Lehrerin darauf kam [lacht], und nun musste ich mit antreten. Und machte gute Miene und so und krichte dann wenigstens immer noch mein ausreichend, so dass [seufzt] ich noch 'n ganz gutes Abitur machen konnte durch die andern Fächer. Aber [P] das war eben schrecklich.« (Reichert, 5341–5361)

Besonders das Wählen von Mannschaften durch die Schülerinnen und Schüler selbst war für die »sportlichen Nullen« eine immer wiederkehrende öffentliche Blamage, die fest im Gedächtnis verankert ist.

Während der clevere Jürgen Diederichs häufig eine Befreiung von der Turnstunde mit dem Hinweis auf sein angeblich geschwollenes Knie erreichte und Charlotte Reichert ärztliche Atteste ablieferte, versuchten andere Mädchen durch Verweis auf ihre Menstruation der körperlichen Fron zu entkommen. Diese Möglichkeit war jedoch dadurch begrenzt, dass mittels Eintragungen in Oktavheften Buch geführt werden musste (Ohlendorf, 7796). Zwar ist die Ausgrenzung der Unsportlichen ein generelles Problem des Sportunterrichts. Im Dritten Reich wurde es jedoch durch seine nunmehr zentrale Rolle im Schulalltag und durch die Bedeutung für Zeugnis und Versetzung enorm gesteigert. Rückblickend sah auch die sportlich be-

---

36 Dass körperliche Eignung an vorderster Stelle der Bewertungsskala gerückt war, lässt sich daran ablesen, dass Kinder wegen dauerhaften Versagens im Fach »Leibesübungen« von der Schule verwiesen werden konnten. So Fricke-Finkelburg, *Nationalsozialismus*, S. 158; auch Kemnitz/Tosch, »Indoktrination und Qualifikation«, S. 120.

geisterte Ursula Zimmermann die Schattenseiten dieser Ausrichtung des Unterrichts:

»Und ich will mal sagen, also das war damals natürlich diskriminierend. Es gab ja Kinder, die wirklich schwächer waren oder die das nicht so konnten, und auf die wurde ja herabgesehen, und das war erzieherisch meiner Ansicht nach falsch. Das seh' ich heute so. Dass man also denen keine Chance gelassen hat, dass die sich anderswo beweisen konnten. Das es immer hieß: ›Ach, du bist ja im Turnen schlecht‹ und also die Note Sport die stand auch ganz oben an. Und also da wurde also Riesenwert drauf gelegt, das spielte auch bei der Versetzung 'ne Rolle und all so was. Also das, das wurde auch gezüchtet. Wir hatten ja fünf Stunden Sport.« (Zimmermann, 2237–2250)[37]

Dominant war der Einfluss politischer Gehalte »naturgemäß« im nationalpolitischen Unterricht am Staatsjugendtag. Gemäß einem Abkommen zwischen dem Reichserziehungsminister und dem Reichsjugendführer war ab August 1934 der Sonnabend für die Angehörigen der Hitler-Jugend schulfrei, um ihnen Zeit für den »Dienst« zu lassen. Für die anderen Schülerinnen und Schüler wurde nationalpolitischer Unterricht erteilt.[38] Einige der älteren Befragten haben ihn noch erlebt.

»Das fand sonnabends im Gymnasium statt, und wurde auch von Lehrern des Gymnasiums gemacht, [...]. Bei uns waren dann mehrere Klassen zusammengefasst, das waren dann vielleicht so 30 oder 40 Schüler im Ganzen, vom Ganzen, oder soviel waren's gar nicht, vielleicht 20 oder 25, die nicht im Jungvolk waren, machte das der Direktor persönlich. Und der machte das natürlich, der war nicht Parteigenosse. Aber er war natürlich stark, ich würde mal sagen, also mehr deutsch-national, nich, stark vom Regime angehaucht und beeindruckt, aber mehr so auf diese deutsch-nationale Tour, und der gab also so 'ne Art Geschichtsunterricht über die Zeit, sagen wa mal seit 1900, so die Entwicklung 20er Jahre. Der natürlich auch stark NSDAP-Führer, Hitler und so weiter, das spielte da stark rein, aber das war eigentlich so, also ich fand's jedenfalls ganz interessant damals. Und das waren so zwei Stunden vielleicht so 'n Block. Und dann waren zwei Stunden waren denn Sport. Ja, an diesem Sonnabend, ne.« (Zöllner, 2406–2426)

An dem Unterricht mussten alle Kinder teilnehmen, die nicht in der Hitler-Jugend waren. Dazu gehörten in Heinz Zöllners Erinnerung auch die von

---

37 In anderen Orten wurde der Mädchensport allerdings lange vernachlässigt. Vgl. Fricke-Finkelburg, *Nationalsozialismus*, S. 159.
38 Vgl. Michael, »Geschichte«, S. 491.

ihr ausgeschlossenen jüdischen Kinder.[39] Der Direktor des Gymnasiums bewältigte diese prekäre Aufgabe gut:

»[...] das war übrigens interessant, an diesem Unterricht, also praktisch '35, '36, bei mir in der Sexta, an diesem Unterricht nahmen auch zwei Juden teil, die auf dem Gymnasium waren. Ich glaube, der eine war eine Klasse über mir, der andere zwei Klassen über mir. Die wohnten auch am [...], das war 'ne jüdische Familie, ich weiß nicht, was se waren, aber wahrscheinlich Kaufleute oder irgend so was. Und die machten da auch mit, und der Direktor hat es immerhin verstanden – wir kriegten das natürlich nicht so ganz mit, was das für Gegensätze waren eigentlich, ne? – dass er das also nicht ausspielte, dieses, das Antisemitische, sondern er machte das mehr so auf die nationale Tour, ne? Erster Weltkrieg und Kriegsfolgen und so weiter und so. Also er machte das eigentlich ganz gut.« (Zöllner, 2428–2443)

Ein Jahr später saß der nur ein Jahr jüngere Jürgen Diederichs im Schuljahr 1936/37 samstags nur noch mit zwei oder drei anderen Jungen zusammen (51) – so sehr hatte die Attraktivität des freien Samstags den Zustrom in die Hitler-Jugend gefördert und die Beteiligung am nationalpolitischen Unterricht reduziert. Die Schülerschaft des Gymnasiums hatte schließlich, ebenso wie die der Oberschule für Jungen, bereits im März 1936 einen Organisationsgrad in der HJ von 95 Prozent und mehr erreicht und konnte stolz die HJ-Fahne auf dem Dach der Schule hissen.[40] Für Jürgen Diederichs endete dieser Unterricht erst als er zum 1.12.1936 abgeschafft und die Hitler-Jugend per Gesetz zur Staatsjugend erklärt wurde. Da gab auch seine Mutter ihren Widerstand gegen seinen Eintritt in das Jungvolk auf.

Die Oberschule für Jungen besaß ein Schullandheim in einem Dorf in der näheren Umgebung, das von den verschiedenen Klassen bis zum Kriegsausbruch regelmäßig aufgesucht wurde. Andere Schulen fuhren in Jugendherbergen. Vormittags stand nationalpolitischer Unterricht auf dem Programm, nachmittags Gelände- und Wehrsport. 1935 wurden den Schülern der beiden Abschlussklassen Themen wie »Die Ursachen des Zusammenbruchs«, »Volk und Rasse«, »Persönlichkeit und völkischer Staatsgedanke«, »Gedanken über Sinn und Organisation der SA« und Ähnliches na-

---

39 Hier irrt der Befragte vermutlich. Scholtz zufolge sind jüdische Kinder von diesem Unterricht ausgeschlossen gewesen. Möglicherweise handelte es sich um halbjüdische Kinder, für die einige Bestimmungen nicht galten (*Erziehung*, S. 65).
40 Michael (»Geschichte«, S. 491) nennt das Jahr 1935. Es handelt sich um einen Druckfehler. In einer früheren Publikation (Michael, *Schule und Erziehung*, S. 17f.) nennt er selbst das Jahr 1936. Dieser Zeitpunkt geht auch aus den Angaben von Befragten hervor und wird von Popplow ebenfalls belegt (»Schulalltag im Dritten Reich« (1979), S. 27).

hegebracht.[41] Hier war es dem einzelnen Lehrer oder der Lehrerin noch möglich, durch individuelle Akzentsetzungen bestimmte Dinge hervor-zuheben oder in den Hintergrund treten zu lassen. Auch konnten Lehrerinnen und Lehrer anhand von Beispielen andere Perspektiven sichtbar machen oder gar zu kritischen Überlegungen anregen.[42] Das war im normalen Schulalltag weitaus schwieriger.

Nationalsozialistische Ideologeme wurden aber nicht nur über den Unterricht transportiert. An den Schulen wurde für das Abonnement der Schülerzeitschrift *Hilf mit* geworben, die vom NSLB herausgegeben wurde und die einige der Befragten auch als Lektüre erwähnt haben. Rolf Pieper wies im Gespräch vermutlich völlig zutreffend darauf hin, dieses Blatt hätte mehr Gift ausgestreut als die offiziellen Schulbücher (4384).[43] Die Schule empfahl außerdem den Schülerinnen und Schülern bestimmte Filme, ordnete deren Besuch teilweise aber auch an. Die meisten Befragten erinnerten sich an den Olympiafilm Leni Riefenstahls. Genannt wurden auch häufiger die Preußenfilme mit Otto Gebühr als Friedrich II. Gegen Ende des Krieges war der »Durchhaltefilm« Kolberg obligatorisch (Ohlendorf, 3783). Obwohl sich nur wenige daran erinnerten, gehörte aber auch der »Hitlerjunge Quex« zu den von den Schulen verordneten Pflichtfilmen, ebenso wie andere reine Propagandafilme.[44]

Während des Krieges wurde der Einfluss des Politischen insgesamt stärker. Heinz Zöllner erinnerte sich an einen militärischen Sondervortrag des Geschichtslehrers am Gymnasium anlässlich des Einfalls der Deutschen Wehrmacht in Belgien und Frankreich (1011). In der Oberschule für Jungen mussten die Schüler ein Kriegstagebuch anhand von Zeitungsausschnitten führen (Jung, 4430); Marie Ohlendorf erinnerte eine Landkarte in der Klasse, auf der mit Fähnchen der Kriegsverlauf abgesteckt wurde (6837). Bei manchen begeisterten Eltern hing anlässlich des Polen-Feldzugs eine solche Karte auch zu Hause, wie Rudolf Linke von seinem El-

---

41 Vgl. Popplow, »Schulalltag im Dritten Reich« (1979), S. 55, Dok. 18.
42 Die Aussage Schörkens: Wer »keinen nationalsozialistisch gefärbten Unterricht erteilen wollte, gab keinen, oder gab ihn so, dass niemand ihn ernst nahm«, ist m. E. aber übertrieben (Schörken, »Jugend«, S. 207).
43 Diese Einschätzung bestätigt Scholtz, wenn er schreibt: »[…] und vor allem die Schülerzeitschrift des NS-Lehrerbundes (*Hilf mit*) eignete sich durch ihre geringere Verbindlichkeit besser zur Verbreitung von Hetzpropaganda« (*Erziehung*, S. 62).
44 Vgl. dazu Berndt, »Schulfeiern«, S. 26. In der Oberschule für Mädchen wurde der Besuch weiterer Filme angeordnet. Es handelte sich um »Sieg des Glaubens«, »Wer will unter die Soldaten?«, »Der Choral von Leuthen«, vgl. ebenda.

ternhaus berichtete (2037). Ansprachen bei großen Siegen und Niederlagen wurden im Radio übertragen und mussten von den Schülerinnen und Schülern angehört werden (Ohlendorf, 3044). Charlotte Reichert erinnerte sich in diesem Zusammenhang vor allem an die Durchhalteparolen der Goebbels-Reden (4647).

Die Lehrkräfte

Die höheren Schulen sind ebenso wie die Universitäten in der Weimarer Republik nicht gerade Orte des Fortschritts und demokratischen Geistes gewesen. Die Gymnasiallehrerinnen und -lehrer standen überwiegend, wie insgesamt die große Mehrheit des akademisch gebildeten Bürgertums, der Republik skeptisch bis ablehnend gegenüber.[45] Auch ohne der Partei anzugehören, sympathisierte ein erheblicher Teil der Lehrerschaft mit der nationalsozialistischen Bewegung, die die nationale Ehre wiederherzustellen und die Schmach des »Versailler Diktates« zu löschen versprach und von der sie sich auch ein Ende ihrer durch die Brüningschen Notverordnungen eingeleiteten »ökonomischen Deprivilegierung« erhofften.[46] Nachdem bereits kurz nach der Ernennung Hitlers zum Reichskanzler die Universitäten und Schulen von »nicht arischem« und politisch unzuverlässigem Personal »gesäubert« worden waren – auch in Göttingen waren davon mehrere Lehrkräfte betroffen[47] –, gaben viele Lehrer dem Druck nach und schlossen sich der Partei und/oder dem NSLB an. Beispielsweise traten in der Oberschule für Jungen, in dessen liberal-konservativem[48] Lehrkörper vor

---

[45] Vgl. dazu Müller-Rolli, »Lehrer«, S. 250. Er spricht von einem Rechtsruck innerhalb der Lehrerschaft und ihrer Anfälligkeit gegenüber der nationalsozialistischen Propaganda. Müller-Rolli, »Lehrer«, S. 253.

[46] Ebenda. In den Jahren 1930–1932 hatte die Sparpolitik im Bildungssektor 30–40-prozentige Gehaltskürzungen zur Folge. So Breyvogel/Lohmann, »Schulalltag«, S. 204. In der hohen Belastung der Lehrerschaft durch die Notverordnungspolitik am Ende der Weimarer Republik sehen auch Nixdorf/Nixdorf eine zentrale Ursache für die Einbindung der Lehrer in den Nationalsozialismus (»Politisierung«, S. 228f.).

[47] Vgl. dazu Michael, »Geschichte«, S. 490. U. a. wurde der Direktor des Gymnasiums 1934 aus rassischen Gründen aus dem Schuldienst entfernt (vgl. Natonek, »Das Gymnasium zu Göttingen«, S. 78–91). Für die Oberschule für Jungen vgl. Popplow, »Schulalltag im Dritten Reich« (1979). Zymek weist darauf hin, dass die damit bewirkte »Einschüchterung der Lehrer für das Klima an den Schulen und die Inhalte des Unterrichts wichtiger gewesen (sei) als die Anweisungen einzelner Erlasse zur Umorientierung des Unterrichts« (»Schulen«, S. 192).

[48] Diese Qualifikation stammt von Popplow, »Schulalltag im Dritten Reich« (1979), S. 25.

1933 kein einziges Mitglied in der NSDAP zu finden gewesen war, allein zwischen dem 1.3.1933 und dem 1.5.1933 16 von 28 Lehrern, einschließlich des Direktors, der Partei bei.[49] Etliche nahmen im Laufe der Zeit Parteiämter an.[50] Obgleich nur für die Oberschule für Jungen detaillierte Untersuchungen über die Entwicklung im Nationalsozialismus vorliegen, ist zu vermuten, dass die politische Einstellung der Lehrer am Staatlichen Gymnasium mindestens genauso konservativ gewesen sein dürfte:

»[...] Lehrerschaft also konservativ, ich würde mal sagen, so in der Unterrichtung deutsch-national, aber eigentlich keine Nazis, sondern die waren so im Ersten Weltkrieg Reserveoffiziere gewesen und so, also ne klare konservative Grundrichtung.« (Zöllner, 965–101)

Später führte Heinz Zöllner aus:

»[...] und die Lehrer waren, soweit ich mich erinnere, na ja, stellen Sie sich so 'nen typischen Studienrat vor, der Latein und Griechisch hat, und von denen gab's natürlich ne ganze Reihe, also so sogenannte ›Altphilologen‹. Das waren also alles klassisch gebildete Leute, die also von der – ihrer Natur her schon nicht zum Nationalsozialismus neigten. Also die waren eigentlich alle konservativ eingestellt, aber eben so im im Sinne von gutbürgerlich und deutsch-national vielleicht, aber auch nicht unbedingt mit politischer.« (Zöllner, 191–202)

Die Situation an der Oberschule für Mädchen dürfte sich davon nicht grundlegend unterschieden haben. Die nationalsozialistische Bewegung stieß auf eine in ihrer politischen Grundeinstellung insgesamt überwiegend national-konservative Lehrerschaft. Diese folgte ihr zwar nicht zur Gänze mit Begeisterung, war aber, von den Zielen überzeugt, den ökonomischen Erfolgen der ersten Regierungsjahre beeindruckt und durch die politischen Säuberungen eingeschüchtert, weitgehend loyal. Bodo Heise beschrieb die politische Haltung seines Vaters, der selbst Lehrer am Gymnasium war, mit den Worten:

»Also mein Vater is nie begeistert gewesen dafür. Der is deswegen auch nie inner Partei gewesen. Aber er hat es wohl als ein notwendiges Übel gesehen, was man eben jetzt erdulden muss. Und sich denn n bisschen abkapseln und möglichst wenich zu erzähln, dass man das nich soo in Ordnung findet. Und ich hatte auch n

---

49 Vgl. ebenda. Bis zum Ende des Dritten Reiches blieben nur drei Lehrer außerhalb des NSLB. Sie durften deshalb keine Referendare ausbilden. Ebenda, S. 26. In NSLB und NSDAP waren vor 1933 reichsweit nur fünf Prozent der Lehrer organisiert. Bis Mai 1933 beantragten ca. 25 Prozent die Mitgliedschaft. So Breyvogel/Lohmann, »Schulalltag«, S. 204.
50 Vgl. die Aufzählung Popplow, »Schulalltag im Dritten Reich« (1979), S. 26.

bisschen das Gefühl, dass die Lehrerschaft, die wir hatten im Gymnasium – das war ja die Zeit erst, als das akut wurde – zum allergrößten Teil da dieselbe Einstellung hatte.« (Heise, 6009–6019)

Die Diktatur als »notwendiges Übel« – diese Haltung einte viele Bürger, auch wenn sie nicht mit jeder politischen Maßnahme des Regimes einverstanden gewesen sind und ihnen vieles zu plebejisch war. Insofern war die politische Zäsur des Jahres 1933 auch für die große Mehrheit der Lehrerschaft kein gravierender Bruch.

Die Perspektive der Kinder auf die Lehrerinnen und Lehrer war ähnlich wie auf die Fächer: Es gab angenehme und unangenehme. Dass diese Bewertung bei den einzelnen Befragten differierte, liegt auf der Hand. Das Verhältnis zum Lehrer oder zur Lehrerin hatte eben auch viel mit dem Fach zu tun und umgekehrt. In Jürgen Diederichs Erinnerung fühlten sich die Lehrer am Gymnasium durchweg als verhinderte Professoren (141). Und Dieter Reinecke, dessen Vater selbst Lehrer an der Oberschule für Jungen war, berichtete, dass dort mit Ausnahme der Sport- und Musiklehrer alle anderen den Doktortitel gehabt hätten (1227). Auch wenn diese Aussagen nicht ganz wörtlich genommen werden dürfen, so wird daraus doch eine Haltung und Einstellung der Lehrerschaft deutlich, die stolz auf ihre akademische Ausbildung war und ihre Nähe zur Universität betonte – auch wenn die Professorenschaft diese Liebe nicht erwiderte.

Wie schon aus den bisherigen Interviewzitaten hervorgeht, berichteten die Befragten – von wenigen Ausnahmen abgesehen – übereinstimmend, sie hätten die politische Position der Lehrer und Lehrerinnen einschätzen können. Das wird im Interview häufig en passant deutlich, wenn etwa Lisa Bornemann über ihre Lieblingsfächer spricht und dabei einen Lehrer politisch einordnet.

»Englisch hatten wa 'nen sehr oh, sehr anständigen, also im rück, zurück, rückdenkend, denke ich, er war 'n echter englischer Gentleman, war auch kein Nazi und ließ das auch durchblicken […].« (Bornemann, 7267–7270)

In dieser Hinsicht unterscheiden sich die Erzählungen von denen über die Volksschulzeit grundlegend. Die politische Einstellung der Volksschullehrer war in den Interviews überwiegend kein Thema. Es gibt nur wenige Ausnahmen. Dazu gehörten Christa Fröhlich und Rosa Conrad, die beide in dieselbe Klasse der Lutherschule gingen und dort von einer überzeugten Nationalsozialistin unterrichtet wurden, die ihre politische Einstellung offen zur Schau stellte und in den Unterricht einfließen ließ. Kommentare der Eltern dürften dieses Faktum betont und in der Erinnerung verankert haben. Für die meisten anderen Kinder lag die politische Haltung der Volksschullehrerinnen und -lehrer außerhalb ihres Interesses und Horizontes. Das war bei den Lehrern an den höheren Schulen ganz anders. Die Kinder konnten sehr genau abschätzen, wo ein Lehrer oder eine Lehrerin politisch stand, denn sie hatten inzwischen ein Alter erreicht, in dem das Nachdenken und auch Reden über Politik sich grundlegend veränderte.[51]

Die meisten Schülerinnen und Schüler wussten daher über die politische Haltung der Lehrer Bescheid. Hinzu kam, dass darüber auch im Elternhaus gesprochen wurde, wie Ursula Zimmermann betonte:

»Und von unsern Lehrern da wussten die meisten Eltern, was die, welchen Parteien die angehört hatten – vor dem Umsturz, nech. Und dann hieß es: ›Der is 'n Deutsch-Nationaler, und der ist Volkspartei und der is...‹ Na, wie nannten se sich? Nicht Anthroposophen, ich komme jetzt nicht drauf. Freimaurer, nech? ›Der ist ja Freimaurer, der is ja in 'ner Loge‹ und so weiter. Das, das wusste man durch die Eltern.« (Zimmermann, 1924–1932)

Während Elke Engelmann hervorhob, die politische Einstellung der Lehrer sei für sie und ihre Mitschülerinnen kein Thema gewesen (6476), unterhielten sich andere offenbar selbstverständlich darüber. Die überzeugten Nationalsozialisten unter den Lehrerinnen und Lehrern hielten sich allerdings mit ihrer Ansicht auch im Unterricht selten zurück. Sie erschienen zum Teil uniformiert oder wenigstens halb uniformiert und demonstrierten damit nach außen für alle sichtbar ihre Überzeugung, wie sich Heinz Zöllner erinnerte:

»[…] gab auch 'n paar Lehrer, die so rumliefen mit so 'm Braunhemd oder und Stiefelhosen, und denn oben so 'n ziviles Jackett drüber, ne. Das können Sie sich heute gar nicht mehr vorstellen. Es war also 'ne ganz, [P] ganz witzige Mischung, die eben unterschwellig zum Ausdruck bringen sollte, dass der also stramm dabei war, ne. Aber die meisten Lehrer lehnten das vollkommen ab; liefen also in Zivil rum, teilweise noch mit hohem Kragen und Eckenkragen und so. Die verkörperten noch so diesen also Stil des Oberlehrers von vor 1914 oder des Studienrats, der danach, der eben ganz sich zur bürgerlichen Gesellschaft bekennt, nich. Aber unter den jüngeren Lehrern gab es 'n paar, die so kostümiert rumliefen. Aber es waren

---

51 In dem Zeitraum zwischen dem zwölften und dem 16. Lebensjahr erhält das politische Denken seine entscheidenden Konturen. Zwar werden zuvor schon politische Grundeinstellungen erworben, aber differenziertes politisches Denken entwickelt sich erst in diesen Pubertätsjahren. Ungefähr im Alter von 16 Jahren, zwischen mittlerer und später Adoleszenz, hat dann der Jugendliche das politische Verständnis eines Erwachsenen erlangt. Vgl. dazu ausführlich Hopf/Hopf, *Familie*, S. 79f.

nur ganz wenige, höchstens zwei oder drei auf der Schule. Da wusste man aber sowieso, dass sie stark in der NSDAP waren.« (Zöllner, 2657–2673)

An der Oberschule für Jungen erschien der Sportlehrer häufig in Uniform. Andere Lehrer, die in die Partei eingetreten waren, übernahmen dort Funktionen, waren, wie sich die Befragten erinnerten, Ortsgruppenleiter oder Verbindungsmann zur SS.[52] Die Kinder unterschieden sogar zwischen den »alten Kämpfern« und den »Märzgefallenen«, wie Dieter Reinecke erzählte (2310). Rolf Pieper bezeichnete einen Lehrer als »Altnazi« (834). Aber auch manche dem Nationalsozialismus distanziert bis kritisch gegenüberstehende Lehrer wurden von vielen Kindern schnell identifiziert[53] – und das nicht nur, weil sie einige Informationen durch ihre Eltern darüber erhalten hatten. Diese Lehrer versuchten, wie Lisa Bornemanns Englischlehrer, entgegen der offiziellen Sicht andere Perspektiven aufzuzeigen.

»Also ich glaube, wir hatten bis zuletzt den Dr. Vormoor, ein ganz integrer Mensch. Ich hab immer sehr bedauert, dass ich dem meine Englandliebe nicht mitteilen konnte. Da war er gestorben, als ich aus England wiederkam. Ein ganz feiner Mann, der uns noch im Krieg und unter den Nazis erzählte, dass man in England, in London, 'nen Koffer auf 'm Bahnsteig stehen lassen könnte, und dann käme man nach drei Stunden wieder und da stände der Koffer noch. Implicité so anständig sind die Engländer, wo alle verkündeten, was das für grässliche Menschen sind, nech? Also 'n wunderbarer Mensch, und nix von Indoktrination.« (Bornemann, 7351–7363)

Diese Lehrer mussten, wie Heinz Zöllner betonte, »vorsichtig sein. Aber so vorsichtig, dass man's nicht merkte, waren sie wieder nich« (8011–8013). Besonders die Art des Grüßens war eine gängige Methode, die Position zum Nationalsozialismus zu markieren. Lisa Bornemanns Englischlehrer beispielsweise verhielt sich dabei betont nachlässig.

»[...] das war eigentlich immer der Hitlergruß [P], also die Hauptzeit, die ich meine die, die, die größte Zeit, da hieß es hieß: ›Heil Hitler‹ nech. Dass der Lehrer reinkam, sich vorne hinstellte, wir mussten aufstehen, er sagte: ›Heil Hitler‹ und wir brüllten im Chor ›Heil Hitler‹. Und da hat es durchaus mal, das war wieder der berühmte Möhrchen, der kam so rein und machte so ungefähr, setzte sich schon halb hin und machte so [klopft auf Tisch] ›Heil Hitler‹, ja.« (Bornemann, 7533–7542)

---

52 Weitere Funktionen nennt Popplow, »Schulalltag im Dritten Reich« (1979), S. 26.
53 Nixdorf/Nixdorf warnen davor, jemanden schon wegen kleinster Abweichungen zu einem »Andersdenkenden« zu stilisieren (»Politisierung«, S. 238). Abweichungen bedeuten zunächst lediglich, dass jemand in dieser Frage nicht auf Parteilinie liegt.

Eine Mitschülerin, deren Vater überzeugter Nationalsozialist war, regte sich regelmäßig darüber auf und monierte: »Der grüßt ja nicht richtig!« (Bornemann, 7544f.) Die Gefahr, denunziert zu werden, bestand für Lehrer, die ihre Distanz zur Schau stellten, durchaus. Hartmut Opitz beschreibt die notwendige Vorsicht und Strategien der politisch Exponierten sehr genau:

»[…] und ich meine, es ist bei uns auch in der Schule, ich hab nichts gehört, ich weiß einer war linksradikal. Wir hatten also Kinder, also die 150-prozentig nationalsozialistisch waren. Aber da passiert ist da in der Hinsicht nichts, dass da jemand inhaftiert wurde. Vielleicht war auch jeder 'n bisschen vorsichtiger und schlauer, und dass man vielleicht mehr darauf geachtet hatte, wem man was zu wissen gab und manche wussten genau, sie hatten einmal das gesagt und testeten auch, ob das nun irgendwie weiterlief oder oder nicht weiterlief.« (Opitz, 5281–5297)

Umgekehrt gab es nationalsozialistische Lehrer, die die korrekte Ausführung des Hitlergrußes kontrollierten und die Kinder damit schikanierten (Zimmermann, 1943). Selbst die Hausmeister, die wichtige Personen für die Kinder sind, waren teilweise zugleich politische Figuren, vor denen man deshalb unter Umständen auf der Hut sein musste. Die Hausmeister beider Jungenschulen waren überzeugte Nationalsozialisten. Der Hausmeister der Oberschule für Jungen war sogar höherrangiges Mitglied in der SS,[54] der des Gymnasiums Parteimitglied mit höherem Rang, der auch halb uniformiert zum Dienst erschien, wie Heinz Zöllner hervorhob.

Für das Verhältnis der Kinder zu den Lehrerinnen und Lehrern spielte deren politische Einstellung nicht unbedingt eine große Rolle. Die Klassenlehrerin mehrerer Interviewpartnerinnen an der Oberschule für Mädchen, deren politisches Engagement und Parteimitgliedschaft bekannt war, ist selbst bei jenen Mädchen sehr beliebt gewesen, die bereits während ihrer Schulzeit eine gewisse Reserve gegenüber dem Regime entwickelt hatten. Viel ausschlaggebender als die politische Sympathie oder Antipathie waren neben der pädagogischen Qualifikation die Fächer, die die Lehrerinnen und Lehrer unterrichteten.

---

[54] Das erinnerten mehrere Befragte. Vgl. auch Popplow, »Schulalltag im Dritten Reich« (1979), S. 26.

Die Beziehungen der Kinder: Cliquen und Außenseiter

Ebenso wie im Verhältnis zu den Lehrern und den Fächern spielten in den Beziehungen der Kinder untereinander Zu- und Abneigung eine große Rolle. Sie kamen alle mit zehn Jahren in die höheren Schulen, einige aber gleich umgeben von einem Schwarm Freundinnen oder Freunden, die sie schon aus der Volksschule kannten. Das traf sicher für Christa Fröhlich zu, die – wie erwähnt – den Besuch der Oberschule statt der Mittelschule gegenüber ihren Eltern durchgesetzt hatte, um mit ihren Freundinnen zusammenbleiben zu können. Andere, wie Lisa Bornemann, die aus einem entfernten Ort kam und für die der Schulbesuch mit der Trennung von den Eltern verbunden war, traten zunächst als vereinzelte Kinder in die Oberschule ein. Das galt auch für viele Fahrschüler wie zum Beispiel Ernst Naue, der als Einziger aus seiner Dorfschulklasse in die Oberschule für Jungen wechselte. Elke Engelmann, deren Eltern erst 1937 nach Göttingen zogen und die im laufenden Schuljahr in die erste Oberschulklasse kam, brauchte eine Weile bis sie Anschluss gefunden hatte, denn

»es war nur, unsere Klasse war sehr fest gefügt in Gruppen, die befreundet waren, und da stand man erstmal so davor und hatte nicht gleich ne Freundin.« (Engelmann, 5390–5393)

Das war umso schwieriger, je mehr sich die Klasse in Cliquen aufgespalten hatte. Zu diesem Thema sind die Interviews mit den Frauen besonders ergiebig. Aus den Schilderungen ergibt sich folgendes Bild: In der ersten Klasse der höheren Schule sortierten sich die Kinder nach Freundschaften und Bekanntheit aus der Volksschule. Aber auch ein gemeinsamer Schulweg und Nachbarschaft konnten, wie Bodo Heise (2024) beschrieb, zur Grundlage von Gruppierungen werden. Diejenigen, die ohne derartige Verbindungen in die Klasse kamen, mussten sich entweder zusammenschließen oder versuchen, mit der Zeit Anschluss an eine der bestehenden Cliquen zu bekommen.

Allmählich, mit näherem Kennenlernen, bildeten sich in den Klassen soziale Hierarchien aus, nach denselben Kriterien wie die sozialen Differenzen der Erwachsenen. In mindestens zwei Klassen der Oberschule für Mädchen gaben die Töchter von Professoren und Adligen eindeutig den Ton an und wiesen den anderen ihren Platz zu. Marie Ohlendorf, die der dominanten Clique angehörte, beschrieb das Prinzip des »gleich zu gleich gesellt sich gern« mit den Worten:

»[...] und die also inner Wilhelm-Weber-Straße wohnten, inner Hanssenstraße wohnten, im Goldgraben wohnten, Dahlmannstraße wohnten und so. Das war denn so ne Clique. Oder wo die Mütter miteinander verkehrten oder durch die Väter. Oder na ja. Und die Professorentöchter. Und die anderen. Ich war ja keine Professorentochter, aber komischerweise [lacht] gehörte ich immer dazu. Man würde heute sagen, och na ja, vielleicht is das ne Tussi zweiter Klasse gewesen oder sonst wie. Aber das war nich. Weiß nich, ob wohl meine Großmutter nun so bekannt war und dadurch, dass die Großeltern und Urgroßeltern auch hier gelebt haben und die berühmte Verwandtschaft hatte und so.« (Ohlendorf, 3176–3191)

Für diejenigen, die nicht dazugehörten, war das bitter, wie in Gisela Apels Schilderung anklingt:

»Dieses Lyzeum da in Göttingen, es waren ja, da gab es keine Kaufmannskinder. Wir hatten einige Professorenkinder und so unverständlich das klingt, ich hatte manchmal nen bisschen Minderwertigkeitskomplexe, weil ich nur ein Akademikerkind war. Also so was Albernes. Ich war kein Professorenkind. Die eine Professorentochter die hatte nämlich sehr das Sagen. Die war groß und schön und es gibt ja auch da welche, die man bewundert.« (Apel, 1739–1747)

In Dora Markwarts Klasse herrschten vergleichbare Gruppierungsprinzipien. Für sie, die noch nicht einmal aus einer Akademikerfamilie stammte, kam erschwerend hinzu, dass das Geschäft ihres Vaters in einer schlecht beleumdeten Straße der Göttinger Innenstadt lag.

»So 'n bisschen auch [P] auch noch so 'n bisschen Standesunterschiede, also wir hatten zwei Adlige, die dann nur für Professoren[töchter] noch den Sinn hatten [lacht], will ich mal sagen. Denn immerhin – ich war ja Hohe Trift, ne. 'N bisschen war das auch zu merken. [P] Das hat sich nachher gegeben, aber ja, so zu Anfang, wenn se sich so antasteten, ne, [P] das war schon 'nen bisschen merkwürdig.« (Markwart, 5127–5135)

In Elke Engelmanns Klasse schliffen sich allerdings im Laufe der Zeit die scharfen Grenzziehungen ab, was offenbar sehr stark mit dem Verhalten der Klassenlehrerin zu tun hatte:

»Ja, also die Akademikerkinder waren schon nen bisschen arroganter zu den anderen. So hab ich das etwas in Erinnerung. Jedenfalls einige von denen oder sie erschienen so. Ich weiß es nicht. Aber das hat sich völlig gegeben in unserer Klasse. Das hat diese Lehrerin, vielleicht auch durch die Klassenreisen hatte sie dann ja die ganze Klasse für sich mal so ne ganze Woche oder zehn Tage. Ich weiß gar nicht mehr, wie lange das immer ging. Da hat sie sehr auf Kameradschaft hat sie gedrängt. Auch Abgeben und Kameradschaft und sich helfen und so, nich. Und das ham wir auch angenommen, weil wir sie mochten, und das war vielleicht sogar auch nen ganz guter Effekt vom Dienst, vom Jungmädeldienst, dass man eben nich immer nur mit Klassenkameradinnen oder mit engsten Freundinnen zusammenkam, nich, sondern auch andere Kinder kennenlernte.« (Engelmann, 5402–5418)

Eine besondere Gruppe von Schülerinnen und Schülern waren jene, die nicht in der Stadt wohnten. Sie kamen mit der Bahn, dem Bus oder dem Fahrrad. Außerhalb der Schule konnten diese Kinder die dort geknüpften Kontakte nicht festigen, sondern tauchten in eine völlig andere soziale Welt ein. Vermutlich, um die Integration der Tochter in die Klasse zu befördern, erlaubte Waltraud Neuberts Mutter ihr, ab und zu alle Mitschülerinnen in das große Haus auf dem Lande einzuladen. Auch gab sie der Tochter reichlich von den Früchten aus dem Garten mit in die Schule (Neubert, 1295). Andererseits verband das Fahrschülerdasein die Kinder auch. Wenn sie zur gleichen Zeit am Bahnhof ankamen, konnten sie gemeinsam zur Schule gehen und häufig Unfug machen, wie Hans Scholz plastisch beschrieb:

»Und da fuhr man bis Göttingen und dann machten wir im Wartesaal, machten wir dann Schularbeiten. Und denn gingen wir in die Goetheallee zu Café Wellblech... Kennen Sie das? [lacht leise] Café Wellblech. Das waren diese Wellblechbuden, diese Pinkelbuden. [lacht] Wellblech. Da stopften wir uns ne Pfeife und gingen dann schmökend über'n Wall bis zum Bismarckhäuschen. Und dann gingen wir runter nach Felix-Klein rüber.« (Scholz, 432–462.)

Mit dem Hinweis auf den angeblich verspäteten Zug ersparten sich die Fahrschüler gelegentlich einige Minuten der ersten Stunde. Oft durften sie auch zum Ärger der anderen den Unterricht in der letzten Stunde ein paar Minuten früher verlassen, um ihren Zug noch zu erreichen. Das schweißte zusammen!

In der Pubertät entstand eine neue Grenzlinie, die zum Teil quer zu den bisher diskutierten Differenzierungen lag. Bodo Heise sprach für seine Klasse von der Gruppe der Frühreifen, die zusammenglucktet und ihre pubertären Probleme ausbreiteten (2085). Lisa Bornemann unterschied zwischen den Seidenstrumpfträgerinnen und den mehr sportlich Interessierten, zu denen sie gehörte:

»Das war nun wieder so, da, wir waren, also ich denke so an die, das war ja Oberstufe, wo se also seidene Strümpfe tragen, seidene Strümpfe und schminken, und da war ich in so 'ner Clique drin, die sportlich waren. Aber sicher, wir hatten viel frühreifere Mädchen in der Klasse, nech, die eben nicht sportlich [waren], nech. Es schieden sich die Geister sehr am Sportlichen, glaube ich. [...] Und das war also so diese Clique dieser munteren, sportlichen, interessiert schon, aber nicht unbedingt früh an Männern interessierten Mädchen, ja. Zu der gehörte ich. Und dann gab es die Clique, ach, die eine konnte den ganze Faust auswendig, ist nachher auch Schauspielerin gewesen 'ne Zeitlang. Und die scharwenzelten ums Theater rum und kannten die Schauspieler, und die zogen sich seidene Strümpfe an, und die schminkten sich, und das war sozusagen, das wurde in Bausch und Bogen dann erst mal abgewehrt. [lacht]. Bis es denn so einriss, nich, peu à peu, sukzessive, das [das] eine und [das] andere sich breit machte. [lacht]« (Bornemann, 4314–4342)

Wo Cliquen existieren, gibt es auch Außenseiter, diejenigen, die von der Norm abweichen. Außenseiter ist man nicht, sondern man wird, wie Karl-Heinz Jung treffend formulierte, von den anderen zum Außenseiter gemacht (5807). Die Außenseiterrolle kann auf ein oder mehrere soziale Felder beschränkt oder die ganze Person umfassend sein. Partielle Außenseiter gab es offenbar am häufigsten im Turnunterricht. Manche Kinder sind einfach unsportlich, andere können jedenfalls mit dem Schulsport nichts anfangen. Für solche Kinder ist die Teilnahme am Unterricht auch unter günstigen Bedingungen kein Vergnügen, zumal dann, wenn sie wie bei den Mannschaftssportarten durch ihre Unfähigkeit die Leistung anderer schmälern. Die extrem gesteigerte Bedeutung des Sports und sportlicher Leistungen im Nationalsozialismus rückte diese Kinder in einem zentralen Bereich der Schule an den Rand. Nur ein gut entwickeltes Selbstbewusstsein konnte darüber hinweghelfen. Waltraud Neubert beschrieb die Situation aus der Sicht einer Betroffenen:

»Ja, natürlich: Völkerballspiel, zwei Parteien. Da hatten wa eine, die war so, die war gut im Völkerball, aber die war groß und kräftig und stark, und die warf vor allem dann immer so nach Möglichkeit die Bälle in 'n Bauch, und das tat weh und so. Und da muss ich sagen, das war 'ne Sache, die ich gar nicht konnte. Ich hatte zu, zu lange Glieder und, und so, [P] jeder meinte, ich müsse doch nun eigentlich ganz schnell laufen können, weil ich so lang war. Jeder meinte, ich müsste ja eigentlich gut Völkerball spielen können und so, war aber nicht. Dann suchte die dann immer, die durfte aussuchen – die Parteien. Da war ich immer die Letzte, die da noch stand. [P] Und es war sowieso schlimm, weil ich die die Längste war, dass ich immer in der Riege vorne stand und immer mit jedem Kram anfangen musste. Ja, und hing, wie 'n Sack am Reck. [lacht]« (Neubert, 4108–4125)

Die Außenseiterrolle im Sport ging aber tiefer, hatte weitere Konsequenzen, wie Karl-Heinz Jung erklärte:

»Nein, die hatten nichts zu lachen. Also – naja, es wurde, der Lehrer sorgte schon dafür, dass dem kein Leid geschah [lacht] oder angetan wurde. Aber die wurden einfach missachtet. [P] Über die ging man weg, nich wahr, saachte, ›Och, du kannst ja doch nich.‹ Und wenn wa Schnellaufen machten, also natürlich immer zwei

Gruppen, wer nu schneller is und so weiter oder Staffettenlauf so weiter ›Ach Mensch, bleib bloß weg, du verdirbst unser ganzes Tempo‹, nech wahr. Und [so] war ja das überall, nech.« (Jung, 5853–5863)

Besonders schlimm war das Versagen im Sportunterricht, wenn diese unsportlichen Kinder noch weitere Auffälligkeiten aufwiesen. Dann war die Gefahr, völlig zu einem Außenseiter in der Klasse zu werden, sehr groß. Hinzu kam die Bedeutung der Sportnote, die, wie oben bereits erwähnt, auf die Bewertung der Leistungen in den anderen Fächern »abfärben« konnte.

Zu den Merkmalen, die eine die gesamte Person umfassende Außenseiterrolle konstituierte, gehörte die soziale Herkunft. Da die Schülerinnen und Schüler der höheren Schulen sich überwiegend aus dem wohlhabenden und mittleren Bürgertum rekrutierten, fielen Kinder aus anderen sozialen Milieus auf. Die Herkunft aus den sogenannten »kleinen Verhältnissen« ließ sich besonders gut an der Lage der Wohnung ablesen, die ein recht präziser Indikator für die soziale Stellung ist. Diesen Zusammenhang thematisierte Dora Markwart mehrfach in ihrem Interview. Bei ihr stimmten sozialer Status und Wohnlage nicht überein – ein Makel, der ihr einiges zu schaffen machte. Extrem deutlich wird dieses Ausgrenzungsverhalten der dominierenden Clique in den Bemerkungen Marie Ohlendorfs:

»[…] wir sind eine Klasse gewesen, die unwahrscheinlich zusammengehalten hat. Im Ganzen. Nech. Schon zu Schulzeiten, ja, ja. Schon zu Schulzeiten. Und – es war, ja, es warn Einzelgänger, möcht ich mal sagn, die nich so ganz akzeptiert wurden, so. Aber ich meine, man konnte ja auch n bisschen fies sein. Also die, wo uns nich so passten, die … Aus der Blumenbachstraße[55] kam eine oder so. ›Ach Gott, diese dumme Nuss da, Mensch, die, was willn die hier‹, so ungefähr. […] Tja ebn. Nech, das war also, wie gesacht, es war schon son bisschen, na ja Gott. Hm. Sagn was mal ehrlich. Wir warn schon n bisschen hochnäsich manchmal, nech.« (Ohlendorf, 3142–3173)

Am Gymnasium konnte man Außenseiter aufgrund der Geschlechtszugehörigkeit werden. Obwohl explizit nur für Knaben eingerichtet, gab es immer mal wieder eine Ausnahmegenehmigung für ein Mädchen. Die hatte auch Rudolf Linkes Schwester, die auf Wunsch des Vaters, eines bekannten Hochschullehrers, das Gymnasium besuchte, mit offenbar vorher nicht bedachten Konsequenzen.

---

55 Die Blumenbachstraße liegt im Norden der Stadt und wurde von Angehörigen der Mittel- und Unterschicht bewohnt.

»Und das is für sie ziemlich hart gewesen. War aber so, dass sie sagt, also mein Vater wollte gerne, dass [sie] altsprachlich war. Und das Lyzeum das war neusprachlich. Und das hat sich ja auch als richtig erwiesen. [...] Aber es war menschlich schwierig. Sie hat dadurch keine richtige enge Freundin gehabt. Und diese Freundschaften, Schulfreundschaften sind doch ein ganz wichtiges Stück der Jugend. Und sie is dadurch früh nen bisschen einsam geworden. Das is wohl nen Unglück, ne.« (Linke, 6256–6269)

Auch in Rudolf Linkes eigener Klasse war ein Mädchen, das als mittelmäßige Schülerin nicht »ankam«. »Wobei natürlich irgendwie schlimm schikaniert worden is sie nich. Bloß sie stand so eben etwas außerhalb des Kreises.« (5817–5819) Interessanterweise teilte dieses Mädchen mit einem anderen Außenseiter zusammen die Schulbank, einem »halbjüdischen« Knaben (Linke, 5819). Die prekäre Situation als Mädchen auf einer reinen Jungenschule, die zudem einen elitären Anstrich hatte, wird auch deutlich in den Worten Erich Ilsemanns, der über das Mädchen in seiner Klasse nur lakonisch bemerkte: »Und die hat denn auch manche Bemerkung über sich ergehen lassen müssen.« (3886f.)

Die »Rassen«-Zugehörigkeit konstituierte im Dritten Reich ebenfalls eine die ganze Person umfassende Außenseiterrolle.[56] Nachdem schon 1933 mit dem »Gesetz gegen die Überfüllung deutscher Schulen und Hochschulen« der Anteil jüdischer Schüler und Schülerinnen auf fünf Prozent begrenzt worden war und ab 1934 jüdische Kinder nicht mehr an Sonderveranstaltungen der Schule, auch nicht den Landheimaufenthalten teilnehmen durften,[57] gerieten die Kinder, die nach den Kriterien des auf dem Nürnberger Parteitag von 1935 im Zusammenhang mit dem »Gesetz zum Schutz des deutschen Blutes und der deutschen Ehre« verabschiedeten »Reichsbürgergesetzes« nicht Reichsbürger, sondern »bloß« Staatsbürger waren, in eine besonders schwierige Lage. Das galt für alle, die nicht vier »arische« Großeltern nachweisen konnten. Dazu gehörten unabhängig von ihrer Konfession alle Menschen mit jüdischen Vorfahren und »jüdische Mischlinge« sowie andere Personen, die als »Rassenmischlinge« galten. Auch wenn die Gesetzgebung nur zwischen »Volljuden« und »Mischlingen« unterschied,[58] führte das Kriterium der vier arischen Großeltern be-

---

[56] Wie in anderen Zusammenhängen zeigte sich auch in der Schule, dass der Ausschluss bestimmter Personengruppen für die »Volksgemeinschaft« konstitutiv war. Vgl. dazu auch das 8. Kapitel.
[57] Vgl. Nixdorf/Nixdorf, »Politisierung«, S. 257; vgl. auch Wetzel, »Verlust«, S. 93.
[58] Vgl. dazu Schmitz-Berning, *Vokabular*, S. 641; auch Adam, *Judenpolitik*.

reits auf der Ebene der Erlasse zu einer perfiden Rassenarithmetik.[59] Die »Mischlinge« wurden unterteilt in »Dreivierteljuden«, »Halbjuden« und »Vierteljuden«. Der behauptete enge Konnex von Rassenzugehörigkeit mit Charaktereigenschaften und Verhaltensweisen bedeutete, dass der Anteil »jüdischen Blutes« über den Wert des Menschen entschied. Die »Vierteljuden« als »Fast-Arier« wurden dementsprechend am besten behandelt.[60]

Die Beziehungen der Kinder blieben davon nicht unbeeinflusst.[61] Viele wussten, welche Mitschüler, welche Mitschülerin jüdischer Abstammung war, wie in manchen Interviews erkennbar ist. Die jüdischen Kinder hatten in den Schulen meist ein schweres Leben. Nicht nur wurden sie von vielen Veranstaltungen – da nicht würdig – ausgeschlossen. Auch die Mitschülerinnen und Mitschüler verhielten sich ihnen gegenüber häufig herablassend bis ausgrenzend. Bereits im November 1933 wurde aktenkundig[62], dass ein jüdischer Oberprimaner der Oberschule für Jungen auf dem Heimweg von jüngeren Mitschülern gehänselt worden war. Auch private Kontakte litten.[63] Elke Engelmann erinnerte sich, über eine Mitschülerin gehört zu haben:

»Ich hab das viel später erfahren, dass die da zu der Lisa mal gesagt hatte: ›Neben dir will ich nicht sitzen.‹ Hab ich damals aber nicht mitgekriegt. [P] Gab's auch solche und das wusste ich auch von einer, die in Renie Meyers Klasse war. Die waren ganz gut befreundet, eines Tages sagt dies andere Kind, das war ne Beamtentochter: ›Ich darf nicht mehr neben dir sitzen.‹ Das war ja furchtbar, nicht. Das war wirklich, das, darüber haben wir uns aber aufgeregt. Das fanden wir schlimm.« (Engelmann, 7887–7899)

---

59 Hitler selbst war ihr Urheber, weil er aus dem Entwurf des »Blutschutzgesetzes« die Bestimmung gestrichen hatte, das Gesetz gelte nur für Volljuden. Vgl. dazu Gruchmann, »Blutschutzgesetz«, bes. S. 431.

60 Vgl. dazu die Artikel »Jude«, »Volljude«, »Halbjude«, »Vierteljude« in: Schmitz-Berning, *Vokabular*.

61 Das war beabsichtigt. Die neue deutsche Volksgemeinschaft brauchte notwendig die Nichtdazugehörenden. Das waren neben Bolschewiken in erster Linie Juden. Das Ziel bestand in der Auflösung sozialer Beziehungen zwischen den jüdischen und nicht jüdischen Kindern. Vgl. dazu Nixdorf/Nixdorf, »Politisierung«, S. 240, 257.

62 Vgl. Popplow, »Schulalltag im Dritten Reich« (1979), S. 42, Dok. 9. Die Klassenkonferenz verurteilte die an dem Vorfall beteiligten Schüler zu vier Stunden Arrest und meldete ihr Verhalten den zuständigen JV-Führern. Ein anderer jüdischer Schüler dieser Schule beging im Januar 1934 Selbstmord. Bei seiner Beerdigung kam es zu einem von Schülern verursachten Eklat (ebenda, S. 43, Dok. 10a und b).

63 Nach der Erinnerung Marcel Reich-Ranickis waren an seinem Berliner Gymnasium ab ca.1935 kaum noch Kontakte zwischen jüdischen und nicht jüdischen Schülern üblich (Reich-Ranicki, »Geliehene Jahre«, S. 67).

Einige Befragte, wie Heinz Zöllner (145), betonten allerdings, die jüdischen Kinder seien voll integriert gewesen. Er schränkte diese Aussage aber auf die Anfangsjahre des Dritten Reiches ein, weil die beiden jüdischen Jungen, über die er sprach, bis 1936 ausgewandert seien.

Auch das Schicksal »halbjüdischer« Kinder war schwierig. Rudolf Linke, der ebenfalls das Gymnasium besuchte, erinnerte sich an den »halbjüdischen« Mitschüler, der von einem Klassenkameraden ständig schikaniert wurde, ohne dass die anderen Kinder, ihn eingeschlossen, eingriffen. Dieser Knabe habe eine »Pariaexistenz« in der Klasse geführt (Linke, 2735). Elke Engelmann, die als eine der wenigen Frauen präzise Erinnerungen an die Ausgrenzung jüdischer Kinder hat – vermutlich, weil sie selbst jüdische Verwandte besaß und daher ein geschärftes Sensorium für rassisch motivierte Ausgrenzungen entwickelte –, erinnerte sich im Interview unter anderem an ein »halbjüdisches« Mädchen, das eine Klasse unter ihr war. Dieses habe später nicht mehr die Schule besuchen dürfen.[64] Mit diesem Mädchen habe sie oft gespielt, wenn sie eine Freundin besuchte, die in derselben Straße wohnte. In ihrer Erinnerung, von der sie aber glaubt, dass sie nicht stimmt, sieht sie den blonden jüdischen Vater »traurig auf ner Bank sitzend, so erinner ich ihn noch. Aber man hatte auch so ne gewisse Scheu als Kind, nich.« (Engelmann, 1852f.) Vielleicht ist dieses Gefühl der Scheu, das Elke Engelmann beschreibt, die erste Stufe der Ausgrenzung. Die eigene Befangenheit den Verfehmten gegenüber wird dann allmählich als Begründung für deren Andersartigkeit herangezogen.

Auch wenn Wetzel betont,[65] dass jüdische Schülerinnen und Schüler am heftigsten von ihren Mitschülern diskriminiert wurden, steht außer Frage, dass sich auch Lehrer daran beteiligten. Dies zeigt sich an der bereits oben erwähnten Episode, die Bodo Heise erzählte. Sein Lehrer in der Volksschule machte mit den Schülern ein Bilderrätsel, dessen Lösung den Namen eines jüdischen Mitschülers ergab. Da diese Familie bereits 1933 emigrierte, kann sich die Erinnerung auch schon auf die Zeit vor der Machtergreifung beziehen.[66] In den Interviews finden sich keine weiteren Belege für jüdische Schüler diskriminierende Lehrer. Es ist aber sehr wahr-

---

64 Vermutlich ab Ende 1938. Vgl. dazu Manthey/Tollmien, »Juden«, S. 724.
65 Wetzel, »Verlust«, S. 95ff.
66 Bodo Heise gehört zum Jahrgang 1925 und wurde demnach 1931 oder 1932 eingeschult. Zur Beurteilung des Lehrerverhaltens muss man die auch vor dem Dritten Reich verbreitete judenfeindliche Stimmung in großen Teilen der Bevölkerung berücksichtigen. Das Verhalten des Lehrers zeugt nicht von besonderer Feinfühligkeit gegenüber einem jüdischen Schüler.

scheinlich, dass es häufiger vorgekommen ist. Was diese Kinder auszuhalten hatten und was Rudolf Linke mit dem Begriff »Pariaexistenz« andeutete, wird in den Erinnerungen eines jüdischen Göttingers konkret, der in den frühen Dreißiger Jahre die Mittelschule für Jungen (Voigtschule) besuchte. »[...] und es gab Lehrer, die in SA-Uniform vor der Klasse standen, ihr antisemitisches Gift von der ›jüdischen Weltherrschaft‹ verbreiteten, und mit dem sicheren Resultat, dass wir zwei jüdischen Schüler dann in den Pausen Prügel bekamen, bis wir in den Pausen nicht mehr in den Schulhof gingen ... dass wir zwei jüdischen Schüler hinten in der Klasse auf einer separaten Bank saßen, im Unterricht nicht mehr gefragt wurden, wenn wir zu Fragen aufzeigten nicht beachtet wurden, und auch unsere Hausarbeiten keine Beachtung mehr fanden, sei nur nebenbei erwähnt.«[67] In einem anderen Brief schreibt er von der »täglichen Qual an Prügelei und Anpöbelei«, die in den Pausen »immer in Tätigkeiten (gemeint wohl: Tätlichkeiten – H.R.) aus(arteten), und *wenn* schon mal ein Lehrer auf dem Schulhof einschreiten wollte, so hieß es *immer* ›der Jude hat angefangen‹, ›der Jude hat uns provoziert‹, und dann zog sich der Lehrer lächelnd zurück ...«.[68] Heinz Meyerstein verließ deshalb 1934 die Voigtschule ohne Abschluss.

Eine Interviewpartnerin, die die Oberschule für Mädchen besuchte und »nur Vierteljüdin« war, konnte eine fast »normale« Schulzeit absolvieren. Aufgrund ihres fröhlichen und aufgeschlossenen Wesens wurde sie, obschon von außen kommend, schnell in die Klasse integriert. Einige Mitschülerinnen registrierten ihren »Makel« überhaupt nicht, zum Beispiel Gisela Apel und Christa Fröhlich. Das hat nicht nur mit Erinnerungslücken oder Verdrängung zu tun.[69] Andere, wie zum Beispiel Rosa Conrad, sprachen allerdings explizit von zwei Halbjüdinnen in der Klasse (Conrad, 3739).[70] Wieder andere wussten, vermutlich über die Elternhäuser, sehr

---

67 Heinz Meyerstein, Brief an Sophie Müller vom 15.2.2004, S. 3f. Ich danke Sophie Müller dafür, dass sie für mich diese Erkundigungen eingeholt und mir den Brief zur Verfügung gestellt hat.
68 Meyerstein, Brief an Sophie Müller vom 21.4.2004, S. 1f. (Hervorhebungen im Original – H.R.). Vgl. dazu auch Müller/Dieterl, »Familie Meyerstein«, S. 41–73. Über seine Flucht hat Heinz Meyerstein eine eindrückliche Schilderung verfasst: *Gehetzt, gejagt und entkommen.*
69 Lisa Bornemann erwähnte in ihrem Interview, sie sei von einer höherrangigen Führerin des Jungmädelbundes, die ersichtlich nichts von ihrem »jüdischen Blut« gewusst habe, für den Führerinnen-Nachwuchs vorgeschlagen worden (Bornemann, 8377–8386).
70 Das ist vermutlich unzutreffend. Keine andere ihrer ehemaligen Mitschülerinnen erwähnt das.

wohl Bescheid und versuchten Lisa Bornemann zu schikanieren. Obschon sie viele Freundinnen hatte und einer Clique von sportlichen Mädchen angehörte, insgesamt die Nazizeit relativ gut überstanden hat, hatte Lisa Bornemann in ihrer Zeit an der Oberschule für Mädchen einiges zu ertragen. Das begann schon damit, dass sie zunächst, wie alle anderen »Nichtarier« nicht der Hitler-Jugend angehören durfte. Da in den Schulen häufiger »Erscheinen in Uniform« angeordnet wurde, zum Beispiel an nationalen Feiertagen, fiel sie bei solchen Gelegenheiten allein schon optisch aus dem Rahmen. Ursula Zimmermann, die dieselbe Schule besuchte, erinnerte sich, dass diejenigen, die nicht bei den Jungmädeln waren, in dem Heer der uniformierten Mädchen »wie die Aussätzigen« wirkten (4298f.). Als in der ersten Oberschulklasse nach ein paar Monaten eine Art Klassensprecherinnenwahl durchgeführt wurde, wurde Lisa Bornemann gewählt. Das durfte nicht sein!

»Und dann fing meine Lehrerin, diese Klassenlehrerin an zu reden: ›Ja, aber das ginge doch nicht, dass jemand gewählt würde, der nicht [...] bei den Jungmädchen wäre‹ und das sollten se sich doch alle noch mal überlegen, das hätten se sicher nicht im Auge gehabt, machte se 'nen langen Sermon, und dann wurde die Wahl wiederholt. War ja eindeutig, weshalb die Wahl wiederholt wurde. Aber es warn paar, die schwer von KP waren, oder sie waren trotzig. [lacht] Jedenfalls hatte ich immer noch 'n paar Stimmen, und das weiß ich, dass mir das eine Genugtuung war.« (Bornemann, 2398–2408)

Nach den Erinnerungen Gisela Apels durfte Lisa Bornemann an keinem Schulfest teilnehmen (3788). Auch von den politisch gefärbten Morgenfeiern am Montagmorgen wurde sie zumindest zeitweise ausgeschlossen (Bornemann, 2409). Ihre Mitschülerin Elke Engelmann erinnerte sich, dass Lisa auch bei den Fahnenappellen auf dem Schulhof nicht zur Fahne gehen durfte (3041). Dazu passt, dass Lisa Bornemann sich an keinen einzigen Appell in der Schule erinnerte (8008). Sie sagt, sie hätte diese offenen Ausgrenzungen »irgendwie weggesteckt«:

»Ich, ich denke, ich hab auch ganz schön verdrängt, hm wie man so kaltes Wasser über sich, wie 'ne Katze kaltes Wasser über sich weglaufen lässt, nech.« (Bornemann, 2418–2421)

Sehr viel tiefer als diese »offiziellen« hat sie der Versuch einer Ausgrenzung durch Mitschülerinnen getroffen.

»Ähm [schluckt hörbar] was mir zu schaffen gemacht hat, das war ein Vorfall, das hat mich doch geärgert. Ähm da waren wa vielleicht schon so in der 4. Klasse in der Oberschule, etwa so in dem Alter muss es gewesen sein. So 13, 14, war ich wohl, und da war eine Gertrud Becker, deren Vater war nun 200-prozentig. Die kam aus 'm, – wir wussten alle, wie, wie's Zuhause aussah mit Nazis oder nicht Nazi und so, nech, und deren Vater war 200-prozentig, aber sie selber hatte in der Klasse eigentlich nichts zu sagen. Und die hat die andern aufgestachelt, dass sie sich vor mir versteckten. Plötzlich auf 'm Schulhof, ich wusst' nicht, wo sind se denn eigentlich? Eigentlich die Clique, mit der ich auch so spielte, nech. Und dann entdecke ich die irgendwo, da hatten se sich um so um so 'ne Ecke rum hinten bei der Hausmeisterwohnung [verkrochen]. Und da spielten se plötzlich, und man spürt so was als Kind ja, nech, dass da irgend so was war, dass das nicht zufällig war, dass ich se nicht fand und so, nech. Und das hat mich sehr gewurmt. Dass so 'ne, so 'ne blöde Gans, bloß aufgrund ihrer politischen, ihres politischen Hintergrundes die anderen gegen mich aufwiegeln kann. Das gab sich dann schnell wieder, aber es ist mir in Erinnerung geblieben [...].« (Bornemann, 2421–2445)

Es gab aber noch andere Opfer der nationalsozialistischen Rassenpolitik. Mehrere befragte Frauen erinnerten sich an ein Mädchen in ihrer Klasse, Susanne, das eine deutsche Mutter und einen aus Ostasien stammenden Vater hatte. Es galt ebenfalls nicht als »rasserein« (Zimmermann, 4292) und war außerdem unehelich. Während Marie Ohlendorf erzählte, Susanne sei bei ihnen ganz integriert gewesen, klingen bei Ursula Zimmermann andere Töne an. Sie selbst, die mit Susanne gut befreundet gewesen sei, sei deswegen bei einigen Familien nicht mehr zum Geburtstag eingeladen worden (Zimmermann, 4307). Die Peinlichkeiten endeten, als Susanne im Alter von circa 14 Jahren in eine bekannte Berliner Familie ging, wo sie gefördert werden konnte, vielleicht auch vor möglichen Anfeindungen besser geschützt war.

Es ist auffällig, dass nur wenige Befragte über die Diskriminierung jüdischer Kinder berichteten. Das liegt vermutlich weniger daran, dass es diskriminierendes Verhalten nicht gegeben hat, als vielmehr daran, dass sie zum Teil mit den Problemen nicht direkt zu tun hatten oder sie, da für sie nicht wichtig, ausblenden konnten. Diejenigen, die in dieser Hinsicht sensibler waren, stellten sich alle als indirekt Betroffene heraus. Entweder hatten sie selbst Verwandte jüdischer Abstammung und daher die Erfahrung mit Diskriminierungen im eigenen sozialen Nahbereich oder sie betrachteten sich selbst als potenzielle Opfer. Eine Interviewpartnerin wurde wegen ihres vermeintlich jüdischen Namens häufig angepöbelt, unter anderem auch aufgefordert, den Judenstern anzuheften. Später trug sie immer den Ahnenpass bei sich (Neubert, 492). Sie machte im Interview deutlich, dass ungerechte und schikanöse Behandlungen von Mitschülerinnen mit ihrem

Namen zu tun hatten. Ein Befragter, dessen Nachname ebenfalls »verdächtig« klang, träumte als Halbwüchsiger, er sei ein anderer Junge mit einer jüdischen Großmutter. Das war für ihn ein »Albtraum«: »Du bist einer, der auf diese Weise ausgesondert ist, ne.« (Linke, 8857f.)
Wie stark die Ausgrenzung und Verfolgung der jüdischen Bevölkerung die Atmosphäre an den Höheren Schulen zumindest unterschwellig prägte, zeigt sich bemerkenswert deutlich auch an der Protestaktion eines Mitschülers im Gymnasium gegen den »Judenstern«[71], über die Heinz Zöllner berichtete. Der Mitschüler hatte sich einen »Judenstern« aus Papier an seine Kleidung geheftet und stand damit morgens vor der Tür des Klassenzimmers, um dem Lehrer die Tür zu öffnen (was immer einer der Schüler machen musste). Diese mutige Aktion hätte für den Schüler nur deshalb keine negativen Konsequenzen gehabt, weil sie heruntergespielt und auf die Ebene einer Spielerei gezogen worden sei (Zöllner, 3636). Interessanterweise klassifizierte Heinz Zöllner sowohl diesen Schüler als auch den Lehrer, der sich für ihn einsetzte, als Personen, die von der Norm abwichen.

Kontinuitäten und Brüche

Es dürfte deutlich geworden sein, dass zwar der Schulbetrieb nach 1933 in vielen Bereichen normal weiterlief, aber gleichzeitig politische Maßnahmen die diversen Ebenen des Schulalltags grundlegend verändert haben. Das NS-Regime versuchte, sich der Kinder über diverse Eingriffe in die Schule zu bemächtigen:

Das betraf einmal die Propagierung eines anderen Erziehungsideals.[72] Intellektuelle Bildung war nicht das primäre Ziel des Nationalsozialismus. Statt des körperlich schwachen Geistesmenschen zielte die NS-Pädagogik auf den tatkräftigen und kraftvollen überzeugten Nationalsozialisten.[73] Die

---

71 Gemäß einer Polizeiverordnung vom 1.9.1941 mussten alle Juden, die älter als sechs Jahre waren, einen gelben »Judenstern« an ihrer Kleidung tragen.

72 Heinz-Elmar Tenorth charakterisiert die Erziehung im Nationalsozialismus als »Pädagogik der Gewalt«. Damit meint er nicht nur die normative, sondern auch die organisatorische, die curriculare und die kommunikative Ebene der Schule (Tenorth, »Pädagogik der Gewalt«, S. 9–16).

73 Infolgedessen zielten alle Schulreformen im Dritten Reich darauf, die Leistungsanforderungen an die Schüler zu reduzieren und stattdessen »kerngesunde Körper« und einen nationalsozialistischen Charakter zu entwickeln. Vgl. dazu Michael, »Geschichte«,

intellektuelle Ausbildung wurde sekundär, politische Überzeugungen flossen in viele Lehrstoffe ein, schulische Rituale und Angebote (Landschulheim-Aufenthalte) wurden politisch instrumentalisiert.

Die Grenzen zwischen Schule und politischen Instanzen wurden systematisch durchlöchert. Hitler-Jugend und Schule waren Konkurrenten; die Schule musste viele Rücksichten nehmen: Keine Hausaufgaben an den »Dienst«-Tagen; Unterrichtsausfälle wegen der Verpflichtungen für die Hitler-Jugend; Berücksichtigung des Engagements der Kinder in der Hitler-Jugend bei Zeugnisnoten und Versetzung;[74] Lehrer als Beauftragte der Hitler-Jugend in den Schulen; Uniformzwang für die Kinder zu bestimmten Anlässen.

Abb. 8: »Sonntag fielen ab beim Kochen für den Dienstag manche Knochen.«
Knochensammlung in der Lutherschule 1937
(Quelle: Städtisches Museum Göttingen)

S. 499f. unter Berufung auf *Mein Kampf*; auch Kemnitz/Tosch, »Indoktrination und Qualifikation«, S. 110.

74 Vgl. dazu Popplow, »Schulalltag im Dritten Reich« (1979), S. 28. Auch Karl-Heinz Jung profitierte davon (Jung, 5940–5963). Auf derselben Linie liegt, dass mangelnde geistige Leistungen durch körperliche Fähigkeiten ausgeglichen werden konnten. So Kemnitz/Tosch, »Indoktrination und Qualifikation«, S. 120.

Daneben gab es Eingriffe anderer staatlicher Organisationen: zum Beispiel Einsätze der Schülerschaft ab Oktober 1936 für Altstoffsammlungen, klassenweise Abordnung zu einwöchigen politischen Schulungen, seit dem Sommer 1938 zu Ernteeinsätzen und anderen Arbeitsdiensten, Abordnung einzelne Schüler zu vormilitärischen Schulungen und Einsätzen, Lehrer als Verbindungsmänner zur SS.

Die Beziehungen zwischen Lehrern und Kindern, aber auch die der Kinder untereinander wurden durch politische Orientierungen und Eingriffe tangiert.[75] Kinder prominenter Parteigenossen wurden von den Lehrern bevorzugt behandelt (Engelmann, 3165); politische Witze zu erzählen, war gefährlich (Apel, 4335); die Kinder kannten die politische Haltung der Eltern von Mitschülern und Mitschülerinnen (Bornemann, 2426), Kinder wurden aufgrund rassischer Kriterien ausgegrenzt.

Für die außen stehende Beobachterin sind – zumal angesichts des langen zeitlichen Abstands – Kontinuitäten und Brüche in Struktur und Inhalten der Schule sowie den Praktiken der unterschiedlichen Akteure deutlich erkennbar. Hingegen haben nur wenige Befragte ausdrücklich die Politisierung von Schule und Schulalltag hervorgehoben. Insgesamt findet sich in den Interviews als dominierende Tendenz, die Schule sei ganz normal, überwiegend auch unpolitisch gewesen. Gelegentliche Hinweise auf Nazi-Lehrer und Ähnliches ändern an diesem Gesamttenor nichts. »Wir haben eine ganz normale Schulzeit gehabt«, so lassen sich die Aussagen zusammenfassen. Dieses angesichts der beschriebenen Situation an den Schulen erstaunliche Fazit der unmittelbar Betroffenen hat verschiedene Ursachen.

Zum einen wuchsen die Kinder in diese Schule hinein und in ihr auf. Die jüngsten Befragten, die erst 1933 eingeschult wurden, kannten überhaupt nichts anderes. Aber auch die ältesten hatten gerade mal drei Jahre Volksschule hinter sich, als der »Machtwechsel« kam. Was sie in ihrer Schulzeit erlebten, war für sie die Normalität von Schule. Sie hatten keine Vergleichsmöglichkeiten. Das gilt im Hinblick auf die verschiedenen Rituale des Schulalltags ebenso wie für das Zusammenspiel von Schule, Hitler-

---

75 M. E. ist es nicht zulässig, die Relevanz der Schule für die nationalsozialistische Prägung der Kinder und Jugendlichen mit dem Hinweis auf jene Lehrer zu verkleinern, die den Kindern ihre Distanz zum Regime durch ihr Verhalten signalisierten (so Klafki, »Typische Faktorenkonstellationen«, S. 167). Einerseits gab es viele überzeugte Nationalsozialisten unter den Lehrern. Zum anderen besteht Schule aus mehr als nur den Lehrer-Schüler-Interaktionen. Gerade die Beziehungen unter den Kindern mit Gruppendruck und Ausgrenzungen, auch die Rituale und Inszenierungen, selbst der Wandschmuck in den Klassenräumen beeinflussen und prägen.

Jugend und anderen politischen Institutionen. Zum anderen verband sich die Politisierung der Schule und des Schulalltags mit den tradierten Formen des Schullebens. Das schloss einen weitgehend autoritären Schulbetrieb ebenso ein wie die Trennung der Kinder nach Geschlecht. Sie lernten »Die Glocke« genauso wie schon ihre Eltern und älteren Geschwister, sie ächzten unter der Last des Vokabellernens, sie sahen wie Generationen von Schülerinnen und Schülern vor ihnen mit bangen Gefühlen ihren Klassenarbeiten entgegen, lauerten auf die Pausenklingel, lasen im langweiligen Unterricht unter der Bank, fieberten dem Ende des Schultags entgegen und stöhnten unter den Hausaufgaben – kurz: Sie erlebten die Schule in vieler Hinsicht ähnlich, wie andere sie vor ihnen bereits erlebt hatten. Das Besondere ihrer Schulzeit aber konnten sie nicht erkennen, da es keine Alternativen und keine kritische öffentliche Diskussion über die Schule gab. Zudem nehmen die meisten Kinder die Schule nicht als eine Struktur wahr, sondern als Summe vieler einzelner Elemente. Erst Reflexion kann eine Änderung dieser Perspektive bewirken. Dieser Wechsel fand gelegentlich erst während des Interviews statt und erscheint deshalb als Differenz zwischen Kinder- und Erwachsensicht, so wenn beispielsweise jemand sagt: »Das seh ich heute so.«

Einen weiteren wichtigen Hinweis, aus dem sich das verbreitete Empfinden einer »normalen« Schulzeit erklärt, gab Rudolf Linke. Er konnte sich an keine politisch beeinflussten Themenstellungen bei den Deutschaufsätzen erinnern und fügte dann hinzu: »Also, das heißt es kann natürlich sein, dass da, aber wissen Sie, ich meine national gesonnen waren wir, nich.« (Linke, 1326–1331) Damit spricht er den bei der Mehrzahl der Schüler, Eltern und Lehrer breiten gemeinsamen politischen Nenner mit dem politischen Regime an, den der »nationalen Orientierung«, der es den Nationalsozialisten erleichterte, ihre politischen Vorstellungen und Ziele auch auf die Ebene der Schule zu transportieren, ohne auf nennenswerten Widerstand zu stoßen. Andere Eltern und Lehrer hielten sich aus Vorsicht zurück. Die von den Nazis gewollt und gezielt betriebene Entgrenzung von Schule und Politik wurde dadurch enorm erleichtert. Schließlich verbinden die meisten Befragten mit Politik und Politisierung nur die direkten Eingriffe politischer Instanzen, die unmittelbar auf Indoktrination zielen. Diese waren nicht so häufig wie die unterschwellige Beeinflussung, die für die Schülerinnen und Schüler meist überhaupt nicht zu erkennen gewesen ist.

Nur diejenigen Kinder, die aufgrund kritischer Distanz von Eltern, Elternteilen oder anderen Bezugspersonen selbst hellhöriger waren, registrierten die politisierte Atmosphäre an den Schulen präziser, auch wenn sie sie nicht durchschauten, weil die Eltern teilweise nicht offen mit den Kindern zu reden wagten. Besonders prägnant wird dieser Zusammenhang von Charlotte Reichert thematisiert. Nachdem sie betonte, ihre Kindheit sei »unproblematisch« gewesen (Reichert, 2300), fügte sie hinzu:

»Es ist sicher anderen 'n bisschen anders gegangen. Die hatten sicher interessantere Kindheiten. Ich weiß zum Beispiel von einer meiner Schulfreundinnen [P], bei der wir jetzt in Bremen alle waren, die hat ihre Schulzeit als furchtbar empfunden, ihr Vater war Kom..., die Mutter war Kommunistin und der Vater musste von der Uni, als Professor wurde [er] dann kaltgestellt. Also die können andere Dinge erzählen, ne. Und die hat auch die Zeit als so bedrohlich empfunden, natürlich hat die die anders empfunden, als wir, die wir sie gar nicht in bezug auf uns als bedrohlich empfunden haben, auch nich empfunden haben, dass unsere Lehrer nun fanatische Nazis waren. Sie hat das ganz anders gesehen. [P] Aber unter Druck sind wir nie gesetzt worden [...].« (Reichert, 2303–2316)

Auf einen anderen, meines Erachtens fast noch gewichtigeren Aspekt haben Nixdorf/Nixdorf aufmerksam gemacht: Die Schülerinnen und Schüler seien massiv beeinflusst, man könnte auch sagen: geschädigt worden, weil »Kritikfähigkeit, eigenständige Informationssuche und Auseinandersetzung mit kontroversen Themen weder angestrebt noch aufgrund des allgemeinen Informationsmangels und der Datenverfälschung möglich waren«.[76]

Politische Eingriffe in die Schule nahmen während des Krieges enorm zu.[77] Grundlage dafür waren die Verordnungen, durch die die älteren Schülerinnen und Schüler außerschulischen Instanzen unterstellt wurden. Mit Ausnahme der Schüler der Abschlussklassen konnten sie bis zu sechs Monate von der Schule abgeordnet werden.[78] Das war keine rein hypothetische Bestimmung. Mehrere Interviewpartner waren als 16-Jährige drei Monate bei der Kinderlandverschickung eingesetzt, später zwölf Monate als Luftwaffenhelfer abgeordnet. Davon verschont blieben nur die Nicht-geeigneten und jene, die andere wichtige Aufgaben erfüllen mussten, zum Beispiel bei der Hitler-Jugend. Schülerinnen mussten ihre Arbeitseinsätze

---

76 Nixdorf/Nixdorf, »Politisierung«, S. 238.
77 Daran zeigt sich im Übrigen auch, dass »Kindheit im Krieg« ein gesondertes Thema ist. Die Kriegszeit, darauf wurde in der Einleitung bereits verwiesen, liegt weitgehend außerhalb des Untersuchungszeitraums. Diese Differenz haben viele Befragte nicht gemacht, sei es, weil sie zu den Jüngeren zählten, die mindestens bis 1941 schulpflichtig waren, oder weil sie sich länger als bis zum Alter von ca. 14 Jahren als Kind betrachteten.
78 Michael, »Geschichte«, S. 504ff.; auch Kemnitz/Tosch, »Indoktrination und Qualifikation«, S. 129.

in Munitionsbetrieben absolvieren. Zumindest in der Wahrnehmung der Betroffenen existierte ein enger Zusammenhang zwischen der Teilnahme an den Arbeitseinsätzen und der Zulassung zum Abitur (Ohlendorf, 66). Schon seit dem Schuljahr 1936/37 wurde einem Schüler, wenn er sich freiwillig für die Offizierslaufbahn meldete, die Abiturprüfung erlassen. Den Reifevermerk erhielt er trotzdem. Offenbar machten davon während des Krieges viele Gebrauch, weil sie wussten, dass direkt nach dem Abitur erst der Reichsarbeitsdienst und dann die Wehrmacht wartete (Heise, 777).

Im Laufe der Kriegsjahre verschlechterte sich der Unterricht zunehmend, weil immer mehr Lehrer eingezogen wurden. Pensionäre wurden reaktiviert, um einen halbwegs geordneten Unterricht aufrechterhalten zu können. An der Oberschule für Jungen durfte der Direktor sogar einen Lehrer wieder beschäftigen, der zu Beginn des Dritten Reiches aus politischen Gründen entlassen worden war.[79] Wegen Kohleknappheit und Fliegeralarm fiel der Unterricht häufig aus. In den letzten Kriegsjahren wurden Schulgebäude beschlagnahmt und als Lazarett verwendet, die Lehrpläne den Umständen angepasst, das heißt drastisch gekürzt. Der Unterricht an den höheren Schulen beschränkte sich schließlich nur noch auf sieben Jahre.[80]

Während die älteren Zeitzeuginnen und Zeitzeugen noch relativ unbeschadet durch die Schule kamen, waren die Schullaufbahnen der jüngeren durch die massiven Eingriffe während des Krieges stark beeinträchtigt. Die ausgehändigten Abschlusszeugnisse waren keine vollwertigen Abiturzeugnisse. Wer studieren wollte, musste das Abitur in Kursen nachholen.

---

79 Vgl. dazu Popplow, »Schulalltag im Dritten Reich« (1979).
80 Vgl. dazu die Angaben für das Gymnasium bei Weiss, »Chronik«, S. 263–267.

5. Hitler-Jugend[1]

Das nationalsozialistische Regime stellte sofort nach der Machtergreifung die Weichen für den Weg in eine einzige, alle Kinder ab zehn Jahren erfassende Jugendorganisation und verband dabei aggressive Werbemethoden mit politischem Druck.[2] Der Aufbau der Hitler-Jugend sah vor, dass die Kinder im Alter von zehn Jahren eintraten: zunächst in den Jungmädelbund (JM) oder das Jungvolk (JV), in dem die zehn- bis 14-jährigen Mädchen und Jungen organisiert waren, danach bis zum Alter von 18 Jahren in den Bund Deutscher Mädel (BDM) oder die Hitler-Jugend (HJ). Wenn auch die Hitler-Jugend zunächst eine neue Organisation war, gehörte sie doch wegen des rasanten Zustroms ab 1933 und der Anwesenheitspflicht bei den Diensten schnell zum Alltag der Kinder, zu seinen Routinen und Gleichförmigkeiten, die nicht infrage gestellt wurden. Die zeitliche Belastung reichte nicht an die durch die Schule heran, war jedoch beträchtlich. Zwar fanden die regulären »Dienste« nur zweimal pro Woche statt, am Mittwoch und Sonnabend. Dazu kamen aber häufige Sondereinsätze bei Kundgebungen, Aufmärschen, Feiern und den vielen Sammlungen, die für wohltätige Zwecke veranstaltet wurden.

Die Hitler-Jugend war zunächst nicht obligatorisch. Erst mit dem »Gesetz über die Hitler-Jugend« vom 1.12.1936 wurde die Aufgabe formuliert, die gesamte deutsche Jugend in der Hitler-Jugend zusammenzufassen (§ 1).

---

[1] Über die Hitler-Jugend, ihre Organisation und Entwicklung, ihre Stellung im Machtgefüge des Nationalsozialismus, ihr Beitrag zur Sozialisation der Kinder und Jugendlichen, auch die Perspektiven ehemaliger Führerinnen und Führer gibt es eine große Zahl von Literatur. Die hier interessierende Frage nach der Bedeutung der Hitler-Jugend für den Alltag der Kinder ist demgegenüber selten und meist nur peripher behandelt worden. Frühe Arbeiten, die auch Interviews verwenden, stammen von Martin Klaus (*Mädchenerziehung*) und Dagmar Reese (*Straff, aber nicht stramm*). Sie hat zudem auch einen Milieuvergleich vorgenommen.

[2] Dazu gehörte auch das Verbot anderer Jugendorganisationen oder deren Überführung in die Hitler-Jugend. Vgl. dazu unten.

Aber auch danach blieb die Zugehörigkeit formal freiwillig bis zur zweiten Durchführungsverordnung zu diesem Gesetz vom März 1939[3], die in § 1 die Dienstpflicht aller Jugendlichen festlegte. Deshalb musste streng genommen keiner der von uns befragten Personen zwingend im Alter von zehn Jahren in die Hitler-Jugend eintreten. Auch wenn es sicher nicht einfach gewesen wäre, dem politischen und sozialen Druck standzuhalten,[4] gab es immerhin die Möglichkeit, sich ihm zu entziehen. Interessanterweise hat darauf niemand in den Interviews verwiesen. Alle Zeitzeugen sind früher oder später in die Hitler-Jugend eingetreten. Die wenigen, die zuvor anderen Jugendorganisationen angehört hatten, sind mit ihnen 1933 geschlossen in die Hitler-Jugend überführt worden, wie das Peter Köhler aus eigener Erfahrung erzählte. Ebenso wie in den meisten anderen Orten hatte die Hitler-Jugend in Göttingen nach der Machtergreifung großen Zulauf. Zwar hatte es in Göttingen schon vor 1933 eine Gruppe der Hitler-Jugend[5] gegeben, die im November 1932 90 Mitglieder zählte.[6] Ein Jahr später, im November 1933, gehörten ihr bereits 800 Jungen an, von denen 500 im Jungvolk waren. 330 Mädchen gehörten zum Jungmädelbund. Noch ein gutes Jahr später, im Frühjahr 1935, waren 1.145 Jungen organisiert und 1.258 Mädchen, davon 782 respektive 880 in JV und JM.[7] Für die Kinder des Bürgertums fiel der Eintritt in das Jungvolk oder den Jungmädelbund zusammen mit ihrem Wechsel auf die weiterführenden Schulen. Die unge-

---

3 Vgl. Klönne, *Jugend im Dritten Reich* (2003), S. 28f.
4 Vgl. ebenda, S. 25.
5 Zur Hitler-Jugend im Spiegel der lokalen Presse vgl. Popplow, *Die Hitler-Jugend*. Leider geht Renate Popplow wenig auf die lokale Situation ein, sondern nutzt die Zitate aus der Göttinger Presse überwiegend als Belegstellen für Erlasse und Reden Baldur von Schirachs. Zur Quellenlage resümiert R. Popplow: »Da uns, soweit es den Göttinger Raum betrifft, der offizielle Schriftverkehr der HJ-Dienststellen nicht erhalten ist, ist die Presse jener Zeit heute die einzige Quelle, die über den Alltag der Jungen und Mädchen in der Göttinger Hitler-Jugend Auskunft gibt. Hier muss erwähnt werden, dass auch bis heute eine umfassende, den HJ-Alltag schildernde Darstellung fehlt.« Ebenda, S. 109. An diesem Befund hat sich in den 40 Jahren, die seitdem vergangen sind, zumindest in Bezug auf den Göttinger Raum, nicht viel verändert.
6 Tollmien, *Nationalsozialismus in Göttingen (Diss.)*, S. 62.
7 Die Zahlenangaben stammen aus einem Brief des Stammführers des JV an den Magistrat der Stadt Göttingen vom 16.11.1933 und einem Schreiben der Göttinger Stadtverwaltung an den Regierungspräsidenten Hildesheim vom Februar oder März 1935 (abgedruckt in: Rohrbach, *Erziehung zum Kriege*). Dass die Zahl der organisierten Mädchen die der Jungen übersteigt, widerspricht der Beobachtung, dass Mädchen einen geringeren Organisationsgrad aufwiesen als Jungen. So Willmott, »Geschichte«, S. 146 unter Verweis auf Buddrus, *Totale Erziehung*.

fähr zeitgleich stattfindende, einem Initiationsritus gleichende Aufnahmezeremonie in die Hitler-Jugend mit feierlichem Gelöbnis, Pimpfenprobe des JV und Mädelprobe des JM, nach deren Bestehen erst Fahrtenmesser und Schulterriemen oder Halstuch und Knoten getragen werden durften, unterstrichen die Zäsur, die das zehnte Lebensjahr für die bürgerlichen Kinder mit sich brachte.

»Ich wollte unbedingt ins Jungvolk«[8]

Weshalb gingen die Kinder in die Hitler-Jugend? Auf diese Frage findet sich in den Interviews eine große Variationsbreite von Antworten: Manche konnten den Zeitpunkt kaum erwarten und gingen bereits vor ihrem vollendeten zehnten Lebensjahr in eine Gruppe wie Rudolf Linke. Andere Kinder wurden von einem Freund oder einer Freundin angesprochen und mitgenommen. Einige Kinder wurden von ihren Eltern aus unterschiedlichen Gründen zum Beitritt ermuntert oder trotz etlicher Vorbehalte nicht davon abgehalten, um keine Nachteile zu bekommen wie Gisela Apel (5243). Rolf Pieper war selbst nicht scharf darauf, zu den »Pimpfen« zu gehören, wurde aber von seinen Eltern, besonders seiner Mutter massiv dazu gedrängt. Aus seiner Schilderung wird die Mehrzahl von Motiven deutlich, die Eltern zu einer positiven Einstellung gegenüber der Hitler-Jugend bewegen konnten:

»Das war eigentlich von meinen Eltern veranlasst, nech, die eben sagten: ›Hier, du, da können sich jetzt auch Jüngere schon melden. Da geh doch hin‹ und, das waren also die Überlegungen, die ich Ihnen ja schon sagte, nech von meiner mütterlichen Seite. ›Da musst du also auch mit. Hier, du darfst dich nicht abkapseln und musst auch mit einfachen Jungen irgendwie zusammen sein, und außerdem musst du auch mal 'nen bisschen mehr Mumm kriegen, und 'n bisschen bisschen mehr rangehen und couragierter sein und im Übrigen 'ne bessere Haltung und nicht hier da dauernd so rumflätzen und so, das ist notwendig.‹ Na ja, und dass ich dann doch noch 'ne Weile so... Angeblich war dann jemand dann da bei denen [den Eltern], ich meine, ich war auch wirklich dann nicht da, aber ich [habe] das dann nicht forciert und na ja, dann schleppte einen jemand mal irgendwo mit [...].« (Pieper, 7108–7125)

---

8 Zöllner, 2351.

Andere Eltern wiederum hielten ihre Kinder zunächst gegen deren Willen von der Hitler-Jugend fern, bis diese sich durchsetzen konnten. Mehrere der 1926 und 1927 Geborenen, deren Jahrgänge vollständig erfasst werden sollten, antworteten auf die entsprechende Frage mit dem Hinweis auf das Gesetz oder die Pflicht, die formal allerdings gar nicht bestand. Karl-Heinz Jung, 1927 geboren, erhielt seiner Erinnerung nach bereits eine Aufforderung und sprach davon, »eingezogen« worden zu sein (4810)[9]. Unabhängig davon strömten nach 1933 die Kinder aber überwiegend freiwillig in den Jungmädelbund und das Jungvolk. Entscheidend für die meisten war der Wunsch, auch »dabei zu sein«. Erich Ilsemann betonte:

»[…] ich wollte nun auch irgendwie dazugehören. Vielleicht irgendwie [P] weil von den Klassenkameraden war der größte Teil bereits im Jungvolk drin, […] irgendwie dazuzugehören, um mit Jungen meines Alters zusammen zu sein.« (Ilsemann, 116–128)

Nicht dazuzugehören, wäre gleichbedeutend damit gewesen, ausgeschlossen zu sein: aus der Hitler-Jugend und damit, wie aus den Äußerungen Erich Ilsemanns ganz deutlich wird, aus der Gruppe der Gleichaltrigen, die sich dort gefunden hatte. Gisela Apel beschreibt die Situation mit den Worten:

»Da kann ich nur sagen, es war in Göttingen richtiggehend Zwang. Und man fügte sich dann eben, nich. Es waren alle drin. Und so anfechtbar das klingt, man hat sich eigentlich gar nicht überlegt, dass man's auch anders machen kann. Also das war schon die Gleichmacherei. Die griff ja ziemlich weit, und opponieren hatten wir in dem Sinn nich gelernt.« (Apel, 5122–5128)

Auch Waltraud Neubert betonte die Selbstverständlichkeit:

»Wissen Sie eigentlich, wenn ich so überlege, war das so genauso: Man ging in den BDM, wie man zum Konfirmandenunterricht ging, es gehörte einfach dazu. Wir haben als Kinder doch noch nichts überlegt.« (Neubert, 3672–3676)

Daneben übte auf viele Kinder die Uniform einen aus heutiger Perspektive kaum mehr nachvollziehbaren Reiz aus. Sie demonstrierte nach außen hin nicht nur die Zugehörigkeit zur Organisation und die Gleichheit aller Kin-

---

9 An dieser Formulierung zeigt sich sehr schön, wie nahe noch in der Erinnerung die Hitler-Jugend dem Militär ist. Diese Parallele wurde auch von einigen Befragten im Interview explizit gezogen, so auch von Rolf Pieper: »[…] und dann, in dem Fähnlein, wo ich war, das wurde zwar noch so anfangs geleitet von Leuten, die so aus der Jugendbewegung kamen. Wir haben viel gesungen, und aber doch schon sehr auf Militär ausgerichtet.« (Pieper, 544–548)

der, sondern galt auch als modisch und schick. Es wundert nicht, dass dieses Argument von den Frauen häufiger genannt wird als von den Männern. Besonders die zur Uniform des Jungmädelbunds gehörende »Kletterweste«[10] aus braunem Veloursstoff wurde als schick empfunden. Die meisten Mädchen trugen die Uniform anfangs gern, zogen sie zum Teil aber mit beginnender Pubertät nur noch unwillig an. Lediglich Dora Markwart fand die Uniform schrecklich (4274). Sie bezeichnete die Kombination von blauschwarzem Rock und angeknöpfter weißer Bluse als »Kindersack« in dem sie sich »doof« fühlte (Markwart, 5363) – vermutlich, weil sie sehr groß war. Einige entwickelten aufgrund ihres zunehmend kritischen politischen Bewusstseins eine Abneigung gegen die Uniform. Anderen war sie zu kindlich, besonders dann, wenn sie sie als Jungmädelführerinnen auch noch mit 15, 16 Jahren tragen mussten.

Erich Ilsemann war so stolz auf seine Uniform, die, wie er noch wusste, in einem Geschäft auf der Weender Straße gekauft wurde, dass er sie schon anzog, bevor er zum Jungvolk gehörte. Mehrere Männer erwähnten positiv die zur Winteruniform gehörende Skihose, für die meisten Jungen die erste lange Hose ihres Lebens, die die verhassten langen Strümpfe verdrängte und zugleich ein wichtiger Schritt auf dem Weg ins Erwachsenenleben war. Heinz Zöllner bringt diese Mischung von Motivationen auf den Begriff, wenn er sagt:

»[...] ich muss ehrlich sagen, ich machte diesen, diesen HJ-Dienst zunächst, zuerst war ich natürlich furchtbar begeistert und fand das wegen der Uniform und so weiter alles wunderschön und wollte das nun alles mitmachen [...].« (Zöllner, 299–303)

Was zusätzlich »wunderschön« sein konnte, war das Aufnahmeritual. Es fand regelmäßig einmal im Jahr für die neu in die Hitler-Jugend aufgenommenen Kinder am Vorabend von Hitlers Geburtstag statt. Dabei wurde ein feierlicher Schwur auf den Führer geleistet, der die »Verpflichtung zu Treue und Gehorsam gegenüber Führer, Volk und ›Bewegung‹« beinhaltete.[11] Die Kinder mussten eine Mädelprobe oder eine Pimpfenprobe able-

---

10 Als »Kletterweste« wurde die zur Uniform gehörende taillierte braune Jacke bezeichnet, die aus einem velourähnlichen Stoff gefertigt war. Sie wird in vielen Interviews erinnert. Gisela Miller-Kipp hat darauf hingewiesen, dass die Kletterweste bei den Mädchen sehr begehrt gewesen und »ein mit der BDM-Uniform stets genau erinnertes Kleidungsstück« ist (*Der Führer braucht mich«*, S. 42).
11 Kollmeier, »Erziehungsziel«, S. 66. Vgl. auch Johansen, *Betrogene Kinder,* S. 204. Der Text des Schwures ist abgedruckt bei Reese, »Kamerad«, S. 240f.

gen, mit der ihre körperliche Leistungsfähigkeit und ihre Unerschrockenheit getestet wurden.[12] Erst danach wurde ihre Uniform durch Halstuch mit Lederknoten und Schulterriemen komplettiert. Die Jungen erhielten das begehrte Fahrtenmesser. Für Kinder, die sehr unsportlich waren und die Pimpfenprobe nicht bestanden, wie Jürgen Diederichs, hatten die fehlenden Bestandteile der Uniform teilweise unmittelbare Nachteile, signalisierten in jedem Fall ihr Versagen nach außen.

»[...] und 1936, da war ich dann zehn, da kam, nee, ich kam noch ins Jungvolk aufgrund des Gesetzes, hatte aber das Pech, dass ich ein sehr unsportlicher Mensch bin. Ich hab die Pimpfenprobe nich bestanden. Und das bedeutete, dass ich keinen Schulterriemen krichte. Das war unangenehm, denn damit rutschte die Hose. Man hatte in dem Alter noch keine geeignete Hüfte für. Da bin ich also zu keinerlei Rängen aufgestiegen.« (Diederichs, 59–67)

Das Ablegen von Halstuch und Knoten oder Schulterriemen wurde auch als gefürchtete Strafe eingesetzt.[13] Man musste zwar weiterhin in Uniform zu den Diensten erscheinen, aber eben ohne diese Bestandteile. In seinem Interview beschreibt Karl-Heinz Jung sehr genau, welche Intention sich dahinter verbarg:

»Da-damit eben auch jeder sah: Du bist bestraft, du hast irgendwas gemacht, nich wahr, gegen die Kameradschaft oder gegen die Allgemeinheit und deshalb haste Uniformverbot gekricht. Und das war nachher auch nen Schulterriemen, da hatt' ich auch nen Schulterriemen, nich wahr, und so weiter. Den durfte man denn auch nich tragen. Und man musste denn zwar im braunen Hemd und mit der Hose zum Dienst erscheinen.« (Jung, 4766–4774)

Der Zustrom in die Hitler-Jugend hatte aber auch damit zu tun, dass es sehr bald keine organisatorische Alternative mehr gab. Andere Jugendverbände waren entweder verboten oder in die Hitler-Jugend überführt worden oder hatten sich selbst aufgelöst.[14] Das galt selbst für die konfessionellen Verbände. Die Evangelische Jugend wurde bereits im Dezember 1933 durch ein Abkommen zwischen Reichsjugendführung und Reichsbischof Müller faktisch in die Hitler-Jugend überführt. Den katholischen Verbänden verschaffte das 1933 geschlossene Konkordat noch eine kurze Atem-

---

12 Auf diesen Aspekt weist Reese hin (»Kamerad«, S. 240). Außerdem wurden Kenntnisse über Führer und Bewegung verlangt. Vgl. Möding/Plato, »Siegernadeln«, S. 292ff.
13 Zur Disziplinarpolitik der Hitler-Jugend vgl. Kollmeier, *Ordnung;* Steinacker, *Staat als Erzieher;* Nolzen, »Der Streifendienst«, S. 13–51.
14 Vgl. die entsprechende Übersicht der RJF vom November 1933 bei Freyberg/Bromberg/Mausbach, *»Wir hatten andere Träume«,* S. 3.

pause. Im Juli 1935 wurden ihnen dann definitiv andere als nicht »kirchlich-religiöse Betätigungen« reichsweit verboten.[15] Da die Hitler-Jugend seit 1936 auch noch das Sportmonopol für die unter 14-Jähringen hatte,[16] gab es für die Kinder noch nicht einmal die Sportvereine als Alternative. 1936, als die Hitler-Jugend zur Staatsjugend erklärt wurde, gaben die meisten der bis dahin noch resistenten Kinder oder deren Eltern ihren Widerstand auf. Das galt selbst für sehr kluge und dem Regime zurückhaltend gegenüberstehende Personen, wie Jürgen Diederichs Mutter. Aus den Erzählungen des Sohnes wird allerdings nicht deutlich, ob seine Mutter den 1936 tatsächlich noch fehlenden Zwangscharakter der Hitler-Jugend nicht durchschaute oder ob sie meinte, zu viele Nachteile zu riskieren, wenn sie sich jetzt der Mitgliedschaft ihres Sohnes weiter widersetzte (Diederichs, 51). Von diesem Zeitpunkt an war die Zugehörigkeit zur Hitler-Jugend endgültig Teil des Alltags der meisten Kinder ab zehn Jahren.[17] Ausgeschlossen waren allerdings von Anfang an bestimmte Kinder, die »rassisch« Minderwertigen, die »sittlich« Unwürdigen oder (gesundheitlich) Untauglichen.[18] Die Lektion, dass die Volksgemeinschaft nur als »ideologisch und rassisch homogener Volkskörper«[19] realisiert werden konnte, lernten schon die Kinder.

Durch die Mitgliedschaft in der Hitler-Jugend bekamen die Kinder zudem das Gefühl vermittelt, an dem Aufbau der deutschen Volksgemeinschaft beteiligt zu sein. Das Regime feierte die Jugend als »Garant der Zukunft«.[20] Sie sollte das alte politische System überwinden und das neue,

---

15 Die Vorgänge sind ausführlich dargestellt bei Köster, *Jugend,* S. 317 ff.
16 Vgl ebenda, S. 316; auch Kliem, *Sport,* S. 66.
17 Vgl. die Angaben über die Entwicklung der Organisation bei Klönne, *Jugend im Dritten Reich* (2003), S. 33. Durch den Zwangscharakter veränderte sich die Hitler-Jugend, die nun kein Verband von Freiwilligen mehr war, wie einige Befragte erinnerten (Zimmermann, 3778–3785; Pieper, 4029–4061).
18 Diese Kriterien nannte die 2. Durchführungsverordnung zum Gesetz über die Hitler-Jugend vom 25.3.1939. Vgl. dazu: Köster, *Jugend,* S. 333. Auf die Ausgrenzung als konstitutiven Bestandteil der Hitler-Jugend wird in der Literatur immer wieder verwiesen. So bei Kollmeier, »Erziehungsziel«, S. 61. Bereits für den Aufnahmeantrag in die Organisation musste der Ariernachweis erbracht werden. Vgl. den bei Gisela Miller-Kipp abgebildeten Vordruck (*»Auch Du gehörst dem Führer«,* S. 37, Dok. 7).
19 Kollmeier, »Erziehungsziel«, S. 59.
20 Klönne, *Jugend im Dritten Reich* (1995), S. 7. Von dem Jugendmythos aus der Jugendbewegung verabschiedete sich das Regime bald nach der Machtergreifung. Vgl. dazu auch Klönne, »Jugendbewegung«, S. 425. Staatsjugend und Ungebundenheit der Jugendbewegung vertrugen sich ebenso wenig wie »Fernweh [...] mit der völkischen Introvertiertheit des Nationalsozialismus«. So Radkau, »Jugend«, S. 120.

starke, einige Deutschland bauen. Unterstützt wurde dieser »Auftrag« durch den Aufbau der Organisation. Sie fasste Jugendliche aus allen Bevölkerungsgruppen zusammen. Dadurch sollten die sozialen Klassen- und Schichtdifferenzen überwunden werden. Äußeres Zeichen dafür war die Uniformierung. Etliche bürgerliche Kinder haben tatsächlich erst in der Hitler-Jugend Gleichaltrige aus anderen sozialen Milieus näher kennengelernt. Daran erinnerten sich einige (Ilsemann, 135; Engelmann, 5413). Dass die sozialen Grenzziehungen gerade von vielen bürgerlichen Kindern nicht überwunden wurden, steht auf einem anderen Blatt.

Hinzu kam Folgendes: Obwohl in der Hitler-Jugend intern eine Differenzierung zwischen den Zehn- bis 14-Jährigen und 14- bis 18-Jährigen gemacht wurde,[21] bedeutete die Mitgliedschaft gleichwohl, dass man als Zehnjährige/r nicht mehr als Kind betrachtet wurde, sondern bereits zu den Jugendlichen zählte. Das schmeichelte! Die Kinder hatten wie die Erwachsenen feste Termine und mussten die Eltern nicht um Erlaubnis fragen, wenn sie zu den Diensten gingen oder an anderen von der Hitler-Jugend anberaumten Verpflichtungen teilnahmen. Die Kinder spürten sehr genau, dass sie dadurch ein Stück weit selbstständiger wurden[22] und sich der elterlichen Kontrolle entziehen konnten. Dass sie sich damit einer anderen unterwarfen, wurde von ihnen aber ersichtlich so nicht wahrgenommen. Ursula Zimmermann führte ihre frühe Selbstständigkeit auf ihre Mitgliedschaft (und Führungsposition) im Jungmädelbund zurück:

»[...] also insofern wurde da eigentlich sehr viel geboten, und man [hat] auch für's Leben viel davon gelernt, nech. Also eben gerade auch so zu organisieren. [...] Zu Hause war man eben immer das Kind, während man also da schon als vollgültige Person angesprochen wurde, nech. Das war auch bestimmt 'n Grund mit, weshalb viele also das auch als 'ne Befreiung vom Elternhaus verstanden haben, dass se da machen konnten, was, was sie also gerne wollten, nech.« (Zimmermann, 4183–4194)

Die von Ursula Zimmermann beschriebene frühe Loslösung der Kinder vom Elternhaus war intendiert und Teil der Strategie des Regimes, die Kinder in einem möglichst frühen Alter, in dem sie noch leicht formbar waren

---

21 Das galt sowohl für die Gestaltung der Heimabende als auch für die körperlichen Belastungen. Vgl. dazu auch unten.
22 In den Deutschlandberichten der Sozialdemokratischen Partei Deutschlands (Sopade) hieß es dazu im Juni 1935: »Wer in die Nazi-Jugendorganisationen hineinkommt, streift rasch das Kindliche ab. Das Kind ist dann nicht mehr Kind.« Scholtz, *Erziehung*, S. 66.

und sich auch den Anweisungen übergeordneter Stellen nicht zu widersetzen wagten, unter Kontrolle zu bekommen.[23]

Mit ihrem Aufbau und ihren Angeboten sowie vielen Inhalten, so zum Beispiel völkischem Gedankengut, knüpfte die Hitler-Jugend an etliche Merkmale der bündischen Jugend an. Statt der »Kluft« wurde allerdings Uniform getragen, aber Geländespiele, Fahrten und Lager, Lagerfeuer und stimmungsvoller Gesang zogen die Kinder an.[24] Besonders attraktiv wurden die Gruppen der Hitler-Jugend durch die Realisierung des Prinzips »Jugend muss durch Jugend geführt werden« auf den unteren Organisationsebenen. Dieses von der Reichsjugendführung formulierte und praktizierte Prinzip implizierte, dass die Rekrutierung des Führungspersonals aus dem Reservoir der Organisation selbst erfolgen musste. Die Führerinnen und Führer wurden allerdings nicht aus den einzelnen Gruppen heraus gewählt, sondern gemäß dem Führerprinzip von der Leitung ernannt, waren nur von ihr abhängig und ihr verantwortlich.[25] Sie waren im Allgemeinen nicht viel älter als die von ihnen Geführten. Gelegentlich wurden Kinder sogar schon mit zwölf Jahren Führer oder Führerin der neu aufgenommenen zehnjährigen Kinder. Für die meisten Kinder durchaus attraktiv waren die Angebote bei den »Diensten« des Jungvolks und Jungmädelbundes. Hier konnten sie mit anderen zusammen sein, Dinge tun, die sie ohnehin gerne machten: Geschichten vorlesen, basteln, singen, spielen. Besonders Kinder, die wenig Spielgefährten hatten, waren davon beeindruckt. Sie lernten Neues und konnten auch vor den anderen mit ihren spezifischen Fähigkeiten glänzen, Bewunderung einheimsen, wie beispielsweise Gisela

---

23 Gabriele Rosenthal formuliert explizit, die Reichsjugendführung habe den Generationenkonflikt ausgenutzt, um die Kinder früh aus den Familien herauszulösen (»Konstitution von Generationen«, S. 66.). Dass mit dem frühen Zugriff auf die Kinder auch ihre »Zurichtung« für politische Zwecke leichter möglich war, hat Ute Benz herausgearbeitet (»Verführung«, S. 25–39).

24 Das erleichterte die Akzeptanz der Hitler-Jugend in der Bevölkerung zweifellos. Manche Eltern ermunterten aufgrund eigener Erfahrungen in der Bündischen Jugend ihre Kinder zum Beitritt bzw. hatten keine Einwände dagegen. Einer der älteren Befragten war bereits bündisch organisiert gewesen und dann 1933 mit seiner Gruppe nahtlos in die Hitler-Jugend überführt worden (Köhler, 407–420). Zur Auflösung der Jugendorganisationen und ihrer Überführung in die Hitler-Jugend vgl. Schubert-Weller, *Hitler-Jugend*, S. 108ff. Zur Nähe von Bündischer Jugend zur Hitler-Jugend vgl. Klönne, *Hitler-Jugend*, S. 51ff. Zur Nähe von am Ende der Weimarer Republik in der Bevölkerung weit verbreiteten Einstellungen und der nationalsozialistischen Ideologie vgl. Giesecke, »Hat Hitler die Jugend verführt?«, S. 457–467.

25 In der bündischen Jugend hingegen konnte die Gruppe ihren Führer wählen bzw. ihm die Zustimmung verweigern. So Klönne, *Hitler-Jugend*, S. 58.

Apel mit ihrem Geschick beim Basteln. Dass damit auch politische Inhalte und Zwecke verbunden waren,[26] ist ihnen sicher damals nicht bewusst gewesen und spielte für sie keine Rolle. Die gelegentlichen Hinweise in einigen Interviews auf den Drill und den vormilitärischen Charakter der Übungen sind zweifellos nachträgliche Interpretationen. Einigen der Interviewpartner und -partnerinnen ist ihre politische Vereinnahmung bis heute nicht klar geworden.

In Charlotte Reicherts Antwort auf die Frage, was sie an den Heimnachmittagen gemacht hätten, zeigt sich diese Mischung aus herkömmlichem Kinderspiel und Politischem sehr gut:

»Ja, so wissen Se so [P] was wir auf dem Düsteren Eichenweg auch viel spielten, also richtige [P] ja, wie war denn das? Also einer musste was verstecken und die andern wurden aufgeteilt, das nun zu suchen oder irgendwie, also so Spiele, wo man sich so miteinander messen konnte. Ich weiß nich mehr im Einzelnen, wie die waren. Und man machte sportliche Dinge. Hatten wa dann Turnzeuch mit. Und auch Volkstanz wurde gemacht, hatte einer 'ne Quetschkommode dabei und dann wurde Volkstanz gemacht. Und dann wurde auch mal 'ne Wanderung gemacht, und dann wurde auch marschieren geübt. Antreten der Größe nach und all das, ja, es wurde richtig exerziert. Und wir konnten alle schön im Gleichschritt Marsch gehen und anhalten und singen, nech. Und es machte einem alles zuerst so doch Spaß, nech?« (Reichert, 4394–4409).

Bei den Jungen sahen die Dienste etwas anders aus, waren mehr mit Sport, auch Geländespielen und Exerzieren verbunden. Aber gerade die Vermischung von »normalem« Kinderspiel, auch Kinderstreichen mit körperlicher Disziplinierung und politischer Unterweisung führten dazu, dass die Kinder die intendierte politische Beeinflussung nicht wahrnahmen und viele der Befragten auch heute noch eine politische Prägung ihrer Kindheit vehement verneinen.

Die Wochenendfahrten und Lager, in denen Elemente der bürgerlichen und sozialistischen Jugendbewegung mit politischer Schulung und körperlicher Disziplinierung verbunden waren, stellten in den Augen zwar nicht aller, aber vieler Kinder verlockende Angebote dar, die sie in dieser Form von ihren Eltern nicht geboten bekamen. Dabei war für die bürgerlichen Kinder weniger das Verreisen wichtig, das sie vom Elternhaus her gewohnt

---

26 Seitens der Reichsjugendführung gab es Vorgaben und Schulungsmaterialien für die Gestaltung der Heimnachmittage bzw. -abende. Vgl. Reese, »Kamerad«, S. 223f. Die Vermittlung bestimmter politischer Inhalte war Pflicht. Das ließ sich aber durchaus mit Spiel und Sport verbinden.

waren. Ihr räumlicher Radius war, im Gegensatz zu dem der meisten Kinder aus anderen Milieus, sehr groß. Lediglich die Großfahrten, die einige Jungen unternahmen, waren, auch hinsichtlich der räumlichen Dimension, Ereignisse, die ihnen auch die Eltern nicht unbedingt bieten konnten, so zum Beispiel eine Großfahrt nach Dänemark, von der Dieter Reinecke berichtete (252). Die Attraktivität der Wochenendfahrten mit dem Jungmädelbund oder dem Jungvolk lag darin, dass die Kinder hier mit Gleichaltrigen zusammen waren und Dinge unternahmen, die Kindern Spaß machten. Einige konnten sogar der damit verbundenen Einfachheit und Kargheit etwas abgewinnen, wie Ursula Zimmermann deutlich machte:

»[…] aber ich meine, man traf sich da ja mit seinen Freundinnen und, und das waren eben alles, alles Kinder und junge Menschen, und das war eben toll, nech. Und wir haben ja auch was erlebt. Ich meine so ne Wanderung, ne Fußwanderung mit Übernachten im Heu und so, ja, das bieten einem ja die Eltern nicht unbedingt, nech.« (Zimmermann, 3868–3875)

Die Freiheit von elterlicher Bevormundung war für die Kinder wichtig. Die Fahrten boten ihnen zugleich eine willkommene Gelegenheit, mal »über die Stränge zu schlagen«, wie das Rolf Pieper berichtete. Seine Schaft machte sich beispielsweise bei den Eisenbahnfahrten zu einem Wochenendhaus der Hitler-Jugend im Landkreis einen Sport daraus, alle Verbotsschilder in den Abteilen abzuschrauben und die Zugtoilette damit »vollzupflastern« (Pieper, 4463–4513).

Viele der Aktivitäten im Jungmädelbund oder dem Jungvolk banden die Kinder emotional an die Organisation und an das Regime. Das galt in besonderem Maße für das Singen. Nun wird aus den Interviews erkennbar, dass die Befragten als Kinder überhaupt viel gesungen haben, oft auch zusammen mit den Eltern bei Wanderungen und Ausflügen. Dabei handelte es sich überwiegend um Volkslieder und Lieder aus der Jugendbewegung, also tradiertes Musikgut. Gesungen wurde aber auch außerhalb der Familie, im Kindergarten, in der Schule und in den Jugendgruppen, beim Kinderspiel. In den Organisationen der Hitler-Jugend wurde nicht nur beim Marschieren gesungen, sondern ebenso an den Heimnachmittagen oder -abenden. Für etliche Befragte gehört das gemeinsame Singen zu den schönsten Erinnerungen an ihre Zeit im Jungmädelbund.[27] In der Schule sangen die Kinder außer im Musikunterricht bei allen offiziellen Anlässen, das heißt

---

[27] Dort und im BDM wurden mehr Volkslieder gesungen als im Jungvolk und in der HJ. So Stoverock, »Bündische Lieder«, S. 41.

beim Fahnenappell zu Beginn und Ende der Ferien und den vielen Feiern. Neben anderen Liedern gehörten stets das Deutschlandlied und das Horst-Wessel-Lied dazu,[28] das quasi zur zweiten Nationalhymne geworden war.[29] Im Rückblick auf die Zeit des Dritten Reiches bezeichnete Carola Stern den Nationalsozialismus wegen des verordneten ständigen Singens gar als eine »Singediktatur«.[30] Dem gemeinsamen Singen, nicht nur, aber vor allem der Kinder und Jugendlichen, maßen die Nationalsozialisten große Bedeutung zu. Das lässt sich allein schon daraus ersehen, dass das Reichsministerium für Volksaufklärung und Propaganda über eine eigene Musikabteilung verfügte.[31] Durch das gemeinsame Singen sollten nicht nur die politischen Inhalte in die Köpfe und Herzen geschleust, sondern das Gemeinschaftsgefühl, speziell die Verbundenheit mit der Volksgemeinschaft gestärkt werden.[32] »Eine einheitliche Ausrichtung des Denkens, Fühlens und Wollens der Menschen«[33] war das Ziel, das der Formierung der Gesellschaft diente. Prieberg schreibt gar von einer »Kollektivierung per Tonkunst«.[34] Eingängige, einfache Melodien, die schnell im Gedächtnis haften blieben, trugen dazu bei.[35]

Was sangen die Kinder? Die meisten Befragten verwiesen auf Volkslieder, zugleich aber auch auf Nazi- oder Soldatenlieder. Marie Ohlendorf nannte diese die »blöden« Lieder, die sie mit den anderen im Jungmädelbund und im BDM gesungen hätte (5843); Dora Markwart sprach von »ganz furchtbaren Liedern«, deren Text sie verdrängt habe (2448).[36] Von den Nationalsozialisten wurden neben den Volksliedern auch viele Lieder der Jugendbewegung übernommen, allerdings nur jene, die eine politische

---

28 So Spratte, »Die Schulfeier«, S. 139f. Das erwähnten auch viele Befragte.
29 So Schepping, »Lieder«, S. 253.
30 Zitiert nach Niedhart, »Sangeslust«, S. 5.
31 Die Musikabteilung wird mehrfach erwähnt von Prieberg, *Musik im NS-Staat*, S. 210, 298, 320. Vgl. die Übersicht über die Struktur des Ministeriums unter: http://de.wikipedia.org/wiki/Reichsministerium_fProzentC3ProzentBCr_VolksaufklPr ozentC3ProzentA4rung_und_Propaganda. Abgerufen am 12.12.2011.
32 So Brade, »BDM-Identität«, S. 150f.; vgl. auch Klopffleisch, *Lieder*, S. 137; Günther, »Lieder«, S. 200.
33 Vgl. Spratte, »Die Schulfeier«, S. 134.
34 Prieberg, *Musik im NS-Staat*, S. 242.
35 Darauf weist Müller-Blattau hin (»Das politische Lied«, S. 216, 221).
36 Ob beide Frauen die Lieder schon als Kinder als »blöde« bzw. »furchtbar« empfunden haben, ist unklar. Vermutlich handelt es sich um eine spätere Abwertung. Vgl. dazu unten.

Umdeutung zuließen.³⁷ Andere verschwanden in der Versenkung. Selbst bei der Arbeiterbewegung bedienten sich die Nationalsozialisten. Die Hymne der Arbeiterbewegung »Wann wir schreiten Seit' an Seit'« wurde ebenfalls dem nationalsozialistischen Liedgut zugeschlagen und gehörte gar zu den Pflichtliedern des BDM.³⁸ Daneben, sie bildeten den Kern der obligatorischen Lieder, gab es die politischen Fahnen- und Soldatenlieder. Sie vermittelten »am Verstand vorbei«³⁹ ein spezifisches Menschenbild und bestimmte politische Inhalte. Sie besangen Opferbereitschaft, Idealismus, Zielstrebigkeit, Willensstärke, Gehorsam,⁴⁰ die Liebe zu Deutschland, zur Fahne und die Bereitschaft zum Heldentod.

Durch die Verbindung mit den die emotionale Ebene ansprechenden Volksliedern erhielten die politisch eindeutigen Fahnen- und Soldatenlieder eine enorme Tiefenwirkung und führten zu einer emotionalen Bindung an den Nationalsozialismus. Andererseits verloren die Volkslieder durch die Verbindung mit den politischen Liedern ihre »Unschuld«. Der Kontext in dem sie gesungen wurden, drückte ihnen seinen Stempel auf.⁴¹

Über die Inhalte haben sich die Kinder und Jugendlichen wohl selten Gedanken gemacht. Ernst Ilsemann fragte noch im Interview, als er aus der Hymne der Hitler-Jugend zitierte:

»Es hieß ja in dem, in dem einen Kampflied heißt es: ›Wir ziehen [PP] mit dem Führer durch Nacht und durch Not, [P] denn wir kämpfen für Freiheit, für Arbeit und Brot.‹ Wer konnte denn dagegen sein? Das muss ich mal fragen.« (Ilsemann, 3434–3440)

Erst in der Retrospektive ist den meisten Befragten klar geworden, was sie eigentlich gesungen haben. Das wird in dem Interview mit Elke Engelmann sichtbar:

»Die Fahne war ja ein übertriebenes Symbol in der in der, nich. Die Fahne ist mehr als der Tod, das war ein Lied, ne. Und das is war ja unglaublich überhöht. Für die Fahne zu sterben, war ne Ehre. Und solches son Quatsch ham wir auch gesungen.

---

37 So Stoverock, »Bündische Lieder«, S. 57; Klopffleisch betonte ebenfalls die Kontinuität, (*Lieder*, S. 180f.); vgl. auch Müller-Blattau, »Das politische Lied«, S. 19f.
38 Vgl. *Pflichtlieder des BDM*, S. 19f.
39 Die Formulierung stammt von Spratte, »Die Schulfeier«, S. 133.
40 Vgl. dazu Klopffleisch, *Lieder*, S. 252.
41 So Stoverock, »Bündische Lieder«, S. 58; vgl. auch Brade, »BDM-Identität«, S. 150, 155, 156, 163f. Auch Steinacker weist darauf hin, »dass die so oft bemühte Rede vom angeblich unpolitischen Singen und Marschieren in der Hitler-Jugend in den Bereich der Mythen bzw. der Apologie gehört.« (*Staat als Erzieher*, S. 475).

Wir ham uns überhaupt nichts dabei gedacht, aber wenn ich mir das heute überlege was wir für, was die uns für Texte so beigebracht haben.« (Engelmann, 3045–3053)

Ein wenig später sagte sie im Interview:

»Ich hab die zum Teil total vergessen, die Lieder. Also tief sind die auch nicht gegangen. Aber dieses, da: Unsere Fahne flattert uns voran. [P] [murmelt, summt, singt leise] Die Fahne, die Fahne mmmm die Fahne ist mehr als der Tod. Also ich kann den Text nicht mehr ganz genau. Das ham wir auch gesungen. Wir kleinen Mädchen. Das war ja wirklich lächerlich, ne. Das, das war so. [P]« (Engelmann, 3062–3070)

Auch Ernst Naue betonte mehrmals im Interview, er habe sich selbst bei den besonders martialischen, auch antisemitischen Liedtexten nichts gedacht (480). Das ist umso bemerkenswerter als beide, Elke Engelmann und Ernst Naue, aus zumindest partiell regimekritischen Elternhäusern kamen. Ernst Naue, aber auch andere Befragte konnten die Texte teilweise noch im Interview reproduzieren, zumindest die erste Zeile. Etliche fingen an, die Lieder zu summen oder zu singen. Das gilt besonders für die Hymne der Hitler-Jugend, die schon Erich Ilsemann und Elke Engelmann angesprochen hatten: »Vorwärts, vorwärts schmettern die hellen Fanfaren.«[42] Ernst Naue resümierte:

»Viel viel wurde gesungen im Hitler-Jugend und im Jungvolk. Das ist ganz komisch, so in meinem Jahrgang oder in in dem etwa in dem Alter, wenn uns da irgend ein Lied einfällt, was wir 45 Jahre nich gesungen haben, dann können wir's heute noch, nich. Aus der Nazizeit, das is ganz merkwürdig. Also das war in gewisser Weise eine singende Bewegung, durch Singen hat sie irgendwie is sie auch in Menschen mit hineingekommen.« (Naue, 2288–2295)[43]

---

42 Der Text stammt vom Reichsjugendführer Baldur von Schirach, die Melodie von Hans Otto Borgmann.

43 Von der dauerhaften Wirkung des nationalsozialistischen Liedguts konnte auch der aus dem Elsass stammende Zeichner Tomi Ungerer berichten: »Und ich weiß – das mach ich jetzt nicht mehr, aber noch vor einigen Jahren – : Wurd' ich so ein bisschen niedergeschlagen, keine Depression, aber doch so ein bisschen nach unten, dann hab ich immer automatisch Nazilieder gesungen, dann ist das alles sofort wieder ganz stramm, geradeaus ... Das ist mir eine gute Medizin gewesen. Weil diese Lieder in mich eingespritzt worden sind wie eine Droge. Sie wissen, wenn man Heroin nimmt, das bleibt noch ein ganzes Jahr im Blut. Und wenn man unter den Nazis aufgebracht worden ist, dann bleiben diese Nazilieder noch für zwanzig, dreißig Jahre im Hirn.« Aus einem nicht veröffentlichten Interview mit Judith Prieberg-Mohrmann vom Januar 1981. Zitiert bei Prieberg, *Musik im NS-Staat,* S. 242.

Es verging kein »Dienst« ohne Gesang, selbst wenn er nicht gesondert auf dem Programm stand. Gesungen wurde auch beim Marschieren. Uniformiert im Gleichschritt nach der Musik marschieren – das war eine die Schaft oder Schar zu einer Einheit verschmelzende Situation, die viele Befragte positiv erinnern. Erst die heranwachsenden Kinder konnten dazu eine distanziertere Perspektive entwickeln, besonders dann, wenn sie aus einem regimekritischen Elternhaus kamen.

Die Emotionen der Kinder wurden weiterhin in besonderem Maße durch Aufmärsche und Kundgebungen angesprochen, deren effektvolle Inszenierungen direkt auf die Gefühlsebene zielten und dadurch besonders wirkungsvoll waren. Es fällt auf, dass hierdurch offenbar in erster Linie die weiblichen Kinder und Jugendlichen angesprochen wurden. Gisela Apel war besonders von den Massenaufmärschen angetan:

»Ich war von den Eltern gegen das Regime. Ich muss allerdings gestehen, dass diese großen Aufmärsche in Göttingen auf dem Rathausplatz mit Fahnen mit ner Bläsergruppe und mit Ansprachen oben vom Balkon. Das Wunderbare einer einer solchen Massendarstellung, das hab ich auch erlebt als Rausch. Nich, das dem kann man sich kaum entziehen.« (Apel, 1728–1735)

Ähnlich empfand Ursula Zimmermann:

»[...] aber für mich ist das immer gravierend gewesen, dass Hitler Katholik war. Der hatte das von Jugend auf in sich, diese, diese Rituale. Dieses, das hat er ja auch also im Nationalsozialismus gefördert, wo es nur ging. So. Und das ist etwas [P], das, wenn man das nicht erlebt hat, das kann man erstens Mal kaum schildern, wie das war, wie man von so einer Welle mitgenommen wurde emotional. Was die da so gemacht haben, nicht, von dieser ganzen Musik her und und von den Worten her und Stimmung und dunkel und Fackeln und so was alles. Sie hatten sich ja auch zum Teil auf diese germanischen Sachen da so besonnen, und dass das an jungen Menschen ohne jeden Eindruck vorbeigeht, das ist ganz unmöglich.« (Zimmermann, 3927–3948)

Charlotte Reichert sah zumindest retrospektiv die Funktion ihrer Begeisterung für die Aufmärsche und Paraden:

»[...] und wir als kleine, als BDM-Mädchen mussten Spalier stehen, das heißt, die wogende Menge, die musste abgeschirmt werden. Und dann kamen diese Umzüge und die Märsche, diese schönen Märsche und Friedberger und was es alles für schöne, alte Märsche gab von Strauß bis Paul Linke und sonst wohin [lacht] und dann dieser [P] na ja, also egal. Auch unter den Nazis gab es nette Musiker, die schöne Märsche und so was komponierten. Und das fanden, das mochten wir alles gerne, das fanden wir herrlich. Und das fand ich auch als BDM-Mädchen gut, da zu stehen und sich das alles anzuhören und anzusehen. Und in der ersten Reihe stand man dann [lacht] und die zogen die Weender runter und die Groner und nech, das, das fanden wir schon herrlich.« (Reichert, 4598–4613)

Auf die Frage, was sie daran so beeindruckt hatte, antwortete sie:

»Ja, also die Uniformen, die Schellenbäume. Ich sah so was gerne. Und die meisten sahen das gerne, das war ja noch nicht kriegerisch. Das warn friedliche Aufmärsche. Was da schon hinter stand drohend, das haben wir ja nicht empfunden. [P] Aber wir wurden sozusagen drauf eingestimmt, ja! Und die sind ja eigentlich alle, viele mit ner gewissen Begeisterung dann in diesen Krieg gezogen.« (Reichert, 4616–4624)

Die Männer äußerten sich überwiegend negativ über das stundenlange Stehen bei den Kundgebungen und Aufmärschen, bei denen viele Kinder umkippten, kritisierten die schlechten Reden. Andere monierten, wie auch einige Frauen, die oft der Jahreszeit nicht angepasste Kleidung und dass sie beim Antreten in Sommeruniform im Frühjahr oder auch im Herbst oft entsetzlich froren und sich erkälteten.

Es gab aber auch Jungen, die durch die Inszenierung der Feiern und Feste emotional angesprochen wurden. In Rolf Piepers Schilderung wird das explizit formuliert:

»Das war ja das, womit man eigentlich, wenigstens für Jugendliche und Kinder war das natürlich schon etwas, wenn dann morgens mit großem Wecken, dann gingen alle schon die Spielmannszüge und die Kapellen durch die Straßen, und dann war das Ganze, also hing eben die Feierlichkeit schon in der Luft und dann formierten sich die einzelnen Organisationen und dann ja und die großen Kolonnen im festem Schritt und Musik und Fahnen, das konnten ja die Nazis toll inszenieren, nicht? Da gab's natürlich Anweisungen und so, aber das war, das war ja ihr, ihr Mittel nich? Das wirkte ja viel stärker als alle Worte und all alles andere, dieses Feierritual, was da toll, toll aufgezogen wurde, nicht? Mit all den Dekorationen und dann nachher Vorbeimarsch, und das. Und da fühlte sich natürlich auch jeder irgendwo gebauchpinselt, der da eben mitmarschieren durfte, nich? Der wurde dann bewundert, und rechts und links die Zuschauer und in der Masse fühlte man sich ja sowieso stark. Und nein, nein, also, und dann versuchte man natürlich auch, nen tollen Eindruck zu erwecken. Na, das war schon, das war schon, gehörte mit natürlich zum Alltag, nech.« (Pieper, 7378–7402)

Abb. 9: Aufmarsch auf der Weender Straße
(Quelle: Städtisches Museum Göttingen, Photosammlung Albert Lührs)

Innerhalb kurzer Zeit ist die Hitler-Jugend so zu einem festen Bestandteil des Alltags der Kinder geworden, den die meisten zumindest anfangs mit Begeisterung begrüßten und nicht missen wollten. Sie fühlten sich der großen deutschen Volksgemeinschaft zugehörig. Wie stark das der Fall war, bekamen besonders diejenigen Kinder zu spüren, die aus verschiedenen Gründen von der Mitgliedschaft ausgeschlossen waren.

Lisa Bornemann, die zunächst aus »rassischen Gründen« nicht der Hitler-Jugend beitreten durfte, formulierte dies sehr deutlich:

»Ich war ja auch so in 'ner Zwittersituation, was meine eigene Situation anbelangt. Erst durfte ich nicht in diese Naziorganisation, und es gab nichts anderes. Wenn ich nun den Wandervogel gehabt hätte, dann hätte ich gesagt: ›Ihr könnt mir mal...!‹ Aber es gab ja nichts. Man war einfach nur ausgeschlossen in dem, was Alltag war.« (Bornemann, 2616–2622)

Zwar behauptete sie an anderer Stelle, sie hätte nicht das Gefühl gehabt, ihr sei deswegen etwas entgangen (Bornemann, 2706), sie hätte eben mit Reni, einem gleichfalls nicht im Jungmädelbund erwünschten Mädchen gespielt. Ihr Dilemma, ausgeschlossen zu sein, nicht dazuzugehören, wird jedoch deutlich, wenn sie formulierte:

»[...] also sagen wa mal, diejenigen, die bei diesem ganzen Nazitum nicht mitmachten, die waren für mich nicht attraktiv. Und die, die für mich attraktiv waren, die machten da mit vollen Segeln mit. Die waren sportlich, und die hatten Ideen und waren munter und waren so mehr mein Genre. Und von daher hab ich also nie irgendwie mit Gleichgesinnten, die mir auch lagen und mir entsprachen, eine Position hätte aufbauen können, nech. Ich war da wirklich alleingelassen zwischen den Fronten.« (Bornemann, 3019–3029)

Von einem anderen Mädchen, dessen Vater aus Asien stammte und das als Mischling auch nicht in den Jungmädelbund durfte, erzählte Marie Ohlendorf:

»Und denn war hatten wir ja diese Eurasierin inner Klasse. Eine, eine Eurasierin in der Klasse. [holt tief Luft] Und die hat sehr darunter gelitten. Die durfte da nich rein. Nech. Und das war ja fast ne Strafe, wenn einer nich durfte.« (Ohlenburg, 2868–2874)

Laufbahnen

Alternativen

Ausgenommen vom Wechsel in die HJ oder den BDM im Alter von 14 Jahren waren nur diejenigen Jungen und Mädchen, die Führungspositionen im Jungvolk oder Jungmädelbund übernommen hatten. Das trifft für viele der Befragten zu. Sie verblieben auch in höherem Alter in diesen Organisationen.

Auf der Ebene von BDM und HJ eröffneten sich dann geschlechtsspezifisch differente Möglichkeiten für die Heranwachsenden. Die Jungen konnten in der HJ zwischen den regulären Gruppen und diversen Sondereinheiten wählen – jedenfalls in größeren Orten. In Göttingen gab es unter anderem eine Abteilung Marine-HJ mit einem Kutter auf dem Kiessee, die Reiter-HJ, die die Pferde des Kavallerieregiments auf dem Gelände der Zietenkaserne nutzte, die Nachrichten- und die Motor-HJ. Im Bannstab boten sich besonders für die Oberschüler weitere Betätigungsfelder wie zum Beispiel in der Propagandaleitung oder Theatergruppe, ebenso im Göttinger HJ-Orchester, das auch gemeinsam mit dem Musikkorps der Wehrmacht auftrat.[44] Diese Sondergruppen hatten eine große Anziehungskraft für die Jungen, weil sie dort spezifischen, vor allem technischen Interessen nachgehen konnten.[45] Von den sechs männlichen Befragten, die im Alter von 14 Jahren in die HJ überwechselten, gingen fünf in solche Sondergruppen. Selbst Jungen, die sich mit dem Dienst im Jungvolk schwergetan hatten, konnten hier einen inhaltlichen Bezug zur Organisation finden. Für Peter Köhler, der 1933/34 mit dem CVJM in das Jungvolk überführt worden war, dazu aber wenig Lust hatte und, seiner Erinnerung nach[46], nicht hinging, war die Motor-HJ, in die er mit 14 Jahren gehen konnte, sehr attraktiv. »[...] und dann war ich irgendwo gelandet in einer Gruppe, und das hat mir dann richtig Spaß gemacht, das war nämlich eine Gruppe, die mit Motorrad fuhr, und das ging« (Köhler, 3182–3185), so dass er nur noch die ihm verhassten Aufmärsche und Geländespiele möglichst schwänzte.

Von den zehn weiblichen Befragten wechselten lediglich vier mit 14 Jahren in den BDM. Für sie gab es dort als Sondergruppen lediglich diverse Spielscharen[47]. Nur eine Befragte war in einer Theater-Spielschar (Engelmann, 3100). Dem für die 17- bis 21-jährigen jungen Frauen vorgesehe-

---

44 Vgl. Interviews mit Rolf Pieper und Karl-Heinz Jung.
45 Es handelte sich um Flieger-, Motor-, Marine- und Nachrichten-HJ (Köster, *Jugend*, S. 328). Auch der Streifendienst gehörte dazu (Nolzen, »Inklusion«, S. 66). Ein Zeitzeuge nannte noch eine Reiterabteilung des JV, bei der es sich aber wohl nicht um eine offizielle Gruppe, sondern eine privat organisierte handelte (Zöllner, 3211–3252). Dass die Kinder und Jugendlichen in den Sondereinheiten ein positives Verhältnis zur modernen Technik entwickeln konnten, hat bereits Schelsky vermerkt (Kersting, »Helmut Schelsky«, S. 68f.).
46 Seine Erinnerung täuscht ihn offensichtlich, denn an anderer Stelle in seinem Interview erwähnt er den Spielmannszug des Jungvolks, in dem er mitwirkte (Köhler, 3119–3127).
47 Nolzen erwähnt noch Haushalts- und Mütterkurse (»Inklusion«, S. 66). Vgl. Jürgens, *Geschichte des BDM*, S. 134.

nen BDM-Werk »Glaube und Schönheit«, durch das den spezifischen Interessen älterer Mädchen und junger Frauen Rechnung getragen werden sollte, gehörte keine der befragten Frauen aus dem bürgerlichen Milieu an. Insgesamt erwecken die Interviews den Eindruck, dass das organisatorische Angebot für die weiblichen Jugendlichen wesentlich geringer und weniger attraktiv gewesen ist als für die Jungen.

Karrieren

Obwohl die Ideologie und Rhetorik der Volksgemeinschaft sowie viele Maßnahmen des Regimes das nicht ohne Weiteres vermuten lassen, stiegen bürgerliche Kinder sehr schnell und überproportional in Führungspositionen der Hitler-Jugend auf. Nach eigenem Bekunden[48] hatten je die Hälfte der befragten Frauen und Männer Führungspositionen im Jungmädelbund und Jungvolk übernommen. Sie verblieben auch im höheren Alter, teilweise bis zum 18. Lebensjahr, in diesen Organisationen. Diese hohe Quote erstaunt und ist erklärungsbedürftig.

Der Bedarf an Führerinnen und Führern in der Hitler-Jugend ist sehr groß gewesen. Das lag an ihrer Organisationsstruktur. Auf der unteren Ebene, den Schaften oder Kameradschaften, umfassten die Gruppen acht bis zehn Mitglieder. Jede dieser Gruppen benötigte eine eigene Führerin oder Führer. Auch auf den folgenden Rängen der Hierarchie war ehrenamtliches Personal üblich. Erst auf der Ebene der Bannführung wurde hauptamtliches Personal beschäftigt.[49] In der gesamten Hitler-Jugend gab es 403.000 (1935) ehrenamtliche und 8.017 (1939) hauptamtliche Führerinnen und Führer.[50] Auch wenn diese eine Führernachwuchsschulung erhielten und weitere regelmäßige Schulungen absolvieren mussten, ist leicht vorstellbar, wie schwierig es gewesen sein dürfte, ausreichend viele und qualifizierte Kinder und Jugendliche dafür zu gewinnen.[51] Diese Hinweise

---

48 Möglicherweise ist die Quote noch höher. In einem Interview gibt es beispielsweise einen Hinweis, dass ein Befragter, der keine Führerposition angegeben hat, Führer gewesen ist.
49 So Klönne, *Jugend im Dritten Reich* (2003), S. 45.
50 Angaben bei Scholtz, *Erziehung*, S. 70. Reese nennt für 1935 allein im BDM 33.000 Führerinnen bei insgesamt 569.717 Mitgliedern (»Einleitung«, S. 23). Für die gesamte Hitler-Jugend gibt Michael Buddrus für 1939 765.584 bei 8,7 Millionen Mitgliedern an (*Totale Erziehung* Bd. I, S. 323).
51 Der chronische Mangel an geeigneten Führerinnen und Führern wird in der Literatur hervorgehoben.

erklären allerdings noch nicht, weshalb so viele der Befragten aus dem Bürgertum Führungspositionen übernommen hatten. Auch das ergab sich aus der Organisationsstruktur.

Es liegt auf der Hand, dass für die Führungspositionen in erster Linie Kinder und Jugendliche infrage kamen, die aufgeweckt waren, über eine gute Allgemeinbildung und auch Selbstbewusstsein verfügten. Außerdem mussten sie organisatorische Fähigkeiten besitzen und vor allem am Nachmittag Zeit haben, wenn die Dienste für die Zehn- bis 14-Jährigen stattfanden. Zwar wurde nicht nur auf Oberschülerinnen und -schüler zurückgegriffen, aber unter ihnen fanden sich die meisten für diese Positionen geeigneten Kandidatinnen und Kandidaten. Gisela Apel, die eine ihr angetragene Position als Führerin wegen ihres geringen Selbstbewusstseins ablehnte, formulierte am eigenen Beispiel das allgemeine Auswahlprinzip: »[…] ich war unbescholten, arisch, Oberschülerin« (5197).

Besonders »prädestiniert« waren also die Oberschülerinnen und -schüler für die höheren Führungspositionen im Jungmädelbund und Jungvolk, bei denen nicht mehr auf die unter 14-jährigen Kinder zurückgegriffen werden konnte. Die Organisationsstruktur der Hitler-Jugend selbst begünstigte also eine soziale Selektion bei der Rekrutierung des Führungspersonals, die zu einer Reproduktion und Bestätigung der alten Eliten führte, denen das Regime zumindest verbal den Kampf angesagt hatte, und die das angestrebte Ziel der »Volksgemeinschaft« konterkarierte. In manchen Oberschulklassen war der überwiegende Teil der Schüler in Führungspositionen untergekommen. Hartmut Opitz berichtete aus seiner Klasse, er sei sogar der Einzige gewesen, der »keine Schnur« gehabt hätte, das heißt kein Führer gewesen ist (1097). Die Mädchen und Jungen des Samples waren nicht nur Führerinnen und Führer auf der unteren Ebene des Jungmädelbundes und des Jungvolks, einige stiegen bis in höhere Ränge auf.

Da offenbar ein ständiger Mangel an Führerinnen- und Führernachwuchs herrschte, wurden auch Kinder aufgefordert, die zwar wenig geeignet waren, aber dann doch zusagten, wie Christa Fröhlich und Elke Engelmann, in deren Klasse es »Ehrensache« war, eine Schnur zu bekommen (Engelmann, 968). Während die eine sich bei der Gestaltung der »Dienste« der Hilfe einer Freundin versicherte, gab die andere den Posten nach kurzer Zeit wieder ab. Erstaunlicherweise sollte selbst die anfangs ausgeschlossene Lisa Bornemann Führerin im Jungmädelbund werden, nachdem sie aufgrund geänderter rassischer Kriterien dort doch noch eintreten durfte.[52]

Angesichts der unterschiedlichen Wege, die die Kinder und Jugendlichen in der Hitler-Jugend einschlugen, stellt sich die Frage: Was motivierte die einen dazu Führerin oder Führer zu werden, zum Teil bis in hohe Ränge hinein aufzusteigen, und was die anderen, dies nicht zu tun, obwohl auch von ihnen viele gefragt worden sind?

In den Interviews zeigt sich, dass die Motivation, eine Führungsposition zu übernehmen sehr unterschiedlich war. Vielfach kamen mehrere Beweggründe zusammen. Bei allen spielte zweifellos Eitelkeit eine wichtige Rolle. In Elke Engelmanns Klasse war es, wie erwähnt, geradezu »Ehrensache«, eine Schnur zu haben, die die Position als Führerin nach außen demonstrierte. Und auch aus den Interviews mit Männern wird deren Empfänglichkeit für dieses Statussymbol deutlich. Bodo Heise, der angab, selbst nie Führer gewesen zu sein, konzedierte:

»Jo Gott, wenn ich ehrlich sein würde, es war natürlich so ne gewisse Attraktion dabei, wenn man so ne Affenschaukel da irgendwo hängen hatte, nech. [lacht]« (Heise, 8099–8101)

Selbst im Abstand von fast 60 Jahren konnten einige noch detailliert die mit dem Rang variierenden unterschiedlichen Farbkombinationen der »Affenschaukeln« beschreiben. In jedem Fall erreichten sie durch die Übernahme einer Führungsposition Verantwortung für und Macht über andere. In Heinz Zöllners Erzählung scheint dieses Motiv deutlich auf:

»Also im Jungvolk war es so, ich kann ja erst mal erzählen, Sie können ja nachfragen, nich, dass das also eine Sache war, man machte eben diesen Dienst und war da eingesponnen. Natürlich war das dann so, wenn man dann da nun schon mal mitmachte, wollte man nun nicht ewig so der Schütze Arsch sein, sondern man wollte denn auch was werden, ne, also so, so wenigstens Führer werden oder so was, nich oder so Hordenführer, Jungenschaftsführer und so weiter nannte sich das, nech. Und das habe ich dann auch gemacht.« (Zöllner, 2683–2690)

An anderer Stelle ergänzte er:

---

52 Da die »arische« Abstammung den Zugang zur Hitler-Jugend regelte, war Lisa Bornemann ausgeschlossen. Erst mit der Einführung der Dienstpflicht 1939 und ihrer praktischen Umsetzung ab 1940 wurden unter bestimmten Bedingungen (äußerliche und Verhaltenskonformität) auch jüdische Mischlinge aufgenommen, »Halbjuden« allerdings 1941 wieder ausgeschlossen. Vgl. dazu Kollmeier, *Ordnung*, S. 201f. Mit diesen Angaben stimmen die Erinnerungen Lisa Bornemanns überein, die später sogar in eine Führerinnen-Nachwuchsgruppe gekommen ist.

»[…] und ich gehörte aber zu denen, ich blieb im Jungvolk, ich war nun Jungenschaftsführer. Ich sagte: ›Ach, machste da als Führer weiter.‹ Das ist also, vielleicht war's auch so, dass mir das so, so 'n bisschen Spaß machte. Ich war kein begeisterter, sagen wa Hitlerjunge oder Jungvolkjunge, aber mir machte es vielleicht so 'n bisschen Spaß, da so Leute zu führen oder so das alles zu organisieren, also schon so 'n bisschen was zu sagen zu haben, ne. Das ist ja nachher nicht ganz, nicht ganz ungefährlich so, also diese Sache, dass die Jugendlichen schon, also der hatte dann schon, also meintwegen ein Fähnleinführer, der hatte dann mit, mit 15 Jahren hatte der denn schon so über 120 Jungen sozusagen, nech […].« (Zöllner, 2865–2878)

Auch Ursula Zimmermann lebte ihr Organisationstalent im Jungmädelbund aus. Sie war sehr leistungsorientiert und fand dort für ihren Ehrgeiz ein großes Betätigungsfeld. Sie stieg in der Organisation hoch empor.[53] Vierteljährliche Schulungen, Inspizierung der unteren Einheiten, Organisation des Führungsnachwuchses, Aufstellen von Dienstplänen, Reden bei den Aufmärschen und Großveranstaltungen – das war ihr Metier (Zimmermann, 4026). Daneben nutzte sie den Dienst, um der Bindung ans Elternhaus zu entfliehen und gegen die Eltern zu opponieren[54]. Auf die Frage, wie ihre Eltern auf ihr Engagement im Jungmädelbund reagiert hätten, antwortete sie:

»[…] obwohl die Eltern immer sagten: ›Habt Ihr schon wieder Dienst? Macht Ihr schon wieder das!‹, und so weiter, das wurde natürlich zu Hause kritisiert. Aber das ist natürlich auch der Punkt. Das war unsere Art aufmüpfig zu sein, dass wir das denn gerade doch taten, nech […] Hm. Also wir, wir konnten dann eben, da konnten uns die Eltern nicht reinreden.« (Zimmermann, 4260–4270)

Organisatorisch und rhetorisch begabte Kinder könnten sich in die Hitler-Jugend genauso einbringen, wie die sportlich und militärisch interessierten, die sicher am stärksten dem propagierten Ideal entsprachen.[55] Darüber hinaus boten Musikgruppen und Theaterspielscharen auch für die im bürgerlichen Milieu gepflegten musischen Begabungen der Kinder ein breites

---

53 Vom Jungmädelbund als der »bevorzugten Spielwiese für den Ehrgeiz der Jugend aus der Oberschicht« schreibt auch Reese, »Emanzipation«, S. 217; vgl. auch Klönne, *Jugend im Dritten Reich* (2003), S. 97f.
54 Das wird auch in der Literatur betont. Vgl. dazu Detlev Peukert, der die traditionellen Autoritäten durch die Hitler-Jugend unterminiert sieht (*Volksgenossen*, S. 179), oder Köster (*Jugend,* S. 329).
55 Es gab zwar viele unsportliche Kinder, die in der Hitler-Jugend gelitten haben, aber sie bot auch Raum für die Entfaltung anderer Begabungen. Das breite Spektrum der Möglichkeiten, das ganz unterschiedliche Kinder anzog, betont sehr eindringlich auch Carola Stern in ihrer Autobiographie (*In den Netzen*).

Feld, selbst wenn jemand, wie Rolf Pieper, überhaupt nicht dem Bild des »zackigen Pimpfes« entsprach. Sogar Karrieren in der Bannführung waren mit ausschließlich musischen Talenten möglich. Für Rolf Piepers beachtliche Karriere in der Hitler-Jugend war allerdings die berufliche Position seines Vaters wohl der »Türöffner« (Pieper, 538). Teilweise vermitteln die Interviews den Eindruck, als hätten Kinder bekannter und regimefreundlicher Eltern selbst bei geringer Eignung große Chancen gehabt, höhere Ränge zu bekleiden. Das lässt sich bei Rudolf Linke und Hans Scholz vermuten. Derartige herausgehobene Positionen schmeichelten nicht nur der eigenen Eitelkeit, sondern machten die Führer auch für die Mädchen anziehend. Karl-Heinz Jung, der einen Musikzug leitete, empfand diese Seite seiner Tätigkeit als ausgesprochen angenehm:

»[...] und auch die Vorbeimärsche warn natürlich auch irgendwie, man ging vorweg und hatte weiße Strümpfe an und die Jungmädel standen da und beguckten einen. Man war also irgendwie wie der Hahn im Korbe, nech wahr. Und [P] hatte entsprechenden Zuspruch auch unter denen, und das drückte sich dann in kleinen Briefchen aus oder so, die man bekam, nich wahr. [lacht] Von dieser oder jener, die denn sich verguckt hatte oder gerne 'n Zusammensein hätte, nech wahr oder so.« (Jung, 5362–5373)

In den Interviews taucht neben den bisher erwähnten Motivationen eine weitere auf, die auf den ersten Blick überrascht. Etliche Befragte gaben als Grund für ihre Führungstätigkeit auch an, dass sie dadurch gezielt den Wechsel in die Gruppen für die 14- bis 18-jährigen Jugendlichen, in HJ und BDM, vermeiden konnten. Sowohl die HJ als auch der BDM waren jene Teilorganisationen der Hitler-Jugend, in denen mit Rücksicht auf die bereits berufstätigen Jugendlichen die Dienste in den Abendstunden lagen. Dazu hatten einige keine Lust. Hinzu kam, dass man nach dem Wechsel zumindest anfangs wieder ein normales Mitglied war, das sich einordnen und gehorchen musste, anstatt anderen Befehle zu erteilen. Nach Meinung der Befragten fanden nun außerdem auch verstärkt politische Schulungen statt, wurde die vormilitärische Ausbildung forciert und herrschte insgesamt ein stärkerer Ernstcharakter.[56] Das war allen bewusst, wie Elke Engelmann betonte:

---

56 Das wird in der Literatur allgemein betont. Rolf Pieper, der im Krieg als Führer in die HJ abgeordnet wurde, konnte allerdings mit den Lehrlingen, die abends zu müde waren, nur noch Gammeldienst machen und sah deshalb zu, dass er dort wegkam (Pieper, 551–570).

»Aber das [die politische Schulung] war eben im JM und im Jungvolk noch nicht so schlimm. Das war nachher im BDM und in der HJ mehr. Und diesen Unterschied wussten wir auch ganz genau.« (Engelmann, 2873–2875)

Die Reichsjugendführung war sich darüber im Klaren, dass die zehn- bis 14-jährigen Kinder anders unterwiesen und beeinflusst werden konnten und mussten als die älteren, die eine intensivere und direktere politische Schulung erhielten. Im Jungvolk – und auch dem Jungmädelbund – ging es zunächst darum, eine »heldische, volkstumsbewusste und rassenstolze Denkweise, Heimat- und Vaterlandsliebe« zu vermitteln, wozu die Beschäftigung mit altgermanischer Dichtung und Mythologie, der Sagenwelt und kriegerischen Traditionen dienten.[57] Zwar gab es auch hier Exerzierübungen und Drill, sie hatten aber noch nicht den Charakter einer vormilitärischen Ausbildung. Die von Klönne so genannte »Sonderrolle des Jungvolks« hat unter anderem hierin ihren Ursprung. Entsprechendes gilt für den Jungmädelbund.[58] Daraus erklärt sich im Übrigen zum Teil auch der so häufig in den Interviews betonte unpolitische Charakter der »Dienste« im Jungmädelbund und Jungvolk.

In den Äußerungen der Befragten über HJ und BDM taucht noch ein anderes Argument für das Verbleiben in den Teilorganisationen für die Jüngeren auf, das angesichts der Volksgemeinschafts-Rhetorik des nationalsozialistischen Regimes sehr erstaunt. Man konnte als Führerin oder Führer im Jungmädelbund oder Jungvolk nicht nur vermeiden, »mit dem gemeinen Volk rumzulatschen«, wie Dieter Reinecke formulierte (4023), und seinen Ehrgeiz befriedigen, sondern bis zum 18. Lebensjahr weitgehend in dem gewohnten sozialen Umfeld, präziser: dem eigenen sozialen Milieu verbleiben. Die mögliche und von einigen Befragten gewünschte Absonderung gegenüber Kindern aus anderen Milieus beruhte darauf, dass der Kontakt mit ihnen für die meisten bürgerlichen Kinder seit dem Ende ihrer Volksschulzeit praktisch abgebrochen war. Ursächlich dafür war nicht nur die in den 1930er Jahren noch sehr ausgeprägte soziale Selektivität der Oberschulen, sondern vor allem das Organisationsprinzip von Jungvolk und Jungmädelbund. Deren untere Organisationseinheit, die Jungen- oder Jungmädelschaft, in der sich die Kinder trafen, umfasste circa zehn Kinder

---

57 So Schubert-Weller, *Hitler-Jugend*, S. 33.
58 Klönne, *Hitler-Jugend*, S. 71. Für den Jungmädelbund betont Reese (»Emanzipation«, S. 217) »das weitgehende Zurücktreten von politischen Inhalten gegenüber Sport und Spiel«. Genauer müsste es heißen: von expliziten politischen Inhalten, denn dass auch Sport und Spiel zur politischen Formierung der Kinder dienten, steht außer Frage.

und war nach Straßenzügen organisiert. Da der weitaus größte Teil der Befragten im vom gehobenen Bürgertum als Wohnquartier bevorzugten, sozial sehr homogenen Göttinger Ostviertel wohnte, trafen sich in den Schaften die Kinder aus der näheren Umgebung, die sich ohnehin schon kannten und die aus sozial ähnlichen Elternhäusern stammten. Marie Ohlendorf schloss die Beschreibung ihrer Schaft mit den Worten: »[...] und da waren ja wir praktisch wieder unter uns, nicht?« (3574).

Da die Führerinnen und Führer sich vorwiegend aus Oberschülerinnen und -schülern rekrutierten, genügte das Niveau der »Dienste« im Großen und Ganzen den gewohnten Ansprüchen. Führerinnen und Führer aus anderen Milieus hatten es hingegen im Ostviertel oft schwer. Marie Ohlendorfs Schilderung eines Konfliktes mit einer bereits berufstätigen und deshalb vermutlich einem anderen sozialen Milieu entstammenden Führerin lässt ahnen, dass die Gruppe sie weggeekelt hat (3551). Lediglich Kinder aus Randgebieten des Ostviertels, aus der Innenstadt oder den Dörfern waren in den Schaften weiterhin mit Gleichaltrigen aus anderen sozialen Milieus zusammen. Erich Ilsemann betonte beispielsweise, er sei erst durch das Jungvolk mit Kindern aus dem Ebertal in engeren Kontakt gekommen, und sah das durchaus positiv (Ilsemann, 129). Aber auch dann hatten die bürgerlichen Kinder teilweise Probleme und entwickelten Berührungsängste gegenüber diesen fremden Milieus. Elke Engelmann und Karl-Heinz Jung, am Rand des Ostviertels respektive der Innenstadt zu Hause, waren beide in Schaften, zu denen auch Kinder aus dem berüchtigten Maschmühlenweg gehörten. Sie schilderten in den Interviews eindringlich ihre Schwierigkeiten, die sie als Führerin oder als Kassierer hatten, sich in dieser für sie fremden Welt zu bewegen, obwohl sie nur punktuell und in formaler Funktion dort auftauchen mussten. In Elke Engelmanns Worten ist die soziale Fremdheit noch nach Jahrzehnten spürbar:

»Nein, nein, nein, ich musste nur, das weiß ich noch. Es gab in Göttingen den Maschmühlenweg, wenn Sie sich erinnern. Das ist unten an der Leine, am Leinekanal eigentlich, das war ne bisschen asoziale Gegend. Und da weiß ich noch, dass ich Kinder holen musste, die nicht zum Dienst kamen. Und das war sehr unangenehm. Ich weiß noch, dass ich da in so nem Haus mal war, das ist sicher dann abgerissen. Mit so Holz[P]gängen außen, wo man dann so in irgendwelche Räume reinging. Und dass ich mich da entsetzlich unbehaglich fühlte. Das war ne fremde Welt, und die waren auch oft gar nicht freundlich, und da waren ziemlich desolate Verhältnisse, und da musste ich dann sagen: ›Warum kommt Gisela, oder wie sie nun hieß, nich zum Dienst?‹« (Engelmann, 3200–3214)

Viele bürgerliche Kinder waren sich ihrer herausgehobenen sozialen Position sehr bewusst und brachten in den Interviews die soziale Distinktion deutlich zum Ausdruck. Rosa Conrad charakterisierte im Interview die Differenz zwischen Jungmädelbund und BDM mit den Worten:

»[...] das war eine andere Klasse. Die bei den Jungmädeln geblieben sind und dann und Führungsposten da nacheinander hochgestiegen sind, das war irgendwie [P] was Besseres, ne, als da bei denen beim BDM zu sein, ne. Und dann praktisch wieder von unten anzufangen, als 14-, 15-Jährige, und sich wieder kommandieren lassen und Vorschriften machen lassen, und da war's eben irgendwie, bei vielen war's schöner, dann eben einen Führungsposten eben dort zu übernehmen. Nech. Und selber was zu gestalten. Und nicht wieder alles vorgekaut zu bekommen und nachmachen müssen und was einem dann womöglich nicht passt gerade in dem Alter, nech. Das war der Unterschied, ne.« (Conrad, 2606–2620)

Aus Karl-Heinz Jungs Äußerung, der als Sohn wohlhabender Geschäftsleute zunächst in der Innenstadt wohnte und dort mit Kindern unterschiedlicher sozialer Herkunft in einer Schaft zusammen war, wird zum einen eine sehr abschätzige Perspektive auf »die Anderen« deutlich. Zugleich betonte er den Zusammenhalt der Jungen aus dem gleichen, nämlich bürgerlichen Milieu, die gemeinsam die Oberschule besuchten:

»Und wir gingen ja, da wir alle die dann die höhere Schule besuchten, die annern waren ja nur Durchlauf. Die wurden also mit zehn Jahren kamn die rein also ins Jungvolk. Und mit 14 Jahrn, wenn sie vier Jahre dabei warn und kamn sie ins Berufsleben. Und damit in die HJ. Und warn denn – und wir hatten sie so lange, wir hatten sie auszubilden, marschiern zu lernen. [...] Und die andern, die – mit 14 Jahrn gingn die rüber, und dann entschieden die sich auch, je nach dem, der eine wurde Feinmechaniker, der ging dann also in eine andere HJ, nich wahr, als derjenje der Schlachter oder was oder Frisör lernte oder in sone Lehre ging, nech wahr. Und die wurden denn weitergereicht. Und vergaß man denn, nech wahr. Während wir, die wir in den höheren Schulen warn, ja doch ne gewisse Gemeinschaft hatten. Wir kannten uns alle. Und verkehrten denn auch n bisschen privat miteinander, nech. Durch Tanzabende oder so was, nech.« (Jung, 5465–5492.)

In anderem Zusammenhang sprach Karl-Heinz Jung von einer »Kluft« zwischen HJ und Jungvolk. »Wir mochten uns also gar nicht«, betonte er (618–620) und bezeichnete die (überwiegend bürgerlichen) Führer des Jungvolks als »gebildete Deutsche« (993). Diese ausgeprägte Absonderungstendenz vieler bürgerlicher Kinder,[59] auch wenn sie nicht immer so dünkelhafte Züge trug wie in den zitierten Äußerungen Karl-Heinz Jungs

---

59 So auch Klönne, *Hitler-Jugend,* S. 41.

und Rosa Conrads, gipfelte bei den Jungen im sogenannten »Plutokratenfähnlein«. Dieser Name wurde der Gruppe von anderen angehängt, weil sich dort die Kinder »besserer Leute« versammelt hatten. Diese nahmen ihn als Ehrentitel (Reinecke, 4048). Im »Plutokratenfähnlein«, so Rolf Pieper, seien nur die Führer und der Führernachwuchs des Jungvolks zugelassen gewesen (4018). Es wurde von einem aus der bündischen Jugend stammenden Medizinstudenten gegründet, der versuchte, mit diesem auserwählten Zirkel einerseits die Ideale des Wandervogels hochzuhalten, andererseits sei es aber doch schon sehr auf das Militär ausgerichtet gewesen (Pieper, 538). Das »Plutokratenfähnlein« erfreute sich großer Beliebtheit – gerade weil es ein Kreis war, der sich abschloss (Pieper, 4015) und einen betont elitären Charakter hatte (Zöllner, 3492). Dass derartige eigenmächtige Sondergruppierungen offiziell nicht erlaubt waren, erhöhte ihre Attraktivität wahrscheinlich noch.

In der Existenz des »Plutokratenfähnleins« zeigt sich der auch noch in der zweiten Hälfte der 1930er Jahre andauernde starke Einfluss bündischer Gruppen, der schon bei der Entstehung des Jungvolks wichtig gewesen ist. Die Reichsjugendführung versuchte ihm zwar schon frühzeitig entgegenzuwirken, konnte bündische Elemente und bündisch orientierte Führer, wie sich auch hier zeigt, nicht gänzlich verhindern.[60]

Es bleibt die Frage zu klären, weshalb angesichts dieser Vorteile einer Führungsposition im Jungvolk und Jungmädelbund manche Kinder derartige Positionen nicht einnahmen oder sogar ablehnten. Unter den männlichen Befragten befanden sich drei, die dermaßen unsportlich waren oder andere körperliche »Schwächen« hatten, dass auch ein berühmter Vater diesen Mangel nicht ausgleichen konnte. Sie waren daher für Führerpositionen völlig ungeeignet. Erst in der HJ wurde Rudolf Linke zum Streifendienst eingeteilt. Später bekam er einen »Druckposten« im Hintergrund zugeschoben. Er sei voller Stolz auf die damit verbundene, wenn auch nicht auf besonderen Verdiensten beruhende, »Affenschaukel« gewesen (Linke, 5025).

Andere, wie Peter Köhler, waren vom Jungvolk ersichtlich wenig begeistert – er ging erst hin, als es sich nicht mehr vermeiden ließ –, so dass er deshalb schon nicht infrage kam.[61] Drei Frauen berichteten, sie hätten es abgelehnt, Führerin zu werden. Gisela Apel war häufig krank und hatte wenig Selbstvertrauen. Charlotte Reicherts Begeisterung war schon nach kur-

---

60 Vgl. dazu Klönne, *Hitler-Jugend*, S. 71ff.; vgl. auch Steinacker, *Staat als Erzieher*.
61 Es ist sehr zweifelhaft, ob die Auskunft zutrifft. Vgl. dazu Anm. 47, S. 175.

zer Zeit im Jungmädelbund verflogen. Marie Ohlendorf stammte aus einer regimekritischen Familie, in der sie dazu erzogen wurde, nur das Nötigste mitzumachen. Andere fühlten sich in der Rolle als Führerin oder Führer überlastet. Manche waren schlicht zu jung. Die Hitler-Jugend litt unter einem notorischen Mangel an geeigneten Führerinnen und Führern. Dies war besonders nach der Ausweitung der Hitler-Jugend auf alle Kinder und Jugendlichen zwischen zehn und 18 Jahren der Fall, die ab 1940 umgesetzt wurde.[62] Häufig wurde einfach auf zu junge Kinder zurückgegriffen. Auf der unteren Organisationsebene führten manche, die nur ein Jahr älter waren, eine Gruppe von acht bis zehn Kindern. Aber auch diejenigen, die dabeiblieben, waren teilweise überfordert. Das klingt zumindest in den Worten Erich Ilsemanns an. Nachdem es ihm anfänglich Schwierigkeiten bereitet hatte, als kleiner Pimpf regelmäßig zu den Diensten zu erscheinen, machte er Karriere:

»Aber nachher ja habe ich 'ne Funktion gehabt, ich bin Jungzugführer gewesen. Ich hatte 30 [P] Zehn- bis Zwölfjährige zu kommandieren. Und deshalb kann ich ja aus eigener Erfahrung reden. Ich würde heute sagen, ich habe mich regelrecht [P] überfordert gefühlt, nech.« (Ilsemann, 2905–2910)

Profiteure

Vor allem höherrangige Führerinnen und Führer, die – wie beschrieben – ihre spezifischen Begabungen im Jungmädelbund oder Jungvolk einbringen, dort ausleben und entwickeln konnten, waren mit ungebrochener Begeisterung bis zum 18. Lebensjahr dabei. Sie identifizierten sich mit der Organisation, für deren Funktionieren sie verantwortlich waren. Sie profitierten allerdings auch beträchtlich davon. Nicht nur durch die Entwicklung ihrer Fähigkeiten, sondern auch durch Beförderung und Anerkennung, durch Macht und Einfluss in den Organisationen und nicht zuletzt durch Privilegien, die mit ihrem Status verbunden waren. Zu ihnen gehörte Karl-Heinz Jung dazu. Er war stolz darauf, Vorbild zu sein, befördert zu werden und andere kommandieren und beurteilen zu können (Jung, 3842, 4962). Er genoss es, sich mit seinem Musikzug in Szene zu setzen (Jung, 5353). Von der Abordnung zur Kinderlandverschickung und in den Reichsarbeitsdienst war er wegen seiner Funktion in der Hitler-Jugend be-

---

62 Vgl. dazu Kollmeier, *Ordnung*, S. 201.

freit. Genüsslich beschrieb er die Privilegien, die er noch 1944 als Führer in einem Jungvolklager genoss. Nicht nur, dass die Führer bessere Schlafmöglichkeiten hatten, war bemerkenswert (Jung, 785):

»[...] aber ich konnte so den ganzen Sommer '44 obn auf der Plesse zubringen. Während meine Klassenkameraden zum Teil schon eingezogen warn oder Luftwaffenhelfer warn und mir gings also blendend da oben. Also ich lebte wie die Made im Speck. Und dann kam der Gebietsführer, Lauterbacher hieß er, mit 'm Wagen rauf und besuchte uns. Und denn wir oben in der Kapelle da. Dann macht ich Heimatstunde, las Schorse Szültenbürger, Göttinger Geschichten, vor, nech wahr. Und sangen und dann mit der Fanfare diesen hier, den Triumphmarsch aus Aida. Den konnten wa nämlich – kann man grade oben mit den Zwischentönen – also die Fanfare hat ja nur n paar Töne, nich wahr. Da konnten wa das so hinkriegen. Und machten damit immer viel Eindruck. Auch vor dem Gebietsführer.« (Jung, 803–819)

Karl-Heinz Jung ist sicher selbst im Alter noch besonders wenig distanziert gegenüber dieser Phase seines Lebens. Mehrfach zog er im Interview eine uneingeschränkt positive Gesamtbilanz seiner Erfahrungen in der Hitler-Jugend, die er zugleich durch Verweise auf deren Herkunft aus der bündischen Jugend (Jung, 599) entpolitisierte. Er machte dort alles gern (Jung, 5355) und empfand »die ganze Nazizeit ... nur als beglückend« (Jung, 1113f.). Damit entsprach er recht genau dem Ideal des Hitlerjungen, den Klönne beschreibt als den »äußerlich aktivierte(n) und leicht aktivierbare(n), körperlich leistungsfähige(n), beruflich tüchtige(n), an Organisationsdisziplin gewöhnte(n) Jungen, der an die Einhaltung der von der Organisation gelieferten Normen sich unreflektiert bindet, Initiative nur im Rahmen dieser Normen entfaltet und sein Selbstgefühl auf die Stellung seiner Organisation und seine Position innerhalb derselben fundiert ...«[63].

Aber sogar der ebenfalls von Kriegshilfsdiensten befreite Rolf Pieper, dessen Begeisterung schon etwas verhaltener war, der jedoch in der Hitler-Jugend seiner Theaterleidenschaft frönen konnte, betonte:

»Ich hab also diese, diese letzten eineinhalb oder zwei Jahre eigentlich da in der noch unzerstörten und vom Bombenkrieg nicht betroffenen Stadt Göttingen genießen können, also in Jahren, wo man eben da enorm aufnahmebereit ist, für alle kulturellen Dinge unter den Bedingungen der Kriegsjahre, das muss man also bei diesen, bei diesen Dingen sehen.« (Pieper, 607–614)

---

63 Klönne, *Hitler-Jugend*, S. 68.

Auch Dieter Reinecke hat seinen Eintritt ins Jungvolk nie bereut (3912) und sprach von der insgesamt »sehr, sehr schönen« Zeit (340). Demgegenüber fallen die Bilanzen der beiden hochrangigen Jungmädelführerinnen wesentlich zurückhaltender aus. Während Rosa Conrad nur betont, ihr habe die Führerinnenarbeit »schon Spaß gemacht, aber das war auch alles nicht so politisch ausgerichtet, absolut nicht« (3683–3685), erwähnt Ursula Zimmermann bei der ausführlichen Beschreibung ihrer verschiedenen Aktivitäten auch negative Seiten wie den im Jungmädelbund ebenfalls üblichen vormilitärischen Drill (3784), aber auch das schikanöse Machoverhalten gleichrangiger Jungvolk- und HJ-Führer ihr gegenüber (Zimmermann, 4134). Für sie fand gegen Ende ihrer aktiven Zeit ein Bruch mit der Hitler-Jugend statt, als ihre vorgesehene Beförderung an ihrer Weigerung scheiterte, deswegen aus der Kirche auszutreten (Zimmermann, 4001).[64]

Distanzierungen

Begeistert beim Jungvolk oder im Jungmädelbund »dabeizusein«, bedeutete nun nicht, alle Anforderungen oder Zwänge des »Dienstes« gut zu finden. Die Einstellungen gegenüber den in der Hitler-Jugend üblichen Aktivitäten ergeben ein sehr buntes und insgesamt wenig überraschendes Bild. Die einen hassten die zweimal wöchentlich stattfindenden Heimabende, waren aber mit Begeisterung beim Sport, den Geländespielen und auch den Exerzierübungen dabei. Andere mieden gezielt die körperlichen Anstrengungen und bevorzugten das Singen, Basteln und Vorlesen bei den Heimabenden.

---

64 Offenbar sollte sie eine hauptberufliche Position übernehmen, für die u. a. der Kirchenaustritt zwingend vorgeschrieben war. Vgl. dazu Klönne, *Hitler-Jugend,* S. 58. Diese fünf Kinder bzw. Jugendlichen entsprechen in ihrer Haltung dem Typus des überzeugten Nationalsozialisten, den Klafki als einen von fünf Typen herausgearbeitet hat. Charakteristisch ist für sie die bis zum Ende ihrer Hitler-Jugendzeit nahezu ungebrochene Begeisterung für diese Organisation und das Regime. Daneben gab es »Mitläufer bzw. Mitläuferinnen«, die männlichen oder weiblichen »Pragmatiker«, die »Distanzierten« und die »aktiv Widerstehenden«. Vgl. Klafki, »Typische Faktorenkonstellationen«, S. 160ff. Mit Ausnahme des letzten Typus sind alle anderen auch unter den Befragten vertreten. Eine Zuordnung ist jedoch schwierig, weil mehrere Zeitzeugen im Laufe der Kindheit bzw. Jugend ihre Einstellungen veränderten. Das sieht auch Klafki so (ebenda, S. 162). Mit Ausnahme der dem ersten Typus zuzurechnenden Personen konnten sowohl die »Mitläufer« als auch die »Pragmatiker« zu »Distanzierten« werden.

Viele Kinder aus dem Bürgertum entwickelten mit zunehmendem Alter einen kritischen Blick auf die Hitler-Jugend. Mit dem Beginn der Pubertät und der damit verbundenen Suche nach neuen Orientierungen wurde vieles im Jungmädelbund und Jungvolk als lästig empfunden, was zuvor freudig mitgemacht worden war. Bestimmte Kritikpunkte tauchen in vielen Interviews immer wieder auf. In ihnen zeigt sich eine durchaus sehr bürgerliche Perspektive auf die Hitler-Jugend.

Zeitliche Belastung

Da in fast allen Familien mindestens ein Hausmädchen beschäftigt wurde, in etlichen auch noch weiteres Personal, hatten die meisten Kinder des wohlhabenden Bürgertums, wie oben gezeigt, kaum häusliche Pflichten, von Kleinigkeiten abgesehen, wie gelegentlicher Hilfe bei der Gartenarbeit oder beim Geschirrabtrocknen. Den Kindern stand also die Zeit außerhalb der Schule und der Schularbeiten zur freien Verfügung, die sie entsprechend ihren Vorlieben zum Spielen mit anderen Kindern oder zu individuellen Beschäftigungen nutzten. Wenn sie mit zehn Jahren in den Jungmädelbund oder das Jungvolk kamen, waren zwei Nachmittage der Woche mit den »Diensten« belegt. Da ein Teil der Kinder zusätzlich Musikunterricht hatte, im Chor sang, zum Ballett, Tennisspielen oder Reiten ging, war der zeitliche Spielraum schon recht begrenzt. Im Alter von 13 bis 14 Jahren kam für fast alle[65] der Konfirmandenunterricht dazu, der einen weiteren Nachmittag der Woche in Anspruch nahm.[66] Dadurch war die den Kindern zum selbstbestimmten Spiel oder für außerschulische Angebote oder einfach nur zum Lesen zur Verfügung stehende Zeit schon sehr eingeschränkt. Die Oberschule, die alle Befragten nunmehr besuchten, verlangte in dem Alter zudem mehr Zeit und Aufmerksamkeit. Zwar wurde versucht, die zusätzliche Belastung durch Jungmädelbund und Jungvolk dadurch in Grenzen zu halten, dass die Schule an den »Dienst«-Tagen kei-

---

[65] Bei den Mädchen wurde als einzige Christa Fröhlich nicht konfirmiert, weil ihre Religionsgemeinschaft dieses Ritual nicht kannte (Fröhlich, 4822). Von den Jungen entschied sich nur Hans Scholz statt für die Konfirmation für die Jugendweihe (Scholz, 2351).

[66] Der zweijährige Konfirmationsunterricht war eine Reaktion der evangelisch-lutherischen Landeskirchen auf die Reduzierung des Religionsunterrichts an den Schulen für die älteren Schülerinnen und Schüler ab 1937. Vgl. dazu Otte, »Geschichte der Kirchen«, S. 646.

ne Hausaufgaben aufgeben durfte – eine erfreuliche Regelung, an die sich sehr viele Befragte erinnerten. Hinzu kamen jedoch die Wochenendfahrten und Lageraufenthalte sowie die außerordentlichen »Dienste« in der Hitler-Jugend: die Teilnahme an Appellen, Aufmärschen, Kundgebungen, die obligatorische Beteiligung an Sammlungen wie dem Winterhilfswerk, die Ernteeinsätze et cetera. Diese zusätzlichen Verpflichtungen nahmen im Laufe der 1930er Jahre und besonders seit Kriegsbeginn enorm zu. Diejenigen, die Führer im Jungvolk oder Jungmädelbund wurden, mussten Führernachwuchskurse und später zusätzlich regelmäßig Schulungen absolvieren.

Karl-Heinz Jung, der in der Hierarchie weit nach oben gelangt war, wunderte sich noch im Nachhinein über seine vollen Tage:

»Ich weiß gar nich, wie man das alles in einen Tach hineingepackt hat. Und das ging ja auch schon immer nach Stunden. Nachmittachs um drei da und um vier da und dann fünf da und so weiter. Und dann raste man drüben mitm Fahrrad durch die Gegend oder wieder dahin zu kommen, nech wahr, zum Turnunterricht, zum Turnen oder [PP]. Nech, so, ich habs nich als, ich habs als schön empfunden letztlich. Das hat mich ausgefüllt und man kam gar nich auf irgendwelche Gedanken. Obwohl ich vermisste sone kleine Momente der Freiheit. Aber die holt' ich mir beim Dienst in der Natur also, wenn wa Kriegsspiele machten, nich wahr, und denn saß ich denn da im Wald versteckt meintwegen. Und denn hatt ich wenigstens mal so zehn Minuten für mich, nech wahr. Das hab ich also sehr genossen und und bin dann auch mit meinen Vokabeln also in Hainberch gefahrn, auf ne Bank gesetzt und habe da die Vokabeln gelernt, nech.« (Jung, 4986–5003)

Bei ihm, der kein besonders guter Schüler gewesen ist, gingen seine Tätigkeiten im Jungvolk stark zulasten der Schule und er war froh, dass er durch seine Aktivitäten und seine hohe Position in der Hitler-Jugend

»[…] die Chance hatte, aus der Schule rauszukommen. Das war für mich also – die Schule, die gefiel mir überhaupt nich mehr. Also [P] ich bin zwar nie hängen geblieben, aber zum Schluss war meine Versetzung doch sehr zweifelhaft geworden. [lacht] Und ich wollte dennoch, aber auf der andern Seite konnte man ja nur durch ein Einberufungsbefehl [ent]komn. Und jetzt wurden unsere Klassen, wurden als Luftwaffenhelfer eingesetzt in Braunschweich und kamen zum Westwallbau an die Ost-, an die Westfront. Und ich wurde […] freigestellt. Ich brauchte nicht Luftwaffenhelfer werden. Ich brauchte auch nich zur Westfront gehn und den Westwall da aufbaun und so weiter. War also schon privilegiert. Und es wurde bei der Einberufung zum RAD – Reichsarbeitsdienst, nich wahr, hinausgeschoben, weil ich eben Jugendführer war.« (Jung, 745–769, gekürzt)

Karl-Heinz Jung am nächsten steht sicher Ursula Zimmermann. Auch sie war zeitlich sehr stark beansprucht. Aber für sie war das eine Möglichkeit, ein Leben jenseits der familiären Verpflichtungen zu führen, sich davon zu befreien, also ein – wenn man so will – emanzipatorischer Akt. Sie benutzte ihre dienstlichen Verpflichtungen dazu, sie gegen die familiären auszuspielen. Das wird sehr deutlich, als sie erzählte, dass die Eltern ihre häufige Abwesenheit durch dienstliche Verpflichtungen kritisierten:

»Es war ja auch so, also dass man denn oft zu Hause sein musste, wenn Besuch kam. Das waren denn Freunde von den Eltern, aber man selbst hatte zu diesen älteren Erwachsenen ja überhaupt gar keine Beziehung, nech. So ältere Frauen und so und [P] man mokierte sich dann über deren Hüte oder über deren Kleidung und so, nech, und wie die sich mit Schmuck behängt hatten oder so. Das fand man also, und das fand man dann also stinklangweilig. Man musste dann also schön angezogen sein und da stillsitzen und oh, na ja, also das, wie gesagt, wenn man davon wegkommen konnte, das war, das war eben ganz schön, nech.« (Zimmermann, 4269–4282)

Heinz Zöllner, der auch eine Führerkarriere im Jungvolk machte, wurde nach seiner anfänglichen Begeisterung die zeitliche Beanspruchung durch die »Dienste« et cetera dann aber doch zu viel.

»Na ja, wir hatten natürlich auch Interessen. Also, ich muss ehrlich sagen, ich machte diesen, diesen HJ-Dienst zunächst, zuerst war ich natürlich furchtbar begeistert und fand das wegen der Uniform und so weiter alles wunderschön und wollte das nun alles mitmachen, aber wie ich dann so etwa zwölf war, zwölf, 13, da fand ich das schon, empfand ich das schon so als Belastung – zeitlich. Da ging's mir dann schon so: sonnabendnachmittags wäre ich lieber zu Hause gewesen, hätte irgendwie Bücher gelesen oder gebastelt oder irgendwas gemacht. Also das war nicht mehr so.« (Zöllner, 298–309)

Bei diesen drei Personen handelte es sich um Führerinnen und Führer, die zweifellos überdurchschnittlich viel Zeit für die Hitler-Jugend opfern mussten. Aber auch andere Kinder klagten über die Regelmäßigkeit, mit der sie zu den »Diensten« erscheinen mussten, den Zwang, der dahinterstand, und die zeitliche Beanspruchung. Elke Engelmann sinnierte während des Interviews darüber, warum sie nach kurzer Zeit eine kirchliche Jugendgruppe wieder verlassen hat:

»Ich hab nachher überlegt, warum bist du eigentlich nicht weiter hingegangen? Aber man war dann auch, ich musste zum Dienst, ich musste zur Gymnastik. Ich hatte ne Zeitlang auch Klavierstunden. Also man hatte dann auch, war dann auch ausgefüllt, nich und die Schule war nachher in der Oberstufe auch mehr gefordert. Da musste man mehr Schularbeiten machen. Hatten wir ja dann gleich zwei Sprachen noch dazu.« (Engelmann, 3296–3304)

Am stärksten litt Marie Ohlendorf unter der zeitlichen Inanspruchnahme durch die »Dienste«. Sie hatte eine starke emotionale Bindung an ihre Großmutter, bei der sie mit ihrer Mutter lebte. Außerdem hatte ihre Familie viele jüdische Verwandte und war vermutlich deswegen sehr regimekritisch. Für sie waren die Dienste und Einsätze gestohlene Zeit, die sie lieber zu Hause verbracht hätte. Nur den Kindern, die in den »Diensten« Ehrgeiz, Machtbedürfnisse, Eitelkeit befriedigen konnten, erschien die zeitliche Inanspruchnahme weniger gravierend. Völlig anders wurden die »Dienste« von vielen Mädchen und Jungen in jenen Milieus empfunden, in denen Kinder und Jugendliche früh und viel zu Hause oder außerhalb arbeiten mussten. Hier hatten die »Dienste« den Charakter der Befreiung von der Arbeit, waren »Freizeit«.

Disziplinierung und Formierung

Die Hitler-Jugend wollte nicht nur alle »arischen« und »tauglichen« Kinder und Jugendlichen vollständig erfassen, sondern sie vor allem zu Disziplin, Ordnung und überzeugten Nationalsozialisten erziehen.[67] Das schloss ihre ideologische und körperliche Formierung ein. Wer eingetreten war, unterwarf sich einem autoritären Regime. Auf der formellen Ebene erfolgte die Disziplinierung durch Anwesenheitspflicht bei den »Diensten«. Fehlen wurde nur akzeptiert bei einer schriftlichen Entschuldigung durch die Eltern oder einem ärztlichen Attest. Von dieser Anwesenheitspflicht erzählten mehrere Zeitzeugen spontan im Interview. Bei mehrmaligem unentschuldigtem Fehlen wurde sogar mit dem Ausschluss gedroht, wie es Gisela Apel erlebte, die wegen einer chronischen Erkrankung nicht regelmäßig teilnehmen konnte (525). Die Kinder mussten sich in der Hitler-Jugend in eine ihnen vorgegebene Hierarchie einfügen. Gleichsam spielerisch lernten dadurch bereits die Jüngsten, den Anweisungen ihrer Führerinnen und Führer zu folgen. Sie wurden dadurch allmählich in quasi militärische Strukturen eingeführt.[68]

---

67 So Steinacker, *Staat als Erzieher,* S. 471.
68 Gegen alle Zuwiderhandlungen gab es Sanktionen. Bereits 1936 wurden diese durch eine »streng vertrauliche« Disziplinarordnung geregelt, die abgestufte Strafen vorsah. Sie reichten von der Verwarnung über den Entzug von Privilegien (so das Tragen von Uniformteilen) über die befristete Beurlaubung bis zum Ausschluss. So ebenda. Dieser konnte Nachteile in der Schule oder auch bei der Suche nach einer Lehrstelle nach sich ziehen. Ebenda, S. 330.

Abb. 10: Formierung der Körper. Hitler-Jugend: Fähnlein Forcade
(Quelle: Städtisches Museum Göttingen, Reproduktion aus dem Album Prof. Dr. Friedrich W. Hossbach)

Die ideologische Formierung erfolgte dem Alter entsprechend unterschiedlich intensiv: als explizite politische Schulung oder implizit durch gezielte Auswahl der Vorlese-Geschichten, durch den Besuch »nationalpolitisch wertvoller« Filme, durch die Lieder, die bei den Heimabenden, beim Marschieren, beim Fahnenappell oder beim Lagerfeuer gesungen wurden[69].

Zur körperlichen Formierung trugen der in der Hitler-Jugend groß geschriebene Sport, die Exerzierübungen und das Marschieren in Formation bei. Der damit verbundene Drill stieß aber zunehmend viele ab. Er wurde nicht nur, aber besonders häufig von Männern explizit erinnert, was zweifellos damit zusammenhängt, dass er in den Organisationen für die männliche Jugend einen höheren Stellenwert hatte als in denen für die Mädchen. Bodo Heise erwähnte im Interview auch die »grausamen Kämpfe« (4331)

---

69 Zur Differenzierung zwischen verschiedenen Arten politischer Beeinflussung vgl. Hopf/Hopf, *Familie*, S. 12.

bei den ihm verhassten Geländespielen. Und Ernst Naue erinnerte sich noch mit Abscheu an das »Triezen« der Schwächeren und Muttersöhnchen (2340).[70]

Zur Formierung gehörten auch die Uniform und die Kontrolle der äußeren Erscheinung. Ursula Zimmermann, die als Führerin diese Kontrolle ausübte, erinnerte sich noch ganz genau:

»Ja, das, das gab es da natürlich laufend, nech. Also das war ja schon, wenn man statt weiße Socken braune Socken anhatte oder so. [lacht] Das war ja schon, das war ja schon, da wurde man nach Hause geschickt so ungefähr, nech. Oder wenn da n Knopf fehlte, an ner Uniform darf kein Knopf fehlen. Nech? Ist wie beim Militär. Nech? Und, ja, da wurde auch furchtbar geschimpft und rumgeschrien und so, das war damals so die Mode. Schrecklich eigentlich. Na ja.« (Zimmermann, 4120–4129)

Ebenfalls einen hohen Stellenwert hatte die Sauberkeitserziehung. Sie umfasste das gesamte äußere Erscheinungsbild von der Haarlänge über sauberere Fingernägel, von der Länge der kurzen Hosen (Pieper, 7249) bis zu den geputzten Schuhen; das wurde jeweils bei den normalen Diensten überprüft. Dass das bei den Heranwachsenden nicht auf Gegenliebe stieß, die im Gegensatz zu Kindern gern ihre Individualität auch im Äußeren demonstrieren wollen, lässt sich leicht vorstellen.[71] Obwohl das nationalsozialistische Regime dem Individualismus den Kampf angesagt hatte,[72] ließ er sich nicht völlig ausrotten. Das gilt für alle Milieus, in Sonderheit aber für das des wohlhabenden Bürgertums, dessen Kinder sowohl im Elternhaus als auch in der Schule dazu angehalten wurden, ihre besonderen Begabungen und Eigenschaften zu vervollkommnen, sich als je besonderes Individuum darzustellen. Die Entwicklung von anfänglicher Begeisterung der Kinder hin zu einer mit der Zeit wachsenden Distanzierung von der Hitler-Jugend wird in vielen Interviews deutlich. Erich Ilsemann, der seinen lockigen Haaren zunächst entsprechend den Erwartungen den »Zehntel-Millimeter-Schnitt« verpassen ließ, trug als Halbwüchsiger seine Haare länger und fiel dadurch auf. Da er selbst Jungzugführer war, wurden seine

---

70 Steinacker meint, die »Praxen der HJ-Erziehung (ließen sich) am ehesten als ›Pädagogik der Gewalt‹ verstehen« (*Staat als Erzieher,* S. 476).

71 Auflehnung gegen die von oben verordnete Konformität und gegen Gruppendruck einschließlich der Auseinandersetzung mit den Autoritäten sind Begleiterscheinungen auf dem Weg zum Erwachsenwerden, bei der Entwicklung von Identität und Individualität. Vgl. dazu Erikson (Hg.), *Identität;* Hopf/Hopf, *Familie,* S. 83f.

72 Vgl. dazu auch Jürgens, *Geschichte des BDM,* S. 165. Die Verpönung individualisierender Elemente im BDM betont auch Klaus, *Mädchenerziehung,* Bd. I, S. 148ff.

unter der Mütze hervorquellenden Haare zunächst toleriert, bis er an einen Fähnleinführer geriet, der ihn deswegen aus der Hitler-Jugend ausschloss. Ilsemann betonte, dass seine Haarlänge keinen politischen Protest ausdrücken sollte, sondern es sich bei ihm um das bei Jugendlichen übliche Abgrenzungsverhalten gehandelt habe (Ilsemann, 1944). Auch Heinz Zöllner, höherrangiger Jungvolkführer, hing als Jugendlicher einem anderen Ideal an als dem des zackigen Hitlerjungen. Er und mit ihm auch andere wollten nicht »in ner Uniform rumlaufen, sondern möglichst stenzig, also mit möglichst weiten Hosen und einem Hut [...]« (Zöllner, 4471). Dazu gehörten noch »schräge«, also amerikanische Musik (Zöllner, 4494) und »lässiges« Auftreten (Zöllner, 4542). Diese Haltung, die der in einigen Großstädten verbreiteten Szene der Swing-Jugend nahekam, war bei den Kindern des wohlhabenden Bürgertums verbreitet.[73] Andere, wie Rolf Pieper, entwickelten mit den Jahren eine Abneigung gegen die Uniform[74] und zwar nicht nur, weil ihr Träger, wie er hervorhob, zum Grüßen höherer Ränge verpflichtet war, sondern weil sie ersichtlich zugleich seine Individualität verbarg. Bei einer Theaterfestwoche der Hitler-Jugend erschien er zusammen mit einem »Kameraden« nicht »mit dem kackbraunen Hemd und mit der üblichen Pimpfen- oder HJ-Uniform«, sondern die beiden Jungen stellten sich eine schwarz-weiße Phantasieuniform zusammen (Pieper, 7320). Das war eigentlich nicht erlaubt und wurde vermutlich nur wegen Rolf Piepers Vater toleriert.

Besondere Gelegenheiten zur Formierung von Geist und Körper ergaben sich bei den Wochenendfahrten und Lagern. Sie waren von wenigen Ausnahmen abgesehen sehr beliebt. Zwar waren Reisen für viele bürgerliche Kinder nichts Neues. Von den bereits erwähnten Großfahrten für die Jungen abgesehen bot die Hitler-Jugend ihnen also keine grundsätzlich erweiterten Möglichkeiten der Raumaneignung. Neu und aufregend war aber die Reise mit einer Gruppe von Gleichaltrigen, mit Zeltlager und Lagerfeuerromantik. So etwas konnten die Eltern nicht bieten. Besonders für die Mädchen, die im bürgerlichen Milieu stärker als die Jungen beaufsichtigt wurden, waren diese Touren jenseits der Kontrolle durch Erwachsene ungewöhnlich und faszinierend. Die Fahrten und Lager waren allerdings kei-

---

73 Vgl. Speitkamp, »Jugend und Protest«, S. 285; auch Rathgeb, *Helden wider Willen*; vgl. auch das folgende Kapitel.
74 Die in mehreren Interviews von weiblichen Befragten geäußerte Abneigung gegen die Uniform ist vermutlich ebenfalls erst nach einigen Jahren aufgetreten. Genau lässt sich der Zeitpunkt nicht festmachen.

ne unbeschwerten, von den Kindern selbst gestalteten Unternehmungen. Sie wurden nicht nur hinsichtlich der Routen, Unterkunft und Verpflegung zentral organisiert,[75] der gesamte Tageslauf war straff geregelt. Lageraufenthalte dienten neben der ideologischen Beeinflussung vor allem der körperlichen Disziplinierung der Kinder. Diese umfasste mehr als Sport und Exerzierübungen; Sauberkeitserziehung gehörte auch dazu. Auf den Fahrten und in den Lagern war sie nun aber keine private Angelegenheit mehr, sondern musste gemeinsam stattfinden, also quasi öffentlich. Aus der Perspektive eines ehemaligen Führers erzählte Erich Ilsemann, worauf wie geachtet wurde.

»Also der größte Teil wusste zum Beispiel, wie man sein Bett zu bauen hatte, diese Dinge, oder dass man sich zu waschen hatte, die Zähne zu putzen hatte. Ja, darauf wurde wirklich geachtet. Auch wenn man irgendwo im Lager war, und wenn so 'n Ferkel dabei war, das gab's ja immer, der sich nich wusch, der wurde ausgezogen und in 'n Bach gesteckt. Also 'ne ganz rigorose Methode.« (Ilsemann, 2993–3006)

Es gab Kinder, die unter diesem Verlust an Privatheit litten. Elke Engelmann verabscheute beispielsweise das zwangsweise gemeinsame Duschen.

»Aber ich mochte nicht, dass wir uns da alle nackig ausziehen mussten und duschen mussten. Dazu war ich viel zu genant, mich vor anderen also nun duschen zu müssen. Aber das mussten wir. Ja, wir mussten also in diese Waschräume. Da mussten immer mehrere zusammen da rein schnell und sich abduschen.« (Engelmann, 3771–3780)

Vermutlich ist dieser Mangel an Privatheit und Intimität für die Kinder aus den bürgerlichen Familien, die in ihrer Kindheit und Jugend meist eigene Zimmer und damit Rückzugsräume hatten, besonders schwer zu ertragen gewesen, schwerer jedenfalls als für diejenigen Kinder, die nicht über einen eigenen Raum verfügten und in deren Elternhäusern die körperliche Hygiene weder einen hohen Stellenwert hatte noch einsam in der Abgeschiedenheit eines Badezimmers stattfand.

Angesichts der Formierung der Kinder und Jugendlichen auf verschiedenen Ebenen erscheint Reeses Formulierung, die Hitler-Jugend sei in den späten 1930er Jahren eine »gigantische Disziplinierungsmaschine« gewesen, nicht übertrieben.[76]

---

75 Vgl. dazu Rüdiger, *Hitler-Jugend,* S. 149ff.
76 Reese, »Kamerad«, S. 224.

Soziale Positionierung

Der mit der Hitler-Jugend verbundene Gleichheitsanspruch, den die meisten der zehnjährigen Kinder bei ihrem Eintritt begrüßt hatten (einige gaben ihn auch später nicht auf), wurde vielen mit zunehmendem Alter lästig. In den Interviews wird die eigene soziale Position von etlichen Befragten bereits in der späten Kindheit und dann im Jugendalter bemerkenswert deutlich markiert. Gelegentlich verbindet sich das mit der Volksgemeinschaftsideologie, ohne dass dieser Widerspruch den Befragten aufgefallen wäre.

Die Herstellung der Gleichheit erfolgte formal durch die Uniformierung der Kinder, die Formierung ihrer Körper durch sportliche Übungen sowie das Marschieren in geordneten Gruppen mit gemeinsamem Gesang. Besonders wichtig waren dabei die Fahrten und Lager, wo die Kinder über längere Zeiträume zusammen und beeinflussbar waren.[77] Es deutete sich bereits an, dass beileibe nicht alle Kinder von diesen Unternehmungen oder einzelnen damit verbundenen Begleiterscheinungen begeistert gewesen sind. Jene, die ohnehin eine Abneigung gegen Massen hatten, verabscheuten besonders jene Lager, in denen häufig Kinder in Fähnlein- oder Gruppenstärke[78] untergebracht waren. Einige, die an sich gerne ins Lager fuhren, machten allerdings Äußerungen, die deutlich die soziale Distanz zu diesem Treiben zum Ausdruck bringen. Während Rolf Pieper nur lakonisch bemerkte:

»[...] und dass man da also nur etwas primitiv untergebracht worden war, das war man dann ja auch gewohnt ne, und das gehörte also auch dazu [...]« (Pieper, 988–990),

lässt sich aus der ausführlichen Schilderung Heinz Zöllners entnehmen, welche Zumutung ein Lager für ein Kind aus bürgerlichem Hause sein konnte, selbst wenn es, wie er, zu den Führern gehörte:

»[...] und was ich auch gar nicht mochte, waren die Fahrten und Lager. Mocht ich gar nicht. Also, wird ja auch immer gesagt, das wäre so 'ne Sache gewesen, da hätte man die Jugend begeistert und so, ne. Also ich persönlich mochte das überhaupt nicht, und ich machte das auch nur widerwillig mit. Man konnte sich dem natürlich nicht entziehen, wenn da so 'n Lager war meinetwegen in den Herbstferien. Stellen Sie sich vor, da sind dann also zehn Tage oder 14 Tage Herbstferien, und davon

---

[77] Fahrten und besonders die Lager gehörten zu den Aktivitäten, mit denen die Volksgemeinschaft in Szene gesetzt und erlebt werden sollte. Vgl. Janka, *Die braune Gesellschaft*, S. 228.

[78] Vgl. dazu die Zahlenangaben bei Rüdiger, *Hitler-Jugend*, S. 151.

sollte man dann acht Tage in so 'n Lager, ne? Und das das schmeckte mir gar nicht.« (Zöllner, 3019–3030)

Heinz Zöllner fuhr erst mit, nachdem sein Fähnleinführer die Eltern aufgesucht und bekniet hatte:

»Ich ging also mit und machte da also mit, aber das war also mehrmals in so 'n Lager. Ich kann also nicht sagen, dass wa dann irgendwie, also erst mal dieses ganze Ritual, das mocht ich gar nicht. Dann diese, morgens gab's dann so 'ne so 'ne olle Vier-Frucht-Marmelade und so, also das das klingt jetzt verächtlich, aber, ich meine, wir haben nicht üppig gelebt, aber wir haben bei uns anständig gedeckter Tisch [gehabt] und sowas alles. Das war dann also dieses bewusst so aufs Primitive hin, in diesem Lagerleben, nech, so, Kochgeschirr und so 'ne olle Brühe gab's denn da und so. Also und denn auf Stroh wurde geschlafen oder, irgendeiner hatte da irgendwie auch 'n Zelt oder so. Also das lag mir, lag mir also gar nicht. Das war also eigentlich machte ich das widerwillig mit, und dann war natürlich furchtbar viel mit Lagerfeuer und Geländespielen natürlich auch wieder während dieses Lagers. Und mir war eigentlich so das, ich hätte in der Zeit lieber was anderes gemacht, mir war das irgendwie, also [P]. Es gab aber, ich meine, die Masse der Jungen war aber da begeistert, die machten das gerne, nech, das war also, war etwas.« (Zöllner, 3042–3064)

Bemühungen der Führerinnen und Führer, die Volksgemeinschaft bei den Fahrten ganz praktisch auf der Ebene der Verpflegung dadurch zu realisieren, dass alle Kinder ihre mitgebrachten Brote ausgewickelt in große Wannen legten und sich dann jede und jeder eins herausholen durfte,[79] widerten zum Beispiel Marie Ohlendorf derart an, dass sie während des Interviews noch mit Abscheu davon erzählte:

»Und denn wurde ja auch befohln, denn gabs son Wochenendlager, da musste man mit. [P] Inner Scheune penn-n. Jaha, da musste man mit. [...] Und dann wurde das – hab ich ja schon gesaacht, nech, dann wurde alles ebn, wir mussten denn für zwei Tage oder anderthalb Verpflegung in Form von Stulln mitbringn. Und dann wurde das alles zusammgeschmissen inne große Wanne. Musste jeder abgebn seins. Hab i-s-noch nich erzählt? Nein?! Ohh! Was hattn wa immer fürne Stinkwut. Na ja. Und das also war gar nich, ich weiß nich, s war gar nich mal so, dass das nu qualitativ sehr unterschiedlich war. Das wollln natürlich – die sollten alle ja gleich gemacht werdn, nech. Aber es war denn auch so, dass man das bog sich so. Unddann hattn se dann nur Sirup drauf oder Schmalz drauf. Und andre hattn Käsestulln dann schön, die andern hattn Wurst. Und manche, die verstanden das ja großartich, denn da so zu puuln, dass se das Beste immer rauskrichtn. Und mir

---

[79] Auch Bodo Heise berichtet von diesem Verfahren (Heise, 4304), allerdings ohne diese Wertung.

verging dann halt immer schon der Appetit, wenn ich in diese Masse da greifen musste, nich. Aber das sollte eben versinnbildlichn: Wir sind alle eins. Wir sind für den Führer da, und wir ham das alles zu machn und zu tun. Und das gehört sich so, und das soll so. Und die Gemeinschaft muss gefördert werdn, und nur so können wir siegen. Und dies doch immer, dies blöde Getue, nech. Und das also das, öööh, das stank mir.« (Ohlendorf, 3369–3407, gekürzt)

Die Entwicklung von anfänglicher Begeisterung der Kinder hin zu einer mit der Zeit wachsenden Distanzierung von der Hitler-Jugend wird in vielen Interviews deutlich. Sehr anschaulich schilderte Charlotte Reichert, die aus einer sehr wohlhabenden bürgerlichen Familie stammte, ihren Weg, bei dem sich Identitätsbildung und Individualisierung allerdings mit ausgeprägter sozialer Positionierung verbanden. Nachdem sie zunächst, wie die meisten anderen auch, mit Begeisterung bei den Jungmädeln dabei gewesen war, empfand sie später die anfänglich als schick und besonders empfundene Uniform als »Gleichmacherei«. Sie betonte, sie, ihre Familie, ihre Freundinnen seien »Individualisten und von daher schon mit diesem ganzen System quer« (Reichert, 1175–1177) gewesen. Auch die anfangs von ihr geschätzten Tätigkeiten in den Gruppen gingen ihr zunehmend auf die Nerven und sie artikulierte deutlich, dass es sich dabei schließlich auch um ein Problem des Niveaus handelte:

»Und wie gesagt, mir und auch einigen meiner intellektuellen Freundinnen ging dies Getue mit dem Marschieren und mit der Gleichmacherei schon gehörig auf 'n Wecker [lacht].Wir haben nachher das nur noch boykottiert. [P] Also wir sind nich mehr hingegangen zu diesen blöden Abenden, wo diese blöden Geschichten vorgelesen wurden. [lacht] Das war alles doch viel zu primitiv!« (Reichert, 2224–2236)

Das empfand sie besonders im BDM, in den sie im Alter von 14 Jahren wechseln musste: Dort hatten ihnen (ihr und ihren intellektuellen Freundinnen) »die Führerinnen nichts mehr zu bieten« (Reichert, 4292), sie hätten »ja auch ganz andere Interessen [gehabt] als das, was da geboten wurde« (Reichert, 4331). Die »Gleichmacherei« empfand sie als heuchlerisch, weil »wir nun mal nicht alle gleich sind«, das »Niveau wurde nach unten gedrückt«, »das haben wir ja früh empfunden, die wir n bisschen wacher waren« (Reichert, 2573–2577). Hingegen seien »diese Volksschichten«, die im Ebertal wohnten, im BDM »viel engagierter« gewesen. »Ist ja klar, da war dann ja auch alles gleich und die wurden aufgewertet« (Reichert, 2449–2456).

Charlotte Reichert und ihre Freundinnen zogen sich zunehmend aus dem BDM zurück, boykottierten die Heimabende, ließen sich durch Atteste von den sportlichen Übungen befreien (2230). Schließlich sei »der Haufen« auseinandergefallen. In dem Interview wird zugleich deutlich, dass ein so dezidiertes und konsequentes Absetzen auch mit dem Elternhaus zu tun hat. Sie erwähnte:

»Zu Hause wurde auch n bisschen gelästert in meinem Elternhaus über dies alles, nich, meine Mutter sowieso [lacht] und insofern war nicht der richtige Zug dahinter.« (Reichert, 4328–4331)

Und in anderem Zusammenhang betonte Charlotte Reichert, genauso wenig wie ihre Mutter in die NS-Frauenschaft hätte sie selbst »à la longue« in den BDM gepasst (Reichert, 3075).[80]

Ersichtlich spielten für die im Verlauf der Pubertät einsetzenden Distanzierungen gegenüber der Hitler-Jugend bürgerliches Selbstbewusstsein und der private bürgerliche Wertekanon sowie private Verhaltensstandards eine wichtigere Rolle als politische Differenzen zwischen den Eltern und dem Nationalsozialismus. Solche sind aus den meisten Interviews nicht zu ersehen. Daraus lässt sich selbstverständlich nicht schließen, es habe sie nicht gegeben. Es könnte durchaus sein, dass die Eltern sie mit Rücksicht auf die Kinder, aber auch auf sich selbst nicht thematisiert haben. Dort, wo beide Eltern oder ein Elternteil oder andere ihnen nahe stehende Personen[81], für die Kinder erkennbar, dem Regime kritisch gegenüberstanden, hatten die Kinder eine Chance, einen anderen Blick auf die Hitler-Jugend und die politischen Verhältnisse zu entwickeln. Wenn sich das, wie bei Marie Ohlendorf, mit einer starken Fixierung auf die Familie verband, wurden auch die Anforderungen der Hitler-Jugend als Zumutung empfunden.

Es ist sicher kein Zufall, dass Elke Engelmann, die deutlich die kritische Distanz ihrer Mutter gegenüber dem Regime wahrgenommen hat (im Gegensatz zu ihrem dem Nationalsozialismus nahe stehenden Vater), sich beispielsweise als einzige Befragte daran erinnerte, erlebt zu haben, dass Mitglieder der Hitler-Jugend aufgestachelt wurden, Menschen mit abweichenden politischen Positionen zu schikanieren (7555). Andere Kinder, wie Ernst Naue, dessen Vater als Mitglied der Bekennenden Kirche einiges an Schikanen auszuhalten hatte, schafften es, eine strikte Trennung zwischen

---

80 An diesen Äußerungen Charlotte Reicherts zeigt sich sehr schön ein Erzählmuster, das Treu (*Jugend*, S. 36) als »Pendelbewegung« bezeichnet hat. Das Schwanken zwischen Begeisterung und Kritik entpuppt sich nicht nur als Ergebnis von Reifungsprozessen, sondern auch des Lebens in unterschiedlichen Welten. Vgl. dazu Einleitung, S. 31f.

81 In einigen Fällen spielte daneben, wenn auch nicht ausschließlich, die Tatsache eine Rolle, dass es in der Familie jüdische oder »erbkranke« Verwandte oder Freunde gab.

den offiziellen Verlautbarungen und den familiären Wertvorstellungen vorzunehmen. Auf die Frage, wie er denn die Reden anlässlich der nationalsozialistischen Gedenktage, speziell des Heldengedenktags, wahrgenommen hätte, antwortete er:

»Och damals ham wir das noch gar nicht groß hinterfragt, nich. Wir ham das so über uns abregnen lassen diese Sprüche. Aber dass man das so hinterher erstmal überlegte, was haste eigentlich für'n Stuss gesagt oder mitgeredet oder nachgeplappert. [P] Selbst worüber wir uns gewundert haben, also als mein Bruder fiel in Russland '41, da stand über der Anzeige von meinem Bruder ›Für Führer, Volk und Vaterland fiel‹. Da ham wir uns noch als Kinder jetzt öfter drüber unterhalten. Wie war denn das möglich, dass Vater das da rüberschrieb. Wahrscheinlich war's fast oder ganz unmöglich das wegzulassen, nehm ich mal an.« (Naue, 4308–4318)

Hitler-Jugend und Kirche

Alles in allem artikulierten nur wenige Befragte Konflikte zwischen den Einstellungen und Haltungen ihrer Familie und denen der nationalsozialistischen Politik. Das gilt erstaunlicherweise selbst für den Bereich der Religion. Im Allgemeinen waren konfessionelle Zugehörigkeit, Kirchgang und auch die Konfirmation oder Firmung, die die meisten Befragten erhielten, weitgehend reibungslos mit der Zugehörigkeit zur Hitler-Jugend vereinbar gewesen (Zöllner, 2117). Gelegentlich lehnte ein standhafter Pfarrer es ab, einen Hitlerjungen in Uniform zu konfirmieren, wie aus einem Vorort Göttingens berichtet wurde (Neubert, 713). Rudolf Linke gelang dies hingegen in Göttingen problemlos:

»Und gegen Erwachsenenkleidung hab ich mich gewehrt mit der Folge, dass als ich konfirmiert wurde, hatte ich meine Hitler-Jugenduniform angezogen, weil ich, und zwar nich, es ging mir eigentlich nicht um die Uniform, sondern ich wollte doch keinen Konfirmationsanzug haben. Da kam ich mir lächerlich drin vor. [...] Ja ja also ich, naja ich fühlte mich nich erwachsen. Ne. Ne, ne. Und wobei dann der der Pastor hatte nichts dagegen einzuwenden, aber ein Kamerad sagte mir darauf, der so Hitler-Jugendführer niederen Grades war: ›Weißte nich, dass das verboten is. Du darfst dich nich in Uniform konfirmieren lassen.‹ Aber [kichert] das is an mir abgelaufen.« (Linke, 6715–6735)

Und auf die Frage, wie sein politisch sehr exponierter Vater sich dazu verhalten hätte, antwortete Linke: »Der, der hat sich, also von meinem Vater hab ich keine Stellungnahme dazu« (Linke, 6740f.)

Zu einem großen Teil lag das weitgehend reibungslose Nebeneinander von Mitgliedschaft in einer Kirche und in der Hitler-Jugend zweifellos darin begründet, dass es keine formelle Unvereinbarkeit bei der Zugehörigkeit zu beiden Institutionen gab und insofern den Kindern auch keine Nachteile von der einen oder der anderen Seite drohten.[82] Unvereinbar waren Kirchenzugehörigkeit und Mitgliedschaft in der Hitler-Jugend erst für die dort hauptberuflich Beschäftigten.

Insgesamt vermied das Regime flächendeckende Konfrontationen mit den kirchlichen Ansprüchen. Zwar wurden in der Hitler-Jugend in einigen Orten oder Ortsteilen gelegentlich Dienste am Sonntagvormittag angesetzt. Offenbar war das in Göttingen nur in JV und HJ, nicht aber bei den Organisationen für die Mädchen üblich (Fröhlich, 253). Häufig sollten die Kinder dadurch vom Besuch des Gottesdienstes abgehalten werden. Auch war das Exerzieren auf dem Platz vor der Kirche eine beliebte Methode, den Gottesdienst zu stören. Diese »Schikanen« fanden aber offensichtlich nicht systematisch statt, sondern waren abhängig von der Person des Pfarrers oder des verantwortlichen Führers in der Hitler-Jugend. Keiner der männlichen Befragten berichtete, dass er damit Probleme gehabt hätte.

Das weitgehend unproblematische Nebeneinander hatte aber auch mit den protestantischen Kirchen zu tun, denen die meisten der Befragten angehörten und die mit Ausnahme der Anhänger der »Bekennenden Kirche« ihren Frieden mit dem Regime geschlossen hatten. In den Interviews gibt es außer auf den Pastor, der die Konfirmation eines Jungen in Uniform vollzog auch noch weitere Hinweise auf »angepasste« Pastoren (Engelmann, 7592). Hierbei handelt es sich aber vermutlich um eine nachträgliche Klassifizierung.

Selbst Kinder sehr religiöser Eltern hatten kaum Schwierigkeiten damit, der Hitler-Jugend anzugehören und gleichzeitig betont religiös zu sein. Christa Fröhlich, die aus einem sehr religiösen, einer speziellen protestantischen Gemeinde angehörenden Elternhaus stammte, erinnerte sich an keine Widerstände ihrer Eltern gegenüber ihrem Eintritt in den JM und betonte, da sie, die Mädchen, im Gegensatz zu den Jungen nie sonntags »Dienst« gehabt hätten, »da lief das alles ziemlich reibungslos« (253). Und auf die Frage, ob sie nicht einen Widerspruch zwischen ihrem Glauben und dem Nationalsozialismus gespürt habe, antwortete sie:

---

82 Mehrere Befragte erwähnten in diesem Zusammenhang die andere Praxis in der DDR, wo Pfarrerskindern oder kirchlich sehr engagierten Jugendlichen bei der Schulausbildung bzw. Berufswahl Nachteile sicher waren.

»Ja, ob ich's selbst gespürt hab, weiß ich gar nicht so, aber da wurde ja dann doch davon auch gesprochen [P] zu Hause wohl, nech? Auch. Aber wir sagten ja vorhin schon, allzuviel dann vielleicht doch nicht, aber irgendwie empfand man es wohl doch, dass [P], na ja, dass man da nicht alles so mitmachen konnte. [PPP]« (Fröhlich, 4612–4618)

Über die Haltung der Eltern lässt sich nur spekulieren. Möglicherweise haben sie sich aus Sorge um das Kind und auch sich selbst sowie ihre berufliche Existenz mit ihrer Position zurückgehalten. Es kann aber auch sein, dass sie tatsächlich keine oder wenig Schwierigkeiten mit dem Nationalsozialismus gehabt haben, weil und solange der ihre Religionsausübung nicht behinderte.

Das zwar nicht völlig konfliktfreie, aber durchaus mögliche Nebeneinander wird besonders eindringlich in den Erinnerungen Ernst Naues. Er, Sohn eines der Bekennenden Kirche angehörenden Vaters, war »selbstverständlich« in der Hitler-Jugend und erklärte auf die Frage, wie er als Pastorensohn damit zurechtgekommen sei:

»Da hab ich nicht drunter gelitten. Das ist interessant, ja. Da habe ich persönlich überhaupt nicht das wahrgenommen, dass man mich daraufhin getrietzt hätte oder so.« (Naue, 1726–1729)

Diese Aussage ist deshalb besonders auffällig, weil sein Vater eine Zielscheibe von Aktionen der Hitler-Jugend gewesen ist. Sie versammelte sich sonntagmorgens vor der Kirche und sang während des Gottesdienstes lauthals Lieder, mit denen der Pastor geärgert werden sollte. Es blieb in dem Interview unklar, ob Naue selbst sich dabei in der Kirche oder bei der Hitler-Jugend befunden hat. An anderer Stelle betonte er auch, dass von der Hitler-Jugend aufgehetzte Kinder versucht hätten, seinen Vater im Konfirmandenunterricht »fertigzumachen« (Naue, 1813–1815).

Nur gelegentlich werden Konflikte mit der religiösen Überzeugung in den Interviews thematisiert. Rudolf Linke lieferte sich während seiner Abordnung in die Kinderlandverschickung einen Disput mit einem Stammführer der Hitler-Jugend über religiöse Fragen, bei dem er offenbar eine gute Figur machte. Als der blamierte Führer daraufhin mit einem Überfall seines Fähnleins auf die »Gegner« Boden wettzumachen versuchte, wurde ihm das von der Spitze der Hitler-Jugend untersagt (Linke, 1768). Interessant an dieser Begebenheit ist zudem, dass Linke sein Verhalten, das heißt eine dezidierte und konträre Position in religiösen Fragen zu beziehen, nicht, wie andere, als »mutig« betrachtete, sondern eher als selbstverständlich.

Fazit

Die zentrale Frage nach Kontinuitäten und Brüchen im Leben der bürgerlichen Kinder lässt sich in Bezug auf die Hitler-Jugend eindeutig beantworten: Alle Kinder erlebten starke Eingriffe in ihren Alltag. Sie betrafen neben der zeitlichen Beanspruchung vor allem die Formierung ihres Verhaltens. Die Notwendigkeit, sich in eine Hierarchie ein- und unterzuordnen, verlangte strikten Gehorsam und verband sich mit expliziter und impliziter ideologischer Beeinflussung. Durch den bald einsetzenden Pflichtcharakter erhielten diese Merkmale der Hitler-Jugend eine völlig andere Qualität als es frühere Jugendorganisationen jemals gehabt haben. Bei den bürgerlichen Kindern dominierte zumindest anfangs eine, wenn auch unterschiedlich intensive, positive Grundhaltung gegenüber der Hitler-Jugend, die mit ihren vielen attraktiven Angeboten ein breites Spektrum von Interessen bediente. Die Anziehungskraft flaute bei etlichen Kindern dann mit zunehmendem Alter ab. Verbreitet war dann vor allem eine ambivalente Haltung, weil einige Aktivitäten mehr, andere weniger beliebt waren, die Kinder aber auch mehr Zeit für sich und ihre Interessen haben wollten.

Die Attraktivität der Hitler-Jugend speziell für die bürgerlichen Kinder bestand nicht nur in den verschiedenen Angeboten, sondern vor allem auch darin, dass sie der bürgerlichen Mentalität entgegenkam. Nicht nur waren sie in vielen Gruppen »unter sich« und konnten deshalb ihr gewohntes Verhalten und ihre üblichen Ansprüche realisieren. Entgegen der Parole von der Gleichheit aller Volksgenossen wurden die bürgerlichen Kinder bevorzugt für Führungspositionen ausgewählt. In der Organisation konnten sie den traditionellen bürgerlichen Führungsanspruch ausleben. In ihr war selbst für Hochmut, Arroganz und Elitebewusstsein Platz. Insofern wundert es nicht, dass bei denjenigen, die bis zum Alter von 18 Jahren in Führungspositionen verblieben, die positive Einstellung zur Hitler-Jugend dominierte. Sie waren der politischen Beeinflussung am stärksten ausgesetzt und gehörten eindeutig zu den Profiteuren.

Eine kritische Haltung gegenüber der Hitler-Jugend fand sich nur vereinzelt. Das ist insofern nicht erstaunlich, weil die Eltern der Mitgliedschaft ihrer Kinder und deren Aktivitäten in der Organisation selten Widerstand leisteten. Ursächlich dafür war die zumindest partielle politische Übereinstimmung mit den Zielen der NSDAP, bei einigen wohl auch politische Vorsicht, die es nahelegte, den Kindern die eigene Distanz gegenüber dem Regime nicht zu offenbaren. Auch die protestantischen Kirchen, denen die meisten bürgerlichen Familien des Teilsamples angehörten, hatten sich mit dem Regime mehrheitlich arrangiert.

Ebenso wie in vielen anderen Bereichen der nationalsozialistischen Politik war die Wirkung der Hitler-Jugend auf die Position der Geschlechter widersprüchlich. Zwar war die strikte geschlechtsspezifische Segregation, die der Hitler-Jugend zugrunde lag, gegenüber den Koedukationsbestrebungen der Weimarer Republik ein Rückschritt, jedoch bot das Leben in den Jugendorganisationen den Kindern und Jugendlichen viele Gelegenheiten zu Kontakten.[83]

Davon abgesehen bedeutete die Mitgliedschaft in der Hitler-Jugend für Jungen und Mädchen durchaus Unterschiedliches. Für die Jungen war sie zumindest teilweise ein großer »Abenteuerspielplatz«, wo sie den Bedürfnissen nach körperlicher Aktivität, Herumtoben, Kräftemessen nachkommen konnten. Mit der Zeit näherten sich diese Aktivitäten dem »Abenteuer Krieg« dann schon bedenklich an.

Stärker als bei den Jungen veränderte sich der Alltag der Mädchen durch ihre Mitgliedschaft. In ihr eröffneten sich ihnen tatsächlich neue Chancen. Auch wenn in der Weimarer Republik bereits in der bündischen Jugend einige Mädchengruppen existierten und auch die Sozialistische Arbeiterjugend in ihren geschlechtsgemischten Gruppen die Mädchen mit erfasste, so war bis zum »Dritten Reich« doch immer nur eine kleine Minderheit der Mädchen organisiert gewesen. Erst die Hitler-Jugend schaffte es, alle Mädchen, auch die aus den bürgerlichen Familien, frühzeitig aus den Familien herauszuholen und ihnen Zugang zu den bis dahin weitgehend versperrten Bereichen der Öffentlichkeit und der Politik zu verschaffen. Das war für die bürgerlichen Mädchen ein Novum. Nun hatten sie von den Eltern nicht infrage zu stellende gute Gründe, selbstständig über ihre Zeit zu verfügen. Sie bewegten sich in einem bis dahin ungewöhnlich jungen Alter in der Öffentlichkeit und selbst auf dem Gebiet der Politik. Soweit sie Führerinnen wurden, und das traf für viele Töchter des Bürgertums zu, sammelten sie Erfahrungen in Organisation und Menschenführung, sie entwickelten Selbstbewusstsein, Durchsetzungsvermögen, rhetorisches Geschick, Gewandtheit im Auftreten und Ähnliches. Wenn auch das

---

83 »[…] niemals zuvor hatten Jungen und Mädchen so viel Gelegenheit, unbeaufsichtigt durch Erwachsene am Rande des Dienstes, auf den Verwaltungsstellen, bei Festen und Feiern, Tagungen und Schulungen miteinander umzugehen und Erfahrungen zu machen.« Reese, »Einleitung«, S. 11. Sie schließt daraus, dass der Koedukation der Nachkriegszeit durch die Hitler-Jugend der Boden bereitet worden sei.

Frauenbild des Nationalsozialismus sehr konservative Züge trug[84], war das von Jungmädelbund und BDM vertretene Mädchenbild durchaus modern. Zu ihm gehörte eine Berufsausbildung zwingend dazu.[85] Trotzdem handelte es sich nicht uneingeschränkt um emanzipatorische Veränderungen.[86] Selbstbestimmtes Agieren war in der Hitler-Jugend für die Mädchen nur begrenzt möglich. Sie gerieten nicht nur, ebenso wie die Jungen, aus einem oft patriarchalisch-autoritären Elternhaus in eine strikt hierarchisch aufgebaute Organisation, in der Befehl und Gehorsam galten. Für die Teilorganisationen der Mädchen kam hinzu, dass diese, obwohl weitgehend selbstständig, letztlich doch stets einem Mann untergeordnet waren.[87] Das zog sich bis an die Spitze durch und prägte das Verhalten der männlichen und weiblichen Mitglieder, wie aus der bereits zitierten Klage Ursula Zimmermanns über das Machogehabe gleichrangiger HJ-Führer ihr gegenüber ersichtlich ist. Für die Mädchen bedeutete die frühe Lösung vom Elternhaus also keine umfassende Emanzipation, weil sich für sie in der Hitler-Jugend »die Geborgenheits- und Selbstständigkeitserfahrung mit der Unterwerfungserfahrung vermischt(e)«.[88]

Ebenso wie bei den Jungen dürfte sich bei den Mädchen am stärksten der Alltag der Führerinnen und Führer verändert haben.[89] Sie waren der expliziten und impliziten Indoktrinierung am stärksten ausgesetzt. Das gilt in besonderem Maße für jene aus dem Bürgertum, die oft bis zum Ende ihrer langen Schulzeit als Führerinnen und Führer aktiv gewesen sind.

---

84 Das Frauenbild des Nationalsozialismus war nicht durchgängig konservativ. Vor allem zeichnete es sich durch hohe Flexibilität bei der Anpassung an unterschiedliche politische Situationen aus. Vgl. dazu Kollmeier, »Erziehungsziel«, S. 63; auch Gisela Miller-Kipp hat schon früh auf die Anpassung des Frauenbildes im NS an sich wandelnde Bedingungen hingewiesen (»Der Bund Deutscher Mädel«, S. 71–105). Ähnlich Steinbacher, »Differenz der Geschlechter?«, S. 98ff.
85 Auf die vom BDM durchgeführte Berufsberatung verweist Sternheim-Peters, »Hochschulreife«, S. 233f.; ähnlich Reese, »Einleitung«, S. 11.
86 Vgl. dazu Reese, »Emanzipation«, S. 203–225. Steinbacher weist darauf hin, dass Frauen keine rechtliche und soziale Gleichberechtigung eingeräumt worden sei. Emanzipation sei als Ausdruck »jüdischen Wesens« diffamiert worden (»Differenz der Geschlechter?«, S. 101).
87 Vgl. Nolzen, »Inklusion«, S. 73.
88 Möding, »Sozialisationserfahrungen«, S. 291.
89 So Reese, »Einleitung«, S. 23.

6. Körper und Körper-Erfahrungen[1]

Körperkontakte: Zärtlichkeit und Gewalt

Körperkontakte begleiten das Aufwachsen von Kindern von Anfang an. Sie werden hochgenommen, gestillt, gewaschen, gewickelt und gewiegt. Es ist unvorstellbar, dass Kinder ohne Körperkontakt groß werden könnten. Diese Kontakte können gleichwohl von unterschiedlicher Qualität sein: zärtlich-zuwendend, sachlich, aber auch abweisend. Immer wird der Körper dadurch geprägt und geformt. Das gilt in stärkerem Maße als für die routinisierten Körperberührungen für jene Kontakte, die wir mit den Begriffen Zärtlichkeit und Gewalt belegen. Zwar können auch die alltäglichen Pflegehandlungen eher in die eine oder die andere Richtung tendieren. Dennoch gibt es die expliziten Zärtlichkeiten und auch die explizite Gewalt. Um beide geht es im Folgenden.

Auffällig bei allen Interviews ist, dass Zärtlichkeiten im Sinne von »kuscheln« und »schmusen« zwischen Eltern und Kindern nur in sehr wenigen Familien üblich gewesen sind. Bezeichnenderweise erlebten Kinder auch kaum, dass und wie die Eltern selbst zärtlich miteinander umgingen. Die Kinder wurden jenseits des Kleinkindalters, an das keine Erinnerungen vorhanden sind, nicht mit Zärtlichkeiten überschüttet. Das gilt in Sonderheit für die Jungen. Einige von ihnen lehnten Zärtlichkeiten explizit ab, behaupteten sogar, danach kein Bedürfnis gehabt zu haben oder nicht der Typ dafür gewesen zu sein. Karl-Heinz Jung erinnerte seinen Widerwillen gegenüber Berührungen von gleichgeschlechtlichen und älteren Personen. Das schloss seine Eltern ein (Jung, 2653, 2697). In Rolf Piepers Familie ist der Austausch von Zärtlichkeiten nicht nur nicht üblich gewesen, man mokierte sich sogar über Verwandte, die sich abküssten. Noch im Alter schob er den Austausch von Zärtlichkeiten von sich, als er die Gepflogenheit,

---

[1] Der Begriff »Körper« wird hier zugleich für jene Seite des Körperlichen verwendet, die in Teilen der Literatur auch als »Leib« bezeichnet wird. Zur Unterscheidung von Körper und Leib vgl. Hauser-Schäublin, *Der geteilte Leib,* Kap. II und III.

sich zur Begrüßung zu umarmen und zu küssen, als »französische Sitte« und hier besonders als eine der Unterschicht und Mittelschicht klassifizierte (Pieper, 6195).

Dort wo zärtliche Berührungen erinnert wurden, waren es die Mütter, die sich so ihren Söhnen zuwandten, sie in den Arm nahmen oder von ihnen in den Arm genommen werden wollten (Scholz, 2138; Heise, 4916). Väter erhielten meist, wenn überhaupt, nur den rituellen Gute-Nacht-Kuss (Diederichs, 506). Von diesem Muster, das dem traditionellen Verhalten in bürgerlichen Familien entspricht,[2] gibt es nur wenige Abweichungen. Dieter Reinecke schmuste nicht nur mit seiner Mutter, auch sein Vater nahm ihn schon mal in den Arm (1145). Eine große Ausnahme ist Erich Ilsemann. Er artikulierte nicht nur im Interview sein eigenes starkes Bedürfnis nach Zärtlichkeiten, das er bei seiner Mutter stillte. Offenbar hat er selbst noch als Heranwachsender intensiv mit seiner Mutter geschmust.[3] Es ist nicht erstaunlich, dass seine Eltern zum kindzentrierten Typus gehörten.

Von diesen beiden Ausnahmen abgesehen, entsprach die spröde bis ablehnende Haltung der meisten Jungen gegenüber Zärtlichkeiten den Regeln, mit denen die meisten aufgewachsen sind. In der von vielen erinnerten Maxime »Ein Junge weint nicht« zeigt sich lediglich besonders deutlich der Druck, Gefühle zu unterdrücken, zumindest nicht nach außen zu tragen. Das wäre unmännlich, weiblich gewesen! Für Zärtlichkeiten gilt dasselbe.

Bei den Mädchen lagen die Verhältnisse etwas anders. Zur weiblichen Geschlechtsrolle gehören Gefühle und auch deren Ausagieren. Insofern erstaunt es nicht, dass keine einzige Befragte angab, sie habe überhaupt kein Bedürfnis nach Liebkosungen gehabt. Zwar lehnte Waltraud Neubert Zärtlichkeiten ihrer Mutter ab, die mit Bruder und Schwester durchaus schmuste. Sie führte das aber auf die ungewöhnliche Situation zurück, bereits als Kind zur Vertrauten ihrer früh verwitweten Mutter geworden und dadurch vermutlich von dieser überfordert gewesen zu sein (Neubert, 1682). Insge-

---

2 Vgl. dazu Rosenbaum, *Formen der Familie*, S. 358ff.
3 Auf die Frage, zu welchem Elternteil er das meiste Vertrauen hatte, antwortete er: »Also mit meinen Wehwehchen bin ich immer zu meiner Mutter gegangen. Die wusste auch immer Bescheid, wenn irgend mal wieder 'n Mädchen im Spiel war. Mein Vater eigentlich weniger. [P] Obwohl ich auch zu ihm hätte gehen können, wenn ich das gewollt hätte oder [P] ja.« Auf die direkt anschließende Frage, zu wem er gegangen sei, wenn er als Kind Zärtlichkeit gesucht hätte, gab er an: »Aber doch nich zu meinem Vater! Sondern zu meiner Mutter, ist ganz logisch. Die hat mal gesagt: ›Oh Gott, das arme Mädchen, was Du mal kriegst, das tut mir jetzt schon leid.‹« (Ilsemann, 1556–1568)

samt scheinen die Mädchen bedürftiger und empfänglicher für Zärtlichkeiten gewesen zu sein als die Jungen. Das ist nicht erstaunlich. Dennoch spielten die zärtlichen Körperkontakte insgesamt auch bei ihnen eine untergeordnete Rolle. Intensive Zuwendung, Kuscheln und Schmusen gab es nur gelegentlich. Von einigen Befragten wurden solche Momente körperlich-zärtlichen Kontakts nur in Verbindung mit besonderen Situationen erinnert. In Dora Markwarts Rückschau verbanden sich Erkrankungen damit, dass ihre an sich etwas »herbe« Mutter sich ihr liebevoll zuwandte (4720). Und Elke Engelmann fiel im Interview wieder das »unheimlich angenehme« Gefühl ein, das sie empfunden hatte, wenn ihre Mutter ihr mit warmer Hand den schmerzenden Bauch gerieben hatte (7064). Lisa Bornemann erinnerte sich sehr positiv daran, dass sie bei schlechten Träumen zu ihrer Mutter ins Bett kriechen durfte und sich dann dort vollkommen geschützt gefühlt habe (1058). Sie und Elke Engelmann wiesen darauf hin, dass Schmusen und Kuscheln in ihrer Kindheit in ihrem Elternhaus nicht in dem Maße und in der Intensität üblich gewesen sei wie heute (Engelmann, 7064). Lisa Bornemann, deren Mutter durchaus herzlich war, benannte die Differenz sehr präzise:

»Und da bin ich sicher, meine Mutter war mir, war mir näher [als der Vater]. [P] Wobei ich sagen muss, also kuscheln und so was gab's wenig, bis gar nicht. Aber es gab durchaus sehr herzliche und warme Umarmungen und Kuss und also keine Berührungsscheu, aber nicht dies, was heute bei weniger Kindern und also an Wochenenden so kuscheln, oder so Spiele im Bett, das weniger oder gar nicht eigentlich.« (Bornemann, 1058–1066)

Die in dieser Aussage anklingende Vorstellung, das geringe Niveau an körperlich-zärtlicher Zuwendung sei eine Folge der größeren Kinderzahl gewesen, ist meines Erachtens unzutreffend. Er mag zwar für Lisa Bornemanns Mutter bestanden haben, aber auch Mütter und Väter, die nur zwei oder drei Kinder hatten, verhielten sich nicht anders oder waren sogar noch zurückhaltender mit ihrer Zuwendung. Elke Engelmann hob im Interview hervor, was ihre Mutter alles mit ihren Kindern unternommen habe, weil die Frauen früher, da nicht erwerbstätig, eben auch viel Zeit für ihre Kinder gehabt hätten. »Dafür«, fügte sie hinzu, »waren wir nicht so verwöhnt. Sie war immer präsent, aber es wurden nicht zu viele Zärtlichkeiten dann immer ausgetauscht.« (Engelmann, 9755–9757)

Auf was ist dieses im Vergleich mit heute geringe Niveau körperlicher Zuwendung zurückzuführen? Im Laufe des 19. Jahrhunderts hatte sich im Bürgertum ein ambivalentes Verhältnis zum Körper etabliert. Einerseits musste er funktionieren, weshalb Krankheiten große Aufmerksamkeit gewidmet wurde. Seine Formung und Verhüllung fungierte als Distinktionsmittel. Andererseits waren viele Bereiche des Körperlichen stark tabuisiert. Das galt besonders für die Sexualität, konnte aber auch andere körperliche Funktionen betreffen. Das bereits konstatierte geringe Niveau körperlicher Zuwendung in den bürgerlichen Familien erklärt sich ebenfalls daraus.[4] Das Deutsche Kaiserreich, in dem die Eltern der Befragten geboren wurden und aufwuchsen, ist ganz überwiegend eine prüde und sexuell verklemmte Gesellschaft gewesen. Die bescheidene sexuelle Liberalisierung nach dem Ersten Weltkrieg änderte daran nichts Grundlegendes,[5] und die Nationalsozialisten bemühten sich intensiv, die wenigen Lockerungen zu beseitigen und »Moral und Sitte« wieder zu etablieren. Die Tradition sexueller Prüderie und Körperfeindlichkeit blieb also erhalten.[6] Hinzu kommt, dass seit dem Beginn des 20. Jahrhunderts selbst in der Säuglingserziehung die Meinung dominierte, man solle die Kinder nicht verwöhnen, zu viel körperlicher Kontakt (auf den Arm nehmen, herumtragen et cetera) sei sogar schädlich.[7] Auch wenn die Interviews keine Rückschlüsse darauf zulassen, dass die Eltern derartige Ratgeber gelesen und ihr Verhalten danach ausgerichtet hätten, so waren diese Vorstellungen auch im Göttinger Bürgertum mit Sicherheit bekannt. Möglicherweise sind sie in dem einen oder anderen Fall auch auf fruchtbaren Boden gefallen und haben die Tendenz zur ohnehin vorhandenen körperlichen Zurückhaltung verstärkt. Diese bedeutete ja nicht, dass die Eltern ihre Kinder nicht geliebt haben, sondern lediglich, dass sie nicht willens oder nicht in der Lage waren, diese Zuneigung durch körperliche Berührungen auszudrücken. Mit derartigen Verhaltensmustern waren die Eltern selbst schon aufgewachsen, und es gab keine starken gesellschaftlichen Tendenzen, daran etwas zu ändern. Dieser Hinweis auf tradierte Muster erklärt auch einige »Abweichungen«. Es gab und gibt im Hinblick auf zärtliche Zuwendung familiäre Traditionen.[8] Dass man in Rolf Piepers Familie über sich abküssende Verwandte »lästern«

---

4 Vgl. dazu ausführlicher Rosenbaum, *Formen der Familie*, S. 358ff.
5 Vgl. Reinert, *Frauen und Sexualreform*.
6 Maiwald und Mischler zufolge (*Sexualität*, S. 57), hat in allen Industriestaaten in den 1930er Jahren immer noch die Prüderie des 19. Jahrhunderts geherrscht.
7 Vgl. dazu Yvonne Schütze (*Die gute Mutter*, S. 73), die darauf hinweist, dass an diese Position die im Dritten Reich viel gelesene Johanna Harrer nahtlos anschließen konnte. Ausführlich zum Wandel der Erziehungsvorstellungen im 20. Jahrhundert und der einschlägigen Ratgeberliteratur: Gebhardt, *Die Angst*.
8 Vgl. dazu Rosenbaum, *Proletarische Familien*.

konnte, zeigt die Existenz liebevollzärtlicher Zuwendung auch in diesem Milieu, aber eben nicht als durchgängig praktiziertes, sondern eher seltenes Verhaltensmuster. Umgekehrt verwiesen einige Befragte, wenn sie die besonders starke emotionale Zurückhaltung eines Elternteils geschildert hatten, auf dessen Herkunftsfamilie, in der das ein gängiges Verhaltensmuster gewesen sei.

Körperliche Gewalt[9] im Sinne von Übergriffen anderer auf den eigenen Körper gehörte im Gegensatz zu Zärtlichkeiten nahezu ausnahmslos zu den grundlegenden Erfahrungen aller Zeitzeugen. Körperliche Sanktionen, auch bei kleineren Vergehen, waren in den Elternhäusern üblich. Selbst dann, wenn ein Befragter oder eine Befragte hervorhob, er oder sie habe nie Schläge bekommen, wird doch meist hinzugefügt, ein Bruder (meistens waren es die Brüder!) habe allerdings öfter Prügel bezogen. Väter prügelten mit der Hand, mit der Reitpeitsche, dem Schulterriemen oder auch, wie sich Hartmut Opitz erinnert, mit einem Elektrokabel. Einzelne Kinder entwickelten Strategien, dem zu entgehen – wenn auch nicht immer erfolgreich. Dieter Reinecke weiß nur aus Erzählungen, dass er als kleiner Jungen von seinem Vater mit der Reitpeitsche geschlagen worden sei:

»Ich hab nur die Reitpeitsche genommen und hab die hintern Schrank geschmissen, und die kam, die war dann weg. Und als wir umzogen, da lag dann die Reitpeitsche. Und da wurde gefragt: ›Wo kommt die denn her?‹ Und da hab ich jesagt: ›Joa, die hab ich mal dahintergeworfen‹.« (Reinecke, 1187–1192)

Für Waltraud Neubert ist eine ihrer wenigen Erinnerungen an ihren früh verstorbenen Vater mit drohender Gewalttätigkeit verbunden:

»Und dann werde ich nie vergessen, das ist so eine Erinnerung noch an meinen Vater, der ja 1930 gestorben ist, war ich sechs, dass er um die Ecke kam, er hatte immer sein schönes Reitpferd und ist geritten [...], und kam also so mit Reitstiefeln und hat die Reitpeitsche so drin gehabt im Stiefel, das weiß ich noch genau, 'ne beigefarbene Hose und brauner Stiefel und die da drin. ›Was ist hier los‹, hat er dann gesagt. Und dann hat die Kinderschwester gesagt, die ich nicht ausstehen konnte: ›Sie will, sie will nich singen, und sie will das nicht hier, dies Laufen und so [auch nicht]‹. Und da nahm er seine Peitsche aus 'm Stiefel, und diesen, diesen

---

9 Gewalt hat nicht nur eine körperliche Seite. Zur Gewalt zählt neben anderen Strafen, die Ängste hervorrufen, beispielsweise auch Liebesentzug. Solche psychische Gewalt, darauf wird immer wieder hingewiesen, kann viel gravierendere Auswirkungen auf die kindliche Entwicklung haben als eine Tracht Prügel. Im Zusammenhang dieses Kapitels wird jedoch ausschließlich auf die körperliche Ebene abgestellt.

Blick, den ich da [bekam], das war das Erste von meinem Vater, was ich feststellte, so was hängengeblieben is, ne?« (Neubert, 40–55)

Auch die Mütter beteiligten sich mit Ohrfeigen oder Klapsen auf die Hand. Selbst Großmütter griffen zu körperlichen Sanktionen (Diederichs, 204). Häufig wurde hervorgehoben, dass die Jungen mehr als die Mädchen, ältere Geschwister mehr als die jüngeren, bestimmte Kinder mehr als die anderen unter körperlicher Gewalt zu leiden hatten. Ein schönes Beispiel für die geschlechtsspezifische Differenzierung bei körperlicher Gewalt ist die Aussage Elke Engelmanns über die Praxis in ihrem Elternhaus: »[...] also, es war bei uns der Grundsatz: ›Mädchen werden nicht geschlagen bei uns, Jungen schon mal.‹« (7171f.) Sie selbst fand das furchtbar:

»Und ich mochte das aber nicht hören. Ich verkroch mich dann im hintersten Winkel vom [P] von der Wohnung, oder ich ich bat auch mal für die Jungs, dass sie nicht, also ich fand das schrecklich, wenn die gehauen wurden. Es war auch ganz ganz selten.« (Engelmann, 7181–7186)

In der Familie Zimmermann signalisierte der Rohrstock auf dem Schrank den beiden Töchtern, dass es noch härtere Strafen gab, als in eine »dunkle Butze« eingesperrt zu werden (3063).

Diese frühen Gewalterfahrungen, die nicht immer, aber gelegentlich drastisch ausfielen, setzten sich in der Schule fort.[10] Angesichts dieser Vorerfahrungen wundert es nicht, dass auch bei den Kindern untereinander körperliche Auseinandersetzungen üblich waren. Das gilt für die Schüler auf dem Schulhof ebenso wie für die Kinder einer Spielgruppe oder auch zwischen Geschwistern. Fast ausnahmslos berichteten die Männer von körperlichen Auseinandersetzungen unter den Jungen. Die Mädchen waren hier offenbar eher Objekt der körperlichen Aggressionen von Knaben als Akteure. Allerdings hoben einige männliche Befragte auch hervor, dass die wirklichen »Schlägertypen« aus dem Ebertal kamen, sie selbst also keines-

---

10 Zwar nicht auf der Ebene der körperlichen, sondern der der psychischen Gewalt »schlugen« die Jungen zurück und machten Lehrer regelrecht »fertig«, wie sich Peter Köhler erinnerte: »[...] da gab es eben solche, die man mehr schätzte und solche, die man gar nicht schätzte, die unangenehm waren aus unserer Sicht, es gab auch solche, die hilflos waren, was natürlich sofort brutal ausgenutzt wurde von uns Jungen, auch das war ja 'ne reine Jungenschule da auf dem Gymnasium, in dem ich war. [P] Das war zum Teil schlimm, was wir mit manchen Lehrern machten.« (Köhler, 2960–2967) Die Ebene nicht körperlicher Gewalt gehört eigentlich nicht in dieses Kapitel, soll hier jedoch zumindest erwähnt werden, um klarzustellen, dass die Kinder nicht nur Opfer der Lehrer gewesen sind.

falls dazu gehörten. Häufigkeit und Intensität körperlicher Gewalt unter Kindern, besonders Jungen, war zumindest aus der Perspektive der bürgerlichen Knaben durchaus sozial unterschiedlich verteilt und fungierte dadurch praktisch als soziales Abgrenzungskriterium.

Selten, aber nicht völlig ungewöhnlich war, dass im Konfirmandenunterricht ein Pastor die Contenance verlor und ungebärdige Konfirmanden oder auch Konfirmandinnen ohrfeigte. Die ohnehin schon vorhandenen Tendenzen zu körperlichen Übergriffen – sowohl im Elternhaus als auch zwischen den Kindern und selbst in der Schule – wurden im Nationalsozialismus noch verstärkt und erhielten eine andere Note. Zunächst in der Schule, wo unter anderem durch den Sportunterricht – jedenfalls für die Jungen – seit der Einführung von Boxen und vormilitärischen Übungen[11] die körperliche Integrität einzelner massiv bedroht wurde. Der hohe Stellenwert des Sports als Schulfach unterstrich das zusätzlich.[12] Unter dem Deckmantel des Schulsports war es deshalb möglich, die eigene Aggressivität auszuleben. Karl-Heinz Jung berichtete im Interview, er habe seinen Boxgegner bewusstlos geschlagen, und dieser sei mit dem Krankenwagen abgeholt worden (5870–5882).

Besonders in der HJ gehörten gewalttätige Auseinandersetzungen unter den Knaben zum Programm. Bei einigen Befragten wird allerdings deutlich, dass sie sie zumindest teilweise als »Gewalt« klassifizierten. So sprach Bodo Heise von den »grausamen Kriegsspielen«, die ihn abgestoßen hätten (4331f.). Karl-Heinz Jung erwähnte »Straßenschlachten« zwischen verschiedenen Gruppen der HJ (631) und betonte seine eigene Lust am Kämpfen. Nun waren Kämpfe zwischen nach Straßenzügen oder Quartieren organisierten Gruppen männlicher Heranwachsender ein geradezu »klassisches« Element von Jugendkultur. Im Dritten Reich waren die körperlichen Auseinandersetzungen, die sich hinter dem Begriff »Geländespie-

---

11 Adrian Schmidtke (*Körperformationen*) weist allerdings darauf hin, dass zum Schulsport für die Jungen auch bereits vor der nationalsozialistischen Zeit paramilitärische Übungen gehörten, z. B. Handgranatenwerfen mit Gymnastikkeulen oder Gepäckmärsche (ebenda, S. 230). Man kann davon ausgehen, dass diese Tendenzen verstärkt und verallgemeinert wurden. Die offiziellen Bilder vom Boxunterricht zeigen, dass bei dem Unterricht weder Kopf- noch Mundschutz getragen wurde. Schmidtke folgert daraus, dass es beim Boxen »um rohe Gewalt« gegangen sei (ebenda, S. 226). »Hier wird nicht spielerisch angedeutet, sondern geprügelt, hier wird nicht Leibesertüchtigung im heutigen Sinn betrieben, sondern jenseits aller denkbaren sittlichen Dimensionen ein Körperhabitus inkarniert, der mit Härte, Schmerz- und Angstüberwindung noch euphemistisch umschrieben ist.« (ebenda, S. 227)

12 Vgl. Tenorth, »Pädagogik der Gewalt«, S. 12ff.

le« verbargen und die leicht in Kämpfe ausarten konnten, offiziell verlangt und legitimiert und betrafen ab 1936 praktisch alle männlichen Kinder. Auch wenn diese Auseinandersetzungen in ritualisierter Form ablaufen sollten, boten sie, wie aus den Erinnerungen hervorgeht, Raum für das Ausleben persönlichen Geltungsdrangs und selbst sadistischer Neigungen.[13]

Es lässt sich daher, Hopf folgend, vermuten, dass Bereitschaft zur Gewalttätigkeit für viele männliche Angehörige dieser Generation zu einem naheliegenden und akzeptierten Verhaltensmuster wurde. Zwar wird »Gewaltbereitschaft ... primär sozial produziert – in frühen Prozessen misslingender und gewalttätiger Interaktion zwischen Eltern und Kindern und in späteren Interaktionen von Kindern und Jugendlichen mit anderen Bezugspersonen, in denen ihre Gewaltorientierung bekräftigt und nicht abgebaut wird. Sofern gesellschaftlich mächtige Gruppierungen politische Programme entwickeln, in denen Gewalt mehr oder minder offen legitimiert wird, schaffen sie destruktive Handlungskontexte für Menschen, die bedingt durch ihre Sozialisation ohnehin schon gewaltbereit sind.«[14]

Das Verhältnis zum eigenen Körper[15]

Das Verhältnis zum eigenen Körper, die für die eigene Identität so grundlegende Frage, ob man sich in ihm wohlfühlt, in ihm »zu Hause« ist oder nicht, hängt von mehreren Faktoren ab. Zu ihnen gehören neben den Zugriffen anderer Personen auf den Körper auch die »Blicke der anderen« und das zeitspezifische Körperideal. Im Laufe der Kindheit verändert sich der Körper zudem aufgrund des biologischen Wachstums, aber auch anderer Einflüsse, wie der Ernährung, Art und Ausmaß von Bewegung et cetera. Da den Interviews nicht immer sicher entnommen werden kann, über welche Altersphase die Befragten sich äußerten, bleibt gelegentlich unklar, ob es um den Kinderkörper oder den pubertären Körper geht. Interviewer

---

13 Tenorth bezeichnet das als »Ausübung von Gewalt in Form der Selbstkontrolle der Gruppe« (»Pädagogik der Gewalt«, S. 25f.).
14 Hopf, *Frühe Bindung*, S. 250.
15 In diesem Abschnitt wird mehrmals auf Belege aus den Interviews verzichtet, weil trotz der Anonymisierung einige Befragte aufgrund körperlicher Eigenheiten oder spezifischer Krankheiten leicht identifiziert werden könnten.

wie Befragte sind mit der Frage, wann die Kindheit zu Ende gewesen ist, flexibel umgegangen.[16] Insofern ist keine klare Grenzziehung möglich. Das muss im Folgenden mitgedacht werden.

Das Funktionieren des Körpers

Für das Körpergefühl ist unter anderem wichtig, wie selbstverständlich der Körper ist, ob und wie er gepflegt wird, ob er problemlos funktioniert oder häufig, wenn nicht ständig durch Krankheit beeinträchtigt erlebt wird.

Hinsichtlich der Körperpflege gibt es große Übereinstimmungen in den Interviews. Die Reinlichkeitsstandards waren – verglichen mit heute – bescheiden. Normal war das wöchentliche Bad am Sonnabend mit anschließendem Wechsel von Unter- und Oberbekleidung. Ansonsten machten die meisten Kinder vermutlich nur eine »Katzenwäsche«. Lediglich Karl-Heinz Jung berichtete, sein Vater habe die Söhne jeden Morgen kalt abgeduscht, und Waltraud Neubert erinnerte sich an tägliche Waschungen in der Badewanne. Mehrere Befragte erlitten eine Serie von Kinderkrankheiten in der frühen Kindheit, auch Operationen und Unfälle, die sie zeitweise nicht nur körperlich eingeschränkt, sondern zugleich in ihrer Entwicklung behindert hatten. Andere waren schlechte Esser und sehr zarte Kinder, die von den Eltern mit mehr oder weniger Zwang oder allerlei Tricks zum Essen animiert wurden.[17] Derartige Erfahrungen, nämlich dass der Körper oft nicht funktionierte, behandelt werden musste, man krank und pflegebedürftig war, prägen das Körpergefühl zweifellos. Manche Kinder hatten eine körperliche Familieneigenschaft »geerbt« und waren in ihrer Kindheit gezwungen, sich kontinuierlich behandeln zu lassen. Andere Kinder hatten chronische Krankheiten, mit denen sie ständig oder zeitweise immer wieder zu kämpfen hatten. Dauerhafte Beeinträchtigungen der Gesundheit wie Schwerhörigkeit nach einer Mittelohrentzündung wurden ebenso genannt wie Sprachfehler oder das Problem, eine Brille tragen zu müssen. Letzteres war für Kinder in den 1930er Jahren noch ungewöhnlich und zog regelmäßig den Spott der anderen nach sich: »Mein letzter Wille, ein Mann/eine Frau mit Brille!« Besonders schlecht ging es solchen Kindern, die mit mehreren derartigen »Behinderungen« ausgestattet waren. Körpergefühl und

---

16 Vgl. dazu Einleitung, S. 23.
17 Wie quälend dieser Zwang gewesen sein konnte, lässt sich an Marie Ohlendorfs Geburtstagswunsch ablesen: »Drei Tage lang nichts zu essen!« (Ohlendorf, 9786)

Selbstbewusstsein wurden beeinträchtigt, wenn sie in der Klasse oder Kindergruppe deswegen in eine Außenseiterposition gerieten.

Die Blicke der Anderen

An diesen Hinweisen zeigt sich bereits, dass das Körpergefühl in sehr hohem Maße davon abhängig ist, wie die Menschen in unserer Umgebung auf unseren Körper reagieren, ob sie ihn akzeptieren, sogar schön finden oder abfällige Bemerkungen darüber machen. Maßstäbe sind dabei immer andere Körper, mit denen der eigene verglichen wird, aber auch in der Gesellschaft insgesamt oder dem sozialen Umfeld verbreitete ideale Vorstellungen vom Körper. Unsere Spiegelung im Urteil der Anderen ist also eine entscheidende Größe.[18]

Die ersten »Anderen« sind Eltern oder Pflegepersonen, die den kindlichen Körper pflegen und betrachten. Über diese frühen Erfahrungen kann den Interviews nicht viel entnommen werden. Immerhin gaben zwei Frauen an, für ihre Eltern eine große Enttäuschung gewesen zu sein, weil sie Mädchen und nicht der erhoffte Erbe des Betriebs waren. Auch wenn sie vermutlich trotzdem liebevoll behandelt worden sind, so wirkte sich das Wissen darüber, nicht den richtigen Körper zu haben, mit großer Wahrscheinlichkeit nicht nur auf das Selbstwert-, sondern auch auf das Körpergefühl aus. Das ist besonders deshalb zu vermuten, weil sie von der »großen Enttäuschung« der Eltern nur aus deren Erzählungen wissen können, die diese also auch später noch thematisiert haben müssen. Wie tief beide Frauen von dieser »Familienerzählung« betroffen worden sind, lässt sich daraus ersehen, dass sie als einzige Befragte angaben, sie wären lieber ein Junge als ein Mädchen gewesen. Eine andere Interviewpartnerin erwähnte, wegen einer körperlichen Entstellung kein »ansehnliches Baby« gewesen zu sein. Sie hätte daher immer etwas Besonderes leisten müssen, um anerkannt zu werden.

In den Interviews wird außerdem deutlich, dass sehr große – und dann auch meist dünne – Kinder ebenso Probleme mit ihrem Körper hatten wie außergewöhnlich kleine. Sie fühlten sich in ihm unwohl, weil sie von der »Norm« abwichen. So lässt sich jedenfalls die Abneigung der sehr groß gewachsenen Dora Markwart gegen die Jungmädel-Uniform interpretieren, die sie als »Kindersack« bezeichnete, der wegen ihrer noch nicht ausgebil-

---

18 So auch Erikson, »Ich-Identität«, S. 137f.

deten Taille an ihrem Körper einfach herunterhing (5363). Sie ist bezeichnenderweise die einzige Befragte, die sich in der Uniform »scheußlich« fühlte.

Eine große Rolle spielen in diesem Zusammenhang die Reaktionen anderer Kinder. Elke Engelmann, die ebenfalls groß gewachsen war, aber zusätzlich auffallend dünne Beine hatte, wurde deswegen im Alter von zwölf bis 14 Jahren von anderen Kindern verspottet:

>»Ja, bin, allerdings eine Sache erinner ich noch. Es gab ja diese dies sogenannte Lyzeum oder Oberschule für Mädchen hieß das dann und dann gab es näher am Wall eine Mittelschule, was heute Realschule is. Und wenn ich dann Völkerball gespielt hatte und dann nachher so alleine nach Hause ging, kamen manchmal auch so Mittelschülerinnen. Die gingen denselben Weg. Die wohnten noch weiter mehr am Stadtrand und die riefen hinter mir her: ›Storch im Salat!‹ Ich hatte ja so furchtbar dünne Beine. Hab ich heut noch. [lacht kurz] Und das war nicht so angenehm. Nun ging ich auf der anderen Seite und tat natürlich so, als ob ich's nich höre. Aber das ham die oft gemacht. ›Storch im Salat‹, das hör ich heut noch. So was hat mich schon tangiert, nich.« (Engelmann, 5424–5439)

Sehr klein gewachsene Kinder hatten es ebenfalls nicht leicht. Ursula Zimmermanns Antwort auf die Frage, ob es ihr etwas ausgemacht hätte, in ihrer Klasse immer zu den Kleinsten gehört zu haben, gibt zumindest zu denken: »Nee, überhaupt nicht. Das hab ich ja mächtig kompensiert, nech.« (2380f.) Andere Kinder, die nicht nur hinsichtlich ihrer Größe aus dem Rahmen fielen, waren noch schlimmer dran. Helmuth Opitz erinnerte sich, bereits in der Grundschule wegen seiner Brille (und anderen körperlichen Behinderungen) von den Mitschülern verspottet worden zu sein. Damit hätten sie ihn so gequält, bis er eines Tages einen »Rappel« gekriegt und sich zur Wehr gesetzt hätte (Opitz, 804).

Kleidung

Die Blicke der Anderen machen sich nicht nur an körperlichen Eigenheiten fest. Sie beurteilen immer auch den Gesamteindruck der körperlichen Erscheinung, zu dem die Kleidung gehört. Diese ist deshalb mit den Körper-Erfahrungen der Kinder eng verbunden. Sie war für nahezu alle Befragten unabhängig von ihrem Geschlecht ein wichtiges Thema, zu dem sich die meisten ausführlich äußerten. Zwar meinte Bodo Heise, die Kleidung habe eigentlich keine Rolle dafür gespielt, wie man von anderen eingeschätzt wurde; entscheidend gewesen sei, ob man sportlich war (6298).

Aber auch bei ihm ebenso wie bei anderen Männern finden sich lange Erzählungen über Kleidung, darüber, welche er tragen wollte, und besonders über jene, die er partout nicht mochte, aber anziehen musste. Daran zeigt sich das Gewicht, das der Kleidung stärker als in den anderen Milieus im Bürgertum zukam, wo sie nicht nur ein Distinktionsmittel gewesen ist, sondern zudem ein Medium der Selbstdarstellung. Beide Motive dürften bei den Kindern zwar noch nicht sehr ausgeprägt gewesen sein, aus den Familiengesprächen hat sich bei ihnen aber vermutlich früh ein Sinn für die Bedeutung von Kleidung entwickelt.

Fast alle Befragten erwähnten, dass in ihrer Kindheit wenig Konfektionskleidung gekauft wurde. Im Vergleich zur Schneiderin, die oft mehrere Tage lang ins Haus kam und nach Wunsch nähte, war Konfektionsware offenbar auch für viele Angehörige des gehobenen Bürgertums zu teuer. Selbst die Oberhemden der Knaben wurden noch genäht. Mehrere Frauen erinnerten langweilige Anproben, bei denen sie lange still stehen mussten, um nicht von den Stecknadeln gestochen zu werden. In diesem Zusammenhang wurde öfter die bescheidene Lebensweise im Elternhaus hervorgehoben. Es war gang und gäbe, die Kleider, Röcke und Hosen älterer Geschwister oder Cousins und Cousinen aufzutragen und die eigenen Sachen, so sie noch nicht völlig verschlissen waren, an jüngere weiterzugeben. Die Schneiderin, selten die Mutter, änderte, machte aus Alt Neu[19] und arbeitete um. Von Ausnahmen abgesehen, wurde bei der Kleidung der Kinder und selbst noch der Jugendlichen wenig Aufwand betrieben – jedenfalls verglichen mit heutigen Standards. Diese Haltung, in der sich sparsamer Umgang mit Ressourcen ausdrückte, entsprach dem relativ bescheidenen Wohlstand des Göttinger Bildungsbürgertums und auch dem vieler Geschäftsleute. Selbst von der in einem für Göttinger Verhältnisse sehr wohlhabenden Elternhaus aufgewachsenen Charlotte Reichert wurde hervorgehoben, dass ihre Mutter »die Stoffe für die Kleider (der vier Töchter danach) aus(suchte), ob da nachher noch Kissenbezüge draus gemacht werden konnten.« (2974)[20]

---

[19] Der offizielle Slogan der NS-Frauenschaft auf der Wiener Herbstmesse 1940 knüpfte an diesen sparsamen Umgang mit Kleidung an: »Eins, zwei, drei – aus Alt mach Neu!« (Sultano, *Mode unterm Hakenkreuz*, S. 39).

[20] Es ist nicht ausgeschlossen, dass Charlotte Reicherts Erinnerung an den Umgang mit Bekleidung in ihrem Elternhaus durch die Rationierung der Bekleidung kurz vor Kriegsbeginn (ebenda, S. 39) überschattet und von ihr auf ihre gesamte Kindheit bezogen worden ist. Auf die Sparsamkeit der bürgerlichen Haushalte bei der Kinderkleidung hat bereits Budde (*Bürgerleben*, S. 64f.) hingewiesen.

Mädchen trugen durchgängig Kleider oder Röcke. Mit Ausnahme von Trainings- und anderen Sporthosen waren Hosen für sie undenkbar. Lediglich Waltraud Neubert erwähnte, als jüngeres Kind zum Toben und Klettern im Garten Lederhosen angehabt zu haben. Sie fügte hinzu: »[...] ich mochte das nicht so gern, ich hab lieber Kleider getragen« (Neubert, 3263). Im Sommer gehörten dazu Kniestrümpfe oder Söckchen, in der kalten Jahreszeit lange baumwollene oder wollene Strümpfe, die an den Knopfbändern eines Leibchens befestigt wurden. Von Klagen über die kratzenden Wollstrümpfe abgesehen wurden sie von den Mädchen – im Gegensatz zu den Jungen – weitgehend klaglos angezogen. Lediglich Elke Engelmann kämpfte im Winter mit ihrer Mutter darum, Kniestrümpfe anziehen zu dürfen (7459), was vermutlich auf das Vorbild ihrer beiden Brüder zurückzuführen ist.

Es war üblich, die ganze Woche über dieselbe Bekleidung zu tragen. Daraus erklärt sich das strikte Gebot, sich ja nicht schmutzig zu machen. Die Mädchen trugen darüber hinaus Schürzen, um ihre Bekleidung zu schützen und zu schonen. Die jüngeren Mädchen gingen mit ihren Schürzen sogar in die Grundschule. Lisa Bornemann meinte, sie hätte sie selbst noch in der ersten Klasse der Oberschule getragen. Schürzen waren bei den Mädchen nicht sehr beliebt. Eine praktische Lösung waren dann die im Dritten Reich, besonders seit dem »Anschluss« Österreichs 1938, in Mode gekommenen Dirndlkleider, zu denen eine Schürze dazugehörte. Bei den Mädchen wurde strikt zwischen Alltags- und Sonntagskleidern unterschieden. Zur Sonntagskleidung gehörten nicht nur die neueren oder feineren Kleider, Röcke und Blusen, sondern auch weiße Söckchen oder Kniestrümpfe, bei Ursula Zimmermann auch noch Lackschuhe. In ihrer Erinnerung war der Sonntagsstaat untrennbar mit der Mahnung verbunden: »Mach Dich nicht schmutzig!« Lisa Bornemann sprach allerdings von dem

»schönen Sonntagsgefühl, wenn's dann die frischen Kleider gab. Frische Wäsche! Gefaltete, da lag se, die frische Wäsche aufm Stuhl, alles so frisch und schön.« (Bornemann, 5108–5111)

In einem anderen Zusammenhang sagte sie: »[...] das kennzeichnete den Sonntag unter anderem [lacht]. Das Sonntagskleid und Fleisch aufm Tisch.« (Bornemann, 1817ff.)

Dieser Rhythmus des betonten Wechsels zwischen Alltag und Sonntag war generell sehr ausgeprägt und wurde für die Mädchen stärker als für die Knaben durch die besondere Sonntagskleidung unterstrichen. Durch die Beschränkung bei der Kleidung auf Röcke oder Kleider, dazu Halbschuhe mit Kniestrümpfen oder Söckchen und die Zopffrisur boten die Mädchen vermutlich einen relativ gleichförmigen Anblick. Keine der Befragten hat sich in den Interviews an dieser Einheitlichkeit gestoßen. Ganz im Gegenteil. Zwar hoben einige hervor, ein Kleidungsstück besonders gern getragen zu haben, weil es etwas Besonderes war, zum Beispiel eine bestickte Bluse, die ein Vater von einer Auslandsreise mitgebracht hatte, aber auffallende, »feine« Kleidung konnte durchaus auch als unangenehm empfunden werden, weil man sich dadurch zu sehr von anderen abhob. Dies wird deutlich in Elke Engelmanns Worten, mit denen sie ihre Abneigung gegenüber einem Seidenkleid ausdrückte:

»[...] aber da hab ich auch einmal ein echtes seidenes Kleid gehabt, das war so schilfgrün, hatte so'n kleinen Spitzenkragen und hatte dann Volants. Und das fand ich furchtbar, das war mein gutes Kleid, musste ich auch anziehen, aber es passte nicht nach Göttingen. Das war zu fein. Das wollt ich auch nicht. Ich wollte ja aussehen wie alle Kinder aussahen. So was hatte kein Kind an, nur ich. Mochte ich auch nicht, es war im Grunde nen sehr hübsches Kleid, aber es war so'n bisschen naja, es war auch aus echter Seide und so was hatte, trug man eigentlich nicht.« (Engelmann, 7427–7439)

Wie schon erwähnt, war »Kleidung« auch in den Männerinterviews ein stark besetztes Thema. Üblicherweise trugen die Jungen Hosen und zwar bis ans Knie reichende Hosen, dazu Kniestrümpfe oder Söckchen. Da lange Hosen erst für größere Knaben reserviert waren, gehörten im Winter dazu lange Strümpfe, die ebenso wie bei den Mädchen an den Knopfbändern eines Leibchens befestigt wurden. Übereinstimmend schilderten die meisten Interviewpartner, dass und wie sie spätestens seit der Grundschulzeit mit ihren Müttern gekämpft hätten, um auch in der kalten Jahreszeit noch so lange wie möglich kurze Hosen und Kniestrümpfe anziehen zu dürfen. Blau gefrorene Knie wurden dafür in Kauf genommen. Heinz Zöllner, der sich gegen die Besorgnisse seiner Mutter nicht durchzusetzen vermochte, löste das Problem auf seine Weise:

»[...] es war eben ganz, ganz ulkig, dieser Aufzug war also merkwürdig, so kurze Hose mit langen Strümpfen, ne, also die Hosen gingen aber bis fast ganz ans Knie, ne. Nicht ganz kurz, sondern bis ans, bis zum Knie, oder knielang und dazu lange Strümpfe, damit man also nicht fror, ne. Und das war dann also, wenn man also so losgeschickt wurde zur Schule so in den Anfangsjahren, weiß ich immer noch, da war denn, so wie ich dann um die Ecke war, habe ich dann diese Strümpfe runtergekrempelt, ne, also so, dass se nur bis unters Knie gingen, nech. Das war also 'ne berühmte, also 'ne berühmte Masche, so 'ne Befreiung von diesem, von diesem Zwang. Weiß' nicht, die Mutter hatte ja natürlich das Gefühl, der Junge soll nicht frieren und erkältet sich und so was alles, ne, und was sie dann so alles gelesen hatten und so. War ja auch alles richtig, aber das war dann also so, dass man also mit Kniehose erschien und die Strümpfe nur bis zum Knie, ne, war 'ne ganz, ganz, sagen wa mal so 'ne ganz permanente, permanente Frage so, ne, wenn man sieben, acht Jahre alt war.« (Zöllner, 2039–2054)

Zum einen beklagten die Befragten, dass die Strümpfe häufig kratzten. Außerdem, aber das wird in den Interviews oft nur angedeutet, war die Kombination von kurzer Hose und langen Strümpfen die typische Bekleidung für Kleinkinder. Überdies trugen – und das war zweifellos noch schlimmer – auch Mädchen lange Strümpfe. Wer als Junge mit langen Strümpfen herumlief, war also nicht nur »unschick«, wie Heinz Zöllner es formulierte (2100), sondern verweiblicht und verweichlicht, ein Muttersöhnchen, eine Memme. Diese Einschätzung kommt sehr prägnant in den Äußerungen Karl-Heinz Jungs über einen Außenseiter in seiner Grundschulklasse zum Ausdruck:

»Es wurden welche gemacht zu Außenseitern auch. Da war so einer, das war son Hänfling [lacht] ein ganz zarter, der, [lacht] den vergess ich nie. Der hatte, was ja verpönt war, lange Strümpfe an. Stelln sich vor: kurze Hose und denn lange Wollstrümpfe! Damit der arme Kerl sich – das Kerlchen, das war also wirklich nur'n Dreikäsehoch. Der konnte man grade den Griffel halten. Och – und damit der sich nich erkältete. Der war so behütet, war son Muttersöhnchen, nech wahr. Und war so schüchtern und sachte auch keinen Ton. Und der schlich sich immer so rum.« (Jung, 5809–5821)

Die Hitler-Jugend offerierte ab 1933 eine Lösung dieses Bekleidungsproblems, die auf viel Gegenliebe stieß: die zur Uniform, auch schon des Jungvolks, gehörende Skihose (Zöllner, 2013). Die Skihose war die erste lange Hose für männliche Kinder. Das dürfte zur Beliebtheit der Uniform beigetragen haben. Es gab aber auch Kinder, wie Peter Köhler, die selbst die nur bei sehr großer Kälte anzogen und auch bei leichten Minustemperaturen immer noch in kurzer Hose und Kniestrümpfen herumliefen (1354).

Kurze Hosen konnten aus verschiedenen Materialien sein. Verbreitete Abneigung herrschte bei den Zeitzeugen gegenüber den aus Strickstoff bestehenden Bleyle-Hosen. Sie waren offenbar sehr strapazierfähig und konnten zur Reparatur an die Firma eingeschickt werden[21], so dass sie lange ansehnlich blieben. Sie waren aus diesem Grund bei den Müttern sehr,

---

21 http://de.wikipedia.org/wiki/Bleyle vom 15.5.2007.

bei deren Sprösslingen weniger beliebt.[22] Mit Begeisterung erzählten die Zeitzeugen hingegen von der Lederhose, die von fast allen als geliebtes Kleidungsstück erwähnt wurde. Richtig »schick« war sie allerdings erst, wenn sie abgetragen und »speckig« war. Die Jungen bemühten sich deshalb, diesen ersehnten Zustand möglichst schnell herzustellen. Sowohl Karl-Heinz Jung als auch Jürgen Diederichs griffen zu Margarine, um ihren Hosen diese Patina zu verleihen (Jung, 3316; Diederichs, 318). Die Lederhose hatte zweifellos den großen Vorteil, praktisch unverwüstlich zu sein. Die Jungen konnten damit herumtoben und sich schmutzig machen – die Lederhose trug keinen Schaden davon, im Gegenteil: je abgetragener, desto schöner war sie. Das allein erklärt ihre große Beliebtheit aber nicht. Die Lederhose wurde im Laufe der 1930er Jahre auch zu einem ausgesprochen modischen Kleidungsstück. Es gab sie zwar schon in der Weimarer Republik,[23] ein modischer Hit wurde sie aber erst im Nationalsozialismus, insbesondere nach dem Anschluss Österreichs 1938.[24] Zugleich war die Lederhose ein Bestandteil der Uniform der »Ostmarkjugend« und der Hitler-Jugend Bayerns.[25] Auch der Führer zeigte sich in einer Lederhose.

Sonntags mussten Jungen ebenfalls bessere Sachen anziehen, »die erste Garnitur«, wie Erich Ilsemann es nannte (1907f.). Zum Teil gehörten mindestens weiße Strümpfe dazu, für die kleineren Kinder war noch der Matrosenanzug mit weißem Kragen nahezu obligatorisch, der unter den Nazis dann aber schnell aus der Mode kam.[26] Karl-Heinz Jung trug bei sonntäglichen Unternehmungen mit seinen Eltern helle Anzüge mit kurzen Hosen (3316). Die Kinder waren vielfach nicht sehr begeistert davon, so fein gemacht zu werden. Oft war ein gutes Kleidungsstück schnell ruiniert, wie Dieter Reinecke anschaulich erzählte. Auf die Frage, ob es Sonntagskleidung gegeben habe, antwortete er:

»Als wir klein waren, ja. Hm, das war natürlich ein schönes weißes Hemd, eine dunkelblaue Hose, ja, gut, da haben Se recht, die hab ich nich gern getragen, denn da konnten wa ja nich uns so bewegen, da konnten wa nich so frei rumspielen, wie wa wollten, da musste man aufpassen. Ja und ich weiß noch einmal an einem Ostersonntag fuhren wir Rennerkarren, die wa selbst gebaut hatten, diese Seifenkiste,

---

22 Zielgruppen der Firma Bleyle waren das mittlere bis gehobene Bürgertum. Vgl. Mentges, »Gesund, bequem und praktisch«, S. 139f.
23 So Weber-Kellermann, *Die Kindheit,* S. 241.
24 Vgl. ebenda. Auch mehrere Befragte wiesen auf diesen Zusammenhang hin: Pieper, 2335; Diederichs, 318ff.
25 Vgl. Weber-Kellermann, *Die Kindheit,* S. 234.
26 So Weber-Kellermann, *Die Kindheit,* S. 130.

ne, gingen wa in den Hainberg rauf, da war ja die alte Rennstrecke, das war unsere Lieblingstrecke, und da ja nun Ostern war, musste ich diese dämliche blaue Hose anziehen, Kniehose, dunkelblau. Ich sage: ›Wir gehen aber Rennerkarren.‹ Ja, da gab's mal 'ne Ausnandersetzung: ›Nein, du bleibst heute anständig angezogen!‹ Wie es kommen musste, wir flogen aus der Kurve, die Hose hatte so 'n Dreieck, und ich war froh, dass ich se nicht mehr anziehen brauchte [beide lachen].« (Reinecke, 1762–1778)

Am wohlsten fühlten sich viele Jungen in den robusten, alltäglichen Kleidungsstücken, die nicht besonders geschont werden mussten. Deutlich wird in den Erinnerungen aber auch, dass für die Jungen die Sonntagssachen nicht die Bedeutung hatten wie für die Mädchen, weder für sie selbst noch für die meisten Eltern, die ersichtlich Rücksicht auf ihre viel im Freien spielenden Sprösslinge nahmen.

Die erste »echte« lange Hose gehörte normalerweise zum Konfirmationsanzug. Das unterstreicht die traditionelle Bedeutung der Konfirmation als »rite de passage«[27] im Leben der Kinder. Auch wenn die Befragten aus dem bürgerlichen Milieu in diesem Alter noch nicht die Schule verließen, so markierte die Konfirmation dennoch einen wichtigen Schritt ins Erwachsenenleben. Die lange Hose trug ihren Teil dazu bei. Rolf Pieper artikulierte dies sehr deutlich:

»Ja, ich wollte erwachsen werden. Ich spielte manchmal Erwachsener sogar, im Bett, wenn ich 'n Schlafanzug hatte, spielte ich Erwachsener, der raucht. Das war also das, das Zeichen: 'ne Zigarette rauchen, und der im langen Anzug ist. Also weg von den kurzen Hosen und 'nen langen Anzug.« (Pieper, 7921–7926)

Die meisten Jungen konnten es also kaum erwarten, eine lange Hose anzuziehen. Nur wenige kamen mit diesem Zeichen des Erwachsenseins nicht zurecht und weigerten sich, die kurze Hose abzulegen. Einige Männer erzählten, auch nach der Konfirmation noch weiter in kurzen Hosen herumgelaufen zu sein. Erich Ilsemann trug sie sogar als Student, also nach dem Zweiten Weltkrieg. Dass die kurze Hose im Dritten Reich nicht mehr ausschließlich ein »Zeichen der Kindheit« war, hat zweifellos damit zu tun, dass sie als Bestandteil der Hitler-Jugend-Uniform im Nationalsozialismus zu einem »Erkennungszeichen der völkischen Jugend«[28] und damit auch für die über 14-jährigen Knaben salonfähig wurde.

---

27 Vgl. Gennep, *Übergangsriten;* Schlegel, *Konfirmation.*
28 Weber-Kellermann, *Die Kindheit,* S. 235. Allerdings hatte auch hier die Jugendbewegung vorgearbeitet.

Allerdings sahen das nicht alle so. Bei Rolf Pieper fielen viele dieser Jungen unter das Verdikt, »unmännlich« zu sein. Als solche qualifizierte er die »Tangobubis«, worunter er jene schön zurechtgemachten halbwüchsigen Knaben verstand, die mit ihren knappen kurzen Hosen, weißen Söckchen und Halbschuhen den Mädchen imponieren wollten (Pieper, 5186).[29] Ältere Jungen trugen häufig Knickerbocker (Heise, 4364; Zöllner, 986). Einige Befragte hoben hervor, es sei üblich gewesen, eine strikte Trennung zu machen zwischen »Zivilkleidung« und »Hitler-Jugend-Uniform«, die nur zum Dienst getragen worden sei (Reinecke, 1262; Heise, 4250). Diese Differenz wurde aber nicht von allen angestrebt und durchgehalten. Jenseits der Alternative von kurzer oder langer Hose waren auch die heranwachsenden Jungen im Allgemeinen brav und bieder gekleidet. Nur Erich Ilsemann schilderte in seinem Interview modische Extravaganzen, mit denen er sich als Heranwachsender von den anderen absetzen, seine Individualität unterstreichen wollte.

Frisuren

Bilder aus den Dreißiger Jahren vermitteln den Eindruck großer Gleichförmigkeit der Kinder und Jugendlichen. Das liegt zum einen daran, dass unsere visuellen Vorstellungen von der offiziellen NS-Photographie geprägt sind, die sich stark auf die Darstellung von Typen (statt Individuen) und von Formationen konzentrierte.[30] Zum anderen trug dazu auch ein – jenseits der Uniformierung – relativ gleiches äußeres Erscheinungsbild der Kinder und Jugendlichen bei. Das lag ganz wesentlich an der Frisur. Kleinere Mädchen trugen eine große Schleife auf dem Kopf, Standardfrisur der etwas älteren Mädchen waren Zöpfe oder ein Bubikopf. Die zu Zöpfen geflochtenen und damit »ordentlichen« Haare waren die »klassische« Mädchenfrisur der Zeit. Die Zöpfe wurden entweder lang hängend getragen, als »Affenschaukeln« oder zu »Schnecken« über die Ohren gedreht. Dicke lange Zöpfe waren der Traum vieler Mädchen. Während Gisela Apel stolz auf ihre prächtigen Zöpfe war, litt Charlotte Reichert unter ihren glatten dünnen Haaren, die sich nur zu »Rattenschwänzen« flechten ließen.

---

29 Der Begriff »Tangobubi« wird von dem Befragten falsch verwendet. Mit ihm wurden die Angehörigen der Swing-Jugend bezeichnet, die mit Sicherheit nicht kurze Hosen und weiße Söckchen getragen haben. Die pejorative Tendenz ist offensichtlich. Vgl. dazu: http://de.wikipedia.org/wiki/Swing-Jugend. Abgerufen am 2.4.2012.

30 Vgl. dazu ausführlich Schmidtke, *Körperformationen*.

Lisa Bornemann, die als Kind mit ihrem nur durch einen Rundkamm gebändigten Lockenkopf herumlief, war eine große Ausnahme.

»[…] ah ja, jetzt kommt was, jetzt fällt mir doch was ein! Meine Haare. Aber da war ich auch schon – wann hab ich denn die Haare gekürzt? Ich hatte ja immer offene Locken. Also das hob mich auch aus der Gruppe der übrigen, möchte beinah sagen, der ganzen Umgebung heraus. Ich trug als Kind, ich hatte so richtige Ringellocken, ja. Und das war, ich glaube, ich war die Einzige in der ganze Schule, zumindest in […] und sogar in Göttingen. Also ich weiß, dass, da gab's in Göttingen gab's zwei Schulhöfe, einen für die größeren Mädchen und einen für die ersten drei Klassen. Das war ja hier am Mädchengymnasium auf dem Friedländer Weg, und der hintere Schulhof war damals für die Kleinen, die sogenannten Kleinen, und der vordere Schulhof war für die Großen. Da konnte man so rum gehen und konnte dann durchaus also dann musste man nicht durchs Schulgebäude, sondern so rum. Und da kamen Mädchen aus den oberen Klassen, um mich anzugucken [lacht].« (Bornemann, 4237–4256)

Lisa Bornemanns Erinnerung wurde durch Elke Engelmann bestätigt. Sie hätte deren Haarpracht sehr bewundert, »was damals ja kein Kind trug« (Engelmann, 416). Später hätte sich Lisa Bornemann dann aber auch Zöpfe geflochten. In dieser Erzählung wird sowohl das Ungewöhnliche offener lockiger Haare deutlich als auch der Druck, sich der Norm anzupassen.

Zöpfe in den verschiedenen Varianten waren ein für alle sichtbares Zeichen der Kindheit. Meist zur Konfirmation, spätestens aber zur Tanzstunde wurden die Haare deshalb etwas gekürzt und zu einem Mozartzopf frisiert. Bis zu kurzen Haaren, die von den meisten mit dem Erwachsensein assoziiert wurden, gab es bei einigen noch verschiedene Übergangsstufen: den Nackenknoten und das Nest auf dem Kopf. Väter waren oft entschieden dagegen, dass ihre heranwachsenden Töchter kurze Haare trugen. Dies berichteten mehrere Frauen. Als Gisela Apel sich 16-jährig ihre sehr langen hochgesteckten Zöpfe abschneiden ließ, die ihr zunehmend Kopfschmerzen bereiteten, sprach ihr Vater drei Tage lang nicht mehr mit ihr (2025). Vermutlich waren lange Haare für viele Väter der Inbegriff von Weiblichkeit, während die in den 1920er Jahren modern gewordenen kurzen Haare mit dem Typus der »neuen Frau« verbunden waren und dadurch für eher konservative bürgerliche Männer einen emanzipatorischen Beigeschmack hatten, der ihnen bei ihren Töchtern nicht behagte.

Im Gegensatz zu den Mädchen existierte bei den Jungen praktisch kein Frisurproblem. Für sie war jenseits des Kleinkindalters ein Kurzhaarschnitt üblich und für die meisten ersichtlich auch unproblematisch. Längere Haare waren für Jungen absolut undenkbar, ebenso pubertäre Anwandlungen mittels der Frisur die eigene Individualität oder Unkonventionalität auszudrücken. Dem standen die rigiden Bestimmungen der Hitler-Jugend über die Haarlänge entgegen. Wie schon erwähnt, fügte sich lediglich ein Befragter diesen Vorgaben nicht und bekam deswegen Probleme in der HJ.

Die Gleichförmigkeit des äußeren Erscheinungsbildes beruhte außer auf der Frisur auf dem Konformismus, dem Kinder in Bezug auf ihre äußere Erscheinung anhängen. Beides, Kleidung und Frisuren zählen zu den »kulturellen Strategien am Körper«, die in engem Zusammenhang mit den gesellschaftlichen Verhältnissen stehen, zu denen sowohl die sozio-ökonomischen Strukturen als auch die Geschlechterbilder gehören. Sie sind damit »Ausdruck von Machtstrukturen und Konfliktlinien in einer Gesellschaft«.[31]

Die dann seit 1933 forcierte Uniformierung der Kinder über zehn Jahren verstärkte das gleichförmige Erscheinungsbild weiter. Das war intendiert, demonstrierte die Uniform doch Zugehörigkeit und suggerierte Gleichheit.[32] Die Kinder mussten für eine saubere und ordentliche Uniform sorgen. Sie mussten gereinigte Fingernägel und sorgfältig gekämmte Haare haben. Die Mädchen durften zur Uniform keinen Schmuck tragen, Schminken war verpönt. Diese Regelungen, die sich zunächst auf die Zeiten beschränkte, in denen Uniform getragen wurde, griffen vermutlich auch auf den restlichen Alltag über, zumal sich der Umfang der »Dienstzeiten« durch die Beteiligung der Gruppen der Hitler-Jugend an Sammlungen, Sondereinsätzen, Aufmärschen und Paraden stetig ausweitete.[33] Auch wenn Klaus' Folgerung, »in der nationalsozialistischen Gemeinschaft glichen sich die Körper an«, in dieser Allgemeinheit überzogen erscheint, ist seine Schlussfolgerung nachvollziehbar, dass die Mädchen (und Entsprechendes gilt für die Jungen), zumindest wenn sie uniformiert waren, »als Ganzheit« wirkten.[34] Erst nach dem Krieg, so Elke Engelmann, habe sie das Bedürfnis empfunden, sich »individualistisch« anzuziehen (8946).

---

31 Antoni-Komar, *Kulturelle Strategien*, S. 10.
32 So Kollmeier, *Ordnung*, S. 122.
33 Schmidtke schreibt von der geforderten »inneren und äußeren Körperkontrolle« (*Körperformationen*, S. 22). Für beide Geschlechter seien in Bezug auf den Körper »Ordnung, Struktur, Disziplinierung« zentral gewesen (ebenda, S. 23). So auch Klaus, *Mädchenerziehung*, Bd. I, S. 145. Mary Douglas verweist ebenfalls auf den engen Zusammenhang von sozialer Kontrolle und Körperkontrolle (*Ritual*, S. 108).
34 Klaus, *Mädchenerziehung*, Bd. I, S. 149. Helmut Schelsky behauptet sogar, es habe sich ein »fester Typus des Verhaltens bis hinein in den leiblichen Habitus« entwickelt (*Skeptische Generation*, S. 69).

Nicht nur der Körper selbst, sondern auch seine Präsentation nach außen durch Frisur und Kleidung hat zentrale Bedeutung für das Körpergefühl, die Entwicklung von Geschlechtsrolle und Identität.[35] Die Angehörigen dieser Generation, deren Pubertätsjahre weitgehend mit der Kriegszeit zusammenfielen, erhielten aufgrund dieser Bedingungen nur sehr eingeschränkte Möglichkeiten, sich in der Pubertät über ihr äußeres Erscheinungsbild ihrer je einzigartigen Besonderheit, ihrer Individualität zu vergewissern. Für diese Ebene der Selbstfindung und Selbstdarstellung wurde ihnen nur wenig Raum zugestanden. Tatsächlich verbargen sich hinter diesem, auf den ersten Blick relativ einheitlichen Bild sehr unterschiedliche Individuen, die in Aussehen und Persönlichkeit erheblich differierten.

Das zeitgenössische Körperideal: der sportliche Körper

Die Wahrnehmung des eigenen Körpers durch sich selbst, aber auch durch andere ist – darauf wurde bereits verwiesen – von den zeitgenössischen Vorstellungen über den »idealen« Körper eines Kindes geprägt, die zudem altersspezifisch variieren. Man könnte sie, im Gegensatz zu den oben diskutierten direkten Zugriffen auf den Körper, als eine subtilere Variante von »Körpermacht« (Foucault)[36] bezeichnen. Dieses Körperideal ist im Nationalsozialismus sehr eindeutig definiert gewesen. Es wird im Folgenden aus den Erinnerungen der Befragten rekonstruiert, weil sich daran am deutlichsten ablesen lässt, wie sie dieses Ideal wahrgenommen haben und welche Relevanz es für sie und ihr Verhalten hatte. Auf die Frage, was ein »tüchtiges Mädel« ausgemacht habe, nannte Gisela Apel die Kriterien: gesund, nicht wehleidig, sportlich, immer strahlend, groß und schlank. Dieses Ideal habe nicht nur für die Mädchen, sondern auch für die Jungen gegolten. Und sie, die unter einer chronischen Krankheit litt, die ihre Teilnahme am Sport beeinträchtigte, fügte hinzu: »Von daher hatte ich ja überhaupt keine Chance.« (Apel, 6663f.) Von den befragten Männern hoben einige noch zusätzlich hervor, ein »richtiger Junge« hätte »zackig« sein und eine kräftige Stimme haben müssen sowie ein Raubein sein dürfen. Der Begriff »zackig« verweist auf die enge Beziehung mit dem Militär, bedeutet zackig doch »militärisch-straff, schneidig« zu sein.[37] Nach Ansicht Peter Köhlers

---

35 Vgl. dazu Kolip, *Geschlecht*, S. 76f.
36 Foucault, *Überwachen und Strafen*. Vgl. dazu auch Sarasin, *Michel Foucault*, Kap. V.
37 Dieser Begriff habe sich mit dem »Militarisierungsschub der Zivilgesellschaft« in den 1920er Jahren durchgesetzt. So Maase, »Entblößte Brust«, S. 195. Alle von ihm aufge-

gehörte die Lederhose ebenso dazu wie »sich schmutzig [zu] machen« (2214).[38] Obwohl nicht explizit in diesem Zusammenhang erwähnt, verlangte der sportliche Körper auch die Abhärtung. Wie stark diese Vorstellung bei den Jungen verbreitet gewesen ist, konnte am Beispiel ihres Kampfes für kurze Hosen und Kniestrümpfe selbst im Winter abgelesen werden. Aber auch zwei Frauen betonten, dass sie sich bewusst abgehärtet hätten (Bornemann, 3097; Engelmann, 7459). Beide wuchsen zusammen mit Brüdern auf und haben vermutlich deren Vorbild nachgeeifert.

Durchgängig wird für beide Geschlechter der sportliche Typ betont. Das war das entscheidende Kriterium. Wer gut im Sport war, genoss mehr Ansehen als große und schlanke, aber steife Kinder. An dem Kriterium »sportlich« schieden sich die Geister. Wie wichtig es nicht nur auf der ideologischen Ebene, sondern auch für das reale Verhalten gewesen ist, zeigt sich daran, dass nahezu alle Befragten noch heute bei der Beschreibung von sich als Kind ungefragt angaben, ob sie sportlich oder unsportlich gewesen seien. Davon waren ihre Anerkennung in der Gruppe der Kinder und ihr Selbstwertgefühl in erheblichem Maße abhängig gewesen.

In Lisa Bornemanns Erinnerungen sind Sport und »sportlich sein« ein Dauerthema. Sie, die selbst sehr bewegungsorientiert und eine Leuchte im schulischen Sportunterricht gewesen ist, beschrieb, dass sie sich danach auch ihre Freundinnen ausgesucht hätte (Bornemann, 3023). Die unsportlichen Mädchen hingegen waren für sie ebenso wenig »attraktiv« wie diejenigen, die den Nationalsozialismus bekrittelten (Bornemann, 3014). Auch in der Klasse schieden sich die Cliquen entsprechend diesem Kriterium. Lisa Bornemann macht das ganz deutlich:

»[...] und da war ich in so 'ner Clique drin, die sportlich waren. Aber sicher, wir hatten viel frühreifere Mädchen in der Klasse, nech, die eben nicht sportlich, nech. Es schieden sich die Geister sehr am Sportlichen, glaube ich. Sportlich sein, war natürlich auch durch die Nazi-Ideologie wahnsinnig gefördert die ganze Geschichte. Wir hatten ja sechsmal Sport in der Schule, sechs, an sechs Tagen Sport, und ich, mein Ehrgeiz war immer, 'ne Eins zu haben [...]. Und das war also so diese Clique dieser munteren, sportlich interessierten schon, aber nicht, nicht unbedingt

---

führten Kriterien des »zackigen« Jungen (ebenda) charakterisieren die idealen Hitlerjungen.

38 Es ist auffallend, dass weder charakterliche noch intellektuelle Züge genannt werden. Die Reduktion des Ideals des Helden auf seinen Körper ist eine Entwicklung des späten 19. und des 20. Jahrhunderts, die ihren Höhepunkt im Nationalsozialismus fand. So Schilling, »Körper des Helden«, S. 138f.

früh an Männern interessierten Mädchen. Ja, zu der gehörte ich.« (Bornemann, 4319–4333)

Sogar für die Konkurrenz zwischen den höheren Jungenschulen war Sportlichkeit das zentrale Kriterium. Dieter Reinecke wies darauf hin, dass die Oberschüler, zu denen er gehörte, sich gegenüber den Schülern des altsprachlichen Gymnasiums als die Sportlicheren fühlten und deshalb bei Wettkämpfen unbedingt gewinnen mussten (2492).

Das zeitgenössische Körperideal, mit dem die Befragten aufwuchsen, war also ausgesprochen eindimensional. Auch wenn dieses Körperideal dominierte, so gab es durchaus Gegenentwürfe. Der prominenteste lässt sich mit dem Begriff der »Lässigkeit« fassen.[39] Maase hat darauf hingewiesen, dass das Ideal der »lässigen« Eleganz sich zuerst in den 1930er Jahren bei den Kindern der (anglophilen) Hamburger Oberschicht durchsetzte, die sich damit vom proletarischen Habitus der Nationalsozialisten abgesetzt hätten und unter dem Begriff »Swing-Jugend«[40] bekannt geworden seien. Es wurde bereits darauf hingewiesen, dass selbst im provinziellen Göttingen unter den Kindern und Jugendlichen des Bürgertums einige wenige vorhanden waren, die mehr oder weniger offen gegen das herrschende Körperideal rebellierten. Am deutlichsten setzte sich Erich Ilsemann mit längeren Haaren und Herrenhut dagegen ab. Vermutlich gab es noch andere, die »Lässigkeit« gut gefunden haben, ohne sie zu wagen. Aber als heimlicher Traum könnte dieser Gegenentwurf durchaus eine Rolle gespielt haben. Darauf weist nicht nur das Beispiel Erich Ilsemanns hin. Auch Rolf Pieper, der sich bei einer Theaterwoche der Hitler-Jugend zusammen mit einem Freund in Phantasieuniformen kleidete, die elegant gewesen seien (7316), demonstrierte damit ein anderes Körperideal als das des »zackigen« Jungen, zugleich auch das Bedürfnis, seine Individualität darzustellen.

Für die Mädchen existierten ebenfalls Gegenentwürfe. Klaus nennt die »höhere Tochter« und die »emanzipierte Frau«. In den Göttinger Interviews wird nicht deutlich, dass eine der Befragten einen solchen Gegenentwurf konsequent gelebt oder ihm auch nur angehangen hätte. Lediglich in

---

39 Lässigkeit wurde charakterisiert durch die Adjektive: schlaff, rund, geschmeidig, durch sich hängen lassen, sich anlehnen, schlendern und schlurfen, die lange Hose, formlose, lockere oder auch hautenge Kleidung, einen sexualisierten Körper sowie den verdeckten und gesenkten Blick. So Maase, »Entblößte Brust«, S. 195. Vgl. auch Speitkamp, »Jugend und Protest«, S. 285.

40 Zur Swing-Jugend vgl. Breyvogel (Hg.), *Piraten;* Klönne, *Jugend im Dritten Reich* (2003); Kurz, »Swinging Democracy«; Peukert, *Edelweißpiraten.*

Charlotte Reicherts Erzählungen schimmert etwas von dem Typus der »höheren Tochter« durch. Sie zog sich circa 13-jährig mental und dann auch real aus dem Jungmädelbund, später auch dem BDM zurück:

»[…] dann, als ich 13 war, brach ja der Krieg aus. Dann waren wir natürlich auch, da mussten wir uns alle melden und gleich zum, na wie nannte man sich das? Bannmädelführerinnen und wir sollten uns ja alle zur Verfügung halten und so weiter. [P] Natürlich gemacht. [P] So und [PP] dann in der Teenagerzeit kann ich nur andeuten, wurde mir das alles furchtbar lästig. Entsetzlich, die ganze, allein schon die Uniformierung empfand ich als Gleichmacherei. Wir waren Individualisten und von daher schon mit diesem ganzen System quer.« (Reichert, 1165–1177)

Im Gegensatz zu den »Schnürschuhfrauen« hätte sie immer eine sehr weibliche Frau sein wollen (Reichert, 7148–7156).

Sexualität: Das eigene und das andere Geschlecht

Das Wissen: Aufklärung

Wie überall fingen auch die Befragten als Kinder an, sich Gedanken über Zeugung und Sexualität zu machen. Sie wuchsen allerdings in den späten Zwanziger und den 1930er Jahren des 20. Jahrhunderts weitgehend noch genauso abgeschirmt und unwissend über diesen Teil des Lebens auf wie ihre Eltern und Großeltern.[41] Denn Sexualität war, wie schon in den Jahrzehnten zuvor – ungeachtet ihrer Thematisierung in wissenschaftlichen Zusammenhängen (zum Beispiel der Psychoanalyse) und in bestimmten Bereichen der Gesellschaft[42] –, kein Thema, über das offen gesprochen wurde, vor allem nicht mit oder im Beisein von Kindern. Von den Zeitzeugen, gleich welchen Geschlechts, wurde kaum jemand durch die Eltern aufgeklärt. In den bürgerlichen Familien war alles, was mit Sexualität zusammenhing, einschließlich des nackten Körpers, ein großes Tabu. Es erstaunt deshalb nicht, wenn Peter Köhler sich erinnerte, seine Eltern als »geschlechtslose Wesen« wahrgenommen zu haben (555). Weder Mütter noch Väter sprachen, von einigen Ausnahmen abgesehen, mit ihren Töch-

---

41 Für das Bürgertum vgl. Budde, *Bürgerleben*, S. 39f., 236f., 243ff., 402. Für das Arbeitermilieu im frühen 20. Jahrhundert ist dieser Befund nachgewiesen von Bois-Reymond, »Eltern-Kind-Beziehungen« und Rosenbaum, *Proletarische Familien*, S. 195ff.
42 Vgl. Reinert, *Frauen und Sexualreform*.

tern und Söhnen über deren Körper und seine Veränderungen in der Pubertät, geschweige denn über die Funktion dieser Entwicklungen.

Auf die Frage, ob sein Vater ihn aufgeklärt habe, antwortete Erich Ilsemann: »Nein, von meinem Vater schon gar nicht. Da gab's bestimmte Dinge, über die sprach man nich.« (2090) Selbstverständlich wuchsen die Kinder nicht total unwissend auf, aber ihre mehr oder weniger präzisen Kenntnisse bezogen sie nur in den seltensten Fällen von ihren Eltern, sondern aus anderen Quellen. Eine große Rolle spielten bei Mädchen und Jungen die Freundinnen und Freunde, die schon »weiter« waren oder mutiger gefragt oder Bücher gelesen oder ihr Wissen von älteren Geschwistern bezogen hatten. Hinzu kam die »Aufklärung auf der Straße«, die schon früh beginnen konnte. Lisa Bornemann, die bereits im Vorschulalter damit Erfahrungen machte, hat sie als »unschön« in Erinnerung (851), Ernst Naue als obszön (3488). Im günstigsten Fall weihten ältere Geschwister die Nachkömmlinge ein. So berichteten mehrere Frauen, von einer älteren Schwester rechtzeitig zumindest auf ihre erste Menstruation vorbereitet worden zu sein, so dass sie davon nicht völlig überrascht wurden.

Nur sehr selten suchten Eltern selbst das Gespräch. Lisa Bornemanns Mutter versuchte, als sie erneut schwanger war, ihre sechs- bis siebenjährige Tochter aufzuklären, kam aber zu spät, weil andere Kinder auf der Straße das schon besorgt hatten. Lediglich ein Befragter hatte, circa 15-jährig, den Mut, seine Mutter um Erläuterungen zu bitten. Diese verwies ihn an seinen Vater, der sich aber um dieses Gespräch »gedrückt« hätte (Scholz, 2501). Als Einzige scheint Waltraud Neubert ein relativ entspanntes Verhältnis zur Sexualität gehabt zu haben. Da sie umgeben von Tieren aufwuchs, waren ihr die Vorgänge von Zeugung und Geburt frühzeitig vertraut, und da sie auf ihre erste Menstruation rechtzeitig durch eine Freundin vorbereitet wurde, konnte sie relativ gelassen reagieren, als sie davon auf einer Reise überrascht wurde (Neubert, 2527). In ihrer Familie existierte auch kein Nacktheitstabu. Sie genoss es beispielsweise, auf dem Toilettendeckel sitzend, mit ihrer in der Badewanne liegenden Mutter zu plaudern, die dann endlich mal Zeit für sie hatte (Neubert, 2546). Andere wie Marie Ohlendorf wurden von der ersten Blutung hingegen völlig überrascht. Sie war zutiefst erschrocken und schockiert (Ohlendorf, 7757).[43] Gisela Apel hatte demgegenüber neben der Aufklärung durch ihre beste

---

43 Elisabeth Brainin hat darauf hingewiesen, dass der Verlust an Kontrolle über die Körperausscheidungen zur Verstörung beiträgt (»Körper-Ich«, S. 225).

Freundin ihre jüngere Schwester zur Anschauung, die vor ihr zu menstruieren begonnen hatte:

»Meine Mutter hat uns nicht aufgeklärt. Und als meine Schwester mit zwölf unwohl wurde, da war meine Schwester, die hatte keine Ahnung. Die war völlig konsterniert und hat sich geniert, also da unten bluten und ›Ich hab doch nichts da gemacht‹ und so.« (Apel, 752–757)

Die meisten Mütter gaben den Töchtern nur die gestrickten, »schrecklich kratzenden« Binden (Bornemann, 4406) und Tipps zur Hygiene.[44] Mit dem Hinweis, dass hätten alle Frauen, war dann der Fall erledigt (Ohlendorf, 7810).

Wie angedeutet wurden auch die Jungen nicht aufgeklärt. Rudolf Linke ist bis heute deutlich erinnerlich, dass sich in der Quinta (= 6. Klasse) die Mitschüler »köstlich amüsiert hätten«, als er durch seine Fragen und sein wiederholtes Nachbohren im Biologieunterricht zu erkennen gab, dass er – wie er meinte als Einziger – von dem Thema Fortpflanzung keine Ahnung hatte (721). Es ist unwahrscheinlich, dass er tatsächlich der Einzige gewesen ist. Auch Rolf Pieper war noch als 13-Jähriger ziemlich ahnungslos und bemerkte:

»[…] es wurde also nicht drüber gesprochen, als mein jüngster Bruder kam, […], da war ich 13 Jahre. Da sagte mir dann ein Schulfreund von mir: ›Du, deine Mutter ist ja schwanger!‹ Oh, das hatte der also längst gesehen, gespitzt, hatte ich keine Ahnung! Erst da wusste ich ›Aha!‹ Und dann tastete ich mich dann schon so ran, dass man rauskrichte: ›Ja, ja, ihr kriegt noch mal, es kommt noch mal irgend etwas.‹ Es wurde also vorher nicht da drüber gesprochen, auch zu den Kindern nicht, und ich hatte noch gar keinen Blick dafür, nich, dass jemand schwanger wurde, oder dass eben 'n anderer so sagte: ›Mensch, die hat aber 'nen tollen Busen.‹ Och, war, habe ich, wäre ich also nie vorher drauf gekommen. Das war alles 'n bisschen verspätet, weil eben das bei uns zu Hause eben gar kein Thema war […].« (Pieper, 6452–6468)

In der Schule wurde die menschliche Sexualität nicht behandelt. Der Biologieunterricht beschäftigte sich mit der Fortpflanzung der Tiere und Pflanzen, aber nicht mit der der Menschen. Lediglich die im Nationalsozialismus zentralen »Mendelschen Gesetze« berührten entfernt dieses Gebiet. Bei den Mädchen kontrollierte die Schule allerdings indirekt deren Sexualität. Für die Befreiung vom Sportunterricht während der Menstruation mussten

---

44 In Deutschland kamen bereits 1926 die Camelia-Binden auf den Markt. Sie waren allerdings teuer. Deshalb wurden bis in die 1930er Jahre selbstgefertigte Binden benutzt. Vgl. Antoni-Komar, *Kulturelle Strategien*, S. 159.

von den Schülerinnen Oktavhefte mit den Daten geführt und von der zuständigen Lehrerin abgezeichnet werden (Markwart, 3864; Ohlendorf, 7757). Die befragten Frauen erinnerten sich lebhaft daran. Die einen, weil sie sich vermutlich wichtig vorkamen oder es als besonders unangenehm empfanden, wenn sie schon früh menstruierten[45], die anderen, weil sie teilweise nicht genau wussten, weshalb einige nicht mitturnten, teilweise weil sie sich »überfällig« fühlten. In jedem Fall war durch die »Heftchen« die sexuelle Entwicklung der Mädchen quasi öffentlich geworden. Neben den Müttern, die wegen der Binden und der Wäsche Bescheid wussten, wurden auch Lehrerinnen und Mitschülerinnen Zeuginnen und Kontrolleurinnen der Sexualität.

In der Hitler-Jugend gehörte sexuelle Aufklärung ebenfalls nicht ins Programm (Fröhlich, 3629).[46] Ganz im Gegenteil wurde diese Thematik bewusst ausgeklammert und die Verantwortung dafür dem Elternhaus zugeschoben. Vorträge über sexuelle Aufklärung waren explizit verboten. Lediglich über Geschlechtskrankheiten sollte ein Arzt informieren.[47] Erotische Beziehungen zwischen Angehörigen der HJ und des BDM waren untersagt, erinnerte sich Rolf Pieper (5194), und er fügte hinzu, Asexualität sei für die Karriere notwendig gewesen:

»[…] nech, wer also mit Mädchen gesehen wurde, galt damals als Poussierstängel, und, das, das war ja schon ein, war ja pejorativ, ne, gemeint, aber ganz, ganz gewaltig. Also wer also irgendwas werden wollte als Führer, der durfte sich nicht ertappen lassen da mit kleinen Mädchen rumzulaufen, nich?« (Pieper, 5180–5186)

»Rein bleiben und reif werden« war die Maxime, die die Hitler-Jugend mit dem Wandervogel verband.[48] Statt sich dem anderen Geschlecht zuzuwenden, sollten die Jugendlichen ihren Körper »aufbauen«[49] und zu einem vollwertigen Teil des Volkskörpers machen. Die Reichsjugendführung war sich allerdings darüber im Klaren, dass in den Jugendgruppen sexuelle Beziehungen nicht völlig auszuschließen waren. Offenbar ging sie aber davon

---

45 Kolip behauptet, der frühe Beginn der Menstruation würde von den Mädchen negativ bewertet (*Geschlecht*, S. 88). M. E. ist das nicht eindeutig der Fall.
46 So auch Maiwald/Mischler, *Sexualität*, S. 112; ebenso Klaus, *Mädchenerziehung*, Bd. I, S. 104.
47 Vgl. Landesrichtlinie betr: Die Bekämpfung der gleichgeschlechtlichen Verfehlungen im Rahmen der Jugenderziehung, S. 8–12, in: *Arbeitsrichtlinien der Hitler-Jugend*, Jg. 1943, H.4; abgedruckt bei Klaus, *Mädchenerziehung*, Bd. II, S. 216f.
48 Maiwald/Mischler, *Sexualität*, S. 112. Zum Wandervogel vgl. Herten, *Subjektformationen*.
49 So Stellrecht, *Neue Erziehung*. Zitiert nach: Freyberg/Bromberg/Mausbach, *»Wir hatten andere Träume«*, S. 30.

aus, dass die weibliche Sexualität wesentlich passiver sei als die männliche, denn sie sah eine gleichgeschlechtliche Gefährdung nur bei der HJ und versuchte ihr mit Richtlinien zu begegnen. »Selbstkontrolle« und »Triebbeherrschung« waren zentrale Erziehungsziele und es wurde verlangt, homosexuelle Beziehungen zu melden.[50]

Der Bereich der Sexualität war mit einer Aura des Geheimnisvollen und Verbotenen, auch des Unsauberen umgeben.[51] Lisa Bornemann wuchs noch in dem Glauben auf, menstruierende Mädchen und Frauen dürften beim Einwecken von Obst und Gemüse nicht dabei sein, weil sonst die Gläser »aufgingen« (491).[52] Von den Erwachsenen erfuhren die Kinder über Sexualität normalerweise nur nebenbei etwas aus deren Gesprächen. Das betonte auch Rolf Pieper (7910). Dora Markwart hingegen erlebte die Debatte im Familienkreis über das uneheliche Kind einer Cousine (3901), in Marie Ohlendorfs Erinnerung sorgte die Schwangerschaft einer 15-jährigen Mitschülerin für lebhafte Diskussionen zwischen den Mädchen (7875). Für sie war klar, dass ein uneheliches Kind das Schlimmste war, was einem Mädchen passieren konnte. Die Verbindung von Unwissenheit über die körperlichen Veränderungen mit intensiveren sexuellen Empfindungen und gleichzeitigen Warnungen vor Beziehungen zum anderen Geschlecht führten zu einer tiefgreifenden Beunruhigung der Kinder und bildeten den Boden für zum Teil abenteuerliche Vorstellungen über Sexualität. Für die Mädchen kam noch die Angst vor einer Schwangerschaft dazu. Die Sorge davor war besonders dann überwältigend, wenn man, wie Marie Ohlendorf, gar nicht so genau wusste, wie es dazu kommen oder wie sie sie verhindern konnte. Sie erinnerte sich, wie sie circa 15- bis 16-jährig an einem Lager der KLV teilnahm:

> »Da warn ja nette Jungs dabei, ebnd von die, die Jungs da betreuten und so. Und da war einer in mich verschossen anscheinend, und das – und dann [lacht] hat der mir irgendwann n Kuss gegeben. Und dann – als wa dann nach – als ich denn [am] Wochenende nach Hause kam, da war ich also derartich aufgeregt, meine Mutter merkte das natürlich. [holt tief Luft] ›Mutti! Der Adolf hat mir n Kuss gegeben. Krieg' ich nu 'n Kind?‹« (Ohlendorf, 7860–7867)

---

50 Vgl. Klaus, *Mädchenerziehung,* Bd. I, S. 157f.; ders., *Mädchenerziehung,* Bd II, S. 216f.; auch Maiwald/Mischler, *Sexualität,* S. 53; ähnlich Mosse, *Nationalsozialismus,* S. 200ff.
51 Vgl. Flaake, »Weiblichkeit«, S. 137.
52 Dieser Aberglauben basierte auf tradierten Unreinheitsvorstellungen. Geschlechtliche Vorgänge, zu denen die Menstruation gehörte, erforderten Reinigungsrituale. Vgl. Bächtold-Stäubli/Hoffmann-Krayer (Hg.), *Handwörterbuch,* S. 636. Vgl. dazu auch Schlehe, *Das Blut,* S. 29ff.

Sicher kann man nicht unterstellen, dass alle Mädchen in diesem Alter noch so naiv und unwissend waren. Die Verbindung von Sexualität mit Angst vor einer Schwangerschaft hat jedenfalls diese Generation von Mädchen und Frauen grundlegend geprägt. Mehrere Befragte betonten in diesem Zusammenhang die ganz andere Erziehung, die Kinder heute erfahren, was sie am Beispiel ihrer Enkelkinder erlebt hätten (Reinecke, 2757).

Das Erleben der Pubertät

In der Pubertät müssen die körperlichen Veränderungen, die äußeren wie die inneren, von den Heranwachsenden in ihr Körperbild integriert werden. Das betrifft sowohl die primären wie die sekundären Geschlechtsmerkmale.[53] Da die Tabuisierung der Sexualität die Angehörigen beider Geschlechter gleichermaßen betraf, ist es nicht erstaunlich, dass sich die Erinnerungen der Frauen und Männer hinsichtlich des Erlebens der Pubertät ähneln. Viele Frauen gaben an, sehr lange »naiv«, »kindlich«, »verschlafen«, gar »prüde« und »gehemmt« gewesen zu sein. Mehrere Frauen bezeichneten sich explizit als »Spätentwickler«. Diesen Begriff bezogen sie nicht nur darauf, dass sie erst mit 17 Jahren zu menstruieren begannen, sondern vor allem auf ihre Unwissenheit und auch ihr Desinteresse an Sexualität, zum Teil auch an Jungen.

Eine sehr eindringliche Schilderung ihres erst spät entstehenden Gefühls für ihren Körper und seine Veränderungen stammt von Gisela Apel. Sie war ein sehr großes, dünnes Mädchen (1281), das mit seiner äußeren Erscheinung unzufrieden war und lieber klein, zierlich und dunkelhaarig gewesen wäre (Apel, 7483). Sie wuchs in einer Familie auf, in der Körperlichkeit stark verdrängt wurde. Über den Körper und Sexualität wurde nicht gesprochen – auch dann nicht, als Gisela Apel in der Schreibtischschublade ihres Vaters, die sie unerlaubt geöffnet hatte, eine Schachtel Präservative entdeckte:

»Ich erinnere mich jedenfalls sehr deutlich an lila-grün-gestreifte Packungen. Es wird so gewesen sein, dass mal einer von beiden [Eltern] dazukam, wie ich so was in der Hand hatte, die mir gar nichts sagte. Ich hab die nicht ausgepackt oder so. Wo dann auch irgendwo dieses mulmige Gefühl damit verbunden war da. Das is was Komisches. Aber ich, naja ich war normal neugierig. Aber da nun so richtig

---

53 Vgl. dazu Brainin, »Körper-Ich«, S. 233. Ebenso Kolip, *Geschlecht*, S. 75f.; sie spricht vom Körper als »Bühne adoleszenter Verunsicherung« (ebenda, S. 76).

den Finger drauf zu tun und zu sagen: ›Bitte was ist das? Ich will das jetzt wissen.‹ Das kam nicht vor.« (Apel, 6187–6190)

Sie habe weder ihren Vater noch ihre Mutter noch sich selbst nackt gesehen:

»Und wie gesagt ich hab mich auch selber nich vor'n Spiegel gestellt. Und ich wusste also nicht, was ich für'n Körper hatte. Das ist die katholische Erziehung. Oder die prüde Erziehung, die wahrscheinlich bei Protestanten damals genauso war oder sein konnte.« (Apel, 3508–3514)

Sich selbst unbekleidet im Spiegel zu betrachten, hätte sie als Sünde empfunden (Apel, 1407). Zwar habe sie circa zehnjährig im Schwimmbad beim Schaukeln an einem Abgrenzungsseil lustvolle Empfindungen verspürt, hätte diese aber nicht mit Selbstbefriedigung in Verbindung gebracht. »[...] und auch gesprächsweise mit Freundinnen oder so wurde das nicht erwähnt. Das war etwas, das ich, was mir absolut fremd war.« (Apel, 4580–4583)

Sie erinnerte sich sehr genau daran, wie sie erstmals weibliche Formen bei sich registriert hat, nachdem sie im Alter von 14 Jahren ihre Regel bekommen hatte.

»Das ich weiß noch, dass ich im Sportzeug war und unsere, der Eingang zur Sporthalle hatte zwei Glasschwingtüren und ich ging wohl als eine der Ersten raus und habe mich dann, habe dann zum ersten Mal gesehen, dass ich diese weiblichen Hüften hatte. Die Röcke waren weit, nich, die Dirndlröcke oder so, die [Schneiderin] hatte auch Dirndl geschneidert. Und da sah ich, dass ich also weibliche Hüften bekommen hatte. Also wie ich das wertete, kann ich nicht so genau sagen. Ich glaube... Also dass ich stolz drauf war, das könnte ich nicht sagen. Ich war eigentlich nur verwundert.« (Apel, 1413–1425)

Und wenig später sagte sie:

»Und ich hatte, ich hab also kaum nen Busen entwickelt, und ich mag 15 gewesen sein. Immer diese Schaufensterscheiben oder diese Scheiben, die gar kein Spiegel sind, da ging ich über die Weender Straße auf ein Schaufenster zu und sehe plötzlich sich hier was abzeichnen rechts und links. Also da wäre ich fast innen Boden versunken. Und es ist jetzt schwer zu dokumentieren, dass ich kein prüder Mensch war. Das war eben die Erziehung. [P]« (Apel, 1480–1488)

Wie wenig die Mädchen über ihren eigenen Körper und den der anderen wussten, kann man daraus ersehen, dass Gisela Apel beim gemeinschaftlichen Duschen im RAD, also vermutlich 18-jährig, erstaunt registrierte, dass die Farbe der Schambehaarung durchgängig der des Kopfhaares entsprach (7071). Andere Mädchen wurden mit ihrem Körper und seinen Veränderungen besser fertig. Aber uneingeschränkt glücklich dürfte kaum eine gewesen sein. Selbst Waltraud Neubert, aus deren Erinnerungen hervorgeht, dass die Sphäre des Sexuellen für sie schon früh kein Geheimnis mehr war, reagierte auf ihren nach Eintritt in die Pubertät sich herausbildenden kräftigen Busen bestürzt. Sie suchte zwar die Blicke der Jungen, indem sie gezielt an der Oberschule oder dem Gymnasium vorbeiradelte, fand es aber dann doch unangenehm, »wie die Jungen hinter mir her gepfiffen haben. Nech. Und als das das erste Mal passierte, da hab ich furchtbar geheult, das fand ich also ganz schrecklich.« (Neubert, 2312–2316)[54]

Die Männer äußerten sich insgesamt weniger ausführlich über ihr Erleben der Pubertät. Einige wollten explizit nicht darüber sprechen und deuteten lediglich an, unter ihren aufkeimenden sexuellen Bedürfnissen und dem strikten Verbot sexueller Erfahrungen gelitten zu haben (Ilsemann, 2069). Dass die körperlichen Veränderungen, wenn sie nicht durch sexuelle Aufklärung begleitet werden, zu tiefgreifenden Verunsicherungen führen können, liegt auf der Hand.[55] Peter Köhler beschrieb seine Verwirrung geradezu klassisch mit den Worten:

»Später dann die reine Zeit der Pubertät, die habe ich in nicht guter Erinnerung, das möchte ich nicht noch mal erleben. Das möcht' ich nicht noch mal erleben, dieses Aufgewühlt-Sein und dieses, dieses Nichtwissen, wo man eigentlich hin soll, was eigentlich los ist, und das, das war, das war also eine, eine anstrengende Zeit.« (Köhler, 3998–4004)

Lediglich Rolf Pieper sprach ausführlich über seinen lang aufgeschossenen, ungelenken Körper und seine schlaffe Haltung, die so gar nicht dem Ideal des »deutschen Jungen« entsprochen hätten. Seine darüber bekümmerten Eltern hätten ihn dann zum Fechtunterricht[56] geschickt in der Hoffnung, dass er dadurch mehr Muskeln und Haltung entwickeln würde. Er be-

---

54 Brainin betont, es sei für Mädchen »neu und verwirrend, für alle Welt sichtbar ein Zeichen der Weiblichkeit zu besitzen« (»Körper-Ich«, S. 231).
55 So Winter/Neubauer, »Körper«, S. 210. Von »hoher Irritation« durch frühe Erektionen bei präadoleszenten Jugendlichen sprechen auch Seiffge-Krenke/Seiffge, »Freundschaftsbeziehungen«, S. 278.
56 Diese Sportart, die noch von einem weiteren Befragten betrieben wurde, besaß den »Nimbus des Elitären« (Schmidtke, *Körperformationen*, S. 172) und war für diese beiden Jungen aus dem Bürgertum standesgemäß.

schrieb die Situation eines pubertierenden Knaben in einer im Hinblick auf Körper und Sexualität »sprachlosen Familie« höchst anschaulich:

»Für damalige Verhältnisse war ich also groß, nech. Ich war eigentlich immer rechter Flügelmann oder fast rechter Flügelmann. Heute ist das ja nichts Besonderes mehr meine Größe, aber damals gab's eben doch sehr, sehr viel mehr Kleinere, nech. Und aber dieses Hochschießen, ich war eben irgendwie in gewisser Weise etwa sehr schlapper, langer Lulatsch, nech, der daher auch gewisse Haltungsschwächen, die ich doch irgendwie an den Tag legte. Ich hab das dann mehr so gemerkt, natürlich man merkte dann an schon bald, dass bei bestimmten Gelegenheiten eben sich das Glied versteifte, nech, aber das hab ich damals gar nicht, gar nicht in der Richtung, war mir damals nicht bewusst, dass das eigentlich schon erste Anzeichen sind. Manches ist ja bei mir dann auch mit Verspätung gekommen. Ich habe also noch beim Militär mich nicht zu rasieren brauchen, [...] Das war alles 'n bisschen verspätet, weil eben das bei uns zu Hause eben gar kein Thema war und weil es auch darüber, man schwebte da über diesen Fragen [...] in höheren Regionen, nich? Und verleugnete im Grunde die, die alltäglichen Realitäten des Lebens, nicht? Aber das war ja für das Bildungsbürgertum, ne typisch, nich? Und ich war eben auch so, das ist ja dann schon so 'n Gefühl wie im 18. Jahrhundert in der der Rokoko-Gesellschaft, nech, dass ich also die Verdauungsvorgänge als irgendwie etwas eigentlich Lästiges ansah, nech, was man da nun auch noch verdauen, nich, und Schmutz von sich geben, nech. Wenn das nicht wäre, dann wäre, erst dann wäre eigentlich der Mensch vollkommen, nech. Genuss ja, aber nicht, dass das man dann da irgendwie noch verarbeitet wird und und und dann da in irgend 'ner Weise gebunden ist, sich zu einer bestimmten Zeit auf 'n bestimmtes Örtchen zu begeben, nech. [hustet] Schlaf war natürlich auch ne schon 'ne lästige Unterbrechung, nich, wobei ich mich wundere, wie man dann doch auch in jungen Jahren auch noch ohne Schlaf auskommt.« (Pieper, 6425–6500)

Ob die anderen Jungen tatsächlich besser durch die Pubertät kamen, die für das Selbstwertgefühl so wichtig ist,[57] oder sich nur weniger präzise äußerten, lässt sich nicht klären.

Aber nicht nur der Körper veränderte sich in der Pubertät. Es bildeten sich neue Interessen heraus, die zu den alten hinzukamen oder sie auch verdrängten. Zwei Befragte erinnerten sich, nach ihrer Konfirmation trotz starken Engagements in der Hitler-Jugend wegen ihres Interesses an religionsphilosophischen Fragen einem kirchlichen Diskussionskreis angehört zu haben (Zimmermann, 4337; Pieper, 7679). Auch bei Lisa Bornemann verlagerten sich ihre Interessen am Ende der Pubertät vom bis dahin do-

---

57 So Kracke, »Erwachsen werden«, S. 14; ähnlich Kolip, *Geschlecht*, S. 87ff.

minierenden Sport zu intellektuellen Fragen, was zur Folge hatte, dass sich auch der Kreis ihrer Freundinnen änderte:

»Also ich denke, nach der Pubertät haben sich meine Interessen dann doch so 'n stückweit verschoben, und es waren nich mehr so die sportlichen Naturmädel, [sondern] doch mehr so interessierte Mädchen. [...] Komisch, ist mir nie so bewusst gewesen, das ist so abgelaufen, nech, aber jetzt, wo ich mich erinnere, wird mir das sehr deutlich, dass da 'ne Verschiebung war.« (Bornemann, 5978–5997)

Verhältnis zum anderen Geschlecht

Nach den bisherigen Schilderungen ist klar, dass die Beziehungen zum anderen Geschlecht kaum unbefangen gewesen sein können. Das wird durchgängig in den Interviews bestätigt. Jenseits des Vorschulalters hatten Mädchen und Jungen selbst unter günstigen Bedingungen wenig miteinander zu tun. Sie spielten selten zusammen und konzentrierten sich auf »Mädchenspiele« oder »Jungenspiele«. Die Befragten wiesen zur Erklärung darauf hin, dass schon in der Grundschule Jungen und Mädchen getrennt wurden. Dies setzte sich auf den weiterführenden Schulen fort. An den Jungenschulen gab es nur männliche Lehrer – ein Prinzip, das erst im Krieg wegen der zum Kriegsdienst eingezogenen Lehrer durchbrochen wurde. Auch für die Hitler-Jugend war die strikte Trennung in die Organisationen für die Mädchen und Jungen konstitutiv. Alle in der Weimarer Republik in Schulen und Jugendgruppen vorhandenen Ansätze zur Koedukation waren über Bord geworfen worden. Aber auch dort, wo in den Familien Kinder beiderlei Geschlechts zusammen aufwuchsen, hatten diese nicht zwingend enge Kontakte. Rolf Pieper war mit seiner etwas jüngeren Schwester bis zur Schulzeit unzertrennlich (5895); er spielte viel mit ihr und auch mit anderen Mädchen (698).[58] Trotzdem lebten nach seiner Erinnerung die Geschwister teilweise auch in verschiedenen Welten:

»Und meine Schwester, die hatte eben ihre Freundinnen, nech. Da die hatte zwei Freundinnen dort in der Straße und mit denen war sie also dann oft zusammen. Aber das waren eben auch zwei Welten. Die kümmert, hatten dann den Puppenwagen und da ging's um Puppen oder was weiß ich, was die dann für Spielchen machten.« (Pieper, 5615 – 5621)

---

[58] Es ist durchaus üblich, dass Jungen und Mädchen im Vorschulalter eng verbunden sind. Erst mit der Latenzphase wird die Abgrenzung von allem Nichtmännlichen zentral und rückt die gleichgeschlechtliche *peer-group* in den Vordergrund. Vgl. Pohl, »Identitätskrise«.

Peter Köhler hingegen verhielt sich seinen Schwestern gegenüber ganz anders:

»[...] mit meinen Schwestern hatte ich sowieso nicht viel zu tun, und die hatten ihre Freundinnen, und die spielten für sich, und das waren Mädchen. Und damit waren sie also außerhalb meines Interesses. Mit denen konnte man nichts anfangen.« (Köhler, 1606–1610)

In seiner Antwort wird etwas sichtbar, wodurch sich die Mädchen und die Jungen in Bezug auf das jeweils andere Geschlecht deutlich unterschieden haben. Während, wie oben schon erwähnt, einige Mädchen mit der anderen Geschlechtsrolle liebäugelten, gerne ein Junge gewesen wären, lehnten die Jungen den Gedanken, ein Mädchen zu sein, durchgängig ab, einige sogar sehr vehement. Prototypisch dafür ist die Äußerung Heinz Zöllners:

»Um Gottes Willen! Nee, um Gottes Willen, im Gegenteil, das völlig, völlig, also das war für mich, nee, also ich war völlig auf das Männliche orientiert. Nee, nee, nee, überhaupt nicht, nein. Keineswegs.« (Zöllner, 4114–4118)

Aber nicht nur rigorose Ablehnung der weiblichen Geschlechtsrolle ist für die Jungen charakteristisch gewesen.[59] Fast alle gaben in den Interviews an, mit den Mädchen zu spielen sei »unvorstellbar« gewesen (Köhler, 2214). Er sei ein »ausgesprochener Macho« gewesen, betonte Erich Ilsemann (1761). Ausführlicher beschrieb Rolf Pieper den »Männlichkeitswahn«, dem auch er verfallen war:

»Habe mich natürlich, wie das damals üblich war, oder einem doch auch nahegebracht wurde, man hat sich sich natürlich überlegen gefühlt, nech. Man hat sich also gegenüber den, auch wenn ich 'ne eigene Schwester hatte, die ich also auch durchaus respektierte und später durchaus wir ein sehr inniges Verhältnis hatten, und wir erst sehr viel gemeinsam gemacht haben, aber ansonsten war man ja doch so ausgerichtet, die Überlegenheit des Mannes, wir waren alle kleine Machos, also kleine na ja. Das war eigentlich schon schlimm eigentlich, weil man also doch sich in jeder Weise überlegen fühlte wie, wie ein stolzer Hahn. Gut, man war ja auch völlig getrennt, nicht, in der Schule völlig. Es gab ja noch keine Koedukation. Das wäre für auch gar nicht vorstellbar gewesen, nich, mit albernen und dummen kichernden Mädchen zusammen, ne. [lacht] Wir, wir die Jungen und natürlich Hitler-

---

59 Aus psychoanalytischer Sicht beruht dieses scharfe Abgrenzungsverhalten von Knaben gegenüber allem, was »weiblich« beziehungsweise »mädchenhaft« ist und das sich bereits bei der Frisur und Bekleidung zeigt, auf der fragilen und gefährdeten männlichen Geschlechtsidentität. Auch die massive Abwehr gegenüber Homosexualität erkläre sich daraus. Vgl. Pohl, »Identitätskrise«, S. 250ff.

Jugend und im Jungvolk, man lachte über doch die Mädchen, nich, wenn die da antrippelten, […].« (Pieper, 5936–5955)

Dieses Überlegenheitsgefühl lebten einige auch betont aus. Ursula Zimmermann erinnerte sich noch im Interview an ihre Wut über die demütigende Behandlung, die gleichrangige Führer der Hitler-Jugend ihr gegenüber an den Tag legten.

»[…] und schlimm war es ja auch, wie hier die, die Führer von den Jungen uns dann als Mädchen behandelten, nech. Die kamen sich ja nun immer noch einen größer vor, und da musste man die mit, zuerst grüßen mit ›Heil Hitler‹ hier ne [macht vor] und wenn man das dann nicht tat, dann schickten se einen die Treppe wieder rauf. ›So, und nun gehste rauf und kommst noch mal runter und machst das richtig‹ und so, und oohh, diese, ich kann mich an den einen noch genau [erinnern]. Dann hat man ja also innerlich geschäumt, nech, weil man kommt, kam ja gegen die nicht an.« (Zimmermann, 4134–4145)

An dieser Erinnerung wird deutlich, dass zur Herstellung und Vergewisserung der eigenen Männlichkeit nicht nur die dezidierte Abgrenzung und Unterscheidung von den Mädchen unverzichtbar war.[60] Mindestens genauso zentral war die Hierarchisierung der Geschlechter; diese prägte die Welt der Erwachsenen und wurde unter dem Deckmantel von »Ebenbürtigkeit« (statt Gleichberechtigung) auch in der Hitler-Jugend praktiziert.

Bei Mädchen wie Jungen gab es im Hinblick auf das andere Geschlecht »Frühstarter« und »Spätentwickler«. Auch die Cliquen in den Schulklassen sortierten sich, wie gezeigt, anhand dieses Prinzips. Die »Spätentwickler« bei den Mädchen fanden selbst in der Tanzstunde, einer der wenigen akzeptierten Gelegenheiten, sich dem anderen Geschlecht anzunähern,[61] die Jungen uninteressant.

»Wir waren also, ich komme mir da jetzt sehr spät entwickelt vor, aber wir waren alle so. Wir waren alle so. Ich habe keine Freundin gehabt, die da schon Jungensfreundschaften hatte, Jungenbeziehungen.« (Bornemann, 9390–9393)

Sie erwähnte zwar, dass andere Mitschülerinnen schon »ums Theater rumschlichen« und Schauspieler anhimmelten, aber bezweifelte, dass das ernsthafte Beziehungen gewesen seien (Bornemann, 9394). Auch Elke Engelmann schwärmte erst mit 17–18 Jahren erstmals für einen Jungen (9941). Andere Mädchen interessierten sich bereits früher für das andere Geschlecht, bummelten, wie Charlotte Reichert, im Anschluss an den Kon-

---

60 Vgl. Kolip, *Geschlecht,* S. 108.
61 So Preuss-Lausitz, »Körper«, S. 93.

firmandenunterricht mit Freundinnen auf der Weender Straße entlang, schwärmten für Schauspieler, litten darunter, dass der von ihnen bevorzugte Junge in der Tanzstunde nicht von ihnen beeindruckt war (5087) – verhielten sich also so, wie das gemeinhin von Mädchen erwartet wurde.

Die Jungen differenzierten sich in die »Tangobubis« oder »Poussierstängel«, also jene, die sich schon früh für Mädchen interessierten und den Rest, der sie erst später entdeckte. Zur ersten Kategorie gehörte zweifellos Karl-Heinz Jung. Er, der nur mit Brüdern aufwuchs und sich an »Mädchenspielen« nicht beteiligte (Jung, 3482), erinnerte sich, bereits im Grundschulalter häufig seinen Schulfreund besucht zu haben, weil er sich für dessen Schwester interessierte (Jung, 3430). In der Hitler-Jugend sei er dann mit BDM- oder JM-Mädchen »in Berührung« gekommen. Er war in der Pubertät stark an Mädchen orientiert, schrieb ihnen Zettelchen und kaufte für sie Bonbons. Außerdem notierte er in seinem Tagebuch seine Erfolge (Jung, 4049). Und er genoss die Bewunderung der Jungmädel bei seinen Auftritten in Uniform bei Paraden und Versammlungen (Jung, 5357). Der gleichaltrige Rolf Pieper hingegen hatte erst nach dem Krieg Freundinnen (5172).

Sowohl bei den Mädchen wie bei den Jungen finden sich auffällig viele »Spätentwickler«. Es lässt sich aufgrund der geringen Zahl der Interviews nicht entscheiden, ob es sich dabei um eine zufällige Häufung im Teilsample handelt oder ob tatsächlich im Dritten Reich überdurchschnittlich viele Heranwachsende aus dem bürgerlichen Milieu sehr lange naiv, unwissend und am anderen Geschlecht desinteressiert blieben. Meines Erachtens spricht viel für die zweite Interpretation. Nicht nur die Tabuisierung der Sexualität, zum Teil sogar des Körpers, in den bürgerlichen Familien, sondern zusätzlich die gewollt asexuelle Atmosphäre in der Hitler-Jugend mit ihrer Betonung von unerotischer Kameradschaft, von Selbstkontrolle und Triebbeherrschung bewirkten ein Klima, in dem die in der Pubertät naheliegende Suche nach dem anderen Geschlecht behindert und hinausgezögert wurde.[62] Lisa Bornemann wies beim Sinnieren über die vielen »Spätentwickler« in ihrer Klasse darauf hin, als sie formulierte:

---

62 Auch bei den Schülern der Napolas sei die Adoleszenz verzögert, oft erst nach dem Krieg, eingetreten. Dies wird in der Literatur auf die Trennung der Kinder von ihren Familien und die in der Internatssituation große Bedeutung der *peer-group* zurückgeführt. So Schmidtke, *Körperformationen*, S. 75ff. unter Berufung auf die entsprechende Literatur. Zwar unterschied sich die Lebenssituation der Befragten von der der Napola-Schülerinnen und -Schüler grundlegend, doch spielte auch hier die *peer-group* in Gestalt der Hitler-Jugend eine gewichtige Rolle. Zwar wird in der Literatur hervorgehoben, dass die Hitler-

»[...] aber ich glaube, es war so 'n bisschen: ›Du deutsches Mädchen‹ so ungefähr, nech, ›halt dich rein‹ so ungefähr. Kann ich ja nun mich nur an 'n Kopp tippen, aber bis zu einem gewissen Grade war es, glaub' ich, der Geist der Zeit, dass man spät entwickelt war.« (Bornemann, 9408–9413)

Scharf konturierte Geschlechtsrollen, Männlichkeitswahn und Frauenverachtung waren in den 1930er Jahren nichts Neues, geschweige denn spezifisch für den Nationalsozialismus. Auffällig für die nationalsozialistische Zeit ist allerdings, dass versucht wurde, die Unterschiede in den Geschlechtsrollen wieder eng an den biologischen Differenzen festzumachen.[63] In der Weimarer Republik vorhandene, bescheidene Tendenzen zur »Aufweichung« und Angleichung der Geschlechtsrollen wurden konsequent zurückgedrängt. Die inhaltlichen Konzepte der nationalsozialistischen Erziehung zielten auf pointierte und konträre Geschlechtsrollen. Die Leitbilder der Erziehung reformulierten die aus dem 19. Jahrhundert stammenden Stereotype über weibliches und männliches Wesen geradezu klischeehaft.[64] »Jungen und Mädchen (galten) als ›ebenbürtig‹, aber konnten niemals mit gleichen Belastungen, Pflichten und Rechten konfrontiert werden.«[65] Auch der Schulunterricht wurde entsprechend gestaltet. Dem Mädchensport fehlte das für die Jungen so zentrale kämpferische Element vollständig. Hier standen Rhythmik und Gymnastik, Spiel und Eiskunstlauf im Zentrum. Das verband sich gleichwohl mit äußerer Disziplin, Durchstrukturierung, festen Regeln und straffer Organisation.[66] Auch die Reform der Höheren Schulen 1937/38 verfolgte unter anderem das Ziel, die Mädchen

---

Jugend viele Gelegenheiten zu Kontakten mit dem anderen Geschlecht geboten habe (so Reese, »Einleitung«, S. 11). In den Interviews mit den bürgerlichen Zeitzeugen tauchen keinerlei Hinweise auf, die auf »sexuelles Fehlverhalten« bei den in der Hitler-Jugend organisierten Kindern und Jugendlichen oder gar auf »dreist praktizierte Promiskuität« schließen ließen (so pauschal Kater, *Hitler-Jugend*, S. 93ff.)

63 Dies betont auch Schmidtke, *Körperformationen*, S. 9. Dazu trugen die beschriebenen Normierungen bei Kleidung und Frisur bei. So auch Antoni-Komar, *Kulturelle Strategien*, S. 77.

64 Vgl. dazu die Zusammenstellung von Hedwig Rahn (»Artgemäße Mädchenbildung«, S. 224). Zitiert nach: Kinz, »Uniformierung«, S. 57.

65 So Klaus (*Mädchenerziehung*, Bd. I, S. 157), der zudem darauf hinweist, dass »Gleichberechtigung [...] in den programmatischen Vorstellungen des BDM eine unbekannte Vokabel« war. Gisela Bock hat betont, dass der NS-Staat das Konzept der »Ebenbürtigkeit« (statt Gleichheit) für die rassisch wertvollen Frauen und Männer reservierte, während bei den rassisch Minderwertigen Frauen und Männer gleich sein konnten (»Gleichheit«, S. 281).

66 So Klaus, *Mädchenerziehung*, Bd. I, S. 147f.

entsprechend ihrer biologischen Ausstattung auszubilden. Wegen ihrer vermeintlich geringeren Rationalität wurde in den Oberschulen die Ausbildung in den naturwissenschaftlichen Fächern reduziert. Stattdessen rückte ihre »eigentliche Bestimmung« stärker ins Zentrum: das Abitur in der hauswirtschaftlichen Form.[67]

Fazit

Blickt man zusammenfassend auf das Verhältnis zum Körper und das Körpergefühl der Kinder, so wie es sich aus den Interviews rekonstruieren lässt, lassen sich einige Kontinuitäten, aber ebenso etliche Veränderungen durch die nationalsozialistische Ideologie und Politik feststellen. Wie schon bei ihren Großeltern und Eltern, aber auch bei vielen Angehörigen späterer Generationen waren die Beziehungen zwischen Kindern und Eltern selten von zärtlichem Körperkontakt geprägt. Körperlichkeit wurde zwar nicht generell tabuisiert, aber nur ausschnitthaft thematisiert, beispielsweise als kranker Körper. Das galt mit kleinen Unterschieden für Mädchen wie für Jungen. Wurde bei den einen eher Zärtlichkeit und Anschmiegsamkeit erwartet oder toleriert, hatten die anderen mehr Möglichkeiten, ihren Körper im freien und unkontrollierten Spiel zu erproben. Eine weitere Kontinuität fand sich im Verhältnis zur Sexualität. Sie war und blieb das große Tabuthema, nicht nur im Elternhaus, sondern auch in der Schule und der Hitler-Jugend. Ihr Wissen eigneten sich die Kinder weiterhin auf der Straße oder bestenfalls durch Aufklärungsbücher an. Die tradierte Tabuisierung wurde nicht nur aufrechterhalten, sondern vielmehr dadurch vertieft, dass in der Weimarer Republik vorhandene Liberalisierungen abgeschafft wurden. Die lustfeindliche Betonung des asexuellen Körpers in der Hitler-Jugend, die Propagierung von Keuschheit und die Ächtung sexueller Beziehungen im Jugendalter waren für viele Kinder verhaltensrelevante Maximen. Die beachtlich vielen »Spätentwickler« des Teilsamples könnten damit zusammenhängen.

Gegen die in der Weimarer Republik entwickelten bescheidenen Ansätze zur Annäherung der Geschlechtsrollen setzte der Nationalsozialismus auf deren strikte Trennung. Die Geschlechterrollen waren vermeintlich

---

67 Vgl. dazu Michael, *Schule und Erziehung*, S. 70ff., 83, 90f., 96.

biologisch vorgegeben, die Unterschiede zwischen Mädchen und Jungen, Frauen und Männern sowie die geschlechtsspezifische Arbeitsteilung in Familie und Gesellschaft wurden daher als unabänderlich angesehen.[68]

Wichtige Verschiebungen fanden sich bei den Körperbildern. Sicherlich ist das Ideal des sportlichen Körpers bereits in der Weimarer Republik von vielen Kindern, besonders den Jungen, angestrebt worden. Daneben hatten allerdings gleichberechtigt andere Körperbilder existiert. Unter dem Nationalsozialismus war nun der sportliche Körper zum dominanten Ideal geworden, neben dem die anderen, so weit sie nicht explizit verpönt waren, ein Schattendasein führten. Diese starke Betonung des Körperlichen war besonders im bürgerlichen Milieu ein Novum. Die nationalsozialistische Politik zielte dezidiert auf eine einseitige »Ausrichtung« der Kinder. Die starke Typisierung durch Frisur und Kleidung, noch verstärkt durch die Uniformen, gab ihnen zudem kaum Gelegenheit, ihre Individualität darzustellen und auszuleben. Diese vom Nationalsozialismus praktizierte Ausschaltung von Alternativen bedeutete nicht nur Rückschritte gegenüber einem bereits erreichten Stand von Modernisierung in der Gesellschaft, sondern war eine überlegte Herrschaftsstrategie: Über disziplinierte und formierte Körper lässt sich leichter verfügen.

Diese für Außenstehende leicht zu erkennenden Veränderungen dürften die Befragten als Kinder nicht registriert haben. Da die Geschlechterbilder des Nationalsozialismus anschlussfähig an im bürgerlichen Milieu verbreitete Vorstellungen waren, gab es vermutlich kaum kritische Bemerkungen im Elternhaus oder anderswo, die ihnen eine andere Perspektive hätte vermitteln können.

---

68 Das schloss eine »Flexibilisierung der Geschlechtsrollen« im Krieg nicht aus. So Bajohr/Wildt, »Einleitung«, S. 20.

7. Aufwachsen mit Medien

Für alle Kinder des Göttinger Bürgertums waren Medien ein integraler Bestandteil ihres Alltags. Das galt nicht nur für Bücher, die vom Bildungsbürgertum seit jeher hoch geschätzt und mit denen die Kinder früh vertraut gemacht wurden. Auch die in den 1930er Jahren immer populärer werdenden neuen Medien, Radio und Film, waren bei den Kindern und Heranwachsenden sehr beliebt. Sie spielten bei der Verbreitung der nationalsozialistischen Propaganda eine herausragende Rolle. Daneben tauchten in den Interviews noch Zeitschriften und Groschenhefte auf. Alle diese Medien waren im Alltag der Kinder wichtig, wenn auch für die Einzelnen in jeweils unterschiedlichem Ausmaß.

Bücher

Vor allem Bücher, Zeitungen und Zeitschriften sind schnell gleichgeschaltet worden. Zurückgehend auf eine von der Deutschen Studentenschaft initiierte »Schwarze Liste« wurden in Göttingen am 10.5.1933 Bücher öffentlich verbrannt.[1] Die Bücherverbrennung war aber nur der Beginn einer kontinuierlichen Unterdrückung und Beeinflussung der Literatur »durch Verbots- und Empfehlungslisten, Bibliotheksüberwachung und Publikationssteuerung«.[2] In der Göttinger Volksbücherei war der Bestand nach den Säuberungen um circa ein Drittel reduziert.[3] Sie wurde dann im Dritten Reich stark ausgebaut und auch frequentiert. Das galt in Sonderheit für die

---

1 Füssel, »Bücherverbrennung«, S. 96f. Vgl. zum gesamten Komplex ausführlich Saldern, »Büchereien«, S. 191–208.
2 Füssel, »Bücherverbrennung«, S .99.
3 Ebenda, S. 100.

Jugendbuchabteilung.[4] Schul- und Klassenbibliotheken wurden ebenfalls »gesäubert«.[5] Diejenigen Kinder, die darauf angewiesen waren, sich ihre Lektüre aus den öffentlichen Büchereien zu besorgen, sind daher überwiegend den der NS-Ideologie konformen Publikationen ausgeliefert gewesen. Die meisten Kinder aus dem Göttinger Bürgertum fanden jedoch in ihren Elternhäusern mehr oder weniger üppige Buchbestände vor. Teilweise schlossen diese die offiziell »verbotene Literatur«, auch die der Kinder- und Jugendliteratur, mit ein. Diese Kinder waren jedenfalls in ihrer Mehrzahl nicht auf das »gereinigte« Angebot öffentlicher Bibliotheken angewiesen. Da in den meisten bürgerlichen Familien die Lesesozialisation des Nachwuchses traditionell wichtig war, wurden diese Kinder zwar nicht völlig von den medialen Einflüssen des Nationalsozialismus abgeschirmt, aber sie waren ihnen nicht in dem Maße ausgesetzt wie Kinder aus anderen Milieus und konnten über ihre Lektüre andere Welten, auch Gegenwelten, kennenlernen und entwickeln.[6]

Der Umgang mit Literatur wurde früh eingeübt. In etlichen Familien war das Vorlesen üblich. Erzieherinnen, Mütter, Großmütter, gelegentlich auch Väter lasen den Kindern vor. In einigen Familien wurde zusätzlich zu besonderen Gelegenheiten vorgelesen. Elke Engelmanns Vater tat das regelmäßig zu Weihnachten (7315), Charlotte Reicherts Vater, wenn seine jüngste Tochter krank im Bett lag. Dann setzte er sich mit der *Ilias* zu ihr, um sie damit zu unterhalten (Reichert, 680). Dora Markwart erinnerte sich, wie die Lektüre in den Familienalltag eingebunden war:

»[...] mein Vater hat dann abends viel vorgelesen als Ersatz für Fernsehen, ne [lacht], ›Die Barrings‹. Hab ich, glaub ich auch erzählt. Das ist auch so 'ne Erinnerung, ne [...]. Wir saßen und stopften Strümpfe, ne, das war ja üblich, das musste ja sein, und er hat vorgelesen ganze, ganz dicke Bücher, unter anderem, wie gesagt, die Barringsfamilie von Simson [...].« (Markwart, 3050–3059)

---

4 Saldern, »Büchereien«, S. 204. Wie stark die Jugendbuchabteilung nationalsozialistisch geprägt gewesen ist, lässt sich daraus ersehen, dass sie 1945 nach der Säuberung von NS-Literatur wegen des zu geringen Buchangebots zunächst geschlossen werden musste (Füssel, »Bücherverbrennung«, S. 102).

5 Schon im August 1933 wurden die Schulen aufgefordert, die Schulbibliotheken von schädlicher Literatur zu »reinigen« und »ideologisch wertvolle« anzuschaffen. So Michael, »Geschichte«, S. 498f. Vgl. zu diesem Komplex auch: Jaroslawski/Steinlein, die darauf hinweisen, dass »maßgebliche Pädagogenkreise und breite Teile der deutschen Lehrerschaft« die Gleichschaltung der Jugendliteratur stützten. (»Die ›politische Jugendschrift‹«, S. 305f.)

6 Vgl. dazu Graf, »Vorwort«, S. 4.

Wenn sie über die Kinderliteratur hinaus waren, konnten die meisten sich im elterlichen Bücherschrank bedienen. Einige Befragte hatten dazu ungehinderten Zugang, andere verließen sich lieber auf elterliche Ratschläge. Für Erich Ilsemann eröffnete ein Hinweis seiner Mutter auf die Volksbücherei überhaupt erst den Weg zur Literatur. Rolf Piepers Vater schenkte ihm, als er acht Jahre alt war, einen kombinierten Sprach- und Bildbrockhaus und begründete damit bei dem Sohn eine Leidenschaft für lexikalisches Wissen, die bis ins hohe Alter anhält (6386). Zeitweise kaufte er sich von seinem Taschengeld aber

»[…] zum Entsetzen meiner Mutter eben auch mal billige Tom-Shark-Hefte. Tom Shark das war also so'n, so'n Heftchen-Detektiv-Roman, nech, billigster Art und Rolf Tieme, das waren so Western, nech. Die konnte man dann am Kiosk bekommen, also Trivialliteratur beziehungsweise Kolportage-Literatur auf dem unterstem Rang, und das entdeckte sie dann bei mir. Da war also, das, war, das gab's also [nicht] ›Unmöglich, wie denn?‹ und ›Warum?‹ Na ja und da wurde mir dann Karl May als Abhilfe dann doch gegeben. Nein, das war doch Schmutz und Schund, obwohl das also im Grunde harmloses Zeuch war, nicht? So ganz banale Detektivromane. Also Sherlock Holmes im Kleinformat, nech, war also der Tom Shark, nech. Aber Heftchenromane kaufte man eben nicht. Und wir, und es hieß ja: ›Du hast ja Bücher genug!‹« (Pieper, 6357–6374)

In manchen Familien gaben Mutter oder Vater von sich aus Leseempfehlungen und führten dadurch die Kinder aus der Kinderliteratur heraus und an »gehobene« Literatur heran. Unter den Befragten gab es, was angesichts dieser Voraussetzungen nicht erstaunt, erstaunlich viele »Leseratten«, allerdings auch einige »Lesemuffel«. Fast alle Mädchen lasen gerne und viel. Das traf auch auf einige Jungen zu. Unter ihnen gab es aber auch etliche, die nur gelegentlich zu einem Buch griffen, zum Beispiel wenn sie krank im Bett lagen, wie Peter Köhler von sich berichtete (3707). Andere, wie Dieter Reinecke, lasen nur mal, wenn sie alleine waren (3793). Die »Leseratten« oder »Bücherwürmer« erzählten viele Geschichten, wie sie versuchten, ihre Leseleidenschaft zu befriedigen. Dora Markwart hatte im elterlichen Haus und Betrieb viele Möglichkeiten sich zu verstecken und ungestört von den Anforderungen ihrer Mutter zu lesen.

»Na ja, und dann hab ich sehr viel gelesen. Ach, hab ich gerne gelesen! Ich habe alles verschlungen, was mir unter die Finger kam, und wenn ich dann im Garten arbeiten sollte oder helfen sollte, wir mussten ja auch Beeren pflücken, das war ja auch immer so oder Erdbeeren pflücken, Himbeeren pflücken und, und so weiter und so weiter und gab's ja auch, und dann wurde eingekocht, und das war ja auch alles sehr aufwendig. Und meine Mutter hätte uns schon ganz gerne [dabei] gehabt, aber ich habe mich dann oft mit 'm Buch verdrückt. [...] dann war ich weg, dann war ich nicht zu finden. [lacht] Und da hab ich dann, wenn dann ganz intensiv gerufen wurde und ich's auch mal gehört habe, dann bin ich denn auch mal runtergeklettert. Aber das habe ich eigentlich immer so geschafft, dass ich, dass ich da 'n paar Stunden aus der, [lacht] aus 'm Weg war.« (Markwart, 1444–1463)

Wenn ein Buch sehr spannend war, versuchten einige, wie auch Jürgen Diederichs, abends noch heimlich länger zu lesen:

»Ich hab dann abends teilweise unter der Bettdecke gelesen. Und dann hatt ich – das war lebensgefährlich, ist mir erst klar geworden, [was] eingebaut – wenn mein Vater die Tür öffnete, dass dann automatisch bei mir das Licht ausging. Das überging er aber dadurch, dass er schon vom Garten aus reinguckte.« (Diederichs, 774–781)

Nur in wenigen Familien gab es kaum Bücher. Unter solchen Bedingungen, besonders wenn keiner der Eltern las, wurden Kinder nicht an Literatur herangeführt. Zwei Befragte erwähnten als einen Ort, an dem sie lesen konnten und auch öfter lasen, eine Göttinger Buchhandlung. Dort gab es eine Art »Jugendstube«, in der sie als Fahrschülerinnen die Zeit bis zur Abfahrt ihres Busses oder Zuges verbrachten.

»Ich meine, man fuhr ja in die Schule, an sich wurde [man] nur gebracht mit 'm Auto, aber später dann mit 'm Fahrrad oder mit 'm Bus, und wenn man so auf den Bus warten musste oder so, dann durfte man bei der Firma Deuerlich sitzen und kriegte Kinderbücher in die Hand zum Gucken und zum Lesen.« (Neubert, 4140–4145)

Durch den Deutschunterricht in der Schule wurden alle Kinder mit dem klassischen Literaturkanon vertraut gemacht. In den meisten Elternhäusern standen diese Werke ohnehin im Bücherregal. Darüber hinaus wurden Seidel, Raabe, Storm, Eichendorff genannt. Teilweise gehörten sie zur Schullektüre. Hamsun, Kinau, Ganghofer, Gulbransson wurden dagegen explizit als Lesestoffe des JM oder des JV angegeben. Sohnrey und Hans Grimm, aber auch Agnes Sapper, Lagerlöf und Waggerl gehören zweifellos auch in dieses Umfeld. Ob sich die Befragen schon als Kinder der qualitativen Unterschiede bei der Literatur bewusst waren, wie es Charlotte Reichert von den Werken behauptete, die an den Heimabenden vorgelesen wurde, ist nicht ganz klar. Vermutlich handelt es sich bei ihrer Bemerkung: »Fanden wir auch nicht so doll« (2156f.), um eine nachträgliche Bewertung.

Bei der Freizeitlektüre gab es ausgeprägte geschlechtsspezifische Unterschiede. Zwar wurden vermutlich allen die klassischen Kinderbücher vorgelesen. Darüber hinaus erwähnten die Frauen dann neben Märchen vor allem die typischen Mädchenbücher der Zeit, wie die Nesthäkchen- und Pucki-Bände. In den Erinnerungen der Männer spielten die Karl-May-Bände eine wichtige Rolle – besonders dort, wo deren Lektüre von den Eltern verboten worden war, wie bei Bodo Heise und Hans Scholz. Allerdings sind auch einige Mädchen begeisterte Karl-May-Leserinnen gewesen. Daneben nannten mehrere Männer Kriegsliteratur verschiedener Art. Die beliebten Kinder- und Jugendbücher enthielten keine explizite politische Propaganda, verbreiteten aber dennoch gut verpackt dem Nationalsozialismus kompatible politische Einstellungen. Dazu gehörten die tradierten Geschlechtsrollen, Militarismus und Nationalismus, das »Wir-Gefühl« der Volksgemeinschaft und die Notwendigkeit von Befehl und Gehorsam, die selbst in den Indianergeschichten zentral war.[7] Sehr viel gelesen wurden, zumindest von den männlichen Befragten, auch Zeitschriften. Rolf Pieper kaufte sich zeitweise die Wochenzeitung *Das Reich* und die Zeitschrift *Die Wehrmacht*. Er bezog, wie auch andere, die in der Schule von den Lehrern vertriebene Schülerzeitschrift *Hilf mit*. Sie wurde vom NSLB herausgegeben und bekam dadurch einen seriösen Anstrich. Neben Bastelanleitungen und schulrelevantem Wissen vermittelte sie viel NS-Ideologie.[8]

Sehr beliebt und verbreitet waren bei den Kindern die Sammelalben, in die sie Bilder kleben konnten, die teils direkt mit verschiedenen Produkten erworben wurden, teils durch Einsenden von beiliegenden Gutscheinen. Hinweise auf sie finden sich in den Interviews aus unterschiedlichen Milieus. Auch Karl-Heinz Jung schnorrte in der Nachbarschaft um die Bildchen oder Gutscheine, die den Zigarettenschachteln beilagen:

»Und ich, und es, und das war auch der Grund, weshalb ich also zu Onkel Krische ein besonderes Verhältnis pfleechte, also n besonders nettes, mich sehr nett [P] da benahm. Oder versuchte jedenfalls, mich nett zu benehmen. Weil es diese Gutscheine von R 6 gab. R 6 war eine Zigarettenmarke. Und die R 6, die hatten, is ja heute Reemtsma, nich wahr. Und die brachten also wunderbare Alben heraus. Und wenn man also genügend R-6-Gutscheine [hatte] – so in jeder 20er-Packung war

---

7 So Graf, »Vorwort«, S. 5.
8 Vgl. dazu Schruttke, *Jugendpresse*, S. 91. Ähnlich auch Scholtz, *Erziehung*, S. 62. *Hilf mit* hatte eine Auflage von drei Millionen Exemplaren und verfolgte das Ziel »dem deutschen Schüler durch die Hand des Lehrers Lesestoff zu geben, den er zum Verständnis der Maßnahmen der nationalsozialistischen Regierung und zur Erziehung im nationalsozialistischen Sinne benötigt« (Geleitwort zum 1. Jahrgang, zitiert bei Bethke, »Alte Helden«, S. 57). Andere Zeitschriften wendeten sich an die unter Zehnjährigen (*Deutsche Jugendburg*) bzw. an die Führerschaft der Hitler-Jugend (*Wille und Macht*). Vgl. dazu Radt, *Indoktrination*.

denn immer ein Gutschein drin. Und wenn man also davon 50 oder 100 hatte, denn krichte man, konnte man die einschicken nach Hamburch. Und dann krichte man die Bilder. Und dann konnte man sich das Album kaufen. Und dann wurden diese Bilder eingeklebt. Und das warn also die Malerei der Gothik, Malerei der Renaissance, nen Band ›Unser Führer‹, ›Deutschland erwache‹. Dann die deutsche Geschichte. Es warn also irrsinnich viel Bände, nich wahr.« (Jung, 239–258)[9]

Diese Alben eigneten sich hervorragend für die Verbreitung nationalsozialistischen Gedankenguts. Die Cigaretten-Bilderalben der Firma Reemtsma konnten in hohen Auflagen verbreitet werden. Allein *Deutschland erwacht* erreichte eine Auflage von 1.175.000,[10] die Serie *Adolf Hitler. Bilder aus dem Leben des Führers* zwischen Sommer 1936 und 1943 sogar von 2.770.000 Exemplaren.[11]

Nahezu alle Befragten erinnerten sich, dass in ihrer Familie das *Göttinger Tageblatt*, die wichtigste Lokalzeitung, gelesen wurde. Überregionale Zeitungen gab es nur in wenigen Familien. Die Lektüre von Zeitungen, selbst des in fast allen Elternhäusern vorhandenen Lokalblattes, interessierte die meisten Kinder nicht. Einzig Rolf Pieper las nicht nur intensiv Zeitung, bevorzugt das Feuilleton, sondern kaufte sich, wie erwähnt, auch selbst welche. Die Befragten erzählten, sie hätten in die Zeitung nur mal »reingeguckt« oder drin geblättert. Waltraud Neubert begründete ihre Abstinenz mit den Worten: »Politik hat mich nicht interessiert.« (4164) Dora Markwart antwortete auf die Frage, ob sie Zeitung gelesen habe: »Zeitung lesen? Nee. Zeitung war was für Erwachsene. Nee. Nee. Gab auch keine Kinderseite oder so was.« (4463–4465)

Bücher spielten also im Alltag der Befragten aus dem Bürgertum eine große und wichtige Rolle. Das verband ihre Kindheit mit den Erfahrungen früherer und nachfolgender Generationen. Auch inhaltlich gab es beachtliche Kontinuitäten. Nicht nur die traditionellen Märchenbücher gehörten zum Repertoire, sondern auch ein großer Teil der Mädchenbücher und der

---

9 In den Zigarettenpackungen lagen nummerierte Gutscheine, die, wenn man eine Zahlenreihe zusammenhatte, gegen die entsprechende Bilderreihe eingetauscht werden konnten. Die Alben kaufte man im Tabakgeschäft. Vgl. dazu Jacobs, *Rauch und Macht*, S. 132.

10 Ebenda, S. 133; auch Adam, *Lesen unter Hitler*, S. 323. Ausführlicher zu den Sammelalben ebenda, S. 129ff.

11 Sandra Schürmann nennt die Sammelalben der Zigarettenindustrie die »bekanntesten Beispiele für die politische Instrumentalisierung von Sammelbildern« (»Geschichtsbilder«, S. 4. http://www.zeithistorische-forschungen.de/16126041-Schuermann-2-2008). Tino Jacobs weist darauf hin, dass damit in jedem Zehnten der rund 22 Millionen Haushalte in Deutschland ein Exemplar vorhanden gewesen ist (*Rauch und Macht*, S. 133).

Kriegsliteratur, die die Jungen bevorzugten, von den Abenteuer- und Indianergeschichten sowie den Karl-May-Büchern ganz zu schweigen. Vieles davon hatte schon in der Kaiserzeit einen festen Platz im bürgerlichen Kinderzimmer gehabt.[12]

Daneben gab es im Dritten Reich noch andere Bücher, vor allem die, die zur sogenannten »Konjunkturliteratur«[13] zählten. Dazu gehörten zweifellos *Hitlerjunge Quex* von Aloys Schenzinger oder *Der Giftpilz* von Ernst Hiemer und andere mehr. Solche Titel wurden von den Befragten allerdings nicht genannt. Es ist jedoch kaum vorstellbar, dass keiner von ihnen mit dieser Literatur in Kontakt gekommen ist. Vielleicht war deren Lektüre für sie aber so unwichtig, dass sie sie vergessen haben, oder es war ihnen peinlich, sie im Interview zu erwähnen. Aber selbst wenn die Befragten derartige Publikationen nicht gelesen haben sollten, gab es genug andere, durch die sie mit der NS-Ideologie vertraut gemacht wurden: die Schulbücher, die Jugendschriften und nicht zuletzt die populären Sammelbilder-Alben. In der dezidert politischen Akzentuierung vieler Publikationen verbunden mit dem Verbot jener Kinder- und Jugendliteratur, die Aufmüpfigkeit, Zivilcourage und kritisches Denken propagierte, lagen die entscheidenden Veränderungen gegenüber der Zeit vor 1933. Viele der in den bürgerlichen Familien aufgewachsenen Befragten hatten allerdings den Vorteil, durch den Zugang zum elterlichen Bücherschrank an andere, auch inzwischen vom Regime »verbotene« Literatur zu kommen.

Radio

Neben Büchern und Zeitungen wurde das Radio eines der zentralen Medien im Leben der Kinder. Die Anfänge des Rundfunks in Deutschland lagen zwar schon in den frühen 1920er Jahren, aber wegen der hohen Kosten für die Empfänger konnten sich nur wenige Haushalte ein Gerät leisten. 1933 waren es lediglich circa 25 Prozent.[14] Vor allem auf dem Land war das Radio kaum verbreitet. Die Möglichkeit, durch den Rundfunk die

---

12 Vgl. dazu Josting, »Ideologisch auf Kurs«, S. 375.
13 Das sind Publikationen, die explizit die nationalsozialistische Ideologie verbreiteten, oft auch in platter Weise. Vgl. ebenda, S. 376. In Jostings Aufsatz finden sich Hinweise auf verschiedene Titel.
14 Reuband, »Schwarzhören«, S. 259; ebenso Schmidt, »Radioaneignung«, S. 266f.

Bevölkerung zu beeinflussen und zu manipulieren wurde von den Nationalsozialisten früh erkannt. Obschon von Beginn an als staatliche Institution konzipiert, war der Rundfunk bis in die Endphase der Weimarer Republik relativ politikfern geblieben. Erst unter der Regierung von Papen setzte 1932 eine Politisierung ein, die dann von den Nazis perfektioniert wurde.[15]

Wichtigste Voraussetzung für die propagandistische Bearbeitung der Bevölkerung war zunächst die Ausstattung möglichst vieler Haushalte mit Radios. Durch Druck auf die Produzenten wurden preisgünstige Geräte entwickelt. Bereits 1933 wurde der Volksempfänger präsentiert, 1938 dann ein noch billigeres Gerät, der Deutsche Kleinempfänger (DKE). Beide Modelle waren entscheidend für den Siegeszug des Radios in den Haushalten.[16]

Er lässt sich auch in der Erinnerungen der Befragten ablesen. Auf die Frage, ab wann im Elternhaus ein Radio vorhanden gewesen sei, antworteten nur wenige »schon immer«. Überwiegend wird von ihnen die Anschaffung zwischen 1933 und dem Kriegsbeginn verortet. Typisch ist die Erzählung Rolf Piepers:

> »Wir haben also '33 erst das Radio angeschafft. Das hatte ja, fand ja doch sehr zögerlich Eingang. Ich wüsste auch jetzt nicht, wie viele eigentlich sich damals entschlossen, nee, aber '33, das war dann 'ne aufregende Zeit, und dann wollte man mal die Nachrichten [hören]. Und vorher wurden eben Führerreden oder Hitlerreden, Hitlerreden muss man sagen, oder diese Dinge ja bei anderen Leuten abgehört. Und dann meinte man also, man müsse sich da nun jetzt auch selbstständig machen, und da habe ich noch ganz, ganz deutlich in Erinnerung, wie also dann dieser Radioapparat aufgestellt wurde.« (Pieper, 5058–5070)

Mit Ausbruch des Zweiten Weltkriegs waren schließlich auch die dem neuen Medium gegenüber resistenteren Eltern bereit, ein Radio anzuschaffen, um den Kriegsverlauf verfolgen zu können.[17] Vermutlich stand in den meisten der bürgerlichen Haushalte Göttingens nur ein bescheidener Volksempfänger. Die beschriebene relativ bescheidene ökonomische Situation der Familien erlaubte die Anschaffung eines teuren Luxusgerätes

---

15 Marßolek/Saldern, »Das Radio«, S. 23.
16 Vgl. dazu ausführlich die Beiträge in dem von Marßolek und von Saldern herausgegebenen Band (*Zuhören*, Bd. I). Vgl. auch Falkenberg, *Radiohören*, S. 73f.; Cebulla, *Rundfunk*, S. 211.
17 Zwischen 1938 und 1941 stieg die Zahl der Rundfunkteilnehmer von neun auf 16 Millionen (Reichel, *Der schöne Schein*, S. 160). Damit verfügten 65 Prozent der Haushalte über ein eigenes Gerät (Reuband, »»Schwarzhören«, S. 259).

nicht. In den Interviews wiesen aber drei Befragte explizit darauf hin, dass bei ihnen ein »teures Standgerät« (Jung, 68), ein »Blaupunkt-Radio« (Reichert, 2652f.), jedenfalls »kein Volksempfänger« (Ohlendorf 6818f.) gestanden hätte, und markierten damit die soziale Differenz. Völlig aus dem Rahmen fiel die Situation in der Familie Zimmermann, wo nicht nur ein normales Radio vorhanden gewesen ist, sondern die Kinder ein eigenes Kofferradio besaßen.[18] Aber nicht nur die preisgünstigen Apparate, auch politischer Druck ist für die hohen Verkaufszahlen verantwortlich gewesen. Wer kein Radio besaß, machte sich verdächtig, wurde zum Außenseiter.[19] Radiohören wurde gleichsam zur »staatspolitischen Pflicht« erklärt.[20]

Auch wenn viele Familien sich erst ab 1933 ein Radio zulegten, bedeutete das nicht, dass die Kinder vorher nicht mit diesem Medium in Berührung gekommen waren. Der gerade zitierten Äußerung Rolf Piepers lässt sich entnehmen, dass man sich in der Anfangszeit, solange nur wenige Haushalte ein Radio besaßen, zum gemeinsamen Radiohören bei denen traf, die dieses neue Gerät bereits hatten. Das konnten Verwandte, Freunde oder auch Nachbarn sein. Ursula Zimmermann wurde am Anfang der 1930er Jahre, circa sechs- oder siebenjährig, mindestens einmal in der Woche von dem Kindermädchen zur Wohnung der Großeltern gebracht, um »um drei Uhr die Kinderstunde zu hören im Radio« (1471f.).

Peter Köhler, dessen Eltern den Kauf eines Radios lange hinauszögerten, hörte gelegentlich mit einem Freund in dessen Elternhaus Sportsendungen (1954). Und Hartmut Opitz erinnerte sich, selbst noch nach Beginn des Krieges bei den Nachbarn Radio gehört zu haben. In seinen Worten schwingt mit, dass man sich der Einladung einer Führerrede zu lauschen, schlecht entziehen konnte:

»Also Radio haben wir relativ spät [bekommen]. Erst im Kriege hatte mein Vater, ja, da war ich schon [P]. Also die anderen Hausbewohner hatten alle schon Radio, und man sollte ja dann auch die Reden hören von den Naziführern. Und dann hatten uns dann die Nachbarn eingeladen [...].« (Opitz, 3341–3347)

---

18 Kofferradios waren ab 1928 auf dem Markt. Allerdings handelte es sich dabei noch um sehr schwere und teure Geräte. Vgl. Schmidt, »Radioaneignung«, S. 274.
19 Ebenda, S. 297. Goebbels Wort: »Wer sich von der Teilnahme am Rundfunk ausschließt, läuft daher schon heute Gefahr, auch am Leben der Nation vorbeizugehen«, lässt sich kaum anders interpretieren. Zitiert nach ebenda. Ähnlich auch Cebulla, *Rundfunk*, S. 214. Er weist darauf hin, dass für die Teilhabe an der Volksgemeinschaft das Radio ein »Muss« gewesen sei. Ebenda, S. 297.
20 Falkenberg, *Radiohören*, S. 58.

In der Schule wurden die Kinder zu wichtigen Führerreden in die Aula geführt. Es empfahl sich, genau zuzuhören, wie Heinz Zöllner erfuhr:

»Und da nachher spielte natürlich 'ne große Rolle, [lacht] das gehört auch dazu […], Übertragung von Führerreden bei den Gedenktagen, also Hitlers Geburtstag und 9. November, 30. Januar. Da war dann also, ja, Festakt kann man nicht sagen, aber so 'ne Art Feierstunde in der Aula. Die ganze Schule da versammelt, die wenigen, die aber nicht, in 'ner HJ-Uniform oder so, die wenigen Lehrer, die also irgendwas waren, waren nur zwei oder drei, glaube ich, in Parteiuniform oder so, und der Direktor in Zivil im Gehrock. Und na ja, dann wurde die Rede übertragen. Alle hörten zu oder dösten da vor sich hin, wie das so war, nech, und der Schreck, der kam dann einige Tage später, dann wenn man 'n Aufsatz schreiben musste dann: ›Was hat mich an der Führerrede besonders beeindruckt?‹, ne?« (Zöllner, 3944–3960)

Hans Scholz hörte in der Kriegszeit auch zu Hause die Reden an, weil in der Schule danach gefragt wurde (1803). In Ursula Zimmermanns Deutschunterricht wurde das neue Medium zum Aufsatzthema: »Radio Freud, Radio Leid« (2128). Sogar auf der Straße konnte man den Rundfunksendungen nicht entgehen: Wenn im Sommer die Fenster geöffnet waren, ließen sich die Sendungen auch von der Straße aus verfolgen.[21] Charlotte Reichert erinnerte sich besonders an die Fanfarenklänge, mit denen im Krieg die Sondermeldungen eingeleitet wurden und die sie im Freien hören konnte, weil irgendjemand der Nachbarn die Fenster geöffnet hatte (2709).

Das Radioprogramm war eine geschickte Mischung aus Information, Unterhaltung und politischer Propaganda, die gut verpackt präsentiert wurde.[22] Durch die reichsweite Übertragung zentraler Feiern, Ansprachen, Veranstaltungen und Wunschkonzerten, denen große Teile der Bevölkerung vor dem Radio lauschten, gelang es dem Regime, die Volksgemeinschaft quasi virtuell herzustellen.[23] Wie zentral die politische Beeinflussung vor allem auch der Kinder und Jugendlichen gewesen ist, wird daraus ersichtlich, dass die Hitler-Jugend selbst Sendungen betreute. Das betraf nicht nur die für die Angehörigen der Hitler-Jugend konzipierte wöchent-

---

21 »Dann wieder aus den offenen Fenstern das Volksempfängergebrüll von Reden, Kundgebungen, Heilrufen.« So erinnerte sich Joachim Fest an seine Kindheit in Berlin nach Kriegsausbruch (*Ich nicht,* S. 142).
22 Dafür sorgte Goebbels persönlich. In seinem Tagebuch notierte er: »Nicht so viel aufdringliche Politik. Mehr absichtslos arbeiten. Das wirkt viel schlagender.« Zitiert bei Dussel, »Deutsches Radio«, S. 125. Ähnlich Reuband, »»Schwarzhören««, S. 247.
23 So Schmidt, »Radioaneignung«, S. 337.

liche »Stunde der jungen Nation«, die an die Themen der Heimnachmittage oder -abende anknüpfte.[24] Kinder-, Jugend- und Schulfunk lagen vollständig in der Verantwortung der Hitler-Jugend.[25]

Einige Befragte erinnerten sich an den Kinderfunk, den sie als kleinere Kinder hörten. Andere Mädchen und Jungen interessierten sich besonders für die Sportberichterstattung. Das bezog sich vor allem, aber nicht nur auf die Olympiade 1936. Ursula Zimmermann verfolgte mit ihrer Schwester das Geschehen in Berlin: »[...] wir stellten denn mittags, wenn wir nach Hause kamen, gleich das Radio an, um das zu hören« (2489–2491). Für sie waren aber auch die Unterhaltungssendungen wichtig. Auf die Frage, welche Sendungen sie gerne gehört hätte, antwortete sie:

»Das kann ich Ihnen genau sagen: ›30 bunte Minuten‹ hieß die Sendung. Das war von halb eins bis eins. Und da, wenn man dann schon früh aus der Schule kam, also wir hatten ja 'n Kofferradio, das konnte man rumtragen, dann nahmen wa das Kofferradio mit und stellten das an. Und also da waren dann diese Schnulzen. ›Du hast Glück bei den Frauen, Bel Ami‹ und diese ganzen Sachen. Und dieser Walzer, wie hieß er? [P] Also wenn ich, wenn ich die Melodien höre [fallen mir] die Titel wieder ein. Das da waren so 'ne ganze Menge Sachen. Das waren sozusagen unsere Popsongs, nech. Dafür haben wir geschwärmt.« (Zimmermann, 2528–2540)

Für andere spielte »Das Schatzkästlein«, eine am Sonntagmorgen an Stelle des Gottesdienstes gerückte besinnliche Sendung, eine Rolle. Einige Befragte hörten wiederum mit Begeisterung die Wunschkonzerte:

»Und da gaben se ja wunderschöne klassische Musik. Und dass man nun Mendelsohn nun nicht mehr hörte und Offenbach, das fiel ja einem gar nich so auf. Ne? Das fiel einem nich so auf. Na ja, das gab's nun eben nich. [P]« (Reichert, 2657–2662)

Beim Wunschkonzert schieden sich allerdings die Geister. Andere Befragte betonten in klassischer bildungsbürgerlicher Manier:

»[...] und aber ansonsten war ganz klar, Musik hörte man eben in der Realität, da ging man ins Konzert. Und das wurde also dann, oder man machte es selber. Meine Mutter konnte ja Klavier spielen [...].« (Pieper, 5077–5080)

Spitzenreiter bei den Sendungen waren aber die Nachrichtensendungen und die – besonders während des Krieges – häufigen Sondermeldungen:

---

24 Steinacker, *Staat als Erzieher,* S. 472.
25 Vgl. Buddrus, *Totale Erziehung,* Bd. I, S. 121.

»[…] Nachrichten, die haben wir natürlich immer gehört und die Sondermeldungen. Und dann wieder Liszt'sche Fanfare, und denn hatten se wieder so und so viele Bruttoregistertonnen versenkt und oder waren in Paris einmarschiert.« (Reichert, 2697–2702)

In den späteren Kriegsjahren wurde das Radio schließlich zur einzigen Quelle, aus der man zusätzliche, nicht gefärbte Informationen holen konnte. Allerdings wird nur in wenigen Interviews erwähnt, dass der Vater, die Eltern, Verwandte, man selbst BBC oder das Schweizer Radio Beromünster gehört hätte.[26] Zwar war das Hören anderer Sender bis zum Ausbruch des Zweiten Weltkriegs nicht strafbar, aber es wurde seitens des Regimes nicht gern gesehen.[27] 1939 wurde es dann zum Straftatbestand.[28] Vorsichtige und ängstliche Menschen hielten sich wohl an das Verbot, wie Marie Ohlendorf von ihrer Mutter und Großmutter vermutete (6832); sie hielt es aber auch nicht für ausgeschlossen, dass die beiden BBC gehört und nur sie als Kind davon nichts mitbekommen hätte. Andere, nicht nur Regimegegner, setzten sich über das Verbot hinweg. Das müssen die Kinder nicht unbedingt mitbekommen haben. Aus Angst vor Denunziationen wurde Vieles vor ihnen geheim gehalten. Umgekehrt erzählten zwei Befragte, während des Krieges »verbotene« Sender eingestellt zu haben, ohne dass die Eltern davon wussten. Gisela Apel hörte heimlich englische Nachrichten, die sie so leise drehte, dass der schwerhörige Vater es nicht mitbekam (4834). Bodo Heise und sein älterer Bruder wurden, als der Vater sie dabei ertappte Radio Beromünster zu hören, von ihm bloß ermahnt, anschließend den deutschen Sender wieder einzustellen (5875).

Wie sehr Radiogeräte, selbst ein Volksempfänger, noch Luxusgüter waren, wird daran ersichtlich, dass die Befragten sie als Kinder nicht bedienen durften. Viele betonten, dass das meist im Esszimmer oder Salon stehende Gerät nur von Vater oder Mutter eingeschaltet wurde. Lisa Bornemann antwortete auf die Frage, ob sie auch allein Radio gehört hätte:

---

26 Auch mit dem Volksempfänger konnten die wichtigsten ausländischen Sender empfangen werden (http://de.wikipedia.org/wiki/VolksempfProzentC3ProzentA4nger vom 19.10.2008.), allerdings nicht mit dem DKE. Der Sender Beromünster konnte in Norddeutschland besonders gut empfangen werden. Vgl. Schmidt, »Radioaneignung«, S. 278.

27 Vgl. Reuband, »Schwarzhören«, S. 251.

28 Ab 1939 mussten die Besitzer einen roten Zettel an ihr Radio kleben mit der Aufschrift: »Denke daran: Das Abhören ausländischer Sender ist ein Verbrechen gegen die nationale Sicherheit unseres Volkes.« Vgl. Reuband, »Schwarzhören«, S. 252; Falkenberg, *Radiohören*, S. 109. Auch http://www.heise.de/newsticker/meldung/print/114417 vom 19.10.2008.

»Nein. Nie. Das war auch anders damals, also sicher auch unter zwei Vorzeichen zu sehen, nämlich das eine ist, dass es überhaupt keine, ganz wenig Technik gab, nech. Da war das eine Radio im Haus, und das wurde nur von den Erwachsenen an- und ausgeschaltet, [...].« (Bornemann, 9039–9043)

Erst die älteren Kinder wagten sich daran. Rolf Pieper hörte sich Sendungen aber nur dann an, wenn er allein war (5003). Aus den Interviews wird deutlich, dass das Radio für viele Befragte in ihrer Kindheit ein faszinierendes Medium gewesen ist.[29] Dora Markwart stellte es auf eine Ebene mit dem Auto und nannte es einen »phantastischen Fortschritt« (5689). Einzig Rudolf Linke äußerte sich dezidiert negativ zum Radio. Seine Eltern schafften erst 1938 oder 1939 ein Radio an. Während des Krieges verdarb ihm die Nachrichtensendung stets das gemeinsame Mittagessen der Familie (Linke, 1975).

Filme

Neben dem Radio war der Film in den ersten Jahrzehnten des 20. Jahrhunderts das zweite neue Medium, das die Menschen faszinierte und auch im Alltag der Kinder und Jugendlichen einen wichtigen Platz einnahm.[30] Selbst in kleineren Städten wie Göttingen gab es zumeist schon mehrere Kinos.[31] Ebenso wie das Radio wurde auch das junge Medium Film im Nationalsozialismus instrumentalisiert und propagandistisch intensiv genutzt. Filme eignen sich hervorragend dafür, weil sie durch die Kombination von Bild und Ton eine besonders intensive Suggestion entfalten. Um auch die

---

29 In einigen wenigen Familien gab es außerdem noch ein Grammophon. Das war aber eine Seltenheit. Ein enger Kreis von Freundinnen Marie Ohlendorfs traf sich im Winter zum Austausch von Schallplatten (Ohlendorf, 6890–6901). In einer anderen Familie wurden selbst besprochene Platten verschenkt (Fröhlich, 3123–3155).
30 Das galt in Sonderheit für den Tonfilm, mit dem die Befragten schon überwiegend aufwuchsen. 1927 fand die Premiere des ersten abendfüllenden Tonfilms in den USA statt (http://de.wikipedia.org/wiki/Tonfilm vom 22.10.2008), zwei Jahre später in Deutschland. Bis 1936 setzte sich der Tonfilm weltweit gegenüber dem Stummfilm durch (ebenda).
31 In den Dörfern wurden Filme meist am Wochenende im Wirtshaussaal von ambulanten Filmvorführern gezeigt. Vgl. dazu Kleinhans, *Ein Volk,* S. 163ff.; Zimmermann, »Landkino«, S. 231–243.

jüngsten Kinder erreichen zu können, wurde schon 1934 die Altersgrenze von sechs Jahren für den Kinobesuch aufgehoben.³²

Obwohl schon seit den 1920er Jahren etabliert, ist der Filmbesuch auch in den 1930er Jahren noch etwas Besonderes gewesen. Das zeigt sich unter anderem an den vielen Geschichten, die die Befragten zum Thema Film erinnerten. Einige konnten noch den Titel des ersten Films nennen, den sie gesehen hatten. So nannte Rolf Pieper einen Film über den Panzerkreuzer Emden, in den er vermutlich im Alter zwischen sieben und zehn Jahren gegangen ist.³³ Ursula Zimmermanns Erinnerungen sind präziser:

»Und ich erinner' mich auch da dran, als mein Vater mich das erste Mal ins Kino mitgenommen hat. Das war, Moment mal, Karl-Ludwig Diehl nicht. Nein, Harry Piel! Harry Piel. Das ist Ihnen bestimmt kein Begriff. Also das war in den 20ern so ein toller Filmmann, und zwar drehte der Filme mit wilden Tieren, und das war 'ne Matinee, morgens um elf im Capitol. Da durfte ich also mit hin. Ach, das war ganz großartig.« (Zimmermann, 997–1005)

Auch andere Befragte waren von Filmen, die sie in jungem Alter gesehen haben, so beeindruckt, dass das Erlebnis in ihrem Gedächtnis festgeschrieben ist. Die circa neunjährige Elke Engelmann sah während eines Aufenthalts bei ihrer Großmutter in einem Dorfgasthaus einen Film:

»Das waren die Schill'schen Offiziere. Hat mir wahnsinnigen Eindruck gemacht. Morgenrot, Morgenrot, leuchtest mir zum frühen Tod. […] Ja, dies Lied. [Singt:] Morgenrot, Morgenrot, leuchtest mir zum frühen Tod. Hörst du die Fanfaren blasen, heut muss ich mein Leben lassen.³⁴ Nicht, die wurden ja erschossen. Das fand ich unglaublich. Hab ich nie vergessen.« (Engelmann, 6048–6060)

Bei der Geburtstagsfeier einer Befragten wurden die Kinder nachmittags in einen Film mit dem amerikanischen Kinderstar Shirley Temple geführt. Marie Ohlendorf, die unter den Gästen war, erinnerte sich auch noch genau:

---

32 http://de.wikipedia.org/wiki/Kinder-_und_Jugendfilm_im_Nationalsozialismus vom 22.10.2008.

33 1932 lief der Film »Kreuzer Emden« an, 1934 »Heldentum und Todeskampf unserer Emden«. Da die Filme erst Monate nach der Uraufführung in die Provinz kamen (vgl. Kleinhans, *Ein Volk*, S. 92f.), lässt sich anhand des Produktionsdatums das Alter Rolf Piepers nicht genau bestimmen. Vgl. http://www.ofdb.de/film/55375,Kreuzer-Emden.

34 Der Film »Die elf Schillschen Offiziere« wurde 1932 gedreht und behandelt den Kampf eines Freicorps gegen die napoleonischen Truppen. Vgl. http://www.filportal.de/film/die-elf-schillschen-offiziere_c4345f660f2a46699c301564fcef01e5 (Zugriff am 26.9.2013).

»Shirley Temple, wie hieß denn bloß dieser Film noch? [holt tief Luft] Ooooch, und, das war ja so richtig amerikanisch, so schmalzig und so. Und denn hatte diese Shirley Temple, die hatte denn solche Korkenzieherlöckchen. Und denn [P] passierte da irgendwas – huuhuu. Ich weiß nur noch, dass wir schluchzend und heulend in dem Kino saßen, weil uns das soo ergriff und wir [lacht] hatten natürlich [die] Wirklichkeit mit dem völlig verwechselt.« (Ohlendorf, 7072–7080)

Kinder gingen normalerweise in Begleitung Erwachsener ins Kino. Situationen wie der Kinobesuch bei einem Kindergeburtstag waren eine Ausnahme, denn der Kinobesuch war vergleichsweise teuer. Später sahen sich die Befragten Filme zusammen mit Geschwistern, Freundinnen oder Freunden an. Normalerweise musste dazu die Erlaubnis der Eltern eingeholt werden. Marie Ohlendorfs Mutter kontrollierte ihre Tochter auch als Heranwachsende noch sehr stark. Ein von der Mutter nicht erlaubter Kinobesuch hat sich ihr stark eingebrannt:

»Ich hab einmal gewagt, ungefragt ins Kino [zu gehen]. Da hatt' ich so'n Rochus. Die andern durften alle, und ich sollte irgendwie aus irgendwelchen Gründen nicht. Und – und – da bin ich denn heimlich in »Quax der Bruchpilot« war das, glaub ich. [lacht] Mit Heinz Rühmann. [lacht] Haha. Und da hab ich dauernd auf meine Uhr geguckt […] Ich musste ja pünktlich zu Hause sein. Da musste ich denn [gehen], also den Schluss hab ich denn nicht mehr mitgekriegt, nicht. Aber da war ich dann ganz stolz. Das haben die auch nie rausgekriegt, dass ich da im Kino war. Hab ich gedacht: ›So, das geht also doch! Ja. Hm.‹ Und dann [lacht] ach, das war köstlich, ja. [P] Denn diese Angst, die man hatte.« (Ohlendorf, 3252–3268)

Die bekannten Historienfilme, die nur verdeckt der Propaganda dienten, wurden teils privat, teils von der Schule aus besucht. Das gilt besonders für die Preußenfilme mit Otto Gebühr als Fridericus Rex, an die sich viele erinnerten.[35] Filme und Kino waren im Dritten Reich nicht nur private Vergnügungen. Auch zwei für die Kinder zentrale Institutionen bedienten sich ihrer. Das war zum einen die Schule. Im Juni 1933 wurde von Kultusminister Rust die Verwendung von Filmen im Schulunterricht angeordnet.[36] Mindestens viermal im Jahr sollte ein Film gezeigt werden.[37] Das bezog sich nicht auf Unterrichtsfilme, sondern auf explizite Propagandafilme des Nationalsozialismus oder andere als »jugendwert« oder »staatspolitisch«

---

35 Der Jugendfilm war im Angebot nur schwach vertreten. Außer »Hitlerjunge Quex« (1933) und »Junge Adler« (1944) hatten die anderen wenig Zuspruch. Vgl. Steinlein, »Jugendfilm«, S. 217–245; Seubert, »Junge Adler«, S. 31–42; http://de.wikipedia.org/wiki/Kinder-_und_Jugendfilm_im_Nationalsozialismus.
36 Vgl. ebenda.
37 Vgl. Kleinhans, *Ein Volk*, S. 176.

respektive »künstlerisch wertvoll« klassifizierte Streifen. Erich Ilsemann sagte in diesem Zusammenhang:

»Ich meine, so oft bin ich auch gar nicht ins Kino gegangen, also auch nicht wöchentlich. Und das passierte denn mal so alle vier Wochen vielleicht mal. Und das waren denn auch meistens Filme, die sogar empfohlen waren. Und wir wurden ja von der Schule oft auch in diese Filme reingeschickt.« (Ilsemann, 2214–2219)[38]

Zum anderen gab es seit 1934 in der Hitler-Jugend die einmal im Monat stattfindenden Jugendfilmstunden, in denen den Kindern und Jugendlichen überwiegend Propagandafilme gezeigt wurden.[39] Filme erhielten durch diese institutionellen Zusammenhänge, in denen sie gezeigt wurden, größere Glaubwürdigkeit. Sie hatten gleichsam »offiziellen« Charakter. Dieser wurde dadurch unterstrichen, dass im Rahmen der Schule gezeigte Filme, ähnlich wie die Radiosendungen, zum Thema der Deutschaufsätze wurden. Erich Ilsemann erinnerte sich im Zusammenhang mit der Olympiade:

»Und [P] wir mussten sogar 'n Aufsatz schreiben: ›Wie Leni Riefenstahl den [P] Olympia-Film gestaltet‹. Das mussten wir in der Schule schreiben. Und wir haben natürlich alle die Übertragungen ja nun denn auch gehört. Und zum Teil dann in Filmen, also im Kino in den Wochenschauen ja denn mitgekriegt. Aber natürlich gab's diese Übertragungen nicht wie heute, nech. Und diese Leni Riefenstahl, und eben weil's das nich gab, eine Direktübertragung ja nich gab, hat die ja 'n Film gemacht. Und diesen Film haben wir alle gesehen, und das war auch 'ne Schulveranstaltung.« (Ilsemann, 3522–3533)

Zum Teil erinnerten sich die Befragten noch genau an die Titel. Fast alle nannten Leni Riefenstahls Olympia-Film, von dem sie sehr beeindruckt waren, aber auch historische Filme und solche über die Reichsparteitage der NSDAP in Nürnberg (Markwart, 2293)[40]. »Hitlerjunge Quex« und »Jud Süß« ordneten einige Frauen den Jugendfilmstunden der Hitler-Jugend zu. Interessanterweise sagten drei männliche Befragte explizit, sie seien nie mit der Hitler-Jugend im Kino gewesen. Das ist angesichts der obligatorischen Jugendfilmstunden[41] und der Erinnerungen der weiblichen Befragten unwahrscheinlich und umso weniger nachvollziehbar, als zwei dieser Männer

---

[38] Die Kinobesitzer mussten ihre Räume dafür zur Verfügung stellen, die Eltern den Eintritt bezahlen. Vgl. ebenda.
[39] Ebenda.
[40] Gemeint ist vermutlich der Film »Triumph des Willens« über den Reichsparteitag der NSDAP 1934. Auch er wurde von Leni Riefenstahl gedreht und kam 1935 in die Kinos. Vgl. Kleinhans, *Ein Volk*, S. 117ff.
[41] Ebenda, S. 178.

Führer im Deutschen Jungvolk gewesen sind und eigentlich noch hätten wissen müssen, dass sie ihre Gruppe ins Kino geführt haben. Einige der Befragten erzählten, sie seien selten ins Kino gegangen. Andere gingen häufiger. Dieter Reinecke, dessen Vater nebenberuflich mit Filmen zu tun hatte, war deshalb oft im Kino. Elke Engelmann antwortete auf die Frage, ob sie ins Kino gegangen sei:

»Ja, [ich bin] mit unser Mutter sogar im Krieg oft ins Kino gegangen. Ja, das haben wir uns geleistet. Haben wir ja auch diese Wochenschauen natürlich gesehen, nicht. Da sind wir oft gegangen.« (Engelmann, 8944–8947)

Aus ihrer Bemerkung wird deutlich, dass der Kinobesuch selbst für bürgerliche Familien ein Luxus sein konnte, den man sich »leistete«. Karl-Heinz Jung, der als 17-Jähriger 1944 auf dem Tiefpunkt seiner Schulkarriere die Schule schwänzte, ging stattdessen morgens ins Kino. Allein sechsmal habe er die »Maske in Blau« gesehen (Jung, 6075). Von diesen Beispielen abgesehen ergibt sich aus den Interviews der Eindruck, dass die Kinder nur in Maßen ins Kino kamen, höchstens einmal pro Woche, vermutlich eher alle 14 Tage. Einmal im Monat galt als selten, wie Erich Ilsemann meinte (2216).

Die Heranwachsenden interessierten sich ebenso wie die Erwachsenen nach Kriegsbeginn besonders für die Wochenschauen.[42] Wie auch in der Nachkriegszeit noch lange üblich, gab es im Kino vor dem Hauptfilm die Wochenschau, eine Zusammenstellung von Nachrichten, und einen kürzeren Vorfilm, oft ein Dokumentarfilm. Hans Scholz erzählte:

»Ich weiß noch im Kriege gingen wir doch jeden, versuchten wir jede Woche ins Kino zu gehen, weil jede Woche 'ne neue Wochenschau kam, nicht. Um zu sehen was da los war.« (Scholz, 1687).[43]

Neben der Erlaubnis der Eltern und vielleicht auch fehlendem Geld für den Eintritt unterlag der Kinobesuch der Kinder noch anderen Beschränkungen: den Altersgrenzen. Für die Kinder gab es viele »verbotene Filme«,

---

42 Galten die Wochenschauen in den 1930er Jahren noch nicht als wichtig für die Beeinflussung der Bevölkerung, nahm sich Goebbels ihrer seit der Sudetenkrise 1938 persönlich an. Die Laufzeiten wurden verkürzt und die Aktualität dadurch größer. Vgl. dazu ausführlich Bartels, *Wochenschau*, S. 120ff., 519; Kleinhans, *Ein Volk*, S. 149ff.

43 Es war allerdings ein Irrtum, zu glauben, sich durch die Wochenschauen ein realistisches Bild von der Lage an den Fronten machen zu können. Es handelte sich teilweise sogar um gestellte Szenen, und primär ging es darum, mittels der Musik und des Kommentars den Krieg zu beschönigen und Siegesgewissheit zu verbreiten. So Reichel, *Der Schöne Schein*, S. 201.

nur ein knappes Drittel hatte keine Altersbegrenzung.[44] Die Einhaltung der Altersgrenzen wurde relativ streng kontrolliert.

»Na ja, aber wie gesagt, man wurde denn aufgehalten. Und der Kinobesitzer, der stand unten an 'ner [P] an 'ner Kasse und wenn da jemand durchflutschen wollte, der da offensichtlich nicht dieses Alter hatte, dann wurde der wieder zurückgeschickt. Und es kam ja sogar vor, dass [P] von der Hitler-Jugend ja sogar Streifen geschickt wurden, die dann in die Zuschauerräume reingingen und denn [P] da welche rauszubuxieren versuchten, was natürlich schwierig war, weil wir ja alle gar keinen Ausweis hatten.« (Ilsemann, 2195–2204)

Verständlicherweise waren diese »verbotenen Filme« bei den Befragten heiß begehrt.[45] Um sie drehen sich einige schöne Erzählungen. Charlotte Reichert wollte als Kind gern rasch älter werden,

»schon, damit ich ins Kino mehr konnte. Wir kamen ja nur in Kinderfilme, und ich sah so kindlich aus, und ich hab's nie geschafft, mich da durchzumogeln, wissen se, so mit Turban auf 'm Kopf und so. Ich musste immer 'n Ausweis vorzeigen und wurde wieder weggeschickt, weil ich das Alter nicht hatte. Furchtbar!« (Reichert, 6681–6689)

Offenbar kam es vor, dass Eltern ihre Kinder, die die für den Film angegebene Altersgrenze noch nicht erreicht hatten, einfach mitnahmen. In solchen Fällen wurde entweder nicht so streng kontrolliert oder aber ein Auge zugedrückt. »Das wurde natürlich erzählt, dann war man also neidisch, weil die schon in ›für Jugendliche nicht zugelassen‹ gewesen waren« (2810ff.), berichtete Ursula Zimmermann. Charlotte Reichert gelang es dann doch, circa 15-jährig in einen erst ab 16 Jahren freigegebenen Film zu kommen, als sie bei ihrer außerhalb Göttingens verheirateten Schwester zu Besuch war:

»Nur mit meiner lieben Schwester, die ja in Rathenow wohnte, wo ihr Schwiegervater Oberbürgermeister war. [P] Der schaffte [es], der sachte immer: ›Wir wollen alle ins Kino gehen‹ ›Oh, ja, Margret, ob ich da wohl mit durchkomme?‹ ›Ach, klar! Mit 'nem Oberbürgermeister werden sie wohl nicht so genau hingucken‹. [Er] war ja 'n sehr bekannter Mann da. Und auf dem Weg ins Kino, das war auch so niedlich, ja, ich trotte da nun hin und immer in Angst, was wird das nun, ne? Da beichtete meine Schwester ihrem Schwiegervater, dass ich aber nun noch nicht so alt wäre, nech. ›Aber Vater, sie wird es ja aber nun im März schon, nech. Nur sie ist es jetzt noch nicht ganz, ich muss dir das sagen. Aber guck mal, sie ja schon so gut

---

44 So Kleinhans, *Ein Volk*, S. 84.
45 Das galt selbst in der Provinz. Vgl. ebenda, S. 84f.

wie und sie ist [es] ja nun bald.‹ ›Aber klar‹, sagte er, ›Mathilde, wo im Winter die Tage eh kürzer sind.‹ [lacht] War herrlich humorvoll.« (Reichert, 6689–6706)

Elke Engelmann schaffte es unter Einsatz von Schminke und Verkleidungskünsten zusammen mit einer Freundin:

»Da waren wir nun schon 17. Und wollten in einen Film gehen, der nicht jugendfrei war, also wo man nicht, ich glaube, entweder durfte man nicht bevor man 18 oder sogar 21 [alt war] reingehen. Und wir wollten da aber rein. Der hieß Mata Hari.[46] Das war ne Agentin, das war also ganz was Spannendes. Und ich weiß noch, wir hatten mal so, als Sonderzuteilung hatte ich so zwei große Kunstseidentücher, gemusterte, bekommen. Und da haben meine Freundin und ich uns 'nen Turban gemacht. Und haben uns sogar geschminkt und gingen stolz wie die Pfauen darunter, um da in das Kino zu kommen, nicht. Nicht gefragt zu werden, ob wir schon so alt sind. Und wer steht vor'm Kino? Unser ganz strenger Lateinlehrer, der so machte: ›Heil Hitler.‹ Was ja auch Bände sprach, nicht? Und wir wurden klein, und dann hat er aber gelacht und hat nix gesagt. War doch nett, nicht? Der war sonst sehr streng. Und dann haben wir Mata Hari gesehen. Das war ein toller Film. Von einer Agentin, also einer Spionin. Wie das dann genau verlief, weiß ich gar nicht mehr.« (Engelmann, 8952–8975)

Viel einfacher hatte es Rudolf Linke, sich »verbotene Filme« anzusehen. Er war Mitglied des Streifendienstes der Hitler-Jugend.

»Jedenfalls wir sollten sozusagen die Aufsicht darüber haben, dass die Hitler-Jugend sich in der Öffentlichkeit angemessen aufführt. Und was so ernst nicht war. Aber wir hatten dann die Aufgabe, an den Kinos aufzupassen, wenn verbo, wenn Filme waren, die nicht jugendfrei waren, dass die Jugendlichen nicht ins Kino gingen. Und dann stand ich, der selber noch nicht 16 war, als Fuffzehnjähriger am Kinoeingang und musste anderen 16-Jährigen sagen: ›Halt, du darfst hier nicht rein!‹ Ja und dann mit der Folge, dass dann, wenn der Film so das erste Drittel gelaufen war, dann kam keiner mehr, und dann ging ich hin und sah selber den Film, der für [lacht] Jugendliche verboten war. Aber immer nur die letzten zwei Drittel. Den Anfang, den kriegte ich nicht zu sehen, denn da musste ich ja meinen Dienst tun, nicht. Ne, ja. Und da hab ich ziemlich viele Filme gesehen. Sonst sind wir selten ins Kino gegangen.« (Linke, 7697–7718)

Die Begeisterung für Film, Schauspielerinnen und Schauspieler beeinflusste aber auch den Alltag der Kinder jenseits des Kinosaals. Inhalt und Darsteller des Films waren beliebte Gesprächsgegenstände. Ebenso wie die Schau-

---

[46] Aus der Tonbandaufnahme des Interviews lässt sich der Filmtitel nicht genau entnehmen. Vermutlich hat Elke Engelmann »Pola Negri« gesagt, aber Mata Hari gemeint. Es handelte sich wohl um die Verfilmung von 1931 mit Greta Garbo in der Hauptrolle. Vgl. http://de.wikipedia.org/wiki/Mata_Hari vom 24.10.2008.

spieler am Theater wurden auch die Filmschauspieler von einigen befragten Frauen im Pubertätsalter heftig angeschwärmt.

»Ach du lieber Gott, ja. Ja, doch, ich hatte doch meine Schwärme. Ich mit zwölf Jahren oder war es vielleicht nur erst zehn, elf. Da gab es Filme, das war ein junger Filmstar, der war so 14, 15, 16 vielleicht auch, und ich weiß noch, das war Freddie Bartholomew. Freddy Bartholomew war ein Jugend- oder Kinderstar[47], wie Sie wollen, eigentlich ein Kinderstar, wurde dann nachher 'n Jugendstar, machte Filme, amerikanische Filme, und also für den schwärmte ich. Es gab auch nur wenige Filme von ihm, die hierherkamen, und die sah ich mir natürlich an und ich schwärmte für diesen jungen Schauspieler.« (Reichert, 5117–5128)

Waltraud Neubert und Marie Ohlendorf erinnerten sich an die im Kino angebotenen Programmhefte[48], die sie erstanden und mit Freundinnen angesehen, getauscht und diskutiert hätten.

»Und die gingen dann rum unter den Freundinnen, was Ilse Werner nun in dem Film für ne Frisur hatte und so, und ob man sich die Lippen mal so machen sollte oder ›Guck mal, die hat ganz ausgezupfte Augenbrauen‹ oder sonst irgend so. Nech. Und ›Ah, ist der schick, ach, ist der schick.‹ ›Ach nein, dieser Willi Birgel! [P] reitet für Deutschland.‹ Nein. ›O Gott, hast du diese weißen Handschuh gesehen und dies Kussbärtchen hier, dies Schnäuzerchen hier‹ und [P] na ja, [lacht] so Kichereien, nech. Aber damit war es dann auch schon, nech.« (Ohlendorf, 6925–6936)

Auf die politische Instrumentalisierung des Films ist bereits hingewiesen worden. Der Schwerpunkt der Filmproduktion im Dritten Reich lag allerdings bei den Unterhaltungsfilmen, die fast 50 Prozent der Filmproduktion ausmachten. Aber auch sie hatten meist eine politische Tendenz, die jedoch im Hintergrund blieb, entsprechend Goebbels' Maxime, dass nur jene Propaganda am besten wirkt, die nicht als solche zu spüren ist.[49] Das trifft auch auf jene Unterhaltungsfilme der Zeit zu, die ausgesprochene Publikumsrenner waren.[50] Der in einem Interview erwähnte Film »... reitet für Deutschland«, der dem Genre des Unterhaltungsfilms angehört, ist voll

---

47 Amerikanischer Kinderstar. Vgl. http://de.wikipedia.org/wiki/Freddie_Bartholomew vom 24.10.2008.
48 Vermutlich *Illustrierter Film-Kurier*. Vgl. http://www.manwint.com/Filmprog/bfkmain.htm vom 23.10.2008.
49 So Zimmermann, »Landkino«, S. 232; Buddrus, *Totale Erziehung*, Bd. I, S. 233; Kleinhans, *Ein Volk*, S. 99. Vgl. bei Kleinhans auch die Hinweise zu dem Film »Wenn wir alle Engel wären« (*Ein Volk*, S. 140).
50 Vgl. ebenda, S. 114.

von »nationalistischen, antidemokratischen und antisemitischen Untertönen«.[51]

Der Anteil explizit politischer Filme lag hingegen nur bei circa 14 Prozent.[52] Allerdings wurden Kinder und auch Jugendliche stärker als die Erwachsenen den politischen Filmen ausgesetzt, die sie sich in den »Staatspolitischen Jugendfilmveranstaltungen« der Schulen oder den »Jugendfilmstunden« der Hitler-Jugend ansehen mussten. Es ist daher wohl kein Zufall, dass in den Interviews genannte Filme wie »Hitlerjunge Quex«, »Triumph des Willens«, »Jud Süß«, also ausgesprochen politische Filme, genannt wurden. Am wirkungsvollsten dürfte die NS-Propaganda dort gewesen sein, wo sie an bestehende Weltbilder, Wertvorstellungen, auch Ressentiments anknüpfen konnte. Bei den bürgerlichen Befragten waren das sicherlich der in ihren Elternhäusern, auch in den Schulen vertretene Nationalismus und Militarismus, teilweise wohl auch der Antisemitismus. Hinzu kam, dass sie in den Filmen überwiegend mit »willensstarken Heldengestalten und idealisierten Führerfiguren«[53] konfrontiert wurden und mit sich aufopfernden Frauenfiguren, deren Sehnsucht um Ehe und Kinder kreiste. Durch den Film wurden so »für eine ganze Generation ... Vorbilder geschaffen, die scheinbar jenseits konkreter politischer Verhältnisse gültig waren.«[54]

Rückblickend fanden etliche Befragte kritische Töne, so, wenn sie den Begriff »Durchhaltefilme« für die in den letzten Kriegsjahren gedrehten Streifen wie »... reitet für Deutschland« (1941), »Der große König« (1942), »Kolberg« (1945) benutzten oder auch »Jud Süß« (1940) als Propagandafilm klassifizierten. Das dürften nachträgliche Erkenntnisse sein.

Fazit

Kontinuitäten mit den Kindheiten früherer Generationen existierten im Bereich der Medien also lediglich bei den sogenannten Printmedien, vor allem den Büchern. Sie nahmen im Leben der bürgerlichen Kinder auch in

---

51 http://de.wikipedia.org/wiki/...reitet_für_Deutschland vom 6.9.2013.
52 Vgl. Zimmermann, »Landkino«, S. 233; Kleinhans, *Ein Volk*, S. 108.
53 Ebenda.
54 Kleinhans weist zugleich darauf hin, dass diese für unpolitisch gehaltenen Ideale in der Nachkriegszeit weiter verbreitet wurden (*Ein Volk*, S. 199).

den 1930er Jahren noch einen, wenn auch für die Einzelnen unterschiedlich großen Raum ein. Ein Bruch war jedoch bei der inhaltlichen Ausrichtung vorhanden, der sowohl aus der »Säuberung« der öffentlichen Bibliotheken von politisch unerwünschter Literatur als auch aus dem Angebot von politischer »Konjunkturliteratur« resultierte, die auf den Markt geworfen wurde.

Radio und Film waren mediale Angebote, durch die der Alltag von Kindern dann grundlegend anders geprägt worden ist als noch der ihrer Eltern. Beide Medien wurden erst im Nationalsozialismus fest in den Alltag integriert. Das Radio war zweifellos präsenter, weil es in den meisten bürgerlichen Haushalten schnell zu einem Alltagsgegenstand geworden ist, auch wenn die meisten Kinder nicht selbstständig damit umgehen durften. Der Film hingegen behielt einen Sonderstatus. Kinobesuch war zu dieser Zeit für viele Familien noch etwas Besonderes und zumindest ein kleiner Luxus. Die intensive Wirkung des Films beruht auf der Verbindung von bewegten Bildern und Ton, aber auch auf dem spezifischen Ambiente eines abgedunkelten Kinosaals, in dem alle Zuschauer, durch nichts abgelenkt, parallel auf die Leinwand ausgerichtet sind.[55] Der Film war dadurch noch stärker als das Radio geeignet, Emotionen zu wecken und zu instrumentalisieren. Das wird in den teilweise sehr präzisen Erinnerungen an einzelne Filme manifest.

---

55 Vgl. ebenda, S. 16.

8. Hineinwachsen in die bürgerliche Welt: Werte und Normen

Im Prozess des Aufwachsens übernehmen Kinder Normen und Werte, mit denen sie sich in der Welt orientieren und die ihr Verhalten steuern. Übernahme und Auseinandersetzung mit Normen und Werten finden ständig in allen Bereichen des kindlichen Lebens statt. Die ersten lernt das Kind in der Familie, später im weiteren sozialen Umfeld. Es wurde schon gezeigt, dass und wie die nationalsozialistische Ideologie und politische Praxis spätestens in der Schule, dann der Hitler-Jugend das Leben der Kinder bestimmte. Ob, wo und in welchem Umfang dabei Konflikte mit in anderen sozialen Kontexten vermittelten Normen auftauchten, wird auch das Thema dieses Kapitels sein. Es ist von vornherein zu vermuten, dass neben erheblichen Kontinuitäten bei der Weitergabe des bürgerlichen Wertekanons Brüche und Konflikte vorhanden gewesen sein dürften.

Erziehungsmaximen und Werthaltungen

Die Mädchen und Jungen aus den bürgerlichen Familien wurden, ihren eigenen Angaben zufolge, relativ streng erzogen – jedenfalls beim Vergleich mit heutigen Verhältnissen, auf den die Interviewpartnerinnen und -partner häufig zurückgegriffen haben. Nur zwei Befragte, eine Frau und ein Mann, sprachen davon, als Kind verwöhnt worden zu sein. Auf die Frage, was ihren Eltern bei der Erziehung besonders wichtig gewesen sei, wurden überwiegend die klassischen Normen bürgerlichen Lebens genannt, also: Ehrlichkeit, Höflichkeit, Fleiß, Leistung und Ähnliches, aber selten vollständig. »Ehrlichkeit« fehlte in der Aufzählung fast nie, was auf den besonderen Stellenwert dieser Norm verweist. Jürgen Diederichs meinte nur lakonisch: »... es wurde gewünscht, dass man bei der Wahrheit blieb. Da war meine Mutter sehr empfindlich.« (1193f.) Da diese Erwartung nicht immer und durchgehend erfüllt wurde, finden sich in mehreren Interviews Erzählungen, die sich um eine Lüge oder um einen Diebstahl ranken. Elke Engelmann berichtete:

»Meine Mutter war ganz strikt. Wir mussten ehrlich sein. Da war sie ganz streng. Und da war sie übertrieben streng. Denn Kinder schwindeln schon mal.« (Engelmann, 7122–7124)

Wenn man die Lüge zugab, passierte nichts weiter.

»Meine Mutter war gar nicht so, dass sie, sie wollte nur wissen, wir sollten das dann bekennen. Wir sollten [es] dann sagen, wir sollten ehrlich sein. Und ich hab paar Mal gelogen und das hat mir immer ganz schwer auf der Seele gelegen, ganz schwer, das hab ich Jahre mit mir rumgeschleppt.« (Engelmann, 7132–7137)

Waltraud Neuberts Mutter ahndete Lügen streng, wie die Tochter erfuhr:

»Und was se nicht haben konnte, wenn einer gelogen hat. [P] Ich hab einmal gelogen [P], da war ich an ihrem Parfum, wie man das so bei, in so 'nem gewissen Alter macht, ich weiß aber nich mehr, wie alt ich war, und da hatte ich, war ich dran, und sie hat das natürlich gerochen, ne? ›Du warst an meinem Parfum.‹ ›Nein, war ich nicht.‹ [P] Und sie hat's mir ja dann bewiesen, dass ich da dran war. Das, da hat se also mich ganz lange links liegen lassen, und [P] so richtig, bis ich, bis ich also weich war, [P] dass ich am Heulen war. [P] Aber das war das einzige Mal auch, dass ich sie angelogen habe.« (Neubert, 1446–1458)

Karl-Heinz Jung vergriff sich an kleinen Glücksschweinchen, die im väterlichen Geschäft als Kundengeschenk vorgesehen waren, um damit seinen Bauernhof auszustatten. Als er erwischt wurde, setzte es ernsthafte Ermahnungen. Er berichtete aber auch, dass die Kinder in der Schule untereinander selbst auf Ehrlichkeit Wert legten:

»Und da achteten wir ja auch unternander denn schwer da drauf, also wenn sich da einer so was herausnahm oder vor allem auch inner Schule, wenn einer mal n Griffel oder n Bleistift vom andern, n Ratzefummel, klaute, nich wahr [lacht] also der wurde vermöbelt.« (Jung, 3650–3654)

Viele Befragte benutzten, um ihre Erziehung zu charakterisieren, den Begriff »preußisch«. Er umschloss zwei Bedeutungsebenen. Die eine sprach Charlotte Reichert an, wenn sie sagte: »Ja, mehr oder weniger wurden wir doch nach preußischen Grundsätzen erzogen, nech.« (3727f.) Ähnlich antwortete Bodo Heise:

»Ich meine, einerseits wars eben diese preußische Art, die wohl eine große Rolle gespielt hat. Dass man also ein anständiger Mensch wird, dass man also ehrlich und ordentlich ist.« (Heise, 4953 –4956)

Beide meinten damit jenen Kanon von Normen und Werthaltungen, die gemeinhin dem preußischen Beamtentum zugeschrieben werden, also: Ordnung, Gehorsam, Ehrlichkeit, Pflichterfüllung et cetera. Die andere Ebene des Begriffs »preußisch« bezog sich auf den Erziehungsstil oder das erwartete Verhalten. »Preußisch« meinte dann: Disziplin und Selbstdisziplin. Während mit Disziplin angesprochen wurde, dass die Anordnungen der Eltern befolgt werden mussten respektive sollten, bedeutete »Selbstdisziplin«, sich nicht gehen zu lassen, nicht gleich zu jammern, eine gewisse Härte gegen sich selbst auszuüben. Elke Engelmann beschrieb am Beispiel einer geschwollenen Hand nach einem Wespenstich, was »Selbstdisziplin« in ihrer Familie bedeutete:

»Ob ich dann sogar zu Hause bleiben durfte, weiß ich nich mehr genau. Aber meine Eltern waren ja nich dafür, dass man sich anstellte. Hieß oft: ›Stell dich nicht so an!‹ Also wir wurden zu ner gewissen [Härte erzogen], da war mein Vater sehr preußisch. So war er anscheinend auch erzogen worden.« (Engelmann, 6604–6609)

Lisa Bornemann sprach vom »toughen Durchhalten« (3046), zu dem sie als Kinder angehalten worden seien: Sie sollten sich nicht anstellen, die Zähne zusammenbeißen. Auch Abhärtung habe dazugehört. Sie und ihre Geschwister hätten schließlich in der Pubertät selbst das Ritual des morgendlichen und abendlichen eiskalten Duschens entwickelt, bei dem man dann auch noch sagen musste: »Hei, wie das bekömmt!« (Bornemann, 4383f.) Dora Markwart schließlich fügte noch eine andere Facette bei. Bei der Erörterung ihres Taschengeldes fiel ihr folgendes ein:

»[…] aber ich weiß, dass ich immer vor der Bäckerei Ruch gestanden habe, die war damals noch in der Nikolaistraße, und überlegt habe: Kannste dir für fünf Mark jetzt, fünf Pfennig jetzt so 'ne Makrone leisten? Also wissen Sie, so eine einzelne große Makrone, die kostete damals fünf Pfennig. Und dann hab ich das in der Tasche umgedreht, und dann war ich ganz stolz, wenn ich mich überwunden hatte, es nicht zu tun.« (Markwart, 4774–4782)

Selbstdisziplin beinhaltete also auch die sehr bürgerliche Fähigkeit, spontane Gelüste zugunsten einer künftigen Befriedigung aufzuschieben.

Obwohl etliche Befragte Disziplin, und das hieß eben vor allem auch Gehorsam, als einen wichtigen Bestandteil ihrer Erziehung betonten, wurde von anderen, oft aber auch denselben Personen angegeben, die Eltern hätten sie, die Kinder, an der »langen Leine« geführt, ihnen viele Freiheiten gelassen. Das ist nicht zwingend ein Widerspruch. Es gab in allen Familien bestimmte Regeln, die die Kinder einhalten mussten. Jenseits derer konnten sie aber größere Freiräume haben. Dass diese für die Söhne meist umfassender waren als für die Mädchen, vertrug sich damit durchaus. »Mein Vater sagte immer, wir seien in Freiheit dressiert« – mit diesen Worten brachte Elke Engelmann die Kombination von Strenge und Freizügigkeit auf den Begriff (8528).

Zu den zentralen Normen, an die die meisten Kinder früh herangeführt wurden, gehörte Sparsamkeit. Um die Sparsamkeit in ihrem Elternhaus zu charakterisieren, betonte Elke Engelmann, sie, die Kinder, seien mit der billigsten Seife gewaschen worden. Gegenüber dieser Situation im Elternhaus hoben sich besonders die Lebensverhältnisse bei einem Berliner Freund des Vaters ab, den sie gelegentlich besuchten. Er verwöhnte die Kinder nicht nur, sondern bei ihm herrschte geradezu Luxus:

»[…] und dann fand ich sein Badezimmer so berauschend. Da roch es nämlich nach Palmolive-Seife. Bei uns zu Hause war es sehr spartanisch. Wir wurden mit Kernseife gewaschen. Das war ganz sparsam. Und für mich war dieser Duft schon […].« (Engelmann, 2122–2126)

Auch die Kinder von Geschäftsleuten wurden mit sparsamer Lebensführung konfrontiert. Dora Markwart hatte daran noch intensive Erinnerungen, die gleich zu Beginn des Interviews auftauchten:

»[…] da es immer zu Hause 'n bisschen knapp war, beziehungsweise es wurde alles immer in die Firma gesteckt, und privat waren wa sehr, sehr bescheiden, weiß ich noch wie heute, da musste ich zum Turnen gehen: Unterwäsche und da drüber 'nen Badeanzug. Da habe ich gelitten. [lacht] Das fand meine Mutter in Ordnung, und das haben wa dann natürlich auch gemacht.« (Markwart, 127–133)

Auch in anderen, selbst in wohlhabenden Familien erlebten die Kinder zumindest in einzelnen Lebensbereichen sparsamen Umgang mit Geld oder anderen Ressourcen. Dabei war es sehr unterschiedlich, an welcher Stelle oder in welchem Zusammenhang gespart wurde. Oft hatte das mit spezifischen Erfahrungen der Erwachsenen zu tun. Peter Köhler, dessen Vater als bekannter Mediziner sehr gut verdiente, sagte über das Essen in seinem Elternhaus: »Es wurde, es ging alles sehr, sehr sparsam, man könnte fast sagen, etwas karg zu.« (1217f.) Zur Erklärung verwies er auf die Prägung beider Eltern durch die Jugendbewegung und ihre daraus resultierende Abneigung gegen »bürgerliches, saftig-pralles Leben« (Köhler, 1220). Auch habe wohl die Herkunft der Mutter aus bescheidenen sozialen Verhältnissen dabei eine Rolle gespielt. Für Lisa Bornemann lagen im Haushalt ihres Großvaters Wohlleben und Sparsamkeit unmittelbar nebeneinander. Einerseits wurde dort fast täglich Fleisch aufgetischt, was sie aus ihrem Elternhaus nicht kannte. Andererseits wurde, um Strom zu sparen, das Licht erst angemacht, wenn es richtig dunkel war (Bornemann, 5610).

Diese Diskrepanz zwischen Üppigkeit und Sparsamkeit ist den Beteiligten vermutlich nicht aufgefallen. Es gab eben Dinge, für die unbesehen viel Geld ausgegeben wurde, und andere, bei denen Sparsamkeit angemessen erschien. Sparsamkeit war hier weniger Ausfluss eines finanziellen Engpasses oder rationaler Überlegung, sondern gehörte zum – oft früh erworbenen – Habitus dazu. Man wird deshalb davon ausgehen können, dass wohl alle Kinder mit sparsamem Verhalten konfrontiert und auch dazu angehalten wurden.[1]

Die meisten der Göttinger Zeitzeugen gehörten einer der evangelischen Konfessionen an.[2] Eine Frau wuchs als Mitglied der baptistischen Gemeinde, eine als Katholikin auf. Erstaunlich viele Befragte waren Mitglied der evangelisch-reformierten Gemeinde. Ihr gehörten offenbar viele bürgerliche Familien an. Diese Gemeinde hatte seit den 1920er Jahren großen Zulauf, weil der Pastor es verstand, die Menschen anzusprechen und anzuziehen. Er legte primär Wert auf »Gemeinschaftserlebnisse«, weniger auf das theologische Profil der Gemeinde.[3] Starke Sympathien für die NSDAP, sogar die Parteimitgliedschaft ließen sich ohne große ideologische Verbiegungen mit der Zugehörigkeit zur Gemeinde vereinbaren. Einige Befragte betonten die politische Anpassungsfähigkeit des Pastors (Bornemann, 3892; Engelmann, 7590).

Rolf Pieper, dessen Eltern dem Nationalsozialismus sehr nahe standen, beschrieb die Anziehungskraft der Gemeinde und des Pastors aus der Perspektive seines Elternhauses:

»[…] wir waren ja in der reformierten Kirche. Da predigte ja oft der Theologe Weber, der natürlich nun auch auf sehr hohem Niveau [war]. Da war nun die Kirche auch voll, weil seine ganzen Studenten natürlich erschienen, und insofern stand

---

1 Ob als »praktischer Zwang oder pädagogisches Ziel«, gehörte Sparsamkeit stets zum »bürgerlichen Tugendkanon« dazu (so auch Budde, *Bürgerleben*, S. 403). Die reale ökonomische Situation der Familien trat demgegenüber in den Hintergrund.
2 Der Anteil der Katholiken lag in Göttingen nur bei rund acht Prozent. So Tollmien, *Nationalsozialismus in Göttingen (Diss.)*, S. 72.
3 Vgl. dazu Otte, »Geschichte der Kirchen«, S. 617ff.

man doch der Kirche durchaus nicht fremd gegenüber. Obwohl wir uns natürlich ein bisschen distanzierten so von den reinen, na ja, also in die Buchhandlung Deuerlich wäre man natürlich nicht gegangen, nech, die gehörte ja Vandenhoeck&Ruprecht und da fanden sich natürlich die, die na ja, natürlich die lutherischen orthodoxen Kreise, nech, also. Mit den Lutheranern war ja doch – die reformierte Kirche war ja ausgesprochen eine liberale Kirche, und heute würde man sagen, eben 'ne offene Kirche, oder ökumenisch gestimmt, während eben doch die Lutheraner da eben sehr viel orthodoxer waren und die galten eben doch als rückständiger und so, so 'n bestimmter Theologenklüngel und so... Da gab's also, da gab's also zumindest vor '45 doch bestimmte Vorbehalte.« (Pieper, 7697–7718)[4]

Eine Familie wechselte sogar wegen des Pastors aus einer evangelisch-lutherischen in die evangelisch-reformierte Gemeinde. Ein in den 1920er Jahren erworbenes Erholungsheim auf Spiekeroog, in dem Familienfreizeiten, aber auch Erholungsaufenthalte für Kinder angeboten wurden, war eine zusätzliche Attraktion. Zwei Befragte erwähnten, dass sie dort mit Geschwistern oder Eltern Ferien verlebt hätten (Markwart, 1827; Scholz, 1569).

Ungeachtet der politischen Ausrichtung des Elternhauses wurden alle Kinder in einem christlichen Sinne erzogen. »[…] dem konnte man sich ja gar nicht entziehen«, erinnerte sich Peter Köhler (3966f.). Auch Dora Markwart betonte, sie sei »natürlich christlich erzogen« worden (1760). Es gab bei den Familien der Befragten das gesamte Spektrum von lediglich formeller Kirchenzugehörigkeit bis zu engagierten Mitgliedern. In einer Reihe von Familien wurden die religiösen Rituale explizit gepflegt. Das Nachtgebet der Kinder war durchaus üblich, in vielen Familien auch das Tischgebet. Sogar in Rolf Piepers Elternhaus bestand die Mutter auf einem Tischgebet, wenn auch mit spezifischer Ausrichtung:

»Es wurde abends mit uns gebetet, und es wurde auch beim Essen [gebetet], aber es wurde nicht so, so ganz streng gemacht. Mein Vater hielt ja von solchen Ritualen gar nichts, nicht wahr, also am Ende sich noch mal die Hand zu geben, nicht wahr und irgendeinen Spruch. Meine Mutter hatte dann eben statt[dessen] son pantheistischen Morgenstern-Spruch als Gebet. ›Liebe Sonne, liebe Erde, deiner nicht vergessen werde.‹ Also vom lieben Gott war dann natürlich nicht mehr [die Rede], aber das Essen sollte trotzdem gesegnet werden, nicht wahr. Das war also dann etwas freisinnig […].« (Pieper, 7735–7748)

---

4 Mit »orthodox« bezeichnet Rolf Pieper hier offenbar die Anhänger der Bekennenden Kirche. Vgl. zu der Entwicklung der Göttinger Kirchengemeinden im Nationalsozialismus Otte, »Geschichte der Kirchen«, bes. S. 624ff.

Die Eltern mehrerer Befragter sind mit dem Pastor ihrer Gemeinde befreundet gewesen, der teilweise auch als Gast bei den Familiengeselligkeiten erschien. Meist handelte es sich dabei um den Pastor der evangelischreformierten Gemeinde, aber auch zwei andere Pastoren wurden genannt. Viele Befragte sind als jüngere Kinder sonntags in den Kindergottesdienst gegangen oder wurden, wie Jürgen Diederichs formulierte, dorthin »geschickt« (1224). Kirchgang, aber auch Tisch- und Nachtgebete sind keine sicheren Indikatoren für eine intensive kirchliche Bindung, sondern fanden sich, wie aus der Erzählung Rolf Piepers hervorgeht, auch dort, wo die Zugehörigkeit zum Christentum recht formellen Charakter hatte. In etlichen Familien spielte die Religion aber auch eine wichtige Rolle. Das galt selbstverständlich für die Pastorenfamilie und jene, die einer besonderen evangelischen Gemeinde angehörte, aber auch noch für einige andere. Marie Ohlendorfs Großmutter war sehr fromm, las dem Kind aus der Bibel vor, half ihm beim Auslegen des Textes, nahm es mit in die Kirche (4041). Gisela Apels Mutter drängte die Kinder zur Beichte und zur Messe (1202). Elke Engelmann besaß eine Kinderbibel. Sie liebte die Geschichten aus dem Alten Testament. Mit der Mutter sprach sie über religiöse Themen (Engelmann, 3350). Erich Ilsemann bezeichnete sich im Interview als ein ausgesprochen gläubiges Kind (4727). In der Pubertät habe er sich dann intensiv mit dem Glauben auseinandergesetzt.

»[...] aber es ist eben [P]. Mir kam es immer so vor, dass das Christentum zu kompliziert is. [P] Vater, Sohn und Heiliger Geist, damit konnte ich überhaupt nichts anfangen, was mir heute auch noch Schwierigkeiten macht. Und denn auch mit der Bergpredigt, also ich hätte mir [P] als ich so fünfzehn war und ich konfirmiert wurde, den Jesus ›männlicher‹ vorgestellt. Mehr so als Held. Der die Leute beim Schopf packt und sagt: ›Herrschaften, so geht's nich! Wie lebt ihr eigentlich?‹ Und was ich nie begriffen oder verstanden habe, das ist, dass er am Kreuz sterben musste, obwohl er der Sohn Gottes war. [PP] Und wie denn Christus am Kreuz sagt: ›Vater, warum hast du mich verlassen?‹ Das hat mich zutiefst erschüttert, muss ich ehrlich sagen, schon als Konfirmand. Aber mein Konfirmandenspruch war ja: ›Fürchte dich nich, glaube nur.‹ [PP] Und der Pastor hat wohl gemerkt, wo bei mir [P] die Schwierigkeit lag.« (Ilsemann, 4654–4673)

Von den Göttinger Zeitzeugen sind, von drei Ausnahmen abgesehen, alle konfirmiert worden. Lediglich ein Junge entschied sich für die Jugendweihe. Bei den Erzählungen über ihre Konfirmation betonten mehrere Befragte den Vorteil, der reformierten Gemeinde anzugehören, weil es dort nur einen sechsmonatigen Vorbereitungsunterricht gegeben habe, während die Lutheraner einen zweijährigen Konfirmandenunterricht besuchen mussten.

Den Konfirmationsunterricht hatten viele Befragte als schwierig in Erinnerung. Nicht alle Pastoren schafften es, ihn spannend zu gestalten. Das betonten besonders jene Befragten, die mit sehr alten Pastoren zu tun hatten. Da alle Göttinger Befragten höhere Schulen besuchten, fiel die Konfirmation für sie nicht mit dem Ende der Schulzeit zusammen. Gleichwohl ist sie für alle ein wichtiger biographischer Einschnitt gewesen – wenn auch aus unterschiedlichen Gründen. Für die meisten jener Befragten, die mit einem oder zwei religiösen Elternteilen oder anderen Bezugspersonen aufwuchsen, hatte die Konfirmation eine große religiöse Bedeutung. Lisa Bornemann, die ihrer eigenen Aussage nach ihr Leben lang auf der Suche nach dem Glauben gewesen ist, hat sie »ernst genommen« (3898). Für Elke Engelmann hatte sie »schon was bedeutet« (3350). Für andere, wie Rosa Conrad, war die Konfirmation hingegen ein Ritual, das man absolvierte, weil es so üblich war, »Sitte und Gebrauch« (!), wie sie formulierte (3610).

Die meisten Befragten erinnerten bestimmte Aspekte des Rituals oder damit verbundene Ereignisse, die deutlich zeigen, dass die Konfirmation in den 1930er Jahren weiterhin eine zentrale »rite de passage« gewesen ist, bei der bestimmte Dinge erstmals passierten respektive offiziell erlaubt wurden. Bei den Jungen gab es den ersten Anzug mit langer Hose, die erste offiziell gerauchte Zigarette. Die Frauen erinnerten sich teilweise sehr präzise an ihr Konfirmationskleid, auch an den Schmuck, oft den ersten, den sie geschenkt bekamen. Mädchen wie Jungen tranken bei der Konfirmation häufig zum ersten Mal Alkohol, einige bekamen die erste Uhr ihres Lebens. Da für die jüngeren Befragten die Konfirmation bereits in die Kriegszeit fiel, tauchten in den Erinnerungen Erzählungen auf über die Schwierigkeiten, Stoffe zu besorgen, ein Festessen zu organisieren, bei der 1940 konfirmierten Marie Ohlendorf auch die Glaubenszweifel ihrer Großmutter angesichts des Massensterbens (4138). Rolf Pieper und Bodo Heise mussten nach der Konfirmation diejenigen besuchen, die Geschenke geschickt hatten und sich persönlich bedanken.

Charlotte Reichert fühlte sich mit der Konfirmation der Kindheit entwachsen und mehr wie ein junges Mädchen. Das lag zweifellos auch daran, dass sie um die Zeit herum begann, zu menstruieren (Reichert, 6802). Alle Kinder standen im Mittelpunkt der Vorbereitungen, der religiösen Zeremonie, des Festes und fühlten sich wichtig. Besonders deutlich tritt die Bedeutung der Konfirmation, in seinem Fall der Jugendweihe, als Übergangsritus in der Erzählung Karl-Heinz Jungs hervor:

»Viel wichtiger war es, dass meine Eltern das sehr schön gestalteten, indem sie Freunde einluden, hier Geschäftsleute, mit denen sie schon sehr befreundet waren und so weiter. Und dann ein sehr schönes Essen gaben in der Junkernschänke. Einen Raum mieteten und dann auch ein entfernter Verwandter, den ich nie kennengelernt hatte und so weiter, einen sehr schönen Brief schrieb, den ich heute noch habe. Und dann wurden also n paar Reden, auch meines von mir sehr geschätzten Onkels gehalten. Allerdings allgemeiner Natur. Weswegen der Einschnitt, dass es ja doch ein Einschnitt im Leben ist, wenn man 14 Jahre alt ist und normalerweise oder bis dahin üblicherweise in den Beruf, in's Berufsleben wechselte, ne, oder begann. – Und da wurde ich denn auch beschenkt und bekam 'n Fernglas und wie gesagt, so ein Agfa-Box-Photoapparat [lacht] und [P] und noch solche Dinge, nech wahr. Und wurde noch abends da also wurde bei uns denn noch gefeiert. [...] Kriegte mein erstes silbernes Zigarettenetui. Mit Muratti-Filter. Also Muratti-Kork. Filter gabs da noch nich. Muratti-Kork. Mit 14, ja. Und [lacht] da bin ich in den Hainberg damit gegangen, stolz, und habe mich auf einen Hochsitz [gesetzt]. Oben am Sengersfeld, da war damals noch 'n Hochsitz. Bin ich raufgeklettert und denn hab ich mir denn eine Zigarette angesteckt, und gesagt: ›Jetzt bist du nun erwachsen! Jetzt kannst du ne Zigarette rauchen!‹ Nech wahr.« (Jung, 2449–2491)

Manieren

Zum Aufwachsen in den bürgerlichen Familien gehörte unabdingbar die Aneignung von Manieren. Sie fungierten in diesem Milieu zugleich als Distinktionsmittel. Bestimmte Dinge tat oder ließ man nicht nur, weil es Konvention war, sondern auch, weil man sich durch diese Konvention von anderen sozialen Gruppen, selbst solchen innerhalb des eigenen Milieus unterschied. Manieren eigneten sich die Kinder überwiegend intuitiv an. Die in den meisten Fällen sozial homogene Umgebung, in der die Eltern als Vorbild eine zentrale Rolle spielten, ermöglichte ihnen die fraglose Übernahme der entsprechenden Verhaltensweisen. Einige Befragten gaben an, sich gar nicht an bestimmte Erziehungsmaximen erinnern zu können, sondern, wie Peter Köhler es ausdrückte: »Erziehung in dem eigentlichen Sinne, ja, Erziehung fand eigentlich nur durch Beispiel statt, durch das Sosein der Eltern.« (Köhler, 1510–1512) »Die lebten uns das ja vor«, betonte auch Dieter Reinecke in Bezug auf seine Eltern (1167). Ähnlich antwortete Charlotte Reichert auf die Frage nach den Erziehungsmaximen:

»Und ich kann mich eigentlich gar nich entsinnen, dass wir nun so bewusst erzogen wurden, unsere Eltern hatten so 'ne Art Vorbildscharakter. Und es wäre uns niemals eingefallen, ihnen zuzumuten, nach Hause zu kommen und [in der Schule] sitzen geblieben zu sein. Also, es waren einfach Dinge [lacht], die waren nich möglich. [lacht] Und es waren eben auch Dinge, die tat man nicht. [P] Und insofern war das einfach durch, na und das Umfeld der Onkel und Tanten und Nichten und Neffen, das war ja alles ähnlich, nech. Wir wurden alle ähnlich in diesem Sinne erzogen. So [P] ist man, und so hat man zu sein und so. Dass wir das dann alle nich immer so einhielten, und manchmal dachten: ›Oh Gott, was würden unsere Eltern nun dazu sagen?‹, das steht auf 'm andern Blatt. Aber diesen, diese Art des Vorbildcharakters, den hatte man doch.« (Reichert, 3729–3746)

Das elterliche Vorbild, aber sicher auch der mehr oder weniger sanfte Druck brachte die Kinder dazu, Bekannte auf der Straße zu grüßen, sich zu bedanken, rücksichtsvoll und höflich zu sein, sich zu entschuldigen, wenn sie etwas angestellt hatten, Verwandtenbesuche zu machen und Briefe zu schreiben. Die Kinder der Geschäftsleute konnten die Verhaltensregeln am Beispiel ihrer in der städtischen Öffentlichkeit agierenden Eltern unmittelbar ablesen, wie Karl-Heinz Jung sehr eindrucksvoll erzählte:

»Es war eine beständige Welt. Die nicht, das Bild, was man bekam und was man sich selber denn machte, und wenn ich über die Straße ging, denn sah ich, wie sich mein Vater, der stand immer da, und denn zog also [der] vor jedem Zweiten den Hut. Und jeder grüßte den. Man kannte sich eben, nich wahr. Das war bei dieser kleinen Stadt so. Und denn wars selbstverständlich, dass nebenan der Photograph Langhorn, nich wahr, ›Guten Morgen, Herr Langhorn‹ und so weiter. Und dann Deuerlichsche Buchhandlung ›Morgen‹ und so weiter. Das ging so ganz weiter, nich wahr, die ganze Weender Straße runter.« (Jung, 288–298)

Das elterliche Vorbild ermöglichte ihm die Aneignung von »Lebensart«, wie er es nannte (Jung, 2710). Aber auch andere Kinder erlernten das Grüßen am Beispiel ihrer Eltern. Dieter Reinecke sagte über seinen Vater, der Lehrer war: »[...] selber alter Göttinger, der kannte also alles, und er ging durch Göttingen, und jeder grüßte ihn, nech. [lacht] Man kannte ihn durchaus.« (10–13)

Es gab jedoch auch Eltern, die in Bezug auf die Manieren relativ locker waren. Sie erwiesen ihren Kindern damit nicht unbedingt einen Gefallen. Lisa Bornemann, die auf dem Dorf groß geworden und mit zehn Jahren nach Göttingen in den Haushalt ihres Großvaters gekommen war, um hier die Höhere Schule zu besuchen, erinnerte sich, dass sie öfter angeeckt sei:

»[...] in einem habe ich meinen Eltern angekreidet, dass se mir nicht genug Formen beigebracht haben, und das war, als ich nun hier nach Göttingen kam, und man machte ja damals noch 'n Knicks, aber dabei hatte ich so Unsicherheiten, so bei den Eltern von den etwas älteren Spielkameradinnen, die so ums Haus wohnten, da hab ich mir wohl sicher mal irgendwie diesen oder jenen Lapsus geleistet, und hatte da auch so gewisse Unsicherheiten dann, weil ich ausgelacht wurde, und da habe ich mir gesagt: ›Das mach ich mit meinen Kindern [anders], denen bring ich das mal besser bei‹.« (Bornemann, 4160–4171)

Zu dem Komplex der Manieren gehörten auch die Tischsitten. Zunächst einmal war es wichtig, dass die Kinder pünktlich zum Essen zu Hause waren. Das galt vor allem dort, wo, wie in den meisten Familien, der Vater mittags nach Hause kam. Die Unterrichtszeiten der Schulkinder und die Mittagspause des Vaters mussten daher so aufeinander abgestimmt werden, dass noch ausreichend Zeit für das gemeinsame Essen, unter Umständen auch noch für ein Mittagsschläfchen des Vaters blieb. In fast allen Interviews wird Pünktlichkeit beim Mittagessen erwähnt. Selbst Peter Köhler, der ansonsten ohne viele Regeln und Zwänge aufwuchs, fiel bei der Frage nach Regeln und Geboten als Erstes ein: »Ja, man sollte zum Essen pünktlich sein. Das war also ganz klar.« (1515f.) In Bodo Heises Familie wurde Unpünktlichkeit streng geahndet. Wer nicht rechtzeitig zum Essen erschien, bekam nichts mehr (Heise, 3982). Nur wenige Kinder durften noch nach der Schule auf dem Schulhof spielen oder mit den Freundinnen gemächlich nach Hause bummeln.

Während in Lisa Bornemanns Familie nur wenig auf die Tischsitten geachtet wurde, hatten sie in Ursula Zimmermanns Familie einen wichtigen Platz:

»Ja, da wurde sehr streng drauf geachtet, also vor allen Dingen auch von den Großeltern. Das sah man als Schule für das Leben an, dass man sich überall gut betragen konnte. Und da hatten wir auch Vorbilder, vor allen Dingen einen Onkel, der sehr im internationalen Geschäft stand und weit rumgereist war, und der wusste genau, wie man Obst schneidet und wie man dies macht und das macht. Das wurde einem dann schon von klein auf beigebracht.« (Zimmermann, 1622–1632)

Waltraud Neuberts Mutter achtete darauf, dass die Kinder anständig angezogen bei Tisch erschienen, also beispielsweise nicht in Tennisbekleidung, und sich die Hände gewaschen hatten. Auch Heinz Zöllner saß bei seinen Eltern »schön manierlich« am Tisch (2269). Dora Markwart fasste die Regeln zusammen:

»›Mit vollem Munde spricht man nicht!‹ und ›Wenn die Erwachsenen sprechen, sprecht Ihr auch nicht!‹, ›Nicht dazwischen reden!‹ und ›Was auf 'm Teller ist, wird aufgegessen!‹ Diese, diese ganze Dinge, die wurden durchaus exerziert, und mäkeln gab's auch nicht.« (Markwart, 3217–3222)

Essen ist mehr als Nahrungsaufnahme, sondern eine soziale Handlung, bei der viele andere Dinge mitverhandelt werden. Sie wird überwölbt von kulturellen Formen, Ritualen, Ge- und Verboten. Die individuellen Neigungen, Vorlieben und Abneigungen entwickeln sich dabei und werden zugleich kulturell geformt.[5] Ein integraler Bestandteil von Mahlzeiten ist die Disziplinierung der Kinder.[6] Das gilt auch für den Untersuchungszeitraum. Aus den Interviews wird deutlich, wie hoch besetzt die Essenssituation für Eltern und Kinder gewesen ist. Es erstaunt deshalb nicht, dass von vielen Befragten qualvolle Essenssituationen beschrieben werden. Gisela Apel erinnerte sich, sehr lange beim Mittagessen gesessen zu haben, bis sie den letzten Bissen hinuntergeschluckt hatte.

»Ich aß unendlich langsam, und dann nach dem Motto ›Was auf den Tisch kommt, muss aufgegessen werden‹ saß ich bis zu anderthalb Stunden da noch vor dem Teller. Meiner Mutter tat es sicher leid. Aber sie ging davon nich ab. Und wenns kalt ist. Und ich glaub ich hab so 70, 80 Mal jeden Bissen gekaut.« (Apel, 2746–2753)

Marie Ohlendorf wurde angedroht, die Essensreste vom Mittag bei der nächsten Mahlzeit wieder vorgesetzt zu bekommen (1838). Bei Hans Scholz blieb es nicht bei dieser Drohung (1903). Die Regel, »aufzuessen«, war, wie er sagte, »eisernes Gesetz«. Zum Teil wurde dabei auch Gewalt angewendet, wie sich Peter Köhler erinnerte:

»Ja, ja, das da wurde Wert drauf gelegt, und als ich noch sehr viel kleiner, als ich noch sehr viel kleiner war, da weiß ich noch, dass wir da Mädchen hatten, die außerordentlich streng waren. Das waren Hausgehilfinnen oder Kindermädchen vielleicht, muss man sagen, die einem das reinlöffelten, wenn man was nicht wollte, und wenn man das ausgespuckt hatte, kriegte man das wieder reingelöffelt, also das war [lacht] sehr, sehr, sehr streng und sehr grob.« (Köhler, 1688–1696)

Elke Engelmann verurteilte noch im Nachhinein das Verhalten ihrer Eltern in Bezug auf das Aufessen als zu streng (3844). Es gab nur wenige Ausnahmen:

»[…] also es war so. Wir mussten alles essen. Auch was wir nich mochten, aber Nachtisch, das brauchten wir nicht. Dann hieß es immer: ›Zum Guten wird keiner

---

5 Jeggle, »Eßgewohnheit«, S. 190. Zur Mahlzeit als soziologischer Tatsache vgl. Simmel, »Soziologie der Mahlzeit«, S. 243–250; ähnlich Prahl/Setzwein, *Soziologie der Ernährung*, S. 122f.; Karin Becker spricht gar von der »Zivilisierung der Esslust« während des Sozialisationsprozesses (*Gourmand*, S. 34f.).

6 Vgl. dazu Prahl/Setzwein, *Soziologie der Ernährung*, S. 126ff.; ähnlich Kaufmann, *Kochende Leidenschaft*, S. 99.

gezwungen.‹ Gab so bestimmte Redensarten auch, die wenn wir mal nen Nachtisch nicht mochten oder zum Beispiel die Götterspeise, die gab's aber auch fast nie bei uns. Die mochte ich nicht. Das brauchte ich dann nicht essen.« (Engelmann, 8554–8563)

Nur in wenigen Familien ging es lockerer zu. Lisa Bornemann musste wenigstens vom Essen probieren, aber nicht das aufessen, was sie nicht mochte (4639). Auch in Dieter Reineckes Familie scheint die Essenssituation entspannter gewesen zu sein (734).

Erstaunlich wenige Befragte berichteten davon, mit Lebertran traktiert worden zu sein. Waltraud Neuberts musste ihn vorübergehend wegen einer Knochenschädigung einnehmen (1551f.). Lediglich Elke Engelmann wurde samt ihren Geschwistern damit vom Vater »gequält«. Erst spät bekam sie mit, dass ihr älterer Bruder so schlau gewesen war, den Lebertran nicht hinunterzuschlucken und ihn anschließend ins Klo zu spucken (Engelmann, 8431).

Ein weiterer kritischer Punkt war die Konversation bei Tisch. Normalerweise ist die Mahlzeit mit Gesprächen verbunden. Erst mit der Kommunikation wird aus der Mahlzeit eine komplette soziale Handlung.[7] Die Maxime: »Mit vollem Munde spricht man nicht!«, verweist auf die doppelte Funktion des Mundes beim Essen. Wegen der Gespräche können Mahlzeiten aber auch konflikthaft verlaufen.[8] In einigen Familien hatten die Kinder beim Essen ruhig zu sein oder durften nur reden, wenn sie gefragt wurden (Pieper, 4607; Diederichs, 271), in anderen waren die Kinder von sich aus schweigsam, weil sie nicht über die Schule ausgefragt werden wollten (Heise, 4170). Bei Rolf Pieper fiel beides zusammen (228–236). In wieder anderen Familien fanden intensive Gespräche statt (Linke, 1923; Bornemann, 10766). Lisa Bornemann erlebte die beiden Extreme am eigenen Leib: Während sie und ihre Geschwister im Elternhaus unbeschränkt reden durften, musste sie im Hause ihres Großvaters bei Tisch schweigen (Bornemann, 10769).

Gespräche haben für das Zusammengehörigkeitsgefühl der Familie enorme Bedeutung. In ihnen werden kulturelle Traditionen von einer Generation an die andere weitergegeben, werden soziale und politische Erfah-

---

[7] Vgl. dazu auch Audehm/Wulf/Zirfas, »Rituale«, S. 434.
[8] So Becker, *Gourmand*, S. 73. Bossard und Boll (*Child development*, S. 136–138) haben in ihrer Klassifikation von Mahlzeiten einen Typus »domestic warfare« aufgenommen, bei dem in 80 bis 90 Prozent der Gespräche Streitigkeiten die Regel seien (zititiert nach Keppler, *Tischgespräche,* S. 48).

rungen vermittelt, aber auch Strategien der Konfliktlösung etabliert.[9] Rudolf Linke schätzte die Gespräche am häuslichen Mittagstisch sehr. Der viel beschäftigte Vater, den die Kinder sonst nicht oft sahen, hatte dann Zeit für sie, wandte sich ihnen zu und erzählte »phantastisch« (Linke, 1933). Als die Familie, vermutlich mit Beginn des Zweiten Weltkriegs, ein Radio anschaffte, änderte sich die Situation bei der Mahlzeit allerdings grundlegend:

»Und um zwei kamen Nachrichten und natürlich es passierte ja immerzu was Aufregendes und dann wollte mein Vater auch dann natürlich die Nachrichten nich verpassen. Der stellte dann schon mal das Radio [an]. Und dann waren die Mahlzeiten kaputt. Und also das haben ich und meine Schwester und also mein älterer Bruder vermutlich, mit dem hab ich darüber nich gesprochen, aber ich nehme an, dass der's auch eben so empfunden hat, ne. Das darum haben wir also das, das Radio ham wir gehasst.« (Linke, 1975–1985)

Die bisher beschriebenen geforderten und den Kindern antrainierten Verhaltensweisen wie Höflichkeit und Rücksichtnahme, angemessene Kleidung, ordentliche Frisur sowie Gehorsam gegenüber Anordnungen von Eltern und anderen Erwachsenen gehören zu den Basisregeln angemessenen Verhaltens. Daneben gab es einen Komplex von Regeln, der das sozialadäquate, das heißt ein dem sozialen Status des Elternhauses entsprechendes Verhalten umfasst, das über die genannten Eigenschaften hinausgeht. Am Beispiel von zwei Befragten lässt sich zeigen, dass diese Regeln unterschiedliche Schwerpunkte hatten, die der Zugehörigkeit der Familien zu unterschiedlichen Fraktionen des Göttinger Bürgertums entsprachen.

Karl-Heinz Jung, Sohn eines in Göttingen bekannten Geschäftsmanns, lernte von klein auf, sich in dem Milieu der Geschäftsleute in der Innenstadt zu bewegen und sich angemessen zu verhalten. Er beschrieb sehr eindringlich, wie er auf- und in diese Welt hineingewachsen ist:

»[…] also einmal war gegenüber der Schuhmacher Such fort. [lacht] Mit seinen Schuhen. Denn kam der, denn kam nen Optiker. Und denn kam der Zigarrenladen Krische. Und da kann ich mich entsinnen, da bin ich schon vor meiner, bevor ich in die Schule ging, bin ich immer rübergegangen zu Onkel Krische, habe mich denn auf den Lederstuhl da gesetzt und beobachtet, wie er denn alten Offizieren ne Zigarre verkaufte. Und die sie denn da im Laden ansteckten und genossen. Ob sie auch gut war. Und dann war mit Havanna-Deckblatt und so weiter. Und da hat-

---

[9] Keppler, *Tischgespräche*, S. 27. Wierlacher spricht gar von »Krieg und Barbarei« bei Tisch (»Der ›wahre Feinschmecker‹«, S. 280).

te er son Gerät, wo die Flamme denn aufging und wo er die Zigarre so ranhielt, nich wahr. Und denn wieder schnappte das wieder hoch.« (Jung, 227–239)

Zu den spezifischen Normen, die Karl-Heinz Jung kennen und beherzigen lernen musste, gehörten auch solche, die die Beziehungen der Kinder untereinander tangierten. Man grüßte sich nicht nur in der Göttinger Kaufmannschaft:

»Und dann durfte man sich auch nich mit dem Sohn da von dem andern prügeln, nich wahr. Also das war doch immerhin ein Kunde von uns. [lacht] Und der Vater [sagte] ›Musst Du dich doch entsprechend benehmen!‹« (Jung, 329–333)

Nicht so ausgeprägt wie Karl-Heinz Jung, aber auch sehr ausführlich äußerte sich Rolf Pieper. Er lernte im Elternhaus, dass die Familie nur in bestimmten Geschäften kaufte, die, wie er vermutete, von Kollegen des Vaters empfohlen worden waren oder von einem Regimentskameraden des Vaters aus dem Ersten Weltkrieg geführt wurden. Eine weitere Maxime, die auch Karl-Heinz Jung beherzigen lernte, lautete: »im Warenhaus wurde grundsätzlich nicht gekauft« (782f.). Begründet wurde das mit der Notwendigkeit, die Handwerker und Einzelhändler unterstützen zu müssen. Vermutlich verbrämte diese Argumentation einen antisemitischen Vorbehalt, standen doch die wenigen ersten Warenhäuser im Geruch, jüdische Eigentümer zu haben.[10] Zum sozialadäquaten Verhalten, das lernte Rolf Pieper, dessen Vater ein bekannter Hochschullehrer war, gehörte vor allem die ausgeprägte soziale Distanzierung der Universitätsakademiker von großen Teilen des Bürgertums. Man vermied nicht nur gesellige Kontakte mit Geschäftsleuten, die als nicht ebenbürtig betrachtet wurden (Pieper, 295–298), sondern akzeptierte noch nicht einmal alle Akademiker. Sozial akzeptabel waren eigentlich nur die an der Universität beschäftigten und dort vermutlich auch nur die Ordinarien. Das Ergebnis war ein Leben mit

»diesen bestimmten Einschränkungen, die es also dann doch bei uns gab: ›Mit denen verkehrt man nicht‹ oder ›Mit denen, das ist ja doch auch nur seicht‹, oder Ähnliches, nech?« (Pieper, 8088–8091)

So deutlich wie bei Karl-Heinz Jung und Rolf Pieper wird in keinem anderen Interview erkennbar, wie stark das Heranwachsen der Kinder identisch war mit dem Hineinwachsen in eine bestimmte Position in der sozialen

---

10 Bruns-Wüstefeld (*Lohnende Geschäfte*, S. 45f.) weist darauf hin, dass entgegen dem Vorurteil, Kaufhäuser seien vornehmlich in jüdischer Hand, in Göttingen nur eines der fünf größten Kaufhäuser, die Fa. Louis Gräfenberg, jüdische Inhaber hatte.

Hierarchie und dem Erlernen der damit verbundenen Normen und Verhaltensweisen, die entsprechenden Distinktionsmechanismen eingeschlossen. In den Erzählungen von zwei anderen Männern schimmert an kleinen Episoden durch, dass auch in anderen Familien »standesgemäßes Verhalten« durchaus auf dem Lehrplan für die Kinder stand, auch wenn die Kriterien nicht immer ganz sicher waren.

Peter Köhler, Sohn eines bekannten, freiberuflich arbeitenden Akademikers, pflückte zusammen mit Geschwistern und anderen Kindern im Wald die ersten Himmelschlüssel und bot sie in den Häusern (vermutlich der Nachbarschaft) zum Kauf an. Als das seinem Vater zu Ohren kam, wurde die Aktion von diesem schnell unterbunden. »Na, so was kann der Sohn vom Internisten Köhler doch nicht machen!« (Köhler, 306f.), referierte Peter Köhler die dahinter stehende Regel.

Dieter Reinecke hingegen erlebte, dass die Maßstäbe seines Vaters von denen seiner Freunde und Bekannten abweichen konnten. Um ein bisschen Geld zum Taschengeld hinzuzuverdienen, verdingte er sich als Balljunge auf einem Tennisplatz:

> »Und ein Kollege meines Vaters sah uns da, sagte dann zu meinem Vater nachher: ›Sagen Se mal, Herr Kollege, Ihr Sohn sammelt Tennisbälle auf?‹ ›Ja‹, sagte mein Vater, ›macht das was? Dann weiß er, wie schwer's ist, Geld zu verdienen.‹ [lacht] Nech!« (Reinecke, 956–961)

Bildung

Die Kinder des Göttinger Bürgertums wurden früh mit bürgerlicher Bildung vertraut gemacht. Lange bevor sie in den Höheren Schulen in den klassischen Kanon eingeführt wurden, hatten sie in ihren Elternhäusern damit bereits Bekanntschaft gemacht. In manchen Familien gaben Mutter oder Vater von sich aus Leseempfehlungen und führten dadurch die Kinder aus der Kinderliteratur heraus und an »gehobene« Literatur heran. Obwohl beide Eltern gern lasen, hatte Erich Ilsemann als Kind damit nicht viel im Sinn gehabt. Nachdem seine Mutter ihn im Pubertätsalter auf die städtische Volksbücherei hingewiesen hatte, entwickelte er sich zu einem begeisterten Leser (726). In einigen Familien gab es allerdings auch »verbotene« Bücher. Charlotte Reichert durfte nicht die Geschichten aus 1001 Nacht lesen (1682), Bodo Heise und Hans Scholz hatten Karl-May-Verbot (Heise, 5744; Scholz, 1461). In Rolf Piepers Elternhaus standen »klinische«

Bücher, aus denen er sich Aufklärung erhoffte, nicht im Bücherschrank, sondern in einem Glasschrank etwas verborgen unter Photoalben und insofern fast unter Verschluss. Daraus bediente er sich heimlich in einem Alter, in dem er Wesentliches noch nicht völlig verstand (Pieper, 4881). Gisela Apel erinnerte sich, sie habe »so alles durchgelesen, was bei uns im Bücherschrank stand. Es war nicht ganz erlaubt. Ich machte es so halb heimlich.« (4711–4713)

Es waren vor allem die Frauen, die berichteten, viel und gern gelesen zu haben. Charlotte Reichert bezeichnete sich gar als »Bücherwurm« (2170). Sie erwähnte auch, wie selbstverständlich in ihrem Elternhaus Lektüre in den Tageslauf eingebunden war:

»Wir hatten ja auch kein Radio, kein Fernsehen, wir lasen, wir lasen noch und noch. Jeden Abend, na ja, das war Kindheit so um zehn, und dann ja vor allem im Teenageralter im Krieg, da saßen wir in unserer Bibliotheksecke, Schale Äppel auf 'm Tisch und lasen.« (Reichert, 1668–1673)

Der Umgang mit Literatur, der Erwerb »klassischer« Bildung bereits vor der Schule und über das hinaus, was sie vermittelte, war für die meisten Kinder dieses Milieus selbstverständlich. Privilegiert waren sie jedoch nicht nur im Hinblick auf Literatur. Auch der Zugang zu den anderen Formen klassischer Bildung, wie Konzerte, Theater, Oper und Operette, die allesamt das Göttinger Stadttheater anbot, wurde vielen frühzeitig vom Elternhaus ermöglicht. Bereits die jungen Kinder wurden in Aufführungen von Weihnachtsmärchen geführt. »Peterchens Mondfahrt« tauchte in vielen Erzählungen auf. Einige gingen häufiger ins Theater, andere nur gelegentlich. Das entsprach nicht nur dem Alter, sondern vor allem auch den doch recht unterschiedlichen finanziellen Möglichkeiten. Selbst die Eltern hatten nicht alle ein Abonnement.

Eine frühe und außergewöhnlich intensive »Theater-Sozialisation« hat Charlotte Reichert erlebt, die in einem sehr wohlhabenden Elternhaus aufwuchs. Ihre Eltern hatten ein Abonnement und nahmen das Kind oft mit. Aber auch in Hannover, wo Verwandte der Familie wohnten, konnte sie gelegentlich ins Theater gehen. Bereits zu Beginn ihrer Erzählung kam sie auf das Theater zu sprechen und unterstrich dadurch dessen Relevanz:

»So dann spielte eine ganz große Rolle in meiner Kindheit das Theater. Und zwar hat mein Vater mich sehr früh in das Göttinger Stadttheater mitgenommen, […] Und es war schon damals immer ein gutes Theater, wurde nachher ja unter Sellner und Hilpert ganz groß. Aber es war auch damals schon ein gutes Theater, ein gutes Orchester, und ich lernte die ersten Opern dort kennen, dann kriegte ich diesen [P] dieses Grammophon [lacht] da hingestellt auf mein Zimmer und kriegte, kaufte dann Platten dazu. Also das spielte eine ganz große Rolle in meiner Kindheit und nachher noch eine viel stärkere dann in meinem im Teenageralter, weil ich da nun rangeführt war […].« (Reichert, 159–175)

Als circa zehnjähriges Kind spielte sie mit Freundinnen und Freunden die Theaterstücke nach, wozu die Eltern eingeladen wurden (Reichert, 1025). Später in der Oberschule sei Theater auch ein Thema in der Klasse unter ihren Schulfreundinnen gewesen (Reichert, 181, 3377). In ihrer Jugend schwärmte Charlotte Reichert dann für die Schauspieler des Stadttheaters (2186). Eine besondere Erfahrung war für sie, etwa 13 bis 14-jährig als Statistin selbst auf der Bühne zu stehen und »diese Theaterluft« zu schnuppern (Reichert, 3413). Für sie sei es bei Vergehen die schlimmste Strafe gewesen, von ihren Eltern vom nächsten Theaterbesuch ausgeschlossen worden zu sein (Reichert, 3830).

Ein Theaterbesuch war aber mehr als ein Bildungsereignis. Vor allem, und das gilt für kleinere Städte wie Göttingen in besonderem Maße, war er ein Höhepunkt des sozialen Lebens. Man ging eben auch ins Theater, um dort gesehen zu werden. Das wird in Charlotte Reicherts Erinnerungen sehr deutlich sichtbar und mag zu der Faszination beigetragen haben, die das Theater auf sie ausübte:

»Und meine Mutter ging hin ja regelmäßig, war ja abonniert, ins Theater, und da zog man sich dann auch danach an. Meine Mutter immer in großer Robe, und ich musste ihr beim Anziehen helfen, was ich ja auch schon, da war ich ja noch 'n Kind, und dann mein Vater mit 'nem dunklen Anzuch natürlich und dann 'n Taxi, und dann fuhr man ins Theater, nech. Das war aber ein Ereignis, ein gesellschaftliches Ereignis. Und man ging in wirklich in festlicher Kleidung.« (Reichert, 3432–3442)

Darüber hinaus verschafften die Theaterbesuche den Kindern nicht nur einen Wissensvorsprung vor Gleichaltrigen, sondern erleichterten ihnen auch den Zugang zu den Stücken und deren Interpretation. Auch dies hat Charlotte Reichert erfahren und sehr plastisch beschrieben:

»Aber dann war ich ja sehr [für] Schiller und Goethe. Dann ›Die Räuber‹. ›Die Räuber!‹ Da war ja nun meine große Liebe. Da war ein Schauspieler, also den vergötterte ich, und der verkörperte die klassischen Helden. Also den Mohr und Karl Mohr, […] ›Die Räuber‹ konnt ich auswendig. Sobald sie da auf'n [lacht] ich las das und dann musste ich 'n Aufsatz drüber schreiben, wurde sofort mit 1 bewertet, also, das war wunderbar.« (Reichert, 3449–3459)

Nicht so intensiv, aber ähnlich enthusiastisch haben sich mehrere Frauen über die Bedeutung des Theaters geäußert. Marie Ohlendorf sprach von einer »Theaterphase« in ihrem Leben, die mit circa 14 Jahren einsetzte (3221). Auch Rosa Markwart verortete ihre Theaterbegeisterung in der Pubertät (528). Oft verband sich das mit Schwärmerei für Schauspieler, die schon Charlotte Reichert erwähnte. Auch in Lisa Bornemanns Schulklasse gab es eine Clique von Mädchen, die »scharwenzelten ums Theater rum und kannten die Schauspieler [...]« (4336f.).

Bei den männlichen Befragten rief das Theater nicht so viel Begeisterung hervor. Das könnte an der Geschlechtszugehörigkeit, aber auch an den Elternhäusern, deren Interessen und finanziellen Möglichkeiten gelegen haben. Der einzige, der in der Pubertät seine »Theaterleidenschaft« entdeckte und sogar den Wunsch entwickelte, später beruflich am Theater zu arbeiten, war Rolf Pieper (4575). Auch in seinem Fall hatten die Eltern dazu den Weg geebnet. Die Mutter hatte ursprünglich Schauspielerin werden wollen, beide Eltern besuchten regelmäßig das Theater. Rolf Pieper studierte zudem die Theaterkritiken im Feuilleton der Parteizeitung »Völkischer Beobachter« (4979). Er hätte in seiner Göttinger Zeit (also in Kindheit und Jugend) »die wichtigsten Stücke der Theatergeschichte von Sophokles angefangen über Shakespeare und Calderon bis natürlich Schiller und Goethe« gesehen (Pieper, 378). Die Eltern standen seinem Interesse wohlwollend gegenüber und förderten es (Pieper, 4572). Ansonsten berichtete nur noch Karl-Heinz Jung, dass er viel in Konzerte ging, um die Dirigenten aus der Nähe erleben zu können (2067). Alle anderen Jungen gingen, wie auch einige der Mädchen, nur gelegentlich mal ins Theater. Erst über den von der Hitler-Jugend initiierten Besucherring, an dessen Organisation einige der Befragten beteiligt gewesen sind, kamen sie als Heranwachsende regelmäßiger ins Theater. Im Gegensatz zu heute – und das betonen fast alle, die sich dazu geäußert haben – bot das Theater die »Klassik von vorne bis hinten« (Markwart, 565f.). Es handelte sich dabei um »diese schönen klassischen Aufführungen, noch [...] keine Experimente« (Reichert, 3379f.).

Einigen Kindern wurde durch die Eltern auch der Zugang zu Museen und anderen Ausstellungen eröffnet. Rosa Conrad erinnerte sich nicht nur an Besuche der Göttinger Museen, sondern auch an Fahrten zur Gemäldegalerie Kassel. Anlässlich von Verwandtenbesuchen ging sie mit ihrer Mutter in Ausstellungen in München (Conrad, 4020ff.). Im Gegensatz zu ihren positiv gefärbten Erinnerungen zeigt sich in Bodo Heises Erzählung, dass elterliche Bemühungen durchaus auch weniger enthusiastisch wahrgenommen werden konnten. Sein bildungsbeflissener Vater führte Frau und Söhne »zwangsweise« in jedem Urlaub in ein Schloss oder Museum:

»[...] nicht freiwillig, das geb ich gerne zu. Deswegen sind wir auch zu Hause in Göttingen nie in ein Museum gegangen. Freiwillig. Vielleicht mal sind wir da gewesen mit der Schule, das kann ich gar nich mal so sehr sagen. Aber – unser Vater war eben sehr an alten Dingen interessiert, vor allem das, was von Griechenland und Rom kam. Pergamon-Museum in Berlin zum Beispiel. Und dann Schlösser mussten wir mit angucken. Augsburger Schloß, sagte ich gestern schon, wär schrecklich gewesen für uns mit diesen vielen Zimmern.« (Heise, 5949–5963)

Bei den Töchtern aus bürgerlichem Hause gehörte auch in den 1930er Jahren noch die Beherrschung eines Musikinstruments zu ihrer Erziehung und Ausbildung. Die meisten erhielten Klavierunterricht. Nur zwei Mädchen verweigerten sich dem damit verbundenen Drill: Charlotte Reichert war das Klavierspielen mit zu viel Arbeit verbunden (5657) und Waltraud Neubert hatte zeitweise ohnehin nur Interesse fürs Tennisspielen (4266). Aber auch für die Söhne stand in vielen Familien Musikunterricht auf dem Programm. Einige, wie Jürgen Diederichs oder Rolf Pieper, erwiesen sich dabei als »hoffnungslose« Fälle, so dass der Unterricht schnell aufgegeben wurde. Andere, wie Bodo Heise, spielten mit Begeisterung Klavier oder auch Geige, wie Karl-Heinz Jung. Er konnte seine musikalischen Interessen später in der Hitler-Jugend ausleben (Jung, 652). Erich Ilsemann, dessen Eltern weder ein Klavier anschaffen noch für den Sohn Klavierunterricht bezahlen konnten, holte diesen Teil bürgerlicher Sozialisation erst als Erwachsener nach (374). Die frühe Erwähnung in der Eingangserzählung zeigt, wie stark er dies als Mangel empfunden hat.

Über die klassische bürgerliche Bildung hinaus wurden die Kinder noch in anderen Hinsichten gefördert. Neben Nachhilfe für die Schule, die einige nötig hatten, wie Hans Scholz und Rolf Pieper, sorgten sich die Eltern auch um die Gesundheit ihrer Kinder. Zwei Söhne wurden zwecks körperlicher Kräftigung zum »standesgemäßen« Fechtunterricht geschickt. Darüber hinaus – und zusätzlich zum im Dritten Reich erheblich ausgeweiteten Schulsport und den sportlichen Übungen in der Hitler-Jugend – spielten viele Kinder und Jugendliche regelmäßig Tennis, einige erhielten Reitunterricht. Andere Sportarten wie Fußball wurden nicht erwähnt, vermutlich auch nicht im Verein praktiziert, weil ihnen der notwendige bürgerlich-elitäre »touch« fehlte.

Zur »standesgemäßen« Ausbildung der Mädchen und Jungen gehörte zweifellos auch der Besuch der Tanzstunde, der neben dem Tanzen gesellschaftlichen »Schliff« vermittelte und zudem die Annäherung an das andere Geschlecht erlaubte. Mit Ausnahme eines Mädchens, dessen streng religiöse Eltern den Besuch der Tanzstunde offenbar nicht erlaubten, sind alle Frauen zur Tanzstunde gegangen. Allerdings wurde diese für die jüngeren Jahrgänge bereits durch den Krieg überschattet. Marie Ohlendorf bezeichnete ihre Tanzstunde, die vermutlich 1940 oder 1941 stattgefunden hat, bereits als »mickrig« (116), bei der ein Jahr jüngeren Rosa Conrad gab es weder einen Mittel- noch einen Abschlussball. Angesichts der Verschlechterung der Lage an den Fronten wurden die Vergnügungen der Zivilbevölkerung eingeschränkt. Da die Jungen normalerweise beim Besuch der Tanzstunde ein bis zwei Jahre älter waren als die Mädchen, haben die jüngeren männlichen Befragten überhaupt keine Tanzstunde in ihrer Jugendzeit mehr erlebt. Der 1943 ausgerufene »totale Krieg« stand dem entgegen (Pieper, 7067). Nur auf privaten Hausbällen konnten sie, wie Karl-Heinz Jung, noch tanzen lernen.

Die Bedeutung der Familie für die Weitergabe bürgerlicher Werte und Normen, einschließlich des Sozialverhaltens sowie kultureller Kenntnisse und Fähigkeiten, kurz: des bürgerlichen Habitus ist, wie sich aus dem Material ergibt, immens. Ungeachtet eigener Anstrengungen der Kinder ist die Familie und die in ihr und durch sie stattfindende Sozialisation nicht nur die erste, sondern die am stärksten prägende Instanz. Es dürfte deutlich geworden sein, dass diese Vermittlungsprozesse sowohl explizit als auch »nebenbei« erfolgten und die Voraussetzung dafür waren, den Kindern aus den bürgerlichen Familien gegenüber Altersgleichen aus anderen Milieus einen Startvorteil zu sichern, der kaum mehr einzuholen war.[11]

Geschlechtsrollen

Der Prozess des Aufwachsens ist immer auch ein Prozess, in dem die geschlechtliche Identität erworben wird. Die Geschlechtszugehörigkeit haben wir nicht nur qua Geburt, sondern sie wird definiert und zugleich in Interaktionen hergestellt und eindeutig gemacht.[12] Geschlechtsspezifische Er-

---

11 So auch Stecher/Zinnecker, »»Kulturelle Transferbeziehungen««, S. 394ff.
12 Gildemeister/Wetterer, »Zweigeschlechtlichkeit«, S. 201–229. Jede/r Einzelne muss lernen, »das eigene Geschlecht angemessen darzustellen (...) und die Inszenierungen anderer entschlüsseln zu können ...« (Löw/Steets/Stoetzer, *Einführung*, S. 48).

ziehung erfolgt durchgängig und auf verschiedenen Ebenen, in unterschiedlichen Situationen, explizit und implizit. Zu den expliziten Maßnahmen gehören zweifelsohne die verbalisierten Normen oder Erwartungen, die mit dem Geschlecht des Kindes verbunden und mit denen die Heranwachsenden zur Übernahme der richtigen Geschlechtsrolle angeleitet werden. Das sind vor allem jene Aussagen, mit denen bestimmte Verhaltensweisen oder Fähigkeiten den einzelnen Geschlechtern zugeordnet und mit denen die Kinder nicht nur in der Familie, sondern auch im öffentlichen Raum konfrontiert werden. Die Maxime: »Ein Junge weint nicht!«, bedeutet eben im Umkehrschluss auch, dass Mädchen weinen oder es ihnen zumindest erlaubt ist.

Insgesamt haben sich im Hinblick auf den Prozess geschlechtsspezifischer Sozialisation die Männerinterviews als weniger ergiebig erwiesen als die Fraueninterviews. Einige Frauen registrierten teilweise schon als Kinder oder Jugendliche den Druck, der auf sie ausgeübt worden ist, zum Teil reflektierten sie ihn erst später. Wenn Elke Engelmann über ihren Vater sagte: »und er wollte mich schon so in die Frauenrolle drängen« (10377f.), klingt das wie eine späte Bilanzierung. In der Aufzählung all dessen, was ein Mädchen zu sein, zu tun und zu lassen habe, bündelte Marie Ohlendorf die steten Ermahnungen aus ihrer Kindheit:

»N kleines Mädchen hat immer artich zu sein, hat immer Danke schön zu sagen. Hat nich zu viel zu essen und hat [lacht] pünktlich zu Hause zu sein und was alles so. ›Mach dich nich schmutzich!‹ Und ich konnt ne Schürze umhaben, andere machten sich dreckich, unsere Nachbarskinder da, die Leinemänner, die warn immer so – also die – ›Wie die Marie das immer macht, die is immer, die hat ihr Schürzchen um, da is nichts dran. Die is so sauber‹ und so. […] [lacht] Nee, jo, was ham se mir sonst vermittelt? Tjo, Gott. Ich hatte lieb und brav und artich zu sein. Hatte fleißich zu sein inner Schule. [holt tief Luft] Hatte zu gehorchen.« (Ohlendorf, 1821–1833)

In den expliziten Geboten, mit denen Kinder auf den Weg zur »richtigen« Geschlechtsrolle geleitet werden, spiegeln sich zweifelsohne die gesellschaftlichen Vorstellungen davon, was ein »richtiges Mädchen« oder ein »richtiger Junge« ist, am prägnantesten wider. Dennoch spielen sie vermutlich nur eine sekundäre Rolle. Die Geschlechtsrollen werden ständig vermittelt über Kleidung und Frisur, über das Verhalten von Erwachsenen und Kindern, sie drücken sich aus im Verhältnis zum Körper, sie werden verankert über Spiele und Spielzeug, die den Kindern zugewiesen werden, die sie aber auch selbst wählen.

Zu den impliziten Mechanismen, die die Übernahme der Geschlechtsrolle befördern, gehören Vorbilder, die die Kinder vor Augen haben und denen sie nacheifern. Außer den Eltern können auch andere Erwachsene eine Vorbildfunktion übernehmen. Waltraud Neubert orientierte sich beispielsweise stark an ihrer Hamburger Großmutter, bei der sie oft zu Besuch war und deren damenhafte Erscheinung und gepflegter Haushalt ihr imponierten. Die an diesem Vorbild entwickelten Präferenzen zeigten sich in vielen Verhaltensweisen und Vorlieben des Kindes und selbst noch der erwachsenen Frau.

»[…] ich war eigentlich auch immer diejenige, ja, das klingt jetzt komisch, ich war diejenige, die alles gerne schön hatte. Sich schön anzog, die sich nach Möglichkeit drängelte, wir als Kinder kamen zu dreien in die Badewanne oder auch zu zweit oder so, die sich drängelte, da zuerst reinzukommen, die sich die Hände mehr gewaschen hat als die andern [lacht]. Das hatt' ich aber von meiner Großmutter. Die war eine ganz ungeheuer gepflegte Frau, immer mit Seidenblusen und ihr Kleiderschrank, der roch so schön, und das hat mir immer imponiert, und das hab ich so irgendwie übernommen, ne?« (Neubert, 1495–1506)

Als Kind spielte Waltraud Neubert am liebsten mit ihrem kleinen Kochherd (4077), sie arrangierte gerne Blumen in der Vase, bügelte und beschäftigte sich mit Handarbeiten (4831). Damit eiferte sie ebenfalls dem Vorbild der Großmutter nach:

»Und bei der Omi war es immer sehr schön, die handarbeitete viel. Bei der hab ich das gesehen, dass man, wie man Handarbeiten macht, hab ich später immer getan, das hab ich auch selbst gemacht, und die machte Lampenschirme, und die nähte uns Kleider, immer so schöne Hängerchen.« (Neubert, 407–412)

Auf der Oberschule entschied sich Waltraud Neubert später, diesen Vorlieben entsprechend, für den Hauswirtschaftlichen Zweig (3714). Und in anderem Zusammenhang erwähnte sie:

»Komischerweise, sage ich immer, und meine Mutter hat das auch gehabt, aber, wenn ich irgendwas gemacht habe, dann habe ich immer an meine Großmutter gedacht. Ich konnte dieses Ankleidezimmer meiner Großmutter mit den Schränken und mit den Blusen, ihren Schmuckkasten, den Waschtisch, ich habe heute noch die gleiche Seife, die sie immer hatte, das sitzt so drin irgendwie.« (Neubert, 2602–2668)

Neben den Erwachsenen beeinflussen andere Kinder, Freundinnen und Freunde, auch die Geschwister, die konkrete Ausformung der Geschlechtsrolle und den Druck in eine bestimmte Richtung.[13] So wurde beispielsweise Elke Engelmann selbst beim »harmlosen« Spiel mit dem Stereotyp konfrontiert, Jungen seien schlauer als Mädchen. Ihr jüngerer Bruder bestand darauf, dass beim gemeinsamen »Schulespielen« ihre Puppen schlechtere Noten erhielten als sein Bär (er hatte selbstverständlich keine Puppen!) mit der Begründung, »die Jungs wären ja klüger als Mädchen« (Engelmann, 4103f.).

Mädchen wurden stark zur Häuslichkeit angeleitet, während sich die Knaben bei ihren Spielen und Streifzügen in einem größeren räumlichen Radius bewegten, sie mussten eine Schürze tragen und durften sich nicht schmutzig machen. Außerdem übten sie sich im Handarbeiten. Zum Teil geschah das freiwillig, wie bei Waltraud Neubert, die dem Vorbild ihrer Großmutter nacheiferte, zum Teil aufgrund mehr oder weniger starken Drucks. Bodo Heise, der als Kind, dem Beispiel seiner Mutter folgend, Handarbeiten gemacht hat, war allerdings bewusst, wie ungewöhnlich dieses Hobby für einen Jungen war, und bestätigte damit nur die traditionelle Festlegung (8863). Ursula Zimmermann berichtete von ihrer Großmutter, diese habe ihr und ihrer Schwester immer Aufgaben zugeteilt, »weil Kinder nicht unbeschäftigt sein dürften« (3307). Das ist, wenn man »Kinder« durch »Mädchen« ersetzt, die tradierte Haltung, mit der Mädchen zu Haus- und Handarbeiten herangezogen wurden und der schon das Lesen bei einem Mädchen als verdächtig galt.

Im Folgenden sollen die Mechanismen geschlechtsspezifischer Sozialisation am Beispiel von zwei Komplexen ausführlicher dargestellt werden: dem »Bravsein« und der Beteiligung an häuslicher Arbeit.[14] In ihnen spiegelten sich die unterschiedlichen Erwartungen wieder, mit denen Mädchen und Jungen konfrontiert wurden.

Bei den Interviews fällt auf, wie häufig die befragten Frauen die Vokabeln »brav« oder »angepasst« benutzten, um sich generell zu charakterisieren oder auch nur um ein bestimmtes, für sie jedoch typisches Verhalten zu bezeichnen. Marie Ohlendorf fühlte sich als Einzelkind und Halbwaise unter besonders starkem Druck. Auch in der Schule, wo sie eine halbe

---

13 Helga Bilden weist darauf hin, dass sich Kinder »mit dem Alter zunehmend, rigoros im Sinne geschlechtstypischen Verhaltens« sozialisieren (»Geschlechtsspezifische Sozialisation«, S. 287).
14 Die unterschiedlichen Freiräume, die Mädchen und Jungen zugestanden wurden, sind bereits in 3. Kapitel dargestellt worden.

Freistelle hatte, musste sie, um diese zu behalten, fleißig und angepasst sein.

»Ich war n Einzelkind. Und in der damaligen Zeit hatten Einzelkinder, zumal wenn die Halbwaisen waren, brav zu sein, folgsam zu sein, bescheiden zu sein, höflich zu sein. [P] Fleißig. Nich frech. [P] Irgendeiner in der Familie sagte immer: ›Du hast zu gehorchen.‹« (Ohlendorf, 9384–9389)

Auch Gisela Apel wurde von ihren Eltern zum Bravsein erzogen. Sie war es, hasste es aber, als brav zu gelten. Das Schlimmste aber war, anderen Mädchen als Vorbild hingestellt zu werden:

»Ich war sehr brav. Ich also ich war nach außen hin sehr brav. Wie weit das, wie weit das begründet wurde durch meinen schlechten [Gesundheits-] Zustand weiß ich nicht. Und ich hasste das Wort brav. Ich hasste es.Und vor allen Dingen wenn Gleichaltrige, wenn die Mütter von ner Mitschülerin dann in meiner Gegenwart sagten, ›Ruth, guck doch mal die Gisela an. So brav wünschte ich mich, wünschte ich mir dich auch!‹, dann hätte ich mit Krallen auf sie losgehen können.« (Apel, 2890–2899)

Die Bezeichnung »brav« hat in den Erinnerungen noch andere Bedeutungen. Sie wird auch benutzt, um die Anpassung im Äußeren, also bei der Kleidung zu beschreiben, wie zum Beispiel von Dora Markwart, die auf die Frage, wie sie als kleines Mädchen gekleidet gewesen sei, antwortete:

»Oh immer sehr brav mit, auch mit Schürze und Faltenröckchen und so 'ner großen Schleife auf 'n Kopf, und nachher hatte ich dann ganz lange Zöpfe bis in die Taille [...].« (Markwart, 3325–3328)

Auch Lisa Bornemann bezeichnete sich als »brav«, weil sie noch in der Sexta mit Schürze in die Schule gegangen und damit eine der letzten gewesen sei, die die Schürze abgelegt habe (3518). »Braver« sehen sich die Frauen aber auch im Vergleich zu den Jungen (Engelmann, 5120; Apel, 445) und zu heutigen Kindern. So betonte Christa Fröhlich: »Ich weiß nicht, also ich möcht' ja fast sagen, wir waren vielleicht braver als die Kinder heute, aber [...]« (395–397). Und Dora Markwart beschreibt sich und ihre Altersgenossinnen im Vergleich zu heute: »alle 'nen bisschen braver, verängstigter vielleicht auch« (5100f.).

Während fast alle Frauen den Begriff »brav« in irgendeinem Zusammenhang auf sich selbst bezogen und damit eine Verhaltensweise oder einen Charakterzug betonten, benutzten nur zwei der männlichen Befragten diese Vokabel. In beiden Fällen wird sie als sehr allgemeine Charakterisierung verwendet. So sprach Peter Köhler davon, »brav und sparsam« erzogen worden zu sein (333), obwohl er sich in seinen Erinnerungen nicht als ein besonders angepasstes Kind darstellte. Rolf Pieper schwächte den Begriff sehr realistisch ab, als er sagte: »wir waren doch relativ brav« (4689).

Jungen mussten nicht unbedingt »brav« sein. Weniger angepasstes Verhalten wurde bei einem Knaben noch akzeptiert, auch wenn als Konsequenz gelegentlich Prügel drohten. »Angepasst sein« war für Mädchen viel zentraler als für Knaben, für die Durchsetzungsvermögen, auch Eigensinn normalerweise als notwendig erachtet und geschätzt wurden. Dementsprechend wundert es nicht, dass in den Fraueninterviews auch der Komplex »Manieren« und »Benehmen« öfter thematisiert worden ist als in den Gesprächen mit den männlichen Befragten. Es mag aber auch sein, dass der Gebrauch des Begriffes »brav« durch die Frauen eine Folge seiner weiblichen Konnotierung ist. Wenn das Wort »brav« vorwiegend zur Charakterisierung von Mädchen (und Frauen) verwendet wird, ist es nicht verwunderlich, dass Männer es selten in Bezug auf sich selbst verwenden.

Es wurde schon erwähnt, dass die Kinder in diesen bürgerlichen Familien insgesamt wenig zu Haus- oder Gartenarbeit herangezogen wurden, da es in vielen Haushalten Personal gab. Wo Kinder beiderlei Geschlechts zusammen aufwuchsen, mussten die Mädchen mehr helfen als die Jungen. Insbesondere bildete sich schon früh die klassische geschlechtsspezifische Arbeitsteilung aus. Die Mädchen registrierten das zum Teil bereits in ihrer Kindheit, zum Teil erst als Erwachsene. Hinweise auf derartige Ungleichbehandlungen finden sich nur in den Fraueninterviews. Ihre von der geschlechtsspezifischen Arbeitsteilung normalerweise begünstigten Brüder dürften dieses Privileg selten registriert haben. Von den befragten Männern, die zusammen mit Schwestern aufgewachsen sind, hat keiner von deren größerer Arbeitsbelastung berichtet – vermutlich nicht weil es sie nicht gab, sondern weil sie selbstverständlich war und daher nicht aufgefallen ist.

Elke Engelmann gehörte zu jenen Mädchen, die relativ viel Hausarbeit machen mussten. Das lag vor allem daran, dass die finanziellen Verhältnisse der Familie nur die Beschäftigung eines Hausmädchens, zeitweise auch nur einer Zugehfrau erlaubten. Außerdem war sie praktisch veranlagt und ihre in Haushaltsdingen nicht so versierte Mutter griff deshalb gerne auf die Hilfe der Tochter zurück. Elke Engelmann begründete ihre Vorliebe für Besuche bei einer Freundin mit den Worten:

»Ich wurde da immer gastlich aufgenommen. Und vor allem brauchte ich da nie zu helfen. Zu Hause musste ich immer helfen, als einziges Mädchen. ›Ach Elke, mach mal dies!‹ ›Ach Elke, du kannst das doch!‹ und so. Das hab ich manchmal gehasst.

Meine Mutter war nicht so sehr praktisch. Sie war sehr bescheiden und auch genial, hat sich mit vielem zurechtgefunden, aber nicht, im Grunde nicht so sehr praktisch. Ich war die Praktischere immer. Und das fand ich manchmal doch, fand das immer bei Annelies viel schöner, da brauchte man nicht soviel zu helfen.« (Engelmann, 2521–2531)

Allerdings ließ die Mutter den Söhnen auch nicht alles durchgehen. Als der ältere Sohn zum wiederholten Male ein Handtuch verdreckt hatte, weil er sich zu flüchtig die Hände gewaschen hatte, musste er es eigenhändig waschen. Elke Engelmann resümierte:

»So machte meine Mutter das. Es war nicht so, dass ich nur helfen musste. Meine Brüder mussten auch. Aber ich doch wohl noch'n bisschen mehr. Ich war auch vielleicht die Willigste.« (Engelmann, 4031–4034)

Stärker noch als die Mutter habe der Vater das traditionelle Rollenverständnis gehabt und praktiziert (Engelmann, 4036).

Lisa Bornemann, die mit mehreren Brüdern und einer Schwester aufwuchs, betonte, dass alle Kinder zu häuslichen Arbeiten herangezogen wurden. Zum Beispiel mussten alle bei der großen Wäsche helfen, abtrocknen, Holz aufschichten und so weiter (Bornemann, 119). Darauf, dass sich gleichwohl geschlechtsspezifische Arbeitsteilungen durchgesetzt hatten, wurde Lisa Bornemann dann erst von ihrem späteren Ehemann aufmerksam gemacht: Ihr Mann sagte: »Hör mal, dass du bei Tisch aufstehst und Sachen nachholst, das ist doch nicht einsehbar. Und die Brüder sitzen da und lassen sich bedienen.« (Bornemann, 3394–3397)

Die eigenen Beschränkungen und Benachteiligungen erlebten Mädchen vor allem im Kontrast zu ihren an einer längeren »Leine« aufwachsenden Brüdern. Die Schilderung einer Deutschland-Radtour, die ihr älterer Bruder zu Beginn des Krieges allein machen durfte, beendete Elke Engelmann mit dem Kommentar: »Ich hätte das nie gedurft. Ich hatte auch gar nicht son gutes Rad« (8843–8845). Lisa Bornemanns Mutter machte mit den Söhnen mehrtägige Radtouren, mit den Töchtern nicht (3310). Dora Markwart erlebte als Kind, dass der nachgeborene Bruder »selbstverständlich« als der Erbe des Familien-Unternehmens angesehen wurde. Zu ihrer Geburt, sie war das zweite Kind und die zweite Tochter, habe der Großvater ihrer Mutter sogar kondoliert (Markwart, 45). Auch wenn das zweifellos scherzhaft gemeint gewesen ist, so eben doch nur zum Teil.

Widerständigkeiten

Die meisten Befragten waren überzeugt, von Eltern und Lehrern relativ streng erzogen worden zu sein. Darauf deutet auch der in anderem Zusammenhang erwähnte häufige Rückgriff auf körperliche Strafen im Elternhaus und in der Schule hin. Außerdem wurde oft der Vergleich zur Gegenwart gezogen und auf die inzwischen andere, liberale, wenn nicht gar permissive Kindererziehung hingewiesen.

Strenge Erziehung bedeutet nicht, dass die Kinder sich genauso verhielten, wie Eltern und andere Erzieher das intendierten. Wie alle Kinder übertraten sie die Ge- und Verbote der Erwachsenen: Sie erfanden kleine Notlügen, vergriffen sich an Dingen, die sie nicht anrühren durften, waren trotz steter Ermahnungen unpünktlich, versteckten sich in Haus und Garten, um ungestört lesen zu können, verschafften sich verbotene Lektüre, lasen abends heimlich mit der Taschenlampe unter der Bettdecke, vernachlässigten die Schule, weil andere Dinge wichtiger waren, legten Lehrern Reißzwecken auf den Stuhl, ließen Luft aus Fahrradreifen und so weiter. In den Interviews mit den Befragten finden sich durchgängig, wenn auch unterschiedlich viele und intensive Hinweise auf derartige Übertretungen von Verboten, auf Fehlverhalten, auch Widerständigkeiten. Sie spielen dort eine unterschiedliche Rolle. Oft werden sie nur en passant erwähnt; in anderen Erinnerungen haben sie einen prominenten Platz. Dafür sind zweifellos verschiedene Ursachen verantwortlich: unterschiedliches Erinnerungsvermögen, unterschiedliches Ausmaß derartiger Übertretungen, auch die unterschiedliche Bedeutung, die solche Handlungen für die einzelnen Kinder hatten. So konnte für ein sehr angepasstes Kind wie Marie Ohlendorf ein Kinobesuch ohne Erlaubnis der Mutter ein ungeheures Abenteuer sein. Für ein anderes Kind, das entweder derartige Übertretungen häufiger praktizierte oder ganz andere, gravierendere Konflikte mit seinen Eltern ausfocht, mag er keinen besonderen Stellenwert gehabt haben und deshalb von der erwachsenen Person gar nicht erinnert werden.

Die Verbote wurden normalerweise heimlich übertreten; sie waren häufig individuelle Akte der Abweichung, konnten aber auch kollektiv im Schutz der Kindergruppe stattfinden. Für beides gibt es in den Interviews viele Belege. Entsprechend der größeren Bedeutung der Kindergruppe für das Spiel der Jungen finden sich in vielen Männerinterviews Passagen, in denen kollektive Normverstöße geschildert werden. Sie kommen in den Fraueninterviews auch vor, aber nicht so gehäuft.

Viele Kinder, ob Mädchen oder Jungen, haben heimlich Versuche mit dem Rauchen gemacht – mit mehr oder weniger unangenehmen Folgen. Peter Köhler und Dieter Reinecke, die sich zusammen mit ihrer Jungenclique an den Zigarrenvorräten des Vaters eines Freundes vergriffen, waren dabei so geschickt, dass der Schwund nicht auffiel. Erst sehr viel später »beichteten« sie ihre Vorerfahrungen:

»[...] und als unsere Väter dann mal eines Tages sagten, als wir also rauchen sollten oder wollten: ›Na, Ihr! Raucht mal 'ne Zigarre!‹ Na, die wollten uns das gleich von vornherein abgewöhnen, die waren überrascht, wie wir Zigarren paffen konnten [lacht]. Richtig schön in die Hand, machten solche Wolken. [lacht] Dann kams natürlich raus.« (Reinecke, 195–202)

Überwiegend von Männern wurden erstaunlich viele Akte von Vandalismus berichtet – Verhaltensweisen, die man nicht unbedingt in dieser Zeit und in diesem sozialen Milieu vermuten würde.[15] Peter Köhler und Dieter Reinecke, die derselben Kindergruppe angehörten, haben davon erzählt. Sie spielten beispielsweise »Verdunkelung«:

»Wir haben natürlich auch Dummheiten gemacht, was immer geschieht, und ein besonderer Sport als Kinder war bei uns Laternen austreten. Die Beleuchtung war damals ja Gasbeleuchtung, und wenn man da ordentlich mal gegentrat, dann war dieser Strumpf, der Gasstrumpf oben kaputt oder fiel runter, dann war Schluss, dann wars aus. Und solche Dummheiten hat man natürlich schon gemacht, manchmal auch auch noch schlimmere Sachen. Man durfte sich aber dabei nicht erwischen lassen. [P] Denn wenn das rausgekommen wäre, denn hätte es zu Hause wohl ein Donnerwetter, ein heftiges Donnerwetter gegeben.« (Köhler, 683–694)

Dieter Reinecke erzählte eine andere Variante[16] desselben Spiels:

»Genauso wie wir Verdunklung gespielt haben, ne. Damals, da waren ja immer die Verdunklungsübungen, ja, und mit'm Luftgewehr dann die Straßenlaternen ausgeknallt, nech.« (Reinecke, 848–851)

Unter »Abrüsten« verstanden sie den Versuch, in den nahe gelegenen Baustellen, durch die ihr Spielrevier verkleinert wurde, Zerstörungen anzurichten, genauer: das wieder abzubauen, was tagsüber aufgebaut worden war

---

15 Klaus Hurrelmann weist darauf hin, dass soziale Abweichung, auch Kriminalität, am häufigsten im Schutz der *peer-group* entsteht (*Sozialisationstheorie*, S. 240).
16 Es ist nicht ganz klar, ob die beiden Freunde die »Verdunkelung« unterschiedlich erinnern oder ob es sich bei den Erzählungen um zwei verschiedene Methoden handelt, die »Verdunkelung« herzustellen, die der jüngeren und die der schon etwas älteren Jungen.

(Reinecke, 825). Da sie sich auch Höhlen in Baumgruppen schnitten, hatte der Parkwächter ein scharfes Auge auf sie.

»[…] ich erinnere mich, wir haben auch Erlebnisse gehabt, dass wir dann vor seinem Hund auf irgendwelche Bäume flüchteten und oben saßen, und der Hund kläffte unten, und der Parkwächter forderte uns auf runterzukommen, was wa aber nicht taten, bis es ihm zu langweilig wurde [lacht] und er dann verschwand.« (Köhler, 43–49)

Als einzige Frau erzählte Elke Engelmann, sie hätten als Kinder, vermutlich in den ersten Kriegsjahren, »unter Führung des älteren Bruders« mit einem Luftgewehr die Dachrinnen im Nachbarhaus zerschossen, damit das Regenwasser auf die Fußgänger tropfen konnte (7260).

Dass die älteren Kinder sich auch im Schutz ihrer Gruppe in der Hitler-Jugend Übergriffe leisteten, ist häufiger in der Literatur[17] beschrieben worden. In den Göttinger Interviews erwähnte lediglich Rolf Pieper, dass es für ihn und seine Gruppe bei Eisenbahnfahrten ein Sport war, in der Bahn alle möglichen Verbotsschilder abzuschrauben und sie im Toilettenhäuschen ihres Landheims aufzuhängen (4489). Er resümierte:

»[…] also wir haben so 'n Quatsch gemacht, heute machen [sie es] mit Spray als Sprayer, nech, und verunglimpfen die Umwelt. Deswegen sage ich mir, also die Leute, die sich da so groß aufregen, so ganz, so ganz brav waren wir ja auch nicht, ne. Ich meine solchen Quatsch haben wir ja auch gemacht, den Staat schädigen.« (Pieper, 4513–4520)

Insgesamt aber schlugen die bürgerlichen Kinder selten über die Stränge. Die Mädchen legten höchstens mal ein an einem Bindfaden befestigtes Portemonnaie auf die Straße, um damit Passanten zu foppen (Fröhlich, 2666), oder machten Klingelstreiche. Neben fehlenden Einfällen machte Rolf Pieper dafür die starke soziale Kontrolle verantwortlich, der sie ausgesetzt waren:

»Also der Spielraum war ja insofern auch relativ, relativ gering, nech. Also da kann man sich, heute können sich die Jungen natürlich sehr viel, sehr viel spontaner ja auch äußern und auch sehr viel mehr herausnehmen oder erlauben […] als das damals denkbar gewesen wäre, nech.« (Pieper, 6696–6701)

---

17 So beispielsweise von Kater, *Hitler-Jugend,* S. 49f.

Werte und Normen des Nationalsozialismus

In den Erzählungen der Interviewpartnerinnen und -partner aus dem Bürgertum über die ihnen vermittelten Werte und Normen zeigen sich ausgeprägte Kontinuitäten. Das betrifft einmal den allgemeinen Bereich der Erziehungsmaximen und Werthaltungen, einschließlich der Religiosität, der aber nicht spezifisch bürgerlich, sondern, leicht verändert, auch in den anderen Milieus zu finden gewesen ist. Im Gegensatz dazu handelt es sich bei dem Bereich sozialadäquaten Verhaltens, einschließlich der Tischsitten, um für das Bürgertum zentrale Werte und Normen, die unverändert und nur mit geringen Modifikationen transportiert worden sind. Wie intensiv sie vermittelt wurden und wie tief sie in den Kindern verankert waren, zeigte sich in den Erzählungen über das Gemeinschaftsleben in den Lagern der Hitler-Jugend. Bei den Befragten aus den anderen Milieus finden sich keine vergleichbaren Aversionen. Die Betonung der »feinen Unterschiede«[18] gehört zum Kern bürgerlicher Lebensweise und Identität. Die nationalsozialistischen Parolen von der Gleichheit aller Volksgenossen prallten hier ungeachtet von politischer Nähe oder Distanz auf stillen, aber entschlossenen Widerstand. Das praktizierten nicht nur die Erwachsenen, wie Rolf Pieper es bei seinen Eltern registrierte (Pieper, 2962), sondern bereits die Kinder.

Ebenfalls unverändert und unbeeindruckt von der NS-Ideologie wurden die Kinder in den bürgerlichen Familien frühzeitig an Bildung herangeführt. Der Erwerb »kulturellen Kapitals«[19] durch Lektüre, Theater- und Museumsbesuche ermöglichte ihnen, wie schon den Generationen vor und nach ihnen, einen Vorsprung gegenüber anderen Kindern, den die Schule nicht ausgleichen konnte.[20]

Kontinuitäten dominierten auch bei der Einübung der Geschlechterrollen. Es blieb aber nicht alles beim Alten. Hatte die Schulpolitik der Weimarer Republik versucht, »prinzipiell gleiche Curricula und gemeinsame Bildungsziele«[21] für Mädchen und Jungen zu etablieren, so kehrte die NS-Schulpolitik zu einer spezifischen Mädchenbildung auch auf den Oberschulen zurück.[22] Als expliziter »Bruch« dürfte diese Kehrtwendung in vie-

---

18 Vgl. Bourdieu, *Die feinen Unterschiede.*
19 Zur Begrifflichkeit vgl. ebenda; außerdem ders., »Ökonomisches Kapital«, S. 183ff.
20 Das haben Bourdieu und Passeron überzeugend nachgewiesen (*Chancengleichheit*, S. 19–45).
21 Vgl. Michael, »Geschichte«, S. 481.
22 Vgl. ebenda, S. 502f.

len Familien nicht empfunden worden sein, hatten doch geschlechtsspezifische Curricula eine lange Tradition[23] und entsprachen auch in Teilen des Bürgertums verbreiteten traditionellen Vorstellungen von der Rolle der Frau.

Kinder müssen im Prozess des Aufwachsens nicht nur die in Elternhaus und Schule vermittelten Normen lernen und ihr Verhalten danach ausrichten, sondern bei Übertretungen, sofern sie erwischt werden, die Konsequenzen tragen. Ein Problem ergibt sich zudem aus der Diskrepanz zwischen den im privaten und im öffentlichen Leben dominierenden Normen und Werten. Sie erfordert, die verschiedenen Ebenen auseinanderhalten und auf die entsprechenden Verhaltensstandards zurückgreifen zu können. Normalerweise beschränken sich diese Diskrepanzen auf wenige Gebiete. Der Nationalsozialismus erhob nun allerdings den Anspruch, in weiten Bereichen des gesellschaftlichen Zusammenlebens neue Werte, Verhaltensnormen und Moralvorstellungen durchzusetzen. Sie wurden im Dritten Reich intensiv verbreitet. Eine zentrale Rolle bei ihrer Propagierung spielten die Medien, die Schule und die Hitler-Jugend. Im Alltag der Kinder waren nationalsozialistische Denkweisen, Deutungsschemata und Verhaltensanforderungen daher allgegenwärtig. Fehlverhalten konnte unter Umständen gravierende Konsequenzen haben. Es handelte sich bei der nationalsozialistischen Ideologie jedoch nur teilweise um ein völlig neues Wertesystem. Die NS-Propaganda konnte an in der deutschen Bevölkerung, auch in großen Teilen des Bürgertums, verbreitete Haltungen anknüpfen. Dazu gehörten vor allem antisemitische, nationalistische und militaristische Einstellungen,[24] auf denen die Nationalsozialisten aufbauten, sie radikalisierten und ihnen damit eine neue Qualität verschafften. Wie in anderen Bereichen auch, lagen hier Kontinuität und Brüche dicht nebeneinander.

Die Parole von der »Volksgemeinschaft«, mit der die Kinder groß wurden und die sie mit aufbauen sollten, war ebenfalls nicht neu.[25] Unter dem

---

23 Vgl. Rosenbaum, *Formen der Familien*, S. 361 ff.

24 Saldern spricht von einem »überparteilich-nationalistischen Milieu« das durch Nationalismus, Kampf gegen den Versailler Vertrag, latenten Antisemistismus und positive Haltung gegenüber der »Volksgemeinschaft« gekennzeichnet gewesen sei (Saldern, »Sozialmilieus«, S. 20–52).

25 Volksgemeinschaft ist ein Begriff, der im Zusammenhang mit dem Ersten Weltkrieg Bedeutung gewonnen hatte und in Deutschland sehr populär war. Mit Ausnahme der äußeren Rechten wurde er von allen politischen Gruppierungen als ein alle Bevölkerungsgruppen einschließender Begriff gefasst. So Wildt, »Ungleichheit«, S. 29 ff. Vgl. in diesem Band auch die Einleitung der Herausgeber sowie den Aufsatz von Nolzen, »Inklusion«,

Nationalsozialismus erhielt sie jedoch eine besondere Ausrichtung. Konstitutiv für die nunmehr propagierte »Deutsche Volksgemeinschaft« war die Ausgrenzung bestimmter Bevölkerungsgruppen, vor allem der »fremdvölkischen«. Dazu gehörte in erster Linie die jüdische Bevölkerung. Außerdem betraf die Exklusion die politischen Gegner, aber auch die nicht leistungsfähigen Behinderten.[26] Für die Kinder war das keine abstrakte Ideologie. Rolf Pieper beobachtete, dass der Kontakt seiner Eltern zu alten jüdischen Freunden abrupt abbrach. In der Schule lernten die Kinder beizeiten am Beispiel der jüdischen Mitschülerinnen und -schüler, dass die Volksgemeinschaft auf Ausschluss basierte. Sie mussten selbst ihre arische Abstammung für die Hitler-Jugend nachweisen und registrierten, dass andere nicht aufgenommen wurden.

Das nationalsozialistische Wertsystem unterstellte einen engen Zusammenhang zwischen biologischer Ausstattung und mentalen Dispositionen. »Rasse«-Zugehörigkeit implizierte ebenso wie Geschlechtszugehörigkeit bestimmte unveränderbare Charakterzüge. Die Kinder lernten, dass unter den »Rassen« die Arier, zu denen sie gehörten, an der Spitze standen. Aus dieser Überlegenheit resultierte das Recht, andere Völker zu unterwerfen. Viele dieser Einstellungen, so sie sie als Kinder geteilt haben, sind von den Befragten in der Zwischenzeit vermutlich bearbeitet und überwunden worden. Insofern wundert es nicht, dass in den Interviews mit den bürgerlichen Befragten derartige Ideologeme nur selten manifest wurden. Das war beispielsweise im Gespräch über den Biologieunterricht der Fall. Öfter kam das Thema Volksgemeinschaft zur Sprache, besonders im Zusammenhang mit den Inszenierungen von Gemeinschaft in der Hitler-Jugend. Ursula Zimmermann war nicht die Einzige, die noch nachträglich dieses Konzept durchaus positiv bewertete, als sie sagte:

> »Ich meine [P], eben diese Volksgemeinschaft und ›Keiner soll hungern, und keiner soll frieren‹, also dieses Soziale. Na, Sie dürfen nicht vergessen, das war der Nationalsozialismus. Die Betonung auf Sozialismus, die war sehr stark, nech, dass alle Leute gleich gute Lebensverhältnisse haben sollten.« (Zimmermann, 3594–3600)

Andere äußerten sich weniger zustimmend. Für Heinz Zöllner war die Abwesenheit von Volksgemeinschaft identisch mit bürgerlich: »Also bürger-

---

S. 60–77 und weitere Aufsätze. Vgl. weiterhin: Janka, *Die braune Gesellschaft*; Frei, *1945 und wir*. Zur Kritik des Gemeinschaftsgedankens: Plessner, *Gemeinschaft*. Dazu vgl. Dietze, *Nachgeholtes Leben*, S. 52ff.
26 Wildt, »Ungleichheit«, S. 36ff.; ders., »Gewaltpolitik«, S. 23–43.

lich meine ich jetzt im Sinne von Freiheit und Freizügigkeit und so weiter, ne?« (4771f.). Aus dem Zusammenhang geht hervor, dass Volksgemeinschaft für ihn die Formierung und Militarisierung des Lebens einschloss, während das Zivile, einschließlich ziviler Umgangsformen, bürgerlich war.

Die Normen der neuen Machthaber betrafen nicht nur das Leben der Kinder in der Schule und der Hitler-Jugend, sondern konnten ihr privates Leben tangieren. Am augenfälligsten wird das zweifellos dort, wo Lehrer die Schülerinnen und Schüler aufforderten, zu berichten, wenn im Familienkreis kritische Worte über die Regierung oder Parteiorganisationen fielen. Von den Befragten aus dem bürgerlichen Milieu wurden derartige Aktionen nicht berichtet. Daraus lässt sich nicht schließen, dass sie nicht vorgekommen sind. Interviews aus den anderen Milieus sprechen eine andere Sprache. Nicht immer waren Diskrepanzen zwischen privaten und öffentlichen Normen derart gravierend. Die Kinder mussten aber sensibel für die Differenzen werden und lernen, zu entscheiden, wie sie sich in den jeweiligen Konflikten zu verhalten hatten. Sie entwickelten gleichsam Antennen dafür, was möglich war und was nicht – und zwar in beide Richtungen: in Bezug auf private, familiäre ebenso wie auf öffentliche Anforderungen.

Ein Bereich, in dem mehreren Befragten die Diskrepanz zwischen privatem Verhalten und öffentlichen Normen deutlich bewusst wurde, waren die »verbotenen Bücher«, also jene, die auf schwarzen Listen standen und aus öffentlichen Bibliotheken verbannt wurden.[27] Auch Privatleute wurden aufgefordert, Bücher verfemter Autorinnen und Autoren aus ihren Beständen zu entfernen. Dennoch berichteten mehrere Befragte in ihren Interviews von Begegnungen mit »verbotenen Büchern«, meist im Elternhaus, aber auch andernorts. Rolf Pieper beschrieb, dass in seinem Elternhaus im Regal die Bücher aller verbotenen Autoren offen sichtbar standen, obwohl sein Vater offiziell in deren Ächtung verstrickt gewesen war (1188). Ursula Zimmermann stellte circa elf- bis zwölfjährig beim Besuch einer Ausstellung über verbotene Kinder- und Jugendbücher überrascht fest:

»[…] und ich komme dahin, und meine liebsten Bücher sind da alle in 'ner Verbannung nech, nech. […] [P] Das waren Bücher, die ich alle schon längst gelesen hatte. Die waren da so plötzlich auf 'm Index, nech.« (Zimmermann, 4245–4250, gekürzt)

Charlotte Reicherts Eltern hatten trotz des Verbots der Bücher Thomas Manns *Die Buddenbrocks* im Bücherschrank (3864). In einer Leihbücherei, in

---

27 Vgl. dazu Füssel, »Bücherverbrennung«, S. 99.

der sie als Heranwachsende zeitweise ihr Taschengeld aufbesserte, gab es im Hinterzimmer eine Abteilung mit »verbotenen Büchern«, die sogar an verlässliche Kunden verliehen wurden. Auch sie konnte sich dort bedienen (Reichert, 2184, 3867). Die Kinder lernten also, dass in unterschiedlichen Bereichen ihres Lebens und dem ihrer Eltern unterschiedliche Wertmaßstäbe und Normen galten, die man nicht vermengen durfte. Sie lernten zudem, wie am Beispiel Rolf Piepers gezeigt wurde, dass auch bei den Erwachsenen zwischen öffentlichen Bekundungen und privatem Verhalten durchaus Widersprüche bestehen konnten. Auch wenn man, wie Elke Engelmann, wusste, dass Erich Kästners Kinderbücher verboten waren, las sie sie trotzdem gerne und behielt dieses Wissen über den Bücherbesitz von Eltern und Verwandten für sich (5181). Für sie war es offenbar selbstverständlich, nicht zu denunzieren. Das galt selbst für die überzeugte Führerin des Jungmädelbundes, Ursula Zimmermann, die ansonsten sehr dazu tendierte, die Maßnahmen des Regimes »bis zu einem gewissen Grade« zu verteidigen (4256).

Ein weiterer Verhaltensbereich, in dem von den Kindern sorgfältig abgewogen werden musste, wie sie agieren sollten oder mussten, war das Grüßen.[28] Schon im Juli 1933 wurden alle öffentlichen Dienststellen verpflichtet, den Hitlergruß zu verwenden. Auch den Symbolen des neuen Staates musste durch Ausstrecken des Armes (ohne Zuruf) Ehrerbietung bezeigt werden. Verstöße gegen diese Anordnung wurden schon 1933 streng geahndet. In der Folge bildete sich bei vielen Familien des Göttinger Bürgertums, und vermutlich auch anderswo, ein Nebeneinander von Hitlergruß und dem traditionellen »Guten Tag« heraus. Den Interviews zufolge wurde der Hitlergruß vornehmlich im öffentlichen Raum verwendet, während im vertrauten, privaten Kreis und Umfeld weiterhin mit »Guten Tag« gegrüßt wurde. Alle Befragten gaben an, dass es in ihren Familien üblich gewesen sei, sich mit »Guten Tag« zu begrüßen. Selbst Karl-Heinz Jung, ein überzeugter und hochrangiger Führer der Hitler-Jugend, wehrte die Frage, ob in seinem Elternhaus der Hitlergruß verwendet worden sei, vehement ab: »Nein, nein. Gottes Willen, also!« (4918). Wie unüblich »Heil Hitler« im privaten Umfeld gewesen ist, betonte auch Lisa Bornemann. Sie habe sogar der Mutter einer Freundin, die überzeugte Nationalsozialistin gewesen ist, lediglich »Guten Tag« gewünscht, weil die Begegnungen privat waren (7699). Bei allen anderen Familien sei das ohnehin selbstverständlich

---

28 Ausführlicher habe ich dieses Problem in meinem Aufsatz behandelt: Rosenbaum, »Der Hitlergruß«, S. 123–141. Vgl. dazu die eindrückliche Studie Allerts, *Der deutsche Gruß*.

gewesen. Waltraud Neuberts Mutter wiederum rügte einen uniformierten Gast des Hauses, der am Mittagstisch mit »Heil Hitler« grüßte und empfahl ihm, »Guten Tag« oder »Guten Appetit« zu sagen (4600). Lediglich Charlotte Reichert erlebte ein anderes Verhalten in der Familie einer Tante, deren Mann Berufsoffizier war und Wert auf politisch korrektes Grüßen legte (6352). Das ist in den Göttinger Interviews die einzige Ausnahme von der Regel.

Wesentlich unklarer und unübersichtlicher waren die Regeln in der Öffentlichkeit. Einerseits gab es Lebensbereiche, in denen die Grußgepflogenheiten eindeutig geregelt waren. Am Beispiel von Erwachsenen sahen einige Kinder allerdings, dass diese sich zumindest teilweise erfolgreich diesen Regeln entziehen konnten. Marie Ohlendorfs Großmutter grüßte in der Öffentlichkeit prinzipiell nur mit dem Nicken des Kopfes und wünschte einen »Guten Tag« (6689). Gisela Apels Mutter umging den von der Göttinger Stadtverwaltung verlangten Hitlergruß, indem sie mit einem »Grüß Gott« das Dienstzimmer betrat, obwohl jeder hören konnte, dass sie nicht aus Süddeutschland stammte (546). Und Peter Köhler erlebte, dass seine Mutter, die von dem stramm nationalsozialistisch gesinnten Nachbar mit »Heil Hitler« gegrüßt wurde, diesem über den Gartenzaun ein freundliches »Guten Morgen« erwiderte (3498). Vermutlich spielt bei diesen Abweichungen auch das soziale Milieu eine Rolle. An die gut situierten bürgerlichen Frauen trauten sich viele selbst ernannte Kontrolleure nicht ohne Weiteres heran.

Für die Kinder kam solches Verhalten nicht infrage. Allerdings existierten Grauzonen, in denen die Kinder selbstständig abschätzen mussten, welcher Gruß angemessen war und ob sie es sich leisten konnten, »Guten Tag« zu sagen. Außerdem war es möglich, den Hitlergruß mehr oder weniger »zackig« auszuführen. Teilweise wurde das lässige Grüßen toleriert, teilweise nicht. In der Öffentlichkeit dominierte der Hitlergruß – zumindest »bei jeder offiziellen Sache« musste er verwendet werden (Reichert, 4668), vor allem dann, wenn die Kinder uniformiert waren. Eindeutig geregelt war ebenfalls das Grüßen in der Schule im Verhältnis von Schülerinnen und Schülern gegenüber den Lehrern. Ursula Zimmermann erinnerte sich an zwei Lehrer oder Lehrerinnen, die selbst außerhalb der Schule großen Wert auf vorschriftsmäßiges Grüßen legten. Wenn sie den Hitlergruß als zu lasch empfanden, »wurden wa bis zur Ecke geschickt, zurückgeschickt, mussten noch mal kommen und mussten dann mit erhobenem Arm ›Heil Hitler‹ sagen, nech« (1946–1949). Auch in vielen Geschäften wurde erwartet, dass die Kunden mit »Heil Hitler« grüßten. Lisa Bornemann vermied es dort zu kaufen und ging lieber dahin, wo »es einem nicht angelastet [wurde], dass man nicht ›Heil Hitler‹ sagte« (7660–7662). Insgesamt lernten die Kinder schnell, wen sie wo und wie zu begrüßen hatten. Das galt nicht nur in den Geschäften, gegenüber Nachbarn oder Bekannten, sondern, wie sich Lisa Bornemann erinnerte, auch bei einigen Lehrerinnen:

»[…] also es gab zum Beispiel da zwei Lehrerinnen, die da immer des Wegs kamen, ich bin nicht sicher, ob wa da nicht noch Knicks gemacht haben, es fing ja mit Knicks an noch bei uns, nech. Ich glaube, ich bin sicher, dass ich bei denen noch Knicks und ›Guten Tach‹ gesagt habe, [19]37. Kann sein, die wohnten in der Bühlstraße, das da so durchgesickert war, da brauchte man nicht ›Heil Hitler‹ zu sagen, ne, da reicht, da ist es schöner, wenn man Knicks macht, Knicks und ›Guten Tag‹.« (Bornemann, 7667–7676)

Gelegentlich war die Entscheidung aber auch nicht einfach und man konnte haarscharf daneben treffen, wie es Rudolf Linke passiert ist: Als er, zwölf- oder 13-jährig, mit dem Fahrrad unterwegs war, begegnete ihm sein Vater

»[…] in lebhaftem Gespräch mit einem Mann, ja wohl so ungefähr seines Alters, vielleicht bisschen jünger. Jedenfalls und ich springe ab, um ihn zu begrüßen und zwar biete ich die Hand, mache so also, was man so damals nen Diener nannte, also diese Verbeugung, die man als Junge vor Erwachsenen machte und sage: ›Guten Tach‹. […] [Denn] mein Gefühl war, dies is was Besonderes, ›Heil Hitler‹ tut's da nich. So und da muss ein ernsthafterer Gruß ran, nich. Und dann wie mein Vater zu Haus war, sagte er: ›Da bist du ja ins Fettnäpfchen.‹ Ist jetzt nich wörtlich, nich, aber sinngemäß. ›Da biste ja ins Fettnäpfchen getreten. Das war der Gaudozentenbundführer.‹ Da wäre nun grade ›Heil Hitler‹ wichtig gewesen, ne. Ne.« (Linke, 7841–7868)

Auch wenn Linkes Interpretation nicht ganz überzeugt – vermutlich hat er das Gespräch für eine private Angelegenheit gehalten und den eigenen Vater mit »Heil Hitler« zu begrüßen, war sicher auch nicht üblich –, so zeigt sich an dieser Episode doch sehr deutlich, dass die Kinder bei vielen Begegnungen in der Öffentlichkeit erst überlegen mussten, welche Grußformel nun angemessen sein würde. Schließlich aber war ihnen der Hitlergruß in Fleisch und Blut übergegangen:

»Und und nachher war's so, auch mir war eigentlich der Hitlergruß so 'ne Selbstverständlichkeit gewesen, so absurd und grotesk uns das heute vorkommt, damals war's 'ne Normalität.« (Bornemann, 7676–7679)

Mit zunehmenden Alter erlebten die Kinder, dass und mit welchen Methoden Partei- und Regierungsstellen die Kirchen unter Druck setzten. Ihnen selbst wurde nahegelegt, sich statt für die Konfirmation für die Jugendweihe zu entscheiden (Zimmermann, 4333). Falls sie nicht selbst beteiligt waren, erfuhren sie davon, dass Termine der Hitler-Jugend auf die Zeit der Gottesdienste gelegt wurden. Teilweise exerzierten die Gruppen auf dem Albani-Platz und störten den Gottesdienst.[29]

Zwei Befragte gehörten nach der Konfirmation noch einem religionsphilosophischen Gesprächskreis der reformierten Gemeinde an, der durchaus konspirative Züge hatte, wie sich Ursula Zimmermann erinnerte:

»Und wir hatten also 'ne Gruppe, die war so interessiert, dass wir nach der Konfirmation uns immer noch getroffen haben mit dem Pastor. Und da hat er denn also so auch schon so Religionsphilosophie mehr mit uns gemacht auf 'ner höheren Ebene, und das, das hat uns also alles interessiert, und das ging natürlich auch also, gegen den Nationalsozialismus, nech, und dessen Ansprüche. Und da mussten wa also immer ganz leise sprechen, wenn wir im Garten saßen, damit also auf der Straße niemand hören konnte, dass wir da waren und worüber wir sprachen, nech. Da musste man auch ganz vorsichtig schon damals sein.« (Zimmermann, 4337–4348)

Die Autorität der Pastoren dürfte teilweise unter der religionsfeindlichen Atmosphäre des Dritten Reiches gelitten haben. Einige Kinder machten sich einen Spaß daraus, die Pastoren mit verfänglichen Fragen in Verlegenheit zu bringen. Das war nichts Neues, aber im Nationalsozialismus drängte sich angesichts der judenfeindlichen Atmosphäre das Thema »War Jesus Jude?« geradezu auf, und die Antwort war höchst prekär.

Das neue Wertesystem legitimierte körperliche Gewalt als Mittel der Auseinandersetzung. Sie war nicht nur möglich, sondern politisch gewollt. Die Beteiligung an Übergriffen zog daher keine Sanktionen nach sich.[30] So erzählte Elke Engelmann, im Haus der Hitler-Jugend im Friedländer Weg mitbekommen zu haben,

»dass HJ-Jungens aufgestachelt wurden bei diesem Rechtsanwalt die Fensterscheiben einzuschmeißen. Das war ganz übel. Die wurden aufgehetzt. Mit Kindern

---

29 Ohlendorf erfuhr das von ihrer Großmutter (Ohlendorf, 3833). Ernst Naue erlebte Störungen des Gottesdienstes auf dem Dorf (Naue, 1754–1761). Otte (»Geschichte der Kirchen«, S. 646f.) berichtet von SA- und SS-Gruppen, die zu den Zeiten des Gottesdienstes mit Blasmusik durch die Stadt marschierten.

30 Wildt sieht in der gemeinsam ausgeübten Gewalt geradezu *die* gemeinschaftsstiftende Aktion (»Gewaltpolitik«, oder »Ungleichheit«, S. 40ff. unter Berufung auf Sofsky, *Gewalt*).

kann man ja oder mit sehr jungen Leuten kann man ja alles machen. Das hab ich nie vergessen. Ich hab's nicht erlebt, dass die das gemacht haben, aber dass sie dazu rangekriegt wurden, das doch zu machen. Und mein Bruder wusste das auch noch.« (Engelmann, 7555–7564)[31]

In diesem Fall kollidierten private und traditionelle öffentliche sowie neue öffentliche Normen erheblich miteinander. Das Recht auf eine politisch abweichende Meinung sowie auf Unversehrtheit und Unverletzlichkeit der Wohnung wurde von den Machthabern bewusst verletzt. Die Kinder, die sich daran beteiligten, folgten den neuen, verstießen aber gegen tradierte Normen, die Sachbeschädigungen und Terror gegenüber Andersdenkenden ausschlossen. Dieser Fall hat sich Elke Engelmann, wie aus ihren Worten hervorgeht, tief eingeprägt; aber auch ihr Bruder, der sich möglicherweise an der Aktion beteiligt hatte, sich wenigstens beteiligen sollte, erinnerte sich an dieses Ereignis. Daran zeigt sich die Intensität des Normkonfliktes, auch wenn er für die beiden Kinder vermutlich auf der Ebene lag: So etwas tut man doch nicht!

Aus den Beispielen lässt sich ersehen, dass den Befragten aus dem bürgerlichen Milieu schon als Kinder die Brüche zwischen den tradierten und den neuen Normen und Wertvorstellungen bewusst waren. Das teilweise vorhandene Unbehagen an manchen politischen Maßnahmen und moralischen Forderungen war allerdings nur schwach ausgeprägt. Hin- und hergerissen zwischen Attraktion durch den Nationalsozialismus und seinen Verheißungen sowie Aversionen gegen manche seiner Begleiterscheinungen verhielten sich die Kinder wie auch die Heranwachsenden (und der ganz überwiegende Teil der Erwachsenen) angepasst und unauffällig. Anders als bei den »Swing«-Jugendlichen aus dem bürgerlichen Milieu einiger Großstädte oder den »Edelweiß-Piraten« aus dem proletarischen Milieu verdichteten sich Bedenken nicht zu dezidierter Ablehnung geschweige Widerstand.

---

31 Vermutlich handelte es sich um die Aktionen gegen den bekannten Göttinger Rechtsanwalt Carl Friedrich Walbaum im Jahr 1938. Vgl. dazu Tollmien: »Nationalsozialismus in Göttingen«, S. 236f. Elke Engelmann war damals zehn Jahre alt, ihr Bruder zwei Jahre älter. Diese Aktion bestätigt die These Steinackers, die Hitler-Jugend sei »indirekt eingebunden (gewesen) in das Terror- und Verbrechensnetzwerk des NS-Regimes« (*Staat als Erzieher*, S. 475).

9. Das öffentliche Leben in der Wahrnehmung der Kinder

Obwohl die Zeitzeugen 1933 erst zwischen sechs und zehn Jahre alt waren, finden sich in den Interviews erstaunlich viele Erinnerungen an die Machtübernahme durch die Nationalsozialisten und die folgende Zeit. Häufig beziehen sie sich auf Wandlungen des öffentlichen Raums und des Verhaltens der Menschen in ihm. Erich Ilsemann erinnerte sich unter anderem an einen Jungen aus einer sozialdemokratischen Familie in der Nachbarschaft, der sich auf der Straße sehr unfreundlich über die Nationalsozialisten äußerte (3424). Diese Episode hat sich ihm vermutlich deshalb so stark eingeprägt, weil sie der politischen Haltung seiner Eltern widersprach. Charlotte Reicherts Vater, das hat sie als Kind registriert, trug 1933 nach einer Wahl eine »Ja«-Plakette, um zu demonstrieren, dass auch er für die neuen Machthaber gestimmt hatte (4502). In der Öffentlichkeit präsentierte sich die neue Zeit unübersehbar. Politische Symbole wurden ebenso allgegenwärtig wie Uniformen. Einige Zeitzeugen erwähnten die Änderungen des Straßenbildes durch den üppigen Fahnenschmuck, insbesondere das Nebeneinander von Schwarz-Weiß-Rot[1] und Hakenkreuzfahnen. Gisela Apel gefiel dieser Fahnenschmuck der Häuser, der mit den Jahren zum Flaggenzwang wurde, ausnehmend gut, »weil's so schön bunt war« (6984). Die Hakenkreuzfahne wurde zum zentralen Symbol des Neuen. Ihre Verehrung trieb teilweise seltsame Blüten. So erzählte Heinz Zöllner:

»Ich erinnere mich noch, also in der Nähe auf'm Schulweg da war ein Altersheim, und da war eine alte Dame, ne ehemalige Lehrerin. Das war, muss so im Herbst '33 gewesen sein, die war von oben bis unten braun angezogen, also Nazifarben, und deren ja, Hobby, Spaß war es nun, alle Schulkinder, die vorbeikamen, kriegten von ihr selbst gebastelte Hakenkreuz-, selbst genähte Hakenkreuzfahnen, nich. Das war so, das war so typisch, das breitete sich damals im Sommer '33 sehr aus. Alle

---

[1] Seit dem 2.3.1933 wurde in Preußen, zu dem Göttingen gehörte, statt der Fahne der Republik Schwarz-Rot-Gold, wieder die Fahne des Kaiserreichs geflaggt. Vgl. Tollmien, *Nationalsozialismus in Göttingen (Diss.)*, S. 75.

Hakenkreuz und Hitlerfahnen so also mit Schwarz-Weiß-Rot und Hakenkreuz zu verbinden [...]« (Zöllner, 64–75).

Um die Fahne entstand mit den Jahren ein wahrer Kult.[2] Sie wurde in Liedern besungen, musste gegrüßt werden, diente als Indiz für Regimetreue und war »mehr als der Tod«.[3] Einige Befragte erinnerten sich an die starke Präsenz von Uniformierten auf den Straßen und marschierende SA-Kolonnen auf dem Weg zum und vom Lohberg. Das gab es zwar auch schon in der Weimarer Republik, nahm aber ab 1933 stark zu. Der Marschtritt gehörte nun zu den Geräuschen der Stadt. Sonnabends gesellte sich dazu das Dröhnen der Trommeln von der Schillerwiese, wo die Gruppen der Hitler-Jugend angetreten waren (Diederichs, 83). Rolf Pieper registrierte eine zunehmende Militarisierung ab 1936/37, die er nicht nur an dem Ausbau der Kasernen, der Verlegung eines Husarenregiments nach Göttingen und der Aufstockung der Infanterie festmachte, sondern auch an den Zigarettenbildern, die er sammelte (709).

An verschiedenen Stellen der Stadt hingen bald Kästen, in denen Julius Streichers antisemitische Zeitschrift *Der Stürmer* ausgestellt war. Elke Engelmann war es untersagt, sie zu lesen, aber sie tat es trotzdem, wohl weil die Zeitschrift auf sie, ebenso wie auf andere Befragte, in ihrer Vulgarität abstoßend und anziehend zugleich wirkte (1821). Nachdem bereits im März 1933 pogromähnliche Aktionen der SA gegen jüdische Geschäftsleute stattgefunden hatten, ließen sich viele Geschäfte nun auch danach unterscheiden, ob sie »deutsche« oder »jüdische« Eigentümer hatten. Christa Fröhlich, die in der Innenstadt aufwuchs, berichtete von Schildern an den Geschäften, auf denen stand »Juden unerwünscht« oder »Deutscher Kaufmann« (3959). Des Weiteren erinnerten sich die Befragten an Feste, Feiern und Aufmärsche, bei denen sie als Kinder zunächst unter den Zuschauern waren.

»Nun wir wohnten ja, wie ich sagte, in der Jüdenstraße, und in der Weender Straße da waren dann manchmal so Aufmärsche auch von der SA, und dann hörte ich schon die Musik [lacht]. Dann bin ich hingelaufen und hab erst mal geguckt, was da war, ne. Und dann vorm Rathaus dann sind se da aufmarschiert und haben da, na ja, 'n Marsch geblasen und so. Das war immer dann auch ganz interessant. Wenn man da so mitten in der Stadt wohnt, dann kriegt man das auch alles mehr

---

2 Vgl. Art. »Hakenkreuzfahne, Hakenkreuzflagge, Hakenkreuz-Tragefahne« in Schmitz-Berning, *Vokabular*, S. 290ff.

3 Teil der letzten Zeile des Refrains des Liedes der Hitler-Jugend »Vorwärts, vorwärts schmettern die hellen Fanfaren ...« von Baldur von Schirach.

mit, ne. Wenn man da so am Stadtrand wohnt [...] dann merkt man gar nicht, was inner Stadt los ist [lacht].« (Fröhlich, 669–680)

Später als Angehörige des Jungmädelbundes oder des Jungvolks mussten die Kinder dabei häufig Spalier stehen, was einigen zumindest anfangs auch Spaß machte, wie Charlotte Reichert erzählte:

»[...] also Göttingen war eine gewisse Hochburg des Nationalsozialismus, wir hatten einen sehr nationalsozialistischen Bürgermeister, und es war schon eine gewisse Hochburg. [P] Und wir als kleine, als BDM[4]-Mädchen mussten Spalier stehen, das heißt, die wogende Menge, die musste abgeschirmt werden. Und dann kamen diese Umzüge und die Märsche, diese schönen Märsche und Friedberger und was es alles für schöne alte Märsche gab von Strauß bis Paul Linke und sonst wohin [lacht] und dann dieser [P] na ja, also egal. Auch unter den Nazis gab es nette Musiker, die schöne Märsche und so was komponierten. Und das fanden, das mochten wir alles gerne, das fanden wir herrlich. Und das fand ich auch als BDM-Mädchen gut, dazustehen und sich das alles anzuhören und anzusehen, und in der ersten Reihe stand man dann [lacht]. Und die zogen die Weender runter und die Groner und nech, das fanden wir schon herrlich.« (Reichert, 4595–4613)

Auf die Frage, was sie daran so beeindruckt habe, antwortete sie:

»Ja, also die Uniformen, die Schellenbäume. Ich sah so was gerne. Und die meisten sahen das gerne, das war ja noch nicht kriegerisch. Das waren friedliche Aufmärsche. Was da schon hinter stand drohend, das haben wir ja nicht empfunden. [P]« (Reichert, 4616–4621)

In der Inszenierung von Aufmärschen, Kundgebungen und Feiern war das Regime außerordentlich versiert. Es verstand, die Emotionen der Teilnehmer zu wecken und an sich zu binden. In diesen Massenveranstaltungen wurde die Volksgemeinschaft in Szene gesetzt, sichtbar gemacht, das Bewusstsein der Beteiligten geprägt und formiert.[5]

Die in den Interviews erinnerte Politisierung des öffentlichen Raums im Nationalsozialismus war nichts prinzipiell Neues. Bereits die Weimarer Republik, in der die Kinder ihre ersten Lebensjahre verbrachten, war in ihrer Endphase eine von heftigen politischen Auseinandersetzungen geprägte Gesellschaft gewesen, die auch die bürgerlichen Familien bewegt hatten. Einige der damals noch sehr jungen Zeitzeugen erinnerten sich auch an Einzelheiten. 1932 stand Bodo Heise beim Besuch des Reichspräsidenten

---

4 Die Erinnerung bezieht sich auf den Jungmädelbund.
5 Vgl. dazu Kollmeier, »Erziehungsziel«, S. 68f.; Dengel, *Untertan*, S. 73. Ausführlich dazu auch Reichel, *Der schöne Schein;* Brockhaus, *Schauder und Idylle;* Klimó/Rolf (Hg.), *Rausch und Diktatur.*

mit seiner Mutter Spalier auf der Weender Straße (Heise, 2740). Im selben Jahr wurde Ursula Zimmermann Ohrenzeugin einer Rede Hitlers im Kaiser-Wilhelm-Park. Jene, die als Kinder in der Innenstadt gewohnt hatten, waren Zeugen von Schlägereien zwischen Angehörigen politischer Gruppen, hauptsächlich der Kommunisten und der SA, gewesen, andere hörten nur davon. Diejenigen, die im Ostviertel wohnten, bekamen hingegen von dem, was in der Stadt passierte, meist nichts mit. Erich Ilsemann erfuhr aber bei den Nachbarn im Radio von Schlägereien im Reichstag und politischen Morden (2740). Alle Schilderungen politischer Auseinandersetzungen beziehen sich, dem Alter der Befragten entsprechend, nahezu ausschließlich auf die letzten Jahre der Weimarer Republik. Manche Kinder verbanden mit den politischen Tumulten Angstgefühle. Speziell Kommunisten waren für einige der Kinder des Bürgertums bedrohliche Figuren (Neubert, 3307). An diesem Feindbild des Bürgertums hatten schon die Konservativen, aber auch die Nationalsozialisten in der Weimarer Republik eifrig gearbeitet. In Charlotte Reicherts Ängsten spielten sie eine prominente Rolle:

»[...] und wovor wir Angst hatten, meine Freundin und ich, die auf der Straße auch wohnte, und wir spielten ja zusammen im Sandkasten schon, wovor wir als Kinder wahnsinnige Angst hatten, das habe ich heute noch ganz gut in Erinnerung: Kommunisten und Zigeuner. Das war uns wohl einfiltriert worden, dass das ganz böse Menschen sind. Und wenn wir spazieren gingen, und da waren so zwei, die so diskutierten und so, dann sagte meine Freundin: ›Das sind sicher Kommunisten! [flüstert] Komm, lass uns hier weggehen.‹ Dann spielten wir mal im Garten, es kam eine Frau, es klingelte, und wir guckten um die Ecke, wer das wohl war. Und es war nun 'n ganz schwarze Frau [P], und meine Freundin sagte: ›Zigeunerin‹ und wir liefen, liefen, was wir konnten.« (Reichert, 1188–1204)

Später im Interview, als sie wieder auf diese Ängste zu sprechen kam, sagte sie über den Kommunismus, den sie als Kind mit Räubern und Mördern assoziierte: »Woher ich das habe, weiß ich nicht mehr, aber das war, das war eine Urangst. Und alles andere war besser als das.« [lacht] (Reichert, 4499–4501) Erst unter den Nazis hätte sie dann keine Angst mehr gehabt, weil die »dann mehr oder weniger Ordnung reinbrachten« (Reichert, 5076f.). Dass die Nationalsozialisten für Ruhe und Ordnung gesorgt, auch die Kriminalität reduziert hätten, taucht in den Interviews häufiger auf. In den bürgerlichen Familien, und vermutlich nicht nur dort, dominierte die Erleichterung über eine starke Regierung, die die politischen Auseinandersetzungen beendete, die Arbeitslosigkeit beseitigte, für wirtschaftlichen

Aufschwung sorgte und gegen die Demütigung des Deutschen Reiches durch den Versailler Vertrag anging. Daran zeigt sich eine deutliche Differenz in den Erinnerungen an die Politisierung des öffentlichen Raums in der Weimarer Republik und im Dritten Reich. Dominierten in dem einen Fall vornehmlich militante politische Auseinandersetzungen und die Angst vor Kommunisten, waren mit den Veränderungen im öffentlichen Raum durch die Nationalsozialisten überwiegend positive Gefühle assoziiert. Nur wenige Befragte erinnerten sich im Zusammenhang mit der Machtergreifung an Warnungen vor der Zukunft. Zu ihnen gehörte Dieter Reinecke, dessen Vater *Mein Kampf* gelesen hatte und dem völlig klar war, was das bedeutete:

»Da war 30. Januar, oder das kann dann natürlich ein Tag später gewesen sein, das weiß ich natürlich nicht mehr. Wir waren jedenfalls in der Schule, und da waren so 'n paar [P] sehr Treue, die also nun beim im Nationalsozialismus ihr Heil fanden und ›Hallo, hallo, hallo‹. Und das hat mein Vater nur gesagt: ›Nun habt Ihr Euren Hitler, und in spätestens zehn Jahren habt Ihr Euren Krieg‹. Das klingt mir heute noch in den Ohren, wie ich an seiner Seite stand. Er stand da, und ich stand hier. Das, das Bild sehe ich heute noch […].« (Reinecke, 4212–4220)[6]

Zu den Kindheiten in den 1930er Jahren gehörte auch die Wahrnehmung der Ausgrenzung und Verfolgung von politisch Andersdenkenden und der jüdischen Bevölkerung dazu. Nicht alle, aber einige Befragte erinnerten sich an derartige Vorkommnisse. Zum Teil kannten sie sie nur vom Hörensagen, zum Teil hatten sie sie direkt erlebt. Hartmut Opitz erinnerte sich beispielsweise, dass ein im Nachbarhaus wohnender, seines Amtes enthobener Lehrer nach einer der Wahlen während des Dritten Reiches durch üble Spottverse drangsaliert worden war (985), weil man vermutete oder wusste, dass er mit »Nein« gestimmt hatte. Ernst Naue bekam im Elternhaus die Verfolgung Martin Niemöllers und anderer Mitglieder der Bekennenden Kirche mit, ebenfalls die nächtlichen Besuche der Gestapo bei einem in der Nachbarschaft wohnenden Kommunisten (1581; 2170). Auch die Verhaftung des Friseurs Müller gehörte zum »Wissensbestand« einiger Zeitzeugen. Bodo Heise erfuhr, dass der »ein bisschen links orientierte« Ehemann der Schneiderin seiner Mutter im Konzentrationslager war – vermutlich in Moringen (651). Er selbst habe ein KZ deshalb für eine Art Lager zur politischen Umerziehung gehalten (Heise, 665). Es war den Kin-

---

6 Diese Erinnerung ist vermutlich räumlich oder zeitlich falsch eingeordnet. Der 1924 geborene Dieter Reinecke hat erst ab 1934 die Schule besucht, an der sein Vater unterrichtete.

dern also bewusst, dass das Regime politische Kritik und Abweichung bestrafte. Das bedeutete nicht zwingend, dass sie das für Unrecht hielten. Vielmehr lässt Bodo Heises »Deutung« vermuten, dass die meisten Kinder, ebenso wie viele Erwachsene, die Maßnahmen des Regimes für relativ unproblematisch, wenn nicht sogar gerechtfertigt gehalten haben.

Von der Verfolgung der jüdischen Bevölkerung wussten die meisten Kinder, auch wenn sie sie in ihrem Umfang und ihrer Bedeutung verkannt haben. Antisemitische Haltungen waren auch in dem wohlhabenden und stark akademisch geprägten Göttinger Bürgertum verbreitet und hatten bereits eine längere Tradition. Wie erwähnt kam es schon im März 1933 zu pogromähnlichen Ausschreitungen der SA gegenüber jüdischen Bürgern und Geschäftsleuten, mit denen der »Ton« angegeben wurde, der hinfort in dieser Hinsicht herrschen würde.[7]

Einige Kinder registrierten zwar das Verschwinden jüdischer Mitschülerinnen und -schüler nach der Machtergreifung 1933, ohne dass sie das aber ersichtlich stärker tangierte. Eine Ausnahme war Elke Engelmann, die schon als jüngeres Kind die Diskriminierung eines jüdischen Kindes in einem nordhessischen Dorfe erlebte und bis heute erinnerte, einschließlich des Spottverses, der dem Knaben hinterhergerufen wurde (6007). Sie blieb gegenüber der Diskriminierung der jüdischen Bevölkerung auffallend aufmerksam und erinnerte sehr viel. Dazu mag beigetragen haben, dass sie durch die Ängste ihrer Mutter um den behinderten Sohn sowie jüdische Verwandte und Freunde sensibilisiert worden war. Ihre Freundschaft mit zwei als »Juden-Abkömmlinge« geltenden Mädchen spielt dafür vermutlich ebenfalls eine Rolle. Erst als die Verfolgung der Juden intensiviert wurde, nahmen etliche Kinder mehr wahr und wurden teilweise auch von der entstehenden bedrückenden Atmosphäre erfasst. Die meisten Erinnerungen beziehen sich auf die Schulen, wo sich offenbar schnell eine judenfeindliche Stimmung ausgebreitet hatte – sowohl bei einigen Lehrern als auch bei Schülerinnen und Schülern.

Einige Kinder wurden mit der Diskriminierung und Verfolgung der jüdischen Bevölkerung auch außerhalb der Schule konfrontiert. Das war spätestens mit dem Novemberpogrom 1938 der Fall. Die Kinder erfuhren von Mitschülerinnen, die von auswärts kamen und morgens vom Bahnhof aus durch die Innenstadt mussten, von der brennenden Synagoge und ein paar schlichen sich, meist heimlich, dorthin. Andere kamen auf ihrem Weg

---

7 Vgl. dazu das 1. Kapitel.

dort vorbei. Einige erinnerten sich an die eingeschlagenen Schaufenster jüdischer Geschäfte und Warenhäuser, auch daran, dass sich der »Volkszorn« gelegentlich vertan habe (Ilsemann, 3604). Rolf Pieper registrierte erstaunt die Vielzahl jüdischer Geschäfte in der Innenstadt, von der er gar nichts gewusst hatte. Waltraud Neubert kam auf dem Heimweg von der Schule an einem Haus vorbei, in dem eine Wohnung verwüstet und geplündert worden war. Sie ging hinein und steckte sich einen Matzen ein, den sie gern aß. Zuhause bekam sie von ihrer Mutter deswegen Ohrfeigen und wurde in ihr Zimmer eingesperrt, ohne recht zu verstehen, weshalb (Neubert, 525). Sie resümierte: »[…] aber eigentlich – es ging ein bisschen an uns vorbei, [P] in dem Alter jedenfalls noch« (Neubert, 561f.). Da war sie immerhin 14 Jahre alt. Die drei Jahre jüngere Elke Engelmann betonte: »Wir waren ja noch, hatten selber ja noch keine große Meinung.« (5950f.) Sie erinnerte sich nur noch an eine negative Stimmung in der Klasse nach dem Brand der Synagoge (5946–5953).

Es gab wenige Eltern, die gegenüber ihren Kindern den Pogrom explizit verurteilten. Dazu gehörte Dieter Reineckes Mutter:

»[…] zu meiner Mutter sagte ich immer nur: ›Sei ruhig, sei ruhig, sonst sperren se dich auch noch ein‹, ne? Die war also so empört [P], ganz schlimm. Die war also jetzt nicht gerade judenfreundlich so. Und wir hatten auch keine Freunde, die jetzt Juden waren, also dass sie da jetzt irgendwie da 'ne Zuneigung empfand, sondern sie fand das empörend, [P] dass man so was mit Menschen machen konnte, ne. [P] Hm. [PP]« (Reinecke, 2300–2308)

Aus der Zeit nach 1938 werden die Erinnerungen an Judenverfolgungen geringer. Das hat zum einen damit zu tun, dass viele jüdische Göttinger weggezogen oder emigriert waren, wie ein Verehrer von Marie Ohlendorfs verwitweter Mutter (1093), die jüdischen Schüler die öffentlichen Schulen verlassen mussten und die verbliebenen Juden sich möglichst unauffällig verhielten. Nur in wenigen Interviews wird thematisiert, dass Menschen mit dem Judenstern auf der Straße anzutreffen waren, nur eine Befragte nannte eine konkrete Person (Fröhlich, 3953). Gisela Apel erinnerte sich, dass der jüdische Ehemann ihrer Vermieterin eines Tages abgeholt wurde und kurze Zeit später die Todesnachricht kam. »Das haben wir [als Familie] mitgekriegt. Und dass da was nicht stimmte, das hörte man so raus.« (1170–1172)

Von Ausnahmen abgesehen, scheinen die meisten Befragten in ihrer Kindheit von diesen Ereignissen wenig berührt worden zu sein. Politische Gewalt, die im Dritten Reich viel dominanter als in der Weimarer Republik gewesen ist, wurde von den Befragten aus dem bürgerlichen Milieu selten erinnert, vermutlich da sie offiziell legitimiert war. Sie spielte sich zudem überwiegend nicht im räumlichen Umfeld des Bürgertums ab, so dass die Kinder von willkürlichen Verhaftungen und der Drangsalierung anderer Gruppen der Bevölkerung wenig mitbekamen. Über die Auseinandersetzungen zwischen den Organisationen der linken und rechten Parteien am Ende der Weimarer Republik war in den bürgerlichen Elternhäusern wahrscheinlich intensiv diskutiert worden. Die politische Gewalt der an der Macht befindlichen Nationalsozialisten gegenüber politisch Andersdenkenden und vor allem der jüdischen Bevölkerung wurde dort, soweit sie registriert wurde, jedoch vermutlich großenteils bejaht, beifällig aufgenommen und deshalb überhaupt nicht oder aber zumindest nicht intensiv kommentiert.[8] Eine Ausnahme bildet lediglich der Pogrom von 1938, über den in einigen wenigen Familien geredet worden ist. In regimekritischen Familien könnte hinter dem »Schweigen« allerdings auch die Sorge gestanden haben, dass die Kinder sich außerhalb des Familienkreises verplappern oder gar Angehörige denunzieren könnten – wie auch immer: Nur in wenigen Interviews aus dem bürgerlichen Milieu gehören die Gewalttaten der Nationalsozialisten zu den deutlichen Kindheitserinnerungen.

---

8 Tenorth (»Pädagogik der Gewalt«, S. 25) führt die breite Zustimmung zum nationalsozialistischen Regime auf Affinitäten der NS-Ideologie mit den Normen spezifischer Sozialmilieus zurück und nennt u. a. explizit »das protestantische Milieu des Bildungsbürgertums«, dem die meisten der Befragten angehörten. Zweifellos zählte auch der Antisemitismus zu diesen Gemeinsamkeiten.

10. Resümee

In den einzelnen Kapiteln ging es einerseits darum zu zeigen, dass das Alltagsleben der Kinder aus dem wohlhabenden Göttinger Bürgertum in vielen Hinsichten dem ähnelte, das bereits ihre Eltern gelebt hatten. Andererseits wurde deutlich, wie stark gleichwohl politische Maßnahmen des NS-Regimes die verschiedenen Lebensbereiche der Kinder durchdrungen und die Kindheit der Befragten verändert haben. Sie wuchsen in einer Welt auf, die die Nationalsozialisten grundlegend verändern wollten. Neue Weichenstellungen und Eingriffe in bestehende Strukturen dienten dem Regime dazu, diesen Veränderungsprozess in Gang zu setzen. Politische Maßnahmen schlichen sich in den Alltag ein, strukturierten und prägten ihn. Die Betroffenheit selbst der Kinder davon steht außer Frage und ist in den Interviews durchgängig sichtbar, selbst wenn sich die Befragten dessen oft nicht bewusst sind. Die Mobilisierung der Bevölkerung erfasste auch und gerade die Kinder.

Einer der am wenigsten beeinflussten Bereiche des kindlichen Alltags scheint auf den ersten Blick das Familienleben gewesen zu sein. Das stimmt jedoch nur zum Teil. Zwar wuchsen bürgerliche Kinder weithin unbeeinträchtigt von finanziellen oder politischen Sorgen auf. Sie standen, wie im bürgerlichen Milieu üblich, mehr oder weniger im Zentrum elterlichen Interesses und elterlicher Fürsorge. Dennoch sind die Familien keine Inseln des Privaten in einer durch und durch politisierten Umwelt gewesen. Als Gesprächsthemen drangen politische Ereignisse, Maßnahmen und Parolen in die Familien ein. In jenen Familien, in denen beide Elternteile begeisterte Anhänger der Nationalsozialisten waren, vielleicht auch der Partei angehörten und Politik in der familiären Kommunikation eine große Rolle spielte, erlebten die Kinder die »neuen Zeiten« nicht als einen Bruch, sondern vermutlich eher als eine erfreuliche Entwicklung. Daneben gab es Familien, in denen die Eltern dem Nationalsozialismus ebenfalls nahe standen, aber nicht zu den begeisterten Anhängern zählten. Zwar waren sie mit der generellen Linie einverstanden, aber nicht mit jeder Parole und jeder Maßnahme. Manchen Verhaltenserwartungen, wie dem Hitlergruß, dem Hissen der Fahne, selbst der Parteimitgliedschaft, verweigerten sie sich selbstbewusst und konnten sich das aufgrund ihres hohen sozialen Status auch leisten. Diese Differenzen wurden von ihren Kindern durchaus registriert. Einige wenige Familien gingen auf Distanz zum Nationalsozialismus. Dem lag meist die politische oder rassische Verfolgung von Verwandten und Freunden zugrunde. Selbst wenn die Eltern versuchten, ihre kritische Haltung vor den Kindern zu verbergen, nahmen diese sie wahr, erlebten die Ängste der Eltern um nahestehende Personen. Am deutlichsten registrierten die Kinder den Bruch, den der Nationalsozialismus bedeutete, in jenen Familien, in denen die Eltern unterschiedliche politische Positionen hatten oder politische Konflikte in der engeren Verwandtschaft aufbrachen.

Andere Bereiche des kindlichen Lebens verliefen in hergebrachten Bahnen. Das traf für Kinderfreundschaften und -spiele zu, die nur peripher durch das Verschwinden jüdischer Kinder oder durch Hakenkreuze auf Spielsachen tangiert wurden. Weitgehend unverändert blieben die Vorstellungen über die Rollen von Mädchen und Jungen, Frauen und Männern, auch wenn die Nazis hier die Akzente deutlicher setzten. Sexualität war und blieb in der Kommunikation zwischen Eltern und Kindern ein tabuisierter Bereich mit der Folge, dass die Kinder ebenso unwissend aufwuchsen wie weiland ihre Eltern. Selbst große Bereiche des bürgerlichen Werte- und Normenkanons waren mit dem Nationalsozialismus kompatibel. Das schloss auch religiöse Überzeugungen ein, weil die protestantischen Kirchen, denen die Familien der Befragten mit einer Ausnahme angehörten, sich den neuen Verhältnissen bemerkenswert flexibel anpassten.

Deutlicher als die Veränderungen im Privatleben waren jene in den öffentlichen Institutionen, die dem direkten Zugriff staatlicher Stellen ausgesetzt waren. Es konnte gezeigt werden, dass trotz beachtlicher Kontinuitäten die Schule in hohem Maße politischer Beeinflussung und Instrumentalisierung unterlag und sich politische Maßnahmen sehr unmittelbar auf das Leben und die Beziehungen der Kinder untereinander auswirkten. Das galt nicht nur für die herausragende Rolle des Sportunterrichts, die inhaltlichen Vorgaben in einzelnen Unterrichtsfächern, sondern auch und gerade für die Rassenpolitik, in deren Konsequenz Kinder andere Kinder ausgrenzten. Schließlich wurden, besonders während des Krieges, die Grenzen zwischen Schule und politischen Institutionen immer mehr verwischt. Ob und in welchem Ausmaß diese aus der Außenperspektive erkennbaren Brüche von den Kindern als solche erlebt worden sind, lässt sich nicht generell sagen. Viele Kinder wurden von ihnen nicht oder jedenfalls nicht negativ berührt. Die Diskriminierung der unsportlichen, besonders auch die der jüdischen Kinder scheint an vielen abgeprallt zu sein. Nur wenige registrierten und verurteilten sie. Für diese Sensibilität scheint die kritische Haltung zumindest eines Elternteils, die sich in Kommentaren oder Bemerkungen zu den Erzählungen der Kinder niederschlug, verantwortlich gewesen zu sein.

Am stärksten veränderte sich das Leben der bürgerlichen Kinder durch ihre Mitgliedschaft in der Hitler-Jugend. Die Zeitstruktur der Kinder wurde durch Dienste, Sondereinsätze (zum Beispiel Lager und Arbeitseinsätze in den Schulferien, aber auch Abordnungen zu Kundgebungen und Feiern) sowie die vielen Sammlungen bestimmt und ihre zeitlichen Spielräume beschränkt. Die äußere Erscheinung wurde durch die Uniform, die Normierung der Alltagskleidung, die Frisur oder die Haarlänge bei den Knaben, das Schminkverbot für die Mädchen geprägt und selbst die Hygiene kontrolliert. Diese Veränderungen wurden in vielen Interviews erwähnt, was darauf verweist, dass sie als Bruch erlebt worden sind. Das gilt allerdings nicht für alle Befragten. Jene, die aus vom Nationalsozialismus überzeugten Elternhäusern kamen, haben die Hitler-Jugend nicht als Bruch, sondern als willkommene Bereicherung ihres Alltags wahrgenommen.

Im Gegensatz zu diesen offensichtlichen Veränderungen des Kinderalltags, die in den Interviews erwähnt wurden, gab es andere, die viele Kinder nicht wahrgenommen haben, geschweige als Bruch identifizieren konnten. Die Kinder wurden nicht nur durch explizite politische Unterweisung ideologisch geschult und beeinflusst, sondern durch schleichende Prozesse politischer Infiltration. Diese waren zweifellos am schwierigsten zu durchschauen. Dazu gehörte unter anderem das gemeinsame Singen, das nicht nur, aber vor allem in der Hitler-Jugend gepflegt wurde. Den neuen Medien, Radio und Film, gelang es mit der Mischung aus Unterhaltung und politischer Botschaft besonders gut, die nationalsozialistische Ideologie in die Köpfe und Gemüter zu transportieren. Die medial erfolgreich vermittelte Überzeugung, dass die neuen Machthaber für Ruhe und Ordnung gesorgt, die Kriminalität eingedämmt hatten, wurde auch in den meisten Elternhäusern geteilt und positiv besetzt.

Dass diese grundlegenden Veränderungen ihres Alltags von den Kindern nicht registriert wurden, hatte verschiedene Gründe. Zum einen handelte es sich um nicht unmittelbar erkennbare, sondern eher subkutane politische Beeinflussung. Manche Veränderungen lagen aber auch außerhalb des Erfahrungsbereichs bürgerlicher Kinder und tangierten ihren Alltag deshalb nicht, teilweise konnten die Eltern ihre Kinder gegenüber manchen Erfahrungen abschirmen. Dass diese Veränderungen des Alltagslebens nicht stärker wahrgenommen worden sind, hatte vor allem damit zu tun, dass, wie beschrieben, Eltern, Lehrer, das soziale Umfeld zwar nicht aller, aber doch der meisten Befragten aus dem bürgerlichen Milieu den politischen Botschaften des Nationalsozialismus zumindest sehr nahe standen.

Von den Gewalt- und Terrormaßnahmen des nationalsozialistischen Regimes haben die Kinder aus den bürgerlichen Familien insgesamt nicht viel mitbekommen. Das, was sie wahrnahmen, konnten sie, den Interviews zufolge, in seiner Bedeutung nicht richtig einschätzen. Dennoch hat die Wahrnehmung der Verfolgung und Ausgrenzung politisch oder rassisch unerwünschter Personen in ihrem Umfeld bei manchen Kindern tiefe Spuren hinterlassen. Zwar nicht alle, aber einige Befragte haben in den Interviews Ängste oder unbehagliche Gefühle thematisiert, die zusätzlich zu jenen dazukamen, die Kinder ohnehin entwickeln: Furcht vor Dunkelheit, vor Gewitter, vor dem »Schwarzen Mann«, die in den Interviews auch auftauchten. Es entstanden Ängste, die der konkreten politischen Situation geschuldet waren. Das Wissen, dass die Regierung abweichende Meinungen nicht tolerierte, es viele verbotene Dinge (Bücher, Filme) und Handlungen (Fahne nicht grüßen, politische Witze erzählen, sich negativ über die Regierung äußern) gab, führte beispielsweise dazu, dass Kinder sich um nahestehende Personen sorgten, die sich nicht immer konform verhielten. Rosa Conrad hatte »wahnsinnige Angst« davor, dass jemand ihren Vater beim Hören ausländischer Radiosender überraschte (169–185) und denunzierte. Marie Ohlendorf entwickelte zusammen mit ihrer Mutter und Großmutter Angst vor Bespitzelung und fürchtete, durch eine Tante, die ihre negative Meinung über die Regierung nicht nur diskret im Familienkreis mitteilte, ins Visier der Behörden zu geraten (240). Als ihre Großmutter erwog, das ihr verliehene Mutterkreuz abzulehnen, bat sie sie flehentlich, das nicht zu tun (Ohlendorf, 1144).

Einige wenige Kinder waren oder fühlten sich durch die Rassengesetze bedroht und wurden von entsprechenden Ängsten geplagt. So Rudolf Linke, dessen Familienname auch in der jüdischen Bevölkerung zu finden war. Er registrierte, dass sein Vater sich intensiv mit der Ahnenforschung beschäftigte, um den Verdacht jüdischer Abstammung auszuräumen. Als er erlebte, wie ein Schulfreund seines Bruders plötzlich von der Existenz einer »jüdischen Großmutter« überrascht wurde und als »Juden-Abkömmling« dastand, wurde für ihn die latente Bedrohung so stark, dass er sich im Traum mit diesem Jungen identifizierte und dessen Schicksal als sein eigenes erlebte.[1]

Waltraud Neubert hatte ebenfalls Schwierigkeiten mit ihrem Nachnamen, wurde in der Schule deswegen von Mitschülerinnen »angemacht« und diskriminiert und trug deshalb stets ihren Ahnenpass bei sich (499, 3589). Auch die Zwangssterilisation eines Cousins brachte sie mit dem Familiennamen in Zusammenhang (Neubert, 1590). Lisa Bornemann wurde als »Vierteljüdin« in der Schule diskriminiert und durfte zunächst auch nicht der Hitler-Jugend beitreten. Am stärksten habe sie aber getroffen, als Schulfreundinnen sie eines Tages vom gemeinsamen Spiel ausgeschlossen hätten. Sie fühlte sich teilweise auch als Außenseiterin, sagte aber selbst über sich, sie habe auch viel verdrängt (Bornemann, 2409, 2807). Elke Engelmann hatte eine »Scheu vor Juden« entwickelt, ein Gefühl, in dem sich Mitleid und Angst miteinander verbanden. Andere, wie Ernst Naue, der voll integriertes Mitglied der Hitler-Jugend war und auch nicht das Gefühl hatte, wegen seines nicht systemkonformen Elternhauses schief angesehen zu werden, entwickelten diffuse Ängste – vermutlich als Reaktion auf die im Elternhaus erhaltenen Informationen über die Verfolgung Dritter sowie die Vorsichtsmaßnahmen des Vaters gegenüber Bespitzelung.[2]

An diesen Beispielen zeigt sich, wie Kinder, oft unbewusst, die Gefährdungen des Lebens wahrnahmen. Das konnte sich in diffusen Ängsten äußern wie bei Ernst Naue oder auch in sehr konkreten wie bei Rudolf Lin-

---

[1] Vgl. dazu die beeindruckende Studie Beradts, *Reich des Traums*. Koselleck schreibt über die von Beradt schon 1933 gesammelten Träume: »Sie führen uns exemplarisch in die Nischen des scheinbar privaten Alltags, in den die Wellen der Propaganda und des Terrors eindringen. Sie zeugen vom anfangs offenen, dann schleichenden Terror, dessen gewaltsame Steigerung sie vorwegnehmen.« (*Reich des Traums*, S. 118)

[2] »Aber dass es da irgendwelche Dinge gab, die un, ganz unheimlich waren und vor denen man Angst hatte eigentlich, obwohl man, oder vielleicht grade weil man nicht wusste, was das nun im Einzelnen bedeutete. Also das wusste ich schon.« (Naue, 610–617). Eine ähnliche Äußerung findet sich in Joachim Fests Autobiographie: »Merkwürdigerweise vernehme ich in der Erinnerung immer wieder entfernte Hilferufe, doch weiß ich nicht zu sagen, was sie auslöste und woher sie kamen. Mag sein, dass sie ein Echo der Angst gewesen sind, die uns trotz aller Unkenntnis dessen erfasst hatte, was draußen vor sich ging und die Luft seltsam dick machte.« (*Ich nicht*, S. 59)

ke.³ Die Befragten, die sich an Ängste erinnerten, stammten aus den Elternhäusern, in denen politische Themen und Gefährdungen eine Rolle spielten. Selbst wenn die Eltern sich verbal zurückhielten, registrierten die Kinder die spezifische Atmosphäre von Bedrückung und Angst. Andere, in deren Familie, Verwandtschaft und Freundeskreis keine kritischen Stimmen zu hören waren, in denen keine Mitglieder politisch oder rassisch verfolgt wurden oder Gefährdungen zu erwarten waren, spürten davon nichts. Auf die dadurch völlig differenten Kindheiten hat Joachim Fest hingewiesen. Von sich und seinen Geschwistern schreibt er: »[...] es war eine ganz und gar politisierte Welt, in der wir aufwuchsen, viele Gespräche und fast alle persönlichen Entscheidungen waren vom Blick auf die herrschenden Verhältnisse bestimmt.« Andere Kinder, die auch in Berlin aufwuchsen, hätten die Umstände anders wahrgenommen. »Außer dem ›Völkischen Gebet‹, das in manchen Schulen an NS-Feiertagen gemeinschaftlich aufgesagt wurde, der HJ-Uniform und den bündischen Liedern ... kam nichts politisch Gemeintes je an sie heran.«⁴

Fest hat zweifellos Recht mit seinem Hinweis, dass Kindheiten sich danach unterscheiden konnten, ob und in welchem Umfang politische Maßnahmen und Gefährdungen von den Akteuren erlebt oder wahrgenommen wurden. Das ist eines der zentralen Themen dieser Untersuchung! Mit seinen Worten reproduziert er aber zugleich die Vorstellung von der Möglichkeit einer unpolitischen Kindheit im Nationalsozialismus, von der auch viele Zeitzeugen überzeugt waren, teilweise immer noch sind. Wenn man sich hingegen klarmacht, dass politische Beeinflussung nicht nur explizit und intendiert, sondern auf vielfältige Weise geschieht, wird deutlich, dass Kindheit im Nationalsozialismus stets, wenn auch in den einzelnen Bereichen des Alltags unterschiedlich intensiv, politisch geprägt gewesen ist. Das ist sicher zunächst einmal die Perspektive eines Außenstehenden. Den Befragten als Kindern ist das oft nicht bewusst gewesen. Nur wenige, die durch die Eltern oder andere Einflüsse sensibilisiert waren, haben manche der Veränderungen als Brüche erlebt. Das liegt vor allem daran, dass die große Mehrheit der Familien des gehobenen Göttinger Bürgertums unter

---

3 Ängste kamen aber auch noch auf ganz andere Weise zum Vorschein. Die 1931 geborene Göttingerin Ilse Lege schenkte ihrem Vater zum Weihnachtsfest 1938 ein selbst gemaltes Bild, das bei ihm Fassungslosigkeit auslöste: »Auf diesem Bild marschiert ein Trupp Soldaten aus der Stadt, die Häuser sind mit Hakenkreuzfahnen behängt, am Himmel kreisen Flugzeuge, die Bäume haben keine Blätter, die Blumen schwarze Blüten und die Sonne weint Tränen.« (Lege, *Herr Kramer*, S. 31)
4 Beide Zitate: Fest, *Ich nicht*, S. 102.

dem Nationalsozialismus nichts auszustehen und an ihm wenig auszusetzen gehabt hat. Etliche gehörten sogar zu den ausgesprochenen Profiteuren des Regimes. In anderen Milieus sah das teilweise ganz anders aus.

Es wird sich zeigen, dass die Alltage der Kinder in den anderen drei Milieus nicht nur deutlich von dem der bürgerlichen Kinder, sondern auch erheblich voneinander abwichen. Das gilt nicht nur für die »normalen« Zeiten vor 1933. Ebenso variierten Umfang und Intensität politischer Eingriffe des Nationalsozialismus in die Milieus, die Kinderalltage eingeschlossen, erheblich.

Teil II:
Kinderalltag im kleinstädtischen
Arbeitermilieu

1. Der Ort – die Kleinstadt Hann. Münden[1]

Hann. Münden[2] liegt im äußersten Süden Niedersachsens, dicht an der Grenze zu Hessen. Die beiden nächst gelegenen größeren Orte sind Göttingen und Kassel. Der alte Stadtkern Hann. Mündens liegt in dem durch den Zusammenfluss von Werra und Fulda gebildeten Dreieck. In den 1920er und 1930er Jahren hatte Hann. Münden um die 12.000 Einwohner.

Abb. 11: Hann. Münden 1935. Innenstadt und Zusammenfluss von Werra und Fulda (Quelle: Stadtarchiv Hann. Münden, Hansa_Luftbild)

---

1 Der Ortsbeschreibung liegt der entsprechende Text aus dem Endbericht zugrunde.
2 Die Stadt Hannoversch Münden, auch Münden genannt, wurde 1934 in Hann. Münden (Oberweser) umbenannt. Vgl. *Mündensche Nachrichten* (MN) vom 15.6.1934.

Die Stadt, ursprünglich eine durch ihre Lage an den Flüssen geprägte Handelsstadt, konnte zu diesem Zeitpunkt bereits auf eine industrielle Tradition zurückblicken, die seit der Mitte des 19. Jahrhunderts eingesetzt hatte. Der Beitritt des Königreichs Hannover zum Zollverein im Jahre 1854 und der Anschluss an das Eisenbahnnetz 1856, ab 1866 die Zugehörigkeit zum preußischen Staatsgebiet eröffneten günstige Rahmenbedingungen für die gewerbliche Entwicklung.[3] In der zweiten Hälfte des 19. Jahrhunderts stieg die Bevölkerungszahl nahezu um das Dreifache (1848: 3.805; 1905: 10.122[4]; 1939: 13.346[5]). 1933 gehörten 89,5 Prozent der Bevölkerung protestantischen Konfessionen an, 6,4 Prozent waren katholisch, 0,6 Prozent jüdischen Glaubens.[6]

Als wichtigste Industriezweige bildeten sich Tabakindustrie, Holz verarbeitende Industrie, Chemieindustrie (Schleifmittel- und Gummifabrikation) und Metallindustrie heraus.[7] Wenn auch die meisten Fabriken ihren Anfang in der Altstadt Hann. Mündens genommen hatten, so wurden sie mit der Ausdehnung der Produktion an andere Standorte verlegt, ohne dass sich ein geschlossenes Industriegebiet entwickelte. Des Weiteren befand sich in Hann. Münden eine 1868 gegründete Forstakademie, die 1922 in eine Forstliche Hochschule umgewandelt wurde, außerdem eine Polizeischule. Die seit 1901 in Hann. Münden wieder errichtete Garnison musste 1920 aufgrund der Beschränkungen des Versailler Vertrages erneut geschlossen werden. Im Zuge der Aufrüstungsbemühungen der Nationalsozialisten wurde zum 1.10.1934 unter Bruch des Versailler Vertrages wieder ein Bataillon in Hann. Münden stationiert.[8]

Bereits Ende des 19. Jahrhunderts stellte die Arbeiterschaft die stärkste soziale Gruppe in Hann. Münden neben Handwerkern, Einzelhändlern, Unternehmern sowie Beamten der staatlichen Verwaltung. Knapp die Hälfte der Einwohner gehörte 1939 (47,8 Prozent) der Arbeiterschaft an, allerdings waren auch die bürgerlichen Gruppen recht stark; Angestellte

---

3 Vgl. Pezold, *Die Industrialisierung*, S. 7ff.; vgl. auch Pröve, »Die ›rote Hochburg‹ Münden«, S. 221.

4 Pezold, *Münden*, S. 40ff.

5 Statistik des Deutschen Reichs, *Volks-, Berufs- und Betriebszählung (1943)*, S. 60f.

6 So die Ergebnisse der Volkszählung vom 16.6.1933. Vgl. Statistik des Deutschen Reichs, *Volkszählung*, S. 51.

7 Vgl. Pezold, *Die Industrialisierung;* Mull, Hann. Münden; Christmann/Kropp, *Arbeiterbewegung.*

8 Vgl. von Pezold, »»Kurhessen-Kaserne««. Pezold weist darauf hin, dass die *Mündenschen Nachrichten* über dieses Ereignis nicht berichteten!

und Beamte machten 34,7 Prozent der Bevölkerung aus. Hinzu kamen knapp zehn Prozent Selbstständige und 15,5 Prozent Berufslose Selbstständige.[9] Die Arbeiter wohnten konzentriert in den nördlichen und westlichen Stadtteilen, aber auch im Süden der Stadt. Den höchsten Anteil an Arbeitern verzeichnete der seit 1900 entstandene Stadtteil Hermannshagen, in dem 1932 67,1 Prozent der Bewohner zur Arbeiterschaft zählten.[10] Hier hatten SPD und KPD ihre Hochburgen. Hermannshagen wurde deshalb im Volksmund auch »Rotenburg an der Werra« genannt.[11] Nur die Gegend um Bahnhof und Kattenbühl war ein ausgesprochen bürgerliches Wohnviertel; die Innenstadt hatte wegen des hohen Anteils an Kaufleuten und Handwerkern eine gemischte Bevölkerungsstruktur. Hier wohnten vor allem Kleinbürger und Arbeiter.

Aufgrund dieser Bevölkerungsstruktur wundert es nicht, dass Hann. Münden zu einer stark von der organisierten Arbeiterbewegung geprägten Stadt wurde. Neben der Sozialdemokratischen Partei und den Gewerkschaften entwickelte sich in Hann. Münden seit dem ausgehenden 19. Jahrhundert daher auch das gesamte Spektrum der Arbeiterbewegungskultur, das von diversen Sportvereinen über Konsumverein, Mieter- und Bauverein, Theatergruppe und Freidenker, Arbeiterwohlfahrt, Sozialistische Arbeiterjugend und Frauengruppe bis zum Reichsbanner und Arbeiter-Radio-Club reichte.[12] Die Breite der Arbeiterorganisationen lässt bereits erkennen, dass Arbeiter und Bürger in getrennten Welten lebten.

Trotz ihrer relativen Stärke war die Sozialdemokratie kommunalpolitisch im Kaiserreich allerdings wenig einflussreich. Aufgrund der Koppelung des Wahlrechts mit einem hohen Bürgergewinngeld von 99 Mark,[13] war nur ein Mitglied der SPD im Mündener Bürgervorsteherkollegium vertreten. Das änderte sich schlagartig nach dem Ersten Weltkrieg. Auch wenn die 1919 bei den Bürgervorsteherwahlen von der SPD erzielte absolute Mehrheit in späteren Wahlen nicht wieder erreicht wurde, so bewegte sich der Stimmenanteil der Sozialdemokratie bis 1933 zwischen 36 und 46

---

9 Eigene Berechnungen nach Statistik des Deutschen Reichs, *Volks-, Berufs- und Betriebszählung (1943)*, S. 60f.. Zur Kategorie der Berufslosen Selbstständigen vgl. Teil I, Anm. 13, S. 39. Die bürgerlichen Gruppen waren also recht stark, allerdings nicht so dominant wie in Göttingen.
10 Vgl. Christmann/Kropp, *Arbeiterbewegung*, S. 87.
11 Kropp/Hruska/Quest, *Hann. Münden*, S. 98f.
12 Vgl. Christmann/Kropp, *Arbeiterbewegung*, S. 65 und 68.; vgl. auch Pröve, »Die ›rote Hochburg‹ Münden«, S. 222; für die Weimarer Republik ebenda, S. 224.
13 Utermöhlen, *Mittelschichten*, S. 50.

Prozent. In der Weimarer Republik waren stets mehrere Senatoren Mitglieder der SPD. Die Fraktion stellte zeitweise den stellvertretenden Bürgermeister und Sprecher des Kollegiums. Die KPD war bedeutend schwächer und erhielt bei den Kommunalwahlen zwischen fünf und sieben Prozent der Stimmen.[14] Hann. Münden kann deshalb als eine sozialdemokratische Hochburg bezeichnet werden. Der SPD-Kreisverein Münden hatte 1933 1.022 Mitglieder. Das entsprach 12,1 Prozent der Stimmberechtigten und dem zweithöchsten Organisationsgrad in der Region.[15]

Die 1920er Jahre waren gleichwohl für die Arbeiterschaft Hann. Mündens eine schwierige Zeit. Die nach dem Ende des Ersten Weltkriegs zunächst relativ starke Position der Gewerkschaften wurde wegen der politischen und ökonomischen Probleme zunehmend schwächer. Bereits in den Inflationsjahren 1923/24 mussten die Gewerkschaften aufgrund verlorener Streiks die Rücknahme des Acht-Stunden-Tages und damit zugleich eine Schwächung ihres Einflusses hinnehmen.[16] Erschwerend hinzu kam seit der Mitte der 1920er Jahre die durch die Unternehmerseite geförderte Ausbreitung des Jungdeutschen Ordens in Hann. Münden, dessen Mitglieder sich auch als Streikbrecher betätigten.[17] Die infolge von Rationalisierungen der Produktion wachsende Arbeitslosigkeit, ab 1929 schließlich die Weltwirtschaftskrise unterminierten die Position der Gewerkschaften weiter.[18] 1932 waren in Hann. Münden 1.501 Personen arbeitslos.[19] Selbst 1933 lag die Quote noch bei 17,5 Prozent, zählt man die Berufslosen Selbstständigen nicht zu den Erwerbstätigen sogar bei 21,7 Prozent.[20]

Aufgrund des zahlenmäßigen Umfangs der Arbeiterschaft und der trotz aller Widrigkeiten bemerkenswerten Stärke der Arbeiterbewegung hatte es die NSDAP schwer, in Hann. Münden Fuß zu fassen. Die Mitgliederzahlen von Partei und SA waren gering. Zu Kundgebungen und Aufmärschen mussten die Nationalsozialisten daher regelmäßig auf massive Verstärkungen durch Göttinger und Kasseler SA- und SS-Verbände zurückgreifen.[21]

---

14 Vgl. ebenda, Tab. 3; Wickert, *Familie und Parlament*, S. 23.
15 Vgl. ebenda, S. 23.
16 Christmann/Kropp, *Arbeiterbewegung*, S. 77; ebenso Engelhardt, »Mündener Arbeiterschaft«, S. 81.
17 Ebenda, S. 82.
18 Christmann/Kropp, *Arbeiterbewegung*, S. 77.
19 Ebenda, S. 80.
20 Utermöhlen, *Mittelschichten*, Tab. 5; Statistik des Deutschen Reichs, *Volks-, Berufs- und Betriebszählung (1936)*, S. 41 (eigene Berechnungen).
21 Vgl. Engelhardt, »Mündener Arbeiterschaft«, S. 82f.

Auch bei den Wahlen waren selbst in der Endphase der Weimarer Republik die Einbrüche der NSDAP in die Arbeiterschaft bescheiden. Ihr Zuwachs beruhte hauptsächlich auf Stimmengewinnen aus dem bürgerlichen Lager.[22]

Die Zeitungslandschaft Hann. Mündens war in der Weimarer Republik charakterisiert durch mehrere miteinander rivalisierende Blätter.[23] Die vermutlich meist gelesene, weil auflagenstärkste Zeitung, waren die *Mündenschen Nachrichten* (MN), die eine Auflage zwischen 3.000 und 5.000 Exemplaren hatten. Sie standen am rechten Rand des politischen Spektrums und der DNVP/DHP nahe. Das konkurrierende *Mündener Tageblatt*, später *Weserkurier*, war bedeutend kleiner (900 Exemplare), vertrat eine liberale Position und kann der DDP/DVP zugerechnet werden. Daneben gab es die SPD-Zeitung, das *Mündener Volksblatt*, sowie die KPD-Zeitung *Rote Latüchte*. 1930 übernahm Otto Weber-Krohse die MN und steuerte das Blatt sehr schnell in einen aggressiven Kurs gegenüber der SPD. Mit seinem Eintritt in die NSDAP Ende 1932 bekräftigte er die Entwicklung der MN zu einem zentralen Propagandainstrument der NSDAP. Das *Mündener Volksblatt* wurde bereits Ende Februar 1933 erstmals für fünf Tage verboten. Nachdem gerade wieder zwei Ausgaben erschienen waren, wurde es aufgrund der im Zusammenhang mit dem Reichstagsbrand erlassenen Notverordnung vom 27.2.1933, durch die die Pressefreiheit aufgehoben wurde, erneut verboten und erschien nie wieder.[24] Die *Rote Latüchte* war zu diesem Zeitpunkt bereits illegal. Das 1932 in *Weserkurier* umbenannte *Mündener Tageblatt* wurde vom Herausgeber der MN heftig bekämpft. 1933 entzog der Magistrat dem *Weserkurier* das Privileg, *Amtsblatt des Mündener Magistrats* zu sein, das nunmehr die MN erhielten. Diese waren damit endgültig zur dominierenden Zeitung geworden.[25]

Erst nach der Machtergreifung und infolge des von SA und SS ausgeübten Terrors änderten sich die politischen Verhältnisse in Hann. Münden grundlegend zugunsten der NSDAP. Am 19.2.1933 veranstaltete die Partei erstmals erfolgreich einen Marsch durch Hermannshagen, den am stärksten durch Arbeiterschaft und Arbeiterbewegung geprägten Stadtteil Hann. Mündens. Hierzu waren sämtliche Abteilungen der Göttinger SS abgeord-

---

22 Vgl. dazu ausführlich Utermöhlen, *Mittelschichten;* Christmann/Kropp, *Arbeiterbewegung,* S. 87.
23 Vgl. dazu ausführlich Kropp/Hruska/Quest, *Hann. Münden,* S. 180ff.
24 Vgl. ebenda, S. 184.
25 Ebenda, S. 185.

net worden.²⁶ Die dadurch intendierte Einschüchterung schlug sich in den folgenden Wahlen nieder. Bei den Reichstagswahlen am 5.3.1933 wurde die NSDAP zum ersten Male stärker als SPD und KPD zusammen. Die eine Woche später stattfindenden Wahlen zu den Provinziallandtagen, Kreistagen und Gemeindevertretungen verschärften die Situation. In der Stadt Hann. Münden wurde die NSDAP zur stärksten Fraktion im Bürgervorsteher-Kollegium (NSDAP: 10; SPD: 9; KPD: 1; Nationales Bürgertum: 2 Sitze).²⁷ Aus dieser neu gewonnenen Position der Stärke heraus führten eine Woche später SA und SS mit aus Göttingen herbeigeschafften Verstärkungen (»insgesamt 600 Mann, die für die Dauer der Aktion Hilfspolizeibeamte waren«²⁸) eine Razzia in Hermannshagen durch, die ebenfalls einen einschüchternden Effekt haben sollte. Verhaftungen wurden zu dem Zeitpunkt nicht vorgenommen, meldeten die *Mündenschen Nachrichten* vom 20.3.1933. Jede Wohnung wurde einzeln durchsucht und Leibesvisitationen selbst bei Kindern vorgenommen.²⁹ Die für den 28. März vorgesehene konstituierende Sitzung des Bürgervorsteher-Kollegiums verlief bereits nicht mehr in regulären Bahnen. Der gewählte Vertreter der KPD konnte überhaupt nicht erscheinen, weil er bereits vor der Wahl gezwungen war, unterzutauchen. Angesichts des bedrohlichen Aufmarsches von SA vor dem Mündener Rathaus sagten die SPD-Vertreter ihre Teilnahme ab. Aufgrund dessen wurde die SPD-Fraktion aus dem Bürgervorsteher-Kollegium ausgeschlossen, ihre Senatoren des Amtes enthoben.³⁰ Infolge dieser Ausschaltung der Opposition sowie einer Säuberungswelle in der städtischen Verwaltung und den städtischen Betrieben traten der bisherige, der DDP angehörende Bürgermeister und der Stadtsyndikus zurück.³¹

Wie anderswo bediente sich die NSDAP in Hann. Münden der Symbole, Organisationsformen und teilweise der Forderungen der Arbeiterbewegung. Neben den nunmehr mit einem Hakenkreuz versehenen roten Fahnen war es der 1. Mai, den sich die Nationalsozialisten zunutze machten. Er wurde in Hann. Münden ebenso großartig gefeiert wie in anderen

---

26 Ebenda, S. 99.
27 Vgl. Christmann/Kropp, *Arbeiterbewegung*, S. 103.
28 *Weserkurier* vom 20.3.1933, zitiert nach: Kropp/Hruska/Quest, *Hann. Münden*, S. 111.
29 Ebenda, S. 99.
30 Vgl. Tollmien, *Arbeiterwohlfahrt*, S. 128f; Christmann/Kropp, *Arbeiterbewegung*, S. 105. In Kleinstädten mit vergleichbarer sozio-ökonomischer Struktur verlief die »Machtergreifung« auf kommunaler Ebene ähnlich. Für Northeim vgl. Noakes, »Nationalsozialismus«, S. 240.
31 Tollmien, *Arbeiterwohlfahrt*.

Orten. Die neue Reichsregierung gewährte mit einem Federstrich das, wofür die organisierte Arbeiterbewegung in den Industrieländern seit 1890 gekämpft hatte: den arbeitsfreien 1. Mai. Der Preis war allerdings hoch. Die Teilnahme aller Betriebsbelegschaften war angeordnet, alle wurden mit der gleichen Mütze ausstaffiert, waren quasi uniformiert. Der Festzug stand unter der Leitung der NSDAP. An ihm beteiligten sich 42 Gruppen, von der SA über den Stahlhelm, den Kampfbund des gewerblichen Mittelstandes, die Angehörigen der Polizeischule, des Roten Kreuzes und der verschiedenen Mündener Betriebe bis zum Verband der Hausdiener. Der 1. Mai hatte sich dadurch von einer Demonstration der Arbeiterbewegung in eine Feier der formierten Volksgemeinschaft verwandelt.[32] Am Morgen des 2.5.1933 wurden im Zuge der reichsweiten Aktion zur Zerschlagung der Freien Gewerkschaften auch die Mündener Gewerkschaften verboten, ihre Einrichtungen beschlagnahmt und demoliert sowie ihre Funktionäre verhaftet.[33] Am 22.6.1933, nachdem zunächst die KPD bekämpft und deren Funktionäre verfolgt worden waren, folgte das Verbot der Sozialdemokratischen Partei. Im Juli 1933 schloss sich eine große Verhaftungswelle ihrer Funktionäre an. Die Gleichschaltung war vollzogen!

Davon war dann auch das Vereinswesen betroffen. Nicht nur der Sozialdemokratie nahe stehende Vereine und Organisationen wie der Konsumverein und die AOK wurden aufgelöst oder gleichgeschaltet. Öffentlich scharf angegriffen wurde ebenfalls die Mündener Freimaurerloge »Pythagoras zu den drei Strömen«, die bereits im April 1933 ihre Tätigkeit einstellte und sich am 21.7.1935 auflöste.[34] Selbst der in Münden starke Jungdeutsche Orden wurde aufgehoben.[35] Auch die meisten Jugendorganisationen wurden entweder in die Hitler-Jugend überführt oder aufgelöst.

Insgesamt war die politische Atmosphäre in Hann. Münden hochgradig bedrückend und gefährlich – vor allem für die zum linken politischen Spektrum zählenden und aktiven Personen sowie deren Angehörige, aber auch für alle anderen dem Nationalsozialismus gegenüber Skeptischen. Insbesondere in der Zeit von März bis Oktober 1933 wurden viele Verhaftungen vorgenommen und publik gemacht, die zeigten, dass vormals »normales« Verhalten, nämlich seine eigene Meinung zu äußern, nun kriminalisiert

---

32 Vgl. den Abdruck des Festprogramms in den MN vom 28.4.1933; Kropp/Hruska/Quest, *Hann. Münden,* S. 119ff.
33 Vgl. Christmann/Kropp, *Arbeiterbewegung,* S. 114.
34 MN vom 11.11.1935.
35 MN vom 4.7.1933.

wurde.³⁶ Als im September 1933 die Krone der am 1. Mai gepflanzten »Hitler-Eiche« zerstört wurde, ein in der Sprache der MN »unglaublicher Rohheitsakt«, wurden als Vergeltungsmaßnahme vier Personen, drei Angehörige der KPD und einer der SPD, in Schutzhaft genommen!³⁷

Nicht nur die *Mündenschen Nachrichten* machten unter ihrem rechtskonservativen Verleger mehr denn je Front gegenüber der Arbeiterschaft und ihren Vertretern. Mehrere Verhaftungswellen bis einschließlich 1936 brachten die Arbeiterbewegung um den größten Teil ihres Führungspersonals. Diejenigen, die das Glück hatten, nach brutalen Verhörmethoden und Folter³⁸ nicht auf lange Zeit zu Zuchthaus oder KZ verurteilt, sondern nach vergleichsweise kurzer Haft wieder freigelassen zu werden, standen unter strengen Auflagen und konnten es nicht wagen, sich erneut politisch zu betätigen.³⁹ Auch in dem »roten« Stadtteil Hermannshagen blieb der Terror nicht wirkungslos. Den Menschen blieb nichts anderes übrig, als sich anzupassen.⁴⁰ Hans-Peter Lehmann, der bis 1940 in Hermannshagen gewohnt hatte, beschrieb diese Entwicklung mit den Worten:

»Ja, aber es hat sich dann [PP] ganz viel verändert. Es hat nicht lange gedauert [PP] grade hier auch in unserm Stadtteil. Da warn da [P] auch ehemalige Sozialdemokraten, zum Beispiel der Führer der Eisernen Front, also der Reichsbanner [PP], der ist [PP] kurze Zeit später schon Amtswalter gewesen bei [PP] bei den Nazis. Nech also, da sind mehrere, die dann wieder umgesprungen sind nech. [PP] Ja und dann im Laufe der Jahre hat sich das denn so entwickelt nech. Viele konnten nicht irgendwo hingehen, grade die in staatlichen Diensten waren und so, dass die inne Partei gegangen sind.« (Lehmann, 5700–5711)⁴¹

Politisch verfolgt wurden aber nicht nur die Spitzenfunktionäre der Arbeiterbewegung, sondern alle oppositionellen Personen und – wie andernorts auch – die jüdische Bevölkerung Hann. Mündens.⁴² Seit dem Aufruf zum Boykott jüdischer Geschäfte am 1.4.1933 verschärfte sich das Klima in der

---

36 Vgl. Kropp/Hruska/Quest, *Hann. Münden,* S. 100.
37 Vgl. Christmann/Kropp, *Arbeiterbewegung,* S. 116 und MN vom 8.9.1933.
38 Vgl. Schumann, *Widerstand in Hann. Münden,* S. 24, 34f.; sowie die Aussage Fritz Michalskis in: Kropp/Hruska/Quest, *Hann. Münden,* S. 220f.
39 Vgl. dazu: Christmann/Kropp, *Arbeiterbewegung;* Kropp/Hruska/Quest, *Hann. Münden;* Schumann, *Widerstand in Hann. Münden.*
40 Vgl. dazu ausführlich: Kropp/Hruska/Quest, *Hann. Münden,* S. 97ff.
41 Diese Beurteilung Hans-Peter Lehmanns könnte auch eine nachträgliche Interpretation aufgrund von Lektüre sein. Vgl. dazu Kropp/Hruska/Quest, *Hann. Münden* über Hermannshagen.
42 Vgl. dazu Pezold, *Judenverfolgung* (1988).

Stadt zunehmend. Dazu trugen die *Mündenschen Nachrichten* eifrig bei.[43] Seit 1933 emigrierten die ersten Bürger. Einer der bekanntesten war der Forstwissenschaftler Prof. Dr. Richard Falk.[44] Diese ersten Jahre der nationalsozialistischen Herrschaft »waren gezeichnet von einer immer intensiveren Zurückdrängung der Juden aus dem öffentlichen Leben, von der bürokratisch-polizeistaatlichen Überwachung ihres privaten und gesellschaftlichen Lebens und von einer versteckten Terrorisierung, die auch in Hann. Münden drei jüdische Kaufleute und eine Fabrikantenfamilie veranlasste, ihre Geschäfte zu verkaufen und auszuwandern.«[45] Diese Atmosphäre verschärfte sich mit der Stabilisierung des Regimes. Der angesehene, mit der Arbeiterbewegung sympathisierende und bei der illegalen Arbeit behilfliche jüdische Arzt Dr. Freudenthal wurde 1935 mit anderen verhaftet und verurteilt. Glücklicherweise konnte er nach der Entlassung mit seiner zwischenzeitlich nach Berlin übergesiedelten Familie emigrieren.[46] 1936 wurde ein jüdischer Mann aufgrund von Denunziationen in den Freitod getrieben. 1938 wurde im Rahmen des reichsweiten Pogroms die Synagoge aufgebrochen und die Einrichtung zertrümmert. Eine Brandstiftung verbot sich wegen der Brandgefahr für große Teile der Altstadt.[47] 1939 wurde der Sohn einer bekannten jüdischen Familie nachts von fünf Nationalsozialisten aus der Wohnung geholt und in die Werra gedrängt. Seine Leiche wurde mehrere Tage später aufgefunden.[48] Die letzten in Hann. Münden wohnenden 20 Juden wurden im März 1942 deportiert.[49] Ergebnis der politischen Verfolgungen sowie der Stigmatisierung und Terrorisierung der jüdischen Bevölkerung war das Ende der politischen Öffentlichkeit im Arbeitermilieu.[50]

Ab 1933 lösten sich zunehmend Jugendverbände auf oder wurden, wie die evangelische Jugend, in die Hitler-Jugend überführt. In Hann. Münden verpflichteten sich die Organisationen der Hitler-Jugend allerdings vertraglich, dafür Sorge zu tragen, dass ihre Mitglieder unter 14 Jahren zweimal im Monat Gelegenheit hätten, den Gottesdienst zu besuchen. Für alle konfir-

---

43 Vgl. die Ausgabe vom 3.4.1933, in der die Forderung nach einem Hausverbot für den jüdischen Rechtsanwalt Dr. Graupe im Amtsgericht gefordert wird.
44 Vgl. Schumann, *Widerstand in Hann. Münden*, S. 42.
45 Pezold, »Pogrome«. Ähnlich ders., *Geschichte*.
46 Vgl. Kropp/Hruska/Quest, *Hann. Münden*, S. 212f.
47 Vgl. ebenda, S. 164.
48 Pezold, *Judenverfolgung* (2002), S. 5ff.
49 Vgl. Schumann, *Widerstand in Hann. Münden*, S. 44f.
50 Kropp/Hruska/Quest, *Hann. Münden*, S. 100.

mierten HJ- und BDM-Mitglieder gab es einen monatlichen Pflichtgottesdienst.[51] Mit Ausnahme der katholischen Jugend, die noch etwas länger ihre Selbstständigkeit wahren konnte, war die Hitler-Jugend seit Mitte 1934 faktisch konkurrenzlos. Die Organisation hatte in Hann. Münden schnell Fuß gefasst. Am 21.3.1933 beteiligte sie sich bereits bei der Kundgebung zum »Tag von Potsdam«[52]. Anfang April besetzte eine HJ-Gruppe unter Führung des Unterbannführers Meyer aus Göttingen das Haus der Naturfreunde auf dem Steinberg und hisste zum Zeichen der Übernahme die Flagge der Hitler-Jugend.[53] Der Andrang der Kinder in die Organisation war auch in Hann. Münden stark. Nach einer im Frühjahr 1936 durchgeführten intensiven Werbeaktion, die großen Zustrom brachte,[54] hatten, wie in Göttingen, alle Knabenschulen jenen Organisationsgrad erreicht, der es erlaubte, die Fahne der Hitler-Jugend auf dem Schuldach zu hissen. Interessanterweise waren einzig in der katholischen Knabenschule 100 Prozent der Schüler organisiert.[55] Wie überall waren die Angehörigen der Hitler-Jugend nicht nur durch die regulären Dienste in Anspruch genommen, sondern mussten sich an einer Vielzahl von Veranstaltungen im Jahresablauf beteiligen. Bis 1941 gehörte die Hitler-Jugend zum Göttinger Bannstab. Dann erhielt Hann. Münden einen eigenen Bann und Bannführer.[56]

Trotz, vielleicht auch wegen der Vereinnahmung der Jugendlichen durch eine einheitliche und straff organisierte Organisation gab es Probleme. Als Reaktion auf ein Rundschreiben der Staatspolizeistelle Hannover vom Februar 1935 wegen der erschreckenden Zunahme der Jugendkriminalität verfasste der Bürgermeister einen Bericht, in dem mehrere Fälle aufgeführt sind. Als besonders gravierend wurden Sachbeschädigungen durch Angehörige des Jungvolks in Uniform (!) angesehen, die gegenüber dem Geschädigten falsche Namen angegeben hatten und noch nicht ermittelt werden konnten.[57]

---

51 MN vom 3.3.1934.
52 MN vom 22.3.1933. Am 21.3.1933, dem »Tag von Potsdam«, konstiuierte sich der am 5.3.1933 gewählte Reichstag in der Garnisonskirche Potsdams. Anwesend waren allerdings außer den Abgeordneten der NSDAP die weiterer rechter und bürgerlicher Parteien. Vgl. http://de.wikipedia.org/wiki/Tag_von_Potsdam vom 6.9.2013.
53 MN vom 6.4.1933.
54 MN vom 4., 6., 8., 21. und 29.2.1936.
55 MN vom 13.3.1936.
56 StA HM, Quandt, *Schön war die Jugend?*, S. 107. Unveröffentl. Manuskript.
57 StA HM, MR 963 Bekämpfung der Jugendkriminalität.

Die ökonomische Situation besserte sich nach der Machtergreifung allmählich. Ursache dafür waren bereits am Ende der Weimarer Republik eingeleitete wirtschaftspolitische Maßnahmen, die nun zu wirken begannen.[58] Hinzu kamen die von großem propagandistischem Aufwand begleiteten Arbeitsbeschaffungsmaßnahmen. Da die alte Kaserne inzwischen von der Polizeischule belegt worden war, hatte schon im Januar 1934 die Heeresverwaltung mit dem Mündener Magistrat Verhandlungen über den Bau einer neuen Kaserne begonnen, um in Hann. Münden wieder ein Pionierbataillon stationieren zu können.[59] 1935 war die neue Kaserne fertiggestellt. Nachdem die Polizeischule geschlossen wurde, verfügte Hann. Münden über zwei Kasernen und ein Bataillon mit sieben Kompanien.[60]

Außer den Bauarbeiten an der Kaserne, die für die Steuerzahler eine beachtliche Belastung bedeuteten,[61] bot der 1934 begonnene Bau der Autobahn zwischen Göttingen und Kassel, besonders der der Werrabrücke, den Arbeitslosen Hann. Mündens Arbeitsgelegenheit. Um möglichst viele beschäftigen zu können, wurde weitgehend auf Maschinen verzichtet.[62] Alle Arbeitslosen aus Münden und Umgebung konnten dabei untergebracht werden.[63] Auswärtige Arbeitskräfte wohnten bei Privatleuten und verschafften einigen Familien ein dringend benötigtes Zusatzeinkommen.[64] Im April 1935 berichteten die *Mündenschen Nachrichten* mehrmals über den Rückgang der Arbeitslosigkeit im Regierungsbezirk Hildesheim, zu dem Hann. Münden gehörte.[65] Während des Krieges war der Arbeitskräftebedarf schließlich so angewachsen, dass allein mit Zwangsarbeitern die eingezogenen Männer nicht ersetzt werden konnten. Frauen wurden nun für die Rüstungsindustrie zwangsverpflichtet.[66]

Eine weitere Einnahmequelle bestand in der Förderung des Fremdenverkehrs. Von 1933 bis 1934 (bis Juli) steigerte sich die Zahl der Münden

---

58 Vgl. dazu Herbst, *Deutschland 1933–1945*, S. 89ff.
59 StA HM, NR V. VI, 3–10, Nr. 17.
60 StA HM, Festschrift 75 Jahre Pioniergarnison Hann. Münden 1901–1976. Der Kasernenbau verstieß gegen die im Versailler Vertrag festgeschriebene Reduzierung der Reichswehr.
61 STA HM NR V.VI, 3–10, Nr. 31.
62 Wegner, *Verkehr*, S. 64.
63 Vgl. MN vom 9.12.1935.
64 Hans-Peter Lehmann erzählte, dass seine Eltern ein Zimmer der Wohnung an beim Bau der Kaserne beschäftigte Arbeiter vermietet hatten (Lehmann, 1376ff.).
65 MN vom 9., 12. und 15.4.1935.
66 Vgl. Quandt, *Schön war die Jugend?*, S. 100.

besuchenden Fremden um gut 30 Prozent.[67] Seit 1937 war Hann. Münden sogar Ziel von KdF-Fahrten. Die Urlauber wurden auch in Privatquartieren untergebracht. Die Fremdenverkehrsstatistik weist seit ihrem Beginn 1936 eine für eine Stadt dieser Größe beachtliche Zahl von Übernachtungen in den Sommermonaten Mai bis September auf.[68]

In den ersten Kriegsjahren bekam die Bevölkerung Hann. Mündens von den Kriegsereignissen[69] nicht viel mit. Luftalarm wurde meist nur wegen der Münden überfliegenden Maschinen ausgelöst. Von der Bombardierung der Edertalsperre im Mai 1943 war die Stadt allerdings stark betroffen: Die Altstadt stand binnen weniger Stunden unter Wasser und wurde durch die von den Fluten mitgeführten Gegenstände erheblich beschädigt. Die Aufräumarbeiten und Reparaturen dauerten mehrere Wochen.[70]

Die wenigen Luftangriffe auf die Stadt verursachten bis 1944 keine größeren Schäden. Seit Oktober 1944 waren dann auch Menschenleben zu beklagen.[71] Erst nachdem einige Dienststellen des Oberkommandos des Heeres nach Hann. Münden verlegt worden waren,[72] wurde die Stadt zu einem wichtigen Ziel der alliierten Bomber. Verheerende Angriffe erlebte Hann. Münden am Karfreitag und Ostersonnabend 1945. Der für diesen Zeitpunkt noch geplante Transport von 180 Hitlerjungen Richtung Harz zur Landesverteidigung fiel nun aus.[73]

Ende März, die Amerikaner waren bereits kurz vor Kassel, erklärte der Kreisleiter der NSDAP die Stadt zur Festung. Die Schlacht um Hann. Münden begann am 5.4.1945. Nachdem die gerade knapp zehn Jahre alte Autobahnbrücke von zurückweichenden deutschen Truppen gesprengt worden war, wurde versucht, durch Sprengung mehrerer Fuldabrücken und der Eisenbahnbrücke den Vormarsch der Amerikaner aufzuhalten. Dieser war dadurch nicht zu stoppen. In Hann. Münden gab es wenig Widerstand. Die Stadt wurde am 7. April von den amerikanischen Truppen eingenommen. Kämpfe in den umliegenden Wäldern verzögerten das Kriegsende nur unwesentlich. Am 8.4.1945 wurde Hedemünden als letzter Ortsteil Hann. Mündens eingenommen.[74]

---

67 MN vom 8.5.1935.
68 StA HM, NR G III, 9–15.
69 Vgl. zu den Kriegsereignissen den Aufsatz von Beinhorn, »Kriegsfolgen«, S. 18–36.
70 Beinhorn, »Kriegsfolgen«, S. 19.
71 Vgl. die Zusammenstellung ebenda, S. 20.
72 Ebenda, S. 21.
73 So ebenda, S. 22.
74 Zum Ende des Krieges in Hann. Münden vgl. ebenda, S. 23ff.

2. Die Familien

Das Sample

Um einen größtmöglichen Kontrast zu den Kindheiten im Göttinger Bürgertum zu erhalten, wurden in Hann. Münden Interviews mit Personen geführt, die in Arbeiterfamilien oder deren Lebensverhältnissen nahe stehenden Familien aufgewachsen sind.[1] Aus verschiedenen Gründen, auf die in der Einleitung bereits hingewiesen wurde, konnten in Hann. Münden nur acht Interviews geführt werden. Ein Befragter, Otto Meyer, gehörte dem Geburtsjahrgang 1920 an und hat daher für etliche der relevanten Fragen und Ereignisse andere oder keine Erinnerungen, wie beispielsweise an die Hitler-Jugend, der er nie angehörte, die für ihn aber auch wegen seines Alters keine wichtige Bezugsgröße gewesen ist. Das Interview mit ihm kann deshalb nur partiell verwendet werden. Die restlichen sieben Interviews wurden mit vier Frauen und drei Männern geführt.[2] Sie sind, ebenso wie die Göttinger Befragten, zwischen 1923 und 1927 geboren. Mit zwei Ausnahmen gehörten alle Familien zur sozialdemokratisch orientierten Arbeiterschaft oder standen ihr nahe. Mehrere Väter waren in der SPD, in der Gewerkschaft, einige zusätzlich im Reichsbanner und der Eisernen Front[3] sowie den sogenannten »Vorfeldorganisationen« der Sozialdemokratie wie den Arbeitersport- und Kulturvereinen. Eine Familie war konfessionslos,

---

[1] Im Folgenden ist wegen der Lesbarkeit von Arbeiterfamilien bzw. -milieu die Rede, auch wenn das die Familienverhältnisse nicht ganz genau trifft.

[2] Zwei der interviewten Männer hatten gesundheitliche Probleme und litten dadurch teilweise unter Konzentrationsschwierigkeiten.

[3] Zur Eisernen Front hatten sich gegen Ende der Weimarer Republik die SPD, der Allgemeine Deutsche Gewerkschaftsbund (ADGB), das Reichsbanner Schwarz-Rot-Gold, und der Arbeiter Turn- und Sportbund (ATSB) zusammengeschlossen, um dem Nationalsozialismus stärkeren Widerstand leisten zu können.

eine gehörte der Freireligiösen Gemeinde an, die anderen waren evangelisch-lutherisch.[4]

In den meisten Familien lebten mehrere Kinder. Nur eine Befragte hatte keine Geschwister. Eine weitere Frau mit zwei 14 und 15 Jahre älteren Geschwistern, die sie jenseits des Kleinkindalters nur als Besuch erlebte, verbrachte ihre Kindheit praktisch ebenfalls als Einzelkind. Keine der Familien hatte mehr als drei Kinder. In der Verwandtschaft, auch unter den Geschwistern der Eltern, gab es allerdings kinderreiche Familien. Die Herkunftsfamilien der Befragten praktizierten jedoch bereits ein Reproduktionsmuster, das für die in den 1920er Jahren geschlossenen Ehen der großstädtischen Arbeiterschaft typisch war.[5] In einem Haushalt lebte neben der Familie noch eine Großmutter, in einer zweiten Familie betrieben Mutter und Eltern gemeinsam einen Kleinstbetrieb, der ihnen ein kärgliches Auskommen sicherte. Eine dritte Familie bewohnte zusammen mit den Eltern des Mannes die zwei Etagen eines Siedlungshauses. Sie führten dabei jedoch getrennte Haushalte. Die restlichen Familien lebten in Einzelhaushalten als Kleinfamilien. Allerdings wohnten häufig Verwandte in der Nähe.

Die wirtschaftlichen Verhältnisse

Entsprechend den Auswahlkriterien waren die meisten Väter Arbeiter. Zwei der Familien wichen davon ab. In dem einen Fall verdiente die alleinerziehende Mutter, wie erwähnt, zusammen mit ihren Eltern in einem Kleinstbetrieb den Lebensunterhalt, in einem anderen war der Vater zunächst als Geselle in einem Handwerksbetrieb beschäftigt, machte sich dann aber Ende der 1920er Jahre mit einem kleinen Betrieb selbstständig. Die Mütter hatten ihre Erwerbstätigkeit meist mit der Eheschließung oder bei der Geburt des ersten Kindes aufgegeben und praktizierten damit ein Lebensmuster, das in Deutschland bis in die frühen 1960er Jahre weit ver-

---

4 Ob es in Hann. Münden ein katholisches Arbeitermilieu gab, wie ich es in meiner Studie *Proletarische Familien* identifizieren konnte, ließ sich nicht feststellen. Der Bevölkerungsanteil der Katholiken lag mit rund sechs Prozent allerdings auch erheblich unter dem in Linden. Die einzige ursprünglich katholische Familie des Teilsamples konvertierte zur protestantischen Konfession.

5 Vgl. Spree, »Der Geburtenrückgang«, S. 63, Tab. 2.

breitet gewesen ist.⁶ Lediglich Frieda Papperts Mutter arbeitete auch nach der Geburt ihrer drei Kinder kontinuierlich im Haushalt einer dem Bildungsbürgertum angehörenden Familie, was nur möglich war, weil ihre Mutter mit im Haushalt lebte und die Kinder beaufsichtigte. Auch wenn sie nicht voll erwerbstätig waren, trugen die anderen Mütter auf vielfältige Weise zum Unterhalt der Familien bei. Neben ihrer Hausarbeit bewirtschafteten sie – oft zusammen mit ihrem Mann – zum Teil große Gärten und zogen dort Obst und Gemüse, hielten, sofern sie in den Siedlungshäusern am Stadtrand wohnten, Kleinvieh, also Kaninchen und Hühner, gelegentlich auch ein Schwein. Sie sammelten Holz in den umliegenden Wäldern, trugen Zeitungen oder Milch aus, vermieteten Zimmer, arbeiteten als Kellnerin. Zwei Mütter übernahmen während der Haftzeit ihrer Männer in den 1930er Jahren die Ernährerrolle und verdingten sich als Fabrikarbeiterinnen.

Der Zuverdienst der Frauen reichte aber häufig nicht aus. Auch von den Kindern wurde dann erwartet, dass sie mit anfassten und dadurch einen Beitrag zum Lebensunterhalt leisteten. Das bezog sich nicht nur auf Haushalt, Garten und Viehwirtschaft. Hans-Peter Lehmann half zunächst zusammen mit seiner Schwester der Mutter beim Austragen von Zeitungen. Später machten die beiden Kinder diese Arbeit alleine. Andere unterstützten nach der Schule die Mutter dabei, die Milch mit dem Handwagen auszufahren. Die Kinder sammelten Futter für die Kaninchen, Holz zum Heizen im Wald, auch Beeren und Pilze; ältere Kinder trugen Waren für Geschäfte aus. Die Vielfalt kindlicher Arbeiten wird in der Erzählung Hans-Peter Lehmanns plastisch:

»Und meine Mutter musste, weil mein Vater immer sehr wenig verdient hat, dazuverdienen [PP] und übernahm damals eine Stelle als Zeitungszustellerin, und zwar beim *Volksblatt*. Das war früher hier die SPD-Zeitung. War auf der Zeitung vorne ›Volksblatt‹ und warn immer so drei Pfeile⁷, ich weiß nicht, vielleicht werden Sie das kennen aus der Geschichte von den Dreispannern nech. Hm. [seufzt] Nun, meine Schwester und ich wir haben später die Zustellung in mehreren Straßen übernommen [holt Luft]. Und nach dem Verbot des *Volksblatts* 1933 [P] trugen wir andere Heimat-Zeitungen [P] bis zur Schulentlassung. [seufzt] Wir hatten [P] eben weil mein Vater doch sehr wenig Geld hatte, sammelten wir Waldbeeren, Pilze. [P]

---

6 Vgl. dazu Rosenbaum, *Proletarische Familien,* S. 52ff.; Rosenbaum/Timm, *Private Netzwerke,* S. 79f.

7 Die drei Pfeile waren das Zeichen der 1931 von SPD, Gewerkschaften und Reichsbanner als Gegengewicht zur Harzburger Front gegründeten Eisernen Front. Vgl. http://de.wikipedia.org/wiki/Eiserne_Front 6.9.2013.

Auf den Feldern mussten wir Ähren lesen, ich weiß nich, ob Sie das kennen. Wenn abgedroschen war, das Feld war abgefahren, dann blieben ja Ähren liegen und so weiter. Nech. Und mein Vater, der fertigte dann so 'n Dreschflegel und dann wurden [P] diese Ähren ausgedroschen und die Frucht brachten wir zur Mühle, damit wir auch, kriegten wir dann jedes Mal Mehl dafür. Dann mussten wir als Kinder viel Holz sammeln. Obwohl mein Vater ja im Wald beschäftigt war. Essen gab es damals für diejenigen, wo die Eltern [P] arbeitslos warn oder [P] wenig Einkommen hatten, in der sogenannten Volksküche. Und die Volksküche wurde bis 1933 von'ner [P] AWO, von'ner Arbeiterwohlfahrt hier durchgeführt. Ja, hm. [seufzt] Dann mussten wir oft Kartoffeln nachstoppeln. Ich weiß nicht, ob Sie das kennen? Wenn der Bauer das Land abgeerntet hatte, dann haben wir mit der Hacke versucht, nachzustoppeln. Also es war immer wenig Geld da. Wir mussten viel Holz sammeln [holt Luft] eben, weil der Vater doch wenig verdiente.« (Lehmann, 62–100)

Das von den Kindern verdiente Geld musste normalerweise abgegeben werden oder wurde, wie Werner Ahrens betonte, »unter Aufsicht« in die Spardose gesteckt (1338). Sein »nebenbei« verdientes Geld wurde von den Eltern für größere Weihnachtsgeschenke mit verwendet (Ahrens, 1717). Erst ältere Kinder, die Zeitungen austrugen, Botengänge für Geschäfte erledigten oder wie Inge Eilert in den Schulferien auf einem Gut arbeiteten, bekamen dafür Geld, das sie für größere Anschaffungen, wie beispielsweise ein Fahrrad, sparten. Nur der in einer sehr ärmlichen Familie aufgewachsene Otto Meyer betonte, er und seine Schwester hätten alles verdiente Geld zu Hause abgeben müssen (864). Dass keiner der Befragten als Kind Taschengeld erhielt, versteht sich angesichts der wirtschaftlichen Situation dieser Familien von selbst. Lediglich kleinere Geldbeträge, fünf oder zehn Pfennig, die die Kinder manchmal von Nachbarn bekamen, für die sie Wege machten, durften sie behalten (Pappert, 4345). Die meisten Tätigkeiten wurden von den Kindern ganz selbstverständlich erwartet. Das galt insbesondere für die in und ums Haus anfallenden Arbeiten. Hans-Peter Lehmann beschrieb diesen fraglosen Zugriff auf die Hilfe der Kinder mit den Worten:

»[…] dann [be]kamen wir denn, wenn wir denn [von der Schule] nach [P] Haus kamen mittags Essen, und [P] die Mutter hatte schon irgendetwas, was wir machen mussten. Irgendetwas kriegten wir immer aufgebrummt, nech. Was wir alles so machen mussten nech.« (Lehmann, 1927–1931)

Allerdings wird man davon ausgehen können, dass manches Mal Arbeit und Spiel miteinander verbunden werden konnten, wie es bei Elisabeth

Teichmann anklingt, als sie schilderte, wie die Kinder in ihrer Familie beim Holzholen beteiligt wurden:

»Und ja, und das war auch, da wurden dann auch besondere Tage, wo dann eben dieses Holz im Wald geholt wurde, hat uns Kindern aber auch wiederum Spaß gemacht. Mutter kam dann nach gegen Mittag und brachte was zu Essen. Da wurde im Wald was gegessen, und wunderbar Kaffee in 'ner Kanne, in 'ner Thermoskanne, und dann wurde sich auf den Wagen gesetzt, und dann da gegessen. Und dann suchte der Vater weiter das Holz, was ihm, wo er da das hacken konnte und auf den Wagen, und dann gegen Nachmittag wurde das dann nach Hause gefahren […].« (Teichmann, 3893–3904)

Aber nicht alle Kinder mussten so viel helfen. Dort, wo der Vater stetig und gut verdiente und die Mutter »nur« mit Haus- und Gartenarbeit beschäftigt war, wurden die Kinder selten zu Arbeiten herangezogen. Das scheinen jedoch eher die Ausnahmen gewesen zu sein. Die meisten Kinder des kleinen Samples hatten wegen der geschilderten Tätigkeiten nur eingeschränkt Zeit zum Spielen.

Vielfach ermöglichte selbst die Mitarbeit aller Familienmitglieder lediglich ein sehr knappes Auskommen, das zudem höchst gefährdet war. Nicht nur Krankheit und Arbeitsunfälle waren gefürchtete Schicksalsschläge. Einige Väter gingen Beschäftigungen nach, die mit saisonaler Arbeitslosigkeit verbunden waren. Waldarbeit oder auch Notstandsarbeiten hielten die Familien in dieser Zeit dann notdürftig über Wasser. Im Dritten Reich kam zu diesen üblichen Risiken der Arbeiterexistenz die politische Gefährdung, die besonders Personen aus dem sozialdemokratischen und kommunistischen Arbeitermilieu betraf. In Hann. Münden wurden, wie auch andernorts, bereits kurz nach der Machtübernahme die städtische Verwaltung, aber auch die städtischen Betriebe von politisch »unzuverlässigen« Beschäftigten gesäubert. Zum Teil konnten die Betroffenen bei »Notstandsarbeiten« Beschäftigung finden. Die Väter zweier Befragter wurden 1935 aus politischen Gründen verhaftet und zu längeren Freiheitsstrafen verurteilt. Arbeitslosigkeit, aus welchen Gründen auch immer, konnte Familien sehr schnell ins Elend stürzen. Die für die meisten Arbeiterfamilien typische ökonomische Enge blieb nur dort aus, wo der Vater kontinuierlich beschäftigt blieb, überdurchschnittlich gut verdiente und nicht mehr als zwei oder drei Kinder zu versorgen waren. Dann reichte das Einkommen auch für ein paar Extras, wie Elisabeth Teichmann berichtete:

»Ja, das sind so Erinnerungen, wie die [Eltern] sich kleideten. Sie haben beide auch drauf geachtet, dass sie immer auch in der Garderobe nicht zu üppig [waren], aber immer anständig. Und die hatten Geschmack, sie hatten Geschmack, ja. Waren immer, mein Vater trug immer so Sakkos, so Sportsakkos, so Fischgräte und so was. Jaha, so war er, und er fuhr ja dann auch Fahrrad, er fuhr Fahrrad. Er kaufte sich ein, ein sehr schönes Fahrrad, was so schön glänzte und so schöne Felgen hatte, und das musste immer schön, das musste natürlich immer geputzt werden, nech. Sogar die Speichen hat er abgerieben, und meine Schwester hat da mitgemacht. Weil sie ja auch so ordentlich war. [lacht] Ne, weil sie ja auch so ordentlich war. Ja, ja, ja, das und man konnte sich ja dann auch darüber freuen, dass das alles so schön gepflegt, wurde alles gepflegt. Es wurde auch, auch der Haushalt wurde gepflegt. Ja, was gekauft wurde, musste Qualität haben, da hat er sehr viel Wert drauf gelegt [...].« (Teichmann, 4964–4992)

Wie erwähnt, ergaben sich während des Dritten Reiches für jene Familien in Hann. Münden, die etwas mehr Wohnraum als den unbedingt nötigen hatten, Möglichkeiten zum Zuverdienst durch Untervermietung. Der Neubau von Kasernen brachte auswärtige Arbeitskräfte in die Stadt, die Schlafgelegenheiten brauchten. Später eröffneten sich Verdienstmöglichkeiten durch den im Zuge der KdF-Fahrten auch in Hann. Münden beginnenden Fremdenverkehr, wie Hans-Peter Lehmann erinnerte:

»Und durch Kraft durch Freude kam denn immer viele hier auch [P] nach Hannoversch Münden nech. [...] Jaaa, ich weiß, wir hatten mehrere Ehepaare, die denn bei uns so gewohnt hatten, 'ne, 'ne Stelle hatten, da wo sie geschlafen haben, nech. Durch Kraft durch Freude. Nech, das wurde immer gut bezahlt nech. Also so haben sie [die Eltern] sich immer nebenbei 'n bisschen was verdient ne, dass sie die Miete eben besser zahlen konnten nech. [PP] Also das war alles erst, das spielte sich alles so in der Zeit jetzt [P] von '33 bis [P] '40 ab.« (Lehmann, 2365–2380)

Obwohl das Teilsample sehr klein ist, bilden sich in ihm nicht nur das sozialdemokratische, sondern auch das kleinbürgerliche Arbeitermilieu ab. Zu Letzterem gehörte die Familie Pappert. Innerhalb des sozialdemokratischen Milieus gab es ein großes Spektrum, die Familien Völkel und Teichmann erreichten einen überdurchschnittlichen Lebensstandard.

Wohnbedingungen

Mehrere Familien sind im Untersuchungszeitraum umgezogen, einige sogar mehrmals. Zur Charakterisierung des Wohnens werden deshalb jene Wohnverhältnisse zugrunde gelegt, an die sich die Befragten aus ihrer Kindheit am besten erinnern konnten. Fünf Befragte lebten als Kinder in

Siedlungen am Stadtrand. In den meisten Fällen handelte es sich dabei um neuere Häuser, die zum Teil bereits Badezimmer hatten. Das war aber nicht der Standard. Ein Befragter, der in einem an der Peripherie Hann. Mündens gelegenen alten Haus aufwuchs, berichtete sogar, bei ihnen hätte es weder Strom noch fließendes Wasser gegeben. Die Häuser wurden häufig nicht nur von einer Familie bewohnt. Es handelte sich teilweise um Genossenschaftsbauten, in denen die Eltern, wie sich einige Befragte erinnerten, durch Anzahlung von 1.000 Mark ein Anrecht auf den Kauf der Wohnung oder des Hauses erworben hatten. Der restliche Betrag musste dann in Raten bezahlt werden. Hans-Peter Lehmanns Eltern konnten sich das nur deswegen leisten, weil sie in ein Zimmer der kleinen Dreizimmerwohnung noch Untermieter aufnahmen. Damit war allerdings verbunden, dass Hans-Peter Lehmann bis zu seinem 17. Lebensjahr das Schlafzimmer mit seiner ein Jahr älteren Schwester teilen musste (1929). Drei Befragte lebten mit ihren Familien in der Innenstadt in alten Fachwerkhäusern, die weder viel Wohnraum noch Wohnkomfort boten und in denen die Familien zum Teil sehr beengt lebten. Werner Ahrens hatte ebenfalls mit seiner Schwester lange ein gemeinsames Schlafzimmer (Ahrens, 1116). Otto Meyer schlief sogar mit Eltern und Schwester in einem Zimmer (1185). Seufzend erinnerte er sich, dadurch auch die Zärtlichkeiten seiner Eltern miterlebt zu haben (Meyer, 2741). Entsprechendes schilderte Frieda Pappert, die bis zum Alter von ungefähr 14 bis 15 Jahren mit den Eltern und dem kleinen Bruder ein gemeinsames Schlafzimmer hatte (3755). Als die Familie Ende der 1930er Jahre in eine größere Wohnung umzog, entspannte sich die Situation etwas. Nun hatten die Eltern und die beiden Söhne je ein eigenes Schlafzimmer, Frieda Pappert teilte sich eins mit der Großmutter. Erst nachdem diese 1946 gestorben war, bekam sie ein Zimmer für sich. Da war sie bereits 23 Jahre alt und somit längst aus dem Kinder- und Jugendalter heraus (Pappert, 719).

Nicht alle Befragten, aber einige wuchsen in Wohnungen auf, in denen es, trotz großer Enge, eine »gute Stube« gab, jenes repräsentative Zimmer mit den besten Möbeln der Familie, das nur zu besonderen Gelegenheiten benutzt wurde.[8] Extrem war dieses Festhalten an einem fast ungenutzten Raum bei den Eltern Otto Meyers, die zusammen mit den zwei Kindern in einem Raum schliefen, um sich den Luxus der »guten Stube« leisten zu können. Otto Meyer erinnerte sich, dieses Zimmer sei nur an Geburtstagen

---

8 Vgl. dazu ausführlich Rosenbaum, *Proletarische Familien*, S. 172ff.

und zu Feiertagen genutzt worden, wenn die Verwandten zu Besuch kamen. Das sei »überall« so in Hann. Münden gewesen (Meyer, 1207). In dieser Allgemeinheit ist das sicher nicht zutreffend. Dennoch wurde in jenen Familien, die eine große Wohnküche hatten, in der sich das Alltagsleben abspielte, das Wohnzimmer geschont. Roswitha Völkel, deren Eltern ein geräumiges Siedlungshaus bewohnten, nannte außer den Schlafräumen eine Küche, ein kleines Wohnzimmer für den täglichen Gebrauch und eine »gute Stube«, an deren Einrichtung sie sich auch genau erinnerte:

»Da stand noch n rotes [P] Sofa. Und denn wurden da ja – wie die alten Damen [es] früher machten, da wurden überall runde Deckchen draufgelegt was so völlig [lacht] abgriff. Und vor allen Dingen, das Zimmer war immer kalt. Das war immer kalt. Da hatten wir hier n Kachelofen drinstehn. Und das entgeht einem alles so, nech, da kommt man da wieder drauf, wenn man so erinnert wird. In der Ecke stand so ein ganz altes Biedermeierbüfett, hatten meine Eltern. Schon von ihren Eltern auch. So ein ganz altes Ding mit so Säulen drunter, und war noch ein Schrank oben drauf […].« (Völkel, 2798–2808)

Auch Werner Ahrens' Eltern, die Tochter und Sohn lange zusammen in einem Zimmer schlafen ließen, leisteten sich ein Wohnzimmer, das einer »guten Stube« gleichkam, wie er beschrieb:

»Jaja, das Wohnzimmer, das wurde nur sonntags oder im Winter gar nicht benutzt, weil wir ja kein Geld für so viel Heizmaterial hatten. Die wurden ja noch alle extra geheizt. Nur denn zur Weihnachtszeit, da wurde das Zimmer geheizt, und dann durften wir da rein.« (Ahrens, 1140–1144).

Soziale Beziehungen

Von zwei Befragten abgesehen, deren Eltern beide als Fernwanderer nach Hann. Münden gekommen waren, hatten alle Verwandte von Mutter, Vater oder beiden Seiten in der Stadt oder den umliegenden Dörfern. Wie intensiv diese Verwandtschaftsbeziehungen gelebt wurden und welche Bedeutung sie für die Kinder hatten, variierte jedoch stark. In einigen Familien konzentrierten sich die sozialen Beziehungen der Familie stark auf die Verwandtschaft. Ein gutes Beispiel dafür ist Elisabeth Teichmann. Ihre Eltern wohnten mit den Großeltern väterlicherseits in einem Siedlungshaus. Zeitweise lebte noch ein 15 Jahre älterer Cousin bei den Großeltern. Gegenüber wohnte ein Bruder des Vaters mit seiner Familie. Die Großeltern mütterlicherseits und die sechs Geschwister der Mutter lebten alle in Hann. Münden über die ganze Stadt verstreut. Insbesondere diese Großeltern (und nicht etwa die im Haus lebenden Eltern ihres Vaters) waren für Elisabeth Teichmann wichtig. Sie wohnten in der Innenstadt und waren nach der Schule, beim Einkauf oder im Zusammenhang mit Besuchen bei Freundinnen eine beliebte Anlaufstelle, wo sie viel Zuwendung erhielt. Auch zu einem Bruder ihrer Mutter fühlte sie sich stark hingezogen. Es gab aber auch Kinder, wie Roswitha Völkel und Inge Eilert, deren Eltern Verwandtschaftsbeziehungen nicht sehr stark pflegten und für die höchstens eine Tante oder die Oma wichtig waren. In einigen Familien hatten die Eltern stattdessen oder auch zusätzlich einen großen Freundes- und Bekanntenkreis, in den teilweise auch die Kinder einbezogen waren. Die Familien trafen sich nicht nur zum Feiern in den Wohnungen, sondern wanderten oft sonntags gemeinsam in den Wäldern der Umgebung. Lediglich Inge Eilert wuchs viele Jahre ihrer Kindheit ohne intensiveren Kontakt zu den in Hann. Münden wohnenden Verwandten auf. Enge Freunde hatten die Eltern nicht. Bedingt durch mehrere Umzüge und eine politische Außenseiterrolle der Familie während des Nationalsozialismus blieben auch die Nachbarschaftsbeziehungen relativ locker.

Alle anderen Kinder erlebten intensive Nachbarschaftskontakte. Das erzählen sowohl jene, die in den Siedlungen am Stadtrand lebten, als auch die, die in der Innenstadt ihre Kindheit verbrachten. Besonders in den Stadtrandsiedlungen gab es teilweise enge Beziehungen unter den Nachbarn. Das galt auch für den Arbeiterstadtteil Hermannshagen, wo Hans-Peter Lehmann aufgewachsen ist:

»Das war früher, ich sagte ja schon, dieser Stadtteil Hermannshagen, die waren ja alle miteinander irgendwie eng befreundet. Und abends [P] an den Sommerabenden, saßen die alle draußen vor der Tür. Hm. Und da wurde erzählt und so weiter, nech. Und dann wurde zum Beispiel auch, wenn die Zwetschgenzeit war, wurde Mus gekocht, mit der ganzen Hausgemeinschaft. Hatten wir so 'n großen Kupferkessel [P] da in diesem Haus, da war ja schon 'ne Waschküche drin, nech. Ein Kupferkessel und dann mussten wir Kinder die Zwetschgen entkernen, nech. Und dann wurde das Ganze denn im großen Kupferkessel [gekocht], und da musste, die ganze Nacht wurde das, dauerte das. Wurde gerührt, nech. [P] Das wurde in dem großen Kessel gerührt. Das machten wir da auch. Oder vor der Tür gesessen und [P] na ja, erzählt und so weiter. Also diese nachbarschaftlichen Verhältnisse waren hier wohl ganz hervorragend hier oben. Denke ich gerne dran zurück.« (Lehmann, 3328–3346)

Vermutlich handelte es sich hierbei um ein aus dem häufig dörflichen Herkunftskontext in die städtische Siedlung transportiertes Verhaltensmuster.

Die Kinder blieben durch die starke Konzentration der sozialen Kontakte auf Verwandte und Nachbarn überwiegend ihrem Herkunftsmilieu verhaftet, zumal auch der Freundes- und Bekanntenkreis der Eltern sich normalerweise daraus rekrutierte. Das galt in besonderem Maße für die am Stadtrand entstandenen, sozial recht homogenen Siedlungen. Für die in der Innenstadt aufwachsenden Kinder erweiterte sich das soziale Spektrum durch die Kontakte zu den dort lebenden Handwerkern und Geschäftsleuten. Einzig in der Familie Frieda Papperts gab es über die Erwerbsarbeit der Mutter etablierte Beziehungen in das Bildungsbürgertum, die neben willkommenen Sachspenden soziale Kontakte bis hin zu Besuchen bei Familienfeiern einschlossen – allerdings nur in eine Richtung.

Die Beziehungen zwischen Eltern und Kindern[9]

Von den Familien Pappert und Schulze abgesehen, die mit einer Großmutter oder den Großeltern zusammen lebten und arbeiteten, bestanden die Haushalte der Befragten nur aus Eltern und Kindern. Personal, wie in den Göttinger Haushalten gab es nirgends.[10] Es ist von vornherein anzunehmen, dass daher die Eltern in den kleinen Familien die zentralen Erwachsenen im Alltag der Kinder waren. Dies ist tatsächlich überwiegend der Fall gewesen. Nur wenige Befragte erwähnten wichtige Verwandte. Bei Dieter Schulze ersetzte der Großvater den fehlenden Vater. Auch ein Nachbar kümmerte sich um den vaterlosen Jungen, schenkte ihm Spielzeug und war offenbar auch Vorbild bei der Berufswahl (Schulze, 2892). Für Werner Ahrens war die in der Nähe wohnende Großmutter sein »Ein und Alles« (3729f.). Elisabeth Teichmann hing sehr an den Großeltern mütterlicherseits.

---

9 Die Interviews mit zwei der Befragten waren im Hinblick auf die Eltern-Kind-Beziehungen nicht sehr ergiebig. Dieter Schulze war ebenso wie seine Schwester ein uneheliches Kind und konnte oder wollte nichts über seinen Vater sagen. Otto Meyer hingegen hatte eine schwere Kindheit. Aus diesem Grund wollte er über das Verhältnis zu seinen Eltern nicht reden.

10 Vielmehr hatten einige Mütter vor ihrer Ehe zum Personal in bürgerlichen Haushalten gehört. Frieda Papperts Mutter arbeitete noch während der Kindheit Friedas als Haushaltshilfe in einem Haushalt des gehobenen Bürgertums Hann. Mündens.

Im Gegensatz zu den bürgerlichen Familien war das Geld in den Arbeiterfamilien, wie erwähnt, überwiegend knapp. In vielen Familien konnte nur durch intensive Zuerwerbstätigkeit der Mutter, teilweise auch ihren Vollerwerb, ein halbwegs erträgliches Lebensniveau erreicht und gehalten werden. Dabei ist zu berücksichtigen, dass in den 1920er und 1930er Jahren auch der Sonnabend ein regulärer Arbeitstag und nur der Sonntag ein freier Tag gewesen ist. In Dieter Schulzes Familie musste selbst dann gelegentlich gearbeitet werden (2605). Es liegt nahe, aus der zeitlichen, aber auch körperlichen Beanspruchung der Eltern zu schließen, sie hätten wenig Zeit und Energie gehabt, sich ihren Kindern intensiv zuzuwenden. Dieser Schluss wäre vorschnell. Zum einen gibt es in den Interviews, auch darauf wurde bereits verwiesen, viele Schilderungen von gemeinsamen Arbeiten von Kindern und Eltern. Bei manchen Tätigkeiten, zum Beispiel bei der Gartenarbeit, beim Holzsammeln, beim Austragen von Zeitungen arbeiteten Eltern und Kinder Hand in Hand, sie konnten sich teilweise dabei unterhalten und taten das zweifellos auch. Das gemeinsame Werk kann zudem Nähe und ein Gefühl von Zusammengehörigkeit stiften. Aus den Erinnerungen Inge Eilerts, die ein richtiges »Vaterkind« war, wird deutlich, wie viel und wie intensiv sie mit dem Vater in der ersten Phase ihrer Kindheit zusammen war, als er noch einer Tätigkeit im Umfeld der Wohnung nachgegangen ist.

»[...] wo mein Vater war, da war ich gerne, immer, immer. Früher auch zu Hause, wenn er irgendwas gemacht hat im Garten. Ehe ich zu andern Kindern gelaufen oder andern jungen Mädchen, bin ich lieber zu Haus geblieben und hab mit ihm rumgewurschtelt. Das war so 'ne angenehme Gesellschaft, ne.« (Eilert, 1130–1135)

Zum anderen gibt es in den meisten Interviews Erinnerungen an gemeinsame Freizeitunternehmungen von Eltern und Kindern jenseits der üblichen Verwandtschaftskontakte. Im Sommer wanderten viele Familien, oft mit befreundeten Familien, gelegentlich auch Verwandten, zusammen in den Wäldern der Umgebung. Bei einigen Familien waren das ganztägige Unternehmungen, wie aus Elisabeth Teichmanns Schilderungen hervorgeht:

»[...] denn das hatten wir mit unsern Eltern ja auch gemacht, wir gingen ja jeden Sonntag wandern, und das war so was von schön. Mein Vater hatte das so 'n bisschen organisiert, und dann wurde sich morgens schon so zum Wochenende schon um vier oder fünf Uhr, also es war gerade so, dass die Sonne aufging [getroffen], und dann ging das in den Reinhardswald, und da wurde so richtig mit Lagerfeuer gekocht und wunderbar!« (Teichmann, 152–161)

Werner Ahrens' Familie zog aber offensichtlich eine kleinere Nachmittagstour vor:

»Aber sonntags hatten wir ja auch immer Beschäftigung. Meine Eltern waren mit vielen Leuten bekannt. Die waren auch in irgend so 'nem Wanderclub. Ja. Nee, wenn dann hatten sie, ah Stammtisch, ja Stammtisch. Die wanderten ja immer. Jeden Sonntag wurde gelaufen. Meistens auch meine Großeltern noch mit. Und dann ging's entweder zum Iserberg in Wilhelmshausen oder Jagdhaus Heede. Wir durften dann immer die Milchkannen tragen. Da war ja dann das Kaffeepulver drin und so. Denn da in den Kneipen standen ja dann große Waschkessel, da war denn Heißwasser drin, da gab's dann für'n Groschen Liter heißes Wasser. Dann wurde der Kaffee aufgebrüht, und dann wurde Kaffee getrunken, ne. Dann zahlten sie noch mal fünfzig Pfennig und dann gab's Geschirr dafür. Für vier Personen 50 Pfennig gab' vier Tassen, vier Teller und vier Löffel. [lacht] Naja, das war's dann. Alles andere wurde ja mitgenommen. Kuchen und so weiter. Das wurde ja selbst gebacken.« (Ahrens, 1599 – 1619)

Nicht nur, aber besonders bei den Wanderungen erläuterten einige Väter den Kindern die Natur, wie Hans-Peter Lehmanns Vater (3055). Auch Elisabeth Teichmanns Vater machte das gern mit seinen Töchtern:

»[…] er versuchte einem ja auch mal 'n bisschen die Welt zu erklären und nahm sich Zeit. Vor allen Dingen, wenn wir mit ihm im Wald waren, dann nahm er sich Zeit und hat uns das alles oder es war mal abends, dass er uns den Sternenhimmel erklärte, also das war an sich, also ich fand das so ganz schön. Und er hat auch mit uns zusammen Geschenke für meine Mutter gekauft, und das fanden wir auch schön.« (Teichmann, 6232 – 6240)

In einigen Familien gab es weitere gemeinsame Aktivitäten. Werner Ahrens ging mit seinen Eltern zum Schützenfest (1701). Elisabeth Teichmanns Vater, ein begeisterter Sportler, ließ sich von seiner Familie zu Sportveranstaltungen begleiten, an denen er beteiligt oder auch nur Zuschauer war: »[…] also es war einfach so, […], wie andere ihren Kaffeeklatsch machten, so gingen wir zum Sport« (3258–3264).

In dieser relativ gut situierten Familie machte der Vater mit Frau und Kindern gelegentlich Ausflüge nach Kassel, um dort den Zirkus zu besuchen. Ein anderes Mal wurde ein ausgestopfter Wal bestaunt (Teichmann, 4999). Im Gegensatz zu den Familien der Göttinger Befragten gab es keine gemeinsamen Ferienreisen, höchstens mal Kurzbesuche bei Verwandten. Nur Hans-Peter Lehmann machte einmal mit Eltern und Schwestern eine längere Reise in deren alte Heimat.

Bei schlechtem Wetter oder in der kalten Jahreszeit wurden am Sonntag in einigen Familien Gesellschaftsspiele gemacht, zusammen musiziert und gesungen, wie bei Papperts (291), oder einfach erzählt. Eine schöne Familientradition gab es bei Lehmanns.

»Nech, wenn's dunkel wurden [P] war, also wir hatten ja dann diese, diese Ofenfeuerung und dann machten wir erst Dämmerstunde abends. Wurde die Ofentür aufgemacht, war's 'n bisschen hell, nech. Und dann wurde auch erzählt, nech. Dann haben die Eltern von früher erzählt und so weiter. Das war denn ›Dämmerstunde‹.« (Lehmann, 3075–3081)

In etwas anderer Form wurde die »Dämmerstunde« auch in der Familie Pappert in der Adventszeit zelebriert (2030). Derartige Aktivitäten waren in Otto Meyers armseliger Kindheit sehr selten. Für ihn und seine Schwester war es am schönsten, wenn seine beiden, oft als Aushilfskräfte in der Gastronomie beschäftigten, Eltern am Montag frei hatten:

»[…] denn wurde 'ne runde Kochwurst gekauft, nech, und denn ging's rauf zur Tillyschanze oder zur Eberburg, Tillyschanze. Denn machten sie die warm damals, konnste warm machen, wurde Kaffee aufgebrüht. Denn sind wir mit den Kindern, dann haben [wir] denn [P] mal gut gelebt und kriegten auch mal 'n Stückchen Schokolade, ne.« (Meyer, 870–876)

Einige Befragten fühlten sich in ihrer Kindheit aber auch gelegentlich allein. Das gilt insbesondere für Otto Meyer. Seine Eltern waren vollauf damit beschäftigt, den Lebensunterhalt für die Familie zu beschaffen, was durch den starken Alkoholkonsum des Vaters erschwert wurde. Otto Meyer berichtete von vielen Situationen, in denen die Kinder allein gelassen oder zu Verwandten abgeschoben wurden. Auch Frieda Pappert, deren Mutter mehrere Jahre in einem fremden Haushalt tätig war und erst am späten Nachmittag nach Hause kam, fühlte sich deshalb oft allein, besonders, wenn sie traurig war, Trost brauchte und die Mutter nicht erreichbar war (3854). Die anwesende Großmutter war kein Ersatz. Die sei keine Oma gewesen, wie man sie sich vorstellt, erzählte sie (Pappert, 3872). Besonders bedauernswert war Inge Eilerts Situation während der vierjährigen Haft ihres Vaters. Nicht nur arbeitete die Mutter in dieser Zeit als Fabrikarbeiterin im Schichtdienst; sie war teilweise auch so mit ihrem eigenen Leid wegen der Inhaftierung des Ehemannes beschäftigt, dass sie die Trauer und die Einsamkeit des Kindes nicht immer aufzufangen vermochte.

Die meisten Befragten fühlten sich jedoch bei ihren Eltern gut aufgehoben. Roswitha Völkel, die als Nachkömmling zu Hause mehr Freiheiten genoss als ihre großen Geschwister, hatte ein gutes Verhältnis zu ihren Eltern, die in ihrer Erinnerung immer für sie da gewesen sind (740). Das war auch bei Hans-Peter Lehmann so. Seine Eltern hätten die Kinder aber auch im Griff gehabt (Lehmann, 2016). Sie hätten sich jedenfalls mehr um ihre Kinder gekümmert, als er das später aus beruflichen Gründen mit seinen eigenen getan hätte.

Vermutlich aufgrund ihrer häufigeren Anwesenheit und ihrer Position als Organisatorinnen des kindlichen Alltags, waren meist die Mütter die Vertrauenspersonen für die Kinder, zu denen diese mit ihren Sorgen und Nöten, aber auch ihren Erfolgen kamen. Das galt für alle vier männlichen Befragten, aber auch für mehrere weibliche. Werner Ahrens hing sehr an seiner Mutter und seiner Großmutter (897, 1231, 1384). Hans-Peter Lehmann bezeichnete sich sogar als »Muttersöhnchen« (2028). Die Mutter erlaubte ihm vieles, was der Vater nicht wollte, half ihm auch, drohende Strafen zu vermeiden (Lehmann, 898, 2023, 2057). Otto Meyers Mutter unterstützte die Kinder sogar dabei, väterliche Gebote zu umgehen (2490; 2630, 3412). Aus diesen Beispielen wird bereits deutlich, dass die Väter im Allgemeinen strenger waren. Elisabeth Teichmann, die zum Vater eine bessere Beziehung als zur Mutter hatte, fühlte sich ihm aber dennoch nicht nahe. Obwohl er sich viel um die Kinder kümmerte, sich mit ihnen beschäftigte und ihnen die Welt erklärte, habe stets eine gewisse Distanz bestanden (Teichmann, 3475). Offenbar war er, wie aus den Erinnerungen seiner Tochter hervorgeht, bei aller Zuwendung ein sehr strikter, mitunter auch heftig reagierender Mensch, vor dem sie zwar keine Angst, aber »Respekt« empfunden habe (Teichmann, 6168). In diesem Fall lag das neben den gelegentlich rigiden Reaktionen auf kindliches Fehlverhalten vermutlich auch daran, dass der Vater seine zweifellos vorhandene Zuwendung nicht durch Zärtlichkeiten auszudrücken vermochte.

»Wie gesagt, mein Vater hat immer eine, eine große Distanz zwischen uns gelassen, ich kann mich nicht erinnern, dass mein Vater mal gesagt hat: ›Komm mal auf meinen Schoss‹ oder uns gedrückt hat. Das hat es nicht gegeben, wir haben immer sehr viel, nicht, dass wir Angst vor meinem Vater [gehabt hätten]. Da war einfach irgendein Respekt da, ein unausgesprochener. Und es gab, wie gesagt, es gab keine Tätlichkeiten. Wir hörten[11], wir waren einfach eine Familie, und wir haben uns gefreut, wenn Papa da war, aber dass der jetzt […] Und wie gesagt, wir mussten mit ihm in den Wald gehen, und dann hat er uns auch was erklärt, aber es fand keine körperliche Nähe statt. [P] Das gab es nicht, das war also so eine Distanz, und wir haben, wie gesagt, auch das nicht vermisst.« (Teichmann, 3478–3494)

---

11 Gemeint ist vermutlich: gehorchten – H.R.

Damit stand dieser Vater allerdings nicht allein. Die Befragten erinnerten sich nicht an körperliche Zuwendung seitens des Vaters. Einzig Inge Eilert erwähnte, einmal (!) von ihrem Vater auf den Schoß genommen worden zu sein, nachdem sie als jüngeres Kind bei einer Veranstaltung ein Gedicht aufgesagt hat (3086). Auch viele Mütter schmusten oder kuschelten nicht mit ihren Kindern. Wo allerdings von Zärtlichkeiten erzählt wurde, waren es die Mütter, die dafür zugänglich gewesen sind. Nur drei Männer erinnerten sich, mit der Mutter, in einem Fall auch der Großmutter, geschmust zu haben. Dieter Schulze fügte dann gleich hinzu, das sei aber nicht so wie heute gewesen (1668). Im Gegensatz zu den Göttinger Befragten kannten die aus Hann. Münden kaum andere erwachsene Personen, die zärtlich mit ihnen umgingen. Ebenso wie bei den Eltern aus dem Göttinger Bürgertum wird man davon ausgehen können, dass diese Zurückhaltung bei zärtlichen Berührungen nicht Ausdruck mangelnder Zuneigung der Eltern zu ihren Kindern gewesen ist, sondern dass sie lediglich nicht fähig waren, die Liebe zum Kind auf diese Weise auszudrücken. Manche Befragte erinnerten sich an bestimmte Handlungen des Vaters oder der Mutter, die durchaus als Ausdruck von zärtlicher Fürsorge und Zuneigung gedeutet werden können. Wenn Inge Eilert ins Bett gegangen war, kam der »Vater [...] abends noch mal ans Bett. Und drückte die Decke so 'n bisschen um mich und sagte mir Gute Nacht.« (2884–2890) Ganz ähnlich verhielt sich Elisabeth Teichmanns Mutter bei ihren Töchtern (5183). Liebe und Zuneigung zeigten die Eltern also überwiegend auf andere Weise als durch zärtlichen körperlichen Kontakt.[12]

Zu dieser in den meisten Interviews zu spürenden Fürsorglichkeit und Zuwendung mindestens eines Elternteils gegenüber den Kindern »passt« auch, dass körperliche Züchtigung in den meisten Familien des Samples keine oder nur eine untergeordnete Rolle spielte. Lediglich Werner Ahrens, der sich selbst mehrfach im Verlauf des Interviews als Rowdy bezeichnete, wurde von der Mutter mit Stubenarrest bestraft und erhielt bei »gravierendem« Fehlverhalten von seinem Vater auch Prügel mit dem Hausschuh. Dies kam allerdings häufiger vor. Er lieferte gleich eine Begründung für die größere Strenge des Vaters mit:

»Ja, der musste das ja denn nen bisschen was bringen, weil er den ganzen Tag nicht da war. Damit wir Respekt vor ihm hatten, wenn er nach Hause kam.« (Ahrens, 1264–1267)

---

[12] Vgl. ausführlicher Rosenbaum, *Proletarische Familien*, S. 200ff.

Roswitha Völkel hingegen erinnerte sich, nur einmal von ihrem Vater Prügel wegen zu späten Heimkommens erhalten zu haben (775). Meist straften Väter anders oder überließen die Sanktionen den Müttern, die mit den Kindern am häufigsten zu tun hatten. Mehrere Mütter ahndeten Vergehen mit einer Ohrfeige. Mutters »lose Hand« spielte in Elisabeth Teichmanns Erinnerungen eine große Rolle. Nur Roswitha Völkel wurde einmal, nachdem sie mit einer Freundin sämtliche Blumen eines Blumenbeets abgepflückt hatte, von ihrer Mutter verhauen:

»Meine Mutter, die kam denn mit dem Ausklopfer. Weiß nicht, wo der früher hing der, glaub ich, im Keller irgendwo. Und dann ist die mit dem Ausklopfer hinter mir her. Ich bin aber gelaufen. Aber was haste, was kannste. [holt tief Luft] Hinterher tat's ihr auch Leid.« (Völkel, 4883–4388)

Prügelnde Väter und Mütter waren in den Familien des Samples jedenfalls nicht die Regel. Dieser Befund kann auch damit zusammenhängen, dass die meisten Familien dem sozialdemokratischen Arbeitermilieu angehörten, in dem schon früh eine Diskussion über Prügel als ungeeignetes Erziehungsmittel geführt wurde und wo sich engagierte Eltern um eine »modernere« Erziehung bemühten.[13]

Dass die Kinder, deren Erziehung und Ausbildung für die meisten Eltern wichtig waren, nicht einfach »nebenbei« großgezogen wurden, zeigt sich auch daran, dass in allen Familien der Geburtstag der Kinder registriert und in irgendeiner Form auch gefeiert wurde. In einigen Familien, wie der Hans-Peter Lehmanns, blieb die Geburtstagsfeier eine familieninterne Angelegenheit. Für Frieda Pappert war der Geburtstag hingegen

»[…] immer ein kleiner Feiertag. Da durften wir uns stets das zum Essen wünschen, was wir wollten. Ich habe mir meistens Rührei mit Kartoffelbrei gewünscht. Und Pudding natürlich, ne. Pudding. Geschenk bekamen wir auch etwas. Ein Teil zum Anziehen, ein Buch, das musste bei jedem dabei sein. Und Süßes.« (Pappert, 430–436)

Manche Kinder veranstalteten richtige Feiern, zu denen Freundinnen und Freunde eingeladen wurden. Roswitha Völkel durfte zu ihrem Geburtstag die halbe Klasse einladen (1785). Aus der Beschreibung von Werner Ahrens klingen noch heute Freude und Stolz auf dieses Ereignis durch:

»Der [Geburtstag] wurde immer gefeiert, Kindergeburtstage ja. Wurden immer so diese Freunde aus der Nachbarschaft eingeladen. Und da wir ja nen Garten hatten,

---

13 Vgl. dazu ausführlicher Rosenbaum, *Proletarische Familien,* S. 249ff., bes. S. 263ff.

das war Juli so, da gab's ja schon Erdbeeren meist. Na, dann gab's 'ne selbstgebackene Erdbeertorte oder es gab 'nen Zuckerkuchen und hinterher gab's dann ne große Schüssel Erdbeeren mit Schlagsahne. Und das war dann natürlich schon immer was Besonderes, weil ja nicht alle Gärten hatten, ne.« (Ahrens, 1725–1733)

Selbst in der ärmlichen Familie Meyer wurden die Kindergeburtstage begangen. Aus Otto Meyers Schilderung wird zudem deutlich, wie wichtig diese Einladungen und Gegeneinladungen anlässlich des Geburtstags für die Verflechtung der Kinder in die Kindergruppe und ihre Integration in die Nachbarschaft waren:

»Kindergeburtstag wurde gefeiert, ja. Da kamen die Kumpels, nech, die von der Nachbarschaft nech. Die brachten 'n kleines Auto mit. Da hat meine Mutter Kuchen gebacken, also das wurde traditionsmäßig gemacht. Nech, es war ja da unterschiedlich, auch sogar der [P] die Bessergestellten, der da nebenan wohnte, Zimmerer, nech, der hat uns dann auch eingeladen, und da mussten wir denn auch hin. Also das war schon, das war schon 'ne Tradition von den Kindern uns gegenseitig [einzuladen] nech, so bis zur Konfirmation denn. Nachher war das bisschen auseinander, denn die Freundschaft war anders, nech.« (Meyer, 3068–3080)

Lediglich Inge Eilerts Geburtstag wurde nach der Verhaftung ihres Vaters nicht mehr gefeiert.

Den meisten Eltern waren auch die schulischen Erfolge ihrer Sprösslinge wichtig. Normalerweise gehörte es zu den Aufgaben der Mutter, dafür Sorge zu tragen, dass die Kinder die Schularbeiten erledigten, bevor sie zum Spielen verschwanden, teilweise sahen sie die Hausaufgaben nach und halfen dabei.

»Ja, [wenn wir] denn nach Hause kamen, da war meine Mutter ganz hart. Da gab's Mittagessen und dann mussten erst Schularbeiten gemacht werden. Wenn die richtig vernünftig fertig waren, dann durfte ich auch mal rausgehen, ne. Dann durften wir spielen gehen. Sonst war da nix zu machen. Da war die ganz hart.« (Ahrens, 1210–1216)

Bei Hans-Peter Lehmann kontrollierte der Vater die Schularbeiten:

»Ja und dann hat er natürlich auch darauf geachtet [PP] auf Schularbeiten. Ich war ja früher immer 'n bisschen bequem, immer 'n bisschen faul, aber meine Schwester hat da viel profitiert von. Also die [PP]. Der hatte auf der Dorfschule eben, wo er war, Dinge gelernt zum Beispiel, wenn wir jetzt Wurzel ziehen und so, da mussten wir uns ja schon ganz schön zusammenreißen. Mein Vater hatte das, der hatte immer Tricks dabei, wie man, [P] wie man sich das leichter« machen kann, auch beim Malnehmen oder so, nech. Nech, da zuhalten und alles solche Dinge, nech. Da von meinem Vater, da haben wir viel mitgekriegt.« (Lehmann, 3929–3941)

Nicht alle Eltern konnten die Kinder dazu bewegen, die Schularbeiten sofort zu machen. Einige Befragte beschrieben die Tricks, mit denen sie es vermieden, die Hausaufgaben vor dem Spielen zu erledigen. Dieter Schulze, in dessen Kindheit es zu Hause nur eine Außentoilette gab, benutzte den Toilettengang als Vorwand, um sich heimlich davonzustehlen (992). Zwei weitere Frauen erinnerten sich, dass sich weder Mutter noch Vater um die Hausaufgaben gekümmert haben. Roswitha Völkel meinte, das sei auch nicht nötig gewesen (3606). Dies war neben Zeitmangel beider Eltern vermutlich auch bei Frieda Pappert der Grund, die ebenfalls eine gute Schülerin war.

Es gab aber auch noch andere Konfliktfelder zwischen Eltern und Kindern. Eines existierte, wie in den bürgerlichen Familien, im Zusammenhang mit dem Essen. Obwohl dies nicht nur nicht im Überfluss vorhanden, sondern gelegentlich sogar knapp gewesen ist, waren etliche Kinder geschmäcklerisch und mäkelten am Essen herum. Ebenso wie die bürgerlichen Eltern legten auch viele aus dem Arbeitermilieu Wert darauf, dass die Kinder aßen, was auf dem Teller war, zumal hier Zeit und Mittel fehlten, um auf die Sonderwünsche der Kinder einzugehen. Werner Ahrens bekam die Reste seines Mittagessens bei den folgenden Mahlzeiten so lange wieder vorgesetzt, bis er alles aufgegessen hatte (1237). Elisabeth Teichmanns Mutter war eines Tages so erbost darüber, dass die Kinder am Essen herummäkelten und wieder alle Speckstückchen heraussuchten, dass sie Elisabeths Schwester mit dem Kochlöffel auf den Mund schlug und deren Lippe blutete – eine Episode, die sich in Elisabeth Teichmanns Gedächtnis tief eingegraben hat:

»[...] und meine Schwester ist vom Tisch aufgesprungen und ist ans Fenster, da stand so ein Korbsessel in 'ner Küche, [P] so 'n Korbsessel da, so ein schwarzer Korbsessel war das, und hat sich in diesen Korbsessel und hat so dagesessen und hat geweint. Und dann bin ich auch hin und habe mit ihr zusammen geweint. Und das fanden, das fand ich schlimm.« (Teichmann, 4217–4224).

In Frieda Papperts Familie, wo alle drei Kinder schlechte Esser waren, lag bei den Mahlzeiten der Rohrstock immer in Reichweite. Sie konnte sich nicht erinnern, dass er jemals benutzt worden ist (Pappert, 3715). Er war aber zweifellos eine stete Mahnung. In den meisten Familien wurden die Kinder jedoch nicht zum Essen gezwungen. Nur probieren sollte sie wenigstens, darauf legte Inge Eilerts Vater Wert (2920).

Es gab noch eine weitere, zumindest für die Eltern gravierende Konfliktebene zwischen ihnen und den Kindern, die in den Interviews mit den

Personen aus dem Göttinger Bürgertum nicht ein einziges Mal thematisiert worden ist. In einigen Familien existierten konträre Haltungen gegenüber dem Nationalsozialismus nicht nur zwischen den Eltern und den Erwachsenen innerhalb der Verwandtschaft. Davon hatten auch die Göttinger Zeitzeugen erzählt. Hier, im Arbeitermilieu gab es politische Konflikte zwischen Eltern und Kindern, genauer: Vätern und Kindern.[14] Vier Kinder, deren Väter überzeugte Sozialdemokraten waren, berichteten von politischen Differenzen. Hans-Peter Lehmann trat gegen den erklärten Willen seines Vaters in das Deutsche Jungvolk ein und war begeistert dabei. Sein Vater lehnte es ab, ihm die Uniform zu kaufen, und sah den Sohn nicht gerne darin. Das Thema Politik musste hinfort zwischen Vater und Sohn ausgeklammert werden, weil die Positionen zu gegensätzlich waren (Lehmann, 3067). Auch Hans-Peter Lehmanns Schwester war überzeugtes Mitglied im BDM und gleich nach ihrem 18. Geburtstag in die Partei eingetreten (5716). Der Vater weigerte sich hingegen standhaft, sich der NSDAP anzuschließen, wie das etliche ehemalige Sozialdemokraten getan hatten, obwohl der Sohn das damals, wie er betonte, gerne wollte (Lehmann, 5712). Auch Roswitha Völkel trat gegen den Willen ihres Vaters in den JM ein und avancierte schnell zur Führerin. Die circa 13- bis 14-jährige Frieda Pappert, deren Vater vermutlich der SPD und dem Reichsbanner angehört hatte und der ebenfalls nicht der NSDAP beitrat, beschwor ihre Eltern bei einer Abstimmung, auf jeden Fall »richtig«, das heißt NSDAP zu wählen, damit Adolf Hitler seine Mission beenden könne. Das hatte sie in der Schule so gelernt. Sie kontrollierte die Stimmabgabe der Eltern sogar anhand der Ergebnisse aus dem entsprechenden Wahllokal und war erleichtert, dass dort keine Gegenstimmen abgegeben worden waren (Pappert, 2316). Auf die Frage, wie ihre Eltern auf ihren Eintritt in den Jungmädelbund reagiert hätten, sagte sie nur lakonisch: »Gar nix. Musste so sein. Sie konnten uns ja nicht zurückhalten.« (Pappert, 2388–2391)

Elisabeth Teichmann befand sich ebenfalls im Konflikt mit ihrem Vater, einem engagierten Sozialdemokraten. In der Schule wurde ihr von den Lehrern vermittelt, dass diejenigen, die die Positionen Adolf Hitlers nicht teilten, bestraft werden müssten (Teichmann, 5823). Die Verhaftung und Verurteilung ihres Vaters wegen seiner Beteiligung am Widerstand hat sie deshalb möglicherweise auch als gerechtfertigt empfunden. Sie befand sich

---

14 Treu hat für Familien, in denen Eltern und Kinder unterschiedliche politische Positionen einnehmen den Begriff »gespaltene Familie« verwendet (*Jugend*, S. 34).

jedenfalls in einem tiefgreifenden inneren Zwiespalt, wie sie eindrücklich erzählte:

»[...] ich war ja auch zum Teil in dem Glauben, das, was Adolf Hitler macht, ist richtig, nech. Der wird schon dafür sorgen, dass alles seine Ordnung hat, nech. Wenn der Vater auch dagegen war, also aber das war mein Vater. Den hab ich lieb und an dem häng ich, und wenn der jetzt sagt: ›Adolf Hitler ist nicht in Ordnung‹, denn sagt er das, aber vielleicht macht er's ja doch richtig, nech. Also ich hab da immer so 'n bisschen den Zwiespalt gehabt, aber gar nicht so bewusst, mehr unbewusst, nech. Das merke ich immer, wenn ich mal immer mal so in Gedanken diese Sachen da so durchgehe, was hab ich noch im Kopf?« (Teichmann, 7580–7592)

Weil sie es unbedingt wollte und offenbar vorher nicht durfte oder wagte, trat sie dann während seiner Haft in den Jungmädelbund ein (Teichmann, 8578).

Derartige politische Konfliktlinien zwischen Eltern und Kindern zwangen die Eltern, den Kindern einiges nachzusehen oder zuzugestehen, aus Sorge, durch sie denunziert zu werden. Elisabeth Teichmann sprach dieses Problem an, als sie auf die Frage, wie ihre Eltern auf ihren Eintritt in den Jungmädelbund während der Haft des Vaters reagiert hätten, antwortete:

»Meine Mutter hat nichts dazu gesagt, die hat gesagt: ›Wenn du da hingehen willst, geh da hin‹, nech. Man, es war ja eben auch, man, man wusste ja nicht, wie, wie ich in Wirklichkeit eingestellt war. Es hätte ja wirklich sein können, dass ich meinen Eltern dadurch, ich hätte Schwierigkeiten machen können, wenn die es mir verboten hätten, nech. Und aus diesem Grund hat wohl meine Mutter gesagt: ›Wenn Du da hinlaufen willst, lauf da hin.‹« (Teichmann, 8567–8572)

Etwas anders war die Situation bei Inge Eilert. Sie war aufgrund ihres ebenfalls dezidiert sozialdemokratischen Elternhauses am Jungmädelbund nicht sonderlich interessiert gewesen. Auch sie trat ihm bei, nachdem ihr Vater inhaftiert war. Dieser Schritt, so erzählte sie, habe sich schließlich nicht mehr vermeiden lassen. Nur ihr Name hätte noch zusammen mit dem eines anderen Mädchens am Schwarzen Brett der Schule gestanden. Sie wurden dadurch als die Einzigen ihres Jahrganges, die noch nicht Mitglied im Jungmädelbund geworden waren, öffentlich angeprangert. Ihre Mutter habe dann nur gesagt: »Geh hin zum Dienst. Das hat keinen Sinn, das ist für uns wichtig.« (Eilert, 157–159)

Durch diese Konflikte zwischen den Vätern mit ihren Töchtern und Söhnen um die Mitgliedschaft in der Hitler-Jugend unterscheiden sich die Erinnerungen der Befragten von denen der Göttinger Zeitzeugen erheblich. Dort hatten zwar auch einige Eltern Vorbehalte gegenüber dem Beitritt ihrer Kinder in die Hitler-Jugend, aber diese, von ganz wenigen Ausnahmen abgesehen, nicht deutlich artikuliert. Besonders lagen diese, soweit den Erinnerungen zu entnehmen ist, nicht auf einer dezidiert parteipolitischen Ebene wie hier in Hann. Münden. Die Kinder aus den Arbeiterfamilien vollzogen mit ihrem Beitritt eine frühe – und vor allem für die Väter schmerzhafte – Lösung vom Elternhaus und dessen politischen Traditionen. Aus der Perspektive der Kinder handelte es sich dabei durchaus um einen emanzipatorischen Akt.

Wendet man die an den Göttinger Interviews entwickelte Typologie der Eltern-Kind-Beziehungen auf das Hann. Mündener Sample an, muss bedacht werden, dass wegen der geringen Zahl von Interviews wesentlich weniger Material vorliegt und der Vergleich deshalb nur bedingt möglich ist. Es ergibt sich folgendes Bild:

Von *distanzierten Eltern-Kind-Beziehungen* lässt sich bei zwei Familien (Schulze, Meyer) sprechen. Hier waren die Mutter oder beide Eltern dermaßen durch Arbeit absorbiert, dass für die Kinder wenig Zeit und Energie übrig blieb. Unter günstigeren Lebensbedingungen hätte das möglicherweise anders ausgesehen.

Kindzentrierte Eltern-Kind-Beziehungen lassen sich ebenfalls für zwei Familien feststellen. So erzählte Roswitha Völkel, ihre Eltern seien immer für sie da gewesen. Neben den sonntäglichen Wanderungen verband sie mit dem Vater ein starkes gemeinsames Interesse: der Sport. Die Mutter war die zentrale Vertrauensperson. Hans-Peter Lehmanns Eltern waren beide trotz ihrer vielen Arbeit um die Kinder bemüht. Er berichtete außer von gemeinsamen Wanderungen und Arbeiten von Unterhaltungen in der »Dämmerstunde«, der Hilfe des Vaters bei den Schularbeiten. Zur Mutter hatte er eine enge, auch zärtliche Beziehung. Sie milderte durch ihr Verhalten die Strenge des Vaters ab.

Als *kindorientiert* lassen sich die Eltern-Kind-Beziehungen in drei Familien bezeichnen. Auch hier gab es gemeinsame Unternehmungen am Sonntag, teilweise auch eine intensive Beschäftigung mit den Kindern, aber die Eltern konnten sich nicht wirklich in die Kinder hineinversetzen. Beispielsweise reagierte Elisabeth Teichmanns Vater völlig überzogen auf typisch kindliches Verhalten. Sie selbst sprach von der Distanz des Vaters den Kindern gegenüber. Zur Mutter hat sie bis in die Gegenwart ein ambivalentes Verhältnis.

Die Situation in einer Familie ist überhaupt nicht klassifizierbar. Die Beziehungen zwischen Inge Eilert und ihren Eltern lassen sich zwar für die erste Phase ihrer Kindheit, bis 1933, als kindorientiert bezeichnen. Vor allem der Vater, an dem sie sehr hing, kümmerte sich trotz seines starken politischen Engagements intensiv um sie. Durch seine Verhaftung und Verurteilung entstand in Inge Eilerts Kindheit ein starker Bruch. Der Vater war zwischen ihrem zehnten und 14. Lebensjahr abwesend und die Mutter allein nicht in der Lage, diesen Verlust zu kompensieren.

In dem Hann. Mündener Teilsample lassen sich alle drei Typen von Eltern-Kind-Beziehungen finden. Dass die beiden dem bürgerlichen Familienmodell am stärksten korrespondierenden Typen der kindzentrierten und der kindorientierten Familie in den bürgerlichen Familien Göttingens identifiziert werden konnten, war nicht überraschend. Erstaunlich war eher, dass sie nicht von allen praktiziert worden sind. Ihre Verbreitung in der Arbeiterschaft Hann. Mündens zeigt, dass das bürgerliche Familienmodell auch in Teilen der Arbeiterschaft akzeptiert wurde. Dieser Prozess hatte schon früher begonnen[15] und in den 1930er Jahren vermutlich bereits große Teile der Arbeiterschaft erreicht.[16] Weitere Typen von Eltern-Kind-Beziehungen in der Arbeiterschaft sind in dem kleinen Sample nicht nachweisbar.

---

15 Bereits am Ende des 19. Jahrhunderts ließ sich der Einfluss des bürgerlichen Familienmodells auf die Eltern-Kind-Beziehungen in der Arbeiterschaft feststellen. Vgl. dazu meine Untersuchung *Formen der Familie*, S. 452ff., 476ff. In meiner Studie *Proletarische Familien* habe ich für das frühe 20. Jahrhundert detailliert nachweisen können, dass Väter sich viel mit ihren Kindern beschäftigt haben, an ihrem Wohlergehen interessiert und um ihre berufliche Perspektive besorgt waren. Das galt sowohl für einen Teil der sozialdemokratischen als auch der kleinbürgerlichen Väter. Vgl. Rosenbaum, *Proletarische Familien*, S. 231ff.

16 Quantitative Aussagen lassen sich mangels repräsentativer Untersuchungen nicht machen. Auch meine auf 29 Interviews basierende Studie *Proletarische Familien* erlaubt das nicht. Vgl. dazu ebenda, S. 25f.

3. Kindheits-Räume, Freundschaften und Spiele

Raum-Erfahrungen

Außenräume waren in der Kindheit der Befragten von zentraler Bedeutung. Die meisten lebten in kleinen bis kleinsten Wohnungen. Falls es ein Zimmer für die Kinder gab, wurde es nur als Schlafzimmer genutzt, war kein Spielzimmer. Die normalerweise einzigen, für alle Familienmitglieder zur Verfügung stehende Räume, die Wohnküche, gelegentlich auch ein kleines Wohnzimmer, eigneten sich nur ausnahmsweise dazu, dort mit Freundinnen und Freunden zu spielen. Da es in den 1930er Jahren kaum öffentliche Spielplätze gab, war das nähere Umfeld des Hauses oder der Wohnung der normale Aufenthalts- und Erlebnisraum der Kinder. Wie dieser aussah, welche Möglichkeiten er für die Kinder bot, hing entscheidend von der Wohnlage ab.

Die Innenstadt Hann. Mündens ist an zwei Seiten von Flüssen, Fulda und Werra, begrenzt. Sie war und ist eng mit alten Fachwerkhäusern bebaut, mit vielen Handwerksbetrieben und Geschäften. Daher bot die Innenstadt für die dort lebenden Kinder eine vielfältige und anregende Umgebung. Die Flüsse mit großen, über Brücken erreichbaren Inseln, die Werder, luden zum Spielen ein, ebenso die Wallanlagen. In den Straßen und Häusern konnte man spielen, Passanten und Handwerkern zusehen. Umgekehrt wurden allerdings auch die Kinder bei ihrem Treiben von Erwachsenen beobachtet und kontrolliert. Zur Schule und zum Einkaufen waren die Wege kurz und übersichtlich. Lediglich zu außerhalb der Innenstadt gelegenen Gärten oder zum Wald mussten größere Strecken zurückgelegt werden.

In den am Stadtrand gelegenen Siedlungen war die Bebauung lockerer. Es gab dort viele von Gärten umgebene neue Wohnungen und Häuser. Einige Befragte erzählten, es habe (noch) keine Zäune zwischen den Grundstücken gegeben, so dass die Kinder ungehindert durch die Gärten laufen konnten. Beide Siedlungen lagen nahe am Wald, der als Spielort sehr attraktiv war. Er war für die Kinder vertrautes Terrain, in dem sie jeden Baum kannten, wie Dieter Schulze sich erinnerte (2369). Inge Eilert nannte ihn sogar »mein zweites Zuhause, muss ich sagen, weil ich gerne im Wald war« (1616–1618). An einigen Stellen wurden noch neue Häuser gebaut; die Bauplätze waren Abenteuerspielplätze. Im Vergleich zu den belebten Straßen der sozial heterogenen Innenstadt war in den Siedlungen dennoch weniger »los«. Sie boten Kindern stattdessen viel und wenig kontrollierten Raum mit »viel Freiheit«, wie Dieter Schulze es formulierte (11f.). Auch wenn dort jeder jeden kannte, konnten die Kinder sich den Blicken der Erwachsenen leichter entziehen.

Spätestens dann, wenn sie zur in der Innenstadt gelegenen Volksschule gingen, mussten sie sehr weite Strecken zurücklegen. Auch zum Einkaufen oder wenn sie, wie Hans-Peter Lehmann, Zeitungen austrugen, waren diese langen Wege unumgänglich. Sie wurden alle zu Fuß gemacht. Niemand erzählte, mit dem Fahrrad zur Schule gefahren zu sein – die meisten hatten gar keins. Diese Wege wurden von den Kindern aber auch zum Spiel genutzt. Das ging besonders gut, wenn man nicht allein war. Dieter Schulze trödelte auf dem Schulweg und machte mit den anderen Kindern »Blödsinn« (985).

Alle Kinder hielten sich in ihrer freien Zeit überwiegend in Außenräumen auf. Durchgängig alle waren gerne draußen und in Bewegung. »Ich war am liebsten draußen, draußen, draußen« (1595f.), erzählte Inge Eilert. Offenbar gab es in dieser Hinsicht keine oder kaum geschlechtsspezifische Differenzen. Das einzige Mädchen, das weniger draußen spielte, war eine begeisterte Sportlerin und verbrachte den größten Teil ihrer Zeit in der Turnhalle. Dort sei sie immer zu finden gewesen (Völkel, 4007). Am Wochenende aber schloss auch sie sich den anderen an und spielte mit ihnen in den Gärten und im Wald. Die einzige geschlechtsspezifische Differenz hinsichtlich der Spiel-Räume bestand vielleicht beim von den Eltern tolerierten Radius – zumindest was den Aufenthalt im Wald angeht. Elisabeth Teichmann durfte sich nur bis zu dem zweiten Waldweg vorwagen (9746). Sie ist allerdings die Einzige, die eine derartige Beschränkung nannte. Andere betonten, der Wald sei zu ihrer Zeit im Gegensatz zu heute auch für Kinder völlig ungefährlich gewesen (Schulze, 69). Das klingt auch mit, wenn Inge Eilert sagt, heute könne man ja nicht mehr allein im Wald herumlaufen (5900). Diese große Freiheit in der Aneignung des Raums auch für die Mädchen resultiert vermutlich daraus, dass die Kinder kaum allein oder zu zweit, sondern ganz überwiegend in Gruppen unterwegs waren. Frieda Pappert erzählte sogar, sie sei als Kind nie allein gewesen, in der Wohnung habe sich alles in der einen Stube und an dem einen Tisch abgespielt und draußen:

»Nö, wenn ich draußen spielte, war immer jemand dabei, und wenn's nur einer war. [P] Alleine? [P] Noja, Brummkreisel, das spielte man auch immer alleine. Aber kamen auch gleich wieder andere dazu. Also man blieb nicht alleine, wenn man unten spielte. Da kam immer irgendjemand dazu. [P] Hatten natürlich nich solche Plätze, wie's heute is. Eben nur die enge Straße.« (Pappert, 4645–4652)

Lediglich Inge Eilert fühlte sich als älteres Kind häufiger allein – zum einen, weil ihre Mutter während der Haftjahre des Vaters erwerbstätig und sie als Einzelkind abends oft tatsächlich allein war, zum anderen, weil sie sich und ihre häusliche Situation als »anders« wahrnahm (1869, 2563, 3159, 4655). Gleichwohl war sie beim Spielen auch in die Kindergruppe integriert.

Im Vergleich zum Aufenthalt auf den Straßen, in Gärten, Feld und Wald waren die Innenräume nachrangig. Die Kinder spielten dort selten – und wenn, dann meist allein oder mit den Geschwistern. Soweit das Wetter es irgend zuließ, gingen sie nach draußen.

Abb. 12: Mädchen an der Südseite des Rathauses 1938
(Quelle: Stadtarchiv Hann. Münden, Album August Mesch)

Das lag nicht nur, aber auch an den engen Wohnverhältnissen der Arbeiterfamilien. Die Kinder und ihre Freundinnen und Freunde wurden in den Wohnungen nicht so gern gesehen, auch wenn sie dort gelegentlich mal spielten. Werner Ahrens hatte immerhin noch die Möglichkeit, sich mit seinen Freunden im Hausflur des Mietshauses aufzuhalten, in dem seine Familie wohnte (2411). Elisabeth Teichmann und ihre Freundinnen wichen in die Ställe oder die Waschküchen aus, die sich in Nebengebäuden befanden (9756).

Im Vergleich zu dem Verhalten der Kinder aus dem Göttinger Bürgertum fällt auf, wie viel die Kinder aus dem Arbeitermilieu im Freien spielten und wie sehr sie bewegungsorientiert waren – unabhängig davon, ob es sich um Mädchen oder Jungen handelte. Es gab unter den Befragten kein einziges Kind, das lieber im Hause geblieben wäre. Niemand hat sich als »Stubenhocker« beschrieben oder bezeichnet. Mit Ausnahme von Roswitha Völkel, die sich viel in der Turnhalle[1] aufhielt, hat keins der Kinder eine verhäuslichte Kindheit erlebt, wie sie für die überwiegende Mehrheit der bürgerlichen Kinder dieser Zeit auch in Göttingen üblich gewesen ist. Die Kinder aus den Hann. Mündener Arbeiterfamilien lebten (noch) eine klassische Straßenkindheit (Innenstadt) oder eine Straßen- und Waldkindheit (Siedlungen).[2]

An den Wochenenden erweiterten die meisten Kinder den ihnen vertrauten räumlichen Umkreis auf Wanderungen mit Eltern und befreundeten Familien. Auch die in der Innenstadt lebenden Kinder kamen dadurch häufiger in den Wald und konnten sich diesen Raum aneignen, wenn auch nicht derart intensiv, wie das für die in den Siedlungen lebenden Kinder möglich war. Die Schulferien verbrachten die Kinder normalerweise zu Hause.

»[…] da wurde nicht irgendwie verreist. Nein, die wurden zu Hause verbracht, also da gab's keine großen Reisereien. Da wurde auch kein Urlaub geplant oder so was, nein. Die Ferien waren da, und dann hat man sich gefreut, dass man morgens nicht um sieben aufstehen brauchte, und man konnte im Bett bleiben, und man konnte ganz gemütlich aufstehen, […].« (Teichmann, 9681–9688)

Lediglich Roswitha Völkel fuhr als Schulkind stets mehrere Wochen abwechselnd zu ihren älteren Schwestern, die in der Lüneburger Heide und im Sauerland verheiratet waren. Dieter Schulze freute sich, wenn er in den Schulferien seine Großmutter ab und zu bei ihren Kundenbesuchen nach

---

1 Eine Turnhalle gehört zu den geschützten und von Erwachsenen kontrollierten Räumen, die typische Aufenthaltsräume einer verhäuslichten Kindheit sind. Vgl. dazu Zinnecker, »Straßenkind«.
2 Vgl. zu den verschiedenen Kindheitstypen, ihrer sozialen Verankerung und historischen Ausbreitung ebenda.

Kassel begleiten durfte (1049). Fast alle erwähnten gelegentliche Kurzreisen mit den Eltern oder der Großmutter zu auswärts wohnenden Verwandten im gesamten nord- und westdeutschen Raum. Weiter südlich als Frankfurt am Main ist niemand gekommen. Nur Hans-Peter Lehmann machte 1929 als Sechsjähriger mit Eltern und Schwester die weite Reise zu Verwandten ins Gebiet des heutigen Polens, aus dem beide Eltern stammten (1464). Er ist der Einzige, der mit seinen Eltern eine längere Reise unternommen hat. In allen anderen Familien waren weder Geld noch Zeit für gemeinsame Urlaube vorhanden, die bei den Befragten aus dem Göttinger Bürgertum üblich gewesen sind. Dort war der räumliche Radius bei Eltern-Kind-Aktivitäten am Wochenende, bei den Verwandtenbesuchen und bei den Urlauben erheblich größer als hier in Hann. Münden. Fahrten mit der Schulklasse, Tagestouren mit dem (geliehenen) Fahrrad (Schulze, 1038), Wochenendfahrten oder Aufenthalte in Lagern der Hitler-Jugend erweiterten den räumlichen Radius der Kinder aus dem Hann. Mündener Arbeitermilieu meist nur geringfügig. Einzig Werner Ahrens unternahm mit dem Jungvolk eine Main-Neckar-Fahrt (1739). Durch die Hitler-Jugend kamen die Kinder allerdings häufiger »raus« und das heißt: weg von zu Hause und – partiell – aus dem Milieu!

Freundschaften

Auffällig, gerade auch im Vergleich zu den Göttinger Ergebnissen, ist den Interviews aus Hann. Münden zufolge die Dominanz der Gruppe. Zwar erzählten einige Befragte auch von einer besten Freundin oder einem engen Freund. Bei der Schilderung ihrer Aktivitäten außerhalb der Schule spielte die Gruppe der Kinder jedoch unangefochten die zentrale Rolle; das ist für die Straßenkindheit typisch. Wichtigstes Kriterium für die Zugehörigkeit zu einer Kindergruppe war die Nachbarschaft. Die Kinder kannten sich, weil sie sich draußen aufhielten und vor allem auch vom gemeinsamen Schulweg. Inge Eilert sprach anschaulich vom »Kinderschwarm«, in dem sie täglich von der Siedlung aus zur Schule ging (3176). Für den Nachmittag verabredeten sich die Kinder zum Teil auf dem Heimweg (Teichmann, 6674). Wer zuerst mit den Schularbeiten fertig war, ging die anderen abholen (Ahrens, 2349). Prinzipiell aber war die Kindergruppe »offen«, sowohl was die Anzahl der Kinder anging als auch – in begrenztem Maße –

das Alter. Mädchen und Jungen spielten manchmal zusammen, manchmal aber auch getrennt. Besonders die etwas größeren Kinder bevorzugten, wie Werner Ahrens hervorhob (4249), die reine Jungen- oder Mädchengruppe. Dort, wo viele Kinder lebten, bildeten sich leichter geschlechtsspezifische Gruppen (Eilert, 2671). Inge Eilert beschrieb in ihrem Interview, wie sich die Kindergruppe aus der Nachbarschaft nachmittags »gefunden« hat:

»Och, das, das war ja unterschiedlich. Mal waren wir vielleicht sieben, acht, und mal waren wa nur vier. Das war ganz unterschiedlich, weil das altersmäßig auch dann, die einen mussten schon mal helfen oder das. Das kann man nicht sagen, dass das immer 'ne bestimmte große Gruppe war. Manchmal brauchte wir noch jemand zum Spielen, wenn wa Verstecken spielen wollten oder Seil springen wollten und so was. Dann suchte man sich, dann ging man hin und rief, ob die kommen konnten und so. Das war ja überhaupt so, dass man in jedes Haus ging einfach, ne. Man ging und fragte, ob die da waren und und [P]. Das war so selbstverständlich mehr, ne. Und alle keine Klingel an der Tür, man ging hin. […] man machte die Haustür auf und ging hin und ging dann bis zur Küchentüre vor, oder so, ne. [P] Und sonst ging alles über Rufen [lacht].« (Eilert, 2608–2626)

An späterer Stelle in ihrem Interview betonte sie jedoch, man sei nicht in die Häuser gegangen, sondern haben nur von draußen gerufen (Eilert, 5851).

In den Siedlungen, besonders dort, wo die Bebauung noch sehr locker war und nicht viele Kinder zusammenwohnten, bildeten auch Kinder aus größerem Umkreis eine Kindergruppe, wie es Dieter Schulze erlebte (2422). In der Innenstadt hingegen spielten, nach Frieda Papperts Erinnerung, oft nur die Kinder aus einer Straße gemeinsam. Selbst die Kinder aus der unmittelbar angrenzenden Straße gehörten nicht mehr zu ihrer sechs bis zehn Kinder umfassenden Spielgruppe (4249).

Die Kinder hielten normalerweise fest zusammen. Wenn sie sich gezankt hatten, was immer wieder vorkam, regelten sie die Probleme unter sich, ohne die Eltern einzuschalten. Und nach kurzer Zeit spielten sie wieder zusammen, erzählte Elisabeth Teichmann:

»Krach haben wir auch gehabt, wenn es um den dämlichen Völkerball war, das: ›Du hast mich jetzt nicht abgeworfen!‹ ›Doch ich hab dich getroffen« oder was weiß ich, […]. Und dann haben wir mal 'n Tag nicht, oder Helga hat mich nicht zur Schule abgeholt, weil man hat sich ja morgens immer getroffen, wenn man zu Schule [ging], denn wir haben ja 'nen weiten Weg gehabt zur Schule, […]. Dann haben wir aber nachmittags: ›Spielste eigentlich wieder mit mir?‹ Bombs, war's wieder friedlich.« (Teichmann, 2116–2125)

Auch Dieter Schulze betonte den Zusammenhalt der Kinder in seinem Viertel. Nur der, der jemanden verraten oder verpetzt hatte, sei ausgeschlossen worden. Aber auch dann habe man sich nach einiger Zeit wieder »zusammengerauft« (Schulze, 3728).

Das für die Konstituierung der Kindergruppen ausschlaggebende Prinzip der Nachbarschaft galt auch in Bezug auf die enge Freundin, den besten Freund. Dies traf vor allem für die Grundschulkinder zu. Erst die größeren Kinder waren in der Lage, eine enge Freundschaft zu einem weiter entfernt wohnenden Kind aufrechtzuerhalten, aber selbst dann war das wegen der Entfernungen nicht einfach. Als einziges Kind aus einer Siedlung hatte Elisabeth Teichmann eine Schulfreundin aus der Innenstadt als beste Freundin (6524).

Spiele und Spielzeug

Den Befragten stand in ihrer Kindheit unterschiedlich viel Zeit zum Spielen zur Verfügung.

Prinzipiell hatten sie dafür, nachdem die Schularbeiten erledigt waren, den Nachmittag. Dazu kamen der Sonntag und die Schulferien. Das galt aber nicht für alle Kinder. Es wurde schon erwähnt, dass viele in Haus und Garten helfen, aber auch andere Tätigkeiten erledigen mussten. Allerdings verbanden sie Arbeit und Spiel durchaus miteinander, so dass beides nicht immer absolute Gegensätze waren. In Frieda Papperts Erzählung wird das sehr deutlich:

»Ja, und wo sie [die Mutter] noch arbeiten ging, ganz im Anfang, ja, da haben wir denn immer schon auch mal die Stube gemacht. Und, och, das ging son bissel schräg. Da hatten wir immer Lappen anne Füße. Und da war doch Linoleum unten, dunkelbraunes Linoleum. Und da sind wir immer Schlitten [Schlittschuh] gefahren, nech. Und wunderbar hat das geglänzt. [lacht] Das haben wir am liebsten gemacht. Gebohnert [lacht].« (Pappert, 2124–2131)

Später ergänzte sie:

»Ich hab 'ne schöne Kindheit gehabt. Ich kann nicht klagen. Mh. Wenn es auch manchmal ein bisschen, wir haben ja alles als Spielerei aufgefasst. Auch das Holzsammeln. Hat uns Spaß gemacht. Oder wenn ich da auf die Bleiche musste. Mit 'nem Handwagen, ne. Hat mir doch nichts ausgemacht. War doch prima. Konnte ich lesen und kriegte Stulle mit. Also ich fand es gut. [lacht]« (Pappert, 4939–4945)

Inge Eilert half ihren Freundinnen und Freunden aus der Nachbarschaft beim Suchen des Kaninchenfutters (1388). Elisabeth Teichmann vergnügte sich beim Milchholen damit, die volle Kanne so schnell am gestreckten Arm herumzuschleudern, dass kein Tropfen Milch aus der Kanne lief (7725). Sie begleitete eine Freundin, die die Ziege auf eine Wiese bringen musste:

»[…] und dann hat se [die Mutter der Freundin] wohl morgens zu den Kindern gesagt: ›Also einer muss heute Nachmittag die Ziege auf die Wiese bringen.‹ Und dann wurde die an sonen Pfahl gebunden, und dann haben wir da rumgespielt, mit 'n Füßen mal in die Fulda, weil das war, der Werder ging in [die] Fulda rein, und das war eigentlich immer 'n schönes Beisammensein. Und dann kamen auch die anderen mal, die wohnten auch alle ziemlich in diesen, das ist jetzt die, die Altstadt da unten, ne, zum Tanzwerder hin. Und da kamen die. Da haben wir uns dann getroffen, haben wir so mit Wackeln[3] gespielt oder so irgendwie so was ausgetauscht, Geheimnisse auch, kleine Briefe geschrieben an die Jungs und solche Sachen, ne. Das haben wir dann, da haben wir uns Zeit mit vertrieben. War eigentlich immer ganz schön.« (Teichmann, 6778–6793)

So viel unbeschwerte Zeit hatten aber nicht alle Befragten. Mehrere betonten, dass mit dem Alter die Pflichten zugenommen hätten. Frieda Pappert, die sich als jüngeres Kind oft erfolgreich davor drückte, den kleinen Bruder zu hüten, musste später viel zu Hause helfen:

»Und dann [nach dem Kaffeetrinken] durften wir wieder spielen, bis nachher, wo wir größer waren, sagt ich ja, wo wir mithelfen mussten. Auf dem Land oder oben im Wald da, Holz holen. Na ja und abends, wie gesagt, Abendbrot und dann spätestens um acht ins Bett, spätestens.« (Pappert, 3748–3753)

Auch Werner Ahrens klagte darüber, als älteres Schulkind von seinem gesundheitlich angeschlagenen Vater regelmäßig zu schwerer Gartenarbeit herangezogen worden zu sein (3766). Hans-Peter Lehmann arbeitete ebenso wie seine Schwester relativ viel: Als jünger Kinder halfen die beiden nachmittags der Mutter beim Austragen von Zeitungen. Später machten die Geschwister das alleine. Er betonte mehrmals in dem Interview, die Zeit zum Spielen sei beschränkt gewesen. Die Arbeit hätte immer Vorrang gehabt (Lehmann, 1929, 1974). Mit dem Eintritt in die Hitler-Jugend reduzierte sich die für das Spiel zur Verfügung stehende Zeit weiter durch die Dienste. Bei Hans-Peter Lehmann kamen noch die Übungsstunden für

---

3 Wackeln sind Murmeln.

den Fanfarenzug dazu. Jede freie Minute benutzte er dann aber für sein geliebtes Fußballspiel (Lehmann, 1954).

Sehr beliebt bei den Kindern waren Ballspiele aller Art. Mädchen (und nur sie) machten die Ballprobe[4], zusammen mit Jungen spielten sie Völkerball. Jungen hingegen waren beim Fußballspiel wohl unter sich. Ansonsten erwähnten die Befragten die üblichen Laufspiele wie Fangen, Verstecken, Räuber und Gendarm. Sie spielten Hinkelkasten und hockten beim Spiel mit Murmeln zusammen. Einige fuhren mit dem Roller durch die Gegend. Die Kinder nahmen aber auch aktuelle Ereignisse auf und »bearbeiteten« sie im Spiel. 1936, zur Zeit der Olympiade in Berlin, spielten die Kinder seiner Kindergruppe die Wettkämpfe nach, wie Hans-Peter Lehmann sich erinnerte:

»Als die Olympischen Spiele warn, 1936, da haben wir Medaillen verteilt nech. Das heißt, wir haben da irgendetwas erfunden, und haben es auf Pappe gemalt und so, und dann haben wir uns 'ne Sprunggrube gebaut [holt Luft] und, dann haben wir Langstreckenlauf gemacht, und zwar von hier, Sie sind da vorbeigekommen da am ›Letzten Heller‹ da oben, wo dieses Kraftwerk ist dort. Bis da hin und zurück, warn zehn Kilometer nech. Ja, ja. Und dann der, die Sieger, die wurden dann geehrt und die kriegten Medaille, also so, so 'n Pappding irgendwie zurechtgemacht nech. Ja, ja. Das war damals ja aktuell. Olympische Spiele und dann die, ob Sprung oder was da so war, wir hatten natürlich keine Stoppuhren nech.« (Lehmann, 3498–3514)

Die Kinder verbrachten ihre Zeit aber nicht nur mit diesen einzelnen Spielen. Mehr Zeit nahm vermutlich das »Rumstromern« ein, die ungezielte gemeinsame Erkundung der Umgebung, bei der sich ein Spiel ergeben konnte oder auch nicht. Sie planschten am Wasser, streiften durch die Gärten und den Wald und entdeckten immer wieder etwas Neues. Elisabeth Teichmann strolchte gern mit einer Freundin im Wald und sang dabei. Außerdem schnüffelten sie in fremden Gärten herum und stibitzten Obst (Teichmann, 7364ff.). Gelegentlich ereignete sich in dem vertrauten Terrain auch Spektakuläres, wie sich Inge Eilert erinnerte:

---

4 Ballprobe ist ein Geschicklichkeitsspiel mit einem Ball an einer (möglichst fensterlosen) Wand. Der Ball wird auf verschiedene Weise gegen die Wand geworfen und wieder aufgefangen. Dazwischen gilt es, je nach den Regeln, in die Hände zu klatschen, sich umzudrehen etc. Es existieren viele Varianten.

»Was sind wir Kinder im Wald gewesen! Und als die Autobahn hier oben gebaut wurde,[5] das war da auch 'ne Sensation – diese großen Lokomotiven, die dann diese Bagger zogen und so weiter, Schienen gelegt und Loren, lange Loren, Wege gelegt, wo die, wo die Erde, die ausgebaggert wurde, weggefahren wurde und so. Das war, och, das war ja für uns Kinder das Interessante dann, ne.« (Eilert, 5915–5922)

Werner Ahrens, der eine »klassische« Straßenkindheit erlebte, lungerte mit seinen Freunden in den Straßen der Innenstadt oder an der Fulda herum, sie gingen in die benachbarten Handwerksbetriebe und fragten, ob sie helfen könnten – immer in der Hoffnung, dass dabei für sie etwas herausspringen würde: Essen oder ein paar Pfennige. Eine klassische Szene solcher »Straßenkindheit« beschreibt Werner Ahrens, der wie viele Kinder in dieser Zeit Zigarettenbilder sammelte:

»Wo wir wohnten in der Rosenstraße an der Ecke oben war son Zigarrenladen, und der hatte den ersten Automaten in Münden. Da haben wir da immer, Schaufenster, das war son breites Brett, so 20 Zentimeter breit, son halben Meter hoch, da haben wir dann drauf gesessen und wenn denn einer Zigaretten holte: ›Onkel, können wir das Bild haben?‹« (Ahrens, 2486–2491)

Offenbar nur die Jungen spielten anderen, vor allem Erwachsenen, Streiche. Sie banden die Korridortüren in den Häusern mit Bindfäden zusammen (Lehmann, 3388–3393), veranstalteten mittels einem mit einer Reißzwecke an einem Fenster befestigten, straff gespannten Bindfaden und einem Kamm Lärm in den Wohnungen unbeliebter Nachbarn (Ahrens, 592–602). Keine der interviewten Frauen hat Entsprechendes erzählt. Auch verbotene oder gefährliche Spiele tauchten nur in den Erinnerungen von Männern auf. Dieter Schulze kletterte mit seinen Freunden im Wald auf Bäume und kraxelte im nahe gelegenen Steinbruch herum. Die Jungen bewarfen sich mit Steinen – alles Aktivitäten, die, weil gefährlich, verboten waren, aber gerade deshalb einen hohen Reiz ausübten. Besonders spannend war offenbar das Spiel mit von Handwerkern erbetteltem Karbid:

»[...] wer da nun Beziehungen hatte, mal son paar Brocken Karbid, die wurden kaputt geschlagen. So eine Flasche, so Viertel voll Wasser, ne Bierflasche. Dann kamen ein paar Brocken Karbid da rein, und dann wurde die Flasche zugemacht. Dann musste man laufen, ne. Dann hat man sich irgendwo weit hingesetzt und hat gewartet, bis dann die Flasche explodierte, ne.« (Schulze, 2400–2408)

---

5 Im November 1934 wurde mit dem Bau des Teilstücks der Autobahn Göttingen-Kassel begonnen (MN Nr. 260 vom 6.11.1934), das nahe an der Stadt Hann. Münden, besonders ihren südlichen Randgebieten, vorbeiführt.

Solche Spiele waren in der Innenstadt kaum möglich. Aber auch dort gab es Gelegenheiten, Verbotenes zu tun, das reizvoll war und Mut erforderte. Für Werner Ahrens und seine Freunde gehörte dazu das Klettern in der Fuldabrücke (2474). Mutproben waren scheinbar nur bei den Jungengruppen üblich ebenso wie »Revierkämpfe« zwischen den Jungen einzelner Straßenzüge (Ahrens, 590).

Im Winter bot sich in Hann. Münden mit seinen Berghängen, Wäldern und Wassern den Kindern ebenfalls reichlich Gelegenheit zu außerhäuslichem Spiel und Aktivitäten: Schurren, Schlittenfahren, Schlittschuh- und Skilaufen wurden von mehreren Befragten erwähnt. Die wenigsten dürften die entsprechende Ausrüstung selbst besessen haben, aber die konnte man sich schließlich auch in der Freundesgruppe oder der Nachbarschaft leihen.

Der Aufenthalt in den Außenräumen konnte aber auch mit Ängsten verbunden sein – das galt auf jeden Fall für die erwähnten gefährlichen Spiele und Mutproben. Für die Kinder aus den Siedlungen, die die langen Wege gelegentlich abends in der Dunkelheit zurücklegten, waren bestimmte Ecken mit Angst verbunden. Elisabeth Teichmann, die bei ihren Wegen in die Stadt eine Brücke überqueren musste, erzählte davon sehr plastisch:

»Also unsere Schule war ja auch in der Stadt, wir mussten ja jeden Tag hier an der Werra lang, und über die alte Eisenbahnbrücke, […]. Da war unten ein Fußgängersteg dran lang, da mussteste so Eisentreppen hochlaufen, und die klapperten immer so, also das hab ich auch in Erinnerung, diese Klapperei dieser Eisentreppen, wenn wir abends vom Sport kamen. […] und dann, wenn wir denn über diese Holzbrücke, erst mal musste man drei Treppen runtergehen, um auf diese hängende, fast hängende Holz-, die an den Mauern war, ging diese Brücke lang, und dann kam wieder 'ne Eisentreppe, ein Stückchen Platz, wieder eine Eisentreppe, bis man unten wieder war. Und dann sind wir immer so gelaufen, und dann dieses kottkott kottkott, und dann haben wir immer Angst gehabt, dass unter dieser Brücke jemand saß, da sollte uns doch eigentlich keiner hören: ›Geh leise! Geh leise!‹ Und dann sind wir dann so auf Zehenspitzen [lacht] diese Eisentreppe runtergegangen. Nech.« (Teichmann, 2564–2589)

Sie nannte auch eine ältere Frau aus der Nachbarschaft, vor der sie sich gefürchtet habe, weil diese immer einen Verband über der Nase hatte (Teichmann, 4284).

Wie mit Spiel-Zeit waren die Kinder entsprechend der ökonomischen Situation auch mit Spielzeug unterschiedlich üppig ausgestattet. Drei Frauen erzählten von relativ viel Spielzeug, das sie besessen haben. An größeren und teureren Sachen erwähnten sie neben dem üblichen Mädchenspielzeug wie Puppen auch Puppenwagen, Puppenstube, Roller und Dreirad. In allen Fällen waren die Väter qualifizierte Arbeiter mit entsprechendem Verdienst. Andere Kinder waren weniger gut dran. Dieter Schulze bekam einige größere Teile (Pferdestall, Dampfmaschine) von einem Nachbarn geschenkt (2477, 2579). Ansonsten kannte er neben seinem geliebten Stabilbaukasten lediglich Autos zum Aufziehen und Kriegsspielzeug. Zudem wies er daraufhin, dass Geschenke nach Weihnachten von den Eltern oder der Großmutter beiseite genommen wurden. Er fand sie dann, aufgefrischt, am nächsten Weihnachtsfest wieder auf dem Gabentisch. Auch Hans-Peter Lehmann betonte, er habe wenig Spielzeug gehabt:

»Die Eltern konnten das auch nicht. Also dass ich 'n Lieblingsspielzeug, ja die Schwester hatte ihre Puppe und so, das ist klar. Aber dass ich da so 'n Lieblingsspielzeug hatte, das kann ich nicht sagen ne. Wir machten uns dann selbst etwas und machten uns 'ne Zwille zum Beispiel. Also Katapult sagte man ja nech, nech. Und da schossen wir dann auf alle möglichen Dinge, nech. Das machten wir natürlich auch, nech.« (Lehmann, 4250–4258)

Es wurde bereits darauf hingewiesen, dass bestimmtes Spielzeug, besonders teures oder aus vielen Einzelteilen bestehendes wie beispielsweise ein Stabilbaukasten, nur in der Wohnung genutzt werden durfte. Werner Ahrens erwähnte explizit, dass er den nicht mit auf die Straße nehmen durfte. Die Dampfmaschine bediente sogar nur sein Vater, dem Sohn wurde lediglich erlaubt, zusehen (Ahrens, 2553).

4. Schulalltag und Ausbildungen

Ausnahmslos alle Befragten aus Hann. Münden besuchten die örtliche Volksschule. Mit Ausnahme des einige Jahre älteren Otto Meyer wurden sie zwischen 1930 und 1933 eingeschult. Die meisten Jahre ihrer Schulzeit, für Werner Ahrens und Dieter Schulze sogar sämtliche Jahre, fielen also in die NS-Zeit.

Abb. 13: Einschulung 21. April 1938
(Quelle: Stadtarchiv Hann. Münden, Album August Mesch)

Zur Einschulung gab es – auch für die Kinder aus dem Arbeitermilieu – eine Schultüte. Um diese rankten sich sehr präzise Erinnerungen, die die Bedeutung dieses Rituals und der Süßigkeiten zu dieser Zeit unterstreichen. Elisabeth Teichmann erinnerte sich daran, dass ihre Schultüte sehr groß gewesen ist, so dass sie sie neben sich stellen und dabei festhalten konnte, als ihr Vater ein Photo (!) machte (8360). Werner Ahrens' Tüte wurde nicht nur von Eltern und Großeltern gefüllt, sondern auch Nachbarn und Bekannte trugen dazu bei (2655). Hans-Peter Lehmann hingegen erinnerte sich, dass in seiner Schultüte viel Papier und wenig Süßigkeiten gewesen seien (4387). Er meinte, bei seiner Einschulung habe ein Kind aus einer armen Familie die größte Tüte gehabt. Offenbar bemühten sich alle Eltern, auch die ärmsten, den Kindern den Schulbeginn mit einer Schultüte zu »versüßen«. Inge Eilerts Eltern hatten das nicht realisiert. Sie bekam als Einzige keine Tüte. Ihre der Sozialdemokratie und Lebensreformbewegung angehörenden Eltern hatten ihr das so erklärt:

»Meine Eltern haben gesagt: ›Pass mal auf, da sind bestimmt arme Kinder, die das nicht können, du könntest eigentlich auf 'ne Zuckertüte verzichten.‹ Ja. [P] Gut. Bin ich ohne Zuckertüte gegangen. Und meine Mutter holte mich dann ab aus der Schule und sah dann alle mit der Zuckertüte, und ich hatte keins, und das hat ihr dann so leid getan, und dann ist sie mit mir in 'nen Juwelierladen gegangen, und dann habe ich einen kleinen Ring bekommen mit 'ner Muhkuh drauf. Das gab so kleine Kinderringe, da saßen kleine Marienkäferchen drauf, das hab ich dann bekommen. Das hat ihr dann wohl doch leid getan, und ich kriegte dann zu Hause son kleines Körbchen mit so einem Henkel dran noch. Da kamen dann Früchte und ein paar Süßigkeiten rein.« (Eilert, 3415–3429)

Ebenso wie in Göttingen wurden auch in Hann. Münden in der Volksschule Jungen und Mädchen getrennt unterrichtet, wenn auch unmittelbar benachbart. Das gemeinsame Schulgebäude hatte zwei Eingänge.[1] Während der Pausen wurde von Lehrern streng darüber gewacht, dass die imaginäre »Grenze« auf dem Schulhof nicht überschritten wurde. Hans-Peter Lehmann holte sich eine »saftige Ohrfeige«, als er auf dem Mädchenschulhof erwischt wurde (Lehmann, 4500). Für einige Jungen, wie Werner Ahrens, war »Mädchen-Ärgern« eine beliebte Pausenbeschäftigung (2795).

Die Volksschule war eine Halbtagsschule mit Vormittagsunterricht. Einige Befragte erwähnten auch gelegentlich Nachmittagsunterricht, zum Beispiel Frieda Pappert, die dann in Handarbeit und Religion unterrichtet wurde. Sie hatte nur einen kurzen Weg dorthin. Für Dieter Schulze, der in einer am Stadtrand gelegenen Siedlung wohnte, war der erneute Gang zum Sportunterricht am Nachmittag schon eine größere Belastung.

Alle Befragten verbrachten die gesamte Schulzeit auf der Volksschule. Drei Mädchen sind für den Besuch weiterführender Schulen begabt gewe-

---

1 Die evangelische Knaben- bzw. Mädchenvolksschule wurde 1905 gegründet. 1938 wurden die Konfessionsschulen, einschließlich der seit 1853 existierenden privaten katholischen Volksschule zu städtischen Gemeinschaftsschulen umgewandelt. Vgl. dazu Faulstich-Wieland, *Nachkriegszeit*, S. 30.

sen. Bei allen scheiterte der Übergang – wenn auch aus unterschiedlichen Gründen. Frieda Pappert, die gerne Sprachen lernen wollte, hatte bereits die Aufnahmeprüfung bestanden, erhielt aber den Freiplatz nicht, auf den sie wegen des Schulgeldes angewiesen war.[2] Ihre Eltern wollten für die Tochter, die ohnehin mal heiraten würde, nicht so viel Geld aufwenden (Pappert, 360). Der jüngere Bruder durfte hingegen eine weiterführende Schule besuchen (Pappert, 2208). Roswitha Völkels Eltern lehnten es ab, ihre Jüngste – wie die beiden älteren Töchter – auf die Mittelschule zu schicken (5366). Diese Weigerung war vermutlich der politischen Situation geschuldet. Der Schulwechsel stand 1935 an, als noch nicht abzusehen war, ob und wie der vormals der SPD angehörende Vater beruflich über die Runden kommen würde. Außerdem waren die Eltern zu diesem Zeitpunkt schon älter. Auch Inge Eilert, die 1936 auf das Gymnasium hätte wechseln können und deren Lehrerin die Mutter aufsuchte, um sie zur Zustimmung zu überreden, musste auf der Volksschule bleiben. Die Mutter lehnte den Schulwechsel ab, weil sie fürchtete, die Tochter würde wegen ihres inhaftierten Vaters auf dem Gymnasium zur Außenseiterin (Eilert, 214).

Die Klassen strukturierten sich in – oft nach Wohnnähe gebildete – Cliquen und Außenstehende, die nicht recht Anschluss fanden. Außenseiterinnen und Außenseiter wurden übereinstimmend als arme, schlecht gekleidete Kinder geschildert. Für Inge Eilert gehörten auch »ordinäre« Kinder dazu (3712, 3727); in Elisabeth Teichmanns Klasse war es ein Kind, das nicht sprach (8025). Für Werner Ahrens waren die Streber die Außenseiter (2756). Jüdische Kinder, wie in den Göttinger Interviews, wurden als Außenseiter nicht explizit genannt. Das heißt nicht, dass sie es nicht gewesen sind. Das kleine Sample lässt solche weitreichenden Schlüsse nicht zu. Die Befragten erzählten von beliebten und ungeliebten Fächern ebenso wie von beliebten und ungeliebten Lehrerinnen und Lehrern. Einige gingen gern zur Schule, weil ihnen das Lernen leicht fiel und sie gut waren, wie jene drei Mädchen, die auf weiterführende Schulen hätten gehen können. Anderen schritt der Unterricht zu schnell voran; sie kamen nur mit großer Anstrengung mit. Elisabeth Teichmann fühlte sich in der Schule überfordert, weil auf ihr Lerntempo keine Rücksicht genommen wurde.

»[...] ich hätte es gerne noch mal erklärt gehabt, und da war, das hat aber der Lehrer oder die Lehrerin nicht eingesehen. Man sollte eigentlich, man musste schneller

---

2 Hoffnungen auf eine Freistelle für die Höhere Schule konnten sich nur jene Kinder machen, die der Hitler-Jugend angehörten und deren Eltern in der Partei waren (MN vom 4.5.1935).

denken, und bei mir hat alles ein bisschen länger gedauert, weil ich auch 'n bisschen ein Träumer war. Er [der Lehrer] hat das alles, ich war noch mit 'n Gedanken bei irgendetwas anderem und hab mir noch überlegt: ›Wie behältste das? Was is das jetzt jewesen?‹ und schon kam das Nächste, und da hab ich mich überfordert gefühlt. Und dann war ich auch, dann ich kriegte ich auch meine Magenschmerzen. Dann wurde, dann wurde mir schlecht, und dann hätte ich am liebsten meine Schultasche genommen und wäre nach Hause gelaufen.« (Teichmann, 9580–9596)

Sie atmete auf, als sie die Schule beendet hatte, und war davon überzeugt, dass nun das Leben anfing (Teichmann, 8384). Ähnlich erging es Werner Ahrens (3759). Die guten Schülerinnen hingegen nahmen traurig von der Schule Abschied. Roswitha Völkel fühlte sich am Ende der Schulzeit wie verlassen und tröstete sich mit ihren sportlichen Aktivitäten (4525). Auch Inge Eilert fiel der Abschied von der Schule und der Lehrerin, die sie sehr gefördert hatte, schwer:

»[…] das war für mich, also eher schmerzlich, muss ich sagen, das, das hat mich, ich weiß es nicht, das hat mich angerührt, dies Auf-Wiedersehen-Sagen zu den, zu der Lehrerin. Da find ich, kommen mir jetzt noch die Tränen, wenn ich da dran denke. Das war son Abschiednehmen von etwas, wo ich zu Hause war […].« (Eilert, 4006–4012)

Der Besuch der Volksschule war in Hann. Münden ebenso wie in Göttingen für die Kinder mit Erfahrungen körperlicher Gewalt verbunden. Nicht alle erlebten sie am eigenen Leib, aber sie sahen andere darunter leiden. Die Kinder, zumindest die Jungen, prügelten sich auf dem Schulweg und dem Schulhof, bis die Lehrer mit dem Stock dazwischengingen (Lehmann, 4611). Aber auch zur Pädagogik der Zeit gehörten als Sanktionen nicht nur Strafarbeiten, Auseinandersetzen und »Vor-die-Tür-Schicken« oder »In-der-Ecke-Stehen«, sondern ebenso Ohrfeigen und der Rohrstock (Schulze, 1991). Der »Respekt« vor den Lehrern, an den sich Hans-Peter Lehmann aus seiner Schulzeit erinnerte (4459), wurde sicher auch dadurch befördert. Frieda Pappert erlebte einen Lehrer, der bei Vergehen mit dem Stock auf die Finger schlug. Erst nach Beschwerden von Eltern habe er das unterlassen (Pappert, 2967).

Es gab Lehrkräfte, die die Kinder förderten. Zwei Mädchen und ein Junge lernten auf Anregung eines Lehrers ein Instrument und spielten im Schulorchester. Inge Eilerts Lehrerin, die beruflich degradiert worden war und als ehemalige Gymnasiallehrerin den Kindern viel vermitteln konnte, nahm sich ihrer besonders an. Nicht nur versuchte sie mit einem Hausbesuch die Mutter dazu zu bewegen, die Tochter aufs Gymnasium zu schicken. Später wurde Inge Eilert von ihr bei den jüngeren Kindern als eine Art Hilfslehrerin eingesetzt. Sie schlug die begabte Schülerin auch für den Besuch einer Lehrerinnen-Aufbauschule vor.

Im Gegensatz zu den Befragten aus den bürgerlichen Göttinger Elternhäusern erhielten die aus Hann. Mündens Arbeiterfamilien kaum außerschulischen Unterricht. Selbst die Unterrichtung der drei Mädchen und des einen Jungen, die ein Instrument lernten und im Schulorchester mitspielten, gehörte zum Schulunterricht oder war von der Schule organisiert. Drei Frauen und ein Mann waren als Kinder Mitglieder in einem Sportverein und turnten dort. Darauf legten die Eltern Wert (Lehmann, 574; Teichmann, 2574). Das nimmt sich gegenüber der Vielfalt außerschulischer Bildung in Göttingen sehr bescheiden aus und hängt nicht nur, aber erheblich mit der geringen Finanzkraft der Arbeiterhaushalte zusammen. Frieda Papperts Eltern wollten noch nicht einmal Geld für die Mitgliedschaft der Tochter in einem Turnverein ausgeben (2476).

Da mit einer Ausnahme für die meisten die Schuljahre in die Zeit des Dritten Reiches fielen, wurden die Befragten aus Hann. Münden in einer Schule groß, die erheblich vom Nationalsozialismus geprägt worden ist. Auch in Hann. Münden erschienen Lehrer teilweise in Uniform in der Schule, die »Goldfasanen«,[3] wie sich Roswitha Völkel und Werner Ahrens erinnerten. Schülerinnen, so Roswitha Völkel, seien nur dann in ihrer Jungmädeluniform in die Schule gekommen, wenn sie anschließend Dienst hatten (3248). Auf jeden Fall aber hatten sie an politischen Feiertagen in Uniform zu erscheinen (Eilert, 3817). Normaler Gruß in der Schule war »Heil Hitler«, nicht nur zu Unterrichtsbeginn. Inge Eilert wurde von einem Lehrer, bei dem sie keinen Unterricht hatte, einmal ermahnt, weil sie »nicht richtig mit ›Heil Hitler‹ gegrüßt hatte« (3640). Roswitha Völkel erinnerte sich, sogar unter die Aufsätze »Heil Hitler« geschrieben zu haben (3322). Fahnenappelle zu Beginn und Ende der Schulferien und an den politischen Feiertagen gehörten ebenso dazu wie die Abordnung der Kinder zur 1. Mai-Demonstration und das Singen, auch politischer Lieder, bei dem Chorgesang am Montagmorgen.

Neben diesen – eher formalen – Veränderungen des Schulalltags wurden die Kinder aber auch in erheblichem Maße inhaltlich auf die »neuen Zeiten« eingestimmt.

---

3 »Goldfasanen« wurden diejenigen Nationalsozialisten genannt, die sich gerne in Uniform zeigten.

Abb. 14: Klassenbild mit Hitlerbild und Kruzifixdarstellung 1938
(Quelle: Stadtarchiv Hann. Münden, Album August Mesch)

Auf die schleichende Beeinflussung schon der Jüngsten durch Schreibübungen und Zeichenaufgaben, später Aufsatz- und Diktatthemen, ist bereits am Göttinger Beispiel hingewiesen worden. Die Kinder mussten ein Buch *Ich und meine Ahnen* führen (Teichmann, 2824) und wurden dadurch in die Theorie und Praxis des Ariernachweises eingeweiht. Sie lernten »Germanische Geschichte« (Teichmann, 8226). Auch wenn es nicht in den Interviews erwähnt wurde, kann man davon ausgehen, dass Rassenkunde und Vererbungslehre, Nationalismus und Herrenmenschentum ebenso gelehrt wurden wie in den Göttinger Schulen. Die Kinder erlebten, dass jüdische Freundinnen und Freunde plötzlich verschwanden. Werner Ahrens war zunächst neidisch auf den jüdischen Schulfreund, der bei der Verabschiedung angab, er würde diesmal mit seinen Eltern eine Urlaubsreise machen (3453). Inge Eilert erinnerte sich:

»[…] und dann hatten wir ein, ein jüdisches Mädchen von einem Rechtsanwalt in der Klasse, Graupe.⁴ ›Rehlein‹ sagten wir zu ihr, und dann hieß es eines Tages: ›Alle noch mal zum Geburtstag kommen.‹ Und dann sickerte so durch: ›Das ist der letzte Geburtstag.‹ Die sind dann nach Amerika ausgewandert.« (Eilert, 2000–2006)

Wie in Göttingen wurden die Kinder während des Unterrichts ins Kino geführt und hörten dort Übertragungen von Reden der politischen Führer, sie nahmen an politischen Festen in der Aula teil und wirkten dabei auch selbst mit. Elisabeth Teichmann erinnerte sich an eine Veranstaltung zum Geburtstag des Führers, bei der jedes Schulkind einen Satz deklamieren musste, den Adolf Hitler irgendwann gesagt oder geschrieben hatte (7780). Sie lernte und verinnerlichte es, dass Adolf Hitler nur das Beste für das deutsche Volk wollte:

»[…] und das haben wir ja auch jeden Tag in der Schule gesagt gekriegt: ›Wer nicht der Ansicht ist, was Adolf Hitler sagt, der muss bestraft werden. Und ihr müsst auch einsehen, dass das nicht richtig ist, also man kann nicht einfach gegen irgendetwas sein, was was Gutes für uns will.‹ Das hat man ja versucht, uns in der Schule immer wieder zu erzählen, und das war mit Hauptfach. Also das muss ich sagen, wir haben das fast in jeder Stunde [gehabt].« (Teichmann, 5821–5830)

In der Folge geriet sie in Konflikt mit der politischen Haltung ihres Vaters. Sie war nicht die Einzige, bei der diese Indoktrination auf fruchtbaren Boden fiel. Auch Frieda Pappert war von dem segensreichen Wirken des Führers überzeugt und versuchte ihre Eltern zu seiner Wahl zu bewegen. Sie konstatierte: »Wir sind ja alle im Sinne des Nationalsozialismus erzogen worden, nech.« (2302) Die Schule arbeitete außerdem eng mit der Hitler-Jugend zusammen, die dadurch umfassenden Zugriff auf die Kinder erhielt. Auch die Jugendweihe wurde propagiert (Teichmann, 5286). Nicht nur das. Werner Ahrens wurde in der Schule gefragt, welche politischen Radiosendungen zu Hause gehört worden seien (2917). Und Elisabeth Teichmanns Lehrer ging sogar noch weiter:

»[…] ich kann mich da an etwas erinnern. [P] Wir hatten einen Lehrer in der Schule, der schon mit der Uniform in die Schule kam, das war der Lehrer Koch. Der sagte uns mal in irgendeinem Unterricht, wir sollten doch ein bisschen die Augen, die Ohren aufspannen in der Familie, ob da irgendetwas gegen Adolf Hitler unternommen würde oder zumindestens auf ihn geschimpft würde, was man so Kindern sagt […].« (Teichmann, 3453–3461)

---

4 Es handelte sich offenbar um die Tochter des Rechtsanwalts Walter Graupe, der im Zusammenhang mit dem Novemberpogrom 1938 zusammen mit vielen anderen jüdischen Bürgern in Schutzhaft genommen wurde. Vgl. Pezold, *Judenverfolgung* (1988), S. 42.

Nur Inge Eilerts Lehrerin, die selbst politisch negativ aufgefallen war, beeinflusste die Kinder kaum in politischer Hinsicht (204, 3957f.). Die Indoktrination zeigte durchaus Wirkung, selbst bei Kindern aus einem sozialdemokratischen Elternhaus. Sie hielten die skeptische bis oppositionelle Haltung ihrer Väter für falsch. Davon gab es nur eine Ausnahme. Inge Eilert war aufgrund ihres in der SPD sehr engagierten Vaters und seiner Verfolgung durch NSDAP und Gestapo gegenüber der NS-Propaganda wenig aufgeschlossen und sagte von sich: »[...] also ich, zumindest konnte ich mich für diesen Nationalsozialismus daraufhin nicht begeistern, ne« (1963–1965).

Für die meisten Befragten aus Hann. Münden war mit dem Ende ihrer Schulzeit auch ihre Kindheit zu Ende. Von zu Hause wegkommen, ins Pflichtjahr gehen und dort Verantwortung übernehmen oder eine Lehre beginnen und Geld verdienen – das waren die zentralen Merkmale des Erwachsenseins. Lediglich Roswitha Völkel sah keinen Bruch und verwies zur Begründung auf ihr bis heute anhaltendes Faible für Puppen (6068), das sie mit (ihrem) Kindsein verbindet. Die weiteren Lebenswege der Mädchen und Jungen verliefen sehr unterschiedlich – vom Nationalsozialismus geprägt wurden sie ausnahmslos. Dieter Schulze formulierte das sehr deutlich, als er auf die Frage, wie er sich am Ende der Schulzeit sein Leben vorgestellt habe, antwortete:

»Na ja, das Leben war ja schon mal vorgesehen, erst mal was lernen. Und dann wusste man, man wurde Soldat, ne. Und was da hinterherkam, das wusste man ja nicht, nech.« (Schulze, 4189–4194)

Er und Werner Ahrens machten zunächst eine Lehre in einem großen Industriebetrieb in Kassel. Dabei fielen hohe Fahrtkosten an. Dieter Schulze wusste noch ganz genau, dass die Monatskarte 8,75 RM gekostet habe. Von den ausgezahlten 18 RM Lohn im Monat sei da nicht mehr viel übrig geblieben (Schulze, 2683). Das konnte sich nicht jede Arbeiterfamilie leisten! Die beiden anderen Jungen fanden keine Lehrstelle in Hann. Münden und mussten sich mit Gelegenheitsjobs durchschlagen oder als ungelernte Arbeiter ihr Geld verdienen. Otto Meyer, der 1934 aus der Schule kam, fand keine Lehrstelle, weil, wie er hinzufügte, sein Vater ein bekanntes SPD-Mitglied und Gewerkschafter gewesen war.[5] Möglicherweise ist auch

---

5 Diese Interpretation ist nicht unwahrscheinlich, aber auch nicht gesichert. Zwar hatte sich der Nachbar, dessen Sohn die von Otto Meyer gewünschte Lehrstelle bekam, schnell den veränderten politischen Verhältnissen angepasst, aber der Sohn hatte, im

die einstige Mitgliedschaft des Vaters in der SPD der Grund dafür gewesen, dass Hans-Peter Lehmann, der 1938 die Schule verließ, ebenfalls keine Lehre machen konnte. In einer so kleinen Stadt wie Hann. Münden waren die familiären, aber vor allem die politischen Hintergründe bekannt. Es könnte allerdings auch sein, dass für die von ihm gewünschte Schlosserlehre in Hann. Münden einfach schlechte Aussichten bestanden. An seinem Beispiel bestätigt sich eine Aussage Frieda Papperts, die sie allerdings auf sich bezogen hatte: »[...] es war immer Kassel oder Göttingen, wenn man was Richtiges werden wollte. Und das kam uns immer zu teuer.« (3427–3429) Alle männlichen Befragen wurden zum Reichsarbeitsdienst eingezogen, dann zur Wehrmacht. Werner Ahrens meldete sich, um der SS zur entgehen, freiwillig zur Luftwaffe (32). Sie kamen erst nach Kriegsende nach Hann. Münden zurück.

Aber auch die Wege der Mädchen verliefen anders als geplant oder erhofft. Alle mussten direkt nach der Schule ein Pflichtjahr absolvieren und wurden anschließend zum Reichsarbeitsdienst einberufen – abgesehen von Inge Eilert, die in einem kriegswichtigen Betrieb arbeitete. Daran schloss sich bis zum Kriegsende der Kriegshilfsdienst an. Frieda Pappert, die gern auf eine weiterführende Schule gegangen wäre, um Sprachen zu lernen und ins Ausland zu gehen (»Ich wollte immer raus. Immer ins Ausland.« 4948), konnte ihr Ziel, zum Onkel nach Brasilien zu gehen, wegen des Ausbruchs des Krieges 1939 nicht realisieren. Auch Inge Eilert erlebte eine herbe Enttäuschung. Ihr Wunsch, Lehrerin zu werden, rückte – trotz des fehlenden Abiturs – in greifbarer Nähe, als ihr durch die Lehrerin die Möglichkeit eröffnet wurde, zunächst einen Auswahlkurs und dann eine Lehrerinnen-Aufbauschule zu besuchen. Die Notwendigkeit, in dem Bewerbungsbogen die »Wehrunwürdigkeit« des Vaters anzugeben, machte dieser Perspektive schnell ein Ende. Nach 1945 war ihr dieser Ausbildungsweg erneut verbaut, diesmal dadurch, dass sie keiner Kirche angehörte (Eilert, 212, 4862). Bis heute trauert sie dieser Chance nach. Elisabeth Teichmann konnte ihren Wunsch, eine Ausbildung als Kindergärtnerin zu machen, ebenfalls nicht realisieren. Ob dabei, wie sie vermutet, das politische Engagement ih-

---

Unterschied zu Otto Meyer, auch die Mittelschule besucht (Meyer, 102–121). Außerdem war Otto Meyer nie in der Hitler-Jugend gewesen. Das wirkte sich ohnehin negativ bei der Suche nach einer Lehrstelle aus. Vgl. dazu Nolzen, »Inklusion«, S. 67. Spätestens ab Ostern 1936 stellte das Handwerk nur noch Lehrlinge ein, die der HJ angehörten (MN vom 9.9.1935).

res Vaters eine Rolle spielte (Teichmann, 6926), ist nicht sicher, aber auch nicht auszuschließen.

Für Arbeiterkinder gab es nur eine Möglichkeit, aufzusteigen, die für die meisten Befragten aus Hann. Münden nicht infrage gekommen ist: »Ja, oder man musste national sein. Dann kam man auf die Schulen. Und das waren wir ja nicht. Die wurden gefördert. [...] Die sich für den Nationalsozialismus interessiert haben, die konnten dann auf Schule gehen, und dann konnten sie auch weiter. Sind sie auch in ganz anderen Stand reingekommen, ne.« (Pappert 5089–5100)

Als Einzige der Befragten aus Hann. Münden wurde Roswitha Völkel gefördert. Ob und in welchem Ausmaß sie tatsächlich »national gesinnt« gewesen ist, lässt sich nicht sagen. Auf jeden Fall wurde sie aufgrund ihrer hervorragenden sportlichen Leistungen und ihres Engagements im Nationalsozialistischen Reichsbund für Leibesübungen (NSRL) für eine Ausbildung zur Sportlehrerin vorgeschlagen, die ohne Abitur möglich gewesen wäre (Völkel, 366).[6] Mit dem Ende des Krieges und des Regimes war diese Möglichkeit für sie dahin. Nun sei dafür wieder das Abitur Voraussetzung gewesen. Für die anderen Befragten, die als Kinder durchaus vom Nationalsozialismus begeistert gewesen sind, kam eine Förderung seitens der Partei aber vermutlich deshalb nicht infrage, weil ebenso wie bei den Schulstipendien zusätzlich eine positive Haltung der Eltern, wenn nicht sogar deren Parteimitgliedschaft erforderlich gewesen sein dürfte.[7]

---

6 Roswitha Völkel und Inge Eilert hätten von Veränderungen bei der Zulassung für die Ausbildung zum Volksschullehrer profitieren können, die Ostern 1939 in Kraft getreten waren. Eine weitere Änderung erfolgte 1941. Vgl. dazu Müller-Rolli, »Lehrer«, S. 243.

7 Roswitha Völkels Eltern sind vermutlich keine Parteimitglieder gewesen. Ihr Fall zeigt, dass in Ausnahmefällen die generellen Regeln ignoriert werden konnten.

5. Hitler-Jugend

Ebenso wie für die Kinder des Göttinger Bürgertums war auch für die aus den Arbeiterfamilien Hann. Mündens die Hitler-Jugend in hohem Maße attraktiv – nicht für alle, aber doch für die meisten. Aus den Erinnerungen der Befragten wird vor allem das enge Zusammenspiel zwischen Schule und Hitler-Jugend sichtbar: In der Schule wurde massiv Werbung für die Organisation gemacht. Dort seien die infrage kommenden Jahrgänge angesprochen worden, erzählte Frieda Pappert und fügte hinzu: »Da bin ich natürlich hingegangen.« (2367–2371) Auch Elisabeth Teichmann erinnerte sich, dass am Schwarzen Brett der Schule für die Hitler-Jugend geworben worden sei. Dort hätten die Namen der Führerinnen gestanden, an die sich die Mädchen wenden sollten (Teichmann, 5410). Einige Kinder wollten auch ohne diesen schulischen Druck von sich aus in die Hitler-Jugend. Dieter Schulze trat gleich mit zehn Jahren ein und war »begeistert«, weil er dort mit anderen Jungen zusammen sein konnte. Das Jungvolk sei für ihn eine »Abwechslung« gewesen (Schulze, 80,1786). Hans-Peter Lehmann ging gegen den Willen seines Vaters dorthin, weil er unbedingt eine Trompete haben und spielen wollte, was seine Eltern ihm nicht finanzieren konnten (198). Eine Trompete bekam er zwar auch nicht beim Jungvolk, aber eine Fanfare. Er wurde Mitglied im Fanfarenzug. Mitte der 1930er Jahre, so Hans-Peter Lehmann, seien dann fast alle Jungen im Jungvolk gewesen (5242).[1] Elisabeth Teichmann erlebte das Gleiche in ihrer Klasse (8581). Nur Kommunistenkinder, erinnerte sich Inge Eilert, hätten dort nicht mitmachen dürfen (4357).

Wie schon erwähnt, nahmen die überwiegend aus sozialdemokratischen Familien stammenden Befragten bei dem Beitritt in den Jungmädelbund

---

1 Am 13.3.1936 meldeten die *Mündenschen Nachrichten*, dass seit der Werbewoche des Jungvolks im Februar nun an allen Knabenschulen mehr als 90 Prozent der Schüler im Jungvolk organisiert seien und alle Schulen nun die HJ-Fahne auf dem Dach hissen durften (MN, Nr. 62 vom 13.3.36).

oder ins Jungvolk teilweise heftige Konflikte mit den Eltern, meist dem Vater, in Kauf. Die Mütter waren im Allgemeinen gegenüber den Wünschen der Kinder nachgiebiger und halfen, den Willen der Väter zu umgehen. Konflikte mit den Eltern gab es nicht überall. Werner Ahrens wurde von seinem Vater und Großvater bedrängt, ins Jungvolk einzutreten, um dadurch politischen Druck von der (sozialdemokratischen) Familie zu nehmen. Sie hätten ihm die »Modellbauer«[2] empfohlen, da sei er gut aufgehoben (Ahrens, 48).

Angesichts der finanziellen Verhältnisse der Familien war die Beschaffung der Uniform teilweise schwierig. Dabei spielte aber auch der Widerstand der Väter eine Rolle. Hans-Peter Lehmann bekam das Braunhemd von seinem Jungvolkführer geschenkt; Roswitha Völkels Mutter schneiderte selbst den Rock. Eine »richtige Uniform« habe sie, die nach kurzer Zeit schon Führerin wurde, nie besessen (Völkel, 2291). Elisabeth Teichmanns Onkel, ein überzeugter SA-Mann, kaufte ihr auf ihre Bitte hin die Uniform (5435), auf die sie stolz war und die sie gerne trug. Wie sie fanden sich die meisten Kinder in der Uniform toll. Auch Werner Ahrens, dessen Vater ihm die Uniform geschneidert hatte, trug sie gern, vor allem die der Flieger-HJ, weil die Mitgliedschaft dort etwas Besonderes gewesen sei (3221).

Die Erinnerungen der Befragten an die Dienste im Jungmädelbund und Jungvolk sind, wie auch die der Göttinger Zeitzeugen, relativ pauschal. Sie wurden allerdings nicht als so unpolitisch geschildert wie dort. Neben Singen, Wandern und auch Vorlesen erwähnten mehrere die politischen Unterweisungen. Lediglich in Frieda Papperts Erinnerungen an die Dienste spielte Politik keine Rolle. Sie hätten in ihrer Gruppe nur Spiele gemacht (Pappert, 2344). Marschieren oder Exerzieren lernten die Mädchen ebenso wie die Jungen, wenn auch vermutlich nicht in der gleichen Intensität. Das ist wohl auch der Grund für die überraschende Behauptung Frieda Papperts, sie hätten in ihrer Gruppe nicht Marschieren geübt. Auf die Frage, ob sie das einfach so konnten, antwortete sie:

»Ja, na klar. Man kann doch rechts-links laufen. [lacht] Also geübt, dass wir da extra zum Üben gegangen wären, nee. Ja, vielleicht haben das die Jungens gemacht, das weiß ich nicht. Aber wir Mädels jedenfalls nicht.« (Pappert, 3554–3558)

---

2 Damit ist die Flieger-HJ gemeint. Max von der Grün erwähnt in seinen autobiographischen Erinnerungen Ähnliches: Er »musste« nach der Verhaftung des Vaters in die Hitler-Jugend eintreten (*Wie war das eigentlich?* S. 129f.)

Die männlichen Befragten erinnerten sich tatsächlich mehr an Exerzierübungen, auch an Geländespiele, die abgesehen von Werner Ahrens die meisten ganz gerne gemacht haben, einschließlich der damit oft verbundenen Kämpfe zwischen zwei Gruppen, einer »Wupperei«, wie Dieter Schulze sie nannte (2636). Die Jungen waren auch stolz auf das, was sie im Jungvolk und in der HJ lernten: Karten lesen, nach dem Kompass wandern (Lehmann, 5007; Schulze, 321), Segelfliegen (Ahrens, 1903) oder Motorradfahren (Schulze, 158). Die Klassifizierung dieser Fähigkeiten als »vormilitärische Ausbildung«, die mehrere Männer in ihren Interviews vornahmen, dürfte aber wohl eine spätere Erkenntnis sein. Zusätzlich zu den zweimal in der Woche stattfindenden regulären Diensten kamen viele Sonderdienste, wie die Beteiligung an Sammlungen, an Aufmärschen, Fackelzügen, Demonstrationen zum 1. Mai, kurz: wie Frieda Pappert es ausdrückte: »Naja klar, wenn auf dem Marktplatz irgend so was los war, da musste ich immer mitmarschieren.« (2561f.) Die Anwesenheit bei den Diensten wurde sorgfältig kontrolliert und in ein Anwesenheitsbuch eingetragen. Zwar behaupteten einige Befragte, sie seien öfter nicht hingegangen, aber dafür war immer eine Entschuldigung notwendig (Eilert, 4320). Praktisch übte auch die Kindergruppe einen starken sozialen Druck aus, zu den Diensten zu gehen, wie Inge Eilert erzählte:

»[…] ich hatte auch manchmal keine Lust. Aber ich bin meistens dann auch gegangen, weil die andern sagten ja schon: ›Kommste nachher vorbei! Wir gehen runter.‹ Das ist dann dieser Herdentrieb, da muss man dann auch irgendwie mit, ne.« (Eilert, 4336–4340)

Wer öfter unentschuldigt fehlte oder sich andere Disziplinlosigkeiten erlaubte, musste mit Sanktionen rechnen. Werner Ahrens erinnerte sich, Ärger bekommen zu haben, weil er beim Marschieren nicht mitgesungen habe. Als er offenbar mehrmals den Dienst geschwänzt hatte, sei sein Jungvolkführer zu ihnen nach Hause gekommen und »frech geworden« (Ahrens, 3322).

Auffällig an diesen Erinnerungen ist, dass niemand thematisiert, durch die Verpflichtung zu den Diensten von häuslicher oder anderer Arbeit entlastet worden zu sein, die bei einigen Kindern aus diesem Milieu eine große Rolle spielte. Vermutlich mussten sie ihre meisten Arbeiten trotzdem erledigen. Da in den Erinnerungen die durch die Hitler-Jugend vorhandene Abwechslung dominiert (Schulze, 80), zeigt sich jedenfalls, wie stark die Dienste als Freizeit wahrgenommen worden sind. Darin unterscheiden sich die Erinnerungen der Hann. Mündener Befragten ebenfalls von denen aus

Göttingen. Im Übrigen handelte es sich regulär nur um zwei Termine in der Woche. Die zeitliche Belastung lag, nicht nur für Dieter Schulze, der in der Motor-HJ war, stärker auf dem Wochenende (2617). Nachdem er über die Geländespiele und den damit verbundenen Kampf »Mann gegen Mann« erzählte, fuhr er fort:

»Solche Sachen und dann wurde, das meiste war ja dadurch, dass man denn irgendwo weit in die Wälder lief. Hier hinter der Tillyschanze zum Staufenküppel oder bis Volkmarshausen da unten. Da war son großes Ginstergebiet, nich. Das waren gute Verstecke, da war 'ne Sandgrube, ne, oder hier, auch da oben im Tannenkamp, nicht, das waren paar Stunden weg. Und der Zweck war erfüllt, man hatte nach Marschkompass [zu] marschieren, irgendwelche Ziele ausfindig machen. Das ich hab doch schon mal gesagt, das war 'ne vormilitärische Ausbildung schon. Und das waren denn meistens die Wochenenden. Das war nachher im Jungvolk und in der Hitler-Jugend, da ging es dann sonntagmorgens. In der Hitler-Jugend war denn sonntagmorgens der Dienst. Da hat man viel Zeit für aufbringen müssen.« (Schulze, 2654–2673)

Unternehmungen mit der Hitler-Jugend – vor allem die Fahrten – wurden unterschiedlich erinnert. Sie spielten in den Interviews mit den männlichen Befragten eine größere Rolle als bei den weiblichen. Vermutlich haben Jungvolk und HJ auch mehr Fahrten gemacht, zum Teil wohl auch zu weiter entfernten Zielen. Dieter Schulze hat noch sehr präzise Erinnerungen an seine erste Fahrt mit dem Jungvolk:

»Ich bin '36 denn da im Jungvolk eingetreten und '36 im Herbst ging es, sind wir nach Meensen marschiert. Ja, kriegte man 'nen Zettel, was man alles mitbringen musste. Brot und Wurst und was man da alles mitbringen sollte. Dicken Rucksack, mein Großvater, der Rucksack war so schwer, mein Großvater hat mir den Rucksack noch getragen bis hinten zur Eisenbahnbrücke. Da mussten wir uns denn treffen. Und dann sind wir von da aus nach Meensen marschiert, ne. Und da warn wir denn auf so einem Bauernhof, haben wir im Heu geschlafen, nicht. Und das war natürlich denn schon wieder ein Erlebnis, nicht, ganz was anderes.« (Schulze, 3004–3020).

Was ihn allerdings nicht so begeisterte, war der aus Gründen der »Kameradschaft«, wie er sagte, häufig praktizierte Austausch der Verpflegung:

»[…] da damals musste man so und so viel Brot mitbringen für den ersten Abend. So, und dann hieß, so jetzt, jeder bringt sein Brot mit. Ja wurde das nicht so [gemacht] jeder packt sein Brot aus. Nein, das Brot wurde auf einen Haufen gemacht auf 'm Tisch und dann wurde das neu wieder verteilt. Ja, also mein Brot, was ich essen wollte oder sollte, das hat irgendein anderer, nich, und [ich] kriegte denn ein Brot, was, was mir gar nicht so zugesagt hatte. Ja, ja, das war eben schon die Gemeinschaft. Wir sind eine Gemeinschaft, der eine ist für andern da. Meine Mutter hatte noch gesagt, da aß [ich] damals gerne Mettsülze oder was, ›Ich mache dir das aufs Brot‹. Ja, ich hab meine Mettsülze nicht wieder gesehen.« (Schulze, 3055–3074)

Auch Werner Ahrens erinnerte sich an mehrere Zeltlager bei Fahrten. Sie haben ihn an den Neckar und die Wasserkuppe geführt, aber auch zum Erntedankfest auf den Bückeberg bei Hameln:

»Och nuja, das war für uns natürlich ein Erlebnis. Da runter, im Zelt leben und Essen fassen, dieses alles gab's ja alles. Wir waren ja auch fast acht Tage da unten. Also es war nicht wegen der, jetzt wegen der Partei, sondern jetzt wegen dem Erlebnis. Und das war auch ein tolles Erlebnis son Erntedankfest da unten, ne. Diese ganzen Aufmärsche und dann diese ganze Haute Volée, die da kam, Göring und Goebbels und Hitler. Man hat sie mal gesehen.« (Ahrens, 3275–3288)

Von den befragten Frauen erinnerten sich nur zwei an Fahrten mit Übernachtungen. Roswitha Völkels Jungmädelschaft fuhr nach Clausthal-Zellerfeld in den Harz, wo sie in Zelten auf Stroh übernachtet haben (1666). Sie sagte:

»Das und das fand ich schön. Das war natürlich aufregend, nech. Das war irgendwie das war was Interessantes. Das spielte sich ab, da wusste man vorher alles gar nicht, was auf einen zukam.« (Völkel, 2527–2530)

Als Einzige war Elisabeth Teichmann nicht begeistert von den Fahrten.

Von den Befragten wurden zwei Frauen aus der Hitler-Jugend ausgeschlossen. Roswitha Völkel, die selbst Führerin im Jungmädelbund war, wurde vom Streifendienst erwischt, als sie mit ihren Eltern einen nicht jugendfreien Film besuchte:

»Njo, eines Tages haben sie uns erwischt. Da war ich mit meinen Eltern in dem Film [P] mit Heinz Rühmann. Wie hieß der jetzt. Der Gasmann. So ähnlich. Heinz Rühmann war jedenfalls nicht zulässig für Jungmädels. Und ich war mit meinen Eltern in dem Film. Und wir kommen raus, und da stand da einer, der mich oder meinen Vater wohl kannte. Und am nächsten Abend kam der und holte mir Schlips und Knoten weg. Mit der rot-weißen Schnur. Wurde abgeholt. Und ich sollte das nicht noch mal machen, sonst müsste mein Vater mit Konsequenzen rechnen.« (Völkel, 2241–2252)[3]

---

3 Roswitha Völkel war – nach ihrer Erinnerung – bei ihrem Ausschluss 15 Jahre alt. Diese Angabe ist nicht sicher. Der Film »Der Gasmann« mit Heinz Rühmann ist erst 1941 in die Kinos gekommen. Da war sie 17 Jahre alt. Für den Besuch des Films hätte sie auf jeden Fall älter sein müssen. Möglicherweise wurde sie aber wegen des Besuchs eines an-

Weitere Konsequenzen hatte dieses »Vergehen« für sie nicht. Vor allem konnte sie ungehindert weiter Sport betreiben, wo sie sich zu Lasten ihrer Tätigkeit im Jungmädelbund stark engagiert hatte (Völkel, 2260). Elisabeth Teichmann, die so gern in den Jungmädelbund wollte und schließlich eintrat, als ihr Vater im Gefängnis saß, die begeistert dabei und stolz auf die Uniform war (8628), die es liebte, als eines der größten Mädchen in der ersten Reihe zu marschieren (8656), wurde bereits nach kurzer Zeit (5503) wieder ausgeschlossen. Es ist nicht ganz klar, wo die Gründe dafür lagen. Sie selbst sucht sie bei dem politischen Engagement ihres Vaters (Teichmann, 5444). Ihr sei nur gesagt worden, sie sei wohl nicht geeignet für den Jungmädelbund (Teichmann, 5451). Vermutlich haben Disziplinprobleme eine wichtige Rolle gespielt, möglicherweise kam das sozialdemokratische Elternhaus erschwerend hinzu. Elisabeth Teichmann schildert sich selbst in den Interviews als ein nicht immer einfach zu bändigendes Kind mit ausgeprägtem eigenen Kopf. Des Weiteren erzählte sie, sie sei einmal zu einem Zeltlager mitgefahren. Aus ihrer Schilderung wird deutlich, dass sie sich dabei höchst unwohl gefühlt hatte. Der Zwang zur Anpassung sei sehr groß gewesen (Teichmann, 8707). Vermutlich hat sie auch Heimweh gehabt, das in anderem Zusammenhang in dem Interview noch einmal auftaucht. Elisabeth Teichmann zog aus dieser Erfahrung ihre Konsequenzen:

»[...] und das war dann, wenn ich, wenn die diese Übernachtungen gemacht haben, dann bin ich dann, da wollt ich nicht mit. Und da hab ich mich ausgeschlossen, ohne mich vorher zu entschuldigen. Und das war ein disziplinarisches Vergehen. Da hab ich mich undiszipliniert benommen und wurde dann an diesem Schwarzen Brett [genannt] und wurde dann auch vom Lehrer gerügt: ›So was macht man nicht, das gehört sich nicht. Wenn du da drin bist, hast du dich auch nach den Vorschriften zu richten. Nech, und wenn ihr diese Wanderung macht, dann musst du dabei sein, außer man ist krank oder man hat, hat eine Entschuldigung.‹ Das hab ich nicht gemacht [...].« (Teichmann, 8779–8792)[4]

Interessant an dieser Interviewpassage ist zweierlei: Zum einen die schon beschriebene enge Kooperation zwischen Schule und Hitler-Jugend und

---

deren Films ausgeschlossen, den sie im Alter von 15 Jahren gesehen hat. Beide Varianten sind möglich.

4 Die Fahrten galten im BDM als »›Probe‹ auf den ›Willen zur Kameradschaft‹, da sie den teilnehmenden Kindern und Jugendlichen neben körperlicher Leistungskraft auch abverlangten, sich den Bedürfnissen der Gruppe unterzuordnen« (Kollmeier, »Erziehungsziel«, S. 68). Insofern hatte sich Elisabeth Teichmann tatsächlich als nicht geeignet erwiesen. Ob bei einem Kind mit anderem familiären Hintergrund mehr Geduld aufgebracht worden wäre, ist möglich, lässt sich aber nicht entscheiden.

zum anderen die bis in die Gegenwart nachwirkende Akzeptanz der Perspektive der Organisation, die in Elisabeth Teichmanns Worten anklingt. Welche Bedeutung dieser Ausschluss für sie hatte, machte sie an anderer Stelle deutlich. Gefragt, wie sie auf den Ausschluss reagiert habe, antwortete sie:

»Ich habe geweint. [P] Ich habe geheult, hab mich in diese Laube gesetzt. Meine Mutter war wütend, ›Gleich gesagt, dass das nicht gut gehen kann!‹, hat mir Vorwürfe gemacht, hat auch diese junge Frau, hat auch dieses junge Mädchen [die Führerin] ausgeschimpft: ›Was willst du eigentlich‹ so, also sie ist sehr böse geworden mit ihr, hat sie ausgeschimpft. Hat gesagt, so in etwa, mit welchem Recht sie das hier [Schlips und Knoten] abholen würde, das wäre ja schließlich wohl auch bezahlt worden […].« (Teichmann, 5456–5465)

Wie sehr Elisabeth Teichmann unter ihrem Ausschluss gelitten hat, wird daran sichtbar, dass sie die Uniform einfach weiter anzog, obwohl jeder an dem Fehlen von Schlips und Knoten erkennen konnte, dass sie ausgeschlossen worden war. In ihrer (unvollständigen) Uniform habe sie dennoch »das Gefühl der Zugehörigkeit« gehabt (Teichmann, 8633).

Mit Ausnahme Elisabeth Teichmanns wurden alle Befragten mit dem Ende ihrer Schulzeit im Alter von 14 bis 15 Jahren in den Bund Deutscher Mädel oder in die HJ überführt. Bei den Mädchen spielte der BDM allerdings – den Interviews zufolge – keine große Rolle mehr. Im Anschluss an die Schule machten sie ein Pflichtjahr in einem Haushalt, zum Teil außerhalb Hann. Mündens. Auf jeden Fall hatten sie keine geregelten Arbeitszeiten, die ihnen die Teilnahme erlaubt hätte. Daran schloss sich eine Lehre an, während der sie offenbar wenig mit dem BDM zu tun hatten. Vermutlich war die Organisation durch den Krieg schon teilweise beeinträchtigt.[5] Die abendlichen Verdunkelungen machten den Besuch der Veranstaltungen zudem nicht einfach. Dass die HJ in den Erzählungen der männlichen Befragten einen größeren Raum einnimmt, liegt vermutlich daran, dass sie alle in Sondergruppen waren, die dem technischen Interesse der Jungen sehr entgegenkamen. Dem regulären Dienst mit Geländespielen und Exer-

---

5 Klönne schreibt von »Auflösungserscheinungen« der Hitler-Jugend während des Krieges (*Jugend im Dritten Reich* (1995), S. 41). Nach Einführung der Dienstpflicht in der Hitler-Jugend 1939 verfolgte die Organisation das unentschuldigte Fernbleiben der Mitglieder. Sie erhielten Vorladungen durch den Bürgermeister und mussten sich im Rathaus melden. (StA HM, MR 1132 Ausführung des Gesetzes über die HJ, Diverse Unterlagen.). Viele Jugendliche schwänzten offenbar den Dienst in der HJ oder dem BDM. Vgl. die Listen in: StA HM MR 1133: Ausführung des Gesetzes über die HJ, specialia 1940–1944.

zierübungen konnten sie dadurch weitgehend ausweichen, ebenso offenbar der in der HJ massiveren politischen Unterweisung.[6] Außerdem fühlten sie sich als etwas Besonderes, was schon für alle an der Uniform zu sehen war, wie es Werner Ahrens deutlich artikuliert hatte. Solche Sondergruppen wurden für die jungen Mädchen in Hann. Münden entweder nicht angeboten oder die befragten Frauen interessierten sich nicht dafür. Das Pflichtjahr stand dem auch im Wege. Lediglich Frieda Pappert erwähnte, einige Male zur NS-Frauenschaft gegangen zu sein (3515).

Im Gegensatz zu den Befragten aus dem Göttinger Bürgertum sind nur wenige der Hann. Mündener Zeitzeugen innerhalb der Hitler-Jugend zu Führerinnen und Führern aufgestiegen. Von den Mädchen wurde lediglich Roswitha Völkel schnell zur Führerin im Jungmädelbund ernannt (Völkel, 2345). Inge Eilert wurde ebenfalls vorgeschlagen, lehnte aber ab und musste dann die Position der Kassiererin übernehmen (1966). Auch zwei der Jungen wurden Führer, aber erst spät während ihrer HJ-Zeit. Weil der Führer der Motor-HJ eingezogen worden war, wurde Dieter Schulze zu seinem Nachfolger »erkoren« (Schulze, 3118). Hans-Peter Lehmann, der gerne Führer geworden wäre, aber nicht vorgeschlagen wurde, sondern nur Kassierer war, brachte es, fern von Hann. Münden, erst im Alter von 17 Jahren aufgrund seiner sportlichen Fähigkeiten zum hauptamtlichen Funktionär (5601). Seine »Karriere« dauerte nur ein paar Monate, dann wurde er zum Reichsarbeitsdienst eingezogen. Werner Ahrens meinte, eine Führerposition hätte er mit Rücksicht auf seine Familie gar nicht annehmen können. Es blieb aber unklar, ob er überhaupt vorgeschlagen worden ist. Für ihn ist allerdings die Mitgliedschaft in der Flieger-HJ schon ein großer Statusgewinn gewesen. Sie war Voraussetzung dafür, seinen Wunsch, Jagdflieger zu werden, realisieren zu können. Er nahm an vielen Ferienlehrgängen im NSFK teil (Ahrens, 3127), machte früh seine Segelfliegerscheine (Ahrens, 1903). Dadurch konnte er mit den besser ausgebildeten Jungen konkurrieren, die es auch zur Luftwaffe zog (Ahrens, 1919). Für ihn war die Mitgliedschaft in der Flieger-HJ explizit ein erster Schritt zu einem sozialen Aufstieg.[7]

---

6 Das wird sowohl in den Erzählungen Dieter Schulzes (3124) als auch in denen Werner Ahrens' (3302) deutlich. Vgl. dazu auch Teil I, 5. Kapitel.
7 Die geringe Zahl von Aufsteigern bestätigt nicht die These, dass Arbeiterkinder stärker als bürgerliche von der Hitler-Jugend profitierten (so Möding/Plato, »Siegernadeln«, S. 294). Das liegt vielleicht an dem sehr kleinen Sample.

Auch in Hann. Münden gab es den Streifendienst der Hitler-Jugend, der vornehmlich damit beschäftigt gewesen ist, die Jugendlichen unter 18 Jahren zu Zeiten und an Orten aufzuspüren, wo sie sich nicht aufhalten durften.[8] Dazu gehörte auch, zu kontrollieren, dass die Altersbeschränkungen bei den Filmen eingehalten wurden. Die Kinder und Jugendlichen, die am Rande Hann. Mündens in den Siedlungen wohnten, bekamen davon oft gar nichts mit, weil Kinobesuch wegen der Kosten sehr selten war. Die Kinder aus der Innenstadt konnten den Streifendienst zumindest in Aktion beobachten. Frieda Pappert erzählte, sie sei einmal von einem Angehörigen des Streifendienstes angehalten worden, als sie als Halbwüchsige in einen Film gehen wollte, der erst ab 18 Jahren freigegeben war. Der Junge kannte sie aus dem Konfirmandenunterricht und wusste daher, dass sie jünger war. Sie habe ihm nicht Folge geleistet und es sei auch nichts passiert, aber komisch sei ihr doch dabei gewesen (Pappert, 3472). Aus welchen Gründen Frieda Pappert keine Konsequenzen zu spüren bekam, bleibt unklar. Ob der Streifendienst einen Vorfall meldete oder nicht, entschied er eben häufig allein, hing möglicherweise auch mit der Bekanntheit oder der sozialen Stellung der Eltern derjenigen zusammen, die er ertappte. Dass mit dem Streifendienst nicht zu spaßen war, hatte Roswitha Völkel erlebt, die wegen des gleichen Verstoßes wie Frieda Pappert aus der Hitler-Jugend ausgeschlossen wurde.

Beliebt waren die Jungen, die den Streifendienst machten, nicht. Werner Ahrens erinnerte sich an einen, der viele denunziert habe, die den nicht jugendfreien Film »Der Gasmann« sehen wollten. Irgendwann hätten er und seine Clique ihn in eine dunkle Ecke gedrängt und kräftig verhauen sowie ihm außerdem die Pistole geklaut (Ahrens, 3341).[9] Im Übrigen sahen sich die Heranwachsenden nicht nur den Schikanen des Streifendienstes der Hitler-Jugend ausgesetzt. Auch die Polizei kontrollierte die Einhaltung der strikten Jugendschutzgesetze der Nazis. Dieter Schulze wurde 1943 im Alter von 16 oder 17 Jahren von der Kripo aufgegriffen, als er mit mehreren anderen männlichen und weiblichen Jugendlichen im Dunkeln auf dem Wall gestanden hatte. Wegen »Herumtreibens mit einer weiblichen Person«

---

8 StA HM MR 1122 Schutz der Jugend-specialia. Bd. 1 1941–1944. Ab 1941 wurde der Streifendienst auch dazu eingesetzt, das Gesetz zum Schutz der Jugend vom 9.3.1940 durchzusetzen.

9 Dass der Streifendienst mit einer Pistole ausgestattet gewesen ist, ist höchst unwahrscheinlich. Er fungierte zwar ab 1940 als eine Art Jugendpolizei und durfte körperliche Gewalt anwenden, hatte aber »keine polizeilichen Kompetenzen«; so Nolzen, »Der Streifendienst«, S. 28.

bekam er eine Strafe in Höhe von 20 RM (Schulze, 291). Aus den Erzählungen der Befragten gewinnt man den Eindruck, dass Arbeiterkinder und -jugendliche stärker im Visier des Streifendienstes waren als die Kinder aus dem Göttinger Bürgertum. Dort tauchte er nur in der Erzählung eines Befragten auf, der selbst Mitglied war und gegen die Regeln verstieß, deren Einhaltung er überwachen sollte. In dem kleinen Sample aus Hann. Münden waren gleich zwei direkt betroffen.

Rückblickend beurteilten die Befragten aus Hann. Münden ihre Zeit in der Hitler-Jugend durchaus positiv, auch wenn sie an einigen Dingen Anstoß genommen hatten. Das Gruppenleben, die Gemeinschaft, bei den Männern insbesondere der Erwerb von spezifischen Fähigkeiten erfüllte sie mit Freude und Stolz. Die Fahrten, auch wenn sich die Kinder dabei in sozial differenzierte Gruppen teilten (Teichmann, 8747), waren für die meisten positive Erfahrungen. Sie genossen das Neue und Unbekannte, das Durchbrechen des täglichen Einerlei. Selbst Inge Eilert, die auch im Jungmädelbund ihre politischen Vorbehalte beibehielt, hat die Wanderungen und das gemeinsame Singen gerne mitgemacht. »[…] was neutral war, war schön« (4185), sagte sie. Dieter Schulze beschloss seine Schilderung des ersten Lagers, das er mitgemacht hat, mit den Worten: »Das war immer ganz schön da beim Jungvolk, ne.« (3030f.) Auch Frieda Pappert resümierte: »Ich war ja immer da. [lacht] Und mir hat das auch Spaß gemacht. War ne Gruppe.« (3512f.) An anderer Stelle fügte sie erklärend hinzu: »Das fand ich alles ganz gut. Sage ja, man hat ja von dem Schlechten gar nicht so [viel] mitgekricht.« (Pappert, 2866f.)

6. Körper und Körper-Erfahrungen

Das Äußere

Für die meisten Befragten aus Hann. Münden scheint das Thema »Körper« keine zentrale Bedeutung gehabt zu haben. Mit Ausnahme von Elisabeth Teichmann, die als Kind unter Kopfschmerzen litt und kränklich war, haben die anderen über ihren Körper nicht viele Worte verloren. Ob das der relativen Kargheit ihrer Lebensverhältnisse geschuldet ist, in denen der Körper fraglos funktionieren musste, lässt sich vermuten, aber nicht definitiv bejahen. Dazu ist das Sample aus Hann. Münden zu klein.

Die Körperpflege hatte keinen großen Stellenwert. Das war keine Besonderheit des Arbeitermilieus, sondern überall dort ähnlich, wo die Familien kein Badezimmer besaßen, so dass die tägliche Reinigung in der Küche stattfinden musste. Morgens machten die Kinder meist nur eine Katzenwäsche, am Sonnabendnachmittag war dann eine ausgiebige Säuberung üblich. Die Erzählung Frieda Papperts vom samstäglichen Bad entspricht Schilderungen aus der Zeit des Kaiserreichs, aber auch noch nach dem Zweiten Weltkrieg:

»[…] jeden Sonnabend war Badetag. Da wurde die große Zinkbadewanne vom Boden geholt und in die Küche gestellt. Mutti hatte den schwarzen eisernen Küchenherd angefeuert, und so hatten wir schönes, warmes Wasser. Aber nicht für jeden extra. Nee, nee, das war nicht. Es wurde dazugeschüttet. Der letzte hatte Glück, da war das Wasser am höchsten.« (Pappert, 168–174)

Anschließend gab es frische Wäsche. Im Sommer konnten die Kinder zusätzlich in der Fulda baden. Elisabeths Teichmanns sehr gesundheitsbewusster Vater achtete darauf, dass seine Töchter die Zähne gründlich putzten. Einmal in der Woche musste dazu Salz genommen werden (4808).

Die Jungen trugen, wie auch die aus dem Göttinger Bürgertum, ihre Haare kurz geschnitten. »Fassonschnitt«, wie Werner Ahrens es nannte. Nur als Kleinkind hatte er, wie auch andere, einen Bubikopf. Hans-Peter

Lehmann erinnerte sich, als Vorschulkind lange Locken gehabt zu haben, so dass er oft für ein Mädchen gehalten wurde. Als er in die Schule kam »[…] da wollte ich natürlich die Haare auch runter haben, das weiß ich noch wie heute. [P] Und dann sind [wir] auf der Burgstraße, da war 'n Friseur, Meier hieß der, und [P] ich wollte nun unbedingt auch wie die andern die kurzen Haare haben und nicht immer diesen Lockenkopf nech.« (Lehmann, 2613–2619)

Lange Haare waren ersichtlich für Jungen nicht akzeptabel und eindeutig ein Merkmal des weiblichen Geschlechts – jedenfalls aus der Perspektive der Jungen. Zwei Frauen trugen als Kinder durchgängig kurze Haare. Die beiden anderen hatten Zöpfe. Am Ende der Schulzeit erhielt Roswitha Völkel dann die erste Dauerwelle (1314). Frieda Pappert ließ sich einfach die Haare kurz schneiden (4139). Nur Roswitha Völkel erzählte, ihre Eltern seien ärgerlich wegen der kurzen Haare gewesen. Dieser Ärger resultierte hauptsächlich aus der Tatsache, dass ihre ältere Schwester ihr einfach – ohne zu fragen – die Zöpfe abgeschnitten hatte (Völkel, 1314).

Abb. 15: Mädchen mit Zöpfen auf dem Schulhof am 28. April 1938
(Quelle: Stadtarchiv Hann. Münden, Album August Mesch)

Von besonderer Trauer der Väter um die langen Haare ihrer Töchter findet sich in den Interviews mit den weiblichen Befragten nichts. Kurze Haare waren in diesem sozialen Milieu für Mädchen vermutlich stärker akzeptiert als im wohlhabenden Bürgertum.

Abb. 16: Jungen im Winter mit kurzen Hosen. Schulausflug im Glasebachtal, 23.2.1938
(Quelle: Stadtarchiv Hann. Münden, Album August Mesch)

Ebenso wie in Göttingen waren auch in Hann. Münden bei den jüngeren Kindern – gleich welchen Geschlechts – Leibchen und daran befestigte lange Strümpfe üblich. Nur Roswitha Völkel sprach von ihrer frühen Vorliebe für Hosen. Sie habe schon als Kind häufig Trainingshosen getragen, aber »natürlich manchmal« auch Kleider und Röcke (Völkel, 1208). Bei den Jungen konnte sich Hans-Peter Lehmann im Winter nicht gegen seine Mutter durchsetzen und musste lange Strümpfe zu kurzen Hosen tragen (2400). Dieter Schulze zog auch in der kalten Jahreszeit meist die kurze Hose und Kniestrümpfe an. Die Skihose der HJ habe er nie besessen, weil für deren Kauf kein Geld da war. Er hätte stattdessen dann einen alten Trainingsanzug getragen (Schulze, 3789).

Wie in Göttingen wurde auch in Hann. Münden die Kleidung für die Kinder größtenteils geschneidert. In den Arbeiterfamilien machte dies allerdings häufig die Mutter selbst, bei Werner Ahrens der Vater, ein gelernter Schneider. Zu besonderen Gelegenheiten wurde auch eine Hausschneiderin beschäftigt. Die Ausstattung mit Bekleidung war entsprechend den finanziellen Verhältnissen der Familien unterschiedlich. So bekamen manche Kinder jedes Jahr ein Paar neue Schuhe, andere zwei Paar. Auffällig an den Erzählungen sind die Regelmäßigkeit mancher Anschaffungen und ihre jahreszeitliche Festlegung. Frieda Pappert erhielt immer zu Pfingsten ein neues Kleid (2060), Elisabeth Teichmann jedes Jahr zu Ostern neue Schuhe und – speziell für sie – einen Ball (4115). Sie und ihre Schwester hätten in jedem Frühjahr neue Garderobe bekommen, und seien immer tipptopp angezogen gewesen (Teichmann, 4115). Da in den meisten Haushalten nicht viel Geld vorhanden war, mussten die Kinder mit der Kleidung sorgsam umgehen. Die Befragten erzählten nicht nur von der Differenzierung in Sonntags-, Schul- und Spielkleidung (Pappert, 481; Eilert, 2870), sondern auch davon, abgelegte Kleidung getragen zu haben. Das war bei Roswitha Völkel so, die zwei ältere Schwestern hatte, deren Kleider eine Schneiderin für sie umänderte. Frieda Pappert »erbte« viel Bekleidung von der Tochter der wohlhabenden Arbeitgeberin ihrer Mutter. Die Mutter machte die Sachen dann für die Tochter passend. Sie sagte: »Oh, was hatt' ich feine Sachen [...] richtig schöne Sachen habe ich von der gekriegt.« (Pappert, 498–501) Da das Geld knapp war, wurden neue Kleidungsstücke »auf Zuwachs« gekauft oder angefertigt. Inge Eilert erinnerte sich genau:

»Ja, und sonst hatten wir immer 'ne Hausschneiderin, die zu uns kam, und dann kaufte Mutter, meine Mutter Stoff, und dann wurden Kleider genäht, aber auch in 'ner Taille eingenäht ein Stück. Ich hatte immer so 'n Rand um den Bauch, und dann son Riesensaum rein, weil das gute Stoffe waren, und die mussten dann auch entsprechend lange halten, lange getragen werden. Das war ich gewöhnt, das [P] [seufzt], das kannte ich nicht anders. [P] Aber, dass ich ordentlich angezogen war, da hat meine Mutter denn doch für gesorgt. Also nicht: Was alle jetzt neu haben und das musst du auch haben, das nicht. Aber was Solides und Haltbares.« (Eilert, 5031–5043)

Im Gegensatz zu den Mädchen, die gerne neue Kleider und Röcke bekamen und anzogen, äußerten sich die männlichen Befragten zu dem Thema zurückhaltender. Hans-Peter Lehmann berichtet als Einziger von einem Kleidungsstück, das er als Schüler unbedingt haben wollte: eine Knickerbockerhose, weil die »die anderen« auch hatten (2440). Dieter Schulze hasste es sogar, neue Sachen anzuziehen. Er sei am liebsten in seinen »ältesten Klamotten« herumgelaufen (3706). Werner Ahrens Vater sorgte hingegen dafür, dass der Sohn ordentlich angezogen war. Wenn der die Verwandtschaft in Frankfurt besuchte, schneiderte er ihm schnell neue Sachen. Werner Ahrens ist der Einzige, der erwähnt, als jüngeres Schulkind einen Matrosenanzug besessen zu haben:

»Den hab ich gern angezogen. Den gab es auch nur sonntags. Ich hab's aber nur sonntags, den zog ich immer gern an. Bloß da musste man sich ja wieder so vorsehen, da konnte man ja nichts unternehmen.« (Ahrens, 1593–1597)

Auffällig im Vergleich zu den Jungen in Göttingen ist nicht nur der fehlende Matrosenanzug. Auch die dort von vielen heiß geliebte Lederhose tauchte in Hann. Münden nicht auf. Vermutlich war sie zu teuer. Hier wie dort erhielten die Jungen aber zur Konfirmation oder zur Jugendweihe den ersten Anzug ihres Lebens – ein großes Ereignis, auch wenn der gebraucht war, wie bei Dieter Schulze. Hans-Peter Lehmann erinnerte sich, dass zum Übergang ins Erwachsenenleben nicht nur der erste Anzug gehörte, sondern neben dem »Fassonschnitt« (2680) auch ein Hut: »Das war damals so üblich, wenn man aus der Schule war, musste man einen Hut haben, nech.« [lacht] (Lehmann, 2494–2496)

Für die Mädchen waren die Kleider bei der Konfirmation oder Jugendweihe ebenfalls wichtige Themen. Frieda Pappert erinnerte sich noch präzise an Schnitt und Stoff ihres Konfirmationskleides (504). Elisabeth Teichmann konnte in allen Einzelheiten Kleiderstoffe beschreiben, die anlässlich ihrer Jugendweihe gekauft wurden:

»Und ich kriegte, da hab ich, da hab ich mir die beiden Stoffe ausgesucht. Ich habe ein hellblaues Kleid gehabt mit einer Stickerei drin in dem Stoff in dunkelblau und ein dunkelblauer Bubikragen mit 'ner ganz langen dunkelblauen Schleife, so wollte ich das haben, und einem kurzen Ärmel. Und das andere war ein Stichelhaarstoff, auch in dunkelblau, da waren so kleine Stichelhaare drin, und die hatte rote Tupfer, wieder wie 'n Ball. Und das fand ich auch so schön. Das war ein ganz weicher Stoff, son Wollstoff, und den fand ich ganz, ganz schön. Und das wurde genäht, aber von einer Schneiderin, die [Kleider] hat meine Mutter nicht genäht. Und dies waren meine zwei Kleider und dazu einen wunderbaren karierten Mantel. Einen ganz wunderbaren karierten Mantel. Der war hinten schräg geschnitten, das Karo lief schräg und war ganz glockig. Und vorn konnte man einen Gürtel hier durch so Schlitze ziehen und hatte dann nur hier vorne den Gürtel und hinten war der Mantel ganz weit. Und das sah ganz schön aus. Und ein Paar schwarze Schuhe, da ging das so übereinander, und das wurde dann mit so Knöpfen dann zugemacht. Das war dann so ein Absatz, da hab ich, das war ganz schön, war ganz schön, und ich habe mich da auch ganz toll drin gefunden, [...].« (Teichmann, 5329–5353)

Es ist wenig überraschend, dass Schmuck eine ganz untergeordnete Rolle spielte. Roswitha Völkel bekam eine goldene Uhr zur Konfirmation geschenkt (1342). Da sie viel Sport trieb, trug sie Ringe ohnehin nicht (Völkel, 1377). Den ersten richtigen Schmuck hat auch Frieda Pappert erst zur Konfirmation bekommen. Zuvor hatte sie nur ein Samtband mit einer Rose, eine Brosche sowie eine billige Uhr, die sie wie ihre Schwestern zum zehnten Geburtstag von den Eltern bekommen habe (Pappert, 4162). Ansonsten wurde in den Interviews mal ein einfacher Ring erwähnt, wie ihn Inge Eilert zum Schulanfang als Kompensation für die fehlende Schultüte geschenkt bekam. Mit Schminke experimentierten die Mädchen noch nicht einmal heimlich. Sie hielten sich offenbar streng an die von den Nazis ausgegebene Parole: »Die deutsche Frau schminkt sich nicht!« In der Reaktion Roswitha Völkels auf die Frage danach, lässt sich das noch deutlich erkennen:

»Hm. Nee. [P] Um Gottes Willen. Also das war sowieso verpönt in der Zeit. [P] In der Nazizeit wurde durfte man sich doch nicht schminken. Um Gottes Willen!« (Völkel, 1397–1399)

Verhältnis zum eigenen Körper

In dem Abschnitt über die Eltern-Kind-Beziehungen wurde bereits darauf verwiesen, dass Zärtlichkeiten zwischen Eltern und Kindern, das heißt liebevoller Körperkontakt selten gewesen ist. In dieser Hinsicht unterschieden sich die Kindheiten in den beiden differenten Milieus von Bürgertum und Arbeiterschaft kaum. In den Familien wurde relativ wenig mit körperlicher Gewalt erzogen. In der Schule war – wie auch in Göttingen – körperliche Züchtigung durch die Lehrer noch durchaus üblich. Auf Balgereien auf dem Schulhof und beim Spielen wurde bereits verwiesen. Sowohl die körperliche Gewalt seitens der Pädagogen als auch körperliche Auseinandersetzung untereinander betrafen in erster Linie die Jungen. Die Mädchen wurden in der Schule kaum mit körperlichen Strafen traktiert, und auch im Umgang untereinander spielten – zumindest in den Erinnerungen – Schlägereien keine Rolle. Diese Differenzierung wurde in der Hitler-Jugend noch verstärkt. Die für die Jungen sowohl im Jungvolk als auch in der HJ üblichen Geländespiele zielten darauf ab, sie für den Kampf »Mann gegen Mann« fit zu machen und in dieser direkten Auseinandersetzung Mut, aber auch Rücksichtslosigkeit, die Überwindung des »inneren Schweinehundes« zu trainieren. Dazu trug der von den Nazis propagierte Boxsport ebenfalls bei.

Auch wenn die Interviewpartnerinnen und -partner aus Hann. Münden sich insgesamt wenig zu ihrem Körper und Körpergefühl äußerten, so erzählten sie doch relativ viel über ihre sportlichen Aktivitäten. Das fiel besonders bei Roswitha Völkel auf, die schon mit sechs Jahren in den Turnverein ging (2050).[1] Als jüngeres Kind hatte sie bereits ihre älteren Schwestern dorthin begleitet und zugeschaut. Ihre ganze Kindheit und die meiste Zeit ihres Erwachsenenlebens war Sport ein zentrales Thema. Nur zwei Befragte waren als jüngere Kinder keine Vereinsmitglieder gewesen, hatten aber dennoch viel Sport gemacht. Die auffallende Relevanz des Sports bei den Befragten lässt sich nur zum Teil mit der Sportförderung durch die Nationalsozialisten erklären. In erheblichem Maße speiste sie sich aus der Tradition der Arbeitersportvereine der Weimarer Republik. Sport zu treiben, den Körper zu trainieren, um einen Ausgleich zu anstrengender und monotoner körperlicher Arbeit zu haben – diese Haltung war in der Arbeiterbewegung weit verbreitet. Hinzu kam, dass die Kinder viel im Freien aufwuchsen und ihre Zeit überwiegend »in Bewegung« verbrachten. Niemand artikulierte deshalb Probleme mit dem Körperideal, das der Nationalsozialismus propagierte. Den schlanken, sportlichen Körper hatten sie aufgrund ihrer Lebensumstände ohnehin. Klagen über den schulischen Sportunterricht oder das Training im Jungvolk oder Jungmädelbund stimmten auch jene nicht an, die nicht im Sportverein waren. Unsportliche Kinder gab es sicher auch in diesem Milieu. Sie tauchen aber in dem Sample nicht auf. Zu vermuten ist zudem, dass sie seltener waren als im Milieu des wohlhabenden Bürgertums. Elisabeth Teichmann war die Einzige, die eine Abneigung gegen die strammen, selbstbewussten und uniformierten Frauen formulierte (7944) – aber das liegt auf einer anderen Ebene als der sportliche Körper. Die meisten Kinder fühlten sich in ihrem Körper zu Hause. Einzig Elisabeth Teichmann fand sich nie richtig schön.

Ebenso wie bei den Göttinger Befragten war die Sexualität in der Kindheit ein schwieriges Thema. Sowohl in der öffentlichen wie in der familiären Diskussion war sie ein Tabu. Keiner der Eltern sprach mit den Kindern über ihre sexuellen Fragen. Auch die Mädchen erhielten anlässlich ihrer ersten Menstruation wenig mehr als Hinweise auf die notwendigen hygienischen Verhaltensweisen und die Tatsache, »dass das nun mal so sei«. Nur Elisabeth Teichmanns Mutter erlaubte sich einen Hinweis auf den Zu-

---

1 Die Erzählungen der Interviewpartnerinnen und -partner über Turn- und Sportvereine, denen sie als Kinder angehört haben, beziehen sich auf die Zeit vor 1933. Die Arbeitersportvereine wurden nach der Machtergreifung der Nationalsozialisten sehr schnell aufgelöst, später wurde die gesamte Sportausbildung der unter 14-Jährigen der Hitler-Jugend zugewiesen.

sammenhang zwischen Menstruation und Sexualität, als sie, der Erinnerung ihrer Tochter zufolge, sagte:

»Das ist nun jetzt erst mal die Zeit, und die musst du dann überstehen. Die haben wir alle überstanden, und das ist auch gar nicht so schlimm. Du lernst mal einen Freund kennen, und dann wirst du sehen, wie schön das ist.« (Teichmann, 6333–6337)

Elisabeth Teichmann störte sich daran, dass sie sich von der Mutter die Binden geben lassen musste und dadurch kontrolliert wurde (6341). Sie ist die einzige Befragte, die erzählte, mit den körperlichen Veränderungen in der Pubertät wenig glücklich gewesen zu sein (6319), aber auch das bedeutete nicht, dass sie mit ihrem Körper haderte. Roswitha Völkel ließ sich durch ihre Menstruation nicht von ihrem Sport abhalten. Ganz im Gegenteil hätte sie den Eindruck gehabt, dann besonders leistungsfähig gewesen zu sein (Völkel, 1441). Nur Inge Eilerts Eltern versuchten die Tochter nicht unwissend zu lassen, scheiterten aber an ihrer Abwehrhaltung:

»Meine Eltern hatten mir mal ein Buch gegeben, das kam von der Freigeistigen Humanistischen Gemeinde. Da, ich weiß es noch wie heute, so 'ne kleine Broschüre: ›Werden die Kinder wirklich vom Klapperstorch gebracht?‹ Habe ich eine Seite gelesen vorne, habe ich keine Lust mehr gehabt. Aber das Mädchen, was mit mir im Haus wohnte, was das Buch da liegen sah, hat sich hingesetzt, ich seh' es noch wie heute, und hat das Buch gelesen, das war so 'ne kleine Broschüre. Hab ich überhaupt gar keinen Zugang zu gekriegt, ne.« (Eilert, 5391–5401)

Die Zurücksetzung, die Frieda Pappert gegenüber ihren Brüdern beim Schulbesuch erlebt hatte, widerfuhr ihr auch in Bezug auf das Wissen über Sexualität. Die Eltern erlaubten den beiden Söhnen, sich aus den in der Familie vorhandenen Büchern schlau zu machen. Sie, die Tochter, durfte aber nicht hineinsehen: »Ich war ja 'nen Mädchen«, sagte sie lakonisch (Pappert, 4499). Von diesem Beispiel abgesehen, behandelten die Eltern in dieser Hinsicht ihre Töchter und Söhne gleich. Sie blieben überwiegend unwissend und waren darauf angewiesen, sich ihre Kenntnisse woanders zu beschaffen, vornehmlich aus Gesprächen mit Freundinnen und Freunden, später Kolleginnen und Kollegen oder – wie es Hans-Peter Lehmann formulierte – »aus der Gosse« (Lehmann, 2743), wenn auch mit unterschiedlichem Erfolg. Frieda Pappert sagte über sich, sie sei »ganz dumm in die Ehe gegangen« (4510). Dass unter diesen Voraussetzungen der »erste Intimfreund« gleich der Ehemann wurde, wie bei Elisabeth Teichmann (6378), ist wenig erstaunlich. In dieser Hinsicht gleichen sich die Erfahrungen der Befragten aus Göttingen und Hann. Münden weitgehend.

Verhältnis zum anderen Geschlecht

Im Gegensatz zu den Befragten aus dem bürgerlichen Milieu fehlte denen aus dem Arbeitermilieu die Tanzstunde, in der die ersten zaghaften Kontakte zum anderen Geschlecht erprobt werden konnten. Tanzkurse wurden sicher auch in Hann. Münden angeboten, aber von den Befragten ist niemand dort gewesen. Dafür reichte das Geld nicht. Heranwachsende beiderlei Geschlechts aus dem Arbeitermilieu verabredeten sich offenbar häufig im Freien, trafen sich in Gruppen, gingen spazieren oder unterhielten sich bloß, wie es sich in dem oben erwähnten Erlebnis Dieter Schulzes andeutete, der wegen »Herumtreibens mit einer weiblichen Person« (291) angezeigt worden war. Der Besuch eines Kinos oder Cafés kam auch in Frage, dürfte jedoch wegen der damit verbundenen Kosten eine geringere Rolle gespielt haben. Nur Elisabeth Teichmann hatte über eine Freundin Zugang zu einem Café, wo sie mit aushalf.

»[...] und es war 'n bekanntes Café, alle Soldaten kamen da hin, und da lernte man Leute kennen, da konnte ich ja nicht noch in 'n Sportverein gehen. Ich wollte ja jetzt was erleben, ich wollte ja was vom Leben haben. Es war ja sonst so langweilig, nech?« (Teichmann, 8871–8875)

Sie ist, soweit sich aus den Interviews ersehen lässt, die einzige Frau des Samples, die derartige Möglichkeiten suchte und hatte.

Obwohl die Befragten aus Hann. Münden also genauso unwissend waren wie die aus Göttingen, wurden von ihnen, wenn man von den wenigen Bemerkungen Elisabeth Teichmanns absieht, die Pubertät und die damit verbundenen Unsicherheiten und Probleme in den Interviews nicht thematisiert. Das könnte damit zusammenhängen, dass sie früher als die Kinder aus dem bürgerlichen Milieu aus der Schule entlassen, in die Arbeitswelt eingegliedert, dadurch eher erwachsen wurden. Kontakte zum anderen Geschlecht waren für sie deshalb in einem jüngeren Alter möglich als für die bürgerlichen Befragten.

Auffällig bei einem Vergleich der Kindheiten im Arbeitermilieu und im gehobenen Bürgertum ist die weniger stark ausgeprägte Geschlechtsspezifik des Aufwachsens. Zwar gab es auch hier häufiger nach Geschlechtern getrennte Kindergruppen. Aus den Erzählungen ergibt sich aber nicht nur der Eindruck, dass Mädchen und Jungen trotzdem häufiger zusammen gespielt hätten. Vor allem sind die Mädchen weniger ans Haus gebunden aufgewachsen. Sie konnten mehr Freiheiten im Spiel, in der Bewegung und hinsichtlich ihres räumlichen Umkreises erleben als die bürgerlichen Töchter. Hinzu kam, dass viele früh in die Kinderriegen der Arbeitersportvereine eintraten, wo ihr Bewegungsdrang aufgenommen, formiert, aber auch verstärkt werden konnte.

Weiterhin fehlen in den Interviews aus Hann. Münden Hinweise darauf, die Mädchen hätten vor allem brav und artig sein sollen, wie dies mehrere weibliche Befragte aus Göttingen berichtet hatten. Sie waren »Wildfänge«, wie Inge Eilert (4990f.) und Roswitha Völkel (1870), bewegten sich überwiegend im Freien, kletterten über Zäune und auf Bäume. Das heißt nicht, dass sie nicht doch angepasst aufgewachsen sind, aber angepasst an einen anderen Verhaltensstandard als denjenigen, der für die bürgerlichen Mädchen galt. Insofern erstaunt es auch nicht, dass zwar alle Jungen aus dem Arbeitermilieu – ebenso wie die bürgerlichen Knaben – den Gedanken, lieber ein Mädchen zu sein, vehement ablehnten. Aber auch die befragten Frauen waren mit ihrer Geschlechtsrolle überwiegend einverstanden. Inge Eilert begründete ihre Zufriedenheit, ein Mädchen zu sein, explizit mit der Möglichkeit, ebenso wie die Jungen draußen zu sein und zu spielen:

»Ich war ja ziemlich, ich war ja, die haben zu mir immer gesagt: ›Bist ein Wildfang.‹ Also ich, weil man immer viel draußen war und viel mit Kindern, und da waren auch oft viel Jungens bei von klein auf, da hat man geklettert. Ich jedenfalls [habe] nicht nur spezifische Mädchenspiele oder so was gemacht, sondern das, [PP] war auch mit meinem Bewegungsdrang vielleicht zu erklären, dass ich immer gern von früher Zeit an Rad gefahren bin und, und ziemlich wild war, gerannt bin und so.« (Eilert, 4990–4999)

Die Akzeptanz der weiblichen Geschlechtsrolle erklärt sich sicher nicht nur aus dem größeren Bewegungsspielraum der Arbeitertöchter. Sie lernten zudem am Beispiel ihrer Eltern, dass die Sphären von Frauen und Männern nicht so strikt getrennt waren. Alle Mütter waren vor der Ehe erwerbstätig gewesen. Alle trugen durch ihre Arbeiten im Haus und im Garten, zum Teil auch durch Zuerwerb, zum Lebensunterhalt der Familien bei. Dort, wo die Männer verfolgt und verhaftet wurden, suchten sich die Frauen eine Arbeitsstelle und waren die Ernährerinnen der Familie. Zwar steht außer Frage, dass Frauen und Männer auch im Arbeitermilieu nicht gleichberechtigt gewesen sind, aber die Rollen und Lebensbereiche waren nicht so scharf voneinander geschieden wie im Bürgertum.

7. Erziehungsmaximen und Werthaltungen

Auf die Frage, was ihren Eltern bei der Erziehung wichtig gewesen sei, reproduzierten die Befragten aus Hann. Münden im Großen und Ganzen einen ähnlichen Kanon von Werten und Normen wie die in Göttingen. Genannt wurden Ehrlichkeit, Pünktlichkeit, Ordnung. Hans-Peter Lehmann betonte, sein sehr strenger Vater habe großen Wert auf Gehorsam gelegt (2023) und Frieda Pappert wies darauf hin, ihre Mutter habe nur mit Blicken erzogen (2084). Möglicherweise war der Gehorsam so selbstverständlich, dass er von den anderen Befragten nicht besonders erwähnt wurde. Es könnte aber auch sein, dass die Kinder teilweise durchaus »an der langen Leine« gehalten wurden, wie es Dieter Schulze andeutete, der davon sprach, »frei erzogen« worden zu sein (1691), eine »freie Jugend« erlebt zu haben. Die gelegentlich erwähnte Disziplin wurde weniger von den Eltern als von den Institutionen verlangt: in der Sportgruppe bei Roswitha Völkel (5137) und der Hitler-Jugend und der Lehre bei Dieter Schulze (1800). Ebenso wie der Gehorsam wurde auch die Sparsamkeit – außer von Werner Ahrens – nicht besonders betont. Implizit tauchte sie jedoch in vielen Äußerungen auf. In den meisten Familien war das Geld knapp und es dürfte deshalb selbstverständlich gewesen sein, es sparsam auszugeben – so selbstverständlich, dass dies nicht eigens erwähnt werden musste.

Im Vergleich zu den Göttinger Befragten zeigen sich auch einige Differenzen. Auffällig ist die Erziehung zur Rücksichtnahme und besonders zur Hilfsbereitschaft. Inge Eilerts Eltern schenkten ihrer Tochter zum Schulbeginn keine Schultüte aus Rücksicht auf die Kinder aus ärmeren Familien. Die Kinder aus den Siedlungen lernten, dass es sich gehörte, die Nachbarn nicht nur zu grüßen, sondern ihnen auch zu helfen, ihren Handwagen mit Einkäufen den Berg hochzuschieben. Das wurde von den Schulkindern ebenso selbstverständlich erwartet wie den älteren Leuten die Taschen zu tragen oder auch Erwachsenen aus der Nachbarschaft Zigaretten zu holen – ohne dass die Kinder für diese diversen Dienste mit einer Belohnung rechnen konnten. Ganz ersichtlich handelte es sich bei diesen Hilfen um die Einübung solidarischen Verhaltens im Arbeitermilieu oder im Milieu der kleinen Leute. Dass derartige Erzählungen in den Interviews aus dem bürgerlichen Milieu fehlen, ist insofern nicht erstaunlich, weil dort Personal vorhanden war oder für bestimmte Dienste angeheuert wurde, so dass gegenseitige Hilfe keine zentrale Bedeutung hatte.

Im Kontrast zu Göttingen spielte bei den Befragten aus Hann. Münden hingegen die Aneignung von Manieren keine zentrale Rolle – auch das ist wenig erstaunlich. Die Kinder wurden angehalten, Freunde, Bekannte, Nachbarn zu grüßen und pünktlich zum Essen zu erscheinen. Sie sollten anständig angezogen sein, ihre guten Sachen nicht schmutzig machen und nicht mit Löchern in den Kleidern herumlaufen. Das war es dann aber auch. Darüber hinaus lernten sie, dass man im Konsum oder im Schuhgeschäft Madelong einkaufte. Niemand nannte Geschäfte, die prinzipiell verpönt waren. Geschäfte mit jüdischen Inhabern wurden erwähnt, oft mit dem Zusatz, die Eltern hätten dort viel gekauft. Der antisemitische Boykott fand bei den Eltern der Befragten ersichtlich nicht viele Anhänger.

Auch diese Kinder waren nicht ununterbrochen brav, sondern versuchten, Gebote zu umgehen oder widersetzten sich Verboten. Frieda Pappert, die oft auf den kleinen Bruder aufpassen sollte, entwickelte Strategien, um sich dem zu entziehen. Nach dem Essen ging sie auf die Straße zum Spielen:

»Und dann hab ich schon aufgepasst, ob der Kopf von [Groß-]Muddern aus dem Fenster kuckt. ›Frieda, nimm den Kleinen!‹ Uh, Frieda war oft verschwunden. [lacht] Da bin ich in die nächste Haustür rein und war weg. Aber manchmal musste ich ihn ja nehmen, […].« (Pappert, 3741–3746)

Inge Eilert erzählte, wie sie sich gelegentlich der geforderten Hilfeleistung verweigerte. Es sei für die Bewohner der Siedlungen sehr mühselig gewesen, einzukaufen und die Einkäufe nach Hause zu schleppen, bevor das Konsumauto die am Hang gelegenen Siedlungen anfuhr:

»[…] und wir Kinder, wenn wir aus der Schule kamen, ständig wartete schon irgendjemand mit einem Handwagen, dass wir ihm hier rauf halfen, schieben, ne? Da kam so eine Kötze auf den Handwagen, und dann fuhren die Frauen in die Stadt und kauften ein. Kann man sich gar nicht mehr vorstellen. Da sind wir manchmal, anstatt im Vogelsang hochzugehen über den Galgenberg gegangen, einen Umweg, weil wir dachten, da unten an der Tanne, da war so eine Riesentanne, und da war eine Bank, da hab wir gesagt: ›Vielleicht sitzt da wieder jemand mit einem Handwagen. [lacht] Jetzt gehen wir über den Galgenberg«.« (Eilert, 3228–3240)

Auch Werner Ahrens wurde sehr dazu angehalten, älteren Menschen behilflich zu sein, und es wird zugleich deutlich, dass er diesen Erwartungen nicht immer entsprach:

»Wenn es irgendwie ging und [wir] einem helfen konnten, dann mussten wir denen helfen. Das gab es gar nicht anders. Wenn das meine Eltern sahen, dass man da irgendeinem nicht geholfen, dann gab's auch ein Donnerwetter, ne.« (Ahrens, 1281–1285)

Er und auch Hans-Peter Lehmann erzählten überdies von vielen Streichen, die sie Erwachsenen gespielt haben, außerdem von verbotenen Spielen, die einen besonderen Reiz ausübten. Insgesamt aber scheinen die Kinder, und das gilt im besonderen Maße für die Mädchen, doch sehr angepasst aufgewachsen zu sein. Es gibt beispielsweise kaum Berichte über heimliches Rauchen, das in Göttingen sogar von einigen Mädchen probiert wurde. Ebenso wie die Göttinger Kinder mussten auch die in Hann. Münden unterscheiden lernen, wann sie mit »Heil Hitler« grüßen mussten und wo die traditionellen Grußformeln angebracht waren. Aus den Erzählungen ergibt sich der Eindruck, als seien die Sphären eindeutiger geschieden gewesen, als es in Göttingen der Fall war. Elisabeth Teichmann formulierte die Maxime:

»Ja, es wurde ja dann nur mit ›Heil Hitler‹ [gegrüßt], wir unter uns nicht. Aber wenn wir in ein Geschäft gingen. Man wusste ja nie, […] da war ja, der Inhaber war ja immer mit im Geschäft oder die Inhaberin. Wenn er schon älter war und musste nicht in den Krieg, dann war er im Geschäft, und da wusste man ja nie, wie sind die eingestellt. Also es hieß immer ›Heil Hitler‹ zu sagen, wenn man in ein Geschäft ging […].« (Teichmann, 7273–7286)

Ähnlich äußerten sich auch Inge Eilert (4438) und Hans-Peter Lehmann. Er beschrieb eindringlich den Zwang zur Anpassung selbst im »roten« Stadtteil Hermannshagen, wobei die Reduzierung von »Heil Hitler« zu »Heil«, die er erwähnte, auf verborgene Widerstände hindeutet.[1] »Heil Hitler« hätten sie gesagt

»hier in dem Stadtteil in dem, in der ersten Zeit weniger. Nech. Aber sonst, wenn man sich gesehen hat, die Jugend untereinander, immer ›Heil‹ haben wir gesagt,

---

[1] Heil ist der Gruß der Jugendbewegung und des Wandervogels gewesen. Vgl. Allert, *Der deutsche Gruß*, S. 61.

nicht ›Heil Hitler‹, sondern immer ›Heil‹, nech. Meine Frau hat sogar, da war der Krieg zu Ende, da hat sie sich noch mal vertan hat se gerufen ›Heil‹. [lacht] Das war in Fleisch und Blut übergegangen, nech. Man sagte grundsätzlich ›Heil‹, nech. Also [P] ›Guten Tag‹ sagten sehr wenige, nech. Auch alte [P] Sozialdemokraten und Kommunisten, nech. Ich meine, wenn die zur Behörde kamen, die wurden ja, die hätten sie wieder rausgeschmissen, nech. Die mussten da reingehen: ›Heil Hitler‹, nech. [P] [Wenn sie] ins Lokal gingen: ›Heil Hitler.‹« (Lehmann, 5733–5748)

Im Gegensatz zu den angesehenen Bürgerinnen und Bürgern aus Göttingen konnten es sich in Hann. Münden weder die Befragten selbst noch ihre ohnehin unter Verdacht stehenden Eltern leisten, in der Öffentlichkeit nicht den Hitlergruß zu verwenden.

Die Einführung der Kinder in den Bereich des Bildungskanons spielte, wie nicht anders zu erwarten, kaum eine Rolle. Jenseits dessen, was die Schule vermittelte, und dazu gehörte auch die Unterrichtung in den erwähnten Musikinstrumenten, erhielten die Kinder keine gesonderten Bildungsangebote. Im Übrigen handelte es sich, mit Ausnahme der Geige, die Roswitha Völkel spielte, um einfachere und preisgünstige Instrumente. Ein Klavier, das in (fast) jeden bürgerlichen Haushalt gehörte, gab es in den Familien der Befragten nicht. Niemand lernte Klavier spielen.

Zwar hatten einige Familien Bücher, aber auch nur wenige. Manche Kinder bekamen zu Weihnachten oder zum Geburtstag ein Buch geschenkt. Einige männliche Befragte erwähnten ihre Vorliebe für Karl May. Nur Roswitha Völkel erzählt, ihre Mutter habe viel gelesen (2959), sie selbst habe alle Heidi-Bände gehabt (2917). Auch Inge Eilerts Vater las gerne und viel. Er hatte als Einziger einen größeren Bücherbestand. Daraus durfte sich die Tochter bedienen (Eilert, 1507). Ob sie allerdings als Kind davon oft Gebrauch gemacht hat, ist unklar, denn es handelte sich vor allem um politische und wissenschaftliche Literatur. Sie bekam von ihrem Vater auch Bücher geschenkt, aber, wie sie betonte, andere als andere Kinder (Eilert, 1515), also vermutlich eher Sach- als Kinderbücher. Mit (nicht nur, aber auch) anspruchsvoller Literatur gefüllte Regale, gar ganze Bibliotheken wie in den Göttinger Familien, die auch den Kindern – zumindest teilweise – zur Verfügung standen, fehlten hier vollständig. Selbst öffentliche Büchereien als Bezugsquellen wurden nicht genannt. Obwohl einige gerne lasen, hat sich niemand als »Leseratte« bezeichnet. Daran zeigt sich im Übrigen, dass hier nicht nur finanzielle Beschränkungen eine Rolle spielten. Abgesehen davon, dass viele Kinder mitarbeiten oder helfen mussten und daher wenig freie Zeit hatten, war Lesen in diesem Milieu als tradierte, positiv besetzte Beschäftigung nicht durchgängig verbreitet. Von

Ausnahmen abgesehen lasen auch die Kinder aus Hann. Münden ebenso wie die aus dem Göttinger Bürgertum keine Zeitungen, obwohl sie in fast allen Haushalten vorhanden waren. Nur in Inge Eilerts Familie wurde in der Nazi-Zeit keine Zeitung mehr gehalten (4537).

Ein Radio besaßen fast alle Haushalte. Einige Befragte erinnerten sich noch an das Fabrikat. In zwei Familien gab es ein Grammophon. Lediglich Dieter Schulze wuchs ohne Radio auf, da das Elternhaus keinen Stromanschluss hatte (3919). Auch wenn Hans-Peter Lehmanns Vater (2939) ebenso wie der Roswitha Völkels (3028) sofort das Radio ausdrehte, wenn eine Rede des Führers übertragen wurde, hielt durch dieses Medium die Propaganda des Regimes dennoch Einzug. Denn auch die ansonsten sehr beliebten Sport- und Musiksendungen waren nicht unpolitisch.[2] Inge Eilert erinnerte sich, dass ihre Eltern im Krieg BBC gehört hätten (1936, 4512).

Im Gegensatz zu Göttingen spielte das Kino für die Kindheit der Hann. Mündener Befragten eine untergeordnete Rolle. Von den Filmen abgesehen, in die sie im Rahmen des Schulunterrichts geführt wurden, kamen nur wenige in der Schulzeit ins Kino. Dafür dürften vermutlich finanzielle Gründe ausschlaggebend gewesen sein. Erst nach dem Ende der Schulzeit, als Heranwachsende, gingen sie gelegentlich dorthin. Selbst der gemeinsame Kinobesuch mit der Jungmädel- oder der Jungvolk-Gruppe war in Hann. Münden – den Interviews zufolge – nicht so verbreitet wie in Göttingen. Einzig Hans-Peter Lehmann meinte, den Film »Hitlerjunge Quex« mit dem Jungvolk gesehen zu haben (5382), die anderen Befragten verneinten solche gemeinsamen Filmbesuche. Dies neue Medium, dessen sich die NS-Propaganda bediente, erreichte die Kinder aus dem Arbeitermilieu vermutlich nur partiell. Als Einzige sprach Inge Eilert ausführlicher über einen Film, den sie vermutlich 1940 oder 1941, also nach Ende ihrer Schulzeit,[3] gesehen und der sie stark beeindruckt hatte:

»[...] das ging über das Leben von Friedrich von Schiller, und als ich da rauskam [aus dem Kino], da hab ich gedacht: ›Dass die Nazis dir so einen Film zeigen müssen. Das ist ja gerade das, was in dir so richtig [P] wühlt und steht, das ist ja, als wenn du den Film gewollt hättest‹ und nichts, ne. So hab ich das ausgelegt. Und ›Der Kampf eines Genies‹, weiß ich noch bis heute, war über Friedrich von Schiller

---

2 Vgl. dazu Teil I, 7. Kapitel.
3 Da der Film »Friedrich Schiller – Triumph eines Genies« erst im November 1940 in die Kinos kam, kann Inge Eilert ihn nicht während der Schulzeit gesehen haben, die für sie im Frühjahr 1940 endete. Vgl. http://www.filmportal.de/film/friedrich-schiller_98165b f072bf4146981f9c605de2eaf0 vom 16.8.2013.

der Film. Als ich da rauskam, war ich so angetan von dem Inhalt und so, ne, weil das habe ich dann auf unsere Einstellung und unser Schicksal übertragen, ne.« (Eilert, 1946–1957)

Offenbar hatte sie den Film sehr einlinig als Plädoyer für Meinungsfreiheit interpretiert und den auf Hitler gemünzten Geniekult ausgeblendet.[4]

Ebenso wenig wie ins Kino kamen die Kinder aus Hann. Münden ins Theater, in Ausstellungen und Museen. Lediglich Inge Eilert ist während der Kriegsjahre in Kassel und Göttingen gelegentlich im Theater gewesen (4598, 4628). Elisabeth Teichmanns Vater fuhr ab und zu mit der Familie nach Kassel zu einer Zirkusvorstellung oder um einen ausgestopften Wal zu bestaunen. Da auch die Institution der Tanzstunde, in der die bürgerlichen Kinder nicht nur tanzen lernten, sondern zugleich in den gehobenen bürgerlichen Verhaltenskodex eingeführt wurden, bei den Sprösslingen aus dem Arbeitermilieu keine Rolle spielte, fehlten ihnen deshalb viele Kenntnisse und Verhaltensweisen, die sich die bürgerlichen Kinder in ihren Elternhäusern, aber auch durch das höhere Schulwesen gleichsam »en passant« aneigneten.

Die meisten Familien aus Hann. Münden gehörten der evangelischen Kirche an. Nur Frieda Papperts Eltern waren katholisch gewesen, aber konvertiert, als sich herausstellte, dass ihr Sohn in der katholischen Volksschule nichts lernte. Hans-Peter Lehmanns Eltern waren aus der Kirche ausgetreten, ließen den Sohn aber auf Bitten des Lehrers am Religionsunterricht teilnehmen. Er wurde später auch konfirmiert. Inge Eilerts Eltern gehörten der Freireligiösen Gemeinde an.[5] Sie ließen die Tochter vom Religionsunterricht befreien, was diese teilweise bedauerte. Sie habe oft vor der Tür des Klassenraums gestanden und zugehört, wie die anderen die schönen Lieder sangen (Eilert, 6257). Mit Ausnahme von Roswitha Völkels Mutter, die sich bei der Frauenhilfe der evangelischen Kirche engagierte, gab es in keiner der Familien eine intensivere kirchliche Bindung oder gelebte Religiosität. Sie waren alle keine Kirchgänger, sondern suchten höchstens zu den Festtagen die Kirche auf. Auch religiöse Rituale des Alltags, wie das Tisch- oder das Nachtgebet, wurden nicht praktiziert. Typisch für diese Haltung war die Familie Teichmann. »Aber das, will mal sagen, dass wie bei manchen Kindern, dass die Mutter sich ans Bett setzt und ›Wir beten‹ oder so etwas, das hat es nicht gegeben«, sagte die Tochter (Teich-

---

4 Vgl. dazu http://de.wikipedia.org/wiki/Friedrich_Schiller_ProzentE2Prozent80Prozent 93_Triumph_eines_Genies (Zugriff am 26.9.2013).
5 Vgl. Heimann/Walter, *Religiöse Sozialisten*, S. 13ff., 358ff.

mann, 5200–5203). Der Vater blieb zwar Mitglied der evangelischen Kirche, lehnte sie aber als Institution ab:

»Ja, also, wie gesagt, also er hat immer gesagt: ›Jesus – auf jeden Fall hat's ihn gegeben‹ und auf jeden Fall war es ein, in seinen Augen ein, ein Weltverbesserer, ein, ein Humanist, und Humanisten bedeuteten für ihn sehr viel. Nech, und, und das war er auch ganz sicher, und was die Kirche daraus gemacht hat, nech, das fand er nicht in Ordnung, [...].« (Teichmann, 9115–9122)

Vielmehr suchte er Gott woanders:

»Wir, also wie gesagt, mein Vater, für meinen Vater war die Natur der liebe Gott. Der sagte also ... Ja, er hat einfach, die Schöpfung war die Natur, und das er hat uns eben auch, nicht mit Worten, mit Taten hat er uns das gezeigt. Er hat gesagt: ›Wir wandern.‹« (Teichmann, 5203–5208)[6]

Trotz der Distanz der meisten Eltern gegenüber der Kirche und der kirchenfeindlichen Politik des Nationalsozialismus wurden vier Befragte konfirmiert. Dieter Schulze gab damit dem Druck seiner Mutter nach, die auf der Konfirmation bestanden hatte (1776). Aus den Erzählungen wird aber deutlich, welch schweren Stand die Kirche in dieser Zeit hatte. Noch nicht einmal der regelmäßige Besuch des Gottesdienstes ließ sich bei den Konfirmanden durchsetzen (Völkel, 5674), auch die Autorität der Pastoren war stark eingeschränkt. Zwei Männer erzählten in ihren Interviews von ihrem flegelhaften Benehmen gegenüber dem Pastor oder dem Superintendenten während des Konfirmandenunterrichts. Hans-Peter Lehmann bezog dafür vom Pastor Prügel (4065), Werner Ahrens wurde von ihm rausgeschmissen und ging trotz des Drucks der Eltern nicht wieder hin (3793). Derartige Erzählungen fanden sich auch in den Interviews männlicher Befragter aus dem bürgerlichen Milieu. Sie schildern solche Begebenheiten aber als Aktionen anderer Kinder, nicht als ihre eigenen. Einige Frauen erwähnten, dass sich aufgrund der NS-Propaganda nicht mehr viele Kinder ihres Jahrgangs konfirmieren ließen. Roswitha Völkel, die 1939 konfirmiert wurde, erinnerte sich nur an wenige Mitkonfirmandinnen (5611); in Inge Eilerts Klasse gab es 1940 nur noch ein Mädchen, das den Konfirmandenunterricht besuchte (2257). Diese Angaben und die Tatsache, dass zwei der Befragten die Jugendweihe erhielten, erweckt den Eindruck, dass die Kirchenbindung in diesem Milieu stärker erodiert war als im bürgerlichen. Das lag sicher in

---

6 Derartige Auffassungen waren in der Arbeiterschaft verbreitet und wurden auch von Interviewpartnerinnen und -partnern in meinem Buch über *Proletarische Familien* (S. 250, 258) erzählt.

der schon vor dem Nationalsozialismus vorhandenen geringeren Religiosität oder kirchlichen Bindung begründet[7] – zweifellos auch an der gerade in der sozialdemokratischen Arbeiterschaft verbreiteten Freidenkerbewegung.[8]

Aus der Perspektive der Kinder nahmen sich Konfirmation und Jugendweihe nichts. Der religiöse Gehalt der Konfirmation war für sie sekundär. Sie war ebenso wie die Jugendweihe wichtig als Übergangsritual, bei dem der Bekleidung eine enorme Bedeutung zukam: bei den Jungen der erste Anzug, bei den Mädchen mindestens ein neues gutes Kleid. Inge Eilert, die die Jugendweihe erhielt, nahm in ihrem Interview sogar eine sprachliche Gleichsetzung von Jugendweihe und Konfirmation vor, als sie nach der Beschreibung ihrer Jugendweihe auf die Frage, ob sie zu Hause auch die Uniform getragen hätte, antwortete:

»Nee, zu Hause nicht, nee. Nee. [P] Es gab ja zur Konfirmation dann ein Kleid, neue Schuhe und so was. Nur diese Feier an sich, die wurde, das wurde in Uniform gemacht. [P] Jaha.« (Eilert, 2187–2190)

Die Betonung von Konfirmation und Jugendweihe als Übergangsritual spielte bei den Befragen aus Hann. Münden eine größere Rolle als bei den Göttingern, weil für sie diese Rituale zeitlich mit mehreren anderen Übergängen zusammenfielen: Die Kinder wurden zwar auch in der Hitler-Jugend in die Organisationen für die 14- bis 18-Jährigen, BDM und HJ, übergeleitet. Sie wurden aber vor allem aus der Schule entlassen: Arbeitsleben und Erwachsenenleben begannen für sie. Es erstaunt deshalb nicht, dass mit einer Ausnahme alle Befragten das Ende ihrer Kindheit an diesem Zeitpunkt festmachten.

---

7 Vgl. dazu Rosenbaum, *Proletarische Familien,* S. 99f.
8 Vgl. dazu Heimann/Walter, *Religiöse Sozialisten.*

8. Resümee

Das öffentliche politische Leben in der Wahrnehmung der Kinder

Sechs der insgesamt acht Interviewpartnerinnen und -partner sind in Familien aufgewachsen, die dem sozialdemokratischen Arbeitermilieu angehörten, in denen mindestens ein Elternteil und meist weitere Verwandte in der SPD und der Gewerkschaft, oft auch noch einem Arbeitersportverein, der Freidenkerbewegung und anderen Organisationen Mitglied waren. Mehrere Kinder aus Hann. Münden waren früh den Sportvereinen beigetreten, sie begleiteten die Väter oder die Eltern zu Kundgebungen und nahmen an den Kundgebungen und Festen teil. Sie wurden dadurch schon in jungen Jahren in die sozialdemokratische Arbeiterkultur sozialisiert.

Diese wurde bereits in der Spätphase der Weimarer Republik von den Nationalsozialisten bedroht. Für jene Kinder, deren Väter, zum Teil auch die Mütter, Mitglied der SPD und der Gewerkschaft waren, dem Reichsbanner oder der Eisernen Front und anderen Vorfeldorganisationen der Sozialdemokratie angehörten, war Politik gegen Ende der Weimarer Republik ein Teil ihres Alltags. Inge Eilerts Vater hörte am Radio gespannt die Bekanntgabe der Wahlergebnisse (30). Hans-Peter Lehmann erinnerte sich, dass sein Vater aus gefaltetem Zeitungspapier ein Spiel machte, in dem die Politiker Brüning, Hitler und Thälmann auftauchten, wobei der Eine durch das christliche Kreuz, der Andere durch das Hakenkreuz und der Dritte durch die Hölle symbolisiert wurde (3912). Genossen oder Arbeitskollegen der Väter kamen zu politischen Diskussionen in die Wohnungen, später fanden dort konspirative Treffen statt (Eilert, 60, 4427; Teichmann, 3384). Auch wenn die Kinder davon nicht viel verstanden, so teilte sich ihnen die geheimnisvolle und bedrückende Atmosphäre zweifellos mit.

Angesichts ihrer sozialen Herkunft, ihrer vorgängigen politischen Sozialisation und ihrer Betroffenheit waren die Befragten aus Hann. Münden für politische Ereignisse und Themen sensibilisiert. Es ist deshalb nicht verwunderlich, dass sie als Kinder die Veränderungen in der städtischen Öffentlichkeit stärker wahrgenommen haben als die Göttinger Befragten. Vermutlich spielte dabei die geringere Größe der Stadt ebenfalls eine Rolle, in der man sich noch stärker als in Göttingen gegenseitig kannte – einschließlich der politischen Orientierungen und der Konfessionszugehörigkeit. Hinzu kam, dass alle Befragten, auch die am Rande der Stadt wohnenden, bis zu ihrem 14. Lebensjahr täglich die in der Innenstadt gelegene Volksschule besuchten. Dadurch bekamen sie mehr von dem Geschehen im Zentrum mit als die Göttinger Befragten, die ab dem zehnten Lebensjahr in außerhalb des Stadtwalls gelegene höhere Schulen gingen. Allerdings gaben auch aus Hann. Münden mehrere der am Stadtrand wohnenden Befragten an, sie hätten Etliches nicht wahrgenommen oder wüssten es nur vom Hörensagen, weil sie nicht in der Innenstadt gewohnt haben (Teichmann, 7133; Eilert, 4463; Völkel, 3139).

Die Befragten haben also nicht alles, was sie in den Interviews erzählten, selbst erlebt. Einiges dürften sie durch Erzählungen der Eltern erfahren haben: von der Gleichschaltung der Zeitungen oder der (vermuteten) Manipulation von Wahlergebnissen, von der Hans-Peter Lehmann erzählte (5682). Viele Ereignisse, die die Veränderung des öffentlichen politischen Lebens zur Folge hatten, erlebten sie jedoch sehr direkt mit. Sie waren Zeugen der bedrohlichen Aufmärsche und Razzien von SA und SS unmittelbar nach der Machtergreifung in den Arbeiterquartieren und bei bekannten Arbeiterführern sowie der Zerschlagung der linken Parteien, der Gewerkschaften und der Arbeiterkulturvereine im Sommer 1933.[1] In zwei Familien, in denen die Väter sich im Widerstand engagierten, waren die Kinder unmittelbar in das Geschehen involviert. Sie durchlitten Hausdurchsuchungen, Verhaftungen und Verurteilungen ihrer Väter. Andere waren nicht direkt betroffen, aber erfuhren von Verhaftungen in der Nachbarschaft. Die Kinder registrierten zudem, wie die Menschen in ihrem unmittelbaren Umfeld sich politisch veränderten und anpassten. Alle erlebten die Stadt im Fahnenschmuck (Pappert, 2885) und voller Uniformierter an Festtagen und bei Kundgebungen (Ahrens, 3387, 3470), zu denen sie als Angehörige von Formationen der Hitler-Jugend häufig abgeordnet wurden.

---

[1] Die Zerschlagung des Arbeitermilieus in Hann. Münden durch die Nazis ist eingangs bereits ausführlich dargestellt worden. Deshalb wird hier nur auf die wichtigsten Ereignisse hingewiesen und dieser Abschnitt in das Resümee integriert.

Von einer Ausnahme abgesehen erzählten alle Befragten aus Hann. Münden von der Verfolgung und Drangsalierung der jüdischen Bevölkerung. Dabei handelte es sich nicht nur um Ereignisse, die sie lediglich vom Hörensagen kannten. Diese im Vergleich zu den Göttinger Interviewpartnerinnen und -partnern erstaunlich verbreitete Nähe zum Geschehen mag mit der geringen Größe des Ortes zusammenhängen. Sicher spielte zudem die bei den Befragten geschärfte Sensibilität für politische Verfolgung eine Rolle. Mehrere Eltern hatten Kontakt zu jüdischen Familien. Kunden, Mitschülerinnen und Spielkameraden, der Arzt, von dem man sich behandeln ließ, gehörten der jüdischen Bevölkerung an. Einige Befragte erzählten, die Eltern hätten in verschiedenen Geschäften gekauft, die Juden gehörten. Inge Eilerts Eltern hielten auch noch daran fest, als die jüdischen Geschäfte bereits von SA oder Gestapo beobachtet wurden (5588). Kinder nahmen wahr, wie jüdische Familien ihr gesamtes Hab und Gut heimlich verkaufen mussten, um sich ernähren zu können (Pappert, 2699) oder um Geld für die Emigration zusammenzubekommen (Teichmann, 7164). Andere registrierten, dass der Arzt, bei dem die Familie in Behandlung war, emigrierte[2] (Eilert, 2021), die Mitschülerin ebenfalls (Eilert, 1977).

Im Gegensatz zu diesen Erfahrungen hatten die meisten Befragten keine konkreten Erinnerungen an den Pogrom 1938. Da er nachts stattfand, ist das auch kaum verwunderlich. Als Einziger machte Dieter Schulze damit eine eigene Erfahrung. Er kam morgens auf seinem Schulweg an der Wohnung eines jüdischen Rechtsanwalts vorbei und registrierte deren Verwüstung (Schulze, 3308). Werner Ahrens will mit seinen Kumpeln beim Löschen der brennenden Synagoge geholfen und deshalb Schwierigkeiten bekommen haben (3391), was jedoch nicht stimmen kann.[3] Von der spektakulären Ermordung eines jüdischen Einwohners im Oktober 1939[4] wussten die Befragten nur vom Hörensagen. Dabei ist nicht klar, ob sie davon schon als Kinder oder erst als Erwachsene erfahren haben.

---

2 Es handelte sich um den Mediziner Freudenthal, der 1935 wegen Beteiligung am Widerstand verhaftet und verurteilt wurde. Seine Frau und sein Sohn zogen daraufhin nach Berlin. Später emigrierte die Familie in die USA. Vgl. Kropp/Hruska/Quest, *Hann. Münden*, S. 212.
3 Die Synagoge Hann. Mündens wurde mit Rücksicht auf die benachbarten Fachwerkhäuser nicht in Brand gesteckt. Vgl. oben, S. 331, Anm. 47.
4 Vgl. Pezold, *Judenverfolgung* (2002); ders., *Judenverfolgung* (1988), S. 48f.; Kropp/Hruska/Quest, *Hann. Münden*, S. 163.

Die räumliche und soziale Nähe der Kinder zur jüdischen Bevölkerung verhinderte nicht, dass antisemitische Einstellungen bei ihnen entstanden.[5] Wie stark dieses »Gift« auch in die Köpfe von Kindern eingedrungen war, die durch ihre Herkunft damit nicht viel zu tun hatten, wird aus der Erzählung Elisabeth Teichmanns deutlich. Sie habe sich während ihrer Lehre in einem Geschäft geweigert, einem im Haus wohnenden Juden, der nach Feierabend kam und keine Lebensmittelmarken hatte, etwas zu verkaufen mit der Begründung, er sei doch ein Jude. Erst ihre Chefin brachte sie zur Räson (Teichmann, 7107).

Kontinuitäten und Brüche

Der mit der Machtergreifung der Nationalsozialisten verbundene politische Umsturz war mit einschneidenden Brüchen im Leben der Kinder aus der Arbeiterschaft verbunden. Die Arbeiterkultur, in die der Alltag der Kinder eingebunden war, wurde sofort zerschlagen. Viele Kinder erlebten, dass ihre Väter politisch gefährdet waren. Sie nahmen wahr, dass verräterische Gegenstände versteckt werden mussten. Das betraf in der Familie Ahrens die Reichsbannerfahne, die der Großvater auf dem Dachboden verbarg. (3500). Inge Eilerts Roller mit dem Wimpel der Eisernen Front musste bei Hausdurchsuchungen schnell beiseite geräumt werden (1433)[6]. In den Fa-

---

5 Obwohl in den Interviews durchaus freundliche Worte über einzelne jüdische Bekannte oder Freundinnen und Freunde fielen, auch die Hilfsbereitschaft einzelner (weniger) »Arier« erwähnt wurde, brachen sich gleichzeitig antisemitische Vorurteile Bahn. So zählte beispielsweise Werner Ahrens seine Freunde mit Vor- und Nachnamen auf und fügte dann hinzu: »Na, waren noch ein paar aus der Schule [dabei], wie der Jude Freudenthal.« (Ahrens, 2153f.) Es ist nicht auszuschließen, dass Hans-Gerhard Freudenthal von den Jungen auch mit diesem »Vornamen« gerufen wurde. An späterer Stelle im Interview äußerte Werner Ahrens fast Verständnis für die Verfolgung der Juden, weil diese durch die zum Zeitpunkt des Interviews aktuellen Entschädigungsklagen ihren »wahren Charakter« offenbart hätten (Ahrens, 3418–3425). Auch in Frieda Papperts Interview schimmerten antisemitische Stereotype durch, als sie behauptete, es habe nicht viele arme Juden gegeben (Pappert, 2690f.), die hätten »ja meistens alles« gehabt (Pappert, 2726f.). Und selbst Elisabeth Teichmann, die nach dem Ende des Dritten Reiches durch ihre Mutter von jüdischen Vorfahren erfuhr, reproduzierte im Interview das Bild vom »schachernden Juden« (Teichmann, 1152–1158).

6 Diese Erinnerung ist vermutlich unzutreffend. Da der Vater zu den aktiven Mitgliedern der Sozialdemokratie gehörte, ist kaum vorstellbar, dass der Wimpel der Eisernen Front noch nach 1933 am Roller des Kindes befestigt war.

milien wurden die Konsequenzen der Machtergreifung diskutiert. Inge Eilerts Vater warnte schon 1933 vor einem Krieg (1977). Die Kinder wurden Zeugen von Überlegungen der Erwachsenen, mit welcher Strategie die Väter am besten die neuen Zeiten überstehen könnten. Werner Ahrens' Vater trat, um der SA zu entgehen, der freiwilligen Feuerwehr bei (1766), und der Sohn wurde aufgefordert, sich dem Jungvolk anzuschließen. Nur wer sich still verhielt und keine »große Klappe« riskierte, wie Roswitha Völkels Vater (6208), hatte eine Chance, relativ unbeschadet im Dritten Reich zu überwintern. Andere Väter verloren ihren Arbeitsplatz, erlebten einen massiven ökonomischen und sozialen Abstieg, mussten ins Zuchthaus und wurden nach der Entlassung politisch überwacht. Politische Kontakte brachen ab oder mussten abgebrochen werden. Innerhalb der Verwandtschaft entstanden politische Fronten. Elisabeth Teichmanns Onkel, ein überzeugtes SA-Mitglied, hisste am 1.5.1933 zum Erstaunen und Entsetzen ihrer Eltern an seinem Haus eine riesengroße Hakenkreuzfahne. Die Kommunikation zwischen den Verwandten wurde nicht völlig abgebrochen, war aber schwierig. Bei den stark reduzierten Kontakten wurden politische Themen explizit ausgeklammert. Elisabeth Teichmann erlebte aber auch, dass dieser Onkel aufgrund seiner politischen Position nach der Verhaftung des Vaters ihrer Mutter eine Arbeitsstelle in einer Fabrik verschaffen konnte (604).

Besonders gravierend waren die politischen Meinungsverschiedenheiten innerhalb einiger Familien wegen der Mitgliedschaft der Kinder in der Hitler-Jugend. In Hans-Peter Lehmanns Familie konnten die Kinder, beide begeisterte HJ- und BDM-Mitglieder, mit dem Vater über Politik nicht mehr reden (5716, 3067). Nur zwei der Familien waren, den Interviews zufolge, relativ »politikfreie Zonen«. Frieda Papperts Vater trat zwar nicht in die NSDAP ein, hielt sich aber politisch zurück, um es sich als kleiner Geschäftsmann mit niemandem zu verderben (2393). In Dieter Schulzes Familie war Politik ebenfalls kein Thema (3251). Erst am Krieg hätten die Mutter und die Großeltern Anstoß genommen (Schulze, 3238).

Im Bereich des Familienlebens sind die Differenzen zu den bürgerlichen Kindheiten in Göttingen am größten. Kein Kind aus den bürgerlichen Familien hat existenzielle ökonomische, soziale und politische Gefährdung in seinem engsten sozialen Umfeld erlebt. Sie lebten in materieller Sicherheit auch dort, wo Einschränkungen notwendig waren. Einige Eltern mussten sich zwar politisch anpassen, kamen aber relativ unbeschadet durch die NS-Zeit, viele gehörten zu den Profiteuren des Systems. Weder erhebliche politische Konflikte mit den Eltern wegen unterschiedlicher politischer Positionen noch Verfolgung und Ausgrenzung hat irgendeiner von den Göttinger Befragten erwähnt. In keinem der anderen untersuchten Milieus ist das familiäre Leben und damit auch der Alltag der Kinder so massiv durch den Nationalsozialismus verändert worden wie in der organisierten Arbeiterschaft.

Der zweite große Lebensbereich der Kinder, die Schule, unterschied sich nicht wesentlich von der Situation in Göttingen. Hier wie dort waren viele Lehrer Nazis, die zum Teil auch in Uniform in die Schule kamen und die Kinder politisch indoktrinierten, andere Lehrer hielten sich politisch bedeckt und versuchten, »normalen« Unterricht zu machen. Hier wie dort wurden Kinder von Lehrern gerüffelt, weil sie den Hitlergruß nicht ordentlich ausgeführt hatten (Eilert, 3637). Hier wie dort wurden sie von der Schule zu Aufmärschen und Demonstrationen abgeordnet, arbeitete die Schule eng mit der Hitler-Jugend zusammen.

Abb. 17: Sportfest auf dem Rattwerder am 25. Mai 1938
(Quelle: Stadtarchiv Hann. Münden, Album Auguste Mesch)

Dass ein Lehrer die Schülerinnen zur Denunziation der Eltern aufforderte, wie sich Elisabeth Teichmann erinnerte (3451), tauchte in den Göttinger Interviews als eigene Erfahrung nicht auf, dürfte aber sicher nicht auf Hann. Münden beschränkt gewesen sein. Die Erzählungen der Befragten erwecken allerdings den Eindruck, als hätten sie fast alle den Bruch mit dem tradierten Schulalltag stärker wahrgenommen als die Kinder aus dem Bürgertum. Angesichts der politischen Gefährdung, in der sich mehrere

Familien befanden und der, die sie im ihrem sozialen Umfeld beobachten konnten, ist das nicht erstaunlich.

Die »dritte Säule« der Erziehung im Nationalsozialismus, die Hitler-Jugend, war neu und insofern ein Bruch gegenüber dem vorherigen Kinderleben. Dieser Bruch war einerseits nicht so stark wie bei den bürgerlichen Kindheiten, weil im sozialdemokratischen (und kommunistischen) Arbeitermilieu Organisationen für Kinder und Jugendliche beider Geschlechter weit verbreitet gewesen waren. An diese Tradition knüpfte der Nationalsozialismus an. Andererseits war nicht nur die politische Ausrichtung völlig konträr, sondern im sozialdemokratischen Arbeitermilieu waren Eltern und Kinder gemeinsam in das Vereinsleben integriert, befanden sich auf derselben Seite. Die Hitler-Jugend hingegen trennte die Generationen voneinander. Gegenseitiges Misstrauen war häufig die Folge. Beide Institutionen, Schule wie Hitler-Jugend, arbeiteten gemeinsam erfolgreich an der »richtigen« politischen Ausrichtung der Kinder. Die »braune Ideologie« gelangte über Lieder und Gedichte selbst in die Köpfe derjenigen Kinder, die aufgrund der familiären Situation eine gewisse Distanz zum Regime empfanden. Inge Eilert konnte noch im Interview die vielen Lieder nennen, die sie im JM gesungen hatte, jenen Mix aus alten Volksliedern, Soldatenliedern und nationalsozialistischen Liedern. Wie tief diese eingängigen Texte und Melodien sich ihr eingeprägt haben, zeigte sich daran, dass sie sogar in der Interviewsituation begann, »Deutschland, heiliges Land« zu singen (Eilert, 6337).[7] Zur Attraktivität der Hitler-Jugend trugen nicht nur die Gemeinschaftserfahrung in der Gruppe bei, sondern dass für einige Kinder durch Fahrten und Lageraufenthalte Gegenden zugänglich wurden, in die sie sonst nicht gekommen wären.

Es gab aber auch Kontinuitäten. Gemeinsam blieb den Kindern aus dem Arbeitermilieu im Dritten Reich die Erfahrung knapper Ressourcen. Selbst dort, wo der Vater nicht mit der Machtergreifung seine Arbeit verloren hatte, blieb Zuverdienst der Mutter, zumindest die Bewirtschaftung von Gartenland, teilweise auch Feldarbeit oft unumgänglich, ebenso die Mithilfe der Kinder. Ihre freie Zeit verbrachten die Kinder weiterhin auf der Straße, wo sie sich mit anderen Kindern aus der Nachbarschaft zu Kindergruppen zusammenschlossen und (noch) die »klassische Straßenkindheit« lebten. Die Kontakte waren eng und schlossen gegenseitige Hilfe, gelegentlich gemeinsame Arbeiten ein. Mit dem Ideal des »sportlichen Kör-

---

7 Damit war sie nicht allein. Viele Zeitzeugen, nicht nur in diesem Projekt, singen die alten Lieder. Vgl. auch die Hinweise in Teil I, 5. Kapitel.

pers« hatte niemand Probleme. Es war unmittelbar anschlussfähig an ein in der Arbeiterbewegung verbreitetes Körperideal. Konflikte mit religiöser oder kirchlicher Bindung wurden in den Interviews nicht thematisiert. In vielen Arbeiterfamilien war diese schon in der Weimarer Republik schwach gewesen und erodierte im Dritten Reich weiter, ohne dass dies von den Befragten als Einschnitt erlebt worden wäre.

Ingesamt lässt sich allerdings feststellen, dass der Bruch, den die Machtergreifung durch die Nazis bedeutete, nicht nur für das Alltagsleben der Erwachsenen, sondern auch das der Kinder gravierend gewesen ist. Das liegt wesentlich daran, dass die organisierte Arbeiterschaft von dem neuen Regime systematisch bekämpft, verfolgt und unterdrückt wurde. Das Alltagsleben war davon zentral betroffen: Familienbeziehungen, ökonomische Verhältnisse, soziale Kontakte, Freizeitgestaltung. In keinem anderen Milieu sind die Brüche dermaßen tiefgreifend gewesen und auch von den Kindern als solche erlebt worden.

Teil III:
Kinderalltag im protestantischen Industriedorf

1. Der Ort – Volpriehausen[1]

Volpriehausen liegt in einem Tal am Rande des Sollings im Uslarer Becken. Noch in der Mitte des 19. Jahrhunderts war Volpriehausen ein kleines Bauerndorf mit 300 bis 350 Einwohnern protestantischen Glaubens, die vorwiegend von der mittel- bis kleinbäuerlich strukturierten Landwirtschaft lebten.[2] Mit dem Bau der Eisenbahnlinie Northeim–Ottbergen bekam das Dorf 1878 Anschluss an die Industrialisierung. In einer benachbarten Gemarkung wurde bereits seit den 70er Jahren des 19. Jahrhunderts Basalt abgebaut.[3] Nun begann man in der Nähe von Volpriehausen Braunkohle zu fördern. Eine Sandwäsche und eine Farben-, später Brikettfabrik siedelten sich im Ort an.[4] Außerdem wurde ab 1898 am Dorfrand mit dem Abbau von Kalisalz begonnen.[5] In der Folge veränderte sich das Dorf rasant.

Die Bevölkerungszahl stieg durch den Zuzug von Arbeitskräften stark an. Zwischen 1885 und 1905 wuchs die Bevölkerung von 422 auf 1.040 Personen.[6] Durch den Bau neuer Wohnungen vergrößerte sich der Ort sehr. Wegen der gestiegenen Zahl der Schulkinder wurde von 1904 bis 1906 ein neues Schulgebäude gebaut. Am Ortsrand entstand das Hotel »Sollinger Wald« (1900), das die vermehrte Nachfrage nach Fremdenzimmern befriedigte.[7] Schon 1905 wurden auf dem Bahnhof Volpriehausen mehr als 1.000 Fahrgäste täglich gezählt.[8] Die ökonomische Grundlage für diesen Aufschwung lieferte vor allem der Kalibergbau. Er bot den Arbeit-

---

[1] Der Ortsbeschreibung liegt der Text aus dem Endbericht zugrunde.
[2] Vgl. Kingreen, *Wie et freuer was,* S. 22. Laut Kingreen galt im Kreis Uslar das Anerbenrecht (S. 15).
[3] Vgl. Herbst, *Volpriehausen,* S. 115.
[4] Vgl. ebenda, S. 111.
[5] Vgl. ebenda, S. 234, zur Geschichte des Schachtes: S. 233ff.; ders., »Die Heeresmunitionsanstalt«, S. 38–65.
[6] Vgl. Uelschen, *Bevölkerung,* S. 72f.
[7] Vgl. Herbst, *Volpriehausen,* S. 123f.
[8] Vgl. ebenda, S. 108.

ern Löhne, die weit über den Verdiensten in der Landwirtschaft lagen, und lieferte den Landwirten über den Förderzins ein gutes Zusatzeinkommen.[9] Das Dorf prosperierte. Das Steueraufkommen näherte sich in der ersten drei Jahrzehnten des 20. Jahrhunderts dem der Kreisstadt.[10] Allerdings brachte die Industrialisierung auch eine starke horizontale und vertikale soziale Differenzierung mit sich.

Trotz des Bergbaus und der Industrie prägte in den 1930er Jahren landwirtschaftliche Arbeit immer noch das Dorf, weil sowohl die gewerblichen als auch die bei der Reichsbahn beschäftigten Arbeiter ein paar Morgen Land oder wenigstens große Gärten bewirtschafteten und etwas Vieh hielten. 1939 waren von den insgesamt 238 Haushaltungen in Volpriehausen 81 land- und forstwirtschaftliche Betriebe, von denen aber 68 nur eine Größe von 0,5 bis 5 Hektar hatten. Vier Betriebe umfassten zwischen 5 bis 10 Hektar, acht Betriebe zwischen 10 bis 20 Hektar und ein Betrieb gehörte in die Kategorie 20 bis 100 Hektar Boden.[11] Daran zeigt sich eine starke Differenzierung der bäuerlichen Bevölkerung. Zugleich wird aber auch deutlich, dass der weitaus größte Teil der Hofbesitzer von der Landwirtschaft allein nicht leben konnte. Außer den wenigen (Vollerwerbs-)Bauern, den »Pferdebauern«, gab es die Nebenerwerbslandwirte, deren Landbesitz für die Ernährung einer Familie nicht ausreichte, die »Kuhbauern«. Sie kombinierten die bescheidene Landwirtschaft mit einem Handwerk, Geschäft oder anderen Erwerb. Als »Ziegenbauern« wurden die Bergleute bezeichnet, die sich nur eine oder mehrere Ziegen halten konnten. Es gab im Dorf 14 Bauern mit je zwei Pferden, 21 Kuhbauern (davon sechs Bergleute mit ein bis zwei Kühen) und 32 Ziegenbauern.[12] Die Höfe lagen direkt im oder unmittelbar im Anschluss an den Kern des Dorfes, in dem sich die Kirche, die Schule und die Conradsche Gastwirtschaft befanden. Die dörfliche Oberschicht setzte sich aus Lehrer, Pastor und den wohlhabenden Bauern zusammen. Die herausragende Stellung der Bauern in der dörflichen Hierarchie machte sich am deutlichsten daran fest, dass sie in der Kirche eine Sitzbank mit ihrem Namen hatten, den »Stand«.[13] Klaus Schmitt

---

9 Vgl. ebenda, S. 121ff.; zum Förderzins und anderen Verträgen mit den Bewohnern: S. 233f.
10 Vgl. Holz, »Finanzwirtschaft«, S. 86–94.
11 Vgl. Statistik des Deutschen Reiches, *Gemeindestatistik*, S. 22.
12 Vgl. Kingreen, *Wie et freuer was*, S. 126. Kingreen benutzt den Ausdruck »Großbauer«. Er ist für einen Bauern, der sich gerade mal zwei Pferde halten konnte, ungewöhnlich. Zur Terminologie vgl. auch Schlegel, »Aufstieg des Nationalsozialismus«, S. 103.
13 Kingreen, *Wie et freuer was*, S. 130.

sprach im Interview von ihnen als »Herrgötter«, die auf hohem Ross gelebt hätten (Schmitt, 1397).

Mit der Industrialisierung hatte sich zunehmend eine nicht von der Landwirtschaft lebende Bevölkerung im Dorf angesiedelt.[14] Beschäftigte der Reichsbahn sowie des Kalibergwerks, vor allem Bergleute, aber auch mittlere und höhere Angestellte. Letztere verfügten über bessere schulische und berufliche Qualifikationen, hatten höhere und sichere Einkommen und pflegten einen anderen Lebensstil. Der Volksmund bezeichnete sie auch als »Beamte«. Die Zahl der Zugezogenen war insgesamt so groß, dass sie sich politisch zunehmend Einfluss im Dorf verschaffen konnten. Nach dem Ersten Weltkrieg wurden auch Bergleute in den Gemeinderat gewählt, 1923 einer von ihnen zum Gemeindevorsteher[15]. Räumlich und sozial blieben diese Zugezogenen weitgehend von den Alteingesessenen getrennt.

Viele der Angestellten und Arbeiter der Bahn wohnten am Bahnhof in zwei von der Reichsbahn gebauten größeren Wohnhäusern. Bergarbeiter bezogen dagegen zunächst Zimmer zur Untermiete und bauten später am Rande des Dorfes eigene kleine Häuser. Die Direktoren und Angestellten des Schachtes wohnten in repräsentativen Villen und Wohnhäusern, die auf dem Gelände des Schachtes erbaut wurden. Im Volksmund hieß dieses Gebiet das »Millionenviertel«[16]. Hier hatte auch der Direktor des Kalibergwerks, Assessor Albrecht, zugleich Vorsitzender im Aufsichtsrat des Burbach-Konzerns, zu dem das Kalibergwerk gehörte, seine Villa. Er stand an der Spitze der sozialen Hierarchie und hatte als Landtags- und Reichstagsabgeordneter der DVP in den 1920er Jahren bis zur Machtergreifung der Nationalsozialisten politischen Einfluss im Ort. Aufgrund seiner Ämter, aber auch wegen seines sozialen und karitativen Engagements war er im Dorf sehr angesehen.[17]

---

14 Die Gemeindestatistik des Jahres 1939 listet 96 Selbstständige, 100 Mithelfende Familienangehörige, 141 Beamte und Angestellte und 379 Arbeiter auf. In diesen Zahlen sind jeweils die Angehörigen ohne Hauptberuf mit enthalten. Vgl. Statistik des Deutschen Reichs, *Gemeindestatistik*, S. 22.
15 Vgl. Herbst, »Salzbergbau«, S. 226 und Auskunft von Detlev Herbst.
16 Vgl. Kingreen, *Wie et freuer was*, S. 46.
17 Vgl. ebenda, S. 135ff.

Abb. 18: Volpriehausen 1936. Im Hintergrund das Kalibergwerk und die Siedlung für die höheren Angestellten
(Quelle: Dorfarchiv Volpriehausen)

Drei große soziale Gruppen prägten das Dorf: Angehörige der Bahn, des Schachtes und der alteingesessenen ländlich-bäuerlichen Bevölkerung.[18] Deren Abgrenzungsbemühungen wurden darin sichtbar, dass es im Ort drei Osterfeuer gab.[19] Die soziale und räumliche Segregation des Dorfes wurde in den Interviews immer wieder thematisiert. So nannte Erna Hilpert Volpriehausen ein wegen der »Beamten« zweigeteiltes Dorf (Hilpert, 4563). Der Einfluss der zugezogenen qualifizierten Beschäftigten erstreckte sich dabei bis in die Umgangssprache, die zumindest in Erna Hilperts Generation bereits stark vom Hochdeutschen dominiert wurde. Dadurch habe sich Volpriehausen von den umliegenden Dörfern unterschieden, wo alle Kinder noch Platt sprachen (Hilpert, 25).

---

18 Dass im Dorf Arbeiter und Bauern lebten, kam in dieser Zeit häufiger vor. Vgl. Schlegel für Dörfer im Kreis Northeim (*Industrie und Mensch*, S. 102ff.); Schäfer für Lippoldsberg (»Nationalsozialismus«, S. 138–148); Wagner/Wilke für Körle in Nordhessen (»Dorfleben«, S. 88). In Volpriehausen gab es jedoch, und das ist außergewöhnlich, die höher qualifizierten Arbeitskräfte des Kalibergwerks, die sogenannten »Beamten«.
19 So Interview Schmitt (5094).

Auch das Vereinsleben und der Besuch der örtlichen Lokale folgten den sozialen Grenzziehungen. Durch den Zuzug hatte auch das Vereinsleben einen kräftigen Aufschwung erfahren. Bergarbeiter- und Arbeitervereine entstanden genauso wie stärker bürgerlich ausgerichtete Vereinigungen. Im Gesangverein »Concordia«, im Schützen-, im Krieger- und im Verschönerungsverein waren vornehmlich Bauern sowie mittlere und höhere Angestellte Mitglieder. Sie trafen sich zu ihren Proben entweder bei Conrad, der Gaststätte der bäuerlichen Oberschicht im Dorfzentrum, oder im neu gebauten Hotel »Sollinger Wald« am Ortausgang Richtung Uslar. Die Bergarbeiter waren vor allem in den verschiedenen die bergmännischen Traditionen pflegenden Vereinen vertreten (Bergmannsverein, -Kapelle, Werksfeuerwehr). In den 1920er Jahren wurden dann ein Arbeiterrad-, Arbeitergesangs- und Arbeiterfußballverein gegründet, die beiden ersten mit deutlich sozialdemokratischer Orientierung. Das Stammlokal der Arbeiter war die »Linde«, nach dem Eigentümer auch »Anthon« genannt; es lag am Ortsausgang Richtung Hardegsen. Hier hielten der Bergarbeiterverband und der SPD-Ortsverein ihre Sitzungen ab. Nur der 1920 gegründete Turnclub und die Feuerwehr hatten Mitglieder aus allen drei dörflichen Gruppierungen, darunter sowohl Arbeiter als auch Angestellte. Die Frauen der Angestellten betätigten sich vornehmlich im der Wohltätigkeit dienenden Gustav-Adolf-Verein. Bergarbeiterfrauen machten sich im Vaterländischen Frauenverein vom Roten Kreuz nützlich, unterhielten eine Gemeindepflegestation und organisierten das Solebaden für Kinder. Ab 1926 wurde es dann auch für Frauen möglich, in einer Riege des Turnclubs Sport zu treiben.[20]

Insgesamt verfügte der Ort damit aufgrund der gemischten Bevölkerungsstruktur bis zu Beginn der Dreißiger Jahre über ein für ein Dorf vielseitiges Vereinsleben, das auch für ein umfangreiches kulturelles Angebot sorgte. Vereinsjubiläen und -bälle, Feste mit Umzügen, Musikkapelle, Tanz und Feuerwerk, Musikaufführungen (mit Dirigenten und Solisten sogar aus Italien und Frankreich), Preisschießen, Maskeraden, Sedanfeiern, Fahnen-

---

20 Der Vaterländische Frauenverein gehörte ebenso wie etliche andere Frauenorganisationen zu den politisch weit rechts stehenden Vereinen. Vgl. Saldern, »Sozialmilieus«, S. 36; Steinbacher, »Differenz der Geschlechter?«, S. 95. Zu den verschiedenen Vereinen in Volpriehausen vgl. Kingreen, *Wie et freuer was*, S. 152–191. Es sind hier nicht alle Vereine des Ortes aufgeführt worden (Posaunenchor, Stenotypistenverein, Club Eintracht). Die soziale bzw. politische Differenzierung der Vereine war ebenfalls keine Besonderheit Volpriehausens. Vgl. Schlegel, *Industrie und Mensch*, S. 104; Wagner/Wilke, »Dorfleben«, S. 89.

weihen, die Enthüllung des Kriegerdenkmals und so weiter lockerten den Alltag des Dorfes auf. Ansprachen des Pfarrers und Festgottesdienste gehörten dabei oft zum Festprogramm.[21]

Die wirtschaftlichen Krisen der 1920er Jahre gingen auch an Volpriehausen nicht vorbei. In der Kaliindustrie kam es als Folge von Überproduktion, Mechanisierung und Exportrückgang zu Entlassungen und Werksschließungen.[22] So wurde 1920/21 in Volpriehausen die Kaliförderung für zwei Jahre stillgelegt. Viele Bergarbeiter wanderten ins Ruhrgebiet ab;[23] die Bevölkerungszahl sank von 1.040 Menschen 1905 auf 764 Menschen 1925[24] und stieg bis 1939 nur geringfügig wieder auf 809 Personen an.[25] Zwar wurde nach 1924 wieder neu eingestellt, aber die hohen Beschäftigungszahlen der Anfangszeit konnten nicht mehr erreicht werden. 1932 und 1933 arbeitete nur noch eine Stammbelegschaft von 220 Bergleuten[26] (statt der anfänglichen 800[27]) im Schacht.

Trotz der großen Zahl sozialdemokratisch orientierter Arbeiter im Dorf[28] gab es nur für kurze Zeit eine sozialdemokratische Mehrheit im Gemeinderat. Bei den Reichstagswahlen von 1919 wurde die SPD mit 60 Prozent der Stimmen stärkste Partei. Sie verlor jedoch bis zur nächsten Reichstags- und Kommunalwahl 1924 ein Drittel ihrer Wähler an die DHP[29], die DVP und die DNVP. Im Gemeinderat behielten diese drei Parteien, als Bürgerliche Vereinigung verbunden, für die weitere Zeit der Weimarer Republik die Mehrheit,[30] auch wenn die SPD bei den Reichs- und Landtagswahlen die stärkste Partei war.[31] Dieses unterschiedliche Wahlverhalten lässt sich vermutlich durch die starke Position des Direktors

---

21 Zu Festen und Feiern vgl. Kingreen, *Wie et freuer was,* S. 152ff., 169ff., 177ff.; zu den Aufführungen mit ausländischen Gästen vgl. Herbst, *Volpriehausen,* S. 126.
22 Vgl. Herbst, »Salzbergbau«, S. 228.
23 Vgl. Kingreen, *Wie et freuer was,* S. 131.
24 Vgl. Uelschen, *Bevölkerung,* S. 72f.
25 Vgl. Statistik des Deutschen Reichs, *Gemeindestatistik,* S. 22.
26 Vgl. Herbst, »Salzbergbau«, S. 228.
27 Einschließlich Handwerker, Tagesarbeiter und jugendlichen Arbeiter über Tage, vgl. Kingreen, *Wie et freuer was,* S. 98.
28 Kingreen zählt ca. 70 Mitglieder in sozialdemokratisch orientierten Vereinen (ebenda, S. 163) und Herbst spricht von einem hohen Grad an Organisiertheit im Bergarbeiterverband, der sozialdemokratisch orientiert gewesen sei (vgl. Herbst, *Volpriehausen,* S. 135f.). Es gab eine SPD-Ortsgruppe.
29 DHP: Deutsch Hannoversche Partei, auch als »Welfen-Partei« bekannt.
30 Vgl. Kingreen, *Wie et freuer was,* S. 147ff.
31 Vgl. Herbst, *Volpriehausen,* S. 144f.

des Kalibergwerks als Landtags- und Reichstagsabgeordneter der DVP erklären[32], zeigt aber auch, dass sich nicht alle Arbeiter der sozialdemokratisch geprägten »Arbeiterkultur« zugehörig fühlten.[33] Zumindest auf der kommunalen Ebene betrachteten sie sich weniger als Arbeiter denn als Teil der Dorfgemeinschaft.

Ergebnisse der Wahlen vom 5.3.1933

	Reichstag		Landtag	
	abs.	in %	abs.	in %
NSDAP	234	46,2	226	44,8
SPD	185	36,5	185	36,7
KPD	8	1,6	7	1,3
Zentrum	2	0,4	2	0,4
KF SWR	12	2,4	13	2,6
DVP	56	11,0	50	10,0
CSV	3	0,6	4	0,8
DSP	2	0,4	4	0,8
DBP	5	1,0	13	2,6

Quelle: Sollinger Nachrichten *vom 13.3.1933*[34]

Die NSDAP hatte bis zu Beginn der 1930er Jahre im Kreis Uslar wenig Resonanz.[35] Noch bei den Wahlen zum Provinziallandtag 1929 erhielt die Partei nur acht Stimmen im Ort. 1930 gab es im ganzen Kreis Uslar gerade 29 Parteimitglieder. 1932 wurde dann in Volpriehausen eine Ortsgruppe der NSDAP gegründet, zu der auch das Nachbardorf Gierswalde gehör-

---

32 Kingreen führt als Gründe für den Stimmverlust der SPD zum einen die Unzufriedenheit mit dem Verhalten der Partei in den Unruhen von 1923 an, zum anderen mutmaßt sie, dass viele der Bergleute aus Dankbarkeit und Treue die DVP, deren Vertreter der Assessor Albrecht im Land- und Reichstag war, wählten. Vgl. Kingreen, *Wie et freuer was*, S. 149. Überzeugend und vermutlich auch für Volpriehausen zutreffend sind die Hinweise Schäfers, der die ähnliche Entwicklung in Lippoldsberg auf den schwachen organisatorischen Zusammenhalt der sozialdemokratischen Arbeiterschaft sowie fehlende inhaltliche und personelle Alternativen zur dörflichen Elite zurückführt (Schäfer, »Nationalsozialismus«, S. 139).
33 So Kingreen, *Wie et freuer was*, S. 190f.
34 KF SWR = Kampffront Schwarz-Weiß-Rot; CSV = Christlich Sozialer Volksdienst; DSP = Deutsche Staatspartei; DBP = Deutsche Bauernpartei.
35 Allerdings gab es in der Region schon vorher diverse antisemitische und nationalistische Aktivitäten und Organisationen. Vgl. Gebert, »Weg zur Macht«, S. 6–10.

te.³⁶ In der Folge bildeten sich politische Fronten im Dorf. In den Wahlen des Jahres 1932 lieferte sich die neue Partei ein Kopf-an-Kopf-Rennen mit der SPD und wurde erstmals im Juli 1932 bei der Reichstagswahl mit 229 Stimmen stärkste Partei im Ort.³⁷ Wie aus der nachstehenden Tabelle ersichtlich ist, blieb die Stimmenzahl der NSDAP in Volpriehausen bis zu den Reichstags- und Landtagswahlen am 5.3.1933 ungefähr auf diesem Niveau.

Ebenso wie in den meisten protestantischen Dörfern wurde die nationalsozialistische Ideologie über die Dorfhonoratioren³⁸ verbreitet und zwar so erfolgreich, dass die sozialdemokratisch orientierte Arbeiterschaft dem keinen ernsthaften Widerstand entgegenzusetzen vermochte. Das lag vermutlich zum einen an einer schwachen organisatorischen Basis der SPD, aber wohl auch daran, dass es der NSDAP gelang, mit der Ideologie der Volksgemeinschaft an verbreitete Vorstellungen von einer Dorfgemeinschaft anzuknüpfen, wenn auch nun »in einer anderen Form, durch andere Leute und mit einer veränderten Zielrichtung«.³⁹

Nach der Machtübernahme der Nationalsozialisten wurden in Volpriehausen einige Anstrengungen unternommen, die hohen Arbeitslosenzahlen zu senken. Unter Druck stellte das Kaliwerk Arbeiter ein. Der Bau einer Badeanstalt schaffte zusätzliche Arbeitsplätze.⁴⁰ Anfang 1934 meldeten die *Sollinger Nachrichten*, dass es in Volpriehausen keine Arbeitslosen mehr gäbe.⁴¹ Der Bau des Schwimmbades wirkte sich zudem positiv auf die Entwicklung des Fremdenverkehrs im Ort aus. Davon profitierten nicht nur die verschiedenen Gastwirtschaften, sondern auch Privatleute, die Zimmer vermieteten.⁴²

---

36 Im Ort bestand seit 1923 eine Ortsgruppe des Jungdeutschen Ordens (vgl. Kingreen, *Wie et freuer was*, S. 207). Inwieweit zwischen ihr und der Ortsgruppe des NSDAP Verbindungen bestanden, ist nicht bekannt.
37 Vgl. Herbst, *Volpriehausen*, S. 142ff.
38 Vgl. dazu Pyta, »Ländlich-evangelisches Milieu«, S. 203f.; ebenso Wagner/Wilke, »Dorfleben«, S. 90f.
39 So Wagner/Wilke für den Ort Körle in Hessen (»Dorfleben«, S. 92).
40 Vgl. Herbst, *Volpriehausen*, S. 45.
41 Vgl. *Sollinger Nachrichten*, 17.1.1934.
42 Vgl. dazu: http://www.volpriehausen.com/Heimatverein.html abgerufen am 24.1.2010. Schon 1932 hatte sich ein Verschönerungsverein gegründet, um den Fremdenverkehr zu fördern. Vgl. *Sollinger Nachrichten* vom 18.6.1932.

Das politische, kulturelle und soziale Leben im Dorf wurde von den Nationalsozialisten umstrukturiert und von ihnen beherrscht.[43] Allerdings hatte Volpriehausen, anders als traditionelle Bauerndörfer, schon vor der Zeit des Nationalsozialismus ein vielgestaltiges Vereinsleben und dadurch ein großes Angebot kultureller Veranstaltungen. Die zahlreichen Feste, Kundgebungen et cetera in der Zeit nach 1933 waren daher für seine Bewohner keine auffällige Neuerung.

Wie überall wurden die Arbeitervereine gleichgeschaltet oder verboten, Mitglieder der SPD wurden öffentlich eingeschüchtert.[44] Der »Anthon«, ehemals Gaststätte der Arbeiter, wurde zum zentralen Ort für nationalsozialistische Veranstaltungen. Die SA-Ortsgruppe richtete direkt im Nebengebäude ihren Treffpunkt ein.[45] Gesangs-, Schützen- und Kriegerverein konnten ihre Arbeit hingegen fortsetzten. Insbesondere der Schützenverein ließ sich nach 1933 mit der Veranstaltung von Schützen- und Volksfesten als Werbung für den neuen »Volkssport« Schießen gut gebrauchen.[46] Der vaterländische Frauenverein wurde zwar 1934 umstrukturiert, stand aber trotzdem in der Folge in latenter Konkurrenz zur NS-Frauenschaft des Orts, die sich 1934 mit 40 Mitgliedern gegründet hatte. Bis 1939 stieg ihre Mitgliederzahl auf 100.[47] In Zusammenarbeit mit dem BDM sorgten beide Vereinigungen kontinuierlich für die Ausgestaltung öffentlicher Feste und Veranstaltungen der Parteigruppierungen.[48] Der Bergarbeiterverband wurde durch die Deutsche Arbeitsfront (DAF) ersetzt. Sie fand allerdings im Dorf wenig Anklang.[49] Deren Unterorganisation KdF[50] veranstaltete

---

43 Zur Geschichte der Vereine in Volpriehausen nach 1933 vgl. Kingreen, *Wie et freuer was*, S. 219ff.; Herbst, *Volpriehausen*, S. 146f.
44 Vgl. ebenda, S. 145ff.
45 Vgl. *Sollinger Nachrichten* vom 11.1.1937.
46 Vgl. *Sollinger Nachrichten* vom 9.6., 11.6., 22.10.1934.
47 Vgl. Herbst, *Volpriehausen*, S. 146f. Zur Umstrukturierung und Konkurrenz vgl. *Sollinger Nachrichten* vom 17.7. und 8.12.1934; zur Gründung der NS-Frauenschaft vgl. *Sollinger Nachrichten* vom 16.03.1934; zum Anstieg der Mitgliederzahlen vgl. *Sollinger Nachrichten* vom 13.11.1940.
48 Vgl. z. B. *Sollinger Nachrichten* für das letzte Quartal des Jahres 1934: 29.10.: Feier der NS-Hago, 11.11.: Heldenehrung, 16.11.: NS-Frauenschaftsabend, 28.11.: Gemeinschaftsempfang, 8.12.: Adventsfeier etc.
49 Versuche, für die DAF zu werben, scheinen im Dorf auf wenig Zuspruch gestoßen zu sein. Vgl. *Sollinger Nachrichten* vom 31.10.1934 über Kundgebung und Vortrag von/für DAF.
50 Erste Erwähnung des KdF in den *Sollinger Nachrichten* vom 27.11.1934 in einem Aufruf zum Gemeinschaftsempfang der Rede Hitlers zum Jubiläum des KdF, dem aber nur wenige Einwohner Folge leisteten. Vgl. *Sollinger Nachrichten* vom 28.11.1934. Im Dorf wur-

von 1935 an im Dorf monatliche »Heimatabende«, die im Gegensatz zu den rein politischen Veranstaltungen anderer Organisationen sehr gut besucht wurden.[51] Sehr aktiv war auch die 1933 gegründete Ortsgruppe der SA mit circa 200 Mitgliedern.[52] Sie führte kulturelle Veranstaltungen durch, wie einen »Deutschen Abend« und die jährliche Weihnachtsfeier, stellte zum Heldengedenktag Ehrenwachen am Kriegerdenkmal des Ortes, organisierte gemeinschaftliches Eintopfessen für das ganze Dorf, war stets präsent auf Festen, Umzügen, Kundgebungen, Vorträgen und lud zu Schulungsabenden und Feiern anlässlich des Jahrestages der Machtergreifung am 30. Januar ein.[53] Auch die Hitler-Jugend konstituierte sich umgehend nach 1933.[54] Die dort organisierten Mädchen und Jungen gehörten schnell zum dörflichen Alltag.[55] Außerdem waren im Dorf eine Gruppe der Volkswohlfahrt[56], der Nationalsozialistischen Handwerks-, Handels- und Gewerbeorganisation (NS-Hago)[57] und seit Ende 1936 eine Ortsgruppe des Reichskolonialbundes[58] aktiv. Im Kaliwerk gab es eine nationalsozialistische Betriebszelle.[59] Bereits 1934 wurde im Dorf auch eine Luftschutzstelle eingerichtet, die mit Vorträgen und Übungen das Verhalten der Bewohner zu schulen versuchte.[60] Nach anfänglich guter Beteiligung ließ der Besuch kleinerer politischer, aber auch kultureller Veranstaltungen nach und wurde

---

den ein DAF-Gemeinschaftshaus und ein DAF-Gemeinschaftslager gebaut. Vgl. *Sollinger Nachrichten* vom 25.07.1939 und vom 16.8.1939.

51 An den Heimatabenden wurden von den örtlichen Organisationen und Vereinen Programme mit Musik, Gedichten und Theaterstücken aufgeführt. Einwohner erzählten alte Geschichten auf plattdeutsch, auch Theaterensembles wurden eingeladen. In den Zeitungsannoncen wurde immer wieder auf die Ziele der Gemeinschaftsbildung und -pflege und der Unterhaltung hingewiesen.

52 Vgl. Herbst, *Volpriehausen*, S. 147f.

53 Vgl. z. B. *Sollinger Nachrichten* vom: 6.3., 19.3., 11.6., 11.11.1934; 11.1., 16.1., 13.8., 28.12.1935; 7.1., 11.3., 7.4., 30.4.1937; 1.2., 15.3.1938.

54 Vgl. Sollinger Nachrichten vom 22.5.1933.

55 So Kingreen, *Wie et freuer was*, S. 223.

56 Vgl. *Sollinger Nachrichten* vom 19.3.1934. Die damalige Mitgliederzahl betrug 38.

57 Vgl. *Sollinger Nachrichten* vom 7.4.1934. Die Nationalsozialistische Handwerks-, Handels- und Gewerbeorganisation war eine Gliederung der NSDAP, die die Aufgabe hatte, den Mittelstand weltanschaulich und wirtschaftlich im nationalsozialistischen Sinn auszurichten. Vgl. Dreßen, »Nationalsozialistische Handwerks-, Handels- und Gewerbeorganisation«, S. 607.

58 Vgl. *Sollinger Nachrichten* vom 1.2. und 4.2.1938. Die Mitgliederzahl betrug 1938 100.

59 Vgl. *Sollinger Nachrichten* vom 10.9.1934.

60 Vgl. z. B. *Sollinger Nachrichten* vom 19.3., 21.9., 2.11.1934.

selbst in der örtlichen Zeitung bemängelt.[61] Öffentlich kritisiert wurde das Verhalten einiger Dorfbewohner, die die Fahne nicht grüßten.[62]
Die Hitler-Jugend hatte in Volpriehausen Ortsgruppen für Mädchen und Jungen. Als Sondergruppe bestand daneben noch die Flieger-HJ für Jungen. Sie beteiligte sich am Bau eines Segelflugzeugs durch das Nationalsozialistische Fliegerkorps (NSFK), das 1938 feierlich getauft wurde.[63] Im Zusammenhang mit Festen und Aufmärschen tauchten BDM, JM, JV und HJ immer wieder in den *Sollinger Nachrichten* auf. Schwimmfest und Sportmonat sind als schulische Veranstaltungen abgehalten worden, wenngleich auch die HJ beim Uniformschwimmen wieder als Gruppe auftrat.[64] Der Hauptlehrer[65] der Schule hatte für diese sportlichen Veranstaltungen die Organisation übernommen. Er war 1935 vom Zweit- zum Hauptlehrer der dreiklassigen Volksschule des Dorfes berufen worden.[66] In dieser Position hatte er auch dafür zu sorgen, dass neue Richtlinien in der Schule durchgesetzt wurden. So mussten verstärkt Lehrmittel für den Sport angeschafft[67] und die Schulentlassungsfeiern nach nationalsozialistischem Muster gestaltet werden.[68] Unter seiner Leitung wurde ab 1938 der »Neuaufbau« der Schülerbibliothek begonnen. Sie hatte in dem Jahr einen Bestand von 150

---

61 Vgl. z. B. *Sollinger Nachrichten* vom: 27.11., 28.11.1934 (»Gemeinschaftsempfang schlecht besucht«), 1.12.1934 (»Versammlung der Bäuerinnen nur schlecht besucht«), 30.9.1935 (»Gemeinschaftssingen des KdF nur schlecht besucht«).
62 Vgl. *Sollinger Nachrichten* vom 16.1.1935.
63 Vgl. *Sollinger Nachrichten* vom 8.8.1938. NSFK = nationalsozialistischer Fliegerkorps. Nochmals wird die Gruppe erwähnt in den *Sollinger Nachrichten* vom 17.3.1937. Die Mitglieder der Flieger-HJ brauchten nicht am angekündigten Pflichtappell teilzunehmen.
64 Vgl. *Sollinger Nachrichten* vom 20.6., 25.6.1934.
65 Der Hauptlehrer wurde 1934 stellvertretender Vorsitzender und ab 1939 Vorsitzender des Schulvorstandes. Außerdem war er von 1936 bis 1942 Schulbeirat (vgl. Schulchronik, S. 45ff.). Nach 1945 wurde er wegen Zugehörigkeit zur NSDAP zunächst aus dem Schuldienst entlassen, 1946 aber wieder auf seine frühere Stelle eingesetzt (vgl. Schulchronik, S. 61f.).
66 Die Jahrgänge verteilten sich wie folgt auf die Klassen: 1. (jüngste) Klasse: 1. und 2. Jahrgang, 2. Klasse: 3. und 4. Jahrgang, 3. Klasse: 5. bis 8. Jahrgang (vgl. Schulchronik, S. 128).
67 Vgl. Schulchronik, S. 78.
68 Vgl. Zeitungsartikel ohne Quellenangabe und ohne Datum im Kriegstagebuch des Lehrers N. eingeklebt unter 9.9.1939. Die Durchführung der Entlassungsfeiern ist in der Schulchronik für die Jahre 1938, 1940 und 1941 dokumentiert. Vgl. Schulchronik, S. 280ff.

Büchern.⁶⁹ Neben der Schule gab es nach der Machtübernahme einen Kindergarten⁷⁰ sowie einen Erntekindergarten⁷¹.

Die neuen politischen Verhältnisse wurden besonders bei Festen und Feier- oder Gedenktagen anschaulich. Bei solchen Anlässen wurde der Ort ausgiebig geschmückt; Festzüge und Aufmärsche durchs Dorf gehörten ebenso zum Programm wie Appelle, bei denen Reden gehalten und gemeinsam die Übertragung der zentralen Feiern im Radio verfolgt wurden.

Abb. 19: Schützenfest 10. April 1934
(Quelle: Dorfarchiv Volpriehausen)

Besonderer Höhepunkt des Dorflebens war das Bergmannsfest,⁷² das traditionelle Fest der Bergleute. Unter dem Nationalsozialismus wurde es parteipolitisch instrumentalisiert und unter das Motto gestellt, »Verbundenheit

---

69 Vgl. Schulchronik, S. 151. Laut Auskunft von Detlev Herbst existierte eine Schulbücherei mit Unterbrechungen seit 1910. Von einer »Säuberung« der Bibliothek berichtet die Schulchronik nichts, sie ist aber sehr wahrscheinlich. Das lässt sich auch aus der Bezeichnung »Neuaufbau« schließen.
70 Vgl. Artikel ohne Quellenangabe und Datum im Kriegstagebuch des Lehrers N, eingeklebt unter August 1941, in dem über den Einzug des seit der Machtübernahme bestehenden Kindergartens in ein neues Gebäude berichtet wird.
71 Vgl. *Sollinger Nachrichten* vom 27.9.1937.
72 Vgl. *Sollinger Nachrichten* vom 25.7.1939.

zwischen Werksführung und Gefolgschaft [zu] zeigen und Gelegenheit [zu] geben, die angestrebte Volksgemeinschaft weiterhin zu fördern«.[73]

Unter den Veranstaltungen waren auch solche, die die antisemitische Politik des Nationalsozialismus propagierten und umsetzten. Im Dorf selbst lebten keine Juden.[74] Es wurde jedoch bis in die 1930er Jahre hinein von jüdischen Kaufleuten aus geschäftlichen Gründen und zum Besuch von Freunden aufgesucht. Im August 1935 fand in Volpriehausen erstmals eine »Kundgebung (statt), die sich gegen das Judentum richtete«. Die Teilnehmer zogen durch das Dorf und SA-Männer platzierten an geeigneten Stellen Schilder mit Aufschriften »gegen das Benehmen von Juden« auf. Die Redner drohten: »Jeder Einwohner wird namhaft gemacht werden, der noch Beziehungen zu Juden unterhält.«[75] In der Folge wurde ein jüdischer Kaufmann von Kindern und Jugendlichen beschimpft und mit Steinen beworfen.[76] Es folgten mindestens noch zwei weitere Kundgebungen. Diejenige der DAF war schlecht besucht,[77] die Großkundgebung der NSDAP, auf der ein Gauredner über »Freimaurerei und Judentum (Die Juden – Parasiten der Menschheit oder auserwähltes Volk)« sprach, fand so viel Zuspruch, dass laut Zeitungsartikel der Vortrag mit Lautsprechern für jene, die im Saal keinen Platz mehr fanden, nach draußen übertragen wurde.[78]

Die kirchenfeindliche Politik des Nationalsozialismus war auch in Volpriehausen zu spüren. Einwohner, die weiterhin zur Kirche hielten, waren politischem Druck ausgesetzt. Anlässlich der Reichstagswahlen 1933 und zum 1.5.1933 gab es zwar noch gemeinsame Gottesdienste mit der Partei-

---

73 Vgl. *Sollinger Nachrichten* vom 30.8.1934., s. a. 3.9.1934, 7.6.1935, 25.7.1938.
74 Vgl. die Auflistung der jüdischen Bevölkerung der Gegend in Herbst, *Jüdisches Leben*, S. 277.
75 Vgl. *Sollinger Nachrichten* vom 13.8.1935.
76 Vgl. Herbst, *Volpriehausen*, S. 151; zu den Besuchen jüdischer Händler vgl. auch Interview Wilhelm (4479).
77 Vgl. *Sollinger Nachrichten* vom 24.10.1936.
78 Vgl. *Sollinger Nachrichten* vom 9.4.1937. Möglicherweise war die Kundgebung wegen des Themas der Freimaurerei so gut besucht. Aus den Interviews geht hervor, dass in der Bevölkerung das Gerücht umging, Assessor Albrecht sei in jungen Jahren ein Freimaurer gewesen. Außerdem erzählte eine Interviewpartnerin davon, dass Albrecht mit Lautsprechern verunglimpft worden sei (vgl. Interview Wilhelm, 4786). Eventuell handelte es sich dabei um die Kundgebung vom 8.4.1937. Kingreen zitiert eine Interviewaussage, nach der die Beschallung des Assessors direkt aus dem Saal der Gastwirtschaft erfolgt sei. Kingreen verortet dieses Geschehen jedoch im Jahr 1938. (Kingreen, *Wie et freuer was*, S. 230).

führung,⁷⁹ bald danach aber wurde die Kooperation durch Einschüchterung und vielfältigen Druck abgelöst. SA-Männer in Uniform postierten sich gegenüber vom Kircheneingang und registrierten jeden, der den Gottesdienst besuchte.⁸⁰ Die HJ legte Veranstaltungen auf den Sonntagvormittag, um den Gottesdienstbesuch derjenigen Mitglieder zu verhindern, die sich konfirmieren lassen wollten.⁸¹ In der Folge gingen die Zahlen der Teilnehmer am Abendmahl und an der Konfirmation deutlich zurück. Viele Menschen traten aus der Kirche aus. Die kirchliche Jugendarbeit brach ab.⁸² Mit Beginn des Krieges wurde der der Bekennenden Kirche angehörende Pastor als einer der Ersten eingezogen, kehrte aber im April 1941 wieder in den Dienst zurück. Nachdem ihm anonym vorgeworfen wurde, sich zu drücken, während die Söhne der Dorfbevölkerung dort starben, meldete er sich freiwillig und starb kurz darauf an der Front.

Bereits 1936 hatte die Wehrmacht das Kalibergwerk inspiziert. Sie mietete es ab Juli 1937, um dort eine Heeresmunitionsanstalt (Muna) einzurichten. Seit 1934 war das Werk nicht mehr rentabel gewesen. Die Verpachtung an die Wehrmacht, für die sich der Direktor des Werks eingesetzt hatte, sicherte wenigstens 120 Arbeitsplätze. Im August 1938 wurde mit den umfassenden Umbauten und Neubauten begonnen. In diesem Zusammenhang erhielt Volpriehausen eine neue Wasserversorgung. Ab Sommer 1942 lief die Munitionsproduktion in vollem Umfang. Neben einer Stammbelegschaft wurden arbeitsdienst- und kriegsdienstverpflichtete Frauen aus dem Dorf und der weiteren Umgebung, außerdem Deportierte und Kriegsgefangene sowie Häftlinge des »Jugendschutzlagers« Moringen⁸³ eingesetzt. Letztere wurden, nachdem die Produktion 1942 voll angelaufen war, täg-

---

79 Auch 1934 fand am 1. Mai zum Abschluss des Festumzugs ein Gottesdienst auf der Meinte statt, der in der Berichterstattung der *Sollinger Nachrichten* (3.5.1934), jedoch nur kurz erwähnt wird.
80 Vgl. Kingreen, *Wie et freuer was,* S. 209ff.
81 Vgl. Interview Diekmann (1186).
82 Ab 1941 wurde von der Frau des Pastors zumindest der Kindergottesdienst wiederbelebt. Vgl. Herbst, *Kirche.* Abendmahlsteilnehmer 1933: 1.376 Personen; 1944: 386 Personen; Konfirmationen 1934/36: 132 Jugendliche, 1943/45: 58 Jugendliche; Kirchenaustritte zwischen 1933 und 1944: 212 Erwachsene. Die Zahlen sind vor dem Hintergrund zu sehen, dass zur Gemeinde Volpriehausen drei weitere Dörfer gehörten (vgl. Herbst, *Volpriehausen,* S. 176, 178), durch die die Kirchengemeinde 1934 eine Größe von 2.400 Seelen hatte.
83 Zur Geschichte des Konzentrationslagers Moringen und der heutigen Gedenkstätte vgl. http://www.gedenkstaette-moringen.de; zu den in der Muna arbeitenden Häftlingen: Herbst, »Die Heeresmunitionsanstalt«, S. 50f.

lich unter SS-Bewachung nach Volpriehausen und zurück ins Lager transportiert. Ab Sommer 1944 gab es eine Außenstelle in Volpriehausen. Insgesamt waren um die 1.000 Personen in der Muna beschäftigt.[84] Zur Bewachung der Produktion wurden außerdem circa 60 Landesschützen aus Göttingen in Volpriehausen stationiert. Sie waren als Uniformierte auch auf Heldengedenkfeiern und Parteiveranstaltungen im dörflichen Alltag präsent.[85]

Im November 1939 wurde ein Kontingent der aus dem Saarland »Rückgeführten« in Volpriehausen untergebracht.[86] Deren Kinder besuchten die örtliche Schule. Von Zerstörungen blieb Volpriehausen während des Krieges fast vollständig verschont, erlebte gleichwohl mehrfach Luftalarm.[87] 1944 stürzten in der Nähe ein amerikanisches und ein deutsches Flugzeug ab. Ein nahe gelegenes Dorf wurde 1945 bombardiert; auf Volpriehausen fielen am Ende des Krieges mehrere Brand- und Sprengbomben. Davon wurden nur drei Gebäude getroffen und ein Kind getötet.[88] Bis dahin hatte der Krieg das Dorf nur mittelbar über Einberufungen, Evakuierte und schutzsuchende Verwandte erreicht. Von 1939 bis 1944 waren durchgehend zwischen 20 und 24 Kinder aus »luftgefährdeten Gebieten« in der Volkschule des Dorfes eingeschult, was circa einem Sechstel aller eingeschulten Kinder entsprach.[89] Am Ende des Krieges besetzten die Amerikaner Volpriehausen, ohne auf Widerstand zu stoßen. Ein vorher von der SA aus Jugendlichen zusammengestellter Volkssturm trat nicht in Aktion.[90] Drei Einwohner kamen bei der Besetzung ums Leben.

In Volpriehausen war der Siegeszug des Nationalsozialismus, wie in vielen anderen Dörfern auch, dem Zusammenwirken mehrerer Faktoren geschuldet: Neben seiner Affinität zu rechtskonservativem Gedankengut spielte vermutlich die Bereitwilligkeit der traditionellen dörflichen Elite eine Rolle, sich vom Nationalsozialismus in Dienst nehmen zu lassen.[91] Ein-

---

84 Vgl. zum gesamten Komplex: Herbst, »Die Heeresmunitionsanstalt«, S. 49ff.
85 Vgl. Herbst, *Volpriehausen*, S. 151.
86 Vgl. Kriegstagebuch; zu den Rückgeführten vgl. Tollmien, »Nationalsozialismus in Göttingen«, S. 249f.
87 Ein Lehrer registrierte allein in der Zeit vom 21.6.1940 bis zum 22.9.1941 58 Fliegeralarme. Vgl. Aufzeichnungen des Lehrers N., Privatbesitz.
88 Vgl. Herbst, *750 Jahre Volpriehausen*, S. 151f.
89 Vgl. Schulchronik, S. 172–175.
90 Vgl. Herbst, *Volpriehausen*, S. 152f.
91 Saldern hat darauf hingewiesen, dass Landwirte für den Nationalsozialismus stark empfänglich gewesen seien. Auch die bäuerlichen Berufsorganisationen hätten eine wichtige Rolle gespielt. Saldern, »Sozialmilieus«, S. 33, 36.

zig der Pastor machte hiervon eine Ausnahme. Dazu kam die Nähe der nationalsozialistischen Ideologie zum tradierten dörflichen Wertekanon. Vor allem erschien die Idee der Volksgemeinschaft wie eine Verallgemeinerung des Ideals der Dorfgemeinschaft.[92]

---

[92] Vgl. dazu Schäfer, »Nationalsozialismus«; ähnlich auch Wagner/Wilke, »Dorfleben«.

2. Die Familien

Das Sample

Mit zehn Personen, die in Volpriehausen aufgewachsen sind, konnten Interviews geführt werden. Es handelt sich dabei um sechs Frauen und vier Männer. Die Geburtsjahrgänge streuen stärker als in den anderen Orten: Zwar sind die Geburtsjahrgänge 1923 bis 1927 auch hier am stärksten besetzt (insgesamt sieben Interviews), je eine Person ist 1921, 1922 und 1928 geboren.

Mit Ausnahme der gehobenen Angestellten (»Beamten«) sind bei den Vätern der Befragten die Berufsgruppen des Dorfes vertreten: Vollbauern, Bergleute, Arbeiter bei der Reichsbahn, Handwerker. Acht Väter hatten eine Berufsausbildung absolviert, sechs davon eine handwerkliche Lehre. Nicht alle arbeiteten im erlernten Beruf. Die dominierende Bedeutung des Kalibergwerks als Arbeitgeber in den 1920er und 1930er Jahren zeigte sich daran, dass von den zehn Vätern sechs im Kalischacht arbeiteten, einer von ihnen allerdings nur zeitweilig, ein weiterer nur während des Winters. Die meisten Mütter hatten nach dem Besuch der Volksschule in einem bürgerlichen oder kleinbürgerlichen Haushalt gearbeitet, ganz überwiegend außerhalb ihres jeweiligen Heimatdorfes. Nur eine Mutter stammte nicht aus der Region, alle anderen Mütter und auch Väter kamen aus Volpriehausen oder Dörfern der Umgebung. Zwei Befragte wuchsen als Einzelkinder auf, fünf hatten ein Geschwister. Es gab zwei Familien mit vier und eine mit sechs Kindern. Die Familien mit vielen Kindern zählten zu den Wohlhabenden des Samples.

Im Gegensatz zu den Untersuchungen in Göttingen und Hann. Münden ist dies Teilsample keine homogene soziale Gruppe. Vielmehr wird das Dorf als die Lebenseinheit betrachtet, die für den Alltag der Kinder wichtiger war als die sozialen Unterschiede zwischen den Herkunftsfamilien. Das sozialdemokratische Arbeitermilieu wird in den Interviews kaum thematisiert. Dafür kommen mehrere Ursachen infrage. Neben dem kleinen, nicht repräsentativen Sample können Erinnerungslücken, aber auch Verdrängungen eine Rolle spielen. Möglicherweise ist die Arbeiterkultur Volpriehausens zu wenig tradiert und verankert gewesen.[1]

Ausnahmslos alle Familien, auch diejenigen, in denen der Vater außerhalb der Landwirtschaft das Geld verdiente, betrieben zusätzlich eine Nebenerwerbslandwirtschaft oder bewirtschafteten größere Gärten. Diese Arbeiten oblagen überwiegend der Frau und den Kindern. Diejenigen, die kein eigenes Land besaßen, pachteten ein kleineres Stück. Das war wichtig, um dort Kartoffeln, auch Getreide für die eigene und die Ernährung der Tiere anzubauen. Mindestens ein Schwein, Ziegen, Hühner und anderes Kleinvieh waren üblich. Die Familien konnten dadurch einen erheblichen Teil ihres täglichen Bedarfs selbst produzieren. In einigen Familien hatten der Vater oder die Mutter noch eine Nebenbeschäftigung.

Im Gegensatz zu den Befragten aus dem bürgerlichen Milieu Göttingens und dem Arbeitermilieu Hann. Mündens wuchsen die meisten aus Volpriehausen in Drei-Generationen-Haushalten auf. Nur ein Interviewter lebte ausschließlich mit seinen Eltern und seinem Bruder zusammen. Sieben wohnten als Kinder zusammen mit einem Großelternteil, meist der Großmutter, ein Befragter bis zu seinem 14. Lebensjahr auch mit beiden Großeltern. Eine Frau lebte mit ihren Eltern und Großeltern zwar in einem Haus; die Generationen führten jedoch getrennte Haushalte. Bei einer anderen Frau bewohnten die Großeltern das Nebenhaus. Die jeweils anderen Großeltern der meisten Befragten lebten auch in Volpriehausen oder einem der umliegenden Dörfer. Verwandtschaftsbeziehungen waren daher im buchstäblichen Sinne »nahe liegend« und selbstverständlich. Das verbreitete Wohnen in Drei-Generationen-Familien entsprach den bäuerlich-ländlichen Lebensverhältnissen, in denen Altenteilregelungen verschiedener Art üblich waren, die nun, in den 1920er und 1930er Jahren, aufgrund der gestiegenen Lebenserwartung viele Jahre andauern konnten.[2] In zwei Familien des Samples, in denen landwirtschaftliche Arbeit eine zentrale Rolle spielte und die vergleichsweise wohlhabend waren, gab es auch Personal. Regina Wilhelms Familie beschäftigte ein Dienstmädchen im Haus-

---

1 Schäfer weist am Beispiel des nahe gelegenen Ortes Lippoldsberg darauf hin, dass der rapide Niedergang der SPD nach 1933 auf ihrem im Dorf nur schwachen organisatorischen Zusammenhalt und fehlenden inhaltlichen und personellen Alternativen zur dörflichen Elite beruhte (»Nationalsozialismus«, S. 139.)

2 Vgl. Rosenbaum, *Formen der Familie*, S. 60ff.

halt, bis sie als jüngstes Kind im Alter von sieben bis acht Jahren schon viel zu Hause helfen konnte.³ In Erna Hilperts Familie gab es einen Knecht, der »Familienanschluss« hatte und während des Krieges durch einen Zwangsarbeiter ersetzt wurde.

Aufgrund dieser Zusammensetzung der Haushalte waren oft noch andere Personen als die Eltern für die Kinder zuständig, nämlich die Großmutter oder der Großvater oder beide. Einige Befragte hatten ältere Geschwister, die Erziehungsfunktionen übernahmen. Die Kinder mussten beizeiten lernen, mit diesen verschiedenen Bezugspersonen umzugehen. Aus einem derartigen Haushalt stammte Regina Wilhelm. Es handelte sich um einen Geschäftshaushalt mit einem landwirtschaftlichen Betrieb, in dem viel Arbeit anfiel. Die Oma lebte als Altenteilerin mit der Familie zusammen. Sie saß in der Küche, »da in ihrem Stuhl und schaukelte die Beine«, erzählte Regina Wilhelm (4313–4314). Das hatte den Vorteil, dass immer jemand zu Hause war. Diese Großmutter hat zweifellos Regina Wilhelm mit erzogen, wenn sie auch für sie keine zentrale Person gewesen zu sein scheint. Wichtiger waren hingegen die beiden bedeutend älteren Brüder, über deren Erziehungsbemühungen sie im Interview erzählte. Der älteste Bruder kümmerte sich beispielsweise um ihre Schularbeiten. Regina Wilhelm betonte, ihm verdanke sie es, dass aus ihr noch etwas geworden sei.

Im Elternhaus einer Interviewpartnerin lebten viele Jahre lang stets zwei Untermieter. Dabei handelte es sich um wechselnde auswärtige Angestellte des Kaliberwerks, die immer nur zeitweise in Volpriehausen waren. Auf eigenen Wunsch hin hatten sie »Familienanschluss«, saßen abends mit den Eltern und Kindern zusammen. Sieglinde Diekmann erzählte, sie habe von diesen Gesprächen sehr profitiert, sie hätten zur »Erweiterung ihres Horizonts« beigetragen (860). In das Elternhaus Regina Wilhelms wurden ab 1939 Kriegsgefangene und Zwangsarbeiter einquartiert. Die, wenn auch nicht intensive Begegnung mit ihnen hat das 13- bis 14-jährige Mädchen ebenso geprägt wie der einfühlende Umgang der Mutter mit den Gefangenen (Wilhelm, 1357).

---

3 Die Substitution von Gesindearbeit durch Kinderarbeit war in bäuerlichen Betrieben traditionell verbreitet. Vgl. dazu Rosenbaum, *Formen der Familie*, S. 66ff.

Die wirtschaftlichen Verhältnisse

Wenn auch in einigen Familien neben dem Haupterwerb des Vaters und der Selbstversorgungswirtschaft andere Erwerbsquellen genutzt wurden, war in vielen Familien das Geld knapp. Nur vier Befragte betonten den Geldmangel nicht im Interview. In Regina Wilhelms Familie war hingegen ersichtlich Geld vorhanden. In ihrem Interview berichtete sie immer wieder, dass ihr bestimmte, in anderen Familien selbstverständliche Verhaltensweisen oder Arbeiten mit Geld honoriert worden seien. So bekam sie 20 Pfennig, wenn sie rechtzeitig ins Bett ging (Wilhelm, 5029) oder der Oma die Füße wusch (Wilhelm, 2482). Taschengeld war für die ganz überwiegende Zahl der Befragten nicht üblich. Nur Sieglinde Diekmann erhielt als älteres Kind von circa 13 Jahren 50 Pfennig pro Woche für ihre Mithilfe in Haushalt und Geschäft (3292). Nora Kasten bekam gelegentlich etwas Geld für Süßigkeiten zugesteckt (958). Bei Wilhelm Wahrlich kam es von der Großmutter (1356). Auch Verwandte gaben den Kindern Geld, wenn Kirmes war. Alle anderen erhielten kein Taschengeld oder mussten sich Geld selbst verdienen. Erna Hilpert erhielt Geld von ihren Verwandten, wenn sie dort arbeitete (776), Martha Ludwig verdiente sich im Alter von acht bis neun Jahren ihr erstes Geld durch Arbeit beim Bauern (1734). Herbert Bauer hatte verschiedene Möglichkeiten, an Geld zu kommen. Er entwickelte sich zum Spezialisten für das Fangen von Forellen (635), lief zu Fuß bis nach Uslar, um für andere Leute Medikamente aus der Apotheke zu holen (Bauer, 5201), ab dem Spätsommer suchte er Pilze und verkaufte sie (Bauer, 6973).

Wie erwähnt, oblagen die Arbeiten im Haushalt, im Garten, auf dem Feld oder mit den Tieren den Frauen und Kindern.[4] Entsprechend dem Umfang der Landwirtschaft lasteten diese Arbeiten unterschiedlich schwer auf den Kindern.[5] Wilhelm Wahrlich und Horst Möller hatten damit wenig zu tun, weil die Eltern nur Gärten bewirtschafteten. Anneliese Steinhoff wurde ebenso wie Sieglinde Diekmann erst nach Beendigung der Schulzeit zur Landarbeit herangezogen. Alle anderen wurden schon früher in Anspruch genommen. Herbert Bauer betonte: »[...] bevor wir inne Schule ge-

---

[4] Zur Frauen- und Kinderarbeit vgl. Kaiser, *Frauenleben,* S. 10ff., 54ff.

[5] Ebenso wie die Mitarbeit von Kindern in einigen Arbeiterfamilien lässt sich auch die einiger Kinder im protestantischen und im katholischen Dorf als »Kinderarbeit« bezeichnen. Zwar wurden sie dafür nicht bezahlt, aber Art, Umfang und Stetigkeit der verlangten Arbeitsleistungen gingen über das hinaus, was »Hilfe« genannt werden könnte.

kommen sind, hatten wir als Kinder schon viel Arbeit« (26f.). Konkret hieß das für ihn: Ziegen hüten. Für Regina Wilhelm und Martha Ludwig begann die Arbeit im Alter von sechs, bei Nora Kasten vermutlich erst von zehn Jahren. Herbert Bauer bekam als Kind eine kleine Harke, damit er frühzeitig lernte, sich bei der Heuernte nützlich zu machen (7305). Die Kinder mussten zum Teil erheblich arbeiten. Das lag nicht nur an dem Umfang des eigenen Landbesitzes. Die kleinen Landbesitzer oder -pächter kooperierten normalerweise mit einem Bauern, der für sie jene Arbeiten durchführte, für die Pferde oder Maschinen notwendig waren. Im Gegenzug arbeiteten Frauen und Kinder der Besitzer kleiner Stellen auf den Feldern des Bauern. Sie mussten die Leistung des Bauern abarbeiten. Auch wenn es sich hierbei um ein gegenseitiges Abhängigkeitsverhältnis handelte – ebenso wie die Gärtner und Kleinstlandwirte die Bauern, brauchten diese deren Arbeitskraft –, saßen die Bauern doch am längeren Hebel und definierten die Relationen zwischen den verschiedenen Leistungen. Kingreen spricht daher von einem »›Abhängigkeits- und Ausbeutungsverhältnis als dominierende(m) Alltagserlebnis in der Organisation ... (des) Lebens und Überlebens« der kleinen Leute.[6] Martha Ludwig, deren Familie einen derartigen Austausch mit einem nahe gelegenen bäuerlichen Betrieb praktizierte, beschrieb diese Kooperation:

»Vorher waren wir woanders. Aber seitdem wir so schräg gegenüber waren, hat nicht nur meine Mutter geholfen. Die hatten also eine Tochter, die war auf den Tag ein Jahr älter [...], also sie war auf den Tag ein Jahr älter als ich und wir waren dann also praktisch immer zusammen und wenn's da was zu tun gab, oder so, dann hab ich da immer mitgeholfen.« (Ludwig, 128–134)[7]

Diese Zusammenarbeit mit dem benachbarten Bauern bestimmte ihren Tagesablauf als Kind stark:

»Oder später auch schon mal, das war aber nich mit acht oder neun, nee da war sie [die Mutter] dann also, wenn sie nicht zu Hause war, lag nen Zettel auf'm Tisch, wo sie wäre, beim Bauern irgendwie und so, ich sollte dahin kommen. Bin ich dahin gegangen, wenn ich die Schularbeiten gemacht habe. Auf's Feld. Also die war eigentlich immer greifbar. Wo auch immer. Auf'm Feld dann irgendwo. Aber ich konnte dahin gehen, wenn ich wollte. Ich musste aber nicht. Ich konnte auch zu

---

[6] Kingreen, *Wie et freuer was,* S. 128.
[7] Diese Kooperation war in vielen Dörfern gang und gäbe. Für den Raum Katlenburg (Northeim) vgl. Schlegel, »Aufstieg des Nationalsozialismus«, S. 102ff.; für Nordhessen vgl. Wagner/Wilke, »Dorfleben«, S. 88; für die Sollingdörfer Schäfer »Nationalsozialismus«, S. 139 und Hoffmann/Neumann/Schäfer, *Zwischen Feld und Fabrik,* S. 32ff.

Hause bleiben, und dann hatte ich auch schon so meine Aufgaben. Wir hatten ja den Garten, und dann war da war da irgendwas zu jäten oder schon mal zu pflücken. Da stand das auffem Zettel oder hat ich vorher gesagt gekriegt, ich sollte dann das machen. Hab ich das gemacht, ja und dann konnte ich machen, was ich wollte.« (Ludwig, 1315–1332)

Martha Ludwig war allerdings ein Kind, das, wie in dieser Passage bereits anklingt und an anderen Stellen des Interviews explizit wird, große Befriedigung und großes Selbstbewusstsein aus der Erledigung der ihm zugeteilten Aufgaben zog. Sie sprach mehrmals davon, dass sie etwas tun »durfte« (Ludwig, 3005). Im Gegensatz zu den meisten anderen Befragten erinnerte sie sich auch an schöne Seiten der Arbeit, beispielsweise das gemeinsame Kaffeetrinken auf dem Feld (Ludwig, 142). Damit ist sie eine Ausnahme unter den Befragten. Die Fülle von Tätigkeiten, die den Kindern oblag, wird von ihr in der folgenden Passage eingehend beschrieben:

»Und dann hab ich natürlich sehr früh eben auch mit sauber gemacht, was ich ja dann auch durfte und wenn meine Mutter keine Zeit hatte und da war ja das ganze Haus und so, ne. Und dann im Garten was so anfiel, Unkraut gejätet, mit geerntet, Bohnen gepflückt, Stangenbohnen auch mit Leiter und sowas alles. Geguckt, auch abends geguckt, dass die Hühner alle drin waren, die mussten ja über die Straße und so rein. Hab auch schon die Hühnernester mal ausgenommen und das mitgemacht. Das waren viele. Und dann hab ich sogar sobald das irgendwie ging, hab ich die Ziegen gemolken. Und das war ging soweit, wir hatten ja denn auch immer so kleine Zickchen aufgezogen, die mit denen ich gespielt habe dann auch als Kind. Und die ließen sich nur von mir melken, weil ich nur so zarte Finger hatte, die die anderen, die wollten sie nicht. [...] Und ja und dann am Land so hab ich dann, wenn die Kartoffeln mussten ging ja alles von Hand noch. Die mussten gehackt werden und gehäufelt werden, und zu Anfang kriegte ich denn so eine Reihe und die anderen haben drei, und zum Schluss hatte ich denn drei und die anderen hatten zweie natürlich, also wie ich denn also älter war. Ja und Heu mitgemacht und Grund und Roggen gemäht, abgenommen alles das, mit ordentlich Disteln drin. Alles. Auch wie ich noch Kind war, dann musste ich dann beim Mähen anhalten, damit die Ähre nich so rüberfuhr. Wenn dann mit der Sense gemäht wurde, dann hatte man so'n großen Stock und dann musste man die so rüberdrücken. Das hab ich gemacht. Und nich nur bei uns, auch bei bei anderen, ne. Und dann nachher konnte ich das selber mit, und hab die Tonne mit aufgestellt und so. Jo, Jo, und eben um's Vieh sich gekümmert auch, ne. Und Gänse hatten wir denn, die hab ich dann auch noch gehütet und so. Die waren auf der Meinte. Da musste ich die abends nach Hause holen und war so ausgelastet, nich. Aber es war nicht nur Arbeit, war auch Zeit dazwischen.« (Ludwig, 3012–3049)

Nicht alle, aber einige Befragte sahen in der Landarbeit nur eine elende Plackerei, teilweise fühlten sie sich auch überfordert. Angenehm war die Arbeit nur, wenn eine Freundin oder auch ein Freund mitkamen. Jenseits der Landarbeit fielen auch noch andere Arbeiten an: Hilfe im Haushalt, die Beaufsichtigung jüngerer Geschwister, Holzhacken und Holz ins Haus tragen, Einkäufe, Botengänge erledigen. Zwei Befragte erwähnten, dass sie nicht nur im Elternhaus, sondern auch für die Großeltern selbst am Sonntag mitarbeiten mussten (Kasten, 967, 1407) oder für Onkel und Tante (Ludwig, 613).

Es gab allerdings auch Tätigkeiten, die die Kinder gern machten. Dazu gehörte vor allem das Hüten der Ziegen, das in mehreren Interviews erwähnt wurde. Dazu verabredeten sich die Kinder oft. Dabei hatten sie dann Zeit und Gelegenheit zum Spiel, im Herbst auch für Kartoffelfeuer. Diese Mischung von Arbeit und Spiel wird in Erna Hilperts Erzählung sehr deutlich:

«[...] und da gab's ja noch keine Elektrozäune, und wenn es dann wieder, dann mussten wa die Kühe hüten und da wurde ja dann, in der Schule haben wa uns schon verabredet. Hier waren ja nun diese Bergleute hier, die hatten ja die Ziegen, und die haben ja [seufzt] dann bei uns immer die Ziegen mitgehütet, wo wir unsere Kühe gehütet haben. Und dann, das war schön, also das war die schönste Zeit so im Herbst. Dann wurden kleine Feuer angemacht, da haben wa uns da noch Essen zusammengebrutzelt, Kartoffel gebraten, und da waren wa so 'ne ganze Clique, dann wurde dann morgens dann in der Schule schon verabredet: ›Hier dann und dann‹, ne. Und das war 'ne schöne Zeit. Haben wa gerne jemacht. Ja, und man musste ja zwar aufpassen, ne, und so anfangs hatten se [die Tiere] ja Hunger, da blieb ja alles schön, aber wenn se dann erst mal ziemlich satt waren, dann liefen diese Viecher dann auch weiter weg, ne. [lacht] Musste man schon mehr hinterher rennen. Sonst so diese unbeschwerte Kindheit, wie se se heute haben, die haben wir nich jekannt, ne.« (Hilpert, 276–296)

Während sich Klaus Schmitt, dem Interview zufolge, vor der ungeliebten Landarbeit oft drücken konnte, lastete sie auf zwei weiblichen Befragten offenbar besonders schwer: Beide Eltern zählten zu mittleren bis größeren Landbesitzern. Aus den Interviews mit beiden Frauen ergibt sich der Eindruck, dass sie sehr viel mitarbeiten mussten, sehr wenig Zeit zur freien Verfügung hatten und auch tendenziell überlastet wurden. Erna Hilpert, die das zweite Kind und das älteste Mädchen war und noch vier erheblich jüngere Geschwister hatte, auf die sie ab dem Alter von sieben Jahren »aufpassen« musste (49), stellte einen engen Bezug zwischen dem »Helfen« und der Zeit zum Spielen her, als sie sagte: »Bevor ich mithelfen konnte, da durfte ich auch noch immer weg.« (Hilpert, 394f.) Arbeiten können bedeutete zugleich, keine Ferien mehr zu haben (Hilpert, 254). Wenn gutes Wetter war, musste sie, statt wie andere Kinder ins Schwimmbad zu gehen, auf die Geschwister aufpassen oder mit aufs Feld (Hilpert, 47–61). Das betonte auch Regina Wilhelm. In den großen Schulferien war Erntezeit:

»Und also ein einziges Mal bin ich in den Schulferien weggefahren. Da war mein Onkel und meine Tante, die waren mit'm Auto und dann ham die mich mitgenommen nach Oschersleben heißt das, ne. […] [P] Und naja, mein Vater der schrieb dann, ich muss nach Hause kommen, wir wollen Roggen mähen. Und da hat mein Onkel, der hat bestimmt, dass [das] gar nicht so ist. Hat er mir aber gezeigt, hat er so nen Bogen, da hat er ganz groß drauf geschrieben: Lieber Anton, deinen Roggen kannst du allein mähen. Da hat er nun mit ihm telefoniert oder was, und jedenfalls, dass ich noch nicht komme, ne. Und ich hab [mich] gefreut, dass ich da, damals gab's ja vier Wochen war das höchste, ne, Ferien. Dass ich da meine ganze Zeit dann bleiben durfte.« (Wilhelm, 5244–5262)

Regina Wilhelm freute sich in der Erntezeit über schlechtes Wetter, weil dann endlich mal die Arbeit unterbrochen werden musste (5364). Es könnte allerdings sein, dass die Arbeit von diesen beiden Interviewpartnerinnen in der Retrospektive als so umfassend und belastend empfunden wurde, weil bei beiden Frauen die Mütter gesundheitlich angeschlagen und nicht voll einsatzfähig waren. Bereits als ältere Schulkinder mussten sie vor der Schule die Kühe melken und damit die Arbeit von Erwachsenen machen. Die Tatsache, dass sowohl Regina Wilhelm als auch Erna Hilpert diesen Umstand bereits in ihrer Eingangserzählung thematisierten, zeigt, wie stark sie dadurch geprägt worden sind (Wilhelm, 142; Hilpert, 240). Mit anzufassen, zu helfen, wurde den meisten Kindern also früh antrainiert. Deshalb war es für etliche Befragte selbstverständlich, auch bei den Verwandten mitzuarbeiten, bei denen sie einen Besuch machten. Dass es seine Zeit brauchte, bis diese Haltung verinnerlicht wurde, wird sehr schön deutlich in einer Erzählung Martha Ludwigs aus der Kindheit ihres Vaters. Der besuchte in den Schulferien zusammen mit seinem jüngeren Bruder eine Tante in einem Nachbardorf. Als die beiden Jungen dort nach längerem Fußmarsch angekommen waren und bei Kaffee und Brot saßen, trug ihnen die Tante auf, die Kühe zu hüten und anschließend heimzutreiben. Dem kleinen Bruder passte das überhaupt nicht und er veranlasste den Älteren, mit ihm postwendend wieder nach Hause zu gehen. Dort angekommen schickte die ob dieser Arbeitsverweigerung empörte Mutter sie sofort wieder zurück (Ludwig, 1167). Diese Lektion hat dann vermutlich gesessen.

Aufgrund des hohen Anteils von Selbstversorgung musste in den Familien der Befragten, die allerdings auch nicht zu den ärmsten des Dorfes zählten, niemand hungern. Einige Befragte hoben das explizit hervor. Martha Ludwig formulierte: »[...] alles, was wir selber hatten, das gab es. Und das gab es auch gut und reichlich, aber Gekauftes gab es nicht.« (2131–2133) Von den schwierigen Jahren der Weltwirtschaftskrise haben die Befragten in ihrer Kindheit, zumindest hinsichtlich der Ernährung, nicht viel mitbekommen. Was fehlte und auch gelegentlich vermisst wurde, waren Extras wie besondere Lebensmittel, vor allem auch Süßigkeiten. Nur eine Befragte erwähnte, dass ihr (relativ gut situierter) Vater regelmäßig aus der nahe gelegenen Kleinstadt Fisch und Apfelsinen mitbrachte (Hilpert, 1969). In anderen Familien gab es Apfelsinen nur zu Weihnachten (Wilhelm, 4212; Möller, 2900; Diekmann, 2793). Wenn Nora Kastens Vater, ein Bergarbeiter, den Großeinkauf für die Familie im Konsum des Nachbarortes machte, fielen dabei auch immer Süßigkeiten für die beiden Kinder ab (928). Schokolade gab es nur sehr selten. Eine Tafel Schokolade war ein Geburtstagsgeschenk!

Wohnbedingungen

Die Familien der meisten Befragten lebten in einem eigenen, häufig ererbten Haus. Nur zwei wohnten zur Miete. Entsprechend den unterschiedlichen Einkommens- und Vermögensverhältnissen waren die Häuser mehr oder weniger geräumig. Viele Familien nutzten die Küche als zentralen Raum, in dem gekocht, gegessen, gelebt wurde und die Kinder die Schularbeiten machten. Drei Befragte erwähnten eine »gute Stube« im Elternhaus, die nur an den Feiertagen (Steinhoff, 533), zu Weihnachten (Bauer, 4280) oder bei offiziellen Anlässen (Diekmann, 2940) benutzt wurde. Vermutlich war sie verbreiteter als aus den Interviews hervorgeht. Häufig wurden die jüngeren Kinder mit im Elternschlafzimmer untergebracht. Das resultierte nicht notwendig aus Mangel an Platz. Oftmals bewohnte die Familie mehrere Etagen. Wenn das Elternschlafzimmer im Erdgeschoss war wie bei Diekmanns, lag es nahe, die Kinder so lange dort unterzubringen, bis sie allein im Obergeschoss schlafen konnten oder wollten (3828). Nur zwei Befragte hatten als Kind ein eigenes Zimmer. Bei der Frau handelte es sich um eines der Einzelkinder des Samples. Falls das Kind nicht mit Geschwistern zusammen in einem Zimmer schlief, dann oft mit der Großmutter oder dem Großvater. Nora Kasten erwähnte, sie habe erst im Alter von 20 Jahren ein eigenes Zimmer bekommen (99). Erna Hilpert teilte sich ein Zimmer mit der Schwester, später, bis zu ihrer Heirat, mit der Großmutter (1117). Das Interview mit Herbert Bauer erweckt den Eindruck, als wären die beiden Söhne lange über das Kleinkindalter hinaus im elterlichen Schlafzimmer untergebracht gewesen. Auf die Frage nach einem Kinderzimmer antwortete er, sie hätten im elterlichen Schlafzimmer geschlafen. Er fügte auch hinzu: »So weit fortschrittlich warn se damals nich.« (Bauer, 4299f.) Eine später im Gespräch erzählte Episode, in der die beiden Söhne sicherlich zwölf bis 13 Jahre alt waren, bestärkt diesen Eindruck (Bauer, 6236). Dabei gab es im Haus der Bauers drei weitere Zimmer in der ersten Etage. Offenbar war die Vorstellung, dass ein Kind ein eigenes Zimmer haben sollte, nicht weit verbreitet. In den Interviews hat sich niemand darüber beklagt.

Soweit die Familien nicht neu gebaut hatten, wie die Wahrlichs, gab es in den Häusern vermutlich weder Innentoilette noch Badezimmer, auch nicht überall fließendes Wasser. Erst im Laufe des Ausbaus in der Muna erhielt Volpriehausen Ende der 1930er Jahre eine Wasserversorgung, an die aber auch nicht alle Häuser angeschlossen wurden.[8] Gebadet wurde in der Regel am Sonnabend in der in der Küche aufgestellten Zinkbadewanne (Steinhoff, 1107). Die Toiletten befanden sich auf dem Hof oder im Stallgebäude. Anneliese Steinhoff hatte damit als Kind ihre Probleme:

»Und denn musste man immer rausgehen. Und so als Kind hab ich immer Angst jehabt, wenn man denn nachts aufstehn musste, da musste mein Vater denn immer mit runter. [lacht] Hab ich dann den jeweckt, da musster denn mit runter, ne.« (Steinhoff, 1120–1124)

Soziale Beziehungen

Der hohe Anteil von Drei-Generationen-Haushalten im Sample ist ein Indiz dafür, dass dort mindestens ein Elternteil der Befragten aus Volpriehausen stammte. Die Großeltern, auch die, die außerhalb des Haushalts lebten oder sogar in einem Nachbarort, konnten eine wichtige Rolle für ih-

---

[8] Vgl. Herbst, *Volpriehausen*, S. 247.

re Enkelkinder spielen, als Anlaufstelle, wo sie sich Zärtlichkeiten holten oder ein paar Pfennig für Süßigkeiten zugesteckt bekamen, aber auch als Hilfe in familiären Notsituationen. Regina Wilhelm war als Vorschulkind immer mal wieder für längere Zeit bei den in einem Nachbarort wohnenden Großeltern untergebracht, damit ihre gesundheitlich angeschlagene Mutter entlastet wurde. Da die Eltern überwiegend aus kinderreichen Familien stammten, Regina Wilhelms Vater hatte beispielsweise acht Geschwister, gab es zudem eine große Zahl von Verwandten aus der Elterngeneration und viele Cousins und Cousinen. Vielfach lebten noch entferntere Verwandte in Volpriehausen. Zwei Frauen, Regina Wilhelm und Martha Ludwig, hoben hervor, sie seien mit dem »halben Dorf« verwandt gewesen. Zu diesen vielen Verwandten waren die Beziehungen nicht gleich intensiv. Die Kinder entwickelten Präferenzen für bestimmte Personen, zu denen sie sich hingezogen fühlten. Diese fungierten für die Kinder häufig als wichtige Bezugspersonen. Es gab Lieblingsonkel oder Lieblingstanten, auch einen Lieblingscousin. Die Relevanz der Verwandten zeigte sich deutlich bei Martha Ludwig. Sie war nach dem Tod des im elterlichen Haushalt lebenden Großvaters, der für sie sehr wichtig gewesen zu sein scheint, ab dem achten Lebensjahr viel allein. Der Vater war aushäusig erwerbstätig. Die Mutter arbeitete oft als Tagelöhnerin beim Bauern. Martha ging häufig zu den Großeltern väterlicherseits:

»Dann hatte ich die anderen Großeltern, die wohnten im Dorf und meine, die Mutter meines Vaters, die hat also acht Kinder gehabt und davon sind sechs groß geworden und alle waren immer sehr fröhlich, und diese Oma, das war die typische La Mamma wie man sie von Italien her aus aus Romanen kennt. Also wirklich typisch. Und wir, wenn man zu ihr kam, das war immer alles, sie hatte viele Großkinder, aber für alle war sie so ganz toll.« (Ludwig, 57–65)

Außerdem hatte sie noch mehrere andere Verwandte, denen sie sich sehr verbunden fühlte: Einen Lieblingscousin, der der viel jüngeren Cousine später gelegentlich mal ein Schmuckstück schenkte (Ludwig, 2278), vor allem aber eine Tante, die wie sie leidenschaftlich gern las, ihr Bücher lieh und bei der sie »wie Kind im Hause« (Ludwig, 2683) war. Durch die vielen Verwandten im Dorf sei sie als Kind »vollkommen aufgefangen« gewesen (Ludwig, 698), sie hätte mit ihren Problemen überall hinkommen können. Es war aber selbstverständlich, dann auch dort mit anzufassen und bei der täglichen Arbeit zu helfen, wie es Nora Kasten betonte, die sich viel bei ihren Großeltern aufhielt (1405). Verwandte spielten auch für die anderen Befragten eine wichtige Rolle. Gegenseitige Besuche waren üblich, manchmal an jedem Sonntag, wie bei Horst Möller, dessen Familie entweder von Verwandten besucht wurde oder selbst einen Besuch machte. Immer aber kamen die Verwandten zu den Geburtstagen, zu Fest- und Feiertagen zusammen. Höhepunkte des verwandtschaftlichen Zusammenhalts waren offenbar die verschiedenen Dorffeste, zu denen sogar die auswärtige Verwandtschaft nach Volpriehausen anreiste (und umgekehrt). Der Hinweis darauf findet sich in vielen Interviews, so auch bei Nora Kasten:

»[…] wir hatten ja auch Bergmannsfeste hier. Da ging es hoch her. Kam die ganze Verwandtschaft. War das ganze Haus voll hier [lacht] – immer. [lacht] Das kann mein Mann immer nich verstehen, wenn ich sach: ›Hier, die waren alle da.‹ Bei der Kirmes oder Bergmannsfeste kam die ganze Verwandtschaft. Haben wa große Tafel hier auf 'm Flur gemacht und denn [P] [lacht] wurde gefeiert.« (Kasten 487–495)

Verwandte lebten nicht nur in Volpriehausen. Teils stammte ein Elternteil aus einem anderen Ort, Geschwister der Eltern hatten in die Nachbardörfer geheiratet oder waren aus beruflichen Gründen in weiter entferntere Gegenden gezogen. Wenn auch die auswärts lebenden Verwandten überwiegend in der Region wohnten, so gab es doch Familien, von denen Verwandte in Hannover oder Köln, Kassel oder Berlin lebten. Wilhelm Wahrlich hatte sogar einen Großonkel in Afrika. Auswärtige Verwandte kamen in einigen Familien in den Ferien auf längere Zeit zu Besuch. Außerhalb Volpriehausens lebende Verwandte eröffneten den Kindern andere geographische und auch soziale Räume jenseits des Dorfes und seiner näheren Umgebung. Das traf nicht nur zu, wenn sie selbst dort Besuche machen konnten. Selbst andere Räume, die sie großenteils nur aus Erzählungen kannten, erweiterten ihren Denk- und Vorstellungshorizont, beflügelten ihre Phantasie und ließen sie Perspektiven entwickeln, die weit über das Dorf hinausreichten. Wilhelm Wahrlichs in Afrika lebender Großonkel wollte ihm dort eine berufliche Zukunft ermöglichen. Jahrelang habe er sich durch Bücher auf das Land vorbereitet. Dieser Plan sei dann aber durch den Krieg vereitelt worden (Wahrlich, 1265).

Gestörte oder abgebrochene Beziehungen zu Verwandten wurden in den Interviews kaum erwähnt. Das liegt vermutlich daran, dass aus der zahlreichen Verwandtschaft immer genug übrig blieben für intensivere Kontakte. Nur Nora Kasten erzählte, dass das Verhältnis zu den im Haus lebenden, einen eigenen Haushalt führenden Eltern des Vaters nicht eng gewesen sei, was an der zweiten Ehe des Großvaters gelegen hätte (362). Es gab für Nora Kasten aber noch die anderen Großeltern, bei denen sie sich viel aufhielt, und andere Verwandte im Dorf. Gegenüber den Kontakten mit Verwandten spielten, den Interviews zufolge, andere soziale Beziehungen zu Erwachsenen eine untergeordnete Rolle. Nicht alle Eltern hatten Freunde oder Bekannte. Dort, wo solche vorhanden waren, waren die Kinder nicht notwendig einbezogen, es sei denn, diese waren, wie in Erna Hilperts Familie, zugleich Paten der Kinder. Einige Befragte wurden von den Eltern zu Besuchen bei Freunden mitgenommen. Herbert Bauer schaute der Skatrunde seines Vaters beim Spielen zu, eignete sich dabei die Regeln an und brachte es zum Ersatzspieler (4655). Insgesamt scheinen Freundschaften jenseits der Verwandtschaft aber selten gewesen zu sein. Darin unterscheiden sich die Verhältnisse in Volpriehausen von denen in Hann. Münden, aber auch Göttingen.

Gute Nachbarschaftsbeziehungen hatten auf dem Land im Gegensatz zur Stadt einen hohen Stellenwert, vor allem wegen der notwendigen Nachbarschaftshilfe.

»Wenn einer krank war wurde geholfen. Wenn einer was zu tun hatte und man selber hatte grade Zeit. Zum Beispiel wir hatten ein bisschen Heu, ne, musste gemacht werden, auf diesem schrägen Berg ist das da. Und es gab Gewitter und der andere hatte seins schon drin. Und er hatte die Möglichkeit anzuspannen mit so unsere Nachbarn, die Verwandtschaft von uns noch mit, die die hatten Kühe. Und die hatten die Möglichkeit. Dann wurde das geholt ohne viel. Man sah das ja was war, dass man das Heu haben wollte. Und dann ging das da, ging dann meist noch. Und wenn man's nicht zum Abladen noch kriegte, dann war die Scheune von dem Bauern ja da, da gleich daneben. Da wurde das erstmal da rein gefahren, dass das Gewitter weg war, nur so als Beispiel.« (Ludwig 1032–1046)

Die gegenseitige Hilfe betonte auch Nora Kasten:

»Nee, wir hatten alle Land und so weiter, wir sind zusammen auf Land gegangen und haben Kartoffel gerodet, ich meine, da hat's ja, da mussten wa ja noch alles mit der Gräpe machen und so weiter, die haben alle geholfen gehabt, immer gegenseitig geholfen.« (Kasten, 1963–1969)

Das schlug sich auch in Ritualen nieder, wie dem Austeilen von Brühe in der Nachbarschaft beim Schweineschlachten. Beziehungen zu Nachbarn wurden in den Gesprächen meist nur auf Nachfrage hin erwähnt. Wegen der räumlichen Nähe und des gegenseitigen Aufeinander-angewiesen-Seins sind Nachbarschaftsbeziehungen zwar wichtige und oft selbstverständliche, aber normalerweise keine engen Beziehungen. »Gute« Nachbarn halten die Balance zwischen Nähe und Distanz.[9] Es ist deshalb nicht erstaun-

---

9 Vgl. Rosenbaum, »Nachbar, Nachbarin«, S. 1103–1109.

lich, dass nur zwei Befragte erwähnten, die Eltern seien mit den Nachbarn befreundet gewesen.

Hinsichtlich der sozialen und geselligen Beziehungen ergibt sich aus den Interviews mit in Volpriehausen aufgewachsenen Befragten das Bild von Haushalten oder Familien, in denen es viele Beziehungen zu anderen Personen außerhalb der engeren Familie gegeben hat. Der ganz überwiegende Teil dieser Kontakte spielte sich jedoch, wie gezeigt werden konnte, zwischen Verwandten ab. Lediglich Regina Wilhelm und Sieglinde Diekmann erzählten, ihre Eltern hätten ein »offenes Haus« geführt. In beiden Fällen handelte es sich um Geschäftshaushalte, die viele Kontakte nicht nur ermöglichen, sondern auch auf sie angewiesen sind. Um Freundschaften dürfte es sich dabei wohl selten gehandelt haben. Der Eindruck eines sehr stark auf die Verwandtschaft konzentrierten sozialen Lebens der Familien ist möglicherweise auch darauf zurückzuführen, dass das bis 1933 in Volpriehausen reichlich vorhandene Vereinswesen durch die Nationalsozialisten dezimiert worden ist. Herbert Bauer erwähnte beispielsweise, sein Vater sei bis 1933 im Arbeitergesangverein gewesen (5742).

Die Beziehungen zwischen Eltern und Kindern

Regina Wilhelm hatte zur Mutter keine gute Beziehung, vermutlich, weil sie sich von ihr, die sich sehr mit der kränklichen Schwester beschäftigte, vernachlässigt fühlte (3448). Der Vater hingegen war für sie die zentrale Figur. Er war »mein Ein und mein Alles« (Wilhelm, 241f.), die Vertrauensperson, die Verständnis für ihre Sorgen und Nöte hatte, bei der sie Vergehen »beichtete« und bei der sie Trost suchte und fand (Wilhelm, 3428). Solange sie noch im Kinderbett im Elternschlafzimmer untergebracht war, kroch sie gern abends zum Kuscheln ins Bett des Vaters – aber nur, bis die Mutter zu Bett ging (Wilhelm, 1957). Der Vater gestand ihr eines Tages auch, dass sie zwar ein ungewolltes Kind gewesen sei, er aber heute doch froh sei, sie zu haben (Wilhelm, 2762). Die Mutter hingegen wurde von Regina Wilhelm überwiegend negativ beschrieben: Sie sei humorlos (Wilhelm, 1602) und überängstlich (Wilhelm, 1921) gewesen, hätte kein Verständnis für Streiche gehabt (Wilhelm, 3414) und es nicht gemocht, wenn der Vater Witze erzählte (Wilhelm, 3673). Positiv erwähnte Regina Wilhelm im Interview nur das Mitgefühl der Mutter gegenüber Zwangsarbeitern (1357) sowie ihr Vorbild als Hausfrau (3458).

Ein so enges Verhältnis zwischen Vater und Tochter wie bei Regina Wilhelm ist typisch. Von der sechs interviewten Frauen beschrieben sich vier explizit als »Vaterkind«. Für eine weitere Frau war der Vater immerhin wichtiger als die Mutter. Nur eine Befragte hatte weder zu Vater noch Mutter enge Beziehungen. Umgekehrt war für die männlichen Interviewpartner die Mutter, in einem Fall stattdessen die im Haushalt lebende Großmutter zentral.[10] Mutter oder Oma waren auch die Vertrauenspersonen, bei der der Junge Schutz und Trost fand und beichten konnte, was er ausgefressen hatte. Bei drei Befragten ist die Mutter durch die Sorge um ein krankes Kind oder mehrere jüngere Kinder stark beansprucht gewesen. In diesen Fällen war das Verhältnis zu ihr überdurchschnittlich schlecht. Offenbar waren die Kinder eifersüchtig oder fühlten sich vernachlässigt. Erna Hilpert deutete an, dass die Eltern die Kinder ungleich behandelt und die jüngeren Kinder gegenüber den Älteren bevorzugt hätten (3815).

Wenn man die gemeinsame Zeit von Eltern und Kindern betrachtet und danach fragt, wie diese Zeit verbracht wurde, ob und wie die Eltern sich dabei den Kindern zuwandten, kann man sich den Eltern-Kind-Beziehungen intensiver nähern. In allen Familien des Samples hatte die Arbeit zentrale Bedeutung, vor allem die gemeinsame Arbeit, die in vielen Fällen Landarbeit einschloss. Dabei arbeiteten die Kinder oft mit den Eltern oder einem Elternteil Hand in Hand. Bei vielen dieser Tätigkeiten konnten sie sich unterhalten, sich Geschichten erzählen und miteinander lachen. Emotionale Verbundenheit konnte dadurch, aber auch einfach durch die körperliche Nähe befördert werden. In den Interviews zweier Frauen wird das eindringlich sichtbar: Regina Wilhelm erzählte:

»Mein Vater, der war mein Ein und mein Alles. Meistens ist ja das die Mutter. Also das war auch, aber ich weiß noch, dann wenn so die Kartoffeln gehaspelt wurden, dann musste erst vorweg erstmal noch so Kartoffeln so mit der Gräpe ausgemacht werden, ne? Und da hatte er [der Vater] mich mitgenommen. Naja, das da hab ich die aufgelesen und so und er hat immer geschmunzelt, immer so gelacht, und da hab ich gesagt, warum lachst du denn. Er hat nichts gesagt. Und denn wie wir nach Haus gekommen sind, dann hat er zu meiner Mutter gesagt: ›So viel Kartoffeln wie im Sack sind, so oft hat sie Vater gesagt.‹ [lacht]« (Wilhelm, 241–253)

---

10 Für einen Mann spielten weder der Vater noch die Mutter eine wichtige Rolle. Diese Ausnahme erklärt sich vermutlich daraus, dass er die meiste Zeit mit einer Stiefmutter aufwuchs, mit der er sich nicht gut verstand.

Martha Ludwig arbeitete mit ihrem im Schichtdienst arbeitenden und dadurch häufig abwesenden Vater gern zusammen:

»[...] und wenn er zu Hause war, hatten wir ein sehr gutes Verhältnis, und er hat mir auch vieles gezeigt und wir sind auch zusammen in der Landwirtschaft, also Heu machen und sowas, das haben wir also sehr sehr gerne alles zusammen gemacht. Ich weiß, kann mich erinnern, dass is allerdings nen bisschen später schon, dass er morgens, man muss ja da mähen, mit der Hand natürlich, mit der Sense, wenn das noch gut schneidet, wenn also der Tau noch drauf ist, und ich bin dann auch noch bevor ich zur Arbeit ging, hab ich ihm, er ist so gegen vier morgens gegangen und ich bin dann um halb sechs oder oder fünf schon, hab ihm dann schon mal Kaffee mitgenommen [...]. Da waren wir zusammen und das war wunderschön. Und er freute sich schon immer wenn ich kam, und ich fand das also auch sehr schön.« (Ludwig, 1804–1818)

Gemeinsame freie Zeit im Sinne von arbeitsfreier Zeit war in etlichen Familien sehr knapp. Das lag vor allem an den mehr oder weniger ausgedehnten landwirtschaftlichen Arbeiten. Besonders die damit verbundene Viehhaltung verhinderte längere Unternehmungen am Wochenende, falls nicht eine Person zu Hause blieb oder die Familie jemanden hatte, der die Fütterung oder das Melken für sie übernahm. Deshalb, so Nora Kasten, hätte sie mit den Eltern am Sonntag nur kleine Spaziergänge machen können (1512). Erna Hilperts Fahrradtouren mit dem Vater zu den Verwandten in Nachbardörfern waren nur möglich, weil der Knecht, die Mutter oder die Oma sich dann um die Tiere kümmerten. In einer weiteren Familie stand der häufige Sonntagsdienst des Vaters Ausflügen oder auch anderen familiären Unternehmungen entgegen. Sie hätte mit den Eltern nie am Wochenende etwas unternommen, erzählte Martha Ludwig (2910). Sie konnte sich auch nicht erinnern, »je mit (ihren) Eltern spazieren gegangen zu sein. Nee, nee, nee, nee!« (Ludwig, 2922–2924) Nur eine Befragte erwähnte Wanderungen und Ausflüge mit den Eltern am Wochenende (Diekmann, 4462). »Normal« waren hingegen die schon erwähnten gegenseitigen Besuche bei den Verwandten.

Wenige Eltern hatten oder nahmen sich die Zeit, sich gezielt mit den Kindern zu beschäftigen. Nur Horst Möllers Mutter spielte häufiger mit den beiden Söhnen Gesellschaftsspiele (4086). Regina Wilhelm bezeichnete ihre Familie explizit als »Spiele-Familie«. Wegen ihres auch sonntags geöffneten Geschäfts blieben oft alle zu Hause und vertrieben sich die Zeit mit Spielen (Wilhelm, 292, 5600). Ansonsten wurde der Winter genannt, in dem wegen der dann geringer anfallenden landwirtschaftlichen Arbeit Zeit für gemeinsame Spiele gewesen ist (Kasten, 1522) oder mal für ein Gesellschaftsspiel als Abendbeschäftigung (Diekmann, 4436). Offenbar kam das aber nur gelegentlich vor, wie bei Herbert Bauer (4653) oder bei Martha Ludwig, die mit dem Vater gern mal Mühle spielte. Dafür hatten sie den Spielplan selbst gezeichnet und benutzten verschiedenfarbige Bohnen als Spielsteine (Ludwig, 2945).

Intensive Gespräche zwischen Eltern und Kindern jenseits der beiläufigen Unterhaltung bei der gemeinsamen Arbeit wurden nicht genannt. Wenn Regina Wilhelm erzählte, in ihrer Familie hätte es viele Gespräche gegeben, vor allem, wenn Besuch gekommen wäre (6892), so waren das vermutlich eher die Unterhaltungen der Erwachsenen, bei denen die Kinder dabeisaßen. Dieser Eindruck, dass eine engere Kommunikation zwischen Eltern und Kindern selten war, wird von Anneliese Steinhoff bestätigt, die berichtete, ihre Eltern hätten zwar erzählt, das seien aber keine wirklichen Gespräche mit den Kindern gewesen, so wie das heute üblich sei, auch nicht bei den Mahlzeiten (726).

Gefühle von Nähe und Geborgenheit stellten sich für die Kinder trotzdem ein. Dazu trugen sehr stark Rituale bei, die in den Familien gepflegt wurden. Ein wichtiges, täglich praktiziertes war das »Zu-Bett-Gehen«. Sieglinde Diekmann bezeichnete es als »heilige Handlung«, die sie folgendermaßen beschrieb:

»Ging immer entweder Vater oder Mutter mit ins Bett, nich ins Bett sondern mit nach oben. Bei uns wurde früher immer auch noch gebetet. Und dann setzte sich Vater oder Mutter auf's Bett, wurden die Händchen gefaltet und dann wurde gebetet. Und ja das das war an sich immer schön. Man man fühlte sich doch irgendwie so so'n bisschen beschützt, dieses Ins-Bett-Bringen. Das is lange gegangen, dies Ins-Bett-Bringen. Also wenigstens so bis so acht, neun, zehn Jahre. Und wenn sie dann nur, das Beten wurde dann nachher später allein gemacht aber die Eltern, die Mutti oder der Vati gingen mit rauf [...] bis an die Tür, dann gab's nen Küsschen und dann ging man in's Bett.« (Diekmann, 3881–3896)

Auch bei Regina Wilhelm brachte einer der Eltern die Kinder bis zum Alter von acht bis zehn Jahren zu Bett und betete mit ihnen (3639). Wilhelm Wahrlich wurde von seiner geliebten Oma ins Bett gebracht. Sie lehrte die Kinder auch das Beten. Nur Erna Hilpert erzählte, sie sei alleine ins Bett gegangen, ihr seien auch keine Geschichten erzählt worden (1824). Diese Äußerung bezieht sich, wie aus dem Zusammenhang hervorgeht, auf das Alter ab etwa sechs Jahren. Bis dahin ist Erna Hilpert das jüngste Kind gewesen und hat vermutlich auch jene Zuwendung erhalten, die den nachgeborenen Geschwistern zuteil wurde, denen gegenüber sie sich dann zurückgesetzt fühlte. In den Interviews erzählten die Befragten noch von anderen Ritualen des Alltags, die in schöner Erinnerung geblieben sind. In deren Schilderung wird Geborgenheit und Nähe ebenfalls deutlich, selbst bei solchen Befragten, die nicht mit Zuwendung überhäuft worden sind. Eines dieser Rituale, das schon von Befragten aus Hann. Münden genannt worden ist, war die winterliche »Dämmerstunde«:

»Am schönsten war es immer, so im Winter, wenn man so draußen so die Schneeflocken, und dann man konnte so schön da drin sitzen und ach dann, na, dann warn wa da auch so im Wohnzimmer alle so zusammen. Meine Großmutter, meine Mutter – und das war immer dann so jemütlich und, doch, und dann hatte man diesen Eisenofen doch, und dann die Bratäpfel, also das war ja, also das hab ich immer gern jehabt, also so diese, diese Schneeflocken und dann so am Fenster sitzen, das war schön, ne, so, Haben wa uns immer drauf jefreut. Das war dann meist dann auch so, ehe dann Licht angemacht wurde, ne, denn das war ja im Winter dann schon immer früh, dass es dunkel wurde, ne.« (Hilpert, 5581–5594)

Auch Anneliese Steinhoffs Eltern zelebrierten sie und der Vater erzählte dann Geschichten (517). Im Sommer setzten sich ihre Eltern nach getaner Arbeit oft abends auf die Steintreppe vorm Haus, erzählten und die Kinder spielten noch ein bisschen (Steinhoff, 323). Martha Ludwig erinnerte die »Dämmerstunde« auch oft im Sommer, wenn sie mit Vater oder Mutter auf der Bank im Garten saß und die Sonne untergehen sah (4118). Ein besonders schönes Ritual gab es in der Familie Diekmann. Auf die Frage, welche Radiosendungen gehört wurden, antwortete Sieglinde Diekmann:

»Was wir in dem Radio gehört haben? Ja also offiziell haben wir immer sonntagmorgens wurde immer Hafenkonzert angemacht. Wir ham ja sonntagmorgens immer, naja, '32 war ich schon, ja doch, da war ich, da war ich elf Jahre. Aber so bis zehn, zwölf Jahre ham wir ja immer mit unseren Eltern sonntagmorgens gekuschelt. Dann wurde immer. Mein Bruder und ich, wir kamen dann immer in die Betten [der Eltern]. Dann ham wir das Hafenkonzert angemacht. Dann wurden die Türen weit aufgemacht, das war ja in der Küche, und da musste das ja durch zwei Zimmer kommen. Und dann wurde erzählt […].« (Diekmann, 7715–7725)

Dies ist übrigens das einzige Interview, in dem eine solche Szene geschildert wird. »Bei uns in der Familie wurde überhaupt viel geschmust«, sagte Sieglinde Diekmann an anderer Stelle (3930f.). Aber auch in etlichen anderen Familien gab es zärtlichen Körperkontakt. Horst Möller hielt sich bei seiner Mutter schadlos (2270), die meisten weiblichen Befragten bei dem Vater so wie Anneliese Steinhoff:

»Ich habe immer mit meim Vater rumjeschmust. Ich war den sein Liebling. Weil ich denn dann abends mit dem inner Sofaecke saß und hab denn mit dem – mein Vater hatte son Schnurrbart. Und denn hat der Pfeife geraucht. Und denn hab ich mich mit dem so inne Ecke gekuschelt. Und dann hat er mir Geschichtn erzählt und so, nech. Und meine Mutter, die saß dann inner andern Seite und hat dem zujehört, ne.« (Steinhoff, 622–629)

In anderen Familien war offenbar ein weniger körperbetonter Umgang üblich. Erna Hilpert, deren Eltern ihre Zärtlichkeiten auf die jüngeren Kinder konzentrierten, kuschelte mit dem Hund (5619). Aber insgesamt sind unter den Befragten aus Volpriehausen erstaunlich viele, die von Zärtlichkeiten berichten, sei es mit den Eltern oder Großeltern. Nahezu alle fanden bei einer Person Zuwendung. Das ist angesichts der Lebensbedingungen und der in den 1930er Jahren auch in den anderen Milieus überwiegend vorherrschenden Distanz gegenüber körperlicher Zuwendung überraschend. Vielleicht beruht dies Ergebnis auf der zufälligen Häufung derartiger Familien in dem nicht repräsentativen Sample.

Nach den Interviews lässt sich nicht sagen, dass in diesen sehr unterschiedlichen Familien, die im Sample vertreten sind, die Kinder das Zentrum des Lebens der Erwachsenen gewesen seien. In etlichen Familien liefen sie, wie im traditionellen dörflich-bäuerlichen Milieu üblich, überwiegend »nebenbei« im Alltag mit. Aber es gab auch Situationen, in denen sie viel Aufmerksamkeit erhielten. Eine war der Geburtstag. Er wurde überall gefeiert, wenn auch in unterschiedlichem Ausmaß und mit unterschiedlichem Aufwand. Beides war nicht nur vom Wohlstand des Hauses abhängig, sondern vermutlich stärker von traditionellen Orientierungen in Bezug auf Arbeit und Kinder. So wurde vom Geburtstag Erna Hilperts, die in einer der wohlhabenden Familien des Samples aufwuchs, wenig Aufhebens gemacht. Erst als sie größer war, durfte sie ein paar Nachbarskinder einladen (Hilpert, 2846), erhielt ein kleines Geschenk und konnte sich das Essen wünschen (Hilpert, 2873). Vermutlich ist diese geringe Bedeutung, die dem Geburtstag des Kindes beigemessen wurde, auf die hohe Arbeitsbelastung in dieser Familie zurückzuführen. Demgegenüber war Regina Wilhelms Geburtstag, die ebenfalls aus einer relativ wohlhabenden Familie stammte, immer ein »Riesentrara« (998). Sie durfte viele Kinder einladen und erhielt auch von ihren großen Brüdern schöne Geschenke (Wilhelm, 1035). Anneliese Steinhoff, die Tochter eines selbstständigen kleinen Handwerkers, betonte, am Geburtstag »war man König« (3507). Er sei groß gefeiert worden mit anderen Kindern, Spielen und kleinen Geschenken (Steinhoff, 2493). Und selbst in ärmeren Familien wurde der Kindergeburtstag mit Kakao, Kuchen, Freunden und Freundinnen begangen (Ludwig, 90). Es könnte durchaus sein, dass Erna Hilperts bescheidene Geburtstagsfeier im Dorf eher die Ausnahme als die Regel gewesen ist.

Den meisten Eltern lag auch an einer guten Schulbildung ihrer Kinder. Das lässt sich zunächst einmal daraus entnehmen, dass die Eltern der Befragten mit ihren Kindern überwiegend Hochdeutsch sprachen, auch wenn sich die meisten Erwachsenen untereinander noch auf Platt verständigten. Dahinter verbarg sich vermutlich das Motiv, den Kindern die Rechtschreibung zu erleichtern. Klaus Schmitt, dessen im elterlichen Haushalt lebender Großvater mit ihm Plattdeutsch sprach, führte seine Schwierigkeiten mit der Rechtschreibung selbst auf diesen Umstand zurück (2691).[11] Der Übergang vom Platt- zum Hochdeutschen wurde in Volpriehausen allerdings auch durch die vielen Zugezogenen im Dorf befördert, vor allem die höheren Angestellten des Schachtes, die kein Plattdeutsch verstanden. »[…] mit denen musste man ja Hochdeutsch sprechen«, betonte Erna Hilpert (35f.). Nicht nur, aber vermutlich auch deshalb galt das Plattdeutsche als »altmodisch«, sogar »unfein« (Wilhelm, 4974).

Für ein generell verbreitetes, wenn auch unterschiedlich stark ausgeprägtes Interesse der Eltern an guten Schulleistungen ihrer Kinder spricht außerdem, dass die meisten dazu angehalten wurden, ihre Hausaufgaben gleich nach der Schule zu erledigen. Das gelang allerdings nicht immer. Regina Wilhelm machte sich oft schnell aus dem Staube und kam erst abends wieder zurück. Den Krach mit dem Vater, der ihr für den nächsten Morgen Prügel androhte, nahm sie in Kauf (Wilhelm, 4280). Bei ihr sorgte vor allem der ältere Bruder dafür, dass sie nie ohne Hausaufgaben zur Schule ging:

> »Der war immer streng. Dem hab ich auch zu verdanken, dass überhaupt was aus mir geworden is. Ja. Mit Schularbeiten und so. Der hat immer [P] eh das nicht alles tiptop war, durfte ich überhaupt nicht raus.« (Wilhelm, 5146–5155)

In fast jeder Familie gab es jemanden, der die Hausaufgaben kontrollierte. Helfen konnten allerdings nicht alle Eltern. So sahen sich Herbert Bauers Eltern die Hefte nur an, wenn sie unterschreiben sollten (6514). Anneliese Steinhoffs Eltern halfen ihr dagegen bei den Schulaufgaben, manchmal auch der ältere Bruder (1913, 1940). Bei einigen Kindern, die sehr gut in

---

11 Mein 1906 geborener Vater, der mit dem Plattdeutschen als Umgangssprache aufgewachsen war, erinnerte sich noch im Alter lebhaft an seine daraus resultierenden Schwierigkeiten mit der Orthographie.

der Schule waren, wie Martha Ludwig oder Sieglinde Diekmann, war das nicht nötig. Sie erledigten ihre Hausaufgaben zum Teil schon während des Unterrichts und benötigten keine Unterstützung. Nur Erna Hilperts schulische Leistungen wurden von den Eltern nicht wichtig genommen. Die Schule war, wie sie erzählte, »Nebensache« (Hilpert, 210). Hauptsache war die Arbeit in der Landwirtschaft. Die Hausaufgaben konnte sie im Sommer meist erst abends erledigen (Hilpert, 4921). Dabei halfen ihr dann aber der Vater oder Bruder (Hilpert, 4105). Das aus den Erzählungen der Befragten aufscheinende Bemühen der Eltern, ihren Kindern eine gute schulische »Karriere« und möglichst gute Noten zu ermöglichen, deutet darauf hin, dass offenbar den meisten klar war, wie wichtig Schulerfolge für den weiteren Lebensweg der Kinder sein konnten. Eltern registrierten durchaus, was in der Schule passierte, und erkundigten sich danach. Zwei Väter wurden aktiv und intervenierten, als ihnen ihre Kinder von Misshandlungen durch den Lehrer berichteten (Wahrlich, 2135; Wilhelm, 2848). Von der Autorität des Lehrers ließen sie sich nicht einschüchtern. Vermutlich wurde ihnen das dadurch erleichtert, dass sie selbst höhere berufliche Positionen und soziale Status innehatten.

Erhebliche Differenzen im Vergleich zu den anderen Milieus gab es beim Umgang mit dem heiklen Thema Essen. Sowohl im Bürgertum als auch in der Arbeiterschaft wurden Kinder, wie gezeigt worden ist, in einigen Familien gezwungen, den Teller leer zu essen oder Gerichte, die sie nicht mochten, dennoch zu essen. Das war häufig ein Anlass zu Auseinandersetzungen und einem täglichen Kleinkrieg, die sich meist zwischen Kind und Mutter abspielten. Zwar erzählten auch zwei Befragte aus Volpriehausen von Situationen, in denen sie mal gezwungen wurden, ein Gericht, das sie partout nicht mochten, zu essen. Nachdem sie es erbrochen hatten, sei mit solchen Methoden aber Schluss gewesen. Die Mütter hätten diese Gerichte einfach nicht mehr gekocht oder für das Kind eine Portion abgefüllt, bevor der hauptsächlich monierte angebratene Speck dazukam (Steinhoff, 2096; Bauer, 4801). Die meisten Mütter gingen, so lässt sich vermuten, mit den Aversionen ihrer Kinder relativ locker um. Aber der Teller sollte dann schon leer gegessen werden. Anneliese Steinhoff fügte hinzu, die Mutter habe das aber nicht so genau genommen (4918). Dass man abends das wieder vorgesetzt bekam, was man mittags nicht essen konnte, das habe es nicht gegeben, betonte Horst Möller. Ein wenig hätte er jedoch von dem essen müssen, was auf dem Tisch stand (Möller, 2644). Regina Wilhelm, die eine schlechte Esserin war, versuchte den Mahlzeiten dadurch auszuweichen, dass sie nach der Schule oft einfach nicht nach Hause ging. Die für den Wiederholungsfall angedrohten Schläge des Vaters hätte sie nie bekommen. Der geringe Zwang zum Essen und Aufessen bei den Befragten aus Volpriehausen hat vermutlich damit zu tun, dass Essen zwar nicht überall reichlich, aber doch ausreichend vorhanden war. Hinzu kam noch ein weiterer Umstand, auf den Martha Ludwig hinwies. Wenn sie etwas nicht mochte, dann kriegte das eben das Schwein. Sie fügte hinzu: »Also solange Schweine gefüttert werden, kommt das nicht um!« (Ludwig, 2120f.) Das religiös begründete Gebot, Essen nicht zu verschwenden, das vermutlich in bürgerlichen Familien der Essensdressur zugrunde lag, wurde dann nicht verletzt. Vielleicht hat es auch in den Arbeiterfamilien Hann. Mündens eine Rolle gespielt, in jedem Fall war dort das Essen knapp und durfte allein deshalb nicht verschwendet werden.

Selbstverständlich gab es im Alltag der Familien auch immer wieder Konflikte zwischen Eltern und Kindern. Sie entzündeten sich zum Teil an der verbreiteten strikten Regelmäßigkeit des Tagesablaufs mit festen Essenszeiten und Terminen, zu denen die Kinder zu Hause sein mussten. Pünktlichkeit zu den Mahlzeiten und beim Heimkommen am Abend war unbedingt erforderlich. Ungehorsam oder andere Vergehen der Kinder wurden normalerweise bestraft. Dabei schält sich das aus den anderen untersuchten Milieus bereits bekannte geschlechtsspezifische Muster heraus. Mütter neigten dazu, zu schimpfen oder »Backpfeifen« zu verteilen. Sieglinde Diekmanns Mutter griff sich, wenn sie wütend war, einen nassen Lappen und schlug damit zu (3980). Väter hingegen verabreichten schon mal Prügel. Davon waren jedoch ganz überwiegend nur die Jungen betroffen. Die Töchter blieben im Allgemeinen davon verschont. Lediglich Sieglinde Diekmann wurde einmal von ihrem Vater verprügelt, als sie ihn angelogen hatte (3996). Drei der vier männlichen Befragten berichteten von väterlichen Prügeln. Diese waren vermutlich auch heftiger als jene, die Sieglinde Diekmann bezogen hatte. Wilhelm Wahrlichs Vater benutzte sogar einen Riemen (653). Der Sohn bekam auch dann Schläge, wenn einem seiner kleinen Brüder, auf die er aufpassen musste, ein Missgeschick passiert war (Wahrlich, 673). Im Hause Bauer waren Prügel ebenfalls üblich. Beide Söhne wurden, wenn sie etwas ausgefressen hatten, gleichermaßen bestraft (Bauer, 4880), ohne dass eruiert wurde, wer der eigentliche Missetäter war. Die Schläge waren so heftig, dass Herbert Bauer, wie er sagte, drei Tage nicht sitzen konnte (4838). Ob es einen stichhaltigen Grund für die Strafe gab, wurde selten erforscht. Als Herbert Bauer eines Tages ein Mädchen aus der Jauchegrube gerettet hatte und mit seinem total verschmutzten Sonntagsanzug nach Hause kam, erhielt er von seinem Vater kräftige Hiebe. Als der Sohn ihm am nächsten Tag erklärte, weshalb er seinen Anzug so verdreckt hatte, antwortete der Vater bloß: »Ach du Schreck! Na ja, haste weg, hat nichts geschadet.« (Bauer, 4834f.) Und auch der Sohn identifizierte sich noch im hohen Alter mit dieser Bestrafungsmethode, als er sagte: »Mit Reden, das nützt nix. Ne Tracht Prügel hat nie geschadet.« (Bauer, 4844f.) Regina Wilhelm erzählte hingegen von ihrem Vater, er habe nur höchst ungern seine Söhne mit Prügeln gezüchtigt, weil er selbst einmal als Kind zu Unrecht damit bestraft worden sei. Er habe daher lieber zu anderen Sanktionen gegriffen (Wilhelm, 1679).

In einigen Familien herrschte ersichtlich ein rauer Ton. Wilhelm Wahrlich bezeichnete seinen Vater sogar als »alten Herrscher« (499), der zu Hause ein strenges Regiment führte. Sein Gefühl, den Eltern ausgeliefert zu sein, kleidete er in die Worte: »[...] wir waren ja zu wehrlos« (Wahrlich, 669). In anderen Familien schimpfte die Mutter viel und der Vater lachte eher über kindliche Unbotmäßigkeiten (Wilhelm, 3414; Ludwig, 1917). Herbert Bauer empfand die Erziehung der Eltern als »hart«. Als er und sein Bruder im Wald in den Bäumen herumgeklettert waren (vermutlich verbotenerweise), fiel sein Bruder herunter und brach sich die Hand:

»Wie er aufstand, da guckte der Knochen hier raus. Ich mit ihm nach Hause hin. Ich hab 'ne Tracht Prüjel gekricht. Er musste mit'm Fahrrad nach Uslar fahrn zum Dokter. Mit der jebrochenen Hand.« (Bauer, 2533–2538)

Insgesamt hielten sich die Konflikte allerdings in Grenzen. Das lag vermutlich daran, dass sie, wie Anneliese Steinhoff betonte, als Kinder »Respekt« vor den Eltern gehabt hätten. Wenn die sagten, das und das muss getan werden, »hat man das getan, weil man eben dachte: ›Ja, das sind deine Eltern. Du musst gehorchen.‹« (Steinhoff, 577f.) Mit dieser Einstellung ließ sich viel Ärger vermeiden.

Diese Eltern-Kind-Beziehungen lassen sich mit denen aus dem bürgerlichen Milieu Göttingens, aber auch jenen aus dem Arbeitermilieu nur begrenzt vergleichen. Die Lebensumstände, insbesondere die von vielen Familien zu leistende landwirtschaftliche Arbeit, in die die Frauen und Kinder einbezogen waren, strukturierten den Tagesablauf, die Zeit und die Interessen in völlig anderer Weise. Andererseits lebten die Befragten und ihre Eltern auch nicht mehr das traditionelle ländlich-dörfliche Leben, in dem tradierte Einstellungen und Verhaltensweisen ungebrochen dominierten. Auffällig sind nicht nur körperlich-zärtliche Kontakte in vielen Familien, sondern auch das Bemühen etlicher Eltern, ihren Kindern etwas zu bieten, sei es nun eine schöne Geburtstagsfeier oder eine unter den gegebenen Umständen gute Schulausbildung. Die meisten Befragten aus Volpriehausen hatten zwar nicht eine so zentrale Stellung in der Familie wie die in vielen Göttinger Familien, sie erlebten aber auch nicht mehr die »klassische« ländliche Kindheit, in der auf kindliche Bedürfnisse und Wünsche keine Rücksicht genommen werden konnte und wurde. Das liegt vermutlich vor allem daran, dass durch die angesiedelte Industrie und den Zuzug auswärtiger Arbeitskräfte, besonders auch hoch qualifizierter Beschäftigter des Kalibergwerks, sich die Sozialstruktur erheblich differenziert hatte. Auch wenn eine ausgeprägte Tendenz zur gegenseitigen Abschließung vorhanden war, so begegneten Erwachsene und vor allem die Kinder in verschiedenen Lebenssituationen den »Anderen«, die anders sprachen und sich auch anders verhielten. Alternative Lebensweisen und Lebensmodelle waren sichtbar. Hinzu kam, dass viele Mütter vor der Eheschließung in bürgerlichen Haushalten beschäftigt gewesen waren und von dort Anregungen mitgebracht hatten. Von einem liberalen Erziehungsstil lässt sich dennoch bei keiner Familie sprechen. Die Spannbreite erstreckt sich zwischen autoritär auf der einen Seite und einem eher gemäßigt strengen Regiment auf der anderen.

Wenn man die im Teil I entwickelten Kategorien anwendet, so lässt sich nur eine der Eltern-Kind-Beziehungen als kindzentriert bezeichnen, und auch das nur eingeschränkt, weil es vor allem Horst Möllers Mutter war, weniger der Vater, die sich sehr um ihre Söhne sorgte und sich ihnen zuwendete. Das lag sicher an der abgelegenen Wohnsituation der Familie, dem wenn auch bescheidenen Wohlstand und dem Fehlen einer Nebenerwerbswirtschaft. In vier Fällen lassen sich die Eltern-Kind-Beziehungen als mehr oder weniger kindorientiert klassifizieren (Schmitt, Steinhoff, Diekmann, Kasten). Alle hatten einen dem Kind liebevoll zugewandten Elternteil. Die Eltern kümmerten sich um die Schulbildung und waren auch für Zärtlichkeiten zu haben. In vier weiteren Fällen scheinen die Eltern-Kind-Beziehungen distanziert gewesen zu sein. Hier stand die Arbeit dermaßen im Zentrum des Lebens, dass dem Kind wenig Zuwendung, geschweige Zärtlichkeit zuteil wurde (Bauer, Hilpert, Ludwig, Wahrlich). Eine Eltern-Kind-Beziehung lässt sich nur schwer klassifizieren. Sie ist zwischen Distanz und Kindorientierung angesiedelt (Wilhelm). Regina Wilhelms Interview vermittelt jedenfalls den Eindruck, dass der Vater ihr sehr zugewandt gewesen ist und dadurch die distanzierte Beziehung der Mutter kompensiert hat.

Ebenso wie in den bislang behandelten Milieus sind die Familien der Befragten aus Volpriehausen von den veränderten politischen Verhältnissen nicht unberührt geblieben. Die Väter mehrerer Befragter gehörten der NSDAP oder einer der anderen nationalsozialistischen Organisationen an, andere Familienmitglieder oder nahe Verwandte waren in die SA oder SS eingetreten, arbeiteten bei der Polizei oder auch Gestapo. Wenigstens eine Mutter war Mitglied in der NS-Frauenschaft. Einige Befragte erzählten, der Vater oder die Eltern seien »dagegen« gewesen, ohne dass daraus offene Gegnerschaft wurde. Klaus Schmitt konnte sich gar nicht erinnern, in seiner Kindheit und Jugend irgendwelchen regierungs-kritischen oder gar - feindlichen Einflüssen ausgesetzt gewesen zu sein (3170). Wer dagegen war, hielt sich ersichtlich zurück. Wenn, wie in einer Familie, der Vater dem Nationalsozialismus eher distanziert gegenüberstand, aber einer seiner Söhne begeistertes SA-Mitglied war, verliefen die politischen Fronten wie in Hann. Münden quer durch die Familie. Von den Befragten selbst erzählte kaum jemand von ernsthaften Konflikten mit Vater oder Mutter wegen des Engagements in der Hitler-Jugend, wie sie in Hann. Münden häufiger aufgetreten sind. Das unterstreicht die Nähe vieler Familien zum Nationalsozialismus.

In die aus den politischen Ereignissen und auch Differenzen resultierenden Gespräche im Elternhaus wurden die Kinder in höchst unterschiedlichem Maße einbezogen. Dieser Eindruck aus den Interviews hängt wahrscheinlich mit den relativ großen Altersdifferenzen zwischen den Befragten zusammen. Während Wilhelm Wahrlich meinte, bei ihnen zu Hause hätte es keine politischen Gespräche gegeben (1424), erinnerten sich andere Befragte gut daran. Auch wenn sie sich daran nicht aktiv beteiligten, saßen die Kinder teilweise doch dabei und sperrten die Ohren auf, wie Regina Wilhelm (5910). Sieglinde Diekmann, die begeistertes Mitglied des JM, später des BDM war, verfolgte die häufigen abendlichen Diskussionen zwischen ihren Eltern und den Untermietern, Beschäftigten des Schachtes. Vermutlich hat sie sich auch daran beteiligt und von ihrer Begeisterung für den Nationalsozialismus keinen Hehl gemacht, denn einer der »Herren« schenkte ihr einen Gedichtband mit der Widmung: »Der Dichter steht auf einer höheren Warte als auf den Zinnen der Partei.«[12] Das war deutlich, und Sieglinde Diekmann erzählte: »Ja natürlich, das hab ich verstanden, also das war mir so, war mir sofort klar [...], dass er mir das mit Absicht da-

---

12 Die Zeile stammt aus Ferdinand Freiligraths Gedicht »Aus Spanien« (1841).

rein geschrieben hat, nich.« (Diekmann, 7456–7459) Für sie war aber ebenso klar, dass sie nie etwas über die politisch abweichende Position ihrer Eltern nach außen tragen durfte (Diekmann, 7431). Selbst dort, wo die Erwachsenen es vermieden, die Kinder an Gesprächen oder Informationen teilnehmen zu lassen, ließ sich doch nicht vermeiden, dass diese einiges mitbekamen. Sie hätte natürlich auch gelauscht, sagte Anneliese Steinhoff (1876). Manchmal hörten Kindern ganz zufällig etwas, wie Sieglinde Diekmann, die im Vorbeigehen Fetzen eines Gesprächs aufschnappte, das sich um die Misshandlung politischer Gefangener in Hannover drehte (6933). Auf ihre Nachfrage hin erklärte ihr Vater ihr später das Gespräch und fügte hinzu, dass es sich erstens um eine Erzählung vom Hörensagen handelte und sie zweitens kein Wort darüber gegenüber Dritten erwähnen dürfe (Diekmann, 6965). Anneliese Steinhoff, deren Vater zu den »stillen Gegnern« des Nationalsozialismus gehörte, wurde, da man nie wusste, »zu wem man was sagte« (1850f.), explizit dazu erzogen, ihren »Mund zu halten«, »stille zu sein«, denn »sonst ging man ab« (1856).

3. Kindheits-Räume, Spiele und Freundschaften

Raum-Erfahrungen

Ähnlich wie die Kinder aus dem Arbeitermilieu Hann. Mündens und im Unterschied zu den Kindern des Göttinger Bürgertums hielten sich in Volpriehausen aufgewachsene Kinder in ihrer freien Zeit vorwiegend im Freien auf, und zwar unabhängig von ihrer Zugehörigkeit zu den im Sample vertretenen unterschiedlichen Milieus. Für die Kinder der dort nicht vertretenen gehobenen Angestellten mag das anders gewesen sein. Mehrere Befragte betonten, bei gutem Wetter immer draußen gewesen zu sein.

»Ja, wenn man das heute so sieht ne, aber so der [P] Thieberg hier [P] das war unser, och du mein Gott, da warn wa jeden Tag. Oder im Papenberg [P] hier da in dem Wald, der war nich weit weg, da warn wa jeden Tag oder aufe Meinte. Also in Hause warn wa nie. Immer draußen.« (Schmitt, 4549–4555)

Das galt prinzipiell auch für die Mädchen (Steinhoff, 176). Selbst schlechtes Wetter zwang die Kinder nicht unbedingt in die Wohnhäuser. Es gab, wie aus der nachstehenden Schilderung zu erkennen ist, im Dorf viele andere Möglichkeiten:

»Och, das [einen Sandkasten oder -haufen], hatte fast jeder auf 'm Hof einen. Klar. [P] Wir sind denn mit mehreren Mädels, haben wa denn zusammen jespielt. Kuchen gebacken, alles, was da so zujehörte [lacht]. Und mit Puppenwagen jespielt, hatten unsere Puppen, und wir hatten denn noch so [P], na, so'n Verschlag, wo, da hatten wa Handwagen und das alles drin, und wenn das regnete, dann wa denn da rein jegangen und haben denn da jespielt. Oder wir sind in'er Nachbarschaft gegangen, die hatten 'ne große Scheune, ja, na ja, so lief das, lief das Leben weiter [lacht].« (Kasten,107–117)

Wenn sich die Kinder überhaupt zum Spielen in den Häusern aufhielten, war die Küche der geeignete Platz oder ein kleines Wohnzimmer. Die Kinderzimmer, so vorhanden, dienten nur zum Schlafen, oft wurden sie auch mit erwachsenen Personen geteilt.

Mädchen und Jungen hatten innerhalb des Dorfes allerdings unterschiedliche Bewegungsfreiheit. Die meisten Interviewpartnerinnen betonten, sie hätten sich vorwiegend im Umfeld des Hauses aufgehalten, das heißt in der unmittelbaren Nachbarschaft. Martha Ludwig blieb in Rufnähe (34) und auch Sieglinde Diekmann meinte, ihre Eltern hätten sie in der Nähe des Hauses haben wollen (5343). Nur Regina Wilhelm trieb sich überall herum, auch im Wald (Wilhelm, 895). Es ist aber unwahrscheinlich, dass sie sich dort schon als kleineres Kind aufgehalten hat.

Abb. 20: Kinder im Garten 1940
(Quelle: Dorfarchiv Volpriehausen)

Zunächst waren auch die Freundschaften auf dieses räumliche Umfeld beschränkt. Die Kinder spielten in der Nachbarschaft und vor allem mit den Nachbarskindern. Sie waren so vertraut miteinander, dass sie auch in die Häuser gingen. Martha Ludwig war mit der Tochter des benachbarten Bauern befreundet, mit dem ihre Familie kooperierte. Auf die Frage, ob sie sich als Kinder auch in den Wohnungen besucht hätten, antwortete sie: »Jo, auch mal. Sicher. Ich hab ja in dem Bauernhof, da waren wir sowieso, war ich sowieso mit drin. Das war das war, stand ja auch immer alles offen. Ja sicher, die kamen auch zu uns, aber dass wir bei uns zu Hause soviel gespielt haben, weiß ich eigentlich nicht. Das ging dann doch mehr da auf dem Hof, das war da war ja auch mehr Platz und auch mehr Gelegenheit, nich.« (Ludwig, 3332–3338)

Mit dem Beginn der Schule, in der sie andere Kinder kennenlernten, erweiterte sich der Radius der Kinder, mit dem Beginn der Jungmädel- oder Jungvolkzeit dann noch einmal. Ein wichtiger Treffpunkt der älteren Kinder war die »Meinte«, eine große Wiese am Ortsrand. »[...] da waren die Gänse, und da waren wir auch«, sagte Regina Wilhelm (6487). Nora Kasten, die in einer anderen Ecke des Dorfes wohnte, traf sich mit ihren Freundinnen im Alter von zehn bis zwölf Jahren woanders:

»Ja, meist hier weiter runter. Da warn Kaufmannsladen, und die hatten Landwirtschaft, die hatten 'nen, also 'n großen Hof, da konnten wa spielen dann.« (Kasten, 249–252)

Auffällig ist, dass der Bewegungsspielraum selbst der älteren Mädchen sich stark auf das Dorf und seine Ränder beschränkte. Zwei Frauen wuchsen mit dem expliziten Verbot auf, in den Wald zu gehen. Nur in der Gruppe, zusammen mit anderen Kindern, sei sie dort zum Heidelbeerpflücken gewesen, betonte Erna Hilpert (4712). Einzig Martha Ludwig machte das auch alleine (864). Anneliese Steinhoff durfte sich noch nicht einmal in der Feldmark aufhalten (2407). Im Gegensatz zu den Mädchen gab es für die Jungen derartige Beschränkungen nicht. Wo sie gespielt haben, darum habe sich doch keiner gekümmert, sagte Herbert Bauer (4451). Das Dorf, die Feldmark, später auch die unmittelbaren Nachbardörfer, vor allem aber der Wald und der Thieberg, bildeten das wesentlich größere Terrain, wie das oben schon in der Erzählung Klaus Schmitts angeklungen ist.

Für alle Befragten aber galt, dass sie sich praktisch nie in dem Bereich des Dorfes aufhielten, in dem die Kinder der Angestellten des Schachtes wohnten. Er lag etwas entfernt vom Dorfkern. Das war aber zweifellos nur für die kleineren Kinder ein Grund. »Da hatten wir nix mit zu tun. Die wohnten denn alle da. Das war denn also nich unsre Gegend, sagen wir mal so, ne, wie wir klein warn!« (Ludwig, 3289–3293)

Aber auch die älteren Kinder spielten kaum zusammen. Klaus Schmitt, der dafür zunächst die Trennung der Wohngebiete durch zentrale Straßen hervorhob, nannte dann aber die vermutlich entscheidende Ursache: »Die gingen ja alle auf [...] Gymnasium oder Mittelschule. Also mit uns gingen sie nicht mehr. Ja, und das war, die hier oben am Bahnhof wohnten, die auch. Die gingen auch [zu weiterführenden Schulen].« (Schmitt, 4519–4525)

Über die Grenzen des Dorfes hinaus kamen die Kinder nicht häufig. Das galt besonders für jene, von denen die meisten Verwandten in Volpriehausen ansässig waren und deren Eltern wegen der Viehhaltung oder auch aus anderen Gründen selbst am Sonntag nicht längere Zeit für größere Wanderungen oder Ausflüge erübrigen konnten. Einzig Wilhelm Wahrlich erzählte, der Vater habe mit ihm oft Radtouren gemacht. Seit dem zehnten Lebensjahr habe er aber nur noch mit dem Jungvolk etwas unternommen (Wahrlich, 1231). Einige waren mit Dörfern oder auch Kleinstädten in der Region durch regelmäßige Besuche bei den dort lebenden Verwandten vertraut. In den Schulferien blieben die Kinder überwiegend zu Hause; sie unterschieden sich vom sonstigen Alltag dadurch, dass man, wie Herbert Bauer betonte, mehr Zeit hatte, zum Schwimmen zu gehen (5161). Für etliche der älteren Kinder bedeuteten zumindest die Sommerferien viel Arbeit, weil sie mit der Erntezeit zusammenfielen. Größere Reisen in weiter entfernte Orte waren selten. Eine Ausnahme ist Sieglinde Diekmann, die ihre Ferien oft bei Verwandten in Kassel verbrachte (3036), dort auch häufiger zusammen mit den Eltern Kurzbesuche machte. Horst Möller hatte eine Tante in Hannover, bei der er mehrmals in den Schulferien war (2961) und dort nicht nur den Zoo, sondern vor allen Dingen den Flughafen besuchte, der ihn ganz besonders beeindruckte.

Die anderen Befragten sind als Kinder sehr selten verreist, manchmal nur ein Mal. Erna Hilpert war im Alter von zehn Jahren bei ihrer Patentante in Essen zu Besuch (256). Nora Kasten nahm zwölfjährig an einer Verschickung von Kindern an die Ostsee teil (1062). Regina Wilhelm wurde zu einem Betriebsausflug für die Beschäftigten des Kaliberwerks nach Hannover mitgenommen und besuchte dort außer einer Ausstellung den Zoo, die Herrenhäuser Gärten und den Maschsee (5075). Ihre einmaligen langen Ferien bei Tante und Onkel (Wilhelm, 5242), die nur dank des Widerstandes der Verwandten nicht vorzeitig wegen der Ernte abgebrochen wurden, sind bereits erwähnt worden. Und Herbert Bauer unternahm einmal mit dem Vater eine Radtour zu den Verwandten nach Magdeburg und Dresden (4698). Zwei Frauen erzählten in diesem Zusammenhang, dass sie längere Strecken allein mit der Eisenbahn gefahren sind und sehr stolz auf diese Leistung waren: Erna Hilpert war besonders versiert. Sie hatte schon im Vorschulalter allein die Strecke von Volpriehausen zu der Großmutter in einem benachbarten Dorf bewältigt, einschließlich des Umsteigens (Hilpert, 378). Ab dem Alter von zehn Jahren fuhr sie allein mit dem Zug in die nächste Kleinstadt, um Medikamente aus der Apotheke zu holen (Hilpert, 298) und mit elf Jahren nach Essen (Hilpert, 256). Ganz stolz auf ihre Selbstständigkeit war auch Regina Wilhelm, als sie zehnjährig die Reise von Nordhausen nach Northeim allein unternahm (5320). Der räumliche Radius der Kinder erweiterte sich durch Schulausflüge und Wanderungen nur bescheiden. Wichtiger waren für einige Befragte die Fahrten mit dem JV und der HJ.

Ein Überschreiten der Grenzen ihres sozialen Milieus wäre den Kindern wegen der differenzierten Sozialstruktur des Dorfes prinzipiell auch in Volpriehausen möglich gewesen. Sie war wegen der räumlichen Segregation und sozialen Abschottung der Milieus aber selten. Das schlägt sich auch in den Interviews nieder. Nur zwei Männer erwähnten derartige Kontakte. Herbert Bauer erzählte, er sei über einen Schulfreund öfter in der Direktorenvilla gewesen. Sie seien dort Fahrstuhl gefahren und auf der Feuerleiter herumgeklettert. Klaus Schmitt kam in eines der »besseren« Häuser nur als »Gefangener« einer der rivalisierenden Jungengruppen des Dorfes. Einige Befragte hatten jedoch durch Verwandte Kontakt mit anderen Sozialmilieus. Zwei Kinder hatten Onkel, die Prokuristen größerer Betriebe waren. Der Besuch dort machte sie mit einem anderen Lebensstandard und Lebensstil bekannt (Wilhelm, Möller). Unter Wilhelm Wahrlichs Großonkeln befand sich nicht nur ein hoher Geistlicher (222), sondern auch der Generaldirektor eines Unternehmens in Afrika (1269). Auch Erna Hilpert hatte entfernte Verwandte in Afrika. Beide Befragte entwickelten in ihrer späten Kindheit den Wunsch, dorthin auszuwandern. Noch mehrere andere Frauen träumten als Kinder den Traum, das Dorf zu verlassen, »rauszukommen«. Im Interview betonten sie die Enge und Begrenztheit des Dorfes, wo nichts »los gewesen« sei.

Spiele und Spielzeug

Die Befragten hatten unterschiedlich viel Zeit zum Spielen. Es gab Kinder, wie Wilhelm Wahrlich, die dafür den ganzen Nachmittag hatten (467). Andere, wie Herbert Bauer, konnten nachmittags nur dann Spielen gehen, wenn keine Arbeit anlag (6144). Für Erna Hilpert war das offenbar nur selten der Fall. Sie erzählte, sie sei meist in der Dämmerung, wenn die Eltern im Stall gewesen seien, schnell entwischt (Hilpert, 3251). Ein Kind wie Martha Ludwig, arbeitete hingegen gern und freute sich, wenn sie helfen konnte und bestimmte Arbeiten erledigen »durfte«. Sie wies im Übrigen auch darauf hin, dass die Arbeiten, zu denen die Kinder herangezogen wurden, nicht nahtlos nacheinander stattfanden, sondern es Zeit dazwischen gab, die zum Spiel genutzt werden konnte (Ludwig, 3048). Auch wurden nicht alle Arbeiten als solche wahrgenommen. Anneliese Steinhoff, die zusammen mit ihrer Mutter im Handwagen Getreide zur Mühle in den Nachbarort brachte, sagte dazu: »Man hat das gar nicht so als – als Arbeit empfunden [P], ne.« (492f.) Außerdem gab es Kinderarbeiten, bei denen sich Arbeit und Spiel mit anderen Kindern gut verbinden ließen. Ein klassisches Beispiel dafür ist die bereits erwähnte Hütearbeit. Nur wenn Martha Ludwig die Ziegen auf die eigene Wiese brachte, war sie dabei allein (4035). Außer durch die zu erledigende Arbeit wurde die freie Zeit am Nachmittag begrenzt durch den Zeitpunkt, an dem die Kinder wieder zu Hause sein mussten. Für die meisten war das Läuten der Feierabendglocke um 18.00 Uhr das Signal, sich zu trennen und nach Hause zu eilen.

Das Dorf – durch Volpriehausen führten zwei Bäche, es gab Schuppen, Scheunen und Ställe, kaum Verkehr – bot viel Platz und Anregungen für kindliche Spiele. Wasser spielte eine große Rolle in den Interviews. Man konnte im gestauten Rehbach (Hilpert, 98) oder im Zechenteich des Nachbarortes baden. Schon im August 1933 wurde das im Zuge von Arbeitsbeschaffungsmaßnahmen gebaute Schwimmbad in Volpriehausen eingeweiht. Schwimmenlernen und Ins-Freibad-Gehen wurden dadurch sehr attraktiv. Selbst die aus einem ärmeren Haushalt stammende Martha Ludwig besaß eine Dauerkarte für das Schwimmbad. Zudem organisierte der Vaterländische Frauenverein des Roten Kreuzes im Kalibergwerk für alle Kinder, auch die aus den Nachbardörfern, alle zwei Wochen ein Solebad in den Zinkwannen der Steiger. Anschließend erhielten alle Kakao und Brötchen.[1]

---

[1] Vgl. dazu *Sollinger Nachrichten* vom 28.2.1928, zitiert bei Kingreen, *Wie et freuer was*, S. 168f. Das Solebaden wurde in vielen Interviews erwähnt.

Abb. 21: *Einweihung des Schwimmbades am 13. August 1933*
(Quelle: Dorfarchiv Volpriehausen)

Da die Kinder sich zum Spielen überwiegend außerhalb der Häuser aufhielten, wundert es nicht, dass in den Interviews das ganze Repertoire der Bewegungsspiele genannt wurde, vom Fangen- und Versteckspielen über Hinkelkasten bis zum Völkerball. Im Winter, der im Solling meist viel Schnee brachte, wurde gerodelt. Klaus Schmitt erzählte auch von Schneeschuhlaufen und Eishockeyspiel. Um gut schurren oder schlittern zu können, fegten die Kinder bei Frost die Straße und schütteten Wasser darauf (Schmitt, 6173). Wie in den anderen Orten auch gab es Spiele, die Mädchen und Jungen gleichermaßen und gelegentlich auch zusammen spielten, andere, die geschlechtlich konnotiert waren. Wohl nur Mädchen spielten mit Puppen und schoben Puppenwagen durch das Dorf. Auch die »Ballprobe« war ein reines Mädchenspiel. Ältere Mädchen trafen sich zum Handarbeiten. Fußball war eine Domäne der Jungen. Mädchen durften dabei nicht mitspielen, lernte Nora Kasten (2056). Jungen aus ärmeren Familien spielten barfuß Fußball, weil die Schuhe geschont werden mussten. Klaus Schmitts Eltern kontrollierten das sogar (4714). Die größeren Jungen bauten Hütten im Wald. Sie schlossen sich zu verschiedenen Cliquen oder Banden zusammen und lieferten sich Kämpfe oder spielten Streiche. Beispielsweise bombardierten sie durchfahrende Züge mit Steinen. Sie schafften es sogar, einmal einen Zug zu stoppen, was eine polizeiliche Ermittlung nach sich zog (Schmitt, 1266). Wenn nichts weiter los war, hingen sie an ihren Treffpunkten herum (Schmitt, 4763) und probten gelegentlich die Rebellion gegenüber den dörflichen Autoritäten.

»Wenn wa, genau, wenn wa früher in der Schule waren, dann haben wa jesagt: ›Heute grüßen wa den Lehrer nich.‹ Und wenn der, war doch, floss doch 'n Bach durch Volpriehausen, 'n Mühlenbach, da war 'n Geländer. Da saßen wa denn drauf, und dann kam der da unten umme Ecke und dann ham wa jesagt: ›Den grüßen wa nich.‹ Und wenn er immer näher kam, immer näher, dann sind wa alle wieder runterjestiegen und ham denn schön jegrüßt [lacht].« (Schmitt, 180–188)

Andere Beschäftigungen waren Kartenspielen, Kreuzworträtsel lösen und das Sammeln von Zigaretten- oder Margarinebildchen für die großen Sammelalben.

Die Ausstattung der Kinder mit Spielzeug war bescheiden. Die Mädchen hatten meist eine Puppe, einige einen Puppenwagen. Nur Regina Wilhelm sprach von zwei Puppen und hatte sogar eine Puppenstube, bei der vieles selbst gebastelt war (3768, 6218). Ein Ball, Springseil und Murmeln wurden auch noch erwähnt. Fahrräder waren kein »Spielzeug«, sondern ein teures Transportmittel, das meist nur den Erwachsenen zur Verfügung stand. Klaus Schmitts Vater schloss das Fahrrad immer vor dem Sohn weg, weil er beruflich darauf angewiesen war (13). Herbert Bauer besaß ein altes Fahrrad zusammen mit seinem Bruder. Sie fuhren zu zweit darauf und waren dabei offenbar so tollkühn, dass, wie er erzählte, andere Leute ihnen die notwendigen Fahrradteile brachten, um ein zweites Rad zusammenzubauen: »Damit die Leute in Ruhe über die Straße gehen konnten, nech.« (Bauer, 113f.)

Geschlechtsspezifische Spielzeuge für Jungen waren der Stabilbaukasten oder die Dampfmaschine. Diese war so wertvoll, dass Klaus Schmitt damit nur Weihnachten und unter Anleitung seines Vaters spielen durfte. Jedes Jahr bekam er ein neues Teil dazu geschenkt (Schmitt, 5134). Horst Möller erwähnte auch Kriegsspielzeug, das er zu Weihnachten bekam (2509). Anderes Spielzeug wurde teilweise selbst gebastelt, beispielsweise Schneeschuhe aus Brettern (von Holztonnen), Krampen und Gummiringen (Schmitt, 2175).

Freundschaften

Ebenso wie die Kinder in Hann. Münden spielten auch die in Volpriehausen überwiegend in Gruppen, und zwar schon von früher Kindheit an. Zunächst rekrutierte sich die Spielgruppe aus den Nachbarkindern, später, seit der Schulzeit, erweiterte sich der Kreis. Diejenigen, die über mehr freie Zeit verfügten, verabredeten sich bereits in der Schule mit den anderen Kindern für den Nachmittag, wie Anneliese Steinhoff (2221). Andere, wie Martha Ludwig, konnten sich aus Zeitgründen nicht verabreden. Sie beschrieb den Vorgang, wie sich die Kinder trafen, mit den Worten:

»Ja das war denn eigentlich immer mit dem mit den Freundinnen, den Kindern die da waren. Also Hinken alleine ist ja nich lustig. Und und ja nen bisschen Ballfangen, das fing man dann an, wenn man alleine war, und kam noch jemand zu oder sowas und dann spielte man das dann eben, ja. [...] Es waren also in meinem Alter waren vier Mädchen in der näheren Umgebung. Mit denen man, ach Gott, waren Freundinnen, sagte man dazu. Und wer nun grad Zeit hatte und man sah, da draußen ist einer. Das war nun nich mit Verabredungen, ging man dazu. Oder man sagte dann, ich muss das noch machen oder das noch und dann komm doch oder mach das mit, ist auch passiert, dass einer mit gejätet hat, weil man da nun grade ma denn was anderes machen wollte. Aber große Verabredungen waren das eigentlich nicht.« (Ludwig, 1412–1427)

Verabredungen waren nur notwendig, wenn Kinder miteinander spielen wollten, die in größerer Entfernung voneinander wohnten. Nachbarskinder hingegen fanden sich ohne Schwierigkeiten »einfach so« auf der Straße. Trotz der Dominanz des Spiels in der Gruppe hatten einige Befragte auch ein oder zwei Kinder, mit denen sie enger befreundet waren. Eine enge Freundin, ein enger Freund und das Spielen in Gruppen schlossen sich nicht aus. Nur Erna Hilpert spielte ganz überwiegend seit der Schulzeit mit ihrer Freundin aus der Nachbarschaft. Im Sommer hätte sie wegen der vielen häuslichen Arbeitsverpflichtungen gar nicht den zeitlichen Spielraum gehabt, den das Spielen in einer Gruppe erforderte (Hilpert, 1744).

Entsprechend dem »Nachbarschaftsprinzip« fanden sich bei den Spielgruppen im Vorschulalter auch solche, in denen Jungen und Mädchen zusammen spielten. Offenbar trennten sich die Geschlechter spätestens ab der Schulzeit. Vor allem die Interviewpartner betonten, sie hätten immer nur mit Jungs gespielt (Wahrlich, 1930), immer dieselben Jungs hätten sich zum Spielen gefunden (Schmitt, 4465). Einzig Herbert Bauer erwähnte, es sei gelegentlich auch mal ein Mädchen beim Spielen dabei gewesen:

»Na ja, es kamen öfter welche mit dabei, doch, die ham mitjemacht, doch, aber [P] es war nich so wie heute, wo se überall dabei sind. Früher, die ham sich doch n bisschen zurückjehalten, ne.« (Bauer, 4585–4591)

Eine Annäherung der Geschlechter fand dann erst wieder in den letzten Schuljahren statt (Steinhoff, 2242).

Die Kindergruppen waren überwiegend nicht strukturiert, hatten weder feste Regeln noch feste Anführer. Je nach Situation und Zusammensetzung der Gruppe war mal die eine oder der andere ausschlaggebend. Herbert Bauer, der von einem Anführer sprach, fügte dann aber sogleich hinzu: »Aber das wurde nicht so genau genommen.« (4569f.) Sieglinde Diekmann, die selbst versuchte, in ihrer Spielgruppe den Ton anzugeben, beschrieb ihre Erfolge und Misserfolge dabei mit den Worten:

»Ich hab immer versucht zu kommandieren. [lacht] Manchmal ham sie's auch gemacht. Manchmal ham sie auch gesagt, also jetzt kommen wir mal dran. Hab gesagt, okay. Aber ansonsten hab ich immer versucht. Ich war immer so'n bisschen Feuerwehrhauptmann, ne.« (Diekmann, 5251–5256)

Ähnlich wie die Befragten aus Hann. Münden waren die meisten aus Volpriehausen als Kinder wenig allein. Das lag sicher zum großen Teil an den komplexen Haushaltsstrukturen und den Geschwistern, mit denen man entweder zusammen spielen konnte oder auf die man aufpassen musste. Erna Hilpert reagiert auf die Frage, ob sie auch mal Zeit für sich alleine gehabt hätte, ersichtlich irritiert:

»Ja – was alleine? Alleine konnten wa ja nichts anfangen. [P] Das war ja nichts, ne. Man musste ja immer – und alleine gab's ja auch nicht nun. Ich hatte ja nun die Geschwister dann noch da, ne. Na, mein Bruder war allerdings drei Jahre älter als ich, der durfte ja dann vieles schon, ja dann schon etwas länger, dann dies und jenes, nech, […].« (Hilpert, 3505–3514)

Andere betonte, sie hätten gelegentlich auch allein gespielt. Insgesamt erwecken die Erzählungen den Eindruck, dass allein sein, sich allein beschäftigen eher selten vorgekommen ist. Nur zwei Befragte waren als Kinder häufiger allein: Martha Ludwig, die als Einzelkind aufwuchs, sowie Horst Möller, der etwas abgelegen wohnte und dessen Bruder ihm vom Alter und den Interessen zu fern war.

Aus den meisten Erinnerungen geht hervor, dass Ausgrenzungen anderer Kinder keine große Rolle gespielt haben. Davon gibt es zwei Ausnahmen: Beide Befragte, die solche Ausgrenzungen thematisierten, beziehen sie darauf, dass die Kinder der beim Kalibergwerk Beschäftigten verschiedene Privilegien genossen, von denen sie, deren Väter anderen Berufen nachgingen, ausgeschlossen waren. Die »Schachtkinder« erhielten nicht nur beim »Bergmannsfest« Freikarten für Karussells et cetera, sondern hatten auch eine Weihnachtsfeier, die das Bergwerk veranstaltete und bei der sie ein kleines Geschenk erhielten. Das waren begehrte Privilegien. Martha Ludwig, deren Vater nicht viel Geld verdiente, thematisierte das »Ausgeschlossensein« gleich am Anfang ihres Interviews und auch das beglückende Erlebnis, einmal dazugehört zu haben:

»Das waren, also die [Bergleute] verdienten sehr viel Geld für damalige Begriffe, sehr viel Geld. Und die Kinder, die wurden dann auch immer eingeladen in diese Bergmannsfeste, und ich war da nun immer nich mit dabei. Und dann konnt ich aber einmal, da war ich grad zur Schule gekommen. Da gab es also auch noch solche solche Krippenspiele zu Weihnachten, und da suchte man ein kleines Mädchen, die also das gut lernen konnte und so. Und dann durfte ich da mitspielen, und ich gehörte auf einmal dazu, und das war für mich auch wieder 'nen Erlebnis. Also zu dieser Clique kann man nich sagen, zu diesem ganzen Verein, zu dieser Hierarchie eigentlich, die im Dorf war mit den Bergleuten. Und dann gab es denn also zu Weihnachten, gab's auch immer so 'ne Tüte mit mit Naschwerk und so fertiggemacht [...] aber das war auch so eine Erinnerung, die bleibt, nicht. Ich kann auch von diesem Krippenspiel kann ich jetzt noch was. Da war ich sechs, ja.« (Ludwig, 82–101)

Es existierten verschiedene Cliquen im Dorf. Dabei handelte es sich ausschließlich um Jungengruppen. Organisierten sich in anderen Orten die Cliquen oder auch Banden meist nach Straßenzügen oder auch Stadtvierteln, nach Unterdorf oder Oberdorf, so in Volpriehausen nach sozialen Kriterien. Wegen der segregierten Wohngebiete fielen sie mit Gebietsbezeichnungen zusammen. Alle Befragten, die Cliquen in Volpriehausen thematisierten, nannten die »Clique vom Schacht«, das heißt die Gruppe der »Beamten«-Kinder, die der des Dorfes gegenüberstand, zu der auch die Kinder der einfachen Bergleute gehörten. Herbert Bauer unterschied sogar drei Cliquen, nämlich Dorf, Schacht und Bahnhof (4383). Die zentrale Differenzierung ist aber zweifellos die zwischen den Kindern der höheren Angestellten des Schachtes, den »Beamtenkindern«, und denen des restlichen Dorfes gewesen. Es wurde schon darauf verwiesen, dass allein die abgesonderte Wohnsituation der Angestelltenfamilien für die älteren Kinder kein Hindernis für das gemeinsame Spiel gewesen sein konnte. Die Kinder trennten ganz andere Dinge: Herkunft, Sprache, Erziehung, nicht zuletzt der bereits erwähnte Besuch verschiedener Schulen. Klaus Schmitt sprach diesen Unterschied im Interview ausführlich an:

»Ja, da hatten ja, die gingen ja erstmal schon auffe höhere Schule. Da hatten se schon mehr [P] Schularbeiten zu tun, un denn warn das ja auch nicht so viel wie hier im Dorfe ne. Guck mal, wir warn neun [P] neun Jungens warn wa. Ja, neun Jungens, da warn nun zwei Beamtenkinder bei ne. [...] Und die ham wa ja sowieso nich, und die warn ja auch von sich aus schon ganz anders, so feiner! Ne, [keucht] wenn die ha [PP] machten die schon mal den Dreck ab. [...] die machten schon mal so, wo wir gar nich hinjeguckt hatten ne. Das konnte man schon gleich merken ne. Die warn schon ganz andere. Der Umgang in Hause war schon anders, ne. Das is, das, das prägt ja da alles mit. Ne. Wir in unser, im Hause war das anders und bei den war es wieder anders 'ne. Das, die warn also, [stöhnt] die hatten 'n ganz andern Sprachschatz schon wie wir. Die reden ja ganz anders wie wir. [...] Ja, ja. Zu Hause schon. Ne. Erstmal warn die nich hier jeborn. Die Eltern warn nich von hier, ne. Die mussten erstmal fragen, wenn wir was jeredet ham, was das für Wörter warn.« (Schmitt, 5050–5074)

Streiche und Widerständigkeiten

Obwohl die Kinder überwiegend streng erzogen wurden und Respekt vor den Eltern hatten, auch gestraft, sogar körperlich gezüchtigt wurden, waren sie nicht vollkommen angepasst. Sie waren wie alle Kinder mitunter frech, vorlaut, übermütig oder stur, trotzig und auch widerborstig. Der dadurch verursachte kleine häusliche Ärger wurde in den Interviews gelegentlich erwähnt, die Ursachen konnten aber meist nicht mehr erinnert werden. Andere Taten sind jedoch in bleibender Erinnerung geblieben. Das gilt vor allem für solche, bei denen die Kinder erwischt und bestraft worden sind, oder für jene, die mit großer Angst vor Entdeckung verbunden waren.

Obst aus Gärten anderer Leute zu klauen, war offenbar ein beliebter »Sport« von Kindergruppen. Horst Möller wurde mit seinen Freunden dabei vom Straßenwärter gesehen und beim Lehrer gemeldet, der ihnen am nächsten Tag eine Tracht Prügel verabreichte (1306). Regina Wilhelm wurde als Einzige ihrer Gruppe vom Bauern beim Äpfelstehlen erwischt. Alle anderen hatten sich rechtzeitig verdrückt (Wilhelm, 6156). Auch zu Hause haben die Kinder allerlei entwendet. Die Liste reicht von Geld über Lebensmittel, Zigaretten bis zu Krampen für die Zwille sowie Bretter und Nägel für den Bau von Hütten im Wald. Die Kinder beschädigten absichtlich oder aus Unkenntnis Dinge, logen, drückten sich vor der Arbeit, indem sie wie Klaus Schmitt den Pfiff des Vaters überhörten und sich versteckten (272). Auf Lügen reagierten manche Eltern sehr heftig. Die Kinder spielten anderen Leuten Streiche, hängten dazu Gartentüren aus oder veranstalteten Lärm durch einen straff gespannten Faden, den sie mit einer Reißzwecke am Fenster befestigt hatten. Sie rächten sich auch an den Personen, von denen sie verpetzt oder geärgert worden waren oder die sie nicht leiden konnten.

Die Kinder trieben aber auch gefährliche Dinge. So galt es als Mutprobe, schnell über die Straße zu rennen, wenn mal ein Auto kam (Wilhelm, 6172). Vor allem die Jungen schlugen gelegentlich über die Stränge. So schossen sie mit Zwille und Krampen auf die Züge und den Kirchturm. Wenn vorbeigeschossen wurde, gab es auch schon mal eine zerbrochene Scheibe. Die Züge bewarfen die Jungen mit Steinen, dass sie dabei eines Tages den Zugführer getroffen haben, war unbeabsichtigt (Schmitt, 1241). Herbert Bauer und seine Freunde schmissen auf einem Feld die zum Trocknen aufgestellten Strohstiegen um. Da der Bauer dazukam und sie erwischte, mussten sie den Schaden bis tief in die Nacht hinein wieder in Ordnung bringen (Bauer, 48). Gelegentlich trieben sie es zu bunt. Der Förster ertappte einige Jungen, wie sie einen in eine Falle geratenen Fuchs mit Schlägen traktierten:

»Ui, und denn kam er an: ›Halt! Stehenbleiben!‹ und so. Und da hatter 'ne Schrotladung hinter uns herjedonnert. [lacht] Wir warn oben aufn Acker. Ich hatte [lacht] hatte drei Dinger hinten durch die Hose jeschlagen. Ham wa oben mitn Messer hinten die Dinger rausjepult. Donnerwetter. [P] War unanjenehm. Durch de Hose jeschossen.« (Bauer, 6194–6102)

Die Jungen rächten sich für diese Bestrafung dadurch, dass sie dem Förster in der nächsten Zeit die aufgestellten Fallen zuschlugen.

Es fällt auf, dass die Erwachsenen eher zur Selbsthilfe gegenüber den Rowdies griffen, als die Polizei zu benachrichtigen. Die einzige Ausnahme bildet der Fall des verletzten Zugführers. Herbert Bauer meinte:

»Das war nich so schlimm wie heute. Die Polizei war noch nich so da hinterher, und wenn heute wat passiert, dann ham se gleich [P] alle aufm Halse. Aber früher doch nich.« (Bauer, 4577–4581)

Die Kinder waren über die Arbeiten, die sie zu erledigen hatten, und ihr Spiel im Freien überall im Dorf auf den Straßen und Höfen, an den Bächen, auf den Wiesen und in der Feldmark präsent. Als Teil des Dorfalltags waren sie auch eingebunden in die Bräuche, die das dörfliche Leben strukturierten. Im zeitigen Frühjahr beteiligten sich die größeren Kinder am

Aufschichten der Osterfeuer, von denen es allerdings in Volpriehausen mehrere gab. Die Kinder liefen bei den Umzügen zum 1. Mai und den anderen Festen mit, in der NS-Zeit wurden sie dazu abgeordnet. Im Herbst verabredeten sie sich gruppenweise zum Martinssingen. Klaus Schmitt schmiedete mit seiner Clique schon vorher einen Plan, in welcher Reihenfolge sie die Häuser ablaufen wollten. Wichtig sei es gewesen, beim Schlachter und beim Bäcker zu beginnen, weil es dort Wurst und Brötchen gab und nicht nur schrumpelige Äpfel wie anderswo. Ein begehrtes Ziel war die Direktorenvilla, das Haus des Bergwerksdirektors. Dorthin kamen auch viele Kinder aus den Nachbardörfern, in denen ebenfalls Bergleute wohnten. Klaus Schmitt erlebte, dass sich dort bis zu 60 Kinder versammelten, die alle beschenkt werden wollten. Sie wurden zu zehn eingelassen und in der Küche von Assessor Albrecht nach dem Singen »examiniert« und von der Haushälterin versorgt. Ihm war diese Situation unangenehm, weil sein Vater nicht beim Bergwerk beschäftigt war und er deshalb das Gefühl hatte, dort fehl am Platze zu sein (Schmitt, 4859). Befragt, wo sie hingehörten (»Wem hörste?«), wurden die Kinder allerdings auch bei anderen Leuten.

In die Winterszeit gehörten die Rituale, die mit dem Schlachten verbunden waren. Martha Ludwig trug in der Nachbarschaft die »Schlachtebrühe« aus (1048). Bis zum Krieg sei es auch üblich gewesen, dass Kinder wie Erwachsene, bis zur Unkenntlichkeit verkleidet, in dem Haus, in dem geschlachtet worden war, um eine kleine Wurst gebettelt hätten. Um nicht an der Stimme erkannt zu werden, hätte man sich mit Zeichen oder auch schriftlich verständigt (Hilpert, 5397; Ludwig, 3394).

Bei Hochzeiten versperrten die Kinder mit einem Seil dem Brautpaar den Weg auf der Straße und vor der Kirche und ließen sich nur mit Geld oder Bonbons dazu bewegen, das Brautpaar durchzulassen. Dazu verabredeten sie sich schon in der Schule (Schmitt, 4935).

4. Schulalltag

Bei der Volksschule in Volpriehausen, die alle Befragten besuchten, handelte es sich um eine große und deshalb relativ differenzierte Schule. Wegen des mit der Industrialisierung einhergehenden Bevölkerungswachstums reichte schon Ende des 19. Jahrhunderts die alte einklassige Dorfschule nicht mehr aus. 1906 wurde ein neues Schulgebäude eingeweiht, in dem die Kinder seit den 1920er Jahren in drei Klassen unterrichtet wurden.[1] Aus den Interviews geht hervor, dass die Klassen eins und zwei sowie drei und vier jeweils zusammen unterwiesen wurden. Die größte Klasse umfasste die älteren vier Jahrgänge (Hilpert, 213; Bauer, 6319). Zwei bis drei Lehrer erteilten den Unterricht. Im Krieg war nur noch ein Lehrer für die 90 Kinder zuständig (Ludwig, 262).

Auch in Volpriehausen wurde den Kindern der Schulbeginn mit einer Schul- oder Zuckertüte »versüßt«. Zwei Frauen betonten, sie hätten sie erst zu Hause erhalten, vermutlich auf Rücksicht auf diejenigen Kinder, denen die Eltern keine mitgeben konnten (Steinhoff, 1225; Hilpert, 4071). Im Untersuchungszeitraum waren die Lehrerinnen und Lehrer weitgehend unangefochtene Respektspersonen. Das galt besonders in den ländlichen Gebieten, wo die Lehrer zu den Dorfhonoratioren zählten und auch außerhalb der Schule gegrüßt werden mussten (Bauer, 6472). Von der Strenge des Lehrers und der strikten Disziplin berichteten mehrere Interviewpartnerinnen und -partner. Zu deren Durchsetzung standen den Lehrern verschiedene Sanktionen zur Verfügung: Strafarbeiten, Nachsitzen, körperliche Züchtigung. Der Rohrstock sauste auf die geöffneten Hände oder den Hosenboden. Der Stock oder die Rute wurde, wie auch in den Familien, überwiegend bei den Jungen eingesetzt (Wilhelm, 2901; Steinhoff, 1182). Diese, so Anneliese Steinhoff, hätten einen Trick angewendet. Wenn sie die geöffnete Hand während der Schläge über das Tintenfass gelegt hätten,

---

1 Vgl. dazu oben und Herbst, *Volpriehausen,* S. 225.

sei diese angeschwollen. Deshalb hätten sie auch immer die rechte Hand zur Bestrafung hingehalten, mit der sie dann nicht schreiben konnten (Steinhoff, 1709). Die Väter einer Frau und eines Mannes beschwerten sich bei einem der Lehrer, der zur Bestrafung die Kinder sehr grob in den Hals gekniffen habe. Das hätte der dann nicht mehr gemacht, erzählte Wilhelm Wahrlich (2147). Die Befragten aus Volpriehausen lernten also, ebenso wie die aus Göttingen und Hann. Münden, in ihrer Kindheit Gewalt als übliches und legitimes Sanktionsmittel kennen und fürchten. Dass Väter sich gleichwohl beschwerten, wenn ein Lehrer ihrer Ansicht nach zu weit gegangen war, zeigt, dass dabei Grenzen eingehalten werden mussten. Allerdings war die Aufrechterhaltung der Disziplin nicht allen Lehrern gleichermaßen möglich. Wer nicht über ausreichende persönliche Autorität verfügte, musste bei der körperlichen Züchtigung von älteren und körperlich kräftigen Knaben vorsichtig sein, die sich nicht mehr alles gefallen ließen. Sieglinde Diekmann erzählte:

> »Wir hatten ja auch Jungs in der Klasse, die dann so groß und so breit waren, und wenn die sich übern Stuhl legen sollten und sollten mit der Rute welche haben, ham sie das nicht getan, nich. Hat einer zu ihm [dem Lehrer] gesagt: ›Dat do ik nich.‹ Das tu ich nich. Das mach ich nich. Naja. […] Ja, er hat ihm dann nurn paar übern Rücken gezogen und musste dann, hat dann aufgehört, weil er sofort wusste, der würde ihn angreifen. Nich? Es war [P] irre, aber es hats damals auch schon gegeben. Also diese Gewalt an der Schule […].« (Diekmann, 5947–5962)

Das war offensichtlich kein Einzelfall. Die fünf Jahre jüngere Regina Wilhelm erzählte eine ähnliche Situation, bei der wegen der Weigerung des Schülers, sich für die Bestrafung über einen Stuhl zu legen, der Zeigestock des Lehrers zu Bruch ging (4137). Lehrer weiteten wohl teilweise auch ihre Befugnisse aus. Ein Lehrer, so Klaus Schmitt, habe die Jungen morgens früher in die Schule bestellt:

> »Wir hatten um sieben schon Schule. Eine halbe Stunde vorher mussten wir erst durch den Papenberg laufen. Er wollte keine müden Jungens am Tische haben [P] Auh!« (Schmitt, 213–216)

Ein anderer ließ sich von Schülern während der Unterrichtszeit Kaninchen schlachten. Herbert Bauer machte das in Stunden, die ihm nicht besonders lagen, ganz gerne (6333).

Martha Ludwig, die die Schule von 1934 bis 1942 besuchte, erlebte spezielle Lernangebote für bessere Schülerinnen und Schüler, von denen sie profitierte. Der Lehrer förderte sie unter anderem dadurch, dass er ihr Bücher aus seinem Privatbesitz auslieh. Aber als sie die während des Unterrichts unter der Bank las, wurde er doch ärgerlich (Ludwig, 1524). Die Schule verfügte über eine eigene Bücherei, aus der Kinder ausleihen konnten, und einen Schulgarten. Dass sie, die zu Hause mit Garten- und Feldarbeit überhäuft wurde, an dem Gartenbauunterricht teilnehmen musste, ist Erna Hilpert ersichtlich schwergefallen (234). Wanderungen führten die Kinder in die nähere Umgebung Volpriehausens. Weitere Ausflüge hatten das Hermannsdenkmal, die Stadt Northeim, gelegentlich auch Hannover zum Ziel. Einige nannten eine Dampferfahrt auf der Weser. Am nächsten Tag, so Klaus Schmitt, sei dann stets ein Aufsatz darüber fällig gewesen (5735). Wenn man von den Fahrten zum Hermannsdenkmal und nach Hannover absieht, war der Radius dieser Unternehmungen doch recht eng.

In Volpriehausen, wie in allen Orten dieser Größe, wurden Mädchen und Jungen nicht getrennt, sondern gemeinsam unterrichtet. Sie saßen in den Klassenräumen allerdings separiert (Hilpert, 4306), ebenso wie das in dieser Zeit auch in den Kirchen noch üblich war. Die befragten Frauen und Männer sind mit der Schule unterschiedlich gut zurechtgekommen. Sie repräsentieren ein breites Spektrum von Begabungen. Einige mussten sich quälen mit dem Stoff und den Schularbeiten. Nora Kasten hatte dazu keine Lust und brauchte deshalb viel Zeit (1754). Erna Hilpert nannte die ersten Schuljahre »hart« (207). Nur wenn er von den Schularbeiten absah, fand es Herbert Bauer »bequemer«, in der Schule zu sein als zu Hause, wo so viel Arbeit auf ihn wartete (6483). Andere gingen gern zur Schule. Sieglinde Diekmann und Martha Ludwig waren sehr gute Schülerinnen, deren Begabung für den Besuch einer weiterführenden Schule ausgereicht hätte. Die meisten Kinder wurden, wie schon erwähnt, bei ihrem Schulerfolg von den Eltern, teilweise auch älteren Geschwistern unterstützt.

Die interviewten Frauen und Männer haben alle acht Jahre die Volksschule in Volpriehausen besucht. Es war offenbar selten, dass, von den Kindern der »Beamten« abgesehen, jemand nach der vierten Klasse auf eine weiterführende Schule wechselte. Das wäre für die Dorfkinder auch mit erheblichem Aufwand verbunden gewesen. Die nächste Mittelschule befand sich im neun Kilometer entfernen Uslar; zum nächsten Gymnasium in Northeim waren es 30 Kilometer. Zu beiden Städten gab es zwar eine Eisenbahnverbindung. Dennoch war der Besuch der beiden Schulen mit erheblichem zeitlichen und – allein schon wegen des Schulgelds – finanziellen Aufwand verbunden. Hinzu kam die mangelnde Vertrautheit mit einer anderen Schule und Umgebung. Dies spielte bei Sieglinde Diekmann eine Rolle. Sie traute es sich nicht zu, als einziges Kind aus Volpriehausen auf das Gymnasium in Northeim zu wechseln (Diekmann, 503). Auf der Mittelschule in Uslar wollte der Vater sie nicht haben. Also blieb sie in Volpriehausen. Für die sehr begabte Martha Ludwig scheiterte der Wechsel auf die höhere Schule an dem finanziellen Aufwand:

»[…] und ich wäre so gerne aufs Gymnasium, aufs Lyzeum damals gegangen, aber da musste man das bezahlen, ne. Und dann hieß es, ja nee, wenn sie da erst sind, dann wollen sie auch noch studieren. Das können wir uns nie leisten. Warum [also]?« (Ludwig, 269–274)

Die nationalsozialistische »Machtergreifung« veränderte zunächst wenig im schulischen Leben. Der konservativ-autoritäre Geist, der die Volksschulen seit Generationen bestimmte und den auch die liberale Schulpolitik der Weimarer Republik nicht hatte vertreiben können, war mit dem Nationalsozialismus durchaus konform.[2] Wie überall hing in Volpriehausen eine Fahne im Klassenraum und ein geschmücktes Hitlerbild an der Wand (Steinhoff, 1836). Es wurde nicht mehr gebetet, die Kinder mussten mit »Heil Hitler«[3] grüßen und die Schülerzeitschrift *Hilf mit* erwerben und lesen (Wilhelm, 6777), deren Artikel vermutlich auch im Unterricht behandelt worden sind.[4] Fahnenappelle wurden durchgeführt, Kinder und Lehrer hörten gemeinsam die Übertragung von Führerreden, die Kinder beteiligten sich klassenweise bei Kundgebungen und Umzügen, pflanzten an einem Nachmittag Maulbeerbäume (Wilhelm, 7090).[5]

Über die Beeinflussung des Lehrstoffes durch die nationalsozialistische Ideologie gibt es in den Interviews nur wenige Hinweise. Politische Ereignisse als Thema des Unterrichts waren nichts Neues. Politische Vorkommnisse der Jahre 1932 und 1933 wurden aufgenommen. Sieglinde Diekmann, die bereits in den späten 1920er Jahren eingeschult worden war, erinnerte sich, dass sie im Rechen- und Raumlehreunterricht anhand von Wahlergebnissen Schaubilder zeichnen mussten (749). Schülerinnen und Schüler hätten sich auch gegenseitig mit politischen Anspielungen geneckt. Zeitlich lassen sich diese Erinnerungen nicht präzise zuordnen. Sie könnten sich

---

2 Vgl. dazu Hochhuth, *Schulzeit,* S. 82.
3 Daran konnten sich nur wenige erinnern. Das zeigt, wie stark der Hitlergruß habitualisiert gewesen ist. Vgl. dazu Rosenbaum, »Der Hitlergruß«.
4 So Hochhuth, *Schulzeit,* S. 188, für ein Dorf bei Kassel.
5 Die Schule in Volpriehausen beteiligte sich damit offenbar an der reichsweiten Aktion »Seidenbau«, die »hohe wehrwirtschaftliche Bedeutung« hatte und zugleich eine »Ergänzung des naturkundlichen Unterrichts« war. So die *Sollinger Nachrichten* vom 10.3.1939.

gleichermaßen auf die Wahlen von 1932 und 1933 beziehen. Martha Ludwig erwähnte einen ihr besonders gelungen Aufsatz über den Anschluss der »Ostmark« (1601). Regina Wilhelm verwies auf den Unterricht in Rassenkunde, bei dem ein Lehrer ihr prophezeit hätte, sie würde mal einen Neger heiraten (7334). Auch wenn er damit nur auf ihre Schwärmerei für Afrika reagiert haben sollte, konnte diese Bemerkung in dieser Zeit eigentlich nur als Beleidigung aufgefasst werden. Die »Afrika-Begeisterung«, die einige Befragte aus ihrer Kindheit und Jugend erinnerten, war vermutlich eine Folge des Erdkundeunterrichts, in dem in den ersten Jahren des Dritten Reiches die Kolonien ein wichtiges Thema gewesen sind, das erst mit den Eroberungen des Zweiten Weltkriegs zweitrangig wurde.[6]

Die gestiegene Bedeutung des Sports im Dritten Reich wird daran erkennbar, dass sich viele Befragte an die schulischen Sportwettkämpfe erinnerten. Erfolg oder Misserfolg schlug sich in ihrer Sportnote nieder (Ludwig, 3541). Herbert Bauer berichtete vom Stolz des Lehrers, wenn die Kinder seiner Schule bei den Wettkämpfen in der nächsten Kleinstadt gut abgeschnitten hatten (6531). Statt des Sportunterrichts, so Anneliese Steinhoff, hätten sie allerdings auch oft Wanderungen gemacht (1790).

Das Ende der Schulzeit wurde feierlich begangen. Seit 1940 wurde die Schulentlassungsfeier reichsweit einheitlich gestaltet.[7] In den vorgetragenen Gedichten »Und Mädchen tun uns not...« (Reinhold Braun) sowie »Ein Mann sollst du werden« (Heinrich Anacker), wurden den Heranwachsenden die tradierten und erwarteten unterschiedlichen Geschlechtsrollen deutlich vor Augen geführt. Das Schulende wurde von einigen Befragten freudig begrüßt. Herbert Bauer war erleichtert, weil er meinte, nun würde ihn niemand mehr kommandieren (Bauer, 6673). Regina Wilhelm und Wilhelm Wahrlich hatten sogar das Gefühl, das Leben finge erst jetzt richtig an (Wilhelm, 6215; Wahrlich, 2426f.).

---

6 Vgl. dazu Hochhuth, *Schulzeit*, S. 190f.
7 Laut einem Zeitungsartikel von 1940 aus dem Kriegstagebuch des Lehrers.

5. Hitler-Jugend

Alle aus Volpriehausen befragten Frauen und Männer sind in der Hitler-Jugend gewesen, im JM und BDM oder JV und der HJ. Andere Vereine für Kinder und Jugendliche existierten schon bald nach der Machtergreifung nicht mehr. Wie in den anderen Orten und Milieus wurde der Eintritt in den Jungmädelbund und das Jungvolk in der Erinnerung als »selbstverständlich« und »automatisch« oder als »Pflicht« erlebt. Eine Frau erzählte zwar, sie sei gelegentlich zu den Veranstaltungen gegangen, aber nie Mitglied gewesen, ohne dass dies für sie negative Folgen gehabt hätte. Das klingt nicht sehr wahrscheinlich, weil gerade im überschaubaren Dorf, in dem fast jeder jeden kennt, die soziale und auch politische Kontrolle umfassend ist, ebenso wie die Angst vor Denunziation. Andererseits hing es sicher vom Status der Eltern ab, was sich Kinder als Abweichung erlauben durften. Der etwas ältere Herbert Bauer gehörte bereits der Jugendorganisation des »Stahlhelms«, dem Scharnhorst-Bund, an, als er mit diesem im Sommer 1933 in das Jungvolk überführt wurde (5778).[1] Nur wenige Eltern, wie die Regina Wilhelms und Anneliese Steinhoffs, hatten Vorbehalte gegenüber der Hitler-Jugend. Wilhelm Wahrlich wurde sogar von seinem Vater beim Jungvolk angemeldet, ohne dass er gefragt worden ist (2449). Zwei Frauen erwähnten zwar, die Eltern oder der Vater hätten nicht viel für die Nazis übriggehabt. Es bleibt aber völlig offen, welche Gründe dafür ausschlaggebend gewesen sind.

Nur wenige erinnerten sich an die mit dem Beitritt verbundene Aufnahmezeremonie. Eine von ihnen ist Nora Kasten. Sie erlebte drei Verpflichtungen: bei der Aufnahme in den Jungmädelbund, in den BDM und schließlich in die Frauenschaft. Die Zeremonie fand stets im Saal einer der Gastwirtschaften statt. Dabei wurden nicht nur die Kinder aus Volpriehausen verpflichtet, sondern auch die aus den umliegenden Dörfern. »Der Saal

---

[1] Zur Überführung der Scharnhorst-Jugend in die Hitler-Jugend vgl. Klönne, *Jugend im Dritten Reich* (2003), S. 21; Schuster, *Die SA*, S. 72.

war immer voll«, sagte Nora Kasten. »Jeder brachte die Eltern mit« (597f.). Aus keinem der anderen untersuchten Milieus wurde das berichtet. Die Verpflichtung der Kinder wurde von vielen Familien ersichtlich als ein bedeutsames Ereignis wahrgenommen.

Die Kinder in den Gruppen der Hitler-Jugend kannten sich alle aus der Schule. Wenn dann auch noch die Führerin oder der Führer aus Volpriehausen kamen, blieben sie »unter sich«. Auch dadurch erhielt die Organisation den Anstrich des Normalen. Erstaunlicherweise finden sich in den Interviews kaum Hinweise auf die Begeisterung für die Uniform, die in Göttingen und Hann. Münden zu finden war. Über sie wurde wenig geredet, höchstens mal erwähnt, dass sie von der Mutter genäht oder von einem Onkel »spendiert« worden sei. Ausgesprochen positiv äußerte sich nur Martha Ludwig dazu, die die Uniform schick fand, und ergänzte: »Sonst hatten wir doch immer so Alltagszeug. Das waren doch richtige schicke Sachen. Weiße Bluse, wann zog man die immer an?« (2488–2490). Sieglinde Diekmann hingegen fühlte sich uniformiert sogar unwohl, da sie klein und pummelig war (6429). Den Interviews zufolge trugen die Kinder und Jugendlichen in Volpriehausen die Uniform nur zum Dienst und zu öffentlichen politischen Veranstaltungen.

Ähnlich wie aus Göttingen berichtet, waren die Jungmädelgruppen eher eine »lockere Sache«, mehr »spielerisch«, wohingegen die BDM-Gruppen stärker »parteipolitisch« ausgerichtet waren. Während der Kriegsjahre habe sich im BDM, in den Martha Ludwig noch 1942 überführt wurde, aber nicht mehr viel abgespielt (2852). Vermutlich dürfte das Verhältnis von Jungvolk- zu HJ-Gruppen ähnlich gewesen sein. Im Gegensatz zu den Mädchen, für die es nur die »normale« BDM-Gruppe gab, existierte in Volpriehausen eine Sondergruppe für die Jungen, die Segelflieger-HJ.[2]

Die Dienste der verschiedenen Gruppen fanden wie andernorts auch am Mittwochnachmittag oder -abend und auch am Samstag statt, im Sommer im Freien, bei schlechtem Wetter und im Winter im Pfarrsaal oder in der Schule (Wilhelm, 5853). In der Dorfmitte gab es einen Kasten der Hitler-Jugend, in dem Informationen zu verschiedenen Diensten und andere Bekanntmachungen zu finden waren. Jene Kinder, die unentschuldigt gefehlt hatten, wurden dort namentlich aufgeführt. In einem Ort wie Volpriehausen, mit seinem sehr dichten sozialen Beziehungsgeflecht, war das ein heikler Punkt. Eine Führerin erinnerte sich, Krach mit ihrem Vater bekom-

---

[2] NSFK und HJ bauten in Volpriehausen ein Segelflugzeug. Dessen Taufe fand im August 1938 statt. Vgl. *Sollinger Nachrichten* vom 8.8.1938.

men zu haben, weil sie ein Kind, von dem alle wussten, dass es kränklich war, dort genannt und wegen seines unentschuldigten Fehlens gerügt hatte: »Hab ich so einen Ärger zu Hause gehabt. Der Vater des Mädchens hat sich bei meinem Vater beschwert, dass ich das geschrieben habe, und dann hat mein Vater mit mir Ärger gemacht und hat ge[schimpft]. ›Hab ich ja, Vati, ich kann's doch nich ändern. Ich muss das doch machen.‹ Da hat er gesagt: ›Ja, du kannst das doch auch mal, du kannst es doch auch mal nicht zur Kenntnis nehmen. Wenn jemand nich gesund is, dann schreibt man sowas nich. Überleg's dir doch mal. Wenn die das muss, is ja deine Sache, aber du solltest es dir mal überlegen.‹ Ich mein, ich hab es mir überlegt, und sie hat sich dann nachher auch immer entschuldigt, und ich hab's auch nich mehr geschrieben. Wissen Sie, das sind dann immer so Zwiespältigkeiten, eines Teils muss ich [...] vielleicht auch noch ganz gut dazu sagen. Eines Teils ist es auch so 'ne bestimmte Selbstdarstellung, die ich vielleicht machen wollte. Verstehen Sie das?« (Diekmann, 6256–6272)

Eine andere Frau erzählte, ihrem Vater sei von einem Bekannten empfohlen worden, sie wenigstens ab und zu zum Jungmädelbund zu schicken, damit er nicht von der Leitung angeschwärzt werden würde (Wilhelm, 526). Nur ein Befragter thematisierte, als er auf die Hitler-Jugend zu sprechen kam, sofort den damit verbundenen Zwang, als er sagte: »Und da kamn se denn auch an, sagten: ›Wenn ihr nich erscheint, hier, dann wirste jeholt.‹« (Bauer, 278f.) Er war der einzige Interviewpartner, der keine Führungsposition innegehabt hatte.

Die Dienste wurden ganz überwiegend als nahezu unpolitische Kinder- und Jugendtreffs geschildert. Das gilt insbesondere für die befragten Frauen, die fast ausschließlich vom Singen, Spazierengehen, Vorlesen, Basteln und von Schnitzeljagden erzählten. Martha Ludwig betonte im Interview:

»Aber das machte eigentlich immer so viel Spaß. Wenn es ging, dann kam auch jeder, ne. War mal ne Abwechslung, nich. So von dem Üblichen, von der üblichen Arbeit oder was sonst so anfiel, ne.« (Ludwig, 3764–3768)

Die Erinnerungen der Männer sind ähnlich unpolitisch. Sie legten einen stärkeren Akzent auf die körperlichen Anforderungen. Während diese von den meisten Frauen eher kleingeredet wurden – eine meinte, sie hätten das Marschieren gar nicht geübt (Wilhelm, 4664) –, betonten die befragten Männer das Sportliche des Jungvolks und der HJ, von dem sie sich stark angezogen fühlten. Nicht nur Exerzierübungen, sondern Geländespiele, Fußballturniere und Sportwettkämpfe spielten in ihren Erzählungen eine große Rolle. Es entsteht mitunter der Eindruck, als redeten sie über ihren Sportverein. Schon die Pimpfe lernten mit Luftgewehren schießen (Möller,

3750–3753). Zwei Männer erwähnten Leistungs- und Schießabzeichen, die sie erworben hätten. Die Frauen nannten die Sportwettkämpfe meist nur auf Nachfrage. Das gilt auch für Martha Ludwig. Sie erzählte auf die Frage, was sie denn dabei gemacht hätten:

»Ja, erstmal diesen üblichen Dreikampf. Weitwurf, Springen, Laufen und immer wieder Völkerball spielen, das war unser Lieblingssport überhaupt. Wir waren auch gut. Und ja, eigentlich diesen üblichen Dreikampf, wo es dann auch diese Siegernadel für gab, wenn man dann soundsoviel Punkte hatte, und jeder war stolz, wenn er so eine hatte. Sie wurde dann getragen an der Uniform und sowas, das.« (Ludwig, 2427–2434)[3]

Im Rahmen der regulären Dienste fand auch die explizite politische Unterweisung statt, die ausschließlich von jenen Befragten erwähnt wurde, die Führungspositionen innegehabt haben. Dazu gehörten neben dem Besuch von Propagandafilmen wie »Hitlerjunge Quex« (Diekmann, 7534) auch Kenntnisse über die Lebensläufe der NS-Größen, besonders des Führers, und Wissen über die von Deutschland nach dem Ersten Weltkrieg abgetrennten Gebiete. Die Führerinnen und Führer erhielten für die Heimnachmittage und -abende Pläne und Materialien, die von der Verwaltung des Banns ausgegeben wurden. Im Rahmen dieser Pläne seien sie aber bei der Gruppenarbeit selbstständig gewesen, so Wahrlich (3072). Diese begrenzte Selbstständigkeit ist vermutlich ein Grund dafür, dass viele Führerinnen und Führer noch heute erzählen, sie hätten weitgehend freie Hand bei der Gestaltung der Gruppenstunden gehabt, die überwiegend unpolitisch gewesen seien. Nur bei Hospitationen hätte man sich mehr Mühe geben müssen. Mit der Gruppe allein sei es eine »lockere Sache« gewesen.

Außer den regulären Diensten und den diversen sportlichen Aktivitäten waren die Kinder, wie in den anderen Orten auch, noch mit vielen Sonderdiensten beschäftigt. Sie führten die in der NS-Zeit rapide zunehmenden Sammlungen für die verschiedenen Anlässe durch. Sieglinde Diekmann erzählte, sie hätten dabei feste Straßen gehabt. Die im Dorf besonders enge soziale Kontrolle wurde deutlich, als sie erzählte:

»Hat jeder was gegeben zu der Zeit. Und wenn sie nur'n Groschen gegeben haben. Aber reingesteckt hat jeder was. Jeder hatte irgendwie Sorgen, dass er da denunziert wurde.« (Diekmann, 5005–5008)

---

3 Vgl. dazu Möding/Plato, »Siegernadeln«, S. 292.

Aber nicht nur Geld, auch Lindenblüten mussten von den Kindern gesammelt werden. Zum Teil ist nach den Interviews unklar, ob es sich um schulische Aktivitäten oder um solche der Hitler-Jugend gehandelt hat. Vermutlich arbeiteten beide Institutionen Hand in Hand. Den Eindruck erwecken beispielsweise auch die Erzählungen über die Seidenraupenzucht für die Produktion von Fallschirmseide, die eine Angelegenheit der Schule war, aber von Klaus Schmitt im Zusammenhang mit Aktivitäten der HJ erwähnt wurde (5362).

Daneben war speziell der BDM bei kulturellen Aktivitäten engagiert. Die Frauen erzählten von Theaterstücken, die sie im Rahmen von Jungmädelbund oder BDM einstudiert und aufgeführt hätten (Wilhelm, 5862), auch von einem Wilhelm-Busch-Abend, zu dem alle Eltern gekommen seien (Ludwig, 2373), von einstudierten Volkstänzen um den Maibaum (Kasten, 481). Alle in der Hitler-Jugend organisierten Kinder beteiligten sich an den diversen Umzügen, Kundgebungen oder Aufmärschen, die im Rahmen des nationalsozialistischen Festjahres und darüber hinaus in Volpriehausen stattfanden. Zur Feier des 1. Mais mussten die Kinder antreten. Jungmädel und Jungvolk auf dem Schulhof, BDM und HJ auf dem Sportplatz:

»Und da wurde dann angetreten, wurde so zum Saal nach Anthon marschiert. Zu dem Anthonschen Saal da und da war dann nen großer Gemeinschaftsempfang [Übertragung der zentralen Feier im Radio]. Hinterher mussten sie Volkstänze machen. Volkstänze ham wir auch gelernt. Denn ham wir viele Lieder gelernt, nich. Ich konnte nich schön singen, aber laut. Und auch lange. Und habs ihnen auch beigebracht. Also das ging an sich so ganz gut. Das wurde verlangt, sie mussten einige Lieder können, nich, die sie dann auch vorgegeben bekamen.« (Diekmann, 6745–6756)

Es gab außerdem überlokal organisierte Veranstaltungen wie die Sportwettkämpfe, die teilweise in einem größeren Ort der Region stattfanden. Horst Möller erzählte – immer noch begeistert – von einem Sternmarsch nach Northeim, an dem er mit seiner Gruppe beteiligt war:

»Und dann bildeten die Mädels – wir hatten unsere schwarzen Jacken an und die Mädels hatten die weißen Blusen –, und die machten denn ein großes eisernes Kreuz aufm Mühlenanger. Das war also alles abgesteckt. Wie wa uns hinsetzen mussten und so weiter. Das war eigentlich die größte Sache.« (Möller, 3690–3696)

Abschließend sagte er: »Aber so dieses – das war irgendwie gewaltig.« (Möller, 3713)

In Erinnerung geblieben sind vor allen Dingen auch die Fahrten und Lageraufenthalte, die die Befragten mit ihren Gruppen unternommen hatten. Zusammen mit anderen Kindern des gleichen Alters gemeinsam auf Fahrt zu gehen, hatte für die Kinder aus Volpriehausen einen ähnlichen Reiz wie für die aus Hann. Münden. Die Fahrten konnten kürzere, aber auch längere Fahrradtouren sein oder Lageraufenthalte. Gerade für die Kinder aus dem Dorf, die oft kaum über die Grenzen der Region hinausgekommen waren und von denen zudem etliche zu Hause viel zur Arbeit herangezogen wurden, erweiterte sich durch diese Aktivitäten nicht nur der räumliche Radius ganz beträchtlich, sondern sie erlebten auch andere Freiräume. Das galt in erster Linie für die Jungen. Die Mädchen machten im Allgemeinen nicht so weite Reisen. Martha Ludwig erzählte, um überhaupt verreisen zu können, sei sie ein paar Mal in Lagern gewesen. Dort sei im Übrigen auch mehr Wert auf Exerzierübungen gelegt worden als in ihrer Jungmädelgruppe in Volpriehausen (Ludwig, 2543). Der absolute Höhepunkt war für sie ein Lager des Jungmädelbundes in Warnemünde, an dem sie im Alter von zehn Jahren teilgenommen hatte. In ihren Worten schwingt immer noch die Begeisterung über dieses Erlebnis mit:

»Also Warnemünde, das war damals ganz was Tolles. Da durfte ich, durfte ich schon hin. Da fuhren dann noch einige mit, von älteren Mädchen, die mein Vater auch kannte. [...] Und das war, da durfte ich mit. Das war sehr, sehr schön auch. Ach, ich! An der Ostsee! Ich in der Ostsee schwimmen! Da war ich zehn, ja, zehn hm.« (Ludwig, 2792–2800)

Die anderen Ziele der Fahrten von Jungmädelbund und BDM (Seeburger See, Neuhaus, Schönhagen) befanden sich in der Region. Zwei Befragte, Sieglinde Diekmann und Herbert Bauer, waren mit ihren Gruppen beim Erntedankfest auf dem Bückeberg dabei und höchst beeindruckt, verschiedene NS-Größen, vor allem den Führer, persönlich gesehen zu haben (Bauer, 5871). »[...] aber es war schon 'n Ereignis ihn mal, sagen wir mal zu sehen, damals«, sagte Sieglinde Diekmann (6191f.). Die Jungengruppen haben auch weiter entfernte Ziele angesteuert. Zwei Männer erzählten von einer Großfahrt mit dem Fahrrad im Sudetenland im Jahr 1939, also kurz nachdem das Dritte Reich es sich einverleibt hatte. Wilhelm Wahrlich war außerdem beim Reichsparteitag in Nürnberg. Er resümierte seine Erfahrungen mit den Worten: »Also, das war alles schön. Da hat man wenigstens was gesehen von der Welt.« (1190f.) Diejenigen, die Führungspositionen innehatten, kamen zusätzlich durch die Teilnahme an Lehrgängen und Ausbildungslagern aus Volpriehausen heraus.

In den Interviews finden sich nur wenige negative Äußerungen über die Hitler-Jugend. Überwiegend ist der Tenor positiv bis überschwänglich. Es sei toll, wunderbar gewesen, den Kindern sei was geboten worden. Frauen und Männer legten dabei allerdings unterschiedliche Schwerpunkte. Die Frauen betonten in ihren Erzählungen sehr stark, dass durch Jungmädelbund und BDM ein starkes Gefühl des Zusammenhalts zwischen den Kindern entstanden sei, durch das die sozialen Unterschiede, ganz im Sinne der Volksgemeinschaft, überwunden worden seien. Typisch ist die Äußerung Sieglinde Diekmanns: »[…] und was eigentlich das Wichtigste war, dass doch ein bestimmter Zusammenhalt da war. Wir hatten alle die gleiche Uniform an.« (Diekmann, 7637–7639) Auch Martha Ludwig hob explizit den Zusammenhalt hervor: »Da hielten [wir] zusammen. Das gehörte sich so. Das war gut, immer gut.« (Ludwig, 2513f.) Erna Hilpert sprach darüber hinaus noch ein weiteres Motiv für die hohe Wertschätzung der Organisationen an:

»[…] und so hat man sich gefreut, das ist 'ne Abwechslung. Da brauchste nichts zu Hause zu machen. Du bist mit den ganzen Mädchen zusammen, da könnter singen, da könnter spielen. Dann haben wa Völkerball jespielt, dann haben wa na andere Sachen so, nech. Das war für uns in der Hinsicht, dass man zu Hause aus dem Muss raus kam, ne, denn da war man ja schon größer, ne, da warn ma ja schon zehn Jahre alt, mit zehn Jahren kam man ja erst zu den Jungmädeln, ne. Und dass man nich zu Hause Kindermädchen spielen musste, und das, da war das ja für für mich schon aus dem häuslichen Zwang raus, aus diesen Verpflichtungen, die man zu Hause hatte, in das Freie. Nech? Also da hat man nur was Gutes drin gesehen, nech, sonst, man, das war wirklich dann, nech, dass man mit denen – und wenn man zu Hause war, dann musste man ja was tun, ne.« (Hilpert, 5490–5507)

Der Freiraum, den der JM oder BDM gegenüber den Eltern bot, war auch Sieglinde Diekmann wichtig:

»Und das war nachher als wir im BDM waren, war es natürlich interessant. Man musste immer Punkt zehn zu Haus sein. Aber da wurde immer um halb zehn Schluss gemacht und dann ham wir immer Palaver mit den Jungs gemacht. Das war immer ganz interessant, nich. Dass dieser Dienst auch wieder versöhnte mit vielem, weil man dann einfach noch mal abends raus konnte und dann mal rumklönen konnte.« (Diekmann, 6362–6369)

Sie lernte diese Freiheit besonders schätzen, als der Vater ihr als Strafe einen längeren Hausarrest auferlegt hatte. Da er ihr die Teilnahme an den Diensten nicht verbieten konnte, boten diese die einzige Chance, wenigstens zweimal in der Woche aus dem Haus zu kommen.

Diese Akzentsetzungen sind in den Männerinterviews nicht so deutlich, vermutlich, weil den Jungen ohnehin mehr Freiraum gewährt wurde. Wie schon erwähnt, wurden in ihnen stärker die sportlichen Aktivitäten herausgestellt, die viel Spaß gemacht hätten. Für Wilhelm Wahrlich waren das Schönste die Fahrten, bei denen die Jungen unter sich waren (1132).

Insgesamt bekommt man den Eindruck, als sei bei den Männern die Begeisterung für Jungvolk und HJ noch größer gewesen als die für Jungmädelbund und BDM bei den Frauen. Sie scheinen als Kinder und Jugendliche davon völlig fasziniert gewesen zu sein. So erzählte Wilhelm Wahrlich, »nur gute Erfahrungen gemacht« zu haben (2779f.). Auch Klaus Schmitt vertrat diese Auffassung, als er sagte: »Wir haben, will mal sagen, von dem Nationalsozialismus, wir haben nur unser Gutes daraus, also ich im Sport jetzt, [gehabt].« (766) Und Horst Möller wandte sich dagegen, den Pflichtcharakter der Hitler-Jugend zu sehr zu betonen, als er sagte: »Diese Pflicht ham wa gern wahrjenomm. Wir warn doch verrückt darauf, da hinzugehen.« (3400f.) Besonders die vormilitärische Ausbildung war bei den Jungen auf fruchtbaren Boden gefallen. Klaus Schmitt war so begeistert von der HJ, dass er »unbedingt noch mal bei der Wehrmacht bleiben wollte« (3141f.), vermutlich als Berufssoldat. Horst Möller meldete sich nach dem Besuch des obligatorischen Wehrertüchtigungslagers freiwillig zur Wehrmacht (3477). Auch Wilhelm Wahrlich, der seit dem zehnten Lebensjahr die Wochenenden nicht mehr mit seiner Familie, sondern nur noch mit dem Jungvolk, später der HJ verbrachte, meldete sich schließlich freiwillig. Die starke Begeisterung bei den Männern ist vermutlich eine Folge davon, dass drei der vier männlichen Befragten höhere Führungspositionen in der Hitler-Jugend innegehabt haben. Sie waren Hitlerjungen mit Leib und Seele. Die einzige ansatzweise ambivalente Einschätzung stammt von dem Befragten, der nie Führer gewesen ist:

»Und ebnd, wenn se dahin kamn, dann sollteste mit ›Heil Hitler‹ grüßen und son Zeuch anstatt ›Guten Morgen‹. Und all son Mist, ne. [P] Das is hier aufn Dorf nich so durchjekommen, ne. Nee, nee. [P] Ebnd, wenn se dann ihre Jungvolk hatten, denn mussteste ebnd antreten und marschieren lernen und dies und dat. Hat auch den wenigsten Spaß jemacht. Abers war einesteils ganz gut, ne. [P] Gewisse Ordnung und Disziplin war drin.« (Bauer, 6579–6584)

Von den befragten Frauen ist nur eine Führerin gewesen, eine weitere für kurze Zeit, dann gab sie den Posten wieder auf. Eine dritte Frau wurde als Führerin vorgeschlagen, nahm die Position auf Anraten der Eltern aber nicht an. Ihre Zerrissenheit zwischen widersprüchlichen Wünschen und Anforderungen spiegelt sich deutlich in ihren Worten:

»Nee, ich sollte das ja nich. Meine Eltern wollten das nich gern, die wollten das nicht. Also die ham gesagt: ›Nimm bloß keinen Posten. Du kannst da gerne hingehen und kannst al[les], aber keinen Posten, das nimmt dir zuviel Zeit‹, ham sie gesagt. Vielleicht war, meinten sie auch was anderes, aber das sollte ich nicht. Nein, ich sollte, ich sollte das immer werden. Aber ich sollte das nicht. Dann hab ich's auch gelassen.« (Ludwig, 2515–2523)

Alle anderen Frauen waren einfache Mitglieder, die die Heimnachmittage oder -abende als willkommene Abwechslung ihres ansonsten relativ eintönigen Lebens erfuhren. Sie erlebten sie primär als Befreiung von Arbeit und als Freizeit. Demgegenüber war für die meisten der befragten Männer ihre Mitgliedschaft in der HJ verbunden mit einem Zuwachs an Kompetenzen, Selbstbewusstsein und der Chance, über Führungspositionen in deren Hierarchie aufzusteigen, Schnüre und Auszeichnungen zu sammeln. Teilweise konnten sie sich neue Berufsfelder erschließen. Auch die einzige Führerin im Sample sprach von ihrem Selbstbewusstsein, das sie als BDM-Führerin entwickelt hatte.

Der überaus positiven Einschätzung, auch Begeisterung für die Zeit in der Hitler-Jugend durch die Befragten entsprach eine auffällige Tendenz zur Entpolitisierung. In den Erzählungen von zwei Frauen fällt das besonders auf. Wenn Martha Ludwig etwas politisch Relevantes berichtet hatte, verkleinerte sie anschließend dessen Bedeutung. So erzählte sie von den Liedern, die im JM und BDM gesungen wurden, nannte auch die politischen Lieder, sagte dann jedoch: »Aber gern gesungen ham wir die anderen eigentlich, diese Wanderlieder, die wirklichen Wanderlieder.« (Ludwig, 1652–1654) Als sie auf ihren Lageraufenthalt an der Ostsee zu sprechen kam, erzählte sie ausführlich vom Nassspritzen bei der Morgenwäsche, von Wanderungen, Spielen, Kartoffelschälen, Sandburgenbauen, Fahnenappellen et cetera und resümierte dann: »Das war toll, also. Alles diese Sachen. Das war nicht anders als das, was die Pfadfinder heute auch machen, ne.« (Ludwig, 2825–2827) Auch zu den Wimpeln ihrer Jungmädel-Gruppe fiel ihr sofort ein, dass man mit der Stange Speerwerfen konnte, wenn man den Wimpel abmachte. Noch ausgeprägter war dieses Bemühen bei Erna Hilpert, die nicht nur der NS-Frauenschaft jede politische Ausrichtung absprach, sondern selbst die NSDAP als eine Partei wie viele andere auch bezeichnete (3299, 3336).

Diese Tendenz findet sich ebenso in den Interviews mit den Männern. Horst Möller, der selbst höherrangiger Führer gewesen ist, sprach beispielsweise von seiner Aufnahmezeremonie in das Jungvolk, die auch eine Verpflichtung beinhaltet hätte, und fügte hinzu: »Aber das hatte doch nichts mit Adolf zu tun.« (3367) Dass die Aufnahme in die Organisation der Hitler-Jugend stets zu Hitlers Geburtstag stattfand und ein Gelöbnis einschloss, dürfte ihm eigentlich nicht entgangen sein. In anderem Zusammenhang erzählte er dann auch von der Feierstunde zu Hitlers Geburtstag, bei der Beförderungen ausgesprochen und Streifen verteilt worden seien (Möller, 3720).

Durch diese auffällige Entpolitisierung unterscheiden sich die Interviews aus Volpriehausen von denen aus den beiden städtischen Milieus. Selbst im Rückblick finden sich nur wenige kritische Anmerkungen zum Nationalsozialismus. Den Befragten aus Hann. Münden war die politische Dimension der Hitler-Jugend zweifellos am stärksten bewusst, aber auch unter jenen aus Göttingen sind etliche, die bereits als Kinder den politischen Charakter der Organisation wahrgenommen und im Interview angesprochen haben. Zumindest im Rückblick formulierten viele eine politische Distanz. Die Frauen und Männer aus Volpriehausen bezogen sich demgegenüber in den Interviews weitgehend bruchlos auf ihre positiven Erfahrungen in der Hitler-Jugend. Das mag damit zusammenhängen, dass im Dorf die Organisation überschaubar war und die Kinder sich ohnehin alle kannten – entweder aus der Nachbarschaft oder aus der Schule. Die Hitler-Jugend war für sie nur eine andere Form der Organisierung der Dorfkinder oder -jugendlichen. Drill, Marschieren, Schulungen wurden entweder kaum thematisiert oder nicht erinnert oder als nebensächlich abgetan. Diese Perspektive ist sicher dem schon in anderen Untersuchungen herausgearbeiteten Umstand geschuldet, dass die Kinder auf dem Lande, und hier vor allem die Mädchen, von der Hitler-Jugend am stärksten profitiert haben. Die Heimnachmittage oder -abende, die Wochenendunternehmungen, die Sonderdienste und Beteiligungen an Aufmärschen, Aufführungen, Kundgebungen waren für die Kinder gleichbedeutend mit Befreiung von der Arbeit, also Freizeit, und überdies, wie schon erwähnt, eine willkommene Abwechslung von dem täglichen Einerlei. Im Gegensatz zumindest zu den Befragten aus dem Bürgertum eröffneten die Fahrten etlichen Kindern ihnen bis dahin nicht zugängliche Räume, aber auch neue Lebensperspektiven. Diejenigen, die Führungspositionen innegehabt haben, konnten in diesen Positionen Fähigkeiten entwickeln, wie Organisationstalent, Selbstbewusstsein, Durchsetzungsvermögen, von denen sie ihr Leben lang profitierten.

6. Körper und Körper-Erfahrungen

Das Äußere: Kleidung und Frisuren

Ebenso wie in anderen Orten wuchsen die Kinder in Volpriehausen damit auf, strikt zwischen Alltags- und Sonntagsbekleidung zu trennen. Sonntagsbekleidung musste geschont werden. Man durfte damit nicht herumtollen und sich schmutzig machen. Martha Ludwig trug ihr Sonntagskleid deshalb nur beim Spazierengehen und zog sich danach sofort um. Im Unterschied zu den männlichen Interviewpartnern aus Hann. Münden besaßen allein drei aus Volpriehausen für sonntags einen Matrosenanzug. Alle stammten aus etwas besser situierten Familien, die sich am bürgerlich-kleinbürgerlichen Bekleidungsstil orientierten. Klaus Schmitt hasste seinen Matrosenanzug, weil er mit ihm über keinen Zaun klettern konnte: »Der musste ordentlich bleiben!« (Schmitt, 3850) Deshalb verprügelte Herbert Bauers Vater seinen Sohn, ohne zu fragen, sofort, als dieser mit seinem völlig verdreckten Sonntagsanzug nach Hause kam (Bauer, 4823). Die von den bürgerlichen Jungen heiß geliebte Lederhose fehlte bei den Befragten in Volpriehausen ebenso wie bei denen in Hann. Münden. Hier wie dort dürften dafür finanzielle Gründe ausschlaggebend gewesen sein. Mädchen trugen, um die Kleidung zu schonen, Schürzen.[1] Wie sehr sie Teil der Oberbekleidung der Mädchen waren und nicht nur eine Schutzfunktion hatten, lässt sich daraus ersehen, dass Anneliese Steinhoff in der Schule eine andere trug als zu Hause (887). Wenn Martha Ludwig zu Kindergeburtstagen eingeladen war, bekam sie »'ne weiße Schürze vorgebunden«, alle »hatten schicke weiße Schürzen« (905–907). Schuhe waren teuer und mussten geschont

---

1 Die Photographien der Schulklassen zeigen, dass selbst ältere Mädchen noch mit Schürze gingen. In Hann. Münden war das offenbar nur für die Erstklässlerinnen üblich. Elisabeth Teichmanns Einschulungsphoto zeigte sie mit Schürze. Aus ihren anderen Äußerungen geht hervor, dass nur wenige Mädchen in der Schule eine Schürze trugen (Teichmann, 8056, 8354).

werden. Die Kinder, Mädchen wie Jungen, liefen im Sommer deshalb oft barfuß. Herbert Bauer zog seine Schuhe nur zur Schule und am Sonntag an (7075). Dass auch Jungen aus besser situierten Familien zumindest die neuen Schuhe zum Fußballspielen auszogen, weil sie dabei zu sehr ramponiert wurden (Schmidt, 4715), wurde schon erwähnt.

Weibliche wie männliche Befragte klagten — ebenso wie in den anderen Orten — gleichermaßen über die oft selbstgestrickten, kratzenden langen Strümpfe. Horst Möller erinnerte sich noch genau daran, als er beschrieb, wie die Mutter vor der Schule seinen Aufzug kontrollierte:

»Oder: ›Wie haste deine Strümpfe wieder an?‹, nech. Die mussten dann noch mal ordentlich hochgezogen [werden] – ja. Mit diesen langen Strümpfen, das war ja für Jungs was Furchtbares. Dies mit diesen Strumpfhaltern, ne. Hatte man ja son Leibchen, saachte man dazu. Da warn ja dann wie – die Mädchen heute die Strapse haben, ne [lacht] Ja, es war so. [lacht] Nein, da warn wir nich für. Wenns irgendwie ging, Kniestrümpfe, nech.« (Möller, 2781–2792)

Im Winter ließen sich die langen Strümpfe aber kaum vermeiden. Erst die Skihose des Jungvolks brachte, wie auch für die Jungen in Göttingen, die Lösung. Für Horst Möller war sie die »erste richtige Hose« (2793), die er fortan immer im Winter trug.

In den meisten Familien bekamen die Kinder, wie in Hann. Münden auch, neue Bekleidungsstücke nur zu bestimmten Gelegenheiten: oft zu Ostern oder Pfingsten neue Kleider oder Hosen für den Sommer, zur Kirmes im Herbst oder zu Weihnachten die Winterbekleidung. Wessen Geburtstag um diese Zeit herum lag, erhielt sie auch als Geschenk. Bekleidung war teuer und wertvoll, zumal die Kinder schnell aus den Sachen herauswuchsen. Nur wenige Kinder des Samples erzählten, dass sie von Geschwistern getragene Sachen »geerbt« hätten. Oberbekleidung wurde selten fertig gekauft. In einigen Familien nähte die Mutter die Kleidung für die Kinder, in anderen kam eine Schneiderin ins Haus. Bei Erna Hilpert wurden sogar Schnitte aus Modezeitungen ausgesucht (2138). Auch in Volpriehausen erinnerten sich besonders die Frauen an schöne Kleider oder Stoffe. Zwei Frauen fielen gleich Situationen ein, in denen sie ein neues Kleid zerrissen und sich deswegen kaum nach Hause getraut hatten.

»[…] weiß ich, hab noch eins gekricht, ooh, das warn dolles Kleid. War hier oben schön Schmookarbeit so dran, nich, und denn son Hänger denn. Das war so orangschen. Mit schönen breitn Ärmeln. Und ich gehe nach, war aufn Festtach. Nee, nich Fest-, Sonntach, aufn Sonntach. Da wurde man ja immer feinjemacht. Und ich gehe ins Dorf rauf. [P] Ne Kusine von mir zum Spieln. Und meine Mutter sacht noch: ›Dass du mir sauber nach Hause kommst!‹ Und wir spieln und ich falle und habn Loch im Ärmel. Ich habe [mich] nich jetraut nach Hause zu gehn. [P] Hab ich jedacht: ›Jetzt, wenn de nach Hause kommst, dann blüht es aber.‹ [P] War halb so schlimm. Sie hat jeschimpft. War halb so schlimm. [lacht] Ich hatte mehr Angst wie sonst was. Ich meine, jeschimpft hab ich jekricht, nich. Aber nun war noch zufällich noch Stoff jenuch davon da, und hat die Schneiderin das wieder so hinjekricht.« (Steinhoff, 914–933)

Hinsichtlich der Frisuren unterschieden sich die Kinder aus Volpriehausen nicht von denen aus den anderen Orten und Milieus. Die meisten Mädchen trugen ab der Einschulung Zöpfe, die sie üblicherweise nach der Schulentlassung und Konfirmation abschneiden ließen. »[…] alle kriegten 'nen Bubikopf, und das durfte ich nicht«, klagte Anneliese Steinhoff (993f.).

Abb. 22: Alle Mädchen tragen Zöpfe. Konfirmation circa 1935
(Quelle: Dorfarchiv Volpriehausen)

Erst als sie 17 Jahre alt war, bekam sie dafür die väterliche Erlaubnis. Die Jungen trugen oft im Vorschulalter und auch noch in den ersten Klassen zu ihren kurzen Haaren einen Pony. Spätestens ab der Jungvolkzeit wurde dann aber ein Scheitel gezogen, und die Haare wurden auf die vorgeschriebene Länge gekürzt.

Schminke war für die Mädchen ebenso verpönt wie in den anderen Orten. Lediglich sehr Mutige, wie Sieglinde Diekmann, wagten es mal, einen Lippenstift zu benutzen, aber nur außerhalb des Hauses und des BDM. Regina Wilhelm wuchs noch mit der Einstellung auf, dass Frauen, die sich schminkten, nichts taugten (6787). Auch Schmuck besaßen die Mädchen selten. In Nora Kastens Familie gab es für so etwas kein Geld, sagte sie (1233). Lediglich die Mädchen aus den etwas wohlhabenderen Familien hatten einige wenige Stücke, die nur sonntags getragen wurden. Als Erna Hilpert mal ein Kettchen mit in die Schule nahm, wurde es ihr gleich gestohlen (5104). Bis heute mag sie keine Ohrringe, die für sie »Negerschmuck« sind (Hilpert, 5123).

Verhältnis zum eigenen Körper

In den Interviews aus Volpriehausen finden sich ebenso wie in denen aus Hann. Münden nur wenige explizite Aussagen über den eigenen Körper und das Körpergefühl. Von einer Frau abgesehen, die als Kind gesundheitlich angeschlagen war, erwähnte einzig Regina Wilhelm, sie sei bei der Geburt ein »Riesenbaby«, aber bei der Einschulung die Kleinste gewesen. Mehrere Befragte betonten, sie seien selten oder nie krank gewesen. Das ist sicher übertrieben. Die meisten Kinder hatten die üblichen Kinderkrankheiten, um die allerdings wenig Aufhebens gemacht wurde. Vermutlich nicht nur in Herbert Bauers Familie steckte man die gesunden Geschwister zu dem erkrankten Kind ins Bett, damit alle möglichst gleichzeitig die Infektion hinter sich brachten (7244). Martha Ludwigs Vater hatte bei Krankheiten die Devise: »Gar nicht drum kümmern.« (4177) Die ärztliche Versorgung der Bevölkerung Volpriehausens war nicht einfach. Es gab keinen Arzt im Ort, sondern nur in Uslar und Hardegsen. Beide Ärzte betreuten Volpriehausen mit. Da es wenige Telefone gab, existierte ein anderes System, den Arzt zu benachrichtigen: Man sagte in einer an der Hauptstraße gelegenen Gastwirtschaft Bescheid, an der daraufhin eine weiße Fahne angebracht wurde. Kam der Arzt bei seinen Fahrten durch Volpriehausen, erkundigte er sich dort, wo ein Patient auf ihn wartete.[2] Medizin musste aus der Apotheke in Uslar geholt werden. Mehrere Befragte erzählten, sie hät-

---

2 Vgl. Herbst, *Volpriehausen*, S. 155f.

ten schon als Kinder dort Medikamente für erkrankte Familienmitglieder gekauft. Erna Hilpert fuhr die Strecke mit dem Zug (Hilpert, 296). Herbert Bauer machte den Weg für andere Leute und zwar zu Fuß. Dabei schlug er zwei Fliegen mit einer Klappe:

»Am liebsten hab ich jelaufen. 10.000 Meter. Bin ich nach Uslar zur Apotheke. Wir hatten hier ja keine. Wenn einer wat zu holen hatte, kriegte ich ne Mark. Bin ich runterjelaufen, barfuß, hab einjekauft und wieder zurück. Das war meine Trainingsrunde.« (Bauer, 5199–5204)

Die hygienischen Verhältnisse glichen denen im bürgerlichen und im Arbeitermilieu, das heißt, sie waren für dörfliche Verhältnisse recht günstig. Zwar wurde in den Familien auch nur am Sonnabend, dem Badetag, eine gründlichere Körperreinigung vorgenommen. Die Kinder nahmen jedoch am Solebaden im Kalibergwerk teil. Im Sommer konnten sie im nahe gelegenen Zechenteich von Delliehausen baden, ab Herbst 1933 auch im Schwimmbad Volpriehausens.

Implizit finden sich in den Interviews doch einige Hinweise auf das Körpergefühl. Nicht zufällig stammen sie alle von Frauen, die offenbar zeitig dazu angehalten wurden, auf ihren Körper zu achten. Daraus resultierte ein früh einsetzendes Schamgefühl. Regina Wilhelm erinnerte sich beispielsweise an eine Szene nach dem wöchentlichen Bad in der Küche, bei der sie nach ihrer Schätzung drei bis vier Jahre alt gewesen sein muss. Als sie im Beisein mehrerer Familienmitglieder, unter anderem ihrer wesentlich älteren Brüder, aus der Wanne stieg,

»war ich ja nun nackend, hab ich eine Hand vorne und eine Hand hinten gehabt. [lacht] [...] Und, jedenfalls ham sie gelacht, dass ich mich geschämt hab. Bis dahin ist das wohl mir auch alles so egal gewesen, aber da ist mir das vielleicht dann so zu Bewusst[sein] gekommen: Ich bin nackt, ne.« (Wilhelm, 2119–2129)

Auch Sieglinde Diekmann erinnerte sich an eine Situation, die für sie mit tiefer Scham verbunden ist. Als ihr Vater sie bei einer Lüge ertappt hatte, bezog sie von ihm in Anwesenheit der Mutter die einzigen Prügel ihres Lebens. Dafür zog er ihr das Höschen runter: »Das weiß ich heute noch, wie ich mich da geniert habe. Wie er mir den Hintern gehauen hat!« (Diekmann, 4061–4063). In der Erzählung schwingt die Scham über das nackte Hinterteil mit, das die Peinlichkeit, verhauen zu werden, noch verstärkt – und so war es ja wohl auch gemeint. Das entwickelte Körper- und Schamgefühl führte dann auch dazu, dass zumindest die Mädchen im Alter von etwa zwölf Jahren mit dem Solebaden aufhörten.

Abb. 23: Nach dem Solebad vor der Waschkaue. Mai 1935
(Quelle: Dorfarchiv Volpriehausen)

Bei dem Baden kamen die Kinder

»immer so mit drei, vier Mann so in 'ne Wanne. [P] Das na ja, da warn wa dann so [P] bis [man] zwölf Jahre wurde, es kamen auch mal etwas Ältere, aber meist wars mit zwölf Jahren dann vorbei. Dann wollte sich der eine vor dem andern auch nich mehr ausziehen, denn es wurde ja nich im Badeanzuch [gebadet], ne, denn in diesem das war ja stark salzhaltig, die Bäder dann.« (Hilpert, 188–194)

Diese Reaktion ist insofern erstaunlich, weil bei den Fahrten der Hitler-Jugend das gemeinsame nackte Duschen gang und gäbe war. Eine der Göttinger Befragten hatte das als peinlich empfunden.[3] Es könnte aber sein, dass dörflicher Jungmädelbund und BDM selten Fahrten mit Übernachtung machten und die Mädchen aus Volpriehausen deshalb daran nicht gewöhnt waren.

Im Unterschied zu den Befragten aus Göttingen und Hann. Münden waren unter denen aus Volpriehausen zwei wohlgenährte Mädchen. Sieglinde Diekmann, die sich als »pummelig« bezeichnete, erzählte, sie hätten in der Familie vier Mahlzeiten am Tag gegessen (4862–4868). Wenn man

---

3 Vgl. Teil I, 6. Kapitel.

noch ihr Frühstücksbrot in der Schule dazurechnet, sind es sogar fünf. »Pummelig« zu sein, war offenbar außergewöhnlich, und die Tatsache, dass Sieglinde Diekmann deswegen auch geneckt wurde (Diekmann, 1792), unterstreicht das. Auch ihre Abwehr gegen den Wechsel auf eine weiterführende Schule in einem anderen Ort brachte sie damit in Verbindung:

»Ich war klein und 'nen bisschen knubbelig, wurde dann auch manchmal geneckt, weil ich pummelig war und da bin ich einfach nicht gegangen.« (Diekmann, 5630–5632)

Selbst in der JM- und der BDM-Uniform fühlte sie sich unwohl (Diekmann, 6429). Die Blicke der anderen wurden registriert oder antizipiert. Martha Ludwig bezeichnete sich sogar als »dick«, sie sei dadurch aber in ihrem Selbstbewusstsein nicht gestört worden (4030). Die Frauen beeilten sich jedoch im Interview hinzuzufügen, sie seien dann aber entweder ab der Pubertät oder später schlank geworden (Ludwig, 4296; Diekmann, 4654).

Wie schon erwähnt, war für die Jungen der sportliche, kräftige Körper zentral. Aus ihm bezogen sie Selbstbewusstsein und Identität. Das wird in der Rolle, die der Sport und andere körperliche Aktivitäten im Freien in den Männerinterviews spielen, deutlich. Ausweis von Männlichkeit war insbesondere das Fußballspiel. Entsprechende typische körperliche Aktivitäten jenseits der zu leistenden Arbeiten fehlen in den Fraueninterviews. Im Gegensatz zu einigen überwiegend aus dem Arbeitermilieu stammenden weiblichen Befragten aus Hann. Münden, die schon vor 1933 in Turn- oder Sportvereinen organisiert waren, fehlten den Interviewpartnerinnen aus Volpriehausen derartig frühe Erfahrungen mit dem organisierten Sport. Drei Frauen bezeichneten sich explizit als unsportlich. Trotzdem waren sie körperlich leistungsfähig. Die Diskrepanz zwischen der Einschätzung als unsportlich und tatsächlicher körperlicher Energie und Beweglichkeit war am sichtbarsten bei Regina Wilhelm, die als Kind ununterbrochen auf den Beinen war. Bei körperlichen Aktivitäten, zu denen sie nicht ausgesprochen Lust hatte, fehlte ihr vermutlich einfach das Durchhaltevermögen. Typisch für sie ist ihre Erzählung von einer Schulwanderung:

»Und da ham wir mal 'ne Schulwanderung gemacht, da war ich aber noch in den unteren Klassen noch so, ne, oh und dann konnt ich nicht mehr. Das war auch dann der Johr schon. Da hat er gesagt, jetzt machen wir erstmal 'ne Pause, weil ich nicht laufen konnte. Naja, ham wir Pause gemacht. [...] alle saßen se da und rührten sich [nicht] und ruhten sich. Ach so, da ham sie aber [vorher] schon son Stock genommen, so dass ich mich da draufsetzen musste, zwei und die mussten mich tragen, ne. Und wie die anderen denn schön saßen und sich ausruhten, da bin ich den Berg da hochgeklettert. Da sagt der [Hauptlehrer]: ›Nun guckt se euch an. Bis hierhin lässt sie sich schleppen und jetzt tobt sie da oben rum.‹« (Wilhelm, 3165–3181)

Diese geringe Begeisterung für sportliche Ertüchtigung könnte bei den Mädchen einer der Gründe dafür sein, dass im Jungmädelbund und BDM anscheinend nur wenige Exerzierübungen gemacht worden sind.

Wie in Göttingen und Hann. Münden war auch in Volpriehausen Sexualität ein schwieriges Thema zwischen Eltern und Kindern. Kein Befragter wurde von seinen Eltern aufgeklärt. Wilhelm Wahrlich betonte, er habe trotzdem alles gewusst (1009). Vermutlich hat er sein Wissen so wie Horst Möller »hier und da so mitgekriegt« (2844). Weil die meisten Eltern diese Gespräche vermieden, bezogen auch viele Mädchen ihre bescheidenen Kenntnisse über gleichaltrige oder ältere Freundinnen und Frauen. Auf die Frage, wie sie ihre erste Menstruation erlebt hat, antwortete Erna Hilpert:

»Na ja, das wusste man ja nun auch schon von welchen, denn welche hatte se früher, welche hatten se später und weil wir ja auch mit Größeren in einer Klasse warn, dadurch, nech, da war man ja denn schon nich mehr, und viele wollten ja ihr Wissen dann auch loswerden. Da wurde das ja an die Kleineren [weitergegeben], ne, ›Ich weiß was, ich weiß was‹, ne, und denn werden se von denen da schon aufjeklärt und kriegen das dann alles so mit, ne. [P] Sonst anders, so öffentlich wurde doch da nich drüber gesprochen, nech.« (Hilpert, 5168–5178)

Für andere hingegen ist die erste Blutung ein Erlebnis gewesen, das mit Angst oder sogar, wie bei Anneliese Steinhoff, mit einem Schock verbunden war:

»Ich weiß nich, ich hab se [erste Menstruation] in der Schule jekricht. Und die Freundin, die nebn mir saß, die war nun schon bisschen weiter. Stabiler, die hatte das schon eher. Die sachte: ›Mensch, geh nach Hause, sach das deiner Mutter‹, ne. Und heulend bin ich nach Hause jekommen. Ich wusste nich, wie ichs ihr saachen sollte, nech. Neja, un denn hab ich ihr das jesaacht. Also, das Bild hab ich heute noch vor mir. Gabs das von sich aus gab sie mir die Dinger. ›So, das machste um, das kriste alle vier Wochen.‹ Zack! Fertich war das! [P] Das war alles. [P] Das hat einen, mal sagn, so das ganze Lebn so, muss ich sagn, das is das Einzichste, was mir so nachgehangen hat immer, ne.« (Steinhoff, 2314–2326)

Sie beklagt heute noch die Tabuisierung der Sexualität durch die Eltern. Ihre Mutter sei unfähig gewesen, darüber zu sprechen (Steinhoff, 665, 2291). Erst im Pflichtjahr, das heißt im Alter von 14 bis 15 Jahren, habe ihre Chefin darüber geredet. Auch Nora Kasten betonte, die Eltern hätten doch die Kinder nicht aufgeklärt. »Um Gottes Willen, nein!« (2741). Vermutlich hätte sich auch Martha Ludwigs Mutter nicht anders verhalten. Als die Tochter sie aber von sich aus fragte, ob die Fortpflanzung bei den Menschen so funktioniere wie bei den Tieren, wo sie genau Bescheid wusste, erhielt sie einige Informationen. Den Rest holte sich Martha Ludwig dann aus Büchern (4221). Nur eine Mutter ergriff von sich aus die Initiative und bereitete die Tochter auf die Menstruation vor, bevor diese einsetzte (Diekmann, 4812). Allerdings bezeichnete Sieglinde Diekmann diese Aufklärung im Gespräch als im Vergleich zu heutigen Standards als »notdürftig« (4682). Regina Wilhelm zog zusätzlich zur Aufklärung durch eine Freundin und ein älteres Mädchen ein Aufklärungsbuch zu Rate. Es gehörte den Eltern der Freundin und war derart attraktiv, dass beide eine Schulstunde schwänzten, um dieses Buch in Abwesenheit der Eltern zu lesen (Wilhelm, 3994). Es wundert nicht, dass, wie auch in den anderen Milieus, sich Frauen im Interview als »Spätentwickler« (Diekmann, 4756)[4] oder »naiv« oder »dumm« (2269) bezeichnen.

Geschlechtsrollen

In der dörflichen Gesellschaft der 1930er Jahre wuchsen die Kinder in die (noch) festgefügten Geschlechtsrollen hinein, die ihnen ältere Kinder und Erwachsene vorlebten. Damit stand fest, welche Arbeiten sie oder er machen durfte oder musste, auch wenn es einige Überschneidungen gab. Wie Hausarbeit war Handarbeit reine Mädchen- und Frauenarbeit. Erna Hilpert häkelte und stickte ab dem Alter von circa zwölf Jahren stundenlang mit ihren Freundinnen. Mutter und Großmutter strickten (Hilpert, 3731). So war es auch im Haushalt der Wilhelms: Wenn abends die Männer Karten spielten, strickten die Frauen (Wilhelm, 7022). Die Kinder beobachteten zudem, dass Männerarbeit auch mal zu Ende war, während Frauen immer etwas zu tun hatten.

»Wenn dies Schlachtefest dann vorbei war alles, dann wurde, wenn gevespert war und so, dann wurde noch Karten gespielt. Mmh. Die Männer, die Frauen hatten ja

---

[4] Sieglinde Diekmann benutzte den Begriff dreimal im Interview.

noch was so zu tun. Aber die Männer die spielten dann schon mal Karten. Kartenspielen ist auch was Schönes, ganz was Schönes. [P]« (Wilhelm, 7810–7817)

Die Kinder erfuhren die Trennung der Geschlechter nicht nur durch deren unterschiedliche Kleidung und Tätigkeiten, sondern auch durch die Sitzordnung in der Kirche. Zudem sahen sie, dass die Gastwirtschaften hauptsächlich von Männern besucht wurden (Wilhelm, 3874). Sie erlebten, dass Männer sich politisch stärker engagierten als Frauen (Hilpert, 2588) – eine Differenzierung, die im Nationalsozialismus durchaus gefördert wurde. Die nationalsozialistische Ideologie betonte die Unterschiede in den Geschlechtsrollen stark, obwohl sie andererseits durch politische Maßnahmen, wie beispielsweise die Organisierung der Mädchen, abgeschwächt wurden.

Für kleine Kinder war die Separierung nach Geschlecht noch nicht relevant. Entsprechend der Zusammensetzung der Nachbarschaft spielten, wie gezeigt wurde, Jungen und Mädchen im Vorschulalter zusammen. Spätestens mit Beginn der Schulzeit setzte dann aber eine Trennung ein. Die Kinder wurden zwar zusammen unterrichtet, saßen jedoch im Klassenzimmer nach Geschlechtern getrennt. Mit zunehmendem Alter wurde diese Trennung ausgeprägter. Selbst bei den Klassenwanderungen separierten sich die Kinder nach Geschlecht, wie Klaus Schmitt anschaulich schilderte: »Die Mädchens marschierten denn mitn Lehrer und wir so 15, 20 Meter [da]hinter, ne.« [lacht] (5759f.)

Ebenso wie in der Schule gingen sich Mädchen und Jungen auch außerhalb zunehmend aus dem Weg, spielten unterschiedliche Spiele. Erna Hilpert, die viel mit Jungen aus der Nachbarschaft zusammen und zumindest in ihren jüngeren Jahren offenbar nicht sehr mädchenhaft war, beschrieb die Differenz zwischen Mädchen- und Jungenspielen sehr konkret:

»Na ja, nun, mit denen [Mädchen] können se nich aufn Boden und dann runterspringen und das, also das hat doch kein Mädchen gemacht, ne. Das war nichts, oder Bäume klettern, ne, und so, machten doch die Mädchen nicht, zumal die Mädchen ja auch damals noch keine Hosen anhatten, ne, wie heute. Nech, wir hatten ja immer noch Röcke an. Gab auch keine Strumpfhosen. Ne, dann gab es doch die Strümpfe dann bis hierhin, ne, und dann, wenn man dann 'n Baum hochkletterte, dann gab's ja auch Kratzer so an den Beinen, ne, und das machten die Mädchen ja dann nich so mit. Das war nichts.« (Hilpert, 3535–3547)

Erna Hilpert selbst hätte deshalb gerne Hosen getragen, es wurde ihr aber nicht erlaubt. Sogar mit einer Trainingshose gab es Probleme.

»Und dann: ›Wie sieht das aus!‹ Ach, Gott, da war ein Palaver drum. Und von meiner Mutter die jüngste Schwester, die hat mir 'ne Trainingshose jeschenkt. Das war die erste Hose, die ich jekricht habe, nech, und das – konnte dochn Mädchen keine Hose anziehen! Und da war ich aber bestimmt schon zwölf Jahre alt. Nech. Also das, da habe ich dann oft drum: ›Die andern, die haben eine, und ich habe keine!‹, aber das jehörte sich nich, also.« (Hilpert, 5080–5088)

Innerhalb des Dorfes gab es bestimmte Orte, an denen sich nur die Jungen trafen, beispielsweise die »Ochsenbrücke« (Schmitt, 4748), an anderen nur die Mädchen. Allerdings war der Treffpunkt »Meinte« beiden Geschlechtern zugänglich. Sie spielten dort jedoch oft unterschiedliche Spiele. Erst gegen Ende der Schulzeit begannen Mädchen und Jungen sich vorsichtig wieder anzunähern, zum Teil fand das im Rahmen gemeinsamer Aktivitäten der Hitler-Jugend statt, zum Beispiel dem Theaterspiel. Hauptsächlich fiel diese Annäherung in die Zeit nach der Schulentlassung (Steinhoff, 2242; Ludwig, 3434). Einige Frauen berichteten von ihrer Tanzstunde.

Die befragten Männer waren sich, den Interviews zufolge, in ihrer Kindheit ihrer Geschlechtsrolle sicher. Sie stand für sie eindeutig und unzweifelhaft fest und wurde von ihnen vornehmlich über Körperlichkeit definiert. Wie in den anderen bisher untersuchten Milieus auch hatte keiner von ihnen je mit dem Gedanken gespielt, lieber ein Mädchen sein zu wollen.[5] Klaus Schmitt sagte von sich, er sei wohl ein »harter Hund« gewesen und meinte damit, dass er durchaus austeilen und auch einstecken konnte, grenzte sich aber zugleich von dem Typ des gegenüber Frauen rücksichtslosen »Boffkes« und Schlägers ab (3432). Für Herbert Bauer und Horst Möller machten körperliche Aktivitäten einen »richtigen« Kerl aus: raufen, sich wehren, Fußball spielen und – keine Angst haben! (Bauer, 5371; Möller, 1720). Auch wenn sie diesem Idealbild nicht voll und ganz entsprachen – Herbert Bauer hatte zum Beispiel Angst im Dunkeln und nannte trotzdem »keine Angst haben« als ein Kriterium –, wird ganz klar, dass hier ebenso wie für den fußballbegeisterten Klaus Schmitt körperliche Leistung und Zähigkeit für ihr Selbstbewusstsein und ihr Selbstbild eine zentrale Rolle spielten.

Demgegenüber waren die Frauen in ihrem Selbstbild nicht so eindeutig festgelegt. Drei waren als Kinder wenig mädchenhaft gewesen, waren »Bubenmädchen«[6]; alle spielten als jüngere Kinder viel mit Jungen. Regina Wilhelm und Sieglinde Diekmann wurden gelegentlich auch als »Junge« be-

---

5 Ob sich darin tatsächlich größere Sicherheit oder nicht eher starke Abwehr bzw. Verdrängung der »weiblichen Anteile« ihrer Person ausdrücken, muss hier unerörtert und ungeklärt bleiben.
6 Diesen treffenden Ausdruck habe ich in Kleins Buch *Roman unserer Kindheit* gefunden.

zeichnet und fanden das ersichtlich gut. Sieglinde Diekmann, die sich ein »wildes Kind« nannte, das dauernd schmutzig gewesen sei, wurde, obwohl die Eltern wohl insgeheim auch stolz darauf waren (4670), mit Hinweis auf ihr Geschlecht zur Ordnung gerufen (4644). Auch Erna Hilpert charakterisierte sich als robustes, mit einer großen Klappe ausgestattetes Kind. Sie stürzte sich dann aber bald auf die typisch weibliche Beschäftigung des Handarbeitens. Erna Hilpert und Regina Wilhelm erzählten, sie hätten sich nie gewünscht, ein Junge zu sein. Für Regina Wilhelm trifft diese Aussage wohl nicht zu, denn in Geschichten, die sie sich in ihren Tagträumen ausdachte, war sie immer ein Mann (7316). Martha Ludwig, die ein sehr braves Mädchen war, erzählte hingegen bereitwillig, sie wäre lieber ein Junge gewesen, weil Jungen mehr Möglichkeiten gehabt, mehr gedurft hätten (1997). In ihren Aussagen über ihre Beziehungen zu Jungen in ihrer Kindheit wird die Geringschätzung der Mädchen durch die Knaben deutlich:

»Aber als ja als Kind war das hatte man wirklich nicht son Kontakt und auch nicht son. Ich hatte nicht son besonderes Verlangen da, und war das ja auch so, dass die Jungs ja dann: ›Och Mädchen.‹« (Ludwig, 3262–3266)

Das vertrug sich nicht mit ihrem Selbstbewusstsein, und sie zog daraus die Konsequenz:

»[...] und das fand ich nun schon gar nicht gut dann und ich wollte mit denen dann auch nix zu tun haben, ne. Ich wollte ihnen nix beweisen, ich wollte lieber gar nix mit ihnen zu tun haben. Ihr könnt mich mal, ne. So nach dem Motto, ne.« (Ludwig, 3266–3272)

Diese Abwehrhaltung gegenüber Jungen ist zumindest in der expliziten Formulierung in dem Interviewmaterial einzigartig. Martha Ludwig hätte sich der Polarisierung der Geschlechterrollen gerne entzogen. Auf die Frage, was für eine Frau sie werden wollte, antwortete sie:

»Ich wollte überhaupt nix als Frau werden. Ich wollte ja also als Frau wollte ich nix sein. Ich wollte irgendwas anders werden, sag ich mal, nich. Ich wollte ja immer wo raus. Ich wollte ja immer, aber das wollte ich durchaus nich als Frau. Das wollte ich als Mensch, als [solcher]. Und da hab ich mir keine Gedanken drüber gemacht, wie ich wohl als Frau werden wollte. Wirklich nicht.« (Ludwig, 4301–4309)

Die Bedeutung körperlicher Schönheit, zumindest Ansehnlichkeit, für die weibliche Geschlechtsrolle wird in zwei Interviews erkennbar. Zwei Frauen beschrieben sich explizit als nicht besonders hübsch. Martha Ludwig zog ihr gleichwohl vorhandenes Selbstbewusstsein aus ihren Leistungen. Sie definierte sich geradezu darüber, wollte alles können und war stolz darauf, die Arbeit von Erwachsenen machen zu »dürfen« (Ludwig, 3005). Ähnlich war die Reaktion Sieglinde Diekmanns: »Aber wenn man nicht besonders gut aussieht, dann muss man viel können.« (Diekmann, 8060)

7. Erziehungsmaximen und Werthaltungen

Erziehungsmaximen

Die Antworten auf die Frage nach den Normen und Werten, die ihren Eltern bei der Erziehung wichtig gewesen seien, waren bei den Interviewpartnerinnen und -partnern nicht sonderlich ergiebig, vermutlich, weil ihnen viele Verhaltensweisen und Einstellungen selbstverständlich waren (und auch heute noch sind) und eher implizit als explizit vermittelt wurden. So antwortete Martha Ludwig: »Sie [die Eltern] hams einfach vorgelebt wie man das so machen sollte. Ohne große Vorschriften.« (1913f.) Wie in den anderen Milieus wurde einzig Pünktlichkeit von mehreren Befragten genannt, weil sie im Alltag wichtig war. Sieglinde Diekmann, deren Vater rigoros darauf bestand, dass sie auch noch als Heranwachsende von 14 Jahren um 22 Uhr zu Hause zu sein hatte, erhielt für jede Stunde, die sie zu spät erschien, einen Monat Hausarrest. Ehrlichkeit, die zweifellos in den Familien der Befragten wichtig war, wurde wesentlich seltener genannt als Pünktlichkeit, wohl, weil sie sich von selbst verstand und es damit weniger Konflikte gegeben hat. Andere Erziehungsmaximen lassen sich aus den Interviews nur implizit entnehmen. Dazu gehört mit Sicherheit die Sparsamkeit, von der die Lebensführung aller Familien bestimmt wurde. Sie zeigte sich besonders deutlich in dem pfleglichen Umgang mit Kleidung und Schuhen. Ein wichtiger Wert, den die Kinder beizeiten verinnerlichten, war die Arbeitsamkeit. Sie lernten früh, dass alle im Haushalt und der Garten- oder Landwirtschaft mitarbeiten mussten. Gelegentlich klingt in den Interviews an, dass Eltern und Großeltern Gehorsam erwarteten. Widerworte wurden nicht geduldet (Steinhoff, 647). Das dürfte wohl für alle Kinder zugetroffen haben. Auch Respekt gegenüber anderen Erwachsenen war selbstverständlich, speziell gegenüber älteren Personen.[1] In besonderem

---

[1] Klaus Schmitt erhob einmal, ca. 13-jährig, seine Hand gegenüber seinem verwirrten Großvater. Diese Handlung lastet heute noch auf ihm! (Schmitt, 3627).

Maße wurde er den Dorfhonoratioren, vor allem Lehrer und Pfarrer, geschuldet. Vor allem der Lehrer war eine gefürchtete Respektsperson, wie Klaus Schmitt schilderte (192). Zu diesem Respekt gehörte auch das freundliche Grüßen in der Öffentlichkeit. Jeder grüßte jeden. Das wurde zwar nur von Sieglinde Diekmann erwähnt, aber war auf dem Dorf, wo man sich gegenseitig kannte, generelle Praxis.

Diejenigen Kinder, die Geschwister hatten, mussten das ehrliche Teilen lernen. Selbst für den als Einzelkind aufgewachsenen Klaus Schmitt war das »höchste Pflicht«, durch die sich ein »guter Kumpel« auszeichnete (3285). Da die Kinder dazu angehalten wurden, ihre Schularbeiten ordentlich zu erledigen, etliche zudem, sie sofort nach der Schule zu machen, lernten sie nicht nur die Relevanz schulischer Bildung, sondern auch, selbst unangenehmen Pflichten nicht aus dem Wege zu gehen.

Die Tischmanieren nahmen, wie in Hann. Münden, geringen Raum in den Erzählungen ein. Die meisten Befragten sprachen nur davon, sie hätten »anständig« oder »vernünftig« am Tisch sitzen, »gesittet« essen müssen. Es bleibt unklar, was das im Einzelnen bedeutet hat. Vermutlich sollten sie nicht die Ellenbogen aufstützen oder sich über den Tisch hängen und nicht schmatzen. Anneliese Steinhoff musste, wenn sie aufgegessen hatte, fragen, ob sie nun aufstehen durfte (2137). Das dürfte für die anderen vermutlich auch gegolten haben. Sieglinde Diekmann wurde dazu angehalten, eine Serviette zu benutzen (4185) – das ist eine Ausnahme unter den Befragten. Das Essen mit Messer und Gabel gehörte, wie Erna Hilpert erzählte, auch bei den Erwachsenen nicht zur gängigen Praxis (4968). Mit einem Brot auf der Hand draußen herumzulaufen, sei bei ihnen streng verpönt gewesen, bemerkte Sieglinde Diekmann (4862). Die meisten Kinder durften sich offenbar während des Essens am Gespräch beteiligen. In Wilhelm Wahrlichs Familie verliefen die Mahlzeiten allerdings sehr schweigsam. »Geredet wurde nicht viel, sondern nur gegessen.« (880)

Einige Normen galten zwar sicher nicht nur, aber in besonderer Weise für Mädchen. Sie wurden zur Reinlichkeit erzogen und mussten ihr Zimmer aufräumen. Sieglinde Diekmann hatte deswegen oft Krach mit ihrer Mutter (3464). »Ordnung halten« war ein Wert, den die Mädchen früh lernten und so verinnerlichten, dass zwei der Interviewpartnerinnen betonten, sie hätten ihn von der Mutter übernommen und beibehalten (Kasten, 1815; Ludwig, 4585). Auf die Frage nach Ge- oder Verboten, auf die die Eltern Wert legten, antwortete Nora Kasten:

»Wüsst' ich auch nich. [PP] Ja, die Schularbeiten mussten wa machen. [P] Ordnung halten vor allen Dingen. Da durfte nichts umherliegen. Das musste abends aufge-, wir konnten spielen, jaha, aber aufgeräumt musste immer werden. [P] Das ließ meine Mutter nicht zu. Also es muss aufgeräumt werden. [P] Das hat, das hat man auch nachher alles so beibehalten, also das hat man dann auch den Kindern dann übertragen. [P] Ich weiß auch nicht, ob das andere Mütter auch so jemacht haben, ich kann's nicht sagen [lacht]. Dass man das weitergegeben hat. [PP] Meist is es ja so.« (Kasten, 1814–1825)

Insgesamt lernten die Kinder, wie in den anderen Milieus auch, sehr viel über das elterliche Vorbild und die tagtägliche Ermahnung, bestimmte Dinge zu tun oder auch zu lassen, ohne dass derartige Normen oder Werte explizit formuliert werden mussten. Wenn Sieglinde Diekmann für ihre Mutter, die im Deutschen Roten Kreuz engagiert war, »barmherzige Süppchen« austrug (4296), lernte sie Hilfsbereitschaft, vielleicht auch Mitleid und Einfühlungsvermögen, ohne dass dies besonders betont werden musste.

Religion

In den 1930er Jahren war Volpriehausen noch ein fast rein protestantisches Dorf. Religion und Kirche gehörten aber im Untersuchungszeitraum für viele Bewohner ersichtlich nicht mehr zu den haltgebenden Kräften des Lebens. Das hat nicht nur mit den Anfeindungen des Nationalsozialismus zu tun, denen der Pastor und die kirchentreuen Mitglieder der Gemeinde in den 1930er Jahren ausgesetzt waren. Soweit aus den Interviews ersichtlich, hatte bereits die Elterngeneration der Befragten überwiegend eine relativ lockere Einstellung zur Kirche. Sie gehörte zwar zum Leben dazu, vor allem an den hohen Feiertagen und den großen Festen des Lebens, wie Taufe, Konfirmation, Eheschließung und Beerdigung, bestimmte das Dasein aber nicht mehr grundlegend. Eine Ausnahme bildet das Nachtgebet, das in vielen Familien zum Schlafensritual der Kinder gehörte. Lediglich in Regina Wilhelms Familie spielten religiöse Rituale im Alltag eine wichtigere Rolle: Das von den Kindern abwechselnd gebetete Tischgebet ebenso wie das Nachtgebet mit dem Vater, der zudem gelegentlich aus der Bibel vorlas (Wilhelm, 3630). Der Vater, der eine Funktion in der Kirchengemeinde ausübte, ging jeden Sonntag in die Kirche; Regina Wilhelm begleitete ihn dabei seit ihrem sechsten oder siebten Lebensjahr (3363, 3394). Ab zehn Jahren besuchte sie regelmäßig den Kindergottesdienst (Wilhelm, 3407).

»Weil ich auch immer, ich bin immerzu zur Kirche gegangen, ne. Schon, war auch ein bisschen Druck von oben, aber bin immer hingegangen, bin eigentlich auch gern hingegangen, ne. Nicht dass, es waren so viel, die schon gar nicht mehr denn in der Kirche waren und so. Aber ich bin gerne hingegangen.« (Wilhelm, 3601–3606)

Auch ihre Mutter sei sehr religiös gewesen, sagte Regina Wilhelm (3672). In anderen Familien war der Kirchgang nur zu bestimmten Feiertagen üblich. Martha Ludwigs Eltern gingen mindestens zwei Mal im Jahr: Karfreitag und am Erntedankfest. Am Karfreitag galt ein besonderer Kleidungscode:

»Und Karfreitag und das weiß ich als Kind noch, da wurde sich auch fein gemacht. Da wurde sich schwarz angezogen. Mein Vater mit Gehrock und Zylinder und ja, und das taten wir alle, wie ich, wie ich Kind war, ne.« (Ludwig, 2735–2738)

Die meisten Familien, die der Kirche im Dritten Reich noch angehörten, dürften es mit dem Kirchenbesuch ähnlich gehalten haben, wenn auch möglicherweise mit wenig aufwendiger Bekleidung.

Aus den Interviews geht hervor, dass in mehreren Familien die Großelterngeneration noch stärker kirchlich-religiös gebunden gewesen ist. Anneliese Steinhoff bezeichnete ihren Großvater als »sehr heilig«, er habe auch viel in der Bibel gelesen (2744), und solange die Großeltern noch mit am Tisch gesessen hätten, wäre bei ihnen auch das Tischgebet üblich gewesen (3736). Danach habe das aufgehört. Wilhelm Wahrlich, für den die Großmutter im Gegensatz zu seiner Mutter die zentrale Person in der Familie war, erzählte im Interview bewundernd von dieser sehr klugen Frau, die besonders auf dem Gebiet der Religion umfassende Kenntnisse besaß. Sie hätte ihn gern in einem kirchlichen Beruf gesehen, aber das hätte er schon frühzeitig abgewehrt (Wahrlich, 2378). Auch in Erna Hilperts Familie waren die Großeltern stärker kirchlich gebunden als die Eltern. Sie besuchten regelmäßig den Gottesdienst (3085). Etliche Kinder konnten also an den Großeltern noch ein von dem der Eltern abweichendes Verhältnis zur Kirche und Religion erleben. Das war dennoch nicht unbedingt beispielgebend. Wilhelm Wahrlich, der seine sehr religiöse Großmutter bewunderte und an ihr hing, trat sofort aus der Kirche aus, weil die SS, zu der er sich freiwillig gemeldet hatte, das verlangte (3604).

Nur wenige Befragte besuchten regelmäßig den Kindergottesdienst. Erst der Konfirmandenunterricht und die damit verbundene Pflicht zur Teilnahme an den sonntäglichen Gottesdiensten brachten die meisten Kinder stärker in Kontakt mit der Kirche. Der fiel nun allerdings in eine Zeit, in der die evangelische Kirche durch Regierung und NSDAP stark angegriffen wurde. Wie schon erwähnt, legte die Leitung der Hitler-Jugend Jungvolk- und HJ-Dienste auf die Zeiten des Gottesdienstes, übte Druck aus, damit sich weniger Kinder konfirmieren ließen, wurden die Kirchgänger von der SA registriert. Viele Menschen traten aus der Kirche aus, nicht mehr alle Kinder eines Jahrgangs wurden konfirmiert. Diese Entwicklungen schlugen sich auch in den lebensgeschichtlichen Erzählungen der Befragten nieder. Martha Ludwig erwähnte die »Jugendweihlinge« (3778), als sie auf die geringe Zahl der Konfirmanden zu sprechen kam. Die Jungen wandten sich offenbar stärker von der Kirche ab als die Mädchen (Ludwig, 3773).

Die politischen Angriffe auf die Kirche unterminierten vor allem die Autorität des Pastors. Wenn auch einige Befragte mit ihm zufrieden gewesen sind oder ihn »sehr gut« fanden (Diekmann, 5403), äußerten sich andere durchaus verhalten. Für Klaus Schmitt war er als Autoritätsperson jedenfalls weniger wichtig als der Lehrer (203), den die Kinder allerdings auch jeden Tag erlebten. Die Gunst vieler Jungen verscherzte der Pastor sich dadurch, dass er die »Christenlehre«[2] auf den Sonntagnachmittag legte, wo sie endlich mal Zeit zum Fußballspielen hatten, wie Herbert Bauer erzählte. Wer schwänzte, wurde montags zu ihm zitiert und konnte sich eine Ohrfeige abholen. Auch mit der Bibel habe er nach den Kindern geworfen (Bauer, 7576). Die Drohung, den Sohn wegen wiederholten Schwänzens nicht zu konfirmieren, fruchtete nicht mehr. Herbert Bauers Vater nahm sie gelassen auf (4735). Der Pastor konfirmierte Herbert Bauer schließlich doch. Mehrere Befragte erinnerten sich an Streiche, die sie dem Pastor während des Konfirmandenunterrichts gespielt hatten (Bauer, 291, 1437). Viel Unfug hätten sie da getrieben. Die zwei Jahre seien eine »lustige Zeit« gewesen, erzählte auch Nora Kasten (1015). Als der Pastor zum Militär einberufen wurde, übernahm seine Frau den Konfirmandenunterricht. Martha Ludwig war von ihr sehr beeindruckt. Sie habe sich vor allem ihr zuliebe konfirmieren lassen (2655). Die zunehmend prekäre Situation des Pastors spiegelte sich vor allem in den Anfeindungen wider, denen er nach

---

2 Dabei handelte es sich wohl um den Konfirmandenunterricht – Auskunft von Detlev Herbst.

seiner Entlassung aus dem Kriegsdienst ausgesetzt war und die ihn dazu bewogen, sich erneut, nun freiwillig, zu melden.[3]

Die vielen Kirchenaustritte in Volpriehausen spiegeln sich nicht im Sample. Alle Befragten wurden, ungeachtet der politischen Ausrichtung des Elternhauses, konfirmiert, einzelne, wie Herbert Bauer, erst nach heftigen Konflikten mit dem Pastor. Für die meisten war dieses Ereignis wichtig, aber ohne eine tiefere religiöse Bedeutung. Im Mittelpunkt sein, das große Fest mit allen Verwandten, vor allem auch die Geschenke, waren die zentralen Inhalte, die erinnert wurden. In der Tatsache, dass nur für zwei der Befragten, zwei Frauen, ihre Konfirmation auch einen wichtigen religiösen Gehalt hatte, zeigt sich vielleicht am deutlichsten der starke Bedeutungsverlust der Zugehörigkeit zur evangelischen Kirche in den 1930er Jahren, selbst wenn man berücksichtigt, dass schon zwischen Großeltern- und Elterngeneration die Relevanz von Religion und Kirche nachgelassen hatte. Gleichwohl wuchsen die Befragten als Kinder in christlich geprägten Familien auf. »Nein, so natürlich man sollte nicht stehlen, nich, das waren aber die Gebote, die galten, ne. Die Zehn Gebote galten« (1905–1907), antwortete Martha Ludwig deshalb auch auf die Frage nach Ge- und Verboten. Die religiöse und kirchliche Orientierung war aber nicht so stark, dass sie für Eltern und Kinder einen verlässlichen Schutz vor den Verlockungen und Zumutungen des Nationalsozialismus geboten hätte. Darin unterscheiden sich die Kinder aus Volpriehausen nicht von denen aus den bisher untersuchten Milieus.

Medien

Außer durch Eltern und andere Erwachsenen sowie die Schule wurden Kinder durch Lektüre, Radio und Kino mit Wertvorstellungen und Normen vertraut gemacht. Besonders die neuen Medien, Radio und Film, wurden dafür vom Nationalsozialismus gezielt eingesetzt. In Volpriehausen schafften sich die Eltern der Befragten fast ausnahmslos ein Radio an. Das neue Medium galt als »fortschrittlich« (Kasten, 1588). Eine Familie machte diesen Schritt bereits 1929, andere erst während des Krieges. Es gab also

---

[3] Selbst sein Soldatentod wurde in einem Interview noch herabgesetzt. Er sei gar nicht an der Front, d. h. im Kampf, gefallen, sondern an einer Gehirnhautentzündung gestorben, sagte eine Interviewpartnerin.

Haushalte, die auch während der 1930er Jahre noch lange ohne Radio waren. Das bedeutete jedoch nicht, dass diese Familien, auch die Kinder, von dem neuen Medium und der dadurch verbreiteten Propaganda unbeeinflusst geblieben sind. Für die Kinder war das Radio so faszinierend, dass sie in andere Haushalte zum Radiohören gingen. Martha Ludwig besuchte sonnabends einen Onkel, um dort eine »bunte Sendung« am Nachmittag anzuhören (2633). Auch Erna Hilpert, deren Eltern erst 1936 ein Radio kauften, ging sonntags regelmäßig zu einem Onkel wegen der Kinderstunde (82). Herbert Bauer hörte Radio bei einem Freund (5556).

Politische Sendungen wurden gezielt durch Gemeinschaftsempfang verbreitet.[4] Die Bevölkerung versammelte sich dazu im Saal eines Gasthauses und hörte dort die Reden des Führers oder anderer NS-Größen. Wurden die Reden während der Schulzeit übertragen, mussten die Kinder in der Schule gemeinsam zuhören (Diekmann, 6059). Sieglinde Diekmanns Eltern, die ihrer Erinnerung nach bereits 1932 ein Radio gekauft hatten, öffneten bei wichtigen politischen Reden die Fenster und ließen so andere Personen, die sich vor dem Haus versammelt hatten, mithören – auch dies eine Form von Gemeinschaftsempfang (2778). Die Faszination des neuen Mediums und ein bestimmtes Programmschema führten dazu, dass sich sehr schnell Rituale des Hörens herausbildeten. Von Kindern regelmäßig gehörte Sendungen wurden bereits erwähnt. In Horst Möllers Familie, in der das Radio viel lief (1447), begleiteten die Sendungen die Familie schon beim Frühstück (1470). Sieglinde Diekmann kroch stets am Sonntagmorgen mit ihrem Bruder zu ihren Eltern ins Bett. Während sie alle miteinander »kuschelten«, lauschten sie dem »Hafenkonzert«, das vom Radio in der Küche durch zwei geöffnete Türen zu ihnen drang (Diekmann, 7716). Bei schlechtem Wetter, vor allem im Winter, so Sieglinde Diekmann, wurde viel Radio gehört, neben den Kindersendungen auch viel »kulturelle Sachen« (7756). Wenn sich die Befragten auch hauptsächlich an Unterhaltungssendungen erinnerten, kann man davon ausgehen, dass sie die explizit politischen Sendungen ebenfalls gehört haben. Der Propaganda des Regimes konnte man nicht entkommen, die, gezielt »gut verpackt« zwischen, teils auch in den Unterhaltungssendungen ausgestrahlt wurde.[5]

Im Gegensatz zu Göttingen und ähnlich wie in Hann. Münden spielten Filme für das Aufwachsen in Volpriehausen in den 1930er Jahren für die

---

4 Er war eine der Strategien der Nationalsozialisten, die Propaganda dort, wo nur wenige Haushalte ein Radio besaßen, zu verbreiten. Vgl. Cebulla, *Rundfunk,* S. 209.
5 Vgl. dazu Teil I, 7. Kapitel.

Kinder noch eine völlig untergeordnete Rolle. Es gab im Ort kein Kino, das nächste war in Uslar. In einer der Gastwirtschaften Volpriehausens wurde alle vier Wochen ein Film vorgeführt.[6] Offenbar handelte es sich dabei kaum um für Kinder geeignete Filme, denn mehrere Frauen erzählten, sie seien erst nach dem Ende ihrer Schulzeit gelegentlich dort hingegangen, meist auch noch in Begleitung von Mutter oder Tante. Viele Filme hatten Altersbeschränkungen und kamen allein deshalb nicht infrage. In einen nichtjugendfreien Film zu gehen (eine Verlockung, die auf die Befragten in Hann. Münden und in Göttingen einen hohen Reiz ausübte), konnte sich im Dorf, wo jeder jeden kannte, kein Kind oder Jugendlicher erlauben. Gelegentlich wurden sie von einem Verwandten mal mit ins Kino im nahe gelegenen Uslar genommen, wie Nora Kasten von ihrem Onkel (2797) oder Sieglinde Diekmann von ihrem Großvater (1942). Ebenso wie in den anderen Orten gab es gemeinschaftlichen Kinobesuch mit der Schule. Sie hätten in Uslar den Olympia-Film gesehen, erzählte Martha Ludwig: »Und wir fanden das alle, das war das Absolute überhaupt.« (574f.) Der ein Jahr jüngere Horst Möller erinnerte sich, von der Schule aus in den 1930er Jahren diverse Kriegsfilme gesehen zu haben, unter anderem den schon 1932 angelaufenen Film »Panzerkreuzer Emden« und »U 9 Weddingen«, der bereits 1927 in die Kinos gekommen war. Aus heutiger Sicht sei ihm natürlich klar, dass die »alle schon politisch zugeschnitten« waren (Möller, 3115). Da die Kinder aus Volpriehausen wenig Gelegenheit hatten, ins Kino zu gehen, dürfte die Faszination des neuen Mediums Film für sie noch größer gewesen sein als für Kinder, die dies häufiger erlebten. Vermutlich waren sie deshalb für die politischen Botschaften dieser Filme sehr empfänglich, zumal sie offenbar kaum mit regimekritischen Haltungen in Berührung gekommen sind, die ein auch nur partielles Gegengewicht hätten bilden können.

Obwohl die Befragten alle aus Familien stammten, in denen es keine größeren Bücherbestände und auch keine ausgeprägte Lesekultur gab, wurden etliche Befragte stärker durch Bücher als durch Filme geprägt. In Sieglinde Diekmanns Familie lasen alle gern.

---

6 Über die von den Nationalsozialisten errichteten Gaufilmstellen wurden die Dörfer mit Filmen versorgt. Ziel war es, ein- bis zweimal im Monat auf jedem Dorf einen Film zu zeigen (vgl. Zimmermann, »Landkino«, S. 237); dabei war der Anteil der nationalsozialistischen Filme dreimal so hoch wie im Programm der kommerziellen Kinos. Vgl. Kleinhans, *Ein Volk*, S. 170.

»Also bei uns, wir sind 'ne Lesefamilie, bei uns wurde sehr viel gelesen. Manchmal jeden Abend, jeder sein Buch hatte oder was, und da wurde gelesen.« (Diekmann, 7847–7850)

Es erzählte niemand von Eltern, die ihre Kinder gezielt mit guter Lektüre versehen wissen wollten, wie das zumindest in einer Familie des Hann. Mündener Samples der Fall gewesen ist. Offenbar kümmerte sich kaum jemand von den Eltern darum, was die Kinder lasen. Sie schauten sich die Bücher wohl mal an, wie Nora Kastens Eltern, aber »das hat die weiter gar nicht interessiert. Hauptsache wir haben still dajesessen und [PP] und haben uns beschäftigt« (1547–1549). In den Familien gab es nur wenige Bücher. Ein paar Bilder- und Kinderbücher, auch Märchensammlungen oder Wilhelm-Busch-Alben. In fast allen Familien wurde eine Tageszeitung gehalten, meist die *Sollinger Nachrichten*, gelegentlich auch eine Illustrierte oder eine Wochenzeitung.

Die Jungen lasen, wenn sie überhaupt lasen, vorzugsweise Abenteuerromane, Krimis und Indianergeschichten. Dabei handelte es sich meist nicht um Bücher, sondern um Heftchen wie die Rolf-Torring-Romanhefte, die sie sich selbst kauften und untereinander austauschten, wie Wilhelm Wahrlich erzählte (1386). Keiner der Interviewpartner las viel. Das war bei den weiblichen Befragten anders. Nur Erna Hilpert erzählte, sie habe zum Lesen keine Ruhe gehabt und auch ihre Mutter habe nicht gelesen (3451). In dieser Familie las der Vater gelegentlich abends, wenn die Frauen handarbeiteten, aus einem »dicken Buch« vor oder auch den Fortsetzungsroman einer Wochenzeitung (Hilpert, 3097). Die meisten Frauen haben als Kinder jedoch viel gelesen. Alle liebten es, abends im Bett zu schmökern, teils heimlich unter der Bettdecke, teils, wie bei Nora Kasten, mit Erlaubnis der Eltern. Martha Ludwig ging dazu freiwillig früh ins Bett. Zusammen mit Sieglinde Diekmann, deren Eltern auch Bücher kauften, gehörte Martha Ludwig zu den Mädchen, die viel lasen. Seitdem sie lesen konnte, verschlang sie alles, was ihr in die Finger kam, erzählte sie. Im Gegensatz zu Sieglinde Diekmann kam sie aus einer Familie, in der es kaum Bücher gab. Sie ging zu Verwandten, um dort deren Bücher zu lesen oder sich auszuleihen. Schließlich, mit acht bis neun Jahren, entdeckte sie eine andere »Quelle«:

»Wir hatten in der Schule, also muss ich dem Lehrer sagen, der denn das nachher alles allein gemacht hat, der hatte eine sehr schöne Schülerbücherei eingerichtet. Und die hab ich denn gelesen von vorne bis hinten. Alles was da war. Das ging ja ganz gut. Da waren auch ein paar Karl-May-Bücher drin, und die hatte ich dann ganz schnell durch. Da war ich aber nen bisschen älter wohl schon. Da war ich also vielleicht doch so elf, zwölf so was. Und dann war er selber auch nen Karl-May-Fan. Und wie ich die nun alle durch hatte, gut, Geld hatte ich nicht, um mir welche zu kaufen, da hat er mir seine geliehen. Nun war das aber so spannend mit Winnetous Tod, und ich saß denn da also in der Schule, und was er da erzählte, das wusste ich alles schon lange. Und da hatte ich dieses Buch [P] so liegen, dann hab ich also Winnetous Tod gelesen, und dann kam er dann aber doch und hat mir das weggenommen. Nun war es sein eigenes Buch. [lacht] Naja, dann wollte er mir aber keine mehr leihen. Er hat mir dann nachher aber doch welche geliehen. Hat er ja eingesehen, dass das doch irgendwie, er hat mir aber auch, [...] außer der Reihe Aufgaben gestellt, die wir lösen sollten.« (Ludwig, 1524–1548)

Da Martha Ludwig die Schulbücherei »von vorne bis hinten« durchgelesen hat, dürfte der weitaus größte Teil ihrer Lektüre politisch konform gewesen sein. Die Schulbücherei ist vermutlich, wie alle öffentlichen Bibliotheken, nach der Machtergreifung von kritischer und aufklärerischer Literatur gesäubert worden.[7]

Für die Zeitungen, die in den Familien vorhanden waren, interessierten sich nur wenige Befragte. Lediglich die »Leseratten«, Sieglinde Diekmann und Martha Ludwig, lasen auch Zeitungen. Sieglinde Diekmann hatte schon vor 1933 in einer Nachbarsfamilie den *Stürmer* für sich entdeckt und las ihn dort, weil er zu Hause verboten war (7829). Erna Hilperts Interesse an Zeitungslektüre wurde 1936 mit der Berichterstattung über die Olympiade geweckt (3117). Vermutlich alle Befragten hatten die Schülerzeitschrift *Hilf mit*, die in der Schule für zehn Pfennig verkauft wurde und die jeder lesen musste (Wilhelm, 6775).[8]

Die Wirkung der nationalsozialistischen Ideologie

Den Interviews lässt sich dazu nicht sehr viel Explizites entnehmen. Wie stark der Alltag der Kinder durch Ideologie und Wertvorstellungen des Nationalsozialismus durchtränkt war, zeigt sich überraschend deutlich in einer Quelle. Das Poesiealbum einer der befragten Frauen enthält bemerkenswert viele Sprüche und Widmungen, die Heldentum, Deutschtum, Bewährung im Kampf beschwören, darunter sind Worte Hitlers und anderer

---

7 Vgl. dazu Teil I, 7. Kapitel.
8 Zur Tendenz der Schülerzeitschrift *Hilf mit* vgl. Teil I, 4. Kapitel.

NS-Größen. Von den insgesamt 61 Eintragungen haben 27 eine dezidiert politische Aussage. Die meisten stammen von Mitschülerinnen und Mitschülern, aber auch der Lehrer dringt auf »Deutsch sein bis ins Mark!«[9]. Das ist insofern erstaunlich als normalerweise politische Themen und geschichtliche Ereignisse selten Eingang ins Poesiealbum finden.[10] Vielmehr dominieren zeitlose »sittliche Regeln« und »moralisch gefärbte Weisheiten«.[11] Ohne diese Quelle überzubewerten, ist sie doch ein Indiz für eine sehr große Offenheit der Befragten aus Volpriehausen gegenüber der nationalsozialistischen Ideologie. In den von drei Göttinger Befragten vorliegenden Poesiealben findet sich keine derartige Häufung politisch gefärbter Widmungen.[12]

Ein weiteres Indiz ist der positive Tenor, mit dem die Interviewpartnerinnen und -partner überwiegend auf die Zeit des Nationalsozialismus zurückblickten. Als Einzige sprach Anneliese Steinhoff vom »Aufatmen«, als es mit dem Dritten Reich zu Ende ging (3866f.). Da kaum eine Familie der Befragten unter massivem politischen Druck gelitten hat und mehrere von dem ökonomischen Aufschwung durch die Rüstungsindustrie direkt oder indirekt profitierten, außerdem etliche Befragte selbst zu den Profiteuren

---

9 Das ist die letzte Zeile der ersten Strophe des Liedes »Was auch immer werde«, die der Lehrer in Martha Ludwigs Album geschrieben hat. Das Lied diente dazu, den Stolz auf das »Deutsch-sein« und die »Hingabe an Deutschland« in den Menschen zu verankern. Kurz vor dem Überfall der Deutschen Wehrmacht auf Polen war es häufig im Radio zu hören (so Wilcke, *Kinder- und Jugendliteratur*, S. 149). Zu den Eroberungen im Osten im zweiten Kriegsjahr, als der Lehrer aus Volpriehausen diesen Text seiner Schülerin ins Poesiealbum schrieb, passte es immer noch vorzüglich.

10 So Angermann, *Stammbücher*, S. 367. Die von ihr ausgewerteten zwei Poesiealben aus der NS-Zeit enthalten zwar auch politische Sprüche, aber viel weniger als in dem aus Volpriehausen.

11 So Rossin, *Das Poesiealbum*, S. 64; ähnlich Freudenthal, »Das Poesiealbum«, S. 96; Kirchhöfer, »Poesiealben«, S. 641.

12 Ein Album enthält überhaupt keinen politischen Spruch. Die anderen beiden nur wenige (fünf von 26; fünf von 63). Das mag u. a. daran liegen, dass im bürgerlich-städtischen Milieu das Poesiealbum für Kinder seit der zweiten Hälfte des 19. Jahrhunderts verankert gewesen ist (Kirchhöfer, »Poesiealben«, S. 636) und die Befragten daher auf einen tradierten Fundus von Sprüchen zurückgreifen konnten. In Volpriehausen ist ein Poesiealbum hingegen vermutlich relativ neu gewesen, so dass es nahelag, die im Alltag der Kinder präsenten politischen Parolen zu verwenden. Dass dahinter mehr stecken könnte, zeigt sich an dem Eintrag des Lehrers. Keiner der Göttinger Lehrer hat eine politische »Weisheit« in eines der vorliegenden Alben geschrieben. Zwei Poesiealben aus der NS-Zeit, die Angermann untersucht hat, enthalten ebenfalls nur wenig politisches Gedankengut. Zwar sei es mehr als vorher, aber wenig im Vergleich zu den sonstigen Eintragungen (»Stammbücher«, S. 397).

des Systems gehörten, liegt diese günstige Beurteilung nahe. Bei der Bewertung der Zeit des Dritten Reiches wurden von den Befragten aus Volpriehausen im Wesentlichen drei Positiva hervorgehoben: Zum einen seien die Zeiten damals sicherer gewesen. Man habe als Frau keine Angst haben müssen, hätte auch allein im Dunkeln, ohne sich sorgen zu müssen, nach Hause kommen können, »weil die Rechtsprechung so streng war« (Diekmann, 6664f.). Insgesamt seien die Zeiten strenger, aber auch ehrlicher gewesen, so Klaus Schmitt (734). Fast alle befragten Männer betonten, dass die Nazis viel für Kinder und Jugendliche getan hätten. In diesen Einschätzungen schlagen sich die Erfahrungen der Jungvolk- und HJ-Führer nieder, zu denen drei der vier befragten Männer gehörten. Schließlich wurden die Bemühungen gelobt, durch die Hitler-Jugend unter den Kindern eine Gemeinschaft herzustellen. Zu denen, die an den Führer und seine Verheißungen geglaubt hatten, gehörte Martha Ludwig. Selbst im Krieg habe sie (wegen der Selbstversorgung) nichts entbehrt:

»[...] und man sah das ja alles ein, nich. Räder müssen rollen für den Sieg und alles dieses und das war die die Zeit, wo wir alle. Also wenn Ihnen eine sagt, von den Kindern was anderes erzählt, ist das Quatsch. Wir haben ja alle an den an unseren Führer geglaubt, alle, als Kinder. Das war, das war schlimmer [wieder etwas lauter werdend] als wenn Sie heute ausflippen, wenn irgendwelche Teenager, was weiß ich Sänger oder sowas da sind. Also so ne Hysterie war das nicht, dazu war die Sache auch viel zu ernst für uns auch. Denn Angehörige von uns waren ja dann im Krieg, aber wir haben immer geglaubt, dass das alles richtig ist, weil man es uns so erzählt hat.« (Ludwig, 242–254)

Mit dem Ende des Dritten Reiches aber sei für sie eine Welt zusammengebrochen. Völlig desillusioniert sei sie gewesen. Seitdem könne sie sich für nichts mehr begeistern (Ludwig, 4423.):

»Aber ich bin nirgendswo mehr drin, ich engagiere mich auch so nicht mehr. Für nichts. Das war also, das wenn Sie das meinen mit dem Knick, dann war es das, dass man das an alles, was man geglaubt hat nicht gut war, dass ich, wie ich das eingesehen habe, und dass das alles nicht gestimmt hat oder falsch gestimmt hat oder dieses hier alles, und dann hab ich gesagt, jetzt mit mir aber nicht mehr. Jetzt lässt du dich aber für nix mehr einfangen.« (Ludwig, 4441–4449)

Eine ähnliche Konsequenz hat Erna Hilpert gezogen, in deren Familie sich mehrere Mitglieder intensiv für den Nationalsozialismus engagiert hatten. Sie hat diese Zeit noch nicht bewältigt. Da sie mit dem Nationalsozialismus keine schlechten Erfahrungen gemacht habe, würde sie »auch heute keiner Partei mehr beitreten« (Hilpert, 5812). Ihre im Gegensatz zu Martha Ludwig ungebrochen positive Perspektive auf den Nationalsozialismus zeigt sich in vielen Interviewäußerungen, in denen sie die nationalsozialistischen Institutionen entpolitisiert. Die NS-Frauenschaft sei nichts anderes gewesen als heute das Rote Kreuz, die SA ein Verein wie jeder andere Verein und selbst die NSDAP eine Partei wie jede andere (Hilpert, 2594, 3299, 3336).

Im Gegensatz zu den Befragten aus den anderen Milieus ist auffällig, dass aus Volpriehausen mehrere schon als Kinder den Wunsch entwickelten, die Enge und Begrenztheit des Dorfes hinter sich zu lassen, »raus«zukommen. Für sie war in Volpriehausen zu wenig los, war »die Welt mit Brettern zugenagelt«, wie Erna Hilpert es formulierte (410f.). Erstaunlicherweise hegten diesen Wunsch nicht nur Jungen, sondern auch Mädchen. Während der Traum, Schauspielerin zu werden oder zur See zu fahren, als eine typische Phantasie Heranwachsender klassifiziert werden kann, überrascht die Sehnsucht nach anderen Kontinenten, die mehrere Befragte entwickelten. Südamerika, um »Orchideen am Orinoko« zu suchen, vor allem aber Afrika hatten es den Kindern angetan. Zwei Mädchen und ein Junge waren davon überzeugt, dort ihr Glück machen zu können. Wilhelm Wahrlich, der sich auf die Ausbildung bei einem dort lebenden Onkel eifrig vorbereitet hatte, wurde bereits erwähnt. Erna Hilpert erzählte:

»[…] ich wollte ja früher immer, ich hatte immer so 'n [Traum], wollte nach Afrika. Aber – ich wollte immer auswandern nach Afrika, das war mein Jugendtraum immer.« (Hilpert, 4810–4813)

Afrika war das »Land meiner Träume«, fügte sie etwas später hinzu (Hilpert, 4891). In der Erzählung Martha Ludwigs wird die Gemengelage aus kindlichem Fernweh und politischen Überzeugungen sichtbar. Auf die Frage, was sie nach der Volksschule werden wollte, antwortete sie:

»Ja, das war von damals, ich wollte ja immer weg. Da gab es Kolonialschulen, als ich Kind [war]. Da gab's eine in Hann. Münden, die nachher die Forstschule für Jungs [wurde], und für Mädchen gab's eine in Rendsburg. Das wusste ich. Und ich, dazu musste man aber, dazu musste man aber die Mittlere Reife haben um dahin zukommen. Und wenn ich die Handelsschule gemacht hatte, hatte ich die. Und das war für mich damals der Grund auf die Handelsschule zu gehen. Und das hat sich dann nicht mehr ergeben. Wir hatten keine Kolonien mehr. [lacht] Gott sei Dank. Aber ich wollte ja immer so, wollte ja immer. Das wär's gewesen so für mich, ne. Ich hab das ja auch dann, da gab's ja auch Literatur drüber und Bücher drüber und alles. Das hab ich ja auch alles verschlungen. Wie die da in Südwest wieder noch gewesen waren, und das wollten wir ja wiederhaben alles, ne. Ja, ich fand das ja auch alles richtig, dass wir das wiederkriegen mussten. Heute finde ich das gar nicht mehr richtig. Aber damals als Kind.« (Ludwig, 3681–3707)

Auch Erna Hilpert beabsichtigte, die Kolonialschule für Frauen in Rendsburg zu absolvieren, um dadurch den Absprung zu schaffen, und bereitete das systematisch vor. Nur ein Junge hat seinen Traum, der allerdings nicht in Afrika angesiedelt war, realisieren können. Den anderen machte der Krieg einen Strich durch die Rechnung.

Von den Befragten aus den anderen Orten hat niemand von derartigen Träumen oder Lebensentwürfen erzählt. Dass sie sich im Sample aus Volpriehausen gehäuft finden, kann Zufall sein. Dass sie dort aber überhaupt gedacht werden konnten, hat Ursachen, die teils in der Besonderheit des Ortes begründet, teils allgemeiner Natur sind. An der Propaganda der Ortsgruppe Volpriehausen des Reichskolonialbundes[13] kann es nicht allein gelegen haben. Sie dürfte sicher auch in den anderen Orten verbreitet worden sein, fiel aber in Volpriehausen ersichtlich auf fruchtbaren Boden. Hier erlebten die Kinder anschaulich, dass vielfältige berufliche Tätigkeiten und Lebensstile möglich waren. Mehr als die Kinder in den anderen Milieus profitierten zudem diejenigen auf dem Land, und hier vor allem die Mädchen, von der Kinder- und Jugendpolitik des Nationalsozialismus, die ihnen Freiräume sowie neue Denk- und Lebenshorizonte eröffnete[14] – im Krieg durch die Eroberungen in Europa, die neuen Siedlungsraum, vor allem im Osten, versprachen, zuvor wohl auch in Übersee. Ungeachtet der politischen Rhetorik des Nationalsozialismus, die auf die Bewahrung des Bauernstandes und des Dorfes zielte, wurde gerade durch ihre Politik die Begrenztheit des dörflichen Lebens aufgebrochen.[15]

---

13 Die Ortsgruppe, erst 1 ½ Jahre zuvor gegründet, hatte im Frühjahr 1938 bereits 100 Mitglieder. In den Schulen fanden Kolonialkundgebungen statt (*Sollinger Nachrichten* vom 8.2.1938). Die Rückeroberung der Kolonien gehörte zu den offiziellen Kriegszielen. Vermutlich gab es auch Bücher über die ehemaligen deutschen Kolonien in Afrika in der Schulbücherei. Die Kolonien als Thema von Jugendbüchern hatten Tradition. Vgl. Pollatz, »Abenteuer Afrika«, S. 7–30.
14 Das ist ein Ergebnis vieler Studien, die sich mit der Hitler-Jugend beschäftigt haben.
15 Das zeigt sich am deutlichsten an der »Politisierung des Alltags« im Dorf. So Wagner/Wilke für das Dorf Körle (»Dorfleben«, S. 92f.). Dort sei durch den Krieg, die Beschäftigung von Zwangsarbeitern und den Zustrom von Flüchtlingen das alte Dorf definitiv zerstört worden (»Dorfleben«, S. 99f.).

8. Dorföffentlichkeit und Politik

Die politischen Verhältnisse hinterließen bereits frühzeitig ihre Spuren im Leben der Kinder – wenn auch nicht so ausgeprägt wie bei den Interviewpartnerinnen und -partnern aus dem Arbeitermilieu, weil zumindest unter den Eltern der Befragten aus Volpriehausen dezidierte Gegner des Nationalsozialismus fehlten. Spätestens seit der Gründung einer Ortsgruppe der NSDAP im Jahre 1932 gab es politische Auseinandersetzungen im Dorf.[1] Selbst in der Schule schlugen sich die politischen Debatten der Jahre 1932 und 1933 nieder.

Vor allem in der Öffentlichkeit war Politik präsent. Die Auflösung der vielgestaltigen dörflichen Vereinskultur und die Etablierung der neuen wurden bereits erwähnt. Unmittelbar davon ist von den Befragten nur Herbert Bauer betroffen gewesen, der mit der »Scharnhorst-Jugend« in das Jungvolk überführt wurde. Alle mussten sich den neuen Hitlergruß aneignen und lernen, zu differenzieren, wo und gegenüber wem er notwendig oder das traditionelle Grußverhalten angemessen war. Ebenso wie in den anderen Orten verlief hierbei die Grenze zwischen Öffentlichkeit einerseits und Familie, gelegentlich auch Nachbarschaft, andererseits.[2] Als Wilhelm Wahrlich die Grenzziehung noch nicht beherrschte, wurde er angeschrien, wenn er den Hitlergruß nicht benutzte (3253). Nora Kasten erzählte, sie sei fanatischen Nazis ausgewichen, um nicht mit »Heil Hitler« grüßen zu müssen (2342). Daran zeigt sich, dass zumindest diesen Befragten die politische Dimension des Hitlergrußes in ihrer Kindheit durchaus bewusst war. Für andere, wie Erna Hilpert, war das jedoch nichts anderes als heute mit »Hallo« zu grüßen (4623).

---

[1] Vgl. Kingreen, *Wie et freuer was,* S. 208f.
[2] Vgl. Rosenbaum, »Der Hitlergruß«. Die Relevanz des Hitlergrußes hatte das Schöffengericht Göttingen schon im Juni 1935 konstatiert, als es feststellte: Jemand, der den Deutschen Gruß verweigere, stelle sich außerhalb der deutschen Volksgemeinschaft (*Sollinger Nachrichten* vom 15.6.1935).

Fahnen- und Flaggenschmuck an den Häusern und Straßen waren in Volpriehausen bei den vielen Festen und Feiern ebenso üblich wie bei Kundgebungen und Aufmärschen. Die Kinder beteiligten sich über den JM und das JV an den diversen Veranstaltungen im Jahreslauf. Sie traten in Uniform auf dem Schulhof und dem Sportplatz an und marschierten geschlossen mit. Jüngere Befragte, wie Martha Ludwig, erinnerten sich, beim Umzug des 1. Mais schon vor ihrer JM-Zeit mitgelaufen zu sein.[3] Die Mädchen hätten dabei geschmückte Bögen aus Weidenholz getragen. Ab der JM-Zeit seien sie dann aber in »Reih und Glied« marschiert (Ludwig, 3831). Auch anlässlich des Heldengedenktags traten die Kinder zur Feierstunde am Kriegerdenkmal an. Daran schloss sich ein gemeinsames Eintopfessen im ortsbekannten Lokal der Nationalsozialisten an (Wilhelm, 4810). Die Kinder registrierten auch die nationalsozialistische Hetze gegenüber dem Direktor des Kalibergwerks (Wilhelm, 4781; Wahrlich, 3292), der aus seiner politischen Distanz gegenüber dem Regime offenbar keinen Hehl machte. Regina Wilhelm ist heute noch davon überzeugt, dass diese Auseinandersetzungen der Grund für das Ende des Kalibergbaus in Volpriehausen gewesen sind. Bei solchen offenen, politischen Konfrontationen seien die Kinder dann aber von den Eltern zurückgezogen worden, so Wilhelm Wahrlich (3297). Bei den »normalen« Parteiveranstaltungen waren die Kinder häufig Zaungäste. Sie spähten durch die Fenster des Wirtshaussaales, in dem die Versammlungen stattfanden, oder stellten sich in die offene Tür, damit ihnen bloß nichts entging (Kasten, 1607). Im Frühjahr 1940 wurde der erste Kriegstote aus Volpriehausen auf dem Schulhof aufgebahrt. Einige Befragte mussten dabei in Uniform antreten und an der Beerdigung teilnehmen – ein Ereignis, das in Erinnerung geblieben ist (Wilhelm, 4683).[4]

Die Verfolgung politischer Gegner erlebten einige Kinder mit. Zwei Befragte erzählten im Interview von der Einschüchterung und Schikanierung politisch Andersdenkender. Ein bekannter Sozialdemokrat wurde durchs Dorf geschleppt und verächtlich gemacht.[5] Regina Wilhelm sah dabei zusammen mit ihrer deswegen völlig aufgelösten Mutter vom Fenster aus zu.

---

3 Zur Feier des 1. Mais musste die gesamte Schuljugend, also auch die Kinder unter zehn Jahren, antreten. Vgl. das in den *Sollinger Nachrichten* vom 30.4.1934 veröffentlichte Programm.
4 Vermutlich handelt es sich um den im September 1939 verwundeten und verstorbenen Soldaten, dessen Trauerfeier und Beisetzung erst im April 1940 stattfand (Kriegstagebuch vom 28.4.1940).
5 Vgl. Herbst, *Volpriehausen*, S. 145; auch Kingreen, *Wie et freuer was*, S. 209.

»Das war ja auch 'ne Gemeinheit, so was alles zu machen. Er hatte doch nichts verbrochen, der hat ja nie jemand, der hat nie im Leben jemanden was Böses getan, überhaupt nicht.« (Wilhelm, 4378–4381)

Diese Episode hat sie tief beeindruckt.

Die eingangs beschriebenen Aktionen gegenüber Juden wurden nur von einer Befragten thematisiert. Sie berichtete von Schildern an Häusern, auf denen »Juden unerwünscht« geschrieben war. Sie erwähnte auch den Juden Jakob, der von Jugendlichen bei seinem Erscheinen mit Steinen beworfen worden ist (Wilhelm, 4479). Alle Einwohner Volpriehausens, auch die Kinder, waren Augenzeugen oder Akteure dieser Aktionen oder erfuhren zumindest davon. Im sozialen Netzwerk des Dorfes blieben derartige Geschehnisse nicht verborgen.

Zu diesen »normalen« politischen Veränderungen, die in modifizierter Form auch in den anderen Orten stattfanden, gesellten sich in Volpriehausen andere, die für das Dorf spezifisch waren. Am tiefgreifendsten für das Dorf und seine Bevölkerung waren das Ende der Kaliförderung und die Übernahme des Bergwerks durch die Wehrmacht im Jahr 1938. Vermutlich sind sich über den politischen Charakter dieser Maßnahmen weder Erwachsene noch Kinder im Klaren gewesen. Im Vordergrund stand für alle die Erhaltung von Arbeitsplätzen im Dorf durch den Aufbau der Munitionsfabrik. Ab 1939 wurden jedoch zur Ausweitung der Rüstungsproduktion bereits Zwangsarbeiter eingesetzt, die in Massenquartieren und Baracken untergebracht worden sind. Außerdem waren auch kriegshilfsdienst-verpflichtete Frauen und Mädchen beschäftigt.[6] Nachdem 1942 die Produktion auf vollen Touren lief, wurden täglich die »blauen Jungs«, jugendliche Häftlinge aus dem nahe gelegenen KZ Moringen, auf Lastwagen zur Muna transportiert, die dort für die schwere Arbeit eingesetzt wurden. Zu ihrer und der Bewachung der Produktionsanlagen waren Militär- und Feuerwehrleute in Volpriehausen stationiert. Die Anwesenheit von Gefangenen, Militär, Polizei und Feuerwehrleuten sowie Kriegsdienstverpflichteten veränderten schon rein äußerlich die dörfliche Öffentlichkeit und die Präsenz von Uniformen auf Straßen war unübersehbar. Ob und in welchem Umfang diese Entwicklungen von den Kindern als »politische« Maßnahmen oder nur als Verwaltungsakte angesehen wurden, lässt sich aus den Interviews nicht entnehmen.

---

6 Vgl. Herbst, *Volpriehausen*, S. 249.

Möglicherweise wurden durch die Zwangsarbeiter Ängste geschürt. Nora Kasten erwähnte ihre Angst vor Ausländern, »wenn man abends unterwegs war« (2364). Diese Äußerung könnte sich aber auch auf die Zeit kurz nach Kriegsende beziehen, als die ausländischen Beschäftigten noch weiterhin in Volpriehausen wohnten und sich relativ frei bewegen konnten. Von den meisten Befragten wurde die Existenz und Behandlung der Zwangsarbeiter im Rückblick nicht problematisiert. »Das hat man alles so hingenommen«, sagte Regina Wilhelm (1359). Sie ist die Einzige, die die schikanöse Behandlung der Zwangsarbeiter erwähnte, die ihre Mutter zu unterlaufen versuchte und deswegen gerügt wurde (Wilhelm, 1357).

Im Unterschied zu den Zwangsarbeitern äußerten sich mehrere Befragte über die jugendlichen KZ-Häftlinge. Vermutlich sind dafür die inzwischen erfolgte Aufarbeitung der Geschichte des KZs und sein Ausbau zu einer Gedenkstätte verantwortlich. Alle Befragten waren als Kinder davon überzeugt, dass die Jugendlichen zu Recht eingesperrt gewesen sind (Schmitt, 702), »Verbrecher« waren, wie Martha Ludwig sagte (3942). Für Erna Hilpert stimmt das auch heute noch weitgehend, denn da seien »ganz schöne Ganoven« dabei gewesen (3349). Sie erzählte zur Bekräftigung von einem Säureattentat einiger jugendlicher Häftlinge aus Moringen auf einen älteren Mann, wohl einen Aufseher (Hilpert, 3319). Diese Überzeugung, dass es sich bei den Jugendlichen aus Moringen um »Schwererziehbare« oder »Verbrecher« handelte, war vermutlich im ganzen Dorf verbreitet und ist zweifellos die Ursache dafür, dass ein während der Arbeit entflohener Häftling von Kindern verraten worden ist.[7]

---

[7] Vgl. Herbst, *Volpriehausen*, S. 250f.

9. Resümee

In Volpriehausen in den 1930er Jahren aufzuwachsen, entsprach nicht mehr völlig der traditionellen ländlichen Kindheit. Durch die seit Ende des 19. Jahrhunderts einsetzende Ansiedlung der Industrie, die Arbeit jenseits der Landwirtschaft bot, und die Beschäftigungsmöglichkeiten bei der Reichsbahn entwickelten sich im Dorf differenzierte ökonomische und soziale Strukturen, durch die sich der Ort von jenen Dörfern unterschied, in denen die landwirtschaftliche Arbeit (noch) fraglos dominierte. Volpriehausen war dadurch schon vor der NS-Zeit nicht mehr ein »sozial weithin abgeriegelter Lebensraum«[1], sondern eher eine Mischung aus Dorf und Kleinstadt. Die Veränderungen nach der Machtergreifung hielten sich in Grenzen. Es gelang den Nationalsozialisten zwar schnell und gründlich, die organisatorisch schwache Arbeiterbewegung zu zerschlagen und erfolgreich an die schon in der Weimarer Republik starke rechtskonservative politische Tradition anzuknüpfen. Die Ideologie der Volksgemeinschaft fiel in dem sozial stark fraktionierten Dorf auf fruchtbaren Boden. Viele Befragte bezogen sich in den Interviews darauf. Ökonomische und soziale Strukturen blieben weitgehend erhalten. Dazu trug der schnelle und kräftige Rückgang der Arbeitslosigkeit bei, den die neue Regierung für sich reklamierte und der ihr sehr viele Sympathien einbrachte. Über vielfältige Kanäle, durch Zeitungen und Radio, Gespräche mit den Nachbarn, die Kinder, die damit in Schule, Hitler-Jugend und Dorföffentlichkeit in Verbindung kamen, drang die nationalsozialistische Propaganda und Politik in die Familien ein und beeinflusste Gespräche und Denken.

Die Interviews vermitteln den Eindruck, dass die meisten Befragten in einer mit dem Nationalsozialismus sehr konformen Umgebung aufgewachsen sind. Zwar haben auch hier Menschen gelebt, die dem Regime kritisch bis feindlich gegenüberstanden. Sie sind im Sample aber nur schwach re-

---

1 Pyta, »Ländlich-evangelisches Milieu«, S. 202.

präsentiert. Die im Dorf ausgeprägte soziale Kontrolle erforderte in hohem Maße äußeres Wohlverhalten. Zwar stimmten in einigen wenigen Familien Erwachsene nicht mit der nationalsozialistischen Politik überein, aber sie lebten den Kindern vor, »stille« zu sein, und ermahnten sie ausdrücklich zu dieser Haltung. Selbst bescheidene Akte individueller Abweichung, wie im bürgerlichen Milieu Göttingens, erlaubte sich, den Interviews zufolge, niemand.

Wenig berührt von den politischen Veränderungen blieben die Kinderfreundschaften und Spiele. Das gilt auch für den Körper und das Körpergefühl. Das ohnehin durch die Arbeit und den Aufenthalt im Freien körperbetonte Leben der Kinder wurde durch die Körper- und Sportpolitik des Nationalsozialismus zwar noch verstärkt, ohne dass dies von den Betroffenen jedoch als Bruch erlebt werden konnte oder musste. Das gilt zum erheblichen Teil auch für die den Kindern im Alltag vermittelten Werte. Der dörfliche Wertekanon galt noch weitgehend, auch wenn die nationalsozialistische Ideologie einige Akzente anders setzte. Ein zumindest aus der Perspektive von Außenstehenden deutlicher Einschnitt betraf die religiöse Sozialisation. Aus den Erzählungen über die durch die Nationalsozialisten unterminierte Position des Pastors wird erkennbar, dass es sich dabei zwar auch, aber nicht nur um einen allmählichen Rückgang der Religiosität wie den zwischen Großeltern- und Elterngeneration gehandelt hat. Vermutlich sind die Angriffe der Nationalsozialisten auf den Pastor in den Familien diskutiert worden. Ob sie von den Befragten als Bruch empfunden wurden, lässt sich schwer sagen, möglicherweise von der Befragten, deren Vater in der Kirchengemeinde engagiert war. An dem starken Rückgang der Konfirmandenzahlen lässt sich ablesen, dass Glaube und Kirche schon vor dem Dritten Reich stark erodiert gewesen sind. Wie sehr die NS-Ideologie das Wertesystem der Kinder und Jugendlichen beeinflusst hat, wird deutlich an der Verfolgung des Juden Jacob. Als einzige hat Regina Wilhelm von dieser »Jagd« durch nur wenige Jahre ältere Jungen erzählt, die sie selbst beobachtet hat (4505, 7274). Sie kam allerdings aus einer Familie, in der die Eltern dem Nationalsozialismus distanziert gegenüberstanden und dessen antijüdische Politik nicht guthießen (Wilhelm, 4479, 7274). An der Denunziation eines geflohenen KZ-Häftlings durch Kinder und dem hohen Anteil politischer Widmungen in Martha Ludwigs Poesiealbum zeigt sich ebenfalls, dass die nationalsozialistische Propaganda die Kinder erreicht hatte.

In der Schule gab es auffällige Veränderungen: vom Wandschmuck bis zu Gruß- und Fahnenritualen, von Lerninhalten bis zu Sammelaktivitäten, von der Seidenraupenzucht bis zum hohen Stellenwert des Sportunterrichts, der in den Interviews betont wurde. In welchem Ausmaß dieser Wandel von den Kindern als politisch motiviert wahrgenommen worden ist, lässt sich nicht feststellen. Die Lehrer verhielten sich konform und unterschieden sich noch nicht einmal durch einen mehr oder weniger »zackig« ausgeführten Hitlergruß – ein Signal der politischen Nähe oder Distanz zum Regime, mit dem die Kinder aus dem bürgerlichen Milieu Göttingens vertraut waren und das sie zu deuten wussten. Die Veränderungen in der Dorföffentlichkeit, in die die Kinder aus Volpriehausen allmählich hineingewachsen sind und in der sie ihren festen Platz hatten, werden die Befragten wohl kaum als einen Bruch wahrgenommen haben. Das dürfte eher die Perspektive von Erwachsenen gewesen sein.

Besonders deutlich ist, wie in den anderen Orten und Milieus auch, der Einfluss der Hitler-Jugend auf das Leben der Kinder gewesen. Sie wurde von nahezu allen Befragten positiv besetzt. Sie war für sie identisch mit mehr Freizeit, Entlastung von Arbeit, Freiheit von der Verfügung und Kontrolle durch die Eltern. Die Erweiterung des räumlichen Radius der Kinder durch Fahrten und Lager mit der Hitler-Jugend wurden von ihnen als erfreuliches Neues registriert, besonders dann, wenn dabei große Distanzen zurückgelegt wurden und sie dadurch in Gegenden kamen, die für sie sonst unerreichbar geblieben wären. Für die Kinder sichtbar begrenzte die Organisation die Autorität der Eltern, so wenn der Hausarrest durch die Pflicht zur Teilnahme an den Diensten aufgeweicht wurde. Besonders die Gemeinschaftsbildung wurde von den Kindern als positiv empfunden. Unterstützend wirkte dabei, dass die Ideologie der Volksgemeinschaft an das verbreitete Ideal der Dorfgemeinschaft anknüpfte. In besonderem Maße wurde der Alltag der Mädchen durch die Hitler-Jugend und den Nationalsozialismus verändert. Erstmals gab es Organisationen, in die (fast) alle Mädchen aufgenommen wurden. Sie waren dauerhaft im öffentlichen Raum präsent, hatten einen eigenen Platz in der Dorföffentlichkeit. Das war für ländliche Gemeinden ein Novum. Vielleicht sind diese einschneidenden Veränderungen die Ursache für das im Sample so deutlich artikulierte Verlangen der Mädchen nach Berufsausbildung und Abschied vom Dorf. Für ein Mädchen und mehrere Jungen ergaben sich durch ihre Karrieren in der Hitler-Jugend nicht nur Chancen, ihr Durchsetzungsvermögen, Selbstbewusstsein und Organisationstalent auszubilden, sondern – damit zusammenhängend – zugleich neue Lebensperspektiven. Daraus erklärt sich zweifellos der insgesamt sehr positive Tenor mit dem die überwiegende Mehrheit der Befragten aus Volpriehausen noch zum Zeitpunkt des Interviews ihre Zeit in der Hitler-Jugend beurteilte. Sie haben die Hitler-Jugend stärker als Kontinuität und nicht als den Bruch erlebt, den sie für das Aufwachsen von Kindern tatsächlich bedeutete; sie kannten schließlich nichts anderes. Aber sie haben sie als Aufbruch empfunden, als eine Möglichkeit, der Enge und Begrenztheit des Dorfes und ihres bisherigen Alltags zu entkommen.

Teil IV:
Kinderalltag in einem katholischen Dorf

1. Der Ort – Das katholische Dorf Obernfeld im Eichsfeld[1]

Obernfeld liegt im Untereichsfeld etwa sechs Kilometer von der Stadt Duderstadt entfernt.[2] Das Untereichsfeld wurde wegen der fruchtbaren Böden auch als die »Goldene Mark« bezeichnet. Das gesamte Eichsfeld ist wegen seiner langen Zugehörigkeit zum katholischen Kurfürstentum Mainz stark vom Katholizismus geprägt. Es befindet sich bis heute wie eine Insel inmitten protestantischer Gebiete in einer Diasporasituation. Obernfeld hatte 1913 750 Einwohner, die bis auf einen der katholischen Kirche angehörten.[3] Auch in den 1930er Jahren soll es nur eine einzige evangelische Familie in der Gemeinde gegeben haben. Juden waren in Obernfeld nie ansässig.[4] Im Jahre 1939 wurden 778 Einwohner gezählt.[5] Die Einwohnerzahlen bewegten sich in dieser Größenordnung bis zum Kriegsende, danach gab es einen rapiden Anstieg durch die Aufnahme von Flüchtlingen.[6]

---

1 Bei der Ortsbeschreibung handelt es sich um die überarbeitete Fassung des 4. Kapitels der Magisterarbeit von Heike Schmidt (*Kindheit*, S. 12–22), das zugleich Teil des Endberichts war. Die Belege aus Archiven in dem gesamten Teil über Obernfeld sind aus der Magisterarbeit übernommen.
2 Die Unterteilung des Eichsfelds in Ober- und Untereichsfeld hat sich zu Beginn des 19. Jahrhunderts aus den preußischen Verwaltungseinheiten Ober- und Unterkreis gebildet und ist bis heute erhalten geblieben. Das Obereichsfeld umfasst das östliche, mittelgebirgig geprägte Land mit den thüringischen Landkreisen Heiligenstadt und Worbis, das Untereichsfeld die flachere Region im Westen, mit den niedersächsischen Landkreisen Duderstadt, Gieboldehausen und Lindau. Mit der deutschen Teilung fiel das kleinere Untereichsfeld an den westlichen, das Obereichsfeld an den östlichen Teil Deutschlands (vgl. Braun/Brudniok, *Dörfer auf dem Eichsfeld*, S. 6). Seit 1971 gehört Obernfeld zur Samtgemeinde Gieboldehausen, seit 1973 zum Landkreis Göttingen.
3 Aus der Grundsteinlegungsurkunde des Erweiterungsbaus der Kirche vom 13.7.1913, zitiert nach: Kurth, »Geschichte der Kirche«, S. 52.
4 Nach Informationen des Ortsheimatpflegers und ehemaligen Bürgermeisters Alois Ehbrecht sen.
5 Statistik des Deutschen Reiches, *Gemeindestatistik*, S. 17.
6 Kurth, *Obernfeld*, S. 213.

Obernfeld ist ein Haufendorf, das, wie auf dem Photo erkennbar, in einer hügeligen Landschaft liegt.[7] Ein Straßenzug durchteilt das Dorf, sein Kern besteht aus Kirche, Schule und Dorfgaststätte. Die Ortsenden werden Bruchtor (in Richtung Duderstadt) und Sandtor (in Richtung Gieboldehausen) genannt.

Abb. 24: Ortsansicht Obernfeld, Ausschnitt
(Quelle: Dehio.http://de.wikipedia.org/wiki/Obernfeld Stand 24.9.2013)

Diese Namensbezeichnungen erfolgten vermutlich aufgrund der unterschiedlichen Bodenbeschaffenheit.[8] Über Jahrhunderte hinweg war Obernfeld agrarisch geprägt. Bis 1898–1906, als die Feldstücke gekoppelt und neu verteilt wurden, wurde noch Dreifelderwirtschaft mit Flurzwang betrieben.[9] Es herrschte Realteilung, bei der jedes Kind gleichberechtigt erbte und zwar einen Anteil von jedem Acker und jeder Wiese.[10] In der Folge konnten sich viele Familien mit der Landwirtschaft auf den immer kleiner werdenden Parzellen nicht mehr ausreichend ernähren. Daraus resultierten mehrere Konsequenzen. Zum einen erforderte diese Situation Heiratsstrategien, die darauf abzielten, Ehepartner zu finden, die so viel an Land in die Ehe einbrachten, wie an die erbenden Geschwister abgegeben werden

---

7 Braun/Brudniok, *Dörfer auf dem Eichsfeld*, S. 33.
8 Nach Informationen von Alois Ehbrecht sen. Das Land zwischen Obernfeld und Mingerode soll erst in heutiger Zeit kultiviert worden sein, ursprünglich handelte es sich um arme Böden, um sogenanntes Bruchland. Der Boden zwischen Obernfeld und Gieboldehausen war sehr sandig.
9 Kurth weist darauf hin, dass nach Einführung der Kartoffel und des Kleeanbaus die Dreifelderwirtschaft zwar verbessert worden ist, bis zur Verkoppelung aber immer noch $1/5$ des Bodens brach lag (*Obernfeld*, S. 540). Vgl. auch *Landwirtschaft*, S. 4.
10 Kurth, *Obernfeld*, S. 257; *Historischer Alltag*, S. 71.

musste.[11] Zudem wurden verschiedene Berufe und Einkommensquellen miteinander kombiniert. Wo das nicht ausreichte, waren vor allem Männer, aber auch Frauen gezwungen, durch Wander- oder Saisonarbeit das Familieneinkommen zu sichern. Dies war im strukturschwachen Eichsfeld bis weit in das 20. Jahrhundert hinein zu beobachten. Landwirtschaftliche Saisonarbeiter, Handwerker, Musiker und Händler verließen jedes Jahr für Wochen oder Monate ihre Familien.[12] In den 1920er und 1930er Jahren waren es vor allem die Bauhandwerker, die in anderen Städten arbeiteten und häufig von Firmen als Fachkräfte angeworben wurden.[13] Obernfelder Handwerker arbeiteten den Sommer über in der Gegend um Hannover und Braunschweig sowie im Ruhrgebiet.[14] Wo auch Saison- oder Wanderarbeit nicht ausreichte, blieb den Betroffenen nichts anderes übrig, als endgültig in industrielle Regionen umzusiedeln. 1939 waren 538 Personen in der Land- und Forstwirtschaft tätig, in Industrie und Handwerk 175, im Handel und Verkehr zwölf Personen. 230 Personen wies die Statistik als selbstständig, 341 Personen als mithelfende Familienangehörige aus, zwölf Personen waren Beamte oder Angestellte (die vermutlich überwiegend in Handel und Verkehr beschäftigt waren) sowie 156 Arbeiter.[15] Den 725 Berufszugehörigen steht eine Einwohnerzahl von 778 gegenüber.[16] Diese Zahlen verweisen auf die erwähnte Kombination verschiedener Berufe, mit der viele Obernfelder versuchten, sich in ökonomisch schwierigen Zeiten möglichst flexibel an wirtschaftliche Strukturen und Konjunkturen anzupassen.[17]

Der Überblick über die von der Obernfelder Bevölkerung ausgeübten Berufe zeigt, dass die Sozialstruktur des Ortes recht homogen gewesen ist. Als Einzige hatten die zwei Volksschullehrer und der Pfarrer einen höheren Bildungsabschluss.[18] Trotz der vielen Handwerker war Obernfeld im

---

11 Vgl. ebenso Kurth, *Obernfeld*, S. 541; *Landwirtschaft*, S. 37. Vgl. auch Rosenbaum, *Formen der Familie*, S. 73. Das Problem wurde auch von mehreren Zeitzeugen thematisiert.

12 Ebenso *Historischer Alltag*, S. 71; Schnier/Schulz-Greve, »Wanderarbeiter«, S. 113.

13 Ebenda, S. 119.

14 Schambach, *Leben und Arbeiten*, S. 37; *Landwirtschaft*, S. 37. 1938 wurden in Obernfeld 105 Handwerker gezählt, davon gehörten 62 zum Bau- und Bauhilfsgewerbe (Kurth, *Obernfeld*, S. 480).

15 Ebenda, S. 480.

16 Statistik des Deutschen Reiches, *Gemeindestatistik*, S. 17. Von insgesamt 778 Personen waren 341 männlich und 437 weiblich. Davon waren 515 im Alter von 14 bis 65 Jahren.

17 So für den Ort Dellingen in Württemberg: Kaschuba/Lipp, »Kein Volk steht auf«, S. 116.

18 Kurth, *Obernfeld*, S. 480.

Untersuchungszeitraum noch ein stark agrarisch geprägter Ort, in dem die Landwirtschaft der wichtigste Wirtschaftszweig war. Insgesamt wurden 166 land- und forstwirtschaftliche Betriebe gezählt. Von diesen waren jedoch nur 29 Erbhöfe, das heißt, sie hatten die Mindestgröße von 7 ½ Hektar.[19] Bei dem erheblich größeren Teil handelte es sich um Klein- und Kleinstbetriebe, deren Eigentümer auf zusätzliche Erwerbsquellen in Industrie und Handwerk angewiesen waren.[20] Neben Roggen, Hafer, Weizen wurde auch Tabak angebaut. Tabakanbau war im Eichsfeld seit der Mitte des 17. Jahrhunderts üblich und stellte eine wichtige Nebenerwerbs- und Bargeldquelle dar, da er sich auch auf kleinen Parzellen lohnte.[21]

Die Infrastruktur des Dorfes war bis in die 1920er Jahre wenig entwickelt. Erst 1928 wurde in Obernfeld eine Wasserleitung gelegt.[22] Allerdings wurden offenbar nicht sofort alle Häuser daran angeschlossen, denn einer der Zeitzeugen berichtete, er und seine Brüder hätten mittags nach der Schule als Erstes Wasser pumpen müssen (Dauer, 179). Eine Kanalisation war nicht vorhanden. Die Abwässer flossen in offenen Gossen die Straßen entlang. Bestimmte häusliche Ereignisse waren dadurch den Nachbarn buchstäblich sichtbar: Lauge in der Gosse signalisierte den Waschtag, Blut den Schlachtetag (Kühn, 1073).

Die Obernfelder Schule war eine katholische Volksschule. Der Hauptlehrer unterrichtete die Schulkinder der fünften bis achten, der zweite Lehrer, teilweise von einem Hilfslehrer unterstützt, die Schulkinder der ersten und zweiten sowie der dritten und vierten Klasse jeweils gemeinsam in einem Klassenraum.[23] Es handelte sich im Untersuchungszeitraum also,

---

19 Das Reichserbhofgesetz vom 29.9.1933 sah in § 2 Abs. 1 als Mindestgröße eine sogenannte »Ackernahrung« vor, d. h. die Fläche musste ausreichen, um eine Familie zu ernähren (Abs. 2). Vgl. http://www.verfassungen.de/de/de33-45/reichserbhof33.htm vom 6.9.2013. Da dafür je nach Bodenqualität unterschiedliche Hofgrößen notwendig waren, schwankt die für Erbhöfe notwendige Mindestgröße. In Obernfeld waren es 7 ½ ha. Vgl. Kurth, *Obernfeld*, S. 480.
20 27 Betriebe hatten eine Fläche von 10–20 ha, ein Betrieb 100 ha oder mehr, 99 Betriebe eine Fläche von 0,5–5 ha, und 39 Betriebe eine von 5–10 ha. Vgl. Statistik des Deutschen Reiches, *Gemeindestatistik*, S. 2.
21 Schambach, *Leben und Arbeiten*, S. 39; Kurth, *Obernfeld*, S. 501ff.
22 Vgl. ebenda, S. 585.
23 Während der NS-Zeit war Karl Rust als Hauptlehrer (1928–1946) tätig, die zweite Lehrerstelle wurde von Johannes Baumgarten (1928–1936) und danach von Franz Kurth (1937–1959) besetzt (Kurth, *Obernfeld*, S. 209). Zwischen Baumgarten und Kurth war kurzzeitig Heinrich Deppe tätig (1.11.–31.12.1936). Franz Kurth war später der Hauptlehrer in Obernfeld (von 1959–1968). Vgl. ebenda, S. 208ff.

ebenso wie in Volpriehausen, um eine dreiklassige Dorfschule.[24] Im Jahre 1942 gab es insgesamt 104 Schulkinder in Obernfeld, so dass ein Lehrer für circa 50 respektive 25 Kinder zuständig war.[25] In der Regel schloss sich nach Ende der Schule für die Knaben eine Lehre an. Nur wenige Schüler besuchten das weiterführende Gymnasium für Jungen in Duderstadt. Da der Sitz des Betriebes ausschlaggebend dafür war, in welcher Stadt die Berufsschule besucht wurde, gingen die meisten Lehrlinge nach Duderstadt, einige nach Göttingen.[26] Die Mädchen, die ganz überwiegend keine Ausbildung erhielten, hatten die Möglichkeit, in Obernfeld eine landwirtschaftliche Berufsschule zu besuchen.[27]

Zentrum des religiösen und kulturellen Lebens in Obernfeld war die katholische Pfarrkirche St. Blasius, in der ein Pfarrer tätig war. 1937 fand ein Wechsel statt.[28] Das kirchliche Leben in der Gemeinde prägte auch die dörflichen Feste, die sich am Kirchenjahr orientierten: allen voran der Namenstag des Kirchenpatrons St. Blasius, der am 3. Februar gefeiert wurde.[29] Bevor die Fastenzeit begann, gab es ein Gemeindefest mit Tanz. Zu den Osterfeierlichkeiten gehörten große Osterfeuer am ersten Osterabend, wobei die verschiedenen Dorfabschnitte um das schönste Osterfeuer konkurrierten.[30] Im Frühjahr begannen die Flurgänge[31]. Im Mai wurde das Pfingstfest begangen, und im Oktober wurde zur »Kirchweih« ein großes Fest veranstaltet, das mit einem Ball endete.[32] Den Abschluss bildeten die Weihnachtsfeiertage. Für die Kinder waren das Martinssingen und der Tag der Heiligen Kommunion, der »Weiße Sonntag«, festliche Höhepunkte.[33]

---

24 Information von Alois Ehbrecht sen. Entsprechend äußerten sich die Interviewpartnerinnen und -partner (Kühn, 1693; Gebauer, 173).
25 Kurth, *Obernfeld*, S. 211; 1935 waren es 125 gewesen (s. o.).
26 Information von Alois Ehbrecht sen.
27 Vgl. Interview mit Gebauer (574ff.).
28 In der katholischen Pfarrkirche St. Blasius in Obernfeld waren die Pfarrer Ferdinand Sommer (1925–1937) und danach Joseph Bodmann (1937–1959) tätig. Vgl. Kurth, *Obernfeld*, S. 170.
29 Ebenda, S. 165.
30 Alois Ehbrecht sen. erinnert sich an mindestens zwei Feuer im Bruch- und im Sandtor, manchmal gab es außerdem ein Feuer im Westen (Hahlestraße) und eines im Osten des Dorfes (Kalter Hagen).
31 Flurgänge gehören zu den Bittgängen. Dabei wurden von den Gemeindemitgliedern, mit dem Pfarrer an der Spitze, die Gemarkungsgrenzen abgeschritten und um gutes Wetter und gute Ernte gebeten.
32 Information von Alois Ehbrecht sen.
33 Vgl. die Interviews mit Fröhlich (744); Unger (1570) und Gebauer (319ff.).

Zum Obernfelder Vereinsleben, das vermutlich den Männern vorbehalten blieb,[34] gehörten der Männergesangverein »Concordia«, der Sportverein und der Radfahrverein »Stahlroß«. Bis 1933 gab es auch einen Kolpingverein. Kurth schreibt in der Ortschronik, dass es »in den Wirren jener Zeit« um den Verein stiller geworden sei.[35] Leider behandelt er die Zeit des Nationalsozialismus in der Obernfelder Ortschronik nur spärlich, so dass viele Fragen, wie beispielsweise zur Umstrukturierung oder Auflösung von Vereinen, unbeantwortet bleiben müssen. Man wird jedoch davon ausgehen können, dass die Vereine, ebenso wie in den anderen Orten, sehr schnell aufgelöst oder in nationalsozialistische Organisationen überführt worden sind, soweit sie nicht unter den Schutz des Konkordats fielen.

In der nahe gelegenen Stadt Duderstadt trat die NSDAP 1924 zusammen mit den Völkischen (Ludendorff) zum ersten Mal an und konnte auf Anhieb 5,2 Prozent der Stimmen erzielen.[36] Im Landkreis Duderstadt, zu dem Obernfeld gehörte, bekam die NSDAP 1924 wesentlich weniger Stimmen.[37] Daran änderte sich in den folgenden Wahlen kaum etwas. Stärkste Partei blieb das Zentrum, dessen Stimmenanteil allerdings von 89,8 Prozent (7.12.1924) auf 63,8 Prozent (20.5.1928) zurückging.[38] Die NSDAP konnte ihren Stimmenanteil erst gegen Ende der Weimarer Republik deutlich erhöhen. Sie erhielt 18,5 Prozent der Stimmen bei der Reichstagswahl im November 1932. Das Zentrum wurde mit 62,3 Prozent wieder stärkste Partei;[39] noch bei den Reichstagswahlen vom 5.3.1933 konnte es mit 60 Prozent der abgegebenen Stimmen seine Vormachtstellung behaupten. Die NSDAP lag mit 25,1 Prozent auf dem zweiten Rang. Die anderen Parteien waren weit abgeschlagen.[40] In Duderstadt selbst blieb das Zentrum zwar auch mit 41,5 Prozent stärkste Partei. Hier lag jedoch die NSDAP bereits an zweiter Stelle und war mit 33,9 Prozent der Stimmen erheblich stärker

---

34 Selbst der Überblick über die Leistungen des Sportvereins erwähnt nur Männer. Einzig in der Leichtathletik hätten auch Frauen geglänzt. Es ist aber zu vermuten, dass sich diese Bemerkung auf die Nachkriegszeit bezieht, da selbst eine Gymnastikgruppe für Frauen erst 1972 gegründet wurde. Vgl. Kurth, *Obernfeld*, S. 374.
35 Ebenda, S. 383.
36 Wagner, »Wahlverhalten«, S. 61.
37 1,2 Prozent (4.5.1924) bzw. 0,6 Prozent (7.12.1924). Vgl. Wagner, »Wahlverhalten«, S. 68.
38 Ebenda, S. 68f.
39 Die SPD errang 8,5 Prozent, die KPD 6,3 Prozent, die KF SWR 2,4 Prozent und sonstige Parteien kamen auf 2,1 Prozent der Stimmen. Vgl. Wagner, »Wahlverhalten«, S. 71.
40 Auf die SPD entfielen 7,8 Prozent, die KPD 3,2 Prozent und die KF SWR 2,7 Prozent der Stimmen. Vgl. Wagner, »Wahlverhalten«, S. 71.

als im Landkreis.⁴¹ Das Wahlverhalten in den einzelnen Dörfern war jedoch wesentlich differenzierter, als das Gesamtergebnis des Landkreises Duderstadt vermuten lässt. Das Ergebnis der Kreistagswahlen vom 12.3.1933 zeigt, wie in den einzelnen Dörfern abgestimmt wurde. Die nachstehende Tabelle gibt die Ergebnisse für Obernfeld und seine Nachbargemeinden Rollshausen und Mingerode an:

*Kreistagswahlen vom 12.3.1933*⁴²

Orte	Wahlberechtigte	Ungültige Stimmen	Gültige Stimmen	NSDAP	SPD	KPD	Zentrum	Landvolk	Bürgerliche Arbeitsgemeinschaft
Mingerode	546	7	424	50	14	16	233	110	1
Obernfeld	537	7	402	39	2	5	214	141	1
Rollshausen	378	–	330	126	2	2	153	32	15

(Quelle: KreisA Göttingen, KA Dud. Nr. 59)

Auffallend ist die große Zahl der Nichtwähler in Mingerode (115) und Obernfeld (128), während in Rollshausen nur 48 Bürger der Wahl fernblieben. Außerdem schnitt die NSDAP sehr unterschiedlich ab. Zwar konnte sich in allen drei Gemeinden die Zentrumspartei als stärkste Partei behaupten (Mingerode 55 Prozent, Obernfeld 53,2 Prozent und Rollshausen 46,4 Prozent), Differenzen zeigen sich aber bei dem zweiten Platz. Während dieser in Mingerode und Obernfeld vom Landvolk eingenommen wurde, landete dort in Rollshausen mit 38,2 Prozent die NSDAP. In Obernfeld und Mingerode erzielte sie dagegen nur knapp zehn respektive zwölf Prozent.

Der NSDAP war es also selbst im März 1933 noch nicht gelungen, in Stadt und Kreis Duderstadt als stärkste Partei aus der Wahl hervorzugehen. Im Reich hatte sie zu diesem Zeitpunkt bereits 43,9 Prozent erreicht.⁴³ Offenbar gab es in den katholisch geprägten ländlichen Regionen im Unterschied zu anderen Teilen des Reiches eine relativ große Resistenz gegen-

---

41 Die SPD erhielt 11 Prozent, die KPD 5,6 Prozent und die SWR 6,2 Prozent der Stimmen. Die weiteren Parteien blieben jeweils unter einem Prozent. Vgl. ebenda.
42 KreisA Göttingen, KA Dud. Nr. 59. Wahl zu den Provinziallandtagen 1933.
43 Wagner, »Wahlverhalten«, S. 60.

über dem aufkommenden Nationalsozialismus.⁴⁴ Im Eichsfeld trugen Diasporasituation und traditionelle agrarische Strukturen zusätzlich dazu bei.⁴⁵

Nicht nationalsozialistische Parteien wurden im Reich Ende Juni 1933 verboten oder zur Selbstauflösung gezwungen. Im Duderstädter Raum hatten diese Parteien bereits nach den Märzwahlen ihre Aktivitäten weitgehend eingestellt.⁴⁶ In Duderstadt wurden am 9.6.1933 SPD-Angehörige aus städtischen Kommissionen entfernt und durch Nationalsozialisten ersetzt.⁴⁷ Es folgte die politische Überprüfung von Gemeindevorstehern und Schöffen in den Landgemeinden. Der NSDAP-Kreisleiter forderte eine Absetzung »sämtlicher zentrümlich eingestellter Bürgermeister des Kreises Duderstadt«.⁴⁸ In Obernfeld konnten der bisherige Gemeindevorsteher und der erste Schöffe in ihren Ämtern verbleiben. Der zweite Schöffe musste 1934 ausscheiden, da er sich nicht »auf seinem Platze bewährt hatte«. Die Position wurde neu besetzt.⁴⁹ In den Nachbardörfern wurden Parteigenossen eingesetzt.⁵⁰ Da sich in den Akten keine genauen Gründe für die Besetzung oder Versetzung von Gemeindevertretern finden, kann man nicht in jedem Fall davon ausgehen, dass alle im Amt bestätigten Personen Mitglieder der NSDAP waren.⁵¹ Als das namentliche Verzeichnis der Gemeindevorsteher vom 31.8.1934 angelegt wurde, war der Obernfelder Gemeindevorsteher noch kein Parteimitglied, der erste Schöffe hingegen wurde seit dem 1.5.1933 als Parteimitglied geführt.⁵²

Durch diverse Notstandsarbeiten gelang es, in Stadt und Kreis Duderstadt ebenso wie andernorts die horrende Arbeitslosigkeit auf einen erträg-

---

44 So Ebeling/Fricke, *Duderstadt,* S. 95.
45 Auch Rauh-Kühne betont, dass »die Kohäsion des katholischen Milieus überall dort besonders ausgeprägt (war), wo Katholiken noch in traditional-ländlichen Verhältnissen lebten ...« (»Katholisches Sozialmilieu«, S. 220).
46 Ebenda.
47 Lerch, *Duderstädter Chronik,* S. 190.
48 Zitiert nach: Ebeling/Fricke, *Duderstadt,* S. 195.
49 KreisA, KA Dud. Nr. 367. Bürgermeister und Schöffen 1933–1935.
50 KreisA, KA Dud. Nr. 367. Bürgermeister und Schöffen 1933–1935.
51 So wurden im Kreis Duderstadt nicht selten Personen ohne Parteimitgliedschaft in die Gemeinderäte berufen, da es in einigen Dörfern keine personellen Alternativen, insbesondere nicht genügend Parteimitglieder gab. So Ebeling/Fricke, *Duderstadt,* S. 198.
52 KreisA Göttingen, KA Dud. Nr. 367. Bürgermeister und Schöffen 1933–1935.

lichen Stand zu reduzieren.⁵³ Das wurde der Regierung zugeschrieben und brachte ihr Sympathien ein.⁵⁴ Dazu trug auch das am 20.7.1933 zwischen dem Vatikan und dem Deutschen Reich vereinbarte Konkordat bei, das die Regierung mit der Intention abgeschlossen hatte, Vorbehalte innerhalb der katholischen Bevölkerung abzubauen. Der Preis, den die katholische Kirche für die Gewährleistung katholischer Bekenntnisschulen und des Vereinswesens zahlte, war hoch. Er bestand vor allem in der in Artikel 32 des Konkordats festgeschriebenen Ausschaltung des politischen Katholizismus und der Beschränkung der kirchlichen Tätigkeit auf den rein religiösen Bereich.⁵⁵ Allerdings verstieß die Reichsregierung bereits ab September 1933 gegen einzelne Konkordatsbestimmungen und weckte dadurch erneut Misstrauen gegenüber ihrer Politik.⁵⁶

Über die Intensität und Stärke nationalsozialistischer Organisationen in Obernfeld geben die Akten nur wenig Auskunft. Vermutlich wurden für einige Gruppierungen Ortschaften zusammengefasst.⁵⁷ Es kann davon ausgegangen werden, dass in Obernfeld keine Ortsgruppe der NSDAP vorhanden gewesen ist. 1934 wurde der politische Leiter Obernfelds lediglich in der Funktion eines Zellenwarts geführt. Entsprechend äußerten sich auch mehrere Interviewpartner. Die örtlichen Leiter der NSDAP in den Nachbardörfern besetzten jeweils das Amt eines Stützpunktleiters.⁵⁸ In Obernfeld gab es einen Scharführer der SA; ebenso die nationalsozialistischen Jugendorganisationen.

In der Obernfelder Schule kam es in der NS-Zeit zu vielen Veränderungen, die unter anderem auch auf eine Entkirchlichung des Unterrichts zielten. Nachdem bereits in Duderstadt die konfessionellen Volksschulen

---

53 Ob sie tatsächlich schon im März 1934 beseitigt gewesen ist (Wagner, »Duderstadt«, S. 183) oder nicht (Ebeling/Fricke, *Duderstadt,* S. 108), kann hier nicht geklärt werden. Auf jeden Fall war sie erheblich zurückgegangen.
54 So Wagner, »Duderstadt«, S. 183.
55 Vgl. ebenda, S. 180f.
56 Ebenda, S. 181.
57 Darauf weist ein Schreiben eines Scharführers vom 23.5.1934 hin, demzufolge ein Standortführer für die Ortschaften Obernfeld, Mingerode, Rollshausen und Breitenberg ernannt wurde. In diesem Standortbereich befänden sich Einheiten und Angehörige der SA und ihrer Spezialformation SAR, SAR I, NSKK und HJ (KreisA Göttingen, LA Dud. Nr. 1415. SA Disziplin). Ob und in welchem Umfang die Obernfelder in diesen Einheiten organisiert waren, ließ sich nicht ermitteln. In einer Aufstellung der SA-Führer im Kreis Duderstadt von 1934 ist ein Scharführer für Obernfeld angegeben (KreisA Göttingen, KA Dud. Nr. 366. Gemeinderäte 1934–1936).
58 KreisA Göttingen, KA Dud. Nr. 366. Gemeinderäte 1934–1936.

in Gemeinschaftsschulen umgewandelt worden waren, sollte dies im September 1942 auch im Landkreis umgesetzt werden.[59] Intern wurde argumentiert, dass »keine gottgläubigen Schulkinder mehr vorhanden sein sollten«. Die stets gleiche offizielle Begründung der Umwandlung lautete jedoch, dass in nächster Zeit weitere Kinder verschiedener Glaubensrichtungen hinzukommen würden und deshalb der katholisch-konfessionelle Charakter der Schule nicht mehr gerechtfertigt sei.[60] Am 25.11.1942 wurde die katholische Schule Obernfelds in eine Gemeinschaftsschule umgewandelt.[61] Ein Lehrer ist dadurch aufgefallen, dass er gelegentlich uniformiert in den Unterricht kam.[62]

Die politischen Veränderungen zeigten sich auch im Alltagsleben der Bevölkerung. Zu bestimmten Anlässen mussten an den Häusern die Fahnen aufgezogen werden, politische Propaganda wurde plakatiert. Den Akten zufolge wurden im August 1935 Plakate abgerissen, die sich gegen den politischen Katholizismus richteten.[63] In Obernfeld wurde ein solches Plakat entfernt, das an einem Stallgebäude befestigt war. Die Polizei jedoch konnte nicht feststellen, wer es abgelöst hatte.[64] Die »neue Zeit« machte sich ebenfalls bei den Festen bemerkbar. Teilweise wurde der Ablauf tradierter Feste verändert, neue von der Partei ins Leben gerufen. Die Kirchweih wurde während der NS-Zeit anders gefeiert als vorher, die Osterfeuer wurden abgeschafft und stattdessen das »Sonnenwendefest« eingeführt. Die Jahresfeste der Vereine wurden umgestaltet oder durften nicht mehr stattfinden. Stattdessen wurde in Anwesenheit der SA der 1. Mai als »Tag der Nationalen Arbeit« groß gefeiert und politische Reden gehalten. Mehrere Befragte erinnerten sich an den 1.5.1933, an dem in Obernfeld, wie in vielen anderen Orten auch, als Höhepunkt des Tages eine Eiche zu Ehren Hitlers gepflanzt wurde.[65] Diese Veranstaltung lief in allen Orten nach ähnlichem Muster ab: Dem gemeinsamen Kirchgang folgte ein Festumzug, an

---

59 Ebeling/Fricke, *Duderstadt*, S. 224.
60 KreisA Göttingen, LA Dud. Nr. 1364. Angelegenheiten verschiedener Schulen während und nach der Zeit des Nationalsozialismus.
61 KreisA Göttingen, LA Dud. Nr. 1364.
62 Vgl. Interview mit Otto Dauer (3313).
63 Wagner, »Duderstadt«, S. 189. Das Plakat trug den Titel »Deutsches Volk – horch auf«.
64 KreisA Göttingen, LA Dud. Nr. 330. Angeblich hätten es kleine Kinder abgerissen. Die Interviewpartnerin Gebauer (2363) erzählte, es sei ihr Onkel gewesen.
65 Nach Informationen des Ortsheimatpflegers und ehemaligen Bürgermeisters Alois Ehbrecht sen. Vgl. auch die Interviews mit Gebauer (480ff.); Kühn (4192ff.) und Unger (1635ff.).

dem sich die im Ort vertretenen Gruppen und Vereine beteiligten. Die Hitler-Eiche wurde gepflanzt und das Fest endete mit einer Kundgebung, bei der verschiedene Redner auftraten.[66] Die vielen Feste des nationalsozialistischen Festjahrs wurden auch in Obernfeld begangen. An ihnen nahmen die Jugendorganisationen teil. Die NS-Gemeinschaft »Kraft durch Freude« organisierte im Mai 1935 ein Frühlingsfest in Rollshausen und Obernfeld. Eine Obernfelder Trachtengruppe führte einen Volkstanz vor und Obernfelder Schüler ein Maispiel auf. Zum Abschluss dieses Tages gab es Tanzveranstaltungen in den Dörfern.[67]

Wie sich die Obernfelder Pfarrer mit der neuen politischen Situation arrangierten, ist nicht bekannt. Bei einer Überprüfung des 1937 neu bestellten Pfarrers wurde seine Zuverlässigkeit bejaht, da nichts Nachteiliges über ihn bekannt geworden war.[68] Den Obernfeldern ist aber seine kritische Haltung gegenüber dem Regime nicht verborgen geblieben.[69] Dass Kritik von der Kanzel sehr gefährlich werden konnte, macht das Beispiel des gebürtigen Obernfelders Robert Hartmann deutlich, dessen Schicksal sicher auch in seinem Heimatort verfolgt wurde. Pfarrer Hartmann, der in Rhumspringe tätig war, wurde 1942 wegen Äußerungen in einer Predigt von der Gestapo verhört, vom Amtsgericht Hannover verurteilt und inhaftiert. Er konnte erst 1945 während der Evakuierung aus dem Konzentrationslager Dachau entkommen.[70]

Ob es in Obernfeld antisemitische Aktionen während der NS-Zeit gegeben hat, geht weder aus den Akten noch den Interviews hervor. Da im Ort keine Juden lebten, ist es möglich, dass die Obernfelder davon verschont geblieben sind. Die Vorgänge im nahe gelegenen Duderstadt dürften ihnen allerdings nicht verborgen geblieben sein. Bereits bald nach der Machtübernahme wurde dort zum Boykott der jüdischen Geschäfte aufgerufen[71], und schon 1936 konnte der Bürgermeister Duderstadts vermelden,

---

66 Ebeling/Fricke, *Duderstadt,* S. 208.
67 »Volkstum und Heimat«, S. 140.
68 KreisA Göttingen, LA Dud. Nr. 944. Verschiedene Kirchen- und Schulsachen von Obernfeld 1929–1941.
69 Vgl. Interview mit Winkler. Wolfgang Schäfer, Direktor des Museums Uslar, führte 1996 ein Interview mit einem aus Obernfeld gebürtigen Mann (Jg. 1927), der ebenfalls darauf hinwies, dass der Kaplan »Widerständigkeit im Ort« organisierte und besonders den Jugendlichen »Mut machte, dem Druck der Nazis zu widerstehen« (E-Mail von Dr. Schäfer vom 4.10.2010).
70 Wagner, »Duderstadt«, S. 196f.
71 Ebeling/Fricke, *Duderstadt,* S. 256.

dass drei jüdische Geschäfte in »arische Hände« übergegangen seien.[72] In der Reichspogromnacht wurde in Duderstadt die Synagoge niedergebrannt. Danach bereiteten die letzten beiden jüdischen Geschäftsleute ihre Emigration vor. Im März 1942 wurden die letzten Juden aus Duderstadt deportiert.[73]

Als am 27.8.1939 die Mobilmachungsorder den Obernfelder Gemeindevorsteher erreichte, verliefen die Vorbereitungen in aller Heimlichkeit. Nachdem einige Männer eingezogen waren, mussten die Arbeiten in den Familien umorganisiert werden. Viele Frauen übernahmen einen Großteil der »Männerarbeiten«. Ein Teil der Tätigkeiten wurde im Rahmen der Nachbarschaftshilfe von den im Dorf verbliebenen Männern ausgeführt,[74] polnische Kriegsgefangene den Bauern als Arbeitskräfte zugewiesen.[75] Russische Kriegsgefangene, die in dem Saal eines Obernfelder Gasthauses untergebracht waren, arbeiteten in einem anderen Ort.[76]

Während des Krieges war Obernfeld kaum Ziel von Angriffen, Häuser wurden nicht zerstört. 1940 fielen Brandbomben auf das Dorf und ein Gehöft wurde getroffen, aber nicht beschädigt. Zum Kriegsende wurde der Gemeindevorsteher noch angewiesen, das Dorf zu verteidigen und nötigenfalls die Hahlebrücke sprengen zu lassen. Man entschied sich aber für die Kapitulation und am 8.4.1945 wurde Obernfeld von Amerikanern eingenommen.[77]

---

72 KreisA Göttingen, LA Dud. Nr. 549. Judensachen 1933–1938.
73 Wagner, »Duderstadt«, S. 201.
74 Vgl. Interviews mit Böhme (1419ff.) und Gebauer (732ff.).
75 Vgl. Interview mit Gebauer (1659ff.).
76 So die Auskunft von Gebauer (1668ff.).
77 Kurth, *Obernfeld,* S. 137.

2. Die Familien

Das Sample

Für Obernfeld liegen acht Interviews von vier Frauen und vier Männern vor. Zwei Befragte sind Geschwister, so dass die Interviews zugleich Informationen über sieben Familien und Haushalte liefern. Es handelte sich um drei bäuerliche Haushalte[1] und vier, in denen zusätzlich zu einer kleinen Landwirtschaft weitere Erwerbsmöglichkeiten genutzt werden mussten. Bis auf einen 1928 geborenen Interviewpartner gehören die anderen Befragten den Jahrgängen 1923 bis 1926 an. Alle Personen sind in Obernfeld aufgewachsen und zur Schule gegangen. Von einer Mutter abgesehen, die aus einem sechs Kilometer entfernten Dorf nach Obernfeld geheiratet hat, stammten alle Eltern und Großeltern der Befragten aus dem Ort. Beim Heiratsverhalten zeigt sich mithin eine sehr starke Konzentration auf das Dorf. Die Familien hatten viele Kinder. Nur in einer Familie waren es drei, in vier Familien gab es vier, in zwei Familien sechs Kinder.

Wie im Untersuchungszeitraum auf dem Land noch üblich, lebten die Familien in Obernfeld häufig in Drei-Generationen-Haushalten. Das war in fünf der sieben Haushalte des Samples der Fall. Eine Besonderheit in diesem katholischen Dorf bestand darin, dass in vier dieser fünf Haushalte außerdem noch unverheiratete Geschwister der Eltern lebten, teilweise lebenslang. Dadurch entstanden komplexe Haushaltsstrukturen, durch die sich das Obernfelder Sample von allen anderen dieser Untersuchung unterscheidet. In Johanna Gebauers Elternhaus wohnten die Eltern ihres Vaters und zwei unverheiratete Schwestern. Ein derartiger komplexer Haushalt war relativ groß. Nur einer der Obernfelder Haushalte des Samples umfasste lediglich sechs, sonst lebten dort zwischen acht und zehn Personen.

---

1 In allen drei Fällen handelte es sich um einen Erbhof, d. h. die Höfe hatten mindestens 7 ½ ha.

Die wirtschaftlichen Verhältnisse

Die Eltern der Zeitzeuginnen und Zeitzeugen führten einen mehr oder weniger großen landwirtschaftlichen Betrieb. Landwirtschaftliche Arbeit gehörte deshalb durchgängig zu den prägenden Kindheitserfahrungen. Helga Böhme stammte aus einer Bauernfamilie. Solange sie, das zweite von insgesamt sechs Kindern, noch klein war, wurde bei einer Schwangerschaft der Mutter vorübergehend ein Dienstmädchen eingestellt (Böhme, 622). Um den Wohlstand ihrer Familie hervorzuheben betonte sie, ihre Mutter habe nie den Stall ausmisten müssen (Böhme, 3308). In den vier Familien mit geringem Landbesitz übten die Väter mehr oder weniger kontinuierlich ein Handwerk aus oder verdienten durch Geschäfte verschiedener Art dazu. Auch das reichte aber meist nicht zu mehr als zu einer höchst bescheidenen Lebensführung. Elfriede Kühns Vater war einer der typischen Eichsfelder Bauhandwerker, der außerhalb arbeitete und nur am Wochenende nach Hause kommen konnte. Die Arbeit in der Landwirtschaft wurde während seiner Abwesenheit von der Mutter und den Kindern erledigt. Die ökonomische Situation der Familie war trotz des Erwerbseinkommens des Vaters schwierig. Auch Fritz Winklers Vater, der durch den kleinen Bauernhof, durch ein Geschäft sowie gelegentliche Arbeit als Hausschlachter die Familie zu ernähren versuchte, gelang dies nur mit mäßigem Erfolg. Der Sohn erinnerte sich im Interview an die ökonomischen Probleme, die auch den Kindern nicht verborgen geblieben waren und die seine Kindheit überschattet hätten: »Dat war immer so 'n bisschen Belastung, ne«, kommentierte er (Winkler, 5666).

In den hohen Kinderzahlen lag eine Ursache der überwiegend bescheidenen Lebensführung, eine andere in den im Hause lebenden Verwandten. Sie arbeiteten zwar entsprechend ihren Fähigkeiten in der Landwirtschaft oder dem Geschäft mit und trugen dadurch zum Haushaltseinkommen bei, mussten aber auch ernährt werden.[2] Das gehörte zu den aus der Erbteilung resultierenden Verpflichtungen gegenüber Verwandten, die entweder ausgezahlt oder bis ans Lebensende versorgt werden mussten.

In Obernfeld basierte die dörfliche Ökonomie ebenso wie in Volpriehausen auf intensiven Kooperationsbeziehungen zwischen den größeren Bauern und den kleinen und Kleinstlandwirten, die die Bearbeitung ihrer Felder durch ihren »Ackermann« mit Handarbeit auf dessen Feldern abgel-

---

[2] So wies Fritz Winkler darauf hin, dass ledige Geschwister auf Lebzeit verköstigt werden mussten (Winkler, 2690), vermutlich als Kompensation für ihre Erbansprüche.

ten mussten.³ Auch andere Leistungen, zum Beispiel als Hausschlachter, wurden nicht bezahlt, sondern abgearbeitet, wie Fritz Winkler erzählte (77). Da die Familien aller Befragten eine Landwirtschaft betrieben, konnte der größte Teil der Nahrungsmittel selbst produziert werden. Helga Böhme erläuterte:

»Früher hattn wa die Eier, wir hattn die Milch, alles hattn wir ja, nech. Man brauchte bloß mal nen bisschen Zucker kaufn. Und andre war ja reine Landwirtschaft, ne.« (Böhme, 417–420)

Bargeld war überall knapp. Das war selbst dort der Fall, wo die Familie einen größeren Hof bewirtschaftete, wie bei Gerd Fröhlichs Eltern, weil in dem Zehn-Personen-Haushalt weniger Überschüsse zu Geld gemacht werden konnten. Geld kam durch den Verkauf von Butter, Eiern oder Getreide ins Haus sowie durch den Tabakanbau oder Einkünfte aus anderen Erwerbszweigen. Am schlimmsten, so Fritz Winkler, war der Mangel an Bargeld bei jenen Familien, die nur eine kleine Landwirtschaft und keine weiteren Erwerbsmöglichkeiten hatten, weil sie kaum Überschüsse verkaufen konnten (2032). Dort, wo Landbesitz mit anderen Erwerbsquellen kombiniert wurde, war die Lage etwas günstiger. Daraus resultierte dann jedoch »unendlich viel Arbeit« (Winkler, 70f.). Besonders schlecht hatte es Elfriede Kühns Familie getroffen. Das Land war anfangs nur gepachtet, so dass dafür auch noch Pachtzins gezahlt werden musste. Der Vater arbeitete, wie viele Eichsfelder, als Bauhandwerker außerhalb. Es war schon ein Fortschritt, als er wenigstens jedes Wochenende nach Hause kommen konnte, wobei das Wochenende nur von Sonnabendabend bis Sonntagabend reichte. Der weitaus größte Teil der Arbeit im Haus und in der Landwirtschaft lastete auf der Frau und den Kindern. Wie aus den Erzählungen Elfriede Kühns hervorgeht, musste die Mutter trotz ihrer extremen Sparsamkeit manchmal Geld leihen, um überhaupt über die Runden zu kommen (160). Geschenke für die Kinder habe es, so Fritz Winkler, nur zu Weihnachten und Ostern gegeben (2189), und auch dann seien die manchmal sehr dürftig ausgefallen. Er erinnerte sich daran, dass in einem sehr schlechten Jahr jedes Kind zu Weihnachten nur eine Tasse, in einem anderen Jahr nur eine Spardose aus Gips bekommen hat (Winkler, 1651). Das Weihnachtspaket von Onkel und Tante sei hingegen für die Kinder immer ein Erlebnis gewesen (Winkler, 1661). Meist erhielten selbst die Kinder der wohlhabenden Bauern auch nur das, was sie ohnehin brauchten: Kleidung oder Schuhe

---

3 Vgl. *Historischer Alltag,* S. 72; *Landwirtschaft,* S. 4.

(Böhme, 103, 114). Selbst ein Poesiealbum hatte keine der befragten Frauen. »Hätte ja auch Geld gekostet«, antworte Johanna Gebauer auf die Frage danach (6206). Sogar Otto Dauer, der auf einem größeren Hof aufwuchs, musste auf die heiß ersehnten Fußballschuhe verzichten (5021). Ein Fahrrad wurde für ihn erst gekauft, als er es benötigte, um damit zur weiterführenden Schule nach Duderstadt zu fahren (Dauer, 5028). Fritz Winkler, einer der wenigen Interviewpartner aus Obernfeld, der nicht nostalgisch zurückblickte, sagte explizit: »Die gute alte Zeit, so gut war ja die gar nicht, ne« (2454f.), und wiederholte diese Aussage mehrfach. Angesichts des Mangels an Geld wundert es nicht, dass kein Kind Taschengeld erhielt. Die meisten bekamen nur ein paar Groschen von den Eltern oder Bekannten bei besonderen Gelegenheiten, wie der Wallfahrt nach Germershausen oder der Kirmes, zugesteckt. Elfriede Kühn und ihre Geschwister waren durch die Sparsamkeit im Elternhaus so geprägt, dass sie sogar darum wetteiferten, wer vom Schützenfest in der Kleinstadt das meiste Geld wieder mit nach Hause brachte (Kühn, 133).

Die Hilfe der Kinder in der Familienwirtschaft wurde normalerweise nicht bezahlt. Es war selbstverständlich, dass jede und jeder nach seinen Fähigkeiten mitarbeitete. Lediglich Johanna Gebauer und Helga Böhme erhielten Geld für das Anschnüren des Tabaks. Die »Tarife« waren entsprechend der ökonomischen Situation der beiden Haushalte sehr unterschiedlich: Johanna Gebauer bekam einen Pfennig pro Schnur (2161), Helga Böhme das Fünffache (174). In ihrer Familie war mehr Geld vorhanden, mit dem großzügiger umgegangen werden konnte. Sie erzählte, in ihrer Kindheit hätte im Küchenschrank immer ein Portemonnaie gelegen, aus dem sich jeder das Geld nehmen konnte, das er brauchte (Böhme, 513). Auch wenn man davon ausgeht, dass diese Regelung erst für die älteren Kinder gegolten hat, zeigt sie doch, dass Geld in diesem Haushalt kein so knappes Gut gewesen ist wie in den anderen Familien. Im Gegensatz zu den Befragten aus Volpriehausen, von denen einige als Kinder durch Arbeit oder Dienstleistungen für andere Leute sich ein wenig Geld verdienen konnten, erzählte niemand aus Obernfeld davon. Aus den Interviews gewinnt man den Eindruck, dass in Obernfeld viel weniger Geld im Umlauf gewesen ist als in Volpriehausen.

Ebenso wie in Volpriehausen mussten auch in Obernfeld die Kinder in Haus, Hof und auf dem Feld mitarbeiten. Es gab Tätigkeiten, die sie regelmäßig jeden Tag erledigen mussten, andere, die gelegentlich oder jahreszeitlich anfielen. Otto Dauer und seine Brüder mussten täglich direkt nach der Schule, noch vor dem Mittagessen, Wasser pumpen (179), später die Hühnereier einsammeln, Stroh schneiden, Streu einbringen, Brot holen und einkaufen. Anderen Kindern oblag die Versorgung von Hühnern und Gänsen (Kühn, 103); Mädchen mussten sich zudem um jüngere Geschwister kümmern. Zu den jahreszeitlich anfallenden Arbeiten zählten im Sommer das Gänsehüten und die Garten- und Erntearbeiten, im Winter das Sortieren von Hülsenfrüchten, das Reißen der Wolle und Ähnliches. In den meisten Familien wurden die Kinder auch beim Tabakanbau benötigt. Insbesondere das »Anschnüren«, das heißt, das Auffädeln der Tabakblätter auf eine Schnur, um sie trocknen zu können, war eine Arbeit für Kinder.

Abb. 25: Beim Anschnüren des Tabaks (Seulingen)
(Quelle: Stadtarchiv Duderstadt)

Oft wurden die anfallenden Arbeiten unter den Geschwistern klar aufgeteilt.

»Wir hattn alle unsern Plan, was wir tun mussten. Also was die Brüder, meine Brüder tun musstn, ich hatte drei Brüder. Was die arbeitn musstn. Un was ich arbeitn musste, nech, jeder hatte sein Plan.« (Kühn, 102–107)

Auch wenn es viele Arbeiten gab, die Kinder beiderlei Geschlechts erledigten, wurden die Mädchen eher zu Arbeiten in Haus und Hof herangezogen, die Jungen mit zur Feldarbeit. Nur Frauen erzählten, sie hätten jüngere Geschwister hüten (Böhme, 16; Kühn, 469) oder Kaffee aufs Feld bringen müssen. Helga Böhme, die viel im Hause mitarbeiten musste, litt unter dieser Arbeitsteilung und erzählte, sie wäre stattdessen lieber mit aufs Feld gegangen (718). Wenn sie in den Ferien zur Feldarbeit herangezogen worden sei, hätte sie diese Arbeit gern gemacht (Böhme, 1686). Sie betonte weiterhin, dass man als Kind in der Landwirtschaft entsprechend dem Alter zur Arbeit herangezogen worden sei (Böhme, 16). Schon bevor sie zur Schule ging, im Alter von fünf Jahren, fuhr sie mit dem Zug nach Duderstadt, um Butter zu den Kunden ihrer Eltern zu bringen (Böhme, 490). Andere Befragte deuteten an, erst später mit Arbeit belastet worden zu sein. Wie aus dem Zusammenhang hervorgeht, beziehen sich derartige Äußerungen meist auf die anstrengende Feldarbeit, bei der die Kinder nicht gleich voll eingesetzt werden konnten. Typische Kinderarbeiten dort waren, Seile (für das Binden der Garben) zu machen und Ähren oder Kartoffeln aufzulesen.

Aus den Erzählungen wird klar, dass die kindliche Arbeitskraft für die Familienwirtschaft sehr wichtig gewesen ist. Das zeigte sich besonders deutlich in dem Interview mit Elfriede Kühn, deren Vater unter der Woche abwesend war. Wenn sie mittags mit ihren Brüdern aus der Schule kam und die Mutter woanders arbeitete, lag ein Zettel auf dem Tisch, auf dem sie die von den Kindern zu erledigenden Aufgaben notiert hatte (Kühn, 2671). Zusammen mit den Brüdern musste Elfriede Kühn mit dem Handwagen Grünfutter für die Ziegen holen, im Herbst auch noch Eicheln aus dem Wald (409). In dieser Familie wurde immerzu gearbeitet, selbst beim Beten des Rosenkranzes in der Fastenzeit (Kühn, 2737). Für Elfriede Kühn war der Sonnabend der schlimmste Tag der Woche, weil neben der Schule und den üblichen Arbeiten auch noch alles sauber gemacht werden musste (5475). Das dürfte aber wohl hauptsächlich ein Problem der Mädchen gewesen sein, die zu diesen Arbeiten verstärkt herangezogen wurden. Spätestens mit zehn Jahren mussten die Kinder in der Erntezeit aufs Feld.

In dieser Zeit des größten Arbeitsanfalls wurde jede Hand gebraucht. Dort, wo niemand zu Hause bleiben konnte, mussten auch die kleinen Kinder mit.

»Wir sind alle zu Hause erzogen. [PP] Da wurden die kleinen Kinder auch mit zum Felde jenommen. Durften eben da hin, im Korb [...] Und die waren da hinjesetzt, und die wurden denn mit so 'ner dünnen Decke, also wie so Gardinenstoff, überzogen, aber dat die Fliegen nicht stechen konnten, nech. Und dann wurden die da abjefüttert auch. Die gingen auch mit. Weil jeder da musste mit ran.« (Fröhlich, 881–892)

Die älteren Kinder kleiner Landwirte wurden bereits in die Kooperationsbeziehungen mit den Bauern eingebunden, sie mussten auf deren Feldern mitarbeiten, um die Leistungen des Bauern für die Familie abzuarbeiten (Kühn, 378).

Wie schon für Volpriehausen gezeigt, ließen die Arbeiten, die die Kinder verrichten mussten, ihnen auch Zeit zum Spielen. So war das Hüten der Gänse eine Arbeit für Kinder, zu der sie sich verabredeten und dann auch miteinander spielen konnten. Selbst die stark belastete Elfriede Kühn fand manchmal, wie sie sagte, eine Viertelstunde Zeit, um sich mit ihren Freundinnen zu unterhalten: »Die habn wa uns dann ja mal genommen, ne.« (6022f.)[4] Generell galt das Prinzip: Erst die Arbeit, dann das Spiel! Die Interviews aus Obernfeld erwecken den Eindruck, als seien die Kinder hier mehr zur Arbeit herangezogen worden als die meisten Befragten aus Volpriehausen. So fehlen Erzählungen, in denen beschrieben wird, wie sie sich vor der Arbeit gedrückt oder den Pfiff des Vaters, mit dem sie nach Hause beordert wurden, geflissentlich überhört hätten. Ganz im Gegenteil betonten mehrere Befragte, sie seien dann sofort nach Hause gelaufen.

Obwohl das durch Obernfeld fließende Flüsschen Hahle gestaut war und man dort baden konnte, wird das nur in wenigen Interviews erwähnt. Fritz Winkler betonte, es sei in den Sommerferien »schon mal möglich« gewesen (3464f.). Das lag sicher nicht nur an dem verdreckten Wasser des Flusses, sondern vor allem an der dann anstehenden Erntearbeit.

Ausnahmslos alle Befragten antworteten auf die Frage, was sie in den Schulferien unternommen hätten, mit einem Verweis auf die dann in der

---

4 Bei einigen Befragten wird die Vermischung von Arbeit und Spiel nicht so explizit deutlich. Bei Otto Dauer zeigte sie sich vor allem in der Struktur seiner Eingangserzählung. Zunächst sprach er von der Arbeit nach der Schule, dann vom Spiel und nahm schließlich den Faden der regelmäßig von den Kindern zu erledigenden Aufgaben wieder auf (Dauer, 177f.).

Landwirtschaft anfallende Erntearbeit: In den Sommerferien war das Getreide an der Reihe, im Herbst die Kartoffeln. Nachdem Johanna Gebauer aufgezählt hatte, was sie alles machen musste, sagte sie:

»Ich war jedesmal froh, wenn de Schule wieder anfing. Ja. Es war leichter zur Schule zu gehen, [lacht] als dauernd mitzuarbeiten dann schon, nech.« (Gebauer, 2170–2174)

Alle verneinten, durch die Mitarbeit überfordert gewesen zu sein. Fritz Winkler betonte, von den Kindern sei »nichts Unmögliches« verlangt worden, sie hätten nur leichtere Arbeiten machen müssen, aber es sei »unendlich viel Arbeit« da gewesen (68–71). Auch Elfriede Kühn fühlte sich nicht überfordert. Auf die Frage, ob das nicht zu viel Arbeit für sie gewesen sei, antwortete sie:

»Och, das mussten se ja alle. Nech, das war ja nen Trost. Das mussten se ja alle. Mal sagen, die ganzen Freundinnen und so, die man hatte durch de Schule oder so. Wussten wir nich anders. Das müssen die ja auch.« (Kühn, 6011–6016)

Aus gelegentlichen Bemerkungen wird aber auch deutlich, dass Kinder mitunter überfordert wurden, weil zu früh zu viel von ihnen verlangt wurde. Fritz Winkler erinnerte sich noch ganz genau an eine Situation, die er als circa sieben- bis achtjähriger Junge nicht bewältigen konnte. Mit seiner mehrere Jahre älteren Schwester musste er im Frühjahr das Brennholz der Familie aus dem Wald holen. Als die Schwester losging, um den Holzstapel der Familie zu suchen, musste er bei dem Wagen mit den Kühen bleiben, damit die nicht ausrissen:

»Oh, und ich hab, musste dat auch mal machen, und als ich da ganz allein war, ne, da hab ich so ne fürchterliche Angst gekriegt, dass ich ausgerissen bin, ne. Hinter jedem Busch hattste nen Bären vermutet oder nen Löwen, nich, aber. Jedenfalls is dat so unerträglich gewesen, dass ich ausgerissen bin. Und als die [Schwester] nun zurückkam, und ich war nich war, da is et ja noch viel schlimmer geworden für sie. Das war ja nun nich son kleines Waldstück, wo de durchgucken konntest. Das war ne größere Angelegenheit bei uns da, ne. Und jedenfalls die hatten ja Angst, dass ich mich verlaufen hätte.« (Winkler, 6144–6155)

Wie auch in Volpriehausen klagte niemand der Befragten über zu wenig Essen. Im Gegenteil hoben mehrere hervor, es habe immer genug gegeben. Der hohe Grad an Selbstversorgung erlaubte auch in ökonomischen Krisenzeiten wie der Weltwirtschaftskrise eine ausreichende Ernährung. Die Familien hielten alle Vieh. Zwar konnten nicht alle im Jahr drei bis vier Schweine schlachten, wie Otto Dauers Eltern, aber selbst die ärmeren Familien hatten wenigstens Hühner und Gänse. Dass man Fleisch kaufte, war höchst ungewöhnlich. Selbst in der wohlhabenden Familie Dauer war das nur zweimal im Jahr der Fall, zu Pfingsten und zur Kirmes (466). Der Garten lieferte Kartoffeln und Gemüse. Auch wenn in der Woche überwiegend Eintopf gegessen wurde, wie Ernst Brunn erzählte, so gab es am Sonntag doch meist was Besseres, nämlich Vorsuppe und Fleisch (750), in den meisten Familien auch einen Nachtisch. Sonntags hätte es Pudding gegeben, betonten einige (Unger, 1095; Böhme, 2248).

Üblicherweise wurde mittags die warme Mahlzeit gegessen. Nur bei außergewöhnlichen Ereignissen oder generell in der Erntezeit wurde sie erst abends eingenommen. In der Familie Johanna Gebauers dauerte die Ernte vom Sommer bis zum Herbst. Sie konnte der kalten Mittagsmahlzeit als Kind ersichtlich nichts abgewinnen. Die Möglichkeit, immer mittags warm essen zu können, konnten sich nach ihren Erfahrungen nur besser gestellte Personen leisten:

»Jo, und mir is das heute noch so, also wer tächlich Mittachessen kricht, das is was Feines. Das krichte, früher der Pastoor krichte Mittachessn und der Lehrer. Und sonst – niemand. Im Sommer durch. Niemand. Niemand. So richtiches Privilech war das, is das. Und so is mir das auch heute noch. Also n gutes Mittachessn is mir sehr wichtich.« (Gebauer, 2195–2304)

Mehrere Mütter backten regelmäßig Kuchen und verwöhnten damit ihre Lieben. Besonders zu den Festen gab es davon große Mengen (Böhme, 357; Winkler, 2840). Ernst Brunn war der selbst gebackene Semmelkuchen mit Zwetgschenmus in guter Erinnerung (758). Eine eher ungewöhnliche Belohnung für seine Kinder hatte sich Helga Böhmes Vaters ausgedacht: Er brachte dann aus einem Nachbarort eine frische Wurst vom Schlachter mit (Böhme, 757). Süßigkeiten gab es hingegen sehr selten. Das wurde von mehreren Befragten betont. Elfriede Kühn erwähnte in diesem Zusammenhang, sie habe erst 1950, im Alter von 26 Jahren, zum ersten Mal in ihrem Leben Schokolade gegessen (5400). Besonderes Essen gab es neben den üblichen Familienfesten an den Schlachtefesten[5] und den Dreschtagen. Bei den Letzteren war es üblich, alle, die beim Dreschen halfen, einschließlich ihrer Kinder, mit zu verpflegen (Kühn, 317). Dabei gab es nicht nur etwas Gutes zu essen, sondern das Essen fand auch in einer speziellen sozia-

---

5 Der Schlachtetag war wegen des damit verbundenen guten Essens, an dem außer den unmittelbar Beteiligten auch Nachbarn, Verwandte und andere Dorfbewohner partizipierten, der wichtigste weltliche Feiertag. Schambach, *Leben und Arbeiten*, S. 19.

len Situation statt, durch die sonst geltende Regeln außer Kraft gesetzt werden konnten. Elfriede Kühn erinnerte sich an einen Dreschtag bei den Nachbarn, bei dem ihre Mutter helfen musste. Sie hatte ihren Kindern eingeschärft, dass sie erst dann zum Essen dorthin kommen durften, wenn sie eine bestimmte Menge Tabak »angeschnürt« hätten. Als die Freundinnen und Freunde sie vermissten, kamen sie ins Haus, um nachzusehen, warum Elfriede und ihre Geschwister nicht beim Dreschen waren. Schließlich halfen sie mit, das Arbeitspensum zu erledigen.

»Und denn saßen wa zuletzt, glaub ich, mit acht Kindern saßen wa. Un ham Tabak anjeschnürt. Auf einmal kommt der Eijentümer, war son alter Opa, nech, der da jedroschen ham. Der alte Opa. Hatte sone Peitsche inner Hand und hat jesacht: ›So, wo gibts denn so was. Wir dreschen und ihr wollt hier Tabak anschnürn? Ihr kommt jetzt rüber mit zum Dreschen.‹ ›Ja, wir dürfen nich, wir dürfen nich‹, ham wa da jesacht. ›Wir müssen doch Tabak anschnürn.‹ ›Das könnter nachher. Jetzt kommt ihr erstmal her. Es wird jetzt gefrühstückt‹, hat er jesacht, nech. War grad in den Ferien, Herbstferien. Und dann musstn wa hin und musstn hin.« (Kühn, 317–328)

Abb. 26: Dreschmannschaft mit Kindern um 1930
(Quelle: Heimatmuseum Obernfeld)

Essensdressur war nicht üblich. Zwar sollte der Teller schon leer gegessen werden, aber die meisten Eltern gingen mit dieser Maxime locker um.

Nicht alle Kinder waren gute Esser, wie Ernst Brunn, der immer scharf darauf war, pünktlich zu den Mahlzeiten zu erscheinen (817). Niemand erzählte eine Geschichte darüber, etwas essen zu müssen, was man partout nicht mochte. Ein wenig, so Adelheid Unger, sollte man zwar essen, aber wenn man dann noch Hunger hatte, konnte man nachher ein Brot bekommen (1073). Selbst Zwischenmahlzeiten waren nicht ungewöhnlich. In der Familie Winkler bekamen die Kinder »Zwetschenstücke« (2898). In Elfriede Kühns Elternhaus konnten sich die Kinder zwischendurch etwas zu essen holen (2355). Dieser liberale Umgang mit dem Essverhalten der Kinder resultierte – ebenso wie in Volpriehausen – vermutlich aus der Tatsache, dass Essen weder eine Mangelware war noch verdarb, denn was übrig blieb, konnte immer noch verfüttert werden.

Wohnverhältnisse

Alle Familien wohnten in eigenen oder gemieteten Häusern, zu denen meist Nebengebäude (Stall, Scheune) sowie Hof und Garten gehörten. Trotzdem waren die Wohnverhältnisse überwiegend recht beengt. Das lag nicht nur an der großen Zahl der Haushaltsmitglieder, sondern auch daran, dass sowohl die Landwirtschaft als auch ein Geschäft Raum beanspruchten. Eine Futterküche, Waschküche, Wurstkammer, ein Kornboden waren notwendig, mit dem Ergebnis, dass die Bewohner oft eng zusammenrücken mussten. Dort, wo die Küche groß genug war, diente sie meist zugleich als allgemeiner Aufenthaltsraum. War sie dazu zu klein, gab es neben der Küche ein kleines Wohnzimmer. Die meisten Familien hatten außerdem einen Raum als »gute Stube« eingerichtet, die nur bei wenigen Gelegenheiten benutzt wurde. Die »gute Stube« war offenbar auch auf dem Dorf ein wichtiger Repräsentationsraum, der den sozialen Status der Familie unterstrich. Johanna Gebauer und Fritz Winkler, deren Familie keine »gute Stube« hatte, haben darunter gelitten. Beide betonten diesen Umstand, Johanna Gebauer sogar mehrfach im Interview. Sie sagte: »[...] aber alle andern hattn ja ne Stube, nech. Ja. Ja. Mh. Hab ich auch jeden drum beneidet, der ne Stube hatte, nech.« (Gebauer, 5159–5161)

Die Schlafverhältnisse waren meist recht beengt. Dort, wo Großeltern oder Geschwister der Eltern mit im Haus lebten, wurde auch ein größeres Haus schnell zu klein. Teilweise schliefen die Kinder – ungeachtet ihrer

Geschlechtszugehörigkeit – in einem Raum, teilweise hatten die Töchter mit einer Tante ein gemeinsames Schlafzimmer oder der verwitwete Großvater mit den Söhnen. Kaum jemand besaß als Kind ein eigenes Zimmer. Auf die Frage danach antwortete Johanna Gebauer: »Nein, um Gottes Willen. [lacht] Um Gottes Willen.« (1731) Nur eine Interviewpartnerin hatte ein eigenes Schlafzimmer. Die Eltern, Eigentümer eines größeren Hofes, hatten in den 1920er Jahren neu gebaut. Helga Böhme war die einzige Tochter unter mehreren Söhnen. Die mussten dann allerdings zusammen schlafen, zu zweit in einem Bett, sagte sie (2096).

Die hygienischen Verhältnisse in Obernfeld waren insofern relativ gut, als das Dorf 1928 eine Wasserleitung erhalten hatte und daran wohl die meisten Häuser angeschlossen waren. Ernst Brunn berichtete von einem Wasserhahn mit Ausguss in der Küche (951). Die Toilette befand sich hingegen überall noch über der Jauchegrube oder in respektive neben den Ställen.

Soziale Beziehungen

Aus den Interviews geht hervor, dass die Eltern nur zu den Verwandten regelmäßigen Kontakt hatten. Es scheint, als seien diese oft auch die bevorzugten Kooperationspartner bei der landwirtschaftlichen Arbeit gewesen. Adelheid Unger meinte allerdings: »Und Verwandtschaft und Nachbarschaft, wie es grade passte dann, ne.« (2373–2375)

Die Geselligkeit spielte sich in den meisten Familien fast ausschließlich innerhalb der Verwandtschaft ab. Viele erzählten von gegenseitigen Abendbesuchen während der »stillen Zeit« im Winter. Eltern und Kinder gingen zusammen zu verwandten Familien, die Kinder spielten Karten oder beschäftigten sich mit Brettspielen, die Erwachsenen unterhielten sich, wobei die Frauen entweder ihr Strickzeug oder das Spinnrad dabeihatten. Durchgängig erwähnt wurden Äpfel, auch Bratäpfel, die bei der Gelegenheit verzehrt worden seien; um Weihnachten herum sei auch mal »harter Keks« angeboten worden (Dauer, 451f.). Gerd Fröhlich schilderte, dass er und seine Geschwister dabei ein Wort mitgeredet haben:

»Das haben wa schon immer, wir Kinder, uns ausjerechnet, und vorher abjesprochen. ›Heute gehen wa da hin oder gehen da hin, nach dem.‹ Und muss ich lassen, meine Mutter hat immer pariert [lacht] in der Beziehung.« (Fröhlich, 761–765)

Insgesamt war die Dominanz der Verwandten bei den geselligen Beziehungen noch ausgeprägter als in Volpriehausen. Lediglich Helga Böhme erwähnte, dass im Winter abends der Nachbar zu ihnen zum Erzählen gekommen sei, um dann aber fortzufahren:

»Und denn abends denn wurde ausjegangn. Jeder nach Geschwistern und denn gabs denn immer Äpfel und Keks. Das wurde denn so gegessen und jeder freute sich immer, wer kam, nech.« (Böhme, 34–37)

Aus zwei Interviews lässt sich entnehmen, dass in diesen Familien Verwandte nur die engeren Verwandten gewesen sind, aus der Kinderperspektive also die beiden Großeltern sowie die Geschwister der Eltern und deren Kinder. Johanna Gebauer beklagte einerseits, dass sie – außer den Verwandten, die mit im Hause lebten (Großeltern und Tanten) – nur wenige Verwandte im Dorf gehabt hätte. Die andere Seite sei wegen Erbauseinandersetzungen aus Obernfeld fortgezogen, die Verbindungen seien abgebrochen worden (Gebauer, 3574). Andererseits erzählte sie, der im Haus lebende Opa hätte sonntags seine Verwandten besucht, seine Schwester und deren Kinder (3706), die Johanna Gebauer aber nicht als ihre Verwandtschaft ansah. Ganz offenbar waren diese Verwandtschaftsgrade für sie zu weit entfernt. Hinter dieser Beschränkung der Kontakte verbarg sich wohl die Logik, dass man sonst mit dem halben Dorf verwandt gewesen wäre. Für Johanna Gebauer hatte die auf die eine Linie beschränkte Verwandtschaft, die zudem mit im Haus lebte, die Konsequenz, dass sie kaum in andere Häuser kam.

»Und da hab ich manche Kinder auch drum beneidet. Die so viele Tantn im Dorf hattn. Und konntn da immer hingehn. [lacht] Wir hattn ja alles im Hause.« (Gebauer, 3586–3588)

Nachdem sie geschildert hatte, dass eine Freundin sonntags immer ihre Großeltern besuchte, kommentierte sie: »Ooh, das gefiel mir auch, necht, ja. Dass man irgendwo hingehn konnte.« (Gebauer, 3599f.) Dem Prinzip, nur in Häuser von Leuten zu gehen, mit denen man verwandt war, folgte auch Otto Dauers Sozialverhalten. Er sei nie im Haus seines besten Freundes gewesen, erzählte er, weil sie nicht miteinander verwandt gewesen seien (Dauer, 4165). Dies sind zweifellos extreme Fälle. Obwohl aus anderen Interviews hervorgeht, dass sich die Kinder durchaus gelegentlich bei den Nachbarn oder im Haus einer Freundin oder eines Freundes aufhielten, zeigt sich an den Äußerungen Johanna Gebauers und Otto Dauers jedoch die viel größere Bedeutung der Verwandtschaft gegenüber anderen sozialen Beziehungen als in Volpriehausen. Keiner der Eltern hatte einen Freundeskreis jenseits der Verwandten. Lediglich Fritz Winkler erwähnte einen Freund der Eltern, der in der nächsten Kleinstadt wohnte und mit seiner Frau gelegentlich zu Besuch kam. Ansonsten habe man sich nur unter Verwandten gegenseitig besucht (Winkler, 3559). In zwei Familien gab es durch die von ihnen geführten Geschäfte mehr Kontakte mit anderen Dorfbewohnern, die aber eben Geschäftskontakte blieben. Die Konzentration der Geselligkeit auf die Verwandtschaft wird in den Worten Ernst Brunns sehr deutlich. Auf die Frage nach den Freunden seiner Eltern antwortete er:

»So Freunde, ja, das waren die Jeschwister und die Brüder. Das waren die, der Freundeskreis, ja? Und das war allgemein so. Anders gab es so, wie man das heute so kennt ja? Das gab es zu der Zeit nicht. Nech, dass man heute Freunde hat und so weiter, nech, wo man gar keine Verwandtschaft mit hat, aber is da gut mit zusammen und so. Das kannte man zu meiner Jugend, zur Kindheit nicht, nein. Das waren alles nur Verwandte, das waren Tantens und Onkels, nech […].« (Brunn, 2351–2360)

Im Leben der Kinder waren die Verwandten ebenfalls sehr wichtig. Sie wohnten oft in der Nähe, und die Cousinen und Cousins waren für mehrere Befragte Spielgefährten und enge Freundinnen und Freunde. Aus der nahen Verwandtschaft rekrutierten sich überdies meist die Paten,[6] die für die Kinder sehr wichtig waren. Sie beschenkten die Kinder, gaben ihnen manchmal auch ein bisschen Geld für die Wallfahrt oder die Kirmes. Helga Böhmes Patentante nähte Schürzen für sie. Sie war für sie die wichtigste Verwandte (Böhme, 3241). Die Großeltern, die nicht im Haus wohnten, kamen zu Besuch und konnten oder mussten besucht werden. Diese machten sich bei den Kindern ebenfalls durch Gaben beliebt: »Also das war auch ne schöne Erinnerung, nech. Dass der Großvater immer, wenn Jahrmarkt war, denn brachte der 'ne Tüte Bolchen.« (Böhme, 318–321)

Geschenke hatten für die sozialen Beziehungen eine große Bedeutung. Sie wurden in den Interviews stets erwähnt, um die Enge oder Nähe einer Beziehung zu charakterisieren. Das ist in dieser Intensität in keinem der anderen Orte und Milieus der Fall gewesen. Helga Böhme erwähnte beispielsweise eine Oma, die trotz eines großen Altenteils gegenüber ihren Enkelkindern wenig großzügig gewesen ist. Ein Cousin hätte schließlich gesagt:

---

6 Vgl. Kurth, *Obernfeld,* S. 314.

»»Mensch, wir wissen doch gar nich, dass wa ne Oma jehabt ham'‹, nech. Da kam se ja nu auch nicht so viel hin. [Er] Sachte: ›Wir ham von unserer Oma nichts gekricht.«« (Böhme, 340–343)

Einige Kinder hatten Verwandte außerhalb Obernfelds, zum Teil in einem Nachbardorf oder in der nächsten Kleinstadt. Elfriede Kühn besuchte dort oft ihre Tante und deren Kinder. Sie war mit der ihr im Alter nahestehenden Cousine eng befreundet. In den Schulferien konnte sie schon mal eine Woche dort verbringen. Der Cousin und die Cousine kamen umgekehrt auch nach Obernfeld zu Besuch (Kühn, 176). Adelheid Unger suchte gelegentlich die Verwandten ihrer Mutter in einem Nachbardorf auf. Die Mutter habe das gern gesehen, weil sie selbst nur selten Zeit dazu hatte (Unger, 2395). Sie hatte auch Verwandte in Hannover und im Ruhrgebiet. Im Alter von circa zehn Jahren verbrachte sie eine Woche bei der Tante in Hannover. Das war nur möglich, weil ein Nachbar, der dort als Bauhandwerker arbeitete, sie am Sonntagabend mitnahm und am Sonnabendabend wieder nach Hause brachte (Unger, 2199). Zwei Jahre später führte eine andere Reise sie mit dem Vater ins Ruhrgebiet zu einer kirchlichen Feier bei dessen Verwandten. Anschließend besuchte sie mit dem Vater Köln, wo er längere Zeit verbracht hatte, sah den Dom und das Kolpinghaus (Unger, 2199). Adelheid Ungers Cousins und Cousinen kamen in den Sommerferien nach Obernfeld und halfen dort auch mit bei der Arbeit (2257). Fritz Winkler verbrachte im Alter von acht bis neun Jahren sechs Monate bei Tante und Onkel in einem Harzstädtchen, ging dort auch zur Schule. Am weitesten kam Otto Dauer im Alter zwischen neun und 13 Jahren über die Grenzen des Dorfes und seiner Umgebung hinaus. Dabei handelte es sich aber nicht um einen Besuch bei Verwandten, sondern eine relativ »wohlhabende« Tante nahm ihn, seinen Bruder und Cousins mit ans Meer (Dauer, 1242).[7]

---

7 Die Tante finanzierte auch den Eltern Otto Dauers Reisen zu Wallfahrtsorten im Ausland.

Die Beziehungen innerhalb des Haushalts

Bezugspersonen

Da die Befragten aus Obernfeld in komplexen Haushalten aufwuchsen, sind nicht nur die Eltern und vielleicht für einige Zeit ein Großelternteil für sie zentrale Bezugspersonen gewesen. Die im Hause lebenden Tanten und Onkel waren ebenso in die Erziehung involviert. Ein Blick allein auf die Beziehungen zwischen Eltern und Kindern würde diese Situation verfehlen. Die vielen Bezugspersonen waren umso wichtiger, als die Eltern normalerweise durch ihre Arbeiten sehr stark belastet waren und über wenig Zeit und Energie verfügten, die den Kindern zugutekommen konnten. Die Anwesenheit der Verwandten im Hause erleichterte es sogar vielen Müttern, sich auf die Arbeit in der Landwirtschaft zu konzentrieren. Besonders umfassend waren die Verwandten in die Erziehung der Kinder in Johanna Gebauers Elternhaus einbezogen. In ihrem Interview bleiben beide Eltern sehr blass. Sie verbrachten die meiste Zeit mit der Landwirtschaft oder im Geschäft und konnten nicht viel Zeit für die Kinder erübrigen. Ausführlicher als über die Eltern erzählte Johanna Gebauer über ihre Tanten und Großeltern. Schon ihre Eingangserzählung beginnt mit den Tanten, die bei ihrer Geburt, sie war das älteste Kind, vor Freude geweint hätten (Gebauer, 20f.). Bevor die Eltern überhaupt explizit erwähnt wurden, erzählte sie ausführlich von den Tanten und den Großeltern und davon, dass diese ihr Geschenke gemacht hätten:

> »Na ja, die Tantn, die hingn auch sehr an mir, nech. Tante Anna konnte so schön nähn. Ich kann mich erinnern, dass se mir son kleinen Schlattermantel[8] genäht [hat], bunt, mit Zacknlitze besetzt. Und so kleine blaue Samtpantoffeln genäht, mit Sternchen bestickt. Ja, hab ich mich immer sehr drüber gefreut. Und die Oma, die war auch ganz gut. Die hatte mir son klein' Sessel gekauft. Kamen ja Körbewagn damals ins Dorf. Nen klein Sessel, wo ich mich reinsetzn konnte. Ja, und 'ne Puppe kricht ich auch mal zu Weihnachtn auch von ihr. Ich konnte mich so ganz schlimm freuen. [lacht] Und unser Opa, also der konnte Geschichtn erzähln. Vom altn Fritz hatter viele so Döneken dann erzählt, ja. Und er war für jedes Spiel zu haabn, nech, Kartenspiel oder Mühle oder – Kaupautn, das kenn Se nich [lacht] Das isn Kuhfuß [lacht] auf Hochdeutsch [...].« (Gebauer, 38–58)

---

8 Bei dem Schlattermantel handelt es sich um eine Art doppelter Pelerine, bei der der obere Umhang, die Schlatter, etwas kürzer ist. Er wurde von den älteren Frauen noch lange nach dem Zweiten Weltkrieg getragen. Vgl. dazu Kurth, *Obernfeld*, S. 329.

Die Tanten übernahmen auch die tägliche Versorgung des Kindes: Sie weckten es, kämmten es und kochten den Kakao (Gebauer, 2073f). Die Oma war zwar viel krank, las jedoch die Heiligenlegenden vor und betete mit den Kindern (Gebauer, 2547). Die Mutter kümmerte sich um Wäsche und Kleidung und ging mit der Tochter zur Schneiderin (Gebauer, 4441). Bei ihr, aber auch der Lieblingstante, fand Johanna Gebauer Trost bei Kummer und Schmerz. Erst auf Befragen teilte sie mit, die Mutter habe ihr von einer Wallfahrt mal ein Silberkettchen mit Kreuz mitgebracht (Gebauer, 3007). Sie erzählte im Interview nur zwei Szenen, in denen die Mutter plastischer wird. Die Erste vermittelt sehr viel Nähe:

»Mutter musste [abends] auch oft noch melkn. Wenn die Kühe frischmelknd warn, wurdn se ja dreimal gemolkn. Mittachs auch und dann ambs spät nochmal. Und dann sind wir Kinder auch oft mit inn Kuhstall gegangn. Mit der Taschen- mit der [lacht] Stalllaterne, nech, da hattn wa gar noch kein elektrisches Licht, Stalllaterne. Und wir ham uns dann in sone Ecke gesetzt, wo auch Stroh lag, und dann ham wa meine Mutter immer gebeten: ›Mamma, sing doch. Sing.‹ Und denn hat se uns Lieder vorgesungn. ›Unten in der Mühle saß ich in tiefer Ruh.‹ Kenn Se das Lied? ›Und sah dem Räderspiel und sah dem Wasser zu.‹ [PP] Jaa, doch, das war schön, das war auch sehr schön. Nech. Ja. Jaa. [PPP] Oder: ›In einem kühlen Grunde.‹« (Gebauer, 2465–2482)

Einmal habe die Mutter dann aber schrecklich mit ihr geschimpft, weil sie eine neue Strickjacke über Nacht im Freien liegen gelassen habe, die dabei von den Gänsen beschädigt worden sei. Die Mutter sei daraufhin so böse gewesen, dass sie am nächsten Morgen freiwillig um sechs Uhr mit der Tante zu einer Wallfahrt aufgebrochen ist, bloß um von zu Hause weg zu sein (Gebauer, 2619).

Der Vater blieb im Interview noch blasser als die Mutter. Er war wegen des Geschäfts morgens nicht anwesend, wenn die Kinder aufstanden und frühstückten (Gebauer, 2104). Außerdem war er offenbar besonders den beiden nach der Tochter geborenen Söhnen zugewandt. Bei den Flurgängen in der Gemeinde habe er jeden an eine Hand genommen (Gebauer, 351). Aus dem Interview mit Johanna Gebauer gewinnt man den Eindruck, sie habe sich gegenüber den Brüdern zurückgesetzt gefühlt, denn sie sagte: »Na ja, und mein Vater, der liebte doch seine Jungs über alles, nech. Ja. Wie es früher war. Mmm. Ja.« (2604f.) Ihr Bruder bestätigte die Bedeutung von Großeltern und Tanten für die Erziehung der Kinder. Sie sorgten im Sommer für das Mittagessen, halfen ebenso wie die Eltern bei den Schulaufgaben (Winkler, 2102, 3373), gaben den Kindern Zuwendung und das Gefühl von Geborgenheit. Dies wird in seiner Erinnerung sehr anschaulich. Über das Zusammensein mit seinem Opa erzählte er:

»Dat war wenn die Eltern noch draußen waren, die ham gefüttert, nich. Bis zum Abendbrot hin, ne. Dann wurde es ja also auch schon, naja wie jetzt wurdet auch schon dunkel. Und dat war dann immer so, dat wir uns eher neben 'nen Herd, hier stand der Herd und daneben der Pannstaul[9] ne, der Opa saß dann drin, und einer, der Kleine kam auffen Schoß. Der andere hatte 'ne Rutsche, [...] 'ne kleine Fußbank. Kleine Fußbank, jo [beim Opa] zwischen die Beine. Was dazu gehört, det waren ja immer die gleichen Geschichten, nich, die [er] erzählt hat dabei. Vom alten Fritze und der hatte sein na, sein Leibbursche oder der immer mit ihm mitzog, nich. Und dat waren dann so Schwänke, die eben von Kaiser und Könige, um den auch mal son bisschen leutselig zu gestalten, nich, die wurden dann erzählt, ne. [...] Und von Eulenspiegel.« (Winkler, 2364–2385)

Allerdings seien es eher die Eltern gewesen, zu denen er Vertrauen gehabt habe, zur Mutter mehr noch als zum Vater (Winkler, 3134). Sie schlichtete auch bei Streitigkeiten zwischen den Geschwistern, wobei man aber aufpassen musste, nicht selbst etwas abzubekommen (Winkler, 2597). Der Vater zeigte wiederum viel Einfühlungsvermögen, als er seine Söhne 1938 weckte, damit sie nachts die Radioübertragung des zweiten Kampfes zwischen Max Schmeling und Joe Louis hören konnten (Winkler, 3288).

In dieser Familie ist nicht nur die Eltern-Kind-Beziehung für die Kinder wichtig gewesen ist. Auch die anderen Erwachsenen hatten großen Anteil an der Erziehung der Kinder. Sie vermittelten den Kindern ebenfalls Nähe und Geborgenheit und ergänzten teilweise die geringe explizite Zuwendung, die die Eltern aufbringen konnten. Ähnlich wie in dieser Familie übernahmen auch in den anderen die dort lebenden Verwandten bestimmte Aufgaben bei der Aufzucht und Erziehung der Kinder. Für Adelheid Unger waren das die Großmutter sowie ältere Geschwister. Auch hier hatten die Eltern wegen der Arbeitsbelastung wenig Zeit, sich mit ihr zu beschäftigen (Unger, 3048). Otto Dauer hob explizit hervor, seine Eltern seien wenig präsent gewesen, auch wenn seine Schilderung überzeichnet scheint:

»Joa. Da war keiner [von den Geschwistern], der bevorzugt wurde. [PP] Das kann man ja auch gar nich so feststellen, denn wir ham unsere Eltern ja praktisch nur abens jetroffen beim Essen. Und dann mussten wa ins Bett. [P] Am Tage ham wa die ja fast gar nich jesehen, die warn ja nur beschäftigt. Dann war die Mutter am

---

9 Pannstaul ist ein Korbsessel oder Schaukelstuhl nahe am Herd für die alten Leute. Diese Erklärung verdanke ich Stefan Morick, dessen Vorfahren aus Obernfeld stammen.

Waschen oder im Garten: hacken und da die Beete zurechtmachen, dann der Vater war beim Pflügen oder sie warn im Felde un ham Disteln jestochen, was heute alles nich mehr is. Oder ham Häderich jehackt un so was jemacht. Die waren ja nur im Felde, nur im Felde jewesen. [PP]« (Dauer, 2531–2542)

Die zentrale Figur, zumindest seiner frühen Kindheit, war der Opa. Er war stets anwesend, sogar in der Erntezeit. Dann bereitete er das Mittagessen für die Kinder, er spielte mit ihnen und erzählte Geschichten (Dauer, 2375f). Selbst nachts hatte Otto Dauer, der sich im Dunkeln fürchtete, keine Angst, weil der Opa, mit dem er und seine Brüder das Schlafzimmer teilten, immer da gewesen sei (4889). Auf Bildung und Ausbildung Otto Dauers nahmen die Eltern keinen Einfluss. Das überließen sie zwei unverheirateten, berufstätigen Tanten, die das Wochenende stets im Hause der Eltern verbrachten (Dauer, 2485). Den Eltern, so Otto Dauer, sei das vermutlich egal gewesen. Diese Tanten nahmen auch immer mal wieder ein Kind für ein paar Tage zu sich (Dauer, 3185).

In Elfriede Kühns Leben spielten die zwei älteren Brüder eine wichtige Rolle, die sie, wenn die Mutter nicht anwesend war, erzogen. Allerdings waren sie dabei nicht perfekt. Ihr ist lebhaft ein Tag in Erinnerung, an dem sie nicht in die Schule gehen konnte, weil ihre langen Haare noch nicht gekämmt waren. Die Mutter hatte offenbar schon früh das Haus verlassen müssen.

»Da sind meine Brüder wegjegangen zur Schule und ich konnte nich mit, weil ich nich jekämmt war. Und da hab ich geweint. Und da hab ich auch vor der Tür gesessen. Und hab so geweint. Und da kam 'ne Frau vorbei. Ich kannte die Frau. Die hieß Christine, weiß ich noch. Und da hat se gesacht: ›Mädchen, was weinst du denn?‹ ›Ach, wär ich doch auch ein Junge. Denn könnt ich jetzt, wär ich auch schon inner Schule. Und so komm ich zu spät inne Schule.‹ Und da hat die, [lacht] die Frau gesacht: ›Komm her, ich kämme dich jetzt.‹« (Kühn, 3333–3343)

In Obernfeld waren die Kinder praktisch nie allein. Mehrere Geschwister, Großeltern oder Tanten: Irgendjemand war in diesen großen Haushalten immer anwesend. Die viele Arbeit sorgte dafür, dass keine Mußestunden anfielen, die die Kinder zum Rückzug veranlassen konnten. Das hatte seine Vorzüge, weil die Kinder sich aufgehoben und beschützt fühlen konnten, Ängste, die mit dem Alleinsein verbunden sind, gar nicht erst entstanden. Es bedeutete aber zugleich, dass die Chance zur Individuierung gering gewesen ist.

Eltern-Kind-Beziehungen

Die Kinder waren in den Familien zwar wichtig, standen aber nicht im Zentrum der Aufmerksamkeit. Jenseits der Arbeit und vielleicht des Kirchgangs gab es kaum gemeinsame Aktivitäten von Eltern und Kindern. Nur Helga Böhme erwähnte Einkaufsfahrten mit dem Vater in die nahe Kleinstadt (466). Zum Spielen hätten die Eltern ohnehin keine Zeit gehabt, betonte Elfriede Kühn (5729). Lediglich ein Befragter erwähnte, seine Eltern hätten auch mal mit den Kindern gespielt. Wie aus seinen Äußerungen hervorgeht, durfte das wohl eher selten der Fall gewesen sein (Brunn, 2502). Wenn überhaupt Erwachsene mit Kindern spielten, handelte es sich zumeist um ein Großelternteil wie bei Johanna Gebauer, deren Großvater für jedes (Brett-) Spiel zu haben gewesen sei (52). Die Kinder waren allerdings dabei und hörten zu, wenn die Eltern im Sommer abends auf dem Hof oder vor der Tür saßen, dabei andere Leute trafen und sich unterhielten.

»Und das Schöne war früher [P], wenn die Leute Feierabend hatten, denn se saßen se vorm Haus und haben sich was erzählt […], nech, das war das Schöne noch. Wir als Kinder wir lauschten ja nur, wir hatten ja nix zu sagen, aber das war schön. Wirklich.« (Fröhlich, 53–60)

Aus diesen Worten Gerd Fröhlichs geht ebenso wie aus ähnlichen Erzählungen anderer Befragter (Brunn, 2571) hervor, dass es sich dabei in erster Linie um Gespräche zwischen Erwachsenen gehandelt hat, nicht um solche zwischen Eltern und Kindern. Ähnlich verliefen auch die gegenseitigen Besuche bei den Verwandten an den Winterabenden. Dabei standen nie die Kinder im Zentrum: Die Erwachsenen besuchten sich gegenseitig und nahmen dazu die Kinder mit. Im günstigen Fall trafen diese dabei andere Kinder, mit denen sie Brettspiele oder Karten spielen konnten. Ansonsten saßen sie nur dabei und hörten zu oder beschäftigten sich miteinander. Adelheid Unger führte die geringe Zuwendung gegenüber den Kindern, wie sie sie bei ihren Eltern erlebt hat, auf die viele Arbeit zurück. Sie selbst habe sich um ihre eigenen Kinder wohl mehr gekümmert, aber das sei heute auch einfacher als früher (Unger, 3048). Gespräche zwischen Eltern und Kindern, für die im Winter mehr Zeit war, drehten sich hauptsächlich um die Arbeit. Mehrere Befragte beantworteten die Frage nach den Gesprächsthemen nur lakonisch mit: »Landwirtschaft« oder »Arbeit«. Ansonsten wurden genannt die Jugenderinnerungen der Eltern, die Verwandtschaft oder die Vorfahren sowie die Gefangenschaft des Vaters im Ersten Weltkrieg.

Die Kinder, ihre Sorgen und Probleme, ihre schulische und berufliche Ausbildung tauchten in diesem Zusammenhang nicht auf. Selten erzählte jemand, dass ein Elternteil oder beide sich auf kindliche Gefühle oder Bedürfnisse eingelassen haben, so wie Ernst Brunns Vater, der auf Bitten der Kinder Tauben, Kaninchen und Zwerghühner hielt (2007). Den Interviews zufolge gab es nur eine Familie, in der sich ein Elternteil intensiver mit den Kindern beschäftigte. Helga Böhme war das zweitälteste Kind und die einzige Tochter. Zu ihrem Vater hatte sie eine enge Beziehung. Sie sei ein »Papakind« gewesen, auf das der Vater stolz gewesen sei (Böhme, 463). Er war großzügig und freigiebig (Böhme, 79), beschenkte auch die Nachbarskinder mit dem Obst aus dem Garten. Er las seiner Familie aus der Zeitung oder einem Buch vor. Mit den Kindern fuhr er zum Einkaufen in die Kleinstadt, wo sie sich die Kleidung selbst aussuchen durften (Böhme, 466). Im Gegensatz zur Mutter sah er dabei nicht so genau auf den Preis. Außerdem:

»Und, noja, und unser Vater, wenn wa nu mal – ganz fleißich jewesn warn und – oder war Kirmes oder so, dann is der hinjefahrn nach Rollshausn mitm Rad. Hat uns Schmorwurst jeholt. Ne. Also wenner uns ne Freude machn wollte, dann sachter: ›Ach, Kinder, ich fahr mal nach Rollshausn, ich will euch mal ne Schmorwurst holn.‹ Dass wa mal 'ne andere Wurst hatten, ne. Und [P] das hat er auch öfters mal jemacht, ne.« (Böhme, 757–764)

Die Mutter blieb in dem Interview blasser, wurde aber auch positiv gezeichnet. Sie brachte die Kinder ins Bett und betete mit ihnen (Böhme, 1772). Beide Eltern waren zugänglich. Die Kinder konnten mit ihrem Kummer immer zu ihnen kommen. Sie wurden prinzipiell gleich behandelt, wenn die Eltern sich auch mehr um den ältesten und den jüngsten Sohn sorgten, die beide gesundheitlich angegriffen waren (Böhme, 2226).

In Obernfeld wurden Kinder ebenso wie in den anderen Orten und Milieus[10] kaum mal von den Eltern in den Arm genommen, waren Kuscheln oder Schmusen unüblich. Johanna Gebauer antwortete auf die Frage nach Zärtlichkeiten:

»Ach nee, ach nee, nee. Das war nich so wie das heute is. Nein, nein. [lacht] Nein. Nein. So diese Zärtlichkeit so zeign, das das gabs nich damals, nein.« (Gebauer, 3406–3409)

---

10 Eine Ausnahme stellen die Ergebnisse für Volpriehausen dar, was aber vermutlich an dem kleinen Sample liegt.

Und ihr Bruder beschrieb die emotionale Zurückhaltung in der Familie mit den Worten:

»Aber wat et überhaupt nich gab, ne, [murmelt] heute werden die Kinder schon mal, leicht innen Arm genommen, wird auch mal nen Küsschen aufgedrückt und so wat. Da hab ich in meinen jungen Jahren kein Küsschen gekriegt, gab's überhaupt nich, ne. Nee, dat hielten die auch nich für richtig, ne. Waren schon mal diese und jene Verhältnisse im Dorfe, ne, wo man so mal Kind sagte: ›Oh, die ham das und das und alles, wir müssen wohl zurückstehen‹ und so. Da hat die Mutter oft gesagt: ›So wat is ne Affenliebe, dat brauch man nicht‹, ne. Ja. Jaja, die diese totale intens[iven], intimen Geschichten, die waren nich so gegeben, nich, waren nich so gegeben.« (Winkler, 2139–2152)

Selbst Helga Böhme, die sich sogar als »Papakind« bezeichnete, schmuste oder kuschelte nicht mit ihrem Vater. Sie meinte, die Eltern hätten für so etwas keine Zeit gehabt (Böhme, 2201). Otto Dauer äußerte sogar Zweifel, ob er Zärtlichkeiten überhaupt gewollt hätte (2356). Gelegentlich klingt in Interviews an, dass eine Tante oder ein Opa mit den Kindern zärtlich gewesen ist. Mehrere Befragte verwiesen auch darauf, dass heute Zärtlichkeiten gegenüber den Kindern eine ganz andere Rolle spielten als früher.

Dazu trug zweifellos auch die überwiegend strenge Erziehung bei. Einzig Otto Dauer meinte, die Eltern seien nicht streng gewesen (2326). Alle anderen erzählten en passant, sie hätten »parieren« müssen. Wenn der Vater pfiff, eilten sie, wie Helga Böhme (650) schnellstens nach Hause. Die Eltern entschieden normalerweise auch über die Kinder, ohne ihnen Mitspracherechte einzuräumen. Otto Dauer betonte den fest gefügten Rahmen, in dem sich das Leben abspielte:

»Wir hatten ja 'nen, wir konnten ja nich groß entscheiden, das war ein Ding denn, ein Plan und das lief ab in jedem Hause. Wir konnten ja gar nich aus der Reihe rausspringen. Das gabs gar nich wie heute, dass wa einen Willen hatten. Das war 'ne feste Ordnung [...].« (Dauer, 2463–2468)

In diesem Zusammenhang verwies er auf die Zwänge des Lebens, denen die Familien und die Kinder unterworfen waren, um zu erklären, dass und warum die Kinder sich so untergeordnet hätten:

»Es konnte ja keiner einen Willen haben, wir wurden erzogen in der Schule. Jeder hatte, jeder hatte zu spuren. Wer nich spurte, kriegte Senge. Und jenau dasselbe war zu Hause. Wir haben auch nie dagegen aufjemuckt, is nie vorjekommen. Wenn unsere Eltern ausm Felde nach Hause kamen und die Arbeiten, die wir machen mussten Stroh schneiden, Eier ausnehmen und pumpen, dass wir das einmal vergessen hatten oder, das hats gar nich jegeben.« (Dauer, 4797–4805)

Auch Fritz Winkler und seine Geschwister konnten sich zu Hause »keinen Blödsinn« erlauben (4314). Er charakterisierte die Beziehung zu seinen Eltern als »ehrfurchtsvoll« und thematisierte damit auch zugleich die Distanz. Elfriede Kühns Vater war so streng, dass sie Angst vor ihm hatte (4147, 4178). Mit der Drohung, den Vater zu informieren, konnte sie den kleinen Bruder, um den sie sich kümmern musste, schnell zur Raison bringen. Immerhin wird dieses Bild, das sie im Interview von ihrem Vater zeichnete, dadurch gemildert, dass er in der Lage war, sich bei ihr zu entschuldigen, als er ihr versehentlich einen Peitschenhieb versetzt hatte (Kühn, 3969).

Mehr Freiräume genossen die Kinder nur bei wenigen Gelegenheiten, bei denen die Erwachsenen so beschäftigt waren, dass sie die Kontrolle über die Kinder laxer handhabten. Das galt in Sonderheit für die Dreschtage und Schlachtefeste. Fritz Winkler erinnerte sich:

> »Nuja, diese wat nen bisschen Abwechslung in dat eintönige Leben brachte, dat waren denn oft wintertags die Schlachtefeste. Ne. Und im Sommer die Maschinenfeste. Das heißt, die Dreschfeste. Für die Kinder, ne. Für die großen Leute Schwerstarbeit, ne. Aber die Kinder standen dann nich so unter Kontrolle, ne. Und da konnten se schon mal nen bisschen mehr unternehmen, ne.« (Winkler, 2215–2223)

Anders als Zärtlichkeit erlebten die Kinder körperliche Züchtigung häufiger. Gestraft wurden die Kinder auf unterschiedliche Weise. Manche Eltern verteilten Ohrfeigen. Bei Ernst Brunn war es der Vater, bei Gerd Fröhlich die Mutter, die selbst den großen Bruder nicht verschonte (Brunn, 1154; Fröhlich, 471). In Elfriede Kühns Familie war der Hausarrest eine übliche Methode. Eine andere bestand darin, die Kinder Brennnesseln als Tierfutter pflücken zu lassen, die durch die groben Handschuhe der Kinder hindurch brannten (Kühn, 2312). Ihre Brüder seien geschlagen worden, wenn sie bei Lügen ertappt worden seien oder verschwunden waren, ohne sich abzumelden. Die anderen Kinder hätten dann diesen Bestrafungsaktionen zusehen müssen und dabei mitgeweint (Kühn, 3694). Die männlichen Interviewpartner erinnerten sich an Prügel, die sie bezogen hatten, betonten aber zugleich die Ausnahmesituation. Gerd Fröhlich wusste noch die Anzahl und den Anlass der Prügel (476). Auch Fritz Winkler konnte seine Vergehen, für die ihn die Mutter geschlagen hat, benennen. Einmal hatte er, circa achtjährig, anlässlich eines Dorffestes sein Sparschwein geschlachtet und das gesamte Geld ausgegeben. Das zweite Mal bezog er Schläge, weil er sich beim Gottesdienst nicht ruhig verhalten hatte (Winkler, 2202). Otto Dauer erinnerte sich noch genau an die Prügel von seinem Vater, als er als Sechsjähriger zusammen mit einem Cousin während einer Familienfeier im Sonntagsanzug Dämme im Bach gebaut hatte (2309). Helga Böhme ist die einzige Frau unter den Befragten, die sich an Prügel erinnerte. Sie wurde von ihrem Vater geschlagen, als sie einen Auftrag nicht ausgeführt hatte (Böhme, 637). Diese Erzählungen deuten darauf hin, dass in Obernfeld wie in den anderen Milieus die Töchter von körperlichen Strafen eher verschont worden sind. Aus Gerd Fröhlichs Worten könnte man das jedenfalls herauslesen: »Aber dass von meinen Schwestern einer mal welche hinter die Ohren jekriegt ham, das habe ich nie erlebt. Das war bei den Bengels [lacht] so.« Und auf die Nachfrage, ob das bei den Mädchen anders gewesen sei, fügte er hinzu: »Jaha. Ganz anders.« (Fröhlich, 503–506) Möglicherweise waren die Mädchen einfach braver oder angepasster gewesen,[11] vielleicht gab es aber auch bei Körperstrafen ihnen gegenüber eine größere »Hemmschwelle«.

Die spärliche Aufmerksamkeit für die Kinder zeigte sich in mehreren Verhaltensweisen. Dazu gehörte die geringe Bedeutung der Geburtstage oder Namenstage der Kinder, die hier im katholischen Eichsfeld ernster genommen wurden als der Geburtstag.[12] Zur Feier des Tages wurde in einigen Familien ein besonderes Essen gekocht oder Kuchen gebacken. Manchmal kamen Großeltern oder Cousins und Cousinen zu Besuch. Wenn es überhaupt Geschenke gab, dann handelte es sich höchstens um eine Tafel Schokolade oder auch mal, wie bei Adelheid Unger, um eine Schürze (1541). Drei Befragte erzählten, es habe weder eine Feier noch ein Geschenk gegeben. In keiner der Familien wurde ein »Kindergeburtstag« veranstaltet, zu dem Freundinnen und Freunde eingeladen werden konnten und das Kind im Zentrum stand. Darin unterscheidet sich die Kindheit in Obernfeld nicht nur von der in Volpriehausen, sondern auch von der in den anderen Orten und Milieus. Allerdings scheinen auch die Geburtstage

---

11 Gegenüber den Schilderungen ist gleichwohl Vorsicht angebracht. Am Beispiel der beiden Geschwister Johanna Gebauer und Fritz Winkler lässt sich zeigen, dass und wie selektiv Erinnerungen sind. Sie erzählte, in ihrer Familie seien die Kinder nicht geschlagen worden (Gebauer, 2665), was für sie wohl auch zutraf. Ihre Verallgemeinerung ist jedoch unzutreffend, denn ihr Bruder berichtete im Interview von drei Bestrafungen mit Schlägen, deren Ursachen ihm noch sehr präsent waren (Winkler, 2206). Dass seine Schwester davon als Kind nichts mitbekommen haben sollte, ist höchst unwahrscheinlich.

12 Zur Begründung für die größere Relevanz des Namenstags sagte Johanna Gebauers Tante: »Jedes Kalb hat doch Geburtstag. Jedes Kalb ist doch geboren.« (Gebauer, 1930f.)

oder Namenstage der Erwachsenen nicht groß gefeiert worden zu sein. Der Einzelne, gleich ob Kind oder Erwachsener, wurde in diesem Milieu nicht besonders herausgehoben.

Zweifellos wünschten die meisten Eltern eine gute Schulbildung für ihre Kinder. Ihr »Einsatz« dafür war allerdings recht unterschiedlich. In einigen Familien kümmerten sich der Großvater, die Großmutter oder, wie bei Adelheid Unger (832), auch ältere Geschwister darum. Einzig Johanna Gebauers und Fritz Winklers Vater legte viel Wert auf gute Schulleistungen (Gebauer, 3358). Er kontrollierte die Hausaufgaben (Winkler, 3450), hörte sie – ebenso wie die Mutter – ab (Winkler, 3384); auch die Großeltern waren den Kindern behilflich (Winkler, 2102). Fritz Winkler und sein jüngerer Bruder wurden sogar nach der vierten Klasse der Volksschule auf das Gymnasium der Kleinstadt geschickt, weil der für die höheren Klassen zuständige Lehrer in Obernfeld einen schlechten Ruf hatte. Elfriede Kühns mit Arbeit überlastete Mutter kontrollierte abends die Schulaufgaben der Kinder und hörte beim Melken das Einmaleins und Gedichte ab (2719). Gerd Fröhlichs Mutter erkundigte sich zwar auch danach, ob die Kinder die Hausaufgaben gemacht hätten, sie hätte sie aber nicht nachgesehen. Schlechte Leistungen wurden jedoch nicht toleriert. Bei Problemen in der Schule sei zu Hause immer eine »dämliche Stimmung« gewesen, so Gerd Fröhlich (2153). Otto Dauers Eltern kümmerten sich hingegen gar nicht um seine Schulleistungen. Sie hätten neben ihrer Arbeit keine Zeit dazu gehabt (Dauer, 2377) und das dem Opa, der das Einmaleins abhörte (Dauer, 2375), oder zwei Tanten überlassen. Im Gegensatz zu seinen Eltern kümmerten die sich intensiv um seine Ausbildung.

Mit keinem der Obernfelder Befragten haben die Eltern während der Kindheit hochdeutsch gesprochen. Nicht nur unter den Erwachsenen, sondern auch zwischen ihnen und den Kindern sowie zwischen den Kindern war das Plattdeutsche uneingeschränkt die dörfliche Umgangssprache. Hochdeutsch lernten die Kinder erst in der Schule. Das dürfte für die meisten eine große Umstellung gewesen sein. Adelheid Unger, die bereits vor der Schulzeit durch ihre in Städten lebenden Cousinen und Cousins mit dem Hochdeutschen in Verbindung gekommen war, deutete das an, als sie sagte:

»Die Kusengs und Kusinen aus Gelsenkirchen, Hannover, die sprachen ja alle Hochdeutsch da. Da hat man dann auch schon das mitbekommn, nich, sage, dass man schon so einijermaßen in der Schule zurechtkam damit.« (Unger, 2479–2481)

Insgesamt erwecken die Erzählungen in den Obernfelder Interviews den Eindruck, als seien die Kinder überwiegend und stärker als in den anderen Orten und Milieus »nebenbei« aufgewachsen und erzogen worden, wie das im bäuerlichen Milieu traditionell üblich gewesen ist.[13] Auch wenn die geringe Zuwendung der Eltern durch die der anderen erwachsenen Haushaltsmitglieder zum Teil kompensiert wurde, stand doch im Mittelpunkt des Haushalts und des Familienlebens eindeutig die Sorge um die Sicherung der Reproduktion und die dafür zu leistende Arbeit. Das bedeutet nicht, dass die Eltern die Kinder nicht geliebt und sich nicht um sie gesorgt hätten. In einzelnen Erzählungen zeigt sich Nähe und Zuneigung, aber wie die angeführten Beispiele zeigen, meist nur punktuell.

Wegen der anderen im Hause wohnenden Bezugspersonen, die sich teilweise sehr intensiv um die Kinder kümmerten, ist es nur begrenzt möglich, die an dem Göttinger Sample entwickelte Klassifikation der Eltern-Kind-Beziehungen auf das Obernfelder Sample anzuwenden. Versucht man es dennoch, zeigt sich ein bemerkenswert einheitliches Bild: »Kindzentriertes« Verhalten fand sich bei keinem Elternteil. Einzig das Verhalten von Helga Böhmes Eltern gegenüber der Tochter erweckt den Eindruck intensiverer Zuwendung und könnte als »kindorientiert« bezeichnet werden. Die Beziehungen zwischen den Eltern und Kindern in den anderen Haushalten lassen sich nur »distanziert« nennen.

Politik in den Familienbeziehungen

Den Interviews zufolge gehörte niemand von den Eltern zu den Anhängern des Nationalsozialismus, sondern mehr oder weniger deutlich zu dessen Gegnern. Das entspricht der sich in den Wahlergebnissen niederschlagenden Distanz eines großen Teils der Obernfelder Bevölkerung gegenüber dem Nationalsozialismus. Überzeugte Nationalsozialisten gab es im Ort auch; sie sind aber in dem kleinen Sample nicht vertreten. Von den Eltern der Befragten lebte niemand die Gegnerschaft[14] explizit; sie versuch-

---

13 Zu dieser traditionellen Struktur der Eltern-Kind-Beziehungen vgl. Rosenbaum, *Formen der Familie*.
14 Rauh-Kühne hat darauf hingewiesen, dass es sich nicht um politischen Widerstand handelte, sondern eher um eine Abwehrhaltung der Bevölkerung gegen die verlangten An-

ten nicht aufzufallen und passten sich an. Der Eindruck, dass die Eltern zu den Gegnern gehörten, könnte aber auch das Ergebnis späterer Umdeutungen sein.

Die Politik spielte als Gesprächsthema und Konfliktstoff in den Familien dennoch eine Rolle. Für die Kinder sichtbar und spürbar wurde das Leben in jenen Familien von den politischen Veränderungen tangiert, in denen zumindest einzelne Familienmitglieder eine auch für sie erkennbare Abwehrhaltung gegenüber dem Nationalsozialismus einnahmen. Sie wurde in den Interviews stets mit männlichen Personen verbunden, was angesichts der Dominanz der Männer in der Öffentlichkeit und in der politischen Sphäre nicht verwundert. Die negative Einstellung von Johanna Gebauers Vater gegenüber den neuen Machthabern zeigte sich ihr an verschiedenen Verhaltensweisen. Zunächst verbot er ihr, in den Jungmädelbund einzutreten, in den sie gern wollte. Auch die begehrte Kletterweste durfte ihr die Mutter nicht kaufen. »Man hat's als Kind nicht begreifen können, nech« (Gebauer, 479f.), kommentierte sie sein Verhalten. Zu den Feiern am 1. Mai sei der Vater wiederholt »krank« geworden (Gebauer, 2388). Und auch dem Erntedankfest auf dem Bückeberg, an dem offenbar regelmäßig eine Abordnung aus Obernfeld teilnahm, suchte er aus dem Weg zu gehen. Nur einmal, nachdem ihn eine Verwandte schon vor den Konsequenzen seines Verhaltens gewarnt hatte, habe er sich dann doch zu der Fahrt angemeldet.

»Und ich hab mich darüber gefreut als Kind. Un Sonntach war das immer, Sonntach. Und der Frühzuch ging früh, ging früh um sechs oder so. Na ja, und als ich kam, ja: ›Pappa liecht ja-liecht ja noch im Bett.‹ Da saachte Mamma: ›Ja. Er hat den Zuch verpasst.‹ [lacht] War mir als Kind gar nich recht, nech. Dass er nich so mitmachte.« (Gebauer, 2400–2408)

Johanna Gebauers Unterordnung unter die väterliche Autorität war aber so stark, dass es nicht zu einem offenen Konflikt zwischen Vater und Tochter gekommen ist, wie das in mehreren Familien in Hann. Münden der Fall war. Heftige Diskussionen und Ängste entstanden in der Familie, als ihr Onkel eines Tages ein Plakat, das ihn ärgerte, abgerissen hatte.[15] Oma und

---

passungen und die antiklerikale Politik der Nationalsozialisten (»Katholisches Sozialmilieu«, S. 232).

15 Schmidt vermutet in ihrer Magisterarbeit (*Kindheit,* S. 120), es habe sich bei diesem Plakat um das reichsweit eingesetzte Plakat »Deutsches Volk – horch auf« der Reichspropagandaleitung gehandelt, das gegen den politischen Katholizismus agitierte. Sie konnte aus den Akten entnehmen, dass in Obernfeld tatsächlich am 6.8.1935 eins dieser Plakate

Eltern schimpften mit ihm und hielten ihm die möglichen Konsequenzen vor Augen (Gebauer, 2363). Die Angst der Erwachsenen dürfte sich auf Johanna Gebauer und ihre Geschwister übertragen haben. Andere Befragte erzählten wiederum, in ihrer Familie sei gar nicht über Politik geredet worden. Das ist nicht immer nachvollziehbar, insbesondere dann nicht, wenn der Vater als passiver Gegner des Nationalsozialismus beschrieben wurde, Verwandte jedoch der SA beigetreten waren, wie in der Familie Otto Dauers (2231). Außerdem erzählte er vom Widerstand seiner Eltern gegen den Kauf der Jungvolk-Uniform (Dauer, 3676). Wegen des Mangels an Bargeld dürfte die Uniform noch in anderen Familien Gesprächsstoff gewesen sein. Elfriede Kühns Mutter setzte explizit durch, dass politische Gespräche im Beisein der Kinder vermieden wurden (6351). Damit vermittelte sie gleichwohl eine deutliche politische Botschaft: Man hatte sich um Politik nicht zu kümmern, musste »stille« sein, versuchen, sich durchzulavieren. Ein weiterer Konflikt entbrannte in einigen Familien wegen des Hissens der Hakenkreuzfahne an den nationalen Feier- und Gedenktagen. Aber schließlich habe jeder eine Fahne haben und aufziehen müssen, kommentierte Gerd Fröhlich (2040).

---

entfernt worden ist. Die Ermittlungen nach Tätern verliefen erfolglos. Vgl. KreisA Gött. LA Dud. Nr. 330. Politische Umtriebe. Plakatentferung »Deutsches Volk – horch auf« in Obernfeld.

3. Kindheits-Räume, Freundschaften und Spiele

Raum-Erfahrungen

Im Alltag bewegten sich die Kinder normalerweise überwiegend innerhalb des Dorfes. Für die kleineren Kinder war der Radius enger begrenzt, mit zunehmendem Alter weitete er sich. Spätestens war das in der Schulzeit der Fall. Die Mädchen hielten sich offenbar stärker in der Nähe des Hauses auf. Johanna Gebauer blieb in Rufweite (5141). Im Wald spielte sie nie. Dieses Terrain blieb den Jungen vorbehalten, die, wenig überraschend, einen größeren Radius hatten als die Mädchen. Drei der vier befragten Männer erzählten vom Spielen im Wald.

»Und vor allen Dingen, wir ham auch viel in [PP], da ist eine Schlucht, die, der Wald geht ziemlich weit ans Dorf ran, 'ne Tannenschlucht. Die war 1905 erst anjepflanzt, also das warn alles solche Tannen, dicker warn die noch nich. Da ham wa viel, im Sommer viele Tage verbracht und haben da Höhlen jebaut un in ne Bäume oben, Baumhäuser jebaut und so.« (Dauer, 1812–1819)

Auch in Fritz Winklers Kindheit spielte der Wald eine große Rolle (2623). Wenn die Jungen dabei zuviel »Flurschaden« anrichteten, hätte Ärger mit dem Forstaufseher gedroht (Winkler, 2307). Sie wären aber nicht so sehr weit in den Wald hineingegangen. Zum einen wurden sie davor gewarnt, sich zu verlaufen. Zum anderen bestand die Gefahr, auf Kinder aus den anderen Dörfern zu stoßen, mit denen die aus Obernfeld »Reibereien« hatten (Winkler, 3811). Sie seien schon mal mit Stöcken aufeinander losgegangen (Winkler, 3822) und hätten sich, so Gerd Fröhlich, »feste« geschlagen (1854). In den Wald gingen die Mädchen erst nach Ende der Schulzeit: Er war der beliebte Ort für einen Spaziergang mit den Freundinnen am Sonntagnachmittag (Böhme, 1069; Gebauer, 5146).

In die Nachbardörfer oder in die nächste Kleinstadt (alle unter zehn Kilometer entfernt) kamen die Kinder nur gelegentlich. Das gilt auch für diejenigen, die dort Verwandte hatte. Nur Helga Böhme fuhr schon im

Vorschulalter regelmäßig in die Stadt, um Butter auszuliefern. Zwei Befragte besuchten dort für einige Jahre das Gymnasium. Für gelegentliche Sonntags- oder Schulausflüge war das drei bis vier Kilometer entfernt Forsthaus Hübental ein beliebtes Ziel. Schulausflüge führten auch in den Harz; Hildesheim und Kassel wurden ebenfalls von einigen genannt. Nur wenige Befragte sind weiter gekommen. Zwar hatten einige entfernt wohnende Verwandte im Ruhrgebiet oder in der Gegend um Hannover. Die dort wohnenden Verwandten kamen öfter nach Obernfeld, auch deren Kinder in den Schulferien, aber der Besuch wurde offenbar nur selten erwidert. Lediglich Adelheid Unger ist einmal in Hannover und einmal im Ruhrgebiet gewesen. Die Kinder wurden in den Schulferien, die im Sommer in die Erntezeit fielen, als Arbeitskräfte zu dringend gebraucht. Außerdem kosteten Reisen Geld. Aus den Gesprächen der Erwachsenen waren Hannover und das Ruhrgebiet, ebenso wie Braunschweig und Hildesheim den Kindern durchaus vertraut, da viele Eichsfelder und Eichsfelderinnen dort Arbeit fanden, sei es als Saisonarbeiterinnen beim Spargelstechen oder als Wochenendpendler auf dem Bau. Für die meisten Kinder beschränkte sich aber ihr Leben – und auch der unmittelbare Erfahrungsraum – weitgehend auf Obernfeld und seine nähere Umgebung. Durch den Schulweg, ihre Arbeiten und Wege, die sie erledigen mussten und ihr Spiel waren sie fest in das dörfliche Leben eingebunden.

Der soziale Raum war für die Kinder ebenfalls stark begrenzt. Die Sozialstruktur Obernfelds war sehr homogen. Nahezu alle Einwohner betrieben Landwirtschaft, einige daneben noch ein Handwerk oder waren kleine Geschäftsleute. Lediglich Lehrer und Pfarrer verfügten über höhere berufliche Qualifikationen und sozialen Status. Die sozial aufgestiegenen Verwandten einiger Befragter waren ebenfalls Lehrerinnen und Lehrer oder Pfarrer.[1] Jenseits dessen gab es kaum Erfahrungen mit anderen sozialen Milieus.

---

1 Bis ins 20. Jahrhundert hinein ist der Beruf des Volksschullehrers bzw. der Volksschullehrerin ein Aufstiegsberuf für Kinder aus den unteren und mittleren Schichten, v. a. auch der ländlichen Bevölkerung gewesen. Vgl. dazu Nipperdey, *Deutsche Geschichte*, S. 542ff. Otto Dauer erzählte von einem Onkel, der Lehrer war. Er fügte hinzu: »Das war wohl hier damals wie so 'ne Seuche in Obernfeld. Da sind hier mindestens 15 Lehrer aus Obernfeld [gewesen].« (Dauer, 1625–1627)

Freundinnen und Freunde

Generell ist die Zeit, die den Kindern zum Spielen zur Verfügung steht, Restzeit, nämlich diejenige, die übrig bleibt, jenseits der Zeit für Schularbeit und anderen Verpflichtungen. Fritz Winkler formuliert das deutlich:

»Aber in den jungen Jahren, acht, neun Jahre da waren die Großeltern noch im Hause, nich. Da war dat doch schon so, dat immer wat zu Essen gab. Naja, nach Möglichkeit wurden dann die Schularbeiten gemacht, ne. Wenn die Arbeit nich so drängte, dann konnte man auch mal nen bisschen spielen gehen.« (Winkler, 2012–2017)

In den meisten Familien machten die Kinder zunächst ihre Schularbeiten. Zwischen den ihnen reichlich obliegenden Verpflichtungen gab es für sie Pausen, die sie zum Spielen nutzen konnten. Entsprechend dem Arbeitsanfall in der Landwirtschaft gab es im Winter mehr freie Zeit, im Sommer weniger. Besonders in der Erntezeit, während der die kindliche Arbeitskraft dringend benötigt wurde, war die Spielzeit sehr knapp. Ernst Brunn kam dann erst oft nach dem Abendessen dazu, sich mit den Nachbarskindern zu treffen (1009–1029). Nur sonntags, wenn die Feldarbeit ruhte, hatten die Kinder mehr Zeit zum Spielen, selbst wenn man den obligatorischen Besuch der Messe und der Nachmittagsandacht abrechnet. Von der Freiheit, die der Sonntag gewährte, erzählte Otto Dauer anschaulich:

»Hm, das [der Sonnabend] war derselbe Tag wie Alltag, wie [P] wie Montag, Dienstag, Mittwoch [P] Donnerstag. Der Sonntag, der ging 'n bisschen aus der Kur, weil wa da keine Schule hatten. [P] Und da brauchten wa auch nich mit ins Feld. Das war hier früher, da wurde grundsätzlich am Sonntag nich jearbeitet. Auch in der Ernte! Auch wenn ganz nötig, das gab es einfach nich. Sonntag wurde nich jearbeitet. Na und denn konnten wa dann irgendwie im Walde rumlaufen.« (Dauer, 4098–4109)

Teilweise drückt sich der durchaus schwankende zeitliche Spielraum auch in den Interviews aus. Gerd Fröhlich betonte gleich am Anfang seines Interviews, er habe als Kind viel Freizeit gehabt (40). Später antwortete er dann aber auf die Frage, wie viel Zeit er zum Spielen gehabt habe:

»Oh! Ab und zu gar nicht, [P] weil wa die Schularbeiten ja auch machen mussten, nech, und dann sollten wir ja auch mithelfen [P]. Die meiste Zeit hatten wa im Winter. Dann konnten wa Schlitten fahren und solche Streiche. Da hatten wa, weil da keine Feldarbeit war, da hatten wir die meiste Zeit.« (Fröhlich, 1795–1802)

Für die Mädchen, die stärker zur Hausarbeit herangezogen worden sind, dürfte der Freiraum begrenzter gewesen sein. Extrem viel arbeiten musste Elfriede Kühn in ihrer Kindheit. Sie beschreibt ihre vergeblichen Bemühungen, sich zum Spielen zu verabreden mit den Worten:

»Ja, nech, wir, die Mädchens, wenn wir [nach der Schule] zusammen nach Hause gegangen sind, denn ham wa oft gesacht: ›Wenn wir heute nichts zu tun brauchen, kriegn keine Arbeit auf, denn könn wir uns da und da mal treffen.‹ Aber ich hatte ja immer, ich musste ja immer Gänse hüten.« (Kühn, 5027–5034)

An anderer Stelle sagte sie: »Also direkt mal sagen, dass wir Zeit hatten zum Spieln, das hatten wa nur beim Gänsehüten, denn konntn wa bloß mal spieln.« (Kühn, 2690–2692) Die Kinder mussten zudem gewärtig sein, dass der Pfiff des Vaters ihr Spiel jederzeit unterbrechen konnte, wie das Helga Böhme erzählte:

»Ach – der Vater brauchte bloß ein Wort zu sachen, denn – nech. Unser Vater, der konnte aufm Finger pfeifen. Da fuhrn damals noch keine Autos. Wenn, [wir] mittn im Dorfe warn, bei der Gastwirtschaft – meine Schwäjerin, die wohnten da inner Gastwirtschaft. Dann ham wa manchesmal, wenn ich dann zum Bäcker, ham wa ›Erste Wolf, der kommt nich‹ gespielt und so. Aber wenn unser Vater jepfiffen hat, also dann Schluss. Dann musstn wa nach Hause. Nech, also denn – ham wa nich noch jezögert. Dann aber schnell nach Hause.« (Böhme, 1842–1851)

Allerdings muss man berücksichtigen, dass die Kinder nicht jede Arbeit als Arbeit wahrgenommen haben. Beim Einkaufen konnte man schon mal ein Schwätzchen mit einer Freundin oder einem Freund halten. Besonders beim Gänsehüten, das in erster Linie Aufgabe der Mädchen gewesen ist, ließen sich Arbeit und Spiel gut miteinander verbinden, wie Elfriede Kühn es beschrieben hat. Die Mädchen verabredeten sich teilweise dazu. Allerdings mussten sie beim Spiel trotzdem immer ein Auge auf die Gänse haben, damit sie nur an den Wegrändern fraßen und nicht etwa auf den Acker gingen (Kühn, 5053). Manche Tätigkeit, zum Beispiel Maikäfer-Fangen, um sie an die Tiere verfüttern zu können, hatte zugleich spielerische Elemente. Einige Käfer wurden zurückbehalten, um sie in die Zigarrenkiste zu stecken. Die Jungen machten sich in der Schule einen Spaß daraus, sie den Mädchen in den Kragen zu stecken (Kühn, 2124). Das definitive Ende des Spiels signalisierte die Betglocke um 18 Uhr. Um die Zeit hatten die Kinder von der Straße zu verschwinden, betonten Otto Dauer (4170) und Elfriede Kühn (5092). Lehrer und Pfarrer hätten dann die Runde gemacht. Das Kind, das von ihnen noch draußen erwischt wurde, bekam am nächsten Tag Schwierigkeiten.²

Die meisten Kinder spielten nicht allein oder zu zweit, sondern in Gruppen. Da die katholischen Familien viele Kinder hatten, war die Chance groß, Gleichaltrige in der Nachbarschaft zu finden. Weil die verwandten Familien gelegentlich nahe beieinander wohnten, konnten in der Kindergruppe auch Cousinen oder Cousins sein, wie bei Helga Böhme. In Gruppen gingen die Kinder auch in die Schule (Gebauer, 2183; Kühn, 5644). Ältere Kinder, vor allem die Mädchen, fanden dann in der Schule neue Freundinnen – jenseits der Gruppe der Nachbarskinder (Unger, 385). Selten erwähnte ein Zeitzeuge eine feste Freundin oder einen Freund. Helga Böhme freundete sich erst nach der Schulzeit enger mit ihrer in der Nachbarschaft wohnenden Cousine an (2022). Ernst Brunn schloss mit einem Cousin eine intensivere Freundschaft. Nur Otto Dauer nannte einen engen Freund, der kein Verwandter war. Die Bevorzugung von Kindern aus der Verwandtschaft für eine enge Freundschaft resultierte vermutlich daraus, dass, wie aus den Worten Ernst Brunns hervorgeht und oben schon beschrieben worden ist, es zwar nicht verboten, aber auch nicht üblich war, in fremde Häuser zu gehen.

»Ja also, da, muss ich sagen, da gab es schon den [engen Freund] unter den Cousins, ja, da hatte man denn einen, nech, wo man denn auch mal in der Woche mal zweimal hinging fürn paar Stunden und so, ja? Das war denn doch schon die bessere Freundschaft, [P] bedingt auch durch die Verwandtschaft, ja? Also da Fremden 'nen Besuch zu machen, das hats auch jegeben. Also das heißt, man war sich ja nicht fremd, weil man inner Nachbarschaft wohnte und so weiter, ne, dass man denn da auch mal ne Stunde jewesen ist, ja?« (Brunn, 2525–2536)

Bei den anderen dominierte das Spiel in der Gruppe von Freundinnen oder Freunden die Kindheit. Mit den Nachbarskindern kam man dabei am schnellsten zusammen. Die Kinder fanden sich vor den Häusern oder auf der Straße, andere an den üblichen Treffpunkten im Dorf, dem Spritzenhaus in der Dorfmitte oder vor einer Gastwirtschaft (Winkler, 3901). Wie schon erwähnt, teilte sich das Dorf in zwei Hälften, das »Bruchtor« im Süden und das »Sandtor« im Norden. Innerhalb dieser Hälften existierten auch größere Kindergruppen, die gemeinsam Verstecken spielten (Winkler,

---

2 Kurth beschreibt diese Situation schon für die Mitte des 19. Jahrhunderts (vgl. *Obernfeld*, S. 351.) Offenbar hat sich der Brauch, dass die Kinder mit dem Läuten der Abendglocke von der Straße verschwinden mussten, bis in die Kindheit der Befragten aus Obernfeld erhalten.

4042; Unger, 439) oder auch gegeneinander Treibball auf der Hauptstraße (Dauer, 226). Diesen Gruppierungen lagen aber nicht, wie in Volpriehausen, soziale Abgrenzungen zugrunde, sondern ausschließlich räumliche. Ausgrenzungen von Kindern scheinen den Interviews zufolge keine Rolle gespielt zu haben.

Etwa bis zum Alter von 13 Jahren waren die Gruppen auch altersgemischt. Die Kinder organisierten sich in ihrer Freizeit überwiegend nach Geschlechtern getrennt. Helga Böhme behauptete zwar, sie habe auch mit Jungen gespielt (804, 952), sprach jedoch im Interview fast nur von Freundinnen. Die befragten Männer gaben durchgängig an, nur selten mit Mädchen gespielt zu haben. So betonte Gerd Fröhlich, er habe lediglich bei schlechtem Wetter mit der Nachbarstochter Karten gespielt (1617). Für ihn, der sich gerne mit seinen Freunden im Wald aufhielt, waren die Mädchen als Spielkameraden nicht geeignet, weil sie nicht mit auf die Bäume kletterten (Fröhlich, 1639). Er resümierte: »Um die Mädchen haben [wir] uns weniger, also, sonst gingen die uns nix an. Das wa 'n anderer Volk.« (Fröhlich, 1707–1709) Das änderte sich erst bei den Älteren:

»Erst dann nach so, im siebten, achten Schuljahr, dann bildeten sich so, da versuchten se auch schon mal son bisschen hinter soner Mädchengruppe hinterherzugehen, die sich dann auch schon bildeten.« (Dauer, 1828–1832)

Spiele und Spielzeug

Was die Kinder spielten, hing im Wesentlichen von zwei Faktoren ab: von der Jahreszeit und der Geschlechtszugehörigkeit. Die jahreszeitliche Variation der Spiele wird in Fritz Winklers Erzählung anschaulich:

»Und wie gesagt, der Wald spielte 'ne große Rolle mit. Ne, ne. Und hatte jede Jahreszeit so sein spezielle Sache. Jetzt im Frühjahr wenn der Schnee getaut hat, ne, da wurden Wassermühlen gebaut, ne. Dat war Weiden, wurde immer mit Weidenstab gemacht, ne. Weil der sich ja am besten schneiden ließ und nen kleines Messer und dann, wer nen kleines Messer hatte, der war schon gut dran, ne. Brachte mal der Vater oder Großvater von Duderstadt auch Martinsmarkt oder Fastnachtsmarkt nen Messer mit. Dat warn Heiligtum. Dat Messer warn Heiligtum, ne. Und dann wurden die aufgespalten über kreuz, und dann waren wurden auch wieder Weiden geschnitzt, zwei kleine, vier kleine Flügel nebeneinander, ne. Und dann kam son Giffel in die Erde und der Fluss floss hier in der Mitte, der kleine Bach, ne. Die zwei Gabeln, da rein, und dann war dann die Wassermühle. Das wurde dann tief gesteckt, dat dat Wasser antrieb. Ja, jajajaja. [lacht kurz] Damals war dat alles noch anders. Da gab's soviel Froschlaich in in den kleinen Gräben wot Wasser fließt, kann man sich gar nich vorstellen. Da waren, da waren soviel, dat se einem direkt im Wege war. Ja, ach Schweinereien mit gemacht, an den Wände, am Flußrand hochgeschmissen und dann ham sie sich draufgestellt und runtergerutscht, ne. Es gab noch kein Flecken stehendes Wasser oder kleinet Gewässer wo kein Froschlaich drin war, ne. Na, im Sommer wurde gebadet und im Herbst wie ich schon sagte so det [...] und denn dat Steckenschlagen, ne. Ja, im Winter eben denn Rodeln. Wenn der erste Schnee fiel, war doch die Hölle los, ne. Dat ging hier am Dorfanger los, ne. Wurde dies was son bisschen abschüssig, ne. Da ging die erste Rutscherei los mit den Schlitten, ne. Fuhren ja keine Autos, ne. Ging ja alles. Und dann wenn der Schnee nen bisschen höher lag, gings zum Walde, hatten wir so besondere Rodelbahnen, ne. Jo. Ja. Dann war ganzet Dorf die Kinder waren alle unterwegs, nich, mit Schlitten. Oh, wer hatte auch schon Schlittschuhe, nich. Jo.« (Winkler, 3623–3664)

Alle Kinder spielten gerne mit dem Ball. Während die Mädchen damit die Ballprobe machten, bevorzugten die Jungen das Fußballspiel. Dazu trafen sie sich auf der Hauptstraße, weil, wie Ernst Brunn hervorhob, dort nur alle halbe Stunde mal ein Auto kam (1032). Die Mädchen bevorzugten neben dem Spiel mit Ball und Puppen Rollenspiele wie »Einkaufen« oder »Haus« (Unger, 375), machten Seilhüpfen, liefen auf Stelzen, die die Väter gebastelt hatten oder spielten Hinkelkasten. Die Jungen bauten Dämme im Bach, kletterten im Wald herum, spielten dort Geländespiele (aber nie mit Mädchen, Winkler, 3920), lungerten vor den Gastwirtschaften herum und schnorrten die »Onkels« um die Gutscheine für die Zigarettenbildchen an, die sie sammelten und tauschten, um sich damit ihre Sammelalben anzulegen (Dauer, 2046).

Viel Spielzeug hatten die Kinder aus Obernfeld nicht. Das hoben mehrere Befragte explizit hervor. Einiges haben sie sich auch selbst gemacht, wie Bögen und Pfeile, Flöten aus Weidenästen, Drachen (Dauer, 1881), aber auch Gewehre aus Holz (Winkler, 2610). Die Ausstattung mit gekauftem Spielzeug variierte mit den finanziellen Verhältnissen der Familie. Ein oder zwei Brettspiele, auch Kartenspiele, gehörten zur Grundausstattung in vielen Häusern. Sie waren für alle Kinder da. Ein Ball war offenbar das wichtigste Spielzeug. Helga Böhme betonte sogar, er sei das Einzige gewesen (842). Das ist sicher übertrieben, denn sie besaß auch eine Puppe, mit der sie allerdings ihrer Erinnerung nach nie gespielt hat (Böhme, 862). In einer Erzählung Fritz Winklers wird die Freude über den Ball und die Trauer über seinen Verlust eindringlich beschrieben:

»Traurig, ja, die ganzen kleinen Traurigkeiten die man auch noch so hatte wenn man mal 'nen Ball geschenkt gekriegt hatte, kam, passierte ja schon mal. Zigarrenhändler oder Süßwarenhändler, die brachten auch schon mal schönen kleinen Ball mit, ne. Und dat war ein Heilichtum, wer sowat hatte. War sowat heilich, und da ist es mir mal passiert. Ich hab ja schon mal von dem unendlichen Tabak gesprochen, von den Nägeln die überall saßen.[3] Aaaahhh, voller Freude bin ich rausgegangen, denn auffen Hof und hab 'nen richtigen schönen Schuss gegen et Scheunentor geknallt und hatte son Nagel getroffen. Und da war dat schöne Ding, dat war auch nich zu reparieren. War dahin. Das vergisst man im Leben nich mehr.« (Winkler, 6043–6058)

Fritz Winkler gehörte zu den Kindern, die etwas mehr Spielzeug besaßen. Er hatte einen Stabilbaukasten, eine »klapprige Eisenbahn« und als Kleinkind sogar ein Dreirad. Der Großvater schenkte ihm sogar mal zu Weihnachten ein Schießgewehr, das knallte (Winkler, 3986). Drei Zeitzeugen hatten Fahrräder. Die aus einem relativ wohlhabenden Haushalt stammende Helga Böhme erhielt eins, als sie zehn Jahre alt war, Otto Dauer und Fritz Winkler auch in diesem Alter, damit sie im Sommer in die Kleinstadt fahren konnten, wo sie das Gymnasium besuchten (Winkler, 271). Der Photoapparat, den Otto Dauer im Alter von 13 Jahren von seiner Tante geschenkt bekam, war so außergewöhnlich, dass er damit ordentlich angeben konnte, obwohl ihm seine Photos recht schlecht gerieten. Elfriede Kühns Familie war hingegen so arm, dass sie als Kind noch nicht einmal eine Puppe besessen hat (2605).

Streiche, Widerständigkeiten und kleine Freiheiten

Auch wenn sie davon in den Interviews kaum etwas erzählten, dürften die Befragten aus Obernfeld ebenso wie andere Kinder auch mal frech, vorlaut oder widerborstig gewesen sein. Strafen, die sie gelegentlich erwähnten, weisen darauf hin. Meist handelte es sich um Schulstrafen oder solche für schlechtes Benehmen in der Kirche. Insgesamt scheinen sie sehr angepasst gewesen zu sein. Insbesondere die Frauen erzählten, keine Heimlichkeiten gehabt zu haben. Nur Adelheid Unger gab zu, mal heimlich geraucht zu

---

3 Hauswände und Tore in Obernfeld waren dicht mit Nägeln bestückt, an denen die Tabakschnüre zum Trocknen aufgehängt wurden, bevor ab Mitte der 1930er Jahre spezielle Trockenschuppen gebaut wurden. Vgl. *Historischer Alltag*, S. 90.

haben (2525). Johanna Gebauer hingegen hätte das nie gewagt, denn »nein [lacht] nee, das konnte jeder immer, immer sehn« (5201f.). Von den Männern sind alle mit zehn bis zwölf Jahren der Versuchung des Rauchens erlegen. In Obernfeld war es auch nicht schwierig, an Tabak zu kommen. Wo sich Jungen anderswo an getrockneten Brombeerblättern und Ähnlichem versuchten, konnten sie leicht aus der häuslichen Ernte Tabak abzweigen. Gerd Fröhlich wurde allerdings beim Rauchen von seinem Vater erwischt und bezog eine Tracht Prügel (478). Die anderen haben es offenbar geschafft, nicht ertappt zu werden. Leuten aus Baumhäusern heraus, etwas auf den Kopf zu werfen (Fröhlich, 105) oder mittels eines am Fenster befestigten straff gespannten Bindfadens Lärm zu veranstalten, waren andere, recht harmlose Streiche (Dauer, 2176), die von Männern berichtet wurden.

Wie auch in den anderen Milieus waren die Mädchen in Obernfeld offenbar braver als die Jungen. Sie hatten nicht nur weniger freie Zeit, sondern, wie gezeigt wurde, auch einen begrenzteren Bewegungsspielraum. Das erlaubte es ihnen vermutlich höchst selten, etwas auszuhecken, ohne dabei beobachtet zu werden. Dass aber auch die Jungen so vergleichsweise wenig »ausgefressen« haben, ist wohl dem starken Druck, sich unterzuordnen, zu verdanken. Widerstand gegenüber elterlichen Anordnungen oder denen anderer Erwachsener war für sie gar nicht denkbar. Gehorsam wurde großgeschrieben. Die Frage, ob sie mal einen Wunsch gegen den Widerstand der Eltern durchgesetzt hätten, haben alle Befragten verneint. Gerd Fröhlich antwortete nur: »Det gab's nicht. [P] Was meine Mutter sagte oder mein Vater, das warn Gesetz. Das war Gesetz. Da ging kein Weg dran vorbei.« (592–594)

Fritz Winkler erwähnte die vielen Regeln, die die Kinder nicht verletzen durften (6259). Und Otto Dauer betonte, sie hätten früher als Kinder alle keinen Willen gehabt (3199). Ihm wurde wie vermutlich auch anderen Kindern mit der Drohung, andernfalls »nach Moringen zu kommen«, der Gehorsam nahegelegt (Dauer, 5090)[4]. Johanna Gebauer schaffte es dann im-

---

4 Die Bemerkung bezieht sich auf das Werkhaus Moringen im Solling. Ursprünglich am Ende des 19. Jahrhunderts als eine »Besserungsanstalt« gegründet, die dann u. a. auch Fürsorgezöglinge aufnahm, wurde es ab 1933 als Konzentrationslager benutzt: zunächst für Männer, dann für Frauen, ab 1940 für Jugendliche. Die gegenüber den Kindern ausgesprochene Drohung mit Moringen dürfte sich auf die Werkhaus-Zeit beziehen, in der auf Besserung durch Arbeit gesetzt wurde. Dass Moringen in der NS-Zeit als Konzentrationslager genutzt wurde, drang erst spät in das Bewusstsein der Bevölkerung ein. Vgl.

merhin als junge Frau, ihre Heirat durchzusetzen gegen den Wunsch von Vater, Tante und Onkel, sie solle ledig bleiben und sich um die alten Leute kümmern (2685).

Es wundert nicht, dass Kinder, die in diesen Beziehungen aufwuchsen, von Ängsten geplagt wurden. Sie sind sicher nicht nur ein Resultat derart autoritärer Strukturen, werden aber dadurch befördert. Ängste machten sich meist an konkreten Personen fest: an Lehrern und Pfarrer, an älteren Jungen, die die Kleinen piesackten, indem sie ihnen zum Beispiel in die Hosentaschen pinkelten (Fröhlich, 1831), an Zigeunern oder dem Mann mit dem Tanzbären (Gebauer, 5909). Johanna Gebauer hatte Angst, wenn die SA mit ihren Stiefeln dröhnend und singend durchs Dorf marschierte (2347). Otto Dauer hingegen fürchtete sich im Dunkeln (4273), außer des nachts, weil dann immer der Opa da gewesen sei, der mit den Enkeln das Schlafzimmer teilte (4889).

Meyer, *Werkhaus Moringen*. Außerdem: http://www.gedenkstaette-moringen.de/geschichte/jugend_kz.pdf vom 6.9.2013.

4. Schulalltag

Da die Befragten aus Obernfeld zwischen 1923 und 1928 geboren sind, erstrecken sich die in den Interviews erinnerten Schulerfahrungen auf die Jahre zwischen 1929, dem Datum der Einschulung der ältesten Befragten, und den frühen 1940er Jahren, dem Datum der Schulentlassung der Jüngsten. Der größte Teil ihrer Schulzeit lag für alle in der NS-Zeit. Wie bis in die frühen 1930er Jahre weitgehend üblich, waren Schule und Kirche miteinander verflochten. Im katholischen Obernfeld war diese Verbindung besonders eng.

»Dann war die Schule fing um acht Uhr an. [PP] [holt Luft] Morjens früh um [P] sieben Uhr sind wir losmarschiert. [P] Denn es war Kirchenpflicht! Vorher. Dann warn wa unjefähr um so kurz nach sieben in ner Schule, ham unser [P] ›Schulwerk‹ sagten wir damals, wir hatten ja keine Ranzen. Wir hatten einfach 'ne Tafel, da warn […] an einem kleinen Band ein Schwamm [P] und 'n Lappen dran. Der Schwamm musste nass sein, wurde auch kontrolliert. Un der Schwamm, der Lappen zum Trockenmachen. Das ham wa denn da hinjelegt in die Schule, dann sind wa zur Kirche marschiert. Das war Pflicht. Der Lehrer spielte die Orjel. Der guckte auch von oben runter. Wenn einer Blödsinn macht, [PP] halbe Stunde später gab's Senge.« (Dauer, 82–95)

Dieser Kirchenbesuch war »freiwilliger Zwang«, dem sich niemand entziehen konnte, zumal er auch im Zeugnis dokumentiert wurde (Kühn, 1690). Obwohl die Kinder gerade in der Kirche gewesen waren, begann der Schultag dann erneut mit einem Gebet. Das Kreuz und Heiligenbilder im Klassenraum unterstrichen den religiösen Charakter der katholischen Volksschule.

Die Einschulung der Kinder vollzog sich den Erinnerungen zufolge recht schlicht. Niemand konnte eine Feier erinnern, kein Kind bekam eine Schultüte in die Hand gedrückt. Mit Ausnahme Ernst Brunns, der von seinem Paten einen Tornister geschenkt bekam (2859), hatten alle anderen unabhängig vom »Wohlstand« ihres Elternhauses das von Otto Dauer beschriebene »Schulwerk« lose in der Hand. In der Schule wurden viele Kinder erstmals mit dem Hochdeutschen konfrontiert, der Sprache der Schule und der Stadt.[1] Die Umstellung wurde von allen im Interview angesprochen, einige hatten damit mehr, andere weniger Probleme. Zwar kann man unterstellen, dass die Kinder Hochdeutsch verstehen konnten; es gehörte aber für die meisten nicht zu ihrem Wortschatz, wie Johanna Gebauers Erzählung zeigt:

> »Und als wir, wir ham ja alle zu Hause nur Platt gesprochen. Und inner Schule musstn war ja nun Hochdeutsch lernen. Aber so ganz einfach wars nicht. Aber wir hams alle gelernt, nech, ja. Ich weiß, dass manche... Musstn wa mal übern Baum erzähln. Was wa von jedm Baum so wusstn. Und dass manche Jungn gesaacht haben: ›Also wenn ek Platt spreeken darf, denn kann ik dat.‹ [lacht]« (Gebauer, 214–222)

In anderem Zusammenhang erwähnte sie, dass viele Jungen stotterten und nicht richtig lesen konnten, wenn sie die Schule verließen (Gebauer, 2133). Das mag zum Teil an dem Unterricht, auch an mangelnder Begabung und Zeit für die Schularbeiten gelegen haben; das Stottern könnte aber wohl auch auf die »Zweisprachigkeit« zurückzuführen sein. Die Rechtschreibfähigkeiten dürften darunter ebenfalls gelitten haben.

Die Lehrer hatten ebenso wie der Pfarrer aufgrund ihrer Qualifikation und ihres Erziehungsauftrags eine herausgehobene Stellung im Dorfe. Für die Kinder waren sie gefürchtete Respektspersonen. Lediglich von einem nur für kurze Zeit in Obernfeld beschäftigten Hilfslehrer erzählten einige Befragte, dass er von den Kindern geliebt worden sei. Sie rannten ihm, der von auswärts kam, morgens schon entgegen und geleiteten ihn in die Schule, brachten Kuchen oder Äpfel von zu Hause für ihn mit. Er bat die Kinder anderseits auch, ihm für seine Schwester Eier zum Einlegen mitzubringen (Gebauer, 158). Es war offenbar nicht ungewöhnlich, die Kinder um Naturalien oder auch um Dienste zu bitten. Ein anderer Lehrer, der eine kleine Landwirtschaft betrieb, spannte die Kinder zum Holzstapeln oder auch Kartoffelauflesen ein – natürlich freiwillig, wie Fritz Winkler betonte (1190). Man darf vermuten, dass sich dieser Aufforderung kaum jemand entziehen konnte.

Über den Unterricht selbst erzählten die Befragten wenig. Neben den üblichen Fächern Rechnen/Raumlehre, Deutsch, Geschichte, Erdkunde,

---

[1] Das galt selbst für eine so kleine Stadt wie Duderstadt. Elfriede Kühns dort wohnende Cousinen und Cousins sprachen Hochdeutsch (Kühn, 2925).

Biologie, Religion und Zeichnen wurde zusätzlich für die Mädchen zweimal wöchentlich am Nachmittag Handarbeitsunterricht erteilt. Für den Religionsunterricht standen drei Stunden zur Verfügung: Neben den zwei Stunden, die der Pfarrer unterrichtete, gab es noch die »Bibelstunde« beim Lehrer (Gebauer, 5511). Wenn man den morgendlichen Kirchgang der Kinder dazuzählt, wird deutlich, welchen hohen Stellenwert die religiöse Sozialisation im Leben der Obernfelder Kinder hatte.

Auffällig – gerade im Vergleich zu den anderen Orten und Milieus – war die geringe Bedeutung des Sportunterrichts. Da die Schule über keine Turnhalle verfügte, fand Sportunterricht nur auf dem Sportplatz statt, wo es einen Barren, ein Reck und eine Weitsprunggrube gab. Adelheid Unger erwähnte, dass sie sich zum Sportunterricht nie umgezogen hätten (2018). Sie konnte sich nicht erinnern, jemals am Barren geturnt zu haben. Die Mädchen hätten Handball gespielt, die Jungen Fußball (Unger, 2032). Insgesamt sei der Sportunterricht nur darauf ausgerichtet gewesen, den Kindern ein wenig Bewegung zu verschaffen. Besonders viel Energie wurde von den Lehrern offenbar darauf nicht verwendet. Von der im Nationalsozialismus propagierten täglichen Sportstunde war man in Obernfeld jedenfalls weit entfernt. Die von den männlichen Befragten erwähnten Kreisjugendwettkämpfe (Dauer, 3558) in Duderstadt wurden vermutlich von der Hitler-Jugend organisiert. Otto Dauers Beschreibung, die das Einstudieren von Liedern und den Marsch in Kolonne dorthin einschließt, deutet jedenfalls darauf hin.

Die Schule in Obernfeld hatte nur einen kleinen Schulhof. In den Pausen spielten die Kinder, nach Geschlechtern getrennt, auch in bestimmten Bereichen der Straße (Dauer, 103).[2] Erst später gab es offenbar einen großen Spielplatz (Winkler, 4509). Obwohl es nicht erlaubt war, liefen immer wieder Kinder, die nahe genug wohnten, in der großen Pause kurz nach Hause (Gebauer, 4317; Winkler, 1958).

---

2 Das lässt sich deutlich sehen auf einem historischen Photo in: *Historischer Alltag*, S. 123.

Abb. 27: Kirchgasse mit alter Schule vor 1955
(Quelle: Heimatmuseum Obernfeld)

Diejenigen Kinder, die in der Schule nicht richtig mitkamen, standen etwas am Rande (Gebauer, 3285; Böhme, 1431). Sie wurden auch gehänselt, erinnerte sich Fritz Winkler (4490). Das Unterrichtsniveau war offenbar nicht allzu hoch. Mehrere Befragte verwiesen auf schlechten Unterricht in den oberen Klassen. Der Lehrer ließ sich bereitwillig von den Schülern ablenken und erzählte lieber von seinem Hobby statt zu unterrichten. Insbesondere der Rechenunterricht sei schlecht gewesen. Dies habe seine Eltern, so Fritz Winkler, und auch noch einige andere schließlich dazu bewogen, die Söhne auf das Gymnasium in die Kleinstadt zu schicken (250, 4199). Zum Unterricht gehörten auch Wanderungen und Ausflüge in die nähere und weitere Umgebung. Ausflüge, die mit einem Bus gemacht wurden, kosteten allerdings Geld. Er hätte deshalb nicht mitfahren können, erzählte Ernst

Brunn (2039). Stattdessen hätte er am Unterricht einer anderen Klasse teilnehmen müssen (Brunn, 2053).

Nach 1933 veränderte sich einiges in der Obernfelder Schule, auch wenn sie erst recht spät, im November 1942, in eine Gemeinschaftsschule umgewandelt wurde.[3] Das Schulgebet entfiel. Am auffälligsten für die Kinder war zweifellos die Veränderung des morgendlichen religiösen Begrüßungsrituals. Es war in der Gegend üblich, dass Lehrer und Pfarrer die Kinder mit der Begrüßungsformel »Gelobt sei Jesus Christus« ansprachen, die dann von den Kindern wiederholt wurde. Dies wurde untersagt und der Hitlergruß angeordnet. Nicht alle Befragten konnten sich an diese Veränderung erinnern. Insgesamt thematisierten nur wenige das heikle Thema des Nationalsozialismus von sich aus und hielten sich auch bei direkten Fragen danach recht bedeckt.[4] In den Klassenzimmern veränderte sich der Wandschmuck: Heiligenbilder verschwanden, stattdessen wurden Photographien von Hindenburg und Hitler angebracht. Wie lange das Kreuz noch hängen blieb, ist nach den Interviews unklar. Möglicherweise wurde es erst mit der Umwandlung in eine Gemeinschaftsschule entfernt. Die Photographie einer Schulklasse von 1937 zeigt sogar neben dem Hindenburgbild noch Bilder mit christlichen Motiven. Merkwürdigerweise erwähnte nur ein Interviewpartner die Veränderungen im Religionsunterricht, den die Nationalsozialisten durchsetzten. Der Pfarrer durfte in der Schule keinen Religionsunterricht mehr erteilen. Er kompensierte dies, indem er die Kinder im Jugendheim der Pfarrgemeinde versammelte und unterrichtete (Brunn, 2990). Dass dies von den meisten Befragten nicht erinnert wurde, lässt zwei Deutungen zu. Es könnte daran gelegen haben, dass die Verdrängung der Geistlichen als nebenamtliche Religionslehrer in Obernfeld, ebenso wie die Umwandlung der Schule in eine Gemeinschaftsschule, erst sehr spät erfolgte und nicht mehr in die Schulzeit der meisten Zeitzeugen fiel.[5] Vielleicht haben die Kinder die Verlagerung des Religionsunterrichts in das Jugendheim auch nur als organisatorische Maßnahme wahrgenommen und nicht als einen gezielten Angriff des Regimes auf die katholische Bekenntnisschule.

---

3 KreisA Göttingen, LA Duderstadt. Nr. 1364. Angelegenheiten verschiedener Schulen während und nach der Zeit des Nationalsozialismus. In anderen Ländern erfolgte die Schließung der katholischen Schulen früher: In Württemberg 1937, in Bayern und Berlin 1938 (Hürten, *Deutsche Katholiken,* S. 287), im Münsterland 1939 (Fasse, *Katholiken,* S. 513).
4 Vgl. dazu Schmidt, *Kindheit,* S. 95.
5 So ebenda, S. 92f.

In der Schule wurden Fahnenappelle abgehalten; die Kinder nahmen an Feiern zur Machtübernahme (Unger, 662) und zum Geburtstag des Führers teil (Brunn, 3331); sie wurden ins Gasthaus geführt, um dort im Radio die Reden des Führers oder anderer politischer Prominenter zu hören; sie sahen im Kino der Kleinstadt nationalsozialistische Propagandafilme wie »Hitlerjunge Quex« und »SA-Mann Brand« (Gebauer, 2420) und mussten Kräuter sammeln.[6] Ein Lehrer kam gelegentlich in Uniform in den Unterricht (Dauer, 3111; Brunn, 2985). Beide Lehrer waren nicht nur im NSLB und in der NSV organisiert, sondern auch Mitglieder der NSDAP, einer zudem in der SA-Reserve.[7] Ob und wie sehr sie überzeugte Nationalsozialisten waren, lässt sich nicht mehr feststellen. Vermutlich dürfte für sie gegolten haben, was Sternheim-Peters für ihre Lehrer an einer katholischen Schule schreibt: Sie hätten sich »durch nationale Gesinnung, ein konservatives Gesellschaftsverständnis und entschiedenen Antikommunismus« ausgezeichnet.[8]

In der Schule waren die Kinder einem strengen Regiment unterworfen. Kaum jemand wagte, gegenüber den Lehrern aufzumucken. Otto Dauer charakterisierte die erfolgreiche Disziplinierung der Kinder, als er darauf hinwies, dass sich nie ein Kind erdreistet hätte, mal eine der Türen der im Schulgebäude untergebrachten Lehrerwohnung, an denen sie jeden Tag mehrmals vorbeiliefen, zu öffnen und einen Blick hineinzuwerfen (74). Ungehöriges Verhalten wurde, wie schon erwähnt, sofort geahndet. Wer sein Pensum nicht gelernt hatte, so Fritz Winkler (4494), musste nachsitzen. Wer eine mangelhafte Arbeit geschrieben hatte, war noch schlechter dran.

»Und [P] bei jeder kleinen Jelegenheit gab es [P] Senge. Wenn die Diktathefte zurückkamen, da lag oben so ein Haufen quer. Und alle, die oben quer lagen, die mussten rauskommen und [pfeift] drei, vier Schlag hinten vor.« (Dauer, 156–160)

---

6 Während des Krieges organisierte ein Lehrer die Sammlung von Heilkräutern, bei welcher fleißige Schüler eine gute Note erhalten konnten (Kühn, 3145–3151).
7 Vgl. KreisA Göttingen, LK Dud. Nr. 13. Überprüfung von Arbeitnehmern auf ihre NS-Vergangenheit 1946. Rust war Parteimitglied seit 1933, Kurth ab 1937. Rust wurde pensioniert, Kurth von der Militärregierung zunächst entlassen. Nach zehn Wochen wurde er wieder eingestellt, weil er, seinen eigenen Worten zufolge, einem englischen Offizier Blut gespendet habe (vgl. Kurth, *Obernfeld,* S. 139). Beide wurden 1946 vom Landrat als unpolitisch bzw. politisch einwandfrei beurteilt.
8 Sternheim-Peters, »Hochschulreife«, S. 235.

Körperliche Züchtigung war neben Strafarbeiten und dem erwähnten Nachsitzen offenbar gang und gäbe. Die Befragten erinnerten sich an Ohrfeigen (Brunn, 3114), besonders aber an Schläge mit dem Stock. Davon wurden auch die Mädchen nicht verschont. Im Gegensatz zu den Knaben, die ihre Prügel auf das Hinterteil bekamen, erhielten die Mädchen Stockschläge auf die Hand (Kühn, 2966; Brunn, 3114). »Prügel, Prügelstrafe waren ja noch, kann man bald sagen, an der Tagesordnung, ne«, resümierte Fritz Winkler (4210f.).

Zwar erwähnte er in seinem Interview auch Disziplinprobleme des Hauptlehrers mit den Schülern. Im Vergleich zu den aus Volpriehausen berichteten nehmen sie sich aber doch sehr bescheiden aus. Vermutlich sorgte die enge Verbindung von Schule und Kirche, wie sie sich sowohl inhaltlich als auch über die Doppelfunktionen von Lehrer und Organist, Pfarrer und Religionslehrer den Kindern darstellte, für eine stärkere Unterordnung der Kinder unter die so überhöhte Autorität der Lehrer, die neben dem Pfarrer die dörflichen Respektspersonen waren und deren Aufgaben und Kontrollbereiche über die Schulstunden hinausreichten. In den Worten Elfriede Kühns zeigt sich eine geradezu religiöse Aufladung der Schulstrafen, als sie sagte:

»Och, der [Lehrer] hatte n Stock. N gabs auch mal Sch[läge] durch de Hand. Nech, hat er denn durch die Hand. Aber immer stets durch die rechte Hand. Man soll ja Buße tun beim Schreiben, ne.« (Kühn, 2966–2971)

Vermutlich deshalb findet sich keine offene Kritik an diesen drakonischen Erziehungsmaßnahmen. Ganz im Gegenteil hat man den Eindruck, als würden die Befragten aus ihrer heutigen Perspektive den Lehrern durchaus Verständnis entgegenbringen. Dies legen zumindest explizite und implizite Vergleiche der eigenen mit der heutigen Erziehung nahe, die in mehreren Interviews auftauchen.[9]

Obwohl Mädchen und Jungen in der Obernfelder Schule gemeinsam unterrichtet wurden, trennte sie die Sitzordnung in den Klassen. Auch in den Pausen spielten sie nicht zusammen. In Otto Dauers Antwort auf die Frage nach den Aktivitäten in der Pause wird das ganz deutlich:

»Ja, ich hab das schon mal jesagt, wir hatten doch kein Sport... kein Platz, das hat sich alles in 'ner, in dieser Gasse abjespielt. Der obere Teil jehörte den Mädchen, der untere Teil den Jungens, zusammenjespielt kam nich infrage. Da war Tren-

---

9 So auch Schmidt, *Kindheit*, S. 79.

nung! Da war zwar kein Zaun zwischen, aber das jehörte sich nich, dass die da [P] Kriegen jespielt.« (Dauer, 3340–3346)

Selbst die Pausenspiele differierten nach Geschlecht: Die Mädchen machten Kreisspiele oder spielten Völkerball, die Jungen Kriegen oder Fußball (Gebauer, 4335; Unger, 250). Auch die Klassendienste waren geschlechtsspezifisch festgelegt. Während immer ein Junge, der »Wochenmann«, Tafeldienst machen musste, waren die Mädchen für die Pflege der Blumentöpfe zuständig (Unger, 335).

Otto Dauer und Fritz Winkler waren die Einzigen unter den Befragten, die einige Jahre eine weiterführende Schule besuchten. In Ernst Brunns Familie wäre das finanziell gar nicht möglich gewesen (1242). Kein einziges Mädchen wurde von den Eltern oder Verwandten auf diesen Weg geschickt. Selbst die Eltern der sehr begabten Helga Böhme, die vom Lehrer sogar gebeten wurde, außerhalb der Schulzeit schwächeren Schülerinnen zu helfen (1445), zogen den Besuch einer weiterführenden Schule für ihr Kind nicht in Betracht. Ihnen wäre es finanziell durchaus möglich gewesen, das Schulgeld zu bezahlen, im Gegensatz zu Elfriede Kühns Eltern. Auch sie wäre gern weiter zur Schule gegangen (Kühn, 6271). Für den Verbleib der Mädchen auf der Obernfelder Volksschule dürften wohl hauptsächlich die traditionellen Vorstellungen von der Rolle der Frau verantwortlich gewesen sein. Sie zeigen sich in einem Vorfall, den Johanna Gebauer erzählte. Außer den Lehrerstöchtern sei mal ein anderes Mädchen aufs Gymnasium gegangen. Dies sei aber plötzlich krank geworden, habe starke Kopfschmerzen bekommen und sei dann auch gestorben.

»Und da hat [man] nie, die ganzn Jahre nie wieder ein Mädchen zur Oberschule geschickt, ne. Vor – so, vor Angst, vor Angst richtich. Alle meintn immer, die hat zu viel lernen müssn. Die hat Kopfschmerzen gekricht und musste sterbn.« (Gebauer, 536–540)

Bildungsangebote außerhalb der Schule gab es in Obernfeld nicht. Einzig Fritz Winkler erhielt Geigenunterricht von seinem Musiklehrer am Gymnasium (4706). Dies Angebot konnte vermutlich nur angenommen werden, weil die Stunden nichts kosteten. Eine Tanzstunde hat niemand besucht. Die Mädchen hätten sich in den letzten Schuljahren das Tanzen gegenseitig beigebracht, erläuterte Johanna Gebauer (4574).

Das Ende der Schulzeit ist von wenigen Befragten begrüßt worden. Nur Ernst Brunn und Gerd Fröhlich erinnerten sich daran, richtig froh und erleichtert gewesen zu sein (Brunn, 3193; Fröhlich, 1336). Andere reagierten durchaus mit gemischten Gefühlen. Adelheid Unger vermisste anfangs die klare Struktur, die der Tag durch die Schule erhalten hatte (2086). Johanna Gebauer war hingegen klar: »Jetzt heißt es nur noch arbeiten.« (3755f.) So war es in der Tat. Alle Mädchen blieben ungeachtet vorhandener Berufswünsche nach der Schulzeit zu Hause und arbeiteten in Haus, Hof oder im Geschäft mit. Das traf auch Helga Böhme, die gern Krankenschwester geworden wäre (2776). Eine kinderlose Tante aus Obernfeld hätte sie aber im Haus haben wollen (Böhme, 784). »Da hat man dann auch nich widersprochen, ne« (Böhme, 793), kommentierte sie diese Weichenstellung. Sie wechselte als mithelfende Familienangehörige auf den Hof der Tante, den sie später auch erbte (Böhme, 3455). Deshalb musste sie nicht mehr aus dem elterlichen Erbe versorgt werden. Das dürfte die Eltern dazu bewogen haben, der Tochter ihren Berufswunsch auszureden. Elfriede Kühn konnte ihren »Traumberuf« Krankenschwester ebenfalls nicht realisieren. Der Vater bestimmte, dass sie zu Hause blieb und sich um die Eltern kümmerte (Kühn, 4742). Die Mädchen waren nach Ende der Volksschule zum Besuch der Landwirtschaftlichen Berufsschule verpflichtet, die der Hauptlehrer in Obernfeld abhielt. Einige machten in der Winterzeit Näh- und Kochkurse. Sie verbrachten ihr Leben als »mithelfende Familienangehörige«, die für Kost, Logis und Familienanschluss arbeiteten. Auf die Frage, womit sie ihr erstes Geld verdient habe, antwortete die zum Zeitpunkt des Interviews 74-jährige Adelheid Unger: »Geld verdient hab ich überhaupt keins [lacht], solange wie ich lebe.« [lacht] (Unger, 150f.) Sie dürfte keine Ausnahme gewesen sein.

Von Fritz Winkler abgesehen, der das Gymnasium verließ, als klar war, dass er das elterliche Anwesen übernehmen musste, absolvierten die männlichen Befragten eine Lehre, überwiegend als Handwerker. Ungeachtet dessen bestimmte die Landwirtschaft bei drei von ihnen auch das Erwachsenenleben, teils weil sie erbten, teils weil sie in einen Hof einheirateten.

5. Hitler-Jugend

Wie in den anderen Orten auch wurden in Obernfeld nach 1933 die verschiedenen Teilorganisationen der Hitler-Jugend gegründet.[1] In das Leben der Obernfelder Kinder zog mit ihnen etwas völlig Neues ein. Organisationen für Kinder waren zuvor unbekannt gewesen. Von einer Ausnahme abgesehen, waren alle Befragten bei der Hitler-Jugend. Sie äußerten sich allerdings meist nur sehr zurückhaltend dazu.[2] Offenbar waren, wie aus den Erzählungen hervorgeht, die Organisationen in den ersten Jahren noch recht locker, später wurden die Zügel aber angezogen. Das zeigt sich deutlich bei dem Vergleich der Erzählungen der zwei Geschwister unter den Befragten. Die Frau gehörte zu den ältesten Befragten, ihr Bruder ist der jüngste Zeitzeuge aus Obernfeld. Wie erwähnt, wünschte Johanna Gebauers Vaters

---

1 Da die Aktenlage zu den nationalsozialistischen Organisationen sehr dürftig ist (s. o.), lässt sich nicht genau feststellen, ab wann sie existierten. Vgl. Schmidt, *Kindheit*, S. 20. Ob Kinder verschiedener Dörfer in der Hitler-Jugend zusammengefasst wurden, ließ sich nicht klären. Es scheint aber so zu sein, dass es gemeinsame Treffen gegeben hat. So findet sich in den Akten zu Obernfeld der Hinweis auf eine Jugendpflichtversammlung am 21.10.1941, an der zehn Mädchen aus Mingerode nicht teilgenommen hatten und deshalb bestraft werden sollten (KreisA Göttingen, LA Dud. Nr. 1053. Anträge und Anzeigen in Polizeisachen 1935–1937. Vgl. auch Wagner, »Duderstadt«, S. 188). Interessant ist hierbei das rigide Vorgehen der Untergauführerin, die die schriftlichen Entschuldigungen der Mädchen nicht akzeptierte. Viele Mädchen gaben an, sie hätten Rüben gerodet oder Hofarbeiten verrichten müssen und deshalb nicht zur Versammlung kommen können. Diese Erklärungen wurden von den Eltern beglaubigt, aber von der Untergauführerin nicht akzeptiert, weil die Mädchen schließlich Zeit gehabt hätten, »regelmäßig kirchliche Veranstaltungen zu besuchen«. Sie bestand auf einer Bestrafung von fünf RM für jedes Mädchen (vgl. ebenda).
2 Heike Schmidt hat in ihrer Magisterarbeit schon herausgearbeitet, dass alle Befragten sich zum Thema »Nationalsozialismus« sehr verhalten geäußert haben. Kurze Antworten, Erinnerungslücken und Themenwechsel waren die Reaktion auf als unangenehm empfundene Fragen (*Kindheit*, S. 95).

nicht, dass seine Tochter dem Jungmädelbund beitrat.[3] Sie musste am Staatsjugendtag in die Schule und sich dort vom Lehrer fragen lassen, weshalb sie nicht im Jungmädelbund sei und wie die anderen Kinder Dienst bei der Hitler-Jugend mache (Gebauer, 4078). Aus Johanna Gebauers Erinnerungen lässt sich schließen, dass sie selbst gerne beigetreten wäre. Offenbar ist das dann doch irgendwann passiert, denn sie erzählte, sie sei manchmal samstags zum Jungmädelbund gegangen (Gebauer, 4005). Dies dürfte spätestens seit dem Dezember 1936 der Fall gewesen sein, als die Hitler-Jugend zur Staatsjugend erklärt worden ist. Das bedeutete zwar (noch) nicht die Zwangsmitgliedschaft, wurde aber von vielen so interpretiert. Auch die zur Uniform gehörige Kletterweste hätte Johanna Gebauer gern gehabt. Als sie ihrer Mutter schon die Zustimmung abgerungen hatte, legte der Vater sein Veto ein. Das war der letzte Akt des Widerstands, der ihm verblieben war. Als Johanna Gebauers fünf Jahre jüngerer Bruder ins Jungvolkalter kam, wagte der Vater nichts mehr dagegen zu unternehmen. Auf die Frage, was seine Eltern gesagt hätten, als er ins Jungvolk musste, antwortete Fritz Winkler:

»Gar nix, gar nix. Dat war einfach so. Da wurde keiner gefragt, ne. Da wurde überhaupt nich drüber geredet. Dat war an der Zeit. Du bist zehn Jahre alt. Du musst zum Jungvolk, und dann wars damit, ne. Ne.« (Winkler, 5014–5017)

Die Mitgliedschaft sei selbstverständlich (Winkler, 4907), alle Kinder seien in der Hitler-Jugend gewesen (Winkler, 5171). Dass die Eltern dabei nichts zu sagen gehabt hätten, betonten außer Fritz Winkler auch andere. 1938 oder 1939 konnten es Eltern kaum mehr wagen, ihr Kind von der Hitler-Jugend fernzuhalten. Nur Ernst Brunn sagte, er sei erst nach Ende der Schulzeit Mitglied in einer NS-Organisation geworden. Es ist angesichts der gleichlautenden Erzählungen der anderen Befragten zweifelhaft, ob er wirklich nicht dem Jungvolk angehört hat. Denn, das deutete sich schon in Johanna Gebauers Erzählung an und wurde von mehreren Befragten bestätigt, die Rekrutierung für die Hitler-Jugend lief in Obernfeld ebenso wie in den anderen Orten über die Schule. Die ältesten Befragten, wie Johanna Gebauer oder Otto Dauer, erlebten noch den Staatsjugendtag. Otto Dauer, der sehr schnell in das Jungvolk eintrat, profitierte davon und musste

---

3 Es ist nicht klar, ob der Widerstand des Vaters ausschließlich politisch motiviert war. Möglicherweise widerstrebte es ihm auch, seine Tochter in der Öffentlichkeit agieren zu sehen.

sonnabends nicht mehr in die Schule. Er war stolz darauf, dazuzugehören und mitzumarschieren (Dauer, 3726).
Das äußere Erscheinungsbild der Hitler-Jugend ließ offenbar zu wünschen übrig. Nur drei der Befragten hatten eine vollständige Uniform. Zu ihnen gehörte Otto Dauer, der den Kauf bei seinen Eltern durchsetzte:

»[...] und dann habe ich zu Hause so lange jebrummt, bis dass wir uns auch nen gelben Anzuch jekauft ham. War nen gelbes Hemd, schwarze Hose, Koppel, hier son Dreieck, Knoten mit son Dreiecktuch hinten. Und dann war ich auch drinne, und dann bin ich auch mitmarschiert.« (Dauer, 3676–3681)

Adelheid Unger konnte ihre Uniform, einschließlich der »Kletterweste«, noch sehr genau beschreiben:

»[...] s gab auch ne Uniform. Ob ich selbst eine hatte, das weiß ich gar nich mehr. Oder werde die dann wohl von meiner Schwester gekricht ham. Das war auch son blauer Rock, ne weiße Bluse und sone braune Wildlederjacke, wie westenartich. Vorne, glaub ich, son bisschen schräch ausgeschnittn, Knöpfe un lief dann vorn hin sone Spitze, bald wie sone Trachtnjacke dann. Son bisschen eng ansitzend hier in der Tallje.« (Unger, 1724–1731)

Auch wenn sie erzählt, sie habe mit der Uniform kein besonderes Körpergefühl verbunden, zeigt sich doch in der Präzision ihrer Erzählung deren Bedeutung. Die anderen Kinder stoppelten sich aus ihren Kleidungsbeständen eine uniformähnliche Aufmachung zusammen. Helga Böhme konnte beispielsweise nur eine weiße Bluse aufbieten (1585), Fritz Winkler die schwarze Hose (5137). Für etliche Kinder scheiterte die Anschaffung der Uniform an der finanziellen Situation des Elternhauses.

Bei der Motivation, in die Hitler-Jugend einzutreten, spielte die Uniform nur bei einigen Befragten eine große Rolle. Das ist angesichts der Schwierigkeiten, überhaupt eine zu bekommen, auch nicht verwunderlich. Die jüngeren Befragten betonten vor allem den Automatismus und die Selbstverständlichkeit des Beitritts. Für die Dorfkinder waren die Dienste eine willkommene Abwechslung, zumal sie, statt zu Hause zu arbeiten, im Wald »rumtoben« konnten bei Geländespielen und Ähnlichem (Winkler, 334). Nur bei sehr dringenden häuslichen Arbeiten hätte er nicht zum Dienst gehen können, sagte Fritz Winkler (5040), obwohl der mehr Spaß gemacht hätte (5046). Otto Dauer antwortete hingegen auf die Frage nach Konflikten zwischen Dienst und häuslichen Verpflichtungen:

»Dann ging die Hofarbeit vor! Also das war jenau wie Schulgang. Das war Jesetz und da, das mit, mit Holz reinholen un Stroh schneiden, un Wasser pumpen, das ging vor, vor Jungvolkdienst und alles andere. Also das war, [P] da kam wa nich drumrum.« (Dauer, 3696–3700)

Die Differenz zwischen beiden Antworten kann auf dem unterschiedlichen Erinnerungsvermögen beruhen, aber auch auf der Altersdifferenz zwischen den beiden Zeitzeugen. Der 1928 geborene Fritz Winkler gehörte erst zum Jungvolk, als die Zügel schon stärker angezogen wurden. Möglicherweise fürchtete sein Vater auch Konsequenzen, wenn er den Sohn zu oft nicht zum Dienst gehen ließ. In mehreren Interviews deutet sich allerdings an, dass auf die starke Beanspruchung der Kinder seitens der Leitung der Hitler-Jugend durchaus Rücksicht genommen wurde, denn auch Helga Böhme meinte, sie sei wegen Zeitmangels nicht oft zum Jungmädelbund oder BDM gegangen (1564). Offenbar hatte die Leitung der Hitler-Jugend in Obernfeld, wie in vielen anderen katholischen Landgemeinden, große Schwierigkeiten, eine effektive Organisation aufzubauen und musste Rücksicht nehmen auf die Einbindung der Kinder in die landwirtschaftlichen Arbeitsvorgänge sowie auf die gegenüber dem Nationalsozialismus und der Hitler-Jugend reservierten Eltern.[4]

Die Erinnerungen an die Inhalte der Dienste waren bei den meisten der Obernfelder Befragten außerordentlich lückenhaft. Es ist nicht klar, ob das auf bewusstem Verschweigen, Verdrängen oder darauf beruhte, dass die Organisation selbst wenig prägend gewesen ist. In den Erinnerungen lassen sich – wie andernorts auch – durchaus geschlechtsspezifische Differenzen feststellen. Während die Frauen eigentlich nur vom Singen und Vorlesen erzählten und nicht einmal die sonst stets erwähnten biografischen Daten der NS-Größen nannten, waren die Erinnerungen der männlichen Befragten zwar auch nicht explizit politisch. Sie nannten aber neben Fußballspielen zusätzlich Exerzieren und Geländespiele. Außerdem seien sie, so Otto Dauer »singend, singend durchs Dorf marschiert« (3727), was ihm offensichtlich Spaß gemacht hatte. Bei Aufführungen und Umzügen während des nationalsozialistischen Festjahres waren Jungmädelbund und Jungvolk dabei. Besonders die Feiern zum 1. Mai sind Frauen wie Männern in Erinnerung geblieben, speziell der 1.5.1933, als in der Dorfmitte eine Hitler-Eiche gepflanzt wurde.

---

4 Darauf weist Steinacker hin (*Staat als Erzieher,* S. 525f.). Als Ursachen nennt er u. a. die Abwehr katholischer Eltern gegenüber dem Nationalsozialismus wegen des Konflikts mit ihren religiösen Werten, die aggressive antiklerikale Propaganda und die Einbindung der Kinder in die Arbeit.

Im Gegensatz zu den Mädchen machten die Jungen mit dem Jungvolk auch mal am Wochenende eine Fahrt.[5] Das kam aber wohl nicht oft vor. Otto Dauer erinnerte eine einzige, die ihm dauerhaft im Gedächtnis geblieben ist und über die er detailliert reden konnte. Aus seiner Erzählung spricht noch seine Begeisterung über dieses Erlebnis mit Übernachtung im Zelt, Selbstverpflegung, dem Zusammensein mit vielen anderen in der Gruppe sowie der Konkurrenz zwischen den Jungvolkgruppen aus verschiedenen Orten (Dauer, 3598). Für den fünf Jahre jüngeren Fritz Winkler war der Schießunterricht höchst attraktiv, den ein engagierter Hitler-Jugendführer für die Jungen organisierte. Die Kinder durften im Wald sogar mit scharfer Kleinkalibermunition schießen. Fritz Winkler hatte daran so viel Spaß, dass er diverse Schießabzeichen errang (Winkler, 689). Dass er der Einzige war, der das Schießen erwähnte, mag an seinem Alter liegen. Als jüngster Zeitzeuge, dessen Jungvolkzeit überwiegend in die Kriegsjahre fiel, erhielt er vermutlich in stärkerem Maße als die älteren Befragten eine vormilitärische Ausbildung in der Hitler-Jugend. Obwohl alle männlichen Befragten im Jungvolk Exerzierübungen und Geländespiele machen mussten, betonten sie durchgängig, sie seien nicht oder kaum politisch unterwiesen worden. »Politische Sachen«, so Otto Dauer (3782), hätten überhaupt nicht stattgefunden. Selbst Fritz Winkler äußerte sich ähnlich:

»Sind schon mal in der Schule zusammengesetzt, alle Mann und Lieder geübt. Aber besonders großen Unterricht und so wat hat's nich gegeben, hat's nich gegeben. War also hier, also hier war dat ganz locker, die ganze Geschichte.« (Winkler, 5181–5184)

Alle Befragten hoben hervor, dass es in Obernfeld keine fanatische Begeisterung für den Nationalsozialismus gab. Das galt auch für die Hitler-Jugend. Im Gegensatz zu den Interviewpartnerinnen und -partnern aus den anderen Orten und Milieus hat niemand von den Obernfelder Befragten eine Führungsposition übernommen, weder im Jungmädelbund noch im Jungvolk, weder in der HJ noch im BDM. Zumindest in den ersten Jahren war es offenbar schwierig, aus den ortsansässigen Jugendlichen Führerinnen und Führer zu rekrutieren (Gebauer, 5581). Sie kamen stattdessen aus Nachbardörfern oder wurden aus dem Wehrertüchtigungslager Rhum-

---

5 Adelheid Unger erinnerte sich zwar auch an eine Woche in einer Jugendherberge am Seeburger See, meinte jedoch, dass das eine Schulveranstaltung gewesen sei und nicht eine der Hitler-Jugend. Dafür spricht, dass sie überhaupt keine auch nur entfernt mit politischen Lagern verbundene Aktivität erwähnte (Unger, 1795–1814).

springe nach Obernfeld abgeordnet, was, wie Otto Dauer sagte (3857), zu einem häufigen Wechsel führte. Erst später habe es sowohl Führerinnen als auch Führer der Hitler-Jugend aus Obernfeld selbst gegeben, die »die Sache strenger durchgezogen« hätten (Dauer, 3915). Diese organisatorischen Schwierigkeiten deuten darauf hin, dass sich die beiden hauptamtlichen Lehrer, ungeachtet ihrer Parteimitgliedschaft, nicht ernsthaft der Jugendorganisation angenommen haben. Ernst Brunn erzählte jedenfalls, der Lehrer habe sich nicht darum gekümmert (3278). Die Hitler-Jugend war in Obernfeld zumindest in den ersten Jahren des Dritten Reiches organisatorisch wenig gefestigt.

Wie schon erwähnt hatten einige Befragte Probleme mit den Eltern – es waren immer die Väter – wegen der Mitgliedschaft in der Hitler-Jugend. Auch Helga Böhmes Vater wünschte nicht, dass seine Tochter in den Jungmädelbund eintrat, »aber das mussten wa ja damals, wie wa da in ner Schule noch gingen« (2914f.), kommentierte sie. Zu Hause sei gegen den Jungmädelbund und den Nationalsozialismus geredet worden. Sie sei deshalb nur mit Widerwillen dorthin gegangen (Böhme, 2978). Probleme gab es aber auch mit dem Pfarrer. Helga Böhme erinnerte sich im Interview an zwei Situationen, in denen der Pfarrer ärgerlich geworden war, weil die Mädchen Lieder und Sprüche mit nationalsozialistischem Gehalt unbedacht gesungen oder verwendet hatten (2987). Es ist den Nationalsozialisten nicht gelungen, seine Autorität zu unterminieren. Der Pfarrer blieb für die Kinder eine unangefochtene Respektsperson. Das unterstreicht die zentrale Bedeutung von Religion und Kirche im Leben nicht nur der Kinder, sondern der gesamten Bevölkerung Obernfelds, wie auch die immer wieder von den Befragten betonte geringe Resonanz des Nationalsozialismus im Dorf.

Über ihre Zeit im BDM oder in der HJ äußerten sich die Befragten besonders spärlich. Das mag unter anderem damit zusammenhängen, dass diese Phase – zumindest für die jüngeren Befragten – schon in die Kriegsjahre fiel, in denen nicht mehr viele personelle und materielle Ressourcen für die Jugendorganisationen zur Verfügung standen und auch die Zeitzeugen selbst durch Berufsausbildung oder -arbeit oder die starke Beanspruchung in der häuslichen Wirtschaft andere Interessen und Sorgen hatten. Adelheid Unger, die 1941 die Schule beendet hatte, deutete diesen Zusammenhang an, als sie sagte:

»Und in den Kriechsjahrn war vielleicht denn gar nich mehr viel was los, nech. Dass das vielleicht nach der Schule – war das dann schon bald wieder hinfällig, dass sich die so trafen. Hier auffem Dorf zum wenichsten.« (Unger, 1767–1771)

Trotz der wenigen und oft unscharfen Erinnerungen der Obernfelder Zeitzeugen zeigen sich in ihnen bestimmte Muster, aber auch Wahrnehmungen der Dienste in der Hitler-Jugend, die sich bereits in den anderen Milieus gezeigt hatten: Die Mädchen wurden nicht so intensiv vormilitärisch geschult wie die Jungen. Als politische Unterweisung wurde von den Befragten nur die explizite Beschäftigung mit politischen Themen wahrgenommen. Ihre politische Formierung durch Liedtexte und vorgelesene Geschichten, die Gewöhnung an die Ausrichtung der Körper durch Exerzierübungen und Marschieren, die Bekleidung mit Uniform haben sie nicht als politisch registriert. Selbst ihrer Beteiligung an Aufmärschen und Kundgebungen fehlt in den Erinnerungen ein politischer Charakter. Sogar in der Retrospektive waren sie sich über die politischen Dimensionen der Hitler-Jugend meist nicht im Klaren. Nur bei Fritz Winkler schimmerte mal eine Ahnung davon durch, als er sagte:

»Ja und wie gesagt dieser große Drill, wat man so im Allgemeinen vom Militär hört, war eben im Jungvolk doch noch nicht so vertreten, ne. Dat [das Militär] war ja ganz wat anderes, ne. Wurdeste nun, dran gewöhnt wurdeste da schon wat kam, ne. Selbstverständlich is dat so gewesen, aber hier wurde es dann so schlimm nich gehandhabt, ne.« (Winkler, 5364–5371)

6. Körper und Körper-Erfahrungen

Das Äußere: Kleidung und Frisuren

Bis zum Alter von drei bis vier Jahren wurden die Jungen ebenso wie die Mädchen in Kleider gesteckt.[1] Erst danach gab es unterschiedliche Bekleidung für Jungen und Mädchen. Alle Mädchen haben in ihrer Kindheit (und wohl auch Jugend) Kleider getragen. Nicht etwa Rock und Pullover, betonte Adelheid Unger (1216). Eine lange Hose hat keine Einzige erwähnt. Darüber wurden, wie auch in Volpriehausen üblich, Schürzen getragen, auch in der Schule. Danach mussten sich die Mädchen umziehen. Ebenso wie in den anderen Milieus gab es eine spezielle Sonntagsbekleidung. Als einzige Frau erinnerte sich Johanna Gebauer detailliert an mehrere Kleider (2752). Über ihr Kommunionskleid, das im Leben der Mädchen eine große Rolle spielte, konnte sie viel erzählen:

»Ein weißes Kleid, das hatte so'n großen Kragen. Das ham wa, also mein weißes Kommunijonkleid nach Jahrn wars ja zu kurz. Dann wurde das zur Schneiderin gebracht und länger gemacht. Vor dem großen Kragen wurde ne Passe genäht hier obn rein dann, dass es länger war. Und an die Ärmel wurde son Teil Spitze drangesetzt. Und dann hat das gepasst, bis man aus der Schule kam. Und wir ham das aber auch oft getragn. Beim Flurgang immer.« (Gebauer, 310–318)

Als ihre Oma starb, wurde es schwarz eingefärbt und fungierte als Trauerkleid (Gebauer, 1361). Da war sie fast 14 Jahre alt. Auch bei den anderen schönen Kleidern, die sie beschrieb, wies sie darauf hin, sie seien länger gemacht und aufgetragen worden. Zum Schluss habe sie sie dann in die Schule angezogen. Halbschuhe für Kinder waren in Obernfeld in den

---

1 Die Sitte, Jungen im Kleinkindalter in Mädchenkleider zu stecken, hielt sich lange und wird von Ingeborg Weber-Kellermann mit Kinderbildern aus der Zeit um 1900 belegt (*Die Kindheit*, S. 113). Sie führt diese Sitte primär auf die im Kleinkindalter vorhandenen Probleme mit den Ausscheidungen der Kinder zurück, die durch diese Bekleidung erleichtert worden seien (*Die Kindheit*, S. 28).

1920er und 1930er Jahren noch unüblich, alle trugen Stiefel. Nur ein Kind hätte überhaupt Halbschuhe gehabt, betonte Johanna Gebauer (2898). Kinder aus ärmeren Familien trugen Holzschuhe oder liefen – zumindest im Sommer – barfuß (Kühn, 213).

Die Kleider wurden meist noch von einer Schneiderin genäht. Lediglich Mäntel wurden fertig gekauft (Unger, 1226). Manche Mädchen bekamen zu einem bestimmten Termin neue Sachen, wie Johanna Gebauer, die stets zur Kirmes ein Kleid, einen Mantel und einen Hut erhielt (817). Erst der Krieg hätte dem ein Ende gemacht. Andere, wie Elfriede Kühn, wurden erst dann neu eingekleidet, wenn sie aus den alten Sachen herausgewachsen waren oder ein besonderes Fest dies erforderlich machte (5191). Keine der weiblichen Befragten erzählte davon, Kleidung anderer aufgetragen zu haben. Das lag jedoch nur an den fehlenden Möglichkeiten. Entweder waren sie die älteste oder einzige Tochter oder sie hatten keine älteren Cousinen im Ort, deren abgelegte Kleidung sie hätten »erben« können (so Kühn, 5256).

Die befragten Frauen trugen als Kinder ausnahmslos Zöpfe. Mit dem Ende der Schulzeit wurden die Haare in der Regel gekürzt. Die Mädchen trugen sie dann zu einer Rolle oder einem Knoten frisiert. Keine hatte einen Bubikopf. Die Veränderung der Frisur signalisierte das Ende der Kindheit und den Beginn des Erwachsenenalters. Johanna Gebauers Opa war dennoch empört und schimpfte schrecklich, als die Enkelin sich die Haare kürzte (2928). Nur Elfriede Kühn trug auf Wunsch der Mutter ihre Zöpfe weiter, wenn auch hochgesteckt, bis ihr Bruder, als sie 18 war, ihr einfach einen Zopf abschnitt (3363). Schmuck spielte im Leben der Mädchen keine große Rolle. Sie hatten höchstens mal eine Silberkette mit Kreuz, einen Ring oder ein Armband; Elfriede Kühn besaß weder das eine noch das andere (5447–5460).

Die Jungen wurden nach dem Kleinkindalter in kurze Hosen gesteckt, die sie auch im Winter trugen (Winkler, 2948), ergänzt durch die üblichen kratzenden Wollstrümpfe, an die sich alle Befragten, auch die Frauen, deutlich erinnerten. Die kurze Hose blieb das Bekleidungsstück der Jungen, solange sie in die Schule gingen (Fröhlich, 913). Der Kommunionsanzug hatte ebenfalls kurze Hosen. Ernst Brunns Anzug war dunkelblau. Dazu trug er ein weißes Hemd (1312). Er hat ihn in guter Erinnerung, im Gegensatz zu den »normalen« Hosen, die aus derbem Manchester-Stoff gefertigt waren und einfach nicht kaputt zu kriegen waren (Brunn, 1349). Allerdings hatte dieser dicke Stoff durchaus Vorteile, wie Otto Dauer betonte:

»Wir hatten ja alle [P] praktisch selbst jemachte [P] Manchesterhosen. Das war ein unheimlich harter Stoff. Und die wurden auch noch auf Vorrat jebaut. Hier von unsern [Schneider], jekauft wurde keine in ner Stadt, warn alles hier im Dorf jemachte [P] Hosen auf Vorrat. Wir hatten son, also das war schwer jeknüllt, aber die Schläge [in der Schule] warn nich so spürbar, warn se nich.« (Dauer, 162–169)

Die erste lange Hose gab es dann zum Ende der Schulzeit. Sie signalisierte den Eintritt ins Erwachsenenleben. Otto Dauer trug sie deshalb voller Stolz (1362). Einzig Fritz Winkler erwähnte die Skihose des Jungvolks (2978), die er in angenehmer Erinnerung hat. Möglicherweise war er der Einzige, dessen Eltern ihm eine gekauft hatten. Bei den Jungen wurde ebenfalls zwischen »Alltagszeug und Sonntagszeug« unterschieden. Vermutlich hatten sie, wie die Mädchen, daneben Bekleidung, die für die Schule reserviert war. Außer den Strümpfen wurden Pullover und Strickjacken von den Frauen der Familie selbst gestrickt. Diese Bekleidungsstücke kratzten furchtbar. Es gab aber auch schon, erinnerte sich Fritz Winkler, Rollkragenpullover mit Reißverschluss, die von einer Frau aus der Verwandtschaft, wohl aus gekaufter Wolle, auf einer Strickmaschine gestrickt wurden:

»Aaah, und da ham wir uns ganz besonders drauf gefreut, wenns mal wieder nen neuen Rollkragenpullover gab, ne. Die trugen sich so unheimlich gut und konntste auch bei Wind und Wetter bisschen besser mit helfen, ne. Weil konntste hochklappen anne Ohren, nich. Dat war ne ganz feines Kleidungsstück.« (Winkler, 2993–2999)

Die Jungen trugen wie die Mädchen Stiefel mit genagelten Sohlen. Erst zur Kommunion bekam Gerd Fröhlich, der aus einem besser situierten Haushalt stammte, »Sonntagsschuhe«, das heißt solche ohne genagelte Sohlen. Schuhe waren teure Anschaffungen, die möglichst geschont werden mussten. Selbst Otto Dauer, dessen Eltern wirklich nicht zu den Ärmsten gehörten, musste seine noch tragen, wenn sie schon zu eng geworden waren. Deswegen hätte er regelmäßig im Winter Frostbeulen gehabt (Dauer, 345). Üblicherweise zogen die Jungen die Sachen an, die ihnen die Mütter hinlegten (Winkler, 3045; Dauer, 2629). Dass die Erwachsenen über die Kleidung der Kinder bestimmten, war so selbstverständlich, dass Otto Dauer es nicht schaffte, sich gegen den Geschmack der Tante durchzusetzen, die für seinen ersten Anzug einen ungewöhnlich gemusterten Stoff kaufte, der ihm überhaupt nicht gefiel (2617).

Bis zum Alter von zwölf bis 13 Jahren trugen die Jungen ausnahmslos einen kahl geschorenen Kopf mit einem Pony. »Glatze mit Vorgarten«

nannte Fritz Winkler diese Frisur (3056). Selbst um den Pony mussten Otto Dauer und seine Brüder kämpfen, wenn der Vater ihnen die Haare schnitt (2653). Diese pflegeleichte »Frisur« war offenbar nur noch in abgelegenen Gegenden üblich. Otto Dauer und seine Brüder wurden ihretwegen bei den Ferienreisen mit den Tanten an die See von anderen (Stadt-) Kindern gehänselt. »Glatzköpfe« hätten sie sie gerufen. »Die habn wa aber schwer in den Sand da jeschmissen«, kommentierte er diese Beschimpfung (Dauer, 2674f.). Erst kurz vor Ende der Schulzeit durften dann die Haare zu einem Herren- oder Fassonschnitt wachsen (Brunn, 1385; Fröhlich, 976).

Verhältnis zum eigenen Körper

Nur gelegentlich wurde in den Interviews die eigene Körperlichkeit thematisiert. Das ist nicht verwunderlich. Die Kinder wurden früh zur Arbeit herangezogen. Ihr Körper war das zentrale Arbeitsinstrument und hatte zu funktionieren. Auch ihre Spiele waren ganz selbstverständlich körperbetont. Der Körper rückte deshalb erst in den Blick, wenn sein Funktionieren gestört war. So erzählte Johanna Gebauer nur en passant im Zusammenhang mit einem Unfall und einer anschließenden längeren ärztlichen Behandlung, sie sei ein »zartes Ding« gewesen (2776). Auch die hygienischen Bedingungen waren nicht dazu angetan, dem Körper besondere Aufmerksamkeit zu schenken. Sie waren allerdings auch nicht wesentlich schlechter als andernorts. In vielen Familien wurde einmal pro Woche gebadet, wie üblich in einer aufgestellten Zinkwanne. Auch wenn man richtig dreckig gewesen sei, betonte Otto Dauer, hätte man sich unter der Woche nur unter dem Wasserhahn oder der Pumpe gewaschen (2012). Gerd Fröhlich meinte sogar, in seiner Familie sei überhaupt nur gebadet worden, wenn man richtig dreckig gewesen sei (940). Andererseits spricht für das wöchentliche Bad, dass einmal pro Woche die Wäsche gewechselt wurde, was üblicherweise im Anschluss an eine »Grundreinigung« geschah (Gebauer, 1191). Im Sommer konnten die Kinder zwar in dem gestauten Flüsschen Hahle baden. Dieses war aber so verdreckt, dass damit zwar eine Erfrischung, jedoch keine Reinigung verbunden war. Den Schmutz des Wassers spülten die Kinder anschließend in einem nahen Bachzufluss ab (Dauer, 268). Im Vergleich zu Volpriehausen, wo die Kinder im Sommer ins

Schwimmbad gingen und alle zwei Wochen am Solebad teilnehmen konnten, war die Körperreinigung in Obernfeld also nicht sehr intensiv. Sie entsprach jedoch dem auf dem Lande (und nicht nur dort) üblichen Standard. Nur bei Erzählungen über Krankheiten, also dem Nichtfunktionieren des Körpers, wurde er ausführlich thematisiert. Darüber konnten etliche viel berichten. In Obernfeld gab es keinen Arzt. Der nächste war in der Kleinstadt. Wie in früheren Zeiten der Barbier zog der Friseur die Zähne und verarztete kleine Wunden, erinnerte sich Elfriede Kühn (1908). Die Kinder hatten die üblichen Kinderkrankheiten. Anstellen durfte man sich dabei nicht. Otto Dauer musste beispielsweise mit Ziegenpeter (= Mumps) in die Schule gehen (3200). Da kaum jemand krankenversichert war, wurde nur in sehr gravierenden Fällen ein Arzt zu Rate gezogen. Elfriede Kühns Vater konnte sich das noch nicht einmal leisten, als die Tochter sich schwer verletzt hatte und holte für die Behandlung Rat lediglich bei dem ihm bekannten Apotheker der Kleinstadt (911). Ein Krankenhausaufenthalt war eine extreme Ausnahme. Otto Dauers Vater musste mit einem Blinddarmdurchbruch dorthin. Wie außergewöhnlich das war und wie intensiv in der Familie über die Kosten diskutiert worden ist, zeigt sich daran, dass Otto Dauer noch den Tagessatz kannte, der im Göttinger Klinikum damals verlangt wurde (3279).

Vertrauter als Zärtlichkeiten, mit denen sie nicht verwöhnt wurden, waren den Kindern körperliche Züchtigungen, wenn auch in den Familien der Befragten davon nicht sehr viel Gebrauch gemacht worden ist. Das ist möglicherweise das Ergebnis einer in dieser Hinsicht sehr speziellen Auswahl der Familien. Besonders der Lehrer und der Pfarrer traktierten die Kinder mit Schlägen. Es wurde bereits darauf hingewiesen, dass in der Schule körperliche Strafen für Mädchen und Jungen gleichermaßen, wenn auch mit kleinen Unterschieden, aus den verschiedenen Anlässen üblich gewesen sind. Körperliche Auseinandersetzungen zwischen den Kindern waren durchaus üblich. Das dürfte besonders für die Knaben gegolten haben. Die Geländespiele im Jungvolk kultivierten die ohnehin vorhandene Betonung körperlicher Kraft und Auseinandersetzung bei den Jungen zusätzlich.

Von den befragten Frauen erwähnte nur Helga Böhme, sie hätte gern Sport gemacht und bei den Wettkämpfen immer eine Urkunde erhalten (1731). Der sportliche Körper war ersichtlich nicht zentral für die weibliche Identität. Angesichts des rudimentären Sportunterrichts, den die Obernfelder Kinder erhielten, wundert das nicht. Aber auch bei den Männern spielten der Sport und der sportliche Körper nicht jene Rolle, wie in den anderen Orten und Milieus. Zwar beteiligten sich alle Jungen gern am Fußballspiel, aber nur einer erwähnte seine Sporturkunden; aus dem Interview eines anderen lässt sich die Bewunderung für körperliche Stärke herauslesen (Dauer, 4141). Das war in der Landwirtschaft, mit der alle mehr oder weniger zu tun hatten, auch eine zentrale Fähigkeit. Fritz Winkler, der als jüngster Befragter am frühesten dem nationalsozialistischen Einfluss ausgesetzt war, entwickelte allerdings eine starke Begeisterung für das Militärische.

Wegen des engen Zusammenlebens der Generationen in den Haushalten und der Verwandten im Dorf begegnete der Tod den Kindern häufiger und rief Ängste hervor. Viele berichteten von Trauer beim Sterben eines Opas oder einer Oma. Aber auch jüngere Menschen starben noch öfter als heute. Vor allem die Tuberkulose raffte viele jung dahin (Kühn, 1786). Johanna Gebauer erzählte vom Tod zweier Mädchen im Kommunionsalter, die offenbar verunreinigtes Wasser aus einem Bach getrunken hatten. Sie sollte eigentlich bei dem einen Kind, das in der Nachbarschaft wohnte und das sie gut kannte, anlässlich seiner bevorstehenden Erstkommunion als »Engel« fungieren. »Also ich hätte mitsterben können, so traurig war das«, kommentierte sie den Tod der zwei Jahre älteren Freundin (Gebauer, 422f.).

Sexualität und Geschlechtsrollen

Wie auch in den anderen Orten wurden in Obernfeld viele Kinder nicht aufgeklärt. Zwar konnten sie einige Informationen durch die Beobachtung der Tiere erhalten, mit denen sie ständig zu tun hatten, aber das reichte nicht aus. Offenbar bemühte sich der Pfarrer, auf seinen Druck hin auch einige Mütter, die Kinder wenigstens ansatzweise mit Wissen über Sexualität zu versorgen. Johanna Gebauer erzählt von den »Einkehrtagen«, die die Kirche nach Ende der Schulzeit für die Mädchen veranstaltete, und einem Pater, der mit ihnen über sexuelle Fragen gesprochen hätte (3091).[2] Die anderen Frauen betonten, weder Eltern noch Schule hätten sich darum

---

[2] Das ist eine bemerkenswerte Differenz zu den anderen Milieus und bestätigt jedenfalls nicht die dem Katholizismus nachgesagte Körperfeindlichkeit. Es könnte aber sein, dass der damalige Obernfelder Pfarrer eine Ausnahme gewesen ist.

gekümmert. Elfriede Kühn bezog ihr Wissen von älteren Freundinnen und deren Schwestern. Als sie mit 18 Jahren erstmals menstruierte, war sie daher nicht überrascht. Das war bei Johanna Gebauer ganz anders, die mit 13 Jahren ihre Regel bekam. Von der Mutter erhielt sie nur eine notdürftige praktische Anleitung. Sie profitierte dann sehr von einer im Hause lebenden Tante, die sie mit den Camelia-Binden und praktischen Hinweisen versorgte (Gebauer, 3098). Auch Helga Böhme wurde von ihrer Menstruation völlig überrascht. Ihre Mutter reagierte nur sehr knapp auf dieses Ereignis bei der einzigen Tochter:

»Nein, das, oh, da war ich auch ganz unglücklich [lacht] ne [lacht] bin ich zu meiner Mutter jegangen, sacht se: ›Ja, das is die Regel. Die kriste jetzt alle vier Wochen‹, ne.« (Böhme, 1364–1367)

Auf dem Dorf rankte sich um die Menstruation noch viel Aberglauben. Vermutlich wurde nicht nur Johanna Gebauer in dem Glauben erzogen, dass menstruierende Frauen vielfältigen Beschränkungen unterlägen:

»Ja. Ja. Jaha. Aber auch, wenn man dann n ganzen Tach im Felde sein musste. Das war nicht einfach, nech, ne. Nee. Nee. [...] Man konnte ja auch nich einkochen in der Zeit, nech. Das wurde ja schlecht sogar. Und man durfte nich schlachtn. Das – is nicht einfach, diese Angelegenheit, nein, nein. [PP]« (Gebauer, 3129–3140)[3]

Von den männlichen Befragten wurden zwei nach eigener Aussage von niemandem aufgeklärt. Bei dem zehn- bis zwölfjährigen Ernst Brunn versuchte das der Pfarrer, wenn auch offenbar nicht sehr erfolgreich, denn das Un- oder nur Halbverstandene versuchte der Junge dann von der Mutter erklärt zu bekommen (1417). Fritz Winklers Mutter hingegen wurde von dem Pfarrer, vermutlich einem anderen, veranlasst, den beiden Söhnen das Nötige mitzuteilen. Aus der Erzählung wird deutlich, dass das für alle Beteiligten eine schwierige Situation gewesen sein dürfte:

»Naja hat se dat mal versucht, aber die hat da mehr bei geweint. Dat weiß ich noch ganz genau, wie dat se uns erzählt hat, ne. [lacht] Hat se hat sich da so furchtbar bei aufgeregt. Weil dat war ja in den Zeiten noch nen ganz schönes Tabuthema.« (Winkler, 3094–3098)

Den Rest, so Fritz Winkler, habe er sich aus Büchern zusammengelesen.

Niemand erinnerte sich daran, jemals den Wunsch gehabt zu haben, dem anderen Geschlecht anzugehören. Die von den Erwachsenen in der Familie und auch außerhalb vorgelebten Geschlechtsrollen waren ihnen

---

3 Vgl. dazu oben S. 233, Anm. 52.

absolut selbstverständlich. Ihre religiöse Fundierung verstärkte dies noch. Nachdem sie anfangs durchaus miteinander gespielt hatten, separierten sich Mädchen und Jungen, wie erwähnt, spätestens seit Beginn der Schulzeit nach Geschlechtszugehörigkeit in den Kindergruppen. Erst gegen Ende der Schule entwickelten sie wieder Interesse am anderen Geschlecht. In den letzten Schuljahren

»dann wurde mitn Jungn schon son bisschen hin- und hergeflachst, nech. Und auch, wenn man dann sonntachs so spaziern ging im Sommer, dann ging dieser Trupp Mädchen, und gewöhnlich war dann auch son Trupp Jungs so, dass die dann zusamm so spaziern gingn. Und machtn dann so ihre Scherze so dabei.« (Unger, 1344–1349)

Eine andere Variante der Kontaktaufnahme beschrieb Ernst Brunn. Als die Schule zu Ende war,

»Ja, da hatte man ja schon mal son bisschen andere Jedanken so, die jungen Mädels sich mal so anzugucken und so weiter, nech. Und da war es hier bei uns so im Ort, dass wir so Runden hatten, ja? Meintwegen mit vier, fünf Jungs, und wir besuchten so dann so 'ne Runde Mädels, die auch so in der Größe waren, ja? Und dann war an dem Sonntagabend der Besuch, und zwar bei den Mädels, die abwechseln denn im Hause waren. Also waren dieses Mal [bei] dem Mädel, das nächste Mal wurde der Besuch denn beim andern Mädel [gemacht]. Da waren aber die vier, fünf Mädels immer dabei, ne. Da hab ich aber keins von jeheiratet. [lacht] Das waren Mädels, die inner Schulklasse mit waren, nech, das waren, wo wa gemeinsam die Schule mit hatten und so weiter.« (Brunn, 3244–3260)

Sich zu sehr oder vor der Zeit für die Jungen zu interessieren oder sich gar mit ihnen zu treffen, war verpönt. Das lässt sich aus einer Bemerkung Helga Böhmes entnehmen, als sie über die Beichte sagte: »Och no ja, was hat man denn aach Großes ausjefressen. Ich meine – wir sind nich mit Jungs umherjejuchtert, und hat bei uns nicht jegbn so was.« (1824–1827)

Das Hineinwachsen in die Geschlechtsrollen schloss die Akzeptanz der geschlechtsspezifischen Arbeitsteilung ebenso ein wie die Trennung der sozialen Welt in Sphären für Frauen und für Männer. Nicht alle, aber bestimmte Tätigkeiten waren eindeutig männlich oder weiblich konnotiert. »Stricken und Knütten« (Winkler, 3002) war ebenso typisch für Frauen wie die Tabakarbeit (Brunn, 1875). Aus den Erzählungen über die Besuche an den Winterabenden geht hervor, dass selbst diese für die Frauen keinen Müßiggang bedeuteten. Sie waren sogar dann, wenn die Männer pausierten, »unentwegt beschäftigt« (Winkler, 3006). Sie strickten oder hatten das Spinnrad dabei (Dauer, 369, 424). Durch das mütterliche Beispiel wurden die Mädchen schon früh ans Stricken herangeführt. Der Handarbeitsunterricht in der Schule erweiterte ihre Fähigkeiten noch ums Flicken und Nähen. Diese Tätigkeiten dienten explizit als Vorbereitung auf das künftige Leben als Ehefrauen. »Für [das] Flicken kriegen sie von ihrem Mann bestimmt mal keine Schimpfe«, hätte die Handarbeitslehrerin zu ihr gesagt, erzählte Helga Böhme (3022f.). Neben einem Kochkurs waren Nähkurse nach Beendigung der Schulzeit die einzige weitere »Ausbildung«, die die Mädchen erhielten. Handarbeiten wurden für sie ebenso wie für ihre Mütter zu einer wichtigen, weibliche Identität stiftenden Arbeit, die einige noch im hohen Alter in ihren Mußestunden praktizierten. Aus Elfriede Kühns Erzählung lässt sich zudem entnehmen, dass und wie sehr Mädchen für die Brüder arbeiten mussten. Als sie den Handarbeitsunterricht erwähnte und erzählte, was sie dort gelernt habe, sagte sie:

»Nech, also, wie meine Brüder jeheiratet haben, da hab ich für jeden Bruder hab ich sechs Hemden nähen müssen. Meine Mutter hatte Zeug [Stoff] gekauft. Und hat gesacht: ›So, wenn er jetzt heiratet, dann muss er sechs neue Hemden haben.‹ Musst ich sechs Hemden nähen. Für jeden, für jedn von meinen ganzen allen drei Brüdern hab ich die Hemden nähen müssen.« (Kühn, 4962–4970)

An keiner Stelle dieses oder anderer Interviews wurde eine vergleichbare Leistung der Brüder für Schwestern erwähnt. Dennoch fehlt auch in der Retrospektive jede kritische Bemerkung dazu.

Vor allem die Öffentlichkeit und öffentliche Funktionen waren fest in der Hand der Männer. Das galt beispielsweise für den Kirchenvorstand. »Frauen, die waren damals noch gar nich an ner Reihe«, bemerkte Adelheid Unger (890) in diesem Zusammenhang. Ein typisch männlicher Ort war die Gastwirtschaft. Frauen hielten sich dort normalerweise nicht auf. Ebenso waren Bier und Zigaretten, die dort erworben und konsumiert wurden, typische Attribute eines Mannes. Das Wirtshaus als Ort männlicher Geselligkeit und – interessanterweise – auch der Körperpflege wird in Otto Dauers Erzählung plastisch. Über seinen Vater erzählte er:

»Nee sonnabends, nein, in der Woche hat er sich einmal rasiert, Sonnabendabend hat er sich hier im Krug rasiern lassen. Das war für die älteren Leute. Die Männer gingen am Sonnabendabend aus. [P] Die älteren! Hier zum Kruge. Und dann war der [P] Frisör im Krug. Dann ham die Karten jespielt und alles Mögliche, und wenn wieder einer frei war, dann hat der Haare jeschnitten un rasiert, bis dass [P] keiner mehr da war. Das ging im Krug. Und genau dasselbe am Sonntag für die [P] Jüngeren!« (Dauer, 4411–4422)

Die Jungen konnten es kaum erwarten, nach Beendigung der Schulzeit endlich Zutritt zu diesem Ort zu bekommen. Das zeigt sich in der Antwort Otto Dauers auf die Frage, ob er als Kind gern schneller älter geworden wäre:

»Ja, selbstverständlich. Die letzten zwei Jahre [P] wo ich in ne Schule ging, damit wa in den Krug in ne Gastwirtschaft gehen konnten und konnten Karten spielen. Und das war hier eisernes Jesetz. Da durfte keiner rein, ehe dass er draußen, mit dem Moment, wo er aus der Schule war, konnte er [mit] andern hin, in ne Kneipe gehn.« (Dauer, 4964–4970)

Es wurde bereits darauf hingewiesen, dass die befragten Männer alle eine Ausbildung machen konnten, von den Frauen keine Einzige. Das kann angesichts des kleinen Samples Zufall sein. Es könnte aber aus den in Obernfeld besonders konservativen Vorstellungen über die Geschlechtsrollen resultieren. So klein ihr Besitz auch war, verstanden sich die Obernfelder Eltern primär als Landwirte, die davon ausgingen, dass die Töchter, wie Jahrhunderte lang üblich, ihr Leben lang mitarbeiteten – entweder im elterlichen Betrieb oder in dem, in den sie einheirateten.

7. Erziehungsmaximen und Werthaltungen

Normen und Werte

Wenn man den in Obernfeld bedeutsamen Bereich des Religiösen für das alltägliche Leben zunächst ausklammert, lassen sich bei den Erziehungsmaximen und der Vermittlung von Werten keine prinzipiellen Differenzen zwischen den beiden Dörfern feststellen. Hier wie dort lebten die Erwachsenen, besonders die Eltern, den Kindern vor, wie sie sich verhalten sollten. Unterschiede gab es in der Intensität, mit der die zentralen Verhaltensweisen und Wertorientierungen vermittelt worden sind. Den Interviews zufolge hat das kargere und stärker durch die Landwirtschaft bestimmte Leben in Obernfeld dazu geführt, dass Arbeit und Arbeitsamkeit sowie Sparsamkeit einen noch höheren Stellenwert hatten als in Volpriehausen. Auch wenn man konzediert, dass Elfriede Kühn und ihre Geschwister, die darum wetteiferten, wer das meiste Geld wieder von der Kirmes mit nach Hause brachte, vermutlich Ausnahmen waren, lässt sich nicht übersehen, dass sparsamer Umgang mit vielem notwendig war, besonders mit dem, was Geld kostete. Das betraf vor allem die Kleidung, die zu schonen die Kinder angehalten waren. Geld zu verplempern, das lernte Fritz Winkler früh, zog Prügel nach sich (1688).

Großgeschrieben wurde aber in erster Linie der Gehorsam. Die Erzählungen der Befragten vermitteln den Eindruck, als sei die Unterordnung der Kinder in Obernfeld ausgeprägter gewesen als in Volpriehausen. »Wir haben immer jespurt«, sagte Otto Dauer (2482) und Gerd Fröhlich betonte:

»Was meine Mutter sagte oder mein Vater, das warn Gesetz, das war Gesetz. Da ging kein Weg dran vorbei. Nicht im Bösen, sondern das wurde jesagt, und denn, parierten se alle auch.« (Fröhlich, 593–596)

Gehorsam und Disziplin waren so wichtig, dass Fritz Winkler davon seine Kindheit in gewisser Weise überschattet sah: Zwar bilanzierte er:

»Dat war ne gute Kindheit und äußerst gerecht. Et wurde keiner bevorzugt oder dies oder jenes, nich. Dat gab's grundsätzlich nich. Jaja. Dat war ne äußerst gerechte Angelegenheit, ne«,

fügte dann aber hinzu:

»Obwohl über weite Strecken auch schon nen bisschen ernst, ne. Wie man dat heute vielleicht nich mehr so kennt, nich. Ich weiß es nich, ne. [P] Ham da viele Regeln da, die nich überschritten werden durften, ne. In der Kindheit, ne.« (Winkler, 6252–6280)

Ansonsten nannten alle auf die Frage, was den Eltern bei ihrer Erziehung wichtig gewesen sei, den üblichen Kanon: Pünktlichkeit und gutes Benehmen, zu dem Höflichkeit – vor allem gegenüber älteren Leuten – ebenso gehörte wie das Grüßen von jedermann, besonders aber der dörflichen Respektspersonen, des Pfarrers und der Lehrer. Helga Böhme lernte am Beispiel ihrer Eltern Großzügigkeit und Mildtätigkeit (90, 129f.). Gute Schulleistungen wurden explizit nur von den Geschwistern, Johanna Gebauer und Fritz Winkler, genannt, deren Vater darauf besonderen Wert legte.

Medien

Außer durch das Elternhaus wurden die Kinder durch Medien mit Werten und Normen vertraut gemacht. Wie gezeigt worden ist, wurde die NS-Ideologie vor allem durch die »neuen Medien«, Radio und Film, verbreitet. Im Unterschied zu den anderen Milieus und Orten spielten sie in Obernfeld aber offenbar nur eine geringe Rolle.

In den Familien der Befragten gab es nur selten ein Radio. In drei Haushalten war es schon frühzeitig vorhanden, in zwei von ihnen aus geschäftlichen Gründen. Vom Radiohören war daher in den Interviews kaum die Rede. Elfriede Kühn wurde gelegentlich von Nachbarn dazu eingeladen (4084). Das war aber anscheinend erst in der Kriegszeit der Fall. Infolgedessen gibt es auch wenig konkrete Erinnerungen an bestimmte Sendungen. Der Boxkampf zwischen Max Schmeling und Joe Louis, den Fritz Winkler und sein Bruder 1938 sogar nachts anhören durften, war eine Ausnahme. Ihre Schwester, Johanna Gebauer, hörte gern am Sonntagnachmittag das Wunschkonzert (2453). Otto Dauer erinnerte sich, die Rede Hitlers zum Kriegsbeginn 1939 gehört zu haben (2135). Da war er aber bereits 16

Jahre alt. Allerdings sorgte vor allem die Schule dafür, dass die Kinder der Propaganda ausgesetzt wurden: Sie lauschten gemeinsam den politischen Reden in einem Wirtshaussaal (Gebauer, 2413).

Noch weniger als mit dem Radio kamen die Kinder mit dem Film in Kontakt. In Obernfeld gab es kein Kino und offenbar während der 1930er Jahre auch keine regelmäßigen Filmvorführungen in einer der Gastwirtschaften. Die meisten Befragten erinnerten sich jedoch, im Klassenverband Filme gesehen zu haben. Teilweise wurden die Kinder zu Fuß in das Kino der Kleinstadt geführt, gelegentlich wurden auch in Obernfeld Filme in einer Gastwirtschaft gezeigt. Erinnert wurden der Olympia-Film, »Hitlerjunge Quex«, »SA-Mann Brand« und ein Film über ein U-Boot.

Auch Zeitungen spielten als Informationsquelle keine große Rolle. Nicht in allen Familien wurde eine gehalten, in einigen vermutlich lediglich im Winter, weil nur dann überhaupt Zeit zum Lesen gewesen sei, wie Ernst Brunn erzählte (2132). Ein einziger Zeitzeuge berichtete, er hätte schon als Kind gelegentlich in die Zeitung geguckt. Die anderen waren daran nicht interessiert.

Jene Medien, die das Regime in erster Linie für politische Propaganda nutzte, wurden von den Kindern also kaum wahrgenommen, teils weil sie, wie bei Radio und Film, nur begrenzt Zugang dazu hatten, teils weil sie sie, wie die Zeitung, nicht interessierte. Aus den wenigen Radiosendungen oder Filmbesuchen lässt sich nun aber nicht ohne Weiteres auf deren Wirkungslosigkeit schließen. Es könnte durchaus sein, dass gerade durch die Seltenheit des Ereignisses es umso tiefgreifender und nachhaltiger gewirkt hat. Fritz Winklers Äußerungen legen eine derartige Interpretation jedenfalls nahe:

»Und dann war die Olympiade '36. Die war auch verfilmt, ne. Von der berühmten, berüchtigten Leni Riefenstahl, ne. Lebt ja heute noch. Jajaja, und dieser Film der wurde auffen Saal hier in der Nachbarschaft Gastwirtschaft für die Kinder auch aufgeführt. Ein einmaliges Erlebnis bis auf den heutigen Tach für mich ne. Dat war so wunderschön, ne, dat war so wunderschön, wat die Leute da, und die Deutschen ham ja da auch sagen wir mal '36 sehr gut abgeschnitten.« (Winkler, 3295–3307)

Obwohl in den meisten Haushalten nicht mehr Bücher als die Bibel und eine Sammlung von Heiligenlegenden vorhanden waren,[1] gelegentlich ein Märchenbuch oder ein Wilhelm-Busch-Band, erzählten mehrere Befragte,

---

1 Nur ein Mann im Ort hätte schon Bücher besessen, erzählte Johanna Gebauer (2245).

drei Frauen und zwei Männer, sie hätten gerne gelesen. Auch von zwei Vätern wurde das berichtet. »Aber nur im Winter«, fügte Otto Dauer sogleich hinzu (4330). Ihm war der lesende Vater ebenso Vorbild wie Fritz Winkler und Johanna Gebauer. Deren Mutter hielt allerdings wenig davon, dass ihre Kinder über Büchern hockten (Winkler, 3172). Sie hätte sogar gesagt: »Ein Bauer, der darf überhaupt nicht lesen!« (Gebauer, 2224f.), wohl weil er dazu eigentlich keine Zeit hätte. Dieses Verdikt hielt ihren Mann und ihre Kinder dennoch nicht vom Lesen ab. Die Kinder lasen selbst noch abends im Bett.

Lektüre besorgten sie sich ausnahmslos in der Pfarrbücherei.[2] Dort konnten sie sonntags nach der Nachmittagsandacht Bücher ausleihen. Das kostete pro Buch fünf Pfennige. Wer unschlüssig war, welches Buch er nehmen solle, konnte sich vom Pfarrer beraten lassen. Im Dritten Reich wurde die Bücherei – nach der Erinnerung Fritz Winklers – auch von den Büchern unliebsamer Autorinnen und Autoren »gesäubert« (Winkler, 3117). Dennoch wird man davon ausgehen können, dass die NS-Konjunkturliteratur dort nicht oder nur sehr schwach vertreten gewesen sein dürfte. Bei den Jungen erfreuten sich die Karl-May-Bände großer Beliebtheit. Sonst wurden noch Jón Svenssons[3] Nonni und Manni genannt. Fritz Winkler bezog auch einen Teil seines Wissens darüber, »wie es im Leben denn einfach so war« (3099f.), aus den Büchern der Pfarrbücherei. Diese Bemerkung bezog sich auf seine Erzählung über Sexualität. »Aber so richtig schlimme Sachen kriegteste da nicht, ne« (Winkler, 3112f.), fügte er hinzu.

Religion

Wesentlich intensiver als die Medien beeinflusste die katholische Kirche Normen und Werte, Einstellungen und Lebensperspektiven der Befragten aus Obernfeld. Sie wuchsen in einem häuslichen und dörflichen Umfeld auf, in dem nahezu alle praktizierende Katholiken waren und wo sie »gut katholisch« (Böhme, 3887) erzogen wurden. Von klein auf wurden sie in

---

[2] Die als Konkurrenz in den 1930er Jahren gegründete Schulbücherei wurde von niemandem erwähnt.

[3] Isländischer Schriftsteller, Jesuit und Priester, der schon vor 1913 den ersten Nonni-Band publizierte. Vgl. *Brockhaus*, Bd. 21, 19. Aufl. 1993, S. 504.

die Rituale einbezogen und eingewiesen, die den gesamten Alltag bestimmten. War in den anderen Orten und Milieus die alltägliche Frömmigkeit der Kinder zumeist auf das Nachtgebet und den gelegentlichen Besuch des Gottesdienstes am Sonntag begrenzt, so lernten die Obernfelder Kinder zusätzlich das Morgengebet sprechen sowie die Gebete vor und nach jeder Mahlzeit. In der Fastenzeit wurde täglich der Rosenkranz gebetet, wozu sich die Familie gegen Abend versammelte. Eltern und die anderen im Hause lebenden Verwandten unterwiesen die Kinder in den Ritualen, vermittelten ihnen religiöse Inhalte, lasen ihnen Heiligenlegenden vor. Otto Dauers Opa erzählte den Enkelsöhnen, mit denen er den Schlafraum teilte, abends im Bett biblische Geschichten (3084). In der Adventszeit las Helga Böhmes Vater am Abend aus der Bibel vor (1763). Teilweise wurden diese Verwandten als »tief« oder »total« religiös bezeichnet (Winkler über die Mutter, 1744; Gebauer über die Oma, 5361). Die religiöse Sozialisation war nicht nur eingebettet in die religiöse Praxis im Elternhaus, sondern in die von Verwandten und Nachbarn. Was es bedeutete, katholisch zu sein, war in der Umgebung sichtbar und wurde fraglos gelebt. Geradezu »automatisch« wuchsen die Kinder in den Glauben hinein, ohne dass dazu Eigeninitiative notwendig gewesen wäre.[4]

Zur alltäglich praktizierten Religiosität gehörten weiterhin der bereits erwähnte tägliche Kirchgang vor Schulbeginn sowie am Sonntag der Besuch der Messe am Morgen und der Andacht am Nachmittag. Diese beiden Kirchgänge strukturierten den einzigen freien Tag. Die anderen Ereignisse: Mittagsessen, Kaffeetrinken, Spazierengehen und das Spiel der Kinder gruppierten sich darum, wie Adelheid Unger erzählte:

»Ja, Sonntach war auch dann Messe hier, Hochamt im Dorf. Und da gingen dann alle hin, Eltern und war auch noch ne Frühmesse, morgens früh eine. Und da auch dann das Hochamt. Entweder ging die Mutter oder aaner aus der Familje schon in die Frühmesse. Und die andern gingen dann ins Hochamt. Wer inner Frühmesse war, der musste dann sich ums Mittachessen kümmern. Wenn dann die Messe zu Ende war, und man war zu Hause, dann gab es schon früh das Mittachessen dann sonntachs. So halb zehn war gewöhnlich Hochamt, halb elf wars aus. Elf, halb zwölf so rum, gabs dann schon es Mittachessen. Na, dann wurde wieder abgewaschen und sowas. Und um halb zwei rum war dann auch noch mal 'ne Andacht in

---

4 Für den Bereich der religiösen Sozialisation wird von einer »hohen Übertragungsrate« zwischen der Eltern- und der Kindgeneration ausgegangen. Das gelte besonders dann, wenn beide Eltern religiös und kirchlich eingebunden sind. Der Eigenanteil, die Selbstsozialisation, sei in diesem Fall gering. So Zinnecker, »Die ›transgenerationale Weitergabe‹«, S. 145f.

der Kirche. Und da ging man gewöhnlich auch hin dann. Die dauerte 'ne gute halbe Stunde vielleicht. Und nach der Andacht, da gabs dann, war Kaffetrinken. Gabs auch gewöhnlich [P] warn sonnambs Kuchen gebacken oder so, und dann wurde Kaffee getrunken. Und dann gingen wir Kinder dann mitn Freundinnen raus. Entweder im Winter in die Häuser oder im Sommer draußen innen Wald mal oder auch so innen Gartn inne Laube. Und [P] dann wurde bis zum Abendbrot blieb man dann weg. Und dann ging man wieder nach Hause zum Essen. [lacht]« (Unger, 2303–2327)

Im Winter besuchten die älteren Leute die Kirche ebenfalls täglich in der Frühe und leisteten dabei den Schulkindern Gesellschaft. Im Mai fand jeden Abend eine Andacht in der Kirche statt,[5] zu der sich Johanna Gebauer immer »schick« anzog (509f). Ebenso wie diese Andacht war auch der sonntägliche Kirchgang nicht nur ein religiöses, sondern auch ein soziales Ereignis, bei dem unter anderem die neuen Mäntel und Hüte vorgeführt und bewundert wurden (Gebauer, 4585). Zugleich diente der Besuch der Messen und der Andachten zur Disziplinierung der Kinder. So erzählte Otto Dauer, er sei nicht freiwillig in die Kirche gegangen, sondern nur mit Zwang (2904). Nach der Kommunion sei er freiwillig Messdiener geworden, weil die Zeit dann wenigstens schneller vorbeigegangen sei (Dauer, 2912). In der Kirche mussten die Kinder nämlich unter den Augen der Familienangehörigen ruhig sitzen und »stille« sein. Wem das nicht gelang, der hatte Konsequenzen zu befürchten.

»Ja nich, wenn heute die Kinder in die Schul, in die Kirche kommen, dann palavern die noch richtig lustig miteinander, bis dat et denn richtig losgeht, ne. Und denn sind se noch nich mal stille, ne. Aber dat war [damals] so stille, da konntste ne Stecknadel zu Boden fallen lassen. Und wer sich nich so benommen [hat], der musste auch schon mal damit rechnen, dat er, wies mir mal passiert is. Ich hab von der Mutter mal nen Hosenboden vollgekriegt, ne, weil sie gesehen hatte, dat ich mich nich so hundertprozentig benommen hatte, ne. Und wenn man dann in der Schule war, unserer Lehrer hatte wat bemerkt, dann warste auch dran, ne. Dann musste, dat war total Disziplin.« (Winkler, 6264–6280)

Am Abend, um 18 Uhr, läutete die Angelusglocke und rief die Kinder nach Hause. Geleitet und umsorgt wurden die Kinder Tag und Nacht von ihrem Schutzengel, der aber zugleich auch eine Kontrollinstanz war, vor der die Kinder »sich 'nen bisschen vorsehen sollten sowieso«, sagte Fritz Winkler (37).

---

5 Vgl. http://de.wikipedia.org/wiki/Maiandacht vom 9.9.2013.

Hinzu kam die enge Verbindung zwischen Schule und Kirche. Das ist bei der »Kirchenpflicht« bereits angeklungen. Der Lehrer war zugleich Organist und konnte so während des Gottesdienstes die Anwesenheit und das Verhalten der Schulkinder kontrollieren. Der frühmorgendliche Kirchgang wurde von den Kindern nicht nur in der Schulzeit, sondern auch in den Ferien erwartet (Brunn, 806). »Und wenn de Ferien vorüber warn und wir hattn Relijonsunterricht, dann frachte der Pfarrer sogar, wieviel mal man nicht in der Kirche gewesen war. In Ferien!«, betonte Johanna Gebauer (2092–2095).[6]

Große Bedeutung im Leben der Kinder hatte ihre Erstkommunion, die meist im dritten Schuljahr stattfand, wenn die Kinder ungefähr neun Jahre alt waren. Sie wurde durch einen Kommunionsunterricht vorbereitet. Zuvor fand die erste Beichte statt, für die ein gesonderter Unterricht notwendig war. Dieser Initiationsritus wurde besonders von den Frauen als das zentrale Fest der Kindheit beschrieben:

»Ooch, du, das war doch-n großes Fest. Dann bin ich mit meim Bruder zusammen gegangn. [P] O das warn großes Fest. Ooch, da [PPP] S war doch n großes Ereichnis. […] Ja sicher. Der Pfarrer hat uns das sooo – also – wir warn da so von begeistert un soo, also was Größeres konnte uns doch gar nich jeschehn, nech.« (Böhme, 1782–1790)

Dagegen verblasste die gegen Ende der Schulzeit stattfindende Firmung. Einmal monatlich konnte sich die Gemeinde von den Fortschritten der Kinder überzeugen. Statt der sonntäglichen Nachmittagsandacht fand die »Christenlehre« statt, bei der der Pfarrer die Kinder in Anwesenheit der Gemeinde in der Kirche unterrichtete, aber auch abfragte. Das war für einige Kinder eine gefürchtete Situation, wie aus Otto Dauers Worten hervorgeht:

»Na, er hat nur die, praktisch die jefragt, die zur Kommunion jegangen sind. Also da nich die ganz Kleinen. Nein. Aber das musste man schon, konnte man sich schon blam[ieren]. Da gabs natürlich schon zu Hause [P] Senge! Senge nich, also

---

6 Aus anderen katholischen Orten liegen ähnliche Beschreibungen eines durch und durch von Kirche und Religion geprägten Lebens vor. So schreibt Bohmert über seine Kindheit in der Kleinstadt Warendorf: »Das Kirchenjahr mit seinen Festen prägte unser tägliches Leben mindestens in gleichem Maße wie der weltliche Kalender und der natürliche Jahresablauf von Frühling, Sommer, Herbst und Winter ... die Luft in dieser Stadt war katholisch.« Bohmert, »Kreuz und Hakenkreuz«, S. 22. Zitiert nach: Kösters/Damberg, »Katholische Jugend« (Teil I: 1930–1945 von Kösters, S. 19–30).

Theater, wenn man da zwei, drei Fragen nicht jewusst hatte. Der nannte die dann beim Namen.« (Dauer, 3054–3060)

Außer den bereits erwähnten gab es jenseits der üblichen kirchlichen Feste und Feiertage weitere Rituale, in die die Kinder einbezogen wurden: die »Kläpperjungs« hatten in der Karwoche eine wichtige Funktion, wie Fritz Winkler erzählte:

»Da wurde ja nich geläutet in der Kirche, ne. Und da gingen die Jungs mit Klappern durch's Dorf. Klapp-klipp, klapp-klapp, plapp-plipp, plapp-plapp. Alle Mann, da waren sie so 'ne 30 Mann und statt dem Läuten gingen die 'ne halbe Stunde vorher los, durch's ganze Dorf, eine Runde ne. Und haben die Leute denn praktisch aufgefordert, sie sollten zur Kirche gehen, ne. War det war immer abends, ne.« (Winkler, 2403–2411)

Wenn dabei auch noch säumige Kirchgänger öffentlich gemahnt werden konnten, war der Spaß noch größer.[7] Auch an der am ersten Sonntag im Juli stattfindenden Wallfahrt nach Germershausen nahmen die Kinder teil. In Fritz Winklers Erzählung wird die kindliche Perspektive auf dieses Ereignis sehr deutlich:

»Da is Germershäuser Wallfahrt, nich. Und dann gabs dat nich anders, wenne noch nicht inner Schule warst, brauchteste wohl nich mit. Aber sobald du in der Schule warst, mussteste mit, ne. Und dann ging dat hier durch's Feld. Ja, wollen ma sagen drei Kilometer. Und die Großen, die versammelten sich alle die Leute in der Kirche oder vor der Kirche. Und dann gings los. Schön durchs Feld, ne. No, und dat war 'ne Sache wo die Kinder ganz gern mitgingen, ne. Weil da gabs, wenn se angekommen waren in Germershausen. Da gabs zwei Gastwirtschaften. Die hatten auch son kleinen Biergarten denn zurechtgemacht, ne. Und et wurde jefrühstückt. Und et gab Limonade dazu. Und der Vater trank wohl auch nen Bier. [lacht kurz] Die Limonade, dat war einfach so wat Seltenes, nich, nich.« (Winkler, 6178–6192)

Das nationalsozialistische Regime versuchte, den Einfluss der katholischen Kirche sukzessive zurückzudrängen. Pfarrer wurden drangsaliert. 1942 wurde ein aus Obernfeld stammender, in einer Nachbargemeinde tätiger Pfarrer verhaftet und verurteilt.[8] Die Familien beobachteten das Verhältnis des Regimes zur katholischen Kirche genau und diskutierten darüber. Mit dem Hinweis auf die Verhaftung von Pfarrern begründete Johanna Gebauers Vater ihr gegenüber sein Verbot, dem Jungmädelbund beizutreten

---

7 Kläpperjungs gab es auch in anderen Orten. Vgl. das Photo von den Kläpperjungs in Immingerode um 1955 in: *Historischer Alltag*, S. 41. Die Jungen praktizierten dieses Ritual, wie aus Fritz Winklers Beschreibung hervorgeht, wie einen Rügebrauch.
8 Vgl. Kurth, *Obernfeld*, S. 343f.

(3987–3997). Obwohl es einen Geistlichen in der Familie gab, hat diese Begründung Johanna Gebauer nicht von ihrer Begeisterung für den Jungmädelbund abgehalten. Von den beiden während des Untersuchungszeitraums in Obernfeld tätigen Pfarrern trat keiner offen gegen die Nationalsozialisten auf:

»Der hat nix jesagt. Was sollte der sagen? Denn kam er ja weg, nech. Weil hier in der Gegend sind mehrere weggeholt, nech, in KZ, und der hat sich so da durchjeschlängelt, nech.« (Fröhlich, 1903–1911)

Die Distanz der Pfarrer gegenüber dem Regime war aber durchaus bekannt. Durch ihr Verhalten signalisierten sie der Bevölkerung ihre Vorbehalte und bestärkten viele in ihrer eigenen Haltung. Johanna Gebauer erinnerte sich, dass der Pfarrer bei einer Wahl (vermutlich 1933), an der er sich offenbar nicht beteiligen wollte, zur Stimmabgabe abgeholt worden sei (2357). Auch in einer Episode, die Gerd Fröhlich erzählte, wird die ablehnende Haltung des Pfarrers deutlich:

»Der, hier war mal 'n großes Sängerfest und der Pfarrer war ja Ehrenpräsiz, das ist nun schon immer jewesen und da musste der auch grüßen, nech. Und da hat er, das hab ich nie wieder vergessen, da hat er die Hand da hochjehoben und hat jesagt: ›So gutes Wetter ist es heute.‹ [lacht] Ja. Hat er die Hand hochgehoben und hat das dann [gesagt].« (Fröhlich, 1913–1922)

Dieser Pfarrer bekam dann aber offenbar ernsthafte Probleme, wie sich aus Fritz Winklers Worten ergibt:

»Und der [Pfarrer] war denn, unserer war ja dann nun auch dafür bekannt, dat er nen schlimmer Nazigegner war, ne. Sind ihm auch mal auf die Pelle gerückt, ne. Von der Gestapo her, ne. Hat er Glück gehabt. Und det Dorf hat zu ihm gehalten und dieser Zellenleiter der hat auch nix unternommen. Deshalb is dat alles mehr oder weniger glimpflich abgegangen. Aber na zumindest war et nen ganz sprödet Verhältnis. Zu dem, zu der Regierung, nich. Jajajaja.« (Winkler, 5003–5011)

Der Zellenleiter konnte sich angesichts dessen nicht weiter vorwagen, wenn er sich nicht im Dorf zum Außenseiter machen wollte. Die antiklerikale Politik des Regimes schaffte es nicht, die Autorität des katholischen Pfarrers zu unterminieren.

Die Obernfelder Pfarrchronik zeugt von dem immer größer werdenden Einfluss der politischen Veränderungen auf das kirchliche Leben: Das katholische Vereinswesen kam weitgehend zum Erliegen und führte ein

Kümmerdasein.⁹ Offensichtlich als Konkurrenz zur Pfarrbücherei wurde eine Schulbibliothek gegründet.¹⁰ Mit Sorge registrierte der Pfarrer, dass einige seiner Schäfchen von der politischen Propaganda nicht unbeeindruckt blieben.¹¹ Befragte erzählten von Konflikten mit dem Pfarrer, weil sie unüberlegt nationalsozialistische Sprüche benutzten oder Lieder sangen. Andererseits berichtete Adelheid Unger von ihrer Schwester, diese habe widersprochen, als eine Führerin des Jungmädelbundes das Weihnachtsfest als »Fest der Sonnenwende«, »des Lichts« interpretierte, und sie darauf hingewiesen, sie, die Katholiken, würden aber Christi Geburt feiern (1696–1702). Am Fronleichnamstag durften die Häuser nicht mehr mit kirchlichen Fahnen geschmückt werden.¹² Während anfänglich die nationalsozialistischen Feste einen Kirchgang einschlossen, musste dies nach Festigung des Regimes auf Druck der Behörden unterbleiben.¹³

---

9 Pfarrarchiv Obernfeld. Sig. III 17 Chronistische Pfarrchronik, S. 50. Vgl. auch Bistumsarchiv Hildesheim. Ortsakte Obernfeld, St. Blasius Nr. 8 (Umwandlung des Marienvereins in eine »Marianische Jungfrauenkongregation von der unbefleckten Empfängnis« von 1936).
10 Pfarrarchiv Obernfeld, S. 52.
11 Schmidt, *Kindheit,* S. 55. Bezieht sich auf das Jahr 1937.
12 Ebenda, S. 59. Bezieht sich auf das Jahr 1938.
13 Ebenda, S. 61, 62. Bezieht sich auf das Jahr 1939.

8. Resümee

Dorföffentlichkeit und Politik

Fast alle Befragten betonten im Interview, im Unterschied zu anderen Dörfern, auch denen der unmittelbaren Nachbarschaft, sei in Obernfeld die Begeisterung für den Nationalsozialismus nicht sehr groß gewesen. Otto Dauer sprach von der Gruppe der Nationalsozialisten im Ort sogar als einer »harmlosen Truppe« (2158). Begründet wurde die Einschätzung mit dem Hinweis, in Obernfeld habe es gar keinen Ortsgruppenleiter der NSDAP gegeben, sondern nur einen Stellvertreter, »der auch keinen wechgebracht« hätte (Dauer, 2159). Für diese Einschätzung sprechen zumindest die Wahlergebnisse von 1932 und 1933, aber auch die Tatsache, dass für Obernfeld nur ein Zellenleiter zuständig war.

Dennoch war Obernfeld keine gegen den Nationalsozialismus abgeschottete heile Welt. Auf die vielen Aufmärsche und Umzüge im Rahmen des nationalsozialistischen Festjahres wurde schon verwiesen, an denen die Kinder als Schulkinder oder auch in Jungmädel- oder Jungvolkformation teilnahmen. Dass die Kinder die politischen Veränderungen wahrgenommen, wenn auch zweifellos nicht immer durchschaut haben, steht außer Frage. Selbst der jüngste Zeitzeuge Fritz Winkler, der 1933 erst fünf Jahre alt wurde, hat deutliche Erinnerungen an die Fackelumzüge, mit denen das Regime seine Feste abendlich gefeiert hat (5445). Besonders eindringlich hat sich der politische Umbruch aber in den Erinnerungen Otto Dauers niedergeschlagen. Auf die Frage, ob er Erinnerungen an den »Machtwechsel« von 1933 habe – damals war er zehn Jahre alt –, antwortete er:

»Ja klar! [PP] Von, seit der, von der, von '33 ab, vorher habe ich überhaupt nich jewusst, dass es ne Regierung gibt [P] oder so was. Da kam das erst ins Gespräch rein, dass Hitler nen paar Mal, im Dings, im Radio jesprochen hat und dann diese Aufzüge: 1. Mai, 30. Januar – und nachher denn etwas später Führers Jeburtstag. Hatten wa ja früher auch schulfrei. 20. April.« (Dauer, 4494–4501)

Die Präsenz der Symbole und Aktivitäten des Regimes in der Öffentlichkeit des Dorfes wurde schon mehrfach erwähnt. Im Alltag der Kinder war es sehr wichtig, zu unterscheiden, wen sie mit »Guten Tag« und wen mit »Heil Hitler« grüßen mussten.[1] Helga Böhme beschrieb die Differenzierungen:

»Noja, musste man auch ›Heil Hitler‹ sagn. nech. Wenn man grüßt. Naja, so die alten Leute und so, wo man wusste, die – da ham wa ›Guten Tach‹ jesacht. Aber [wenn wir] inne Schule reinkamen, mussten wa ›Heil Hitler‹ sagn, nech. Un wenn de einem begechnest, der [für]Hitler war, dann mussteste schon ›Heil Hitler‹ machen, ne.« (Böhme, 3088–3093)

Innerhalb des überschaubaren Dorfes wussten die Kinder vermutlich schneller als in der Stadt, bei wem ein »Heil Hitler« notwendig war. Beim Bäcker, fügte Helga Böhme hinzu, hätte sie nicht damit grüßen müssen (3095).

Diese Politisierung des Alltags betraf alle Lebensbereiche der Kinder. Sie tangierte das Zusammenleben in den Familien, beeinflusste das schulische, öffentliche und religiöse Leben. Während der Manöver wurde Militär im Saal einer Gastwirtschaft einquartiert, später wurden dort vorübergehend Zwangsarbeiter untergebracht (Kühn, 4382; Gebauer, 1668), die »praktisch auf jedem Hofe« waren (Dauer, 943). Die Wirtshaussäle dienten auch als Orte für Propagandareden an die Bevölkerung (Winkler, 5494) und Unterhaltungsnachmittage für verwundete Soldaten (Winkler, 5509). Vieles erfuhren die Kinder aber aus zweiter Hand durch Erwachsene oder ältere Schüler: von den »Arisierungen« jüdischer Geschäfte in Duderstadt, auch vom Brand der Synagoge. Otto Dauer und Fritz Winkler, die 1938 dort das Gymnasium besuchten, waren sogar Augenzeugen (Dauer, 4660; Winkler 5578), Helga Böhme ebenfalls (3122). Zu den Geschichten, die im Familienkreis erörtert wurden, gehörte auch jene von dem »Obernazi«, der sich mit einer Hakenkreuzfahne beerdigen ließ (Böhme, 3070).

Kontinuitäten und Brüche

Insgesamt vermitteln die Interviews den Eindruck als sei der Alltag der Kinder in Obernfeld in besonderem Maße von Kontinuitäten geprägt ge-

---

[1] Vgl. dazu Rosenbaum, »Der Hitlergruß«, S. 123–141.

wesen. Ihr Leben und Aufwachsen unterschied sich in vielen Bereichen kaum von dem ihrer Eltern und Großeltern. Die Autorität der Erwachsenen, sei es in der Familie, der Schule oder der Kirche, wurde von ihnen nicht angezweifelt. Deren Anweisungen waren »Gesetz«, wie Otto Dauer und Gerd Fröhlich prägnant formulierten. Die Verwandten wohnten eng zusammen und lebten in einem intensiven sozialen Zusammenhang. Das Leben war karg. Zusammen mit der katholischen Religion bestimmte die landwirtschaftliche Arbeit den Tagesablauf und die Struktur des Jahres, prägte das Handeln und das Denken der Menschen, das der Kinder eingeschlossen.

Unter diesen Bedingungen fiel es dem Nationalsozialismus nicht leicht, den Alltag der Kinder umzugestalten. Die soziale und kulturelle Geschlossenheit des Dorfes wirkte wie eine Barriere gegenüber der NS-Propaganda, die zwar nicht undurchdringlich war, aber doch abschirmte. Zwar hörten die Kinder im Rahmen des Schulunterrichts die Reden des Führers und anderer Größen des NS-Staates, sahen auch geschlossen die üblichen Propagandafilme, aber verglichen mit den anderen Milieus hielt sich selbst der Einfluss der neuen Medien in bescheidenen Grenzen. Zumindest die Befragten bevorzugten es, sich Bücher statt aus der Schulbücherei aus der Pfarrbücherei zu leihen, die, obschon »gesäubert«, vermutlich kein Hort der »Konjunkturliteratur« gewesen sein dürfte.

Dennoch ist das Leben der Kinder in Obernfeld vom Nationalsozialismus nicht gänzlich unbeeinflusst gewesen. Es dürfte deutlich geworden sein, dass in den Familien politische Ereignisse und Maßnahmen Gesprächsthemen waren, die auch die Kinder tangierten. Es wurden in den Interviews zwar keine gravierenden Konflikte mit den Eltern berichtet, aber einige Befragte erzählten doch von Auseinandersetzungen mit den Eltern wegen des Beitritts zur Hitler-Jugend oder des Kaufs der Uniform. Sie erlebten die Ängste der Erwachsenen um Verwandte, die bescheidene politische Widerstandsakte gewagt hatten. Teilweise gab es in der Verwandtschaft unterschiedliche politische Positionen. Es war allerdings nicht immer klar, ob und wie stark die Befragten sie in ihrer Kindheit als Brüche erlebt haben. Auf jeden Fall blieb die ab 1933 starke Politisierung des Lebens den Kindern nicht verborgen.

Deutlichere Veränderungen ergaben sich für das Alltagsleben der Kinder in der Schule: Die Abschaffung des Schulgebets, die Einführung des Hitlergrußes, Fahnenappelle, Führerreden und Propagandafilme tangierten das Schulklima auch unabhängig von inhaltlichen Veränderungen des Unterrichts, die in den Interviews nicht erwähnt wurden. Diese Neuerungen, die von Eltern und Pfarrer zumindest teilweise nicht gern gesehen wurden, dürften die Kinder wohl als Bruch erlebt haben.

Wie in den anderen Orten auch bedeutete die Einführung der Hitler-Jugend zweifellos den stärksten Eingriff in das Alltagsleben der Kinder. Durch die angeordneten Dienste wurden sie partiell dem Zugriff und der Kontrolle der Eltern entzogen. Ihre organisierte Teilnahme an Festen und Feiern, Kundgebungen und Aufmärschen verschaffte ihnen einen Platz in der Dorföffentlichkeit. Diese Veränderungen beinhalteten tatsächlich einen Bruch gegenüber dem Aufwachsen früherer Generationen, allerdings war er weniger ausgeprägt als in den anderen untersuchten Milieus. Die Kinder fühlten sich zwar einerseits von diesen Angeboten angezogen, andererseits wurden sie durch die oft nicht ausgesprochene, aber auf jeden Fall spürbare Ablehnung des Nationalsozialismus durch Eltern, Nachbarn und Pfarrer davon abgehalten, sich ernsthaft darauf einzulassen. Daher resultierten vermutlich die Schwierigkeiten der Hitler-Jugend, Führerinnen und Führer aus dem Ort zu rekrutieren. Von den Befragten hat sich niemand dort stärker engagiert. Die in der Literatur vertretene These, von der Hitler-Jugend hätten vor allem die Mädchen und generell die Kinder auf dem Land profitiert, lässt sich anhand der Interviews für Obernfeld nicht bestätigen. Hier bedeutete die Hitler-Jugend für die Kinder weder eine nennenswerte Befreiung von der vielen Arbeit noch eine erhebliche Abschwächung der Kontrolle durch die Eltern, geschweige denn eine Emanzipation vom Elternhaus. Das galt insbesondere für die Mädchen, die durchgängig der traditionellen weiblichen Rolle verhaftet blieben. Niemand unter den Befragten hat als Kind oder Heranwachsender weit über sein Dorf oder soziales Milieu hinausgedacht oder auch nur denken können. Daran zeigt sich vielleicht am deutlichsten der begrenzte Einfluss der Hitler-Jugend auf ihren Alltag.

Besonders beeindruckend aber war die Kontinuität bei den den Kindern vermittelten Wertvorstellungen. Insbesondere die religiöse Sozialisation der Befragten vollzog sich ihren Erzählungen zufolge weitgehend unangefochten von den Störversuchen des Nationalsozialismus. Gleichwohl haben sie dessen Versuche, den Einfluss der katholischen Kirche zurückzudrängen, als einen Bruch erlebt, nicht zuletzt auch durch die Gespräche in den Familien. Ebenso blieb die fehlende Zustimmung vieler Erwachsener zur NS-Politik den Kindern nicht verborgen. Wie stark die Angriffe auf die Kirche und den Glauben als persönliche Bedrohung empfunden worden ist, hat Fritz Winkler erzählt. In seiner Familie sei zwar über den Brand der Synagoge in Duderstadt nicht diskutiert, aber die Verfolgung der Juden durchaus mit Sorge registriert worden.

»Ja, jetzt sind die Juden dranne. Und wenn da, wenn se da alle kaputte moked hoben, dann kummt de schwatten Juden dran. Da war gemeint mit: die Katholiken. [lacht kurz] Weil die Pfarrer gingen ja immer in schwarz, ne.« (Winkler, 5556–5562)

Insgesamt ist unverkennbar, dass der Nationalsozialismus in Obernfeld nur relativ geringen Einfluss hatte. Teile der Bevölkerung verhielten sich offenbar überwiegend passiv und machten nur dort mit, wo es sich überhaupt nicht vermeiden ließ.² Das war nur möglich, weil Obernfeld im Untersuchungszeitraum ein sozial und kulturell weitgehend homogenes Dorf mit traditioneller Agrarstruktur war. Nicht nur an der allen gemeinsamen Religionszugehörigkeit, sondern auch der Beibehaltung des Plattdeutschen als Umgangssprache für Alt und Jung wird diese Geschlossenheit sichtbar. Sie bot kaum Chancen für Abweichungen geschweige denn Pluralität. Es lässt sich nicht entscheiden, was dafür bedeutsamer gewesen ist, die traditionelle Agrarstruktur des Dorfes oder die Zugehörigkeit zur katholischen Kirche. Vermutlich war es die Mischung aus beidem. Darauf weist auch Rauh-Kühne hin, wenn sie schreibt: »[...] die Kohäsion des katholischen Milieus (war) überall dort besonders ausgeprägt, wo Katholiken noch in tradtional-ländlichen Verhältnissen lebten, wo Urbanisierung und Säkularisierung noch wenig fortgeschritten waren (und) der Ortspfarrer die unumstrittene Autorität verkörperte«.³

---

2 Diese Einschätzung beruht auf den Erzählungen der Befragten. Sie widerspricht der Schlussfolgerung Wagners, der konstatiert: »Gravierende Unterschiede in der Haltung der Bevölkerung gegenüber dem Nationalsozialismus waren zwischen dem Untereichsfeld und dem Reich in den Friedensjahren der nationalsozialistischen Herrschaft nicht mehr festzustellen. Man richtete sich ein, und fast alle machten mit! Ob aus voller Überzeugung oder als Mitläufer, bleibt dahingestellt.« (Wagner, »Duderstadt«, S. 183) Andererseits finden sich bei Wagner viele Beispiele »nonkonformen« Verhaltens aus den einzelnen Orten während der NS-Zeit (ebenda, S. 184–200).

3 Rauh-Kühne, »Katholisches Sozialmilieu«, S. 220. Das dürfe jedoch nicht mit politischer Gegnerschaft verwechselt werden. Vielmehr handele es sich um eine »in den agrarischen Lebensverhältnissen und Traditionen wurzelnde unpolitische Grundhaltung« (ebenda, S. 222) und daraus resultierende Abwehr gegen die geforderten neuen Verhaltensweisen und die antiklerikale Politik der Nazis (ebenda, S. 232). Dass die katholische Konfessionszugehörigkeit allein nicht ausreicht, gegen den Nationalsozialismus zu immunisieren, wird anschaulich in der Untersuchung von Haupert/Schäfer, *Jugend*, S. 101 ff.

Teil V:
Schlussbetrachtung

Ergebnisse und Perspektiven

Kontinuitäten und Brüche

Es hat sich gezeigt, dass die durch die Politik der Nationalsozialisten intendierte Umwälzung der deutschen Gesellschaft auch das Leben der Kinder erfasst hat. Alle Bereiche ihres Alltags wurden davon beeinflusst, allerdings haben sie sich nicht in der gleichen Intensität verändert. Kontinuitäten und Brüche waren auf den verschiedenen Ebenen des Alltags der Kinder daher unterschiedlich stark und bemerkbar. Zwar war zu erwarten gewesen, dass einzelne Bereiche des kindlichen Alltags politischen Veränderungen unterlagen. Auf Schule und Hitler-Jugend als staatlich organisierte Alltagswelten der Kinder konnte die nationalsozialistische Politik anders und gezielter zugreifen als auf Kinderfreundschaften oder das Familienleben. Allerdings sind auch diese Ebenen des kindlichen Lebens nicht »politikfrei« gewesen. Kinderfreundschaften konnten durch die rassistische Politik des Nationalsozialismus beendet oder zumindest beeinträchtigt werden, politische Maßnahmen wurden zu Gesprächsthemen im Familienkreis. »Politik« war auf allen Ebenen des kindlichen Lebens gegenwärtig. Das bedeutete nicht notwendig, dass die Kinder diesen Wandel als Brüche wahrgenommen haben. Zum großen Teil sind sie in diese Verhältnisse hineingewachsen, hatten keinen Vergleichsmaßstab, da sie nichts anderes kannten. Deshalb wurde in dieser Arbeit unterschieden zwischen Brüchen, die von den Kindern selbst als solche wahrgenommen worden sind, und jenen, die zwar auch »objektiv« vorhanden waren, aber von ihnen nicht realisiert worden sind, sondern sich erst aus der Perspektive eines außenstehenden Betrachters als solche erschließen. Nur dort, wo die politischen Eingriffe sehr heftig waren oder die Kinder durch die Reaktionen von Erwachsenen einen kritischen Blick auf die nationalsozialistische Politik und Propaganda entwickeln konnten, haben sie die Brüche bewusst erlebt.

Nun unterschieden sich die Alltage der Kinder zwischen den Milieus in erheblichem Maße. Das betraf die Rahmenbedingungen des Lebens, wie die wirtschaftliche Situation der Familien, das soziale Umfeld, die kulturelle Verortung ebenso wie Art und Relevanz der Schulbildung, den Umfang von Hilfe und Mitarbeit der Kinder oder die ihnen zur Verfügung stehende freie Zeit, ihre gesamte Lebensperspektive. Die Milieus unterschieden sich zudem hinsichtlich ihrer Nähe oder Distanz zum Nationalsozialismus. Im bürgerlichen Milieu wuchsen die Kinder in einer Umgebung auf, die ihm überwiegend politisch nahe stand, auch wenn die politischen Maßnahmen nicht uneingeschränkt und von allen begrüßt wurden. Nur wenige Familien lebten eine kritische Distanz gegenüber dem Regime. Die Kinder aus dem Arbeitermilieu wurden hingegen in einem sozialen Umfeld groß, in dem unübersehbar neben Eltern auch Nachbarn, Freunde, Bekannte den neuen Machthabern kritisch bis feindlich gegenüberstanden. Im Gegensatz dazu berichteten die Befragten aus dem protestantischen Industriedorf wenig, was einen distanzierten Blick auf die politischen Verhältnisse im Kindesalter, später der Heranwachsenden hätte befördern können. Im katholischen Dorf lebten die Befragten in ihrer Kindheit in einem sozial und kulturell sehr geschlossenen Umfeld, das sich gegen den Nationalsozialismus stark abschloss und ihm kaum Ansatzpunkte bot, in das Milieu einzudringen.

Wegen dieser Differenzen der Milieus unterschieden sich die Kinderalltage auch danach, in welchen Bereichen sich die politischen Veränderungen deutlich und in welchen sie sich weniger stark bemerkbar machten. Mit anderen Worten: Während in dem einen Milieu im Bereich des Familienlebens Kontinuität dominierte, konnte es in einem anderen Milieu zu gravierenden Einschnitten oder Brüchen kommen. Kontinuitäten und Brüche prägten den Alltag der Kinder nicht überall gleichmäßig, sondern waren in den untersuchten Milieus in je verschiedenen Bereichen und auch unterschiedlich intensiv vorhanden.

Auf einige zentrale Gemeinsamkeiten, aber auch Differenzen zwischen den Milieus und den Bereichen des Alltags soll im Folgenden zusammenfassend hingewiesen werden:

1. An den ökonomischen, sozialen und zum großen Teil auch den kulturellen *Rahmenbedingungen*, die die Milieus konstituierten, änderte sich in drei von ihnen wenig. Hier herrschte eine bemerkenswerte Kontinuität. Von diesem Bild weicht das *Arbeitermilieu* ab. Hier hat die nationalsozialistische Politik die ökonomische Existenz vieler Familien zerstört oder sie zumindest stark gefährdet und mit der Vernichtung der Arbeiterkultur zu-

gleich ihre kulturelle Identität beschädigt. Der Bruch, den die Machtergreifung der Nationalsozialisten für das gewohnte Leben ihrer Familie, der Nachbarn und Freunde bedeutete, konnte den Kindern nicht verborgen bleiben, auch jenen nicht, die dem Nationalsozialismus begeistert zugelaufen sind. Er war unübersehbar.

2. Ungeachtet der Tatsache, dass Ideologie und Politik des Nationalsozialismus zu Gesprächsthemen in den Familien wurden, blieben die *familiäre Kommunikation* und die *Familienbeziehungen* von den politischen Veränderungen in den meisten Milieus weitgehend unberührt. Das gilt wiederum nicht für das *Arbeitermilieu*, in dem die Familienbeziehungen durch die Verfolgung der organisierten Arbeiterschaft teilweise massiv beeinträchtigt wurden. Väter wurden verhaftet und verurteilt, waren daher teils über Jahre abwesend, es gab politische Meinungsverschiedenheiten zwischen Ehepartnern und mit Verwandten wegen der politischen Position des Vaters oder beider Eltern, in einigen Familien auch offene Auseinandersetzungen zwischen Vätern und Kindern wegen ihres Beitritts und Engagements in der Hitler-Jugend. In keinem anderen untersuchten Milieu hatte die nationalsozialistische Politik ähnlich gravierende Konsequenzen für das Binnenklima der Familien. Da es sich bei diesen Konflikten um heftige, mit starken Emotionen verbundene Auseinandersetzungen handelte, wurden sie von den Befragten in ihrer Kindheit zweifellos als bedrohlich und als Bruch wahrgenommen.

3. In allen Milieus gab es starke Kontinuitäten bei der Eroberung der *räumlichen Umwelt* durch die Kinder, ihren *Freundschaften* und *Spielen*. Nur wenige Befragte erzählten von durch die rassistische Politik der Nationalsozialisten abgebrochenen oder schwierigen Beziehungen zu anderen Kindern. Derartige Erfahrungen gab es ohnehin nur in den beiden städtischen Milieus. Ob sie von den wenigen betroffenen Kindern als Bruch erkannt worden sind, ist nicht klar. Es handelte sich in keinem Fall um sehr intensive Freundschaften, und es gab auch noch andere Freundinnen und Freunde, auf die die Kinder zurückgreifen konnten.

4. Die *Schule* erwies sich, wie erwartet, als einer der am stärksten durch die nationalsozialistische Politik beeinflussten Bereiche des kindlichen Lebens. Es gab zwar auch in ihm viele Kontinuitäten, besonders bei der Organisation des Unterrichts, dem Stellenwert der Generationendifferenz und -hierarchie, aber auch Brüche. Neben dem offenen Rassismus der nationalsozialistischen Pädagogik waren dafür zweifellos ihre anti-intellektuelle Haltung, der unmittelbare Zugriff auf bestimmte schulische Inhalte und

Rituale, die Erziehung zu Distanz- und Kritiklosigkeit zentral.[1] Das war für Lehrer und wohl auch für einige Eltern als Bruch erkennbar, für die Kinder vermutlich kaum, es sei denn, die Eltern hätten diese Entwicklungen ihnen gegenüber thematisiert. Die Kinder wurden in diesen Verhältnissen groß, sie kannten nichts anderes. Das gilt für alle Milieus. Mehrere Befragte aus dem Bürgertum hoben inhaltliche Kontinuitäten in der Schule explizit hervor. Nur wenige Kinder aus dem bürgerlichen, aber auch dem Arbeitermilieu haben die Politisierung, die gerade auch die Schule betraf, als deutliche Veränderungen registriert. Das ergibt sich aus ihren Erzählungen über die Schulrituale, vor allem über die Differenzen zwischen den Lehrern beim Grüßen. Aus der Präzision oder Lässigkeit des Hitlergrußes konnten politisch sensibilisierte Kinder Rückschlüsse auf Nähe oder Distanz zum Regime schließen.

5. Der stärkste Bruch mit den bisherigen Kindheiten wurde durch die *Hitler-Jugend* herbeigeführt. Jenseits von Sportvereinen waren überhaupt nur drei der Befragten vor 1933 in Jugendorganisationen gewesen. Nun wurden sie alle von der Hitler-Jugend vereinnahmt. Durch sie veränderten sich die Struktur und die Inhalte des Alltagslebens der Kinder. Das steht außer Frage, wurde aber von den Kindern in den verschiedenen Milieus sehr unterschiedlich wahrgenommen.

Im *bürgerlichen Milieu* wurde die üppige Freizeit der meisten Kinder durch die »Dienste« beschnitten. Nach anfänglicher Begeisterung empfanden das viele Kinder mit zunehmendem Alter als unangenehm. Sie vermissten mehr Zeit für sich und ihre Interessen – eine Klage, die aus keinem der anderen Milieus zu hören war und darauf verweist, dass die für bürgerliche Kinder typischen Individuierungsprozesse in der Pubertät durch die Hitler-Jugend empfindlich gestört wurden. Ungeachtet verbaler Bekenntnisse zur Gemeinschaftsideologie zeigten sich einige Befragte gegenüber den realen Konsequenzen der Volksgemeinschafts-Ideologie sehr resistent und betonten ihre soziale Herkunft, ihre andere Erziehung und ihre anderen Interessen. In keinem anderen Milieu artikulierten die Befragten ein derart ausgeprägtes Bedürfnis nach Distinktion. Die Möglichkeit, sich gleichzeitig individuelle Spielräume zu bewahren und den bürgerlichen Führungsanspruch umzusetzen, bot ihnen die Hitler-Jugend allerdings auch: Viele Interviewpartnerinnen und -partner aus dem Bürgertum sind

---

1 Vgl. dazu Tenorth, »Pädagogisches Denken«, S. 144f. Zum gesamten Komplex ausführlich: Teil I, 4. Kapitel.

Führerinnen oder Führer in der Hitler-Jugend geworden, einige haben dort Karriere gemacht.

Von den Befragten aus dem *Arbeitermilieu* wurden nur wenige zu Führerinnen oder Führern. Es hat den Anschein, als habe die Leitung der Hitler-Jugend es gezielt vermieden, die Kinder aus den Reihen ihrer politischen Gegner für diese Posten zu rekrutieren. Einige Interviewpartnerinnen und -partner gingen begeistert in die Organisation und nahmen dafür familiäre Konflikte in Kauf. Andere hielten sich zurück, zögerten ihren Beitritt so lange wie möglich hinaus und machten nur das Notwendigste mit. Den Bruch, den die Hitler-Jugend für ihr Leben bedeutete, dürften wohl alle mitbekommen haben.

In dem *protestantischen Industriedorf* wurden die meisten Kinder zu begeisterten Mitgliedern der Hitler-Jugend. Im Gegensatz zu den Kindern aus dem bürgerlichen Milieu waren für sie die Dienste vor allem Befreiung von der Arbeit und eine willkommene Durchbrechung der dörflichen Routinen und Beschränkungen. Viele profitierten davon, teilweise durch die Übernahme von Führungsposten und Aufstieg in der Hierarchie der Hitler-Jugend, vor allem aber durch die Entwicklung neuer Lebens- und Berufsperspektiven. Das gilt für Mädchen wie für Jungen, war aber für die Mädchen besonders spektakulär. In diesem Milieu waren die Veränderungen des Alltags der Kinder am deutlichsten. Ob die Befragten dies als Bruch erlebt haben, ist zweifelhaft. Sie haben die Zeit in der Hitler-Jugend überwiegend als einen sehr positiven Bereich ihrer Kindheit erlebt.

Am wenigsten tangiert durch die Hitler-Jugend wurde der Alltag der Kinder in dem *katholischen Dorf*. Zwar gehörten ihr, von einer Ausnahme abgesehen, alle an, einige waren auch sehr begeistert. Dennoch nahm die Organisation in ihrem Leben keinen großen Raum ein. Sie war nur schwach entwickelt und hatte Schwierigkeiten, im Ort Führungspersonal zu rekrutieren. Niemand von den Befragten ist Führerin oder Führer geworden. Überdies musste die Hitler-Jugend bei der Anordnung von Diensten und Sondereinsätzen Rücksicht auf die Familien nehmen, die auf die Arbeitskraft der Kinder angewiesen waren. Vor allem bestanden gegenüber dem Nationalsozialismus und der Hitler-Jugend in diesem traditionell-agrarischen und katholischen Milieu starke Vorbehalte, die den Kindern nicht verborgen blieben. Die Hitler-Jugend blieb im Alltag der Kinder randständig, die Kontinuitäten dominierten. Dennoch haben vermutlich alle Befragten die Hitler-Jugend als einen Bruch erlebt, weil sie, wie der Nationalsozialismus insgesamt, in Familie und sozialer Umgebung, Pfarrer und Kirche eingeschlossen, auf deutliche Ablehnung stieß.

6. Im Bereich von *Körperlichkeit und Geschlechtsrollen* dominierten in allen Milieus weitgehend Kontinuitäten, obwohl der Nationalsozialismus durch seine Körperpolitik, besonders das Ideal des sportlichen Körpers, die Uniformierung und Formierung, in diese Ebene des kindlichen Alltags stark eingegriffen und neue Akzente gesetzt hat. Das dürfte für die Kinder durchgängig kaum erkennbar gewesen sein. Die zur nationalsozialistischen Ideologie gehörende Vorstellung von der aus den biologischen Geschlechtsunterschieden resultierenden »Naturhaftigkeit« der Unterschiede in den Geschlechtsrollen knüpfte an in allen Milieus verbreitete Überzeugungen an. Liberale und aufgeklärte Positionen waren selbst in Bürgertum und Arbeiterschaft der Weimarer Republik in der Minderheit gewesen. Nur einige wenige bürgerliche Kinder hatten Probleme mit dem propagierten Körperideal.

7. In der Kindheit der Befragten aus allen Milieus haben die *Medien* insgesamt einen größeren Raum eingenommen als bei der Generation ihrer Eltern. Dabei gab es aber erhebliche Unterschiede. Die Differenz bei dem Zugang der Kinder aus dem bürgerlichen und denen aus den anderen Milieus zu Büchern war erheblich und verringerte sich auch in der NS-Zeit kaum. Die neuen Medien, Radio und Film, konnten von den Kindern sehr unterschiedlich genutzt werden. Zwar mussten alle in Schule und Hitler-Jugend Propagandasendungen hören oder Propagandafilme anschauen und wurden dadurch ideologisch beeinflusst. Private Rundfunkgeräte und privater Kinobesuch waren jedoch nicht überall verbreitet. Den besten Zugang zu diesen Medien hatten die bürgerlichen Kinder. Zweifellos veränderten sich die Alltage der Kinder durch die neuen Medien. Als eine positive Entwicklung haben das vermutlich alle registriert. Dass Rundfunk und Film zu ihrer gezielten politischen Instrumentalisierung eingesetzt wurden und dies einen Bruch gegenüber früheren Kindheiten bedeutete, dürfte den Befragten zumindest in ihrer Kindheit verborgen geblieben sein.

8. Das *Wert- und Normengefüge,* mit denen die Kinder auf- und in das sie hineinwuchsen, hat sich im Nationalsozialismus verändert. Durch Politik und Propaganda schlich sich die nationalsozialistische Ideologie mit ihren anderen Bewertungsmaßstäben in die Köpfe der Bevölkerung, auch die der Kinder. Die Interviews erwecken den Eindruck, als seien die Kinder im protestantischen Industriedorf am stärksten davon durchdrungen gewesen. Darauf deutet die Häufigkeit hin, mit der sich die Kinder nationalsozialisti-

sches Gedankengut in ihre Poesiealben schrieben. Es gab aber auch einen Fundus allgemeingültiger Normen, die, zum Teil anders interpretiert, allen Milieus gemeinsam waren und überdauerten. Im Bereich des Religiösen bestanden hingegen erhebliche Differenzen. Die Nazis versuchten gezielt, Stellung und Autorität der christlichen Kirchen zu unterminieren. Der Erfolg war zwiespältig, weil die religiöse Bindung in den einzelnen Milieus unterschiedlich stark ausgeprägt war.

Am intensivsten gelebt wurde Religiosität im katholischen Dorf, wo das Leben der Bewohner grundlegend von der Zugehörigkeit zur katholischen Kirche bestimmt war. Es gelang den Nazis nicht, daran Wesentliches zu ändern. Obwohl die Kinder also in dieser Hinsicht das gewohnte Leben weiterlebten, Kontinuität vorherrschte, haben sie den Bruch, den die kirchenfeindliche Politik des Nationalsozialismus bedeutete und die die Erwachsenen als Bedrohung interpretierten, wohl alle wahrgenommen. Im protestantischen Dorf traf die Kirchenpolitik der Nationalsozialisten hingegen auf ein Milieu, in dem die kirchliche Bindung bereits erodiert war. Große Teile der Bevölkerung standen den Angriffen auf Kirche und Pastor gleichgültig bis wohlwollend gegenüber. Zwar wurden noch alle Befragten konfirmiert, aber nur für wenige hatte dieses Ritual eine religiöse Bedeutung. Insgesamt dominierte Kontinuität. In noch stärkerem Maße gilt das für das Arbeitermilieu. Glaube und kirchliche Bindung waren hier schon in der Weimarer Republik auf dem Rückzug gewesen. Im Bürgertum war die Situation uneindeutig. Die Befragten wuchsen in Familien auf, die sich hinsichtlich ihrer Frömmigkeit und kirchlichen Bindung, das heißt auch der Akzeptanz der damit verbundenen Werte und Normen erheblich unterschieden. Das färbte auf die Kinder ab und bestimmte ihren Alltag. Für jene Familien, die die Kirchen- und Religionspolitik der Nationalsozialisten guthießen, waren die religiös vermittelten Normen und Moralvorstellungen nur noch partiell bindend. Die anderen standen der Politik der Nazis höchst misstrauisch gegenüber. Kinder, die in diesem Umfeld aufwuchsen, haben den Bruch, den die Kirchenpolitik der Nationalsozialisten bedeutete, registriert, die anderen vermutlich kaum.

Ob die Kinder die vielfältigen Auswirkungen der politischen Maßnahmen des Nationalsozialismus auf ihren Alltag überhaupt und wie wahrnahmen, variierte zwischen den Milieus. Des Weiteren hat sich gezeigt, dass Kinder sehr unterschiedlich auf die mit der nationalsozialistischen Politik für sie verbundenen Möglichkeiten und Herausforderungen reagiert haben. Sie waren nicht nur passiv den Ereignissen ausgesetzt, sondern *Akteure*, die vorhandene Spielräume erkannten und durchaus zu nutzen wussten. Das zeigte sich prägnant an den differenten Reaktionen von Kindern desselben Milieus auf gleichartige Geschehnisse. So hatten Kinder aus den städtischen Milieus die Wahl, Freundschaften mit von der nationalsozialistischen Politik zu Außenseitern abgestempelten Kindern aufrecht zuerhalten oder abrupt zu beenden. Auch zur Hitler-Jugend konnte man sich unterschiedlich verhalten. Manche Kinder gingen zwar halbwegs regelmäßig zu den Diensten, machten aber nur so viel mit, wie unvermeidlich war, andere versuchten sich zu drücken und besorgten sich Atteste, wieder andere engagierten sich stark, strebten nach Führungspositionen und Karriere in der Organisation. Jene Kinder aus dem Arbeitermilieu, deren Väter nach der Machtergreifung ihre Arbeit verloren hatten, mussten die Konsequenzen der verschlechterten ökonomischen Situation ertragen. Aber sie hatten die Wahl, durch ihr Verhältnis zur Hitler-Jugend ihren Eltern das Leben leichter oder schwerer zu machen. Wie die Kinder sich jeweils verhielten, für welche Verhaltensvariante sie sich entschieden, hing sicher auch, aber nicht nur vom familiären Umfeld ab. Das zeigt gerade das letzte Beispiel. Die Persönlichkeit des Kindes spielte dabei ebenfalls eine Rolle. Sein Verhalten hing unter anderem davon ab, in welchem Verhältnis Empathie und Egozentrik standen, wie stark Selbstbewusstsein und Bedürfnis nach Bestätigung waren.

Rückblicke

Die zwischen den einzelnen Milieus bestehenden Differenzen zeigen sich nicht nur in der unterschiedlichen Verteilung von Kontinuitäten und Brüchen im Kinderalltag, sondern spiegeln sich zudem in den rückblickenden Bewertungen, mit denen die Interviewpartner und -partnerinnen ihre Kindheit jeweils charakterisierten. Meist geschah das erst am Ende des Interviews, gelegentlich auch schon früher. Die Befragten aus dem *bürgerlichen Milieu* blickten mit insgesamt sehr positiven Gefühlen auf ihre Kindheit zurück. Diese sei »schön«, »glücklich«, »fröhlich«, »wunderbar«, »sonnig« gewesen. Es gibt kaum Einschränkungen, höchstens mal den Hinweis, als Kind sei man natürlich auch mal unzufrieden gewesen. Der Tenor dieser Bilanzierungen verdankt sich sicher auch dem verbreiteten »Erinnerungsoptimismus«, auf den eine Befragte hinwies, und ebenfalls dem gängigen

Klischee von der schönen Kinderzeit. Er entspricht aber zugleich den realen Bedingungen, unter denen die Befragten aufwuchsen. Sie verlebten ihre Kindheit ohne größere materielle Einschränkungen, wurden umsorgt, behütet und gefördert, hatten Zeit und Muße zur Entwicklung ihrer Talente. Das politische Umfeld, die spezifischen Bedingungen der 1930er Jahre tauchten in den Rückblicken nicht auf. Nur ein Befragter erwähnte sie, wies dann aber sogleich darauf hin, sie hätten in seiner Kindheit eine »ganz untergeordnete Rolle« gespielt.[2] Ängste, von denen einige Befragte erzählten, wurden in den summarischen Rückblicken nicht mehr erwähnt. Das ist vermutlich weniger dem »Erinnerungsoptimismus« geschuldet als der Tatsache, dass diese Ängste diffus waren und nur gelegentlich anlässlich der bedrückenden Atmosphäre manifest wurden oder sich an eher selten auftretenden Ereignissen festmachten.

Die Bilanzen der Interviewpartnerinnen und -partner aus dem *Arbeitermilieu* fielen deutlich anders aus. Zwar blickten einige von ihnen ebenfalls auf eine uneingeschränkt »schöne« Kindheit zurück, mehrere betonten jedoch zugleich, dass die Kindheit nicht »einfach« oder »leicht« gewesen sei. Diese Bemerkungen bezogen sich teils auf die angespannte ökonomische Situation ihrer Familie und die von ihnen erwartete Mitarbeit, teils auf die politischen Umstände. Nicht in jedem Fall ist klar, wie die Äußerung gemeint war. Zwei Befragte wiesen allerdings explizit auf die politische Verfolgung ihrer Väter hin, die bei ihnen Ängste ausgelöst habe. Bei einer Interviewpartnerin waren sie dermaßen ausgeprägt, dass sie ihre Kindheit als »von Ängsten durchzogen« beschrieb.[3] Dabei handelte es sich um einen anderen Typus von Ängsten als im bürgerlichen Milieu. Angst resultierte hier konkret aus der dauerhaften latenten oder manifesten Bedrohung des Vaters sowie der ökonomischen und sozialen Existenz der Familie.

Die Rückblicke der Befragten aus dem *protestantischen Industriedorf* fielen gemischt aus. Die Kindheit wurde von ihnen einerseits als »schön«, »wunderschön«, »ruhig« und »geborgen« beschrieben. Einige formulierten aber auch Einschränkungen. Die Kindheit sei nicht so unbeschwert gewesen wie heute. Damit verwiesen sie auf die viele Arbeit, die sie als Kinder leisten mussten, sei es Hilfe im Haushalt und bei der Beaufsichtigung jüngerer Geschwister oder der Feldarbeit. Die politischen Verhältnisse waren damit

---

2 »[…] aber im Grunde genommen [PP] spielte die Politik in meinem, in meiner Kindheit, in meinem Jugendleben eigentlich eine ganz, eine völlig untergeordnete Rolle« (Ilsemann, 213–216).
3 Inge Eilert, 609.

keinesfalls gemeint. Ängste jenseits derer, die Kinder vor Gewitter, Dunkelheit oder »dem schwarzen Mann« entwickeln, wurden nicht erwähnt. Das ist bemerkenswert angesichts der Tatsache, dass zum Alltag der etwas älteren Kinder die Präsenz von Militär, Zwangsarbeitern und KZ-Häftlingen im Dorf gehörte.

In mancher Hinsicht ähnelten die Rückblicke der Befragten aus dem *katholischen Dorf* diesem Befund. Auch hier war die Kindheit »schön« oder »wunderschön«. Obwohl gerade in diesem Milieu die Kinder am meisten mitarbeiten mussten, wird dieser Umstand selten erwähnt. Nur wenige sprachen von einer »schweren« oder »unruhigen« Kindheit, die von viel Arbeit und vielen Ver- und Geboten geprägt gewesen sei. Wie sich aus einigen Äußerungen ersehen lässt, verdankt sich der insgesamt sehr positive Tenor der Tatsache, dass es in diesem sozial und kulturell sehr geschlossenen Milieu allen Kindern ähnlich ging, man es nicht anders kannte, sogar feststellen konnte, dass andere es noch schlechter getroffen hatten. Die politischen Bedingungen wurden, wie in den anderen Milieus auch, überwiegend ausgeblendet.

Die *grundlegende Umwälzung der politischen Verhältnisse,* die sich während der Kindheit der Befragten vollzog und die meiste Zeit ihrer erinnerbaren Kindheit prägte, spielte in den Rückblicken kaum eine Rolle. Nur einige Befragte aus dem Arbeitermilieu thematisierten sie als ein für ihre Kindheit zentrales Geschehen. Alle anderen Interviewpartnerinnen und -partner fühlten sich vermutlich – ähnlich wie ihre Eltern – von den politischen Verhältnissen kaum betroffen und konnten sie deshalb ausblenden. Sie bekräftigten damit für sich das Klischee der »unpolitischen Kindheit«. Das ist insofern erstaunlich, als sie diese Einschätzungen meist am Ende eines langen Interviews machten, in dem nicht nur, aber auch sehr viel von den politischen Veränderungen und deren Bedeutung für ihr eigenes Leben die Rede war. Sie trennten ersichtlich strikt zwischen ihrem privaten Leben und dem »der Politik«, also allen Bereichen jenseits des familiären und lokalen Umfelds. Dies verbot sich lediglich für einige Befragte aus dem Arbeitermilieu. Deren Familienleben war von den politischen Veränderungen so stark betroffen, dass sie die Verbindung zwischen beiden Sphären nicht ignorieren konnten.

Obwohl das Interview sich auf die Kindheit der Befragten fokussierte, machten einige Befragte Bemerkungen über die Jugend.[4] Die meisten be-

---

4 Es äußerte sich weniger als die Hälfte der Befragten. Da die Grenze zwischen diesen beiden Lebensphasen fließend ist und in den Milieus und bei den Befragten in einem un-

tonten, analog zu ihren Urteilen über die Kindheit, ihre »unbeschwerte, herrliche Jugend«, die »uneingeschränkt schöne Jugendzeit«. Solche Urteile finden sich in allen Milieus und unabhängig vom Geschlecht der Befragten. Das gilt auch für jene, die das an sich positive Urteil einschränkten; mehrere nannten den Krieg, der ihre Jugendzeit überschattet hätte. Bei einigen fand sich auch die Wendung, sie seien »um ihre Jugend betrogen« worden. Dieses »geflügelte Wort der HJ-Generation« (Rosenthal)[5] war aber insgesamt nicht sehr verbreitet. Das ist bemerkenswert angesichts der Tatsache, dass bei allen die Kriegsjahre zu ihrer Jugend dazugehörten. Die Männer waren teils zur Kinderlandverschickung abgeordnet worden, Flakhelfer gewesen, mussten zum Reichsarbeitsdienst (RAD) und wurden anschließend eingezogen. Die Frauen wurden zum Kriegshilfsdienst verpflichtet, dann zum RAD, teilweise in weit entfernten Regionen des Reiches oder in den eroberten Gebieten. Der Krieg, nach dem allerdings in den Interviews auch nicht gefragt worden ist, wurde von den Befragten in seinen Konsequenzen also weitgehend ausgeblendet. Zudem wurde er selten als Folge der nationalsozialistischen Politik thematisiert.

Noch bemerkenswerter ist ein Deutungsmuster, das in vielen Interviews unterschwellig auftaucht, von drei Interviewpartnern sogar explizit formuliert wurde: Der Nationalsozialismus oder Hitler habe für die Jugend viel Gutes gemacht. Dieses Urteil fiel meist im Zusammenhang von Schilderungen der Aktivitäten in der HJ. Auch wenn er im Nachhinein erkannt hat, wohin diese Politik führte, benannte ein Befragter die Vorzüge detailliert: Sie seien unter dem Nationalsozialismus zu ordentlichen Menschen erzogen worden, es sei kein Diebstahl vorgekommen, Zusammenhalt und Kameradschaftspflege hätten einen hohen Stellenwert gehabt.[6] Dieses Deutungsmuster »passt« zu dem in den Interviews häufiger auftauchenden Hinweisen auf »Ruhe und Ordnung«, für die die Nazis gesorgt hätten. In ihm zeigt sich erneut die Trennung zwischen privatem Leben und dem

---

terschiedlichen Alter lag, es sich überdies um ein biographisches Interview handelte, in dem den Befragten große Freiheit in der Auswahl der Themen gelassen wurde, ist das nicht erstaunlich.

5 Rosenthal, »Konstitution von Generationen«, S. 67.

6 »Und was ich immer wieder sage, es is ja für uns als Kinder und Jugendliche dann sehr viel Gutes getan worden. Man hat ja – und man hat uns ja, ich möchte auch mal sagen: zu ordentlichen Menschen erzogen in diesen, nech, also es gab keinen Diebstahl, es gab nich irgendwie und all diese Dinge so, ne. Keiner durfte dem andern was nehmen, keiner durfte dem andern was tun. So irgendwie zusammenhalten, Kameradschaftspflege, ne.« (Möller, 3504–3510)

weiteren gesellschaftlichen und politischen Umfeld. Sie erlaubt es, tatsächliche oder vermeintliche »Verdienste« der nationalsozialistischen Politik zu benennen und Gewalt, Leid und Verwüstungen auszublenden, die mit ihr untrennbar verbunden waren.

Entwicklungstrends der Kindheit im 20. Jahrhundert

Im Zentrum dieser Untersuchung stand die Frage nach den Kontinuitäten und Brüchen im Alltag der Kinder aus vier verschiedenen Milieus. Dabei galt bisher das besondere Augenmerk den Differenzen zwischen den Milieus. Nun soll abschließend die Perspektive gewechselt und die von den Nationalsozialisten bewirkten Gemeinsamkeiten zwischen den Milieus sollen ins Zentrum rücken.

Am augenfälligsten war sicher die Hitler-Jugend, über die der NS-Staat unmittelbar auf die Kinder zugreifen konnte. Da zumindest ab 1936 die Mitgliedschaft quasi obligatorisch war, waren in Stadt und Land fast alle Kinder diesem Zugriff ausgesetzt. Ergänzt wurde dies durch die Instrumentalisierung der Schule für die ideologische Gleichschaltung der Kinder. Hinzu kamen verschiedene Maßnahmen, mit denen die Nazis die Alltagskultur der Kinder veränderten. Der Kampf gegen unerwünschte Pluralisierung und Differenzierungen des Verhaltens sowie der Lebensentwürfe bestand nicht nur in der Propagierung eines bestimmten Körperideals, des sportlichen Körpers, sondern führte über die Normierung von Frisur oder Haarlänge sowie der Bekleidung, auch jenseits der Uniform, zu einem tendenziell gleichförmigen Erscheinungsbild der Mädchen und der Jungen. Es verdichtete sich in festen Bildern vom Deutschen Mädel und vom Heldenhaften Deutschen Jungen. Dies zielte explizit auf die Vereinheitlichung von Kindheit quer durch alle Milieus[7] und erlaubte dem Regime den staatlich vermittelten, parteipolitischen Zugriff auf die Kinder. Es ist evident, dass dieses Ziel in den zwölf Jahren des Dritten Reiches nicht zur Gänze realisiert werden konnte, auch wenn unter den Bedingungen der Kriegsgesellschaft vieles noch einmal forciert wurde. Dennoch hatten die Jahre des

---

7 Auf die »sozialkulturelle Enttraditionalisierung und Nivellierung« durch die Hitler-Jugend und andere Maßnahmen des Nationalsozialismus, die zu einer »mindestens tendenziellen Annäherung der bislang so segmentierten jugendlichen Lebenswelten« geführt haben, weist Köster hin (*Jugend,* S. 363).

Nationalsozialismus, wie gezeigt worden ist, für den Alltag aller Kinder gravierende Konsequenzen.

Angesichts dessen stellt sich die Frage, ob und in welchem Maße die Zeit des Nationalsozialismus einen Bruch gegenüber den allgemeinen Entwicklungstendenzen von Kindheit im 20. Jahrhundert bedeutet hat? Diese Frage soll anhand von zentralen Trends diskutiert werden, die die Kindheitsforschung für das 20. Jahrhundert herausgearbeitet hat: Familiarisierung, Scholarisierung, Institutionalisierung, Verhäuslichung, Sakralisierung und Individualisierung.[8]

Als *Familiarisierung* wird jene Entwicklung bezeichnet, in deren Verlauf Aufziehen und Erziehen der Kinder zu einem wesentlichen Inhalt der Familie wird. Das Kind rückt tendenziell in das Zentrum des Familienlebens, es wird Objekt elterlicher Zuwendung und Zuneigung, wird als individuelle Person wahrgenommen und geschätzt. Verbunden mit der sozialen Position »Kind« ist die Trennung von weiten Bereichen des Erwachsenenlebens, besonders dem der Arbeit. Das Aufwachsen in der Privatheit der Familie wird aber schon sehr früh ergänzt durch die privat oder öffentlich organisierte Schule, in der das Kind sich die für sein späteres Leben notwendigen Fähigkeiten aneignet. Dieser Prozess wird als *Scholarisierung* bezeichnet. Die staatliche Schulpflicht machte diese Verbindung dann zwingend. Aus der Kombination von Familienkindheit und Lernkindheit (in der Schule) entsteht das »Kindheitsmoratorium«.[9] Im frühen 20. Jahrhundert war es im Bürgertum verbreitet, in anderen Milieus, wie gezeigt worden ist, wegen der Einbeziehung der Kinder in die Arbeitswelt der Erwachsenen erst teilweise. Tendenziell verlief aber die Entwicklung in Richtung einer Verallgemeinerung des Moratoriums.

Sie wurde nun durch die Hitler-Jugend empfindlich gestört, die als »dritte Säule der Erziehung« neben Elternhaus und Schule trat. Zwar existierten schon vor dem Dritten Reich Organisationen für Kinder und Jugendliche, aber sie waren nicht obligatorisch und erfassten nur eine Minderheit. Als Zwangsorganisation griff die Hitler-Jugend in die Autonomie der Eltern bei der Gestaltung des Alltags der Kinder und ihrer Erziehung massiv ein. Konflikte resultierten aus Konkurrenzen zwischen Eltern und

---

8 Vgl. dazu Honig, »Sozialgeschichte«, S. 207–218. Ausführlicher Zeiher, »Widersprüche und Ambivalenzen«.

9 Vgl. dazu Mierendorff/Olk, »Gesellschaftstheoretische Ansätze«, S. 132. Das Kindheitsmoratorium gewährt also einen »pädagogisch-familialen Schutzraum«. So Zinnecker (»Heimatfront«, S. 213), allerdings nur in Bezug auf den Familienbereich.

der Jugendorganisation um die außerschulische Zeit der Kinder. Ihr »Dienst« lag nicht nur auf den traditionell für das Familienleben wichtigen Zeiten am Samstagnachmittag und teilweise am Sonntagvormittag. Die Hitler-Jugend beeinträchtigte damit sowie mit weiteren »Dienst«-Zeiten außerdem die Verfügung über die in einzelnen sozialen Milieus (Landbevölkerung, Kleingewerbetreibende, zum Teil auch der Arbeiterschaft) relevante Arbeitskraft der Kinder oder schmälerte deren (vor allem von bürgerlichen Eltern) für notwendig erachtete Eigenzeit. Die Präsenz der Kinder in der Öffentlichkeit stand der Privatheit der Familie entgegen. Die elterliche Autorität wurde unterminiert, wenn Kinder die Verpflichtungen in der Hitler-Jugend gegen die Erwartungen der Eltern ausspielten. Das geschah selbst dort, wo Eltern und Kinder politisch übereinstimmten. Wo das nicht der Fall war, konnte es zum Teil heftige Auseinandersetzungen mit den Eltern wegen des politischen Engagements der Kinder in der Hitler-Jugend geben. Zwar war die elterliche Verfügung über die Kinder bereits durch die staatliche Schulpflicht begrenzt, die Hitler-Jugend schränkte sie aber noch stärker ein. Man könnte diese Konstellation in Anlehnung an eine Formulierung Jürgen Zinneckers als den Beginn »einer kollektiven verstaatlichten Kindheit« bezeichnen, die die zum Kindheitsmoratorium gehörende »Privatisierung der Kinder« ergänzen sollte.[10] Die Richtung, die anvisiert war, hat Hitler in seiner berühmten Rede in Reichenberg 1938 skizziert.[11]

Die Lern- oder Schulkindheit existierte weiter. Dazu kam als weitere Institution die Hitler-Jugend. Das Kindheitsmoratorium blieb zwar prinzipiell unangetastet. Die Möglichkeit, über die Gestaltung des Kinderalltags privat zu verfügen, schrumpfte jedoch durch die staatliche, außerschulische Kinder- und Jugendorganisation. Das geschah in allen Milieus und führte tendenziell zu einer Vereinheitlichung der Kinderalltage.

---

10 So Zinnecker (»Heimatfront«, S. 218) in Bezug auf die Kinderlandverschickung.
11 In der Rede betont Hitler den Zugriff der Partei auf die Kinder in der Hitler-Jugend und die Intention, sie auch über das 18. Lebensjahr hinaus weiter unter dem Einfluss der NSDAP zu belassen: »Und dann (nach dem Ende der Zeit in der Hitler-Jugend) geben wir sie erst recht nicht zurück in die Hände unserer alten Klassen- und Standeserzeuger, sondern dann nehmen wir sie sofort in die Partei, in die Arbeitsfront, in die SA oder in die SS, in das NSKK und so weiter ... und sie werden nicht mehr frei ihr ganzes Leben und sie sind glücklich dabei.« Adolf Hitler: Auszug aus der Rede vor Kreisleitern in Reichenberg am 1.12.1938. Abgedruckt in *Völkischer Beobachter* vom 4.12.1938. Zitiert nach http://www.wissensreise.de/Wissensreise/Hitler-Jugend/Seiten/RedeReichenberg1938-01d.html vom 27.3.2013.

Verhäuslichung der Kindheit beschreibt eine Entwicklung, die mit Familiarisierung und Scholarisierung eng verbunden ist. Das in großen Teilen der Bevölkerung traditionelle Muster des Aufenthalts von Kindern auf der Straße wird abgelöst durch die immer stärkere Eingrenzung ihres Lebens auf bestimmte, besonders ausgewiesene Räume.[12] Damit ist nicht nur das Kinderzimmer in Haus oder Wohnung gemeint, sondern dazu gehören auch das Umfeld des Hauses mit Hof oder Garten sowie die speziell für Kinder geschaffenen Orte wie die Schule, aber auch Spielplätze, Sporthallen und so weiter. Allen diesen Orten gemeinsam ist, dass Kinder dort abgegrenzt gegenüber der Umwelt behütet leben, zugleich aber überwacht werden. Zwar geht Verhäuslichung von Kindheit mit Familiarisierung und Scholarisierung einher, weist jedoch durch die Entstehung weiterer Räume mit Kontrollmöglichkeiten über sie hinaus. In diesen Räumen wird gezielt die Körpermotorik verfeinert, die Sinneswahrnehmung sensibilisiert und werden »personenorientierte Bedürfnisse und Handlungsziele« entwickelt.[13] Alle Institutionen, die sich auf bestimmte Altersgruppen spezialisieren, wie Schule und Sportgruppen, tragen zu diesem Prozess der Verhäuslichung bei.

Als weitere Kindheitsinstitution verstärkte die Hitler-Jugend diese Tendenz. Die zunehmende Präsenz von Kindern in der Öffentlichkeit im Nationalsozialismus stand dem nicht entgegen. Sie erfolgte überwiegend uniformiert, in Formation und unter Kontrolle von Vorgesetzten, auch wenn diese oft nicht viel älter waren. Die Hitler-Jugend war, ungeachtet des Slogans »Jugend wird von Jugend geführt«, eine strikt hierarchisch aufgebaute Organisation, die zwar Gestaltungsspielraum zuließ, diesen aber stark begrenzte und überwachte. Dass die Kontrolle nicht lückenlos gelang und Schlupflöcher blieben, steht auf einem anderen Blatt. Der Zwangscharakter der Hitler-Jugend und die verschiedenen Kontrollmechanismen verhinderten vor allem die Entstehung einer autonomen Kinder- und Jugendkultur. Das, was bei den Jüngeren noch in Ansätzen vorhanden war, wurde bei

---

12 Vgl. dazu und zur Verhäuslichung generell: Zinnecker, »Straßenkind«. Verhäuslichung ist eine nicht nur auf Kindheit begrenzte generelle Entwicklungstendenz moderner Gesellschaften, sondern eine »komplexe Sozialtechnologie« (Honig, »Sozialgeschichte«, S. 215), die es gestattet, »gesellschaftliches Handeln langfristig, zielgerichtet, plan- und präzise wiederholbar, somit über Zeiten und beteiligte Personen hinweg berechenbar zu gestalten« (Zinnecker, »Straßenkind«, S. 143).
13 Ebenda, S. 145.

den über zehn Jahre alten Kindern durch die Hitler-Jugend vereinnahmt[14] oder war nur heimlich möglich. Das galt für alle Milieus.

Als weitere Entwicklungslinie der Kindheit im 20. Jahrhundert gilt ihre *Sakralisierung*. Mit diesem Begriff wird die Tatsache benannt, dass sich in immer größeren Gruppen der Bevölkerung jene Haltung gegenüber Kindern ausbreitete, die das Bürgertum bereits im 18. Jahrhundert vorbereitet hatte: Kinder erhalten zentrale Bedeutung innerhalb des familiären Beziehungsgefüges und damit zugleich einen Wert an sich. Die Lebensphase Kindheit wird in hohem Grade sentimentalisiert.[15] Diese Entwicklung setzt voraus, dass dem Kind keine instrumentelle Bedeutung (Arbeitskraft, Erbe) für die Eltern mehr zukommt. Nun hat die Untersuchung ergeben, dass diese Sakralisierung in den 1920er und 1930er Jahren nicht in allen Milieus durchgängig der Fall war, am ehesten traf es im Bürgertum zu. In anderen Milieus hatten viele Kinder, ähnlich wie ihre Mütter, noch den Status eines mithelfenden Familienmitglieds, der einer Sakralisierung des Kindes im Wege stand.

Der Zugriff der nationalsozialistischen Politik auf die Kinder wirkte der Sakralisierung insofern entgegen, als sie darauf zielte, die Kinder frühzeitig aus dem familiären Gefüge herauszulösen. Es gab im Nationalsozialismus aber eine eigene, wenn auch inhaltlich andere Tendenz zur Sakralisierung im Sinne einer Überhöhung von Kindern und Jugendlichen. Sie richtete sich jedoch nicht auf das einzelne Kind, sondern auf Kinder (und Jugendliche) als Kollektiv. Ihnen wurde in der NS-Ideologie zentrale Bedeutung zugemessen. Sie waren die Garanten für die Reinheit und den Fortbestand des Volkes und der Rasse, die die Volksgemeinschaft verwirklichen würden. Die Sakralisierung wurde im Nationalsozialismus von einer rein binnenfamiliären zu einer staatlich-parteipolitischen Angelegenheit.

Individualisierung als Entwicklungstrend meint die Herauslösung des Menschen aus den traditionellen Bindungen von Stand, Klasse oder Milieu. Das Leben ist nicht mehr fest vorgezeichnet, sondern der Einzelne hat die

---

14 Ein Interviewpartner aus dem bürgerlichen Milieu wies darauf explizit hin: »Äh, man darf sich jetzt also nich vorstellen, dass wir sozusagen eine [P] Gruppenkultur von Jugendlichen neben der Hitler-Jugend hatten, sondern das Ganze wurde denn von der Hitler-Jugend ja vereinnahmt und da mussten wir ja ohnehin zweimal in der Woche antanzen und das war's dann. Also so viel nebenher machen, das konnten wir gar nich.« (Ilsemann, 2658–2661)

15 Honig, »Sozialgeschichte«, S. 23. Auch Zinnecker, »Kindheit und Jugend«, S. 55 unter Verweis auf Lenzen, *Mythologie*. Zur »Sakralisierung« des Kindes in der pädagogischen Literatur vgl. die Studie von Baader, *Die romantische Idee*.

Chance, zwischen Alternativen wählen zu können. Die Pluralisierung von Perspektiven und Wertorientierungen ermöglichen, Individualität auszubilden. Individualisierungsprozesse sind allerdings nicht auf Kindheiten beschränkt, sondern konstitutiv für das Leben in modernen, differenzierten Gesellschaften.

In der Kindheitsforschung zielt der Begriff Individualisierung hauptsächlich auf die Veränderungen der Beziehungen zwischen Eltern und Kindern, in denen eine Aufweichung, teils sogar ein Abbau der autoritären Strukturen und eine Tendenz zum »Verhandlungshaushalt« (Bois-Reymond) zu beobachten sind.[16] Damit verbinden sich neue Erwartungen an die Eltern: Sie sollen Selbstständigkeit und Selbstverantwortung als Voraussetzungen für ein eigenverantwortliches Leben sowie einen eigenständigen Lebensentwurf und -stil bei den Kindern fördern. Für Kinder aus bürgerlichen Kreisen sind derartige Anforderungen sehr früh formuliert und seither zunehmend praktiziert worden, während die Eltern-Kind-Beziehung in anderen Bevölkerungsgruppen noch lange durch Befehl und Gehorsam geprägt waren. Allerdings zeigten sich auch im Arbeitermilieu bereits in den 1920er Jahren derartige Individualisierungstendenzen in der Kindererziehung.[17]

In Bezug auf diese Entwicklungstendenz scheint die Wirkung des Nationalsozialismus zumindest ambivalent gewesen zu sein. Einerseits bot die Mitgliedschaft in den Jugendorganisationen für bestimmte Gruppen von Kindern – Mädchen und auf dem Lande lebende Kinder beiderlei Geschlechts – emanzipatorische Potenziale. Die Kontrolle durch die Eltern sowie deren Zugriff auf Zeit und Arbeitsleistung der Kinder wurden partiell durchlöchert. Die Kinder konnten die Anforderungen von Eltern und Hitler-Jugend gegeneinander ausspielen und aus der sie schützenden und zugleich begrenzenden elterlichen Obhut ausbrechen. Die Grenzen der Familien, der Denkhorizonte und Milieus weiteten sich, allerdings nur in Maßen. Denn andererseits war die Organisierung der Kinder verbunden mit der Einbindung in eine strikte, auf Befehl und Gehorsam beruhende Hierarchie, die eher Unterordnung verlangte als Raum für selbstbestimmtes Handeln ließ. Durch die Uniformierung, die Propagierung eines bestimmten Körperideals, die Teilnahme an Aufmärschen und Ritualen in Uniform, die gezielte Emotionalisierung der Teilnehmer bei Massenveranstaltungen, die einseitige ideologische Ausrichtung sollten Einheitlichkeit und Formie-

---

16 Vgl. Bois-Reymond, *Kinderleben.*
17 Vgl. Rosenbaum, *Proletarische Familien.*

rung statt Differenzierung und Individualisierung geschaffen werden. Alternativen zur Hitler-Jugend fehlten, ebenso kontroverse Diskussionen und daher die Möglichkeit, andere Perspektiven gedanklich zu erproben, geschweige zu realisieren. Es lässt sich daher vermuten, dass in und durch die Hitler-Jugend die in der Frühpubertät ablaufenden Prozesse der Individualisierung, der Entwicklung persönlicher Autonomie nur bedingt gefördert werden konnten und sollten. Statt zu Selbstfindung und Selbstverantwortlichkeit führte der Ausbruch aus elterlicher Kontrolle und tradierter Lebensweise die Kinder in neue kollektive Bindungen und Abhängigkeiten. In der Literatur wird das Ergebnis dieser widersprüchlichen Kombination von emanzipatorischen Tendenzen und Unterwerfung als »gebrochene Individualisierung« charakterisiert.[18] Sind diese Entwicklungen nun lediglich eine kurze Unterbrechung der säkularen Trends in der Entwicklung der Kindheit im 20. Jahrhundert gewesen, die keine weiteren Konsequenzen hatten und haben, oder reicht ihre Wirkung über die NS-Zeit hinaus?[19]

Ganz bewusst wurde nach dem Ende des Zweiten Weltkriegs in Westdeutschland eine Abkehr von den nationalsozialistischen Institutionen und Maßnahmen vollzogen, die die Alltage der Kinder geprägt hatten. Die Rückkehr zum status quo ante wurde zu einem Prinzip der Familien- und Jugendpolitik. Nach den Wirren der unmittelbaren Nachkriegszeit mit ihren vielen »Kontrolllöchern«[20] setzte sich in den 1950er Jahren das traditionelle Leitbild von Familie und Kindererziehung wieder durch und führte zu einer prononcierten »Familiarisierung« von Kindheit. Das beinhaltete zwar Individualisierungschancen, war aber zugleich verbunden mit einer starken Kontrolle der Kinder durch Familie, Schule und Kirche. Staatliche Befugnisse und Eingriffsmöglichkeiten wurden begrenzt, kirchlichen Einflüssen auf die Schulen und die (wenigen) Kindergärten jedoch Raum gegeben. Zumindest in der Schulpolitik ist die Weimarer Republik liberaler gewesen. Erst seit den späten 1960er Jahren erweiterten sich die den Kindern gezogenen engen Grenzen.

In der Sowjetischen Besatzungszone, später der DDR verlief die Entwicklung deutlich anders. Die Kinder- und Jugendpolitik knüpfte hier mit den Organisationen der »Jungen Pioniere« (sechs- bis 13-Jährige) und der

---

18 Vgl. Möding, »Sozialisationserfahrungen«; Reese, *Straff, aber nicht stramm.*
19 Diese Frage formulierte bereits Zinnecker in seinem Aufsatz (»Heimatfront«). Vgl. auch die Rezension des Bandes durch Honig veröffentlicht am 2.10.2009 unter: http://www.klinkhardt.de/ewr/978377991734-1.html.
20 Vgl. Preuss-Lausitz u. a., *Kriegskinder.*

»Freien Deutschen Jugend« (ab 14 Jahren) formal an die Hitler-Jugend an, allerdings mit einer inhaltlich und ideologisch diametral anderen Ausrichtung, nämlich orientiert an den Traditionen der Kommunistischen Kinderbewegung der Weimarer Republik und der sowjetischen Pionierorganisation.[21] Die Form, staatliche Institutionen für Kinder und Jugendliche jenseits der Schule, war auch hier gleichbedeutend mit Antiindividualismus und Antipluralismus.

Blickt man nur auf Westdeutschland, so lassen sich die zwölf Jahre des Dritten Reiches leicht als Zwischenspiel abtun, das kaum dauerhafte Wirkungen hatte. Bezieht man die ostdeutschen Gebiete mit ein, zeigt sich, dass in diesem Bereich Kindheit über mehr als 50 Jahre parteipolitisch und staatlich kontrolliert wurde, wenn auch unter anderem politischen Vorzeichen. Weitet man den Blick über Deutschland hinaus, wird sichtbar, dass viele faschistische und realsozialistische Gesellschaften ähnliche Versuche wie der Nationalsozialismus unternommen haben, Kindheit (und Jugend) zu kontrollieren und ideologisch zu formieren. Die Entwicklung der Kindheit ist also im 20. Jahrhundert alles andere als geradlinig verlaufen. Auch in diesen weitverbreiteten staatlich organisierten, parteipolitischen Zugriffen auf Kinder (und Jugendliche) zeigt sich eine Entwicklungstendenz von Kindheit im 20. Jahrhundert.

Bei der Arbeit an diesem Buch war ich immer wieder überrascht, wie sehr die Erinnerungen der Zeitzeuginnen und Zeitzeugen an ihre Kindheit meinen eigenen aus den späten 1940er und den 1950er Jahren ähnelten. Das zeigte sich bei der Bekleidung, den Frisuren, dem Verhältnis zu den Eltern, der Tabuisierung der Sexualität, der Trennung der Geschlechter in der Schule, also jenen Bereichen des Kinderlebens, die auch im Dritten Reich überwiegend von Kontinuitäten geprägt waren. Sieht man von den durch den Nationalsozialismus bewirkten und nach 1945 in der Bundesrepublik rückgängig gemachten Brüchen und Veränderungen ab (Hitler-Jugend, Politisierung der Schule, nationalsozialistisch geprägte Verhaltensweisen wie das Grüßen und Ähnliches), blieben große Teile des kindlichen Alltags bis in die 1960er Jahre nahezu unverändert. Erst dann setzte in der Alltagskultur ein großer Bruch ein, der nicht nur die Eltern-Kind-Beziehungen betraf, sondern sich auf die Bereiche des Konsums und der Medien erstreckte und zur Ausformung eigenständiger Kinder- und Jugendkulturen führte.

---

21 Vgl. dazu Poßner, *Immer bereit;* Skyba, *Hoffnungsträger.*

Verzeichnis der Abkürzungen

AfS	Archiv für Sozialgeschichte
APuZ	*Aus Politik und Zeitgeschichte.* Beilage zu *Das Parlament*
BDM	Bund Deutscher Mädel (14–18-jährige Mädchen)
DAF	Deutsche Arbeitsfront
DJI	Deutsches Jugendinstitut
Gestapo	Geheime Staatspolizei
GT	*Göttinger Tageblatt*
HJ	Hitlerjugend (14–18-jährige Jungen)
HNA	Hessische/Niedersächsische Allgemeine Zeitung
ISK	Internationaler Sozialistischer Kampfbund
JM	Jungmädelbund (10–14-jährige Mädchen)
JV	Deutsches Jungvolk (10–14-jährige Jungen)
KdF	Kraft durch Freude (Teil der DAF)
MN	*Mündensche Nachrichten*
NSDAP	Nationalsozialistische Deutsche Arbeiterpartei
NSDStB	Nationalsozialistischer Deutscher Studentenbund
NSFK	Nationalsozialistisches Fliegerkorps
NS-HAGO	Nationalsozialistische Handels-, Handwerks- und Gewerbeorganisation
NSKK	Nationalsozialistisches Kraftfahr-Korps
NSLB	Nationalsozialistischer Lehrerbund
NSRL	Nationalsozialistischer Reichsbund für Leibesübungen
NSV	Nationalsozialistische Volkswohlfahrt
RAD	Reichsarbeitsdienst
RJF	Reichsjugendführung
SA	Sturmabteilung
SN	*Sollinger Nachrichten*
SS	Schutzstaffel

Quellen und Literatur

Quellen

I. Stadtarchiv Göttingen

Popplow, Renate, *Die Hitler-Jugend im Spiegel Göttinger Zeitungen während der Jahre 1933–39*. Schriftliche Hausarbeit für das Lehramt an Volksschulen. Göttingen 1972.
Nationalsozialismus in Göttingen im Spiegel des »Göttinger Tageblatt«. Göttingen 1994.
Kleine Erwerbungen

II. Stadtarchiv Hann. Münden

StAHM HNA, *Mündener Allgemeine*, Nr. 152 vom 03.07.1999
StAHM MR 963 »Bekämpfung der Jugendkriminalität«
StAHM NR V VI, 3–10, 17, 31 »Verlegung eines Pionierbataillons nach Hann. Münden, 1934«
StAHM NR G III 9–15 »Fremdenverkehr-Statistik«, 1948
StAHM MR 1132 »Ausführung des Gesetzes über die HJ«
StAHM MR 1133 »Ausführung des Gesetzes über die HJ, specialia, 1940–1944«
StAHM MR 1122 »Schutz der Jugend – specialia Bd. I, 1941–1944«
StAHM Pressearchiv *Mündensche Nachrichten* von 1932–1945«
StAHM Festschrift 75 Jahre Pioniergarnison Hann. Münden 1901–1976.
StAHM Nachlass Quandt, Erich, unveröffentlichtes Manuskript »Schön war die Jugend …« Erinnerungen eines alten Mündeners im Rückblick nach 40 bis 60 Jahren, 1990.

III. Dorfarchiv Volpriehausen

Schulchronik 904–1954.
Kopien der Aufzeichnungen des Lehrers N. aus den Jahren 1939–1945 (Original im Privatbesitz)

Sollinger Nachrichten. Uslar. Jahrgänge 1930–1942.

IV. Obernfeld

1. Kreisarchiv Göttingen

KA Dud. Nr. 59 Wahl zu den Provinziallandtagen 1933.
KA Dud. Nr. 366 Gemeinderäte 1934–1936.
KA Dud. Nr. 367 Bürgermeister und Schöffen 1933–1935.
LA Dud. Nr. 330 Politische Umtriebe. Plakatentfernung »Deutsches Volk horch auf« in Obernfeld.
LA Dud. Nr. 549 Judensachen 1933–1938.
LA Dud. Nr. 944 Verschiedene Kirchen- und Schulsachen von Obernfeld 1929–1941.
LA Dud. Nr. 1053 Anträge und Anzeigen in Polizeisachen 1935–1937.
LA Dud. Nr. 1364 Angelegenheiten verschiedener Schulen während und nach der Zeit des Nationalsozialismus.
LA Dud. Nr. 1396 Heilkräutersammlungen durch die Schulen. Belobigungen für die Schulen in Immingerode und Obernfeld für außerordentliche Sammelergebnisse 1939–1944.
LA Dud. Nr. 1415 SA Disziplin.
LK Dud. Nr. 13 Überprüfung von Arbeitnehmern auf ihre NS-Vergangenheit 1946.

2. Pfarrarchiv Obernfeld

Sig. III 17 Chronistische Pfarrchronik.

3. Bistumsarchiv Hildesheim

Ortsakte Obernfeld, St. Blasius Nr. 8.

Literatur

Adam, Christian, *Lesen unter Hitler. Autoren, Bestseller, Leser im Dritten Reich,* Berlin 2010.
Adam, Uwe Dietrich, *Judenpolitik im Dritten Reich,* Königstein/Ts., Düsseldorf 1979 (unveränderter Nachdruck des 1972 erschienenen Werkes).
Allert, Tilmann, *Der deutsche Gruß. Geschichte einer unheilvollen Geste,* Berlin 2005.

Angermann, Gertrud, *Stammbücher und Poesiealben als Spiegel ihrer Zeit. Nach Quellen des 18.–20. Jahrhunderts aus Minden-Ravensberg,* Münster 1971 (Schriften der Volkskundlichen Kommission des Landschaftsverbandes Westfalen-Lippe; 20).

Antoni-Komar, Irene, *Kulturelle Strategien am Körper: Frisuren, Kosmetik, Kleider,* Oldenburg 2006 (Mode und Ästhetik; 2).

Arbeitsgemeinschaft Südniedersächsischer Heimatfreunde (Hg.), *Rüstungsindustrie in Südniedersachsen während der NS-Zeit,* Mannheim 1993.

Ariès, Philippe, *Geschichte der Kindheit,* München [u. a.] 1975.

Assmann, Aleida, »Das Rahmen von Erinnerungen am Beispiel der Foto-Installation von Christian Boltanski«, *BIOS* 21 (2008), S. 4–14.

— *Soziales und kollektives Gedächtnis. Vortrag auf der Konferenz »Kulturelles Gedächtnis. China zwischen Vergangenheit und Zukunft«. März 2006,* http://www.bpb.de/veranstaltungen/WMC4L5,0,0,Panel_2%3A_Kollektives_und_soziales_Ged%E4.

— *Erinnerungsräume. Formen und Wandlungen des kulturellen Gedächtnisses,* München 1999.

Assmann, Jan, *Das kulturelle Gedächtnis. Schrift, Erinnerung und politische Identität in frühen Hochkulturen,* München ⁵2005.

— »Kollektives und kulturelles Gedächtnis. Zur Phänomenologie und Funktion von Gegen-Erinnerung«, in: Borsdorf, Ulrich/Grütter, Heinrich Theodor (Hg.), *Orte der Erinnerung: Denkmal, Gedenkstätte, Museum,* Frankfurt/M. [u. a.] 1999, S. 13–32.

Audehm, Katrin/Wulf, Christoph/Zirfas, Jörg, »Rituale«, in: Ecarius, Jutta (Hg.), *Handbuch Familie,* Wiesbaden 2007, S. 424–440.

Baader, Meike Sophia, *Die romantische Idee des Kindes und der Kindheit. Auf der Suche nach der verlorenen Unschuld,* Neuwied [u. a.] 1996.

Bächtold-Stäubli, Hanns/Hoffmann-Krayer, Eduard (Hg.), *Handwörterbuch des deutschen Aberglaubens.* Bd. 7: *Pflügen–Signatur,* Berlin [u. a.] ³2000.

Bahrdt, Hans Paul, »Identität und biographisches Bewusstsein. Soziologische Überlegungen zur Funktion des Erzählens aus dem eigenen Leben für die Gewinnung und Reproduktion von Identität«, in: Brednich, Rolf Wilhelm u. a. (Hg.), *Lebenslauf und Lebenszusammenhang. Autobiographische Materialien in der volkskundlichen Forschung. Vorträge der Arbeitstagung der Deutschen Gesellschaft für Volkskunde in Freiburg/Br. vom 16.–18. März 1981,* Freiburg im Breisgau 1982, S. 18–45.

Bajohr, Frank (Hg.), *Norddeutschland im Nationalsozialismus,* Hamburg 1993.

— /Wildt, Michael (Hg.), »Einleitung«, in: Dies. (Hg.), *Volksgemeinschaft. Neue Forschungen zur Gesellschaft des Nationalsozialismus,* Frankfurt/M. 2009, S. 7–23.

— /Wildt, Michael (Hg.), *Volksgemeinschaft. Neue Forschungen zur Gesellschaft des Nationalsozialismus,* Frankfurt/M. 2009.

Bartels, Ulrike, *Die Wochenschau im Dritten Reich. Entwicklung und Funktion eines Massenmediums unter besonderer Berücksichtigung völkisch-nationaler Inhalte,* Frankfurt/M. [u. a.] 2004.

Bauer, Ulrich/Vester, Michael, »Soziale Ungleichheit und soziale Milieus als Sozialisationskontexte«, in: Hurrelmann, Klaus/Grundmann, Matthias/Walper, Sabine (Hg.), *Handbuch Sozialisationsforschung,* Weinheim [u. a.] ⁷2008, S. 184–202.

Bausinger, Hermann (Hg.), *Grundzüge der Volkskunde,* Darmstadt 3. unveränd. Aufl. 1993.

— »Bürgerlichkeit und Kultur«, in: Kocka, Jürgen (Hg.), *Bürger und Bürgerlichkeit im 19. Jahrhundert,* Göttingen 1987, S. 121–142.

Becher, Ursula A. J., »Zwischen Autonomie und Anpassung – Frauen, Jahrgang 1900/1910 – eine Generation?«, in: Reulecke, Jürgen (Hg.), *Generationalität und Lebensgeschichte im 20. Jahrhundert,* München 2003, S. 279–293.

Beck, Johannes (Hg.), *Terror und Hoffnung in Deutschland 1933–1945. Leben im Faschismus,* Reinbek bei Hamburg 1980.

Becker, Heinrich, »Aufstellung der Professoren, Privatdozenten, Lehrbeauftragten und Nachwuchswissenschaftler, die infolge der nationalsozialistischen Maßnahmen die Universität Göttingen verlassen mussten«, in: Ders./Dahms, Hans-Joachim/Wegeler, Cornelia (Hg.), *Die Universität Göttingen unter dem Nationalsozialismus. Das verdrängte Kapitel ihrer 250jährigen Geschichte,* München [u. a.] 1987, S. 489–501.

— /Dahms, Hans-Joachim/Wegeler, Cornelia (Hg.), *Die Universität Göttingen unter dem Nationalsozialismus. Das verdrängte Kapitel ihrer 250jährigen Geschichte,* München [u. a.] 1987.

Becker, Karin, *Der Gourmand, der Bourgeois und der Romancier. Die französische Eßkultur in Literatur und Gesellschaft des bürgerlichen Zeitalters,* Frankfurt/M. 2000.

Behnken, Imbke (Hg.), *Stadtgesellschaft und Kindheit im Prozeß der Zivilisation. Konfigurationen städtischer Lebensweise zu Beginn des 20. Jahrhunderts,* Opladen 1990.

— /Bois-Reymond, Manuela du/Zinnecker, Jürgen, *Stadtgeschichte als Kindheitsgeschichte. Lebensräume von Großstadtkindern in Deutschland und Holland um 1900,* Opladen 1989 (Biographie und Gesellschaft; 5).

Behnken, Imbke/Zinnecker, Jürgen (Hg.), *Kinder. Kindheit. Lebensgeschichte. Ein Handbuch,* Seelze-Velber 2001.

— »Lebenslaufereignisse, Statuspassagen und biographische Muster in Kindheit und Jugend«, in: Zinnecker, Jürgen (Hg.), *Jugend '92. Lebenslagen, Orientierungen und Entwicklungsperspektiven im vereinigten Deutschland.* Hrsg. vom Jugendwerk der Deutschen Shell. Bd. 2: *Im Spiegel der Wissenschaften,* Opladen 1992 (Shell-Jugendstudie; 11,2), S. 127–144.

— »Soziale Entwöhnung der Straßenkinder oder: Härtetests für junge Stadtbewohner«, in: Büttner, Christian/Ende, Aurel (Hg.), *Lebensräume für Kinder. Entwicklungsbedingungen für Kinder im ausgehenden 20. Jahrhundert,* Weinheim, Basel 1989 (Jahrbuch der Kindheit; 6), S. 37–66.

— »Vom Straßenkind zum verhäuslichten Kind. Zur Modernisierung städtischer Kindheit 1900–1980«, *Sozialwissenschaftliche Informationen* 16 (1987), S. 87–96.

Beinhorn, Walter, »Kriegsfolgen«, in: Faulstich, Peter (Hg.), *Nachkriegszeit. Münden 1945–1955. Begleitbuch zur gleichnamigen Ausstellung im Packhof vom 30. April bis 5. Juni 1995,* Hann. Münden 1995, S. 18–42.

Benner, Dietrich/Tenorth, Heinz-Elmar (Hg.), *Bildungsprozesse und Erziehungsverhältnisse im 20. Jahrhundert. Praktische Entwicklungen und Formen der Reflexion im historischen Kontext,* Weinheim [u. a.] 2000.

Benz, Ute, »Verführung und Verführbarkeit. NS-Ideologie und kindliche Disposition zur Radikalität«, in: Dies./Benz, Wolfgang (Hg.), *Sozialisation und Traumatisierung. Kinder in der Zeit des Nationalsozialismus,* Frankfurt/M. ³1998, S. 25–39.

— /Benz, Wolfgang (Hg.), *Sozialisation und Traumatisierung. Kinder in der Zeit des Nationalsozialismus,* Frankfurt/M. ³1998.

Benz, Wolfgang/Graml, Hermann/Weiß, Hermann (Hg.), *Enzyklopädie des Nationalsozialismus,* Stuttgart 1997.

Beradt, Charlotte, *Das Dritte Reich des Traums.* Mit einem Nachwort von Reinhart Koselleck, Frankfurt/M. 1981.

Berg, Christa, »Erinnerte Kindheit im Raum. Bürgerkindheiten und Arbeiterkindheiten«, in: Behnken, Imbke/Zinnecker, Jürgen (Hg.), *Kinder. Kindheit. Lebensgeschichte. Ein Handbuch,* Seelze-Velber 2001, S. 912–935.

— /Ellger-Rüttgardt, Sieglind (Hg.), *Du bist nichts, Dein Volk ist alles. Forschungen zum Verhältnis von Pädagogik und Nationalsozialismus,* Weinheim 1991.

— /Schröder, Margret, »Zu vieren waren wir eine Großmacht…«. Geschwisterbeziehungen in deutschen bürgerlichen Familien in der Zeit des Zweiten Deutschen Kaiserreichs (1871–1918)«, *Jahrbuch für Historische Bildungsforschung* 2 (1995), S. 135–168.

Berndt, Horst, »Hundert Jahre Schulfeiern als Spiegel politischer Wandlungen«, in: *Festschrift zur 100-Jahr-Feier des Gymnasiums für Mädchen in Göttingen,* Göttingen 1966, S. 18–28.

Bertels, Lothar/Herlyn, Ulfert (Hg.), *Lebenslauf und Raumerfahrung,* Opladen 1990 (Biographie und Gesellschaft; 9).

Bethke, Natalie, »Alte Helden in neuer Mission. Zur Jugendliteratur im Nationalsozialismus«, in: Graf, Werner (Hg.), *Gift im Bücherschrank. Kinder- und Jugendlektüre im Nationalsozialismus,* Berlin 1992, S. 52–58.

Bielefelder Graduiertenkolleg Sozialgeschichte (Hg.), *Körper macht Geschichte. Geschichte macht Körper. Körpergeschichten als Sozialgeschichten,* Bielefeld 1999.

Bilden, Helga, »Geschlechtsspezifische Sozialisation«, in: Hurrelmann, Klaus/ Ulich, Dieter (Hg.), *Neues Handbuch der Sozialisationsforschung,* Weinheim [u. a.] ⁴1991, S. 279–301.

Blochmann, Elisabeth, *Herman Nohl in der pädagogischen Bewegung seiner Zeit: 1879–1960,* Göttingen 1969.

Blumer, Herbert, *Symbolic interactionism. Perspective and method,* Englewood Cliffs, NJ 1969.

Bock, Gisela, »Gleichheit und Differenz in der nationalsozialistischen Rassenpolitik«, *Geschichte und Gesellschaft* 19 (1993), S. 277–310.

Böth, Gitta/Mentges, Gabriele (Hg.), *Sich kleiden,* Marburg 1989 (Hessische Blätter für Volks- und Kulturforschung; N.F. 25).

Bohmert, Friedrich, »Unter Kreuz und Hakenkreuz. Eine katholische Kleinstadt-Kindheit in Westfalen«, *Jahrbuch Westfalen. Westfälischer Heimatkalender* 90 (1989), S. 187–203.

Bois-Reymond, Manuela du, »Die Oral-History-Methode. Königsweg oder Schleichpfad der historischen Kindheitsforschung«, in: Behnken, Imbke/Zinnecker, Jürgen (Hg.), *Kinder. Kindheit. Lebensgeschichte. Ein Handbuch,* Seelze-Velber 2001, S. 218–232.

— *Kinderleben. Modernisierung von Kindheit im interkulturellen Vergleich,* Opladen 1994.

— »Eltern-Kind-Beziehungen zwischen 1900 und 1920 am Beispiel der Sexualerziehung«, *BIOS* 5 (1992), S. 49–62.

Bons, Joachim/Denecke, Viola/Duwe, Kornelia/Löneke, Regina/Tapken, Bernd, »*Bohnensuppe und Klassenkampf«. Das Volksheim. Gewerkschaftshaus der Göttinger Arbeiterbewegung von der Entstehung im Jahre 1921 bis zu seiner Zerstörung 1944,* Göttingen 1986.

Borsdorf, Ulrich/Grütter, Heinrich Theodor (Hg.), *Orte der Erinnerung: Denkmal, Gedenkstätte, Museum,* Frankfurt/M. [u. a.] 1999.

Bossard, James H. S./Boll, Eleanor S., *The sociology of child development,* New York [u. a.] ⁴1996.

Bourdieu, Pierre, *Die feinen Unterschiede. Kritik der gesellschaftlichen Urteilskraft,* Frankfurt/M. [12. Dr.] 2000.

— »Die sanfte Gewalt. Pierre Bourdieu im Gespräch mit Irene Dölling und Margareta Steinrücke«, in: Dölling, Irene/Krais, Beate (Hg.), *Ein alltägliches Spiel. Geschlechterkonstruktion in der sozialen Praxis,* Frankfurt/M. 1997, S. 218–230.

— »Ökonomisches Kapital, kulturelles Kapital, soziales Kapital«, in: Kreckel, Reinhard (Hg.), *Soziale Ungleichheiten,* Göttingen 1983 (Soziale Welt: Sonderband; 2), S. 183–198.

—/Passeron, Jean-Claude, *Die Illusion der Chancengleichheit. Untersuchungen zur Soziologie des Bildungswesens am Beispiel Frankreichs,* Stuttgart 1971.

Brade, Anna-Christine, »BDM-Identität zwischen Kampflied und Wiegenlied – eine Betrachtung des Repertoires im BDM-Liederbuch ›Wir Mädel singen‹«, in: Niedhart, Gottfried/Broderick, George (Hg.), *Lieder in Politik und Alltag des Nationalsozialismus,* Frankfurt/M. [u. a.] 1999, S. 149–165.

Brainin, Elisabeth, »Körper-Ich und Unbewusstes. Entwicklung und Körper-Ich in der Kindheit und Adoleszenz«, *Kinderanalyse. Psychoanalyse im Kindes- und Jugendalter und ihre Anwendungen* 7 (1999), S. 223–239.

Braun, Ulrich L./Brudniok, Hans-Joachim, *Dörfer auf dem Eichsfeld,* Hannover 1994.

Brednich, Rolf Wilhelm u. a. (Hg.), *Lebenslauf und Lebenszusammenhang. Autobiographische Materialien in der volkskundlichen Forschung. Vorträge der Arbeitstagung der Deutschen Gesellschaft für Volkskunde in Freiburg/Br. vom 16.–18. März 1981,* Freiburg im Breisgau 1982.

Breyvogel, Wilfried/Hellfeld, Matthias von (Hg.), *Piraten, Swings und Junge Garde. Jugendwiderstand im Nationalsozialismus,* Bonn 1991.

—/Lohmann, Thomas, »Schulalltag im Nationalsozialismus«, in: Peukert, Detlev/Reulecke, Jürgen (Hg.), *Die Reihen fast geschlossen. Beiträge zur Geschichte des Alltags unter dem Nationalsozialismus,* Wuppertal 1981, S. 199–221.

Brinkmann, Jens-Uwe/Schmeling, Hans-Georg (Hg.), *Göttingen unterm Hakenkreuz. Nationalsozialistischer Alltag in einer deutschen Stadt. Texte und Materialien,* Göttingen 1983.

Brockhaus, Gudrun, *Schauder und Idylle. Faschismus als Erlebnisangebot,* München 1997.

Brückner, Peter, *Das Abseits als sicherer Ort. Kindheit und Jugend zwischen 1933 und 1945,* Berlin 1980.

Brüggemeier, Franz-Josef, »Aneignung vergangener Wirklichkeit – Der Beitrag der Oral History«, in: Voges, Wolfgang (Hg.), *Methoden der Biographie- und Lebenslaufforschung,* Opladen 1987, S. 145–169.

Bruns-Wüstefeld, Alex, *Lohnende Geschäfte. Die »Entjudung« der Wirtschaft am Beispiel Göttingens,* Hannover 1997.

Bucher, Willi/Pohl, Klaus (Hg.), *Schock und Schöpfung. Jugendästhetik im 20. Jahrhundert,* Darmstadt, Neuwied 1986.

Budde, Gunilla-Friederike, *Auf dem Weg ins Bürgerleben. Kindheit und Erziehung in deutschen und englischen Bürgerfamilien 1840–1914,* Göttingen 1994.

Buddrus, Michael, *Totale Erziehung für den totalen Krieg. Hitlerjugend und nationalsozialistische Jugendpolitik.* 2 Bde, München 2003.

Bude, Heinz, *Deutsche Karrieren. Lebenskonstruktionen sozialer Aufsteiger aus der Flakhelfer-Generation,* Frankfurt/M. 1987.

Büchner, Peter, »Kindheit und Familie«, in: Krüger, Heinz-Hermann/Grunert, Cathleen (Hg.), *Handbuch Kindheits- und Jugendforschung,* Wiesbaden ²2010, S. 519–542.

Büttner, Christian/Ende, Aurel (Hg.), *Lebensräume für Kinder. Entwicklungsbedingungen für Kinder im ausgehenden 20. Jahrhundert,* Weinheim, Basel 1989.

Castell Rüdenhausen, Adelheid Gräfin zu, »Familie und Kindheit«, in: Langewiesche, Dieter/Berg, Christa (Hg.), *Handbuch der deutschen Bildungsgeschichte. Bd. V: 1918–1945. Die Weimarer Republik und die nationalsozialistische Diktatur,* München 1989, S. 65–86.

Cebulla, Florian, *Rundfunk und ländliche Gesellschaft 1924–1945,* Göttingen 2004.

Christmann, Gottfried/Kropp, Dieter, *Arbeiterbewegung in Hann. Münden von 1918 bis 1936,* Göttingen 1984.

Clausen, Lars (Hg.), *Gesellschaften im Umbruch. Verhandlungen des 27. Kongresses der Deutschen Gesellschaft für Soziologie in Halle an der Saale 1995,* Frankfurt/M. [u. a.] 1996.

Dahms, Hans-Joachim, »Einleitung«, in: Becker, Heinrich/Dahms, Hans-Joachim/Wegeler, Cornelia (Hg.), *Die Universität Göttingen unter dem Nationalsozialismus. Das verdrängte Kapitel ihrer 250jährigen Geschichte,* München [u. a.] 1987, S. 15–60.

Daniel, Ute, *Kompendium Kulturgeschichte. Theorien, Praxis, Schlüsselwörter,* Frankfurt/M. ³2002.
— »Clio unter Kulturschock. Zu den aktuellen Debatten in der Geschichtswissenschaft«, *Geschichte in Wissenschaft und Unterricht (GWU)* 48 (1997), S. 195–219, 259–278.
Denecke, Dietrich, »Göttingen. Grundriß des Stadtbildes und der baulichen Entwicklung in der Zeit von 1870 bis 1945«, *Göttinger Jahrbuch* 26 (1978), S. 181– 229.
Dengel, Sabine, *Untertan, Volksgenosse, Sozialistische Persönlichkeit,* Frankfurt/M., New York 2005.
Denkler, Horst/Prüm, Karl (Hg.), *Die deutsche Literatur im Dritten Reich. Themen – Tradition – Wirkungen,* Stuttgart 1976.
Dietze, Carola, *Nachgeholtes Leben. Helmuth Plessner, 1892–1985,* Göttingen 2006.
Dölling, Irene/Krais, Beate (Hg.), *Ein alltägliches Spiel. Geschlechterkonstruktion in der sozialen Praxis,* Frankfurt/M. 1997.
Doetzer-Berweger, Oliver, *Söhne des Bürgertums. Kindheiten in einer Universitätsstadt im Nationalsozialismus,* Göttingen 2010.
Domansky, Elisabeth, »Politische Dimensionen von Jugendprotest und Generationenkonflikt in der Zwischenkriegszeit in Deutschland«, in: Dowe, Dieter (Hg.), *Jugendprotest und Generationenkonflikt in Europa im 20. Jahrhundert. Deutschland, England, Frankreich und Italien im Vergleich,* Bonn 1986, S. 113–137.
Douglas, Mary, *Ritual, Tabu und Körpersymbolik. Sozialanthropologische Studien in Industriegesellschaft und Stammeskultur,* Frankfurt/M. 1974.
Dowe, Dieter (Hg.), *Jugendprotest und Generationenkonflikt in Europa im 20. Jahrhundert. Deutschland, England, Frankreich und Italien im Vergleich. Vorträge eines internationalen Symposiums des Instituts für Sozialgeschichte Braunschweig-Bonn und der Friedrich-Ebert-Stiftung vom 17.–19.6.1985 in Braunschweig,* Bonn 1986.
Dreßen, Willi, »Nationalsozialistische Handwerks-, Handels- und Gewerbeorganisation«, in: Benz, Wolfgang/Graml, Hermann/Weiß, Hermann (Hg.), *Enzyklopädie des Nationalsozialismus,* Stuttgart 1997, S. 607.
Dussel, Konrad, »Deutsches Radio, deutsche Kultur. Hörfunkprogramme als Indikatoren kulturellen Wandels«, *AfS* 41 (2001), S. 119–144.
Ebeling, Hans-Heinrich/Fricke, Hans-Reinhard (Hg.), *Duderstadt 1929–1949. Untersuchungen zur Stadtgeschichte im Zeitalter des Dritten Reichs. Vom Ende der Weimarer Republik bis zur Gründung der Bundesrepublik Deutschland,* Duderstadt 1992.
Ecarius, Jutta, »Familienerziehung«, in: Dies. (Hg.), *Handbuch Familie,* Wiesbaden 2007, S. 137–156.
— (Hg.), *Handbuch Familie,* Wiesbaden 2007.
— *Familienerziehung im historischen Wandel. Eine qualitative Studie über Erziehung und Erziehungserfahrungen von drei Generationen,* Opladen 2002.
Elias, Norbert, »Zum Begriff des Alltags«, in: Hammerich, Kurt/Klein, Michael (Hg.), *Materialien zur Soziologie des Alltags,* Opladen 1978 (Kölner Zeitschrift für Soziologie und Sozialpsychologie: Sonderheft; 20), S. 22–29.

Engelhardt, Norbert, »Wir glaubten damals, da werden sich die Zeiten grundlegend ändern.‹ Die Kämpfe der Mündener Arbeiterschaft zwischen 1918 und 1925«, in: Schäfer, Wolfgang (Hg.), *Eure Bänder rollen, nur wenn wir es wollen!,* Hann. Münden 1979, S. 73–86.

Engmann, Claudia/Wiechert, Bernd, »Erbe und Auftrag. Die Musik bei der Zweihundertjahrfeier der Göttinger Universität im Jahre 1937«, *Göttinger Jahrbuch* 40 (1992), S. 253–279.

Erikson, Erik H. (Hg.), »Das Problem der Ich-Identität«, in: Ders. (Hg.), *Identität und Lebenszyklus. Drei Aufsätze,* Frankfurt/M. 1966, S. 123–212.

— (Hg.), *Identität und Lebenszyklus. Drei Aufsätze,* Frankfurt/M. 1966.

Ermann, Michael, *Kriegskindheit. Forschungsprojekt an der Ludwig-Maximilians-Universität München,* http://www.kriegskindheit.de/.

Falkenberg, Karin, *Radiohören. Zu einer Bewußtseinsgeschichte 1933 bis 1950,* Haßfurt [u. a.] 2005.

Fasse, Norbert, *Katholiken und NS-Herrschaft im Münsterland. Das Amt Velen-Ramsdorf 1918–1945,* Bielefeld 1996.

Faulstich, Peter (Hg.), *Nachkriegszeit: Münden 1945–1955. Begleitbuch zur gleichnamigen Ausstellung im Packhof vom 30. April bis 5. Juni 1995,* Hann. Münden 1995.

Faulstich-Wieland, Hannelore, »Sozialisation und Geschlecht«, in: Hurrelmann, Klaus/Grundmann, Matthias/Walper, Sabine (Hg.), *Handbuch Sozialisationsforschung,* Weinheim [u. a.] ⁷2008, S. 240–255.

— *Nachkriegszeit, Schulentwicklung und -alltag 1945–1955 am Beispiel der Stadt Hann. Münden,* Münster 1995.

Fenske, Michaela (Hg.), *Alltag als Politik – Politik im Alltag. Dimensionen des Politischen in Vergangenheit und Gegenwart. Ein Lesebuch für Carola Lipp,* Berlin 2010.

Fest, Joachim, *Ich nicht. Erinnerungen an eine Kindheit und Jugend,* Reinbek ⁶2006.

Flaake, Karin, »Ein eigenes Begehren? Weiblichkeit, Adoleszenz und Veränderungen im Verhältnis zu Körperlichkeit und Sexualität«, in: Winterhager-Schmid, Luise (Hg.), *Konstruktionen des Weiblichen,* Weinheim 1998, S. 122–140.

Flecken, Margarete, *Arbeiterkinder im 19. Jahrhundert. Eine sozialgeschichtliche Untersuchung ihrer Lebenswelt,* Weinheim [u. a.] 1981.

Foucault, Michel, *Überwachen und Strafen,* Frankfurt/M. 1994.

Frei, Norbert, *1945 und wir. Das Dritte Reich im Bewusstsein der Deutschen,* München 2005.

— *Der Führerstaat. Nationalsozialistische Herrschaft 1933–1945,* München ⁵1997.

Frerichs, Petra/Steinrücke, Margareta, »Kochen – ein männliches Spiel? Die Küche als geschlechts- und klassenstrukturierter Raum«, in: Dölling, Irene/Krais, Beate (Hg.), *Ein alltägliches Spiel. Geschlechterkonstruktion in der sozialen Praxis,* Frankfurt/M. 1997, S. 231–257.

Freud, Sigmund, »Drei Abhandlungen zur Sexualtheorie«, in: Ders., *Sigmund Freud Studienausgabe.* Bd. V: *Sexualleben,* Frankfurt/M. 1972, S. 37–145.

— *Sigmund Freud Studienausgabe.* Bd. V: *Sexualleben,* Frankfurt/M. 1972.

Freudenthal, Herbert, »Volkskundliche Streiflichter auf das Zeitgeschehen VI, Nr. 35: Das Poesiealbum«, *Beiträge zur deutschen Volks- und Altertumskunde* 8 (1964), S. 94–98.

Freyberg, Jutta von/Bromberg, Barbara/Mausbach, Hans, *»Wir hatten andere Träume«. Kinder und Jugendliche unter der NS-Diktatur,* Frankfurt/M. 1995.

Fricke-Finkelnburg, Renate (Hg.), *Nationalsozialismus und Schule. Amtliche Erlasse und Richtlinien 1933–1945,* Opladen 1989.

Friedrichs, Jürgen, »Theoretische Konsequenzen. Generationsproblem und Subkultur-These«, in: Pfeil, Elisabeth/Atkinson, Carola (Hg.), *Die 23jährigen. Eine Generationenuntersuchung am Geburtenjahrgang 1941,* Tübingen 1968, S. 367–372.

Fritz, Wolfgang, *Historie der amtlichen Statistiken der Erwerbstätigkeit in Deutschland,* Köln 2001 (Historical Social Research: Supplement; 13).

Fuchs, Werner, *Biographische Forschung. Eine Einführung in Praxis und Methoden,* Opladen 1984.

Füssel, Stephan, »»Wider den undeutschen Geist«. Bücherverbrennung und Bibliothekslenkung im Nationalsozialismus«, in: Brinkmann, Jens-Uwe/Schmeling, Hans-Georg (Hg.), *Göttingen unterm Hakenkreuz,* Göttingen 1983, S. 95–104.

Gamm, Hans-Joachim, *Führung und Verführung. Pädagogik des Nationalsozialismus,* München 1964.

Gebert, Malte, »Der Weg zur Macht. Die Entwicklung des Nationalsozialismus im Raum Uslar«, in: Schäfer, Wolfgang (Hg.), *Heimatfronten. Kriegsalltag im Solling,* Holzminden 2005, S. 6–10.

Gebhardt, Miriam, *Die Angst vor dem kindlichen Tyrannen. Eine Geschichte der Erziehung im 20. Jahrhundert,* München 2009.

Geißler, Rainer, *Die Sozialstruktur Deutschlands,* Opladen 1992.

Gennep, Arnold van, *Übergangsriten,* Frankfurt/M. [u. a.] 1986.

Gerlach, Christian (Hg.), *»Durchschnittstäter«. Handeln und Motivation,* Berlin 2000.

Gerstenberger, Heide/Schmidt, Dorothea (Hg.), *Normalität oder Normalisierung? Geschichtswerkstätten und Faschismusanalyse,* Münster 1987.

Giesecke, Hermann, »Hat Hitler die Jugend verführt? Über die Beziehung von Identität und Gewalt«, *Deutsche Jugend* 10 (1982), S. 457–467.

Gildemeister, Regine/Wetterer, Angelika, »Wie Geschlechter gemacht werden. Die soziale Konstruktion der Zweigeschlechtlichkeit und der Reifizierung in der Frauenforschung«, in: Knapp, Gudrun-Axeli/Wetterer, Angelika (Hg.), *TraditionenBrüche. Entwicklungen feministischer Theorie,* Freiburg 1992, S. 201–254.

Glinka, Hans-Jürgen, *Das narrative Interview. Eine Einführung für Sozialpädagogen,* Weinheim [u. a.] 1998.

Graf, Werner (Hg.), »Vorwort«, in: Ders. (Hg.), *Gift im Bücherschrank,* Berlin 1992, S. 4–6.

— *Gift im Bücherschrank. Kinder- und Jugendlektüre im Nationalsozialismus,* Berlin 1992.

Grimm Jacob/Grimm, Wilhelm, *Deutsches Wörterbuch.* Band 10, 3. Abtlg., Leipzig 1957.

Gruchmann, Lothar, »›Blutschutzgesetz‹ und Justiz. Entstehung und Anwendung des Nürnberger Gesetzes vom 15. September 1935«, *Vierteljahrshefte für Zeitgeschichte* 31 (1983), S. 418–442.

Grün, Max von der, *Wie war das eigentlich? Kindheit und Jugend im Dritten Reich,* Darmstadt [u. a.] 1981.

Grunert, Cathleen, »Methoden und Ergebnisse der qualitativen Kindheits- und Jugendforschung«, in: Krüger, Heinz-Hermann/Grunert, Cathleen (Hg.), *Handbuch Kindheits- und Jugendforschung,* Wiesbaden ²2010, S. 245–272.

Gudehus, Christian/Eichenberg, Ariane/Welzer, Harald (Hg.), *Gedächtnis und Erinnerung. Ein interdisziplinäres Handbuch,* Stuttgart [u. a.] 2010.

Günther, Ulrich, »Lieder und Singepraxis im Deutschen Jungvolk«, in: Niedhart, Gottfried/Broderick, George (Hg.), *Lieder in Politik und Alltag des Nationalsozialismus,* Frankfurt/M. u. a. 1999, S. 190–208.

Habenicht, Maria, »Die bauliche Entwicklung des Göttinger Ostviertels«, *Göttinger Jahrbuch* 28 (1980), S. 141–176.

Habermas, Rebekka, *Frauen und Männer des Bürgertums. Eine Familiengeschichte (1750–1850),* Göttingen 2000.

Härtel, Maren Christine, »Göttingen im Aufbruch zur Moderne. Architektur und Stadtentwicklung (1866–1989)«, in: Thadden, Rudolf von/Trittel, Günter J. (Hg.), *Göttingen. Geschichte einer Universitätsstadt.* Bd. 3, Göttingen 1999, S. 761–817.

Halbwachs, Maurice, *Das Gedächtnis und seine sozialen Bedingungen,* Frankfurt/M. 1985.

— *Das kollektive Gedächtnis,* Stuttgart 1967.

Hammerich, Kurt/Klein, Michael (Hg.), *Materialien zur Soziologie des Alltags,* Opladen 1978 (Kölner Zeitschrift für Soziologie und Sozialpsychologie: Sonderheft; 20).

Hardach, Irene, *Kinderalltag. Aspekte von Kontinuität und Wandel der Kindheit in autobiographischen Zeugnissen 1700–1900,* Frankfurt/M. 1981.

Hareven, Tamara K., *Family time and industrial time. The relationship between the family and work in a New England industrial community,* Cambridge [u. a.] 1982.

Hasselhorn, Fritz, »Göttingen 1917/18–1933«, in: Thadden, Rudolf von/Trittel, Günter J. (Hg.), *Göttingen. Geschichte einer Universitätsstadt.* Bd. 3, Göttingen 1999, S. 63–126.

— /Weinreis, Hermann, »Göttingens Weg in den Nationalsozialismus, dargestellt anhand der städtischen Wahlergebnisse 1924–1933«, in: Brinkmann, Jens-Uwe/Schmeling, Hans-Georg (Hg.), *Göttingen unterm Hakenkreuz,* Göttingen 1983, S. 47–58.

Haubner, Karl, *Die Stadt Göttingen im Eisenbahn- und Industriezeitalter. Geographische Betrachtungen der Entwicklung einer Mittelstadt im Zeitraum 1860–1960,* Göttingen 1964.

Haupert, Bernhard/Schäfer, Franz Josef, *Jugend zwischen Kreuz und Hakenkreuz. Biographische Rekonstruktion als Alltagsgeschichte des Faschismus,* Frankfurt/M. 1991.

Hauser-Schäublin, Brigitta, *Der geteilte Leib. Die kulturelle Dimension von Organtransplantation und Reproduktionsmedizin in Deutschland,* Frankfurt/M. [u. a.] 2001.

Heeren, Anne, *Bürgerliche Ehefrauen in den 1920er und 1930er Jahren,* Göttingen 2006 (unveröffentl. Magisterarbeit).

Heimann, Siegfried/Walter, Franz, *Religiöse Sozialisten und Freidenker in der Weimarer Republik,* Bonn 1993.

Heine, Heinrich, *Werke,* Berlin, Darmstadt 1963.

Heinritz, Charlotte, »Das Kind in der autobiographischen Kindheitserinnerung«, *BIOS* 7 (1994), S. 165–184.

Hennig, Henning/Johannson, Detlef/Ohlemacher, Jörg/Winters, Hans-Christian (Hg.), *Max-Planck-Gymnasium. Festschrift zum Jubiläum des ältesten Göttinger Gymnasiums, 1586–1986,* Göttingen 1986.

Herbert, Ulrich, »Drei politische Generationen im 20. Jahrhundert«, in: Reulecke, Jürgen (Hg.), *Generationalität und Lebensgeschichte im 20. Jahrhundert,* München 2003, S. 95–114.

Herbst, Detlev, »Salzbergbau am Solling«, in: Schlegel, Birgit (Hg.), *Industrie und Mensch in Südniedersachsen – vom 18. bis zum 20. Jahrhundert,* Duderstadt 2003, S. 211–232.

— *Jüdisches Leben im Solling. Der Synagogenverband Bodenfelde – Uslar – Lippoldsberg und die Synagogengemeinde Lauenförde,* Uslar 1997.

— »Die Heeresmunitionsanstalt Volpriehausen«, in: *Rüstungsindustrie in Südniedersachsen während der NS-Zeit,* hrsg. von der Arbeitsgemeinschaft Südniedersächsischer Heimatfreunde, Mannheim 1993, S. 38–65.

— *1840–1950 – 150 Jahre Kirche in Volpriehausen. Festschrift anlässlich der »Woche der Kirche« vom 27. Juni bis 1. Juli 1990,* Uslar o.J.

— *750 Jahre Volpriehausen. Aus der Geschichte unseres Dorfes,* Volpriehausen 1983.

Herbst, Ludolf, *Das nationalsozialistische Deutschland 1933–1945. Die Entfesselung der Gewalt: Rassismus und Krieg,* Frankfurt/M. 1996.

Hering, Sabine/Schröer, Wolfgang (Hg.), *Sorge um die Kinder. Beiträge zur Geschichte von Kindheit, Kindergarten und Kinderfürsorge,* Weinheim, München 2008.

Herlyn, Ulfert, *Leben in der Stadt,* Opladen 1990.

Herrmann, Ulrich, »Was ist eine Generation?«, in: Schüle, Annegret u. a. (Hg.), *Die DDR aus generationengeschichtlicher Perspektive. Eine Inventur,* Leipzig 2006, S. 23–39.

— (Hg.), *»Die Formung des Volksgenossen«. Der »Erziehungsstaat« des Dritten Reiches,* Weinheim [u. a.] 1985.

— (Hg.), *»Das pädagogische Jahrhundert«. Volksaufklärung und Erziehung zur Armut im 18. Jahrhundert in Deutschland,* Weinheim, Basel 1982.

Herten, Lasse, »Reinbleiben und reif werden«. *Subjektformationen im Wandervogel und Jugenddiskurs im Kaiserreich,* Berlin 2007.

Hochhuth, Maili, *Schulzeit auf dem Lande. Gespräche und Untersuchungen über die Jahre 1933–1945 in Wattenbach,* Kassel 1985.

Hoernle, Edwin, *Grundfragen proletarischer Erziehung*, ungekürzte Ausgabe, Lizenzausgabe Frankfurt/M. 1973.

Hoffmann, Lutz/Neumann, Uwe/Schäfer, Wolfgang, *Zwischen Feld und Fabrik. Arbeiteralltag auf dem Dorf von der Jahrhundertwende bis heute. Die Sozialgeschichte des Chemiewerkes Bodenfelde 1896 bis 1986*, Göttingen 1986.

Holz, »Die Finanzwirtschaft und Steuerverhältnisse des Kreises Uslar«, in: Jaenecke, Wilhelm/Stein, Erwin (Hg.), *Der Kreis Uslar (= Monographien deutscher Landkreise*, Band IV), Berlin-Friedenau, S. 86–94.

Honig, Michael-Sebastian (Hg.), *Ordnungen der Kindheit*, Weinheim, München 2009.

— »Sozialgeschichte der Kindheit im 20. Jahrhundert«, in: Markefka, Manfred/ Nauck, Bernhard (Hg.), *Handbuch der Kindheitsforschung*, Neuwied [u. a.] 1993, S. 207–218.

Hopf, Christel, *Frühe Bindung und Sozialisation. Eine Einführung*, Weinheim, München 2005.

— /Hopf, Wulf, *Familie, Persönlichkeit, Politik. Eine Einführung in die politische Sozialisation*, Weinheim, München 1997.

Horn, Klaus-Peter/Link, Jörg-Werner (Hg.), *Erziehungsverhältnisse im Nationalsozialismus. Totaler Anspruch und Erziehungswirklichkeit*, Bad Heilbrunn 2011.

Hradil, Stefan, *Soziale Ungleichheit in Deutschland*, Opladen [7]1999.

Hürten, Heinz, *Deutsche Katholiken 1918–1945*, Paderborn [u. a.] 1992.

Hurrelmann, Klaus, *Einführung in die Sozialisationstheorie*, Weinheim [u. a.] 8. vollst. überarb. Aufl. 2002.

— /Grundmann, Matthias/Walper, Sabine (Hg.), *Handbuch Sozialisationsforschung*, Weinheim [u. a.] [7]2008 (Pädagogik).

Hurrelmann, Klaus/Ulich, Dieter (Hg.), *Neues Handbuch der Sozialisationsforschung*, 7. völlig neubearb. Aufl. Weinheim [u. a.] 2008.

— (Hg.), *Neues Handbuch der Sozialisationsforschung*, Weinheim [u. a.] [4]1991.

Jacob, Joachim, *Kinder in der Stadt. Freizeitaktivitäten, Mobilität und Raumwahrnehmung*, Pfaffenweiler 1987.

Jacobs, Tino, *Rauch und Macht. Das Unternehmen Reemtsma 1920 bis 1961*, Göttingen 2008.

Jaenecke, Wilhelm/Stein, Erwin (Hg.), *Der Kreis Uslar*, Berlin-Friedenau 1931.

Janka, Franz, *Die braune Gesellschaft. Eine soziologische Thematisierung der nationalsozialistischen Volksgemeinschaft. Diss.*, Regensburg 1993.

Jarausch, Konrad H., »Die Krise des deutschen Bildungsbürgertums im ersten Drittel des 20. Jahrhunderts«, in: Kocka, Jürgen (Hg.), *Bildungsbürgertum im 19. Jahrhundert*. Teil IV, Stuttgart 1989, S. 180–205.

Jaroslawski, Renate/Steinlein, Rüdiger, »Die ›politische Jugendschrift‹. Zur Theorie und Praxis faschistischer deutscher Jugendliteratur«, in: Denkler, Horst/Prüm, Karl (Hg.), *Die deutsche Literatur im Dritten Reich*, Stuttgart 1976, S. 305–329.

Jeggle, Utz, »Alltag«, in: Bausinger, Hermann (Hg.), *Grundzüge der Volkskunde*, Darmstadt [3]1993, S. 81–126.

— »Eßgewohnheit und Familienordnung. Was beim Essen alles mitgegessen wird«, *Zeitschrift für Volkskunde* 84 (1988), S. 189–205.

Johansen, Erna M., *Betrogene Kinder. Eine Sozialgeschichte der Kindheit,* Frankfurt/M. 1979.

John, Jürgen/Möller, Horst/Schaarschmidt, Thomas (Hg.), *Die NS-Gaue. Regionale Mittelinstanzen im zentralistischen »Führerstaat«,* München 2007.

Josting, Petra, »Ideologisch auf Kurs. Kinder- und Jugendliteratur unterm Hakenkreuz«, in: Wangerin, Wolfgang (Hg.), *Der rote Wunderschirm,* Göttingen 2011, S. 375–384.

Jürgens, Birgit, *Zur Geschichte des BDM (Bund Deutscher Mädel) von 1923–1939,* Frankfurt/M. ²1996.

Jureit, Ulrike, *Generationenforschung,* Göttingen 2006.

— »Authentische und konstruierte Erinnerung – Methodische Überlegungen zu biographischen Sinnkonstruktionen«, *WerkstattGeschichte* 18 (1997), S. 91–101.

Kaiser, Friederike, *Die Arbeit nahm kein Ende. Frauenleben im Solling,* Uslar 2010.

Kanitz, Otto Felix, *Kämpfer der Zukunft. Für eine sozialistische Erziehung,* Frankfurt/M. 1970.

Kaschuba, Wolfgang/Lipp, Carola, »Kein Volk steht auf, kein Sturm bricht los. Stationen dörflichen Lebens auf dem Weg in den Faschismus«, in: Beck, Johannes (Hg.), *Terror und Hoffnung in Deutschland 1933–1945. Leben im Faschismus,* Reinbek 1980, S. 111–155.

Kater, Michael H., *Hitler-Jugend,* Darmstadt 2005.

— »Hitlerjugend und Schule im Dritten Reich«, *Historische Zeitschrift* 228 (1979), S. 572–623.

Kaufmann, Jean-Claude, *Kochende Leidenschaft. Soziologie vom Kochen und Essen,* Konstanz 2005.

Kemnitz, Heidemarie/Tosch, Frank, »Zwischen Indoktrination und Qualifikation. Höhere Schulen im Nationalsozialismus«, in: Horn, Klaus-Peter/Link, Jörg-Werner (Hg.), *Erziehungsverhältnisse im Nationalsozialismus. Totaler Anspruch und Erziehungswirklichkeit,* Bad Heilbrunn 2011, S. 109–134.

Keppler, Angela, *Tischgespräche. Über Formen kommunikativer Vergemeinschaftung am Beispiel der Konversation in Familien,* Frankfurt/M. ²1995.

Kersting, Franz-Werner, »Helmut Schelskys ›Skeptische Generation‹«, *Vierteljahrshefte für Zeitgeschichte* 50 (2002), S. 465–495.

— (Hg.), *Jugend vor einer Welt von Trümmern. Erfahrungen und Verhältnisse der Jugend zwischen Hitler- und Nachkriegsdeutschland,* Weinheim, München 1998.

King, Vera/Flaake, Karin (Hg.), *Männliche Adoleszenz. Sozialisation und Bildungsprozesse zwischen Kindheit und Erwachsensein,* Frankfurt/M., New York 2005.

Kingreen, Ulrike, *Wie et freuer was. Läwen in Volpriehusen. Der Wandel Volpriehausens im Solling vom Kleinbauerndorf zum Bergleute-, Munitionsarbeiter- und Flüchtlingsdorf in der ersten Hälfte dieses Jahrhunderts,* Göttingen 1983.

Kinz, Gabriele, »Uniformierung von Körper, Seele, Geist – Mädchenerziehung im Nationalsozialismus«, in: Baacke, Dieter/Lienker, Heinrich/Schmölders, Ralf/ Volkmer, Ingrid (Hg.), *Jugend 1900–1970*, Opladen 1991, S. 56–66.

Kirchhöfer, Dieter, »Poesiealben. Selbstvergewisserung – Wertetransfer – Zeitdokument«, in: Behnken, Imbke/Zinnecker, Jürgen (Hg.), *Kinder. Kindheit. Lebensgeschichte. Ein Handbuch,* Seelze-Velber 2001, S. 636–651.

Klafki, Wolfgang, »Typische Faktorenkonstellationen für Identitätsbildungsprozesse von Kindern und Jugendlichen im Nationalsozialismus im Spiegel autobiographischer Berichte«, in: Berg, Christa/Ellger-Rüttgardt, Sieglind (Hg.), *Du bist nichts, Dein Volk ist alles,* Weinheim 1991, S. 159–172.

Klaus, Martin, *Mädchenerziehung zur Zeit der faschistischen Herrschaft in Deutschland. Der Bund Deutscher Mädel.* 2 Bde., Frankfurt/M. 1983.

Klein, Georg, *Roman unserer Kindheit,* Reinbek 2010.

Kleinhans, Bernd, *Ein Volk, ein Reich, ein Kino. Lichtspiel in der braunen Provinz,* Köln 2003.

Kliem, Konstantin, *Sport in der Zeit des Nationalsozialismus. Entwicklung und Zielsetzung im Höheren Schulwesen und in der Hitlerjugend,* Saarbrücken 2007.

Klika, Dorle, *Erziehung und Sozialisation im Bürgertum des wilhelminischen Kaiserreichs. Eine pädagogisch-biographische Untersuchung zur Sozialgeschichte der Kindheit,* Frankfurt/M. [u. a.] 1990.

Klimó, Arpad von/Rolf, Malte (Hg.), *Rausch und Diktatur. Inszenierung, Mobilisierung und Kontrolle in totalitären Systemen,* Frankfurt/M., New York 2006.

Klönne, Arno, *Jugend im Dritten Reich. Die Hitler-Jugend und ihre Gegner,* Köln 2003.

— *Jugend im Dritten Reich. Die Hitler-Jugend und ihre Gegner,* München 1995.

— »Jugendbewegung«, in: Müller, Gerhard (Hg.), *Theologische Realenzyklopädie (TRE). Studienausgabe.* Teil I, Band 17, Berlin, New York 1993, S. 423–426.

— *Hitlerjugend. Die Jugend und ihre Organisation im Dritten Reich,* Frankfurt/M. 1955.

Klopffleisch, Richard, *Lieder der Hitlerjugend. Eine psychologische Studie an ausgewählten Beispielen,* 2. Aufl. Frankfurt/M. [u. a.] 1997.

Knapp, Gudrun-Axeli/Wetterer, Angelika (Hg.), *TraditionenBrüche. Entwicklungen feministischer Theorie,* Freiburg 1992.

Kocka, Jürgen (Hg.), *Bildungsbürgertum im 19. Jahrhundert.* Teil IV: *Politischer Einfluß und gesellschaftliche Formation,* Stuttgart 1989.

— »Bürgertum und Bürgerlichkeit als Problem der deutschen Geschichte vom späten 18. bis zum frühen 20. Jahrhundert«, in: Ders. (Hg.), *Bürger und Bürgerlichkeit im 19. Jahrhundert,* Göttingen 1987, S. 21–63.

— (Hg.), *Bürger und Bürgerlichkeit im 19. Jahrhundert,* Göttingen 1987.

Koebner, Thomas/Janz, Rolf-Peter/Trommler, Frank (Hg.), *»Mit uns zieht die neue Zeit«. Der Mythos Jugend,* Frankfurt/M. 1985.

Köppen, Manuel/Schütz, Erhard (Hg.), *Kunst der Propaganda. Der Film im Dritten Reich,* Bern [u. a.] 2007.

Köster, Markus, *Jugend, Wohlfahrtsstaat und Gesellschaft im Wandel. Westfalen zwischen Kaiserreich und Bundesrepublik,* Paderborn 1999.

Kösters, Christoph/Damberg, Wilhelm, »Katholische Jugend 1930–1960. Zwischen liturgischer Altargemeinschaft und Berufsverband. Das Beispiel des Bistums Münster«, in: Kersting, Franz-Werner (Hg.), *Jugend vor einer Welt von Trümmern,* Weinheim, München 1998, S. 19–48.

Köstlin, Konrad/Pohl-Weber, Rosemarie/Alsheimer, Rainer (Hg.), *Kinderkultur. 25. Deutscher Volkskundekongreß in Bremen vom 7. bis 12. Oktober 1985,* Bremen 1987.

Kolip, Petra, *Geschlecht und Gesundheit im Jugendalter. Die Konstruktion von Geschlechtlichkeit über somatische Kulturen,* Opladen 1997.

Koller, Hans-Christoph, »Biographie als historisches Konstrukt«, *BIOS* 6 (1993), S. 33–45.

Kollmeier, Kathrin, »Erziehungsziel ›Volksgemeinschaft‹«, in: Horn, Klaus-Peter/Link, Jörg-Werner (Hg.), *Erziehungsverhältnisse im Nationalsozialismus. Totaler Anspruch und Erziehungswirklichkeit,* Bad Heilbrunn 2011, S. 59–78.

— *Ordnung und Ausgrenzung. Die Disziplinarpolitik der Hitler-Jugend,* Göttingen 2007.

Kraas, Andreas, »Die ›Überholung‹ der Lehrer 1933–1936. Die Herausbildung der nationalsozialistischen Lagerpädagogik für Lehrer: Personen Institutionen, Konzepte«, *Jahrbuch für Historische Bildungsforschung* 6 (2000), S. 117–142.

Kracke, Bärbel, »Erwachsen werden. Ein bio-psychosozialer Blick auf die Entwicklung männlicher Jugendlicher«, *Diskurs* 13 (2003), S. 10–17.

Kreckel, Reinhard (Hg.), *Soziale Ungleichheiten,* Göttingen 1983 (Soziale Welt: Sonderband; 2).

Krome, Regina, »Alte Väter – Neue Väter?«. Zur Bedeutung der Vaterrolle in bürgerlichen Familien des Zweiten Deutschen Kaiserreichs (1871–1918)«, *Jahrbuch für Historische Bildungsforschung* 2 (1995), S. 169–190.

Kropp, Dieter/Hruska, Margid/Quest, Thorsten, *Hann. Münden in der NS-Diktatur. Exemplarische Analysen und didaktisch aufbereitete Dokumente zum Thema: Fabrikleben und Alltag im Nationalsozialismus,* hrsg. vom Verein zur Erforschung der Geschichte der Arbeiterbewegung in Hann. Münden e.V., Göttingen 1989.

Krüger, Heinz-Hermann/Grunert, Cathleen (Hg.), *Handbuch Kindheits- und Jugendforschung,* Wiesbaden ²2010.

Kühne, Thomas (Hg.), *Männergeschichte – Geschlechtergeschichte. Männlichkeit im Wandel der Moderne,* Frankfurt/M., New York 1996.

Kurth, Franz, *Geschichte des Dorfes Obernfeld,* Duderstadt 1975.

— »Geschichte der Kirche – ein Stück Ortsgeschichte«, *Die goldene Mark: Zeitschrift für die Heimatarbeit im Kreise Duderstadt* 9 (1958), S. 51–53.

Kurz, Jan, *»Swinging Democracy«. Jugendprotest im Dritten Reich,* Münster 1995.

Langewiesche, Dieter/Berg, Christa (Hg.), *Handbuch der deutschen Bildungsgeschichte. Band V: 1918–1945. Die Weimarer Republik und die nationalsozialistische Diktatur,* München 1989.

Lareau, Annette, *Unequal childhoods. Class, race, and family life,* Berkeley [u. a.] ²2011.

Lege, Ilse, *Herr Kramer, Gespenster. Erinnerungen 1933–1949,* Göttingen 1995.

Leh, Almut, »Biographieforschung«, in: Gudehus, Christian/Eichenberg, Ariane/ Welzer, Harald (Hg.), *Gedächtnis und Erinnerung,* Stuttgart [u. a.] 2010, S. 299– 312.

Lehmann, Albrecht, *Erzählstruktur und Lebenslauf. Autobiographische Untersuchungen,* Frankfurt/M. [u. a.] 1983.

Lenzen, Dieter, *Mythologie der Kindheit. Die Verewigung des Kindlichen in der Erwachsenenkultur,* Reinbek 1985.

Lepsius, M. Rainer, »Zur Soziologie des Bürgertums und der Bürgerlichkeit«, in: Kocka, Jürgen (Hg.), *Bürger und Bürgerlichkeit im 19. Jahrhundert,* Göttingen 1987, S. 79–100.

Lerch, Christoph, *Duderstädter Chronik. Von der Vorzeit bis zum Jahre 1973,* Duderstadt 1979.

Lindner, Rolf, »Spür-Sinn. Oder: die Rückgewinnung der Andacht zum Unbedeutenden«, *Zeitschrift für Volkskunde* 107 (2011), S. 155–169.

— »Straße – Straßenjunge – Straßenbande. Ein zivilisationstheoretischer Streifzug«, *Zeitschrift für Volkskunde* 75 (1983), S. 192–208.

Link, Jörg-W., »'Erziehungsstätte des deutschen Volkes' – Die Volksschule im Nationalsozialismus«, in: Horn, Klaus-Peter/Link, Jörg-Werner (Hg.), *Erziehungsverhältnisse im Nationalsozialismus,* Bad Heilbrunn 2011, S. 79–106.

Lipp, Carola, »Alltagsforschung im Grenzbereich zwischen Volkskunde, Soziologie und Geschichte. Aufstieg und Niedergang eines interdisziplinären Forschungskonzepts«, *Zeitschrift für Volkskunde* 89 (1993), S. 1–33.

Lorenz, Maren, *Leibhaftige Vergangenheit. Einführung in die Körpergeschichte,* Tübingen 2000.

Löw, Martina, *Raumsoziologie,* Frankfurt/M. 2001.

— /Steets, Silke/Stoetzer, Sergej, *Einführung in die Stadt- und Raumsoziologie,* Opladen [u. a.] 2007.

Maase, Kaspar, »Entblößte Brust und schwingende Hüfte. Momentaufnahmen von der Jugend der fünfziger Jahre«, in: Kühne, Thomas (Hg.), *Männergeschichte – Geschlechtergeschichte. Männlichkeit im Wandel der Moderne,* Frankfurt/M., New York 1996, S. 193–217.

Maiwald, Stefan/Mischler, Gerd, *Sexualität unter dem Hakenkreuz. Manipulation und Vernichtung der Intimsphäre im NS-Staat,* Hamburg, Wien 1999.

Mannheim, Karl, »Das Problem der Generationen«, in: Ders., *Wissenssoziologie. Auswahl aus dem Werk,* Berlin [u. a.] 1964, S. 509–565.

— *Wissenssoziologie. Auswahl aus dem Werk,* hrsg. von Kurth H. Wolff, Berlin [u. a.] 1964.

Mansel, Jürgen/Rosenthal, Gabriele/Tölke, Angelika (Hg.), *Generationen-Beziehungen. Austausch und Tradierung,* Opladen 1997.

Manthey, Matthias/Tollmien, Cordula, »Juden in Göttingen«, in: Thadden, Rudolf von/Trittel, Günter J. (Hg.), *Göttingen. Geschichte einer Universitätsstadt. Bd. 3,* Göttingen 1999, S. 675–760.

Markefka, Manfred/Nauck, Bernhard (Hg.), *Handbuch der Kindheitsforschung,* Neuwied [u. a.] 1993.

Marschalck, Peter, *Bevölkerungsgeschichte Deutschlands im 19. und 20. Jahrhundert,* Frankfurt/M. 1984.

Marßolek, Inge/Saldern, Adelheid von (Hg.), »Das Radio als historisches und historiographisches Medium. Eine Einführung«, in: Marßolek, Inge/Saldern, Adelheid von (Hg.), *Zuhören und Gehörtwerden.* Bd. I., Tübingen 1998, S. 11–44.

— *Zuhören und Gehörtwerden.* Bd. I: *Radio im Nationalsozialismus. Zwischen Lenkung und Ablenkung,* Tübingen 1998.

Mead, George Herbert, *Geist, Identität und Gesellschaft. Aus der Sicht des Sozialbehaviorismus,* Frankfurt/M. 1973.

Mentges, Gabriele, »Gesund, bequem und praktisch« oder die Ideologie der Zweckmäßigkeit. Strategien der Konfektionsindustrie zu Anfang des 20. Jahrhunderts am Beispiel der württembergischen Firma Bleyle«, in: Böth, Gitta/Mentges, Gabriele (Hg.), *Sich kleiden,* Marburg 1989, S. 131–152.

Meyer, Cornelia, *Das Werkhaus Moringen. Die Disziplinierung gesellschaftlicher Randgruppen in einer Arbeitsanstalt (1871–1944),* Moringen 2004 (Moringer Hefte; 1).

Meyerstein, Heinz Jehuda, *Gehetzt, gejagt und entkommen. Von Göttingen über München und das KZ Dachau nach Holland, Deutschland, Holland und durch Frankreich über die Pyrenäen in Spanien gerettet. Jüdische Schicksale 1938–1944,* hrsg. von Erhard Roy Wiehn und Tonia Sophie Müller, Konstanz 2008.

Michael, Berthold, »Die Geschichte des Göttinger Schulwesens 1866–1989«, in: Thadden, Rudolf von/Trittel, Günter J. (Hg.), *Göttingen. Geschichte einer Universitätsstadt.* Bd. 3, Göttingen 1999, S. 457–533.

— *Schule und Erziehung im Griff des totalitären Staates. Die Göttinger Schulen in der nationalsozialistischen Zeit von 1933 bis 1945,* Göttingen 1994.

Mierendorff, Johanna/Olk, Thomas, »Gesellschaftstheoretische Ansätze«, in: Krüger, Heinz-Herrmann/Grunert, Cathleen (Hg.), *Handbuch Kindheits- und Jugendforschung,* Wiesbaden ²2010, S. 125–151.

Mihr, Annika Margarete, *Kinderalltag in den Dreißiger Jahren. Erinnerungen an Kindheiten in Deutschland in Autobiographien,* Göttingen 2001 (unveröffentl. Magisterarbeit).

Miller-Kipp, Gisela, *»Der Führer braucht mich«. Der Bund Deutscher Mädel (BDM). Lebenserinnerungen und Erinnerungsdiskurs,* Weinheim [u. a.] 2007.

— (Hg.), *»Auch Du gehörst dem Führer«. Die Geschichte des Bundes Deutscher Mädel (BDM) in Quellen und Dokumenten,* Weinheim, München ²2002.

— »Der Bund Deutscher Mädel in der Hitler-Jugend. Erziehung zwischen Ideologie und Herrschaftsprozeß«, *Pädagogische Rundschau* 36 (1982), S. 71–105.

Mitterauer, Michael, »Der Mythos von der vorindustriellen Großfamilie«, in: Rosenbaum, Heidi (Hg.), *Seminar: Familie und Gesellschaftsstruktur,* Frankfurt/M. 1978, S. 128–151.

Möding, Nori, »Ich muß irgendwo organisiert sein – fragen Sie mich bloß nicht, warum«. Überlegungen zu Sozialisationserfahrungen von Mädchen in NS-Organisationen«, in: Niethammer, Lutz/Plato, Alexander von (Hg.), *»Wir kriegen jetzt andere Zeiten«*, Berlin, Bonn 1985, S. 256–304.

— /Plato, Alexander von, »Siegernadeln. Jugendkarrieren in HJ und BDM«, in: Bucher, Willi/Pohl, Klaus (Hg.), *Schock und Schöpfung. Jugendästhetik im 20. Jahrhundert*, Darmstadt/Neuwied 1986, S. 292–301.

Möller, Horst/Wirsching, Andreas/Ziegler, Walter (Hg.), *Nationalsozialismus in der Region. Beiträge zur regionalen und lokalen Forschung und zum internationalen Vergleich*, München 1996.

Moller, Sabine, »Das kollektive Gedächtnis«, in: Gudehus, Christian/Eichenberg, Ariane/Welzer, Harald (Hg.), *Gedächtnis und Erinnerung*, Stuttgart [u. a.] 2010, S. 85–92.

Mommsen, Hans/Willems, Susanne (Hg.), *Herrschaftsalltag im Dritten Reich*, Düsseldorf 1988.

Mosse, George L., *Nationalsozialismus und Sexualität. Bürgerliche Moral und sexuelle Normen*, München 1985.

Muchow, Martha/Muchow, Hans Heinrich, *Der Lebensraum des Großstadtkindes*, Neuausgabe mit biographischem Kalender und Bibliographie Martha Muchow, hrsg. und eingeleitet von Jürgen Zinnecker, Weinheim, München 1998.

Müller, Gerhard (Hg.), *Theologische Realenzyklopädie (TRE). Studienausgabe.* Teil I, Band 17, Berlin, New York 1993.

Müller, Sophie/Dieterl, Eike, »Die jüdische Familie Meyerstein in Bremke und Göttingen«, *Göttinger Jahrbuch* 50 (2002), S. 41–73.

Müller-Blattau, Wendelin, »Das politische Lied als Bestandteil der Musikerziehung im NS-Staat«, in: Niedhart, Gottfried/Broderick, George (Hg.), *Lieder in Politik und Alltag des Nationalsozialismus*, Frankfurt/M. [u. a.] 1999, S. 209–227.

Müller-Rolli, Sebastian, »Lehrer«, in: Langewiesche, Dieter/Berg, Christa (Hg.), *Handbuch der deutschen Bildungsgeschichte. Band V: 1918–1945*, München 1989, S. 240–258.

Münkel, Daniela/Schwarzkopf, Jutta (Hg.), *Geschichte als Experiment. Studien zu Politik, Kultur und Alltag im 19. und 20. Jahrhundert. Festschrift für Adelheid von Saldern*, Frankfurt/M. [u. a.] 2004.

Mull, Uwe, *Die industrielle Entwicklung der Stadt Hann. Münden seit der Mitte des 19. Jahrhunderts*, Frankfurt/M. 1988.

Natonek, Wolfgang, »Das Gymnasium zu Göttingen in den letzten Friedensjahren des Kaiserreichs bis zum Ende des Zweiten Weltkriegs«, in: Hennig, Henning u. a. (Hg.), *Max-Planck-Gymnasium. Festschrift zum Jubiläum des ältesten Göttinger Gymnasiums, 1586–1988*, Göttingen 1986, S. 78–91.

Niedhart, Gottfried, »Sangeslust und Singediktatur im nationalsozialistischen Deutschland«, in: Ders./Broderick, George (Hg.), *Lieder in Politik und Alltag des Nationalsozialismus*, Frankfurt/M. [u. a.] 1999, S. 5–13.

— /Broderick, George (Hg.), *Lieder in Politik und Alltag des Nationalsozialismus,* Frankfurt/M. [u. a.] 1999.

Niethammer, Lutz (Hg.), »Einleitung«, in: Ders. (Hg.), *Lebensgeschichte und Sozialkultur im Ruhrgebiet 1930–1960.* Bd. 1, Berlin, Bonn ²1986, S. 7–29.

— *»Die Jahre weiß man nicht, wo man die heute hinsetzen soll«. Faschismuserfahrungen im Ruhrgebiet* (Gesamttitel: *Lebensgeschichte und Sozialkultur im Ruhrgebiet 1930–1960.* Bd. 1*)*, Berlin, Bonn ²1986.

— /Plato, Alexander von (Hg.), *»Wir kriegen jetzt andere Zeiten«. Auf der Suche nach der Erfahrung des Volkes in nachfaschistischen Ländern* (Gesamttitel*: Lebensgeschichte und Sozialkultur im Ruhrgebiet 1930–1960.* Bd. 3*),* Berlin, Bonn 1985.

Nipperdey, Thomas, *Deutsche Geschichte 1866–1918.* Band I: *Arbeitswelt und Bürgergeist,* München ³1993.

Nixdorf, Delia/Nixdorf, Gerd, »Politisierung und Neutralisierung der Schule in der NS-Zeit«, in: Mommsen, Hans/Willems, Susanne (Hg.), *Herrschaftsalltag im Dritten Reich,* Düsseldorf 1988, S. 225–264, Dokumente: S. 264–303.

Noakes, Jeremy, »Nationalsozialismus in der Provinz«, in: Möller, Horst/ Wirsching, Andreas/Ziegler, Walter (Hg.), *Nationalsozialismus in der Region. Beiträge zur regionalen und lokalen Forschung und zum internationalen Vergleich,* München 1996, S. 237–251.

Nolzen, Armin, »Inklusion und Exklusion im ›Dritten Reich‹. Das Beispiel der NSDAP«, in: Bajohr, Frank/Wildt, Michael (Hg.), *Volksgemeinschaft. Neue Forschungen zur Gesellschaft des Nationalsozialismus,* Frankfurt/M. 2009, S. 60–77.

— »Der Streifendienst der Hitlerjugend und die »Überwachung der Jugend«, 1934–1945«, in: Gerlach, Christian (Hg.), *»Durchschnittstäter«. Handeln und Motivation,* Berlin 2000, S. 13–51.

Ohne Verfasser, *Göttinger Statistik. Vierteljahresbericht 3/1998,* Göttingen 1999.

— *Historischer Alltag in den Dörfern des Untereichsfeldes,* hrsg. von der Arbeitsgemeinschaft der Ortsheimatpflegerinnen und -pfleger im Untereichsfeld, Duderstadt 1998.

— *Die Landwirtschaft in einem eichsfeldischen Dorf um 1900. Ständige Ausstellung des Heimatmuseums Obernfeld,* Duderstadt 1993.

— *250 Jahre Georg-August-Universität Göttingen. Studentenzahlen 1734/37–1987,* hrsg. vom Präsidenten der Georg-August-Universität Göttingen, Göttingen 1987.

— *50 Jahre Schulgebäude des heutigen FKG [Felix-Klein-Gymnasium],* Göttingen 1979.

— *Festschrift zur 100-Jahr-Feier des Gymnasiums für Mädchen in Göttingen 1866–1966,* hrsg. vom Kollegium des Gymnasiums für Mädchen in Göttingen, Göttingen 1966.

— »Volkstum und Heimat«, *Unser Eichsfeld* 30 (1935), S. 140.

— *Pflichtlieder des BDM,* hrsg. von der Kulturabteilung des Obergaues Westfalen. o.O., o. J.

Otte, Hans, »Die Geschichte der Kirchen«, in: Thadden, Rudolf von/Trittel, Günter J. (Hg.), *Göttingen. Geschichte einer Universitätsstadt.* Bd. 3, Göttingen 1999, S. 591–673.

Otto, Hans-Uwe/Sünker, Heinz (Hg.), *Politische Formierung und soziale Erziehung im NS,* Frankfurt/M. 1991.

Paine, Norton, »Die Siedlung Ebertal/Himmelsbreite in Göttingen. Stimmen zum Problem der Sanierung eines Göttinger Stadtviertels«, *Göttinger Jahrbuch* 31 (1983), S. 180–216.

Peukert, Detlev, *Die Edelweißpiraten. Protestbewegungen jugendlicher Arbeiter im »Dritten Reich«, eine Dokumentation,* 3. erw. Aufl. Köln 1988.

— »Alltagsleben und Generationserfahrungen von Jugendlichen in der Zwischenkriegszeit«, in: Dowe, Dieter (Hg.), *Jugendprotest und Generationenkonflikt in Europa im 20. Jahrhundert. Deutschland, England, Frankreich und Italien im Vergleich,* Bonn 1986, S. 139–150.

— *Volksgenossen und Gemeinschaftsfremde. Anpassung, Ausmerzung und Aufbegehren unter dem Nationalsozialismus,* Köln 1982.

— /Reulecke, Jürgen (Hg.), *Die Reihen fast geschlossen. Beiträge zur Geschichte des Alltags unter dem Nationalsozialismus,* Wuppertal 1981.

Pezold, Johann Dietrich von, *Geschichte an den drei Flüssen im 20. Jahrhundert: Rückblicke,* Hann. Münden 2006.

— *Judenverfolgung in Hann. Münden. Der Fall Erwin Proskauer. Vortrag von Dr. Johann Dietrich von Pezold, am 29. November 2001 im Landgericht Göttingen anlässlich der Ausstellung »Justiz im Nationalsozialismus – über Verbrechen im Namen des Deutschen Volkes« im Landgericht Göttingen,* Hannover 2002.

— »Kurhessen-Kaserne. Viele Jahrzehnte mit Pionieren gelebt«, in: HNA/*Mündener Allgemeine* vom 4.12.1999.

— »Pogrome 1938: Auf förmliche Anzeige verzichtet«, in: HNA/*Mündener Allgemeine* vom 3.7.1999.

— *Judenverfolgung in Münden 1933–1945,* 2., überarb. u. erw. Aufl. Münden 1988 (Dokumentationen aus dem Archiv der Stadt Münden; 1).

— *Die Industrialisierung,* Münden 1981 (Geschichte der Stadt Münden im 19. und 20. Jahrhundert; 2).

— *Münden im 19. Jahrhundert. Verkehrsverhältnisse, äußeres Erscheinungsbild, Bevölkerung,* Münden 1980 (Geschichte der Stadt Münden im 19. und 20. Jahrhundert; 1).

Pfeil, Elisabeth, *Großstadtforschung. Entwicklung und gegenwärtiger Stand,* 2. neu bearb. Aufl. Hannover 1972.

— /Atkinson, Carola (Hg.), *Die 23jährigen. Eine Generationenuntersuchung am Geburtenjahrgang 1941,* Tübingen 1968.

Plessner, Helmut, *Grenzen der Gemeinschaft. Eine Kritik des sozialen Radikalismus,* Bonn 1924.

Pohl, Rolf, »Sexuelle Identitätskrise. Über Homosexualität, Homophobie und Weiblichkeitsabwehr bei männlichen Jugendlichen«, in: King, Vera/Flaake, Karin (Hg.), *Männliche Adoleszenz,* Frankfurt/M., New York 2005, S. 249–264.

Pohl, Rüdiger, »Das autobiographische Gedächtnis«, in: Gudehus, Christian/Eichenberg, Ariane/Welzer, Harald (Hg.), *Gedächtnis und Erinnerung,* Stuttgart [u. a.] 2010, S. 75–84.

Pollatz, Susanne, »Abenteuer Afrika. Kolonialerziehung in der deutschen Jugendlektüre der Kaiserzeit (1871–1918)«, *Jahrbuch für Historische Bildungsforschung* 8 (2002), S. 7–30.

Popplow, Ulrich, »Schulalltag im Dritten Reich. Fallstudie über ein Göttinger Gymnasium«, *Aus Politik und Zeitgeschichte,* H. 30 [18] (1980), S. 33–69.

— »Der Novemberpogrom 1938 in Münden und Göttingen«, *Göttinger Jahrbuch* 28 (1980), S. 177–192.

— »Schulalltag im Dritten Reich«, in: *50 Jahre Schulgebäude des heutigen FKG [Felix-Klein-Gymnasium],* Göttingen 1979, S. 25–93.

— »Göttingen 1932–1935. Ein Nachtrag zum Aufsatz »Die Machtergreifung in Augenzeugenberichten« im Göttinger Jahrbuch 25 (1977)«, *Göttinger Jahrbuch* 27 (1979), S. 189–200.

— »Die Machtergreifung in Augenzeugenberichten. Göttingen 1932–1935«, *Göttinger Jahrbuch* 25 (1977), S. 157–186.

Poßner, Wilfried, *Immer bereit. Parteiauftrag: kämpfen, spielen, fröhlich sein,* Berlin 1995.

Prahl, Hans-Werner/Setzwein, Monika, *Soziologie der Ernährung,* Opladen 1999.

Preuss-Lausitz, Ulf, »Vom gepanzerten zum sinnstiftenden Körper«, in: Ders. u. a, *Kriegskinder, Konsumkinder, Krisenkinder,* Weinheim, Basel 1983, S. 89–106.

— u. a., *Kriegskinder, Konsumkinder, Krisenkinder. Zur Sozialisationsgeschichte seit dem Zweiten Weltkrieg,* Weinheim, Basel 1983.

Prieberg, Fred K., *Musik im NS-Staat,* Frankfurt/M. 1982.

Pröve, Jens, »Die ›rote Hochburg‹ Münden. Arbeiterbewegung und NSDAP in der Weimarer Republik«, *Göttinger Jahrbuch* 38 (1990), S. 221–236.

Pyta, Wolfram, »Ländlich-evangelisches Milieu und Nationalsozialismus bis 1933«, in: Möller, Horst/Wirsching, Andreas/Ziegler, Walter (Hg.), *Nationalsozialismus in der Region,* München 1996, S. 199–212.

Radebold, Hartmut/Bohleber, Werner/Zinnecker, Jürgen (Hg.), *Transgenerationale Weitergabe kriegsbelasteter Kindheiten. Interdisziplinäre Studien zur Nachhaltigkeit historischer Erfahrungen über vier Generationen,* Weinheim, München ²2009.

Radkau, Joachim, »Die singende und die tote Jugend. Der Umgang mit Jugendmythen im italienischen und deutschen Faschismus«, in: Koebner, Thomas/Janz, Rolf-Peter/Trommler, Frank (Hg.), *»Mit uns zieht die neue Zeit«. Der Mythos Jugend,* Frankfurt/M. 1985, S. 97–127.

Radt, Joachim, *Indoktrination der Jugend im NS-Regime. Geschichte im »Dritten Reich« am Beispiel der Zeitschrift »Wille und Macht«,* Frankfurt/M. 1998.

Rahn, Hedwig, »Artgemäße Mädchenbildung und Rasse«, *Nationalsozialistische Mädchenerziehung. Zeitschrift des Nationalsozialistischen Lehrerbundes, Unterabteilung weibliche Erziehung* 6 (1940) H. 12, S. 223–227.

Rathgeb, Kerstin, *Helden wider Willen. Frankfurter Swing-Jugend zwischen Verfolgung und Idealisierung,* Münster 2001.

Ratzke, Erwin, »Hakenkreuz und Talar. Das 200jährige Jubiläum der Georg-August-Universität Göttingen im Jahre 1937«, *Göttinger Jahrbuch* 36 (1988), S. 231–248.

Rauh-Kühne, Cornelia, »Katholisches Sozialmilieu, Region und Nationalsozialismus«, in: Möller, Horst/Wirsching, Andreas/Ziegler, Walter (Hg.), *Nationalsozialismus in der Region*, München 1996, S. 213–235.

Rauschenbach, Thomas, *Kinder in Deutschland – Eine Bilanz empirischer Studien*, in: DJI-Bulletin 85 (1/2009), S. 3–4.

Reese, Dagmar, »Einleitung«, in: Dies. (Hg.), *Die BDM-Generation*, Berlin 2007, S. 9–40.

— »Kamerad unter Kameraden. Weiblichkeitskonstruktionen im Bund Deutscher Mädel während des Krieges dargestellt am Beispiel von Schulungsmaterialien«, in: Dies. (Hg.), *Die BDM-Generation*, Berlin 2007, S. 215–254.

— (Hg.), *Die BDM-Generation. Weibliche Jugendliche in Deutschland und Österreich im Nationalsozialismus*, Berlin 2007.

— »Emanzipation oder Vergesellschaftung. Mädchen im BDM«, in: Otto, Hans-Uwe/Sünker, Heinz (Hg.), *Politische Formierung und soziale Erziehung im NS*, Frankfurt/M. 1991, S. 203–225.

— *Straff, aber nicht stramm – herb, aber nicht derb. Zur Vergesellschaftung von Mädchen durch den Bund Deutscher Mädel im sozialkulturellen Vergleich zweier Milieus*, Weinheim [u. a.] 1989.

Reichel, Peter, *Der schöne Schein des Dritten Reiches. Faszination und Gewalt des Faschismus*, München [u. a.] 1991.

Reich-Ranicki, Marcel, »Geliehene Jahre«, in: Ders. (Hg.), *Meine Schulzeit im Dritten Reich. Erinnerungen deutscher Schriftsteller*, erw. Neuausgabe Köln 1988, S. 53–69.

— (Hg.), *Meine Schulzeit im Dritten Reich. Erinnerungen deutscher Schriftsteller*, erw. Neuausgabe Köln 1988.

Reinert, Kirsten, *Frauen und Sexualreform. 1897–1933,* Herbolzheim 2000.

Reiter, Raimond, »Die Auseinandersetzungen zur Errichtung eines Bordells in Göttingen im Zweiten Weltkrieg«, *Göttinger Jahrbuch* 44 (1996), S. 167–176.

Reuband, Karl-Heinz, »›Schwarzhören‹ im Dritten Reich. Verbreitung, Erscheinungsformen und Kommunikationsmuster beim Umgang mit verbotenen Sendern«, *Archiv für Sozialgeschichte* 41 (2001), S. 245–270.

Reulecke, Jürgen (Hg.), *Generationalität und Lebensgeschichte im 20. Jahrhundert*, München 2003.

Rippl, Susanne, »Politische Sozialisation«, in: Hurrelmann, Klaus/Grundmann, Matthias/Walper, Sabine (Hg.), *Handbuch Sozialisationsforschung*, Weinheim [u. a.] ⁷2008, S. 443–458.

Rohrbach, Rainer, *Erziehung zum Kriege. Jugend im 3. Reich*, Göttingen 1983.

Rosenbaum, Heidi, »Der Hitlergruß als Teil der Alltagskultur von Kindern in den 1930er Jahren«, in: Fenske, Michaela (Hg.), *Alltag als Politik – Politik im Alltag. Dimensionen des Politischen in Vergangenheit und Gegenwart*, Berlin 2010, S. 123–141.

— »Erinnerte Eltern-Kind-Beziehungen in Familien des Göttinger Bürgertums in den 1930er Jahren«, *Jahrbuch für Historische Bildungsforschung* 13 (2007), S. 211–238.

— »Grenzen und Übergänge. Aneignung und Wahrnehmung des städtischen Raums durch Kinder des Bürgertums in den Dreißiger Jahren des 20. Jahrhunderts – am Beispiel der Stadt Göttingen«, in: Münkel, Daniela/Schwarzkopf, Jutta (Hg.), *Geschichte als Experiment,* Frankfurt/M. [u. a.] 2004, S. 345–358.

— »Kindheitsbiographien und -autobiograhien in der Sozialgeschichte von Familie und Kindheit«, in: Behnken, Imbke/Zinnecker, Jürgen (Hg.), *Kinder. Kindheit. Lebensgeschichte,* Seelze-Velber 2001, S. 744–57.

— »Nachbar, Nachbarin«, in: *Enzyklopädie des Märchens.* Bd. 9, Berlin, New York 1999, S. 1103–1109.

— *Formen der Familie. Untersuchungen zum Zusammenhang von Familienverhältnissen, Sozialstruktur und sozialem Wandel in der deutschen Gesellschaft des 19. Jahrhunderts,* Frankfurt/M. ^{7}1996.

— *Proletarische Familien. Arbeiterfamilien und Arbeiterväter im frühen 20. Jahrhundert zwischen traditioneller, sozialdemokratischer und kleinbürgerlicher Orientierung,* Frankfurt/M. 1992.

— (Hg.), *Seminar: Familie und Gesellschaftsstruktur. Materialien zu den sozioökonomischen Bedingungen von Familienformen,* Frankfurt/M. 1978.

— /Timm, Elisabeth, *Private Netzwerke im Wohlfahrtsstaat. Familie, Verwandtschaft und soziale Sicherheit im Deutschland des 20. Jahrhunderts,* Konstanz 2008.

Rosenthal, Gabriele, »Zur interaktionellen Konstitution von Generationen. Generationenabfolgen in Familien von 1890–1970 in Deutschland«, in: Mansel, Jürgen/Rosenthal, Gabriele/Tölke, Angelika (Hg.), *Generationen-Beziehungen. Austausch und Tradierung,* Opladen 1997, S. 57–73.

— (Hg.), *Die Hitlerjugend-Generation. Biographische Thematisierung als Vergangenheitsbewältigung,* Essen 1986.

Rossin, Jürgen, *Das Poesiealbum. Studien zu den Variationen einer stereotypen Textsorte,* Frankfurt/M. [u. a.] 1985.

Rüdiger, Jutta, *Die Hitler-Jugend und ihr Selbstverständnis im Spiegel ihrer Aufgabengebiete,* Lindhorst 1983.

Rühle, Otto, *Zur Psychologie des proletarischen Kindes,* Frankfurt/M. ^{2}1970 (Nachdruck von Veröffentlichungen aus den Jahren 1925 und 1929).

Saldern, Adelheid von, »Göttingen im Kaiserreich«, in: Thadden, Rudolf von/Trittel, Günter J. (Hg.), *Göttingen. Geschichte einer Universitätsstadt.* Bd. 3, Göttingen 1999, S. 5–62.

— »Sozialmilieus und der Aufstieg des Nationalsozialismus (1930–1933)«, in: Bajohr, Frank (Hg.), *Norddeutschland im Nationalsozialismus,* Hamburg 1993, S. 20–52.

— »Büchereien im Spiegel der Zeiten. Die Geschichte der Göttinger Bücherei«, *Göttinger Jahrbuch* 16 (1968), S. 191–208.

Salomon, Alice/Baum, Marie (Hg.), *Das Familienleben in der Gegenwart. 182 Familienmonographien,* Berlin 1930.

Sarasin, Philipp, *Michel Foucault zur Einführung,* Hamburg ^{4}2010.

Schäfer, Wolfgang (Hg.), *Heimatfronten. Kriegsalltag im Solling,* Holzminden 2005.

— »Nationalsozialismus im Arbeiterdorf. Ein Bericht aus einer braunen Hochburg«, in: Gerstenberger, Heide/Schmidt, Dorothea (Hg.), *Normalität oder Normalisierung? Geschichtswerkstätten und Faschismusanalyse,* Münster 1987, S. 138–148.
— (Hg.), *Eure Bänder rollen, nur wenn wir es wollen! Arbeiterleben und Gewerkschaftsbewegung in Südniedersachsen. Beiträge zur Geschichte der IG Chemie-Papier-Keramik zwischen Harz und Weser 1899–1979,* Hann. Münden 1979.

Schäfer-Richter, Uta, »Aspekte der Lebens- und Wohnsituation der jüdischen Bevölkerung in Göttingen 1933–1942«, *Göttinger Jahrbuch* 39 (1991), S. 183–198.

Schambach, Sigrid, *Leben und Arbeiten in einem eichsfeldischen Dorf um 1900. Ständige Ausstellung des Heimatmuseums Obernfeld,* Obernfeld 1986.

Schelsky, Helmut, *Die skeptische Generation. Eine Soziologie der deutschen Jugend,* einmalige Sonderausgabe Düsseldorf, Köln 1963.

Schepping, Wilhelm, »Lieder des ›Politischen Katholizismus‹ im Dritten Reich«, in: Niedhart, Gottfried/Broderick, George (Hg.), *Lieder in Politik und Alltag des Nationalsozialismus,* Frankfurt/M. [u. a.] 1999, S. 231–278.

Schilling, René, »Der Körper des Helden«, in: Bielefelder Graduiertenkolleg Sozialgeschichte (Hg.), *Körper macht Geschichte. Geschichte macht Körper. Körpergeschichten als Sozialgeschichten,* Bielefeld 1999, S. 119–140.

Schlegel, Birgit (Hg.), *Industrie und Mensch in Südniedersachsen – vom 18. bis zum 20. Jahrhundert,* Duderstadt 2003.

— *Konfirmation im 20. Jahrhundert. Am Beispiel der südniedersächsischen Kirchengemeinde Katlenburg,* Mannheim 1992.

— »Zum Aufstieg des Nationalsozialismus auf dem Lande«, *Northeimer Heimatblätter,* Heft 51 (1986), S. 101–133.

Schlehe, Judith, *Das Blut der fremden Frauen. Menstruation in der anderen und der eigenen Kultur,* Frankfurt/M., New York 1987.

Schlumbohm, Jürgen, »Straße und Familie. Kollektive Formen der Sozialisation im kleinen Bürgertum Deutschlands um 1800«, in: Herrmann, Ulrich (Hg.), *»Das pädagogische Jahrhundert«. Volksaufklärung und Erziehung zur Armut im 18. Jahrhundert in Deutschland,* Weinheim, Basel 1982, S. 127–139.

Schmeling, Hans-Georg/Brinkmann Jens-Uwe (Hg.), *100 Jahre Göttingen und sein Museum. Texte und Materialien zur Ausstellung im Städtischen Museum und im Alten Rathaus, 1. Oktober 1989 –7. Januar 1990,* Göttingen 1989.

Schmidt, Heike, »War doch 'ne schöne Zeit«. *Kindheit in einem katholischen Dorf in den Dreißiger Jahren des 20. Jahrhunderts,* (unveröffentl. Magisterarbeit) Göttingen 2003.

Schmidt, Uta C., »Radioaneignung«, in: Marßolek, Inge/Saldern, Adelheid von (Hg.), *Zuhören und Gehörtwerden.* Band I: *Radio im Nationalsozialismus,* Tübingen 1998, S. 243–360.

Schmidtke, Adrian, *Körperformationen. Fotoanalysen zur Formierung und Disziplinierung des Körpers in der Erziehung des Nationalsozialismus,* Münster [u. a.] 2007.

Schmiechen-Ackermann, Detlef, »Das Potenzial der Komparatistik für die NS-Regionalforschung«, in: John, Jürgen/Möller, Horst/Schaarschmidt, Thomas (Hg.), *Die NS-Gaue. Regionale Mittelinstanzen im zentralistischen »Führerstaat«*, München 2007, S. 234–253.

Schmitz-Berning, Cornelia, *Vokabular des Nationalsozialismus*, Berlin, New York 2000.

Schnier, Detlef/Schulz-Greve, Sabine, »Zur sozialen Lage der Wanderarbeiter des Eichsfelds«, in: Ebeling, Hans-Heinrich/Fricke, Hans-Reinhard (Hg.), *Duderstadt 1929–1949. Untersuchungen zur Stadtgeschichte im Zeitalter des Dritten Reichs*, Duderstadt 1992, S. 113–126.

Schörken, Rolf, »Jugend«, in: Benz, Wolfgang/Graml, Hermann/Weiß, Hermann (Hg.), *Enzyklopädie des Nationalsozialismus*, Stuttgart 1997, S. 203–219.

Scholtz, Harald, *Erziehung und Unterricht unterm Hakenkreuz*, Göttingen 1985.

Schruttke, Tatjana, *Die Jugendpresse des Nationalsozialismus*, Köln, Weimar, Wien 1997.

Schubert-Weller, Christoph, *Hitlerjugend. Vom »Jungsturm Adolf Hitler« zur Staatsjugend des Dritten Reichs*, Weinheim, München 1993.

Schüle, Annegret u. a. (Hg.), *Die DDR aus generationengeschichtlicher Perspektive. Eine Inventur*, Leipzig 2006.

Schürmann, Sandra, »Gesammelte Geschichtsbilder. Historische Motive in der Alltagskultur«, *Zeithistorische Forschungen/Studies in Contemporary History* Bd. 5, Nr. 2 (2008), S. 323–331, http://www.zeithistorische-forschungen.de/16126041-Schuermann-2-2008.

Schütz, Alfred, *Der sinnhafte Aufbau der sozialen Welt. Eine Einleitung in die verstehende Soziologie*, Frankfurt/M. 1974.

Schütze, Fritz, *Das narrative Interview in Interaktionsfeldstudien. Kurseinheit I: Erzähltheoretische Grundlagen*, Hagen 1987.

— »Biographieforschung und narratives Interview«, *Neue Praxis* 13 (1983), S. 283–293.

Schütze, Yvonne, »Konstanz und Wandel – Zur Geschichte der Familie im 20. Jahrhundert«, in: Benner, Dietrich/Tenorth, Heinz-Elmar (Hg.), *Bildungsprozesse und Erziehungsverhältnisse im 20. Jahrhundert*, Weinheim [u. a.] 2000, S. 16–35.

— *Die gute Mutter. Zur Geschichte des normativen Musters »Mutterliebe«*, Bielefeld 1986.

Schulze, Winfried, »Ego-Dokumente. Annäherung an den Menschen in der Geschichte? Vorüberlegungen für die Tagung ›Ego-Dokumente‹«, in: Ders. (Hg.), *Ego-Dokumente. Annäherung an den Menschen in der Geschichte*, Berlin 1996, S. 11–30.

— (Hg.), *Ego-Dokumente. Annäherung an den Menschen in der Geschichte*, Berlin 1996.

Schumann, Wilhelm, *Ihr seid den dunklen Weg für uns gegangen… Skizzen aus dem Widerstand in Hann. Münden 1933–1939*, Frankfurt/M. 1973.

Schuster, Martin, *Die SA in der nationalsozialistischen »Machtergreifung« in Berlin und Brandenburg 1926–1934. Diss.*, Berlin 2004.

Seidel, Hans, »Die dritte Turnstunde«, in: *50 Jahre Schulgebäude des heutigen FKG [Felix-Klein-Gymnasium]*, Göttingen 1979, S. 103–104.

Seiffge-Krenke, Inge/Seiffge, Jakob Moritz: »Boys play sport...?«. Die Bedeutung von Freundschaftsbeziehungen für männliche Jugendliche«, in: King, Vera/ Flaake Karin (Hg.), *Männliche Adoleszenz*, Frankfurt/M., New York 2005, S. 267–285.

Seubert, Rolf, »Junge Adler. Retrospektive auf einen nationalsozialistischen Jugendfilm«, *Medium* 18 (1988), S. 31–37.

Seyfarth-Stubenrauch, Michael, *Erziehung und Sozialisation in Arbeiterfamilien im Zeitraum 1870 bis 1914 in Deutschland. Ein Beitrag historisch-pädagogischer Sozialisationsforschung zur Sozialgeschichte der Erziehung*, Frankfurt/M. [u. a.] 1985.

Simmel, Georg, »Soziologie der Mahlzeit«, in: Ders., *Brücke und Tür*, hrsg. von Michael Landmann, Stuttgart 1957, S. 243–250.

— *Brücke und Tür. Essays des Philosophen zur Geschichte, Religion, Kunst und Gesellschaft*, hrsg. von Michael Landmann, Stuttgart 1957.

Skyba, Peter, *Vom Hoffnungsträger zum Sicherheitsrisiko. Jugend in der DDR und die Jugendpolitik der SED 1949–1961*, Köln [u. a.] 2000.

Sofsky, Wolfgang, *Traktat über die Gewalt*, Frankfurt/M. 1996.

Speitkamp, Winfried, »Jugend und Protest im Nationalsozialismus«, in: Ders./Ullmann, Hans-Peter (Hg.), *Konflikt und Reform. Festschrift für Helmut Berding*, Göttingen 1995, S. 276–292.

— /Ullmann, Hans-Peter (Hg.), *Konflikt und Reform. Festschrift für Helmut Berding*, Göttingen 1995.

Spratte, Sebastian, »Die Schulfeier und ihre Rolle im Erziehungssystem des Dritten Reiches«, in: Niedhart, Gottfried/Broderick, George (Hg.), *Lieder in Politik und Alltag des Nationalsozialismus*, Frankfurt/M. [u. a.] 1999, S. 133–146.

Spree, Reinhard, »Der Geburtenrückgang in Deutschland vor 1939. Verlauf und schichtspezifische Ausprägung«, *Demographische Informationen* (1984), S. 49–68.

Stargardt, Nicholas, *»Maikäfer, flieg!« Hitlers Krieg und die Kinder*, München 2006.

Statistik des Deutschen Reichs, *Volks-, Berufs- und Betriebszählung vom 17. Mai 1939. Gemeindestatistik: Ergebnisse der Volks-, Berufs- und landwirtschaftlichen Betriebszählung 1939*. Band 559, 1. Heft 8, Berlin 1944.

— *Volks-, Berufs- und Betriebszählung vom 17. Mai 1939. Berufszählung*. Band 557: *Die Berufstätigkeit der Bevölkerung in den Reichsteilen*. Heft 14, Berlin 1943.

— *Volkszählung. Die Bevölkerung des Deutschen Reichs nach den Ergebnissen der Volkszählung 1933*. Bd. 451: *Die Bevölkerung des Deutschen Reichs nach der Religionszugehörigkeit*. Heft 3, Berlin 1936.

— *Volks-, Berufs- und Betriebszählung vom 16. Juni 1933: Berufszählung*. Band 455: *Die berufliche und soziale Gliederung der Bevölkerung in den Ländern und Landesteilen Nord- und Westdeutschlands*. Heft 14, Berlin 1936.

Stecher, Ludwig/Zinnecker, Jürgen, »Kulturelle Transferbeziehungen«, in: Ecarius, Jutta (Hg.), *Handbuch Familie*, Wiesbaden 2007, S. 389–405.

Steinacker, Sven, *Der Staat als Erzieher. Jugendpolitik und Jugendfürsorge im Rheinland vom Kaiserreich bis zum Ende des Nazismus,* Stuttgart 2007.

Steinbacher, Sybille, »Differenz der Geschlechter? – Chancen und Schranken für die ›Volksgemeinschaft‹«, in: Bajohr, Frank/Wildt, Michael (Hg.), *Volksgemeinschaft. Neue Forschungen zur Gesellschaft des Nationalsozialismus,* Frankfurt/M. 2009, S. 24–40.

Steinlein, Rüdiger, »Der nationalsozialistische Jugendfilm. Der Autor und Regisseur Alfred Weidenmann als Hoffnungsträger der nationalsozialistischen Kulturpolitik«, in: Köppen, Manuel/Schütz, Erhard (Hg.), *Kunst der Propaganda. Der Film im Dritten Reich,* Bern [u. a.] 2007, S. 217–245.

Stellrecht, Hellmut, *Neue Erziehung,* Berlin 1942.

Stern, Carola, *In den Netzen der Erinnerung. Lebensgeschichten zweier Menschen,* Reinbek 1986.

Sternheim-Peters, Eva, »Von der Hochschulreife zum Hauptdiplom. Ein weiblicher Bildungsweg in Krieg und Nachkriegszeit«, in: Kersting, Franz-Werner (Hg.), *Jugend vor einer Welt von Trümmern,* Weinheim, München 1998, S. 233–256.

Stoverock, Karin, »Bündische Lieder in der Hitler-Jugend«, in: Niedhart, Gottfried/Broderick, George (Hg.), *Lieder in Politik und Alltag des Nationalsozialismus,* Frankfurt/M. 1999, S. 17–34.

Strohmeier, Gerd, »Politik bei Benjamin Blümchen und Bibi Blocksberg«, *Aus Politik und Zeitgeschichte* 41 (2005), S. 7–15.

Sultano, Gloria, *Wie geistiges Kokain... Mode unterm Hakenkreuz,* Wien 1995.

Tenfelde, Klaus, »Stadt und Bürgertum im 20. Jahrhundert«, in: Ders./Wehler, Hans-Ulrich (Hg.), *Wege zur Geschichte des Bürgertums,* Göttingen 1994, S. 317–353.

— /Wehler, Hans-Ulrich (Hg.), *Wege zur Geschichte des Bürgertums,* Göttingen 1994.

Tenorth, Heinz-Elmar, »Pädagogik der Gewalt. Zur Logik der Erziehung im Nationalsozialismus«, *Jahrbuch für Historische Bildungsforschung* 9 (2003), S. 7–36.

— »Pädagogisches Denken«, in: Ders./Langewiesche, Dieter (Hg.), *Handbuch der deutschen Bildungsgeschichte.* Band V, München 1989, S. 111–153.

Thadden, Rudolf von/Trittel, Günter J. (Hg.), *Göttingen. Geschichte einer Universitätsstadt.* Bd. 3: *Von der preußischen Mittelstadt zur südniedersächsischen Großstadt 1866–1989,* Göttingen 1999.

Tollmien, Cordula, *Nationalsozialismus in Göttingen (1933–1945). Diss.,* Göttingen 1999.

— »Nationalsozialismus in Göttingen (1933–1945)«, in: Thadden, Rudolf von/Trittel, Günter J. (Hg.), *Göttingen. Geschichte einer Universitätsstadt.* Bd. 3, Göttingen 1999, S. 127–273.

— *Die Geschichte der Arbeiterwohlfahrt in Hann. Münden,* Hann. Münden 1983.

Treu, Gabriele, *»Heil Hitler, für fünf Pfennig Senf«. Jugend im Dritten Reich. Zur Psychologie nazistischer Sozialisation,* Gießen 2003.

Uelschen, Gustav, *Die Bevölkerung in Niedersachsen, 1821–1961,* Hannover 1966.

Utermöhlen, Bernd, *Mittelschichten und Nationalsozialismus in Hann. Münden. Die Radikalisierung der Mittelschichten in einer Kleinstadt am Ende der Weimarer Republik. Schriftliche Hausarbeit für das Lehramt an Gymnasien,* (unveröffentlicht) Göttingen 1977.

Vinken, Barbara, *Die deutsche Mutter. Der lange Schatten eines Mythos,* München [u. a.] 2001.

Voges, Wolfgang (Hg.), *Methoden der Biographie- und Lebenslaufforschung,* Opladen 1987.

Wagner, Dieter, »Duderstadt und das Untereichsfeld während der NS-Diktatur«, *Eichsfeld-Jahrbuch* 8 (2000), S. 169–201.

— »Das Wahlverhalten der Wahlberechtigten in den ehemaligen Gemeinden Duderstadt, Gerblingerode und Westerode im Vergleich zum Kreis Duderstadt und der jeweils höchsten Vergleichsmöglichkeit von 1884–1983«, *Die goldene Mark. Zeitschrift für die Heimatarbeit im Kreise Duderstadt* 36 (1985), S, 57–89.

Wagner, Kurt/Wilke, Gerhard, »Dorfleben im Dritten Reich: Körle in Hessen«, in: Peukert, Detlev/Reulecke, Jürgen (Hg.), *Die Reihen fast geschlossen,* Wuppertal 1981, S. 84–106.

Walliser, Tom (Hg.), *Wie war das damals? Das Felix-Klein-Gymnasium Göttingen unterm Hakenkreuz,* Göttingen 2011.

Wangerin, Wolfgang (Hg.), *Der rote Wunderschirm. Kinderbücher der Sammlung Seifert von der Frühaufklärung bis zum Nationalsozialismus. [Katalog zur Ausstellung der Sammlung Seifert in der Paulinerkirche der Niedersächsischen Staats- und Universitätsbibliothek Göttingen vom 23. Oktober 2011 bis 12. Februar 2012],* Göttingen 2011.

Weber-Kellermann, Ingeborg, *Die Kindheit. Kleidung und Wohnen, Arbeit und Spiel. Eine Kulturgeschichte,* Frankfurt/M. 1979.

Wegeler, Cornelia, *»… wir sagen ab der internationalen Gelehrtenrepublik«. Altertumswissenschaften und Nationalsozialismus. Das Göttinger Institut für Altertumskunde 1921–1962,* Wien [u. a.] 1996.

Wegner, Rudolf, *Verkehr und Verkehrswege im Raum Hann. Münden. Die Entwicklung auf Straßen, Flüssen und Schienen in den letzten 200 Jahren vom Treidelpfad zur Schnellbahntrasse,* Hann. Münden 1992.

Wehking, Sabine, »Die katholische Kirche in Göttingen«, in: Schmeling, Hans-Georg/Brinkmann, Jens-Uwe (Hg.), 100 Jahre Göttingen und sein Museum. Göttingen 1989, S. 197–212.

Wehler, Hans-Ulrich, *Deutsche Gesellschaftsgeschichte.* Bd. 5: *Bundesrepublik und DDR 1949–1990,* München 2008.

— »Wie bürgerlich war das deutsche Kaiserreich?«, in: Kocka, Jürgen (Hg.), *Bürger und Bürgerlichkeit im 19. Jahrhundert,* Göttingen 1987, S. 243–280.

Weiss, Joachim, »Chronik des ›Gymnasiums‹ zu Göttingen (vom 14. Jahrhundert bis zur Gegenwart)«, in: Hennig, Henning u. a. (Hg.), *Max-Planck-Gymnasium. Festschrift zum Jubiläum des ältesten Göttinger Gymnasiums, 1586–1988,* Göttingen 1986, S. 31–56.

Welzer, Harald, »Die Medialität des menschlichen Gedächtnisses«, *BIOS* 21 (2008), S. 15–27.
— *Das kommunikative Gedächtnis. Eine Theorie der Erinnerung,* München 2002.
— »Was ist das autobiographische Gedächtnis und wie entsteht es?«, *BIOS* 15 (2002), S. 169–186.
— »Das Interview als Artefakt. Zur Kritik der Zeitzeugenforschung«, *BIOS* 13 (2000), S. 51–63.
Wetzel, Juliane, »Verlust des sozialen Umfeldes. Jüdische Schüler im NS-Staat«, in: Benz, Ute/Benz, Wolfgang (Hg.), *Sozialisation und Traumatisierung,* Frankfurt/M. ³1998, S. 92–102.
Wickert, Christl, *Zwischen Familie und Parlament. Sozialdemokratische Frauenarbeit in Südniedersachsen 1919–1950 am Beispiel von Hann. Münden und Einbeck,* Kassel 1983.
Wierlacher, Alois, »Der »wahre Feinschmecker« oder: Krieg und Frieden bei Tisch. Zum Kulturthema Essen in der neueren deutschen Erzählliteratur«, in: Ders./Neumann, Gerhard/Teuteberg, Hans Jürgen (Hg.), *Kulturthema Essen. Ansichten und Problemfelder,* Berlin 1993, S. 279–287.
— /Neumann, Gerhard/Teuteberg, Hans Jürgen (Hg.), *Kulturthema Essen: Ansichten und Problemfelder,* Berlin 1993.
Wilcke, Gudrun, *Die Kinder- und Jugendliteratur des Nationalsozialismus als Instrument ideologischer Beeinflussung. Liedertexte – Erzählungen und Romane – Schulbücher – Zeitschriften – Bühnenwerke,* Frankfurt/M. [u. a.] 2005.
Wildt, Michael, »Die Ungleichheit des Volkes. ›Volksgemeinschaft‹ in der politischen Kommunikation der Weimarer Republik«, in: Bajohr, Frank/Wildt, Michael (Hg.), *Volksgemeinschaft,* Frankfurt/M. 2009, S. 24–40.
— »Gewaltpolitik. Volksgemeinschaft und Judenverfolgung in der deutschen Provinz 1932 bis 1935«, *WerkstattGeschichte* 35 (2003), S. 23–43.
Willmott, Louise, »Zur Geschichte des Bundes Deutscher Mädel«, in: Reese, Dagmar (Hg.), *Die BDM-Generation. Weibliche Jugendliche in Deutschland und Österreich im Nationalsozialismus,* Berlin 2007, S. 89–158.
Winter, Reinhard/Neubauer, Gunter, »Körper, Männlichkeit und Sexualität. Männliche Jugendliche machen ›ihre‹ Adoleszenz«, in: King, Vera/Flaake Karin (Hg.), *Männliche Adoleszenz. Sozialisation und Bildungsprozesse zwischen Kindheit und Erwachsensein,* Frankfurt/M., New York 2005, S. 207–226.
Winterhager-Schmid, Luise (Hg.), *Konstruktionen des Weiblichen. Ein Reader,* Weinheim 1998.
Zeiher, Hartmut J./Zeiher, Helga, *Orte und Zeiten der Kinder. Soziales Leben im Alltag von Großstadtkindern,* Weinheim, München 1994.
Zeiher, Helga, »Widersprüche und Ambivalenzen im säkularen Prozess der Institutionalisierung der Kindheit«, in: Honig, Michael-Sebastian (Hg.), *Ordnungen der Kindheit,* Weinheim, München 2009, S. 103–126.
— »Die Entdeckung der Kindheit in der Soziologie«, in: Clausen, Lars (Hg.), *Gesellschaften im Umbruch,* Frankfurt/M. [u. a.] 1996, S. 795–805.

— »Organisation des Lebensraums bei Großstadtkindern – Einheitlichkeit oder Verinselung«, in: Bertels, Lothar/Herlyn, Ulfert (Hg.), *Lebenslauf und Raumerfahrung*, Opladen 1990, S. 35–57.

Zimmermann, Clemens, »Landkino im Nationalsozialismus«, *Archiv für Sozialgeschichte* 41 (2001), S. 231–243.

Zinnecker, Jürgen, »Die ›transgenerationale Weitergabe‹ der Erfahrung des Weltkrieges in der Familie. Der Blickwinkel der Familien-, Sozialisations- und Generationenforschung«, in: Radebold, Hartmut/Bohleber, Werner/Zinnecker, Jürgen (Hg.), *Transgenerationale Weitergabe kriegsbelasteter Kindheiten*, Weinheim, München ²2009, S. 141–154.

— »Kindheit als Heimatfront. Das Familienmoratorium der Kinder auf dem Prüfstand der europäischen Kriegsgesellschaft«, in: Hering, Sabine/Schröer, Wolfgang (Hg.), *Sorge um die Kinder*, Weinheim, München 2008, S. 213–230.

— (Initiator), *Projekt »Kinder des Weltkrieges«. Laufzeit: 2004–2005*, http://www.kulturwissenschaften.de/home/projekt-32.html.

— *Stadtkids. Kinderleben zwischen Straße und Schule*, Weinheim, München 2001.

— »Kindheit und Jugend als pädagogisches Moratorium«, in: Benner, Dietrich/Tenorth, Heinz-Elmar (Hg.), *Bildungsprozesse und Erziehungsverhältnisse im 20. Jahrhundert*, Weinheim, Basel 2000, S. 36–68.

— (Hg.), *Jugend '92. Lebenslagen, Orientierungen und Entwicklungsperspektiven im vereinigten Deutschland.* Bd. 2: *Im Spiegel der Wissenschaften,* Opladen 1992 (Shell-Jugendstudie; 11,2).

— »Vom Straßenkind zum verhäuslichten Kind. Kindheitsgeschichte im Prozeß der Zivilisation«, in: Behnken, Imbke (Hg.), *Stadtgesellschaft und Kindheit im Prozeß der Zivilisation,* Opladen 1990, S. 142–162.

— »Straßensozialisation. Versuch, einen unterschätzten Lernort zu thematisieren«, *Zeitschrift für Pädagogik* 25 (1979), S. 727–746.

— /Silbereisen, Rainer K., *Kindheit in Deutschland. Aktueller Survey über Kinder und ihre Eltern,* Weinheim, München ²1998.

Zymek, Bernd, »Schulen«, in: Langewiesche, Dieter/Berg, Christa (Hg.), *Handbuch der deutschen Bildungsgeschichte.* Band V, München 1989, S. 155–208.

Register

Ahnenforschung 129, 317
Alltagsforschung 16f., 21, 657
Alltagskultur 632, 639, 663, 666
Alltagsleben 13, 18f., 26, 112, 117, 314, 317, 342, 414, 536, 615f., 624, 661
Altersbeschränkungen 387, 509
Antisemitisch 132, 148, 170, 265, 281, 298, 307, 311, 400, 410, 423, 429, 537
Arbeit(en)
– Erntearbeit 543, 545f.
– Hausarbeit 37, 148, 292, 337, 497, 570, 641, 669
– Kinderarbeit 435f., 464, 544
Arbeiter
– Arbeiterbewegung 27, 169, 324–331, 395, 414, 520, 646f., 656, 662
– Arbeiterkultur 407–410, 423, 434, 440, 622
Arbeitsamkeit 502, 603
Arbeitsteilung 244, 292f., 544, 600
Arier, arisch 21, 134, 145f., 149, 163, 177f., 191, 299, 374, 410, 538
Aufklärung 168, 229–232, 236, 245, 283, 497, 652, 665, 669
Aufmärsche 52, 108, 116, 157, 171f., 175, 179, 189, 225, 307f., 326, 328, 381, 383, 408, 412, 427f., 482, 487, 517, 592, 613, 616, 637

Aufnahmezeremonie, -ritual 159, 161, 478, 487
Aufschichtung 33
Ausbildung
– berufliche 40, 54, 63, 68, 152, 205, 377f., 433, 514, 522, 531, 557, 559, 591, 601f.
– schulische 121, 129, 152, 201, 243, 286f., 350, 369, 456, 559, 563
– vormilitärische 180f., 381f., 395, 483, 485, 590
Ausgrenzung 20, 49, 74, 112, 130, 144, 147, 149, 151, 153, 163, 299, 310, 317, 412, 468, 572, 656
Ausland 51, 82, 93, 256, 317, 377, 422, 519, 553
Außenräume 89–91, 358, 367
Außenseiter/in 92, 99, 140, 143–145, 215, 220, 253, 318, 343, 371, 611, 628
Autobiographien 22, 32, 179, 318, 658

Ballprobe 105, 365, 465, 573
Berufsausbildung 205, 433, 522, 591
Bewegungsspielraum 89, 109, 398, 461, 575
Bezugsperson 76, 154, 213, 274, 435, 443, 554, 564
Bibliotheken 245f., 266, 283, 300, 402, 427f., 511, 612, 650, 669

Bildung, klassische 120, 135, 255, 283, 286
Biologieunterricht 122, 129, 231, 299
Boykott 49, 198, 330, 400, 537
brav 114, 223, 288, 290–292, 296, 398, 400, 500, 562, 575
Bruch, Brüche 13f., 23, 44, 68, 82, 118, 136, 151, 153, 187, 203, 266f., 297f., 305, 314–316, 319, 324, 356, 376, 410, 412–414, 474, 521–523, 614–616, 621–628, 632f., 639, 650, 655
– zivilisatorischer 14
Bubikopf 223, 389, 491, 594
Bücherverbrennung 50, 245f., 300, 650
Bürgertum
– Bildungsbürgertum 40, 53f., 56, 62–65, 217, 237, 245, 313, 337, 344, 653, 655
– Gehobenes Bürgertum 15, 25, 34, 38, 40, 53, 56, 58, 92, 94, 182, 217, 221, 319, 345, 397, 404
– Wirtschaftsbürgertum 40, 53f., 61–66, 118, 120

Clique 92, 98–100, 140–144, 149f., 227, 240, 285, 295, 371, 387, 439, 465, 469, 472

Denunziation 82f., 256, 331, 412, 478, 521
Deutungsmuster 29, 56, 631
Diskriminierung 81, 150, 311, 316
Distanz, soziale 94, 98, 115, 196
Distinktion, soziale 66, 183, 209, 217, 275, 282, 624
Disziplinierung 114, 166, 191, 195, 225, 278, 582, 608, 658, 665
Disziplinprobleme 384, 583

Ego-Dokumente 21f., 666

Ehrlichkeit 267f., 269, 399, 502
Einkommen 17f., 40, 56f., 333, 338f., 418f., 441, 529, 540
Einschulung 112, 369f., 489, 491f., 577
Elite 40, 48, 51, 177, 203, 423, 431, 434
Eltern-Kind-Beziehungen 16, 67–77, 229, 344, 355f., 394, 447, 455f., 556, 558, 564, 637, 639, 646, 663
Entwicklungslinien 15f., 89, 636
Erinnern, lebensgeschichtliches 27, 506
– Kindheitserinnerung 30–32, 313, 652
Ernteeinsatz 21, 153, 189
Erziehung, geschlechtsspezifische 64, 89, 103, 106, 175, 204, 211, 244, 248, 287–293, 298, 358, 362, 454, 466, 584, 589, 600, 645
Erziehungsmaximen 267, 275, 297, 399, 502, 603
Ernährung 213, 278, 418, 434, 441, 530, 546, 662
Exerzieren 108, 166, 201, 380, 589

Fahnenappell 20, 126f., 149, 168, 192, 373, 476, 486, 582, 615
Fahrrad 43f., 88, 104, 110, 142, 189, 248, 294, 303, 338, 340, 358, 361, 448, 455, 466, 483, 542, 574
Fahrschüler 99, 108, 140, 142, 248
Familiarisierung 15, 633, 635, 638
Feine Unterschiede 17, 54, 64, 66, 297, 646
Ferien 74, 96, 102, 168, 196, 272, 376, 360, 386, 440, 444, 462, 544, 548, 596, 609
– Schulferien 92, 110, 316, 338, 360, 363, 373, 440, 462, 545, 553, 568
– Sommerferien 102, 462, 545f., 553

Film
- Altersgrenzen 258, 261f.
- verbotener 261–263, 317
Firmung 23, 25, 200, 609
Flakhelfer 26, 52, 631, 647
Formierung 51, 77, 168, 182, 191–196, 203, 300, 592, 626, 661, 663, 665
Frauenarbeit 497, 670
Frauenbild 205
Freizeit 18, 86, 191, 248, 272, 345, 381, 414, 486f., 522, 569, 572, 624, 653
Freundschaft/en 13, 17, 53, 62–65, 84, 93f., 96–102, 106, 110, 112, 140, 145, 236, 240, 311, 315, 351, 357, 361, 363, 445f., 459f., 467, 521, 567, 571, 621, 623, 628, 667
Frontalunterricht 114, 123
Führerbild 125
- prinzip 165
- rede 252–254, 476
Fußball 86, 105, 129, 286, 365, 421, 465, 480, 490, 495, 499, 506, 542, 573, 579, 584, 589, 598

Geburtstag 51, 57, 68, 81, 105, 110, 114, 150, 161, 214, 254, 258f., 341, 350–353, 375, 394, 402, 441, 444, 451f., 456, 487, 489f., 562, 582
Gedächtnis 27–33, 114, 130, 168, 258, 352, 590, 651, 657, 661, 670
- individuelles Gedächtnis 27f.
- kollektives Gedächtnis 28f., 643, 651, 659
- soziales Gedächtnis 27f., 643
Gehorsam 20, 161, 169, 203, 205, 249, 269, 280, 399, 454, 502, 575, 603, 637

Geländespiele 105, 109, 165f., 175, 187, 193, 197, 381f., 385, 394, 480, 573, 588–590, 597
Gemeinde 96, 272, 328, 336, 396, 404, 418, 419, 421f., 430, 522, 529f., 533f., 538, 555, 642, 652, 667, 669
- baptistische 271
- evangelisch-reformierte 93, 271–273, 304
- katholische 113, 527, 531, 581, 589, 609f., 665
- protestantische 201, 504, 521, 527
Gemeinschaft 183, 198, 225, 299, 383, 388, 513, 537, 661
Gemeinschaftsempfang 425, 427, 482, 508
Generation, politische 26
Geschenke 68, 104, 268, 274, 338, 346, 350, 368, 380, 393f., 402, 441, 451, 466, 469, 490, 507, 541, 552, 554, 562, 574, 577
Geschlechtsrolle 73, 207, 226, 239, 242–244, 249, 287–289, 398, 477, 497–500, 598–602, 626
Geselligkeit 61, 63f., 273, 550, 552, 601
Gespräche 20, 32f., 53, 55, 75, 78, 81–83, 93, 95, 133, 217, 230, 233, 235, 263, 279f., 292, 299, 303f., 314, 319, 396, 435, 442, 445, 449, 457f., 496f., 503, 520, 558, 565f., 568, 613, 615f., 621, 623, 646, 652, 654
Gewalt 15, 20, 151, 193, 206, 210–213, 232, 278, 299, 304, 312f., 317f., 372, 387, 394, 474, 482, 632, 646, 650, 652, 663, 667f., 670
Gewerkschaften 39, 48f., 51, 325f., 329, 335, 337, 376, 407f., 646, 665

Großeltern 54, 57, 61f., 92, 104,
  141, 145, 229, 243, 253, 277,
  342–346, 369, 411, 434, 439,
  442–444, 451, 502, 505, 507,
  521, 539, 549, 551f., 554–558,
  562f., 569, 615
Grüßen 45, 107, 194, 240, 276, 301–
  303, 317, 399–401, 466, 476,
  485, 503, 516, 604, 611, 614,
  624, 639
Gute Stube 59, 341f., 441, 549

Habitus 15, 212, 225, 228, 271, 287
Hausarbeit 37, 148, 292, 337, 497,
  570, 641, 669
Hausaufgaben 152, 154, 189, 351f.,
  452f., 563
Heil Hitler, Hitlergruß 78, 81, 116,
  125, 127, 138f., 240, 263, 301–
  303, 315, 373, 401f., 412, 476,
  485, 516, 522, 581, 614f., 624,
  663, 668
Hilfsbereitschaft 399, 410, 504
Hitler-Eiche 330, 537, 589
Hitler-Jugend
  – Ausschluss 191, 299, 383, 385
  – Zwangscharakter 163, 635
Hochdeutsch, Plattdeutsch 420, 426,
  452, 554, 563, 578, 617
Hochschulreife, Abitur 23, 119, 130,
  156, 205, 243, 377f., 582, 668

Identität 17, 24, 28, 33, 168f., 193,
  198, 213, 215, 226, 238f., 287,
  297, 495, 597, 601, 623, 643,
  646, 649f., 655, 658, 661,
Ideologie, nationalsozialistische 14,
  26, 127f., 165, 227, 243, 246,
  249, 251, 267, 297f., 313, 316,
  413, 424, 432, 476, 498, 511f.,
  520f., 604, 623, 626, 636, 645,
  658

Individualität 28, 193f., 223, 225f.,
  228, 244, 637
  – gebrochene 193f., 244
Individuierung 557, 624
Industrie, Industrialisierung 37–39,
  41, 44, 52, 209, 250, 324, 329,
  333, 376, 415, 417–422, 456,
  473, 512, 520, 529f., 622, 625f.,
  629, 643, 648, 651f., 658f., 661,
  665, 672
Innenräume 85, 359
Innenstadt 38, 41–45, 49, 59, 65,
  84f., 87, 91, 95, 106–108, 112,
  141, 182f., 280, 307, 309, 311f.,
  323, 325, 341, 343f., 357f., 362f.,
  366f., 387, 408
Institutionalisierung 15, 633, 670
Interview
  – Biographisches Interview 22f., 29,
    32, 631
  – Leitfadeninterview 27, 32
  – Narratives Interview 31–33, 650,
    666
  – Interviewzahl 24, 76, 241, 355

Jude/n 45, 49, 79, 81f., 108, 132,
  145–151, 178, 304, 307, 311f.,
  318, 330f., 375, 409f., 429, 518,
  521, 527, 537f., 617, 642, 657,
  661, 670
Judenstern 150f., 312
Judenverfolgung 81, 312, 330f., 375,
  409, 661, 670
Jugend
  – bündische 165, 184, 186, 204
  – evangelische 162, 331
  – katholische 332, 609, 656
Jugendbewegung
  – bündische 165, 184, 186, 204
  – sozialistische 166, 204, 325
Jugendfilmstunden 260, 265
Jugendfunk 255
Jugendkriminalität 332, 641

Jugendweihe 23, 188, 273f., 304, 375, 393, 405f.

Katholizismus 527, 535f., 565, 598, 665
Kaufleute, jüdische 44f., 331, 429
Kinderalltag 11f., 14f., 17f., 20, 22, 25, 33, 66, 106, 316, 320f., 415, 525, 622, 628, 634, 651, 658
Kinderfunk 61, 255
Kindergarten 73, 96, 167, 428, 638, 652
Kindergottesdienst 273, 430, 504f.
Kindergruppe
– altersgemischte 102, 361f.
– geschlechtsgemischte 91, 101, 361., 397f., 600
Kinderlandverschickung 52, 155, 185, 202, 631, 634
Kinderzahlen 54, 85, 96, 208, 540
Kinderzimmer 60, 103, 251, 442, 459, 635
Kindheit
– ältere 23
– Dauer der Kindheit 23
– geschlechtsspezifische 175, 362, 645
– Kriegskindheit 21, 23, 649
– verhäuslichte Kindheit 86, 89, 91, 106, 360, 644, 671
Kindheitsforschung
– neue 11f.
– sozialhistorische 12, 653, 658
Kindheitsmoratorium 633f.
Kino 257–266, 294, 375, 383, 387, 397, 403f., 507, 509, 582, 605, 626, 655, 671
Kirche
– bekennende 199, 201f., 272, 310, 430
– katholische 113, 527, 531, 535, 606, 610f., 615–617, 627, 669
– protestantische 201, 203, 315

– reformierte 271–273, 304
Kirchenpflicht 577, 609
Kleidung
– Alltagskleidung 222f., 226, 316
– Schulkleidung 392
– Spielkleidung 392
Kletterweste 161, 565, 587f.
Koedukation 113, 204, 238f.
Kommunikation 28f., 57, 279, 314f., 411, 449, 623, 663, 670
Kommunion 25, 531, 593–598, 608f.
Konfession 15, 18, 25, 145, 162, 200, 271, 324, 335f., 370, 408, 535f., 617
Konfirmandenunterricht 25, 160, 188, 202, 212, 273, 387, 405, 505f.
Konfirmation 23, 128, 188, 200f., 222, 224, 237, 273f., 304, 351, 393, 405f., 430, 491, 504, 507, 665
Konflikte, politische 82, 315, 353f., 380, 412, 457
Konjunkturliteratur 251, 266, 606, 615
Konkordat 162, 532, 535
Kontaktpersonen 24
Kontinuitäten 13f., 47, 68, 106, 122, 128, 151, 153, 169, 203, 243, 250, 265, 267, 297f., 315, 410, 413, 523, 614, 616, 621–628, 632, 639, 651
Kontrolle, soziale 225, 296, 481, 521
Konvention 275
Konzentrationslager 31, 310, 430, 537, 575
Körper
– Körperbild 234, 244
– Körperfeindlichkeit 209, 598
– Körpergefühl 214f., 226, 243, 394, 492f., 521, 588

– Körperideal 213, 226, 228, 395, 414, 626, 632, 637
– Körperkontakt 69, 206, 208, 243, 394, 450
– nackter 229, 230, 493f.
– Körperpflege 214, 389, 601
Krankheit 129, 209, 213f., 226, 232, 339, 492, 597
Krieg
– Kriegsgefangene 430, 435, 538
– Kriegshilfsdienst 186, 377, 518, 631
– Kriegsjahre 20f., 23, 156, 186, 256, 265, 296, 334, 404, 479, 590f., 631
– Kriegstagebuch 133, 427f., 431, 477, 517
Kritikfähigkeit 155
Kundgebungen 50, 79, 157, 171f., 189, 254, 308, 316, 326, 332, 407f., 425f., 429, 476, 482, 487, 515, 517, 537, 592, 616
KZ 330, 519, 521, 611, 630, 658
KZ-Moringen 310, 518f., 576

Landarbeit 436, 439, 447
Lebensstil 18, 419, 463, 515
Lederhose 218, 221, 227, 393, 489,
Lehrerschaft
– nationalsozialistische 111, 127, 139, 623, 640, 662
– national-konservative 127, 135
– politische Einstellung 135–137, 139
Leitlinien des Erzählens 27
Lied/er
– Lied/er der Jugendbewegung 167f.
– Nazilied/er 170
– politische 168f., 373, 486, 659
– Soldatenlied/er 168f., 413
Lügen 117, 268, 294, 471, 493, 561

Machtergreifung 48, 57, 78f., 81, 116, 147, 157f., 163, 310f., 327f., 333, 395, 408, 410f., 413f., 419, 426, 476, 478, 511, 520, 623, 628, 662, 666
Mädchenbild 205, 242, 297, 662
Manieren 275–277, 292, 400, 503
Männlichkeit 15, 239f., 242, 495, 656f., 670
Matrosenanzug 221, 392f., 489
Menstruation 130, 230–233, 395f., 496f., 599, 665
Milieu
– Arbeitermilieu 15f., 18, 25f., 77, 229, 321, 331, 336, 339f., 350, 352f., 360f., 369, 389, 397f., 400, 403f., 407f., 413, 433f., 455, 459, 493, 495, 516, 622–625, 627–630, 637
– bürgerliches 12, 15, 18, 23, 25, 34f., 53, 66f., 77, 83, 97, 176, 179, 183, 194, 222, 241, 244, 300, 305, 313f., 317, 340, 397, 400, 405, 434, 455, 493, 512, 521f., 622, 624f., 628f., 636
– ländliches 15, 424, 520, 662
– soziales 11, 14f., 17f., 66, 96f., 100, 106, 112, 144, 164, 181f., 295, 302, 390, 463, 568, 616, 634, 644
Moringen 310, 430, 518f., 575f., 658
Muna 430f., 442, 518
Musik, Musikinstrument 168, 170–173, 194, 255, 261, 286, 307, 402, 426, 649, 662
Mutprobe 367, 471

Nachbar 61, 77, 81, 88, 253f., 302f., 309, 328, 343f., 366, 368f., 376, 399f., 445f., 520, 530, 547f., 551, 553, 604, 607, 616, 622f., 664
Nachbarskind 90, 98, 101, 288, 451, 460, 467, 559, 569, 571

Nachbarschaft 25, 53, 59, 87, 90, 92, 96–102, 140, 249, 282, 306, 310, 343, 350f., 361–364, 367, 399, 408, 413, 445, 459f., 467, 472, 487, 498, 516, 538, 550, 571, 598, 605, 613
Nachbarschaftshilfe 445, 538
Nachhilfe 119, 124, 286
Nachtgebet 272f., 404, 504, 607
Namenstag 531, 562f.

Öffentlichkeit 15, 86, 110, 204, 263, 276, 302f., 306, 331, 402, 408, 503, 516, 518, 520, 522, 565, 587, 601, 613f., 616, 634f.
Olympiade 255, 260, 365, 511, 605
Oral History 31, 33, 646f.

Pendelbewegung 31f., 199
Personal 54f., 59, 66f., 69, 72–77, 93, 134, 165, 176f., 188, 292, 330, 344, 400, 434, 625
Perspektiven
– Lebensperspektiven 487, 523, 606, 622
– Berufsperspektiven 625
Pfarrer 200f., 422, 503, 529, 531, 537, 568, 570, 576, 578f., 581, 583, 591, 597–599, 604, 606, 609–612, 616f., 626
Pflichtjahr 376f., 385f., 496
Pimpfenprobe 159, 161f.
Poesiealbum 511f., 521, 542, 650, 664
Pogrom 49, 108, 307, 311–313, 331, 375, 409, 538, 661f.
Politisierung 14, 19, 122, 128, 134, 138, 145f., 153–155, 252, 308, 310, 486f., 515, 614f., 624, 639, 660
Presse 48, 158, 249, 327, 641, 666
Preußisch 37, 46, 82, 268f., 324, 528, 668

Privat, Privatheit 13, 39, 54, 56, 78, 83, 90, 96, 112, 128, 146, 175, 183, 195, 199, 259, 270, 287, 298, 300–303, 305, 314f., 318, 331, 337, 370, 626, 630f., 633f., 664
Privilegien 185f., 191, 469
Propaganda 14, 26, 52, 133f., 168, 175, 245, 249, 254, 259f., 264f., 298, 318, 327, 376, 403, 405, 481, 508, 515, 520f., 536, 565, 582, 589, 605, 612, 614f., 622, 626, 655, 668
– Propagandafilme 133, 259f., 265, 481, 582, 615, 626
Prügel, Schläge 114, 124, 148, 210, 212, 281, 292, 349f., 405, 452, 454f., 470f., 473, 489, 493, 561f., 573, 575, 583, 595, 597, 604
Pubertät 137, 142, 161, 188, 199, 226, 230, 234, 236–238, 241, 264, 269, 273, 282, 285, 396f., 495, 624, 638
Pünktlichkeit 277, 399, 454, 502, 604

Qualifikation
– berufliche 419, 568
– schulische 419
Quellenkritik 33

Radio 13, 19, 61, 79, 125, 134, 245, 251–257, 260, 266, 280, 283, 309, 316f., 325, 375, 403, 407, 428, 450, 482, 507f., 512, 520, 556, 582, 604f., 614, 626, 648f., 658, 665
– Radio-Beromünster 256
Rassen
– Rassenkunde 122, 128, 374, 477
– Rassenmischlinge 145f., 174, 178
– Rassenpolitik 150, 315, 645
– Rassenzugehörigkeit 146

Raum
- öffentlicher 93, 106, 288, 301, 306, 308, 310, 522
- sozialer 444, 568
Reifevermerk 156
Religion, religiös 14, 81, 125f., 128, 163, 200–202, 272–274, 287, 315, 370, 404, 406, 414, 454, 504f., 507, 521, 531, 535, 577, 579, 581, 583, 589, 591, 600, 603, 606–608, 609, 614–616, 627, 652, 667
Respektsperson 62, 473, 503, 578, 583, 591, 604
Rituale 13, 19f., 114, 152f., 161, 171f., 188, 197, 213, 225, 233, 269, 272, 274, 278f., 369, 404, 406, 445, 449f., 472, 504, 508, 522, 581, 607, 610, 624, 627, 637, 643, 648
Rohrstock 114f., 124, 211, 352, 372, 473
Rücksichtnahme 86, 280, 399

Sakralisierung 16, 633, 636
Sammelalben 249f., 466, 573
Sammlungen 52, 152f., 157, 173, 189, 225, 316, 381, 481, 510, 582, 605, 642, 669
Sample 24, 53, 55f., 59, 61, 63, 66, 70, 177, 204, 241, 243, 335f., 339f., 349f., 355f., 371, 386, 388f., 395, 397, 433f., 441f., 447, 451, 459, 486, 490, 507, 510, 515, 520, 522, 539, 559, 564, 602
Sauberkeitserziehung 193, 195
Säuglingserziehung 209
Schmuck 51, 153, 190, 225, 274, 289, 306, 393, 408, 443, 492, 517, 522, 581, 594
Scholarisierung 15, 633, 635
Schularbeiten, Hausaufgaben 73, 142, 152, 154, 188–190, 351–355, 361, 363, 435, 437, 441, 452f., 470, 475, 503f., 563, 569, 578
Schulende 96, 477, 531, 600
Schüler/in, jüdische 49, 145–148, 299, 311f., 374, 670
Schul-/e
- Schulfeier, Morgenfeier 125., 128, 149, 133 168f., 645, 667
- Schulfunk 255
- Schulreform 13, 119f., 128, 151
- Höhere Schule 53, 119, 183, 274, 276, 371, 408, 470, 476, 654
- Oberschule 23, 43, 52, 53, 59, 98, 100, 111, 118–125, 127–129, 132–136, 138–140, 146, 148–150, 156, 175, 177, 181–183, 188, 216, 218, 228, 236, 243, 284, 289, 297, 584
- Volksschule 23, 90, 94, 96–98, 112f., 115–119, 140, 147, 153, 358, 369–372, 404, 408, 427, 433, 473, 475f., 514, 530, 535, 563, 578, 584f., 641, 657
- Gymnasium 38, 43, 53, 98, 111, 119–124, 128, 131–136, 139, 144, 146f., 151, 156, 211, 224, 228, 236, 371f., 462, 475f., 531, 563, 568, 574, 580, 584f., 585, 614, 645, 652, 659f., 662, 669
Schulungen 153, 176, 179–181, 189, 192, 204, 426, 487, 663
- politische 153, 166, 180f., 192
Selbständigkeit, Loslösung 164
Selbstdisziplin 269
Selektion, soziale 119, 177
Sexualität 209, 229–234, 237, 239, 241, 243, 315, 395f., 496, 598, 606, 639, 649, 657, 659, 661, 670
Singen 107, 165–170, 187, 210, 316, 373, 380, 388, 413, 427, 472, 480, 482, 484, 531, 576, 589, 646, 662

Skihose 161, 220, 391, 490, 595
Solebaden 421, 464, 493f., 597
Solidarität 16
Sonderdienste 381, 481, 487
Sondereinsätze 157, 225, 316, 625
Sondergruppen 175, 385f., 427, 479
Sozialisation 11, 15, 19f., 86, 112, 157, 205, 213, 246, 278, 283, 286–288, 290, 295, 407, 521, 579, 607, 616, 638, 644f., 649, 653–655, 662f., 665, 667–671
– politische 19, 157, 653, 663
Sozialstruktur 15, 17f., 39, 46, 456, 463, 529, 568, 650, 664
Sparsamkeit 58, 217, 270f., 399, 502, 541f., 605
Spätentwickler 234, 240–243, 497
Spielzeug, geschlechtsspezifisch 103f., 288, 367, 466
Sport
– sportlich 123, 129f., 142–144, 149, 162, 166, 174, 179, 184, 196, 199, 216, 226–228, 238, 244, 286, 316, 372, 378, 386, 395, 413, 427, 480f., 485, 495f., 597f., 626, 632
– Sportnote 129, 144, 477
– Sportunterricht, Turnunterricht 127, 129f., 143f., 189, 212, 227, 231, 315, 370, 395, 477, 522, 579, 597
– Sportverein 39, 163, 325, 373, 395, 397f., 407, 480, 495, 532, 624
Staatsjugendtag 131, 587
Stegreiferzählung 27, 32
Strafe/n 98, 114, 124, 162, 174, 191, 210f., 226, 284, 294, 339, 348, 388, 394, 454, 484, 562, 574, 583, 597, 649
Straße
– als Aufenthaltsraum 42, 84–89, 92f., 101, 103, 357f., 360, 366, 400, 413, 467, 572, 635

– als Lernort 86f., 243, 671
Straßenkindheit 85f., 89, 91, 101, 360f., 366, 413, 635, 644, 671
Streiche 91, 112, 123, 127, 166, 296, 366, 401, 446, 465, 470, 471, 506, 569, 574f.
Streifendienst 162, 175, 184, 263, 383, 387f., 660
Süßigkeiten 58, 369f., 436, 441, 443, 547
Synagoge 49, 311f., 331, 409, 538, 614, 617, 652

Tabak 530, 542f., 548, 574f.
Tanzstunde 25, 102, 224, 240f., 287, 397, 404, 499, 584
Taschengeld 58, 68, 247, 269, 282, 301, 338, 436, 542
Terror 48f., 305, 317f., 327, 330f., 644, 654
Theater 38, 52, 103, 143, 175, 179, 186, 194, 228, 240, 264, 283–285, 297, 325, 404, 426, 482, 499, 610
Themen, politische 127f., 319, 411, 512, 592
Tischsitten 277, 297
Triangulation 33
Typus 67, 70f., 76f., 187, 207, 224f., 229, 279, 629

Übergangsritual 406
Uniformzwang 152
Universität 21, 37–41, 46, 50f., 63, 96, 134, 136, 281, 644, 647, 649, 660, 662
Unterricht
– Biologieunterricht 122, 129, 231, 299
– Deutschunterricht 127, 248, 254
– Geschichtsunterricht 128, 131
– nationalpolitischer 131f.

– Turnunterricht/Sportunterricht
  127, 129f., 143f., 189, 212, 227,
  231, 315, 370, 395, 477, 522,
  579, 597
Urlaub 57, 66, 59, 71f., 74, 93, 191,
  286, 334, 360f., 374

Validität 33
Vereine
– sozialdemokratische 39, 422
– Arbeitervereine 395, 398, 407f.,
  421, 425, 446
– Geselligkeitsvereine 163, 325, 329,
  335, 373, 395, 397, 421, 424f.,
  464, 480, 532, 612
Vereinsleben 413, 421, 425, 532
Verfolgung 49, 81, 151, 310–312,
  315, 317f., 330f., 375f., 409f.,
  412, 517, 521, 617, 623, 629,
  661f., 670
Verhaftungen 310, 313, 328–330,
  351, 353, 356, 380, 408, 411, 610
Verhandlungshaushalt 16, 68, 637
Verhäuslichung 16, 89, 633, 635
Vertrauensperson 348, 355, 446f.
Volksempfänger 252–254,.256
Volksgemeinschaft 106, 126, 145f.,
  163, 168, 173, 176f., 181, 196f.,
  249, 253f., 298–300, 308, 329,
  424, 429, 432, 484, 516, 520,
  522, 624, 636, 643, 653, 656,
  660, 668, 670
Volkslieder 167–169, 413
Vorbild 61, 71, 76, 185, 218, 227,
  265, 275–277, 289–291, 344,
  447, 504, 606

Wahl, Wahlen 46–48, 106, 121, 128,
  149, 201, 306, 310, 325–328,
  332, 344, 353, 375, 407f., 419,
  422–424, 429, 476f., 532–534,
  564, 597, 611, 613, 628, 631,
  642, 651, 669
Wertekanon 199, 267, 432, 521
Wochenende, Wochenendfahrten
  71f., 74, 90, 92, 166f., 189, 194,
  208, 233, 257, 345, 358, 360f.,
  382, 448, 485, 540f., 557, 590
Wochenschau 260f., 643

Zärtlichkeit 68f., 206–208, 210, 243,
  341, 348f., 394, 443, 451, 456,
  559, 561, 597
Zeitstruktur 316
Zeitung 39, 48, 128, 133, 245, 249–
  251, 285, 327, 337f., 345, 358,
  364, 403, 407f., 426f., 429, 477,
  490, 510f., 520, 559, 605, 640f.
Zeltlager 194, 383f.
Zöpfe 13, 103, 223f., 291, 390, 491,
  594
Zuchthaus 330, 411
Zuckertüte 113, 370, 473
Zugzwänge des Erzählens 32
Zuwendung 68–70, 75, 208, 210,
  343, 348f., 449–451, 456, 555f.,
  558, 564, 633
Zwangsarbeiter 333, 435, 447, 515,
  518f., 614, 630

Nationalsozialismus

Klaus Hillenbrand
Berufswunsch Henker
Warum Männer im Nationalsozialismus Scharfrichter werden wollten
2013. 289 Seiten. ISBN 978-3-593-39723-8

Christian Faludi (Hg.)
Die »Juni-Aktion« 1938
Eine Dokumentation zur Radikalisierung der Judenverfolgung
2013. 420 Seiten. ISBN 978-3-593-39823-5

Reinhard Schlüter
Leben für eine humane Medizin
Alice Ricciardi-von Platen – Psychoanalytikerin und
Protokollantin des Nürnberger Ärzteprozesses
2012. 261 Seiten. ISBN 978-3-593-39356-8

Ralph Jessen, Hedwig Richter (eds.)
Voting for Hitler and Stalin
Elections Under 20th Century Dictatorships
2011. 349 pages. ISBN 978-3-593-39489-3

Sven Reichardt, Wolfgang Seibel (Hg.)
Der prekäre Staat
Herrschen und Verwalten im Nationalsozialismus
2011. 300 Seiten. ISBN 978-3-593-39422-0

Wissenschaftliche Reihe des Fritz Bauer Instituts

Raphael Gross, Werner Renz (Hg.)
Der Frankfurter Auschwitz-Prozess (1963–1965)
Kommentierte Quellenedition
2013. Ca. 1600 S. Geb. Band 22 in zwei Teilbänden. ISBN 978-3-593-39960-7

Katharina Stengel
Hermann Langbein
Ein Auschwitz-Überlebender in den erinnerungspolitischen
Konflikten der Nachkriegszeit
2012. 641 Seiten. Gebunden. Band 21. ISBN 978-3-593-39788-7

Werner Renz (Hg.)
Interessen um Eichmann
Israelische Justiz, deutsche Strafverfolgung und alte Kameradschaften
2012. 332 Seiten. Band 20. ISBN 978-3-593-39750-4

Christoph Jahr
Antisemitismus vor Gericht
Debatten über die juristische Ahndung judenfeindlicher
Agitation in Deutschland (1879–1960)
2011. 475 Seiten. Band 16. ISBN 978-3-593-39058-1
Ausgezeichnet mit dem Richard-Schmid-Preis 2012, vergeben vom Forum Justizgeschichte

Ronny Loewy, Katharina Rauschenberger (Hg.)
»Der Letzte der Ungerechten«
Der Judenälteste Benjamin Murmelstein in Filmen 1942–1975
2011. 208 Seiten. Band 19. ISBN 978-3-593-39491-6

Micha Brumlik, Karol Sauerland (Hg.)
Umdeuten, verschweigen, erinnern
Die späte Aufarbeitung des Holocaust in Osteuropa
2010. 257 Seiten. Band 18. ISBN 978-3-593-39271-4

campus.de/wissenschaft
Ab September 2013 mit neuem
Konzept und mehr Inhalt!

campus

Frankfurt. New York